CURNONSKY

Cuisine et vins de France

CURNONSKY

Cuisine et vins de France

PRÉFACE
DE PIERRE TROISGROS

LAROUSSE

17 RUE DU MONTPARNASSE 75298 PARIS CEDEX 06

Secrétariat de rédaction
Jean-Philippe Breuille

Secrétariat d'édition
Marie-Solange Gossot

avec la collaboration de
Sylvie Girard

Correction-révision
Annick Valade
Monique Bagaïni
Nicole Chatel
Françoise Mousnier

Fabrication
Martine Toudert

Stylisme et iconographie
Anne-Marie Moyse-Jaubert

Réalisation des recettes
Patrice Dard

Photos
Daniel Czap

Maquette et mise en pages
Atelier Frédérique Longuépée

Direction artistique
Henri Serres-Cousiné

© **Larousse, 1987.**

Toute reproduction, par quelque procédé que ce soit, de la nomenclature contenue dans le présent ouvrage et qui est la propriété de l'Éditeur, est strictement interdite.

Librairie Larousse (Canada) limitée, propriétaire pour le Canada des droits d'auteur et des marques de commerce Larousse. — Distributeur exclusif au Canada : les Éditions Françaises Inc., licencié quant aux droits d'auteur et usager inscrit des marques pour le Canada.

ISBN 2-03-506006-0

PRÉFACE

« Faire simple... et laisser aux choses le goût de ce qu'elles sont. » Cet adage devenu célèbre de Curnonsky, Prince des gastronomes, à l'époque où il sillonnait la France en « gastronomade » curieux, pour découvrir les richesses gourmandes du terroir, combien de chefs cuisiniers n'aimeraient-ils pas le reprendre à leur compte ? Le conservatoire de la cuisine française traditionnelle tel que le présente ce volume de *Cuisine et Vins de France*, nourri de l'expérience de centaines de maîtres dans l'art du bien manger, en propose une savoureuse illustration. Et il suffit de feuilleter ce florilège des grandes toques pour découvrir les facettes multiples de cette anthologie pleine de saveurs et d'odeurs, plus séduisante qu'un conte des *Mille et Une Nuits*. La haute cuisine, la cuisine bourgeoise, la cuisine régionale et la cuisine « impromptue », ces quatre manifestations de la création culinaire, y composent un ouvrage où la lecture trouve appui sur des photos tout aussi alléchantes.

La cuisine, à nous les Troisgros, était notre destinée ; une cuisine de traditions familiales et de produits régionaux, mais également ouverte à des courants venus parfois de l'autre bout du monde. Combiner la tradition et la modernité, telle m'apparaît aujourd'hui l'ambition d'un cuisinier, parfois en osant des combinaisons originales, mais toujours à la faveur d'un retour aux sources qui fait redécouvrir des produits simples – certains diront rustiques –, parce qu'ils sont travaillés avec exigence, constance et précision. C'est l'optique que j'ai adoptée d'abord avec mon frère Jean et que je poursuis avec mon fils Michel. L'escalope de saumon à l'oseille en est l'exemple le plus célèbre : ce n'est pas par hasard qu'elle fut choisie par le président Valéry Giscard d'Estaing lors de la remise de la médaille de la Légion d'honneur à M. Paul Bocuse !

Comme de nombreux cuisiniers passés chez Fernand Point au cours de leur compagnonnage, je mettrai toujours l'accent sur la qualité des produits. Elle seule permet cette inspiration qui fait qu'un jour de réjouissants mariages se concluent. La cuisine est un art qui, nécessairement, évolue et se transforme, sur le plan des techniques et du matériel, de l'organisation et de la conception même du rôle du cuisinier.

Mais toujours la table restera une fête. Un cuisinier se doit d'être généreux, gourmand, ouvert et accueillant. Le privilège de ce métier n'est-il pas d'avoir à sa table une diversité de personnes que jamais autrement il n'aurait eu l'occasion de rencontrer ? « Nous sommes les derniers seigneurs d'une race » disait mon père Jean-Baptiste, fils de vignerons bourguignons. La cuisine que j'aime préparer pour mes hôtes, je la veux légère, digeste, pure et nette, surtout dans un pays qui possède des merveilles comme le beurre d'Isigny ou l'huile d'olive des Alpilles, le canard de Chalan ou la côte de bœuf du Charolais, sans compter la palette des plus beaux vins.

Il y a d'ailleurs bien des manières de donner à ce monumental recueil de recettes son prolongement le plus gourmand. On peut d'abord le lire comme un roman, pour se mettre en appétit et voyager par l'imagination, en laissant son esprit vagabonder de plat en plat, de la tête de veau en tortue au foie gras de canard poêlé.

Mais surtout ne vous laissez pas intimider par les listes d'ingrédients ou des formules qui, parfois, peuvent paraître complexes. Une recette de cuisine n'est jamais un carcan. Prenez une idée ici, une association là – au chapitre du poulet ou de la sole, quel éventail de ressources ! Et inventoriez, selon votre degré de compétence, les recettes qui correspondent à votre savoir-faire.

Soyez, en outre, particulièrement attentifs aux suggestions de vins, toutes si diversifiées et proposant un itinéraire ingénieux à travers les riches ressources du vignobles français, de la Bourgogne au Bordelais, de la Côte du Rhône à la vallée de la Loire.

Inépuisable source de découvertes gourmandes, ce *Cuisine et Vins de France,* inspiré par la vraie gastronomie française, saura vous combler au fil des saisons, en alliant les grands classiques aux spécialités régionales.

Toujours renouvelée, la cuisine française a une histoire unique. Sa tradition, sa classe, son renom, mais aussi son cœur, sa chaleur et sa séduction, tout cela parle à l'œil et au palais. Merci à Monsieur Curnonsky, qui, avec ce recueil, a écrit un chapitre succulent de cette histoire. Commencez par la lire, recette par recette, et l'eau vous en viendra à la bouche...

PIERRE TROISGROS

CURNONSKY
PRINCE ÉLU DES GASTRONOMES

Un matin du mois de juillet 1956, square de Laborde, à Paris, un homme tombait de la fenêtre d'un troisième étage et s'écrasait sur le sol : tragique épilogue d'une vie largement consacrée à la bonne chère et aux richesses de la gastronomie, celle de Maurice Edmond Sailland, mieux connu sous le pseudonyme de Curnonsky.

Né à Angers en 1872, il était venu à Paris pour y faire des études littéraires, mais il s'orienta rapidement vers le journalisme et décida de vivre de sa plume. Sur le conseil d'Alphonse Allais, le jeune homme décida de choisir un pseudonyme. L'heure étant à l'amitié franco-russe, pourquoi pas Sky, « cur non sky », tout simplement ? Sa carrière parisienne dans les lettres et le journalisme commença par l'ingrate besogne de « nègre » au service de Willy, le premier mari de Colette. Avec son ami Toulet, il publia plusieurs ouvrages à succès, fit la connaissance de Raoul Ponchon, de Léon Daudet et de Franc-Nohain, de Forain, de Pierre Louÿs et de Debussy.

Bientôt connu du Tout-Paris pour sa rondeur et son coup de fourchette, il signe dans *le Journal* la première rubrique de « gastronomade ». Le néologisme est de lui : désormais, Curnonsky va mettre son talent, son expérience d'homme de lettres et son solide appétit au service de la gastronomie. Il entreprend, en effet, en 1921, avec son ami Marcel Rouff, l'impressionnant chantier de *la France gastronomique,* tour de France de la bonne chère en 28 opuscules.

Et, lorsque la revue *le Bon Gîte et la Bonne Table* organise en 1927 un référendum pour élire « le prince des gastronomes », la couronne échoit, à 1 823 voix sur 3 388 votants, à ce chantre irremplaçable de l'épicurisme le plus éclectique. Le prince « Cur » partagera alors son temps entre les dîners et les intronisations, les parrainages et les tastevinages, tout en trouvant le temps de poursuivre son œuvre d'écrivain gastronomique. On lui doit ainsi *les Recettes des provinces de France* ainsi que *le Trésor gastronomique de la France* (ouvrage rédigé en collaboration avec Austin de Croze), *les Fines Gueules de France* (avec P. Andrieu), sans oublier *la Table et l'Amour,* un spirituel recueil de recettes aphrodisiaques.

Fondateur et premier président de l'Académie des gastronomes en 1930, il se fit d'emblée le défenseur de la « bonne cuisine, marquée d'honnêteté et de simplicité, celle qui présente les choses avec le goût de ce qu'elles sont ». Pendant la Seconde Guerre mondiale, Curnonsky s'était réfugié à Riec-sur-Belon, dans le petit hôtel-restaurant de Mélanie Rouat, l'une de ses « découvertes » dont il avait fait la renommée, où il continua d'écrire. En 1947, de retour à Paris, il fonda la revue *Cuisine et Vins de France*. C'est en 1952 qu'il reçut l'hommage le plus vibrant de la part des restaurateurs qui lui devaient beaucoup. À l'initiative de *Cuisine et Vins de France* et de R. Courtine, 80 restaurants de Paris et d'Ile-de-France apposèrent une plaque de cuivre à la place qu'occupait habituellement « Cur Ier » :

CETTE PLACE EST CELLE DE
MAURICE EDMOND SAILLAND CURNONSKY
PRINCE ÉLU DES GASTRONOMES
DÉFENSEUR ET ILLUSTRATEUR
DE LA CUISINE FRANÇAISE
HÔTE D'HONNEUR DE CETTE MAISON.

Nous remercions pour leur aimable collaboration
les maisons ci-dessous :

Vaisselle
Bernardaud   Limoges
Boutique Diva   93, rue du Bac, 75007 Paris
Boutique Jean Luce   30, rue La Boétie, 75008 Paris
Boutique Xanadou   10, rue Saint-Sulpice, 75006 Paris
Christofle   12, rue Royale, 75008 Paris
Cristal Lalique   11, rue Royale, 75008 Paris
Daniel Hechter   Paris
Gien-boutique   39, rue des Petits-Champs, 75002 Paris
Haviland   Limoges
Hutschenreuther   32, rue de Paradis, 75010 Paris
Puiforcat Orfèvre   131, boulevard Haussmann, 75008 Paris
Villeroy et Boch   21, rue Royale, 75008 Paris

Fonds en couleurs des photographies des recettes
Société Formica   gammes « Geometrica » et « laques et marbres »

Vins
Caves Rouzeau   78550 Houdan
Champagne Louis Roederer   51100 Reims

Les photos illustrant l'Art de la table sont de Pascal Hinous-Top
à l'exception de la table « Maison de Marie-Claire » qui est une photo Pataut.
Les photos illustrant les grands crus, les verres et le champagne
ont été réalisées par Daniel Czap.
Les photos de vigne et de cave sont de Jean-Daniel Sudres-Scope.

L'ART
DE LA
TABLE

Avec son décor, ses objets, ses mets et son rituel, la table dressée apparaît comme une forme esthétique d'appartenance à une certaine culture, à une civilisation donnée. De par sa dimension créatrice, l'art culinaire repose sur l'élaboration d'ingrédients bruts, jusqu'à leur mise en scène finale sur le plat ou l'assiette de service. Car l'art de la table, c'est à la fois le dressage des mets et leur présentation selon certaines formes qui varient dans le temps et l'espace, mais aussi le marché, le choix des produits, l'élaboration du menu et, bien entendu, la technique culinaire proprement dite. Cet art occupe donc une place particulière parmi les autres arts – peinture, littérature ou musique – dans la mesure où son rapport avec la nature est plus intense et plus direct, dans la mesure aussi où il répond, même sous des formes parfois très sophistiquées, à une fonction vitale, tout en présentant aussi l'avantage d'être un art populaire, partagé par le plus grand nombre.

Néanmoins, l'art de la table dépasse la stricte réalisation concrète des recettes, il englobe le savoir-vivre et l'harmonie du menu, l'art de recevoir et d'organiser au mieux ce moment privilégié qui consiste à partager un repas avec ses hôtes ou ses familiers. « Le repas, c'est la bonne chère et les réjouissances. C'est aussi le cadre ou la famille célèbre son entente : le moment privilégié où elle prend les décisions capitales. Chez les plus vieux civilisés du monde, en Mésopotamie, la table donnait déjà le souffle de vie », écrit J. Bottéro dans l'*Histoire, 5 000 ans de gastronomie*.

Depuis que les hommes vivent en société et prennent leurs repas en compagnie, certaines règles se sont imposées, différentes naturellement selon les pays, voire les terroirs, et les époques, dont les variations révélatrices trahissent l'évolution des mœurs et du goût. L'éructation, qui est aujourd'hui en Occident de la dernière grossièreté, était chez les Romains une manifestation de civilité, comme elle l'est toujours au Moyen-Orient. L'art de composer un menu est totalement différent en Europe et en Asie. En Chine, l'ordre traditionnel des plats commence par plusieurs mets froids, viennent ensuite les mets chauds et l'on termine par un potage léger, avant de déguster éventuellement quelques friandises.

Dans la cuisine japonaise, c'est bien plus l'alternance des consistances, des saveurs et des couleurs qui règle le menu, en accord avec la saison. Même dans des pays aussi voisins que la France, l'Italie, la Grande-Bretagne et l'Allemagne, le dépaysement vient souvent d'un art de la table conçu différemment, avec des détails comme le dessert avant le fromage en Angleterre, la position de la salade en Italie ou l'absence fréquente de hors-d'œuvre en Allemagne. Quant aux techniques, aux ustensiles et aux produits eux-mêmes, ils influent nécessairement sur l'art et la manière de concevoir et de servir le repas. Le four à micro-ondes, les produits surgelés, la cuisson à la vapeur, par exemple, façonnent un style de cuisine et de gastronomie fort éloigné de celui des grosses pièces de viande entourées de leurs garnitures élaborées, présentées aux convives sur de grands plats d'apparat. La notion de décor, de la table et de l'assiette, subit par contrecoup une mutation importante.

La tenue à table, très tôt, a inspiré nombre d'ouvrages dont le but visait à codifier les règles de la bienséance, l'art d'être un hôte ou un convive rompu à toutes les nuances du savoir recevoir et du savoir être reçu. L'un des premiers manuels fut composé par Robert de Blois, après que les coutumes de la chevalerie eurent développé le cérémonial de la table et la courtoisie de l'accueil. Se laver les mains avant et après le repas était alors un rite obligatoire : il faut savoir que l'écuelle et le hanap servaient à plusieurs convives et que la fourchette n'existait pas encore. Même sous Louis XIV, l'usage de cet ustensile, alors très répandu en Italie, restait peu fréquent en France : on prenait la viande dans le plat avec la pointe de son couteau ou directement avec ses doigts, mais la politesse voulait alors que l'on n'en utilise que trois. Dans un opuscule intitulé *Convenance de la table* et datant du XIIe siècle, on lit les recommandations suivantes : « Jette les os sous la table, mais que ce soit toutefois sans blesser personne », ou bien : « Mange tout ce que tu peux : si c'est chez un ami, cela le flattera et si c'est chez un ennemi, cela l'ennuiera... » Quant au verre, c'est seulement après la Révolution que chaque convive y aura droit. Jusqu'alors, bouteilles et verres ou gobelets étaient placés sur une desserte et l'on faisait signe à un valet qui venait servir le verre plein sur une assiette à la demande, avant de le replacer à l'écart. C'est en 1526 que le philosophe Érasme appliqua son grand esprit à ces problèmes apparemment anodins de savoir-vivre, dans son *Traité de civilité*, qui énonce un certain nombre de préceptes : « On ne boit qu'au second plat, après le potage, et il faut auparavant s'essuyer les lèvres avec son mouchoir. [...] Il est malpropre de remettre dans son assiette des aliments déjà mâchés. [...] Il est grossier de plonger les doigts dans les sauces [...] » Convenances qu'il faut replacer dans leur contexte pour ne point en sourire. Dans les foyers ou dans les salles d'auberge, les animaux domestiques se tenaient dans la pièce où l'on mangeait, attirés par les restes que les traités de bonnes manières, jusqu'au XVIIIe siècle, recommandent justement de jeter par terre ou dans un coin, au lieu de les remettre dans le plat. Au Grand Siècle, un seigneur de la cour de Louis XIV qui préconisait des cuillers spéciales pour servir le ragoût et la sauce passa pour un original fieffé.

Pourtant, un tournant décisif se manifesta à l'aube du XVIIe siècle dans le savoir-vivre et les manières de table, traduisant l'effort d'une société aisée et éclairée, ouverte notamment aux influences italiennes, pour créer un authentique art de vivre élégant et policé. Ce souci de raffinement se reflète dans le vocabulaire – c'est l'époque en particulier où la « soupe » devient le « potage » – et tournera même à l'affectation, au siècle suivant, avec les « petits soupers en ambigu » et le « médianoche ». Mais les mœurs sont toujours très lentes à évoluer : il faut attendre le milieu du XIXe siècle pour que l'on renonce à tourner la salade avec les mains et que le service de table d'une bonne maîtresse de maison comporte des manches à gigot et à côtelettes.

C'est un siècle plus tôt seulement que, dans les hôtels particuliers, les architectes ont conçu un espace distinct, spécifiquement réservé aux repas : la salle à manger. Cette apparition plutôt tardive procède d'une mutation profonde des relations sociales dont les manières de table sont également le reflet. Auparavant, la table était « dressée » au sens propre selon la place disponible, bien souvent à proximité de l'endroit où l'on préparait le repas, du foyer par définition.

« Dresser la table » et « mettre le couvert » étaient jadis des expressions à prendre à la lettre : anciennement, on disposait effectivement des tréteaux dans une grande salle et l'on apportait de la cuisine les plats couverts, pour qu'ils restent chauds le plus longtemps possibles, mais aussi pour que nul n'y verse du poison. La table était ensuite repliée ou déplacée. Dès que l'espace du repas s'est structuré d'une façon différente et spécifique, les relations sociales se sont perfectionnées, tout en prenant des nuances et des variations différentes selon le milieu social. Désormais, toutefois, la table se trouve affectée, dans la salle à manger, à une place centrale qui donne toute sa signification à la pièce elle-même et à l'acte fondamental qui s'y joue. Progressivement, l'ordonnancement du repas se ritualise et acquiert une valeur de représentation que renforcent les bougeoirs, les candélabres, la verrerie et les surtouts de table. Dans le même temps, le service des mets change radicalement : le service à la française, qui présentait aux convives simultanément une grande variété de plats, se voit vers 1850 remplacé par le service dit « à la russe », avec plusieurs séquences distinctes et une répartition des mets qui, même simplifiée, reste celle que nous pratiquons toujours aujourd'hui (même si la mode du « menu-dégustation » prônée par certains restaurants semble parfois renouer avec le service à la française). On déguste désormais dans l'ordre : potage, poisson, volaille, rôti, salade, entremets, fromage, dessert. Et, avant de servir le dessert, on enlève tout ce qui reste sur la table et l'on balaie les miettes.

Pendant tout l'Ancien Régime, c'est en effet le fastueux service à la française qui a prévalu. Présentés simultanément, les innombrables plats tant froids que chauds, salés ou sucrés, proposés par séries renouvelées, sont disposés sur la table évoquant un buffet, selon un ordre précis, quasi géométrique. Face à ce déploiement, les convives se servent dans l'ordre qu'ils souhaitent, se faisant apporter par un valet les mets qui ne sont pas à leur portée. Cela permet sans doute de composer des décors somptueux où la vaisselle, les pièces montées, les pyramides de fruits, les bouquets de fleurs et les trésors d'orfèvrerie jouent un rôle primordial dans l'étalage du luxe. Si un repas royal, dans ces conditions, peut comprendre facilement plus de 150 plats, l'ordre de préséance fait que la plupart des convives soit mangent froid, soit ne mangent pas du tout. Les cinq services réglementaires du repas offert en 1656 à Louis XIV par Mme de La Chancellière en son château de Pontchartrain totalisèrent 168 plats ou assiettes garnies, sans compter les desserts. Le *Manuel des amphitryons,* en 1808, propose encore à ses lecteurs une vingtaine de menus comportant au moins chacun deux potages, huit entrées, deux relevés, deux grosses pièces, deux plats de rôti et huit entremets. Le grand Carême pourtant, « prince des cuisiniers et cuisinier des princes », estimait qu'il convenait de réduire le nombre des plats et, surtout, de « les servir l'un après l'autre, ils en seront plus chauds et meilleurs ». C'est alors qu'apparaît le service à la russe, ainsi appelé parce qu'il fut « lancé » par l'ambassadeur du tsar à Paris, le prince A.B. Kourakine au milieu du XIXe siècle. Les plats sont servis les uns après les autres, en plus petit nombre, et l'on ne présente le plat suivant que lorsque les convives ont terminé le précédent. Le goût de l'ostentation pour les ustensiles de table et le décor des mets n'en disparaît pas pour autant, loin de là. Mais un nouveau code s'instaure, une nouvelle circulation des mets dans la salle à manger. Le service à la russe se divise classiquement en séries de huit, dix ou douze couverts selon le nombre de convives, chacune servie par un maître d'hôtel auquel on désigne par avance les hôtes par lesquels il doit commencer. Les plats se présentent à la gauche de la personne assise et l'assiette se retire ou se pose par la droite. Le vin se sert à droite, dans le même ordre que les plats, mais après avoir versé les premières gouttes dans le verre du maître de maison. Dans un repas sans cérémonie, c'est celui-ci qui découpe les viandes et sert lui-même, qui fait passer les plats et les assiettes remplies à la ronde, en commençant par la personne placée à sa droite.

Un ultime avatar du service des mets, et par voie de conséquence de l'art de la table qui y est lié, a fait son apparition dans les années 1970 : le service à l'assiette, que l'on pratique aujourd'hui couramment dans les restaurants et qui commence à se diffuser dans les repas privés. Ce sont les frères Troisgros, cuisiniers restaurateurs à Roanne, qui sont à l'origine de cette pratique nouvelle, s'étant aperçus que le découpage en salle, sur le guéridon à côté de l'hôte, ne restituait pas sur l'assiette l'esthétique qu'ils désiraient, qu'il y avait du gaspillage et que le plat refroidissait considérablement. Quand il dresse chaque mets sur une assiette individuelle, le cuisinier reste le seul maître d'œuvre du plat et l'intermédiaire qu'est le maître d'hôtel n'intervient plus ni dans le fini, ni dans la présentation de celui-ci. Le service à l'assiette permet à cet égard un dosage précis de chaque portion, une esthétique particulière de la garniture, de la sauce, du décor, mais surtout une chaleur constante et une présentation plus légère. Moins facile pour la maîtresse de maison, cette formule est néanmoins tout indiquée pour les entrées, les salades composées ou certains desserts.

Si l'évolution des mœurs et la transformation des habitudes de vie ont influé au cours des siècles sur l'architecture intérieure et la répartition des pièces – avec en particulier l'apparition de « cellules » beaucoup plus modestes où la « cuisine intégrée » va de pair avec la mutation de la condition féminine –, il est certain que les rites sociaux nés autour de la table, à cause de la table et des mets que l'on y sert, selon la manière dont on les sert, conservent toute leur valeur. L'étiquette qui règle la place des convives à table est restée longtemps assez obscure. Chez les Grecs, la première place revenait de droit à l'étranger invité à partager le repas. Durant tout le Moyen Âge, aussi longtemps que les festins s'accompagnèrent de divertissements proposés en « entremets », le maître de céans invitait à son côté l'hôte de marque pour qu'il en profite à loisir. C'est aussi à lui qu'il laissait l'honneur de découper la grosse pièce de viande rôtie. En réalité, le cérémonial parfois complexe qui, bien souvent, a cours encore aujourd'hui, n'a pris forme qu'au XVIIIe siècle. Nous n'entrerons pas ici dans le détail du protocole qui attribue aux personnalités politiques, religieuses ou autres leurs places respectives autour de la table. Retenons que, selon un principe général, le titre a généralement le pas sur l'âge, mais que, à rang égal, l'âge confère la préséance. En outre, l'usage veut qu'on honore celui (celle) que l'on invite pour la première fois en le (la) plaçant à droite de la maîtresse (du maître) de maison.

Plus déterminant néanmoins quant à la convivialité tant prisée d'un repas réussi, c'est le menu lui-même qui doit solliciter toute l'attention de l'hôte ou de l'hôtesse. La théorie n'est pas muette sur ce sujet et recommande de respecter à la fois l'alternance et l'harmonie. Principe plus facile à énoncer qu'à mettre en pratique. Surtout lorsqu'il faut en outre viser la sobriété dans l'élégance. Les gourmets et les gastronomes n'ont pas manqué, au cours des siècles, de formuler un certain nombre de conseils : ne jamais servir au cours d'un même repas plusieurs plats saucés de la même manière – poisson, puis volaille à la crème, par exemple ; ne pas surenchérir dans le luxe des mets, en faisant se succéder foie gras et tournedos Rossini ; exclure la tarte ou tout autre apprêt en pâte au dessert si l'on a prévu une quiche, un vol-au-vent ou un feuilleté en entrée chaude ; ne pas faire suivre un mets servi glacé d'un autre au contraire brûlant, ou inversement, pour éviter les contrastes trop brutaux, etc. Mais ces principes édictés par la négative sont souvent de piètre recours pour la maîtresse de maison. La composition d'un menu n'est pourtant ni un code secret réservé aux initiés ni un jeu aléatoire relevant du pur arbitraire. Le premier principe est celui de l'alternance. Cela veut dire que, dans un menu bien conçu, rien ne doit apparaître deux fois : pas deux fois de la volaille par exemple (en salade composée ou en entrée, puis en plat principal). Attention également à la garniture (et notamment à la si fréquente pomme de terre), voire au mode de cuisson (pas deux apprêts frits, en entrée et en dessert par exemple, ou deux mets pochés). Enfin, l'équilibre du menu tient également à l'alternance entre les formes, les consistances et les couleurs.

Le second principe de base est celui de la gradation : il convient toujours de monter dans l'échelle des saveurs, en commençant par les mets doux et délicats, qui le sont d'ailleurs souvent sur le plan de la couleur : apprêts aux œufs, crèmes-potages, asperges, terrines de légumes, pains de poissons, etc. Ainsi parvient-on au point d'orgue du repas que peut constituer, par exemple, un gibier, une viande marinée et rôtie, une matelote de poisson ou un saumon braisé, une volaille flambée, etc. Ce principe de la gradation est aussi celui qui prévaut pour le choix des vins et la composition du plateau de fromages. Alternance et gradation sont deux principes qui permettent de concevoir un menu sans faire d'erreur flagrante. Il va sans dire qu'un chef cuisinier inspiré qui ne « respecte » pas la théorie sait néanmoins créer des symphonies culinaires propres à ravir le gourmet. Trois plats successifs sont nécessaires pour que le terme de « menu » soit justifié. La formule réduite au strict minimum – entrée, plat principal et garniture, puis dessert – est cependant insuffisante pour un repas d'une certaine ampleur et bien entendu inadéquate pour un dîner de réception. Dans sa **Vie à table à la fin du XIXe siècle**, Châtillon-Plessis décrit avec beaucoup de verve le « plan des grandes manœuvres de la salle à manger », selon un schéma qui, abstraction faite des relevés, n'a pas vraiment varié jusqu'à nos jours : « Le potage. Brûlant, velouté. C'est lui qui ouvre la marche et déblaie le terrain en débarrassant la langue de tous les goûts étrangers aux gens gourmands pour y substituer les premières essences nutritives. [...] Les relevés, grosses pièces de poisson ou de boucherie, sont pour satisfaire aux premières manifestations des appétits pressés. [...] Dans les entrées chaudes ou froides se feront apprécier les délicatesses de l'art culinaire pour le fond comme pour la forme. [...] Succède le rôti, qui est pour le gourmand ce que l'entrée est pour le gourmet : une source de jouissances plus solides, mais moins délicates. Soyez les bienvenues, salades dont les pointes réveillent les nerfs assoupis par trop délicats ! Voici la fin du cortège avec les entremets de légumes. [...] Puis tout à coup, les gendarmes qui ferment le défilé et assurent le bon ordre gustatif : les fromages. Le décor a changé avec les couverts. Voici les pâtisseries et les crèmes, puis les glaces, les petits fours et les fruits. [...] Sans oublier le pain ! Sans lui, pas de fête sincère, pas de repas possible ! » De nos jours, une formule relativement simple, mais néanmoins élaborée tant dans son concept que par temps de dégustation qu'elle nécessite, s'est imposée pour les occasions de réception. Le menu commence par une entrée froide ou une salade composée. Vient ensuite une entrée chaude, ou un potage, puis un plat de poisson léger. Intervient alors éventuellement un sorbet arrosé d'alcool (sans coulis) faisant office de trou normand, dont le but est de réactiver l'appétit avant l'apparition du plat principal : volaille, viande ou gibier. Après un petit intervalle de temps, on présente un assortiment de fromages, puis un dessert, pâtisserie, glace ou entremets aux fruits. Seront servis en conclusion le café – avec quelques mignardises et chocolats –, puis les liqueurs et alcools. Il est facile bien entendu d'imaginer sur cette base un menu plus court, en supprimant par exemple l'entrée froide, l'entrée chaude ou le poisson, en faisant l'impasse sur les fromages, en servant le sorbet en dessert, etc.

Mais le menu n'est pas un exercice abstrait. C'est toujours sur la base des achats que se décide sa composition. Or un cuisinier ou une maîtresse de maison attentifs à la qualité des produits ne font pas leur marché avec une idée préconçue, en établissant au préalable la liste des ingrédients nécessaires à telle recette élue arbitrairement. Il est sans doute utile d'avoir au préalable à l'esprit le schéma général de l'orientation d'ensemble du repas (plutôt viande que poisson, salade composée plutôt qu'entrée chaude, portions individuelles de préférence à grosse pièce entière, etc.), mais ce sont la vue, l'odorat, le toucher et un peu d'expérience pratique qui, sur le marché, devront déterminer le choix final, en sélectionnant le légume ou le fruit du jour, le poisson le plus frais, la volaille la plus appétissante, etc. C'est en connaissant bien ses fournisseurs, en nouant avec eux des rapports de confiance, mais en allant aussi d'une boutique à l'autre, que la sélection peut se faire tranquillement et judicieusement. Tous les grands chefs et les cordons-bleus préconisent les atouts indéniables de la « cuisine du marché » qui donne la préférence aux produits de saison ou aux primeurs et permet de réaliser le meilleur rapport entre la qualité et le prix, pierre d'achoppement de toute économie domestique. En revanche, les produits tels que caviar, foie gras, truffe ou saumon fumé ne sauraient souffrir d'ersatz. Mieux vaut s'en passer que de choisir un produit de remplacement ou de mauvaise qualité. Attention également aux ingrédients difficiles à trouver, que l'on remplace par un produit jugé similaire : cette manipulation n'est pas sans risque, car la créativité n'est jamais chose facile en cuisine, et l'on ne remplace pas automatiquement tel produit par tel autre par simple analogie.

L'harmonie de couleurs et de saveurs entre le mets, sa garniture et sa sauce, la variété des textures parmi les différentes denrées, tout en se gardant de la sophistication gratuite, c'est cet équilibre qui fait la réussite d'un repas.
« Et surtout, faites simple ! » recommandait Curnonsky aux chefs qu'il rencontrait. Précepte parfois un peu oublié, mais qui devrait toujours guider l'élaboration d'un menu. Voici quelques repas composés pour le centenaire de la naissance du prince des gastronomes, en 1972.

L'Académie des gastronomes célébra ainsi son fondateur chez Maxim's :
SUPRÊME DE SAINT-PIERRE
SAUCE MIREILLE
POULE FAISANE RÔTIE SUR CANAPÉ
POMMES MAXIM'S
PURÉE DE CÉLERI
SALADE LORETTE
FROMAGES
MILLE-FEUILLE AUX FRAMBOISES
FRIANDISES

Jacques Manière prépara le dîner suivant au restaurant Le Pactole à Paris :
TOURIN BLANCHI
HOMARD À LA NAGE SAUCE MANIÈRE
GRANITÉ AU CHAMPAGNE ROSÉ
POULET PÈRE LATHUILLE
DAUBE FROIDE DE JOUE DE BŒUF
SALADE À L'HUILE DE NOIX
FROMAGES DE FRANCE
ÎLE FLOTTANTE AUX PRALINES ROSES
BRIOCHE MOUSSELINE TIÈDE

Pierre Laporte, du Café de Paris, à Biarritz, propose quant à lui :
FOIE DE CANARD FRAIS EN TERRINE
ESCALOPE DE LOUVINE BRAISÉE
AU VIN ROUGE
PERDREAUX RÔTIS SUR CANAPÉ
FROMAGES
TIMBALE ÉLYSÉE (DE RENÉ LASSERRE)

L'Hôtel du Rhône, à Genève, prenait l'initiative de rendre hommage à Curnonsky en plaçant la Première Rencontre gastronomique internationale sous son patronage, organisant le dîner suivant :
FEUILLETÉ AUX CHAMPIGNONS DU JURA
FILETS D'OMBLE DU LAC
AU BEURRE BLANC
MIGNON DE VEAU À LA BROCHE
FEUILLES D'ÉPINARDS AUX LARDONS
FROMAGES
BISCUIT GLACÉ À L'EAU-DE-VIE DU VALAIS

Le « gastronomadisme » tant prisé par Curnonsky trouve à s'illustrer de belle manière à la lecture des menus que composent aujourd'hui les grandes toques des hauts lieux de la gastronomie française, sous les nuances les plus variées que leur confère à chacun une personnalité créatrice. En voici douze reflets, du plus classique au plus inventif.

LE CLASSICISME
*Au Restaurant de la Pyramide,
à Vienne, chez Point.*

MOUSSE DE FOIE EN BRIOCHE
DÉLICE DE SAINT-JACQUES
TURBOT BRAISÉ AU VERMOUTH
POULARDE DE BRESSE ALBUFÉRA
GRATIN DAUPHINOIS
PLATEAU DE FROMAGES
SORBET À L'EAU DE VIE
DE POIRES
SUCCÈS PRALINÉ
CORBEILLE DE FRUITS

LA SIMPLICITÉ HARMONIEUSE
*Chez Charles Barrier,
à Tours.*

TERRINE DE LÉGUMES
AU COULIS DE TOMATES
SANDRE GRILLÉ
AU BEURRE D'ÉCREVISSES
FRICASSÉE DE POULET
AU VINAIGRE DE FRAMBOISES
NOUILLES FRAÎCHES
LES FROMAGES
AVEC PAIN AUX NOIX
FEUILLETÉ DE POIRES
AU BOURGUEIL

LA TRADITION RENOUVELÉE
*À l'Auberge du Père Bise,
à Talloires.*

PÂTÉ DE CANARD
AUX PISTACHES
GRATIN DE QUEUES D'ÉCREVISSES
POULET DE BRESSE GRILLÉ
SAUCE DIABLE
PLATEAU DE FROMAGES
VACHERIN GLACÉ

VITALITÉ ET GÉNÉROSITÉ
*Chez Bocuse,
à Collonges-au-Mont-d'Or.*

SOUPE DE TRUFFES V.G.E.
LOUP EN CROÛTE DE LA MÉDITERRANÉE,
SAUCE CHORON
PIÈCE DE BŒUF DU CHAROLAIS
À L'ÉCHALOTE
PLATEAU DE FROMAGES
LES DESSERTS DE PAUL BOCUSE
ET PETITS FOURS

LES RECETTES DE L'IMAGINATION ET DE L'INVENTION
*Chez Alain Chapel,
à Mionnay.*

FOIE GRAS DE CANARD POÊLÉ,
COURGETTES À LA FLEUR,
JEUNES AUBERGINES
ET PETITS OIGNONS FANES,
EN AIGRE-DOUX
RIS, CERVELLE ET AMOURETTES D'AGNEAU
AUX FÈVES DE PRINTEMPS
SUPRÊME DE TURBOT DE LIGNE
CLOUTÉ D'ANCHOIS RÔTI AU PERSIL
ET BAIGNÉ D'UNE SAUCE AU CHAMPAGNE
QUELQUES FROMAGES FERMIERS
DESSERTS GLACÉS, MIGNARDISES
PRALINES, CANDIS ET CHOCOLATS
PÂTISSERIE MAISON

LES NUANCES DU GOÛT ET DES SAVEURS
*Chez Michel Guérard,
à Eugénie-les-Bains.*

SOUPE AUX ÉCREVISSES DE RIVIÈRE
FEUILLETÉ DE TRUFFES AU VIN DE GRAVES
COQUILLES SAINT-JACQUES À LA COQUE
NAVARIN DE FAISAN AUX PIEDS DE COCHON
TARTE FINE CHAUDE
AUX POMMES ACIDULÉES

LA FORCE DE LA TRADITION
*À l'Auberge de l'Ill,
chez les Haeberlin.*

BOUDIN DE CAILLE ET DE RIS DE VEAU
AU FOIE GRAS FRAIS
BLANC DE TURBOT AU CHAMPAGNE ROSÉ
FILET DE BŒUF AU POIVRE VERT
ET AUX CONCOMBRES
FROMAGES
PÊCHE POCHÉE, GLACE PISTACHE
SABAYON AU CHAMPAGNE

LE CLASSICISME ET LE PLAISIR DES YEUX
Chez Louis Outhier,
à L'Oasis, La Napoule.
SOUPE DE POISSONS
FILET DE SAINT-PIERRE AU NOILLY
SORBET WILLIAMS
SUPRÊMES DE PIGEON MARIE-LOUISE
SALADE DE MESCLUN
LES FROMAGES DE LA FERME
COUPE OASIS, MIGNARDISES

UN ÉVENTAIL DE CRÉATIONS INDÉPENDANTES
à Valence,
Chez Jacques Pic.
SALADE DES PÊCHEURS AU XÉRÈS
CHAUSSONS AUX TRUFFES
FILET DE LOUP AU CAVIAR
POULARDE DE BRESSE EN VESSIE
SOUFFLÉ GLACÉ À L'ORANGE

LES DÉLICES EXQUIS DE LA GOURMANDISE
À « L'Oustau de Baumanières », chez Thuilier,
aux Baux-de-Provence
ŒUF EN SURPRISE
LOUP À LA MOUSSELINE DE POISSON
POULARDE AUX ÉCREVISSES
GIGOT D'AGNEAU EN CROÛTE
MOUSSELINE D'ARTICHAUTS
GÂTEAU LE FRAISIER

LES SAVEURS DU TERROIR
Chez les Frères Troisgros,
à Roanne
TERRINE DE LÉGUMES
SALADE NOUVELLE
COQUILLES SAINT-JACQUES BOULEZ
ESCALOPES DE SAUMON À L'OSEILLE
AIGUILLETTES DE COL-VERT
AUX MOUSSERONS DES PRÉS
CÔTE DE BŒUF AU FLEURIE
PAMÉLAS

L'ORIGINALITÉ EXUBÉRANTE
Au Moulin de Mougins,
chez Roger Vergé
TERRINE DE RASCASSE AU CITRON
AVEC LES CONCOMBRES À LA CRÈME
GRATIN DE QUEUES D'ÉCREVISSES
AUX ÉPINARDS, SAUCE CHAMPAGNE
GRANITÉ DE PAMPLEMOUSSE AU VERMOUTH
AIGUILLETTES DE SELLE D'AGNEAU
DE SISTERON AVEC LA SAUCE ESTRAGON
ET LA GARNITURE BONNE BOUCHE
VACHERIN GLACÉ AU MIEL DES ALPES
AVEC LA FONDUE D'ABRICOTS

La première donnée, dans la conception d'un menu, reste la saison, qui confère sa tonalité propre au repas, avec ses produits et son style de cuisine. Voici plusieurs exemples proposés pour l'automne, l'hiver, le printemps et l'été, composés avec des recettes données dans l'ouvrage et suggérant diverses variations pour le déjeuner et le dîner, selon des occasions qui vont du repas de tous les jours à celui où l'on reçoit.

AUTOMNE

Déjeuner
QUENELLES DE BROCHET
FAISAN AU CHOU
BEIGNETS VIENNOIS
ET OMELETTE À LA CONFITURE

Déjeuner
TOASTS DES GOURMETS
JARRET DE PORC AUX POIRES
ENDIVES À LA CRÈME
POIRES IMPÉRATRICE

Déjeuner du dimanche
GÂTEAU DE FOIES BLONDS
DE POULARDES DE BRESSE
CAILLES À LA BROCHE
EN FEUILLES DE VIGNE
CÈPES À LA BORDELAISE
CHARLOTTE AUX POMMES

Dîner
SOUPE À L'OIGNON GRATINÉE
COQUILLES SAINT-JACQUES
AU CURRY
SALADE VIGNERONNE
PUDDING AUX AMANDES

Dîner de réception
PETITS BERLUGANS FARCIS
FOIES DE CANARD AUX RAISINS
TRUITES SAUMONÉES
BRAISÉES AU VIN ROUGE
GÂTEAU DE COURGE
CRÈME DE CALVILLE EN SUÉDOISE

Dîner de réception
POTAGE AUX CHAMPIGNONS
SALADE D'ÉCREVISSES À L'ANETH
SALMIS DE CANARD SAUVAGE
POIRES SAVARIN
GÂTEAU HORTENSIA
AUX FRUITS CONFITS ET AU RHUM

HIVER

Déjeuner du dimanche
PÂTÉ BOURBONNAIS AUX POMMES DE TERRE
ET AUX FINES HERBES
OMELETTE AU BOUDIN
FILETS DE MORUE À LA LYONNAISE
SALADE DE PISSENLITS AUX NOIX
BEIGNETS DE BANANES ET ORANGES

Déjeuner
PAIN DE POISSON
CÔTES DE PORC À LA FLAMANDE
POIREAUX À LA CHAPELURE
PLATEAU DE FROMAGES
MOUSSE AUX POMMES À LA GÂTINAISE

Déjeuner
SOUFFLÉ AU BLEU D'AUVERGNE
CASSOULET DE MOUTON
PRUNEAUX À L'AGENAISE

Dîner
CRÈME DE POIREAUX AU CURRY
SALADE D'HUÎTRES MARINÉES
AUX ŒUFS DURS
TOURNEDOS BÉARNAISE SALADE VERTE
SOUFFLÉ À LA LIQUEUR

Dîner de réception
CRÈME DE CÉLERI
ŒUFS POCHÉS PÉRIGUEUX
GOUJONNETTES DE SOLES AU PAPRIKA
POULET AU CHAMPAGNE
SALADE BEAUCERONNE
ANANAS À LA MERINGUE SUR SON BISCUIT

Dîner de réception
SOUPE AUX CLAMS ET AU BACON
MOUSSE FROIDE DE SAUMON
ROGNONS DE VEAU À LA MAÎTRE D'HÔTEL
ÉPINARDS EN VERDURE À L'ANCIENNE
BAVAROIS AU KIRSCH

PRINTEMPS

Déjeuner
MORILLES FARCIES À LA FORESTIÈRE
RÂBLE DE LAPIN À L'ESTRAGON
SALADE TOURANGELLE
FLAN MERINGUÉ

Déjeuner du dimanche
ASPERGES À LA FLAMANDE
CANETONS BRAISÉS
AUX PETITS POIS NOUVEAUX
PETITS GÂTEAUX DE CAROTTES
FROMAGES
MOUSSE GLACÉE AUX FRUITS

Déjeuner
MOULES À L'OSEILLE
CÔTELETTES D'AGNEAU
DE LAIT MONTROUGE
CONCOMBRES PERSILLÉS
TARTE À LA FRANGIPANE

Dîner
CRÈME DE CONCOMBRE
CRÊPES SOUFFLÉES AUX BOUQUETS
TRANCHES DE LOTTE AU FOUR
FROMAGES
GÂTEAU À L'ANISETTE ET À LA PISTACHE

Dîner de réception
POTAGE DE L'OCÉAN AUX FILETS DE SOLES
VOL-AU-VENT DE POULET
RIS DE VEAU À LA CRÈME
FROMAGE FRAIS
MELON À LA SOUVAROV

Dîner
VELOUTÉ D'ASPERGES À LA CRÈME
CUISSES DE GRENOUILLES
AUX FINES HERBES
FRICANDEAU DE VEAU À LA PROVENÇALE
SALADE HUGUETTE
ŒUFS À LA NEIGE

ÉTÉ

Déjeuner
SALADE DE RIZ AUX LANGOUSTINES
ET AUX POIVRONS GRILLÉS
MOUSSAKA
FROMAGES
SORBET AU MELON

Déjeuner du dimanche
ARTICHAUTS À LA BARIGOULE
ROUGETS AUX MOUSSERONS
CURRY D'AUBERGINES
COMPOTE DE FRUITS FRAIS AUX FROMAGES
DE FONTAINEBLEAU

Déjeuner
PISSALADIÈRE
LOUP GRILLÉ AU FENOUIL
TOMATES FRITES
TOURTEAU FROMAGÉ

Dîner de réception
POTAGE GLACÉ À L'OSEILLE
PETITS CRABES GRATINÉS AU FOUR
FOIE DE VEAU À LA VÉNITIENNE
PÊCHES FLAMBÉES

Dîner
ŒUFS FARCIS AUX ANCHOIS
LOTTE À LA PROVENÇALE
HARICOTS VERTS TOMATÉS
FROMAGES
POIRES SURPRISE D'ÉTÉ

Dîner
GNOCCHI À LA ROMAINE
CÔTES DE VEAU À LA GELÉE
SALADE PIERROT
GÂTEAU AUX FRAISES

LA PARURE ET LE DRESSAGE DE LA TABLE

Mettre ses convives en appétit par la grâce d'un couvert bien mis et la présentation soignée des mets est l'une des manières les plus élégantes dont une maîtresse de maison puisse exprimer sa personnalité. Finis les temps fastueux du Grand Siècle où les plats arrivaient portés sur les épaules des serviteurs en livrée, offrant à l'admiration des convives une suite de paons faisant la roue. Finie même l'époque plus proche de nous où Horace Raisson, dans son *Code gourmand* (1829), décrit dans ses moindres détails la mise en scène d'un dîner réussi, où, par exemple, les « hors-d'œuvre se servent en dormants, ils restent sur la table jusqu'au troisième service, c'est la pierre à aiguiser de l'appétit [...] ». L'évolution des mœurs et des modes va même si loin que l'on assiste parfois, avec l'apparition du service à fondue, du four à raclette, etc., à une forme de convivialité où la cuisine « se fait » dans la salle à manger. Il est acquis néanmoins que la table doit être mise avec élégance, voire une certaine recherche dans le choix des couleurs ou des matériaux, des formes et du décor (nappe à impression cachemire, assiettes hexagonales, photophores et bougies pastel, etc.), mais en évitant le luxe ostentatoire ou la sophistication excessive. La règle de base reste le confort et l'agrément des convives. La nappe est posée sur un molleton de coton qui amortit les bruits. Les sets de table placés directement à même le bois ou le marbre sont moins cérémonieux et destinés à des repas intimes. En revanche, la grande assiette de présentation est un raffinement particulier. Très plate, en vermeil, argent ou métal argenté, elle se place sous l'assiette plate dont elle dépasse légèrement. Elle reste sur la table à chaque changement d'assiette et ne se retire que pour le fromage. Les règles du savoir-vivre voudraient que jamais deux assiettes ne soient placées l'une sur l'autre (en dehors justement des assiettes de présentation). La table étant dressée avec des assiettes plates, on les remplace, lorsque les convives sont assis, par celles du premier service (creuses pour un consommé ou un potage). Cet usage est bien entendu de règle dans la restauration, où le changement d'assiette et de couvert après chaque nouveau plat est également obligatoire. Il est moins strictement appliqué dans l'intimité. Mais le changement d'assiette demeure dans tous les cas nécessaire après un plat de poisson ainsi que pour le fromage. Il est par ailleurs recommandé de prévoir des assiettes chaudes pour les mets qui exigent une certaine température de dégustation. Un service de table complet comprend, par ordre de taille décroissant, l'assiette plate, l'assiette creuse, les assiettes à fromage, à dessert, à fruits et à pain. Diverses assiettes spéciales le complètent, fort utiles pour servir certains mets : assiette à escargots et à huîtres (pour la douzaine ou la demi-douzaine), coupelle à avocat, assiette à fondue compartimentée, etc.

Chaque convive doit disposer d'un espace suffisant pour se mouvoir à l'aise sans avoir l'impression d'être « tassé » (60 à 70 cm au moins). Les couverts sont disposés symétriquement : fourchette à gauche de l'assiette (pointes des dents contre la nappe, traditionnellement, car ainsi le dos du manche montre le monogramme), cuiller à potage (côté bombé vers le haut) et couteau principal à droite (lame vers l'intérieur), celui-ci étant le plus proche de l'assiette. Le couteau à poisson et la fourchette à huîtres, le cas échéant, se placent également à droite. Le porte-couteau, qui tend d'ailleurs à disparaître et implique que l'on ne change pas de couverts après chaque service, est à bannir formellement pour un grand dîner : cet ustensile de table fort peu cérémonieux est conçu pour éviter de trop salir la nappe.

Selon le nombre de vins et l'eau fraîche, toujours à prévoir en carafe, sans compter le champagne qui demande des flûtes, trois verres de taille décroissante au maximum sont placés devant l'assiette. Bien souvent, deux verres simplement sont préférables, avec changement éventuel quand on passe du blanc au rouge ou d'un rouge à un cru différent de rouge : un grand pour l'eau et un second, plus petit, tulipe ou ballon, pour le vin, bourgogne ou bordeaux. Un service classique bannit les verres de couleur pour que la teinte naturelle du vin soit mise en valeur dans un cristal pur ou un verre parfaitement transparent. Quant au verre lui-même, il ne doit jamais être rempli entièrement et doit posséder une forme qui permette d'y introduire le nez quand les lèvres en touchent le bord, le plaisir de la dégustation d'un bon vin étant également olfactif. Le verre à madère a pratiquement disparu de la série traditionnelle des verres du couvert. On se gardera de placer dès le début du repas la cuiller à entremets ou à dessert, le couteau à fromage, voire le couvert à fruits, transversalement devant les verres, pour éviter un encombrement superflu. La serviette, pliée le plus simplement possible, est posée dans l'assiette. Elle contient parfois un petit pain glissé dans un pli, mais celui-ci peut prendre place à droite, dans une petite assiette. La serviette individuelle est devenue d'usage courant sous la Renaissance, la mode des grandes collerettes de dentelle et des fraises la rendant indispensable. On la plaça d'abord sur l'épaule, puis autour du cou.

Aujourd'hui, on la pose sur ses genoux, incomplètement dépliée, sans jamais la glisser dans l'encolure. On ne la replie pas en quittant la table, ce qui signifierait que l'on s'attend à être invité à nouveau à la même table.

Lorsque le repas commence par un potage, celui-ci est servi traditionnellement dans des assiettes très chaudes, juste avant que les invités ne prennent place, mais cet usage (introduit dans le savoir-vivre par une comédienne de l'Empire, Émilie Comtat) est très discutable et facilement contournable. Salières et carafes sont disposées de part et d'autre de la table, ou bien au centre si celle-ci est ronde. Le vin, débouché à l'avance, reste dans sa bouteille d'origine, mais on peut, s'il s'agit d'un vieux vin rouge, le décanter dans une carafe en cristal. L'usage qui consiste à coucher la bouteille dans un panier est désuet et justifié uniquement pour les très vieux vins qui ont un dépôt et que l'on ne veut pas décanter, pour les bouger le moins possible. Il est toujours recommandé de monter le vin de la cave suffisamment tôt avant le début du repas et de le déboucher en examinant s'il a besoin d'être décanté ou non.

On évitera les milieux de table encombrants et volumineux qui empêchent les convives de se voir, ainsi que les bouquets de fleurs odorants, les cendriers et les accessoires inutiles. La couleur et la texture de la nappe et des serviettes sont bien entendu affaire de goût, mais le blanc légèrement damassé est par définition une solution toujours élégante. Les couleurs contrastées, les imprimés fleuris ou la dentelle sur un fond pastel peuvent composer des tables séduisantes et originales, à condition de bien savoir accorder la vaisselle et la verrerie, tant du point de vue du style que du matériau. « Convier quelqu'un, c'est se charger de son bonheur pendant tout le temps qu'il est sous votre toit », disait Brillat-Savarin. Ce précepte garde toute sa valeur aujourd'hui comme jadis. Le respect des convenances, à cet égard, n'est jamais un simple réflexe codifié par l'étiquette. Il exige en fin de compte une attention à autrui, une forme de respect incompatible avec l'hypocrisie d'une pure façade, mais qui peut devenir le signe d'une véritable politesse des sentiments.

LEXIQUE DES TERMES DE CUISINE

A

Abaisse Pâte aplatie et étalée au rouleau à pâtisserie, dont l'épaisseur et la forme sont déterminées par l'utilisation prévue (fond de tarte, croûte feuilletée, allumettes, etc.). « Abaisser » signifie « étaler au rouleau à pâtisserie ».

Abats Parties d'un animal de boucherie qui sont comestibles et cuisinées, mais ne font pas partie de la carcasse. Elles sont généralement vendues dans les triperies et se distinguent entre abats « rouges » (cœur, foie, langue, rognons) et abats « blancs » (cervelle, ris, tête, pieds, fraise).

Abattis Morceaux accessoires d'une volaille : tête, cou, ailerons, pattes, gésier, cœur et foie, ainsi que crête et rognons pour le coq.

Abricoter Recouvrir un gâteau ou un entremets d'une couche de marmelade d'abricots réduite et passée au tamis, à l'aide d'une spatule ou d'un pinceau à pâtisserie.

Aiguillette Tranche fine détaillée en longueur sur la poitrine d'une volaille (canard, oie, dinde) ou d'un gibier à plume. Ce terme désigne aussi, en boucherie, la pointe de culotte chez le bœuf.

Al dente Expression italienne (« à la dent ») désignant le juste degré de cuisson des pâtes (sèches et non fraîches), encore légèrement fermes sous la dent, et, par extension, des légumes verts (haricots verts), eux aussi un peu croquants.

Appareil Préparation, mélange, composition que l'on utilise pour la confection d'un mets : appareil à soufflé, à quenelles, à génoise, etc.

Aspic Préparation présentée moulée dans sa gelée (blanc de volaille, foie gras, œufs, poisson, etc., et même entremets de fruits).

B

Bain-marie Mode de cuisson qui permet de maintenir à bonne température ou de cuire très doucement des mets qui, à cause de leur délicatesse, ne doivent pas entrer en contact direct avec l'eau bouillante ou la chaleur du four : sauce, mousse, crème, entremets, etc. On place le mets dans un moule ou une casserole, qui est alors placé dans un récipient plus grand où de l'eau est maintenue à un degré voisin de l'ébullition.

Barde Mince tranche de lard gras dont on enveloppe une pièce destinée à rôtir, pour éviter son dessèchement : elle se place sur la poitrine d'une volaille ou d'un gibier, mais entoure complètement une pièce de viande (rosbif, grenadins de veau, etc.). On « fonce » aussi de bardes un récipient de cuisson (daubière ou moule à terrine) avant d'y placer une préparation. Fixer des bardes autour d'une pièce à l'aide de quelques tours de ficelle se dit « barder ».

Beurre manié Mélange à parts égales de beurre ramolli et de farine, utilisé pour lier une préparation en sauce (matelote) ou une sauce proprement dite (velouté ou « crème »). Il est incorporé en parcelles en fouettant le liquide bouillant.

Beurrer Graisser un moule, une plaque à pâtisserie ou un papier avant d'y mettre un mets à cuire, pour empêcher qu'il n'attache. C'est également faire l'appoint final d'une sauce en lui ajoutant un peu de beurre frais.

Bisque Purée de crustacé (écrevisse, homard, langouste, etc.) relevée de vin blanc, d'aromates et de cognac, additionnée de crème fraîche, servie comme potage.

Blanc Court-bouillon léger, composé d'eau salée et citronnée, additionnée d'un peu de farine, où l'on fait cuire les légumes susceptibles de noircir (fonds d'artichauts, salsifis, cardons, etc.). On qualifie aussi de « blanc » un fond de cuisson destiné à une volaille ou une viande blanche. On cuit enfin « à blanc » une croûte de pâte vide (précuisson), destinée à être garnie ultérieurement.

Blanchir Plonger dans l'eau bouillante plus ou moins longtemps certains abats, le lard, divers légumes (chou, navet), pour les débarrasser de leur âcreté, les raffermir, les épurer, ôter l'excès de sel, etc., ou même les cuire rapidement (épinards, haricots verts).

Bouillon Liquide de cuisson plus ou moins concentré d'une volaille, d'une viande ou de légumes, avec des aromates. C'est généralement la base d'un potage (consommé) ou d'une sauce.

Boulé Degré de cuisson du sucre. Voir page 581.

Bouquet garni Garniture aromatique composée de quelques queues de persil, d'une brindille de thym et d'une demi-feuille de laurier ficelées ensemble. On la retire toujours en fin de cuisson, avant la finition de l'apprêt et son service.

Braiser Cuire lentement une viande, un poisson ou des légumes avec des aromates, en ajoutant très peu de liquide, après les avoir fait revenir dans un corps gras, dans une braisière, un poêlon, une cocotte, et de préférence au four, à couvert.

Brider Maintenir serrées près du corps les ailes et les cuisses d'une volaille ou d'un gibier à plume pour lui conserver une forme présentable lors du service et faciliter son découpage. « Brider en entrée » : en rentrant les pattes dans le ventre de l'animal.

Brunoise Légumes coupés en petits dés de 2 à 3 mm de côté (carotte, navet, céleri, poireau), utilisés pour garnir un potage, préparer une sauce, une farce, un salpicon.

C

Canapé Tranche de pain de mie nature, grillée ou rôtie au beurre, servant à présenter ou à garnir un mets, ou destinée à être tartinée.

Caraméliser Transformer du sucre en caramel en le chauffant, afin d'enduire un moule, de parfumer un entremets ou de glacer des fruits déguisés, des petits choux, etc. Se dit aussi des sucs de cuisson d'une viande ou d'une volaille chauffés dans le fond du récipient.

Cassé Degré de cuisson du sucre. Voir page 581.

Cerner Pratiquer une incision autour d'un fruit pour faciliter sa cuisson (pomme, marron), autour d'un légume (melon, tomate) ou d'un petit pain, d'une brioche pour le vider.

Chanter Se dit lorsqu'un liquide mis à chauffer commence à faire entendre un bruit métallique contre les parois de la casserole.

Chapelure Mie de pain séchée et réduite en poudre, servant à enrober (paner) un apprêt (croquette, escalope, etc.) destiné à être frit ou rissolé, ou dont on parsème un mets qui doit gratiner. La chapelure blanche est faite de mie de pain frais ou rassis ; la chapelure blonde est faite de mie de pain desséchée à four très doux (elle se conserve plus longtemps que la première).

Cheminée Tube de bristol ou petite douille en métal placée dans l'ouverture faite sur le dessus d'une croûte de pâté, de tourte ou de pie, pour permettre l'évaporation de la vapeur.

Chemiser Enduire ou tapisser le fond et les parois d'un moule avec une couche de gelée (aspic), de farce, de crème, de glace (bombe glacée) ou bien de biscuits (charlotte), avant de remplir le vide du milieu avec une autre préparation.

Chevaler Disposer sur un plat des tranches ou des escalopes en les faisant se chevaucher légèrement. On peut chevaler en éventail, en quinconce, en alignement ou en couronne.

Chiffonnade Se dit de feuilles de laitue, d'endive ou d'oseille coupées en lanières (ou « effilochées ») et fondues au beurre, pour garnir un potage, par exemple. La chiffonnade de laitue crue s'emploie aussi pour présenter une salade composée ou un hors-d'œuvre.

Chinois Passoire conique en étamine métallique (pour filtrer sauces, crèmes, sirops ou gelées) ou en fer blanc perforé (pour fouler une sauce épaisse ou un coulis).

Chiqueter Inciser régulièrement en oblique le rebord d'un vol-au-vent, d'une galette, d'une tourte, etc., pour faciliter le gonflage du feuilletage et parfaire sa présentation.

Ciseler Faire des incisions peu profondes dans la chair d'un poisson (sur le dos) pour faciliter sa cuisson. C'est également couper en filaments divers légumes (laitue, oseille, chou) ou bien les feuilles ou sommités des fines herbes (persil, basilic, estragon).

Clarifié (beurre) Beurre fondu sur feu très doux et écumé, que l'on débarrasse de son dépôt blanchâtre formé au fond de la casserole en décantant soigneusement le beurre dans un autre récipient, sans troubler le fond. C'est une matière grasse très pure, utilisée pour une sauce, pour arroser un gratin, etc.

Clarifier Rendre limpide un bouillon, un jus ou une gelée, en incorporant du blanc d'œuf dont l'albumine, en se coagulant, entraîne les impuretés qui troublent le liquide ; il suffit ensuite de le passer à l'étamine.

Clouter Enfoncer un ou plusieurs clous de girofle dans un oignon destiné à aromatiser une cuisson. C'est aussi faire pénétrer dans la chair d'une volaille, d'un gibier, d'un poisson ou d'une viande de petits bâtonnets de jambon, de truffe, d'anchois ou de langue écarlate (à l'aide d'une aiguille à brider), pour aromatiser l'apprêt (souvent braisé), dont la chair doit être assez ferme.

Concasser Écraser du poivre en grains, ou bien des noix ou des amandes en menus fragments, ou du sucre en petits morceaux. C'est aussi hacher grossièrement des épinards ou, surtout, de la pulpe de tomates (on dit « une concassée » de tomates).

Contiser Fixer des lamelles de truffe, de carotte, de concombre, etc., en forme de petites crêtes, dans des incisions régulières faites sur des filets de volaille, de gibier, de poisson. Ces lamelles sont trempées dans du blanc d'œuf afin de tenir en place.

Corser Augmenter la saveur d'un consommé, d'une cuisson, en l'additionnant d'un arôme, de glace de viande, d'une essence quelconque, ou bien en le faisant réduire sur feu vif pour le concentrer.

Court-bouillon Décoction épicée et aromatisée, parfois vinaigrée ou additionnée de jus de citron ou de vin, pour cuire principalement le poisson et les crustacés, mais aussi parfois des abats ou des viandes blanches. Il est préparé à l'avance et mis à refroidir avant emploi.

Coucher Disposer sur une plaque à four ou dans un plat, au moyen d'une poche à douille, une purée (pommes duchesse), une pâte à choux, à meringues, etc., pour la faire cuire selon une forme donnée.

Coulis Purée liquide résultant de légumes ou de fruits (parfois crus) passés dans un tamis. Le terme désigne aussi une réduction de cuisson concentrée (coulis d'écrevisses) utilisée pour une sauce ou un potage.

Crever Mettre du riz à grains ronds à bouillir pendant quelques instants, dans de l'eau légèrement salée, avant de l'égoutter, puis de le mouiller de lait pour en faire un entremets.

Croûtons Morceaux de pain de mie détaillés en dés ou en rondelles, frits au beurre ou grillés, utilisés en garniture de purée, de potage, d'omelette, etc. Les « croûtons de gelée » sont des morceaux de gelée détaillés en motifs à l'emporte-pièce ou au couteau pour décorer un plat froid.

Cuisson Ce terme s'emploie souvent en cuisine au sens de « liquide de cuisson ».

D

Dariole Anciennement, pâtisserie conique en pâte feuilletée garnie de frangipane. Aujourd'hui, petit moule à peine évasé, pour cuire un baba individuel, un petit gâteau de riz ou une mousse de légumes, etc.

Darne Tranche épaisse détaillée à cru, transversalement, dans un gros poisson (colin, saumon, cabillaud, thon).

Daube Mode de cuisson d'une viande (mouton, volaille, mais surtout bœuf), dans un récipient clos (daubière), avec du vin et une bonne proportion d'aromates.

Décoction Procédé qui consiste à faire bouillir plus ou moins longtemps une substance dans de l'eau pour en extraire les principes aromatiques ou nutritifs.

Découpe Voir page ci-contre.

Déglacer Dissoudre les sucs de cuisson d'un apprêt rissolé dans le fond du récipient de cuisson (sauteuse, poêle) en y versant un liquide (vin, vinaigre, bouillon, eau) et en remuant à la spatule, afin de préparer une sauce ou un jus.

Dégorger Plonger dans de l'eau fraîche un abat (cervelle, tête, ris) ou même une viande blanche ou un poisson, afin de les débarrasser de toutes les impuretés ou traces de sang. Les concombres et les aubergines sont mis à dégorger en les poudrant de sel pour éliminer le maximum d'eau de végétation. On fait aussi dégorger les escargots avec du sel avant de les préparer.

Dégraisser Débarrasser un bouillon, un jus, une sauce, etc., de tout excès de graisse après sa cuisson, soit à chaud, avec une petite louche, soit à froid, avec une écumoire (l'opération est plus facile, car la graisse est figée en surface). Dégraisser un récipient, c'est en retirer la matière grasse cuite avant de continuer la cuisson ou la préparation du mets concerné.

Demi-glace Réduction de sauce espagnole (brune) additionnée de madère, utilisée pour corser une sauce ou une préparation.

Dent-de-loup Croûton de pain de mie ou de gelée taillé en forme de triangle. C'est également un biscuit sec allongé et pointu, cuit dans une « gouttière » spéciale.

Dépouiller Enlever l'écume, la graisse ou les impuretés qui montent à la surface d'un liquide porté lentement à ébullition (sauce, potage, crème).

Dessécher Exposer une préparation pâteuse ou aqueuse à la chaleur du four, la remuer quelques instants sur feu vif ou la faire sauter pour éliminer l'excès d'humidité (pâte à choux, purée, épinards, etc.).

Desserte Restes de viande, de volaille ou de poisson cuits, que l'on utilise pour une préparation ultérieure (hachis, farce, salade composée, coquille gratinée, miroton, etc.).

Détendre Rendre moins consistante une purée, une pâte, éclaircir (diluer) une sauce, etc., en ajoutant un liquide approprié (bouillon, lait, œufs battus).

Détrempe Mélange en proportions variables de farine et d'eau, auquel on incorpore ensuite divers ingrédients pour réaliser une pâte.

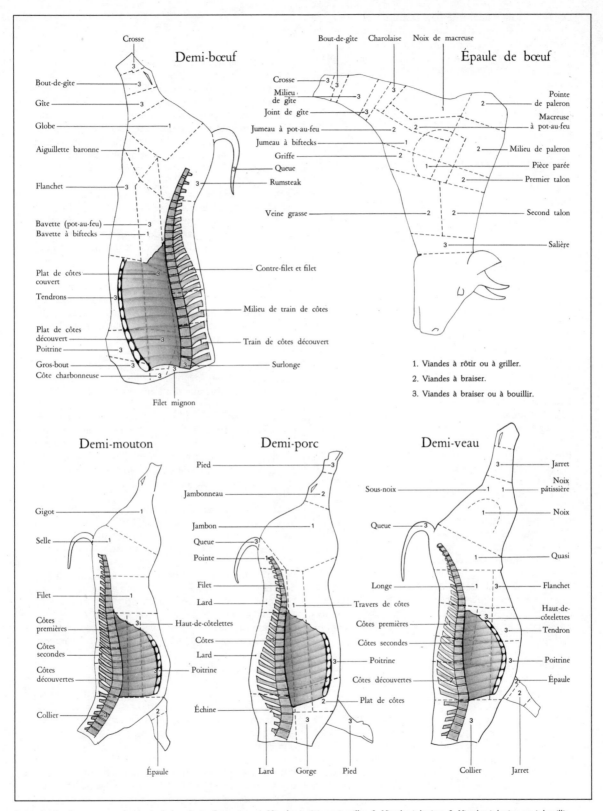

Dorer Badigeonner une pâte avant de la faire cuire au four, avec de l'œuf battu délayé dans un peu d'eau ou de lait, appliqué au pinceau : cette « dorure » permet, après la cuisson de la pâte, d'obtenir une croûte brillante et d'une belle couleur anisée.

Dresser Disposer harmonieusement un mets avec sa garniture dans un plat ou une assiette de service. Le dressage contribue à la mise en valeur de la préparation culinaire jusque dans ses moindres détails (persil, coquilles de beurre, sauce nappée, citrons « historiés », etc.).

Duxelles Hachis de champignons sauté au beurre, enrichi d'oignon ou d'échalote, utilisé comme farce, garniture, élément complémentaire d'une sauce, d'une préparation.

E

Ébarber Enlever les barbes et les arêtes d'un poisson à l'aide de ciseaux. On ébarbe aussi un œuf poché en retirant les filaments blancs coagulés et disgracieux, ou une huître dont la noix de chair entre dans une préparation particulière.

Échauder Plonger dans de l'eau portée à ébullition une tomate ou un fruit (pêche), puis le retirer rapidement, afin de le peler plus facilement.

Émincer Tailler en tranches minces et régulières, en lamelles, ou en fines rondelles, une viande, un fruit ou un légume. Le couteau à émincer, le robot ou la mandoline facilitent cette opération.

Escaloper Détailler en tranches plus ou moins fines, coupées régulièrement en biais, une pièce de viande, un filet de poisson ou même certains légumes (fonds d'artichauts, cèpes).

Étamine Fine étoffe utilisée pour passer un coulis, une gelée, une sauce épaisse ou une purée fluide : soit on pose l'étamine sur un tamis ou dans une passoire, soit on emprisonne la préparation dedans et l'on tord le tissu.

Étouffée (à l') Se dit d'un mode de cuisson d'un aliment dans un récipient couvert, sur feu doux, dans son propre jus.

Étuver Faire cuire un aliment lentement et à couvert, avec très peu de matière grasse ou de liquide, souvent dans l'eau de végétation rendue par l'aliment : viande ou poisson braisé, hachis de légumes, tomates, etc. « Faire étuver » est pratiquement synonyme de « faire cuire à l'étuvée » ou « à l'étouffée ».

F

Farce Préparation hachée ou réduite en purée de divers éléments (poisson, volaille, légumes, aromates), condimentée et liée d'œuf, de béchamel, de mie de pain, etc., utilisée pour garnir (farcir) une volaille, un légume, une viande, un poisson, pour confectionner des quenelles, un pâté, une galantine, une ballottine, etc. La farce est plus ou moins fine et de consistance variable. Son assaisonnement doit être bien équilibré.

Fariner Poudrer légèrement de farine un moule, généralement beurré au préalable, avant d'y verser quelque chose à cuire. Rouler ou passer dans de la farine un aliment (tranche de viande, poisson entier ou en filet), éventuellement pané, avant de le faire frire, sauter ou poêler.

Flamber Passer rapidement sur une flamme une volaille ou un gibier pour enlever les petits poils ou duvets qui subsistent après le plumage. Flamber une préparation, c'est aussi l'arroser d'alcool et y mettre le feu pour l'aromatiser.

Fleuron Petit motif en feuilletage (croissant, par ex.), utilisé pour décorer le dessus d'un pâté en croûte ou la bordure d'un mets en sauce.

Foncer Garnir le fond et les parois d'un moule avec une abaisse de pâte. C'est également mettre dans le fond d'une cocotte ou d'une terrine des couennes ou des bardes de lard, des rondelles de carottes ou d'oignons, etc., qui constituent le fond aromatique et la matière grasse de la cuisson.

Fond Bouillon aromatisé, gras ou maigre, blanc ou brun (selon que ses éléments sont colorés au feu ou non), utilisé pour confectionner une sauce, un potage, pour mouiller un ragoût ou un braisé.

Fondre Cuire lentement au beurre, sur feu doux, des légumes émincés ou taillés en julienne, en brunoise, en mirepoix, qui constituent un fond de cuisson, garniture, farce, sauce, etc. La cuisson se fait parfois dans l'eau de végétation des légumes eux-mêmes. Le terme de « fondue » s'emploie alors dans ce cas pour désigner la préparation prête à l'emploi.

Fontaine Tas de farine, sur une planche à pâtisserie ou un plan de travail, ou dans une terrine, dans lequel on creuse un trou (puits, bassin) pour y verser les ingrédients qui seront incorporés pour préparer une pâte.

Four de campagne Anciennement, appareil en tôle qui permettait de cuire des aliments en utilisant du charbon de bois.

Fraiser Travailler une pâte en l'écrasant avec la paume de la main pour lui donner la consistance voulue. Le fraisage (ou frasage) permet d'obtenir un mélange homogène des ingrédients.

Frémir ou **frissonner** Se dit d'un liquide chauffé à la limite de l'ébullition (court-bouillon, cuisson, lait), dans lequel on doit faire cuire (pocher) un aliment tel que poisson, œufs, etc.

Fumet Préparation liquide, corsée, obtenue par réduction d'un bouillon, d'un fond ou d'une cuisson, utilisée pour préparer une sauce ou faire cuire un aliment. Le terme s'emploie surtout pour les champignons et les poissons.

G

Glace de viande Fond de cuisine, principalement à base de bouillon de viande très réduit, concentré et aromatisé (extrait), de consistance presque sirupeuse, dont on se sert pour corser, parfumer, relever une préparation de cuisine.

Glacer Le premier sens de ce terme est : faire prendre au froid et solidifier une préparation crémeuse ou liquide. Mais il y a trois autres acceptions : faire colorer sous le gril du four un apprêt en sauce ou arroser un apprêt de son jus pendant sa cuisson au four pour qu'il prenne une couleur appétissante ; faire cuire avec du sucre, du beurre et un peu d'eau des carottes, des petits oignons ou des navets pour les enrober d'une petite couche caramélisée ; enrober de sirop de sucre ou de sucre cuit des petits fours ou des fruits, ou encore napper un gâteau de fondant ou de sucre glace.

Godiveau Farce fine à base de veau et de graisse avec laquelle on façonne des quenelles. On prépare aussi du godiveau avec de la chair de poisson, de la crème, des œufs, etc.

Gratiner Cuire ou finir de cuire au four une préparation pour qu'elle présente en surface une croûte dorée et croustillante (le gratin). Le gratin s'obtient le plus souvent en parsemant le dessus du mets de fromage râpé et de crème ou de beurre fondu.

H

Habiller Ébarber, écailler, vider, laver et parer un poisson ; plumer, flamber, vider, brider éventuellement ou barder une volaille ou un gibier à plume. L'habillage désigne donc dans les deux cas toutes les opérations qui précèdent la préparation et la cuisson proprement dites.

Hâtelet Brochette de métal surmontée d'un sujet décoratif ou allégorique, servant de décor – par série de six ou huit – sur une pièce de boucherie, un pâté, un gibier, un gros poisson entier, et ornée de truffe, de citron, de petites tomates, etc. On écrit aussi attelet. C'est une pratique qui relève de l'ancienne cuisine.

Herbes Aromates ou plantes diverses utilisés en cuisine. On entend généralement par « fines herbes » : le persil, le cerfeuil, la ciboulette. Les « herbes de Provence » rassemblent notamment le thym, le romarin, la sauge, le basilic, la sarriette (parfois séchés). Enfin, on appelle « herbes à tortue » un mélange particulier composé de basilic, marjolaine, cerfeuil, sarriette et fenouil (utilisé en principe pour la « soupe à la tortue », mais intervenant aussi pour la tête de veau, la langue de bœuf, etc.).

Historier Transformer un élément de décor (le plus souvent orange ou citron) avant de le mettre en place : demi-citron découpé en dents de loup, mais aussi tête de champignon tournée et ciselée, etc.

I

Infusion Macération d'une substance aromatique dans un liquide porté à ébullition (thé, tisane en particulier). On laisse notamment infuser une gousse de vanille dans du lait bouillant pour le parfumer.

J

Julienne Préparation de un ou plusieurs légumes (poireau, chou notamment), taillés en très fins filaments, soit pour les cuire, soit pour les utiliser dans un hors-d'œuvre. Le terme s'applique par extension à des champignons, au zeste d'agrume, à la langue écarlate, voire à une truffe.

L

Larder Faire pénétrer de place en place dans une pièce de viande des tronçons plus ou moins gros de lard gras ou maigre (parfois de jambon) à l'aide d'une lardoire. À ne pas confondre avec « entrelarder » : faire alterner des tranches de viande maigre avec quelques bardes de lard pour les faire cuire ensemble.

Lèchefrite Plat rectangulaire en tôle émaillée légèrement creux, se glissant sous la grille ou le tournebroche, dans un four, pour recueillir le jus de cuisson d'une viande mise à rôtir.

Liaison Opération destinée à donner une certaine consistance, de l'onctuosité et du velouté à un liquide, en lui ajoutant : de la farine, de la fécule, de la Maïzena, etc. (pour une sauce au vin ou à partir d'un bouillon) ; du jaune d'œuf ou de la crème fraîche (dans un potage, une blanquette) ; du sang ou du foie pilé (dans un civet, un coq au vin).

Limoner Débarrasser de toutes ses impuretés un poisson en le tenant sous l'eau courante ; rincer à fond à l'eau des cervelles ou les éléments d'une blanquette. Limoner s'emploie aussi parfois comme synonyme d'« écailler ».

Lissé Degré de cuisson du sucre. Voir page 581.

Lut Mélange de farine et d'eau pétri pour former un boudin que l'on place sur une terrine ou une braisière à la jointure du couvercle pour la fermer hermétiquement. « Luter » signifie : clore un récipient à l'aide d'un lut. Les mets cuits sans évaporation dans le récipient hermétiquement clos gardent ainsi toute leur saveur.

M

Macédoine Mélange de légumes ou de fruits divers, taillés en petits tronçons, dés, etc., de forme régulière, utilisé pour une préparation chaude ou froide.

Macérer Faire tremper des éléments crus dans un liquide (alcool, vin, sirop, liqueur, etc.) pour que celui-ci les imprègne de son parfum. Le terme concerne plus particulièrement les fruits.

Manié Voir beurre.

Marinade Liquide condimenté dans lequel on laisse séjourner plus ou moins longtemps une viande, du gibier, un poisson ou même des légumes, afin d'aromatiser les substances, de les attendrir ou de les conserver.

Marquer Réunir et mettre en place dans un récipient de cuisson tous les ingrédients nécessaires pour confectionner un mets.

Masquer Couvrir un mets d'une sauce, d'une crème, d'une purée, d'une gelée, d'un fondant, etc. La couche doit être lisse et régulière. On masque aussi de sauce un plat ou une assiette de service avant d'y disposer un mets.

Matignon Mélange de légumes fondus au beurre, avec ou sans jambon, utilisé comme élément complémentaire dans un braisé ou une préparation poêlée.

Meringuer Recouvrir de pâte à meringue un entremets ou un gâteau et le faire passer au four pour obtenir une couche mousseuse et dorée (omelette norvégienne, tarte, etc.).

Mignonnette Poivre grossièrement concassé ou broyé, utilisé notamment pour le steak au poivre ou les marinades.

Mijoter Faire cuire ou finir de cuire lentement sur petit feu une préparation généralement en sauce.

Mirepoix Préparation associant des légumes taillés en petits dés, éventuellement du jambon ou du lard, et des aromates, revenue dans du beurre et utilisée : comme ajout pour cuisiner une viande, un gibier ou un poisson ; comme élément d'une sauce ; comme garniture complémentaire dans un ragoût de légumes ou autre.

Mitonner À l'origine, faire cuire doucement des tranches de pain rassis dans une soupe ou un bouillon. Le terme est devenu synonyme de mijoter.

Monder Retirer la peau d'un fruit (tomate, pêche, pistache, amande) après l'avoir plongé quelques minutes dans de l'eau portée à ébullition.

Monter Battre vivement des blancs d'œufs en neige ou de la crème fraîche en chantilly. « Monter au beurre » signifie ajouter du beurre frais dans une préparation liquide, hors du feu, en l'incorporant par petites parcelles tout en fouettant pour parfaire l'émulsion.

Mouiller Ajouter un liquide dans une préparation pour la faire cuire (après l'avoir fait revenir) ou pour confectionner une sauce ou un jus. Le mouillement est fait de lait, de bouillon, de vin ou d'eau. Le mouillage consiste en l'adjonction du liquide (dans une blanquette, un sauté).

N

Nage Court-bouillon aromatisé dans lequel on cuit des crustacés (écrevisses, homard), des coquillages (coquilles Saint-Jacques) ou même des poissons (rougets), qui sont ensuite servis dans la cuisson elle-même, diversement relevée ou additionnée de crème, d'aromates, etc.

Nappé Degré de cuisson du sucre. Voir page 581.

Napper Recouvrir uniformément d'une sauce, d'une crème, de confiture, etc., un mets chaud ou froid. On dit aussi « masquer ».

Noisette Qualifie un degré de cuisson du beurre

chauffé dans une poêle (jusqu'à ce qu'il soit couleur noisette), utilisé pour servir de sauce à un aliment (poisson surtout, mais aussi cervelle, œufs, légumes cuits à l'eau, etc). Le beurre noisette (parfois additionné de jus de citron) est aujourd'hui préféré au beurre « noir » (cuit plus fortement), accompagnement traditionnel de la raie pochée.

Nouet Petit carré de mousseline dans lequel on enferme, en le nouant, divers ingrédients destinés à aromatiser un apprêt sans s'y mélanger. On le retire en fin de cuisson.

P

Panade Ce terme désigne d'une part une soupe ou une bouillie à base de pain, de bouillon et de lait, d'autre part un appareil à base de farine, de pomme de terre, de pain, parfois d'œufs, pour confectionner une farce à quenelles, une farce de poisson, etc.

Paner Enrober un mets de chapelure ou de panure avant de le faire sauter, frire ou griller.

Panure Mie de pain fraîche finement émiettée dont on enrobe un mets. La panure « à l'anglaise » correspond à un enrobage particulier (pour les filets de poisson, escalopes, croquettes, etc.) : d'abord farine, puis œufs battus et ensuite panure ou chapelure. La panure milanaise incorpore du fromage râpé à la panure. La panure au beurre prévoit une couche de beurre clarifié avant la panure.

Papier d'office Papier blanc résistant utilisé traditionnellement en cuisine (papillotes), que l'on remplace aujourd'hui plus souvent par du papier sulfurisé ou du papier d'aluminium.

Parer Supprimer les parties qui ne seront pas utilisées d'une viande, d'un poisson, d'une volaille, d'un légume au moment de sa préparation. Notamment, pour une viande : retirer les nerfs et l'excès de graisse.

Passer Filtrer à travers une passoire ou un tamis un aliment liquide, une sauce, ou bien égoutter un aliment cuit, ou encore séparer de son liquide de trempage ou de cuisson une préparation. Dans un contexte différent, « passer au beurre » signifie faire revenir rapidement un ingrédient dans du beurre fondu, à la poêle ou dans une casserole.

Perlé Degré de cuisson du sucre. Voir page 581.

Pèse-sirop Instrument servant à mesurer la densité d'une solution de sucre dans de l'eau pour obtenir la concentration désirée.

Pincer Ce terme possède deux sens très différents. Soit serrer entre ses doigts ou avec une pince à pâtisserie, le rebord d'une tarte, d'un pâté, etc., pour parfaire sa présentation. Soit faire colorer ou caraméliser divers éléments utilisés pour préparer un fond brun ou avant de les mouiller pour confectionner un jus ou une sauce.

Piquer Introduire dans une pièce de viande, un gibier, etc., des petits tronçons de lard en surface à l'aide d'une aiguille à piquer ou à larder. C'est aussi donner quelques coups avec les dents d'une fourchette dans le fond d'une croûte à tarte avant de la faire cuire.

Pluches Feuilles de persil ou, plus souvent encore, de cerfeuil, sans aucun tronçon de tige, éventuellement ciselées et utilisées comme garniture de dernier appoint (potage, sauce, etc.).

Pocher Faire cuire dans un liquide (eau, court-bouillon) à petits frémissements ou simplement porté à ébullition et retiré du feu. Cette cuisson douce concerne souvent les poissons, ainsi que les œufs, les abats, la moelle, les saucisses, les quenelles, parfois les viandes.

Pointe Très petite quantité d'un condiment ou d'une épice (ail haché, piment, noix de muscade râpée, etc.), pouvant tenir sur la pointe d'un couteau.

Q

Quatre-épices Mélange d'épices comprenant du poivre moulu, de la noix de muscade râpée, du clou de girofle en poudre et de la cannelle. Cette expression désigne aussi un condiment tiré de la nigelle (également appelé toute-épice). À ne pas confondre avec le cinq-épices (ou toute-épice), autre nom du piment de la Jamaïque.

R

Rafraîchir Plonger dans l'eau froide un mets que l'on vient de cuire à l'eau ou de blanchir (ou faire couler de l'eau froide sur lui) afin de stopper la cuisson.

Raidir Commencer la cuisson d'une viande ou d'une volaille dans un corps gras en raffermissant les chairs sans les faire colorer.

Rectifier Modifier l'assaisonnement final d'un mets après l'avoir goûté.

Réduire Porter un liquide à ébullition pour réduire son volume et concentrer sa saveur.

Relâcher Ajouter dans une sauce, une purée, une farce, une pâte, etc., un liquide de nature variable (eau, lait, consommé, bouillon) pour l'éclaircir, la rendre moins épaisse et moins dense.

Relevé Dans le service classique d'un menu, plat qui vient en principe « relever » (suivre) un autre mets. Il s'agit essentiellement des relevés de potages, appelés aussi « grosses entrées » : poisson, pièce de boucherie ou de venaison, poularde, etc.

Relever Rehausser le goût d'une préparation grâce à l'adjonction de divers condiments, aromates, épices, solides, liquides ou en poudre. Un mets « relevé » est en principe assez « fort » au goût.

Repère Mélange de farine et de blanc d'œuf utilisé pour coller les détails d'un décor en pâte sur un apprêt, sur le rebord d'un plat (qu'il convient alors de chauffer) ; on dit « fixer au repère ». Le terme désigne aussi la détrempe de farine et d'eau qui sert de joint pour fermer hermétiquement une cocotte ou une braisière (v. lut).

Revenir Placer un aliment dans un récipient de cuisson où l'on a fait chauffer une matière grasse pour le faire colorer et rissoler légèrement, généralement en le retournant sur toutes les faces.

Rissoler Cette opération est en général plus poussée que la précédente et va jusqu'à une caramélisation superficielle de la viande, de la volaille ou du légume, dans une poêle, une sauteuse ou une cocotte. Le rissolage précède généralement la cuisson proprement dite.

Rognonnade Morceau de longe de veau d'où le rognon n'est pas détaché.

Rouelle Épaisse tranche de viande de forme ronde (généralement dans le cuisseau de veau). On détaille aussi le jarret de veau en rouelles, ainsi que, par extension, un poisson rond ou des légumes de forme cylindrique (carotte).

Roux Mélange de farine et d'un corps gras (beurre, généralement, ou cuisson d'un apprêt) que l'on fait cuire plus ou moins fort ou longtemps (d'où sa couleur : roux blanc, blond ou brun), avant de le mouiller pour préparer une sauce ou obtenir une liaison.

Royale Crème moulée et cuite, diversement aromatisée, puis démoulée et détaillée en motifs géométriques, utilisée comme garniture d'un potage.

Ruban Lorsqu'un mélange de jaunes d'œufs et de sucre semoule est travaillé à la spatule ou fouetté, qu'il prend une consistance lisse et homogène et s'écoule d'une manière ininterrompue entre les branches du fouet ou du haut de la spatule, on dit qu'il « fait le ruban ».

Russe Nom d'une casserole ronde à bord vertical et dotée d'une queue.

S

Saisir Faire coaguler les parties superficielles d'un aliment en le mettant en contact rapidement avec une matière grasse très chaude ou un liquide bouillant.

Salamandre Appareil de cuisson utilisé par les professionnels pour faire glacer, gratiner ou caraméliser, grâce à son plafond rayonnant, divers mets sucrés ou salés. Le gril du four tient souvent lieu de salamandre.

Salmis Ragoût de gibier, surtout de bécasse, de canard sauvage ou de faisan, mais aussi par extension de pintade ou de canard domestique.

Salpicon Préparation composée d'éléments coupés en petits dés, liés d'une sauce (pour les légumes, la viande, la volaille, les crustacés et poissons ou œufs), d'un sirop ou d'une crème (pour les fruits). Les salpicons servent à garnir timbales, croustades, barquettes, bouchées, à composer des croquettes, fourrer des brioches, des crêpes, etc.

Sangler Entourer de glace et de gros sel bien tassés un moule placé dans un récipient pour congeler un appareil à bombe. Ce procédé est le plus souvent désuet, à cause de la congélation.

Saucer Ajouter à une préparation une partie de la sauce (ou toute la sauce prévue) : soit on nappe le mets, soit on l'entoure d'un « cordon » de sauce.

Sauter Cuire à bonne chaleur dans un corps gras des aliments à découvert et sans mouillement, dans une poêle ou un plat à sauter.

Serrée Se dit d'une sauce d'une consistance assez épaisse (une béchamel utilisée pour lier des ingrédients) ou suffisamment réduite pour être onctueuse.

Singer Poudrer de farine des aliments que l'on vient de faire revenir dans un corps gras et que l'on fait cuire un peu avant de les « mouiller ».

Soubise Purée d'oignons additionnée ou non de crème, utilisée dans de nombreux apprêts (sauce, farce, purée, etc.). On dit parfois « soubiser » pour : additionner de la purée d'oignon à un apprêt.

Subric Petite croquette faite d'éléments liés d'une sauce, puis sautée ou frite. Les subrics sont faits avec de la viande de desserte, des légumes en purée, du riz, etc., et sont servis en entrée ou en dessert (pour des subrics de semoule ou de riz), avec une sauce.

Suer   Cuire dans un corps gras à chaleur douce un ou plusieurs légumes taillés menu, à couvert, pour leur faire perdre l'eau de végétation et concentrer leur saveur.

Suprême   Blanc de volaille ou filet de gibier cuit ; par extension, filet de poisson fin. On qualifie aussi de « suprême » une sauce veloutée à la crème, pour volailles pochées ou poêlées.

T

Talmouse   Petite tartelette ou chausson feuilleté, garni de fromage, servi en entrée chaude.

Tamponner   Passer doucement, à la surface d'une sauce, d'un potage ou d'une crème prêts à servir, un morceau de beurre qui fond et qui la recouvre d'une fine pellicule grasse, laquelle évite la formation d'une peau.

Toilette   Membrane de l'intestin du porc, utilisée pour envelopper divers apprêts (on dit aussi crépine).

Tomater   Additionner une sauce, un jus, une cuisson, d'un peu de sauce tomate ou de concentré de tomate.

Tomber   On dit « tomber au beurre » pour : cuire des ingrédients dans du beurre, sans mouillement et sans coloration. S'il y a coloration et mouillement, puis réduction complète de ce mouillement, on dit « tomber à glace ».

Tourer   Abaisser un feuilletage et le plier plusieurs fois de suite pour assurer la répartition du beurre dans la détrempe, en lui faisant effectuer un certain nombre de « tours ».

Tourner   Enlever sur un fruit (olive) ou un légume (tête de champignon) tout ou partie de la peau ou de l'écorce, pour lui donner une apparence décorative, généralement en forme de spirale ou de rosace.

Trousser   Mettre en forme une volaille ou un gibier à plume avant de le brider ; plus particulièrement, glisser l'articulation de la patte et de la cuisse dans une fente pratiquée dans le flanc. L'opération peut parfois dispenser du bridage. On trousse aussi les écrevisses en piquant l'extrémité des pinces à la base de la queue.

Turban   Manière de dresser certains mets en couronne ou en bordure (riz, salpicon, mousse, farce tassée dans un moule à savarin notamment).

V

Vanner   Remuer une sauce ou une crème avec une cuiller ou une spatule pendant qu'elle refroidit, pour empêcher la formation d'une peau et la garder bien lisse et homogène.

Velouté   Sauce blanche faite d'un fond de veau ou de volaille ou d'un fumet de poisson, lié avec un roux blanc ou blond. Divers ingrédients complémentaires interviennent pour caractériser des sauces très différentes. Le velouté est aussi un potage dont l'élément de base est cuit dans un liquide lié, le tout étant passé pour donner une préparation lisse et onctueuse que l'on peut garnir diversement.

Verjus   Suc acide de raisin vert ou peu mûr utilisé comme ingrédient de sauce.

Vert-cuit   Se dit surtout du canard et de la bécasse quand ils sont servis saignants, à peine cuits. De même que l'on dit d'un fruit qu'il est « vert » avant sa maturité.

Z

Zeste   Écorce extérieure colorée et parfumée d'un agrume. « Zester » signifie séparer le zeste d'un fruit de la partie blanche située au-dessous à l'aide d'un couteau spécial (zesteur) ou d'un simple couteau économe.

Les recettes sont calculées pour 8 personnes, sauf indication contraire.
L'astérisque * précédant le titre d'une recette renvoie à son illustration.
L'astérisque * dans le texte ou dans la liste des ingrédients renvoie
à une recette donnée dans l'ouvrage (*consulter l'index final*).

« Un véritable gastronome doit toujours être prêt à manger, de même qu'un soldat doit être toujours prêt à combattre... J'ai oublié le menu, mais un tendre souvenir m'est resté d'une poularde au blanc... »

(Charles Monselet, Lettres gourmandes.)
Création Jean Puiforcat
(extrait de Tables en Vogue, Éd. E.P.A. Style).

« ... Sans être à l'étroit, il faut qu'on ait de l'air aux coudes, et le droit de faire, en bavardant, si l'on veut, de grands gestes. Grignotés de profil, les mets sont indigestes ! »

(Jean Richepin, À Table.)
Création : André Putman (extrait de Tables en Vogue, Éd. E.P.A. Style).

« Une paire de faisans, et je ne sais quoi d'autre encore, vous attend à dîner (...). Venez donc et prenons du bon temps sans répit pour empêcher la vieillesse, espionne de la mort. »

(Lettre de l'Arétin à Titien, Venise, décembre 1547.)

Décoration : Jacques Grange, nappe Porthault.

« Le linge blanc rehausse tout le service, l'éclaire et met en saillie la parure de la table ; il est frais et appétissant à la vue... Il est le fond du décor et couvre la table jusqu'aux deux tiers de ses pieds. »

(Eugène Briffault, Paris à table, 1846.)
Styliste : Bayle pour Maison de Marie-Claire.

Les salles peuvent servir à toutes sortes de cérémonies, à banqueter, à donner la comédie, à faire des noces et d'autres passe-temps semblables.
(Andrea Palladio, les Quatre Livres de l'architecture, 1570, livre I, ch. XXI.)

« Que la salle à manger soit éclairée avec luxe, le couvert d'une propreté remarquable... Que le nombre des convives n'excède pas douze, afin que la conversation puisse être constamment générale... Que les mets

soient exquis, mais en nombre resserré, et les vins de première qualité, chacun dans son degré... Que le mouvement de consommation soit modéré... »

(Brillat-Savarin, Physiologie du goût, « Méditation XIV. »)
Salle à manger à Château-Margaux.

« Je dis qu'il ne faut pas tant regarder ce qu'on mange qu'avec qui on mange... Il n'est point de si doux apprêt, pour moi, ni de sauce si appétissante, que celle qui se tire de la société. »

(Montaigne.)
Décoration Serge Robin, nappe Pénélope.

POTAGES ET SOUPES

A L'ORIGINE, LA SOUPE ÉTAIT UNE LARGE tranche de pain sur laquelle on versait du bouillon, d'où l'expression « tremper la soupe ». Elle a conservé de nos jours un caractère rustique ou familial, chaleureux ou régional.

Onctueuse et parfumée, c'est, selon le mot du marquis de Cussy, « quelques poignées de bonne terre jetées à la surface du sol où vous allez semer ». Calmant les violences de la faim, effaçant les fatigues du jour, elle permet, tout de suite après, de boire un peu de vin, ce fameux « coup du médecin » qui « chasse la maladie », comme on dit dans les campagnes.

Le potage, version raffinée de la soupe, permet aux chefs des variations subtiles et d'élégantes créations. Selon Grimod de La Reynière, il est au dîner « ce que le péristyle est à un édifice ». Aujourd'hui, potages et soupes restent « une longue patience », comme disait Curnonsky. Le prince des gastronomes avait relevé, tant dans le folklore gourmand que chez les chefs, plus de cinq cents recettes différentes de soupes et de potages, lesquels se subdivisent, selon le type de préparation demandé, en crèmes-potages, bisques, veloutés ou consommés, potages liés ou passés, sans compter les apprêts typiquement locaux comme la garbure, le tourin, la bouillabaisse, la cotriade, etc.

BISQUE D'ÉCREVISSES

PRÉPARATION 2 HEURES • CUISSON 1 HEURE 30 • CUISSON DES ÉCREVISSES 15 MINUTES

Faire légèrement rissoler au beurre une fine mirepoix* composée de carottes, d'oignons, de queues de persil, d'un peu de thym et de laurier. Ajouter les écrevisses, passées à l'eau et châtrées (on compte par personne 3 écrevisses) ; les faire sauter en plein feu, jusqu'à ce que les carapaces soient bien rouges. Mouiller avec quelques cuillerées de cognac, le vin blanc et autant de fumet de poisson léger, assaisonner de sel et de poivre ; couvrir et cuire 10 à 12 minutes, selon la grosseur des écrevisses.
En même temps, on cuira dans le consommé blanc le riz long grain américain. Ce riz doit être très cuit.
Décortiquer les écrevisses ; réserver les queues et 12 coffres.
Égoutter et piler finement les débris, les restes des écrevisses et la mirepoix (réserver la cuisson).
Ajouter le riz, puis la cuisson des écrevisses, et passer à l'étamine.
Délayer la purée avec la quantité nécessaire de consommé, pour l'amener au point de consistance voulue, et la chauffer jusqu'à ébullition.
Au moment de servir, achever la préparation du potage avec quelques cuillerées de crème, un filet de bon cognac et 125 g de beurre.
Les coffres d'écrevisses garnis de farce de poisson à la crème, les queues coupées en petits dés formeront la garniture de la bisque.
Nota. L'opération du châtrage des écrevisses ne doit jamais être négligée, quelle que soit leur préparation. Elle consiste dans l'enlèvement du boyau intestinal, dont l'extrémité se trouve à l'endroit de la petite ouverture qui est sous la phalange médiane de la queue.

24 écrevisses de 90 à 100 g chacune
200 g de beurre
1 carotte
1 gros oignon
bouquet garni
sel, poivre du moulin
2 dl de vin blanc
5 cl de cognac
2 dl de fumet * de poisson
260 g de riz
2 litres de consommé de volaille
1 dl de crème fraîche
150 g de farce * de poisson

* BOUILLABAISSE

PRÉPARATION 1 HEURE • CUISSON 15 MINUTES

La bouillabaisse a acquis sa réputation auprès des gastronomes en obéissant à des règles impératives.
Le poisson doit être d'une totale fraîcheur. Employer du roucau, des rascasses, des galinettes, du fiellas, de la baudroie, des araignées de mer, du saint-pierre, etc. Dans un poêlon large et plat, verser de la bonne huile d'olive et faire revenir oignons hachés, tomates, ail, persil, laurier, fenouil et un peu d'écorce d'orange ; assaisonner d'une pincée de safran. Y jeter le poisson, des moules, le tout épicé. Recouvrir à peine d'eau bouillante et provoquer une rapide ébullition.
Cuire à très grand feu, pendant un quart d'heure. Enlever les poissons entiers et les moules, et les disposer sur un plat. Par ailleurs, délayer un peu de farine dans de l'huile d'olive et en arroser le bouillon, afin de le lier. Après quelques minutes d'ébullition, rectifier l'assaisonnement. Passer le bouillon sur des tranches de pain grillées et aillées.
On présentera, d'une part, le poisson et, de l'autre, le bouillon garni de tranches de pain, et on les servira dans la même assiette.

4 kg de poissons variés
sel, poivre
3 dl d'huile d'olive
2 oignons
4 tomates
10 gousses d'ail
4 branches de fenouil
bouquet garni
une écorce d'orange
2 cuillerées à café de safran
2 litres de moules (facultatif)
50 g de farine
tranches de pain ordinaire

CONSOMMÉ DE POULE AUX AMANDES

PRÉPARATION 40 MINUTES • CUISSON 15 MINUTES

Volaille de desserte
50 g d'amandes mondées
3 jaunes d'œufs durs
1 litre de consommé
1 dl de crème fraîche
150 g de croûtes de pain

Piler, dans un mortier de marbre de préférence, les blancs d'une volaille rôtie, avec quelques amandes douces et les jaunes d'œufs durs. Mouiller avec du consommé. Passer cette préparation à l'étamine ; ajouter un peu de crème, et faire chauffer au bain-marie.

D'autre part, faire mitonner des croûtes de pain dans du consommé, comme pour en faire un simple potage.

Laisser sur ces croûtes la quantité de consommé suffisante, et, au moment de servir, y ajouter la préparation chauffée au bain-marie.

COTRIADE BRETONNE

PRÉPARATION 45 MINUTES • CUISSON 8 MINUTES

2 kg de poissons variés
sel, poivre
100 g de beurre
2 gros oignons
bouquet garni, composé de branches de persil, de 2 branches de thym, d'une demi-feuille de laurier, de 2 branches de fenouil, d'une branche de marjolaine et de cerfeuil
1 kg de pommes de terre
tranches de pain ordinaire
un demi-litre de vinaigre de vin

À feu très vif, dans un chaudron, faire fondre du beurre et y faire roussir des oignons hachés ; verser de l'eau en quantité suffisante ; assaisonner de sel, de persil, de thym, de laurier, de fenouil, de marjolaine et de cerfeuil. Ajouter les pommes de terre épluchées et émincées. Quand elles sont presque cuites, mettre les poissons : merlans, aiguillettes, maquereaux, éperlans, coupés en tronçons ou non, suivant la longueur. La soupe doit bouillir à gros bouillons, mais le poisson ne doit pas être trop cuit.

Quand il est à point, verser les deux tiers du bouillon dans une soupière garnie de tranches de pain ; mettre le poisson dans un plat creux avec les pommes de terre ; saler fortement le reste du bouillon, qui servira à arroser le poisson.

Manger d'abord les pommes de terre et le poisson, en trempant chaque morceau dans du vinaigre très poivré. Prendre ensuite la soupe, très condimentée, qui a eu le temps de tiédir.

CRÈME DE CÉLERI

PRÉPARATION 40 MINUTES • CUISSON 2 HEURES

3 pieds de céleri
100 g de beurre
2 litres d'eau
3 pommes de terre
sel
3 jaunes d'œufs
1 dl de lait
1 dl de crème fraîche
100 g de pain de mie en petits dés

Éplucher et nettoyer le céleri ; le faire blanchir à l'eau bouillante, l'égoutter et le rafraîchir à l'eau froide ; l'éponger. Le couper grossièrement et le mettre à suer avec un morceau de beurre. Mouiller avec les 2 litres d'eau et ajouter les pommes de terre coupées en lamelles.

POTAGES ET SOUPES

Laisser cuire à petit feu 1 heure et demie. Passer à la passoire fine ; ajouter du lait si le mélange est trop épais, et, après avoir fait bouillir, lier avec les jaunes d'œufs et la crème. Verser le potage sur des croûtons frits au beurre.

CRÈME DE CONCOMBRE
PRÉPARATION 30 MINUTES • CUISSON 1 HEURE

1 kg de concombres
500 g
de pommes de terre
sel, poivre
100 g de beurre
50 g de farine
1 dl de crème fraîche

Mettre dans de l'eau bouillante les concombres épluchés, égrainés et coupés en dés, avec les pommes de terre, coupées également ; sel et poivre.
Laisser cuire doucement. Passer.
Lier avec un beurre * manié. Verser doucement dans la soupière, au fond de laquelle on aura mis de la crème fraîche. Bien remuer.

CRÈME DE HARICOTS BLANCS AUX PETITS LÉGUMES
PRÉPARATION 2 HEURES • CUISSON 1 HEURE 30

1 litre de haricots blancs
(environ 750 g)
2 litres et demi d'eau
1 bouquet de persil
sel
un demi-litre de lait
2 carottes
2 navets
une demi-cuillerée
de cerfeuil en pluches
100 g de petits pois
100 g de haricots verts
2 jaunes d'œufs
2 dl de crème fraîche
100 g de beurre

Potage terminé : 2 litres de liquide environ.
Cuire à l'eau bouillante salée les haricots blancs frais ; y joindre un petit bouquet de persil.
Aussitôt cuits, égoutter les haricots (réserver la cuisson) et les passer vivement au tamis. Recueillir la purée dans une casserole, la délayer avec un demi-litre de la cuisson réservée et le lait bouilli ; faire prendre l'ébullition en remuant ; retirer sur le coin du feu et laisser bouillir doucement pendant 15 à 20 minutes, en ayant soin de dépouiller de temps en temps, c'est-à-dire d'écumer.
Pour la garniture, lever, à l'aide d'une petite cuillère parisienne, ronde, une vingtaine de petites boules de rouge de carotte (grosseur d'une belle perle) et autant de boules de navet. Vu la petite quantité de chacune, les cuire ensemble, avec 1 verre d'eau de cuisson des haricots et gros comme une noix de beurre. (À défaut de l'ustensile indiqué, tailler simplement carottes et navets en dés de 7 mm de côté.)
Cuire, à l'eau bouillante salée, les petits pois fins et les haricots verts coupés en petits losanges.
Cette garniture doit être préparée à l'avance.
Quelques minutes avant de servir, mélanger dans le potage une liaison de jaunes d'œufs délayés avec la crème. Compléter, hors du feu, avec 60 g de beurre ; verser le potage dans la soupière en le passant au chinois ; ajouter finalement les carottes, navets, petits pois, haricots verts (bien égouttés) et le cerfeuil.

POTAGES ET SOUPES

CRÈME D'ORGE AU BEURRE D'ÉCREVISSES
PRÉPARATION 1 HEURE • CUISSON 3 HEURES

250 g d'orge perlé (gros)
2 litres et demi
de bouillon blanc
1 blanc de céleri
100 g d'orge perlé (fin)
6 écrevisses
sel
125 g de beurre *
d'écrevisses
100 g de farce *
de volaille
3 jaunes d'œufs
1 dl de crème fraîche

Laver à l'eau tiède, et à plusieurs reprises, l'orge perlé (gros). Le mettre dans une casserole avec 1 litre et demi de bouillon et le blanc de céleri émincé.
Enlever soigneusement l'écume qui se produit durant la prise d'ébullition, et laisser cuire doucement ensuite pendant 3 heures.
Préparer le beurre d'écrevisses bien rouge ; en mélanger 25 g avec la farce de volaille. Avec cette farce, coucher sur une plaque beurrée une vingtaine de petites quenelles de la grosseur d'un haricot. Ces quenelles seront pochées à l'eau salée un quart d'heure avant de servir.
Environ une heure avant de servir, mettre à cuire l'orge fin perlé avec 5 dl de bouillon blanc.
L'orge perlé (gros) étant cuit, le broyer d'abord dans le mortier, puis le passer à l'étamine ou au tamis fin. Recueillir la purée dans la casserole, l'allonger avec 5 dl de bouillon, la chauffer jusqu'au moment où l'ébullition se produit, y ajouter une liaison de jaunes d'œufs délayés avec la crème, et compléter, hors du feu, avec 100 g de beurre d'écrevisses.
Verser dans la soupière, et ajouter l'orge perlé fin et les quenelles égouttées.
Nota. Bien observer qu'un potage de ce genre (avec liaison de beurre) ne se termine qu'au tout dernier moment.

CRÈME DE POIREAUX AU CURRY
PRÉPARATION 1 HEURE • CUISSON 1 HEURE

300 g de blancs
de poireaux
200 g de riz
1 litre de bouillon
1 cuillerée à café
de curry
sel
1 verre de lait
2 jaunes d'œufs
1 dl de crème fraîche
100 g de beurre
un peu de riz cuit à part

Faire blanchir les blancs de poireaux dans de l'eau bouillante pendant 8 à 10 minutes. Les presser pour leur enlever tout excès d'eau ; les hacher, et les dessécher dans un peu de beurre. Y ajouter ensuite le riz ; mouiller avec le bouillon non coloré, ajouter le curry, saler, couvrir et laisser cuire lentement pendant trois quarts d'heure à 1 heure.
Passer alors le riz et les poireaux au tamis fin, et allonger avec du bouillon et un peu de lait, pour obtenir un potage crémeux que l'on fait rebouillir. Goûter et assaisonner selon le goût (assez relevé).
Lier avec les jaunes d'œufs et la crème fraîche ; beurrer ; garnir avec un peu de riz cuit à part, en grains détachés.

POTAGES ET SOUPES

GARBURE BÉARNAISE AU CONFIT D'OIE
PRÉPARATION 2 HEURES • CUISSON 1 HEURE 30

750 g de confit * d'oie
sel, poivre
3 litres d'eau
100 g de graisse d'oie
100 g de carottes
50 g de navets
50 g de petits pois
50 g de haricots verts
150 g de haricots blancs
ou de fèves en saison
1 chou
2 poireaux
1 oignon
250 g de pommes
de terre
1 bouquet garni
tranches de pain
de ménage séché

La garbure n'est pas, comme on le dit parfois, une purée de tous les légumes frais et secs. C'est un potage parfumé, dont l'âme est la graisse et le confit d'oie, et la garniture une macédoine de carottes, de navets, de petits pois frais, de haricots verts, de haricots blancs, de pommes de terre, de choux, de poireaux et d'oignons.

Dans une marmite d'une contenance de 6 litres, mettre l'eau, un bouquet garni forcé en thym, avec pommes de terre, haricots blancs et haricots verts taillés en macédoine, du sel et un quartier de confit d'oie. Faire bouillir, et y ajouter carottes, navets, petits pois, poireaux et un petit oignon, le tout précédemment revenu sans prendre couleur dans la graisse d'oie. Une demi-heure avant de servir, retirer *lou trébuc,* c'est-à-dire le confit, et y ajouter le chou haché pas trop fin. Ce potage doit cuire à grand feu, et non mijoter. La garbure se sert telle quelle, facultativement avec des croûtons. Le confit suit, avec une garniture de pommes de terre ou de légumes verts.

GRATINÉE AU ROQUEFORT
PRÉPARATION 25 MINUTES • CUISSON 15 MINUTES

750 g d'oignons
2 litres d'eau
100 g de roquefort
100 g de beurre
une cuillerée à soupe
de cognac
sel, poivre
noix de muscade
un peu de gruyère râpé
quelques tranches
de pain

Émincer et faire revenir les oignons au beurre jusqu'à ce qu'ils soient bien fondus sans être trop colorés. Verser dessus l'eau bouillante et laisser cuire 10 minutes. Saler, poivrer, ajouter un peu de noix de muscade râpée et la cuillerée de cognac.

Préparer, dans de petites marmites individuelles, des tranches de pain finement coupées couvertes de roquefort émietté. Verser la soupe à l'oignon, jusqu'aux trois quarts, poudrer de gruyère et faire gratiner au four 10 minutes.

POTAGES ET SOUPES

MARMITE DIEPPOISE
PRÉPARATION 45 MINUTES • CUISSON 8 MINUTES

*2 kg de poissons divers
sel, poivre
deux bouteilles de cidre
2 gros oignons
bouquet garni
un demi-litre
de crème fraîche
1 cuillerée à bouche
de persil
à volonté : un litre
de moules*

Émincer les oignons et les mettre dans une casserole avec deux bouteilles de bon cidre bouché. Mettre en plein feu et laisser réduire, jusqu'à ce qu'il ne reste plus que le quart du liquide. Jeter dans cette casserole quelques poissons de mer à chair ferme (barbue, grondin, daurade, etc.), tronçonnés. Assaisonner modérément ; couvrir et faire bouillir 8 minutes en plein feu. Sortir les poissons et faire réduire la cuisson presque à sec, puis remettre les poissons et les tenir à chaleur modérée jusqu'au moment de servir. Couvrir alors de crème fraîche et faire bouillir un instant. Dresser les poissons dans un grand légumier ou soupière. Fouetter la sauce de façon qu'elle soit bien onctueuse. Rectifier l'assaisonnement ; napper les poissons. Parsemer de persil grossièrement et fraîchement haché.
On peut joindre à ce plat quelques moules.

MOURTAYROL
PRÉPARATION 1 HEURE • CUISSON 1 HEURE

*1 poule au pot
1 petit jambon
500 g de gîte de bœuf
garniture habituelle
de pot-au-feu
composée de : 2 carottes,
2 navets, 2 poireaux,
1 oignon
piqué d'un clou de girofle
1 bouquet garni
sel
3 litres d'eau
1 cuillerée à café
de safran
250 g de pain
en tranches*

Le « mourtayrol » est une soupe au safran du Rouergue. Après avoir préparé un excellent bouillon de poule, de jambon et de bœuf, on coupe, dans une terrine allant au feu, une miche de pain en tranches. On verse lentement sur cette miche le bouillon, préalablement coloré de safran, jusqu'à ce que le pain soit complètement trempé.
On laisse alors mijoter le tout pendant une demi-heure à feu doux, et de préférence au four, en ayant soin d'ajouter, de temps à autre, du bouillon chaud.
Servir le « mourtayrol » dans la terrine même où il a été préparé.
Nota. Les viandes sont présentées ensuite, avec les légumes du pot.

POTAGES ET SOUPES

PETITE MARMITE DE VOLAILLE À LA MOELLE

PRÉPARATION 1 HEURE • CUISSON 1 HEURE 45

1 kg de jarret de veau
abattis de 2 volailles
2 carottes
2 navets
2 blancs de poireaux
1 cœur de céleri
3 litres de consommé
250 g de vermicelle
16 petits croûtons
de baguette
500 g de moelle de bœuf
poivre
100 g de parmesan
ou de gruyère râpé

Faire blanchir le tiers d'un beau jarret de veau et les abattis de volailles (ailerons, gésiers, cous).

D'autre part, préparer une belle garniture de carottes, navets, blancs de poireaux, cœur de céleri coupés en gros bâtonnets, également blanchis et rafraîchis.

Mettre le tout dans une marmite ; mouiller avec le consommé blanc. Laisser cuire pendant 1 heure et demie. Dix minutes avant la fin de la cuisson, ajouter le vermicelle.

Retirer le jarret ; le couper en fines lamelles. Servir individuellement, en petites marmites, le consommé au vermicelle avec un peu de la viande, un aileron de volaille et 2 petits croûtons de pain garnis d'une lame de moelle pochée, salée et poivrée. Faire griller les croûtons au moment de servir, et présenter, sur un ravier, le fromage râpé.

POTAGE DE CÉLERI AUX PETITS CROÛTONS

PRÉPARATION 30 MINUTES • CUISSON 1 HEURE

400 g de céleri-rave
5 branches de céleri
1 gros oignon
2 litres d'eau
sel
un demi-litre de lait
150 g de beurre
1 cuillerée
de pluches de cerfeuil
100 g de pain de mie
en petits dés,
frits au beurre

Émincer les légumes et les mettre dans une casserole avec 30 g de beurre ; faire étuver sur le coin du feu pendant un quart d'heure.

Ajouter les 2 litres d'eau tiède et du sel ; faire prendre l'ébullition et laisser cuire doucement pendant 35 à 40 minutes.

Égoutter les céleris en réservant la cuisson ; les passer au tamis, ou simplement à la grosse passoire, et recueillir la purée dans la casserole. La délayer avec la cuisson réservée et le lait bouilli.

Faire prendre l'ébullition en remuant, et compléter, hors du feu, avec 100 g de beurre.

Verser dans la soupière et ajouter les petits croûtons frits au beurre et les pluches de cerfeuil.

POTAGES ET SOUPES

POTAGE AUX CHAMPIGNONS
PRÉPARATION 30 MINUTES • CUISSON 15 MINUTES

250 g de champignons
100 g de beurre
75 g de farine
1 litre de lait
1 litre de consommé de volaille
sel, poivre
1 dl de crème fraîche
2 jaunes d'œufs

Parer et laver les champignons et les hacher finement.
Faire un roux blond avec le beurre et la farine, que l'on mouille petit à petit de lait chaud pour obtenir une béchamel un peu épaisse.
Ajouter le litre de consommé, puis le hachis de champignons, du sel, du poivre, et laisser cuire doucement environ 10 minutes. Ajouter la crème ; suivant l'épaisseur du potage, mouiller avec un peu de lait chaud et mettre à point l'assaisonnement.
Délayer dans la soupière les jaunes d'œufs avec quelques cuillerées de crème, puis y verser le potage et servir.
Nota. Ce potage est évidemment meilleur avec des champignons sauvages.

POTAGE À LA CRÈME DE POTIRON
PRÉPARATION 5 MINUTES • CUISSON 1 HEURE ENVIRON

750 g de chair de potiron
100 g de tomates
40 g d'oignon
75 cl environ de lait
2 jaunes d'œufs
50 g de beurre
10 g de sel
une pincée de sucre

Peler le potiron et le couper en morceaux carrés de 4 cm de côté environ. Couper les tomates en deux, les presser légèrement pour en extraire l'eau et les graines. Tailler l'oignon en tranches minces. Réunir le tout dans une cocotte épaisse. Recouvrir d'un papier d'aluminium à même les légumes, ne pas ajouter de liquide et poser le couvercle. Enfourner à chaleur moyenne et laisser cuire pendant 1 heure. Passer tout le contenu de la cocotte, liquide et solide, au mixer, puis au tamis. Recueillir le potage dans une casserole. Saler et sucrer, puis ajouter doucement le lait en remuant sur feu doux. Laisser bouillir 2 minutes, puis couvrir et garder au chaud jusqu'au moment de servir. Chauffer la soupière en la rinçant à l'eau bouillante, y mettre le beurre en petits morceaux avec les jaunes d'œufs. Avec une cuillère en bois, les mélanger rapidement, puis verser peu à peu le potage très chaud en tournant. Servir aussitôt, avec éventuellement une garniture de petits croûtons.

POTAGE DE CRESSON
PRÉPARATION 10 MINUTES • CUISSON 5 MINUTES

2 litres de lait
1 botte de cresson
quelques branches de cerfeuil
2 jaunes d'œufs
sel
100 g de beurre
quelques tranches de pain (baguette ou ficelle)

Faire bouillir le lait. Pendant ce temps, faire frire les tranches de pain dans du beurre, les ranger dans la soupière, les poudrer avec le cerfeuil et le cresson hachés fin ; lier doucement le lait (bien chaud mais non bouillant, pour éviter la cuisson des jaunes) avec les jaunes d'œufs ; saler, et verser sur les tranches de pain et le cresson. Servir immédiatement.

POTAGES ET SOUPES

POTAGE GLACÉ À L'OSEILLE
PRÉPARATION 1 HEURE 15 • CUISSON 45 MINUTES

Préparer une purée d'oseille. Porter à ébullition le bouillon. Par ailleurs mélanger jaunes d'œufs, crème fraîche, sel et poivre et battre le tout. Verser par-dessus le quart du bouillon, en battant toujours, puis verser le tout dans la casserole. Chauffer jusqu'à l'extrême limite avant l'ébullition. Ajouter la purée d'oseille, très sèche, à raison d'une cuillerée à café par convive.
Verser dans des tasses froides et laisser refroidir. Servir glacé.

1 litre de bouillon de volaille
150 g d'oseille
2 jaunes d'œufs
2 grosses cuillerées de crème fraîche
sel et poivre

POTAGE JULIENNE DE LÉGUMES NOUVEAUX
PRÉPARATION 50 MINUTES • CUISSON 45 MINUTES

Tailler, en petits filets réguliers, les carottes, les navets, les poireaux, et émincer finement l'oignon. Rassembler ces légumes en un tas ; les assaisonner légèrement de sel fin et de sucre en poudre, et les faire étuver très doucement au beurre pendant 15 à 20 minutes, sans laisser colorer. Les mouiller alors, et de façon qu'ils en soient couverts, de bouillon de veau.
Ajouter le chou, coupé en filets, et finir de cuire doucement, en ayant soin de dépouiller fréquemment.
10 minutes avant de servir, mouiller le potage à point, avec 2 litres de bouillon de veau blond. Au dernier moment, ajouter une chiffonnade d'oseille et de laitue, les petits pois bien verts préalablement cuits et le cerfeuil.

100 g de rouge de carotte
100 g de navets
3 poireaux
1 petit oignon
sel
1 pincée de sucre
50 g de beurre
75 g de chou pommé
2 litres et demi de bouillon de veau (fond blanc)
6 feuilles de laitue et 8 feuilles d'oseille (étuvées)
2 cuillerées de petits pois fins (blanchis)
1 petite cuillerée de pluches de cerfeuil

POTAGE DE LAITUES
PRÉPARATION 20 MINUTES • CUISSON 15 MINUTES

Faire blanchir les laitues à l'eau salée, les égoutter, les hacher finement, les faire étuver dans la moitié du beurre ; les mouiller avec le lait bouilli et assaisonner de sel et de poivre. Laisser bouillir 5 minutes, ajouter le restant du beurre et servir.
Nota. On peut aussi passer ce potage et le lier avec des jaunes d'œufs.

2 litres de lait
4 laitues
150 g de beurre
sel, poivre

POTAGES ET SOUPES

*4 poireaux émincés
1 petit chou émincé
500 g de pommes
de terre en rondelles
3 litres de bouillon
50 g de beurre
100 g de riz à grain long
60 g de parmesan râpé
à volonté, une cuillerée
de concentré de tomates
et 100 g de haricots
blancs*

POTAGE DE LÉGUMES À LA PIÉMONTAISE
PRÉPARATION 1 HEURE • CUISSON 50 MINUTES

Faire suer les légumes au beurre pendant 10 minutes et mouiller avec le bouillon ; laisser cuire 40 minutes.
20 minutes avant de servir, ajouter à ce potage le riz.
Au moment de servir, verser dans la soupière et poudrer de fromage râpé.
On peut adjoindre à ce potage du concentré de tomates et aussi des haricots blancs.

*1 sole de 400 g
4 petits grondins
2 vives
2 merlans moyens
2 litres et demi d'eau
un demi-litre
de vin blanc
sel
1 carotte
1 oignon
1 poireau
queues de persil
et une brindille de thym
en bouquet
75 g de farine
200 g de beurre, dont
75 g pour le roux*
100 g de champignons
bien blancs
4 jaunes d'œufs
2 dl de crème fraîche*

POTAGE DE L'OCÉAN AUX FILETS DE SOLE
PRÉPARATION 1 HEURE • CUISSON 1 HEURE

Ce potage se fait au gras et au maigre. Au maigre, il nécessite la préparation d'un bouillon de poisson pour le velouté de base.
Pour le bouillon de poisson, lever les filets de la sole et les tenir en réserve ; casser l'arête en menus morceaux et la mettre dans une casserole avec les autres poissons bien nettoyés et coupés chacun en deux morceaux ; ajouter les 2 litres et demi d'eau, le vin blanc, du sel, la carotte, un oignon coupé en grosses rondelles et un bouquet composé d'un poireau, de quelques queues de persil, d'une brindille de thym. Faire prendre l'ébullition ; enlever l'écume qui se produit, et laisser bouillir très doucement ensuite pendant une demi-heure.
Pour le velouté, mélanger dans une casserole 75 g de beurre et la farine. Cuire ce mélange à feu doux, jusqu'à ce qu'il ait pris une légère couleur blonde. Le délayer petit à petit avec le bouillon de poisson, passé au linge fin ; faire prendre l'ébullition en remuant, et laisser bouillir doucement ensuite. Avoir soin de dépouiller assez fréquemment ce velouté.
Nettoyer les champignons frais, les passer au tamis métallique et ajouter aussitôt dans le velouté cette purée de champignons crus. À partir de cet instant, laisser bouillir encore pendant 10 à 12 minutes. (À défaut de tamis convenable, les champignons peuvent être hachés finement et rapidement.)
Les filets de sole représentent la garniture du potage. Durant la préparation du bouillon de poisson, les mettre sur un plat beurré, les assaisonner d'un grain de sel fin, parsemer d'une noix de beurre en petits morceaux, et les laisser cuire doucement à l'entrée du four, couverts d'un papier beurré.

POTAGES ET SOUPES

Les mettre ensuite dans un linge fin, et les laisser refroidir sous presse légère. Peu de temps avant de servir, les tailler en fine julienne.

Quelques minutes avant de servir, verser dans le potage une liaison de jaunes d'œufs délayés avec de la crème légère ; tenir le potage encore 2 minutes à feu doux, sans laisser bouillir ; le compléter, hors du feu, avec 125 g de beurre, et rectifier l'assaisonnement.

Le verser dans la soupière en le passant au chinois, et ajouter la julienne de filets de sole.

POTAGE DE PETITS POIS À LA POULE
PRÉPARATION 1 HEURE 30 • CUISSON 5 MINUTES

Cuire dans la marmite une poule bien tendre, avec garniture de légumes de pot-au-feu.

Mettre dans une casserole : de gros pois frais, écossés au dernier moment, avec 100 g de beurre, l'oignon finement émincé, les cœurs de laitue taillés en julienne, une vingtaine de feuilles d'épinards nouveaux, un petit bouquet de persil et de cerfeuil, le sucre, le sel et l'eau. Faire prendre l'ébullition à couvert et cuire en la maintenant assez vive.

Nota. L'addition d'épinards ne contribue en rien à la saveur du potage ; elle avive la couleur de la purée de pois et donne au potage une teinte vert pâle.

Environ 25 minutes avant de servir, on cuira, à l'eau bouillante salée, les petits pois très fins, de façon qu'ils soient prêts juste au moment du service.

Dès que les gros pois sont cuits, les broyer avec un petit pilon et les passer à l'étamine ou au tamis de toile. Recueillir la purée dans une casserole, la délayer avec 1 litre du bouillon de poule non coloré ; faire prendre l'ébullition en remuant et laisser bouillir ensuite à feu doux.

Détacher toute la chair de l'estomac de la poule et en réserver 100 g. Piler le reste ; allonger cette purée avec 3 ou 4 cuillerées de bouillon, la passer au tamis et la mettre aussitôt dans la soupière du service. Tailler en fine julienne la partie réservée de la chair et la conserver entre deux assiettes.

Six minutes à l'avance, ajouter dans la purée de pois une liaison de jaunes d'œufs délayés avec la crème. Après cette addition, tenir le potage à feu doux, en simple frémissement, pendant 5 ou 6 secondes, et le compléter, hors du feu, avec 100 g de beurre. Finalement, verser le potage dans la soupière, petit à petit, et en remuant avec un fouet, pour assurer son parfait mélange avec la purée de volaille. Ajouter la julienne de filets de poule, les petits pois bien égouttés, le cerfeuil. Servir.

1 poule de 1 kg
1 litre de gros pois
200 g de beurre
1 gros oignon
2 laitues
1 poignée de feuilles d'épinards
branches de persil et de cerfeuil
20 g de sucre
sel
un demi-litre d'eau
1 dl de petits pois fins
1 cuillerée de pluches de cerfeuil
4 jaunes d'œufs
2 dl de crème fraîche

POTAGES ET SOUPES

POTAGE À LA QUEUE DE BŒUF AU MADÈRE

PRÉPARATION 1 HEURE 50 • CUISSON 4 HEURES 30

2 milieux de queues de bœuf
750 g d'os gélatineux de bœuf
750 g de gîte
4 litres d'eau
sel
2 carottes
1 oignon piqué de 2 clous de girofle
3 poireaux
branches de persil
une demi-branche de céleri
une brindille de thym
un quart de feuille de laurier, le tout réuni en bouquet.
Brunoise : 100 g de navets et 100 g de rouge de carotte
2 blancs de poireaux
60 g de blanc de céleri
40 g de beurre
3 dl de bouillon.
Clarification : 500 g de maigre de bœuf
une demi-carotte
1 poireau
2 blancs d'œufs
5 cl de madère
1 cuillerée à café d'herbes à tortue

Prendre des queues de bœuf moyennes. De chacune d'elles, et à l'endroit des jointures, faire 8 tronçons. Mettre ces tronçons à dégorger pendant 3 à 4 heures et, autant que possible, à l'eau courante.

Réunir dans une marmite : os gélatineux de bœuf, gîte, queues de bœuf (par mesure de précaution, enfermer les tronçons dans une mousseline), 3 litres et demi d'eau et sel. Faire prendre l'ébullition ; enlever l'écume qui se produit ; ajouter les carottes, l'oignon et le bouquet garni. Laisser cuire très doucement et régulièrement pendant 4 heures.

Durant cette cuisson, préparer la brunoise. Couper en dés d'un centimètre de côté le rouge de carotte, les navets, les blancs des poireaux et le blanc de céleri. Mettre ces légumes dans une casserole avec le beurre ; les étuver sur le coin du feu pendant une demi-heure et finir de les cuire avec le bouillon (c'est ce qu'on appelle une grosse brunoise). Conserver au chaud.

Au bout du temps de cuisson, retirer les tronçons de queues et les conserver au chaud dans un peu de bouillon. Passer le bouillon de la marmite et le dégraisser.

Pour la clarification, hacher très finement la viande maigre de bœuf (gîte à la noix) ; la mettre dans une casserole avec la demi-carotte et le blanc du poireau coupés en tout petits dés, et les blancs d'œufs. Bien mélanger le tout ; ajouter le bouillon, peu à peu, en remuant ; retirer ensuite la casserole sur le coin du feu et laisser bouillir très doucement pendant trois quarts d'heure à 1 heure. Cette opération a pour but : *a)* d'obtenir un bouillon limpide par l'action du blanc d'œuf, agent de clarification ; *b)* d'en augmenter la sapidité par l'addition de viande crue hachée. Passer le bouillon à travers une serviette trempée à l'eau tiède et tordue.

Faire infuser les herbes dans le madère (2 minutes) et les ajouter au potage. Verser dans la soupière, avec les tronçons de queues et la brunoise, puis servir.

Parfumer individuellement, dans l'assiette, d'un petit verre de sherry.

POTAGES ET SOUPES

POTAGE À LA TOMATE
PRÉPARATION 10 MINUTES • CUISSON 1 HEURE ENVIRON

Couper les tomates en deux, les presser pour éliminer l'eau et les graines. Les mettre dans une casserole à fond épais d'une contenance de 3 litres environ. Ajouter le beurre, couvrir et faire cuire doucement pendant 30 minutes. Mouiller alors avec 1,5 litre d'eau chaude, saler, poivrer et ajouter la gousse d'ail non pelée. Laisser cuire encore 15 minutes. Retirer la gousse d'ail et passer le potage au-dessus d'une terrine dans un tamis. Reverser le tout dans la casserole rincée et mettre sur le feu. Dès l'ébullition atteinte, ajouter le tapioca en pluie. Couvrir la casserole et laisser frémir pendant une vingtaine de minutes. Délayer dans la soupière les jaunes d'œufs et la crème. Verser le potage en liant soigneusement. Rectifier l'assaisonnement et servir aussitôt.

1 kg de tomates bien charnues
60 g de beurre
15 g de sel
1 gousse d'ail
1 pincée de poivre
4 cuillerées à soupe de tapioca
3 cuillerées à soupe de crème fleurette
2 jaunes d'œufs

SOUPE BASQUE (ELZEKARIA)
PRÉPARATION 30 MINUTES • CUISSON 3 HEURES

Dans du saindoux, faire revenir les oignons émincés. Ajouter les feuilles de chou coupées en lanières, les haricots mis à tremper la veille, l'ail écrasé. Mouiller des 3 litres d'eau bouillante. Saler et poivrer abondamment. Laisser cuire pendant 3 heures en récipient couvert.
Nota. Au Pays basque, on ajoute un filet de vinaigre de vin dans l'elzekaria fumante.

1 chou blanc
250 g de haricots blancs secs
sel, poivre
80 g de saindoux
100 g d'oignons
2 gousses d'ail
3 litres d'eau

SOUPE AUX CRABES
PRÉPARATION 40 MINUTES • CUISSON 40 MINUTES

Dans une marmite, faire revenir à l'huile les poireaux, l'oignon et les pommes de terre coupées en petits morceaux. Ajouter les crabes bien lavés et les têtes de poissons. Mouiller avec les 2 litres et demi d'eau et le verre de vin ; ajouter l'ail écrasé, un bouquet garni, un brin de fenouil, du sel, du poivre et les filaments de safran ou, à défaut, 1 mesure. Faire bouillir pendant 20 minutes. Passer le bouillon au tamis de fer, en écrasant fortement crabes et poissons. Faire à nouveau bouillir ; y jeter alors le vermicelle. Servir dès que le vermicelle est cuit.

2 douzaines de petits crabes
quelques têtes de poissons
3 blancs de poireaux
1 oignon
200 g de pommes de terre
2 litres et demi d'eau
un verre de vin blanc
2 gousses d'ail
1 bouquet garni
2 feuilles de fenouil
sel, poivre
1 dl d'huile
3 ou 4 filaments de safran
250 g de vermicelle

POTAGES ET SOUPES

SOUPE AUX HUÎTRES À L'AMÉRICAINE
PRÉPARATION 25 MINUTES • CUISSON 10 MINUTES

4 douzaines d'huîtres plates
2 litres et demi d'eau
un demi-litre de crème fraîche
80 g de beurre
poivre

Ouvrir les huîtres, les ébarber et réserver les noix à part dans une casserole. Ajouter au jus des huîtres assez d'eau pour obtenir 2 litres un quart ; faire bouillir doucement pendant 10 minutes avec les parures des huîtres ; passer cette cuisson au chinois sur les noix des huîtres et les pocher sans ébullition. Compléter avec la crème légèrement bouillante, le beurre et le poivre.

SOUPE AUX MOULES
PRÉPARATION 40 MINUTES • CUISSON 20 MINUTES

Pour 6 personnes :
3 litres de moules
2 oignons moyens
3 branches de persil
1 feuille de laurier
2 branches de thym
2 gousses d'ail
trois quarts de bouteille de vin blanc sec
125 g de crème fraîche
1 citron
50 g de farine
sel, poivre

Mettre dans une grande casserole les oignons épluchés et coupés en gros morceaux, le persil lavé et égoutté, le laurier, le thym, les gousses d'ail épluchées et coupées en deux. Ajouter le vin blanc et un demi-litre d'eau. Porter ce court-bouillon à ébullition. Couvrir ensuite la casserole et laisser cuire à feu doux pendant 10 à 15 minutes.
Pendant la cuisson du court-bouillon, nettoyer soigneusement les moules. Enlever les barbes. Si c'est nécessaire, gratter les coquilles pour enlever toute impureté.
Frotter les moules sous l'eau froide, puis les laver à grande eau froide 2 ou 3 fois rapidement. Les égoutter. Passer le court-bouillon dans une passoire fine (chinois). Jeter les éléments aromatiques.
Rincer la casserole, y verser un quart de litre de bouillon et un quart de litre d'eau froide et garder en attente le reste du court-bouillon. Mettre les moules dans ce liquide tiède. Couvrir et porter la casserole à feu doux, pour faire ouvrir les moules.
De temps en temps, secouer la casserole pour remuer les moules ; ainsi, elles seront toutes en contact avec le fond chaud de la casserole et elles s'ouvriront en même temps. L'opération ne doit pas durer plus de 4 à 5 minutes, une cuisson prolongée les durcirait.
Retirer les moules de leur casserole de cuisson à l'aide d'une écumoire, enlever les coquilles et tenir les mollusques au chaud, à tout petit feu, dans la casserole contenant le reste de court-bouillon. Mettre de côté quelques grosses moules, qui serviront à garnir la soupe (six à huit par personne). Passer au chinois, à travers un linge, le liquide de cuisson des moules. Procéder doucement : s'il y a un peu de sable, il doit rester au fond de la casserole.
Poser le moulin à légumes (grille très fine) sur le récipient contenant le jus de cuisson que l'on vient de passer au chinois. Verser les moules et une partie du court-bouillon dans le moulin. Passer les moules et

POTAGES ET SOUPES

recueillir la purée dans la casserole de cuisson des moules. Délayer la purée obtenue avec le reste de court-bouillon en attente.

Chauffer doucement le mélange. Pendant ce temps, délayer la farine avec un peu d'eau froide et verser à travers le chinois, dans la casserole de soupe, en tournant avec une cuillère de bois. Porter doucement à ébullition, laisser frémir quelques instants.

Additionner du jus du citron, en le passant soigneusement à travers une passoire pour retenir les pépins.

Ajouter doucement la crème fraîche, chauffer quelques instants, en mélangeant, pour épaissir le potage. Saler et poivrer si nécessaire ; compléter avec les moules réservées.

Servir dans des assiettes bien chaudes. Si vous le désirez, vous pouvez préparer quelques petits cubes de pain de mie, que vous ferez dorer sous la rampe du gril et que vous offrirez en même temps que le potage.

SOUPE À L'OIGNON GRATINÉE

PRÉPARATION 15 MINUTES • CUISSON 30 MINUTES

250 g d'oignons
60 g de beurre
25 g de farine
2 litres d'eau
et 15 g de gros sel
ou 2 dl de bouillon
de viande léger
poivre
100 g de comté
100 g d'emmenthal
15 tranches fines
de baguette de pain
grillées ou de croûtes
à potage

Éplucher et émincer les oignons. Pour cela, les couper par moitié et les poser à plat sur une planche à découper. Tailler les tranches très fines, de taille égale.

Faire fondre le beurre dans une casserole à fond épais, si possible. Y ajouter les lamelles d'oignons.

Laisser blondir à très petit feu. La teinte doit être uniforme. Lorsque les oignons sont dorés, ajouter la farine et mélanger. Laisser roussir légèrement en remuant.

Verser une petite quantité d'eau ou de bouillon. Bien remuer puis ajouter le reste du liquide. Saler (attention ! si on utilise du bouillon, il faut vérifier si le sel est nécessaire), poivrer, porter à ébullition. Couvrir et laisser cuire doucement de 20 à 30 minutes. Pendant ce temps, râper les fromages et les mélanger.

La soupe à l'oignon peut se servir telle quelle ou peut être passée si on la préfère sans les parcelles d'oignon.

Servir à part des tranches de pain légèrement grillées et le fromage, sur un ravier.

La soupe à l'oignon devient une gratinée lorsqu'elle est mise à four chaud, un court instant, le plus souvent dans des écuelles ou caquelons individuels.

Au fond de ces petits récipients, placer deux ou trois tranches de pain rôties et poudrer de fromage râpé. Verser dessus le bouillon d'oignons, passé ou non.

Disposer à la surface quelques minces tranches de pain et une légère couche de gruyère et faire gratiner à four très chaud ou sous la rampe du gril. Servir immédiatement.

POTAGES ET SOUPES

SOUPE DE POISSON À LA BORDELAISE
PRÉPARATION 50 MINUTES • CUISSON 30 MINUTES

750 g de poisson (merlans, carrelets, congres)
2 dl d'huile d'olive
4 échalotes
2 poireaux
1 oignon
bouquet garni
200 g de pain en tranches
1 pincée de safran
sel, poivre
1 bouteille de bordeaux blanc
1 litre d'eau
à volonté, lier avec 3 jaunes d'œufs et un jus de citron

Couper en morceaux le poisson et le mettre dans une casserole, avec 1 verre d'huile d'olive. Ajouter les échalotes émincées, le bouquet garni, les poireaux et l'oignon émincés.
Mouiller ensuite avec le vin blanc (nous conseillons un graves sec) et l'eau. Assaisonner de sel et de poivre ; laisser cuire à petit feu pendant 30 minutes. Ensuite, passer des croûtons dans la poêle à l'huile d'olive ; les placer dans une soupière et verser par-dessus le bouillon de poisson préalablement tamisé. Au moment de servir, il est bon d'incorporer au bouillon une forte pincée de safran.
En outre, il n'est pas défendu de lier le bouillon avec les jaunes d'œufs et un jus de citron.

SOUPE DE POISSON À LA ROCHELAISE
PRÉPARATION 1 HEURE 30 • CUISSON 1 HEURE

1 kg de poisson (vives, grondins, merlans, congres)
un demi-litre de moules
4 petits crabes
1 dl d'huile
1 gros oignon
2 poireaux
2 gousses d'ail
4 tomates
1 bouquet garni
3 litres d'eau
sel, poivre
300 g de gros vermicelle

Faire revenir à l'huile l'oignon et les blancs de poireaux émincés ; ajouter les tomates pressées et hachées, et l'ail écrasé. Laisser fondre quelques instants. Mouiller avec les 3 litres d'eau, saler et poivrer ; porter à ébullition ; ajouter le bouquet garni, les poissons, quelques tronçons de queues de congres, les petits crabes et les moules, préalablement ouvertes sur le feu, à part.
Laisser cuire très vivement pendant 20 minutes ; passer au tamis, en foulant légèrement les morceaux de poisson, afin d'en obtenir le suc. Remettre en ébullition le bouillon ainsi obtenu ; y jeter le vermicelle en pluie et faire pocher doucement pendant 25 minutes.

SOUPE À LA SÉTOISE
PRÉPARATION 50 MINUTES • CUISSON DES CRABES ET DE LA LANGOUSTE 25 MINUTES • CUISSON DES POISSONS BLANCS 12 MINUTES

1,800 kg à 2 kg de poissons variés
1 langouste et des crabes
sel, poivre
4 tomates
2 oignons
2 gousses d'ail
4 poireaux
1 dl d'huile d'olive
un litre de vin blanc
un demi-litre d'eau
2 morceaux de piment
vermicelle

Prendre : loup, merlan, limande, mulet, rascasse, sole, 2 crabes, une petite langouste.
Parer les tomates, les oignons, les gousses d'ail, les poireaux ; hacher l'oignon et le faire légèrement roussir dans l'huile ; ajouter les tomates mondées, épépinées et coupées et l'ail écrasé ainsi que le blanc des poireaux ; mouiller avec le litre de vin blanc sec et le demi-litre d'eau ; saler, poivrer fortement ; et ajouter un fragment de piment.

POTAGES ET SOUPES

Dès que l'ébullition se produit, y plonger les crabes et la langouste, coupés vivants à l'instant même. Amener à ébullition ; maintenir à petits bouillons, sous couvercle, pendant 12 minutes. Ajouter les autres poissons ; compléter la cuisson : 25 minutes en tout.

Blanchir du gros vermicelle (40 g par personne) à l'eau légèrement salée ; l'égoutter dès qu'il est gonflé.

Retirer les poissons du court-bouillon et remettre celui-ci sur le feu pendant 10 minutes après y avoir jeté le vermicelle. Servir très chaud.

TOURIN À L'AIL ET AU VERMICELLE
PRÉPARATION 10 MINUTES • CUISSON 45 MINUTES

Pour environ 4 assiettes de soupe :
20 gousses d'ail rose
2 cuillerées à entremets d'huile d'olive
1 cuillerée à entremets de farine
5 tasses environ d'eau ou de bouillon de haricots verts
1 œuf
1 cuillerée à café de vinaigre de vin
75 g de vermicelle
sel, poivre

Faire chauffer l'huile légèrement dans une casserole. Ajouter les gousses d'ail épluchées et les laisser cuire un peu dans l'huile. L'ail doit blondir à peine. Il ne doit surtout pas rissoler, sinon il devient amer.

Ajouter la farine en remuant bien avec la cuillère de bois. Laisser cuire 2 à 3 minutes.

Verser une petite quantité d'eau ou de bouillon, en remuant bien, pour que la liaison soit uniforme et sans grumeaux. Puis ajouter la totalité du liquide. Saler modérément (s'il s'agit de bouillon de haricots, ne pas oublier qu'il est déjà salé).

Laisser mijoter doucement à couvert, pendant 20 à 30 minutes. L'ail ainsi cuit, bouilli longuement, est très digeste et ne présente aucun des inconvénients habituels.

Jeter le vermicelle dans le bouillon en ébullition et le laisser cuire environ 8 minutes. (On peut remplacer le vermicelle par de fines tranches de pain grillées, mises au fond de la soupière.)

Séparer le jaune du blanc d'œuf. (On peut prévoir deux œufs au lieu d'un. La soupe sera mieux liée. Étant plus épaisse, plus crémeuse, elle peut être servie sans vermicelle et sans pain.) Dans la soupe, juste frémissante, déposer doucement le blanc d'œuf et le laisser pocher pendant 2 à 3 minutes environ.

Prélever le blanc poché à l'aide d'une écumoire ou d'une palette, et le déposer dans la soupière (pour éviter qu'il ne cuise davantage, ce qui enlèverait son moelleux).

D'autre part, délayer le jaune d'œuf avec le vinaigre de vin. Ajouter un peu de bouillon chaud tout en remuant. Hors du feu, verser l'œuf ainsi délayé dans la casserole, la soupe blanchit instantanément. Porter de nouveau à feu doux et amener à ébullition sans cesser de remuer. Donner un ou deux bouillons afin de provoquer la liaison. La présence de farine empêche le jaune d'œuf de « tourner ». Pour certains régimes, on peut aussi supprimer l'œuf et ne pas lier la soupe. Avec vermicelle ou pain, ce bouillon d'ail est très savoureux.

Retirer du feu ; ajouter du sel, si nécessaire, et un peu de poivre du moulin ; verser dans la soupière sur le blanc d'œuf poché. Servir très chaud.

* VELOUTÉ D'ASPERGES À LA CRÈME

PRÉPARATION 1 HEURE • CUISSON 1 HEURE

Velouté :
100 g de beurre
150 g de farine
3 litres de bouillon
500 g d'asperges
200 g de pointes d'asperges.
Liaison :
3 jaunes d'œufs
2 dl de crème fraîche
100 g de beurre

Mélanger dans une casserole le beurre et la farine ; remuer à feu doux jusqu'à obtention d'une légère couleur blonde ; délayer ce roux, petit à petit, avec les 3 litres de bouillon de volaille (de très bon bouillon ordinaire à défaut, mais non coloré) ; faire prendre l'ébullition en remuant, et laisser cuire doucement à feu doux en dépouillant.

Peler et couper en tronçons 500 g d'asperges blanches d'Argenteuil bien fraîches ; les plonger dans une casserole d'eau bouillante légèrement salée, et les cuire vivement pendant 8 minutes, simplement pour les attendrir. Les égoutter, les mélanger dans le velouté, et continuer la cuisson pendant 50 minutes.

Prendre un bottillon d'asperges vertes. Casser les tiges à l'endroit où elles cessent d'être flexibles et les couper en petits tronçons d'un centimètre de longueur. Les passer à l'eau fraîche, puis les plonger dans une casserole contenant de l'eau bouillante salée. Les cuire très vivement en les conservant un peu fermes ; les égoutter à fond et les réserver sur une assiette.

Passer le potage (velouté et asperges) à l'étamine ou au tamis de toile ; le recueillir dans la casserole (rincée) ; chauffer en remuant jusqu'au moment où l'ébullition va se prononcer ; ajouter une liaison de jaunes d'œufs délayés avec la crème et tenir le potage en simple frémissement pendant 5 ou 6 secondes.

Finalement, le compléter, hors du feu, avec le beurre ; le verser dans la soupière en le passant au chinois ; ajouter les pointes d'asperges vertes.

POTAGES ET SOUPES

SAUCES
ET
PRÉPARATIONS
DE BASE

« Les sauces, disait Curnonsky, sont la parure et l'honneur de la cuisine française, elles ont contribué à lui procurer et à lui assurer cette supériorité, ou plutôt, comme on l'écrivait au XVIe siècle, cette précellence que nul ne discute. » Tous les gourmets se rappellent le mot de Talleyrand, aussi parfait gastronome et magnifique amphitryon que grand diplomate : « L'Angleterre a trois sauces et trois cent soixante religions ; la France a trois religions et trois cent soixante sauces. »

La fonction d'une sauce en cuisine est en effet très diverse : assaisonner une salade, contribuer à l'élaboration d'un mets (gratin, salmis, timbale de fruits de mer), accompagner à part un plat chaud ou froid, ou faire partie de celui-ci (ragoût, civet, coq au vin, blanquette). Rien d'étonnant à ce que, dans une brigade de cuisine, le « saucier » soit un grand technicien. On distingue tout d'abord les sauces froides (vinaigrette, ravigote, mayonnaise, rémoulade, etc.), relativement faciles à préparer par simple mélange ou émulsion, et les sauces chaudes, de loin les plus nombreuses et nécessitant souvent une technique élaborée. Ces sauces se divisent en : sauces « mères » (ou sauces de base) – espagnole, demi-glace et sauce tomate pour les sauces brunes ; béchamel et velouté pour les blanches – et sauces composées, formées d'une ou de plusieurs sauces mères et d'adjonctions extrêmement variées, suivant la nature du mets concerné. Le matériel a une grande importance. Il faut disposer de casseroles de tailles variées, mais à bord haut (pour aller au bain-marie), en métal épais (pour assurer une répartition régulière de la chaleur). Un fouet (pour battre et vanner les sauces), un chinois, un tamis, des mousselines pour les passer sont également nécessaires. Il est bon d'avoir un jeu suffisant de récipients pour effectuer, simultanément, les opérations.

Pour conserver les sauces avant l'emploi, il faut les tenir au bain-marie pas trop chaud et les vanner, mais l'adjonction finale de beurre ne doit se faire qu'au tout dernier moment.

Pour la commodité de la présentation, nous avons incorporé à ce chapitre les fonds, fumets, gelées, liaisons, beurres et marinades, qui ne sont pas des sauces.

BASES
BEURRES MANIÉS
ET ROUX

BEURRE MANIÉ
PRÉPARATION 5 MINUTES

Pour lier 6 dl de liquide, mettre dans un bol 50 g de beurre, le réduire en pommade, ajouter 20 g de farine. Bien malaxer le tout avec une fourchette ou un petit fouet, jusqu'à obtention d'une pâte crémeuse. Lorsqu'on se sert d'un beurre manié, c'est que l'on n'a pas eu le temps de faire un roux (deux choses bien différentes). Le roux demande une longue cuisson, tandis que le beurre manié, une fois ajouté à une cuisson, doit être retiré du feu au premier bouillon.
Dans la cuisine de ménage, ce beurre est assez souvent employé pour les liaisons rapides ou les sauces improvisées. On l'utilise aussi dans la grande cuisine, mais plus rarement.
Nota. On peut ajouter au beurre manié des épices, des herbes, des essences. Il existe ainsi d'innombrables beurres maniés, comme on le verra plus loin.

BLANC
PRÉPARATION 5 MINUTES • CUISSON 3 MINUTES

Un litre d'eau salée
30 g de farine
1 demi-citron

Il s'agit d'un court-bouillon, ou fond clair, dans lequel on fait cuire les abats blancs, les champignons et certains légumes tels que cardons, salsifis ou bettes.
Délayer, sans faire de grumeaux, la farine dans quelques cuillerées d'eau froide. Ajouter le reste de l'eau et le jus d'un demi-citron. Faire bouillir quelques instants avant d'utiliser pour la cuisson indiquée.

DUXELLES SÈCHE
PRÉPARATION 20 MINUTES • CUISSON 15 MINUTES

50 g d'oignons
et d'échalotes
30 g de beurre
3 cl d'huile
250 g de parures
et queues de champignons
sel, poivre
1 pincée de persil haché

Chauffer oignons et échalotes hachés avec huile et beurre. Ajouter les parures de champignons hachées très fin et pressées pour en extraire l'humidité. Laisser bien revenir ; saler, poivrer, ajouter le persil.

BEURRES MANIÉS ET ROUX

125 g
de rouge de carotte
125 g d'oignons
50 g de céleri
thym et laurier
100 g de jambon cru
50 g de beurre
5 cl de madère

100 g de lard de poitrine
200 g de carottes
100 g d'oignons
5 g de fleurs de thym
2 feuilles de laurier
1 verre de vin blanc

MATIGNON
PRÉPARATION 30 MINUTES • CUISSON 15 MINUTES

Tailler le tout en petits dés, étuver au beurre et déglacer au madère.

MIREPOIX
PRÉPARATION 30 MINUTES • CUISSON 15 MINUTES

Couper lard, carottes et oignons en dés (brunoise). Fondre le lard en sauteuse, y faire rissoler les légumes et le bouquet de thym et de laurier, égoutter la graisse, verser les légumes dans la sauce ou la préparation voulue après avoir retiré le bouquet. Déglacer la sauteuse avec 1 verre de vin blanc, laisser réduire de moitié.

ROUX
PRÉPARATION 10 MINUTES • CUISSON 1 HEURE

Les roux sont constitués par le mélange d'un corps gras (beurre, graisse) et de farine, et représentent la base de liaison des sauces. Ils sont de plusieurs genres : bruns, blonds ou blancs, selon le degré de cuisson. Quoique cela puisse paraître étonnant, les roux, quels qu'ils soient, doivent être très cuits. Plus un roux est cuit, plus la sauce à laquelle il sera intégré sera limpide, moelleuse, brillante. Si l'on est limité par le temps, il est préférable de faire un beurre manié.
Pour les roux, les proportions sont, par litre de liquide : 80 g de beurre, 75 g de farine. Avec la réduction par la cuisson, la quantité conviendra pour 8 couverts.
Roux brun. Mélanger, dans une casserole, le beurre clarifié, ou la graisse, et la farine. Cuire ce mélange à feu très doux, en le remuant assez fréquemment, jusqu'à ce qu'il ait pris une couleur roux foncé, même légèrement brune.
Transvaser ce roux dans une petite terrine ; le couvrir d'un rond de papier blanc quand il est complètement refroidi et le réserver pour l'usage.
Roux blanc. Même mélange de beurre et de farine que ci-dessus ; mais ce roux doit rester blanc.

BEURRES MANIÉS ET ROUX

BEURRES COMPOSÉS

BEURRE D'AIL
PRÉPARATION 15 MINUTES • CUISSON 5 MINUTES

100 g d'ail épluché, blanchi, rafraîchi, pilé avec 150 g de beurre. Saler et passer au tamis fin.

BEURRE D'ANCHOIS
PRÉPARATION 10 MINUTES

Piler au mortier 75 g de filets d'anchois, préalablement dessalés et épongés, avec 200 g de beurre. Passer le mélange au tamis fin.

BEURRE D'ÉCHALOTE
PRÉPARATION 10 MINUTES • CUISSON 5 MINUTES

Échalote hachée, blanchie vivement, pressée dans un torchon, broyée au mortier et additionnée du même poids de beurre. Passer à l'étamine.

BEURRE D'ÉCREVISSES, DE HOMARD OU DE LANGOUSTE
PRÉPARATION 1 HEURE • CUISSON 15 MINUTES

Faire sauter 15 écrevisses, au beurre avec une mirepoix. Bouquet garni, mais ni ail, ni estragon, ni cerfeuil, pour laisser aux écrevisses tout leur parfum. Mouiller avec le cognac (sans flamber) et le vin blanc ; laisser réduire aux deux tiers ; ajouter le fumet de poisson et la tomate concentrée ; puis le poivre et le sel, modérément. Décortiquer les écrevisses ; réserver les queues ; piler les débris, les pinces et les coffres, ainsi que les œufs. Lorsqu'ils sont bien pilés, les remettre à cuire dans leur fond de cuisson. Après réduction, bien serrer dans un linge solide et récupérer dans un bol. Il y en aura à peine quelques cuillerées.
Piler alors les queues avec 50 g de beurre ; à cette fine pommade, faire absorber le fond extrait des débris ; passer au tamis de crin.
Opérer de même pour le homard et la langouste.

---

15 écrevisses
beurre et mirepoix *
5 cl de cognac
1 dl de vin blanc
1 dl de fumet *
de poisson
1 cuillerée à café
de tomate concentrée
sel, poivre
bouquet garni
50 g de beurre

BEURRE D'ESCARGOTS
(pour escargots à la bourguignonne)
PRÉPARATION 15 MINUTES

Pour 100 escargots de bonne grosseur. Malaxer 700 g de beurre fin avec : 70 g d'échalote finement hachée, 2 gousses d'ail broyées en pâte, 2 fortes cuillerées de persil haché. Assaisonner de 24 g de sel et de 4 g de poivre.

BEURRE D'ESTRAGON
PRÉPARATION 15 MINUTES • CUISSON 2 MINUTES

125 g de feuilles d'estragon
200 g de beurre

Blanchir 2 minutes les feuilles d'estragon à l'eau bouillante salée. Les égoutter, les rafraîchir et les éponger. Les piler au mortier avec le beurre. Passer au tamis fin.

BEURRE À LA MAÎTRE D'HÔTEL
PRÉPARATION 5 MINUTES

Travailler à la cuillère jusqu'à ce qu'il soit en pommade 200 g de beurre avec 1 cuillerée à soupe de persil haché, 6 g de sel fin, une pointe de poivre fraîchement moulu et un filet de citron. Ce beurre est soit servi à part, fondu, soit déposé en parcelles sur les éléments préparés.

BEURRE DE MONTPELLIER
PRÉPARATION 1 HEURE • CUISSON 3 MINUTES

Blanchir au poêlon (c'est-à-dire une casserole en cuivre non étamée), en menant rapidement la cuisson : 50 g (en tout) de cresson, persil, cerfeuil, ciboule, estragon. Ajouter 15 g de feuilles d'épinards ; rafraîchir et bien presser ; piler avec 1 cornichon moyen, 1 cuillerée à café de câpres pressées, 1 pointe d'ail, 2 filets d'anchois ; ajouter 250 g de beurre, 1 jaune d'œuf dur, 1 jaune d'œuf cru, et verser, tout en continuant à manier doucement le pilon, un demi-décilitre d'huile, mais filet par filet, 5 cl de vinaigre ; saler et poivrer.
Passer au tamis de crin.

BEURRES COMPOSÉS

BEURRE NOIR
CUISSON 3 MINUTES

Beurre cuit à la poêle jusqu'au moment où il a pris une couleur brune. On le complète avec un filet de vinaigre passé dans la poêle brûlante.
Nota. Le beurre brûlé est un beurre perdu ; alors, veiller à ce qu'il ne soit pas trop noir.

BEURRE NOISETTE
CUISSON 2 MINUTES

Généralement, le beurre noisette est le beurre fondu ayant pris la couleur noisette, que l'on met sur les soles, les truites ou les poissons cuits à la meunière. Bien entendu, on a mis au préalable sur les poissons du jus de citron et du persil ciselé. Mais on peut faire également un beurre manié avec des noisettes pilées : c'est le véritable beurre *de* noisettes.

BEURRE DE PAPRIKA
CUISSON 3 MINUTES

Faire cuire au beurre un demi-oignon haché additionné d'une prise de paprika. La quantité varie selon la qualité de ce condiment. Après refroidissement, mélanger à 125 g de beurre ramolli ; passer ensuite au tamis.
On peut procéder également en triturant le beurre avec un assaisonnement au paprika.

BEURRE DE PIMENT
PRÉPARATION 10 MINUTES

1 piment rouge. Piler avec 125 g de beurre ; saler légèrement ; passer au tamis fin.

BEURRES COMPOSÉS

FARCES

FARCE À GRATIN POUR CANAPÉS ET CROÛTONS FARCIS
PRÉPARATION 30 MINUTES • CUISSON 10 MINUTES

- 150 g de lard frais râpé
- 300 g de foies de volaille parés
- 15 g d'échalote émincée
- 20 g de pelures de champignon
- 1 brin de thym
- 1 demi-feuille de laurier
- sel et poivre
- 1 pointe d'épices

Dans un sautoir, faire chauffer le lard. Lorsqu'il est bien chaud, y joindre les foies de volaille et tous les autres ingrédients. Faire vivement sauter les foies pour les raidir. Laisser refroidir. Piler au mortier ; passer au tamis. Conserver cette farce en terrine, au frais, couverte d'un papier beurré.

FARCE À QUENELLES OU GODIVEAU

Les deux farces peuvent se remplacer l'une par l'autre, mais la seconde recette est plus riche et aussi plus délicate. Pour les farces à base de poisson, les proportions sont les mêmes. On utilisera par ordre de préférence : chair de brochet, de saint-pierre, de sole, de merlan, de saumon.

Première recette
PRÉPARATION 1 HEURE

- 500 g de chair de volaille (net) ou l'équivalent en noix de veau
- 150 g de beurre
- 150 g de farine
- 3 œufs entiers
- 3 jaunes d'œufs
- sel et poivre

Préparer une panade pâtissière comme suit : verser un demi-litre d'eau dans une casserole, ajouter un peu de sel. Mettre le beurre. Lorsque l'eau est en ébullition, y jeter la farine, mélanger et travailler sur le feu à la spatule, comme si l'on voulait faire une pâte à choux. Faire bien dessécher. Étaler sur un plat, laisser refroidir.
Pendant ce temps, bien piler la chair avec sel et poivre. Ajouter la panade pâtissière. Recommencer à piler et ajouter les œufs entiers et les trois autres jaunes, mais un par un, afin que l'œuf soit bien amalgamé avant d'ajouter le suivant. Passer au tamis fin. Travailler de nouveau à froid. La farce doit être bien lisse.

Seconde recette
PRÉPARATION 1 HEURE

Couper la volaille, ou la noix de veau, en petits dés ; assaisonner avec sel et poivre. Piler vigoureusement et, lorsque l'appareil commence à former pâte, ajouter les blancs un par un, en continuant de piler, afin que la chair ait absorbé le blanc d'œuf avant d'en ajouter un autre. Passer au tamis en fer très fin.
Mettre cette préparation dans une sauteuse, mais que celle-ci repose sur de la glace pilée. Travailler à la spatule et faire absorber à la chair la crème fraîche, cuillerée par cuillerée. Si toutefois — cela arrive — la crème était trop grasse, la détendre avec un peu de lait cru, car, si la crème était trop riche, elle tournerait en beurre et la farce (ou les quenelles) se désagrégerait en pochant. Avant de mettre toute la crème, faire un essai en faisant pocher un peu de pâte dans une petite casserole d'eau bouillante placée sur le feu. Il faut que les quenelles soient bien moelleuses, mais fermes. Suivant l'emploi auquel on les destine, on peut agrémenter les farces ou quenelles avec des truffes coupées en petits dés ou hachées, ou tout autre condiment.

500 g de chair de volaille (net)
ou l'équivalent
en noix de veau
sel, poivre
5 blancs d'œufs
3 dl de crème fraîche
(la tenir au réfrigérateur)

GARNITURE À LA FINANCIÈRE
PRÉPARATION 1 HEURE • CUISSON 10 MINUTES

On peut former les quenelles soit à la poche, soit à la cuillère à café, et les pocher à l'eau bouillante salée. Lorsque la garniture financière est destinée à garnir une pièce de boucherie, on peut, sans inconvénient, y ajouter quelques olives vertes, dénoyautées et blanchies.
Cette garniture, comme tant d'autres, est diversement interprétée. On y trouve parfois des olives, du foie gras, des foies de volaille, etc. Mais son fond, invariable, est constitué par les quenelles, champignons, crêtes, rognons et truffes.

24 petites quenelles
en farce* de volaille
16 à 20 petites têtes
de champignon étuvées
au beurre
150 g de crêtes
et rognons de coq,
cuits au blanc
100 g de truffes en lames
ou même en olives
300 g de ris d'agneau
étuvé au beurre
2 dl de très bonne
demi-glace * parfumée
au madère
jus de truffe

FARCES

FONDS ET FUMETS

FOND OU JUS DE VEAU BRUN
(demi-glace et glace)
PRÉPARATION 40 MINUTES • CUISSON 2 HEURES 30

2 kg d'os de veau
concassés
1 kg
de jarret de veau ficelé
100 g de carottes
100 g d'oignons
1 bouquet garni
15 à 20 g de sel
eau

Colorer les os et le jarret au four. Dans une casserole un peu haute et à fond épais, mettre les carottes et les oignons émincés, le bouquet garni. Mettre les os et le jarret sur ces légumes ; ajouter 1 dl d'eau pour commencer, laisser réduire et légèrement pincer ; après, mouiller de 2 litres d'eau. Faire prendre ébullition, écumer, saler avec 15 à 20 g de sel : il faut tenir compte de la réduction.

De 2 heures à 2 heures et demie de cuisson. Passer au linge humide, laisser refroidir. Avant solidification, éliminer soigneusement toute la graisse en repassant au linge.

Pour utiliser ce fond, prendre la quantité nécessaire ; le faire réduire, le colorer et le lier, puis y ajouter, suivant sa destination, quelques débris de champignons ou de la tomate concentrée. Afin de donner plus de saveur à ce fond, ou mieux à cette sauce, il faudra faire réduire 1 dl soit de vin blanc, soit de madère. Le fond réduit ajouté à ce vin sera lié, aux proportions indiquées, avec 30 g de fécule par litre. Délayé dans quelques centilitres de madère, il devient le jus lié ; réduit presque à sec, c'est la demi-glace ou glace.

FOND BLANC
PRÉPARATION 1 HEURE • CUISSON 4 HEURES 30

1,500 kg d'épaule
de veau
1,500 kg de jarret
de veau
2 kg d'abattis de volaille
2 kg de carcasses
250 g de carottes
200 g d'oignons
150 g de poireaux
150 g de céleri
un bouquet garni
30 g de gros sel
7 litres d'eau

Casser les os en petits morceaux. Les mettre avec toutes les viandes à l'eau froide ; amener à ébullition, écumer ; ajouter légumes, sel et bouquet garni. Cuire pendant 4 heures à 4 heures 30, à simple frémissement. Dégraisser, passer à la mousseline et faire réduire en plein feu. Passer à nouveau et réserver pour l'emploi.

FOND DE GIBIER
PRÉPARATION 1 HEURE • CUISSON 3 HEURES

Faire colorer les chairs au four. Foncer une casserole avec les légumes émincés et les aromates, y poser les restes de gibier, faire tomber à glace, mouiller avec le jus de la plaque du four déglacée. Ajouter vin blanc et eau. Bien écumer, ébullition lente. Ce fond réduit donne la glace de gibier.

3 kg de cou, poitrine, os, restes de gibier
200 g de carottes
200 g d'oignons
1 brin de sauge
10 baies de genièvre
bouquet garni
2 litres d'eau
1 demi-litre de vin blanc sec

FUMET DE POISSON
PRÉPARATION 1 HEURE • CUISSON 10 À 15 MINUTES

Avec des arêtes et têtes de poisson (sole, merlan, turbot, barbue, etc., suivant ce qu'on a sous la main), mettre quelques rouelles d'oignon, d'échalote, le persil, le thym et un peu de beurre de très bonne qualité ; faire suer pendant quelques minutes sur le coin du fourneau ; mouiller avec le vin blanc et l'eau (très peu de sel) ; ajouter quelques débris ou épluchures de champignons (indispensable).
Faire partir en plein feu et laisser à ébullition sans arrêt, de 10 à 15 minutes. Débarrasser aussitôt en passant au chinois, mais dans un récipient en porcelaine ou en grès.
Faire réduire la quantité nécessaire au moment de s'en servir, ou mouiller le poisson pour la cuisson, ce qui servira de base pour faire la sauce. Très réduit, c'est la glace de poisson.

Arêtes et têtes de poisson
1 oignon
1 échalote
queues de persil
brindille de thym
un peu de beurre
un demi-litre de vin blanc
un demi-litre d'eau
sel
débris de champignons

VELOUTÉ POUR SAUCE DE POISSON (SAUCE ALLEMANDE)
PRÉPARATION 30 MINUTES • CUISSON 2 HEURES

Faire un roux ; mouiller avec le fumet de poisson et le bouillon blanc ; ajouter les débris de champignons et le bouquet garni.
Terminer avec la crème fraîche, les jaunes d'œufs et le beurre ; assaisonner à point. Passer à l'étamine.

120 g de beurre
100 g de farine
*1 litre de fumet * de poisson*
1 litre de bouillon blanc
50 g de débris de champignons
1 bouquet garni
1 dl de crème fraîche
2 jaunes d'œufs
50 g de beurre

VELOUTÉ DE VOLAILLE
PRÉPARATION 30 MINUTES • CUISSON 2 HEURES

Procéder comme pour le velouté pour sauce de poisson.
Liée avec un quart de litre de crème, ajoutée peu à peu, et 80 g de beurre très fin, cette sauce devient la sauce suprême.
Si on lui ajoute 4 cuillerées de jus de veau, c'est la sauce ivoire.

*200 g de roux * blanc*
*2 litres de fond * blanc (de volaille, de préférence)*
100 g de pelures de champignons

GELÉES

GELÉE ORDINAIRE
PRÉPARATION 1 HEURE • CUISSON 5 HEURES • CLARIFICATION 1 HEURE

2 kg d'os de veau
1 kg de jarret de veau et, si possible, quelques abattis de volaille
2 pieds de veau, désossés et blanchis
200 g de couennes de lard
3 litres d'eau
sel
2 carottes
1 oignon piqué d'un clou de girofle
bouquet garni avec 2 blancs de poireaux une petite branche de céleri et 4 ou 5 grains de poivre
1 dl de porto, sherry ou cognac
150 g de maigre de bœuf bien haché
2 branches d'estragon, autant de cerfeuil
2 blancs d'œufs éventuellement, 2 ou 3 feuilles de gélatine

Mettre os et viandes dans l'eau froide et porter à petite ébullition. Lorsque le fond sera bien écumé, ajouter la garniture. Enlever le jarret lorsqu'il sera cuit, mais continuer la cuisson des os, pieds de veau et couennes, pour qu'ils donnent tout leur goût et toute leur gélatine. Après 5 heures de cuisson, passer à la serviette humide ; laisser refroidir. Puis, la gelée étant encore fluide, la repasser au linge, moyen le plus sûr pour enlever toute la graisse. (Ne pas attendre son complet refroidissement, pour pouvoir la passer.)

À la fin de la cuisson, il ne restera guère que 2 litres de liquide, et après la clarification un demi-litre. Avant de clarifier, il faudra s'assurer, en mettant 1 dl de gelée au réfrigérateur, qu'elle est assez consistante. Si la cuisson a été bien traitée, elle devra être à point ; sinon, y adjoindre 2 ou 3 feuilles de gélatine pour plus de sécurité, surtout en été.

Pour la clarification, une heure avant l'opération, mélanger la viande hachée, les herbes, les blancs d'œufs légèrement battus, avec une louche de cuisson, pour que le bœuf haché donne à froid tout son sang et aide à la clarification. Remettre la gelée sur le feu ; y ajouter le mélange ; faire prendre un bouillon, en remuant au fouet ou à la spatule, pour empêcher de prendre au fond de la casserole. Mettre sur le coin du fourneau, en laissant à peine frémir pendant une demi-heure à trois quarts d'heure. Passer à la serviette. Goûter. Attendre presque le refroidissement pour parfumer de porto, sherry ou cognac.

GELÉE DE POISSON
PRÉPARATION 10 MINUTES • CUISSON 15 MINUTES

Un demi-litre de fumet* de poisson
9 feuilles de gélatine
quelques déchets de poisson cru
4 blancs d'œufs
persil, cerfeuil, estragon
25 g de débris de champignons
le jus d'un demi-citron

Ne pouvant compter sur aucun appoint de boucherie pour corser cette gelée maigre, employer de la gélatine : 8 ou 9 feuilles par litre. Quelques instants avant de clarifier la gelée, mettre les feuilles de gélatine à tremper dans l'eau froide. Hacher un peu de déchets de poisson cru, les mettre dans une casserole à fond épais avec le fumet ; ajouter les blancs d'œufs légèrement battus, quelques branches de persil, cerfeuil et estragon, les débris de champignons bien blancs, le jus du demi-citron, la gélatine ramollie ou fondue. Remuer avec une spatule jusqu'à ébullition. Après 15 minutes de cuisson, passer immédiatement à la serviette humide, dans un récipient en terre ou en porcelaine ; goûter pour rectifier l'assaisonnement.

VELOUTÉ D'ASPERGES À LA CRÈME
P. 52

Potage délicat, le velouté doit son nom à son aspect lisse et crémeux : les petites pointes vertes et croquantes lui ajoutent une touche de couleur appétissante.

Assiette Daniel Hechter, cuillère Boutique Xanadou.

BOUILLABAISSE

P. 35

C'est tout le parfum de la cuisine provençale qui envahit la table lorsque, toute fumante, la bouillabaisse réunit les poissons de roche et des crustacés d'une extrême fraîcheur. Le bouillon couleur safran et les

croûtons frottés d'ail ajoutent leurs délicieuses saveurs. Tout comme un soufflé, la bouillabaisse, sitôt cuite, n'attend pas pour être servie.

Plats Boutique Jean Luce.

SOUPE À L'OIGNON GRATINÉE

P. 49

Ce sont les croûtes de pain rôties parsemées de fromage râpé et disposées sur la soupe à l'oignon qui transforment celle-ci en « gratinée » : entrée réconfortante et chaleureuse.

Assiettes et bol Daniel Hechter.

MARINADES

MARINADE CRUE
PRÉPARATION 5 MINUTES

Pour cette marinade, ne jamais oublier de verser au préalable sur la pièce 2 dl d'huile et ne jamais y mettre d'eau. Tous les jours, ou matin et soir, retourner les pièces qui sont à mariner, mais surtout pas avec les mains. Un gibier jeune demandera moins de séjour dans la marinade qu'un gibier plus âgé. Le lièvre, par exemple, ne demande pas nécessairement de marinade, on n'a besoin que de très peu de mouillement (un bon décilitre de cognac, 2 dl d'huile, quelques aromates et condiments suffisent). Toujours maintenir les pièces à mariner dans un endroit bien frais.

Il est mieux de ne mettre du vinaigre que pour les gros gibiers, et surtout s'ils ne sont plus très jeunes.

Pour les pièces de boucherie, marinade à cru et peu de mouillement : vin blanc, quelques centilitres de cognac et huile, aromates et condiments. Employer toujours du vinaigre de vin.

On peut agrémenter la marinade de brindilles de romarin, de marjolaine, de sarriette et de basilic, de grains de genévrier ou de coriandre.

2 dl de vinaigre de vin
un litre de vin blanc
1 dl de madère
1 brindille de sauge
1 brindille de basilic
1 gousse d'ail en chemise
10 grains de genièvre
2 clous de girofle
10 grains de poivre
2 noix (vertes si possible)
sel, huile

MARINADE CUITE
PRÉPARATION 10 MINUTES • CUISSON 1 HEURE

Faire suer dans une casserole les carottes, les oignons et les échalotes émincés, le bouquet garni, la gousse d'ail, l'huile. Mouillement : 1 litre de vin blanc, un demi-litre d'eau, 2 dl de vinaigre. Quelques grains de poivre et 2 clous de girofle. Faire cuire doucement à couvert pendant 1 heure. Laisser refroidir. Lorsque la marinade sera bien froide, la verser sur la pièce à mariner. À ce moment, verser également sur la pièce 2 dl d'huile, ce qui permet de l'isoler complètement du contact de l'air. Couvrir d'un linge ou d'un papier.

Pour les gros gibiers, les marinades se font aussi au vin rouge, mais la différence sera accentuée par le genre de sauce qui accompagnera la pièce, car il est nécessaire de faire absorber à cette sauce une partie de la marinade. Dans certains cas, où le temps employé au marinage manquerait, l'opération pourrait être activée en versant la marinade bouillante, mais cela, seulement en cas de nécessité absolue. Lorsqu'il s'agit, par exemple, de pièces de gibier coriace, comme le cerf ou le sanglier, la marinade doit être versée bouillante sur ces pièces et l'opération doit être répétée plusieurs fois pendant que les pièces y séjournent ; cela autant pour les attendrir que pour enlever, ou atténuer, le goût de fauve.

Mêmes ingrédients que pour la marinade crue.
En plus :
50 g de carottes
50 g d'oignons
40 g d'échalotes
1 bouquet garni avec une petite branche de céleri
un demi-litre d'eau
1 dl d'huile
1 gousse d'ail

MARINADES

SAUCES

AÏOLI (OU AILLOLI)
PRÉPARATION 15 MINUTES

**5 gousses d'ail
2 jaunes d'œufs crus
mie de pain
(la grosseur d'un œuf)
amandes douces
un jus de citron
un peu de sel, de poivre
3 dl d'huile d'olive
extra vierge**

L'huile doit être à bonne température et non froide.
Piler au mortier les gousses d'ail avec la mie de pain trempée dans du lait et pressée, et deux amandes douces ; y ajouter les jaunes d'œufs et un peu de sel ; bien mélanger au fouet, et, sans arrêter de travailler, verser lentement en mince filet l'huile d'olive ; poivre du moulin. Terminer par un jus de citron.
Veiller, pendant qu'on monte l'aïoli, à ce que la sauce ne devienne pas trop dure, car elle tournerait facilement ; dans ce cas, ajouter quelques gouttes d'eau.

SAUCE AMÉRICAINE
PRÉPARATION 40 MINUTES • CUISSON 25 MINUTES

**1 homard de 1 kg
ou 2 petits homards
(il est indispensable
qu'ils soient vivants)
1 dl d'huile d'olive
60 g de beurre
1 bouteille de vin blanc
1 dl de cognac
1 cuillerée à soupe
d'échalote
1 pointe d'ail écrasé
6 tomates fraîches
1 cuillerée de tomate
concentrée
1 cuillerée de glace *
de viande
4 dl de fumet *
de poisson
bouquet garni avec
cerfeuil et estragon
une cuillerée à café de
fécule
150 à 200 g
de beurre frais
sel, poivre**

Les crustacés sont seuls à la base de la sauce américaine, et ce sont les homards et langoustes qui lui donnent son caractère et son parfum. Couper le homard en tronçons. Écraser les pinces et les pattes. Recueillir dans un bol les coffres fendus, les intestins et le corail. Retirer la poche de gravier. Assaisonner de sel et de poivre du moulin. Jeter les morceaux dans un sautoir contenant l'huile d'olive et le beurre, déjà bouillants. Faire bien revenir et colorer. Égoutter huile et beurre. Mouiller avec le vin blanc et le cognac (ne pas flamber). Laisser réduire de moitié. Ajouter la cuillerée à soupe d'échalote hachée, un soupçon d'ail, les tomates fraîches écrasées, la sauce tomate, la glace * de viande, le fumet * de poisson, le bouquet garni. Cuisson : 20 minutes. Bien réduire. Extraire les chairs des carapaces et des pattes ; les piler finement. Triturer et hacher les intestins avec un œuf de beurre et la cuillerée à café de fécule. Mélanger le tout. Passer au chinois. Terminer en malaxant avec les 150 à 200 g de beurre.
Il est préférable d'éviter de flamber le cognac, car il risque, en brûlant tant soit peu les carapaces, de donner un mauvais goût. De même, il est préférable d'insister sur l'emploi du poivre blanc ordinaire, car le cayenne dénature toujours le goût.

SAUCE AURORE
PRÉPARATION 2 MINUTES • CUISSON 30 MINUTES

**2 cuillerées à soupe de farine
2 cuillerées à soupe de beurre
1 oignon moyen
1 bouquet garni
50 cl de lait
1 cuillerée à café de concentré de tomate (ou plus)
sel, poivre
noix de muscade**

Peler l'oignon et le hacher grossièrement. Faire fondre le beurre dans une casserole, ajouter l'oignon et faire suer sans coloration pendant 5 minutes. Poudrer de farine et faire cuire en remuant à la spatule pendant 2 minutes. Mouiller d'un seul coup avec tout le lait froid. Porter à ébullition en remuant et ajouter le bouquet garni. Laisser mijoter très doucement à découvert pendant une vingtaine de minutes. Passer au chinois, remettre la sauce dans la casserole et ajouter le concentré de tomate (un peu plus, au goût, éventuellement). Saler, poivrer et muscader. Bien mélanger avant l'emploi.

SAUCE BÂTARDE
PRÉPARATION 30 MINUTES • CUISSON 15 MINUTES

**150 g de beurre
45 g de farine
5 dl d'eau bouillante salée
3 jaunes d'œufs
4 dl de crème fraîche
1 citron**

Faire un roux très blond qui doit être très chaud. À ébullition, retirer du feu ; mélanger et fouetter vivement sur table ; ajouter les jaunes d'œufs, la crème fraîche, le jus du citron ; passer à l'étamine et, par petites parcelles, ajouter le reste du beurre tout en fouettant.

SAUCE BÉARNAISE
PRÉPARATION 10 MINUTES • CUISSON 15 MINUTES

**3 jaunes d'œufs
175 g de beurre
4 cuillerées à soupe de vinaigre de vin, si possible parfumé à l'estragon
même quantité de vin blanc sec
15 g d'échalotes grises
sel
poivre blanc en grains
estragon
cerfeuil**

Dans une petite casserole (émaillée, porcelaine à feu, inoxydable) mettre le vin blanc, le vinaigre, 6 grains de poivre, les échalotes hachées, une branchette de cerfeuil et une branchette d'estragon coupées en menus morceaux. Faire bouillir doucement jusqu'à réduction du volume de liquide à 2 à 3 cuillerées à soupe. Pendant ce temps, hacher le cerfeuil et l'estragon. Il faut une cuillerée à café de chaque herbe.
Passer la réduction à travers un filtre inoxydable : Nylon, plastique, coton. Presser les herbes pour en extraire toute l'essence.
Bien débarrasser les jaunes d'œufs de tout germe. Couper le beurre en morceaux de la grosseur d'une noix. Dans la casserole à sauce (inoxydable et à fond épais), verser la réduction refroidie et les jaunes. Casser ceux-ci à l'aide d'une cuillère en bois à bout rond. Ajouter le sel et mélanger.
Préparer un bain-marie chaud, mais non bouillant. Ajouter, dans la casserole à sauce, un morceau de beurre. Porter dans le bain-marie et bien mélanger. Le beurre s'incorpore. La sauce monte.
Hors du bain-marie, ajouter les morceaux de beurre, un à un, et chauffer après chaque addition de beurre afin de bien mélanger celui-ci au reste de la sauce. Elle épaissit, et il ne doit pas se former de grumeau.
Ajouter les herbes hachées et mettre dans une saucière tiède.

SAUCE BÉCHAMEL
PRÉPARATION 20 MINUTES • CUISSON 2 HEURES

80 g de beurre
1 oignon
80 g de farine
1 litre de lait
1 pincée de muscade râpée
1 clou de girofle
1 morceau de sucre
sel
1 bouquet garni

Dans le beurre, faire suer à blanc l'oignon haché ; ajouter la farine. Laisser cuire ce roux blond pendant 35 minutes à feu doux ; ajouter le lait, le sel, une pincée de muscade, le clou de girofle, le morceau de sucre, le bouquet garni. Cuisson minimum : 1 heure et demie.
Passer à l'étamine, dans un récipient en terre ou en porcelaine ; mettre un papier beurré sur la sauce pour l'empêcher de croûter.
La béchamel, comme le velouté, peut être à plusieurs fins, c'est-à-dire qu'elle sert de base à plusieurs sauces. Il suffit de lui ajouter un peu de crème fraîche et un peu du fond de la pièce à laquelle elle est destinée ; lier aux jaunes d'œufs, réduire quelques minutes et beurrer.

SAUCE BERCY (MAIGRE)
PRÉPARATION 1 HEURE • CUISSON 15 MINUTES

1 dl de vin blanc
1 dl de fumet * de poisson
1 cuillerée d'échalote
3 dl de velouté *
50 g de beurre
1 cuillerée à café de persil

Réduire d'un tiers le vin blanc et le fumet de poisson additionnés d'une cuillerée d'échalote hachée. Ajouter le velouté ; faire bouillir et compléter avec le beurre et la cuillerée à café de persil ciselé.

SAUCE BEURRE BLANC NANTAIS

Première recette
PRÉPARATION 25 MINUTES • CUISSON 10 MINUTES

1 dl de vinaigre
2 échalotes
200 g de beurre
sel et poivre

Réduire le vinaigre avec les échalotes hachées. Aux deux tiers de la réduction, retirer du plein feu et, à feu doux, mettre, par parcelles, le beurre, en fouettant doucement. Saler et poivrer.

Seconde recette
PRÉPARATION 20 MINUTES • CUISSON 10 MINUTES

3 échalotes
1 dl de vin blanc sec
sel, poivre
200 g de beurre

Faire réduire complètement le vin blanc avec les échalotes très finement hachées.
Faire refroidir la casserole. Travailler le beurre (demi-sel de préférence) en crème. Ajouter petit à petit le beurre dans la réduction, en tournant avec un fouet, sur feu très doux, sans battre la sauce : elle restera plus onctueuse. Assaisonner de sel et poivre, et mettre quelques gouttes de vinaigre, si cela est nécessaire. Cette sauce très fragile exige d'être servie assez épicée. Elle peut accompagner tous les poissons.

SAUCES

SAUCE BORDELAISE AU VIN BLANC
PRÉPARATION 25 MINUTES • CUISSON 40 MINUTES

Faire réduire au tiers le vin blanc avec l'échalote hachée, les champignons et le poivre mignonnette ; ajouter la demi-glace et laisser cuire pendant 40 minutes tout en dépouillant. Tenir la sauce assez corsée et serrée. Passer au chinois et, hors du feu, y ajouter 50 à 60 g de beurre, pour la rendre plus fluide et onctueuse, et une demi-cuillerée à soupe de persil et d'estragon ciselés.
Nota. Cette sauce peut être préparée à l'avance, mais le beurre et l'estragon n'y doivent être ajoutés qu'au dernier moment.

3 échalotes
20 g de débris de champignons
1 pincée de poivre mignonnette
bouquet garni
3 dl de vin blanc (bordeaux)
3 dl de demi-glace *
60 g de beurre
1 cuillerée à soupe de persil et d'estragon

SAUCE BORDELAISE AU VIN ROUGE
PRÉPARATION 25 MINUTES • CUISSON 1 HEURE

Faire revenir au beurre l'échalote hachée ; mouiller avec le vin et laisser réduire jusqu'à 1 dl. Ajouter la demi-glace. Cuire une bonne heure. Passer au chinois et beurrer avec 50 g de beurre.
Couper la moelle en dés, la pocher légèrement. L'ajouter à la sauce.
Facultatif : 1 cuillerée de persil ciselé.

1 bouteille de 75 cl de très bon vin rouge de Bordeaux
1 cuillerée d'échalote
4 dl de demi-glace *
60 g de beurre
150 g de moelle

SAUCE BOURGUIGNONNE AU VIN ROUGE
PRÉPARATION 10 MINUTES • CUISSON 30 MINUTES

Faire fondre au beurre les oignons finement émincés, mouiller avec le vin rouge, assaisonner, ajouter le bouquet garni. Réduire des deux tiers. Ajouter la sauce espagnole.

2 oignons
150 g de beurre
5 dl de bon vin rouge
bouquet garni
3 dl de sauce * espagnole
sel et poivre

SAUCE AU BRESSE BLEU
PRÉPARATION 10 MINUTES

Travailler un petit bresse bleu avec la crème. Passer au tamis fin. Ajouter une pointe de cayenne et tenir au frais.
Nota. Cette sauce est excellente avec les poissons froids.

1 petit bresse bleu
un demi-litre de crème
une pointe de cayenne

SAUCE BRUNE DITE ESPAGNOLE

PRÉPARATION 40 MINUTES • 1re CUISSON 3 HEURES •
2e CUISSON 3 HEURES • 3e CUISSON 3 HEURES

Il peut sembler étrange que l'une des sauces capitales de la cuisine française porte ce nom d'« espagnole », qui pourrait laisser supposer une origine étrangère.
Cette origine a pu être reconstituée d'une façon à peu près authentique, et ainsi expliquée : d'après certains historiens, cette sauce aurait été importée en France par les cuisiniers espagnols appelés au service des cuisines royales sous Louis XIV, mais cette sauce espagnole, telle qu'elle fut importée, n'était qu'un coulis brun, très épais, additionné de force tomates, fumet de volaille et de gibier, et dont le piment formait le seul fond aromatique. Les auteurs du temps ont signalé dans leurs ouvrages une sauce identique, que les cuisiniers de l'époque dénommaient sauce « brûlée », et qu'il obtenaient en passant au beurre du veau, de la volaille, du jambon et des légumes. Le tout était fortement poudré de farine, que l'on faisait roussir au four, puis simplement mouillé avec de l'eau au lieu de jus.
Là se trouve bien le principe de base de la sauce brune, qui reçut par la suite les améliorations qui en ont fait l'une de nos sauces capitales, et le nom d'« espagnole » lui fut conservé.

Recette simplifiée

Pour 3 litres de sauce :
100 g de carottes
1 oignon moyen
50 g de jambon cru ou de lard maigre
graisse
100 g de farine
3 litres de jus ou de bouillon
4 ou 5 tomates ou 3 cuillerées de tomate concentrée
1 bouquet garni

Couper en dés les carottes, l'oignon, le jambon cru ou le lard maigre. Faire revenir le tout (légèrement rissolé) avec de la bonne graisse. On peut très bien employer de la graisse, car ce corps gras est, par la suite, éliminé de la sauce par le dépouillement. Ajouter la farine et cuire ce mélange doucement soit sur le coin du feu, soit au four, jusqu'à ce qu'il ait pris une teinte rouge-brun.
Le délayer ensuite avec le jus, ou le bouillon ; faire prendre l'ébullition en remuant sans discontinuer : ajouter le bouquet garni, les tomates fraîches pressées et hachées ou, à défaut, 3 bonnes cuillerées de purée de tomate concentrée ; retirer la casserole sur le coin du feu et l'y placer de façon que l'ébullition de la sauce se continue doucement et régulièrement pendant 2 heures et demie à 3 heures.
Durant ce temps, avoir soin de dépouiller la sauce très fréquemment, c'est-à-dire d'enlever la graisse et les impuretés que l'ébullition fait remonter à la surface. On facilite ce dépouillement, qui est en somme une purification de la sauce, en ajoutant de temps en temps quelques cuillerées de liquide froid (jus ou bouillon).
Au bout du temps indiqué, passer la sauce au chinois dans une terrine et la vanner jusqu'à son complet refroidissement, c'est-à-dire la remuer fréquemment pour éviter qu'il ne se forme une peau sur la surface.

Observation. La recette de la sauce « espagnole » que nous donnons ici est dégagée volontairement des complications dont elle s'entoure dans la grande cuisine, et qui la rendent pour ainsi dire impraticable dans les moyennes ou petites cuisines bourgeoises.

Du reste, dans la cuisine actuelle, cette grande sauce est heureusement remplacée, dans de nombreux cas, par les « jus liés ».

Recette grande cuisine

Avec les os de bœuf et de veau bien revenus au four, marquer un fond (fond brun) ; le mouiller des 3 litres d'eau, mettre en ébullition ; y ajouter le jarret de veau et très peu de sel. Faire cuire durant 3 heures, avec la garniture de pot-au-feu.

D'autre part, faire un roux avec 150 g de bonne graisse, de porc de préférence (inutile d'utiliser du beurre) et la farine. Ce roux doit être très brun.

Lorsque, après 3 heures de cuisson, le fond (fond brun) sera prêt, c'est-à-dire très cuit, le passer au linge (cela a son importance) et en mouiller le roux.

Lorsque le roux aura pris ébullition, le reculer sur le coin du fourneau, mais le laisser toujours bouillir. Émincer, d'autre part, carottes, oignon, jambon de Bayonne. Avec 50 g de graisse, faire revenir le tout à la poêle en ajoutant persil, thym, laurier (très peu), ail. Ajouter cette préparation au roux. Cuisson : 3 heures. Passer au tamis de crin.

Le lendemain, remettre sur le feu en ajoutant soit un peu de bouillon ou de jus, les tomates écrasées ou les cuillerées de tomate concentrée, les débris de champignons, quelques grains de poivre. Laisser cuire en écumant à mesure qu'il se forme un dépôt, de graisse ou de déchets. C'est à force de cuisson que cette « espagnole » se dépouillera de toutes ses impuretés et du vilain aspect qu'elle avait au départ ; elle prendra belle tournure et un aspect appétissant. Lorsqu'on devra se servir de la demi-glace, faire auparavant la réduction (soit vin blanc, vin rouge, madère, porto, sherry) ou même fumet de poisson, c'est-à-dire le parfum que l'on voudra donner à la sauce, et la lui ajouter.

Passer les jus, fonds quelconques, dans des linges, mousselines ou étamines. Les sauces y gagneront en beauté, en brillant.

3 kg d'os de bœuf et de veau
3 l d'eau
1 kg de jarret de veau
sel
200 g de graisse de porc
150 g de farine
2 carottes
un gros oignon
100 g de jambon de Bayonne
queues et racines de persil
2 brins de thym
un quart de feuille de laurier
2 gousses d'ail
4 ou 5 tomates ou 3 cuillerées de tomates concentrée
50 g de débris de champignons
poivre

SAUCE CARDINAL
PRÉPARATION 30 MINUTES • CUISSON 15 MINUTES

Réduire le velouté ou, de préférence, la béchamel avec la crème fraîche et le fumet de poisson ; terminer et beurrer avec le beurre de homard. À loisir, un dé de jus de truffes.

Un demi-litre de velouté * ou de sauce * Béchamel
1 dl de crème fraîche
1 dl de fumet * de poisson
100 g de beurre * de homard

SAUCE CHASSEUR
PRÉPARATION 15 MINUTES • CUISSON 40 MINUTES

2 cuillerées d'échalote
2 cuillerées de champignons crus
1 verre de vin blanc
1 dl de sauce * tomate
5 cl de demi-glace *
50 g de beurre
cerfeuil et estragon

Faire revenir au beurre les échalotes hachées et les champignons hachés. Mouiller d'un verre de vin blanc. Réduire de moitié.
Ajouter la sauce tomate et la demi-glace ; 5 minutes d'ébullition.
Mettre au point avec le beurre et 1 petite cuillerée de cerfeuil et d'estragon ciselés.

SAUCE CHAUD-FROID BLANCHE
PRÉPARATION 1 HEURE • CUISSON 1 HEURE 30

120 g de beurre
100 g de farine (roux blond)
4 à 5 litres de cuisson de poularde
bouquet garni
50 g de débris de champignons
2 dl de gelée *
1 dl de crème fraîche
2 jaunes d'œufs

Mélanger le beurre et la farine ; faire blondir pendant 30 minutes à feu doux ; délayer petit à petit avec la cuisson.
Faire prendre l'ébullition en remuant ; ajouter les pelures de champignons et le bouquet garni, et laisser cuire très doucement pendant 1 heure, en ayant soin de dépouiller fréquemment.
Passer la sauce dans un sautoir, y ajouter les jaunes d'œufs délayés avec la crème et remuer en plein feu avec une spatule, en ajoutant à la sauce la gelée (fondue) et la crème, par quelques cuillerées à la fois.
Quand la gelée et la crème sont incorporées, continuer à remuer la sauce jusqu'à ce que sa quantité soit réduite à 2 litres. La passer à l'étamine.

SAUCE CHEVREUIL
PRÉPARATION 35 MINUTES • CUISSON 2 HEURES

1 dl d'huile d'olive
un tiers de carotte
1 oignon
3 échalotes
30 g de jambon maigre cru
thym, persil, laurier
4 à 5 cuillerées de vinaigre
2 verres de marinade *
6 dl de sauce * brune
3 baies de genévrier
5 ou 6 grains de poivre.
Pour la mise au point :
marinade *
vin rouge
1 pointe de cayenne
une pincée de sucre en poudre
40 g de beurre

Ce qui la caractérise, c'est la réduction de la marinade du gibier à traiter, et la liaison avec le sang de la bête, quand il y en a.
Dans l'huile d'olive fumante, mettre la carotte, l'oignon moyen, les échalotes et le jambon maigre, cru, coupés en petits dés ; quelques queues de persil rompus en petits fragments, une brindille de thym et un fragment de feuille de laurier. Faire revenir jusqu'à léger rissolage, puis mouiller avec le vinaigre et 1 verre de la marinade. Réduire ce mouillement à 4 cuillerées ; ajouter la sauce brune, 1 dl de la marinade et, la sauce étant en ébullition, la retirer sur le coin du feu et laisser bouillir doucement pendant trois quarts d'heure. Au bout de 35 minutes, y ajouter les baies de genévrier et les grains de poivre écrasés. (Il suffit que ces condiments séjournent dans la sauce pendant 10 minutes.)
Passer au chinois fin en foulant avec une cuillère pour obtenir l'essence des aromates.

SAUCES

Remettre la sauce en ébullition en y ajoutant un demi-verre de vin rouge, autant de marinade, une pointe de cayenne et une pincée de sucre en poudre. Continuer la cuisson, toujours très doucement, pendant 35 minutes et, durant ce temps, dépouiller fréquemment et, à chaque fois, ajouter 1 cuillerée de vin et 1 cuillerée de marinade, addition qui facilite le dépouillement de la sauce. Remuer la sauce en plein feu jusqu'à ce que sa quantité soit ramenée à 6 dl ; la passer de nouveau au chinois et la compléter avec le beurre.

SAUCE CHORON

C'est une sauce béarnaise* sans estragon et additionnée de purée de tomates.

SAUCE CRÈME
PRÉPARATION 1 HEURE • CUISSON 15 MINUTES

Additionner la béchamel à la crème. La réduire sur feu vif. La passer à l'étamine. Hors du feu, lui incorporer la crème double. Terminer au jus de citron.

*5 dl de sauce * Béchamel*
2 dl de crème
2 dl de crème double
un demi-citron

SAUCE CREVETTES
PRÉPARATION 50 MINUTES • CUISSON 20 MINUTES

Décortiquer les crevettes ; réserver au chaud les queues de crevettes propres avec le cognac.
Piler les épluchures de crevettes avec le beurre, et passer le tout au tamis ; réserver. Passer au tamis le velouté ; y joindre le fond de cuisson du poisson qui doit être servi. Laisser réduire ; ajouter la crème fraîche et les jaunes d'œufs ; vérifier l'assaisonnement. Terminer en ajoutant le beurre de crevettes hors du feu. Mettre les queues de crevettes dans la sauce, comme garniture.
Nota. Cette sauce doit être de franche teinte rose pâle.

150 g de crevettes
3 cl de cognac
50 g de beurre
un demi-litre
*de velouté **
fond de cuisson
du poisson à servir
1 dl de crème fraîche
2 jaunes d'œufs

SAUCE À LA DIABLE
PRÉPARATION 45 MINUTES • CUISSON 35 MINUTES

1 dl de vinaigre
2 échalotes, poivre
1 dl de vin blanc
*3 dl de demi-glace ***

Faire réduire le vinaigre avec le poivre écrasé et les échalotes hachées. Après réduction des deux tiers, ajouter le vin blanc ; réduire de moitié, ajouter la demi-glace. Passer au linge. Sauce un peu relevée.

SAUCE DUXELLES
PRÉPARATION 40 MINUTES • CUISSON 20 MINUTES

50 g de beurre
3 échalotes
*300 g de champignons de Paris hachés (duxelles * sèche)*
1 dl de vin blanc
1 dl de cuisson de champignons
*2 dl de glace * réduite*
*1 cuillerée à soupe de sauce * tomate*
sel
poivre
1 cuillerée à soupe de persil ciselé

Mettre dans une petite casserole le vin blanc, autant de cuisson de champignons et l'échalote hachée. Faire réduire des deux tiers ; ajouter la demi-glace, la purée de tomates, la duxelles sèche, et laisser bouillir pendant quelques minutes.
Lorsque cette sauce est destinée à un gratinage quelconque, elle doit être tenue assez consistante ; lorsqu'elle est destinée à accompagner une viande, elle doit être tenue plus légère, c'est-à-dire à la consistance d'une sauce ordinaire, et l'on y ajoute, en tout dernier lieu, 1 cuillerée à café de persil ciselé.
Si, à cette sauce duxelles, on ajoute 2 cuillerées de langue écarlate ou de jambon maigre coupés en brunoise (pour la quantité indiquée), elle prend le nom de sauce « italienne ».

SAUCE ENRAGÉE
PRÉPARATION 15 MINUTES

Mettre des jaunes d'œufs durs dans un mortier ; piler en les arrosant de temps en temps avec de l'huile ; ajouter sel, poivre, poivre de Cayenne, safran, et passer cette préparation à l'étamine. C'est une sorte de purée où il faut que le cayenne domine.

SAUCE FOYOT

C'est la sauce béarnaise* que l'on termine avec 2 cuillerées de glace de viande.

SAUCES

SAUCE FROIDE
PRÉPARATION 30 MINUTES • CUISSON 10 MINUTES

Piler un peu de persil, de cerfeuil, d'estragon et d'épinards bien verts. En extraire le jus en les serrant bien dans un torchon. Mettre ce jus dans un petit poêlon, de cuivre de préférence, et poser sur un feu vif jusqu'à ce que l'ébullition pointe. Retirer aussitôt et verser sur un linge posé sur un petit bol. On obtiendra, sur ce linge, une pâte verte parfumée. Fouetter de la crème fraîche comme pour une crème Chantilly, et y incorporer cette pâte verte.

Assaisonner avec sel, poivre de Cayenne et jus de citron. Ce dernier peut être remplacé par un peu de jeune oseille finement ciselée. Cette sauce accompagne les poissons froids.

Quelques branches de persil, cerfeuil, estragon
100 g d'épinards
un demi-litre de crème fraîche fouettée
un jus de citron
sel et poivre de Cayenne

SAUCE GENEVOISE
PRÉPARATION 50 MINUTES • CUISSON 2 HEURES

Émincer carottes, oignon, ail, échalotes, faire revenir le tout avec le bouquet garni dans le beurre.

Se procurer une tête de colin, ou de saumon, ou de turbot ; sinon, faire un demi-litre de fumet de poisson. Égoutter le beurre, ajouter le fumet, et laisser réduire. Après cette réduction, mouiller avec le vin rouge ; laisser réduire de moitié ; allonger avec la demi-glace. Continuer la cuisson longuement ; écumer pour enlever les impuretés ; passer à l'étamine. Remettre sur le feu ; continuer la cuisson jusqu'à ce que la sauce soit consistante, légère et d'une belle couleur brun doré. Repasser à l'étamine. Terminer en ajoutant l'essence d'anchois et le beurre frais.

2 carottes
1 gros oignon
2 petites gousses d'ail
2 échalotes
1 bouquet garni
50 g de beurre
un demi-litre de fumet * de poisson
une demi-bouteille de vin rouge
1 litre de demi-glace *
1 cuillerée à café d'essence d'anchois
100 g de beurre frais

SAUCE GRAND VENEUR

À un demi-litre de sauce poivrade * tenue légère, ajouter, en dernier lieu, en procédant comme pour le civet, environ 1 dl de sang de lièvre et 2 cuillerées de gelée de groseilles.

La cuisine actuelle use et abuse de la crème dans les sauces ; c'est une addition que l'on ne saurait admettre systématiquement, car, si la crème adoucit la sauce, elle en atténue aussi la saveur caractéristique. La sauce Grand Veneur ne doit pas en comporter.

SAUCES

SAUCE GRATIN (MAIGRE)
PRÉPARATION 35 MINUTES • CUISSON 20 MINUTES

1 dl de vin blanc
cuisson du poisson traité
2 échalotes
4 dl de velouté *
2 dl de duxelles *
100 g de beurre
assaisonnement à point
25 g de mie de pain fraîche
25 g de fromage râpé

Réduire de moitié le vin blanc et le fumet de poisson avec l'échalote hachée. Ajouter la duxelles et le velouté ; mettre au point avec le beurre ; poudrer de mie de pain fraîche, émiettée finement, et de gruyère râpé.

SAUCE GRIBICHE
PRÉPARATION 20 MINUTES • CUISSON DES ŒUFS 10 MINUTES

4 jaunes d'œufs durs
sel, poivre
1 cuillerée à soupe de moutarde
3 dl d'huile et 6 dl de vinaigre
20 g de cornichons
20 g de câpres
persil, estragon, cerfeuil
2 branches de chaque ciselées

Travailler jaunes et moutarde au fouet. Ajouter l'huile, puis le vinaigre et enfin les assaisonnements. C'est une sauce de haut goût.

SAUCE HOLLANDAISE
PRÉPARATION ET CUISSON 25 MINUTES

2 cuillerées à soupe de vinaigre
1 pincée de sel
1 pincée de poivre mignonnette
4 jaunes d'œufs
175 g de beurre
5 cl d'eau froide
1 citron

Mettre dans une casserole à bords hauts (bain-marie) le vinaigre, le sel et le poivre. Faire réduire à la valeur d'une cuillerée à café et laisser refroidir ou à peu près.

Ajouter l'eau froide, les jaunes d'œufs (dont le germe doit être retiré) et 25 g de beurre divisé en parcelles. Placer l'ustensile sur un feu très doux, ou de préférence au bain-marie, où la température reste égale. Remuer à l'aide d'une cuillère ou d'un petit fouet ; dès que la sauce commence à épaissir (ce qui indique la cuisson des jaunes), ajouter encore 150 g de beurre par toutes petites parcelles, au fur et à mesure que l'adjonction précédente est bien incorporée. En faisant cette addition de beurre, ajouter aussi, en trois ou quatre fois, la valeur d'une cuillerée d'eau froide, ce qui a pour but de prévenir la décomposition de la sauce. Finalement, passer la sauce à l'étamine ; mettre l'assaisonnement au point et, selon le goût, le relever de quelques gouttes de jus de citron.

Nota. Jusqu'au moment d'être servie, cette sauce sera conservée au bain-marie. Ne pas oublier que le moindre excès de chaleur en provoquerait la décomposition. Suivant l'état de la sauce, il faut la refroidir avec quelques gouttes d'eau froide ou la réchauffer avec très peu d'eau bouillante.

Additionnée du jus de deux oranges sanguines, elle devient la sauce maltaise.

SAUCE HOMARD
PRÉPARATION 30 MINUTES • CUISSON 15 MINUTES

Réduire le velouté avec la crème fraîche et le fumet de poisson. Piler le beurre avec le corail, les œufs de homard et le filet d'anchois ; passer au tamis et beurrer la sauce. Pour terminer, ajouter des dés de homard et un trait de cognac.

*Un demi-litre de velouté ***
2 dl de crème fraîche
*1 dl de fumet * de poisson*
100 g de beurre corail et œufs de homard
1 filet d'anchois
cognac

SAUCE HONGROISE
PRÉPARATION 15 MINUTES • CUISSON 15 MINUTES

Faire revenir au beurre, et sans coloration, les oignons hachés très fin ; assaisonner d'une pincée de sel et de 5 g de paprika ; mouiller avec le vin blanc, ajouter le bouquet garni ; réduire le vin des deux tiers, et retirer le bouquet. Compléter avec le velouté gras ; tenir en petite ébullition pendant 5 minutes, passer à l'étamine, et finir la sauce avec 100 g de beurre.
Observer que cette sauce doit être de teinte rose tendre et que c'est le paprika seul qui doit la communiquer. Elle est un excellent accompagnement pour les noisettes d'agneau et de veau, pour les volailles, poissons et œufs.

2 gros oignons
150 g de beurre
sel
1 cuillerée à soupe de paprika
2 dl de vin blanc
bouquet garni
*un demi-litre de velouté ***
1 dl de crème fraîche

SAUCE JOINVILLE
PRÉPARATION 1 HEURE • CUISSON 12 MINUTES

Les écrevisses à la bordelaise se trouvant cuites, les décortiquer et réserver les queues. Faire réduire cette cuisson avec la sauce bordelaise au vin blanc. D'autre part, piler les épluchures et coffres des écrevisses et les crevettes avec le beurre. Passer au tamis fin ; ajouter dans la sauce et terminer avec la crème fraîche.
Le mélange des écrevisses et des crevettes donne un grand parfum à la sauce ; y ajouter les queues d'écrevisse coupées en dés et quelques queues de crevette ; parfumer avec le cognac.

*12 écrevisses * à la bordelaise*
*un demi-litre de sauce * bordelaise au vin blanc*
50 g de crevettes
100 g de beurre
1 dl de crème fraîche
5 cl de cognac

SAUCES

SAUCE MADÈRE
PRÉPARATION 1 HEURE • CUISSON 50 MINUTES

6 dl de sauce *
espagnole
2 dl de fond * de veau
50 g de débris
de champignon
50 g de beurre
1 dl de madère

À la sauce espagnole ajouter le fond de veau et les débris de champignon. Faire réduire en plein feu, tout en remuant avec une spatule. Lorsque la sauce sera à point et assez consistante, c'est-à-dire qu'elle nappe la cuillère, la passer au chinois fin ; y incorporer par parcelles le beurre et le madère hors du feu. Cette addition ramène la sauce à sa consistance normale, et ainsi le madère conserve tout son arôme, mais il ne faut plus laisser bouillir.

SAUCE MAYONNAISE
PRÉPARATION 10 MINUTES

4 jaunes d'œufs
sel
poivre
1 cuillerée à soupe
de moutarde
5 cl de vinaigre
un demi-litre d'huile

Conditions pour la réussite d'une mayonnaise : récipient à la température de la pièce, vinaigre bouillant, huile tempérée.

Il n'y a pas de secret professionnel pour réussir la mayonnaise, que beaucoup de personnes hésitent à entreprendre. C'est une des sauces les plus faciles à faire et le plus vite, puisque l'on arrive à préparer en 3 minutes une mayonnaise pour 8 personnes. Il suffit d'avoir un petit fouet fixe.

La mayonnaise craint plutôt le froid que la chaleur. Sa décomposition est plus fréquente en hiver qu'en été, et cela provient de ce qu'on a employé de l'huile trop froide ou presque figée. C'est pourquoi l'huile doit être à la température de la cuisine et même légèrement tiédie. Précaution, bien entendu, inutile en été. Une autre cause de décomposition de la mayonnaise est l'addition trop précipitée de l'huile au début de l'opération.

Mettre dans un saladier : jaunes, moutarde, sel, poivre, un filet de vinaigre bouillant ; mélanger avec un petit fouet ; ajouter l'huile goutte à goutte pour commencer, et ainsi jusqu'au moment où, par l'absorption régulière de l'huile par les jaunes, l'émulsion est assurée.

Verser alors l'huile en petit filet ininterrompu, en remuant vivement, à droite ou à gauche, cela importe peu. Au cours de l'addition de l'huile, quand la sauce prend du corps, c'est-à-dire devient épaisse, ajouter quelques gouttes de vinaigre pour la relâcher.

Au cas où la mayonnaise vient à tourner, c'est-à-dire si l'huile se sépare des jaunes et que la sauce se trouve en grumeaux, il n'y a qu'à la recommencer avec un peu de moutarde si elle n'est qu'en petite quantité, ou avec 1 jaune d'œuf lorsqu'elle est en grande quantité.

La mayonnaise se conserve très bien quelques jours ; en hiver, il faut avoir soin de la tenir dans un endroit tempéré. Au moment d'employer une mayonnaise préparée la veille ou depuis plusieurs jours, on doit lui ajouter quelques gouttes de vinaigre, en la remuant vivement, ou de l'eau bouillante.

Nota. Meilleure est la mayonnaise à l'huile d'olive extra vierge, et l'on gagnera à utiliser une moutarde forte aromatisée.

SAUCE MAYONNAISE LIÉE À LA GELÉE

À un demi-litre de sauce mayonnaise ajouter, petit à petit, 2 dl de gelée * réduite fondue et presque froide. Utiliser immédiatement en nappage, car cette sauce se solidifie très rapidement.

SAUCE MAYONNAISE À LA MENTHE

Faire une infusion de menthe avec 2 cuillerées de vinaigre et 1 cuillerée d'eau. Employer cette infusion (froide) au lieu de vinaigre ordinaire pour la mayonnaise.

SAUCE MAZOT
PRÉPARATION 20 MINUTES • CUISSON 20 MINUTES

Mettre dans une poêle le beurre, avec la moelle de bœuf, le jambon en petits dés et la moutarde. Laisser mijoter 5 minutes. Saler et poivrer. Ajouter le jus d'une pièce de viande cuite sur le gril ; le ketchup et la Worcestershire sauce, puis de la crème fraîche battue en Chantilly. Laisser mijoter 10 minutes en travaillant la sauce au fouet. Ajouter les fines herbes ciselées et verser sur la viande.

50 g de beurre
50 g de moelle de bœuf
60 g de jambon cuit
2 cuillerées de moutarde
sel et poivre
fines herbes
jus de viande
une cuillerée de ketchup
une cuillerée à café de Worcestershire sauce
crème fraîche

SAUCE MORNAY
PRÉPARATION 35 MINUTES • CUISSON 20 MINUTES

À ce demi-litre de sauce Béchamel en ébullition ajouter une liaison de jaunes d'œufs et de gruyère ou de parmesan râpé. Compléter avec la cuisson très réduite du poisson en traitement, quelques cuillerées de crème et le beurre.

*Un demi-litre de fumet * de poisson, ou cuisson du poisson en traitement*
*un demi-litre de sauce * Béchamel*
2 jaunes d'œufs
50 g de fromage râpé
50 g de beurre
1 dl de crème fraîche

SAUCE MOSCOVITE
PRÉPARATION 30 MINUTES • CUISSON 10 MINUTES

3 dl de sauce * poivrade
50 g de pignolis
(graines du pignon)
50 g de raisins
de Corinthe
1 dl de vin de Malaga

Mettre dans un sautoir la sauce poivrade ; la réduire à 2 dl, y ajouter, hors du feu, le vin de Malaga, ce qui la ramène à sa consistance normale. La compléter avec les pignolis grillés (ou, à défaut, des amandes effilées) et les raisins de Corinthe, nettoyés et gonflés dans le malaga. Cette sauce est de même caractère que la sauce romaine.

SAUCE MOUSSELINE
PRÉPARATION 20 MINUTES

À 3 dl de sauce * hollandaise ajouter 1 dl de crème fraîche fouettée. Sauce très légère et onctueuse. Fouetter pour rendre la sauce mousseuse.

SAUCE MOUTARDE
PRÉPARATION 20 MINUTES

3 dl de sauce *
hollandaise
1 cuillerée à soupe
de moutarde forte

On peut remplacer la sauce hollandaise par une sauce * crème et la compléter par la même quantité de moutarde.
Nota. Dans un cas comme dans l'autre, la moutarde ne s'ajoute qu'au dernier moment.
Si la sauce doit attendre quelques minutes, la tenir au bain-marie.

SAUCE NANTUA
PRÉPARATION 20 MINUTES • CUISSON 15 MINUTES

Un demi-litre
de sauce * Béchamel
2 dl de crème fraîche
100 g de beurre *
d'écrevisses
un peu de beurre

Réduire le demi-litre de sauce Béchamel avec la crème fraîche ; passer à la mousseline. Beurrer et terminer avec le beurre d'écrevisses.
À volonté, 24 queues d'écrevisse comme garniture.

SAUCE NIÇOISE
PRÉPARATION 15 MINUTES

2 piments
2 cuillerées de tomate
concentrée
quelques feuilles
d'estragon
un demi-litre
de sauce * mayonnaise

Peler les piments, ajouter la tomate concentrée, les feuilles d'estragon. Piler, passer au tamis de crin, et mélanger ce jus dans la mayonnaise ordinaire.

SAUCE NOIRE ENRAGÉE
PRÉPARATION 20 MINUTES • CUISSON 2 HEURES

Recueillir le sang de deux canards et y ajouter un demi-verre de vinaigre de vin rouge.
Faire un roux * avec beurre et farine. Mouiller de bouillon. Hacher les gousses d'ail avec le lard maigre et les foies des canards. Ajouter ce hachis dans la casserole, saler et poivrer et porter à ébullition. Couvrir. Cuire une heure et ajouter le vinaigre et le sang, puis cuire encore 30 minutes. Fouler la sauce au tamis et rectifier l'assaisonnement.

80 g de beurre
75 g de farine
1 litre de bouillon
15 gousses d'ail
50 g de lard maigre
le sang
et les foies de 2 canards
un demi-verre
de vinaigre de vin
sel et poivre

SAUCE NORMANDE
PRÉPARATION 3 HEURES • CUISSON 20 MINUTES

Mélanger dans un sautoir le velouté, le fumet et la cuisson. Ajouter les jaunes d'œufs délayés avec la crème. Réduire d'un tiers en plein feu. Terminer avec le beurre, puis passer au chinois.

*4 dl de velouté ***
de poisson
*2 dl de fumet ***
de poisson
2 dl de cuisson
de champignons
3 jaunes d'œufs
1 dl de crème fraîche
50 g de beurre

SAUCE PÉRIGUEUX
PRÉPARATION 15 MINUTES • CUISSON 30 MINUTES

Réduire le madère. À la moitié de la réduction, ajouter la demi-glace ; laisser quelques minutes sur le feu, puis retirer. Passer à l'étamine, ajouter le beurre en parcelles, un trait de madère et les truffes coupées en petits dés.

1 dl de madère
un demi-litre
*de demi-glace ***
40 g de beurre
80 g de truffes

SAUCE PIQUANTE
PRÉPARATION 15 MINUTES • CUISSON 1 HEURE

Mettre dans une casserole le beurre et faire un roux * brun auquel on ajoute les oignons coupés fin, le thym, le laurier, les échalotes, le persil, l'ail ; mouiller avec un peu d'eau et un filet de vinaigre ; faire bouillir à très petit feu, assaisonner de poivre et de sel, passer au tamis, puis mettre dans la sauce des cornichons en tranches.

30 g de beurre
30 g de farine
2 oignons
thym, laurier
échalotes, persil
1 gousse d'ail
1 filet de vinaigre
100 g de cornichons

SAUCES

SAUCE POIVRADE POUR GIBIER
PRÉPARATION 30 MINUTES • CUISSON 2 HEURES

2 carottes
1 gros oignon
2 échalotes
racine de persil
1 brindille de thym
1 feuille de laurier
25 g de beurre
5 cl d'huile
parures de gibier
1 dl de vin blanc
1 dl de vinaigre
*un demi-litre de demi-glace ***
*marinade ***
poivre.
Facultatif :
1 cuillerée à soupe de gelée de groseilles
50 g de beurre

Faire une mirepoix * avec les légumes émincés et les aromates bien revenus dans le beurre et l'huile ; ajouter les parures du gibier. Mouiller avec le vin blanc, le vinaigre, 2 dl de marinade, 6 grains de poivre écrasés, la demi-glace, à mesure de sa réduction, ajouter petit à petit le restant de la marinade, ou du fond de gibier si possible ; assaisonnement de haut goût. Passer à l'étamine.
À volonté, on peut terminer avec 1 cuillerée à soupe de gelée de groseilles et 50 g de beurre.

SAUCE POULETTE
PRÉPARATION 45 MINUTES • CUISSON 20 MINUTES

*Un litre de velouté ***
1 dl de cuisson de champignons ou 8 à 10 champignons très frais et très blancs cuits dans
*1 dl de fond * blanc*
1 dl de crème fraîche
4 jaunes d'œufs
80 g de beurre
1 citron

Pour un demi-litre de sauce, mettre dans un sautoir environ 1 dl de la cuisson de champignons, et la réduire à deux cuillerées.
Ajouter le velouté ; laisser bouillir pendant 5 à 6 minutes et ajouter une liaison des jaunes d'œufs délayés dans un bol avec la crème. Cuire en remuant en plein feu.
Compléter la sauce, hors du feu, avec le beurre et le jus d'un petit citron. Quel que soit l'élément auquel est destinée la sauce poulette, cet élément y est mélangé quand la sauce a été complétée comme il est dit, et il ne doit plus y avoir d'ébullition.

SAUCE PROVENÇALE
PRÉPARATION 20 MINUTES • CUISSON 20 MINUTES

2 kg de tomates
4 gousses d'ail
1 dl d'huile d'olive
sel, poivre
1 dl de vin blanc
20 g de beurre
1 cuillerée à soupe de persil concassé

Hacher l'ail et les tomates mondées et épépinées.
Dans de l'huile chaude, faire cuire ce mélange ; ajouter du vin blanc pour l'éclaircir. Assaisonner fortement et, lorsque la sauce a bouilli pendant 20 minutes, retirer du feu. Passer à l'étamine. Ajouter le persil et le beurre.

SAUCES

SAUCE RAVIGOTE FROIDE
PRÉPARATION 10 MINUTES

Mettre dans un bol l'huile, le vinaigre, une forte pincée de sel fin, une prise de poivre, les câpres fines, le persil, le cerfeuil, l'estragon, les ciboulettes ciselés (ces herbes en parties égales), l'oignon haché aussi finement que possible, lavé à l'eau fraîche et fortement serré dans un linge pour en extraire l'eau qui, en même temps, entraîne le jus âcre. Bien mélanger le tout.
Nota. Cette sauce est principalement utilisée pour les abats (tête, pieds et fraise de veau, pieds de mouton, etc.); lorsqu'elle accompagne un poisson, l'oignon est à supprimer.

2 dl d'huile
5 cl de vinaigre
sel, poivre
1 cuillerée à café de moutarde
1 cuillerée à soupe de câpres
1 petit oignon
2 branches de persil, d'estragon, de cerfeuil, de ciboule.
A loisir,
1 œuf dur, jaune et blanc hachés très fin,
et un trait de Worcestershire sauce

SAUCE RÉGENCE
PRÉPARATION 35 MINUTES • CUISSON 4 HEURES EN TOUT
(DONT 2 HEURES POUR LE FOND BLANC)

Préparer un roux assez léger avec le beurre et la farine; mouillement avec 2 litres de fond blanc; cuisson : 2 heures.
Au moment de se servir de ce velouté, activer la réduction avec la cuisson et les débris de champignons, puis la crème fraîche. Passer à l'étamine. Terminer avec le beurre frais et surveiller l'assaisonnement. Suivant la pièce qu'elle accompagne, on parfumera cette sauce avec du vin de porto, du cognac ou de l'essence de truffes.
C'est une sauce suprême additionnée de cuisson de champignons réduite.

*Pour le fond * blanc :*
1 kg d'os de veau et autant de jarret de veau
3 litres d'eau
peu de sel
garniture de pot-au-feu :
2 carottes
1 oignon piqué
bouquet garni.
*Pour le roux * :*
100 g de beurre
80 g de farine.
Pour terminer :
cuisson et débris de champignons
1 dl de crème fraîche
100 g de beurre
porto ou cognac ou essence de truffes

SAUCE RÉMOULADE

Première recette
PRÉPARATION 20 MINUTES

Hacher les câpres, les cornichons, les branches de persil, de cerfeuil et d'estragon; ajouter la moutarde, l'essence d'anchois et mêler le tout à la sauce mayonnaise.

25 g de câpres
25 g de cornichons
quelques branches de persil, cerfeuil, estragon
1 cuillerée à café de moutarde
1 cuillerée à café d'essence d'anchois
*2 dl de sauce * mayonnaise*

Seconde recette
PRÉPARATION 10 MINUTES

Dans le demi-litre de sauce mayonnaise, mélanger la cuillerée de moutarde, quelques feuilles d'estragon, de persil, du cerfeuil, de la ciboule, les câpres, les cornichons, le tout haché; y ajouter la Worcestershire sauce.
Les cornichons hachés auront été pressés dans un linge pour en extraire le liquide.

*Un demi-litre de sauce * mayonnaise*
1 cuillerée de moutarde
estragon, persil cerfeuil, ciboule
20 g de câpres
20 g de cornichons
1 cuillerée à soupe de Worcestershire sauce

SAUCE ROBERT

PRÉPARATION 40 MINUTES • CUISSON 35 MINUTES

1 gros oignon
2 dl de vin blanc
3 dl de demi-glace *
1 bouquet garni
1 cuillerée
de glace * de viande
1 cuillerée
de moutarde forte
1 pincée de sucre

Faire revenir à peine le gros oignon haché fin ; ajouter le vin blanc et faire réduire de moitié ; ajouter la demi-glace, le bouquet garni, la glace de viande ; enfin, au dernier moment, la moutarde forte et une pincée de sucre.
Cette sauce est spéciale pour le porc.

SAUCE ROUENNAISE POUR LE CANETON

PRÉPARATION 30 MINUTES • CUISSON 20 MINUTES

Une demi-bouteille
de très bon vin rouge
(bourgogne
ou côtes-du-rhône)
1 cuillerée à café
d'échalotes
2 dl de très fine
demi-glace *
poivre frais moulu
le foie du caneton
100 g de beurre fin

Mettre dans une casserole le vin et les échalotes hachées.
Faire réduire le vin des deux tiers ; ajouter la sauce demi-glace ; laisser bouillir 2 minutes et, hors du feu, mélanger dans cette sauce le foie cru du canard, passé au tamis ou haché aussi finement que possible. La seule chaleur de la sauce suffit pour cuire le foie et elle ne doit plus bouillir quand il est ajouté.
Passer la sauce à l'étamine ou au chinois fin ; la compléter avec le beurre fin et y mélanger le jus extrait de la carcasse.

SAUCE RUSSE

Ajouter à une sauce * mayonnaise la partie crémeuse de l'intérieur d'un homard et du caviar passés au tamis. Relever légèrement en moutarde.

SAUCE SAINT-MALO

PRÉPARATION 1 HEURE • CUISSON 45 MINUTES

50 g de beurre
50 g de farine
4 dl de fumet *
de poisson
poivre blanc
4 échalotes
1 verre de vin blanc
3 anchois
40 g de beurre
1 cuillerée à café
de moutarde

Mélanger dans une casserole le beurre et la farine ; faire blondir très légèrement ; délayer ce roux avec le fumet de poisson, ajouter une prise de poivre blanc, faire prendre l'ébullition en remuant, et laisser bouillir doucement ensuite sur le coin du feu.
Mettre dans une petite casserole l'échalote hachée avec le vin blanc et laisser réduire complètement. Ajouter les filets d'anchois dessalés et pilés

SAUCES

avec le beurre. Bien mélanger ; passer au tamis et réserver ce beurre dans un bol.
Juste au moment de servir, mélanger dans la sauce, hors du feu, le beurre d'échalote aux anchois et une forte cuillerée à café de moutarde ; assurer l'assaisonnement et le tenir un peu relevé.
Nota. À défaut de filets d'anchois, on complète la sauce avec le beurre d'échalote, une demi-cuillerée d'essence d'anchois et la moutarde, comme il est dit.

SAUCE DE SALMIS
PRÉPARATION 1 HEURE • CUISSON DU FOND 2 HEURES

Bien que cela puisse paraître peu orthodoxe, il y a plusieurs principes pour traiter les sauces de salmis.
Ne parlons pas du gros gibier, tel que chevreuil, cerf, marcassin, chamois, isard, qui se traitent en venaison. Ce qui nous intéresse, c'est le gibier à plume, tel que perdreaux, faisans, bécasses.
Pour tous les gibiers à plume, le procédé est le même, seul le mouillement du fond diffère. Il peut se faire au vin blanc comme au vin rouge ; et même, chez les chasseurs, pour ne pas dénaturer le parfum du gibier en traitement, il se fait à l'eau.
Pour les deux sortes de salmis, le premier stade est le même : mirepoix * de carottes, gros oignons, échalotes, bouquet garni et dés de jambon cru ; le tout bien revenu. Ajouter quelques abattis du gibier ; décanter la graisse ; mouiller au vin blanc ou au vin rouge, selon la préférence. Cuisson lente, prolongée et surveillée – quelques champignons, litre de demi-glace corsée. Passer à l'étamine, amener la sauce à point ; elle doit être bien onctueuse, corsée, brillante. Au dernier moment, lier la sauce avec quelques parcelles de beurre et même avec la purée de foie gras et un peu de poivre du moulin. À volonté, ajouter un jet de cognac pour terminer.
De même, on peut mettre un peu d'essence de truffes ou quelques centilitres de madère.
Pour les vrais amateurs de salmis, faire juste une bonne mirepoix *, ajouter 100 g de farine, laisser roussir ; mouiller à l'eau, mais forcer en abattis de gibier. Cuisson lente et longue ; bien dépouiller. Au moment de servir, découper le gibier, mettre sur un plat ; concasser vivement les carcasses, les passer à la presse, pour en extraire tout le suc, et ajouter celui-ci à la sauce, qui, au préalable, aura été bien beurrée au beurre fin. Accompagner ou, mieux, border le plat de croûtons en cœur, frits au beurre.
À volonté, aussi, on peut ajouter des champignons ou des morilles. Bien entendu, on peut terminer la liaison de la sauce avec les foies du gibier servi ; les passer au tamis fin.

1 carotte
1 gros oignon
2 échalotes
1 bouquet garni
50 g de jambon cru
abattis de gibier
50 cl de vin
4 ou 5 champignons
1 l de demi-glace *
20 g de beurre
1 cuillerée de purée de foie gras
poivre
cognac

SAUCE SOUBISE
PRÉPARATION 40 MINUTES • CUISSON 50 MINUTES

4 gros oignons
un demi-litre de sauce * Béchamel (cuisson à petit feu)
2 dl de crème fraîche

Faire blanchir les oignons émincés très fin dans l'eau bouillante salée ; les égoutter à fond et les faire étuver au beurre sans prendre couleur ; mélanger à la béchamel ; ajouter la crème fraîche ; rectifier l'assaisonnement, qui doit être bien relevé.

La soubise étant une garniture au même titre qu'une sauce, on la tient soit très serrée, soit plus fluide, suivant son emploi.

SAUCE TARTARE
PRÉPARATION 20 MINUTES • CUISSON 10 MINUTES

4 jaunes d'œufs durs
1 jaune d'œuf cru
sel, poivre
1 cuillerée à café de moutarde
5 cl de vinaigre
4 dl d'huile
1 cuillerée de ciboulette
2 cuillerées de sauce * mayonnaise
1 cuillerée de Worcestershire sauce

Piler les jaunes d'œufs durs et le jaune d'œuf cru ; ajouter sel, poivre, moutarde, vinaigre, huile ; remuer comme pour une mayonnaise ; joindre une forte cuillerée de ciboulette hachée. Pour solidifier la sauce tartare, on peut y ajouter de la sauce mayonnaise. Assaisonnement de haut goût ; 1 cuillerée de Worcestershire sauce.

Nota. Il faut remarquer que cette sauce doit s'apprêter au dernier moment, car elle se décompose rapidement, l'œuf cuit n'ayant pas la résistance du jaune d'œuf cru. À la rigueur, on peut y ajouter 1 jaune d'œuf cru par 3 jaunes cuits pour en assurer la conservation momentanée ; mais ce n'est déjà plus la véritable sauce tartare.

SAUCE TOMATE
PRÉPARATION 30 MINUTES • CUISSON 2 HEURES

50 g de beurre
100 g de lard de poitrine
150 g de mirepoix *
50 g de farine
2 kg de tomates
une pincée de sucre
bouquet garni
10 g d'ail
un litre de bouillon
sel et poivre

Faire revenir au beurre la mirepoix avec le lard de poitrine coupé en tout petits dés ; y mélanger 3 cuillerées de farine ; faire roussir celle-ci et ajouter les tomates pressées ou en purée, sel, poivre, sucre, bouquet garni, ail écrasé, le litre de bouillon. Cuire très doucement. Passer au tamis fin et réserver pour l'usage.

SAUCES

SAUCE VÉNITIENNE
PRÉPARATION 1 HEURE • CUISSON 4 MINUTES

Blanchir, à peine quelques minutes, les herbes et les épinards ; égoutter, presser fortement ; piler le tout avec le beurre, passer au tamis. D'autre part, faire réduire le vinaigre avec les échalotes hachées ; ajouter la sauce au vin blanc et, hors du feu, y incorporer le beurre vert qui, tout en terminant la sauce, lui donnera la couleur désirée.

Quelques branches de persil, estragon, cerfeuil
100 g d'épinards
100 g de beurre
1 dl de vinaigre
2 échalotes
un demi-litre de sauce * au vin blanc

SAUCE VERTE
PRÉPARATION 30 MINUTES • CUISSON 5 MINUTES

Jeter les verdures dans l'eau bouillante salée ; blanchir 5 minutes ; égoutter, rafraîchir, presser dans un linge. Ajouter les câpres, les cornichons, le filet d'anchois à l'huile. Piler, passer au tamis de crin. Mélanger cette purée à un demi-litre de sauce mayonnaise.

150 g en tout de : cresson, épinards, estragon, persil, cerfeuil, ciboulette
25 g de câpres
25 g de cornichons
1 filet d'anchois à l'huile
un demi-litre de sauce * mayonnaise

SAUCE VILLEROI

Réduire 2 dl de sauce * allemande étendue de 4 dl de fond * blanc. Passer à l'étamine et vanner. S'emploie tiède et doit napper parfaitement.

SAUCE VINAIGRETTE
PRÉPARATION 10 MINUTES

La proportion, pour assaisonner une salade verte pour 4 personnes, est de 1 cuillerée de vinaigre pour 3 d'huile environ. La laitue en demande moins que la chicorée ou la scarole par exemple.
Mettre quelques pincées de sel dans une jatte et verser le vinaigre par-dessus en remuant avec une cuillère en bois. Quand il est bien dissous, verser l'huile en filet en remuant sans trop fouetter, puis poivrer au goût. On peut remplacer le vinaigre par du jus de citron.
Nombreux sont les ingrédients secondaires que l'on peut incorporer à cette sauce de base, tels que échalote grise finement hachée, pointe d'ail râpée, ciboulette, persil ou cerfeuil, moutarde forte ou douce, essence d'anchois, œuf dur haché, cornichons, etc. L'huile de noix, très fruitée (ou l'huile de noisettes), ne convient pas à toute salade verte. Le vinaigre de xérès, le vinaigre de cidre ou parfumé à la framboise confèrent également une note particulière qui souligne mieux les ingrédients de certaines salades composées (aux fruits, à la volaille, au poisson, etc.).

Huile de tournesol, d'olive ou aromatisée aux fines herbes
vinaigre de vin blanc, à l'estragon ou à l'échalote
sel fin
poivre fraîchement moulu

SAUCE VINCENT
PRÉPARATION 30 MINUTES

**100 g en tout de :
cerfeuil, estragon,
ciboulette, pimprenelle,
oseille triée
(en quantités égales)
30 g de persil
50 g d'épinards
2 jaunes d'œufs durs
un demi-litre
de sauce * mayonnaise
1 cuillerée à café
de Worcestershire sauce**

Blanchir très vivement toutes les verdures. Rafraîchir ; les presser dans un linge pour enlever l'eau ; les piler avec les jaunes d'œufs durs ; passer en foulant à l'étamine. Ajouter cette purée au demi-litre de mayonnaise ordinaire, avec la cuillerée à café de Worcestershire sauce. Rectifier l'assaisonnement.

HORS-D'ŒUVRE
ET
ENTRÉES CHAUDES
OU
FROIDES

L E HORS-D'ŒUVRE (OU L'ENTRÉE) TIENT UNE place de choix dans le repas moderne. Son but est d'ouvrir l'appétit sans rassasier, mais il permet aussi, même en grande cuisine, d'utiliser des restes ou de la desserte (volaille, poisson, fromage, voire viande) qui, décemment, ne pourraient figurer sur une table. La présentation des hors-d'œuvre est aussi importante que leur composition. Ils doivent plaire à l'œil avant de satisfaire le palais.

On distingue tout d'abord les hors-d'œuvre (ou entrées) chaud(e)s ou froid(e)s. Ces derniers comprennent, par exemple : légumes ou poissons marinés, *antipasti* à l'italienne, charcuteries variées, salades composées, cocktails de crevettes ou de fruits de mer, avocats farcis, légumes froids diversement apprêtés ou assaisonnés, etc. Les entrées chaudes englobent, quant à elles, les bouchées, croquettes, beignets, allumettes, crêpes farcies, tartes salées et quiches, rissoles et petits pâtés, etc.

Nous donnons les recettes d'œufs à la suite des hors-d'œuvre, car ces plats sont souvent servis en entrée. D'autres suggestions pourront venir du chapitre des crustacés ou des recettes à base de fromage.

ALLUMETTES DE GRUYÈRE
PRÉPARATION 10 MINUTES • CUISSON 5 MINUTES

2 œufs
sel, poivre
chapelure blanche
400 g de gruyère
friture

Battre les œufs, assaisonner de sel et de poivre. Préparer des tranches de gruyère de 1/2 cm d'épaisseur et de 2 doigts de largeur. Les passer à la farine, puis aux œufs et enfin à la chapelure. Plonger dans une friture très chaude, placer sur papier absorbant et servir brûlant.
On peut remplacer le gruyère suisse par du comté ou du beaufort savoyard.

AMUSE-GUEULE AUX SAUCISSES, ANCHOIS ET JAMBON
PRÉPARATION 15 MINUTES • CUISSON 15 À 20 MINUTES

*500 g de pâte * feuilletée*
une boîte d'anchois
allongés, à l'huile
une vingtaine
de petites saucisses
« chipo » ou « cocktail »
une tranche de jambon
de 125 g environ, coupée
en petits carrés
de 2 × 2 cm
un œuf pour la dorure

Déposer les anchois entre deux feuilles de papier absorbant pour éliminer l'huile.
La pâte est étalée sur 1/2 cm d'épaisseur. Envelopper chaque anchois en roulant la pâte. Coller à l'eau. Couper le rouleau obtenu et répéter l'opération.
Tailler des bandes de pâte de 2 cm de large et entourer chaque saucisse d'un petit manchon de pâte. Couper et coller à l'eau. Si ce sont des saucisses cocktail, les cuire préalablement 5 minutes à l'eau frissonnante (à peine bouillante).
Tailler des rectangles de pâte de 6 × 3 cm environ. Y placer un morceau de jambon épais, replier les rectangles sur le jambon et coller à l'eau.
Rouleaux d'anchois, petites saucisses et feuilletés au jambon sont déposés sur la plaque du four et dorés à l'œuf battu. Cuire à four chaud 15 minutes.
Couper les rouleaux d'anchois en petits morceaux d'une bouchée.
Servir à l'apéritif, dans un buffet, ou en hors-d'œuvre.
Nota. On peut remplacer le jambon par des pruneaux, des lamelles de poivrons, etc. La quantité de pâte feuilletée indiquée permet de préparer : 20 saucisses, 5 rouleaux d'anchois qui donnent environ 25 à 30 petites bouchées et 10 feuilletés au jambon.

ASPERGES EN TOMATES
PRÉPARATION 30 MINUTES • CUISSON 40 MINUTES

1 kg d'asperges
1 livre de tomates rondes
et fermes
4 œufs durs
50 g de cornichons
hachés (ou 100 g
de crevettes épluchées)
*1 bol de sauce ***
mayonnaise
sauce vinaigrette

Peler les asperges, enlever les parties dures et les faire cuire 40 minutes à grande eau bouillante salée. Égoutter et disposer en petits paquets sur un plat rond assez grand. Farcir les œufs durs de mayonnaise et de cornichons (ou de crevettes). Intercaler les œufs durs et les tomates coupées en tranches très fines ; couvrir de sauce vinaigrette et décorer de sauce mayonnaise. Servir très froid.

* BEIGNETS DE CREVETTES
PRÉPARATION 20 MINUTES • CUISSON 5 MINUTES

**32 à 40 crevettes décortiquées
pâte à frire
friture
sauce * tomate épaisse et fortement épicée**

Tremper des queues de grosses crevettes roses décortiquées dans une pâte à frire ; les passer à la friture très chaude ; bien égoutter et servir avec une sauce tomate très épicée.

BLINIS
PRÉPARATION DE LA PÂTE 1 HEURE • LEVAIN À FAIRE LA VEILLE • CUISSON 8 MINUTES

**450 g de farine de sarrasin, 1 pincée de levure-bière
3 jaunes d'œufs
1 pincée de sel
1 cuillerée à bouche d'huile, 1 dl d'eau ou de lait, 4 blancs d'œufs**

Il était d'usage, en Russie, de servir chaque jour des blinis pendant l'époque du carême, et principalement la semaine du carnaval. Dans le plus grand palais comme dans la plus humble chaumière, chacun avait ses blinis, dont les variétés sont nombreuses. C'est un peu l'histoire de la quiche lorraine. Sans vouloir trop insister sur les diverses recettes de blinis, il est utile de préciser certains principes d'exécution.

Comme, chez soi, on n'a pas de levain d'avance, il est nécessaire de le préparer la veille. Avec 150 g de farine de sarrasin ou, à défaut, de froment et 1 pincée de levure détrempée dans un peu de bière, faire une pâte molle ; mettre quelques gouttes d'huile sur la pâte pour l'empêcher de croûter. Couvrir d'un papier ou d'un linge ; laisser gonfler dans un endroit un peu chaud.

Le lendemain, quelques heures avant la confection des blinis, faire la pâte à crêpes suivante : mélanger 300 g de farine de sarrasin ou de froment, les jaunes d'œufs, une pincée de sel, l'huile, le dl d'eau tiède ou de lait. Mettre le liquide d'un seul jet, car la pâte ne doit pas être travaillée trop fluide. Ajouter le levain préparé la veille. Au moment de faire les blinis, battre les blancs d'œufs en neige bien ferme, les incorporer, puis cuire dans une poêle à blinis. Ce sont de petites poêles plates (10 cm de diamètre), sans queue.

Les blinis, qui doivent avoir le double d'épaisseur des crêpes, se servent avec du beurre clarifié et de la crème fraîche. Ils accompagnent caviar et saumon fumé.

BOUCHÉES FEUILLETÉES AU FOIE GRAS À L'ÉCARLATE

PRÉPARATION 1 HEURE 30 • CUISSON 15 MINUTES

Croûtes :
250 g de feuilletage *.
1 œuf pour dorer
Garniture :
75 g de foie gras
60 g de langue écarlate bien rouge
60 g de champignons
30 g de truffes
3 dl de sauce * madère

Pour les croûtes de bouchées, abaisser les 250 g de feuilletage, en donnant à l'abaisse une épaisseur bien égale de 9 mm. Sur cette abaisse, et à l'aide d'un emporte-pièce carré et dentelé de 7 cm de côté, tailler 15 morceaux (la forme carrée est spéciale à ce genre de bouchées) ; mais, à défaut d'emporte-pièce carré, on se sert de celui des bouchées à la reine, rond dentelé de 7 cm de diamètre. (De toute façon, le poids de pâte d'une bouchée est de 25 à 30 g.)

Relever ces carrés de pâte sur une plaque légèrement mouillée ; les dorer à l'œuf et, avec la pointe d'un petit couteau, les cerner à un petit centimètre des bords pour marquer l'emplacement du couvercle.

Mettre aussitôt au four chaud. Temps de cuisson : un petit quart d'heure. Dès que les bouchées sont sorties du four, détacher le couvercle et enlever la mie molle de l'intérieur.

Pour la garniture, tailler en dés le foie gras cuit, la langue, les champignons cuits et les truffes. Rassembler le tout dans la sauce madère ; laisser mijoter quelques minutes ; remplir les bouchées ; rapporter les couvercles sur chacune d'elles et les ranger sur un plat couvert d'un napperon.

Nota. Les bouchées se préparent à l'avance et se réchauffent au moment de servir. La garniture peut également être préparée à l'avance et conservée au chaud, au bain-marie.

BOULETTES DE ROQUEFORT AU PAPRIKA

PRÉPARATION 15 MINUTES

250 g de roquefort passé au tamis, 1 cuillerée à soupe de céleri haché très fin, 1 cuillerée de ciboulette hachée 1 cuillerée à soupe de paprika

Bien mélanger le tout et en faire des boulettes que l'on poudre de paprika. En remplaçant le roquefort par de la fourme d'Ambert, les boulettes seront plus typées.

CAILLETTES DE L'ARDÈCHE
PRÉPARATION 25 MINUTES • CUISSON 40 MINUTES

Pour 1 douzaine de caillettes :
1 beau pied de bette
2 branches de céleri
200 g de foie de porc
100 g de cœur de porc
700 g de chair de porc grasse (épaule ou gorge)
4 belles gousses d'ail
sel, poivre
1 pincée de quatre-épices
1 pincée de basilic en poudre
une demi-cuillerée à café de thym en poudre
200 g de crépine de porc
250 g de saindoux

Laver, couper grossièrement les bettes (côtes et vert) et le céleri ; les faire blanchir 15 minutes à l'eau bouillante salée. Les égoutter, les rafraîchir sous l'eau froide et les égoutter à nouveau. Il est préférable de blanchir et de hacher les bettes et le céleri la veille, pour qu'ils soient déjà bien égouttés.

Hacher le tout très finement à la machine. Mettre ce hachis dans un torchon que l'on noue et suspend jusqu'au lendemain, pour l'égoutter à fond. Couper le foie, le cœur et la chair de porc en gros morceaux. Les hacher finement avec l'ail.

Mélanger les 2 hachis et assaisonner avec les épices et les aromates. Former à la main des boules de hachis de 150 g environ. Envelopper chaque caillette d'un morceau de crépine.

Graisser au saindoux un plat à four. Y placer les caillettes les unes à côté des autres. Étendre à la spatule, sur le dessus des caillettes, le reste de saindoux.

Cuire 25 minutes à four moyen. Les caillettes se consomment chaudes ou froides. Elles peuvent se conserver une quinzaine de jours au réfrigérateur dans un pot de grès rempli de saindoux.

* CERVELAS TRUFFÉ EN BRIOCHE
PRÉPARATION 2 HEURES • PRÉPARATION DU CERVELAS DE 24 À 48 HEURES À L'AVANCE
1re CUISSON 90 MINUTES • 2e CUISSON 30 MINUTES

1,500 kg de poitrine de porc
90 g de sel
5 g de poivre
2 g d'épices
150 g de truffes
30 g de pistaches
5 cl de madère
4 feuilles de papier sulfurisé.
Pour la brioche :
1 kg de farine
20 g de levure
30 g de sel
50 g de sucre
12 œufs
600 g de beurre

Prendre de la poitrine de porc frais ; enlever la couenne et le gras mou. Couper en petits morceaux et assaisonner, à raison de 90 g de sel, 5 g de poivre et 2 g d'épices par kilogramme de viande. Bien mélanger et passer au hachoir monté avec une plaque à trous de 3 à 4 mm de diamètre. Incorporer, par kilogramme de viande, 50 g de truffes bien noires, coupées en cubes de 4 à 5 mm de côté, et 30 g de pistaches épluchées ; parfumer avec 1 cuillerée à bouche de madère. Mélanger et entonner dans des boyaux droits de bœuf. Laisser étuver les cervelas en les pendant dans une pièce tiède, de 24 à 48 heures, suivant la saison. Les faire cuire à l'eau, à une température de 90 degrés environ, à raison de 30 minutes par 500 g. Les sortir du bouillon ; retirer la peau en l'incisant, et laisser refroidir.

Pour la pâte à brioche, tamiser la farine et en prendre le quart ; faire la fontaine, mettre la levure au milieu, délayer avec un peu d'eau tiède et faire une détrempe un peu molle. Réserver en terrine, couvrir et tenir au chaud, le temps de faire lever cette pâte du double de son volume. Avec le restant de farine, faire la fontaine, mettre au milieu le sel, le sucre et les œufs. Mélanger, incorporer le beurre ramolli, en rompant la pâte de nombreuses fois, l'étaler. Mettre le levain et bien mélanger,

HORS-D'ŒUVRE ET ENTRÉES

en battant la pâte sur la table. Mettre en terrine, et tenir au chaud 4 à 6 heures. Rompre la pâte et mettre au frais jusqu'au moment de l'employer.

Envelopper le cervelas dans une abaisse de brioche de un centimètre d'épaisseur ; bien souder la pâte ; l'enrouler dans plusieurs épaisseurs de papier sulfurisé bien beurré, de manière à former un fourreau, attaché aux deux bouts, plus large du double que la brioche. Laisser lever 1 à 2 heures au chaud, et cuire au four.

COQUILLES DE POISSON À LA PHOCÉENNE
PRÉPARATION 25 MINUTES • CUISSON (POUR LES TARTELETTES) 15 MINUTES

600 g de desserte de poisson
1 gousse d'ail
un demi-verre d'huile d'olive
sel
poivre de Cayenne
8 tartelettes cuites à blanc

Des dessertes de poissons seront ainsi utilisées agréablement. Broyer une gousse d'ail ainsi que le poisson, bien épluché ; ajouter un peu d'huile d'olive extra vierge, de façon à obtenir une pâte ; assaisonner de sel et de poivre de Cayenne. Dresser dans des coquilles, des tartelettes ou sur des croûtons de pain frit.

CRÈMES FRITES AU FROMAGE
PRÉPARATION 30 À 40 MINUTES • CUISSON 15 À 20 MINUTES

Pour 12 parts environ :
100 g de farine
50 g de crème de riz
3 œufs et 2 jaunes
un demi-litre de lait
125 g de comté
un peu de sel
cayenne
muscade
chapelure

Râper très finement le fromage. Le réserver.
Faire bouillir le lait. Mettre, dans une terrine ou un saladier, farine, crème de riz, deux œufs entiers et les deux jaunes. Réserver les blancs pour un autre usage. Mélanger avec soin. Ajouter du sel, un tour de moulin de poivre de Cayenne et un peu de noix de muscade râpée.
Délayer ce mélange avec le lait chaud. Mettre le tout dans une casserole. Porter à ébullition et laisser bouillir 5 minutes, sans cesser de remuer. Ajouter à cette crème le fromage râpé, en en réservant 25 g.
Étendre la pâte sur l'épaisseur d'un centimètre et demi à deux centimètres, sur une plaque légèrement beurrée. (La plaque à pâtisserie fera l'affaire.) Laisser complètement refroidir.
Découper cette pâte en bandes puis en une douzaine de losanges.
Battre légèrement l'œuf réservé. Tremper chaque losange dans l'œuf battu, puis dans le comté râpé et enfin dans la chapelure.
Disposer le tiers des losanges dans le panier de la bassine à friture. Plonger le panier dans l'huile bien chaude ; au bout d'un moment, les crèmes montent à la surface, bien dorées et légèrement soufflées. Retirer le panier de la friture et laisser égoutter deux minutes environ.
Servir les crèmes frites tièdes. Elles se seront raffermies à l'intérieur, et l'on pourra en apprécier la saveur, ce qui n'est pas le cas au sortir de la friture. Elles restent brûlantes un grand moment.

CROQUETTES DE FONDUE SAVOYARDE
PRÉPARATION 1 HEURE • CUISSON 10 MINUTES

**Trois quarts de litre de sauce * Béchamel
4 jaunes d'œufs
250 g de fromage râpé (moitié de parmesan, moitié de beaufort)
1 pointe de cayenne
panure à l'anglaise
friture
persil en branches**

La béchamel doit être très serrée, liée aux jaunes d'œufs, très fromagée, un peu cayennée. Étaler sur une plaque pour laisser refroidir. En faire des croquettes, les paner à l'anglaise, et les frire à grande friture très chaude. Servir, avec un bouquet de persil, sur une serviette pliée.

CROUSTADES BRIOCHÉES AU FROMAGE
PRÉPARATION 10 MINUTES • CUISSON 15 MINUTES

**8 petites brioches longues
150 g de beurre
50 g de farine
1 dl de lait froid
250 g de crème fraîche épaisse
200 g de jambon d'York
200 g de comté râpé
sel, poivre
une pointe de muscade**

Mettre dans une casserole 100 g de beurre et la farine. Dès que le beurre est fondu et amalgamé à la farine, retirer du feu ; mouiller avec le lait froid. Bien délayer, faire épaissir sur feu doux, parfumer de muscade. Pendant ce temps, couper les brioches en deux, dans le sens de la longueur. Enlever l'excès de mie et les faire dorer avec le restant de beurre, dans le plat de service (plat à four). Amalgamer la crème fraîche à la sauce, ajouter le jambon haché, puis le fromage râpé. Rectifier l'assaisonnement, tartiner les demi-brioches avec la préparation, et faire gratiner à four vif.

CROUSTADES À LA MOELLE
PRÉPARATION 30 MINUTES • POCHAGE 6 MINUTES

**750 g de pain de mie
500 g de moelle de bœuf pochée
50 g de beurre
sel, poivre
1 dl de sauce * bordelaise
quelques branches de persil**

Dans du pain de mie rassis, faire 16 croûtons en losange de 3 cm d'épaisseur, et de même diamètre. Avec un couteau, marquer le couvercle sur un côté du losange. Faire frire les croûtons au beurre, bien les égoutter, enlever le couvercle et vider la croustade de sa mie intérieure. Garnir les croûtons d'un salpicon de moelle en dés, liés dans une sauce bordelaise. Remettre le couvercle. Servir sur serviette, avec du persil frit.

HORS-D'ŒUVRE ET ENTRÉES

BEIGNETS DE CREVETTES

P. 92

Ce sont de gros bouquets décortiqués qu'il faut choisir pour réaliser ces beignets, à la fois moelleux et croustillants, que l'on accompagne d'une sauce bien relevée.

Plat Gien-Boutique.

CERVELAS TRUFFÉ EN BRIOCHE

P. 94

Le cervelas pur porc, agrémenté à la fois de pistache et de truffe, est une spécialité de la charcuterie lyonnaise. Logé dans une abaisse de

pâte à brioche qui lui fait une enveloppe bien mœlleuse, il constitue une entrée chaude de haute gastronomie. On peut éventuellement l'accompagner d'une salade de chicorée frisée. *Assiette Villeroy et Boch.*

SALADE HUGUETTE

P. 112

Pointes d'asperges, haricots verts et fonds d'artichauts : tels sont les ingrédients de cette salade estivale, garnie de laitue, décorée d'œuf dur haché et assaisonnée de vinaigrette.

Assiette Boutique Jean Luce, cuillère Boutique Xanadou.

SALADE JAPONAISE DITE FRANCILLON

P. 113

C'est Alexandre Dumas fils qui, en 1887, donna dans sa pièce Francillon *la recette de cette salade composée devenue classique, où le vin blanc de la vinaigrette joue un rôle déterminant.*

Assiette Boutique Jean Luce.

SALADE BEAUCERONNE

P. 111

Les ingrédients de base de cette salade composée – la pomme, l'endive, le céleri, la betterave – la désignent tout naturellement pour un menu

d'hiver. Enrichie de languettes de jambon, de pommes de terre en rondelles et de champignons émincés, elle devient une entrée copieuse que l'on assaisonne d'une mayonnaise relevée de citron.

SALADE À LA VIGNERONNE

P. 115

Variante colorée de la chicorée aux lardons, ce mélange de mâche et de pissenlit, de betterave et de dés de lard rissolés est relevé d'une vinaigrette à l'huile de noix.

Assiette Bernardaud.

CROUSTADES AUX MOUSSERONS
PRÉPARATION 1 HEURE • CUISSON 30 MINUTES

Foncer les moules à tartelettes en rognures de feuilletage ; cuire aux trois quarts. Faire fondre le beurre dans une casserole ; ajouter les mousserons émincés en fines lames et l'oignon haché. Laisser cuire doucement pendant 20 minutes et à couvert, avec du sel, du poivre et une sauce tomate réduite, additionnée de jus de veau lié. Réduire le tout à consistance de garniture. Remplir les croustades ; napper de sauce Béchamel légèrement tomatée ; parsemer de gruyère râpé et faire gratiner avant de servir.

8 moules ronds ou ovales
500 g de feuilletage *
100 g de beurre
1 kg de mousserons
1 oignon ou 4 échalotes
sel, poivre
2 dl de fond * de veau
3 cuillerées de sauce * tomate concentrée
1 dl de sauce * Béchamel
25 g de gruyère râpé

CROÛTE À VOL-AU-VENT
PRÉPARATION 40 MINUTES • CUISSON 15 MINUTES

Abaisser une pâte feuilletée, de manière à lui donner 20 mm d'épaisseur ; couper un morceau en rond, du diamètre que doit avoir le vol-au-vent ; dresser les parois : avec la pointe d'un couteau, tracer un cercle dans l'épaisseur, à 15 mm du bord, afin de pouvoir évider la pâte après cuisson, en respectant le fond. Former le couvercle avec le reste de la pâte. Il est bien entendu que ce doit être là un gâteau creux destiné à recevoir une garniture quelconque. Ce gâteau étant bien dressé et doré au jaune d'œuf avec un pinceau, on le met au four ; on l'en retire quand il est de belle couleur ; on en détache le couvercle et l'on enlève la pâte peu cuite qui peut se trouver à l'intérieur.

On verse alors dans cet intérieur un ragoût quelconque, soit, par exemple, une financière, une blanquette de volaille, une blanquette de poisson à la béchamel, des escalopes de veau ou de volaille, etc. On recouvre le vol-au-vent de son couvercle, et l'on sert.

500 g de feuilletage *
1 jaune d'œuf pour dorer

HORS-D'ŒUVRE ET ENTRÉES

CROÛTES À LA MOELLE
PRÉPARATION 30 MINUTES • CUISSON 25 MINUTES

750 g de pain de mie
500 g de moelle de bœuf bien fraîche
100 g de beurre
2 dl de vin rouge
2 cuillerées de fond * de veau
2 ou 3 échalotes
1 cuillerée à café de fécule
1 cuillerée à soupe de persil haché

Dans de la brioche rassise ou du pain de mie, tailler 8 rectangles de 7 cm de longueur sur 5 cm de largeur et 1,5 cm d'épaisseur.
Supprimer les angles et parer le tour de façon à obtenir des ovales réguliers. Avec la pointe d'un couteau, les cerner tout autour à un demi-centimètre des bords, et les faire frire au beurre clarifié. Enlever ensuite la partie cernée et retirer la mie de l'intérieur, ce qui donne de petites caisses ovales.
Tailler en dés la moelle de bœuf et la pocher dans de l'eau salée (8 minutes). L'égoutter. Mettre, dans une petite casserole, le vin rouge et les échalotes hachées aussi finement que possible ; faire réduire ce vin à environ 2 cuillerées. Ajouter les 2 cuillerées de glace de viande (à défaut, l'équivalent en jus de veau de braisage réduit) et compléter avec le beurre.
Dans cette sauce, mélanger les dés de moelle, égouttés à fond ; remplir les croûtes avec ce mélange. Les ranger sur un plat et les passer à four vif pendant quelques instants, pour faire miroiter la sauce. Après avoir sorti les croûtes du four, parsemer le dessus de quelques brins de persil haché.

FILETS DE HARENGS AUX TOMATES
PRÉPARATION 6 HEURES 30 • CUISSON 10 MINUTES

16 filets de harengs frais
sel
500 g de tomates bien mûres
1 morceau de sucre
1 cuillerée de vinaigre
poivre
1 citron

Lever les filets de harengs frais, dont on enlève toutes les arêtes. Les disposer sur un plat légèrement couvert de gros sel ; puis les recouvrir d'une autre couche de gros sel. Laisser 6 heures. Les laver légèrement, pour enlever l'excès de sel, et les ranger dans un plat allant au feu. D'autre part, monder, épépiner et concasser les tomates.
Mettre dans une casserole le morceau de sucre, la cuillerée de vinaigre et du poivre écrasé ; laisser sur le feu jusqu'à ce que le sucre commence à se colorer. Mettre les tomates ; amener à ébullition. Verser les tomates sur les filets de harengs portés à ébullition une seconde seulement. Servir froid avec des tranches de citron pelé à vif.

FRITOTS DE CREVETTES
PRÉPARATION 35 MINUTES • CUISSON 5 MINUTES

Un tiers de litre de sauce * Béchamel épaisse
2 jaunes d'œufs
250 g de crevettes grises décortiquées
crépines de porc
pâte à frire
friture

Faire un peu de béchamel épaisse et laisser refroidir. Ajouter les jaunes d'œufs et les crevettes. Mélanger.
Étaler sur la table une crépine de porc et y couper des carrés. Sur chacun, mettre 1 cuillerée à bouche de l'appareil ci-dessus, bien enveloppé. Tremper dans la pâte à frire et faire frire.

GOUGÈRES
PRÉPARATION 15 MINUTES • CUISSON 30 MINUTES

Pour 20 grosses gougères :
5 dl de lait
5 g de sel
1 pincée de poivre
120 g de beurre
250 g de farine
8 œufs pour la pâte
1 œuf pour dorer
200 g de gruyère ou de comté
2 cuillerées de crème épaisse

Couper le fromage en petits dés.
Dans une casserole, mettre le lait, le sel, le poivre et le beurre. Porter à ébullition.
Hors du feu, jeter la farine dans la casserole. Remuer énergiquement avec une spatule de bois. Porter à feu doux, 1 ou 2 minutes, pour « dessécher » la pâte qui se détache de la casserole.
Hors du feu, incorporer les œufs à la pâte, sans cesser de la travailler. Les ajouter un par un et ne mettre le suivant que lorsque le précédent est parfaitement absorbé.
Ajouter ensuite 125 g de dés de fromage (il en reste donc 75 g). Bien amalgamer le tout. Ajouter les 2 cuillerées à soupe de crème épaisse. Disposer la pâte sur la plaque en petits tas et badigeonner la surface d'œuf battu. Piquer, à la surface de chaque gougère, de petits cubes de fromage.
Porter à four moyen comme pour les soufflés et les choux (thermostat sur le n° 6 d'un four électrique). Compter environ 20 minutes de cuisson. Les gougères doivent être dorées, croustillantes en même temps que moelleuses et fondantes à l'intérieur. On les consomme tièdes ou froides, mais toujours fraîchement préparées. Elles sont particulièrement appréciées en Bourgogne à l'heure des dégustations.

MOUSSE DE JAMBON
PRÉPARATION 3 HEURES • CUISSON 20 MINUTES

350 g de jambon maigre
*2 dl de sauce * Béchamel*
*2 dl de gelée *
au madère
2 dl de crème fraîche

Couper en gros dés le jambon maigre cuit, bien rouge (sans aucune parcelle de gras) ; le piler au mortier jusqu'à ce qu'il soit réduit en pâte fine et y ajouter, petit à petit, la sauce Béchamel réduite, c'est-à-dire très épaisse et bien froide. Si le jambon employé n'est pas très rouge, on peut l'aviver avec quelques gouttes de rouge végétal, mais cette addition doit se faire avec précaution. Passer au tamis ; recueillir la purée dans un sautoir et la laisser reposer au frais pendant 20 minutes.
À l'aide d'une spatule, travailler la pâte quelques instants pour la lisser. Assurer l'assaisonnement en tenant compte : *a)* du degré de salaison du jambon ; *b)* du fait que l'assaisonnement se trouvera amoindri par l'addition de crème. Dans cette pâte de jambon, ajouter d'abord, petit à petit, la gelée au madère réduite, puis la crème épaisse et fraîche, fouettée comme à l'ordinaire.
Cette mousse peut être mise dans un moule chemisé de gelée ; mais il est aussi bien de la dresser dans une coupe en cristal. Lisser la surface et, avec 8 beaux losanges de jambon accolés, faire une rosace sur le milieu de la mousse ; l'arroser, à plusieurs reprises, de gelée fondue et froide pour que se forme dessus un petit voile transparent. Garnir à volonté.
Tenir sur glace ou dans un endroit frais, jusqu'à solidification de la mousse.

PÂTÉ BOURBONNAIS
PRÉPARATION 50 MINUTES • CUISSON 1 HEURE

500 g de farine
2 œufs
300 g de beurre
1 dl d'eau
10 g de sel
500 g de pommes de terre
sel, poivre
2 dl de crème fraîche
fines herbes fraîches

Faire une fontaine au milieu de la farine ; y mettre sel, beurre, 1 œuf. Manier le tout en ajoutant l'eau nécessaire pour obtenir une pâte consistante ; la laisser reposer 20 minutes ; étaler au rouleau une bonne moitié de cette pâte en forme de tarte ; la couvrir de plusieurs couches de pommes de terre crues émincées finement ; entre chaque couche, semer de fines herbes fraîches ciselées ; laisser 2 cm de bordure pour rabattre ; saler, beurrer avec beurre frais ou clarifié ; recouvrir avec le reste de la pâte et rabattre en forme d'ourlet, ménager une cheminée au centre, dorer à l'œuf et cuire à four assez chaud 1 heure environ ; au sortir du four, incorporer de la crème fraîche, en quantité suffisante pour imbiber les pommes de terre, soit en l'introduisant par l'ouverture ménagée au centre de la croûte, soit en découpant la croûte très près de l'ourlet ; bien égaliser la crème ; recouvrir aussitôt. Manger chaud ou froid.

PÂTÉ DE FOIE GRAS DE CAMPAGNE
PRÉPARATION 1 HEURE • CUISSON 45 MINUTES

750 g de foie gras
250 g de lard de poitrine
250 g de panne
1 feuille de laurier
sel, poivre
1 clou de girofle
1 pincée de muscade râpée
1 barde de lard
truffes (facultatif)

Hacher le tout très fin, y incorporer éventuellement des truffes entières ou hachées ; remplir la terrine aux trois quarts seulement, et laisser cuire trois quarts d'heure dans un four pas trop chaud.

PÂTÉ PANTIN
COMMENCER LA VEILLE • PRÉPARATION 2 HEURES 15 • CUISSON 1 HEURE

Pour la pâte :
250 g de farine tamisée
75 g de beurre
eau
sel fin.
Pour la garniture :
300 g de viande de porc (pointe)
300 g de noix de veau
200 g de chair à saucisse
2 échalotes
persil, laurier, thym
un verre de vin blanc
un demi-verre de cognac (plutôt moins que plus)
un œuf
sel, poivre

Couper les viandes en tranchettes puis en morceaux de 2 cm de côté.
Dans un grand récipient, mélanger les viandes, le sel, deux tours de moulin de poivre, les échalotes et le persil hachés.
Ajouter le cognac et le vin blanc. Bien mélanger, placer dans une terrine, poser sur le dessus la feuille de laurier et la branchette de thym, couvrir et laisser au frais pendant 24 heures.
Dans un saladier, mettre la farine, le beurre ramolli, une pincée de sel fin et un peu d'eau (environ un quart de litre). Bien mélanger le tout du bout des doigts.
Former une boule avec la pâte, puis la « fraiser », c'est-à-dire l'écraser avec la paume de la main. Répéter deux fois cette opération.
Remettre en boule et laisser reposer pendant deux heures, dans un récipient fermé.

HORS-D'ŒUVRE ET ENTRÉES

Reprendre les viandes, enlever le thym et le laurier, ajouter la chair à saucisse, bien pétrir.

La pâte étant reposée, en réserver un tiers et étaler le reste en lui donnant une forme ovale.

Poser la pâte sur une plaque beurrée. Disposer les viandes au milieu. Mouiller les bords de la pâte et les relever de façon à ce qu'ils se chevauchent légèrement au-dessus des viandes.

Rabattre les côtés de la même façon. Étaler en forme de rectangle le tiers de pâte restant pour en faire le couvercle du pâté.

Le placer sur le pâté, en mouillant les bords inférieurs pour les souder. Dorer le dessus à l'œuf battu.

Rayer en losanges, sans appuyer et placer une petite cheminée (un petit tube de carton blanc). L'enfoncer de façon à ce qu'elle atteigne les chairs intérieures. Le pâté peut attendre au frais, avant cuisson, éventuellement une nuit entière. Dans ce cas, ne placer le couvercle de pâte qu'au moment de mettre le pâté au four.

Mettre à cuire une heure à four chaud. Le pâté pantin se déguste tiède.

PÂTÉ DE PÂQUES BERRICHON
PRÉPARATION 35 MINUTES • CUISSON 1 HEURE 10

Pour la pâte :
200 g de farine
1 œuf
50 g de beurre
50 g de saindoux
une pincée de sel fin.
Pour la farce :
150 g de lard de poitrine frais
200 g d'épaule de veau
200 g de filet de porc
1 oignon
2 cuillerées à soupe de cognac
3 œufs
sel, poivre
1 pincée de quatre-épices
persil

Mettre la farine dans une terrine, ajouter le beurre coupé en petits morceaux, le saindoux, le sel et l'œuf. Travailler rapidement cette pâte et la rouler en boule dès qu'elle est homogène. Laisser en attente.

Faire cuire 2 œufs, 9 minutes, dans de l'eau bouillante salée. Pendant ce temps, laver et essuyer le persil, couper l'oignon épluché en quatre, détailler les viandes en dés.

Passer le tout au hachoir (à grille fine, ou au hachoir électrique).

Casser l'œuf restant, ajouter le blanc à la farce et réserver le jaune au frais. Assaisonner avec le sel, le poivre, les épices, et verser le cognac. Bien mélanger. Étaler les deux tiers de la pâte au rouleau.

Poser une feuille d'aluminium sur la plaque du four, placer dessus la pâte aplatie et déposer la moitié de la farce, au centre, en laissant une large marge de pâte tout autour.

Poser dessus les œufs durs écalés, bout à bout. Recouvrir avec le reste de la farce.

Étaler le reste de la pâte ; la déposer sur la farce. Remonter les bords et bien les souder, en les humectant légèrement.

Strier le dessus du pâté et le badigeonner avec le jaune d'œuf réservé dilué dans un peu d'eau.

Faire un petit trou sur le dessus et y introduire une carte roulée, de façon à former une petite cheminée, par où la vapeur d'eau s'échappera.

Mettre au four moyen (thermostat 7) pendant 1 heure. Retirer la petite cheminée et servir chaud.

HORS-D'ŒUVRE ET ENTRÉES

PETITS BERLUGANS
PRÉPARATION 35 MINUTES • CUISSON 25 MINUTES

Pour 6 personnes :
1 gros chou pommé
3 œufs entiers
250 g d'oignons
100 g de parmesan
100 g de gruyère râpé
100 g de crème fraîche épaisse
200 g de chair à saucisse
200 g de quasi de veau
200 g d'échine de porc
1 poignée de persil
thym
1 pointe de couteau de laurier en poudre
sel, poivre
15 cl d'huile d'olive

Faire blanchir le chou entier à l'eau bouillante, 10 minutes environ : il doit être cuit, mais pas trop ramolli. L'égoutter.
Émincer les oignons, les faire fondre dans la moitié de l'huile d'olive, sans les laisser dorer.
Mélanger la chair à saucisse, le veau et le porc hachés. Y ajouter les œufs. Ajouter le persil haché, le parmesan, le laurier et le thym (que l'on écrase à la main), le sel, le poivre. Bien mélanger.
Incorporer à la farce les oignons fondus dans l'huile d'olive et refroidis. Réserver 2 cuillerées d'huile et verser le reste dans la farce. Bien mélanger. Séparer les feuilles du chou, les disposer bien à plat sur la planche. Sur chaque feuille, déposer une cuillerée de farce. Envelopper la farce avec la feuille de chou et former à la main les petits choux.
Verser l'huile d'olive réservée dans un plat allant au four et que vous pourrez présenter sur la table. Y déposer les petits berlugans.
Sur chaque berlugan, mettre une cuillerée à café de crème fraîche. Parsemer ensuite de gruyère râpé. Ajouter un peu de poivre moulu. Faire cuire à four moyen, 15 minutes environ, pour que les berlugans soient joliment dorés. Servir, tiède ou froid, sur des feuilles de laitue.

PETITS FEUILLETÉS À LA VOLAILLE ET AUX POINTES D'ASPERGE
PRÉPARATION 1 HEURE • CUISSON 20 MINUTES

*Sauce * Béchamel :*
100 g de beurre
50 g de farine
sel, poivre
pincée de muscade
2 dl de lait ou 2 dl de cuisson de volaille
un demi-litre de crème fraîche.
Pour la garniture :
200 g de volaille
100 g de pointes d'asperges
20 g de lames de truffes
*250 g de feuilletage **
1 jaune d'œuf pour dorer
25 g de beurre

Vu la petitesse de ces bouchées, il est préférable d'en mettre deux par personne. Si c'est de la volaille de desserte qui est utilisée, la sauce Béchamel est indiquée. Avec une volaille fraîche, il est mieux de faire une sauce suprême avec la cuisson de la volaille.
Ces bouchées se distinguent des bouchées à la reine ou autres du même genre en ce qu'elles sont plus petites et plus hautes.
Préparer la béchamel, y ajouter la crème en fin de cuisson. Abaisser, en lui donnant un petit centimètre d'épaisseur, 250 g de feuilletage. Sur cette abaisse, et à l'aide d'un emporte-pièce dentelé de 5 cm de diamètre, tailler 16 ronds. Retourner ces ronds ; les ranger sur une plaque légèrement mouillée ; dorer à l'œuf, cerner le dessus avec la pointe d'un petit couteau et les cuire au four chaud. En les sortant du four, enlever la partie cernée et retirer la mie molle qui est à l'intérieur. Hacher finement le blanc de volaille cuit et le mélanger dans la sauce Béchamel.
Cuire rapidement à l'eau bouillante salée, et en les tenant un peu fermes, les pointes d'asperges. Après les avoir égouttées à fond, les faire sauter à feu vif, pour faire évaporer l'humidité ; assaisonner de sel, de poivre, et lier avec 25 g de beurre.
Mettre, au fond de chaque bouchée, une demi-cuillerée de pointes d'asperges ; finir de remplir avec du hachis à la crème, puis placer dessus une lame de truffe taillée avec un emporte-pièce de 25 mm de diamètre.

PETITS PÂTÉS FEUILLETÉS À LA CIBOULETTE
PRÉPARATION 1 HEURE • CUISSON 20 MINUTES

500 g de feuilletage *
16 ronds coupés à l'emporte-pièce
400 g de godiveau *
2 cuillerées à soupe de ciboulette
1 jaune d'œuf pour dorer

Préparer le godiveau ; y mélanger la ciboulette finement ciselée.
Abaisser, en lui donnant un petit centimètre d'épaisseur, le feuilletage. Sur cette abaisse, avec un emporte-pièce rond, uni ou dentelé, de 7 cm de diamètre, tailler 8 ronds. Rouler en boule les rognures de la pâte et les abaisser, mais en donnant seulement 4 mm d'épaisseur à la pâte. Tailler 8 nouveaux ronds, les ranger sur une plaque légèrement mouillée et mettre au milieu gros comme une noix de godiveau ; mouiller les bords et rapporter sur chacun d'eux l'un des ronds faits en premier lieu. Appuyer sur le milieu des pâtés, avec le dos d'un emporte-pièce rond de 5 cm de diamètre. Dorer au jaune d'œuf, et cuire à four chaud.

PISSALADIÈRE
PRÉPARATION 50 MINUTES • CUISSON 40 MINUTES

Pour 6 personnes :
300 g de farine
180 g de beurre
1 kg d'oignons
3 cuillerées d'huile d'olive
une quinzaine de filets d'anchois
quelques olives noires
sel, poivre

Éplucher les oignons, les laver et les émincer, sans les hacher trop finement.
Faire chauffer l'huile d'olive dans une poêle. Faire revenir les oignons dans la poêle, sans les laisser prendre couleur.
Laisser cuire les oignons doucement pendant 15 minutes environ, de façon qu'ils s'attendrissent sans dorer. Saler et poivrer modérément. Pendant la cuisson des oignons, préparer une pâte * brisée avec la farine, le beurre, une bonne pincée de sel et deux cuillerées d'eau. La recette d'origine comporte, comme la pizza italienne, une pâte qui est la pâte à pain. Toutefois, nous avons préféré donner une recette comportant une pâte brisée, plus légère et plus rapidement exécutée par les maîtresses de maison. C'est d'ailleurs ainsi que l'on sert couramment la pissaladière dans la région de Nice.
Beurrer la tourtière. Étaler la pâte sur un demi-centimètre d'épaisseur, en garnir la tourtière.
Étaler le reste de pâte et le découper en languettes d'un centimètre de largeur, que l'on utilisera tout à l'heure pour former, sur la pissaladière, des croisillons décoratifs.
En réservant trois ou quatre filets d'anchois pour la décoration finale, disposer tous les autres filets en étoile sur le fond de pâte. Étaler la purée d'oignon sur les filets d'anchois.
Disposer les bandelettes de pâte réservées pour former des croisillons sur la pissaladière.
Enfoncer les olives noires dans la purée d'oignons et compléter le décor avec les filets d'anchois découpés en petits carrés.
Porter à four modéré (thermostat au n° 7), pendant vingt à vingt-cinq minutes. La pissaladière doit avoir une jolie couleur dorée. La servir froide ou tiède.

200 g de lard de poitrine
*100 g de maigre
de jambon*
4 œufs
*un demi-litre de crème
fraîche*
sel, poivre
*250 g de pâte * à foncer*
100 g de beurre

QUICHE LORRAINE

PRÉPARATION 1 HEURE • CUISSON 30 MINUTES

La quiche lorraine qui, en Bourgogne et ailleurs prend le nom de fouée, est tout simplement une abaisse de pâte à pain légèrement beurrée, dont on rebrousse les bords et que l'on couvre de crème additionnée de jaunes d'œufs, de sel et de poivre.

Sur cette crème, on dispose quelques petits morceaux de beurre, et la quiche, ou fouée, est – ou était – cuite au four, au temps où chacun faisait son pain.

Mais, comme toute chose, elle s'est modifiée et même transformée. Couper du lard de poitrine maigre (dont la couenne sera retirée) en carrés de 3 cm de côté et un demi-centimètre d'épaisseur. Ébouillanter ce lard pendant 7 à 8 minutes et l'égoutter. Hacher finement le jambon maigre, cuit. Casser les œufs dans un saladier, les battre en omelette et y mélanger la crème légère et très fraîche. Assaisonner d'une pincée de sel fin, d'une pincée de poivre blanc, et ajouter le jambon haché. Avec la pâte à foncer, garnir un cercle à flan de 20 cm de diamètre, en ayant soin de faire monter la pâte un peu au-dessus des bords. Éparpiller dans le fond le beurre divisé en parcelles, puis y mettre les carrés de lard et, ensuite, la composition de crème au jambon. Porter au four aussitôt. La quiche se sert tiède.

Pâte :
500 g de farine
2 œufs
200 g de beurre.
Garniture :
200 g de rillettes
500 g de rillons
4 œufs.
Quiche :
25 cl de lait
1 dl de crème fraîche
sel, poivre
1 cuillerée de persil

QUICHE À LA TOURANGELLE

PRÉPARATION 1 HEURE • CUISSON 15 MINUTES

Mettre la farine en fontaine sur la table ou sur le marbre ; y casser les 2 œufs ; y joindre le beurre, afin de former une pâte assez ferme. Laisser reposer une heure.

Étendre la pâte sur un cercle à flan comme pour une tarte. Puis étendre les rillettes sur tout le fond de la pâte, y placer les rillons désossés et coupés en dés ; poudrer de persil frais haché. D'autre part, battre dans une terrine les 4 œufs qui restent ; saler, poivrer et délayer le tout en y versant le lait bouillant, incorporer la crème et remplir le moule à tarte jusqu'au bord. Cuire à four vif ; laisser bien dorer et servir tiède.

RAVIOLES AU PERSIL ET AU FROMAGE
PRÉPARATION 30 MINUTES • CUISSON 3 MINUTES

Pâte :
2 œufs
100 g de beurre
250 g de farine
sel
1 tasse d'eau tiède.
Farce :
50 g de persil haché cuit dans le beurre
300 g de beaufort râpé
2 fromages blancs de chèvre égouttés (50 g)
2 œufs
25 g de beurre.
1 litre de consommé
50 g de parmesan râpé

Il faut compter en moyenne 6 ravioles par convive.
Faire une pâte avec les ingrédients, la pétrir et la laisser reposer. Malaxer les ingrédients de la farce. Étirer la pâte en rubans très fins de 3 à 4 cm de largeur ; y mettre la farce avec une poche, en petits tas, tous les 2 cm ; replier cette pâte pour souder la farce et couper la raviole (entre les tas).
Pocher les ravioles dans un bouillon de poule salé (3 minutes environ) ; servir avec un peu de parmesan râpé. Si l'on ne dispose pas de bouillon de poule, employer du bouillon de veau. Bien égoutter les ravioles.

RAVIOLIS
PRÉPARATION 1 HEURE • CUISSON 25 MINUTES

Pour 8 personnes.
Pour la pâte :
250 g de farine
2 œufs + un blanc
une cuillerée à soupe d'huile d'olive
une cuillerée à café de sel fin.
Pour la farce :
un œuf et le jaune de l'œuf dont le blanc a été utilisé pour la pâte
60 g de beurre
2 oignons
250 g de viande de veau hachée (rouelle)
150 g de bœuf haché (macreuse ou autre morceau comportant un peu de graisse)
sel, poivre
100 g de parmesan râpé
romarin et noix muscade

Mettre la farine dans un saladier, y faire un creux au centre, verser les 2 œufs entiers et le blanc supplémentaire, saler ; amalgamer le tout. Verser l'huile et mélanger soigneusement, à la cuillère de bois.
Lorsque la pâte n'adhère plus, la pétrir avec les paumes des mains, sur la planche. Après 10 à 15 minutes de « fraisage », la pâte devient brillante. L'envelopper dans du papier d'aluminium pour la laisser en attente pendant la préparation de la farce. Mettre au frais.
Dans une noix de beurre, mettre les oignons hachés très finement et faire cuire un peu, sans laisser prendre couleur.
Verser les hachis de viande sur les oignons. Bien remuer, saler, poivrer. Émietter le romarin. Laisser cuire une dizaine de minutes. Si la viande rend un peu d'eau, prolonger la cuisson jusqu'à ce que la farce soit souple, mais non humide. Ajouter, en fin de cuisson, environ la moitié du parmesan et un peu de noix de muscade râpée. Bien mélanger.
Reprendre la pâte et la séparer en deux morceaux, sur la planche farinée. Étaler très finement chaque morceau de pâte. Cette opération est assez longue et requiert assez d'énergie. Il faut obtenir des plaques de pâte épaisses seulement d'un millimètre environ.
Ajouter au hachis de viande l'œuf entier et le jaune ; bien mélanger. Sur une plaque de pâte, déposer de petits tas réguliers de farce.
Avec un pinceau trempé dans l'eau, quadriller la pâte, entre les tas de farce. Recouvrir la première abaisse avec la seconde. Bien marquer les lignes de séparation ; on peut s'aider d'une règle. Séparer les raviolis avec une roulette ou une pointe de couteau. Les plonger dans une grande quantité d'eau bouillante salée et laisser cuire 10 minutes environ. Égoutter soigneusement. Les raviolis peuvent être servis directement, arrosés de beurre fondu et poudrés de parmesan ou bien légèrement gratinés au four, avec beurre, parmesan et sauce tomate.
Nota. Lorsque les raviolis sont prêts, avant de les plonger dans l'eau, ils peuvent être conservés 24 heures au frais.

RIZ GARNI AUX BOULETTES DE VIANDE
PRÉPARATION 1 HEURE • CUISSON 40 MINUTES

400 g de chair à saucisse
225 g de riz
4 laitues
3 oignons
100 g de gruyère râpé
250 g de beurre
un demi-litre de bouillon
75 g de farine
sel et poivre

Avec la chair, former de petites boulettes, les rouler dans la farine. Les faire dorer dans une poêle à feu vif, avec 100 g de beurre. Les tenir au chaud.

Essuyer le riz dans un linge sec (sans le laver) ; le faire dorer dans une casserole avec 50 g de beurre.

Dès qu'il a pris une très légère couleur, le mouiller de bouillon chaud. Saler, poivrer, ajouter les oignons hachés et les laitues effeuillées et bien lavées (les grandes feuilles coupées en deux). Placer les boulettes sur le dessus, couvrir la casserole, et laisser cuire 25 à 30 minutes. Il faut que le riz soit bien cuit ; au besoin, rajouter un peu de bouillon pendant la cuisson.

Retirer les boulettes, ajouter le gruyère dans le riz, bien remuer et verser le riz dans un plat chaud. Garnir avec les boulettes et servir sans attendre.

Nota. Pour éviter de trop faire cuire le riz, on peut utiliser du riz prétraité long grain américain.

TARTE À L'OIGNON
PRÉPARATION 1 HEURE • CUISSON 1 HEURE

Pour 6 personnes.
Pour la pâte :
200 g de farine
120 g de beurre
eau, sel
Pour la garniture :
500 g d'oignons
60 g de beurre
45 g de farine
4 œufs
2 dl de crème fraîche épaisse
1,5 dl de lait
1 cuillerée à café de sel
poivre
muscade
50 g de farine pour étendre la pâte
20 g de beurre pour beurrer la tourtière

Préparer la pâte brisée : mettre la farine dans une terrine. Dans le creux, au milieu, mettre le beurre coupé en gros morceaux (sorti du réfrigérateur 1 heure avant l'opération, pour qu'il soit malléable), le sel et 3 cuillerées à soupe d'eau. Mélanger rapidement avec le bout des doigts pour incorporer l'eau et le beurre à la farine.

Lorsque la pâte est homogène, former une boule sans trop appuyer. Si elle est un peu collante, verser en pluie deux cuillerées de farine et travailler rapidement la pâte pour mélanger le tout. Mettre la pâte au frais pendant la préparation de la garniture : la poser sur une assiette et couvrir avec un bol, ou l'envelopper dans du papier d'aluminium et la mettre dans le bas du réfrigérateur (partie la moins froide). Éplucher et hacher les oignons grossièrement, c'est-à-dire en lamelles de 2 mm de large et 1,5 cm de long environ. Il est préférable que les oignons ne soient pas réduits en purée (la grille à gros trous d'un hachoir électrique donne un bon résultat).

Pour la garniture, faire fondre le beurre dans une poêle, à feu moyen. Lorsqu'il est chaud, mais non coloré, ajouter les oignons hachés. Bien mélanger avec une spatule de bois. Laisser cuire à petit feu pendant 15 minutes, en remuant de temps en temps ; les oignons fondent, mais ne doivent pas du tout dorer. Lorsqu'ils sont cuits, les verser dans une assiette ou un plat pour les faire refroidir.

HORS-D'ŒUVRE ET ENTRÉES

Beurrer la tourtière. Allumer le four. Étendre la pâte avec un rouleau à pâtisserie sur une planche farinée et en garnir la tourtière.
Dans une terrine, mettre les 45 g de farine. Verser doucement la crème, tout en mélangeant soigneusement à la fourchette.
Ajouter les œufs un à un ; mélanger. Assaisonner avec le sel, un peu de poivre et un peu de noix muscade râpée.
Ajouter les oignons puis le lait pour obtenir une crème onctueuse.
Verser la crème dans la tourtière. Porter à four chaud (four à gaz, thermostat au n° 6) pendant 40 minutes.
Démouler la tarte et servir chaud ou tiède. On peut préparer de la même façon de petites tartelettes individuelles, servies tièdes à l'apéritif.

TARTELETTES AU FROMAGE
PRÉPARATION 20 MINUTES • CUISSON 20 MINUTES

Faire des croustades en forme de tartelettes ; y verser une sauce Béchamel épaisse, dans laquelle a été incorporée une julienne de bacon mêlée de gruyère en dés ; saupoudrer de gruyère râpé et faire gratiner au four.

8 croustades (tartelettes en pâte * à foncer cuites à blanc)
un tiers de litre de sauce * Béchamel épaisse
200 g de bacon haché
200 g de gruyère en dés
50 g de gruyère râpé

TARTELETTES AUX DEUX FROMAGES
PRÉPARATION 15 MINUTES • CUISSON 25 MINUTES

Pour plus de facilité, diviser la pâte feuilletée en deux et étaler chaque morceau sur une épaisseur de 3 à 4 millimètres.
Beurrer largement les moules et les garnir avec la pâte. Couper les bords à 1/2 cm au-dessus du bord du moule.
Piquer le fond de chaque tartelette avec les dents d'une fourchette.
Dans un petit saladier, mettre la farine et les deux œufs. Mélanger pour obtenir une pâte bien lisse. Saler légèrement (le fromage étant lui-même salé), poivrer et ajouter la crème fraîche peu à peu, en remuant.
Passer à la passoire fine. Réserver deux cuillerées des fromages râpés ; répartir le reste en parts égales, au fond de chaque tartelette.
Verser la crème jusqu'aux 3/4 de la hauteur des tartelettes, et saupoudrer avec le fromage réservé.
Découper des lamelles fines dans le morceau de comté ; puis, dans ces lamelles, former des triangles à base arrondie. Disposer ces petits morceaux de fromage en étoile sur la surface des marquisettes, la pointe au centre.
Faire cuire à four chaud pendant 20 à 25 minutes.
Au sortir du four, les marquisettes sont soufflées et dorées. Démouler le plus rapidement possible ; servir immédiatement.

Pour 8 personnes :
400 à 450 g de pâte * feuilletée préparée à l'avance avec 175 g de beurre
175 g de farine environ (il est impossible de préciser le poids de beurre et d'eau qui dépendent du pouvoir absorbant de la pâte).
Pour la crème :
un demi-litre de crème fraîche
2 œufs entiers
30 g de farine
100 g de comté et de parmesan râpés, en parts égales
100 g de comté en morceau
sel, poivre
une noix de beurre, pour les moules.
Il faut également 8 moules à tartelettes de 8 à 9 cm de diamètre

HORS-D'ŒUVRE ET ENTRÉES

TARTELETTES PÉRIGOURDINES À LA MOELLE
PRÉPARATION 50 MINUTES • CUISSON 8 MINUTES

250 g de feuilletage * pour 8 tartelettes
500 g de moelle de bœuf
sel, poivre
150 g de beurre
70 g de farine
1 dl de madère
un demi-litre de consommé ou fond * de veau
100 g de truffes

Faire pocher, dans de l'eau salée à point, des morceaux de moelle de bœuf. Cette moelle étant pochée, on la coupera en rondelles, au moment d'en emplir les tartelettes.

D'autre part, faire une sauce Périgueux de la façon suivante : faire un roux avec la farine que l'on fera blondir avec des noisettes de beurre fin, puis mouiller avec le madère et le fond de veau ou le consommé. Saler et poivrer au goût. La sauce sera cuite à point avec des truffes, fraîches si possible (à défaut conservées en surgelé), coupées en menus morceaux (on en aura réservé quelques rondelles pour décorer le mets). À la dernière minute, ajouter un trait de madère cru afin de parfumer la sauce.

On aura, au préalable, préparé des tartelettes, d'un diamètre d'environ 12 cm, en pâte feuilletée, qu'on remplira de 4 ou 5 rondelles de moelle chaude par tartelette et par personne. Le tout sera recouvert, dans la tartelette, de la sauce Périgueux, et les rondelles de truffes réservées décoreront l'ensemble, qui devra être servi chaud.

TIMBALE FINANCIÈRE
PRÉPARATION 2 HEURES • CUISSON 45 MINUTES

500 g de pâte * à foncer fine
125 g de petits champignons
100 g de beurre
50 g de farine
1 dl de madère
2 dl de bouillon ou consommé
bouquet garni
sel
2 cervelles d'agneau pochées au préalable
250 g de ris d'agneau
250 g de farce à quenelles
lames de truffes
madère.
À volonté on peut y ajouter quelques olives vertes, dénoyautées et blanchies, ainsi que quelques crêtes et rognons de coq (même cuisson que les ris d'agneau)

Préparer une croûte à timbale en pâte à foncer fine, que l'on cuira à blanc.

D'autre part, préparer une garniture financière de la façon suivante. Dans un sautoir, passer au beurre de très petits champignons de couche ; retirer ces champignons. Mettre, dans le beurre de cuisson, une bonne cuillerée de farine ; faire blondir cette farine. Mouiller de madère et de bouillon de pot-au-feu. Assaisonner ; bien mélanger ; cuire 20 minutes. Passer cette sauce, la réserver au chaud.

Mettre dans le sautoir : les cervelles d'agneau (cuites au court-bouillon vinaigré), coupées en morceaux carrés ; le ris d'agneau cuit dans un blanc ; les quenelles pochées ; les champignons déjà passés au beurre ; une douzaine de lames de truffes pas trop minces.

Mouiller de 2 cuillerées de madère. Faire bien chauffer et ajouter la sauce indiquée ci-dessus. Faire mijoter sans remuer.

Avec cette garniture brûlante, remplir la croûte à timbale. Dresser cette dernière sur un plat recouvert d'une serviette pliée.

HORS-D'ŒUVRE ET ENTRÉES

TOASTS DES GOURMETS
PRÉPARATION 25 MINUTES • CUISSON 25 MINUTES

Faire tomber au beurre le jambon coupé en petits dés avec les champignons également coupés en dés et la crème ; ajouter le velouté. Tenir assez consistant. Faire dorer les toasts au beurre, les arroser de kirsch, étendre l'appareil ; poudrer de fromage et passer 5 minutes au gril.

200 g de jambon maigre de Bayonne
200 g de champignons de Paris
1 dl de crème double
*1 verre de velouté ***
8 toasts de pain de mie
100 g de fromage râpé
1 verre à liqueur de kirsch
100 g de beurre

TOURTE CÉVENOLE
PRÉPARATION 2 HEURES • CUISSON 40 MINUTES

Préparer deux heures à l'avance, pour la laisser reposer, une pâte à foncer ni trop dure ni trop travaillée.
Foncer une tourtière avec une abaisse pas trop épaisse de cette pâte, et la garnir avec l'appareil suivant : un tiers de chair de porc cru hachée bien finement ; un tiers de pommes de reinette épluchées, épépinées et émincées ; un tiers de marrons cuits à l'eau salée, aromatisée avec thym et laurier ; un œuf cru par livre ; sel et poivre.
Recouvrir avec une seconde abaisse de pâte ; bien souder les bords ; faire une cheminée au centre ; décorer avec des détails de pâte ; dorer au jaune d'œuf et faire cuire à four modéré.

*Pâte * à foncer :*
250 g de farine
125 g de beurre
2 œufs
sel
1 dl d'eau.
Farce :
300 g de filet de porc frais (net)
300 g de pommes de reinette
300 g de marrons cuits
thym
laurier
2 œufs
sel, poivre
1 œuf pour dorer

TOURTE LYONNAISE
PRÉPARATION 50 MINUTES • CUISSON 40 MINUTES

Tailler les pommes de terre en julienne, comme pour des pommes paille. Couper également le saucisson en julienne, après l'avoir débarrassé de sa peau ; saler et poivrer. Mettre le beurre dans la poêle et bien laisser chauffer. Y jeter les pommes de terre et le saucisson, et cuire le tout à feu vif, en remuant à l'aide d'une fourchette ; on peut également ajouter l'oignon haché fin, que l'on aura fait dorer dans la poêle, avant d'ajouter le reste. S'assurer que les pommes de terre sont bien cuites ; retirer le tout sur un plat rond, en rectifiant cette forme ronde à l'aide d'une fourchette. Laisser tiédir. D'autre part, prendre un tiers de la pâte feuilletée et faire une abaisse mince, un peu plus grande que le volume des pommes de terre. Glisser les pommes sur l'abaisse et poudrer du fromage râpé. Humecter les bords et couvrir du reste de la pâte feuilletée. Bien pincer et appuyer les deux parties de la pâte. Dorer le dessus, à l'aide d'un pinceau, avec un jaune d'œuf délayé dans une cuillerée d'eau. Cuire à four assez vif, comme pour un gâteau. Servir tiède.

*500 g de feuilletage ***
2 kg de pommes de terre
250 g de saucisson à cuire
150 g de beurre
50 g de gruyère râpé
1 oignon
sel, poivre
1 jaune d'œuf

HORS-D'ŒUVRE ET ENTRÉES

TOURTE DE VIANDE À LA LORRAINE

PRÉPARATION 1 HEURE 30 • MARINAGE 24 HEURES • CUISSON 50 MINUTES

500 g de filet de veau
500 g de filet de porc
6 échalotes
sel, poivre
1 pincée d'épices
thym
laurier
8 cl de cognac
1 dl de vin blanc
250 g de feuilletage *
1 dl de crème fraîche
1 jaune d'œuf pour dorer

Faire mariner filets de veau et de porc coupés en julienne, pendant 24 heures, avec des échalotes hachées, du sel, du poivre, des épices, du thym, très peu de laurier, du cognac et du vin blanc.

Préparer une pâte feuilletée ; couper une abaisse ronde, au milieu de laquelle on mettra la julienne de viande bien égouttée. Recouvrir celle-ci d'une autre abaisse de pâte en laissant, sur la pâte de dessus, une cheminée pour introduire, 10 minutes avant la fin de la cuisson, le fond de marinade mélangé avec de la crème fraîche et un jaune d'œuf. Servir chaud.

TOURTE DE VOLAILLE AUX CHAMPS

PRÉPARATION 1 HEURE • CUISSON 40 MINUTES

500 g de feuilletage *
250 g de farce fine de porc
250 g de desserte de volaille (à volonté)
125 g de champignons
2 foies de volaille
3 échalotes
1 cuillerée à soupe de persil
50 g de beurre
2 œufs
5 cl de cognac

Préparer, avec porc, volaille, champignons, un hachis pas trop fin, auquel on ajoutera les foies de volaille coupés en tout petits dés, sautés au beurre, poudrés d'échalotes et de persil hachés. Assaisonner ; lier avec un œuf entier et parfumer d'un peu de cognac. Foncer une tourtière d'une abaisse de pâte à feuilletage. Étaler le hachis sur la pâte.

Recouvrir le tout d'une nouvelle abaisse de pâte ; relever les bords et dorer au jaune d'œuf.

Cuire à four moyen et servir chaud.

SALADES COMPOSÉES

POUR LES SALADES COMPOSÉES, IL N'Y A PAS DE RÈGLES ABSOLUES. En principe, sans enfreindre les lois culinaires, on peut supprimer ou ajouter tel ou tel article. Toutefois, il convient de respecter ce qui forme la base de telle ou telle dénomination. C'est d'ailleurs une question d'approvisionnement et aussi de saison.

* SALADE BEAUCERONNE
PRÉPARATION 1 HEURE

Enlever les branches vertes et filandreuses des pieds de céleri. Brosser les branches blanches à la brosse en chiendent ; les couper en julienne. La boule de céleri-rave étant bien épluchée, la ciseler également en très fine julienne. Préparer aussi le jambon en julienne (le réserver à part). Émincer à cru les champignons. Peler et émincer les pommes (fruits). Assaisonner séparément chaque élément comme suit : céleris, endives, champignons et pommes (gardées blanches avec le jus de citron). Passer à l'emporte-pièce à colonne la betterave et les pommes de terre (les rondelles auront le même diamètre), et les émincer très fin.
Mélanger les différentes salades, mettre en saladier, en formant un dôme. Faire une bordure, à la base, en alternant betterave et pommes de terre. Parsemer dessus le jambon en julienne et les fines herbes hachées.
Ne lier la salade complète avec la mayonnaise qu'au dernier moment.

2 pieds de céleri en branches
1 céleri-rave moyen
6 endives
250 g de maigre de jambon, cuit ou sec
3 pommes (fruits)
cerfeuil
estragon
250 g de champignons de Paris
1 citron
1 betterave
50 g de langue cuite
3 pommes de terres cuites à l'eau
1 dl de sauce * mayonnaise
5 cl d'huile
5 cl de vinaigre

SALADE COMPOSÉE AU POISSON
PRÉPARATION 40 MINUTES

Bien amalgamer le tout, mais avec délicatesse, et servir sur un lit de feuilles de laitue.
On peut aussi assaisonner à la sauce * mayonnaise et servir individuellement, en garnissant, au dernier moment, les feuilles de laitue avec la salade. Décorer avec des rondelles de citron pelées à vif. Poudrer de fines herbes.

Poisson de desserte au court-bouillon (1 kg environ)
1 cuillerée à café de moutarde
1 dl d'huile
5 cl de vinaigre
fines herbes hachées (persil, cerfeuil, estragon)
3 laitues
250 g de pommes de terre cuites à l'eau
150 g de betteraves cuites, coupées en dés
1 citron

HORS-D'ŒUVRE ET ENTRÉES

SALADE DES GONCOURT
PRÉPARATION 1 HEURE

12 petites pommes de terre de Hollande
1 petit oignon
une demi-gousse d'ail
1 cuillerée de cerfeuil
1 truffe (50 g environ)
1 dl de vin blanc de Chablis
5 cl de madère
3 cl de jus de truffes
2 truffes crues (100 g environ) en julienne
5 cl d'huile d'olive
sel, poivre
3 cl de vinaigre de vin
une demi-pincée d'épices

Aussitôt cuites et encore chaudes, peler soigneusement les pommes de terre.
Les émincer finement, dans un saladier chaud, avec sel, poivre, épices, et les garder à couvert. Ajouter l'oignon (haché, lavé, essoré), l'ail, le cerfeuil et la truffe hachée ; arroser avec le vin blanc, le madère et le jus de truffes.
Lorsque le liquide sera absorbé par les pommes de terre chaudes, arroser avec l'huile et le vinaigre. Mélanger délicatement. Mettre dans un saladier ou compotier en cristal et semer dessus les truffes ciselées en julienne.
Assaisonnement de haut goût, en insistant sur le poivre blanc fraîchement moulu.

* SALADE HUGUETTE
PRÉPARATION 1 HEURE • CUISSON 30 MINUTES

250 g de pointes d'asperges
250 g de haricots verts
4 fonds d'artichauts
2 cœurs de laitues
3 œufs durs
*2 dl de sauce * mayonnaise*
cerfeuil ciselé
5 cl d'huile d'olive
3 cl de vinaigre
sel, poivre
1 citron
50 g de farine

Cuire les fonds d'artichauts au blanc, en délayant la farine dans un litre d'eau froide ; ôter le zeste du citron, couper le fruit en deux et l'écraser dans la cuisson ; saler. Laisser cuire.
Éplucher les asperges, les couper en dés, mais réserver les pointes de 3 cm de long, et les ficeler en bottillon ; les blanchir.
D'autre part, les haricots verts seront épluchés, coupés en dés ou en losanges, lavés et blanchis à l'eau salée, dans un poêlon en cuivre si possible.
Rassembler les fonds d'artichauts déjà blanchis (enlever le foin et les émincer), les haricots verts blanchis et rafraîchis, les asperges (les dés seulement).
Assaisonner le tout dans un saladier, comme une salade ordinaire. Au moment de présenter la salade, l'égoutter et la lier avec la mayonnaise. Dans un saladier ou une vasque, la monter en dôme. Lisser au couteau ou à la spatule. Disposer les cœurs de laitues tout autour, à la base (en réserver un petit), ainsi que les œufs durs hachés ou émincés. Couronner le dôme de la salade avec les pointes d'asperges réservées, et placer au sommet le petit cœur de laitue. Poudrer de cerfeuil ciselé.
Toutes les salades composées demandent à être assaisonnées de haut goût, à l'avance, et dressées au dernier moment.

HORS-D'ŒUVRE ET ENTRÉES

* SALADE JAPONAISE DITE FRANCILLON

PRÉPARATION 30 MINUTES • CUISSON DES POMMES DE TERRE 25 MINUTES
CUISSON DES MOULES 8 A 10 MINUTES

Sitôt les pommes de terre cuites, les éplucher et les émincer à chaud, les assaisonner au chablis, avec huile, vinaigre, sel, poivre. Les tenir légèrement au chaud, pour qu'elles s'imprègnent de l'assaisonnement. Mettre les moules, bien propres, dans une casserole, avec poivre (pas de sel), céleri émincé, pointe d'ail et vin blanc. Les laisser cuire un peu plus que d'habitude. Ôter les coquilles. Passer une partie de leur cuisson au linge et la faire réduire. Ajouter ce fond réduit à la vinaigrette, ce qui lui donnera un petit relief inaccoutumé.

Dresser en saladier ou, mieux, en vasque de cristal ; parsemer éventuellement d'une truffe émincée.

750 g de pommes de terre de Hollande
2 litres de moules de Hollande
1 truffe crue (facultatif)
sel, poivre
2 dl de vin blanc (chablis)
6 cl d'huile d'olive
4 cl de vinaigre
1 branche de céleri
une demi-gousse d'ail écrasée

SALADE DE PÂTES AUX NOISETTES

PRÉPARATION 1 HEURE • CUISSON 30 MINUTES

Jeter les macaroni dans une grande casserole pleine d'eau bouillante salée. Laisser bouillir à gros bouillons, 10 minutes. Les égoutter aussitôt cuits et les mélanger encore chauds avec l'huile d'olive.

Préparer une mayonnaise bien relevée. Y incorporer la moutarde, le paprika et le jus d'un citron. La mélanger avec les macaroni refroidis, les noisettes grossièrement hachées (sauf quelques-unes réservées pour le décor), les bâtonnets de mimolette, le céleri en branches et un oignon hachés.

Au moment de servir, disposer des feuilles de laitue, côte à côte, à l'intérieur d'un saladier. Verser la salade de macaroni dessus. Décorer avec des rondelles d'oignon et quelques noisettes entières.

Pour 4 ou 6 personnes :
125 g de macaroni courts
2 tasses de céleri en branches
1 tasse de noisettes
100 g de mimolette en bâtonnets
2 petits oignons blancs
1 cuillerée à soupe d'huile d'olive
sel, poivre.
Sauce :
1 tasse de sauce * mayonnaise
1 cuillerée à café de moutarde forte
1 citron
une demi-cuillerée à café de paprika.
Décor :
feuilles de laitue, rondelles d'oignons, noisettes

SALADE DE PISSENLITS AUX NOIX

PRÉPARATION 45 MINUTES

Faire dorer au four, à sec, dans une sauteuse, les cerneaux de noix. Les piler énergiquement au mortier avec les gousses d'ail, saler, poivrer. L'ensemble doit être en pommade. Mettre dans un saladier et ajouter huile de noix et vinaigre, par petites quantités d'abord, en remuant avec un petit fouet ou une cuillère de bois. Mélanger délicatement à cette préparation pissenlits et assaisonnement.

Contrairement aux autres salades vertes, celle-ci gagne à être assaisonnée un peu à l'avance.

750 g de pissenlits (net) bien blancs
250 g de cerneaux de noix
sel, poivre
2 gousses d'ail épluchées
1 dl d'huile de noix
5 cl de vinaigre

HORS-D'ŒUVRE ET ENTRÉES

SALADE DE RIZ
PRÉPARATION 45 MINUTES • CUISSON 30 MINUTES

1 kg de langoustines
gros sel
sel fin
poivre blanc du moulin
5 grains de poivre gris
1 oignon
1 carotte
2 touffes de persil
1 feuille de laurier
1 brin de thym
250 g de riz long grain
250 g d'olives vertes dénoyautées
3 à 4 poivrons rouges
1 jaune d'œuf
huile d'olive
1 citron
une demi-cuillerée à café de moutarde forte

Éplucher l'oignon et la carotte ; les tailler en rondelles et laver le persil. Remplir une grande casserole avec de l'eau, ajouter 1 cuillerée à soupe rase de gros sel, le poivre en grains, le thym, le laurier, le persil, l'oignon et la carotte. Couvrir et porter à ébullition. Réduire le feu et laisser bouillonner le court-bouillon pendant 15 minutes.
Y glisser les langoustines, faire reprendre l'ébullition à feu vif ; réduire le feu et laisser frissonner la cuisson, à couvert, pendant 10 à 15 minutes. Faire égoutter les langoustines dans une grande passoire, en recueillant le court-bouillon dans une terrine ; décortiquer les queues de langoustines, que l'on coupera en deux ou trois morceaux. Les mettre en attente, dans un bol.
Supprimer la tige des poivrons, les couper en deux, en retirer toutes les graines, les laver, les tailler en fines lanières puis en petits morceaux. Mettre le riz dans une passoire et le rincer sous l'eau froide. Le verser dans une casserole avec 7,5 dl de court-bouillon des langoustines ; y ajouter les morceaux de poivrons. Ne plus saler. Faire prendre l'ébullition, puis cuire le riz, à feu doux et à couvert, pendant 15 minutes. Éteindre le feu et laisser étuver le riz pendant quelques minutes encore. Aérer les grains avec une fourchette ; verser le riz dans une terrine et le mélanger avec les langoustines et les olives coupées en quatre.
Par ailleurs, monter une mayonnaise bien ferme avec le jaune d'œuf, un peu de moutarde, de l'huile, du jus de citron, un peu de sel et du poivre blanc.
Lorsque le riz composé sera refroidi, l'assaisonner avec la mayonnaise ; le verser dans un saladier.

SALADE RUSSE
PRÉPARATION 1 HEURE • CUISSON VARIABLE

100 g de carottes
100 g de navets
100 g de petits pois
100 g de haricots verts
100 g de flageolets
1 petit bouquet de chou-fleur
(gros comme un œuf)
100 g de truffes crues
100 g de maigre de jambon
100 g de gros cornichons
50 g de câpres
sel, poivre
1 dl d'huile d'olive
5 cl de vinaigre
1 dl de sauce * mayonnaise

Tailler en jardinière, c'est-à-dire en petits bâtonnets, les carottes et les navets, séparément ; tailler les haricots verts en petits dés ou en losanges. Ces légumes seront ensuite cuits, séparément, à l'eau salée ainsi que les petits pois, les flageolets et la tête de chou-fleur.
Après cuisson, bien les rafraîchir et les égoutter à fond. Assaisonner chaque légume, séparément dans un bol, un peu à l'avance, avec sel, poivre, vinaigre et très peu d'huile d'olive.
Dresser dans un compotier, une vasque ou un saladier, par bouquet et en dôme. Séparer chaque bouquet par des cornichons, des truffes et du jambon, chacun d'eux présenté en julienne ; le chou-fleur sera placé au sommet du dôme, masqué d'un peu de mayonnaise. Parsemer de câpres.
Au moment de présenter la salade, lier le tout, délicatement, avec la sauce mayonnaise.

HORS-D'ŒUVRE ET ENTRÉES

SALADE TOURANGELLE
PRÉPARATION 30 MINUTES • CUISSON 30 MINUTES

Mélanger, en parties égales, haricots verts et pommes de terre, détaillés en julienne et cuits séparément. Assaisonner avec un peu de crème et parsemer d'estragon ciselé.

500 g de haricots verts (poids net)
500 g de pommes de terre de Hollande (pelées et cuites à l'eau)
1 dl de crème fraîche
2 cuillerées d'estragon

* SALADE À LA VIGNERONNE
PRÉPARATION 45 MINUTES

Couper la betterave en julienne fine ; mettre les pissenlits et la mâche en saladier. Faire sauter à la poêle, dans l'huile de noix, les dés de lard ; à peine rissolés, mais non secs, verser lard et graisse sur la salade (si toutefois la graisse était trop abondante, en réserver un peu).
Mettre un jet de vinaigre dans la poêle chaude, sans l'y laisser séjourner ni réduire ; verser sur la salade et servir.

150 g de mâche (net)
150 g de pissenlits (net)
200 g de betterave cuite (net)
sel, poivre
1 dl d'huile de noix
5 cl de vinaigre
200 g de lard de poitrine coupé en dés

HORS-D'ŒUVRE ET ENTRÉES

LES ŒUFS

A LIMENT COMPLET, ÉQUILIBRÉ ET NOURRISSANT, l'œuf est relativement peu énergétique et de digestion facile, s'il n'est pas cuisiné avec trop de matière grasse. Il permet surtout en cuisine une extraordinaire variété de préparations, compte tenu des différents modes de cuisson qui lui sont appliqués et le métamorphosent à l'infini : cuisson à l'eau plus ou moins longtemps, avec la coquille (œuf à la coque, dur ou mollet) ou sans la coquille (œuf poché) ; cuisson dans un corps gras sur feu vif (friture, omelette, œuf sur le plat), ou moulé en cocotte ou en ramequin.

La variété des garnitures et des ingrédients que l'on peut associer à l'œuf – fromage, jambon, fines herbes, mais aussi légumes délicats, crevettes, anchois, oignon, champignons – autorisent la plus grande liberté pour imaginer la plus large gamme de préparations possible.

Lorsque les œufs sont servis individuellement, ils doivent être gros et il en faut généralement deux par convive. Pour les œufs brouillés et en omelette, ils peuvent être petits, et l'on peut en utiliser un et demi par personne.

Curnonsky s'amusait des « œufs monstrueux » dont il donnait la recette : « Vous casserez d'abord trois ou quatre douzaines d'œufs en séparant les jaunes des blancs. Vous prendrez une vessie de cochon soigneusement lessivée, et verserez vos jaunes d'œufs dedans. Cette opération faite et la vessie bien liée par le haut afin que l'air n'y pénètre point, vous la suspendrez dans un chaudron rempli d'eau bouillante et l'y laisserez assez longtemps pour que les jaunes ne forment plus qu'une masse compacte et se soient solidifiés dans ce bain-marie. Vous couperez alors la vessie et retirerez cette masse de jaune. Puis vous verserez dans une vessie plus grande les blancs d'œufs ainsi que l'énorme jaune qui, de par sa pesanteur spécifique, demeurera au milieu de cette masse gélatineuse. Liez la partie supérieure de cette seconde vessie et plongez-la, en la fixant suspendue, dans un vase rempli d'eau bouillante. Laissez-la jusqu'à ce que les blancs soient parfaitement durs. Fendez ensuite cette vessie : vous en retirerez un œuf artificiel, que vous servirez sur un lit de légumes ou avec une farce de volaille ou de gibier appropriée. Bien entendu, pour que la cuisson réussisse et que ce mets ait exactement la forme d'un œuf, il faut que la capacité de chaque vessie épouse exactement le volume des jaunes et des blancs. Et, comme vous pouvez mélanger des œufs de poule, de cane, d'oie ou de vanneau, on s'amuse à faire deviner aux convives à quel genre d'oiseau ils appartiennent. Cette singulière recette bi-centenaire, concluait Curnonsky, « remonte au temps où les œufs coûtaient deux sous la douzaine ».

BEIGNETS D'ŒUFS DURS EN SURPRISE

PRÉPARATION 1 HEURE • CUISSON 10 MINUTES

8 œufs durs
5 cl de lait
100 g de mie de pain fraîche
50 g de beurre
50 g de gruyère râpé
sel, poivre
un demi-litre de pâte * à frire, huile de friture

Ouvrir les œufs sur la longueur. En enlever les jaunes. Pétrir ces jaunes dans une casserole, à feu doux, avec un peu de lait, de la mie de pain, du beurre, du fromage râpé, du sel et du poivre. Faire une pâte épaisse de tous ces ingrédients et en garnir chaque moitié d'œuf. D'autre part, faire une pâte à frire un peu épaisse. Y tremper chaque moitié d'œuf, puis faire frire le tout dans une friture abondante et bien chaude. Quand ces beignets sont bien dorés, les égoutter et les servir sur une serviette.

Vins blancs : sylvaner, côtes-de-provence, mâcon, saumur sec.

CASSOLETTES D'ŒUFS AUX TRUFFES

PRÉPARATION 30 MINUTES • CUISSON 5 MINUTES

16 œufs
16 moules
150 g de beurre
sel, poivre
100 g de truffes
200 g de champignons
16 petites tartelettes rondes
(400 g de feuilletage *)
1 dl de demi-glace *
50 cl de jus de veau
80 g de beurre

Prendre de petits moules à babas, les beurrer grassement ; les poudrer de déchets de truffes finement hachés. Dans chacun de ces moules, casser un œuf très frais ; faire pocher au bain-marie, ou dans une sauteuse couverte à demi, surveiller attentivement la cuisson, l'œuf cuisant très vite ; le tenir mollet.

Démouler l'œuf sur une tartelette garnie d'un salpicon de champignons et de truffes, le tout lié avec une demi-glace.

Au moment de servir, napper l'œuf d'une sauce composée d'un jus de veau réduit à point et monté au beurre.

Vins blancs : sylvaner, saumur, arbois.

ŒUFS FARCIS À L'OSEILLE ET À LA TOMATE

PRÉPARATION 25 MINUTES • CUISSON 20 MINUTES

Pour 6 personnes :
12 œufs
750 g de tomates
3 dl de crème fraîche épaisse
400 g d'oseille
20 g de beurre
persil, cerfeuil, estragon ciboulette, romarin thym, sauge

Faire durcir les œufs (8 à 9 minutes, pas davantage). Passer les œufs sous l'eau froide dès qu'ils sont cuits, pour faciliter leur épluchage. Enlever les coquilles. Couper les œufs en deux. Vider la moitié des jaunes dans une assiette creuse, l'autre moitié dans une autre assiette (une partie sera utilisée pour les œufs farcis à la tomate, l'autre partie pour les œufs farcis à l'oseille).
Laver l'oseille, supprimer les queues et hacher grossièrement les feuilles. Faire revenir doucement l'oseille dans le beurre.
Saler, poivrer, laisser cuire à petit feu pendant 4 à 5 minutes. Égoutter l'oseille et la passer à la grille très fine du moulin à légumes.
Écraser les jaunes d'œufs à la fourchette, bien finement.
Dans l'une des assiettes, ajouter la purée d'oseille. Bien mélanger.
Ajouter deux cuillerées à soupe de crème. Rectifier l'assaisonnement avec sel et poivre.
Remplir la moitié des blancs d'œufs durs avec la farce à l'oseille. Lisser la farce en dôme à l'aide d'un couteau.
Plonger les tomates dans une casserole d'eau bouillante pendant une minute. Les égoutter et les éplucher. Enlever la peau et la partie dure. Couper les tomates en gros morceaux, les mettre dans une casserole avec 2 cuillerées d'eau, sel, poivre et le bouquet d'herbes.
Faire cuire sous couvercle pendant quelques minutes, puis, lorsque l'ébullition est bien déclarée, enlever le couvercle pour faire réduire l'ensemble en purée épaisse. Enlever le bouquet d'herbes et passer la purée de tomates à la grille très fine du moulin à légumes.
Bien mélanger la purée de tomates aux jaunes d'œufs de la 2e assiette.
Saler et poivrer si nécessaire et emplir de cette farce les blancs d'œufs restants (il est inutile d'ajouter de la crème à cette farce à la tomate).
Réserver quatre grosses cuillerées à soupe de crème et verser tout le reste au fond d'un grand plat long allant au feu.
Disposer les œufs farcis dans le plat et déposer, sur chaque moitié d'œuf, une demi-cuillerée à café de crème. Porter le plat à four bien chaud (thermostat au n° 9), pendant 5 à 6 minutes.
Juste avant de servir, passer un instant le plat sous la rampe du gril pour faire dorer légèrement la farce.
Servir chaud.

Vins blancs secs : sylvaner, muscadet, vin de Loire, vouvray sec, touraine, sauvignon, entre-deux-mers, coteaux du Languedoc, picpoul-de-pinet.

ŒUFS À L'ARDENNAISE
PRÉPARATION 45 MINUTES • CUISSON 12 MINUTES

Casser les œufs ; séparer les jaunes des blancs, et mettre chaque jaune dans un vase à part, afin qu'il reste entier. Battre les blancs en neige ; mettre un peu de sel fin et la crème double. Verser cette neige dans une tourtière beurrée ; poser, sur la neige, les jaunes un à un ; mettre la tourtière sur un feu doux, et couvrir. Servir dès que les œufs auront pris couleur.

Vins blancs : graves mœlleux, cassis, chablis, pouilly-fuissé, sancerre, quincy.

16 œufs
sel, poivre
1 dl de crème double
75 g de beurre

ŒUFS À LA BOURGUIGNONNE
PRÉPARATION 40 MINUTES • CUISSON, MOLLETS OU POCHÉS, 8 MINUTES ; DURS 10 MINUTES

Ces œufs se préparent indifféremment pochés, mollets ou durs.
Mettre dans un poêlon en cuivre, non étamé, le vin rouge avec l'oignon et les échalotes émincés, les pelures de champignons, quelques queues de persil, 1 brindille de thym, un tiers de feuille de laurier, 6 g de sel et de poivre.
Faire bouillir vivement jusqu'à réduction de moitié ; ajouter 75 g de beurre * manié (25 g de farine et 50 g de beurre) divisé en parcelles, en remuant avec un fouet pour assurer la liaison ; laisser bouillir encore quelques secondes, compléter la sauce, hors du feu, avec 50 g de beurre et la passer au chinois fin.
Si les œufs sont pochés, les dresser sur des tranches de pain de ménage grillées et beurrées.
S'ils sont mollets, les dresser sur des croûtons de même pain façonnés en couronne.
S'ils sont durs, les partager en deux et les mettre dans une timbale ou un plat creux.
De toute façon, les couvrir avec la sauce.
Nota. Selon la tradition locale, si les œufs sont pochés, ils le sont dans le vin, lequel est réduit ensuite. En outre, avant d'être beurrés, les tranches de pain ou les croûtons sont frottés d'ail.

Vins rouges : en principe, celui qui aura été employé pour la sauce ; beaujolais, mâcon, passe-tout-grain, côtes-du-rhône, cornas, madiran.

16 œufs
un litre de vin rouge
1 oignon
2 échalotes
25 g de pelures
de champignons
bouquet garni, sel, poivre
150 g de beurre
50 g de farine
16 tranches de pain
de mie aillées, beurrées,
grillées

LES ŒUFS

ŒUFS BROUILLÉS

PRÉPARATION 10 MINUTES • CUISSON 20 MINUTES

Pour 3 personnes :
6 gros œufs
sel, poivre
90 g de beurre
ou 60 g de beurre
et deux cuillerées
de crème fraîche

Dans une casserole épaisse, étaler la moitié du beurre, sur le fond et les parois. Couper l'autre moitié en petits morceaux.
Casser les œufs un à un dans un saladier, saler et poivrer.
Battre avec un fouet à main, pas trop longtemps, pour éviter que les œufs ne deviennent mousseux.
Filtrer le mélange à travers une passoire, dans la casserole beurrée, hors du feu.
Poser la casserole sur feu très doux et remuer sans arrêt, en raclant le fond pour ramener dans la masse les parties qui commenceraient à épaissir.
Ajouter peu à peu les morceaux de beurre, en soulevant de temps en temps la casserole au-dessus du feu, afin de chauffer le plus lentement possible. Si vous ne mettez pas de crème mais 90 g de beurre, réservez un morceau de beurre pour l'ajouter au dernier moment.
Lorsque le mélange devient crémeux, arrêter le chauffage et ajouter soit la crème fraîche, soit le dernier morceau de beurre. Bien mélanger.
Verser dans un légumier tiède. Servir aussitôt.

Vins blancs : mâcon, saint-véran, arbois ou côtes-du-jura.
Vins rouges : touraine léger, bourgueil, chinon ou anjou, saumur, champigny.

* ŒUFS BROUILLÉS AUX CREVETTES

PRÉPARATION 45 MINUTES • CUISSON 10 MINUTES

16 œufs
sel, poivre
200 g de beurre
200 g de crevettes grises
1 dl de crème fraîche
*1 dl de velouté ***

Les queues des crevettes seront bien épluchées, puis mélangées avec les œufs brouillés dans lesquels on aura incorporé la crème fraîche.
Piler les déchets de crevettes avec un peu de beurre ; passer au tamis ; mélanger avec quelques cuillerées de velouté. En déposer un cordon sur les œufs juste au moment de servir.

Vins blancs : graves secs, chablis, muscadet, sancerre.

* ŒUFS BROUILLÉS AU ROGNON DE VEAU

PRÉPARATION 30 MINUTES • CUISSON 6 MINUTES

**16 œufs
1 rognon de veau coupé en dés
sel, poivre
100 g de beurre
5 cl de madère
1 dl de sauce * tomate très réduite
1 cuillerée de persil haché
1 dl de sauce * brune**

Couper le rognon de veau en dés d'un demi-centimètre de côté, en ayant soin d'en retirer toute la partie graisseuse. L'assaisonner de sel et de poivre, et le faire sauter au beurre à feu vif, simplement pour le raidir ; le lier avec la sauce brune ; ajouter gros comme une noix de beurre, puis le madère, et tenir au chaud sans plus laisser bouillir ; la moindre ébullition durcirait le rognon.

Battre 16 œufs dans un saladier, mais juste pour mélanger les blancs et les jaunes. Assaisonner de sel et de poivre.

Dans une casserole à fond épais, faire chauffer 40 g de beurre ; ajouter les œufs, et les remuer sur un feu très doux, afin d'éviter une coagulation trop prompte qui occasionnerait la formation de grumeaux. Quand la cuisson des œufs commence à se faire, ajouter, petit à petit, la sauce tomate concentrée et 40 g de beurre en parcelles. Lorsque la cuisson des œufs atteint la consistance voulue, le mélange donne l'apparence d'une crème épaisse et lisse.

Verser aussitôt les œufs dans un plat creux bien chaud ; disposer le rognon au centre, en petit monticule, et parsemer le tout d'une pincée de persil ciselé.

Vins blancs : graves sec, meursault, chablis, pouilly-fuissé, riesling, sylvaner, arbois, vouvray sec, saumur sec.

ŒUFS BROUILLÉS AUX TRUFFES

PRÉPARATION 15 MINUTES • CUISSON 10 MINUTES

**16 œufs
+ 3 jaunes
sel, poivre
200 g de beurre
1 dl de crème fraîche
1 gousse d'ail
2 truffes**

Dans une casserole à fond épais, mettre la moitié du beurre ; dès qu'il est chaud, y passer deux minutes les truffes coupées en lames.

Pour accentuer le parfum de la truffe, couper la gousse d'ail en deux et en frotter le récipient dans lequel on bat les œufs. L'ail ainsi employé ne se perçoit pas, mais accentue l'arôme de la truffe.

Ajouter les œufs battus aux truffes et procéder comme pour les œufs brouillés au rognon de veau (voir ci-dessus). Terminer en ajoutant la crème et le reste de beurre par petites parcelles. Servir en timbale.

Lorsqu'on veut enrichir les œufs brouillés, il convient d'adjoindre aux œufs 2 ou 3 jaunes en plus ; cela permet de beurrer davantage et de les rendre plus crémeux.

Vins blancs : graves moelleux, meursault, traminer, vouvray moelleux, coteaux-du-layon.

ŒUFS EN COCOTTE
PRÉPARATION 15 MINUTES • CUISSON 5 MINUTES

16 œufs
16 cocottes
sel, 50 g de beurre
2 dl de crème fraîche
ou 2 dl de jus de veau
de braisage corsé

Il y a d'assez nombreuses façons de préparer les œufs en cocotte, par addition, dans les cocottes, d'une chemise de farce ou de fin hachis ; mais les deux types principaux se résument en l'utilisation de crème ou de jus de veau.

À la crème. Afin d'assurer la régularité de la cuisson des œufs, il convient de bien chauffer les cocottes à l'avance. Celles-ci sont de différents genres : les unes sont munies de petits pieds, les autres sont à fond plat ; ces dernières sont préférables.

Dans chacune des cocottes chauffées, mettre une cuillerée de crème légère et bouillante, y casser un œuf frais et assaisonner légèrement de sel fin. Ranger les cocottes dans un sautoir ; y verser assez d'eau bouillante pour qu'elle arrive à mi-hauteur des cocottes ; placer une petite parcelle de beurre de chaque côté du jaune, couvrir et mettre à four assez chaud. Les œufs sont prêts lorsque le blanc se trouve légèrement solidifié et le jaune au même point que celui d'un œuf sur le plat. La cuisson demande environ 5 minutes.

Au jus. Procéder exactement comme ci-dessus, en remplaçant la crème par un excellent jus de veau de braisage bouillant.

Vins blancs : chablis, muscadet, mâcon, arbois, saumur sec.

ŒUFS À LA COQUE AU FUMET DE TRUFFE
PRÉPARATION 24 HEURES À L'AVANCE • CUISSON 3 MINUTES

16 œufs
150 g de truffes

Enfermer hermétiquement, pendant 24 heures, les œufs, d'une fraîcheur absolue (on aura pris soin de s'assurer qu'ils ne sont pas cassés), avec des truffes préalablement brossées.

Faire cuire les œufs à la coque comme à l'ordinaire : de 2 minutes et demie à 3 minutes ; servir avec toasts et beurre. Les œufs seront parfumés à la truffe, car la coquille de l'œuf, très poreuse, absorbe facilement le fumet de la truffe.

Nota. Il existe des variantes : on peut remplacer les truffes par de l'estragon ou encore par du curry.

Vins blancs : sylvaner, vouvray sec, côtes-de-provence.

LES ŒUFS

ŒUFS DURS À L'AURORE
PRÉPARATION 30 MINUTES • CUISSON DES ŒUFS 10 MINUTES • GRATIN 20 MINUTES

Fendre les œufs (préalablement durcis) par le milieu ; ôter le jaune avec précaution, pour ne pas endommager les blancs ; mettre ces jaunes dans un mortier, et les écraser en y mêlant la mie de pain trempée dans la crème, le beurre, le persil, du sel et du poivre.
Garnir l'intérieur des blancs d'œufs avec cette farce. Beurrer le fond d'une tourtière ; étendre sur le beurre le reste de la farce et poser dessus les blancs d'œufs farcis, à la manière de barquettes ; poser la tourtière sur un feu doux, couvrir et servir lorsque le tout sera de belle couleur. Décorer d'un cordon de sauce tomate.

Vins blancs : graves sec, cassis, chablis, muscadet, pouilly-fuissé, sancerre, quincy, mâcon, arbois, saumur, gaillac sec.
Vins rosés : cabernet d'Anjou, tavel, côtes-de-provence, arbois.

16 œufs
sel, poivre
150 g de beurre
200 g de mie de pain fraîche
2 dl de crème fraîche
6 branches de persil ciselé
250 g de sauce * tomate épaisse

ŒUFS DURS FARCIS AUX CHAMPIGNONS
PRÉPARATION 1 HEURE • CUISSON DES ŒUFS 10 MINUTES

Préparer la sauce Mornay. Faire cuire les 8 œufs durs ; les rafraîchir et les écaler. Préparer la duxelles, soit 6 bonnes cuillerées.
Partager les œufs dans le sens de la longueur et en retirer le jaune. Broyer ces jaunes au mortier en y ajoutant 25 g de beurre (à défaut de mortier, les écraser dans une terrine et les triturer avec le beurre). Y mélanger la duxelles ; ajouter muscade et fines herbes.
Avec cette composition, remplir les demi-œufs, et, avec la lame d'un couteau, lisser en formant un dôme et en couvrant tout le blanc.
Sur un plat à gratin, étaler quelques cuillerées de la sauce Mornay ; ranger dessus les demi-œufs farcis ; les couvrir avec le reste de la sauce ; poudrer celle-ci de gruyère râpé ; asperger copieusement de beurre fondu et faire gratiner au four à chaleur très vive. Servir aussitôt.

Vins blancs : quincy, riesling.

8 gros œufs
4 dl de sauce * Mornay
200 g de duxelles *
150 g de beurre
sel, poivre
50 g de gruyère râpé
1 pincée de muscade râpée
1 cuillerée de fines herbes

ŒUFS DURS GRATINÉS
PRÉPARATION 1 HEURE • CUISSON DES ŒUFS 10 MINUTES
CUISSON DU GRATIN 10 MINUTES

Faire durcir les œufs, les écaler et les couper en rondelles. Les disposer dans des coquilles ou cocottes assez larges, bien beurrées. Recouvrir d'une sauce Béchamel soubisée, c'est-à-dire mêlée à une fondue d'oignons. Saupoudrer de fromage râpé ; faire gratiner à four vif.

Vins blancs : vouvray sec, saumur.

12 œufs
un demi-litre de sauce * Béchamel soubisée
100 g de gruyère et de parmesan râpés
100 g de beurre

ŒUFS DURS À LA ROYALE
PRÉPARATION 35 MINUTES • CUISSON DES ŒUFS 10 MINUTES

8 œufs durs
1 dl de sauce * tomate très riche et concentrée
sauce * Béchamel (avec : sel, poivre
30 g de farine
75 g de beurre
1 pincée de muscade
un demi-litre de lait
1 dl de crème)
ou sauce * Mornay

Éplucher les œufs ; les couper en deux sur la longueur ; sortir les jaunes par moitié sans les abîmer.
Dresser les moitiés des blancs sur un plat, en formant une couronne, le côté creux dessus ; mettre les jaunes au milieu de la couronne.
Chauffer la sauce tomate ; en remplir les blancs. Verser une sauce Béchamel ou Mornay bien chaude sur les jaunes d'œufs ; servir aussitôt.

Vins blancs : riesling, mâcon, arbois, saumur sec.

ŒUFS DURS À LA SALADE DE LANGOUSTE
PRÉPARATION 40 MINUTES • CUISSON DES ŒUFS 10 MINUTES

8 œufs durs
250 g de langouste de desserte
100 g de beurre
30 g de farine
1 dl de lait
sel, poivre
100 g de gruyère râpé
1 dl de crème fraîche

Couper les œufs en rondelles épaisses ; sortir les jaunes et les piler. Piler les débris et résidus de langouste avec le beurre ; passer ce mélange au tamis ; y ajouter les jaunes pilés et la farine. Délayer le tout petit à petit avec le lait ; ajouter la crème fraîche ; assaisonner à point. Mettre au fond d'un plat à gratin les rondelles de blanc d'œuf. Les masquer avec le mélange. Poudrer de gruyère râpé. Faire gratiner.

Vins blancs : graves secs, meursault, cassis, sancerre, quincy.

ŒUFS AUX ÉPINARDS ET AU JAMBON D'YORK
PRÉPARATION 40 MINUTES • CUISSON DES ÉPINARDS 15 MINUTES
CUISSON DES ŒUFS 6 MINUTES

16 œufs
1 kg d'épinards net
sel
1 pincée de muscade râpée
150 g de beurre
100 g de jambon
8 petites tranches de jambon d'York

Cuire les épinards à l'eau bouillante salée. Aussitôt qu'ils sont cuits, les égoutter ; rafraîchir ; les presser entre les mains pour en extraire l'eau ; les passer au gros tamis. Les mettre dans une petite sauteuse avec 50 g de beurre, une pincée de sel, un soupçon de muscade, et les étuver pendant un quart d'heure. Ensuite, les remuer en plein feu jusqu'à ce qu'ils prennent la consistance d'une purée épaisse. Y mélanger, hors du feu, 50 g de beurre et le jambon maigre, cuit, coupé en petits dés.
Beurrer 8 petits plats en porcelaine ; placer au fond de chacun une fine tranche de jambon et 2 œufs ; saler légèrement le blanc ; faire tomber sur les jaunes quelques gouttes de beurre fondu, et les porter au four le temps nécessaire pour assurer la coagulation des blancs et le miroitement des jaunes (formation d'un léger voile blanc).
Mettre alors les épinards dans une poche munie d'une douille fendue, et faire une bordure autour des œufs, le long de la paroi des plats.

Vins blancs : quincy, arbois, saumur.

ŒUFS FARCIS AUX ANCHOIS
PRÉPARATION 1 HEURE • CUISSON 10 MINUTES

8 œufs
3 cœurs de laitues
sel, poivre
100 g d'anchois
(16 environ)
100 g de beurre
un demi-litre de sauce * mayonnaise
2 branches de persil
cerfeuil, estragon

Faire cuire les œufs. Quand ils sont durs, les écaler chauds ; les couper soigneusement en deux sur la longueur, et ôter le jaune, que l'on met de côté.

Dans un mortier, piler, jusqu'à les réduire en purée, des anchois marinés, dessalés et parés, c'est-à-dire débarrassés de la tête, de la queue, de l'arête et des nageoires ; 2 pour chaque œuf. Y joindre du beurre frais (en volume, par œuf, un peu plus de la moitié d'un jaune d'œuf), puis les jaunes eux-mêmes, encore tièdes, et, dans le mortier, piler le tout jusqu'à obtention d'une pâte bien homogène. Ajouter un peu de poivre, mais pas de sel, les anchois étant très salés.

Avec cette farce remplir les moitiés vides des blancs d'œufs. L'excédent de farce sert à tartiner les blancs d'œufs en surface. Faire une mayonnaise acidulée au citron, légèrement salée et poivrée, aromatisée de fines herbes hachées menu. Ranger les demi-œufs farcis sur des feuilles de laitue, et les recouvrir d'une petite couche de mayonnaise.

On peut, dans la confection de cet excellent hors-d'œuvre, remplacer les anchois par de la poutargue, ou des œufs de morue, ou du thon mariné. Mais avoir toujours soin de piler fin. Servir bien froid.

Vins blancs : graves sec, chablis, mâcon, arbois.

ŒUFS FOURRÉS À LA PROVENÇALE
PRÉPARATION 45 MINUTES • CUISSON DES ŒUFS 7 MINUTES

16 œufs
100 g de filets d'anchois à l'huile
2 jaunes d'œufs
1 petite gousse d'ail pilée
un litre de pâte * à frire
1 poignée de persil frit

Cuire les œufs mollets et en enlever le sommet, de façon à vider le jaune à demi pris ; mêler ce jaune à une épaisse purée de filets d'anchois, liée avec les jaunes d'œufs crus ; assaisonner d'une pointe d'ail.

Remplir chaque œuf de la purée d'anchois préparée ; confectionner une pâte à frire épaisse, y tremper chaque œuf de telle sorte qu'il en soit recouvert entièrement ; faire dorer à grande friture. Servir sur une serviette ; décorer du persil frit.

Vins blancs : riesling, sylvaner, gaillac sec. Vin rosé : cabernet d'Anjou.

ŒUFS FRITS À L'AMÉRICAINE
PRÉPARATION 35 MINUTES • CUISSON 6 MINUTES

16 œufs
16 tranches de bacon
sel, poivre
8 tomates
persil frit
huile pour friture

Les œufs frits se font un par un.
Chauffer, dans une poêle, la valeur d'un verre d'huile. Dans cette huile fumante, verser un œuf, cassé à l'avance et assaisonné de sel et de poivre. Avec une cuillère de bois, ramener sur le jaune, afin de bien l'enfermer, les extrémités du blanc coagulé au contact de l'huile. Retourner l'œuf et, au bout de quelques secondes, le jaune restant mollet, l'égoutter sur un linge, et le tenir au chaud. Faire griller autant de tranches de bacon et de demi-tomates que d'œufs frits. Dresser en turban, en les alternant, œufs et bacon ; poser les demi-tomates dessus, et un bouquet de persil frisé et frit au milieu.

Vins blancs : côtes-de-provence, mâcon. Vin rosé : tavel.

ŒUFS FRITS À L'AURORE
PRÉPARATION 45 MINUTES • CUISSON DES ŒUFS 6 MINUTES • EN FRITURE 3 MINUTES

16 œufs mollets
sel, poivre
200 g de farine
4 œufs battus
2 cuillerées d'huile
500 g de mie de pain fraîche
250 g de brunoise de rouge de carotte
friture
*un litre de sauce * tomate épaisse*

Préparer les œufs mollets ; les tremper, à l'anglaise, dans la farine, les œufs battus allongés d'huile, puis les paner dans un mélange de mie de pain et de mirepoix (où la carotte doit dominer). Faire frire quelques secondes. À part, servir une sauce tomate épaisse.

Vins blancs : graves sec, cassis, chablis, pouilly-fuissé, sancerre.

* ŒUFS FRITS À LA BASQUAISE
PRÉPARATION 1 HEURE • CUISSON DE LA GARNITURE 12 MINUTES
CUISSON DES ŒUFS 6 MINUTES

16 œufs frits à l'huile
sel, poivre
2 dl d'huile
4 courgettes épluchées, coupées en dés, farinées et sautées
6 tomates mondées, épépinées, concassées
3 poivrons doux coupés en dés
1 gousse d'ail

Faire frire les œufs et les servir avec une garniture composée de courgettes, de tomates, de poivrons, le tout sauté à l'huile ; assaisonner de sel, poivre et ail.

Vins blancs : côtes-de-provence, mâcon, arbois, vouvray sec, saumur.

ŒUFS FRITS AUX CHIPOLATAS
PRÉPARATION 35 MINUTES • CUISSON 6 MINUTES

16 œufs
16 petites chipolatas
sel, poivre
*un demi-litre de sauce * tomate*

Préparer de petites saucisses grillées. Aussitôt que l'œuf a été mis en friture, déposer immédiatement après la saucisse afin qu'elle soit enveloppée dans le blanc d'œuf.
Égoutter ; dresser sur une serviette ; servir la sauce tomate à part.

Vins blancs : quincy, saumur.

ŒUFS FRITS À LA BASQUAISE

P. 128

L'œuf frit se cuisine toujours au dernier moment : à peine glisse-t-il dans le bain de friture que le blanc croustille instantanément, tandis que le jaune demeure presque liquide.

Assiette Lalique.

ŒUFS BROUILLÉS AUX CREVETTES

P. 122

La difficulté pour réussir des œufs brouillés est de les faire cuire sur feu doux sans cesser de remuer avec une cuillère en bois : attention à les saler prudemment à cause des crevettes.

Assiette Daniel Hechter.

ŒUFS BROUILLÉS AU ROGNON DE VEAU

P. 123

Les dés de rognon de veau sautés au madère sont cuits séparément des œufs brouillés et ceux-ci sont relevés de sauce tomate. Les deux apprêts sont réunis au dernier moment et parsemés de persil.

Assiette Daniel Hechter.

ŒUFS EN GELÉE

P. 132

Mollets ou pochés, puis pris dans une gelée au porto avec une garniture de jambon et d'estragon, les œufs ainsi apprêtés font une entrée décorative, facile à préparer d'avance.

Assiette Lalique.

ŒUFS FRITS FARCIS
PRÉPARATION 35 MINUTES • CUISSON 20 MINUTES

Pour 3 ou 6 personnes :
6 œufs durs
500 g d'épinards cuits à l'avance
*2 cuillerées à soupe de sauce * Béchamel épaisse*
Pour la panure à l'anglaise :
1 œuf
1 cuillerée d'huile
sel, poivre
chapelure fine bien sèche
huile pour la friture

Écaler soigneusement les œufs. Noter qu'ils devront avoir été cuits à l'eau bouillante salée pendant 10 minutes de façon à être parfaitement durs. Veiller soigneusement à la cuisson : les œufs ne doivent pas être fêlés.

Vider chaque œuf de son jaune. Tenir l'œuf debout bien serré dans la main, le côté pointu en bas. Prélever du côté plat un petit cône de 3 cm de diamètre et de 2 cm de profondeur : on enlève ainsi un chapeau de blanc et un peu de jaune.

Vider le jaune délicatement avec le manche d'une petite cuillère, en tenant toujours l'œuf bien serré dans la main pour ne pas fendre le blanc. La main doit se trouver exactement à la hauteur de l'ouverture. Lorsqu'on a enlevé un peu de jaune, presser très légèrement avec les doigts sur le corps de l'œuf pour décoller le jaune qui sera vidé ensuite plus facilement.

Écraser très finement à la fourchette les jaunes et les chapeaux prélevés. Y ajouter les épinards hachés très finement et travailler l'ensemble pour obtenir une farce fine et bien sèche. La quantité d'épinards ajoutée doit être à peu près égale en volume à celle des jaunes d'œufs. Ajouter à cette farce la béchamel (chaude ou refroidie), un peu de sel et de poivre. Farcir les œufs avec ce mélange. Il est recommandé d'utiliser une poche munie d'une douille assez étroite pour qu'elle puisse pénétrer dans l'œuf. Il faut commencer par déposer de la farce au fond de l'œuf. On sent la douille remonter sous la pression de la farce au fur et à mesure que l'on remplit l'œuf.

Attention, la farce doit être bien serrée dans l'œuf ; il ne doit pas rester d'air. Remplir les œufs très largement : la farce peut bomber légèrement sur le dessus de l'œuf. Tout ceci peut être fait à l'avance. Au dernier moment, on réchauffe les œufs pendant quelques minutes, à four doux, avant de les paner. En même temps, faire chauffer la friture. Battre ensemble à la fourchette l'œuf, l'huile, le sel et le poivre. Verser la chapelure dans une assiette. Passer les œufs farcis dans le premier mélange puis dans la chapelure.

Plonger les œufs panés dans la friture chaude, mais non fumante. Les y laisser environ 3 minutes. Ils prennent une couleur bien dorée.

Les égoutter. Les servir tout chauds, bien croustillants.

Ces œufs farcis sont présentés ici, en garniture d'un poussin rôti. On peut également les servir en entrée (2 œufs par personne) avec un coulis de tomate, une sauce tartare, etc. On peut imaginer toutes sortes de farces à base de viande, de poisson pilé, de champignons, etc. L'essentiel est que la farce soit très fine et très sèche. La sauce, s'il y a lieu, sera choisie pour s'harmoniser avec la farce.

Vins blancs secs légers : mâcon, saint-véran. Vin blanc sec ou rouge des coteaux champenois. Vins rouges : pinot d'Alsace, sancerre.

LES ŒUFS

ŒUFS FRITS À LA GASCONNE
PRÉPARATION 1 HEURE • CUISSON DES TOMATES 12 MINUTES
CUISSON DES AUBERGINES 13 MINUTES • CUISSON DES ŒUFS 6 MINUTES

16 œufs
1 kg de tomates mondées, épépinées, concassées, tombées avec moitié huile, moitié beurre
4 aubergines
sel, poivre
1 gousse d'ail écrasée
500 g de beurre
1 dl d'huile
un litre d'huile pour friture
100 g de farine
8 tranches de jambon de Bayonne passées au beurre
2 cuillerées de persil ciselé

Faire dégorger, pendant 1 heure, les aubergines épluchées et coupées en rondelles de 1 cm d'épaisseur. Préparer, pendant ce temps, une purée de tomates bien aillée. Passer légèrement à l'huile les rondelles d'aubergine et les faire griller, tout en faisant frire à l'huile les œufs et les tranches de jambon de Bayonne coupées en lanières. Égoutter les œufs, les poser sur les rondelles d'aubergine disposées sur un plat brûlant ; semer le jambon dessus ; couvrir avec la purée de tomates ; poudrer de persil ciselé, et servir sur des assiettes chaudes.

Vins blancs : mâcon, arbois, gaillac sec, sancerre, saumur, pacherenc-du-vic-bilh.

ŒUFS FRITS À LA GISMONDA
PRÉPARATION 1 HEURE • CUISSON DES ÉPINARDS 12 MINUTES
CUISSON DES ŒUFS 6 MINUTES

16 œufs
sel, poivre
2 kg d'épinards épluchés, blanchis
200 g de beurre
200 g de langue écarlate
3 branches d'estragon

Faire frire les œufs et les dresser en turban ; mettre au milieu des épinards concassés et légèrement rissolés au beurre ; sur les œufs, jeter une grosse julienne de langue écarlate, une pointe d'estragon et un beurre noisette.

Vins blancs : clairette du Languedoc, graves sec.

ŒUFS FRITS À LA MONTALBANAISE
PRÉPARATION 1 HEURE • CUISSON DE LA GARNITURE 20 MINUTES
CUISSON DES ŒUFS 6 MINUTES

8 œufs
sel, poivre
*un demi-litre de sauce * tomate*
8 petites aubergines
huile de friture
100 g de farine
8 fonds d'artichauts
*pâte * à frire*

Faire frire les œufs et les dresser en turban, en alternant avec de petits éventails faits d'aubergines coupées en tranches et frites ; placer un bouquet de beignets de fonds d'artichauts au milieu. Servir la sauce tomate à part.

Vins blancs : sylvaner, saumur.

LES ŒUFS

ŒUFS FRITS À LA VIROFLAY

PRÉPARATION 2 HEURES • CUISSON DE LA GARNITURE 1 HEURE
CUISSON DES ŒUFS 6 MINUTES

Faire frire les œufs et les dresser en turban ; garnir le centre du plat de salsifis en beignets : les salsifis auront été cuits dans un blanc, parfaitement égouttés et légèrement rissolés au beurre ; lorsqu'ils sont tièdes, les tremper dans un peu de pâte à frire, dans laquelle on a mélangé des amandes effilées ; faire frire et bien les égoutter. Sur les œufs, placer de petits champignons grillés. À part, servir une sauce tomate avec de l'estragon.

Vins blancs : sylvaner, côtes-de-provence, mâcon, arbois, chablis, saumur sec, sancerre.

8 œufs
sel, poivre
150 g de beurre
500 g de salsifis
250 g de pâte * à frire
150 g d'amandes effilées
un litre de sauce *
tomate
2 branches d'estragon
8 têtes de champignon

ŒUFS FROIDS MARINETTE

PRÉPARATION 1 HEURE 30 • POCHAGE DES ŒUFS 5 MINUTES
CUISSON DES TOMATES 12 MINUTES

Réserver un tiers des tomates pour la décoration du plat et de la salade. Passer au beurre, sans les laisser colorer, les oignons hachés ; ajouter les tomates mondées, épépinées et pressées à fond (c'est-à-dire égouttées de leur eau de végétation) et coupées en morceaux. Assaisonner d'une pincée de sel, d'une pincée de sucre, d'une prise de poivre ; y joindre la petite gousse d'ail écrasée et le bouquet garni ; cuire lentement. Passer au tamis fin. Recueillir la purée dans un sautoir ; la remuer sur un feu ardent. Lorsqu'elle est devenue très épaisse, y ajouter, cuillerée par cuillerée, 2 dl de gelée, continuer à réduire la sauce jusqu'à ce que sa quantité ne soit plus que 4 dl. Passer alors cette sauce au linge fin, en tordant, et laisser refroidir en la vannant de temps en temps.

Pocher les œufs ; les rafraîchir ; les parer et les ranger sur un couvercle de casserole retourné, après les avoir bien épongés. Les napper une première fois de sauce tomate froide, mais encore bien coulante (éviter la coagulation) ; puis deux fois encore, à 5 ou 6 minutes d'intervalle, pour que la couche de tomate soit assez épaisse. Sur le milieu de chaque œuf, placer un brin de cerfeuil ; arroser les œufs à plusieurs reprises de gelée fondue froide ; les conserver au frais.

Peler et presser, pour en éliminer toute l'eau et les graines, 4 ou 5 tomates moyennes, un peu fermes. Couper la pulpe en petits dés ; la mettre dans un saladier et y mélanger un demi-oignon frais (haché finement, lavé à l'eau froide puis pressé dans un linge) et une demi-cuillerée de cerfeuil haché. Peu de temps à l'avance, cette salade sera assaisonnée avec quelques cuillerées de vinaigrette très relevée.

Passer la pointe d'un petit couteau à la base des œufs pour en détacher la sauce tombée autour ; les ranger sur une couronne de gelée hachée, préparée sur le plat ; disposer au milieu la salade de tomates.

Vins rosés : arbois ou tavel.

16 œufs
sel, poivre
50 g de beurre
1,500 kg de tomates
bien rouges
1 pincée de sucre
sel et poivre
2 gros oignons
et un demi
1 petite gousse d'ail
1 bouquet garni
2 litres de gelée *
de volaille ou de jarret
de veau
1 cuillerée de cerfeuil
sauce * vinaigrette

* ŒUFS EN GELÉE
PRÉPARATION 3 HEURES • CUISSON 6 MINUTES

Pour 4 personnes :
4 œufs mollets ou pochés
2 petites tranches de jambon cuit légèrement fumé (type York ou Milan)
un demi-litre de gelée
quelques feuilles d'estragon
3 tomates
1 laitue
quelques cuillerées de porto ou de banyuls grand cru

À la gelée encore tiède ajouter deux cuillerées à soupe de banyuls grand cru.

Passer à l'eau froide des moules dits « à dariole » (en aluminium) ou des ramequins. Les égoutter rapidement, mais ne pas les essuyer.

Verser au fond de chaque moule un peu de gelée tiède, sur environ un demi-centimètre d'épaisseur. Placer les moules au réfrigérateur, dans la partie la plus froide, pour faire prendre rapidement cette gelée.

Plonger les feuilles d'estragon dans une casserole d'eau bouillante. Laisser bouillir 1 minute. Égoutter les feuilles.

Sortir les moules du réfrigérateur. Poser sur la gelée un décor de feuilles d'estragon et de petits morceaux de tomates. Ajouter doucement un peu de gelée. Porter de nouveau au frais.

Écaler délicatement les œufs et les déposer dans les moules.

Couvrir avec un morceau de jambon.

Emplir les moules en versant de la gelée sous le jambon et ensuite sur le jambon, pour que celui-ci colle bien à l'œuf. Porter au réfrigérateur.

Laver et hacher la laitue pour en garnir le plat de service.

Pour démouler les œufs, tremper les moules quelques instants dans l'eau tiède.

Les œufs étant démoulés, compléter le décor du plat avec quelques rondelles de tomates.

Vins rouges fins, moyennement corsés : bourgogne, côte-de-beaune, mercurey, côtes-de-provence. Vins rosés ou rouges : bellet, médoc, graves jeunes.

ŒUFS AU GRATIN ÉLISABETH
PRÉPARATION 1 HEURE • CUISSON DES FONDS D'ARTICHAUTS 40 MINUTES
CUISSON DES ŒUFS 10 MINUTES

(Recette de Claude Terrail, la Tour d'Argent, à Paris)

8 œufs durs
12 fonds d'artichauts
sel, poivre
50 g de truffes hachées
200 g de beurre
50 g de fromage
un demi-litre de sauce Mornay*
300 g de truffes en ragoût
5 cl de madère
*1 dl de demi-glace **

Supprimer les deux pôles de 8 œufs durs, de façon à former des sortes de barillets. Les évider, sans les briser, et passer les jaunes au tamis fin. Mélanger ces jaunes à une purée d'artichauts faite avec quatre fonds, un peu serrée, et ajouter 1 cuillerée de truffes hachées. Assaisonner de sel, de poivre et de muscade. Fourrer les œufs de cet appareil, en lissant la partie supérieure en forme de dôme.

Placer chaque œuf dans un fond d'artichaut préalablement cuit dans un blanc et étuvé au beurre ; napper de sauce Mornay. Poudrer de parmesan râpé et faire gratiner.

Dresser en couronne ; garnir le centre d'un ragoût de truffes au madère.

Vins blancs : pouilly-fuissé, pouilly fumé, meursault, corton blanc.

LES ŒUFS

ŒUFS DANS LEURS NIDS
PRÉPARATION 20 MINUTES • CUISSON 20 MINUTES

Séparer les blancs des jaunes. Conserver chaque jaune à part. Battre les blancs, avec une pincée de sel, en neige ferme, puis ajouter le gruyère râpé. Disposer les blancs, en formant 8 nids, dans un plat beurré allant au four. Au centre de chaque nid poser un jaune d'œuf et faire cuire à four moyen. Servir immédiatement.

Vins blancs : graves sec, meursault, chablis.

8 œufs
75 g de gruyère râpé
25 g de beurre, sel

ŒUFS À LA PALAIS-ROYAL
PRÉPARATION 30 MINUTES • CUISSON 6 MINUTES

Beurrer grassement de petits moules à babas ; mettre, au fond, une lame de truffe de la grandeur d'un franc, parée avec un emporte-pièce rond dentelé.

Casser 1 œuf dans chaque moule ; assaisonner légèrement de sel fin ; placer les moules dans un sautoir et ajouter assez d'eau bouillante pour qu'elle arrive aux deux tiers de la hauteur des moules ; mettre au four. La cuisson des œufs est à point lorsque le blanc est coagulé, mais le jaune doit rester moelleux.

En même temps que les œufs, préparer : de petits croûtons ronds, frits au beurre, de 4,5 cm de diamètre et de 0,5 cm d'épaisseur ; un beurre à la maître d'hôtel, à raison de 25 g par œuf, auquel on ajoute, par 125 g, une demi-cuillerée de glace de viande fondue et du persil haché. Démouler les œufs sur les croûtons ; les ranger en couronne sur un plat rond ; les napper chacun d'une cuillerée de beurre maître d'hôtel simplement fondant, sans être chauffé. On peut aussi napper d'un jus de veau réduit et monté au beurre.

Vins blancs : quincy, mâcon, arbois, vouvray sec, saumur sec, muscadet.

16 œufs
16 moules à babas
sel, poivre
16 lames de truffes
100 g de beurre
16 croûtons de pain de mie
ou 16 petites tartelettes
en feuilletage *
ou en pâte * à sablé
300 g de beurre * maître
d'hôtel (malaxé avec sel,
poivre, jus de citron,
2 cuillerées de fond *
de veau réduit,
persil haché)

LES ŒUFS

ŒUFS À LA PIPERADE
PRÉPARATION 30 MINUTES • CUISSON 20 MINUTES

Pour 4 personnes :
8 œufs
500 g de tomates
250 g de poivrons d'Espagne
50 g (1 tranche mince) de lard fumé de poitrine
1 petit piment de Cayenne
3 gousses d'ail
sel, poivre
un filet de vermouth doux (vermouth italien, rouge), huile

Plonger les tomates dans l'eau bouillante pendant 10 secondes. Les sortir de l'eau avec une écumoire.
Enlever la peau. Supprimer les parties dures. Couper les tomates en deux et les presser dans les mains pour en extraire les pépins. Couper grossièrement les tomates en morceaux.
Faire griller les poivrons, enlever la peau. Les ouvrir, les épépiner puis les émincer.
Émincer le lard. Huiler largement une sauteuse de cuivre (ou à défaut une poêle). Quand l'huile est bien chaude, mettre dans la sauteuse les tomates, les poivrons, le piment de Cayenne, sel, poivre, ail.
Mélanger à la cuillère de bois et faire cuire quelques minutes, à très grand feu, jusqu'à ce qu'il n'y ait plus de liquide. On obtient une purée très consistante. Juste avant de la retirer du feu, y ajouter un filet de vermouth doux (qui supprime l'acidité). Cette purée (qui cuit en 5 ou 6 minutes) peut être préparée à l'avance et réchauffée.
Casser 2 œufs. Ajouter 3 cuillerées à soupe de l'appareil préparé. Bien mélanger, rectifier l'assaisonnement. Battre vivement à la fourchette. Verser un peu d'huile dans une poêle plate (ou dans un plat à œufs allant au feu). Quand l'huile est bien chaude, y verser le mélange.
Enfourner la poêle à four chaud (ou sous le gril).
La piperade prend au four en 3 minutes. Elle est à peine colorée. Servir immédiatement.
Si l'on préfère, il est possible de préparer ce plat pour plusieurs personnes, mais les piperades individuelles restent plus moelleuses et sont plus savoureuses.

Vins blancs secs du Sud-Ouest : pacherenc-du-vic-bihl, tursan. Vins rosés ou rouges légers : bordeaux clairet, irouléguy, béarn. Vins rouges plus corsés du Sud-Ouest : madiran, tursan, cahors.

ŒUFS SUR LE PLAT AU LARD
PRÉPARATION 20 MINUTES • CUISSON 7 MINUTES

16 œufs
16 tranches de lard de poitrine
50 g de beurre
1 dl de jus de viande corsé
sel (peu), poivre

Faire cuire dans une casserole du lard de poitrine, coupé en tranches minces, avec un peu de beurre. Lorsqu'il est cuit, le disposer dans un plat de porcelaine avec quelques cuillerées de jus de viande ; casser les œufs par-dessus ; poudrer d'un peu de sel, de poivre et mettre au four doux, afin que les œufs restent mollets.

Vins blancs et rouges : riesling, saumur, gaillac sec ou passe-tout-grain de Bourgogne, côtes-du-rhône.

LES ŒUFS

ŒUFS SUR LE PLAT À LA LORRAINE
PRÉPARATION 20 MINUTES • CUISSON 7 MINUTES

Beurrer grassement le fond de petits plats en porcelaine à feu (un par personne). Garnir le fond de 2 petites tranches de lard, blanchies et légèrement grillées ou rissolées au beurre, et de quelques fines lamelles de gruyère. Casser 2 œufs dans chaque plat, saler légèrement le blanc, entourer les jaunes d'une cuillerée de crème, et les cuire jusqu'à coagulation du blanc et miroitement des jaunes (formation d'un léger voile blanc).
Nota. Nous n'indiquons pas de saler les jaunes, parce que les grains de sel forment de petits points blancs à la surface.

Vins blancs et rouges : graves sec, meursault, cassis blanc ou rouge, mâcon, mercurey.

16 tranches de lard de poitrine
16 œufs
75 g de beurre
sel (peu), poivre (peu)
100 g de gruyère
2 dl de crème

ŒUFS POCHÉS PÉRIGUEUX
PRÉPARATION 1 HEURE • CUISSON 6 MINUTES

Pocher les œufs à l'eau bouillante vinaigrée. Les égoutter ; les placer sur des croûtons de pain ovales, frits au beurre. Les napper avec une sauce Périgueux ainsi préparée : mouiller, avec du bouillon, un roux brun fait d'une cuillerée de beurre et d'une cuillerée de farine ; ajouter sel et poivre ; cuire 25 minutes ; passer à la passoire fine. Verser dans une sauteuse sur des truffes coupées en dés, passées quelques instants au beurre et mouillées de 2 cuillerées de frontignan ou de madère.

Vins blancs : quincy, cassis, chablis, sancerre, mâcon.

8 œufs
sel, 5 cl de vinaigre
250 g de pain de mie en tranches pour croûtons
70 g de beurre
un demi-litre de fond * de veau pour sauce * Périgueux
50 g de truffes
50 g de farine
1 dl de madère ou de frontignan

ŒUFS POCHÉS À LA PURÉE DE VOLAILLE TRUFFÉE
PRÉPARATION 1 HEURE • CUISSON DES ŒUFS 6 MINUTES

Piler du blanc de volaille de desserte ; le relâcher avec quelques cuillerées de velouté ; faire chauffer doucement cette purée et la passer à l'étamine. La recueillir dans une casserole ; en assurer l'assaisonnement ; lui mélanger 2 cuillerées de truffes cuites, coupées en dés. En garnir 8 croûtes en pain de mie, frites au beurre, taillées de forme ovale de la grandeur des œufs, et légèrement évidées sur le centre pour y mettre la purée de volaille.
Ranger ces croûtes en couronne sur un plat ; placer un œuf poché sur chacune d'elles, puis napper les œufs de bon velouté, réduit avec de la cuisson de champignons et légèrement beurré. Sur chaque œuf, placer une lame de truffe, coupée à l'emporte-pièce rond dentelé.

Vins blancs : vouvray moelleux, meursault, coteaux-du-layon.

8 œufs
100 g de volaille
un demi-litre de velouté *
1 dl de cuisson de champignons
30 g de truffes coupées en dés, plus 8 lames de truffes
8 croûtes de pain de mie ou, de préférence,
8 croûtes en feuilletage * (demi-bouchées)
200 g de beurre

ŒUFS POCHÉS AU VIN À LA BERRICHONNE
PRÉPARATION 30 MINUTES • CUISSON 50 MINUTES

Pour 4 personnes :
8 œufs
1 bouteille de vin rouge
1 petite gousse d'ail
2 oignons
1 dizaine de petits oignons
150 g de lard demi-sel
200 g de petits champignons de Paris
200 g de beurre
8 croûtons de pain de mie frits
sel, poivre
quelques branches de persil
1 cuillerée à soupe de farine

Faire dorer les 2 oignons hachés avec un peu de beurre, sur feu vif. Verser le vin rouge sur l'oignon. Porter à ébullition. Dès que le vin bout, le faire flamber.
Mettre la casserole à feu doux, ajouter l'ail haché, une pincée de poivre et le persil haché. Ne pas saler. Laisser bouillir doucement.
Casser les œufs, un par un, dans le vin et les laisser pocher 3 à 4 minutes. Ils doivent rester mollets.
Les retirer avec l'écumoire et les tenir au chaud dans le plat de service. Laisser bouillir le vin pour enlever toute acidité et le réduire (15 à 20 minutes).
Faire cuire les champignons (entiers ou en morceaux) dans un peu d'eau avec un morceau de beurre (10 minutes). Ajouter la cuisson des champignons au vin réduit. On doit obtenir environ 4 dl de liquide au total. Au besoin, réduire de nouveau par ébullition.
Faire dorer les lardons (préalablement plongés quelques minutes dans l'eau en ébullition), les champignons, et les petits oignons.
Dans la casserole contenant lardons, champignons et oignons, ajouter du beurre manié (un beau morceau, écrasé à la fourchette avec une cuillerée de farine).
Verser dessus, le vin bouillant, en le passant au chinois. Mélanger le tout délicatement pour obtenir une sauce liée, bien onctueuse.
Terminer la sauce en lui ajoutant quelques noix de beurre. La goûter et rectifier l'assaisonnement.
Verser la sauce sur les œufs pochés.
Décorer le plat avec les croûtons frits, légèrement frottés d'ail.

Vins rouges : en principe, celui qui aura été employé pour la sauce, beaujolais, sancerre servi frais, morgon, brouilly, fleurie.

ŒUFS À LA TRIPE
PRÉPARATION 1 HEURE • CUISSON DES ŒUFS 10 MINUTES

12 œufs durs
100 g de beurre
50 g de farine
sel, poivre
1 pincée de muscade
un litre de lait
3 gros oignons

Émincer très finement les oignons et les ébouillanter pendant 7 à 8 minutes, ce qui a pour but d'éliminer le suc âcre dont l'oignon est pénétré, surtout à l'arrière-saison. Quand il est nouveau, et tant qu'il n'a pas atteint sa complète maturité, cet ébouillantage est inutile. Égoutter les oignons, les rafraîchir ; égoutter à nouveau et les éponger à fond dans un linge.
Les mettre dans une casserole avec 100 g de beurre et les étuver à feu très doux, pendant 20 à 25 minutes, sans laisser colorer.
Mélanger alors avec 50 g de farine ; remuer sur le feu pendant quelques minutes ; délayer avec un litre de lait bouillant ; assaisonner d'une forte pincée de sel, d'une prise de poivre et d'une râpure de muscade ; faire

prendre l'ébullition, sans cesser de remuer, et laisser cuire doucement pendant 25 minutes (béchamel soubisée).

Mettre les œufs dans une grande passoire ; les plonger dans de l'eau bouillante et, pour de gros œufs, donner 10 minutes de cuisson comptées depuis la reprise de l'ébullition. Les égoutter, les rafraîchir, les écaler et les tenir au chaud.

Cinq minutes avant de servir, couper les œufs en grosses rondelles et les mélanger dans la sauce.

Observations. En principe, les œufs à la tripe se servent avec l'oignon dans la sauce. Toutefois, on peut, selon le goût, passer au tamis oignons et sauce ; chauffer le coulis qui en résulte et servir les œufs comme il est dit.

Vins blancs : graves sec, mâcon, arbois, saumur sec. Vins rouges : corent, chanturgues, saint-pourçain.

OMELETTE AU BOUDIN
PRÉPARATION 1 HEURE • CUISSON 40 MINUTES

400 g de boudin
8 œufs
100 g de beurre
sel, poivre
300 g de pommes de terre en purée
1 dl de lait
1 dl de crème fraîche

Faire griller le boudin ; enlever la peau. Casser les œufs et séparer les blancs des jaunes. Travailler les jaunes d'œufs avec le boudin ; ajouter la crème et les blancs fouettés. Faire cuire incomplètement cette omelette. La couler non repliée dans un plat creux. Recouvrir de purée de pommes de terre. Parsemer de copeaux de beurre. Faire dorer au four.

Vins blancs : sylvaner, côtes-de-provence, mâcon.

OMELETTE AU CRABE
PRÉPARATION 40 MINUTES • CUISSON DU CRABE 30 MINUTES
CUISSON DE L'OMELETTE 6 MINUTES

400 g de crabe
sel, poivre
1 carotte
1 oignon
bouquet garni
5 cl de vinaigre
75 g de beurre
16 œufs

Cuire un crabe au court-bouillon ; enlever la chair ; mettre dans un bol les intérieurs de la carapace et bien les écraser. Battre les œufs ; mêler la pâte faite avec les intérieurs et ajouter la chair du crabe ; battre et faire l'omelette comme d'ordinaire.

Vins blancs : quincy, mâcon, muscadet, gros plant nantais. Cidre.

LES ŒUFS

OMELETTE AUX ÉPINARDS
PRÉPARATION 30 MINUTES • CUISSON DES ÉPINARDS 20 MINUTES
CUISSON DE L'OMELETTE 6 MINUTES

8 œufs
150 g d'épinards épluchés
50 g de jambon
50 g de beurre
sel, poivre
1 pincée de muscade
1 cuillerée de persil

Faire cuire les épinards pendant 8 minutes, à l'eau bouillante salée ; les égoutter à fond, et les presser, sans les rafraîchir ; donner dessus quelques coups de couteau pour diviser les feuilles, et les étuver au beurre 10 à 12 minutes, après les avoir assaisonnés de sel, de poivre et de muscade. Y mélanger alors le jambon maigre, cuit, coupé en dés. Faire l'omelette, comme à l'habitude, et au beurre couleur noisette ; déposer en son milieu la garniture d'épinards et de jambon ; la rouler en enfermant bien la garniture. Renverser l'omelette sur un plat long ; l'arroser copieusement de beurre fondu légèrement salé, et parsemer le dessus d'une pincée de persil frais finement ciselé.

Vins blancs et rosés : mâcon, arbois.

OMELETTE AUX FLEURS D'ACACIA
PRÉPARATION 30 MINUTES • CUISSON 8 MINUTES

8 œufs
sel, poivre
50 g de beurre
quelques grappes d'acacia

À la saison de la floraison des acacias, prendre quelques grappes, les égrener, hacher les fleurs et les ajouter à une omelette. Si on la mange salée, poivrer hardiment ; si, au contraire, on la préfère au sucre, ajouter quelques cuillerées de kirsch, pour réveiller le parfum des fleurs.

Omelette salée, vins blancs : graves sec, meursault, cassis, chablis, muscadet, pouilly-fuissé, sancerre, quincy, riesling, sylvaner, arbois, saumur sec.
Omelette sucrée, vins blancs : vouvray demi-sec, sauternes, barsac, monbazillac, traminer, anjou.

OMELETTE FONDANTE À LA CERVELLE DE MOUTON
PRÉPARATION 25 MINUTES • CUISSON DE LA FARCE 10 MINUTES
CUISSON DE L'OMELETTE 5 MINUTES

Omelette :
8 œufs
100 g de beurre
10 g de sel fin
1 prise de poivre.
Farce :
2 cervelles de mouton
un litre d'eau salée
le jus d'un citron
1 oignon
1 clou de girofle

Nettoyer les cervelles de mouton, et les faire cuire pendant 10 minutes dans de l'eau salée, à laquelle on aura ajouté un peu de jus de citron, l'oignon émincé et le clou de girofle. Les passer dans l'eau froide pour les raffermir. Les couper en dés. Puis faire l'omelette ; quand elle est à point et prête à être pliée, ajouter les dés de cervelle ; plier l'omelette et servir dans un plat chaud.

Vins blancs : graves moelleux, meursault, traminer.

LES ŒUFS

OMELETTE AUX FRUITS DE MER

PRÉPARATION 40 MINUTES • CUISSON DE LA GARNITURE 12 MINUTES
CUISSON DE L'OMELETTE 6 MINUTES

18 œufs
50 g de beurre
sel, poivre
un quart de litre de moules, ou 12 huîtres, ou 4 coquilles Saint-Jacques.
(Suivant la garniture choisie, faire attention au dosage du sel.)

Tous les coquillages peuvent être utilisés. Si l'on prend des coques, des moules ou des pétoncles, les faire simplement ouvrir sur le feu ; les détacher de leur coquille et les réserver dans un bol.

S'il s'agit d'huîtres, les pocher dans leur eau intervalvaire ; de coquilles Saint-Jacques, les faire blanchir dans un court-bouillon et les couper en dés (en faisant quelques réserves pour le sel), puis ajouter aux œufs battus la chair des coquillages.

Faire cuire sur feu vif en ayant soin, cependant, de tenir l'omelette bien baveuse.

Vins blancs : mâcon, vouvray sec, muscadet, gros plant nantais, blanc de l'île de Ré. Cidre.

OMELETTE GRATINÉE AUX CHAMPIGNONS

PRÉPARATION 30 MINUTES • 1re CUISSON 10 MINUTES • 2e CUISSON 8 MINUTES

8 œufs
sel, poivre
1 cuillerée de persil haché
75 g de champignons en duxelles *
30 g de gruyère râpé
5 cl de lait
5 cl de crème fraîche
75 g de beurre

Battre les œufs comme pour une omelette ordinaire, avec sel, poivre et persil. Préparer une purée de champignons, dite duxelles ; la tenir au chaud.

Préparer une pâte de gruyère fondu avec le lait et la crème fraîche, et la tenir au chaud.

Cuire l'omelette comme d'habitude ; la fourrer de la purée de champignons ; rabattre les deux côtés ; la retourner sur un plat allant au four.

Étaler sur l'omelette la pâte de gruyère. Gratiner à four très vif ; servir aussitôt.

Vins blancs : mâcon, arbois, saumur.

OMELETTE MONSELET
PRÉPARATION 35 MINUTES • CUISSON DE L'OMELETTE 6 MINUTES
CUISSON DE LA GARNITURE 12 MINUTES

16 œufs
70 g de beurre
sel, poivre
200 g de pointes d'asperges
50 g de champignons (en réserver 8 têtes)
100 g de truffes (en réserver 8 lames, le reste en julienne)
150 g de foie gras coupé en dés
1 dl de jus de veau lié

Prendre 200 g de pointes d'asperges (poids net) ; réserver 8 têtes, en leur laissant une longueur de 3 centimètres et demi ; les attacher en bottillon. Couper le reste en petits morceaux. Les cuire rapidement (bottillon compris) à l'eau bouillante salée.

Mettre dans une petite casserole les dés de foie gras ; les écraser en purée, chauffer sans laisser bouillir ; dans ce coulis, mélanger les champignons préalablement taillés en julienne et cuits, la julienne de truffes, les morceaux de pointes d'asperges, égouttés aussi complètement que possible et non rafraîchis (réserver le bottillon).

Chauffer le beurre couleur noisette. Cuire l'omelette. Lorsque la coagulation des œufs est assurée, ajouter la garniture préparée et rouler l'omelette, de façon que cette garniture y soit bien enfermée. Renverser l'omelette sur un plat ; rectifier la forme et, dans une entaille faite juste au milieu, placer, debout, le bottillon de pointes d'asperges. Garnir, de chaque côté, avec les têtes de champignons réservées et cuites, bien blanches, et les 8 lames de truffe nappées de glace de viande blonde. Entourer l'omelette de quelques cuillerées de jus de veau lié, légèrement beurré ou, à défaut, de sauce brune claire.

Observation. Monselet (1825-1888) fut non seulement un poète délicat et charmant, mais encore un connaisseur éclairé de l'art culinaire. Il ressuscita pendant quelques années l'*Almanach gourmand,* et ses *Lettres gourmandes,* publiées par le journal l'*Événement,* eurent un très grand succès. Aussi presque tous les « chefs » de son temps ont-ils eu à cœur de lui dédier l'une de leurs créations. Celle-ci, un peu compliquée, très riche et fantaisiste, n'est donnée qu'à titre anecdotique.

Vins blancs : pouilly-fuissé, pouilly fumé, meursault, montrachet.
Vin rosé : tavel.

OMELETTE AUX MORILLES
PRÉPARATION 25 MINUTES • CUISSON DES MORILLES 15 MINUTES
CUISSON DE L'OMELETTE 6 MINUTES

8 œufs
75 g de morilles
sel, poivre
50 g de beurre
jus de veau lié
1 échalote
1 cuillerée de persil

Dans la série des apprêts qui conviennent aux morilles, il faut inclure l'omelette, qui se fait de deux façons. Dans la première, les morilles sont sautées au beurre à la poêle, poudrées d'un peu d'échalote et de persil hachés très fin, puis mélangées dans les œufs quand ils sont battus. Dans la seconde façon, elles sont sautées comme précédemment, mais dans une casserole, liées avec quelques cuillerées de jus de veau, et ajoutées à l'intérieur de l'omelette, au moment où celle-ci est roulée.

Vins blancs : sylvaner, arbois, chablis.

LES ŒUFS

OMELETTE AUX MOULES ET AUX CHAMPIGNONS
PRÉPARATION 15 MINUTES • CUISSON DES MOULES 5 MINUTES
CUISSON DE L'OMELETTE 10 MINUTES

8 œufs
un demi-litre de moules cuites à la marinière, décortiquées
50 g de champignons
50 g de beurre
sel, poivre

Cuire les moules comme à l'ordinaire ; les chairs en seront bien parées et essuyées. Couper en tranches les champignons crus, bien blancs. Faire alors le mélange. Tenir l'omelette très baveuse ; déguster sans attendre.

Vins blancs : sylvaner, mâcon, arbois, vouvray sec.

OMELETTE À L'OSEILLE
PRÉPARATION 40 MINUTES • CUISSON DE L'OSEILLE 10 MINUTES
CUISSON DE L'OMELETTE 6 MINUTES

8 œufs
sel, poivre
100 g de beurre
200 g d'oseille
1 dl de lait
5 cl de crème fraîche
huile

Battre très fortement au fouet les œufs, dans lesquels on aura incorporé 200 g d'oseille fraîche, hachée grossièrement et cuite au beurre, et le lait. Dans la poêle, ajouter une larme d'huile au beurre, pour l'empêcher de noircir.
Quand l'omelette sera terminée et dressée sur le plat de service, inciser le centre et y verser deux grosses cuillerées à soupe de crème fraîche très épaisse.

Vins blancs : graves sec, meursault, chablis, pouilly-fuissé, sancerre.

OMELETTE AU PAIN FRIT
PRÉPARATION 15 MINUTES • CUISSON 20 MINUTES

8 œufs
16 tranches de pain de mie
100 g de beurre
2 dl d'huile

Mettre dans une poêle quelques cuillerées d'huile. Poser des tartines minces de pain rassis ; les faire dorer des deux côtés. Quand elles sont bien blondes, les retirer.
Tremper les tartines grillées dans des œufs battus et salés (1 œuf environ pour 2 tartines) ; mettre la poêle sur feu vif avec beurre et huile, et dorer à nouveau les tartines. On peut ajouter, sur les tartines, soit du jambon d'York, soit du jambon ordinaire, haché, et on a là une excellente omelette nourrissante, exigeant moitié moins d'œufs que d'habitude.

Vins blancs : quincy, mâcon.

LES ŒUFS

OMELETTE À LA PROVENÇALE
PRÉPARATION 15 MINUTES • CUISSON DE L'OMELETTE 6 MINUTES
CUISSON DE LA GARNITURE 10 MINUTES

8 œufs
5 cl d'huile d'olive
500 g de tomates mondées, épépinées
150 g d'oignons hachés fin
2 branches d'estragon, de persil, de basilic
40 g de beurre
sel, poivre
2 gousses d'ail

Faire réduire dans une poêle, avec l'huile, les tomates, l'oignon, l'ail, l'estragon, le persil et le basilic, le tout haché.
Dans une seconde poêle, préparer l'omelette et incorporer le mélange ci-dessus au début de la cuisson. Bien remuer pour rendre homogène. Servir l'omelette baveuse de préférence et, surtout, très chaude.

Vins blancs et rosés : provence, cassis.

OMELETTE AU ROGNON
PRÉPARATION 25 MINUTES • CUISSON DU ROGNON 8 MINUTES
CUISSON DE L'OMELETTE 6 MINUTES

8 œufs
1 rognon de veau
sel, poivre
50 g de beurre
5 cl de fond de veau lié

Faire fondre du beurre dans la poêle ; ajouter le rognon de veau rôti et une très petite partie de la graisse qui lui servait d'enveloppe, le tout coupé en petits dés ou en lames fines.
Casser les œufs dans une terrine ; ajouter sel et poivre et un peu de beurre coupé en petits morceaux ; battre avec une fourchette pendant une minute seulement.
Lorsque le rognon est simplement chaud, verser vivement les œufs battus dans la poêle, agiter avec la fourchette pour les faire cuire bien également ; lorsqu'ils commencent à prendre, remuer et imprimer un léger mouvement de rotation à l'omelette, en tenant la poêle un peu au-dessus du feu, pour bien colorer la préparation ; lorsque les œufs sont suffisamment pris, replier en deux, en forme de chausson, renverser sur un plat ovale et servir.

Vins blancs et rosés : pouilly-fuissé, sancerre ou cabernet d'Anjou, tavel.
Vins rouges : beaune, mercurey, beaujolais.

OMELETTE SAVOYARDE
PRÉPARATION 20 MINUTES • CUISSON DES POMMES DE TERRE 25 MINUTES
CUISSON DE L'OMELETTE 8 MINUTES

8 œufs
150 g de beurre
4 cuillerées de crème fraîche
50 g de beaufort
sel, poivre
100 g de pommes de terre
2 branches de cerfeuil et 2 branches d'estragon

Battre les œufs, et, tout en battant, ajouter la crème fraîche, le beaufort coupé en très fines lamelles, du sel et du poivre. Verser dans la poêle dès que le beurre a bien blondi. Tandis que l'omelette commence à prendre, y ajouter deux petites pommes de terre coupées en très minces rondelles et préalablement sautées au beurre ; poudrer rapidement avec une pincée de cerfeuil et d'estragon hachés ; rouler l'omelette et servir aussitôt.

Vins blancs de Savoie : seyssel, crépy, ripaille.

OMELETTE AUX TRUFFES
PRÉPARATION 10 MINUTES • CUISSON 5 MINUTES

Casser les œufs ; saler et poivrer. Émincer une grosse truffe en lamelles. Ajouter une goutte de madère, ainsi qu'une grosse noix de beurre presque fondu. Remuer les œufs avec une fourchette, sans trop les battre. Dans la poêle, faire chauffer un morceau de beurre couleur noisette ; y jeter les œufs et remuer la poêle sans interruption jusqu'à cuisson.

Vins blancs : arbois, montrachet, graves.

8 œufs
sel, poivre
80 g de truffes
2 cl de madère
40 g de beurre

POMMES DE TERRE FARCIES AUX ŒUFS POCHÉS
PRÉPARATION 45 MINUTES • CUISSON 35 MINUTES

Choisir 8 grosses pommes de terre de Hollande, bien formées. Les cuire au four. Faire une incision avec la pointe du couteau, sur chacune d'elles, de façon à pouvoir détacher un couvercle. Par l'ouverture, à la cuillère, enlever les deux tiers de la pulpe, la recueillir dans une terrine ; la broyer avec 15 g de beurre et la crème fraîche, sel et muscade râpée. Mélanger à la fourchette et regarnir les pommes de terre en ménageant, au centre, une cavité. Garnir cette cavité d'une cuillerée à café de sauce Mornay et d'une autre de maigre de jambon haché. Recouvrir d'un œuf poché chaud et bien égoutté. Par-dessus, une autre cuillerée de Mornay. Poudrer le tout d'un mélange moitié mie de pain réduite en chapelure, moitié parmesan râpé, et arroser de beurre fondu. Faire gratiner à four chaud et servir.

Vins blancs : vouvray, rully blanc, hermitage.

8 pommes de terre
4 cuillerées de crème fraîche
25 g de beurre
sel, muscade
un petit bol
de sauce * Mornay
150 g de jambon blanc
8 œufs
parmesan, chapelure

SOUFFLÉ AUX ŒUFS POCHÉS
PRÉPARATION 1 HEURE 30 • CUISSON DU HOMARD À L'AMÉRICAINE 25 MINUTES
CUISSON DU SOUFFLÉ 15 MINUTES • CUISSON DES ŒUFS 6 MINUTES

Faire un appareil à soufflé au parmesan, très crémeux ; cuire au four. Au moment de servir, soulever la croûte dorée et introduire dans le soufflé les œufs pochés peu cuits. En même temps, servir à part une sauce américaine légèrement crémée, puis foulée à l'étamine ; ajouter des dés de truffes et de homard dans la sauce.

Vins blancs : pouilly-fuissé, graves blanc, hermitage.

8 œufs pochés
un demi-litre de soufflé
au fromage
(avec sel, poivre
1 pincée de muscade
un demi-litre de lait
100 g de farine
6 jaunes et
6 blancs d'œufs
100 g de parmesan
1 dl de crème)
1 homard de 300 g
pour sauce * américaine
50 g de truffes

LES ŒUFS

TOASTS D'ŒUFS À LA NEIGE FRITS
PRÉPARATION 45 MINUTES • CUISSON 6 MINUTES

8 œufs
125 g de fromage râpé
sel, poivre
100 g de beurre
500 g de pain de mie
pour 16 tartes ou croûtons
friture
persil frit
pour garniture

Séparer les blancs des jaunes des œufs ; joindre aux jaunes un quart de fromage de gruyère râpé ; saler modérément, poivrer ; mélanger en battant fortement pour que le tout forme pâte.

Couper 16 tartines de mie de pain rassis d'environ un demi-centimètre d'épaisseur et, dans chacune d'elles, à l'aide d'un verre à bordeaux, découper des rondelles.

Prendre un peu de la pâte obtenue à l'aide des jaunes d'œufs et la placer sur chacune des rondelles de pain.

Saler légèrement les blancs d'œufs ; les battre en neige, le plus ferme possible, et couvrir les tartines de ces blancs d'œufs, de façon à les coiffer chacune d'un chapeau de blanc.

Faire chauffer de la friture ; prendre les tartines avec une fourchette et les déposer doucement sur la friture, comme pour faire des beignets. Lorsque le pain aura pris une belle couleur dorée, retirer les tartines ; le blanc, resté au-dessus de la friture, aura cuit sans prendre couleur. Et l'on n'aura plus qu'à servir. On peut garnir avec du persil frit.

Vins blancs : graves sec, meursault, chablis.

TORTILLA MONTAGNARDE
PRÉPARATION 40 MINUTES • CUISSON 30 MINUTES

Pour 4 personnes :
8 œufs
sel, poivre
1 pincée de fleurs
de thym
paprika
4 rondelles de chorizo
4 petites tranches
de jambon de pays
80 g d'oignons
400 g de tomates
80 g de crème fraîche
50 g de gruyère
50 g de beurre

Enlever le pédoncule des tomates ; les plonger quelques instants dans l'eau bouillante. Les rafraîchir à l'eau froide et les peler. Ôter les pépins. Couper la chair en dés. Faire fondre 10 g de beurre dans une casserole. Quand il est chaud, y verser l'oignon haché. Faire revenir sans colorer. Ajouter la chair des tomates. Mélanger la fleur de thym, saler, poivrer et laisser cuire à feu moyen en tournant 5 à 8 minutes. Tenir au chaud cette fondue de tomates dont le liquide doit s'être évaporé.

Casser les œufs dans une terrine, saler et poivrer (sans excès : la fondue, le chorizo et le jambon étant déjà salés). Les battre légèrement à la fourchette. Faire fondre 30 g de beurre dans la poêle et y verser les œufs. Faire cuire l'omelette à demi. Secouer vivement la poêle pour détacher l'omelette. Quand l'omelette est prise en partie, ajouter la fondue de tomates (en réserver une cuillerée à soupe au chaud). Mélanger la tomate à la masse des œufs encore très moelleuse. Disposer, en les alternant, les rondelles de chorizo et les tranches de jambon. Faire sauter l'omelette et la retourner comme une crêpe. La laisser quelques instants sur le feu pour faire dorer la deuxième face. Beurrer un plat de service allant au four avec le reste de beurre. Faire glisser l'omelette sur le plat (jambon et chorizo se trouvent en dessous). Napper avec la crème fraîche. Décorer la surface avec des losanges très minces de gruyère. Faire gratiner rapidement sous la rampe du gril. Décorer le centre de la tortilla avec la fondue de tomates réservée. Poudrer d'une pincée de paprika et servir bien chaud.

Vins rouges : madiran, tursan, gaillac, cahors, buzet.

LES POISSONS

Doté d'une valeur nutritive considérable, le poisson est une excellente source de protéines, de phosphore et de vitamines dont on méconnaît souvent les mérites, mais qui apporte au gourmet les plus grandes satisfactions. S'il est des poissons chers, comme le turbot ou le saint-pierre, il en est d'autres (sardine, hareng, merlu, morue) qui fournissent l'occasion d'un plat excellent et économique. D'ailleurs, la cherté de certains poissons n'est pas seulement fonction de leur finesse, mais aussi de la façon dont ils peuvent être présentés sur une table d'apparat (turbot, saumon, brochet, etc.). Le pourcentage de déchets est également un facteur déterminant : presque deux fois plus important sur la dorade ou le saint-pierre que sur la limande ou le maquereau, par exemple.

Les poissons se subdivisent tout d'abord en deux grandes familles : ceux de mer, numériquement les plus nombreux et les plus variés (roussette, sardine, raie, sole, barbue, congre, lotte, etc.), et ceux de rivière (dont certains vivent aussi en mer, tels l'anguille et le saumon). Mais on peut également les classer en : poissons maigres (bar, brochet, cabillaud, dorade, limande, merlan, raie, sole, truite) et poissons gras (anguille, congre, hareng, lamproie, maquereau, sardine, saumon, thon), ces derniers étant d'une digestion plus difficile, mais pas plus que le mouton ou le porc. La fraîcheur est la qualité première d'un poisson. Elle se reconnaît à la rigidité du corps, à la chair bien ferme, au brillant des écailles, à l'œil vif presque transparent, ainsi qu'aux branchies qui doivent être d'un beau rouge vif sous les ouïes ; la marée (mot qui désigne traditionnellement l'ensemble des poissons, coquillages et crustacés vendus sur les marchés) ne doit dégager aucune odeur ammoniacale.

En règle générale, pour vider les plus gros (raie, brochet, saumon, turbot, etc.), on pratique une incision sur le ventre, alors que l'on vide les petits (truite, hareng, merlan, etc.) par les ouïes. Pour le faire braiser, on cisèle le dos d'un gros poisson ou on l'incise longitudinalement le long de l'arête. On laisse la laitance et les œufs en place, notamment pour le hareng. Quant au tout petit rouget, on ne le vide pas.

La cuisine du poisson recourt à cinq procédés classiques : le pochage dans un court-bouillon généralement bien aromatisé, la grillade, le braisage, la friture et la matelote. Il convient d'y ajouter la cuisson à la vapeur, les papillotes (au four ou sur la braise), ainsi que la marinade au jus de citron. Les restes de poissons qui ont été pochés ou braisés peuvent se servir froids, en entrée, ou utilisés dans une salade, un gratin, des coquilles, etc.

L'une des opérations de préparation qui demande sans doute le plus de dextérité est celle qui consiste à « lever » les filets d'un poisson plat ou rond. Si l'on s'en remet au poissonnier pour cette intervention, on lui demandera les parures et les arêtes, indispensables pour aromatiser le fumet ou le fond de cuisson du poisson.

Il faut toujours soigneusement éviter de trop faire cuire le poisson, sans tomber néanmoins dans le travers du poisson « rose à l'arête » (c'est l'arête qui doit montrer une teinte rosée lorsqu'il est cuit à point, non la chair). Il existe un degré de cuisson idéal, délicat à déceler, que l'on reconnaît par l'habitude. Sinon, la chair devient sèche et dure ou au contraire molle et délavée. N'oublions pas non plus que la pomme de terre à l'anglaise n'est pas le légume d'accompagnement obligatoire du poisson. De nombreux légumes (voire le riz ou les pâtes fraîches) peuvent s'utiliser avec bonheur en garniture : épinard, brocoli, ratatouille, chou, voire poireau ou endive. Curnonsky, qui se proclamait volontiers piscivore et ichtyophage, aimait citer en exemple « sa chère Bretagne », qui peut se glorifier de trois cents recettes de poissons. « Un milliard d'hommes ne vivent presque que de poisson, et, ajoutait-il, j'en ferais volontiers partie. »

ALOSE

L'ALOSE APPARAÎT SUR LE MARCHÉ VERS LA MI-AVRIL ET SA SAISON se termine en mai. C'est en effet un poisson migrateur qui vit en mer et remonte en rivière au printemps pour y pondre. L'alose de la Loire est particulièrement réputée. On pêche aussi ce poisson dans la Garonne et l'Adour. Sa chair reste très fine, mais truffée d'arêtes.

ALOSE DE LA LOIRE À L'OSEILLE
PRÉPARATION 30 MINUTES • CUISSON 15 MINUTES

Prendre une alose, la ciseler. Assaisonner de sel et de poivre du moulin. Huiler, griller 5 minutes. Finir de cuire au four, sur une purée d'oseille. Retourner et arroser l'alose, en y ajoutant quelques noisettes de beurre et un jus de citron. Durée de cuisson du poisson : 25 minutes. L'acidité de l'oseille doit faire disparaître les petites arêtes de l'alose.
Servir bien chaud avec la purée d'oseille, quelques œufs durs et des tranches de citron.
Nota. On peut aussi farcir l'alose d'une purée d'oseille crémée.

Vins blancs secs : saumur, vouvray, sancerre, muscadet, chablis.

1 alose de 1,500 kg
1 kg d'oseille
sel, poivre,
1 dl d'huile
50 g de beurre
4 œufs durs
1 citron

ALOSE À LA PROVENÇALE
PRÉPARATION 30 MINUTES • CUISSON 7 HEURES

Il faut un récipient qui ferme hermétiquement. Le frotter vigoureusement d'ail puis y déposer une couche laiteuse d'oseille et de petits oignons coupés en morceaux. Sur ce lit, on place quelques tranches de l'alose. On remet une deuxième couche de légumes. La troisième couche sera faite d'alose et, si la casserole doit être pleine, il faut que le poisson y figure comme la matière d'un sandwich, entre deux nappes de légumes. Poudrer de thym. Verser l'huile d'olive et le marc de Provence. Saler, poivrer et laisser cuire à feu très doux pendant 7 heures. Un gros poids sur le couvercle empêchera l'arôme de s'échapper.
Quand on ouvrira, les légumes auront peut-être perdu leur saveur, mais la chair de l'alose, miraculeusement dépouillée de toutes ses arêtes, offrira un vrai régal.

Vins blancs : cassis, bellet, côtes-de-provence, hermitage.

1 alose de 1,500 kg
1 kg d'oseille
20 petits oignons
1 dl d'huile d'olive
6 à 7 cl de marc
de Provence
sel, thym, poivre et ail

POISSONS

ALOSE À LA TOMATE ET AU VIN BLANC
PRÉPARATION 25 MINUTES • CUISSON 30 MINUTES

1 alose de 1,500 kg
160 g de beurre
6 tomates
2 oignons
sel, poivre, ail et épices
100 g de champignons
1 verre de vin blanc

Mettre, au fond d'un plat à feu, 50 g de beurre, la moitié de la chair des tomates, sans graines ni peaux, un peu d'ail haché ; placer l'alose sur le lit de tomates ; ajouter sel, poivre, épices et les oignons finement hachés ; recouvrir de la seconde moitié de la chair des tomates, puis des champignons crus hachés ; arroser d'un verre de vin blanc et de 110 g de beurre fondu. Faire cuire quelques minutes, le plat couvert, sur le fourneau ; la cuisson, qui se termine au four, demandant environ 25 minutes.

Vins blancs secs : saumur, vouvray, sancerre, quincy, muscadet, chablis, mâcon, vin vert du Roussillon.

POISSONS

ANGUILLE

L'ANGUILLE PÊCHÉE EN EAUX VIVES EST RECONNAISSABLE À SA PEAU d'un brun clair, à reflets verdâtres sur le dos et argentés sous le ventre. Elle doit être préférée à celle qui est capturée dans les eaux stagnantes, dont la chair a toujours un goût de vase et qui se reconnaît à son dos brun foncé et à son ventre jaune sale.
L'anguille doit autant que possible être achetée vivante et tuée au moment de la préparation. Sa chair s'altère très vite.
Préparation. Assommer l'anguille puis, avec un couteau bien coupant, faire une petite incision circulaire à la naissance de la tête. Retourner légèrement la peau à l'endroit coupé ; la saisir avec un linge, et l'arracher d'un seul coup. L'anguille peut être attachée par la tête et suspendue à un clou, ce qui facilite l'opération. Couper les barbes du dos et du ventre avec des ciseaux, puis l'ouvrir, mais très peu, pour la vider. On consomme aussi en hors-d'œuvre l'anguille fumée, découpée en fines tranches.

ANGUILLE BOUILLIE À LA MINUTE
PRÉPARATION 20 MINUTES • CUISSON 15 MINUTES

1 anguille de 1,500 kg environ, sel
100 g de beurre
1 citron
sauce * maître d'hôtel

Dépouiller une anguille, la couper en tronçons, la mettre à cuire dans de l'eau et du sel. Au bout de 15 minutes, la retirer, la dresser ; la servir avec une sauce maître d'hôtel chaude additionnée de quelques gouttes de citron, et l'entourer d'une purée de céleri.

Vins blancs secs : meursault, pouilly-fuissé, mâcon viré.

ANGUILLE À LA BROCHE
PRÉPARATION 30 MINUTES • MARINAGE 1 HEURE • CUISSON 45 MINUTES

1 anguille de 1,500 kg à 1,800 kg
1 dl d'huile d'olive extra-vierge, sel, poivre
1 pincée d'épices
2 branches de ciboule
bouquet garni
sauce * poivrade

Dépouiller, laver, vider une très grosse anguille. La couper en tronçons et la faire mariner au moins une heure dans l'huile, avec persil, ciboule, sel, épices. Enfiler ensuite les tronçons sur des brochettes en bois ; les fixer sur la broche et les faire rôtir, en les arrosant de temps en temps avec la marinade. Servir une sauce poivrade à part.

Vins blancs secs : chablis, mâcon viré, arbois. Vins rosés secs : cabernet d'Anjou, tavel, côtes-de-provence.

ANGUILLE À LA CATALANE
PRÉPARATION 30 MINUTES • CUISSON 25 MINUTES

*1,500 kg d'anguilles
sel, poivre
bouquet garni
1 dl d'huile d'olive
2 branches de persil
1 gousse d'ail
50 g de farine
75 cl de vin blanc
2 piments rouges*

Mettre, dans une casserole, des anguilles coupées en tronçons, de l'huile d'olive, une persillade (persil et ail hachés). Faire revenir, poudrer de farine, mouiller de vin, assaisonner fortement de sel et de poivre, ajouter le piment ; laisser cuire.

Au moment de servir, on peut lier cette sauce avec un peu d'aïoli.

Vins blancs : chablis, mâcon, vin vert du Roussillon, côtes-de-provence.

ANGUILLE RÔTIE
PRÉPARATION 50 MINUTES • MARINAGE QUELQUES HEURES • CUISSON 30 MINUTES

*1 anguille de 1,800 kg environ
200 g de lard gras
150 g de beurre
marinade (avec :
1 dl d'huile, 2 carottes,
1 oignon, 2 échalotes,
1 demi-décilitre
de vinaigre, sel, poivre)*

Il faut choisir une grosse anguille. La dépouiller, la parer et la rouler en rond ; en traverser les épaisseurs d'une brochette pour qu'elle ne se déroule pas. Piquer de lardons fins. Faire rôtir à la broche ou au four en retournant plusieurs fois ; arroser de beurre ; servir chaud avec une sauce épicée. L'anguille est meilleure si on la met à mariner, quelques heures avant de la rôtir, dans l'huile, le vinaigre et un assaisonnement d'herbes et d'oignons.

Vins blancs : arbois, corton blanc.

BOUILLETURE D'ANGUILLES À L'ANGEVINE
PRÉPARATION 40 MINUTES • CUISSON 80 MINUTES

*1,500 kg à 1,800 kg
d'anguilles moyennes
sel, poivre,
20 petits oignons
1 dl d'huile de noix
1 bouteille de vin blanc
sec d'Anjou ou
de rouge du Poitou
50 g de farine
1 dl de crème fraîche*

Prendre de préférence des anguilles moyennes. Les dépouiller, les vider, les nettoyer, les couper en tronçons de 4 à 5 cm de longueur. Assaisonner de sel et de poivre, et faire sauter vivement à l'huile de noix avec de tout petits oignons. Quand le tout est bien revenu, y mettre un peu de farine et mouiller d'une bouteille de vin d'Anjou. Ajouter un bouquet garni et laisser cuire lentement. Avant de servir, lier avec la crème fraîche.

En principe, servir le même vin que celui utilisé pour la cuisson.

POISSONS

MATELOTE D'ANGUILLES AU VIN BLANC

PRÉPARATION 40 MINUTES • CUISSON 1 HEURE 30

Couper en tronçons des anguilles moyennes ; les passer dans la farine, puis les faire revenir au beurre dans un sautoir, accompagnées de très petits oignons. Quand le tout est bien doré, y ajouter l'ail et les échalotes finement hachés ; flamber au cognac, puis mouiller au vin blanc et au fumet de poisson, par parties égales ; laisser cuire 15 à 20 minutes. Oter les tronçons d'anguilles, les réserver au chaud. Faire un roux léger, mouiller avec la cuisson des anguilles. Laisser mijoter cette sauce 1 heure. Ranger les tronçons dans un plat à gratin en garnissant de petits oignons ; les couvrir de la sauce. Gratiner au four avec un morceau de beurre.

En principe, servir le même vin que celui utilisé pour la cuisson.

*1,500 kg à 1,800 kg d'anguilles
250 g de beurre
100 g de farine
sel, poivre
20 petits oignons blancs
1 gousse d'ail
2 échalotes
5 cl de cognac
1 dl de vin blanc
1 dl de fumet * de poisson*

MATELOTE D'ANGUILLES AU VIN ROUGE

*PRÉPARATION 1 HEURE 30 • CUISSON DES ANGUILLES 25 MINUTES
CUISSON DE LA SAUCE 1 HEURE*

Choisir des anguilles vivantes atteignant la grosseur du pouce. Les assommer, les dépouiller.

Mettre, dans une grande casserole, 50 g de beurre avec carottes en rouelles, tronçons de poireaux, oignons et échalotes émincés. Faire fondre et dorer le tout. Ajouter le vin rouge, thym, laurier, persil, le clou de girofle. Cuire à ébullition modérée, pendant 1 heure.

Éplucher 150 g de petits oignons et les faire dorer au beurre. Les mouiller avec une partie du fond de sauce précédent et achever la cuisson.

Tronçonner les anguilles à la longueur du petit doigt ; les mettre dans une sauteuse. Verser sur le poisson cru le fond de sauce tiède passé au chinois. Râper un peu de noix muscade, saler. Ajouter 1 petit verre à liqueur de cognac. A ébullition, laisser pocher pendant 20 minutes. Faire un roux blond avec 60 g de beurre et la farine.

Retirer les anguilles de leur cuisson et les déposer dans une sauteuse. Passer la cuisson des anguilles au chinois, au-dessus du roux. Ajouter une partie du jus des oignons. Lier la sauce au fouet.

Poser les oignons dans la sauteuse, sur les poissons. Ajouter à la sauce les gousses d'ail finement hachées. Assaisonner, laisser bouillir pendant une demi-heure. Passer la sauce au chinois sur le poisson et ses garnitures. Faire prendre un bouillon.

Aligner, sur un plat chaud, les tronçons d'anguilles. Faire un entourage avec les oignons. Décorer avec croûtons frits et persil ciselé.

En principe, servir le même vin que celui utilisé pour la sauce.

*1,500 kg d'anguilles
sel, poivre
175 g de beurre
50 g de farine
2 carottes
1 blanc de poireau
1 oignon
et 2 échalotes
2 bouteilles
de bon vin rouge
5 cl de cognac
1 brindille de thym
une demi-feuille de laurier
2 branches de persil
1 clou de girofle
3 gousses d'ail
20 petits oignons blancs
2 tranches de pain de mie découpées
en dents-de-loup
un soupçon
de noix muscade*

POISSONS

BAR

APPELÉ « LOUP » EN MÉDITERRANÉE ET « LOUBINE » OU « LOUVINE » dans le golfe de Gascogne, le bar est l'un des meilleurs poissons qui soient. Sa chair est délicate, ferme, serrée, mais onctueuse. Si son poids ne dépasse pas 500 g, on le fait griller (aromatisé de fenouil) ou on le prépare à la meunière ; s'il est plus gros, on le poche au court-bouillon (attention à la surcuisson) ou on le fait braiser. On vide le bar par les ouïes et par une légère incision sur le ventre. On ne l'écaille (éviter de déchirer la peau) que s'il doit être braisé ou grillé. Ne pas oublier de bien l'essuyer.

BAR À LA FINANCIÈRE
PRÉPARATION 50 MINUTES • CUISSON 20 MINUTES

Bar de 1,500 kg
2 carottes
1 gros oignon
bouquet garni
un litre d'eau
75 cl de vin blanc sec
sel, poivre
200 g de beurre
100 g de farine
bouillon de volaille
100 g de champignons de Paris — 80 g de truffes
200 g de quenelles *

Après avoir vidé, ébarbé et habillé le bar, l'envelopper d'une mousseline et le faire cuire à petit feu dans un court-bouillon se composant de trois quarts d'eau et d'un quart de vin blanc sec. Un bar de grosseur moyenne sera cuit au bout de 20 minutes de frémissement. Le tenir au chaud et préparer la sauce financière, qui se fait moitié avec du bouillon de volaille et moitié avec le liquide de la cuisson du poisson. La sauce doit rester blonde ; y faire mijoter la garniture financière habituelle, qui se compose de champignons, de truffes, de quenelles. On peut y ajouter des olives vertes dénoyautées et blanchies. Au moment de servir, enlever la mousseline qui protège le poisson, bien égoutter celui-ci et le placer sur un plat chaud. Arroser de sauce avant de servir.

Vins blancs secs : graves sec, chablis, riesling, meursault, pouilly-fuissé.

LOUP GRILLÉ AU FENOUIL
PRÉPARATION 45 MINUTES • CUISSON 30 MINUTES

1 loup de 1,500 kg
quelques grains et branches de fenouil
un petit verre de liqueur anisée
(pastis, ouzo, etc.)
huile d'olive
125 g de beurre frais
sel, thym

Écailler, vider et laver le poisson. L'éponger à fond. Faire quelques incisions de chaque côté. L'enduire d'huile d'olive et introduire les branches de fenouil à l'intérieur. Mettre les graines dans les incisions, avec quelques brins de thym et un peu de sel fin.
Faire griller 10 à 15 minutes de chaque côté. Au moment de servir, flamber le loup avec le pastis ou la liqueur. Servir tel quel, avec un ravier de beurre bien frais.

Vins blancs fins méridionaux : cassis, bandol, bellet, côtes-de-provence, châteauneuf-du-pape.

LOUP À LA MARSEILLAISE
PRÉPARATION 1 HEURE • CUISSON 30 MINUTES

Dans un plat à gratin ovale, coucher un loup sur l'huile d'olive et le vin blanc sec ; ajouter un bouquet garni avec une forte dose de fenouil en branche (afin que ce condiment domine), les gousses d'ail hachées, le fumet de poisson ou fond blanc, les champignons crus en quartiers et légèrement citronnés au préalable, 300 g de petits oignons grelots fortement blanchis à l'avance, les pommes de terre crues coupées en rondelles de un demi-centimètre d'épaisseur, sel et poivre du moulin. Un papier huilé recouvrira le tout.
Cuire au four chaud ; arroser le poisson souvent, car il ne baigne pas entièrement ; récupérer dans une sauteuse le liquide de cuisson qu'on fera bouillir vivement pour obtenir une liaison légère avec huile ou beurre, puis ajouter sel et poivre du moulin. Verser sur le loup, faire mijoter quelques instants et servir.
Servir à part l'aïoli.
Nota. Les pommes de terre qui se « défont » ne sont pas à employer pour cette préparation.

Vins blancs secs : côtes-de-provence, muscadet.

1 loup de 1,500 kg
1 dl d'huile d'olive
1 dl de vin blanc
1 bouquet garni
1 pied de fenouil
2 gousses d'ail
un demi-litre de fumet *
de poisson
100 g de champignons
1 citron
15 petits oignons
500 g de pommes de
terre de Hollande
(dites saucisses)
sel, poivre
1 feuille de papier
sulfurisé
100 g de beurre
2 branches
de persil hachées
aïoli *

LOUP AU FOUR À LA BOLOGNAISE
PRÉPARATION 30 MINUTES • CUISSON 15 MINUTES

Écailler, parer le poisson. Dans un plat allant au four, semer du persil haché, du beurre et de l'ail. Y coucher le poisson. Verser l'huile d'olive, 1 verre à bordeaux de vin de Marsala sec. Couvrir le plat ; cuire sur le fourneau d'abord, puis au four. Servir chaud. Cette recette peut s'appliquer aussi au bar.

Vins blancs secs : chablis, mâcon viré, cassis.

1 loup de 1,500 kg
à 2 kg
sel, poivre
100 g de beurre
1 dl d'huile d'olive
1 dl de vin de Marsala
quelques branches
de persil haché
2 gousses d'ail écrasées

BARBUE

POISSON PLAT COMME LE TURBOT, LA BARBUE POSSÈDE UNE CHAIR fine et maigre, blanche et nutritive, particulièrement savoureuse. On la vide par une incision transversale sous la tête, du côté où la peau est noire. Il faut ensuite l'écailler sur les deux faces et l'ébarber.

Les barbues cuites entières doivent être incisées longitudinalement au centre, du côté noir, et l'arête brisée pour que le poisson ne se déforme pas sous l'effet de la chaleur. Les apprêts indiqués pour la barbue (grillée, pochée, rôtie ou braisée, au vin, au champagne, voire au cidre) conviennent à nombre de poissons plats (sole et turbot notamment), ainsi qu'à la plupart des poissons de mer. Ses garnitures à base de crevettes, de moules ou d'écrevisses peuvent en faire des plats de grande cuisine.

BARBUE FOURRÉE AU FOIE GRAS ET AUX CHAMPIGNONS

PRÉPARATION 1 HEURE • CUISSON 30 MINUTES

Barbue de 2,200 kg
un demi-litre de vin blanc
2 citrons
5 cl de madère
1 dl de fumet * de poisson
300 g de beurre
sel, poivre
400 g de champignons
1 dl de crème fraîche
500 g de foie gras
500 g de beurre * de homard
1 cuillerée de tomate concentrée
1 cuillerée à café de paprika

Vider, ébarber et racler une barbue selon la règle.
La placer sur la grille d'une turbotière beurrée, et mouiller avec du vin blanc sec, le jus des citrons, 1 verre de madère et quelques cuillerées de fumet de poisson. Commencer la cuisson sur le fourneau et l'achever au four, la turbotière couverte.
Lorsque la barbue est cuite, la retirer, l'inciser longitudinalement du côté noir ; soulever les filets avec précaution et enlever l'arête médiane. Étendre alors, sur tout l'intérieur du poisson, une farce composée d'une purée de champignons légèrement crémée, liée avec un foie gras du Gers. Reformer la barbue, enlever la peau noire, tenir le poisson en attente au chaud. Faire réduire la cuisson ; y incorporer, hors du feu, du beurre de homard bien marqué ; la crémer légèrement, tomater de même. Condimenter, poivrer au paprika ; émincer dans ce fond quelques champignons blanchis. Napper de cette sauce la barbue reformée, et la faire glacer à four chaud.

Vins blancs secs : vouvray, côtes-de-provence, gaillac.

* BARBUE AU PLAT
PRÉPARATION 50 MINUTES • CUISSON 30 MINUTES

Barbue de 2,200 kg à 2,500 kg
300 g de beurre
sel, poivre
un demi-litre de vin blanc sec
un demi-litre d'eau ou de fumet * de poisson

Ciseler le poisson, côté noir, sur toute sa longueur, de façon à écarter largement les filets, et y introduire un morceau de beurre, du sel et un tour de moulin de poivre. Refermer les filets. Beurrer un plat plat ; y placer le poisson côté noir en dessous ; arroser de vin blanc sec, puis napper d'un peu de beurre légèrement fondu la surface blanche du poisson. Parsemer de sel fin et d'un tour de moulin de poivre blanc. Mettre au four, et arroser le poisson souvent, jusqu'à cuisson complète (à découvert) ; à ce moment, lier au beurre le fond de cuisson par un mouvement de rotation, le beurre devant être incorporé petit à petit, afin de lier parfaitement, et non d'huiler ; on obtient ainsi un fond très court, mais succulent.

Remarque. Cette recette s'applique à tous les poissons plats (soles, limandes, etc.). On peut remplacer le vin blanc par une cuisson de moules, de champignons, par un court-bouillon de poisson, ou encore par une cuisson courte d'oignons et d'échalotes. En tout cas, le fond doit être court, mais concentré.

La cuisson sur un plat sans rebords est recommandée : afin de parvenir à une cuisson uniforme et à une belle couleur blond doré, qui s'obtient par arrosages fréquents.

En principe, servir le même vin que celui utilisé pour la cuisson.

FILETS DE BARBUE AU CHABLIS
PRÉPARATION 40 MINUTES • CUISSON 25 MINUTES

Barbue de 2 kg
un demi-litre de vin sec de Chablis
5 cl de cuisson de truffes
sel, poivre
250 g de champignons
20 cl de fumet * de poisson
250 g de beurre
1 pincée de paprika
3 jaunes d'œufs
5 cl de fine champagne
2 cuillerées de crème fraîche
1 citron
80 g de truffes
2 poivrons

Faire pocher les filets de barbue dans du vin de Chablis, agrémenté d'un peu de jus de cuisson de truffes cuites à l'étuvée. Ajouter à ce fond des champignons émincés. Quand les filets de barbue seront cuits, les égoutter et les réserver au chaud. Additionner ensuite la cuisson d'un tiers de fumet de sole très corsé. Laisser réduire le nouveau fond ainsi obtenu, en le faisant partir en plein feu. Mettre, d'autre part, dans une casserole, le fond réduit avec les lamelles de champignons ; une pincée de sel fin, un peu de paprika, les jaunes d'œufs et un peu de beurre divisé en parcelles.

Remuer sur feu très doux. Dès que la sauce commence à se lier, y ajouter, petit à petit, 150 g de beurre fin, un filet de fine champagne et la crème fraîche. Citronner largement.

Quand la sauce est prête, y jeter une julienne de truffes, deux poivrons blanchis, et verser le tout sur les filets en les nappant.

Les faire ensuite glacer au four et servir.

Vins blancs secs : arbois, sylvaner, pouilly fumé, hermitage blanc.

POISSONS

FILETS DE BARBUE À LA DIEPPOISE
PRÉPARATION 50 MINUTES • CUISSON 40 MINUTES

2 kg de barbues
sel, poivre
200 g de beurre
2 oignons
2 échalotes
bouquet garni
200 g de champignons
trois quarts de litre de moules
125 g de crevettes grises
50 g de farine
2 jaunes d'œufs
1 dl de vin blanc
1 citron
3 dl de fumet * de poisson
1 pointe de muscade
1 feuille de papier sulfurisé

Prélever les filets des barbues. En détacher la peau, en glissant la lame d'un couteau mince et tranchant entre celle-ci et la chair. Partager les filets en les coupant en biais. Les aplatir légèrement et les ranger dans un plat beurré. Les couvrir d'un ovale de papier blanc également beurré, et les tenir au frais. Avec les arêtes, préparer le fumet de poisson. Faire ouvrir les moules ; retirer les coquilles et décanter la cuisson. Décortiquer les queues des crevettes. Émincer les champignons cuits.

Avec 50 g de beurre et la farine, préparer un roux blond. Délayer le roux avec le fumet de poisson ; assaisonner de poivre et de la muscade râpée ; faire prendre l'ébullition en remuant, ajouter le bouquet garni, quelques pelures de champignons, et laisser la sauce bouillir doucement pendant 25 minutes, en la dépouillant de temps en temps.

Vingt minutes avant de servir, verser sur les filets le vin blanc, 4 cuillerées de l'eau de cuisson des moules et autant de liquide de cuisson des champignons. Ajouter 50 g de beurre divisé en parcelles ; faire prendre l'ébullition sur le fourneau ; recouvrir les filets avec le papier et finir de pocher à l'entrée du four, sans ébullition (le pochage est au point lorsque la chair est ferme sous le doigt). Égoutter les filets ; les ranger sur le plat de service, les entourer avec moules, champignons et queues de crevettes. Couvrir et tenir au chaud.

Faire réduire à 3 cuillerées le liquide de cuisson des filets. Passer au chinois la sauce préalablement préparée, dans un sautoir, y ajouter les jaunes d'œufs (délayés avec 2 cuillerées de l'eau de cuisson des champignons) et le liquide de cuisson des filets. Remuer en plein feu pendant quelques minutes, et compléter, hors du feu, avec 75 g de beurre. La verser sur les filets (auparavant, égoutter le liquide qui s'est accumulé dans le plat) et mettre aussitôt le plat au four, près du grilloir, pour glacer, c'est-à-dire pour former à la surface de la sauce une pellicule dorée. Servir immédiatement.

Vins blancs secs et demi-secs : graves, chablis, riesling, cassis, meursault ou sauternes.

FILETS DE BARBUE DUGLÉRÉ
PRÉPARATION 50 MINUTES • CUISSON 40 MINUTES

2 kg de barbue
300 g de beurre
2 oignons
4 tomates pelées, épépinées
2 cuillerées de persil
1 dl de vin blanc
150 g de purée de tomates concentrée
100 g de beurre * manié
100 g de mie de pain fraîche
garniture : lamelles de truffes

Mettre dans le plat à gratin : oignons, tomates et persil hachés. Y placer les filets de barbue et assaisonner ; mouiller de vin blanc, pocher au four. Oter les filets et les réserver au chaud. Faire réduire la cuisson, lier avec la purée de tomates et le beurre manié. Verser sur les filets, poudrer de mie de pain et faire gratiner à four vif. Garnir de lamelles de truffes.

Vins blancs secs : arbois, sancerre, sylvaner.

FILETS DE BARBUE À LA FLORENTINE
PRÉPARATION 50 MINUTES • CUISSON 20 MINUTES

Dans une bassine d'eau bouillante salée, plonger les épinards ; les ébouillanter pendant 10 minutes, à ébullition vive, et les égoutter aussi complètement que possible (ordinairement, on les laisse en feuilles entières, mais il est préférable, non pas de les hacher, mais de leur donner quelques coups de couteau pour diviser les feuilles).
Les mettre dans un sautoir, avec une pincée de sel, une prise de poivre, une pointe de muscade râpée, 30 g de beurre ; les étuver ensuite sur le coin du feu.
Préparer la sauce Mornay.
Lever les filets d'une barbue ; les dépouiller en passant la lame d'un couteau mince entre peau et chair, partager les gros filets en trois parties et les petits filets (filets de ventre) en deux, cela en les tranchant en diagonale et en biais. Les aplatir légèrement avec la batte à boucherie, mouillée ; les ranger dans un plat creux beurré ; saler et poivrer ; couvrir d'un papier beurré.
Un quart d'heure avant de servir, mouiller ces filets avec un petit verre de vin blanc et autant de fumet de poisson (cuisson de champignons à défaut) ; ajouter 100 g de beurre divisé en parcelles ; faire prendre l'ébullition sur le feu et continuer au four la cuisson ou pochage. Celui-ci est à point lorsque la chair des filets est devenu blanche et ferme au toucher.
Étaler les épinards sur un plat long, ranger les filets dessus ; faire réduire rapidement leur cuisson à 2 ou 3 cuillerées au plus, et l'ajouter à la sauce Mornay. Couvrir les filets avec celle-ci. Poudrer de fromage râpé, asperger de beurre fondu et faire glacer à four vif.

Vins blancs secs : arbois, sylvaner, côtes-de-provence, hermitage.

Barbue de 2 kg
250 g de beurre
sel, poivre
un demi-litre de lait
350 g d'épinards épluchés
1 pincée de noix de muscade
1 dl de vin blanc
1 dl de fumet * de poisson
25 g de gruyère ou de parmesan râpé
sauce * Mornay

FILETS DE BARBUE EN GELÉE
PRÉPARATION 30 MINUTES • CUISSON 10 MINUTES

Lever à cru les filets de la barbue, ou les faire lever par le poissonnier. Les laver, les parer et les mettre à mariner quelques minutes dans du vin blanc additionné d'échalotes hachées, persil en abondance, sel et quelques grains de poivre écrasés.
Porter à ébullition et laisser frémir une dizaine de minutes.
Couper les tomates en deux, les saler et les poivrer. Les mettre à dégorger dans un torchon pendant la durée de la cuisson des filets.
Dès que ceux-ci sont cuits, les sortir, les égoutter soigneusement. Placer une demi-tomate sur chacun d'eux.
Laisser refroidir, puis recouvrir de gelée. Mettre à prendre dans un endroit frais. Servir entouré de rondelles de citron.

Vins blancs : vin vert du Roussillon, pacherenc, graves sec.

1 barbue de 1 kg environ
vin blanc sec
2 échalotes
3 tomates
gelée * de poisson
1 citron
persil, sel, poivre

BROCHET

CE POISSON D'EAU DOUCE RÉPUTÉ, QUE GRIMOD DE LA REYNIÈRE appelait l'« Attila des rivières », est particulièrement estimé pour sa chair blanche, ferme et savoureuse. Outre le très classique brochet au beurre blanc, les apprêts au vin blanc, à la meunière, à la juive ou rôti conviennent pour les sujets de 1 à 2 kilos. Les brochetons peuvent être frits ou cuits au bleu. Les quenelles, mousses et terrines permettent d'utiliser la chair de ce poisson qui a beaucoup d'arêtes et qui, vieux, peut être un peu coriace.

BROCHET À LA CANOTIÈRE
PRÉPARATION 10 MINUTES • CUISSON 40 MINUTES

1 brochet de 1,200 kg
3 litres de court-bouillon.
Pour la sauce :
100 g de beurre
100 g de farine
50 g de crème fraîche
paprika

Écailler soigneusement le brochet ; l'essuyer et le placer dans le court-bouillon tiède. Chauffer à feu moyen jusqu'au frémissement, et laisser frémir 25 minutes. L'égoutter et le servir entier et chaud, accompagné d'une sauce canotière, préparée comme suit :
Prélever la moitié du court-bouillon ; le faire réduire des trois quarts, à feu vif. Préparer, dans une casserole, un beurre * manié, c'est-à-dire mélangé à froid, en parties égales, avec de la farine. Poser sur le feu. Ajouter peu à peu, en remuant, le court-bouillon concentré et chaud. Laisser cuire, à très petits bouillons, 10 minutes. Hors du feu, ajouter la crème et une pointe de paprika. Remuer jusqu'à consistance d'un mélange crémeux.

Vin blanc : jasnières. Vin rouge : beaujolais.

BROCHET DE LA LOIRE AU BEURRE BLANC
PRÉPARATION 40 MINUTES • CUISSON 20 MINUTES

Brochet de 2 kg
court-bouillon
8 échalotes grises
2 verres de vinaigre
500 g de beurre demi-sel
poivre
2 citrons
branches de persil

Pocher le brochet au court-bouillon.
Réduire à sec les échalotes hachées finement, avec le vinaigre. Laisser refroidir. Ensuite, terminer au bain-marie avec le beurre demi-sel, légèrement en pommade, que l'on ajoutera par petites noisettes, tout en mélangeant au fouet, jusqu'à ce que l'appareil soit en crème. Assaisonner de poivre. Se sert à part au dernier moment.
Dresser le brochet en entier, sur un plat long en argent. Décorer avec des tranches de citron et du persil en branches.

Vins blancs secs : muscadet, gros plant, pouilly fumé.

BROCHET « MEURETTE DE SAILLAND »
PRÉPARATION 45 MINUTES • CUISSON 30 MINUTES

Tronçonner les poissons en parts égales et enlever les ouïes ; réserver les têtes.
Prendre une casserole, genre sauteuse. Faire revenir le lard maigre en petits dés, les oignons, un bouquet garni. Faire un roux et mouiller moitié vin rouge moitié bouillon. Faire cuire les têtes dans cette sauce pendant 40 minutes. Retirer les têtes, et y ajouter les morceaux de poisson et l'ail. Laisser mijoter 30 minutes, et servir chaud, entouré de croûtons frits ou grillés.

Vins rouges : chinon, bourgueil.

Brochet de 1 kg
2 tanches de 200 g
1 anguille de 600 g
100 g de lard maigre
15 petits oignons
bouquet garni
50 cl de vin rouge
50 cl de bouillon
8 gousses d'ail hachées fin
8 croûtons frits ou grillés
100 g de beurre
50 g de farine

BROCHETON À LA SÉNONAISE
PRÉPARATION 40 MINUTES • CUISSON DU COURT-BOUILLON 30 MINUTES
CUISSON DU POISSON 35 MINUTES

À l'avance, faire un court-bouillon avec du très bon vin blanc, carottes, oignon et échalotes, le tout finement émincé, un petit bouquet garni et une pincée de sel. L'ébullition prise, laisser bouillir doucement pendant 25 à 30 minutes et passer au chinois. Cuire au beurre et laisser colorer les oignons et les échalotes hachées.
Prendre un brocheton vivant, ou tout au moins pêché depuis peu. Le vider, le nettoyer, couper les barbes, les nageoires et la queue ; le passer à l'eau et faire une incision en longueur dans la chair des filets, des deux côtés.
Au fond d'un plat à rôtir, de dimensions proportionnées à la pièce et étroit, parsemer l'oignon et l'échalote cuits ; y coucher la pièce, ajouter le court-bouillon et 30 g de beurre divisé en parcelles ; faire prendre l'ébullition, mettre au four et arroser souvent.
Temps de cuisson depuis la prise d'ébullition : 35 minutes.
Égoutter le brocheton ; le dresser sur un plat long ; passer un morceau de beurre sur sa surface, pour lui donner du brillant ; l'entourer de persil frisé. Réserver au chaud.
Passer la cuisson au chinois avec pression, pour obtenir la purée d'oignon et d'échalote ; faire réduire vivement à 3 petits décilitres ; compléter avec une fine purée de tomates, de beurre de noix déjà préparé (pour celui-ci, piler finement 25 g de lobes de noix sèches, ajouter 100 g de beurre et passer au tamis fin) et assurer l'assaisonnement (relever d'un peu de poivre). Servir cette sauce à part.

Vins blancs secs : mâcon, sylvaner, cassis, pouilly-fuissé.

Brochet de 1,500 kg
un demi-litre de vin blanc
1 dl d'eau
carottes
1 petit oignon
3 échalotes
bouquet garni, sel
2 oignons moyens
4 échalotes
1 poignée de persil
1 cuillerée de purée de tomates concentrée
150 g de beurre
25 g de noix épluchées

POISSONS

CERVELAS DE BROCHET CURNONSKY

PRÉPARATION 3 HEURES • CUISSON 35 MINUTES

Pour la farce :
750 g de chair nette de brochet
4 blancs d'œufs
un litre et quart environ de crème double
sel, poivre moulu, cayenne
pointe de muscade
persil et cerfeuil hachés

Pour la garniture :
250 g de chair d'anguille coupée en dés et revenue au beurre
20 g de poivre vert
400 g de filets de soles coupés en dés et revenus au beurre
400 g de corail de coquilles Saint-Jacques ou de dés de saumon
400 g de queues d'écrevisses blanchies et étuvées au beurre et cognac
50 g de truffe hachée
200 g de foie gras frais cru coupé en dés

Si cette mirifique recette laisse à désirer sur le plan de la réalisation pratique, il nous a paru que sa lecture n'était pas sans attraits. Il n'est pas interdit de rêver.

Préparer la farce mousseline de brochet selon le procédé habituel : réduire la chair en purée ; ajouter les blancs d'œufs ; bien mélanger ; ajouter la crème en plusieurs fois, en fouettant sans arrêt ; assaisonner. Tenir cette farce un peu ferme.

Préparer la garniture, en l'assaisonnant soigneusement. Mélanger doucement farce et garniture ; introduire le tout dans des boyaux à boudin blanc ; séparer en segments de 15 cm environ.

Pocher sans bouillir, 15 minutes.

Dépouiller les cervelas refroidis ; les paner au beurre et à la chapelure blanche.

Les cuire doucement au beurre, 10 minutes environ, sans les colorer, et les servir très chauds avec une purée de poireaux à part.

Purée de poireaux. Prendre des blancs de poireaux blanchis et étuvés au beurre, sans colorer, jusqu'à cuisson complète. Broyer soigneusement et monter à la crème. Assaisonner de sel.

Vins blancs : saumur, pouilly fumé.

FILET DE BROCHET À LA DIJONNAISE

PRÉPARATION 30 MINUTES • MARINAGE 1 OU 2 JOURS • CUISSON 20 MINUTES

Brochet de 2,500 kg
200 g de lard gras
6 échalotes
bouquets garnis, sel, poivre
5 cl de cognac
5 cl de madère
un demi-litre de vin blanc
200 g de beurre
100 g de champignons
1 dl de crème fraîche

Lever les filets, sans laisser d'arêtes, d'un beau brochet ; enlever les peaux. Piquer les filets de lard (comme un filet de bœuf) ; les mettre à mariner (1 jour ou 2 au plus), avec des échalotes ciselées très fines, 2 ou 3 petits bouquets garnis (queues de persil, thym, laurier), du sel, du poivre, du cognac, du madère et du vin blanc.

Beurrer grassement un plat à gratin ; y placer les filets, en les entourant de beaux champignons escalopés ; y verser la marinade et les condiments et faire cuire (20 minutes environ) à four assez vif, en arrosant souvent. Les filets doivent être alors bien dorés. Ajouter 2 cuillerées de crème bien fraîche, 2 ou 3 morceaux de beurre fin, et servir.

Vins blancs secs : sancerre, pouilly fumé, mâcon, champagne nature.

BARBUE AU PLAT

P. 155

Le fond de cuisson au beurre et au vin blanc, bien concentré, fournit la sauce succulente de cette barbue restée très moelleuse grâce à un arrosage fréquent.

DORADE FARCIE AUX ÉPINARDS

P. 168

Comme son arête centrale se détache très facilement, même à cru, la dorade est un poisson qui se prépare volontiers farci : au fenouil, aux champignons et à l'échalote, ou aux épinards avec des aromates. En

revanche, l'écaillage assez malaisé de ce délicieux poisson d'hiver à la chair maigre est une opération à confier à son poissonnier.

Plat Lalique, couverts Boutique Xanadou.

**RAIE
AU BEURRE NOISETTE**

P. 196

Pochée, égoutée puis dépouillée, l'aile de raie est arrosée de beurre noisette, puis parsemée de câpres : attention à ne pas laisser « noircir » le beurre.

Assiette Christofle.

SOLE AU CHAMPAGNE

P. 217

La sole est le poisson qui connaît le plus grand nombre d'apprêts : entière, elle est toujours plus savoureuse qu'en filets, et cette cuisson au champagne donne une sauce délicate.

Assiette Christofle, fourchette Boutique Xanadou.

TRANCHES DE SAUMON GRILLÉES AU BEURRE D'ANCHOIS

P. 210

Lorsqu'il est grillé, le poisson s'accompagne souvent d'un condiment assez haut en saveur. Ces darnes de saumon frais, tout d'abord

marinées puis saisies sur le gril, se marient parfaitement aux filets d'anchois pilés avec du beurre. Les quartiers de citron et les bouquets de persil frisé constituent la garniture classique. *Plat Daniel Hechter.*

ROUGETS AUX MOUSSERONS

P. 199

Tendre et charnu, avec un goût délicat, le mousseron est un compagnon original pour le rouget qui, bien que truffé d'arêtes, est un régal pour l'amateur.

Assiette Lalique, couverts Puiforcat.

PAUCHOUSE BOURGUIGNONNE

PRÉPARATION 2 HEURES • CUISSON DU POISSON 15 MINUTES
CUISSON DE LA SAUCE 1 HEURE 30

Ingrédients : 500 g de chaque sorte de poisson (2 kg), sel, poivre, un litre et demi de vin blanc, 2 cl de vieux marc, bouquet garni, 4 gros oignons, 8 gousses d'ail, 150 g de beurre, 70 g de farine, 20 petits oignons, 250 g de lard de poitrine, un demi-litre de crème fraîche, 16 croûtons en cœur.

Prendre 4 poissons d'eau douce (brochet, perche, tanche et anguille ou lotte de rivière).

Préparer un court-bouillon fait de trois quarts de vin blanc très sec et d'un quart de fumet, obtenu en faisant cuire les têtes des poissons avec du vin blanc, du thym, du laurier, des oignons, du persil et de l'ail ; passer le tout en écrasant le plus possible.

Couper les poissons en tronçons et les faire pocher 15 minutes dans ce court-bouillon. Verser le vieux marc et flamber.

Faire un roux blanc ; mouiller avec la cuisson du poisson ; y ajouter de petits oignons et des lardons, préalablement blanchis, et une assez grande quantité d'ail pilé ou haché très fin. Laisser cuire une heure et demie environ. Ajouter de la crème fraîche, et verser sur les poissons dressés dans un plat. Servir avec des croûtons frits au beurre et frottés d'ail.

Vins blancs secs : mâcon-viré, aligoté, rully, pouilly-fuissé.

QUENELLES DE BROCHET

PRÉPARATION 1 HEURE • CUISSON 10 MINUTES

Ingrédients : 300 g net de brochet épluché, 300 g de panade * pâtissière, 300 g de graisse de rognon de bœuf, 200 g de beurre, 6 œufs, poivre, noix muscade, sauce * Nantua.

Lever les filets d'un brochet frais, supprimer la peau et les arêtes. Piler les filets, les déposer sur un plat.

Piler la graisse de rognon, en ajoutant le beurre au dernier moment, et la déposer aussi sur un plat. Piler la panade pâtissière en lui incorporant peu à peu la graisse de rognon, les chairs de brochet pilées et les œufs. Assaisonner. Piler le tout pendant encore 10 minutes. Passer au tamis. Façonner les quenelles en se servant de farine. Les jeter dans une casserole d'eau ; faire chauffer, les enlever à l'ébullition ; les égoutter dans un plat. Les napper avec une sauce Nantua ; laisser mijoter quelques minutes et servir très chaud. On peut ajouter une truffe finement hachée.

Vin blanc : arbois.

CABILLAUD

LE CABILLAUD EST LE NOM USUEL DE LA MORUE FRAÎCHE. SA CHAIR blanche et feuilletée se prête à de nombreuses préparations. Les grosses pièces sont détaillées en filets, tranches ou tronçons. Le cabillaud est le type du poisson maigre, disponible toute l'année et facile à utiliser. Quand on le cuit au court-bouillon, veiller à le mettre dans le liquide froid, porter à ébullition puis stopper la cuisson aux deux tiers et la laisser se continuer dans le liquide, hors du feu, au fur et à mesure qu'il refroidit.

CABILLAUD À LA HOLLANDAISE
PRÉPARATION 35 MINUTES • CUISSON 15 MINUTES

**Cabillaud de 2 kg
1 kg de petites pommes de terre
sel
1 poignée de persil
court-bouillon
(avec 2 carottes, 2 oignons, quelques grains de poivre, sel, bouquet garni)
sauce * hollandaise**

Le cabillaud étant cuit au court-bouillon, l'entourer de pommes de terre cuites à la vapeur et de quelques branches de persil. Servir avec une sauce hollandaise à part.

Vins blancs secs : saumur, vouvray, sancerre, quincy, chablis, mâcon-viré, cassis, pouilly-fuissé.

CABILLAUD À LA TOMATE ET AUX FINES HERBES
PRÉPARATION 20 MINUTES • CUISSON 40 à 50 MINUTES

**6 tranches de cabillaud de 180 g chacune
5 ou 6 échalotes grises
4 tomates
thym, laurier, sel, poivre
1 bouteille de vin blanc sec
60 g de beurre
1 citron
2 cuillerées à soupe de crème fraîche
4 cuillerées à soupe de fines herbes mélangées
(persil, cerfeuil, estragon, ciboulette)**

Peler les échalotes et les émincer finement. Les faire fondre doucement au beurre dans une petite casserole, puis verser le tout dans un grand plat allant au four. Bien étaler et répartir par-dessus les tomates concassées. Ajouter une pincée de thym et une demi-feuille de laurier. Poser sur cette garniture les tranches de cabillaud en évitant de les faire se chevaucher. Arroser largement avec le vin blanc, saler et poivrer. Enfourner à bonne chaleur. Lorsque le mouillement se met à bouillir, éteindre le four et laisser le plat encore 6 ou 7 minutes. Sortir le plat du four et retirer les tranches de poisson du plat. Les tenir au chaud. Verser toute la cuisson dans une casserole, faire réduire de moitié sur feu vif, puis passer au chinois en pressant bien. Remettre les tranches de cabillaud dans le plat de cuisson, mélanger la crème avec de la sauce et en napper le contenu du plat. Faire réchauffer dans le four et parsemer abondamment le dessus avec les fines herbes. Arroser d'un jus de citron et servir aussitôt.

En principe, servir le même vin que celui utilisé pour la cuisson.

CARPE

LA CARPE VIT EN RIVIÈRE OU EN ÉTANG ET PEUT ATTEINDRE 6 À 8 kg. Celle des étangs peut avoir un goût de vase, que l'on fait disparaître en laissant séjourner la carpe vivante dans de l'eau vive pendant une dizaine de jours, ou bien en lui faisant absorber sitôt pêchée un verre de vinaigre. En vidant les carpes, il faut supprimer la « pierre d'amertume » (poche à fiel) située à la naissance de la tête et qui communiquerait un mauvais goût à la préparation. On donnera la préférence à une carpe charnue et pleine (avant avril et après juin). Le poisson se fait rôtir, farcir (notamment à la juive), griller ou braiser au vin ou à la bière. C'est le poisson le plus apprécié par les Chinois.

CARPE FARCIE
PRÉPARATION 1 HEURE 30 • CUISSON 35 MINUTES

Nettoyer une belle carpe, dont on aura enlevé la peau. La piquer de lard. Préparer une farce à poisson, à laquelle on ajoutera quelques blancs d'œufs, des fines herbes, quelques champignons hachés, ainsi que des échalotes hachées et étuvées au beurre. Comme assaisonnement : sel, poivre, paprika et un peu de thym.
Mélanger le tout ; ajouter de la crème double à la farce. En remplir la carpe. Puis placer celle-ci dans une rôtissoire bien beurrée, au fond de laquelle on mettra des rondelles de carottes, d'oignons et des morceaux de céleri. Ajouter un peu de thym, de laurier et quelques grains de poivre. Faire étuver au four, en faisant prendre un peu de couleur. Mouiller alors avec du bon vin blanc. Ajouter du fumet de poisson. Continuer la cuisson, en arrosant assez souvent. Sitôt la carpe cuite, la sortir du four et la dresser sur un plat ; la tenir au chaud. Dans la cuisson, ajouter de la crème double et un peu de velouté de poisson. Laisser bien réduire ; assaisonner ; monter au beurre frais. Passer par une étamine et napper la carpe.

Vins blancs : montrachet, meursault, graves, hermitage.

---

1 carpe de 3 kg
100 g de lardons
300 g de chair de brochet ou de merlan
farce * à poisson
2 ou 3 blancs d'œufs
2 branches de persil
50 g de champignons
3 échalottes
sel, poivre
1 cuillère à café de paprika
1 pincée de poudre de thym
un demi-litre de crème fraîche
200 g de beurre
2 carottes
1 oignon
1 branche de céleri
1 bouquet garni
4 grains de poivre
un litre de vin blanc
un litre de fumet * de poisson
1 dl de velouté * de poisson

CARPE À LA JUIVE

PRÉPARATION • 30 MINUTES • CUISSON 50 MINUTES

Pour 4 personnes :
1 belle carpe de 1,500 kg environ
50 g d'huile d'olive
(3 cuillerées à soupe)
75 g d'échalotes
(ou oignons)
15 g de farine
(1 cuillerée à soupe)
2 gousses d'ail
1 bouquet de persil
sel, poivre
bouillon de poisson
(facultatif)

Écailler, laver le poisson. Le couper en tronçons de 2 cm d'épaisseur. Réserver les laitances, s'il y en a dans la carpe. Hacher les échalotes. Faire chauffer l'huile dans un fait-tout. Faire revenir les échalotes doucement pendant quelques minutes, sans laisser colorer.

Ajouter l'ail haché très finement, puis la farine. Mélanger soigneusement et laisser cuire quelques instants à tout petit feu, toujours sans laisser prendre couleur, puis ajouter une cuillerée à soupe de persil haché. Mettre les morceaux de carpe dans le fait-tout.

Verser de l'eau chaude (ou moitié eau, moitié vin blanc ; ou moitié eau, moitié bouillon de poisson), sans recouvrir complètement les morceaux de carpe qui doivent cependant baigner largement dans le liquide. Saler et poivrer (saler plus légèrement, si l'on utilise du bouillon de poisson déjà salé). Laisser cuire dans la casserole couverte, à petits bouillonnements doux, pendant une demi-heure environ. 10 minutes avant la fin de la cuisson, ajouter les laitances.

Lorsque la cuisson est terminée, ajouter encore une cuillerée à soupe de persil haché et arrêter le feu. Sortir les morceaux de carpe à l'aide d'une écumoire et les disposer sur le plat de service tenu au chaud, en reconstituant le poisson. Disposer les morceaux de laitances autour de la carpe. Remettre la casserole sur le feu et faire bouillir à gros bouillons pour obtenir une sauce plus concentrée. Faire réduire à peu près de moitié (pendant environ 10 minutes).

Napper les morceaux de carpe avec la sauce et verser le reste dans une saucière. Poudrer avec le reste de persil haché et laisser refroidir. La sauce prend en gelée. Servir froid.

Vins blancs : riesling, bourgogne aligoté, mâcon-villages, côtes-du-rhône, côtes-de-provence, vins du Val de Loire, vouvray, sancerre. Vin rouge léger, non tannique, servi frais : touraine, gamay, bordeaux clairet.

PAIN DE CARPE

PRÉPARATION 1 HEURE • CUISSON 40 MINUTES

4 carpes de 500 g
500 g de panade pâtissière
6 œufs
1 dl de crème fraîche
sel, poivre, noix muscade
100 g de beurre
*sauce * Nantua*

Désosser les carpes ; bien enlever la peau et les arêtes ; passer la chair à la machine, avec la même quantité de panade pâtissière (appareil constitué de 50 g de beurre, 2 g de sel, 3 dl d'eau, amener à ébullition, ajouter 150 g de farine tamisée, bien mélanger sur le feu en remuant avec une cuillère de bois jusqu'à dessèchement de la composition). Passer ensuite au tamis fin ; incorporer les œufs entiers, un par un, puis la crème fraîche ; sel, poivre, à peine de muscade.

Beurrer un moule à soufflé ; mettre au fond du moule un papier beurré ; remplir le moule, faire cuire au bain-marie et au four 40 minutes. Démouler ; enlever le papier. Se sert chaud, avec une sauce Nantua.

Vins blancs : montrachet, meursault, hermitage.

COLIN

COLIN EST LE NOM QUE L'ON DONNE SUR LE MARCHÉ AU *MERLU*. Il est très estimé pour sa chair blanche et ferme sans être dure, et pour les très nombreux apprêts auxquels il se prête, aussi bien chauds (avec une sauce mousseline, en gratin, à la sauce tomate) que froids (mayonnaise ou sauce verte). En outre, c'est un poisson très maigre, qui n'a que peu d'arêtes. Plus encore que les autres poissons, le colin se corrompt vite et il doit être consommé dans un état de parfaite fraîcheur. Pour le servir froid, il faut le laisser refroidir dans son court-bouillon puis le poser sur une grille pour qu'il s'égoutte complètement. Les recettes indiquées pour le cabillaud conviennent en général pour le colin, ainsi que pour l'aiglefin et le lieu.

COLIN FROID SAUCE TARTARE
PRÉPARATION 30 MINUTES • CUISSON 15 MINUTES

Cuire le colin au court-bouillon, le laisser refroidir dans sa cuisson. Bien l'égoutter, le parer et le disposer sur le plat de service. Masquer de sauce tartare et décorer suivant le goût.
Servir le reste de la sauce, à part, en saucière.

Vins blancs secs : quincy, meursault, arbois.

Colin de 1,500 kg
sel, poivre
un demi-litre
de sauce * tartare
œufs durs
tomates et cornichons
pour garniture

COLIN À LA TOMATE ET AU VIN BLANC
PRÉPARATION 25 MINUTES • CUISSON 10 MINUTES

Couper le colin en tranches épaisses de 2 cm. Faire frire les oignons émincés dans l'huile, puis y faire dorer le colin. Retirer le poisson et le remplacer par la pulpe de 10 tomates épépinées et passées ; lier d'une cuillerée de farine. Tourner, ajouter du vin blanc pour éclaircir la sauce ; y mettre le colin et le faire cuire, sans bouillir, 20 à 30 minutes. Mettre le poisson sur un plat ; passer dessus la sauce au tamis, après en avoir vérifié l'assaisonnement.

Vins blancs secs : côtes-de-provence, coteaux-d'aix, cassis.
Vins rosés : cassis, bandol, tavel.

Colin de 1,500 kg
sel, poivre
2 oignons
1 dl d'huile d'olive
10 tomates
75 g de farine
un demi-litre de vin blanc

POISSONS

COURT-BOUILLON DE COLIN À LA CRÉOLE

PRÉPARATION 30 MINUTES • CUISSON 20 MINUTES

*Colin de 1,500 kg
sel, poivre
1 citron
1 dl de sauce * tomate
bouquet garni
250 g de riz * pilaw
100 g de beurre
oignon haché très fin
un demi-litre de fumet *
de poisson
ou bouillon*

Couper le colin en 8 morceaux ; placer ces morceaux dans de l'eau froide salée, contenant le jus d'un citron.

Faire, d'autre part, blondir dans une casserole quelques oignons, coupés en tranches minces, dans un morceau de beurre ; y placer le poisson, qui vient d'être lavé rapidement ; le couvrir à peine d'eau chaude ; ajouter un peu de sauce tomate et un bouquet garni ; laisser cuire 15 à 20 minutes, à petit feu.

On aura, par ailleurs, préparé un plat de riz de façon que les grains se tiennent bien fermes ; placer sur ce riz les morceaux de colin, et servir à part la sauce qu'on aura retirée de la casserole.

On peut, si on le désire, ajouter, pendant la cuisson, un peu de piment, 2 cuillerées à café de curry et, dans la saison, quelques tranches d'aubergines.

Vins blancs secs : saumur, vouvray, sancerre, quincy, graves sec, chablis.

* DARNES DE COLIN « COMME À BIRIATOU »

PRÉPARATION 40 MINUTES • CUISSON 12 MINUTES

*Colin de 1,600 kg
(tranches de 200 g environ)
3 œufs
sel, poivre
200 g de farine
200 g de riz
un demi-litre de sauce *
tomate
avec 2 poivrons
3 oignons en rouelles
friture
riz * à la créole*

Passer chaque darne de colin dans un œuf battu, l'enrober de farine, et la frire dans l'huile. Poser sur un lit de riz à la créole ; verser autour un coulis de tomates, de poivrons doux cuits à l'étuvée et d'oignons frits. Assaisonner le tout de haut goût.

Vins blancs secs : saumur, vouvray, sancerre, quincy, pouilly fumé, chablis.

TRANCHES DE COLIN À LA PROVENÇALE

PRÉPARATION 30 MINUTES • CUISSON 20 À 30 MINUTES

*1,500 kg de colin
2 dl d'huile d'olive
2 poireaux
2 gros oignons
2 gousses d'ail
1 petit fenouil
bouquet garni
4 tomates
1 cuillerée de farine
1 cuillerée à café
de safran
un litre de moules
8 croûtons*

Cuire à l'étuvée, dans un plat à sauter, les poireaux, un oignon, le fenouil, le tout coupé en julienne, avec de l'huile d'olive, un soupçon d'ail et les tomates mondées et concassées. Poudrer, quand le tout est cuit, d'une cuillerée de farine. Ajouter le safran et la cuisson d'un litre de moules décortiquées (que l'on mettra en garniture).

Le fond ainsi fait, le verser sur 5 tranches de colin qu'on laisse cuire 10 minutes avec du sel et du poivre.

Servir avec les moules et des croûtons grillés au four et aillés.

Vins blancs secs : cassis, côtes-de-provence.

CONGRE

ÉGALEMENT APPELÉ ANGUILLE DE MER À CAUSE DE SA FORME, LE congre est un poisson à chair assez dure et relativement fade. Il est conseillé d'éviter le morceau de la queue, truffé de longues arêtes fines. Les apprêts du colin peuvent lui être appliqués, en augmentant légèrement les temps de cuisson, mais on l'emploie surtout dans des soupes et des matelotes.

CONGRE GRATINÉ À L'ITALIENNE
PRÉPARATION 50 MINUTES • CUISSON DU COURT-BOUILLON 45 MINUTES
CUISSON DU CONGRE 50 MINUTES

Faire un court-bouillon très parfumé. Le cuire trois quarts d'heure ; y ajouter un verre de vin blanc. Passer au tamis.
Y mettre alors le congre. Quand il est à moitié cuit, le retirer, enlever la peau et les arêtes. Découper en tranches minces. Faire une sauce blanche épaisse, en utilisant le court-bouillon. Mettre, dans un plat à four, le poisson entre deux couches de sauce ; poudrer de fromage râpé ; ajouter un peu de beurre. Dorer au four.
Nota. Le surplus de court-bouillon, allongé d'eau chaude et complété avec pommes de terre, carottes, poireaux, fera une excellente soupe de poisson.

*Vins blancs secs : saumur, vouvray, sancerre,
quincy, pouilly fumé, muscadet, chablis.*

Congre de 1,500 kg
200 g de beurre
100 g de farine
court-bouillon
(avec 8 échalotes,
1 gousse d'ail,
1 clou de girofle,
quelques grains
de poivre, sel,
1 dl de vin blanc,
thym, laurier, estragon)
40 g de parmesan râpé
un demi-litre de sauce *
Béchamel

DORADE

IL EXISTE PLUSIEURS VARIÉTÉS DE DORADE (OU DAURADE), MAIS celle de la Méditerranée, appelée « dorade royale », est incontestablement la meilleure, avec une chair fine, serrée et moelleuse. La dorade grise et la dorade rose sont un peu moins délicates, mais cependant savoureuses et meilleur marché. Néanmoins, le pourcentage de déchets est élevé, ce qui en fait toujours un poisson assez cher, que l'on peut faire griller, rôtir, pocher ou cuire à la vapeur. Farcie et cuite au four avec une garniture aromatique ou des rondelles de citron, la dorade est un mets d'une rare finesse. C'est de la dorade de toute première fraîcheur que les Japonais utilisent pour le *sashimi* (poisson dégusté cru).

DORADE BERCY
PRÉPARATION 40 MINUTES • CUISSON 25 MINUTES

1 dorade de 1 kg
4 échalotes
100 g de champignons de Paris
3 dl de vin blanc sec
75 g de beurre
farine, persil, sel et poivre
oignons frits

Écailler, vider, parer la dorade et la ciseler sur le dos. Saler et poivrer légèrement le poisson. Mettre, dans un plat beurré, une couche d'échalotes, de persil et de champignons hachés ; y coucher la dorade. Mouiller avec le vin blanc. Ajouter 25 g de beurre en noisettes et porter au four. Cuire 25 minutes, en arrosant souvent.
Mettre la dorade sur un plat de service tenu chaud. Ajouter à sa cuisson le reste du beurre manié de farine. Rectifier l'assaisonnement et verser sur le poisson.
Servir avec des oignons frits.

Vins blancs : mâcon viré, pouilly fumé, chablis, muscadet.

* DORADE FARCIE AUX ÉPINARDS
PRÉPARATION 30 MINUTES • CUISSON 45 MINUTES

Pour 4 personnes :
1 dorade de 1,250 kg à 1,500 kg
500 g d'épinards
3 échalotes
50 g de crème fraîche
125 g de beurre
50 g de chapelure (environ)
1 citron
1 à 2 verres de vin blanc sec
sel et poivre,
bouquets de persil et rondelles de citron, pour décorer le plat

Faire revenir les échalotes hachées dans 25 g de beurre fondu, pendant 2 à 3 minutes. Quand elles sont dorées, ajouter les épinards blanchis, égouttés et hachés et laisser cuire 10 minutes.
Hors du feu, mélanger avec la chapelure et la crème. Assaisonner et garder en attente.
Le poisson ayant été écaillé et vidé par le poissonnier, le laver et le sécher soigneusement. Poser le poisson à plat, ouvrir complètement le ventre et détacher les chairs de l'arête centrale, à l'aide d'un couteau très tranchant.

Effectuer la même opération pour l'autre face du poisson. Couper l'arête au niveau de la queue et le long de la nageoire dorsale, à l'intérieur. L'arête se retire ensuite très facilement.

Garnir l'intérieur du poisson avec la farce.

Recoudre le ventre de la dorade, à l'aide d'une aiguille à brider et d'un fil solide. Ne pas piquer trop près du bord, car l'épiderme de la dorade, bien qu'assez épais, risque de se déchirer en cuisant.

Beurrer le plat de cuisson, y déposer la dorade, ajouter un verre de vin et disposer de petits morceaux de beurre sur le poisson (réserver une noix de beurre pour la sauce).

Mettre à four moyen 25 à 30 minutes, selon grosseur. Arroser de temps en temps ; au besoin, utiliser l'autre verre de vin.

Glisser le poisson sur le plat de service maintenu chaud.

Faire réduire le liquide de cuisson ; ajouter, au dernier moment, la noix de beurre réservée et le jus d'un demi-citron.

Servir la dorade arrosée de cette sauce, entourée de tranches de citron cannelées et de bouquets de persil.

Nota. Les dorades royales, argentées, à dos gris bleuté, provenant du Midi, sont de saveur plus fine que les dorades roses, mais leur peau est moins épaisse et risque d'être moins solide à la cuisson.

Vins blancs secs : bourgogne, meursault, chablis, mercurey, hermitage, châteauneuf-du-pape, cassis.

DORADE FARCIE À LA FORESTIÈRE
PRÉPARATION 40 MINUTES • CUISSON 1 HEURE ENVIRON

Écailler la dorade, la vider par les ouïes, la laver et l'éponger. L'ouvrir par le dos, de part et d'autre de l'arête centrale. Sectionner celle-ci au niveau de la tête et de la queue, la retirer. Saler et poivrer l'intérieur du poisson. Hacher les oignons et l'échalote. Ajouter 2 cuillerées à soupe de persil haché, les girolles bien nettoyées et grossièrement hachées, ainsi que les champignons de Paris finement émincés et légèrement citronnés. Bien mélanger ces ingrédients et les faire fondre au beurre à découvert jusqu'à évaporation de l'eau des champignons. Incorporer la chapelure et l'œuf battu, saler et poivrer. Introduire cette farce à l'intérieur de la dorade et ficeler celle-ci sans trop serrer. Placer la dorade dans un plat à four, arroser d'huile et faire rôtir à 200 °C pendant 30 à 35 minutes, en arrosant plusieurs fois. Quand elle est bien dorée, la déficeler soigneusement et servir dans le plat de cuisson. Garnir éventuellement de petites pommes de terre à la vapeur persillées, ou bien de demi-tomates grillées et légèrement relevées d'ail.

Vins blancs : riesling, tokay, meursault, chablis, pouilly-fuissé, graves sec, savennières

1 dorade de 1,500 kg environ
100 g de girolles
100 g de champignons de Paris
1 échalote grise
persil, thym, sel, poivre
citron
1 cuillerée à soupe de raisins de Smyrne
2 cuillerées à soupe de chapelure
1 œuf
2 oignons blancs
25 g de beurre
2 cuillerées à soupe d'huile de maïs

DORADE GRILLÉE À LA MARSEILLAISE

PRÉPARATION 30 MINUTES • CUISSON 25 MINUTES

4 dorades de 350 à 400 g chacune
sel, poivre
2 pieds de fenouil
1 dl d'huile d'olive
brindilles de thym frais et de romarin
2 dl de sauce * rémoulade

Écailler et vider les poissons. Faire quelques incisions de chaque côté. Saler, poivrer et laisser mariner dans un plat, avec de l'huile d'olive. Préparer une bonne braise de bois (sarments de préférence) ou, à défaut, de charbon de bois. Mettre, sur le gril, 3 ou 4 brins de fenouil, et poser le poisson dessus. Laisser cuire suivant la grosseur et, pendant la cuisson, asperger d'huile avec un petit bouquet de thym et de romarin. Servir ensuite avec une sauce rémoulade.

On peut également cuisiner de cette façon le loup, le pagre, le sar, le pageau ; en général les poissons blancs.

Vins blancs secs : côtes-de-provence.

DORADE À LA ROCHELAISE

PRÉPARATION 1 HEURE • CUISSON 1 HEURE

2 dorades de 1 kg
20 huîtres
20 moules
6 laitances de harengs
400 g de beurre
sel, poivre
2 gros oignons
bouquet garni
75 cl de vin rouge
30 g de farine
beurre * manié
poivre de Cayenne

Ouvrir les huîtres et les pocher dans leur eau, en les faisant simplement raidir. Faire ouvrir également une vingtaine de petites moules.

Pocher, dans un court-bouillon léger, les laitances de harengs. Cuire au beurre, sans laisser colorer, un gros oignon finement haché.

Prendre les dorades ; les vider, les écailler, supprimer les nageoires ; les passer à l'eau et les éponger ; puis ciseler les filets, des deux côtés, en pratiquant des incisions dans la chair, pour faciliter la cuisson.

Coucher les poissons dans un plat creux ovale, beurré, dont le fond aura été parsemé d'oignons cuits. Assaisonner de sel et de poivre ; ajouter le vin rouge, 2 dl de cuisson de moules, 100 g de beurre en parcelles et un petit bouquet garni.

Faire prendre l'ébullition sur le fourneau et continuer au four assez chaud, pendant 35 minutes, en arrosant de temps en temps.

Égoutter les dorades, les mettre sur un plat long ; les entourer avec les laitances partagées en deux, les huîtres et les moules, et les conserver au chaud.

Verser la cuisson dans une casserole ; y ajouter, en remuant avec un fouet, 75 g de beurre manié (50 g de beurre et 30 g de farine) ; faire prendre l'ébullition ; laisser bouillir quelques secondes seulement. Compléter, hors du feu, avec 200 g de beurre, et relever d'une pointe de poivre de Cayenne. Verser cette sauce sur le poisson et sa garniture ; mettre le plat au four très chaud, pendant quelques minutes, pour glacer la surface de la sauce.

*Vins blancs secs : vouvray, sancerre, quincy,
pouilly fumé, muscadet, gros plant nantais.*

POISSONS

ESTURGEON

CE POISSON À CHAIR GRASSE EST EN VOIE DE DISPARITION EN France et on le rencontre surtout en mer Noire ou dans la Caspienne, où il est recherché essentiellement pour ses œufs – le caviar –, ainsi que pour sa moelle épinière qui, séchée, est utilisée sous le nom de *vesiga* dans la cuisine russe. L'esturgeon fumé, quant à lui, se présente en hors-d'œuvre, taillé en fines tranches. En cuisine, l'esturgeon frais se prépare comme la viande de veau : fricandeau piqué, tranches poêlées, grillées ou en matelote.

DARNES D'ESTURGEON À LA BORDELAISE
PRÉPARATION 45 MINUTES • CUISSON 30 MINUTES

Faire revenir les darnes d'esturgeon dans une casserole en cuivre bien étamée, avec l'huile, le beurre, l'oignon et l'échalote. Quand le poisson a pris couleur et ressemble à une rouelle de veau, ajouter les tomates, le vin blanc, le jus de viande, le sel, le poivre, un peu de thym, du laurier. Couvrir la casserole et, à petit feu, faire braiser pendant une demi-heure.
Retirer l'esturgeon, le mettre dans un plat chaud ; faire réduire la cuisson et y ajouter les champignons, qui auront été préalablement cuits au beurre.
Napper le poisson de cette sauce, et le poudrer de persil haché.

Vins blancs secs : arbois, riesling, graves blanc sec.

1,200 kg à 1,400 kg d'esturgeon en tranches
250 g de beurre
4 cuillerées à soupe d'huile d'olive
2 oignons
4 échalotes
8 tomates mondées, épépinées
75 cl de vin blanc
1 verre de jus de viande (ou de consommé)
150 g de champignons
quelques branches de persil haché
sel, poivre, bouquet garni
50 g de farine

FÉRA

LA FÉRA SE PÊCHE SURTOUT DANS LES LACS SUISSES, EN PARTICULIER dans le lac Léman, mais elle devient très rare. Pendant son agonie, elle prend tour à tour les teintes de l'arc-en-ciel. Sa chair, très fine et délicate, ne possède que peu d'arêtes, mais elle est extrêmement fragile.

FÉRA FARCIE
PRÉPARATION 45 MINUTES • CUISSON 30 MINUTES

2 féras de 600 g chacune
300 g de chair de merlan
100 g de mie de pain
1 dl de lait
zeste de citron
cerfeuil, persil, ciboulette
1 dl de crème double
2 œufs
sel, poivre
6 échalotes
et persil hachés
200 g de beurre
un demi-litre de vin blanc
(fendant suisse ou crépy savoyard)
citron
échalotes
sauce * Bercy

Composition de la farce. Chair de merlan dénervée et émiettée, mie de pain trempée dans du lait et essorée, zeste d'un citron haché, cerfeuil, persil et ciboulette hachés ; crème double, 1 œuf entier. Mélanger ensemble tous les ingrédients, assaisonner avec sel et poivre.

Farcir le poisson, qui a été vidé par les ouïes, et assaisonner l'intérieur. Le rouler dans un hachis d'échalotes et de fines herbes, et, naturellement, l'assaisonner. Le cuire au four dans un plat beurré ; ajouter de petits morceaux de beurre, un peu de vin blanc sec ; un jus de citron. Arroser au cours de la cuisson.

Servir, à part, une sauce Bercy.

Même vin blanc que celui utilisé pour la cuisson, ou vins blancs secs.

FLÉTAN

POISSON PLAT DES EAUX FROIDES ET PROFONDES, LE FLÉTAN PEUT atteindre 2 m et peser alors plus de 150 kg. Sa chair, très maigre, est, assurent les amateurs, aussi fine que celle du turbot. Très apprécié dans les pays nordiques, le flétan est beaucoup plus rare sur le marché français. Il s'apprête comme la barbue.

FLÉTAN FROID
SAUCE ROUGAIL AU BRESSE BLEU
PRÉPARATION 1 HEURE • QUELQUES HEURES À L'AVANCE • CUISSON 15 MINUTES

Pour 7 ou 8 personnes :
1 flétan de 2,500 kg environ.
Pour le court-bouillon :
eau, sel, poivre
1 tomate, 3 carottes
2 gros oignons
une demi-tête d'ail
2 branches de thym
2 feuilles de laurier
queues de persil
un demi-verre
de vinaigre de vin
Pour la garniture :
1 petite laitue
1 citron
1 œuf dur
1 tomate
quelques feuilles
de poireau et d'estragon
persil
Pour la sauce :
1,500 kg de tomates
50 g de fromage
bresse bleu
100 g de crème épaisse
1 cuillerée à soupe
de moutarde forte
sel, poivre

Préparer le court-bouillon avec les légumes émincés et tous les éléments indiqués. Plonger le poisson dans le court-bouillon froid. Porter *lentement* à ébullition. Laisser frémir 5 minutes, puis enlever la poissonnière du feu. Laisser complètement refroidir le flétan dans le court-bouillon. Égoutter le poisson. Le poser sur une planche (peau grise en dessous) et enlever délicatement la peau blanche. Ceci n'est pas obligatoire, on peut aussi présenter et décorer le poisson avec sa peau.

Déposer le poisson sur le plat de service. Découper le vert de poireau en languettes qui figureront les tiges d'un bouquet. Décorer le poisson avec les feuilles de poireau, les feuilles d'estragon.

Former des fleurs avec de petits morceaux de tomates et de zeste de citron. Compléter le décor du plat en entourant le poisson de feuilles de laitue, rondelles de citron et d'œuf dur, tomates, etc.

La sauce (il est nécessaire de la préparer quelques heures à l'avance) : plonger les tomates pendant une minute dans une casserole d'eau bouillante. Les égoutter et les peler.

Couper les tomates en deux. Les presser pour égoutter les graines et l'eau de végétation.

Passer la chair des tomates à la moulinette. Recueillir la purée dans une mousseline que l'on noue et suspend, pour égoutter l'excès de liquide. Réserver ce jus, qui sera peut-être nécessaire pour la mise au point de la sauce. Conserver purée et jus de tomates au réfrigérateur pendant 2 ou 3 heures (le jus prend en gelée). Écraser le fromage à la fourchette, le réduire en fine purée. Ajouter au fromage la moutarde, puis, petit à petit, la crème. Mélanger soigneusement.

Mélanger la purée de tomates et l'appareil précédent, saler, poivrer. La sauce doit avoir la consistance d'une mayonnaise. S'il est utile de la diluer légèrement, ajouter un peu de la gelée de tomates recueillie. Mettre la sauce au réfrigérateur jusqu'au moment de servir.

Vins blancs : chablis, meursault, montrachet, pouilly-fuissé, savennières, vouvray sec, graves blancs.

GOUJON

C'EST LE PLUS ESTIMÉ DES PETITS POISSONS DE RIVIÈRE ET LA FRITURE est pratiquement le seul mode de cuisson qu'on lui applique. Il suffit de le vider et de l'essuyer sans le laver. Par extension, on appelle aussi *goujonnettes* des petites languettes de filets de sole frites et servies, comme les goujons, en entrée avec des demi-quartiers de citron ou en garniture de plat de poisson en sauce.

FRITURE DE GOUJONS
PRÉPARATION 15 MINUTES • CUISSON 5 MINUTES

**1,500 kg de goujons
un demi-litre de lait froid salé
100 g de farine salée
friture (huile)
citron et persil frit**

Après les avoir vidés, tremper les goujons dans du lait froid salé, puis les rouler dans la farine. Les mettre à frire dans l'huile fumante, afin de bien les saisir. Les goujons doivent être croustillants. Servir sur papier dentelle, avec citron et persil frit. Attention : le persil doit rester vert et non graisseux.

Vins blancs secs : sancerre, pouilly fumé, saint-pourçain.

GRONDIN

ON DONNE LE NOM DE GRONDIN À PLUSIEURS POISSONS DE MER très répandus, caractérisés par leurs couleurs vives : le grondin-perlon, le grondin rouge, le grondin-lyre, etc. Leur chair maigre est blanche et ferme, mais les déchets sont assez importants. Généralement, le grondin se cuit au court-bouillon avant d'être apprêté. Il entre dans de nombreuses soupes de poissons.

FILETS DE GRONDIN AU RIZ
PRÉPARATION 40 MINUTES • CUISSON 1 HEURE

Lever les filets. Faire cuire têtes et arêtes dans le vin, avec les condiments (30 minutes) ; passer ce bouillon et l'utiliser pour pocher les filets ; les déposer sur un plat ; tenir au chaud. Dans ce même bouillon, faire crever le riz, ajouter le safran.
Disposer le riz dans un plat, poser les filets dessus. Préparer une sauce avec un peu de bouillon, citron et poivre de Cayenne ; en arroser le plat et servir.

En principe, servir le même vin blanc sec que celui utilisé pour la cuisson.

---

2 kg de grondin
un litre de vin blanc sec
1 oignon
bouquet garni
2 gousses d'ail
200 g de riz
un jus de citron
poivre de Cayenne
1 cuillerée à café de safran

HADDOCK

IL S'AGIT DU NOM DÉSIGNANT L'*AIGLEFIN* DES MERS DU NORD quand il est êtêté, ouvert en deux et fumé lentement, caractérisé par sa couleur orangée, son goût savoureux et sa texture moelleuse. Le haddock se fait pocher dans du lait à très petits frémissements (ce qui estompe éventuellement l'âcreté que peut lui avoir donné la fumaison). On le sert avec un simple beurre fondu, des pommes de terre à la vapeur ou de la crème fraîche. Curnonsky avait raffiné cet apprêt en ajoutant un œuf poché à cheval sur le morceau de haddock poché, « dont le jaune éblouissant et ruisselant ajoutait encore à la suavité du plat ». Le haddock poché agrémente également diverses salades, notamment avec des pommes de terre à l'huile d'olive en rondelles tièdes, ou même avec des épinards jeunes et tendres.

PUDDING DE HADDOCK À L'AMÉRICAINE
PRÉPARATION 30 MINUTES • 1re CUISSON 15 MINUTES • 2e CUISSON 2 HEURES

1 kg de haddock
5 jaunes d'œufs
sel, poivre
un peu de beurre
500 g de purée de pommes de terre
un demi-litre de crème fraîche
50 g de câpres
sauce * Béchamel aux câpres

Prendre un morceau de haddock cuit au court-bouillon, et le parer. Râper la chair en pulpe, bien remuer pendant 10 minutes avec assaisonnement, un peu de beurre, les jaunes d'œufs. Ajouter une quantité de purée de pommes de terre égale au poisson, puis la crème par cuillerées, tout en remuant vivement le mélange.
Mettre cette pâte dans un moule beurré et cuire de 2 heures à 2 heures et demie au bain-marie ou au four doux.
Servir avec une sauce Béchamel aux câpres.

Vins blancs secs ou moelleux : graves, traminer, vouvray, anjou.

HARENG

ALIMENT DE BASE TRADITIONNEL DANS TOUS LES PAYS DU NORD de l'Europe, le hareng est disponible sous diverses formes : frais, saur ou fumé. Le hareng frais se fend sur le dos pour retirer l'arête avant la cuisson. On le vide par les ouïes, sans enlever la laitance ou les œufs, puis on le lave et on l'essuie. Ses apprêts les plus courants consistent à le griller, à le poêler ou à le faire cuire dans une marinade. L'oignon se marie bien avec lui. Sa chair parfumée est riche en matières grasses, surtout lorsqu'il est plein. Plus sa teinte est brillante, meilleur il est. Quant au hareng saur, il doit être dessalé pendant 12 à 48 heures suivant le degré de salaison. Ce hareng porte diverses appellations traditionnelles, souvent pittoresques, qui correspondent à des préparations particulières : *gendarme, bouffi* (hareng salé et non « encaqué »), *bloater* (hareng fumé), *kipper* (ouvert avant d'être fumé), etc. La salade de harengs aux pommes de terre à l'huile est un plat typique de brasserie, tandis que les *rollmops,* autre classique du hareng, sont marinés avec du vinaigre et des aromates et enroulés sur des cornichons.

HARENGS GRILLÉS À LA MOUTARDE
PRÉPARATION 40 MINUTES • CUISSON 12 MINUTES

8 beaux harengs
sel, poivre, 1 dl d'huile
50 g de beurre
50 g de farine
un demi-litre de lait bouillant
1 cuillerée à soupe de moutarde
2 jaunes d'œufs
5 cl de crème fraîche

Écailler les harengs ; retirer les arêtes. Les assaisonner de sel et de poivre ; les badigeonner d'huile et les faire cuire sur le gril.
Pendant ce temps, préparer la sauce : mettre dans une casserole 50 g de beurre et le faire fondre à feu doux. Y ajouter le même poids de farine pour obtenir un roux blond. Incorporer à ce roux le lait bouillant. Assaisonner et laisser cuire 10 minutes. Ensuite, lier, mais hors du feu, avec une cuillerée de moutarde, les jaunes d'œufs et la crème. Bien mélanger.

Vins blancs secs : saumur, vouvray, sancerre, quincy, muscadet.

POISSONS

HARENGS MARINÉS AU VIN BLANC

PRÉPARATION 30 MINUTES • MARINADE 45 MINUTES • CUISSON 12 MINUTES

8 harengs pleins
50 cl de vin blanc sec
25 cl de vinaigre de vin blanc
1 grosse carotte
3 oignons blancs
3 gousses d'ail
2 clous de girofle
thym, laurier, persil plat
poivre en grains, sel
1 cuillerée à soupe de coriandre en grains

Nettoyer les harengs, couper les têtes, remettre les laitances à l'intérieur des poissons et les ranger tête-bêche dans un plat à gratin assez profond. Verser le vin et le vinaigre dans une casserole, ajouter la carotte finement émincée et les oignons taillés en fines rondelles, les gousses d'ail pelées mais entières, quelques brindilles de thym, une feuille de laurier, les clous de girofle, un petit bouquet de persil, la coriandre et une dizaine de grains de poivre. Faire bouillir, puis réduire le feu et continuer à faire cuire doucement pendant une bonne demi-heure. Verser la marinade bouillante sur les harengs. Retirer le thym et le laurier. Placer le plat sur le feu et porter à la limite de l'ébullition, puis faire pocher pendant 12 minutes environ. Laisser refroidir complètement et mettre au réfrigérateur. Servir frais.

En principe, servir le même vin que celui utilisé pour la cuisson.

HARENGS SAUTÉS À LA LYONNAISE

PRÉPARATION 15 MINUTES • CUISSON 30 MINUTES ENVIRON

6 à 8 harengs
3 oignons blancs ou jaunes
sel, poivre, farine
120 g de beurre
persil
2 cuillerées à soupe de vinaigre de vin blanc

Nettoyer et parer les harengs. Peler et émincer finement les oignons. Saler, poivrer et fariner les poissons. Faire chauffer la moitié du beurre dans une poêle et y mettre les harengs à dorer sur les deux faces, sur feu pas trop vif. Pendant ce temps, faire dorer les oignons au beurre dans une autre poêle, sans les faire roussir trop vite. Retourner les harengs et ajouter les oignons. Poursuivre la cuisson pendant encore une dizaine de minutes. Disposer les harengs poêlés sur un plat de service, verser par-dessus la garniture d'oignons et parsemer de persil plat haché. Tenir au chaud. Déglacer la poêle avec le vinaigre, remuer sur feu vif pendant quelques instants et en arroser les harengs aux oignons. Servir aussitôt.

Vins blancs secs : sylvaner, bourgogne, bourgogne aligoté, mâcon, côtes-de-provence, jasnières, bergerac, entre-deux-mers.

POISSONS

LAMPROIE

CE POISSON DE MER REMONTE LES RIVIÈRES POUR LE FRAI ET SE pêche, comme l'alose, au printemps. Il est d'une grande finesse, mais sa préparation est assez délicate. La lamproie ne se dépouille pas : il faut la plonger vivante dans l'eau bouillante, puis dans l'eau fraîche, bien la nettoyer, la suspendre par la bouche et la saigner, en prenant soin de recueillir son sang dans une jatte avec du vin rouge (pour la liaison de la sauce). La lamproie est ensuite débarrassée du cordon qui lui tient lieu d'arête, puis tronçonnée et mise à mariner dans un bon vin rouge. Elle peut se cuisiner comme l'anguille.

LAMPROIE À LA BORDELAISE
PRÉPARATION 45 MINUTES • MARINAGE DU POISSON ET CUISSON DE LA SAUCE 3 HEURES • CUISSON 35 MINUTES

2 kg de lamproie
1 dl d'huile
100 g de beurre
sel, poivre
2 bouteilles de bordeaux rouge corsé
5 cl d'armagnac
1 cuillerée à soupe de farine
2 oignons, carottes
7 gousses d'ail
un demi-pied de céleri
12 poireaux
125 g de champignons
6 tomates
1 clou de girofle
6 échalotes
250 g de débris de jambon sec
1 pincée de noix muscade
bouquet garni
4 morceaux de sucre
100 g de maigre de jambon dit de Bayonne

Limoner, saigner et tronçonner les lamproies. Le sang sera conservé dans une partie du vin rouge ; les morceaux seront également mis à mariner dans une autre partie du vin rouge. Le marinage durera tout le temps de la préparation et de la cuisson de la sauce.
Faire revenir, à l'huile, oignons, échalotes, ail, carottes, céleri, débris de jambon, parures de poireaux, le tout coupé fin. Lorsque c'est blond, ajouter la farine. Mouiller avec le vin rouge restant ; ajouter les tomates fraîches, mondées et épépinées ; y mettre têtes et queues des lamproies (morceaux inutilisables), bouquet garni, sel, poivre, girofle, muscade, sucre ; laisser cuire doucement au four pendant 3 heures.
Passer cette sauce ; la réserver. Faire revenir, dans beurre et huile, les poireaux en bâtonnets, les champignons de Paris et le bayonne en dés. Mettre les lamproies sur les bâtonnets de poireaux, ajouter la sauce et donner un bouillon de quelques minutes en mélangeant doucement, au début et jusqu'à ébullition. Déposer les lamproies dans un autre récipient, les flamber à l'armagnac. Réduire la sauce à consistance valable. Remettre les lamproies dans la sauce et laisser mijoter jusqu'à parfaite cuisson.
Avant de servir, on peut ajouter un peu de beurre, mais c'est facultatif. Surveiller l'assaisonnement.

Vins rouges : saint-émilion, pomerol, médoc.

LAVARET

DÉLICAT ET FRAGILE, CE POISSON SE RENCONTRE PRESQUE uniquement dans le lac du Bourget. Il se cuisine comme la féra ou la truite.

GÂTEAU DE LAVARET AU RAGOÛT DE QUEUES D'ÉCREVISSE

PRÉPARATION 1 HEURE • CUISSON DU POISSON 30 MINUTES

1 kg de lavaret
6 œufs
un litre de crème fraîche
2 clous de girofle
sel, poivre
20 écrevisses
75 cl de vin blanc
1 oignon
5 gousses d'ail
4 échalotes
1 brindille de thym et persil
10 g de farine
250 g de beurre

Écailler, vider et laver les lavarets. Les essuyer avec soin. Prélever les filets et enlever peau et arêtes. Passer la chair au tamis. Pulvériser au mortier un clou de girofle, du sel, du poivre fin. Travailler au pilon la chair et l'assaisonnement pour obtenir une pâte lisse et mousseuse. Reprendre la pâte au fouet, en y incorporant, un par un, les œufs, et mélanger sans battre, jusqu'à ce que la pâte soit parfaitement lisse. En dernier lieu, ajouter la crème fraîche. Cet appareil ainsi terminé aura l'aspect d'une crème onctueuse.

Verser dans un ou plusieurs moules bien beurrés et faire cuire au bain-marie, dans un four chaud, 20 à 30 minutes. Démouler. Enrober d'un ragoût de queues d'écrevisse dont voici la recette :

Dans une bassine en cuivre étamé, émincer oignons, échalotes, ail. Ajouter le thym, le persil, l'autre clou de girofle. Verser le vin blanc sur le tout ; couvrir ; cuire à feu très vif. Laisser réduire de moitié. Assaisonner de sel et de deux tombées de cayenne. Jeter les écrevisses dans la bassine ; cuire à grand feu et couvrir.

Au bout de 4 minutes, remuer les écrevisses à l'aide de l'écumoire. Recouvrir la bassine et laisser cuire, jusqu'à ce que les écrevisses soient devenues uniformément rouges : 4 autres minutes de cuisson ajoutées aux 4 premières doivent amener ce résultat. Sinon, laisser cuire quelques minutes de plus, le temps de cuisson étant lié à l'intensité du feu. Les écrevisses étant cuites, les verser dans une terrine ainsi que leur court-bouillon ; les couvrir et les remuer souvent pour qu'elles s'imprègnent de l'arôme du court-bouillon. Laisser reposer ainsi pendant 1 heure, puis faire égoutter sur un tamis. Décortiquer les queues. Dans une casserole à fond large, mettre le beurre à feu vif. Lorsque le beurre est de teinte noisette, jeter les queues d'écrevisse par petites quantités dans la casserole, en remuant sans cesse. Modérer le feu. Lorsque les queues auront perdu leur humidité et que le beurre se sera clarifié, ajouter la farine, bien remuer, et laisser mijoter très doucement pendant 3 minutes. Mouiller avec la moitié du court-bouillon ; faire bouillir en remuant sans cesse ; laisser mijoter 10 minutes. Ajouter la crème et faire bouillir. Goûter et ajouter, si c'est utile, un peu de court-bouillon. Laisser bouillir encore 3 minutes. Servir avec le gâteau de lavaret.

Vins blancs secs : arbois, sancerre, quincy, pouilly-fuissé, hermitage.

LOTTE

IL FAUT DISTINGUER LA LOTTE D'EAU DOUCE (DE PLUS EN PLUS RARE et qui se cuisine comme l'anguille, à laquelle elle ressemble) et la lotte de mer, ou *baudroie,* toujours commercialisée sous le nom de « queue de lotte », sans la tête qui est énorme et monstrueuse. La chair de la lotte est très blanche, fine et ferme. Elle se cuisine un peu comme la viande, en sauce (à l'américaine), sautée ou rôtie, ou encore grillée en brochettes. Le « gigot de lotte » désigne un tronçon de lotte paré et ficelé que l'on fait généralement braiser avec des tomates et du vin blanc.

BOURRIDE MARSEILLAISE
PRÉPARATION 50 MINUTES • CUISSON DU POISSON 15 MINUTES
CUISSON DES LÉGUMES 45 MINUTES

Faire pocher, dans un court-bouillon aromatisé surtout en fenouil de Provence, de la baudroie en tranches.
D'autre part, monter un aïoli.
Ensuite, faire une sauce * Béchamel crémée, allongée avec le court-bouillon du poisson, dans laquelle, au moment de servir seulement, on ajoute quelques cuillerées d'aïoli, afin d'obtenir une sauce mousseuse. La verser sur des tranches de pain dans une soupière.
Dresser, dans un plat long, le poisson poché, entouré de carottes, de pommes de terre et de haricots verts, le tout bouilli nature.
Pour servir, mettre, dans chaque assiette creuse chaude, les tranches de poisson et les tranches de pain trempées dans la crème, et, dans une petite assiette, à côté, servir les légumes et l'aïoli.

Vins de Provence, blancs, rosés ou rouges.

2,400 kg de baudroie
sel, poivre
2 litres de court-bouillon
très corsé
4 dl d'aïoli *
200 g de beurre
100 g de farine
400 g de carottes
tournées
600 g de haricots verts
750 g de pommes de terre
le tout cuit à l'anglaise
16 petites tranches
de pain bien fines
passées au four

FILETS DE LOTTE EN RISSOLES
PRÉPARATION 40 MINUTES • CUISSON 10 MINUTES

1 kg de filets de lotte environ
250 g de feuilletage
100 g de champignons
40 g de truffes
5 cl de madère
sel, poivre
un demi-litre de sauce * tomate bien condimentée (avec 1 cuillerée de Worcestershire sauce)
100 g de persil frit
huile pour friture
100 g de beurre
sauce * à la diable

Faire des filets de lotte coupés en rectangles de 8 cm sur 4 cm (épaisseur d'un doigt). Faire légèrement raidir au beurre. Dans la pâte feuilletée couper des ronds assez grands pour qu'ils reçoivent, chacun, un filet. Préparer un hachis de champignons sautés au beurre et un hachis de truffes cuites, le tout légèrement humecté de madère. Mettre ce mélange autour du filet de lotte, sur la pâte ; saler et poivrer.

Former des chaussons ; bien souder en humectant les bords. Ménager des trous d'aération. Faire frire dans l'huile assez chaude. Dresser sur une serviette avec du persil frit. Servir avec une sauce à la diable.

Vins blancs secs : saumur, sancerre, quincy, muscadet.

LOTTE À LA PROVENÇALE
PRÉPARATION 25 MINUTES • CUISSON 15 MINUTES

1,500 kg de baudroie
150 g de farine
sel, poivre
1 dl d'huile d'olive
1 oignon, 1 gousse d'ail
100 g de beurre
6 cuillerées de sauce * tomate
1 dl de vin blanc
100 g de chapelure ou mie de pain

Détailler, en tranches d'égale épaisseur, un filet de lotte de mer. Assaisonner ces tranches de sel et de poivre ; les fariner légèrement. Les cuire à l'huile à la poêle, en les faisant bien dorer des deux côtés. Mettre les tranches de lotte dans un plat long allant au four, tapissé d'oignons hachés, fondus à l'huile.

Verser dessus la purée de tomates condimentée avec un peu d'ail écrasé. Mouiller de vin blanc et bien assaisonner.

Poudrer le poisson de chapelure ou de mie de pain ; l'arroser d'un peu d'huile. Le passer 10 minutes au four.

Vins blancs secs : côtes-de-provence, cassis.

TRANCHES DE LOTTE AU FOUR
PRÉPARATION 25 MINUTES • CUISSON 15 MINUTES

2 kg de baudroie
8 échalotes
150 g de champignons
250 g de beurre
sel, poivre
quelques branches de persil
2 dl de vin blanc
100 g de chapelure ou mie de pain

Débarrasser la baudroie de sa peau noire et des parties gélatineuses ; bien la laver et la tronçonner en morceaux épais. Garnir le fond d'un plat creux, allant au four, avec échalotes hachées et champignons émincés. Ranger les morceaux de poisson dessus, et assaisonner avec sel, poivre, encore un peu d'échalote, des champignons hachés, du persil, de gros morceaux de beurre, un peu de vin blanc, et recouvrir de chapelure ou, mieux, de mie de pain fraîche.

Cuire à four très chaud, de façon que le dessus soit légèrement gratiné et la sauce réduite à l'état de sirop léger. De cette façon, on peut préparer également : soles, merlans, etc.

En principe, servir le même vin blanc que celui utilisé pour la cuisson.

MAQUEREAU

BIEN QUE GRASSE, LA CHAIR DU MAQUEREAU A SES AMATEURS, CAR elle est robuste et de goût excellent. Marié traditionnellement avec les groseilles à maquereau, il se prête aussi à de nombreuses préparations souvent relevées de moutarde ou d'aromates : grillé, farci, en sauce, en soupe, etc. Les meilleurs maquereaux (dits « lisettes ») sont de taille moyenne et proviennent de Dieppe ; ils doivent être bien fermes au toucher, rigides et très brillants. Les maquereaux « de ligne » sont toujours préférables aux maquereaux « de chalut », qui séjournent plus longtemps dans la glace.

COTRIADE DE MAQUEREAUX
PRÉPARATION 25 MINUTES • CUISSON 15 MINUTES

Faire revenir poireaux ou oignons, à belle couleur, dans de l'huile et un peu de beurre. Ajouter la farine et mouiller avec l'eau et le vin blanc. Prendre de petits maquereaux ; les tronçonner ; retirer les arêtes ; couper les têtes qu'on mettra à cuire un quart d'heure dans la préparation ci-dessus. Puis les enlever ; les remplacer par les maquereaux, en ayant soin d'ajouter l'ail haché, ainsi que laurier, safran, sel, poivre, et le jus d'un citron. Laisser cuire à bon feu et réduire d'un tiers.
Disposer, sur un plat bien chaud, des tranches de mie de pain (2 ou 3 par personne), sur lesquelles on verse la soupe. Sur un autre plat bien chaud, mettre les tronçons de poisson avec un peu de persil haché.

Vins blancs secs : arbois, riesling, cassis, sylvaner, pouilly-fuissé, côtes-de-provence, muscadet.

1 kg de maquereaux
6 blancs de poireaux ou 6 oignons
5 cl d'huile
25 g de beurre
3 cuillerées à café de farine
un demi-litre d'eau
un demi-litre de vin blanc
2 gousses d'ail
une demi-feuille de laurier
1 cuillerée à café de safran
sel, poivre
1 citron
16 tranches de pain de mie
2 branches de persil hachées

MAQUEREAUX FRITS À L'AMÉRICAINE
PRÉPARATION 35 MINUTES • CUISSON 15 MINUTES

1 kg de maquereaux
250 g de bacon
100 g de farine
un demi-litre de lait
sel, poivre
50 g de beurre
huile pour friture

Ouvrir les maquereaux en deux ; les passer au lait et à la farine ; les faire frire ; les diviser en 4 morceaux. Faire frire 6 tranches de lard fumé minces. Servir, en alternant une tranche de poisson et une de lard.

Vins blancs secs : saumur, vouvray, sancerre, pouilly fumé.
Vins rouges : beaujolais villages, cunac, bourgueil.

* MAQUEREAUX AUX GROSEILLES
PRÉPARATION 20 MINUTES • CUISSON 12 MINUTES

1,500 kg de maquereaux
5 cl de moutarde
1 dl d'huile
100 g de farine
sel, poivre
12 à 15 groseilles
à maquereau
100 g de beurre

Vider les maquereaux ; les ciseler. Badigeonner l'intérieur avec de la moutarde. Les fariner. Les faire cuire sur le gril. Faire sauter à la poêle une douzaine de groseilles à maquereau. En arroser les maquereaux.

Vins blancs secs : vouvray, quincy. Vins rouges légers.

MERLAN

LE MERLAN EST UN POISSON VOISIN DE LA MORUE. CELUI DE LA Manche et de l'Océan, assez petit, est meilleur que celui de Méditerranée, plus gros. La chair du merlan est tendre, délicate et digeste, fine et feuilletée. La cuisson est à surveiller, car le merlan se « défait » facilement. Frit, grillé, pané, farci ou en paupiettes, il sert aussi à préparer des farces ou des mousses.

MERLAN BERTHOMMIER
PRÉPARATION 20 MINUTES • CUISSON 10 MINUTES

À l'aide d'un couteau à lame souple, inciser le dos du poisson tout au long de l'arête dorsale, fendre la chair dans toute l'épaisseur du poisson, en raclant l'arête. Retourner le merlan et inciser de la même façon sur l'autre côté de l'arête. Couper l'arête au ras de la queue et la tirer jusqu'à la tête – elle se détache très facilement. Sectionner alors l'arête au ras de la tête. Beurrer un plat très plat allant au four. Saler et poivrer. Hacher séparément échalote et persil. Poudrer largement le plat, d'abord avec l'échalote, puis avec le persil. Verser le vin blanc.
Poser le poisson ouvert, la chair au-dessus, la peau contre le plat.
Enlever la croûte du pain et râper la mie sur un tamis ou sur une râpe métallique. Saler et poivrer légèrement le poisson. Poudrer toute sa surface avec 2 grosses cuillerées à soupe de mie de pain râpée fin. Faire fondre le beurre restant et le verser sur le merlan pour bien en imprégner toute la mie de pain. Cuire à four chaud 4 à 5 minutes. Si le poisson n'est pas assez doré, le passer quelques instants sous la rampe du gril. Glisser le poisson sur une assiette chaude.

Vins blancs : muscadet sur lie, savennières, vouvray, sancerre, graves, entre-deux-mers, bergerac.

Par personne :
1 merlan
1 grosse échalote
quelques branches de persil
1 grosse tranche de pain de mie rassis
80 à 100 g de beurre
sel, poivre
un demi-verre de vin blanc sec

MERLANS À L'ESTRAGON
PRÉPARATION 45 MINUTES • CUISSON 20 MINUTES

Préparer les merlans, les cuire à l'eau froide salée. Dès l'ébullition, retirer du feu et laisser pocher 10 minutes. Dresser sur plat. Ajouter de l'estragon haché à la sauce maître d'hôtel ; décorer de feuilles d'estragon blanchies, d'un cordon de glace de poisson tout autour et de quartiers de citron.

Vins blancs secs : pouilly fumé, muscadet, chablis.

8 beaux merlans
sel, poivre
feuilles d'estragon blanchies
glace * de poisson
beurre * maître d'hôtel
1 citron

MERLANS FARCIS
PRÉPARATION 45 MINUTES • CUISSON 15 MINUTES

*8 beaux merlans
sel, poivre
50 g de champignons
200 g de beurre
100 g de farine
un litre de lait
1 pincée de muscade
1 échalote
2 branches de persil
2 branches d'estragon
4 tomates mondées et épépinées
fumet * de poisson,
un litre de sauce * Mornay
25 g de gruyère râpé*

Retirer l'arête des merlans. Les farcir avec des champignons grossièrement hachés, tombés au beurre, l'échalote hachée, du persil, de l'estragon, les tomates concassées liées avec un peu de sauce Mornay. Refermer les merlans, les entourer d'un fil pour maintenir la farce, et les pocher au fumet de poisson. Égoutter ; dresser ; napper de sauce Mornay ; poudrer de fromage râpé et faire gratiner à four vif.

Vins blancs secs : pouilly-fuissé, graves sec, chablis, sylvaner.

MOUSSE DE MERLAN
PRÉPARATION 1 HEURE • CUISSON 35 MINUTES

*800 g de chair de merlan
150 g de mie de pain fraîche
2 dl de lait
sel, poivre
4 blancs d'œufs
un demi-litre de crème fraîche
sauce * au choix :
Nantua, sauce du homard Newburg ou de la sole à la dieppoise*

Piler la chair des merlans, en y joignant la mie de pain trempée dans du lait et pressée ; assaisonner et ajouter, peu à peu, 4 blancs d'œufs. Passer au tamis ; mettre la farce dans une terrine placée sur de la glace et, en la travaillant à la spatule, lui incorporer très progressivement environ un demi-litre de crème fraîche. Mettre cette farce dans un moule à douille centrale, beurré, et faire pocher au bain-marie.
Cette mousse de merlan doit être servie chaude, avec une sauce au choix. (La farce peut être additionnée de truffes hachées.)

Vins blancs secs ou moelleux : graves, traminer, gewurztraminer.

PAUPIETTES DE MERLAN FARCIES AU VIN BLANC
PRÉPARATION 1 HEURE • CUISSON 15 MINUTES

*8 merlans
sel, poivre
farce * de poisson
1 feuille de papier sulfurisé
150 g de beurre
fumet * de poisson
1 dl de vin blanc*

Vider et nettoyer les merlans ; lever les filets ; assaisonner de sel et de poivre. Étendre dessus, du côté de la peau, de la farce de poisson ; rouler les filets en forme de paupiettes. Les envelopper d'un papier beurré qu'on ficellera ; les ranger dans un plat bien beurré et faire doucement pocher au four dans du fumet de poisson et du vin blanc.
La cuisson terminée, déficeler et servir sur un plat, en masquant les paupiettes avec la cuisson réduite, montée au beurre.

En principe servir le même vin blanc que celui utilisé pour la cuisson.

POISSONS

MORUE

LA MORUE (CABILLAUD SALÉ) SE PRÉSENTE SOUS DIFFÉRENTES formes : en queue ou emballée, en morceaux ou en filets (désarêtés, blanchis et roulés), etc. Il faut toujours la faire dessaler très soigneusement avant de la faire cuire et de la cuisiner. Pour cela, la mettre dans de l'eau froide (peau dessus, pour permettre l'évacuation du sel) et changer l'eau à plusieurs reprises. La meilleure manière de faire cuire la morue consiste à la mettre, une fois dessalée, dans de l'eau tiède sur feu vif ; dès que l'ébullition est atteinte, baisser le feu très modérément et faire pocher une quinzaine de minutes sans bouillir. La morue connaît de très nombreuses recettes, car ce fut un aliment de base en France et dans tout le bassin méditerranéen pendant plusieurs siècles : chaude ou froide, en salade, en gratin, en croquettes, en sauce tomate, à l'oignon, à la crème, etc.

BEIGNETS DE MORUE À LA SAUCE TOMATE
PRÉPARATION 1 HEURE • CUISSON 15 + 5 MINUTES

Mélanger la morue pochée et nettoyée à un appareil à pommes * duchesse, dans la proportion de 200 g de morue pour 100 g de pommes de terre. Former des boules de la grosseur d'un bouchon. Paner à l'anglaise et faire sauter au beurre. Garnir de persil frit. Servir, à part, une sauce tomate.

Vins blancs secs : saumur, vouvray, pouilly fumé, muscadet, viré, chablis, riesling, cassis.

1,500 kg de morue dessalée
500 g de pommes de terre
6 œufs
sel, poivre
1 pincée de muscade
200 g de beurre
5 cl d'huile
500 g de mie de pain fraîche
un litre de sauce * tomate
1 bouquet de persil frit

BRANDADE DE MORUE
PRÉPARATION 1 HEURE • 1ʳᵉ CUISSON 10 MINUTES • 2ᵉ CUISSON 15 MINUTES

1,250 kg de morue
un demi-litre d'huile d'olive
poivre
1 dl de lait
1 citron
10 g de beurre
8 beaux croûtons en pain de mie en dents-de-loup

Cette brandade peut se faire de trois façons :
1° Dessaler la morue pendant 24 heures ; la faire cuire 10 minutes, sans bouillir ; enlever les arêtes et la peau, effeuiller la chair. La mettre dans une casserole, avec un peu d'huile ; chauffer à point. Tourner doucement sans arrêter, en versant goutte à goutte de l'huile, jusqu'à faire une pâte onctueuse. Piquer la brandade de croûtons frits. La brandade doit être faite sur un feu doux.
2° Même méthode, mais verser, de temps en temps, un peu de lait avec l'huile ; un jus de citron au moment de servir.
3° Même méthode, mais écraser une pomme de terre bouillie farineuse avec la morue ; y ajouter des câpres et des truffes hachées.
On peut servir la brandade sur un plat ou dans une croûte de vol-au-vent.
Nota. Il n'y a pas d'ail dans la vraie brandade, qui est nîmoise.

Vins blancs secs ou moelleux : graves, traminer, vouvray, anjou, sauternes, barsac.

CROQUETTES DE MORUE AU FROMAGE
PRÉPARATION 1 HEURE • CUISSON 20 MINUTES

1,200 kg de morue
un litre de sauce * Béchamel
160 g de fromage râpé
150 g de beurre
75 g de farine
4 œufs
5 cl d'huile
500 g de mie de pain fraîche
huile pour friture
1 poignée de persil en branches

Effeuiller finement, ou couper en dés, de la morue fraîchement pochée, débarrassée de toutes peaux et arêtes. La mélanger à une sauce Béchamel très réduite, en y joignant du fromage râpé. Étaler ce mélange sur un plat et laisser refroidir. Le diviser ensuite en morceaux de 60 g, qui seront façonnés en boules ou en bouchons ; les rouler dans la farine, puis les paner à l'anglaise (dans l'œuf et la mie de pain). Faire frire à l'huile ; dresser sur une serviette et entourer de persil frit.

Vins blancs secs : saumur, vouvray, sancerre, pouilly fumé, muscadet, quincy.

POISSONS

FILETS DE MORUE À L'ANGEVINE
PRÉPARATION 25 MINUTES • CUISSON 15 MINUTES

Beurrer le fond d'un plat ; le garnir avec une couche d'oseille crue ciselée, c'est-à-dire coupée en fines lanières, un peu d'oignon haché et 2 œufs durs également hachés, du persil et du thym.
Sur ce tapis, poser les filets de morue bien dessalés, les recouvrir de la même préparation ; mettre au four. Faire cuire doucement, pendant 15 minutes.
Retirer alors les morceaux et faire réduire le jus que n'aura pas manqué de rendre l'oseille. Verser le tout sur la morue. Servir, à part, les pommes de terre cuites à l'eau. On peut finir cette délicieuse préparation par 2 cuillerées de crème fraîche.

Vins blancs secs : saumur, chablis, pouilly fumé, muscadet, jasnières, gros plant nantais.

8 filets de morue de 150 g chacun
1 kg d'oseille épluchée
1 oignon haché
2 œufs durs et persil haché
1 pincée de thym en poudre
500 g de pommes de terre de Hollande à l'anglaise
1 dl de crème fraîche

FILETS DE MORUE SAUTÉS À LA LYONNAISE
PRÉPARATION 40 MINUTES • CUISSON 20 MINUTES

Dorer 4 gros oignons émincés au beurre et à l'huile ; les retirer du feu. Préparer, avec des pommes de terre cuites à l'eau, des pommes sautées. Avant qu'elles soient complètement colorées, ajouter de beaux filets de morue pochés et effeuillés, les oignons et du persil haché.

Vins blancs secs : mâcon viré, aligoté, pouilly fumé.

1,200 kg de filets de morue dessalés
4 gros oignons
150 g de beurre
1 dl d'huile
500 g de pommes de terre
sel
1 cuillerée de persil haché

LANGUES DE MORUE EN TURBAN
PRÉPARATION 50 MINUTES • CUISSON 20 MINUTES • GRATINAGE 10 MINUTES

Si l'on peut se procurer des langues de morue, voici une recette pour en faire une entrée digne de figurer sur les menus des plus grands dîners. Laver très soigneusement les langues à l'eau chaude, puis à l'eau fraîche. Les débarrasser de leur enveloppe rugueuse et les laver une seconde fois. Les faire blanchir et les égoutter. Réserver au chaud. Préparer une sauce assez consistante avec les jaunes d'œufs, la farine, le beurre, du sel, du poivre, en délayant le tout dans le lait froid.
Faire prendre cette sauce sur un feu doux ; on y fera cuire les langues de morue pendant à peu près 20 minutes ; y ajouter, si l'on veut, un bouquet garni. Beurrer un moule à gâteau en forme de couronne. Y verser la préparation, recouvrir de fromage râpé ou de mie de pain fraîche et faire gratiner au four.
Servir, comme entrée, sur un plat chaud.

Vins blancs : arbois, sylvaner, sauternes, graves, anjou, monbazillac.

1,200 kg de langues de morue
3 jaunes d'œufs
100 g de beurre
50 g de farine
un litre de lait
sel, poivre
bouquet garni
25 g de fromage râpé ou une cuillerée de mie de pain fraîche

* MORUE À L'AÏOLI
PRÉPARATION 45 MINUTES • CUISSON DE LA MORUE 14 MINUTES
CUISSON DES LÉGUMES 40 MINUTES

8 filets de morue dessalés de 150 g chacun
800 g de carottes
200 g de haricots verts
500 g de choux-fleurs
8 fonds d'artichauts
500 g de pommes de terre à l'anglaise
4 œufs durs
à volonté, escargots cuits à l'avance avec eau salée, fenouil et topinambours
à part, une bonne saucière d'aïoli *

C'est une morue pochée nature, servie froide avec des légumes bouillis (carottes, haricots verts, choux-fleurs, fonds d'artichauts, pommes de terre, topinambours), œufs durs et escargots. Servir l'aïoli en même temps.

Vins blancs secs : côtes-de-provence, cassis. Vins rosés : tavel, cassis ou bandol. Vins rouges de Provence.

MORUE À LA CRÈME
PRÉPARATION 40 MINUTES • CUISSON 20 MINUTES

1,500 kg de morue épaisse
5 cl de vinaigre
100 g de beurre
50 g de farine
3 jaunes d'œufs
2 dl de crème fraîche
1 citron
500 g de pommes de terre à l'anglaise

Mettre la morue à dessaler, après l'avoir découpée en 8 morceaux. Le lendemain, faire pocher la morue, 20 minutes, dans de l'eau légèrement vinaigrée. Dans une casserole très épaisse, faire un roux blanc ; le mouiller avec l'eau de cuisson de la morue, de façon à obtenir une sauce un peu épaisse ; laisser bouillir quelques minutes.
Au moment de servir, lier la sauce avec les jaunes d'œufs, la crème fraîche et le jus d'un demi-citron. La verser sur les morceaux de morue. Ajouter quelques pommes vapeur comme garniture.

Vins blancs secs : saumur, pouilly-fuissé, graves sec, chablis, mâcon.

MORUE À LA PROVENÇALE
PRÉPARATION 30 MINUTES • CUISSON 20 MINUTES • FINITION 10 MINUTES

1,200 kg de morue
15 cl d'huile
1 gros oignon
4 tomates
une demi-gousse d'ail
1 cuillerée à soupe de persil
50 g de câpres
250 g d'olives noires
sel (peu), poivre

Faire sauter dans l'huile l'oignon haché, les tomates pelées, pressées et concassées. Ajouter une pointe d'ail broyé, une pincée de persil concassé, les câpres et les olives noires, sel, poivre, et la morue fraîchement pochée et effeuillée. Laisser mijoter pendant 10 minutes et servir dans un plat creux.

Vins blancs secs : cassis, côtes-de-provence, bellet, coteaux-d'aix.

MORUE À LA TOULONNAISE
PRÉPARATION 40 MINUTES • CUISSON 20 MINUTES

1,200 kg de morue dessalée
1 litre de sauce * tomate
250 g de riz * pilaw
50 g de beurre
sel (peu), poivre

Préparer une sauce tomate très épicée. Faire, d'autre part, pocher la morue ; enlever arêtes et peau, et laisser faire un bouillon de quelques minutes dans la sauce tomate. Servir avec le riz pilaw.

Vins blancs secs : cassis, côtes-de-provence, bellet, coteaux-d'aix.

MOUSSE ET FRIANDISES DE MORUE AUX ANCHOIS

PRÉPARATION 1 HEURE • CUISSON 20 MINUTES

500 g de morue
un demi-litre de sauce * Béchamel
100 g de beurre
6 anchois
un litre de gelée * de poisson
truffes hachées
sel, poivre

Prendre 500 g de morue pochée et épluchée ; la passer au tamis ou à la machine à hacher (grille fine).

Ajouter de la bonne béchamel réduite, 100 g de beurre en pommade, et 6 anchois de Collioure passés au tamis. Travailler vigoureusement le tout à la spatule pour en faire une mousse assez consistante.

Remplir, à l'aide d'une poche à douille cannelée, des moules à darioles, chemisés au préalable d'une belle gelée de poisson décorée ; recouvrir de gelée ; tenir au froid. Démouler au moment de servir.

D'autre part, avec cette même mousse, former de petites boules qu'on roulera dans des truffes hachées. Lustrer légèrement à la gelée. On peut également enrober ces petites boules de pulpe de tomate et lustrer aussi à la gelée. Garnir de ces boules la mousse précédemment démoulée.

Vins blancs secs : pouilly fumé.

POMMES DE TERRE FARCIES AUX FILETS DE MORUE

PRÉPARATION 1 HEURE • CUISSON DE LA MORUE 15 MINUTES • CUISSON DES POMMES DE TERRE 40 MINUTES

1 kg de filets de morue dessalés
4 grosses pommes de terre de Hollande
4 piments
2 gros oignons
150 g de beurre
50 g de farine
un demi-litre de lait
sel (très peu), poivre
25 g de gruyère râpé

Brosser 4 grosses pommes de terre longues. Les piquer légèrement et les mettre au four. D'autre part, découper la morue en 8 filets de la dimension des pommes. Prendre 4 piments épépinés et 2 oignons qu'on aura fortement blanchis. Les émincer finement. Pocher la morue.

Lorsque les pommes sont cuites, les couper en deux dans le sens de la longueur. Avec une cuillère, faire tomber la pulpe dans un plat creux, en prenant soin de ne pas traverser la peau. Écraser grossièrement cette pulpe à la fourchette, en y ajoutant une noix de beurre, du sel et du poivre. Remplir les demi-pommes de terre. Mettre, sur chacune d'elles, un filet de morue bien égoutté. Parsemer le dessus de piments et d'oignons.

Faire une petite sauce Béchamel assez ferme. Napper proprement les pommes de terre. Mettre un peu de gruyère râpé dessus et passer au four pour gratiner. Servir très chaud.

Vins blancs secs : vouvray, sancerre, pouilly fumé ou tavel rosé.

MOTELLE

LA MOTELLE (OU MOSTÈLE) EST UN POISSON MÉDITERRANÉEN À LA chair maigre et fine, qui s'apprête comme le merlan.

MOTELLE AUX NONNATS
PRÉPARATION 45 MINUTES • CUISSON 12 MINUTES

**4 motelles de 200 g chacune
3 échalotes
bouquet garni
sel, poivre
un demi-litre de vin de Chablis
1 dl de fumet * de poisson
250 g de beurre
8 petites tomates (pommes d'amour)
500 g de nonnats (très petits poissons des côtes méditerranéennes)
8 fleurons**

Ouvrir 4 motelles sur le dos. Enlever les arêtes ; poser les poissons sur un plat grassement beurré, avec les échalotes hachées et un petit bouquet garni. Assaisonner de sel et de poivre du moulin. Mouiller au vin et au fumet de poisson. Cuire au four en arrosant très souvent. Après cuisson, retirer les motelles ; les réserver.
Réduire la cuisson et la monter au beurre frais ; mettre au point l'assaisonnement ; passer la sauce au linge à beurre. En napper les poissons et glacer au four.
Dresser tout autour de petites boules de tomates étuvées au beurre, et intercaler de petits bouquets de nonnats frits.

En principe, servir le même vin que celui utilisé pour la cuisson.

DARNES DE COLIN « COMME À BIRIATOU »

P. 166

C'est tout le parfum de la côte basque qu'évoque Biriatou, minuscule village perché dans la montagne à quelques kilomètres d'Hendaye : tomate, poivron et oignon frit lui font écho.

Assiette Hutschenreuther.

MORUE À L'AÏOLI

P. 190

Dans ce plat où Frédéric Mistral voyait se concentrer « la chaleur, la force et l'allégresse du soleil de Provence », c'est l'aïoli, cette fameuse sauce mayonnaise à l'huile et à l'ail, qui joue le premier rôle. Plat

de fête où les figurants sont légion, formant cortège autour de la morue pochée : légumes bouillis, olives, œufs durs, et même parfois escargots.

Plat et assiette Villeroy et Boch.

MAQUEREAUX AUX GROSEILLES

P. 184

Les groseilles dites « à maquereaux », accompagnement traditionnel de ce poisson qu'elles relèvent d'un jus délicieux, sont ici remplacées par des groseilles rouges.

Assiette Christofle.

TRUITES AU BLEU

P. 223

Il s'agit là d'un apprêt de pêcheur, car les truites, sitôt sorties du torrent, doivent être épongées, vidées et lavées, puis plongées aussitôt dans un court-bouillon vinaigré.

Assiette Christofle.

TURBOT AU CHAMBERTIN

P. 228

« Roi du carême », comme on le surnomma pendant des siècles, ce magnifique poisson à la chair blanche et fine mérite largement pour sa préparation un vin aussi somptueux que le chambertin. La robustesse

et l'onctuosité de ce grand cru bourguignon, la suavité de son parfum mais également sa « charpente » l'imposent comme vin d'accompagnement de ce plat de grande classe.

Plat et assiette Hutschenreuther.

SARDINES AUX ÉPINARDS

P. 205

Disposées sur un lit d'épinards, les sardines sont arrosées d'un filet d'huile d'olive et poudrées de chapelure pour dorer au four : extrême simplicité et réussite assurée.

Plat Lalique.

OMBLE

CE POISSON DES LACS FROIDS SE FAIT DE PLUS EN PLUS RARE, CE qui est dommage car sa chair rosée et très délicate lui a valu le surnom de « roi des poissons d'eau douce ». Il se cuisine comme la truite saumonée.

OMBLE CHEVALIER À LA CRÈME ET AU CRÉPY BLANC
PRÉPARATION 30 MINUTES • CUISSON 10 MINUTES

Ouvrir les ombles en gondole (ouvrir les poissons sur le dos et en extirper l'arête, en laissant ainsi aux poissons l'apparence d'une barque). Les coucher sur un plat, préalablement beurré et parsemé d'échalotes hachées. Assaisonner ; mouiller avec le vin blanc et le fumet de poisson, et cuire au four une dizaine de minutes. Retirer le poisson ; le tenir au chaud.
Passer la cuisson et faire réduire. Ajouter de la crème double ; rectifier l'assaisonnement, et laisser réduire jusqu'à l'obtention d'une sauce bien onctueuse (sans la lier).
En napper les poissons, ajouter les lames de truffes au moment de servir. Servir très chaud.

En principe, servir le même vin que celui utilisé pour la cuisson.

4 beaux ombles
200 g de beurre
sel, poivre
4 échalotes
un demi-litre de crépy
blanc sec de Savoie
1 dl de fumet *
de poisson
un demi-litre de crème
double
8 lames de truffes (20 g)

OMBLE CHEVALIER DU LAC « À MA FAÇON »
PRÉPARATION 1 HEURE • CUISSON 10 MINUTES

Désosser à cru les ombles. Les assaisonner de sel et de très peu de poivre. Préparer, à part, une julienne de champignons de Paris et de truffes, pas trop fine. La faire tomber au beurre ; lier à la crème fraîche et aux jaunes d'œufs. Laisser refroidir.
En garnir les ombles. Les entourer d'un fil pour les maintenir ; mettre au four, dans un plat grassement beurré, et laisser cuire, après avoir recouvert le plat d'un papier beurré.
Déglacer au porto et mouiller, à hauteur, de crème. Servir, après liaison naturelle.

Vins blancs secs : sancerre, pouilly-fuissé, hermitage, crépy.

4 beaux ombles
sel, poivre
250 g de champignons
80 g de truffes
250 g de beurre
un demi-litre
de crème fraîche
3 jaunes d'œufs
1 dl de porto

POISSONS

PERCHE

EXCELLENT POISSON D'EAU DOUCE, LA PERCHE EST NÉANMOINS délicate à manipuler à cause des aiguillons de sa nageoire dorsale dont les piqûres sont redoutables. Les petites perches se font frire. Les plus grosses sont à préparer à la meunière ou en matelote, parfois à farcir.

PERCHES SAUCE SUCHET
PRÉPARATION 35 MINUTES • CUISSON 15 MINUTES

8 perches de 150 g chacune environ
100 g de rouge de carotte
100 g de céleri
racine de persil
200 g de beurre
50 g de farine
75 cl de vin blanc
un demi-litre d'eau, sel
*sauce * Suchet*

Tailler en fine julienne le rouge de carotte, le même poids de blanc de céleri et une racine de persil. Étuver cette julienne avec 50 g de beurre et, quand elle est bien fondue, la mouiller avec le vin blanc et autant d'eau. Assaisonner d'une pincée de sel et laisser bouillir doucement, jusqu'à ce que la julienne soit cuite.
Vider et gratter les perches ; couper les nageoires dorsales et ventrales, rogner le bout de la queue ; les laver et les ranger dans un plat creux. Verser dessus, en le passant au chinois, le court-bouillon, bien bouillant, et réserver la julienne qui sera utilisée pour la sauce.
Couvrir les perches et les cuire sur le coin du feu, un petit quart d'heure, en maintenant le liquide en simple frémissement.
Aussitôt cuites, égoutter les perches, les ranger sur un plat, les tenir au chaud et préparer la sauce Suchet avec le court-bouillon : brunoise de légumes étuvée au beurre, additionnée de fumet de poisson, réduite, puis mélangée avec 30 cl de sauce au vin blanc.
Verser cette sauce sur les perches et servir.

Vins blancs secs : quincy, sylvaner, champagne nature.

RAIE

CONTRAIREMENT AUX AUTRES POISSONS, QUI DOIVENT ÊTRE TRÈS frais, la raie doit subir un certain temps de mortification, au frais, avant son emploi, sinon sa chair serait coriace (de 24 à 48 heures). Il convient de choisir la « raie bouclée », qui est la plus savoureuse. Maigre et fine, la raie n'a pas d'arêtes et son support cartilagineux se retire facilement. On élimine toujours la peau. Le foie de raie est un morceau recherché, de même que les « joues ».

CARBONNADE DE RAIE
PRÉPARATION 45 MINUTES • CUISSON 15 MINUTES

Parer la raie cuite au court-bouillon (voir recette Turbot Denis) ; la couper en gros morceaux. Ajouter sel, poivre, jus de citron. Passer au beurre fondu, puis dans un œuf battu, et enfin dans la chapelure. Mettre les morceaux ainsi préparés dans un plat allant au four, avec un peu de beurre. Cuire 15 minutes au four chaud.
Servir avec une sauce hollandaise.

Vins blancs secs : quincy, saumur, graves sec, sylvaner, champagne nature, clairette de Die.

1,500 kg de raie
sel, poivre
1 citron
100 g de beurre
1 œuf
300 g de chapelure ou mie de pain
sauce * hollandaise

FILETS DE RAIE À LA POULETTE
PRÉPARATION 40 MINUTES • CUISSON 20 MINUTES

Parer la raie cuite ; la diviser en filets minces ; arroser d'un peu de citron, de sel, de poivre, et couvrir de tranches d'oignons. Laisser dans un plat creux pendant une demi-heure.
Enlever l'oignon, passer chaque filet dans du beurre fondu ; le rouler et le maintenir roulé en le traversant d'une petite brochette de bois (un cure-dent de bois est excellent). Repasser au beurre, fariner, mettre dans un plat allant au four (20 minutes, à four modéré).
Couper 3 œufs durs en rondelles ; les ranger autour des filets, dans le plat de service. Accompagner d'une sauce Béchamel.

Vins blancs secs : saumur, sylvaner, champagne nature, mâcon-viré, cour-cheverny.

1,200 kg de raie
1 citron
sel, poivre
2 gros oignons
100 g de beurre
75 g de farine
3 œufs durs
un litre de sauce *
Béchamel
16 brochettes

* RAIE AU BEURRE NOISETTE
PRÉPARATION 20 MINUTES • CUISSON 15 MINUTES

1,200 kg de raie (ailes)
sel, poivre
50 g de câpres
1 cuillerée de persil haché
100 g de beurre
5 cl de vinaigre
500 g de pommes de terre
bouquet garni

C'est la préparation principale de la raie.
Les morceaux étant appropriés et cuits dans un court-bouillon juste en frémissement, les égoutter ; les éponger, et les ranger sur un plat. Assaisonner de sel et de poivre ; ajouter câpres et persil haché ; arroser copieusement de beurre noisette et d'un filet de vinaigre passé dans la poêle brûlante.
Servir, à part, des pommes de terre cuites à la vapeur.
Nota. Le beurre noisette peut être un peu foncé, mais jamais noir. Le beurre noir est un poison.

Vins blancs secs : quincy, graves sec, sylvaner.

RAIE À LA SAINT-CAST
PRÉPARATION 50 MINUTES • CUISSON 25 MINUTES

1,250 kg à 1,500 kg de raie
sel, poivre
1 dl de vinaigre
2 oignons, bouquet garni
3 blancs de poireaux
100 g de beurre
30 g de farine
un demi-litre de lait
1 pincée de muscade, persil
25 g de chapelure ou mie de pain fraîche
25 g de fromage râpé

Prendre une aile de raie ; la plonger dans de l'eau fraîche et la brosser pour la débarrasser de son enduit visqueux. Ensuite, rogner l'extrémité aplatie de l'aile, entièrement composée de cartilage, puis la diviser en morceaux, que l'on tranche dans le sens des fibres.
Mettre ces morceaux dans un sautoir ; couvrir d'eau froide ; ajouter 15 g de sel et 4 cuillerées de vinaigre par litre d'eau, 2 oignons émincés et un bouquet garni.
Faire prendre l'ébullition et cuire doucement pendant 15 minutes. Pendant ce temps, préparer et faire cuire la sauce.
Émincer finement 3 blancs de poireaux ; les étuver avec 30 g de beurre, doucement et presque jusqu'à cuisson complète. Poudrer avec la farine, mélanger, cuire quelques instants ; ajouter le lait bouilli, une pincée de sel, une prise de poivre, un peu de muscade ; faire prendre l'ébullition en remuant. Mettre un petit bouquet de persil et laisser cuire doucement pendant 25 minutes.
Égoutter les morceaux de raie sur un linge ; gratter la peau des deux côtés, puis les ranger sur un plat à gratin en reformant l'aile. Les tenir au four pendant 5 à 6 minutes pour faire évaporer l'humidité restée dans la chair, puis les couvrir avec la sauce ; poudrer la surface avec une cuillerée de chapelure fine mélangée de fromage râpé, asperger de beurre fondu et faire gratiner à four vif.

Vins blancs secs : vouvray, sancerre, quincy, pouilly fumé.

POISSONS

ROUGET

LE ROUGET DE ROCHE, OU SURMULET, ET LE ROUGET DE SABLE (OU de vase) sont désormais appelés du nom de *rouget barbet*. La Reynière les surnommait « bécasses de mer », parce qu'il est recommandé de ne pas les vider (essentiellement les petits) ; on peut aussi attendre 24 heures avant de les préparer. Leur goût est original et exquis. Un seul défaut : leurs arêtes fines et recourbées. Les petits rougets de la Méditerranée sont tenus pour les meilleurs. Grillés, frits ou poêlés, ou bien cuits au four, en papillotes ou à l'huile d'olive, ils donnent des plats savoureux et très délicats.

ROUGETS À LA BORDELAISE
PRÉPARATION 30 MINUTES • CUISSON 18 MINUTES

Après avoir paré et assaisonné les rougets, les faire cuire doucement au beurre, chauffé dans une sauteuse. Les mouiller avec du vin blanc ; y ajouter 4 échalotes finement hachées. Faire partir l'ébullition et couvrir la sauteuse, dans laquelle les rougets mijoteront pendant douze minutes. Au bout de ce temps, retirer les poissons, les égoutter. Utiliser la cuisson et un peu de sauce tomate claire pour délayer un roux brun. Passer cette sauce au travers d'un tamis fin et la faire réduire à consistance sirupeuse. Beurrer, hors du feu ; ajouter une pincée d'estragon haché et rectifier l'assaisonnement.

Vins blancs secs : quincy, saumur, graves sec, sylvaner.

Ingrédients :
8 rougets de 150 g chacun
sel, poivre
150 g de beurre
un demi-litre de vin blanc
4 échalotes
50 g de farine
un demi-litre de sauce * tomate
2 branches d'estragon épluchées

ROUGETS FROIDS À L'ORIENTALE
PRÉPARATION 25 MINUTES • CUISSON 18 MINUTES

Ranger les rougets sur une plaque légèrement huilée ; couvrir de vin blanc et ajouter sel, poivre, tomate concassée, racine de persil, thym, laurier, coriandre et safran. Couvrir de papier et faire partir en ébullition ; continuer la cuisson pendant encore 10 minutes sur feu doux. Laisser refroidir ; servir dans la cuisson en ajoutant, sur chaque poisson, une lame de citron pelé à vif.

Vins blancs secs : cassis, côtes-de-provence, clairette du Languedoc, muscadet.

Ingrédients :
8 rougets de 150 g chacun
1 dl d'huile d'olive
1 dl de vin blanc
sel, poivre
6 tomates mondées, épépinées, concassées
2 racines de persil
1 brindille de thym
un quart de feuille de laurier
6 grains de coriandre
1 cuillerée à café de safran, 1 citron
1 feuille de papier sulfurisé

ROUGETS FROIDS POCHÉS À L'ÉCHALOTE
PRÉPARATION 30 MINUTES • CUISSON 18 MINUTES

8 petits rouget de 150 g chacun
100 g de beurre
10 g de persil et 10 g d'échalote
10 g de sel
un demi-litre de vin blanc sec
2 dl d'eau
4 jaunes d'œufs
1 bouquet garni
sel, poivre
4 cuillerées de crème
1 citron

Les petits rougets se vident ou non, selon le goût. Faire pocher les rougets dans le vin et l'eau avec le bouquet, le sel et le poivre. Les égoutter. Faire fondre, dans un peu de beurre, les échalotes et le persil hachés ; mouiller avec la cuisson passée des rougets. Laisser réduire. Lier avec la crème et les jaunes d'œufs. Ajouter du beurre, du citron. Passer sur les rougets et tenir le plat au froid, sur de la glace si possible.

En principe, le même vin que celui utilisé pour la cuisson.

ROUGETS GRATINÉS
PRÉPARATION 45 MINUTES • CUISSON 12 MINUTES

8 rougets de 180 g chacun
75 g de champignons de Paris
1 dl de vin blanc
sel, poivre
*sauce * Duxelles*
50 g de beurre
25 g de chapelure ou de mie de pain
1 citron
1 cuillerée de persil

Mettre, sur un plat beurré, les rougets entourés de champignons crus émincés et arrosés de vin blanc ; poivrer, saler et recouvrir complètement de sauce Duxelles.
Mettre les poissons à four doux, après les avoir poudrés de chapelure et arrosés de beurre fondu. Retirer les rougets après 12 minutes de cuisson, non sans avoir répandu sur leur surface quelques gouttes de jus de citron. Servir les rougets poudrés de persil ciselé.

Vins blancs secs : saumur, vouvray, sancerre, quincy, graves sec, riesling, sylvaner, cassis, pouilly-fuissé.

ROUGETS GRILLÉS
PRÉPARATION 40 MINUTES • CUISSON 15 MINUTES

8 rougets de 180 g chacun
sel, poivre
1 dl d'huile
1 citron
50 g de beurre
30 g de farine
3 échalotes hachées
1 dl de vin blanc
80 g de champignons de Paris
8 feuilles de papier
1 citron

Faire griller les poissons, de préférence après les avoir enveloppés chacun dans du papier huilé.
Servir avec une sauce ainsi préparée :
Dans une casserole, faire un roux blond ; y ajouter un peu d'huile, de l'échalote, des fines herbes, des champignons hachés, un verre de vin blanc sec, et assaisonner. Faire cuire un quart d'heure ; passer la sauce, ajouter un morceau de beurre frais ; servir chaud.

Vins blancs secs : saumur, vouvray, sancerre, quincy, graves sec, chablis, riesling, cassis.

POISSONS

ROUGETS MARINÉS GRILLÉS
PRÉPARATION 25 MINUTES • MARINAGE 1 HEURE • CUISSON 15 MINUTES

Parer les rougets ; les mettre dans une marinade à l'huile d'olive, avec vinaigre, sel, poivre en grains, oignon, citron, pendant 1 heure. Les faire griller en arrosant avec la marinade ; retourner les poissons ; les servir avec le reste de la marinade passée et chauffée, relevée d'estragon et d'un peu de moutarde.

Vins blancs secs : chablis, arbois, sylvaner, cassis, sancerre, muscadet, quincy, gros plant nantais.

Ingrédients :
8 rougets de 180 g chacun
1 dl d'huile d'olive
5 cl de vinaigre
sel, poivre en grains
1 gros oignon émincé
1 citron
2 branches d'estragon
1 cuillerée à café de moutarde

* ROUGETS AUX MOUSSERONS
PRÉPARATION 25 MINUTES • CUISSON 18 MINUTES

Parer, écailler les poissons. Les mettre dans une cocotte avec beurre, sel, poivre, persil. Cuire tout doucement, couvercle fermé.
D'autre part, faire cuire des mousserons avec un peu de vin blanc, des fines herbes, du beurre. Verser le tout dans la cocotte, quand les poissons sont presque cuits. Il faut que le liquide les recouvre complètement. Laisser réduire quelques instants ; servir chaud.

Vins blancs secs : vouvray, quincy, graves sec, chablis, riesling, sylvaner, champagne nature.

Ingrédients :
8 rougets de 150 g chacun
100 g de beurre
sel, poivre
1 cuillerée à soupe de persil haché
150 g de mousserons
1 dl de vin blanc
bouquet garni

ROUGETS À LA NANTAISE
PRÉPARATION 50 MINUTES • CUISSON 15 MINUTES

Prendre 8 rougets, en retirer simplement les ouïes ; le rouget ne se vide pas toujours. Les essuyer dans un linge sans les laver ; les ciseler des deux côtés pour éviter qu'ils ne se brisent en cuisant ; assaisonner de sel et de poivre ; les arroser copieusement d'huile et les mettre sur le gril bien chauffé à l'avance.
Les faire griller doucement.
Mettre, dans une petite casserole, l'échalote hachée aussi finement que possible et le vin blanc. Réduire ce vin complètement et ajouter : la glace de viande blonde fondue, 100 g de beurre, une pincée de sel fin, une prise de poivre et du persil haché. Bien mélanger le tout ; ramollir simplement le beurre comme pour une sauce maître d'hôtel.
Quand les rougets sont cuits, en retirer les foies ; les écraser sur une assiette et les mélanger au beurre.
Étaler ce beurre sur un plat long, chaud, et ranger les rougets dessus.

Vins blancs secs : pouilly fumé, muscadet, quincy, graves sec.

Ingrédients :
8 rougets de roche de 150 g chacun
sel, poivre
1 dl d'huile
1 cuillerée d'échalote
1 dl de vin blanc
2 cuillerées de glace * de viande
100 g de beurre
1 cuillerée de persil

POISSONS

ROUGET À LA NIÇOISE
PRÉPARATION 25 MINUTES • CUISSON 30 MINUTES

Par personne :
1 rouget barbet de 300 g environ
1 cuillerée de farine
3 ou 4 cuillerées d'huile d'olive
3 tomates moyennes
1 pointe d'ail
1 pointe d'échalote
6 olives noires
6 olives vertes
1 rondelle de citron
6 filets d'anchois à l'huile
20 g de beurre
persil, sel, poivre

Écailler, vider, laver et essuyer le rouget. Le saler, le poivrer et le fariner. Faire chauffer 2 cuillerées d'huile dans la poêle. Faire dorer le rouget sur ses deux faces, dans l'huile très chaude. Le laisser cuire à feu moyen 10 à 15 minutes. Le réserver au chaud.

Enlever les cœurs des tomates et les plonger dans une casserole d'eau bouillante. Après quelques secondes, sortir les tomates de l'eau et les éplucher.

Couper les tomates en deux, les presser pour en extraire les graines et le jus.

Hacher grossièrement la chair des tomates et mettre ce hachis dans une petite casserole.

Saler et poivrer, ajouter 1 cuillerée à café d'huile (pour lier la sauce, on peut aussi ajouter une petite cuillerée de concentré de tomate). Faire réduire à feu moyen 5 à 6 minutes jusqu'à ce que le liquide soit évaporé. On obtient une purée.

Ajouter une pointe de couteau d'ail haché et d'échalote hachée, et les olives dénoyautées. Mélanger.

Dresser le rouget dans un plat de service allant au four. Napper avec l'appareil à la tomate.

Porter à four chaud 5 à 6 minutes.

Passer 2 filets d'anchois au tamis à l'aide d'un pilon. Travailler ensemble les anchois pilés et le beurre.

Canneler un citron. Décorer le plat avec une rondelle de citron, 4 filets d'anchois entrecroisés, une rondelle de beurre d'anchois et un peu de persil.

Vins : de préférence bellet blanc ou rosé, ou cassis, tavel.

POISSONS

ROUGET EN PAPILLOTE À LA DOGARESSE

PRÉPARATION 1 HEURE 30 • CUISSON 40 MINUTES

Par personne :
1 rouget barbet
2 coquilles Saint-Jacques
6 grosses moules
5 langoustines
3 petites pommes de terre cuites à la vapeur
2 cuillerées de farine
jus de citron
2 cuillerées d'huile
40 g de beurre
sel, poivre, persil
Worcestershire sauce (facultatif)
1 feuille de papier cristal de 40 cm x 60 cm
un quart de litre de court-bouillon (avec : 2 verres de vin blanc sec, 2 verres d'eau, sel, poivre, bouquet garni, 1 carotte et 1 oignon émincés)
1 œuf (1 œuf suffit pour plusieurs personnes, on utilise seulement un peu d'œuf battu pour souder les papillotes)

Ouvrir les coquilles Saint-Jacques, sortir les mollusques. Ne conserver que la noix blanche et le corail ; les débarrasser de tous déchets et les laver à l'eau froide courante.

Mettre les coquilles Saint-Jacques dans une petite casserole, les couvrir avec le court-bouillon tiède. Chauffer. Maintenir un léger frémissement pendant 15 minutes environ. Laisser ensuite en attente, hors du feu. Gratter et laver les moules à plusieurs eaux, les faire ouvrir dans une casserole à grand feu. Enlever les coquilles et réserver les moules. Décortiquer les langoustines : supprimer les têtes. Briser la carapace de la queue en la pliant, et faire glisser les anneaux le long de la chair. Réserver les queues.

Vider le rouget, enlever les ouïes, le laver. Couper les nageoires et écailler le poisson. L'essuyer et le saler sur ses 2 faces. Le fariner.

Pendant que les pommes de terre cuisent à la vapeur, faire chauffer l'huile dans une poêle. Y faire dorer le poisson. L'huile doit être chaude, mais non fumante.

Cuisson : 5 bonnes minutes de chaque côté. Arroser souvent le poisson avec l'huile de cuisson. Ajouter 30 g de beurre. Tenir la poêle à feu doux.

Ajouter les queues de langoustine. Les saler. Laisser cuire doucement. Continuer à arroser avec le jus de cuisson.

Égoutter les coquilles Saint-Jacques du court-bouillon. Les ajouter, ainsi que les moules, puis le persil haché (1 petite cuillerée à soupe) et 1 cuillerée à café de jus de citron. On peut ajouter encore quelques gouttes de sauce anglaise. Rectifier l'assaisonnement (sel et poivre) et tenir au chaud.

Pendant que le four chauffe, préparer la papillote. Tremper un pinceau dans l'œuf battu et enduire soigneusement tout le tour de la feuille de papier, sur 4 ou 5 cm de largeur. Sur une moitié de la feuille, poser le poisson, l'entourer de sa garniture et des pommes de terre cuites. Arroser avec le jus de cuisson.

Replier la 2e moitié de la feuille sur le poisson. Appuyer avec les doigts pour faire adhérer les 2 parois. Badigeonner de nouveau, à l'œuf battu, les 3 côtés collés.

Replier de nouveau les bords doubles, en formant de petits plis qui se chevauchent. La fermeture sera ainsi parfaitement hermétique.

Sur un plat de service allant au feu, porter la papillote à four très chaud, pendant 5 minutes. La papillote gonfle beaucoup, presque sans dorer. Pendant son passage au four, le rouget s'est imprégné du parfum de la garniture et il est resté très moelleux. On peut fort bien réunir plusieurs rougets et leur garniture dans une seule papillote.

Vins blancs très fins : bellet, graves, cassis, châteauneuf-du-pape, hermitage, savennières, coulée-de-serrant, chablis grand cru, meursault, corton-charlemagne, montrachet.

SAINT-PIERRE

LA CHAIR BLANCHE ET FERME DE CE POISSON DE GRANDE VALEUR est disposée en quatre filets dépourvus d'arêtes et faciles à lever. Sous le nom de *john-dory,* le saint-pierre (que l'on appelle aussi « dorée ») est particulièrement estimé des Anglais. Son énorme tête ainsi que ses viscères arrivent à constituer 70 p. 100 de déchets, mais sa délicatesse fait de lui l'un des meilleurs poissons de mer, pour des apprêts braisés, sautés, grillés ou en papillotes.

FILETS DE SAINT-PIERRE À LA CRÈME
PRÉPARATION 40 MINUTES • CUISSON 12 MINUTES

**1,200 kg de filets de saint-pierre (net)
sel, poivre
200 g de beurre
1 citron
1 feuille de papier sulfurisé
1 gros oignon
1 brindille de thym
une demi-feuille de laurier
2 branches de persil
1 dl de vin blanc
50 g de farine
2 jaunes d'œufs
1 dl de crème fraîche
beurre * manié**

Mettre, dans une plaque beurrée, les filets levés à cru, avec du sel et du poivre. Les parsemer de menus morceaux de beurre et de quelques gouttes de jus de citron. Les couvrir d'un papier beurré et les cuire au four 10 à 12 minutes.

D'autre part, on aura préparé la sauce suivante : mettre les arêtes et les parures des poissons dans une casserole ; ajouter l'oignon émincé, du thym, du laurier, du persil, du sel et du poivre ; mouiller d'un grand verre de vin blanc ; cuire 25 minutes. Passer à la passoire fine. Faire bouillir ce bouillon de poisson ; le lier d'une forte cuillerée de beurre manié. Le cuire quelques minutes.

Lui ajouter le jus rendu par les filets de saint-pierre. Le faire cuire quelques instants, afin de le réduire, puis le lier de jaunes d'œufs délayés avec la crème fraîche. Verser cette sauce, qui doit être très onctueuse, sur les filets de saint-pierre bien égouttés.

Vins blancs : gewurztraminer, tokay d'Alsace, vouvray, anjou, barsac, graves.

PAIN DE POISSON
PRÉPARATION 30 MINUTES • CUISSON 45 MINUTES

Pour 4 personnes :
1 saint-pierre de 2 kg environ (ou tout autre poisson ayant du goût, en quantité suffisante pour obtenir environ 600 g net de chair crue)
3 bonnes cuillerées de crème fraîche épaisse
2 œufs entiers et 1 jaune
2 dl de lait
2 bonnes cuillerées de farine
60 g de beurre (dont 10 g pour beurrer le moule)
sel, poivre

Préparer la béchamel : faire chauffer le lait. Dans une autre casserole, faire fondre 50 g de beurre. Lorsqu'il est fondu, ajouter la farine. Bien mélanger pour obtenir une pâte lisse. Ajouter le lait bouillant. Tourner. Laisser cuire doucement quelques instants, sans cesser de remuer. Saler, poivrer. Laisser refroidir cette sauce, qui doit être épaisse.

Lever les filets de poisson. Enlever la peau. Réserver tête, arêtes et peau, qui pourront être utilisées pour la préparation d'une sauce d'accompagnement.

Peser la chair du poisson. Il en faut 600 g. La couper en petits morceaux. Piler la chair de poisson dans un mortier (à défaut, la hacher au hachoir électrique, puis parfaire l'opération en écrasant la purée à la fourchette). Lorsque la purée de poisson est bien lisse, lui ajouter, petit à petit, la béchamel froide. Bien mélanger. Ajouter de même la crème (non battue), les œufs entiers, le jaune d'œuf. Saler et poivrer.

Passer la purée au moulin à légumes (grille très fine) ou, avec un pilon, à travers un tamis.

Beurrer un moule à charlotte. Verser la composition dans le moule et placer le moule dans un récipient à demi plein d'eau chaude (bain-marie). Porter à four moyen (thermostat n° 7) et laisser pocher pendant 30 minutes. Sortir l'ensemble du four. Enlever le moule du bain-marie pour laisser tiédir quelques minutes le pain de poisson. Il se décolle tout seul du moule.

Démouler sur un plat chaud. Napper de quelques cuillerées de la sauce d'accompagnement. Servir le reste de la sauce à part.

Vins blancs : riesling, muscadet, savennières, vouvray, bourgogne blanc, rully, givry, montagny, pouilly-fuissé, saint-véran, crozes-hermitage, saint-péray, côtes-de-provence blanc, coteaux-du-languedoc, la clape.

SAINT-PIERRE AUX COURGETTES ET AU CITRON
PRÉPARATION 10 MINUTES • CUISSON 15 MINUTES ENVIRON

6 filets de saint-pierre de 150 g chacun
80 g de beurre
6 courgettes à peau fine
2 citrons
2 dl de crème fraîche
sel, poivre, basilic frais

Faire chauffer le beurre dans une grande poêle. Y mettre les filets de saint-pierre à cuire doucement pendant 5 ou 6 minutes de chaque côté. Les retirer et les garder au chaud. Verser dans la poêle les courgettes lavées et taillées en très fines rondelles. Faire étuver dans le même beurre pendant 5 minutes, ajouter le zeste râpé d'un citron et son jus. Remuer puis lier avec la crème fraîche. Saler et poivrer. Poudrer d'une cuillerée à soupe de basilic ciselé. Ranger les filets de saint-pierre sur un plat chaud, entourer de la garniture de courgettes à la crème et compléter avec la pulpe du second citron pelé à vif, taillée en petits dés.

Vins : riesling, tokay, chablis, meursault, pouilly-fuissé, condrieu, châteauneuf-du-pape blanc, bellet, graves sec.

SANDRE

LE (OU LA) SANDRE EST UN POISSON DES COURS D'EAU DE L'EUROPE centrale et orientale dont la chair est très estimée. Introduit dans le Doubs, le Rhin et la Saône, il est aussi élevé en étang. Ferme et blanc, ce poisson délicat s'accommode comme le brochet ou la perche, notamment à la crème.

SANDRE À LA BIÈRE
PRÉPARATION 40 MINUTES • CUISSON 25 MINUTES

Un sandre de 1,500 kg
3 oignons
2 branches de céleri
2 cuillerées à soupe de farine
un grand verre de bière
gingembre râpé
sel, poivre
bouquet garni
une cuillerée à soupe d'huile, beurre
une cuillerée à soupe de moutarde forte, persil

Hacher finement les oignons et le céleri ; les faire tomber au beurre jusqu'à ce qu'ils soient transparents. Poudrer de farine et laisser colorer. Arroser de la bière, en remuant. Assaisonner, ajouter le gingembre et le bouquet garni et cuire doucement 15 minutes.
Chauffer en cocotte moitié huile, moitié beurre. Y faire revenir le poisson des deux côtés. Arroser de la sauce passée et laisser mijoter jusqu'à cuisson.
Retirer le sandre sur un plat chaud. Mélanger à la sauce un peu de beurre et la moutarde. Napper le poisson. Poudrer de persil ciselé.

Vins : tokay d'Alsace, moselle, traminer, arbois.

SARDINE

CE POISSON POPULAIRE ET TRÈS RÉPANDU GAGNE TOUJOURS À ÊTRE consommé au bord de la mer, car sa fraîcheur doit être absolue : corps rigide, œil très brillant et pas de sang aux ouïes. Les sardines dites « royans » sont particulièrement estimées. C'est essentiellement un poisson de printemps et d'été, qui atteint le mieux de sa forme en juin-juillet, bien gras et savoureux, excellent à griller. Soupes et bouillabaisses lui conviennent également, de même que les apprêts au four, à la poêle, en escabèche (marinées), en terrine, etc.

* SARDINES AUX ÉPINARDS
PRÉPARATION 40 MINUTES • CUISSON 12 MINUTES

**24 belles sardines
2 kg d'épinards, sel
1 dl de lait
25 g de chapelure ou mie de pain
1 dl d'huile d'olive**

Faire blanchir les épinards épluchés, bien triés et bien lavés ; les égoutter ; les hacher finement ; les assaisonner de sel et d'une goutte de lait et les étaler dans le fond d'un plat à gratin.
D'autre part, écailler les sardines ; enlever la tête et l'arête. Les laver, les sécher ; les aplatir et les disposer sur les épinards. Répandre la chapelure, une pincée de sel, une coulée d'huile d'olive. Alors, rapidement, les cuire et les dorer au four.

Vins blancs secs : côtes-de-provence, cassis, clairette du Languedoc, clairette de Die. Vins rosés de Bandol et de Cassis.

SARDINES À LA MAÎTRE D'HÔTEL
PRÉPARATION 20 MINUTES • CUISSON 10 MINUTES

**24 belles sardines, sel
1 dl d'huile d'olive
4 citrons, persil frit
beurre * maître d'hôtel**

Écailler les sardines, sans abîmer la peau. Vider les poissons par les ouïes. Les badigeonner d'huile et les griller, pendant 5 minutes, sur le gril préalablement fortement chauffé. Les retourner, achever la cuisson. Saler et servir avec quartiers de citrons et persil frit. En saucière, présenter un beurre maître d'hôtel.

Vins blancs secs : chablis, cassis, sancerre, muscadet, quincy.

TOMATES FARCIES AUX FILETS DE SARDINES
PRÉPARATION 30 MINUTES • CUISSON 10 MINUTES

**16 sardines
8 belles tomates
sel, poivre
5 cl d'huile
100 g de beurre
2 branches de persil, d'estragon, de cerfeuil
8 croûtons (soit un sous chaque tomate)**

Lever une tranche sur des tomates (côté du pédoncule) ; faire sortir eau et graines ; refouler les alvéoles ; assaisonner l'intérieur et cuire les tomates doucement au four. En les sortant, égoutter l'humidité intérieure. Faire griller les sardines ; détacher les filets, que l'on divise en 2 ou 3 parties ; les lier avec un beurre * maître d'hôtel bien assaisonné des herbes hachées. Garnir l'intérieur des tomates avec des filets ; faire chauffer. En sortant les tomates du four, rapporter dessus les têtes des sardines.
Accompagner de petits croûtons frits au beurre.

Vins blancs secs : saumur, vouvray, sancerre, quincy, muscadet.

SAUMON

CE POISSON DE MER MIGRATEUR REMONTE LES RIVIÈRES À L'ÉPOQUE du frai pour y déposer ses œufs, franchissant parfois des barrages élevés. En France, il arrive qu'il remonte encore la Loire ou l'Adour, mais il est considérablement plus rare qu'autrefois. La Norvège, le Canada et l'Écosse en sont désormais les plus importants pourvoyeurs. La chair ferme et rosée de ce poisson réputé est très appréciée des amateurs de bons et beaux poissons. Il se prépare entier (une poissonnière est alors indispensable) ou détaillé en tronçons ou en darnes. Cuit au court-bouillon, il est servi avec une sauce relevée, mais on peut aussi le braiser ou le cuire au four avec des aromates. Pochées, grillées ou sautées, les darnes ou les escalopes sont des apprêts plus abordables. Les recettes données ici ne concernent que le saumon frais ; le saumon fumé relève des hors-d'œuvre et entrées froides.

COQUILLES DE SAUMON
PRÉPARATION 50 MINUTES • CUISSON 12 MINUTES

80 g de desserte de saumon par coquille sauce à volonté

Ces coquilles se font avec différentes sauces. Masquer le fond des coquilles (coquilles en argent ou coquilles Saint-Jacques vides, à défaut) d'une cuillerée de la sauce adoptée ; les garnir de chair de saumon de desserte débarrassée de tous fragments de peau et d'arêtes ; recouvrir de sauce et faire glacer ou gratiner.

Au vin blanc. Garnir les coquilles, recouvrir de sauce * bordelaise au vin blanc, beurrée ; faire glacer vivement.

À la Mornay. Garnir les coquilles, recouvrir de sauce * Mornay, poudrer de fromage râpé, asperger de beurre fondu et faire gratiner.

*Sauce * crevettes.* Ajouter des queues de crevettes au saumon ; recouvrir de sauce crevettes.

Au gratin. Garnir les coquilles ; recouvrir de sauce * Duxelles ; poudrer de chapelure fine ; asperger de beurre fondu, et faire gratiner. En sortant les coquilles du four, les arroser de quelques gouttes de jus de citron, et ajouter un peu de persil haché.

Froides. Garnir le fond des coquilles d'une petite macédoine de légumes assaisonnée, ou d'une fine julienne de laitue ; ajouter le saumon ; recouvrir d'une sauce * mayonnaise ordinaire ou d'une sauce mayonnaise verte, et entourer les coquilles d'une petite bordure d'œuf dur haché (blanc et jaune), mélangé de persil haché.

Vins blancs secs : saumur, vouvray, sancerre, pouilly fumé, muscadet, graves sec, chablis, hermitage.

DARNE DE SAUMON POCHÉE
PRÉPARATION 25 MINUTES • CUISSON 12 MINUTES

Ingrédients :
Une darne de saumon de 1,200 kg
sel, poivre, court-bouillon
500 g de pommes de terre à l'anglaise (cuites à la vapeur)
1 poignée de persil épluché
sauces * variées

Préparer un court-bouillon sans vinaigre, en quantité proportionnée à la darne.
La plonger dans ce court-bouillon ; faire prendre l'ébullition vivement ; retirer sur le coin du feu, et laisser pocher environ 10 minutes, selon l'épaisseur.
Nota. En général, le court-bouillon destiné au pochage du poisson est additionné de vinaigre blanc. Nous le conseillons pour les pièces dont la cuisson doit être conduite doucement, mais nous le déconseillons nettement pour les darnes, parce que son acidité altère la belle couleur du saumon.
Les darnes pochées sont souvent accompagnées de pommes de terre à l'anglaise et se servent avec des sauces hollandaise ou béarnaise.

Vins blancs secs ou moelleux : vouvray, anjou, sauternes, barsac, graves.

MOUSSE CHAUDE DE SAUMON
PRÉPARATION 1 HEURE • CUISSON 45 MINUTES

Ingrédients :
800 g de saumon (poids net)
sel, poivre
6 blancs d'œufs
2 dl de crème fraîche
30 g de beurre

Piler finement la chair de saumon avec du sel, une prise de poivre et 2 blancs d'œufs ajoutés petit à petit. Passer au tamis.
Mettre cette farce dans une terrine ou un sautoir ; la travailler quelques instants à la cuillère et la conserver sur la glace pendant 1 heure.
Ensuite, en la travaillant à la spatule, lui mélanger 2 dl de crème fraîche épaisse, puis lui incorporer 4 petits blancs d'œufs fouettés en neige ferme. Avec cette composition, remplir un moule à douille centrale, bien beurré, et faire pocher en prenant les précautions usuelles. Temps de pochage : 40 à 45 minutes.
Le pochage est au point lorsque la composition est un peu ferme et élastique au toucher. Nous recommandons de ne pas démouler la mousse aussitôt sortie du bain-marie ; il faut la laisser reposer 7 à 8 minutes, pour qu'il se fasse un petit tassement dans la masse.
Cette mousse chaude se sert avec des sauces spéciales au saumon : sauce * bordelaise vin blanc très fine (dans ce cas, ajouter 1 dl de crème fraîche) ; sauce * genevoise bien beurrée ; sauce * américaine.
Napper la mousse avec une partie de la sauce choisie, le reste étant présenté à part, en saucière.

Vins : avec une sauce au vin blanc, champagne nature, vouvray, anjou ; avec une sauce américaine, saumur, vouvray, sancerre, pouilly fumé, muscadet, chablis.

MOUSSE FROIDE DE SAUMON
PRÉPARATION 1 HEURE • CUISSON 45 MINUTES

500 g de saumon frais court-bouillon (avec : 1 l d'eau, 1/2 l de vin blanc sec, 150 g de carottes, 100 g d'oignons émincés, 6 tiges de persil, 1 branche de thym, une demi-feuille de laurier, 25 g de sel, 6 grains de poivre) 250 g de crème fraîche 3 cuillerées d'eau froide 1 citron 4 cuillerées à soupe d'huile d'olive 3 cuillerées à café de paprika poivre de cayenne

Préparer un court-bouillon comme suit : dans un litre d'eau froide, verser le demi-litre de vin blanc sec, ajouter les carottes coupées en rondelles, les oignons émincés, le persil, le thym et le laurier. Saler (n'ajouter les grains de poivre au court-bouillon que pendant les dernières minutes de cuisson).

Dans le court-bouillon cuit 30 minutes, puis passé et tiédi, faire cuire le saumon pendant 10 minutes, à simple frémissement, sans ébullition. Égoutter le saumon, ôter la peau et les arêtes ; le piler finement en lui faisant absorber peu à peu l'huile, le jus de citron, les épices.

Laisser refroidir. Battre la crème avec l'eau froide en crème Chantilly bien ferme. Mélanger intimement à la purée de saumon.

Vin : champagne nature.

PIÈCE DE SAUMON BRAISÉ ET PURÉE D'OSEILLE
PRÉPARATION 1 HEURE 30 • CUISSON 1 HEURE

1,500 kg de saumon paré 75 cl de vin blanc 50 cl d'eau 2 carottes 2 oignons, bouquet garni 20 g de beurre sel, poivre 3 kg d'oseille 200 g de beurre 1 dl de crème fraîche 3 jaunes d'œufs 200 g de lard gras

Prendre un morceau de saumon du côté de la queue. Enlever la peau. Le larder comme un filet de bœuf. Le mettre dans une casserole avec moitié eau et moitié vin blanc sec, des carottes et des oignons en rouelles, une feuille de laurier et un petit œuf de beurre, de façon que le liquide couvre juste le poisson. Poser sur le feu ; amener à faire quatre ou cinq bouillons, et laisser trois quarts d'heure sur le coin du feu.

Pendant ce temps, préparer une purée d'oseille nouvelle, adoucie par de la crème et 3 jaunes d'œufs. La dresser sur un plat chaud ; placer dessus le saumon bien égoutté. Faire réduire du bouillon de cuisson pour en arroser l'oseille.

On peut remplacer l'oseille par des épinards ; le thon se prépare de la même façon.

Vins blancs secs : graves sec, chablis, arbois, sylvaner, meursault, pouilly-fuissé, sancerre.

SAUMON AUX POMMES À L'ANGLAISE

PRÉPARATION 35 MINUTES • CUISSON 12 MINUTES

Le saumon court-bouillonné se dresse sur plat couvert d'une serviette, avec une garniture de persil frisé. On sert, en même temps, des pommes de terre cuites à l'anglaise et l'une des sauces suivantes : hollandaise, aux câpres, aux crevettes, aux huîtres, vénitienne.

Nota. Généralement, on sert deux sauces avec les grosses pièces de saumon.

Vins blancs : montrachet, meursault, graves, monbazillac.

Une darne de saumon de 1,200 kg environ
sel, poivre
court-bouillon
une poignée de persil épluché
500 g de pommes de terre ne se défaisant pas
Sauce * hollandaise, aux câpres, aux crevettes, aux huîtres, vénitienne

SAUMONEAU DE L'ALLIER À LA BERRIAUDE

PRÉPARATION 50 MINUTES • CUISSON 20 MINUTES

Prendre un petit saumon bien rosé. Le vider ; le parer et le faire braiser doucement dans du vin blanc sec du Sancerrois, avec une mirepoix d'aromates fondus au beurre, que l'on aura composée, selon les règles, de carottes et d'oignons en rondelles, d'échalotes ciselées en bonne quantité, de laurier, de thym, de persil et de céleri.

Quand le poisson sera cuit, le dépouiller soigneusement et le réserver au chaud.

Faire alors réduire le fond de cuisson à consistance d'une sauce, le renforcer de fumet de poisson concentré.

Monter ensuite ce fond réduit avec du beurre fin, puis terminer à la crème double, en quantité modérée.

Citronner largement et napper le saumoneau avec ce fond. Juste avant de servir, le poudrer d'un semis de truffes fraîches, préalablement étuvées au madère.

Vins blancs : sancerre, quincy, chavignol, pouilly fumé.

Un saumoneau
un litre de vin de Sancerre
sel, poivre
2 dl de fumet * de poisson
mirepoix *, échalotes, bouquet garni
1 branche de céleri
200 g de beurre
2 dl de crème fraîche
50 g de truffes
5 cl de madère

* TRANCHES DE SAUMON GRILLÉES
AU BEURRE D'ANCHOIS

PRÉPARATION 25 MINUTES • MARINAGE 30 MINUTES • CUISSON 15 MINUTES

**8 tranches de saumon de 150 g à 180 g
sel, poivre
1 oignon, branches de persil
5 cl d'huile, beurre
beurre * d'anchois
(avec 150 g de beurre et 25 g de filets d'anchois)**

Couper des darnes, sur le milieu d'un saumon de grosseur moyenne, de 2 cm d'épaisseur au minimum.
Les assaisonner de sel et de poivre ; les mettre sur un plat ; semer dessus un oignon finement émincé et quelques queues de persil rompues en petits morceaux ; arroser de 2 cuillerées d'huile, et laisser mariner pendant une demi-heure, en retournant les tranches de temps en temps. Débarrasser les tranches de ce qui les entoure ; les badigeonner de beurre fondu ; les poser sur le gril bien chauffé à l'avance, et les retourner au bout de quelques minutes. Quand la coloration est obtenue des deux côtés, modérer l'intensité du feu. Temps de cuisson : un quart d'heure.
Étaler le beurre d'anchois sur un plat long, chaud ; ranger les tranches dessus et, en le piquant avec la pointe d'un petit couteau, retirer le morceau d'arête qui se trouve au milieu de chaque tranche.
On peut aussi servir le beurre d'anchois en saucière ; dans ce cas, placer les darnes de saumon sur une serviette, avec une garniture de persil en branche.

Vins blancs secs : sancerre, pouilly fumé, graves sec, hermitage.

TRANCHES DE SAUMON
AU RIZ À L'INDIENNE

PRÉPARATION 30 MINUTES • CUISSON 15 MINUTES

**8 tranches de saumon de 150 g chacune
court-bouillon (avec :
1 oignon, 2 carottes, bouquet garni, sel, poivre, un demi-litre de vin blanc, un demi-litre d'eau)
200 g de riz pilaw, parfumé avec 1 cuillerée à café de curry
sauce blanche (avec : 150 g de beurre, 50 g de farine, 2 jaunes d'œufs et 1 dl de crème fraîche)
4 œufs durs**

Prendre des tranches minces de saumon et les faire cuire au court-bouillon.
Préparer du riz * à l'indienne, que l'on mettra au milieu d'un plat ; disposer les tranches de saumon autour ; masquer le tout avec une sauce blanche faite avec du court-bouillon. Ajouter les œufs durs coupés en tranches.

Vins blancs secs : saumur, sancerre, pouilly fumé, muscadet.

SOLE

LA SOLE EST TRÈS RÉPANDUE DANS TOUTES LES MERS, QU'IL S'AGISSE de la sole franche (notamment la délicate sole de ligne, exquise, ferme et moelleuse), de la sole-perdrix, du séteau de Vendée ou de la sole de Dakar ou du Sénégal, nettement plus fade. La sole d'eau froide est réputée meilleure que celle pêchée en mer chaude. C'est sans doute le poisson qui, entier ou en filets, se prête au plus grand nombre de préparations culinaires : friture, poêlage (meunière), grillade, pochage ou braisage, selon la taille, sans oublier les paupiettes roulées ou les turbans de filets. Le fumet obtenu avec les arêtes et les parures est d'une saveur sans égale. Il faut retirer avec un couteau, avant toute préparation d'une sole, la nageoire armée de petites arêtes qui la borde sur les deux côtés, la laver et l'essuyer soigneusement après l'avoir dépouillée sur le côté gris.

CASSOLETTES DE FILETS DE SOLE LASSERRE

PRÉPARATION 1 HEURE • CUISSON DU FEUILLETÉ 20 MINUTES
CUISSON DES FILETS DE SOLE 10 MINUTES
(Recette créée au restaurant Lasserre, à Paris).

4 belles soles à filets de 500 g
24 belles pointes d'asperges
3 échalotes
20 cl de chablis
20 cl de fumet * de poisson
500 g de feuilletage *
100 g de champignons de Paris
une belle truffe
6 cuillerées de velouté * de poisson
6 cuillerées de duxelles *
300 g de beurre fin
40 g de parmesan

Faire, en pâte feuilletée, huit fonds à tartelette assez hauts. Avec les parures redonner un tour. Imiter huit queues de casserole, proportionnées à la grandeur des tartelettes.
Parer, aplatir, plier les filets de soles, les pocher dans un sautoir beurré, dont le fond aura été masqué d'échalotes finement hachées ; ajouter sel, poivre du moulin, 20 cl de chablis, autant de fumet de poisson (obtenu avec les arêtes des soles).
Après cuisson des filets, les réserver au chaud ; réduire la cuisson à un quart de son volume. Dans cette réduction, ajouter le velouté de poisson ; quelques minutes d'ébullition ; monter la sauce avec 250 g de beurre ; rectifier l'assaisonnement ; passer la sauce à l'étamine.
Mettre, au fond de chaque cassolette, un peu de sauce, une cuillerée à soupe de duxelles de champignons, trois belles pointes d'asperges étuvées au beurre ; saucer légèrement ; mettre ensuite deux filets de sole ; les napper largement de sauce, mais sans faire déborder, poudrer d'un peu de parmesan et glacer vivement au four. Une belle lame de truffe lustrée décorera chaque cassolette ; terminer en plaçant délicatement la queue en pâte feuilletée, pour simuler une petite casserole.

Vins : beaune blanc, pouilly-fuissé, champagne.

FILETS DE SOLE À L'ALSACIENNE
PRÉPARATION 1 HEURE • CUISSON 12 MINUTES

4 soles de 400 g
un demi-litre de vin de Riesling
sel, poivre
100 g de beurre
3 échalotes
1 dl de crème
1 dl de sauce * hollandaise
250 g de nouilles fraîches

Faire pocher les filets de sole dans un bon vin d'Alsace, riesling de préférence. Ajouter des échalotes hachées. Faire réduire la cuisson et lier avec un peu de crème et de beurre. Ajouter un peu de sauce hollandaise et rectifier l'assaisonnement s'il y a lieu.
Faire cuire quelques nouilles fraîches ; les lier au beurre.
Dresser les filets sur un lit de nouilles ; napper de sauce et glacer à feu doux.

Vins blancs secs d'Alsace : riesling, sylvaner, traminer, zwicker, edelzwicker.

FILETS DE SOLE AUX AUBERGINES
PRÉPARATION 1 HEURE • CUISSON DES FILETS DE SOLE 12 MINUTES
CUISSON DES AUBERGINES 40 MINUTES

4 belles soles de 350 g
sel, poivre
1 dl d'huile d'olive
50 g de beurre
4 belles aubergines
4 tomates
1 dl de vin blanc
1 dl de fumet * des arêtes des soles
2 échalotes
2 branches de cerfeuil
5 cl de crème fraîche
25 g de chapelure ou mie de pain fraîche

Les aubergines seront coupées en deux, dans le sens de la longueur, cuites au four, arrosées d'huile. Extraire la pulpe, la hacher très fin avec des tomates épluchées et épépinées et un peu d'échalote et de cerfeuil ; ajouter sel et poivre.
Pocher les filets de sole au vin blanc. Réduire la cuisson ; ajouter ce qui précède ; assaisonner ; laisser cuire jusqu'à consistance un peu épaisse ; ajouter une cuillerée de crème.
Dans les coquilles d'aubergines, mettre, au fond, un peu du mélange ; poser le filet de sole par-dessus ; ajouter encore un peu du mélange ; poudrer de mie de pain et gratiner un instant au four.

Vins blancs secs : saumur, vouvray, quincy, graves sec, chablis, mâcon, champagne nature.

POISSONS

FILETS DE SOLE CHAPON FIN
PRÉPARATION 25 MINUTES • CUISSON 12 MINUTES

4 soles de 400 g chacune
sel, poivre
150 g de beurre
3 tomates mondées, épépinées
1 oignon et 2 échalotes
1 cuillerée de persil
1 feuille de papier d'office
1 dl de vin blanc sec
1 dl de crème fraîche

Lever les filets des soles. Les ciseler sur la partie externe, les assaisonner légèrement de sel et de poivre. D'autre part, beurrer fortement un plat à poisson, avec couvercle de préférence (sinon, se servir d'un plat à sauter, bien beurré). Y déposer les filets. Ajouter une petite couche de pulpe de tomates finement concassée ; un peu d'oignon et d'échalote finement hachés ; quelques feuilles de persil concassé. Couvrir d'une feuille de papier d'office blanc copieusement beurré. Fermer le plat à poisson avec le couvercle. Porter à ébullition sur le feu et continuer aussitôt la cuisson au four très chaud, après avoir ajouté le vin blanc sec.
Dresser les filets de sole sur un plat ; faire réduire un peu la sauce ; ajouter un bon morceau de beurre fin, en remuant fortement pour la lier, et finir avec une bonne cuillerée de crème. Rectifier l'assaisonnement et napper les filets de sole avec cette préparation.

Vins blancs secs : saumur, vouvray, sancerre, chablis.

FILETS DE SOLE CURNONSKY
PRÉPARATION 2 HEURES • CUISSON 35 MINUTES

2 soles de 500 g
*fumet * de poisson*
un homard de 500 g
2 jaunes d'œufs
100 g de beurre
crème fraîche
sel, poivre, paprika,
*quenelles **

Lever les filets des soles, les aplatir, les pocher dans le fumet de poisson préparé avec les arêtes, un verre de vin blanc et un bouquet garni. Préparer, d'autre part, le homard * à l'américaine.
Incorporer à la sauce, réduite, la cuisson des filets et faire réduire encore. Ajouter une sauce * hollandaise obtenue avec 2 jaunes d'œufs et 100 g de beurre. Finir de lier à la crème. Assaisonner de haut goût.
Dresser les filets sur un plat. Les flanquer de petites quenelles (que l'on peut acheter dans le commerce). Disposer sur chacun une escalope de homard. Napper le tout de la sauce. Passer rapidement au four.

Vins : meursault, montrachet, pouilly-fuissé, champagne nature.

FILETS DE SOLE EN GOUJONS
PRÉPARATION 30 MINUTES • CUISSON 8 MINUTES

1,200 kg de soles
*sel, pâte * à frire*
friture à l'huile
poignée de persil épluché
4 citrons

Détailler les filets de sole en forme de goujons ; les tremper dans une pâte à frire claire ; frire à grande friture et dresser en buisson avec du persil frit et du citron en quartiers. Servir sur une serviette.

Vins blancs secs : saumur, sancerre, pouilly fumé, graves sec, chablis.

POISSONS

FILETS DE SOLE MARGUERY

PRÉPARATION 30 MINUTES • CUISSON 30 MINUTES

**2 soles de 600 g
un litre de moules
250 g de crevettes
un litre de sauce *
bordelaise vin blanc
un litre de vin blanc sec
fleurons en pâte
feuilletée**

Lever les filets de sole, les pocher au vin blanc. Faire ouvrir les moules, les ajouter aux filets, ainsi que les crevettes. Disposer dans un plat à gratin. Napper de sauce au vin blanc fortement beurrée. Faire gratiner à four vif. Décorer de fleurons et de belles crevettes réservées à cet effet.

Vins blancs secs ou moelleux : champagne nature, montrachet, meursault, graves, vouvray, sauternes.

FILETS DE SOLE À LA NORMANDE

PRÉPARATION 2 HEURES • CUISSON 35 MINUTES

**4 soles de 400 g
un litre de moules
250 g de crevettes
200 g de champignons
100 g de truffes
un litre de vin blanc sec
50 g d'échalote
2 jaunes d'œufs
1 dl de crème
200 g de beurre
16 éperlans frits
8 fleurons
8 écrevisses * à la
bordelaise et 8 pattes
de homard * à
l'américaine**

Lever les filets, les dresser en paupiettes, les pocher doucement au vin blanc. Avec la cuisson des moules et celle des champignons, faire une excellente sauce normande, liée aux jaunes d'œufs et à la crème ; lui ajouter la cuisson des filets réduite à glace. Beurrer, hors du feu.
Disposer les paupiettes, entourées de la garniture de moules, de crevettes et de champignons. Napper de sauce et décorer de truffes, d'éperlans frits, des fleurons en pâte feuilletée d'écrevisses à la bordelaise et de pattes de homard à l'américaine.

Vins blancs secs : sancerre, quincy, pouilly fumé, muscadet.

FILETS DE SOLE PANÉS

PRÉPARATION 30 MINUTES • CUISSON 10 MINUTES

**4 beaux filets d'environ
150 g chacun
2 œufs
125 g de beurre
2 cuillerées à soupe
d'huile
200 g de crevettes cuites,
épluchées
3 citrons
50 g de chapelure
sel, poivre**

Laver les filets à l'eau courante et les sécher dans du papier absorbant. Battre les œufs à la fourchette, dans un bol, avec sel et poivre.
Passer les filets dans la farine puis les secouer pour en faire tomber l'excès. Les passer ensuite dans l'œuf battu, puis dans la chapelure étalée sur une assiette plate. Les laisser reposer un moment.
Faire fondre un peu de beurre, ajouter l'huile. Lorsque ce mélange est chaud, y faire dorer les filets panés. Les laisser 3 minutes environ de chaque côté. Lorsqu'ils sont bien dorés, les placer dans le plat de service chaud.
Mettre le reste de beurre dans la poêle et y faire revenir les crevettes quelques minutes. Ajouter le jus de citron.
Verser le jus contenu dans la poêle sur les filets de sole. Décorer avec les crevettes et les demi-tranches de citron cannelées entourant les filets. Présenter, à part, des moitiés de citron, dont chacun usera selon son goût.

Vins blancs : muscadet, gros plant nantais, jasnières.

FILETS DE SOLE EN PAPILLOTES
PRÉPARATION 20 MINUTES • CUISSON 5 MINUTES

Hacher finement les herbes.
Découper 6 morceaux d'aluminium ménager. Placer les filets sur chaque morceau, côté brillant à l'intérieur. Badigeonner de beurre, poudrer avec les herbes hachées, saler et poivrer très légèrement. Ajouter quelques gouttes de jus de citron. Fermer les papillotes et faire cuire sur le gril pendant 5 minutes environ.
Servir dans les papillotes, avec des quartiers de citron.

Vins blancs : muscadet, gros plant nantais, cassis.

6 gros filets de sole de 100 g chacun
100 g de beurre
2 citrons
cerfeuil, estragon
sel, poivre
aluminium ménager

FILETS DE SOLE SAUCE CREVETTE
PRÉPARATION 2 HEURES • CUISSON 25 MINUTES

Lever les filets de sole, les plier en V et en garnir l'intérieur d'une purée de champignons. Les pocher au vin blanc. Dresser sur une purée de champignons. Napper de sauce crevettes.
Purée de champignons. Faire tomber au beurre l'échalote finement hachée ; y joindre les champignons. Passer à la machine à hacher. Réduire la purée sur feu vif, et lier avec la sauce Joinville.

Vins blancs secs : saumur, vouvray, sancerre, chablis, muscadet.

4 soles de 400 g
un litre de vin blanc sec
250 g de crevettes
500 g de champignons
50 g d'échalote
125 g de farine
200 g de beurre
un demi-litre de sauce * crevettes
6 cl de sauce * Joinville

FILETS DE SOLE AU VIN BLANC
PRÉPARATION 25 MINUTES • CUISSON 12 MINUTES

Dans une casserole basse, mais épaisse, mettre une pincée d'échalotes hachées finement, des champignons émincés, des tomates mondées, épépinées et coupées en dés. Y disposer les filets ; les assaisonner de sel et poivre ; ajouter un peu de vin blanc, une noix de beurre, et faire pocher 12 minutes. Retirer les filets ; les tenir au chaud.
Faire réduire la cuisson, ajouter un peu de crème et terminer avec de la sauce hollandaise. Napper les filets et passer dans un four très chaud, pour obtenir le glaçage.

Vins blancs : anjou, graves, sauternes, monbazillac.

4 soles de 400 g
sel, poivre
2 échalotes
150 g de champignons
4 tomates
1 dl de vin blanc
une noix de beurre
1 dl de crème fraîche
2 cuillerées de sauce * hollandaise

POISSONS

FILETS DE SOLE AU WHISKY SUR LIT DE MOUSSERONS

PRÉPARATION 1 HEURE 15 • CUISSON 1 HEURE

Deux soles de 500 g
2 verres de vin blanc sec
2 verres d'eau
thym, laurier
2 oignons
100 g de champignons (mousserons)
1 dl de crème
un verre de whisky
50 g de beurre
sel et poivre

Lever les filets des soles. Avec les parures, un verre de vin blanc, l'eau, les aromates et les oignons, faire un fumet que l'on fera cuire trois quarts d'heure.

Dans un plat beurré, faire un lit de mousserons. Poser les filets par-dessus. Saler et poivrer, mouiller du fumet de poisson et d'un autre verre de vin blanc sec. Laisser cuire 10 minutes.

Égoutter le fond de cuisson dans une casserole. Y ajouter la crème fraîche et le whisky, et laisser réduire jusqu'à épaississement. Rectifier l'assaisonnement. Napper les filets de sole.

En principe, servir le même vin que celui utilisé pour la cuisson.

GOUJONS DE SOLE AU PAPRIKA

PRÉPARATION 20 MINUTES • CUISSON 10 MINUTES

4 soles de 400 g pièce
sel, poivre
1 cuillerée à soupe de paprika
150 g de beurre
1 citron

Lever les filets des soles ; les couper en goujons ; les rouler dans du paprika ; les poêler au beurre. Servir avec un beurre noisette et un jus de citron.

Vins blancs secs : pouilly fumé, chablis, mâcon, viré, arbois, sylvaner.

MATELOTE DE SOLE À LA NORMANDE

PRÉPARATION 40 MINUTES • CUISSON 20 MINUTES

4 belles soles de 500 g
sel, poivre
100 g de champignons
150 g de beurre
2 gros oignons
un demi-litre de cidre
5 cl de calvados
24 huîtres
un demi-litre de moules
1 dl de vin blanc
un demi-litre de crème fraîche
8 écrevisses
8 beaux croûtons en pain de mie

Détailler, en morceaux de même grosseur, 4 grosses soles épaisses. Assaisonner ces morceaux de sel et de poivre, et les placer, bien à plat, dans un sautoir où l'on aura fait revenir au beurre, sans les faire colorer, les oignons hachés.

Cuire quelques instants les morceaux de sole. Ajouter les champignons escalopés. Mouiller de cidre et d'une cuillerée de calvados. Cuire vivement, la casserole couverte, pendant 8 à 10 minutes. Égoutter les tronçons. Les dresser sur un plat rond creux ; garnir avec des huîtres pochées, des moules cuites au vin blanc (sans leurs coquilles), et les champignons.

Réduire la cuisson. Lui ajouter la crème fraîche épaisse. Faire bouillir quelques instants. Passer au chinois et beurrer.

Napper le poisson avec cette sauce ; garnir de 8 croûtons en forme de cœur, frits au beurre, et de 8 écrevisses cuites au court-bouillon.

Cidre, ou vins blancs secs : saumur, vouvray, sancerre, quincy.

SOLE ALBERT
PRÉPARATION 30 MINUTES • CUISSON 12 MINUTES
(Recette de chez Maxim's, dédiée à Albert, son célèbre maître d'hôtel.)

Pour 3 ou 4 personnes :
1 sole de 700 g
sel, poivre
125 g de beurre
60 g de mie de pain
2 échalotes
1 cuillerée de persil
1 dl de vermouth

Choisir une sole épaisse et bien fraîche. Enlever les deux peaux et faire une légère incision le long de l'arête. Assaisonner la sole de sel et de poivre ; la passer dans un beurre fondu et parsemer le côté devant être présenté de mie de pain fraîche (le côté pané dessus).

Coucher la sole dans un plat beurré, dans lequel on aura semé les échalotes et le persil ou quelques fines herbes finement hachés ; mouiller avec le vermouth. Mettre au four, à feu vif, de façon à faire gratiner la mie de pain.

Lorsque la sole est cuite, verser la cuisson dans une casserole ; faire réduire presque complètement ; retirer du feu et monter la réduction au beurre frais. Pendant que s'opère la réduction, ébarber la sole ; la changer de plat et la tenir au chaud. Avant de servir, l'entourer d'un cordon de sauce et présenter le reste dans une saucière.

*Vins blancs secs : saumur, sancerre, quincy,
sylvaner, meursault, pouilly-fuissé.*

* SOLES AU CHAMPAGNE
PRÉPARATION 25 MINUTES • CUISSON 15 MINUTES

8 soles de 250 g
sel, poivre
un demi-oignon
*une demi-bouteille
de champagne*
200 g de beurre
4 œufs
1 dl de crème fraîche

Mettre les soles bien vidées dans une casserole ; mouiller de champagne, ajouter une pincée d'oignons finement hachés, une noisette de beurre, du sel et du poivre.

Laisser cuire doucement et, lorsque les filets se détachent légèrement du bout, égoutter les poissons et les dresser sur un plat.

D'autre part, monter au fouet 4 jaunes d'œufs à la crème fraîche et au beurre ; finir avec un peu du fond de cuisson, du sel et du poivre. Napper.

Vins blancs : champagne mousseux ou nature.

SOLES À LA DIEPPOISE
PRÉPARATION 40 MINUTES • CUISSON 12 MINUTES

*8 soles de 200 g ou
4 soles de 350 g
sel, poivre
40 g de crevettes
un demi-litre de moules
marinière (décortiquées)
50 g de champignons
de Paris, 1 dl de vin blanc
1 dl de fumet * de poisson
200 g de beurre
60 g de farine
1 dl de crème fraîche
2 jaunes d'œufs
1 bouquet garni*

Pocher les soles au vin blanc allongé de fumet. Dresser. Entourer de queues de crevettes, de moules ouvertes sur le feu avec le bouquet garni et de champignons. Napper de sauce au vin blanc.

Sauce. Faire un roux (beurre et farine) ; mouiller avec la cuisson des soles, celle des moules, celle des champignons et le vin blanc ; lier avec 2 jaunes d'œufs à la crème fraîche.

Vins blancs secs : muscadet, sancerre, vouvray, quincy.

SOLES FARCIES AU FUMET DE MEURSAULT

PRÉPARATION 45 MINUTES • CUISSON 18 MINUTES
(Recette créée à l'hôtel de la Poste, à Avallon.)

*4 belles soles de 350 g
duxelles * de
champignons et truffes
(avec 100 g
de champignons et 40 g
de truffes)
farce fine de poisson
(avec : 300 g de chair
de sole, 2 blancs d'œufs
crus)
sel, poivre
un demi-litre de crème
fraîche
fumet * de poisson
un demi-litre de vin
blanc de Meursault
3 échalotes hachées
1 citron
4 œufs
sauce * bordelaise
vin blanc
un peu de velouté *
de poisson*

Dépouiller les soles, les vider et les inciser sur le dessus. Décoller les filets sans les lever.

Pousser à la poche, dans l'ouverture ainsi pratiquée, une duxelles de champignons et de truffes revenue au beurre et amalgamée avec une farce fine de poisson préparée comme suit : piler finement au mortier la chair de sole ; la passer au tamis ; travailler de nouveau au mortier, avec les blancs d'œufs crus. Assaisonner de sel et de poivre.

Mettre cette farce dans un récipient, en pleine glace, pendant 1 heure. Remuer à la spatule, de temps en temps, et incorporer progressivement de la crème fraîche.

Au moment du repas, faire pocher les soles fourrées dans un fumet de poisson additionné de vin blanc de Meursault, d'échalotes, de sel et de poivre. Lorsque les soles sont cuites, les ébarber et les poser sur le plat de service. Garnir de quelques rondelles de truffes et napper avec la sauce ci-dessous.

Réduire la cuisson ; ajouter un peu de velouté ; lier à la crème fraîche et au jaune d'œuf. Ajouter quelques gouttes de citron et une noix de beurre.

Vins blancs secs ou moelleux : meursault, montrachet, corton, chablis, pouilly-fuissé.

SOLES GRATINÉES À LA GASCONNE

PRÉPARATION 40 MINUTES • CUISSON 18 MINUTES

*8 soles de 200 g
sel, poivre
100 g de beurre
quelques branches
de persil et de ciboulette
4 échalotes
une demi-gousse d'ail
un demi-litre de vin
blanc sec de Graves
1 cuillerée à soupe
de moutarde
5 cl de vinaigre
4 cuillerées de tomate
concentrée
3 jaunes d'œufs
1 citron
25 g de mie de pain*

Fendre les soles sur la longueur ; en assaisonner l'intérieur de sel, de poivre et de ciboulette hachée.

Déposer ensuite le poisson dans une plaque beurrée, poudrée d'échalotes et de persil hachés.

Préparer, par ailleurs, dans une petite casserole — en quantité juste suffisante pour recouvrir les soles —, un fond de cuisson composé, par moitié, de vin blanc sec de Graves et de beurre. Additionner ce fond d'une cuillerée de moutarde de Bordeaux à l'estragon, de sel, de poivre, d'un filet de vinaigre, de persil et d'échalotes hachés, d'une pointe d'ail écrasé et de 4 cuillerées de tomate concentrée. Le verser sur les soles. Faire partir la cuisson sur le fourneau et mettre ensuite à cuire au four. Arroser pendant la cuisson. Lorsque les soles sont cuites, les égoutter et les dresser sur un plat à gratin, dont on aura nappé le fond de quelques cuillerées de cuisson.

Faire réduire ensuite le fond de cuisson ; le lier aux jaunes d'œufs et en napper les soles.

Poudrer le tout de mie de pain finement émiettée, mélangée de ciboulette hachée, et faire gratiner au four. Poudrer encore de persil haché. Citronner et servir dans le plat à gratin.

En principe, servir le même vin que celui utilisé pour la cuisson.

SOLES GRATINÉES À LA PROVENÇALE
PRÉPARATION 45 MINUTES • CUISSON 18 MINUTES

8 soles de 200 g
sel, poivre
100 g de beurre
3 échalotes et 2 branches de persil
une demi-gousse d'ail
3 tomates mondées, épépinées, concassées
75 g de champignons
1 oignon
1 dl de vin blanc
1 dl de fumet * de poisson
1 mesure de safran
un demi-citron
1 dl de crème fraîche
50 g de beurre * de homard
2 tomates crues
25 g de chapelure
25 g de parmesan
1 cuillerée de persil et de ciboulette

Fendre les soles longitudinalement. Les assaisonner intérieurement de sel, de poivre, et les déposer dans un plat beurré, poudré d'échalotes et de persil hachés, agrémentés d'une légère pointe d'ail.

Recouvrir ensuite les soles d'un salpicon légèrement tomaté, additionné de beurre, et composé de champignons et d'oignons hachés, mouillé au vin blanc sec, fortement citronné, renforcé de fumet de poisson, et parfumé d'un soupçon de safran. Ce dernier aromate doit à peine se laisser deviner.

Faire partir la cuisson sur le fourneau et la poursuivre au four, en arrosant fréquemment. Lorsque les soles sont cuites, les égoutter et les dresser sur un plat en terre vernissée, dont on aura nappé le fond d'un peu de cuisson. Faire alors réduire le fond de cuisson, rectifier l'assaisonnement, en citron notamment, et le crémer légèrement de beurre de homard bien corsé. Recouvrir les soles de ce fond ; poudrer de chapelure grossièrement concassée et de parmesan râpé mélangés, puis incruster au centre de chaque poisson une belle rondelle de tomate bien mûre, et faire gratiner au four. Avant de servir, poudrer de persil et de ciboulette ciselés.

Vins blancs secs : côtes-de-provence, bellet, cassis, coteaux-d'aix.

SOLES AU VIN ROUGE
PRÉPARATION 45 MINUTES • CUISSON 30 MINUTES

2 soles de 500 g
100 g de beurre
un demi-litre de vin rouge
15 g de farine
citron, sel et poivre

Parer et vider les soles. Les laver soigneusement. Beurrer largement un plat à rôtir. Poser les poissons tête-bêche sur le côté sans peau. Disposer en surface 60 g de beurre en noisettes. Saler et poivrer. Mouiller de vin rouge et mettre à four chaud pendant 15 minutes.

Vider la cuisson dans une casserole, et tenir le plat contenant les soles au chaud. Faire bouillir cette cuisson 10 minutes pour la réduire de moitié. Lier de 15 g de beurre * manié. Donner deux ou trois bouillons. Hors du feu, ajouter un filet de citron et 20 g de beurre frais. Napper les poissons.

En principe, le même que celui utilisé pour la cuisson, un champigny par exemple.

TURBANS DE FILETS DE SOLE EN GELÉE

PRÉPARATION 1 HEURE 30 • CUISSON 20 À 30 MINUTES

6 soles de 800 g (24 beaux filets)
3 kg de brochet ou de merlan (pour obtenir environ 1,200 kg de chair)
7,5 dl de crème fraîche épaisse
sel, poivre
une demi-cuillerée à moka de noix de muscade en poudre
1 botte de ciboulette
1 botte de cerfeuil
1 botte d'estragon
2 cuillerées à soupe d'huile d'arachide
3 dl de gelée *.
Pour la sauce **mayonnaise :**
3 jaunes d'œufs
huile d'arachide
vinaigre, sel, poivre
coulis ou concentré de tomates

Faire lever les filets de sole et de brochet ou de merlan par votre poissonnier.
Mettre la crème fraîche au réfrigérateur, jusqu'au moment de s'en servir. Huiler légèrement 3 moules à savarin de 18 cm de diamètre extérieur ou 2 moules sensiblement plus grands.
Aplatir soigneusement les filets des soles et entailler superficiellement la surface afin qu'ils ne se déforment pas à la cuisson. Les saler et en tapisser les moules, le côté très blanc, qui se trouvait contre l'arête, étant placé contre la paroi du moule. Disposer les filets légèrement en biais, se chevauchant un peu les uns les autres, et laisser déborder du moule l'extrémité des filets.
Enlever soigneusement toutes les arêtes des filets de brochet ou de merlan et piler la chair. La passer au tamis fin et la recueillir dans une terrine tenue sur de la glace. Ajouter peu à peu la crème, en travaillant le mélange à la spatule, toujours sur la glace. Saler, poivrer, ajouter la noix de muscade, la ciboulette et le cerfeuil grossièrement hachés.
Emplir les moules garnis avec cette farce, tasser légèrement et rabattre les extrémités des filets sur la farce.
Huiler légèrement 2 ou 3 papiers sulfurisés, les mettre sur les moules et couvrir ceux-ci avec un couvercle.
Mettre les moules dans 2 ou 3 casseroles contenant de l'eau bouillante jusqu'aux trois quarts de la hauteur des moules. Maintenir ce bain-marie sur le feu, à légère ébullition, pendant 20 minutes. Si l'eau du bain-marie s'évaporait, en rétablir le niveau en y ajoutant l'eau chaude nécessaire. Retirer les moules du bain-marie, les découvrir et laisser refroidir complètement.
Ensuite, retourner les moules sur une grille posée sur un plat creux, pour égoutter le jus de cuisson. Puis retourner les moules de nouveau et les mettre au frais pendant 1 heure.
Les démouler sur un plat rond ; décorer le dessus des turbans avec des feuilles d'estragon lavées, posées à cheval sur chaque démarcation de filet.
Napper le tout d'une mince couche de gelée, lorsque celle-ci commencera à figer, tout en étant encore coulante.
Mettre les turbans au réfrigérateur pendant une heure.
Les servir accompagnés d'un litre de sauce mayonnaise bien relevée et ferme, à laquelle sont incorporées 5 à 6 cuillerées à soupe de coulis de tomates.

Vins blancs : muscadet, gros plant nantais, tursan, pacherenc du Vic Bilh, vin vert du Roussillon.

TANCHE

LA TANCHE EST UN POISSON D'ÉTANG ET DE RIVIÈRE QUI RECHERCHE les fonds vaseux, ce qui lui donne un goût de vase. Pour atténuer celui-ci, il faut la laisser dégorger pendant une huitaine de jours dans de l'eau courante et limpide. Elle entre dans les matelotes mais se fait également frire ou poêler.

TANCHE AU KIRSCH
PRÉPARATION 45 MINUTES • CUISSON 15 MINUTES

Prendre les tanches vivantes, les tuer en leur faisant boire du vinaigre ; les plonger très rapidement dans de l'eau bouillante, les écailler, sans enlever la peau, et les mettre dans un plat allant au four. Poser dessus un hachis d'ail, d'échalotes, de persil, et d'un peu d'estragon, avec sel, poivre, beurre. Mettre au four ; arroser de temps en temps avec du bon kirsch. Dès que les tanches sont cuites, les arroser de nouveau et les servir flambées.

Vins blancs : riesling, sylvaner, traminer.

---

8 tanches moyennes
de 250 g environ
1 dl de vinaigre
sel, poivre
1 gousse d'ail
4 échalotes
6 branches de persil
2 branches d'estragon
100 g de beurre
1 dl de kirsch

THON

ON APPELLE THON CINQ ESPÈCES VOISINES. LE *GERMON* (THON blanc), très savoureux et ferme, est surtout destiné à la conserverie, mais il se vend frais pendant l'été (à braiser ou à griller) ; le *thon rouge* est presque toujours vendu frais (meilleur un peu rassis), pour être surtout braisé ou cuit en daube ; le *listao* et l'*albacore* sont pêchés surtout pour les conserveries et le *patudo* se vend frais, mais sans avoir la saveur du germon blanc, auquel il ressemble. La chair du thon est relativement grasse et dense, un peu lourde, mais sa valeur nutritive est considérable. Du temps où l'on faisait maigre régulièrement, on surnommait le thon le « veau des chartreux ».

DARNE DE THON À LA PROVENÇALE
PRÉPARATION 1 HEURE 30 • CUISSON 1 HEURE

1 belle darne de thon de 1 kg environ
sel, poivre du moulin et en grains
1 verre d'huile d'olive
1 oignon
500 g de tomates
3 gousses d'ail
1 brindille de basilic
bouquet garni
75 cl de vin blanc
75 cl de vin rouge
beurre * manié (avec 100 g de beurre et 30 g de farine), 1 citron
6 filets d'anchois
20 g de câpres
1 cuillerée de persil

Faire revenir le thon à l'huile. Ajouter l'oignon haché, les tomates concassées, l'ail écrasé, avec basilic et bouquet garni. Mouiller, à mi-hauteur du poisson, avec moitié vin blanc, moitié vin rouge, sel, poivre en grains. Couvrir et cuire 1 heure au four.
Retirer le poisson, le dresser sur un plat. Passer le fond, le dégraisser. Le faire réduire un peu, puis le lier avec beurre manié et purée d'anchois. Terminer avec jus de citron, quelques câpres et persil concassé. Napper le poisson et servir la sauce restante à part.

Vins : blancs, rosés ou rouges de Provence.

TRANCHES DE THON BRAISÉES AU VIN BLANC
PRÉPARATION 2 HEURES 15 • MARINAGE 1 HEURE • CUISSON 1 HEURE 20

3 tranches de thon de 120 g chacune
1 citron
1 dl d'huile
sel, poivre
1 pincée d'épices
15 petits oignons
6 échalotes
250 g de champignons
1 dl de vin blanc
1 dl d'eau
beurre * manié (avec 100 g de beurre et 30 g de farine)

Faire mariner, une bonne heure à l'avance, les tranches de thon avec jus de citron, huile, sel, poivre et une pincée de bonnes épices.
Éponger les morceaux ; les faire revenir à l'huile, avec quelques petits oignons, échalotes hachées, champignons crus escalopés. Faire étuver 20 minutes ; mouiller avec le vin blanc et l'eau. Braiser 1 heure.
Rectifier l'assaisonnement ; terminer en ajoutant le beurre manié avec la farine. Servir très chaud.

Vins blancs secs : vouvray, sancerre, pouilly fumé, mâcon.

TRUITE

LA CHAIR DE LA TRUITE SAUVAGE *(FARIO)* – BLANCHE, ROSÉE OU orangée – est fine et délicate. Ce poisson de gourmet vit dans les rivières froides à cours rapide. Pour la cuisson, la truite fraîchement pêchée doit être assommée au moment même où on la fait cuire (notamment pour la fameuse cuisson « au bleu »), mais, pour toute préparation, sa fraîcheur doit être absolue. De même que la truite de lac ou la truite de mer (souvent saumonée), la truite fario est pêchée avec permis et réservée à la consommation privée. On ne trouve en restauration que la truite d'élevage *(arc-en-ciel),* nettement plus fade et moins savoureuse. Le répertoire des recettes de truites abonde en apprêts régionaux très variés, relevés d'herbes, de crème fraîche, de lardons ou de champignons. On trouve aussi des filets de truites fumées, à servir en hors-d'œuvre.

TRUITES BELLE MEUNIÈRE
PRÉPARATION 25 MINUTES • CUISSON 12 MINUTES

8 truites de rivière de 150 à 180 g
sel, poivre
150 g de beurre
50 g de farine
1 citron
1 dl de crème fraîche

Faire cuire les truites farinées dans un bon morceau de beurre ; saler. Une fois cuites, les dresser sur un plat. Ajouter, au beurre qui est encore dans la poêle, le jus d'un citron et un peu de crème fraîche. Laisser chauffer très peu et verser sur les truites. Servir aussitôt.

Vins blancs secs ou moelleux : vouvray, hermitage, tokay d'Alsace.

* TRUITES AU BLEU
PRÉPARATION 10 MINUTES • CUISSON 5 MINUTES

8 belles truites
50 g de beurre
court-bouillon
4 dl de vinaigre
persil frisé

Assommer et vider les truites, ne pas les laver et, surtout, ne pas les essuyer, car elles sont enrobées d'un limon spécial qui leur donne, à la cuisson, leur teinte bleue. Le court-bouillon sera très fortement vinaigré : 4 dl de vinaigre au lieu d'un.
Placer les truites dans le court-bouillon en ébullition et les retirer au bout de cinq minutes.
Les servir entourées d'une couronne de persil frisé et accompagnées d'un simple beurre fondu.
On peut préparer de la même façon petits brochets ou petites carpes.

Vins blancs : riesling, moselle, crépy, muscadet, pouilly fumé.

TRUITES AU CHAMPAGNE
PRÉPARATION 30 MINUTES • CUISSON 12 MINUTES

8 truites de 150 g à 180 g
sel, poivre
une bouteille de champagne nature
4 échalotes
200 g de beurre
4 jaunes d'œufs
1 dl de velouté * de poisson
un demi-litre de crème fraîche
1 citron

Vider et préparer les truites. Les pocher dans une cuisson à base de champagne nature blanc de blanc, assaisonnée et aromatisée.
Avec un peu d'échalote très finement hachée, réduire une partie du fond de pochage.
Après réduction et refroidissement, ajouter 4 jaunes d'œufs. Cuire à feu doux en fouettant vivement et monter la sauce au beurre. Ajouter un peu de velouté de poisson ou de bonne sauce * bordelaise au vin blanc onctueuse ; crémer largement ; rectifier l'assaisonnement ; ajouter encore un petit jus de citron et tenir au chaud.
Éplucher les truites, les dresser sur un plat ; napper de la sauce au champagne.

En principe servir le même champagne ou vin blanc que celui utilisé pour la cuisson ou la sauce.

TRUITES À L'ÉCLUSIÈRE
PRÉPARATION 30 MINUTES • CUISSON 15 MINUTES

8 truites de 150 g à 180 g
sel, poivre
un demi-litre de lait
100 g de farine
1 feuille de papier sulfurisé
150 g de beurre
un demi-litre de vin de Pouilly
2 échalotes
un demi-litre de crème fraîche
75 g de champignons
5 cl de jus de truffes
un demi-citron
1 cuillerée de persil
8 lames de truffes
8 têtes de champignons

Choisir de belles truites de rivière. Les éponger soigneusement ; les vider avant de les passer au lait, puis à la farine ; saler et poivrer intérieurement.
Les faire raidir doucement au beurre bien frais.
Une fois dorées, les retirer du plat de cuisson et les tenir au chaud sous papier beurré.
Déglacer avec un peu de vin blanc sec (pouilly de préférence) ; ajouter l'échalote fraîchement hachée, et laisser réduire quelques secondes.
Retirer alors le plat sur le coin du fourneau. Verser la crème fraîche ; ajouter un peu de champignons et de cuisson de champignons, ainsi qu'un jus de truffes et un filet de citron.
Remettre les truites dans leur plat de cuisson ; les laisser mijoter dans leur sauce jusqu'au moment où celle-ci aura atteint le degré de consistance satisfaisant. Goûter et rectifier.
Servir, en décorant les truites avec du persil haché, une lame de truffe et des têtes de champignons cannelées.

Vins : pouilly-fuissé ; à défaut, vins blancs secs : chablis, côtes-de-beaune.

POISSONS

TRUITES FARCIES
PRÉPARATION 1 HEURE • CUISSON 20 MINUTES

Vider les truites par la tête, sans ouvrir le ventre ; les laver. Préparer une farce en mélangeant : moitié mie de pain, moitié champignons hachés, persil et échalotes hachés. Faire cuire légèrement ce mélange avec du beurre, afin de le sécher ; retirer du feu, et terminer la farce en ajoutant 3 cuillerées de crème, du sel et du poivre.
Remplir le ventre des truites de farce, par les ouïes, et les placer dans un plat à rôtir, au beurre, avec 2 tomates mondées, épépinées et concassées et des échalotes hachées. Laisser cuire à four chaud 20 minutes environ et, en fin de cuisson, ajouter à la sauce un demi-verre de bon vin blanc sec et une bonne cuillerée de crème.

Vins blancs secs ou moelleux : graves, traminer, saint-péray, champagne nature, vouvray, anjou.

2 truites de 750 g environ
sel, poivre
50 g de mie de pain fraîche
150 g de champignons
persil et 4 échalotes
150 g de beurre
1 dl de crème fraîche
2 tomates
1 dl de vin blanc

TRUITES EN GELÉE AU VIN ROUGE
PRÉPARATION 2 HEURES • CUISSON 25 MINUTES

Choisir de belles truites de rivière venant d'être pêchées. Les vider et les mettre dans de l'eau glacée pendant 1 heure. Faire revenir au beurre une mirepoix de carottes, d'oignons, de céleris-raves, de queues de persil, d'ail, de thym et de laurier ; mouiller avec un peu de fumet de poisson et un bon mâcon. Assaisonner avec sel et poivre en grains.
Laisser mijoter une demi-heure avec quelques épluchures de champignons. Fouler et laisser refroidir.
Les truites seront salées et poivrées intérieurement, et placées dans une poissonnière avec quelques têtes de champignons blancs. Verser la cuisson sur les truites, et pocher doucement. Laisser refroidir dans la cuisson.
Égoutter, essuyer délicatement truites et champignons, et dresser sur un plat de service. Dégraisser et clarifier la cuisson, rectifier l'assaisonnement. Y faire fondre la gélatine ; laisser prendre en gelée. Napper les poissons ; laisser prendre.
Servir glacé avec, à part, une sauce mayonnaise allégée de crème fouettée.

Vin blanc : mâcon blanc. Vins rouges : beaujolais, mâconnais, passe-tout-grain.

8 truites de rivière de 150 à 180 g
sel, poivre
mirepoix *
2 dl de fumet *
de poisson
1 bouteille de mâcon
6 grains de poivre
100 g de champignons (choisir 16 belles têtes)
1 dl de sauce *
mayonnaise
1 dl de crème fouettée
4 blancs d'œufs
8 feuilles de gélatine (pour la gelée)
5 cl de cognac

TRUITES RÔTIES
« COMME AU MOYEN ÂGE »
PRÉPARATION 40 MINUTES • CUISSON 15 MINUTES

8 truites de 200 g
sel, poivre
200 g de beurre
bouquet garni
2 carottes
un demi-litre de vin blanc sec
1 dl de fumet * de poisson
50 g de farine
12 grains de poivre
3 échalotes
4 jaunes d'œufs
1 dl de crème double
15 feuilles d'oseille épluchées

Choisir de belles truites. Les saler, les poivrer et les beurrer. Les mettre à rôtir sur un fond de carottes, de thym et de laurier. Lorsque les truites sont cuites, les réserver à part, au chaud.

Déglacer avec 1 verre de vin blanc sec et un peu de bon fumet de poisson. Avec ce déglaçage, faire un petit velouté, en le liant à la farine.

Concasser du poivre en grains (une demi-cuillerée à café) ; mettre à bouillir avec un peu d'échalote hachée et 1 verre de vin blanc ; laisser réduire à un quart de verre. Lorsque la réduction est froide, ajouter 4 jaunes d'œufs et 1 dl de crème double. Monter et faire prendre au bain-marie.

Ajouter le velouté ; passer à l'étamine et terminer cette sauce en lui incorporant 15 feuilles d'oseille ciselées et tombées au beurre. Dresser les truites ; les napper de sauce, avant de servir.

Vins blancs secs : arbois, sylvaner, cassis, pouilly-fuissé.

TRUITE SAUMONÉE
BRAISÉE AU VIN ROUGE
PRÉPARATION 45 MINUTES • CUISSON 35 MINUTES

Une belle truite de 1,500 kg environ
sel, poivre,
200 g de beurre
2 carottes
2 oignons
4 échalotes
1 bouquet garni
un litre de bordeaux rouge
un demi-litre de fumet * de poisson
2 belles bardes de lard
50 g de filets d'anchois
30 g de farine
beurre * manié

Assaisonner et barder entièrement une belle truite. La mettre dans une plaque longue, grassement beurrée, et faire partir la cuisson à four assez vif, pour commencer.

Ajouter, à mi-cuisson, carottes, oignons, échalotes (le tout coupé en grosses rouelles), bouquet garni. Après coloration, mouiller d'un bon bordeaux rouge. Arroser très souvent, afin que la pièce s'humecte bien. Ôter les bardes et ajouter un bon fumet de poisson (à base de têtes et d'arêtes de saumon), mouillé au bordeaux. Faire en sorte que la truite reste bien moelleuse et très parfumée.

La cuisson terminée, passer tout ce fond au tamis fin, à l'étamine. Dépouiller souvent, et ajouter 50 g de filets d'anchois, dessalés et pilés au mortier, avec la même quantité de beurre. Lier la sauce au beurre manié, et la monter au beurre très fin.

Cette sauce, qui est une variante de la sauce * genevoise, doit être légère, parfumée, colorée et d'un goût franc.

Vin : en principe, servir le même vin que celui utilisé pour la cuisson.

POISSONS

TURBOT

QUAND ON DOIT TRAITER EN CUISINE UN TURBOT ENTIER, IL FAUT avoir à sa disposition une poissonnière de forme spéciale, la turbotière, adaptée à sa conformation rhomboïdale. Pour nettoyer ce poisson de mer de grande valeur, on retire sa peau grisâtre en ayant soin de ne pas toucher à la peau blanche, qui constitue une partie nutritive et onctueuse. Sa chair blanche et ferme, feuilletée et fondante, sans arêtes, facile à détailler en filets, en fait un poisson de choix, mais d'un prix élevé. Poché, braisé, grillé ou poêlé, il mérite une cuisson très attentive, sinon la chair trop cuite perd de son moelleux. Malgré les nombreux apprêts fastueux que lui ont consacrés les chefs d'hier et d'aujourd'hui, on estime souvent que c'est le simple pochage qui met le turbot le mieux en valeur (avec un peu de lait pour conserver à la chair sa blancheur).

FILETS DE TURBOT À LA PORTAISE
PRÉPARATION 1 HEURE • CUISSON 45 MINUTES

Détacher les filets du turbot pour en retirer l'arête centrale. Enlever la tête, les nageoires et la queue. Ces débris servent à préparer un fond de poisson au vin blanc sec, avec échalotes, persil en branche en abondance, sel et poivre du moulin ; laisser cuire une bonne demi-heure. Piler le tout et passer cette réduction au chinois.
Dans cette réduction, pocher les coquilles Saint-Jacques (5 à 10 minutes). Les retirer et les mettre de côté.
Pendant cette opération, placer les filets de turbot dans un plat allant au four. Les arroser de la réduction du fond de poisson, et y adjoindre une quantité appréciable de noisettes de beurre. Mettre le plat au four pendant une demi-heure environ. Pendant la cuisson, faire suer les lamelles de champignons, arrosées d'un jus de citron pour conserver leur blancheur. L'opération ne demande que quelques minutes. Les égoutter dans une passoire pour qu'ils jettent toute leur eau.
Mettre champignons et coquilles Saint-Jacques dans le plat, autour des filets de turbot, après cette première demi-heure de cuisson. Ajouter de la crème fraîche, un jus de citron, du sel et du poivre du moulin. Faire cuire le tout une dizaine de minutes au plus (à défaut de crème, et au moment de servir, faire, après la cuisson, une liaison avec des jaunes d'œufs battus au fouet). Servir aussitôt.

Vins blancs secs : hermitage, champagne nature, pouilly-fuissé.

---

1 turbot de 2,500 kg
8 coquilles Saint-Jacques
sel, poivre
une bouteille de vin blanc sec
4 échalotes, persil
bouquet garni
200 g de beurre
75 g de champignons
1 citron
1 dl de crème fraîche

FILETS DE TURBOT AU VERMOUTH
PRÉPARATION 50 MINUTES • CUISSON 30 MINUTES

Un turbot de 2 kg
3 échalotes
thym, laurier, sel, poivre
un citron
fumet * de poisson
125 g de beurre
250 g de champignons
1 dl de vermouth blanc
un demi-litre de crème fraîche

Parer, vider, laver le poisson. Lever les filets.
Mettre dans une casserole une échalote hachée avec thym, laurier, jus de citron et l'arête brisée du poisson. Saler et poivrer. Couvrir d'eau froide. Porter à ébullition 20 minutes pour obtenir un fumet.
Faire étuver au beurre, d'autre part, les champignons pendant 10 minutes. Faire fondre au beurre (50 g), dans une troisième casserole, les deux autres échalotes hachées. Mouiller avec 1 dl de vermouth blanc et un demi-verre de fumet de poisson passé. Ajouter les champignons et un demi-litre de crème fraîche. Saler et poivrer. Laisser frémir 5 minutes. Tamiser le reste du fumet au-dessus d'une sauteuse. Y faire pocher, 8 minutes, les filets de turbot. Les égoutter. Les mettre, la peau enlevée, sur le plat de service. Napper de la sauce.

Vins blancs : sauternes, vouvray, ou bien un verre de vermouth très sec et frappé.

* TURBOT AU CHAMBERTIN
PRÉPARATION 40 MINUTES • CUISSON 1 HEURE 20

1 turbot de 2,500 kg environ
sel, poivre
1 dl d'huile d'olive
10 petits oignons
2 échalotes
1 gousse d'ail
1 bouquet garni
1 cuillerée de tomate concentrée
une bouteille de chambertin
50 g de jambon de pays
150 g de beurre
50 g de chapelure ou mie de pain fraîche
croûtons frits au beurre

Prendre un turbot bien dégorgé, paré et essuyé ; le mettre dans un plat allant au four, beurré au préalable ; saler et poivrer. Dans une cocotte, placée sur le feu, mettre l'huile d'olive, quelques petits oignons, ajouter l'échalote hachée, l'ail écrasé, le bouquet garni, un peu de tomate, le tout bien mélangé et arrosé d'une bouteille de chambertin. Laisser cuire 20 minutes. Prendre une bonne tranche de jambon de pays, gras et maigre, que l'on coupera très fin, et que l'on fera revenir. Verser sur le turbot ainsi que la sauce préparée ; ajouter 150 g de beurre, par petits morceaux ; parsemer de chapelure, légèrement. Couvrir d'un papier beurré ; laisser mijoter au four assez chaud environ 1 heure ; lier la sauce avec 2 bonnes cuillerées de crème fraîche ; glacer au four quelques minutes et servir très chaud, dans le plat même, garni de croûtons frits au beurre.

Vins : chambertin ou gevrey-chambertin.

TURBOT DENIS
PRÉPARATION 30 MINUTES • CUISSON 25 MINUTES

Pour 4 ou 5 personnes :
1 turbot de 2 kg
300 g de beurre
persil, cerfeuil, ciboulette
estragon, sel, poivre
2 petites cuillerées à café
de pastis

Couper le turbot en morceaux et enlever la peau noire. Retourner les morceaux et supprimer au besoin la peau blanche. Détacher les filets de l'arête avec un couteau à lame souple (couteau à filets de sole). Placer les morceaux dans une sauteuse et ajouter 200 g de beurre en morceaux. Mouiller le fond de la casserole avec un peu d'eau, pour éviter que le beurre ne cuise. Saler et poivrer légèrement.
Mettre la casserole au four modéré (ou sur feu très doux avec un couvercle), pendant 10 à 15 minutes.
Hacher finement les herbes, séparément. La ciboulette doit être coupée finement au couteau.
Verser le pastis dans une petite casserole.
Ajouter le reste du beurre coupé en morceaux et les fines herbes : 2 cuillerées à café de persil, 2 cuillerées à café d'estragon, 1 cuillerée à café de ciboulette et 1 cuillerée à café de cerfeuil.
Égoutter les morceaux de turbot ; les tenir au chaud dans le plat de service.
Verser la cuisson des filets dans la petite casserole, en la passant au chinois. Faire bouillir la sauce jusqu'à ce qu'elle épaississe (sans attendre que, par excès de cuisson, le beurre ne se sépare et fasse tourner la sauce). Napper rapidement les filets. Décorer avec des fleurons de pâte feuilletée et servir avec des pommes vapeur.

Vins blancs : chablis grand cru ou premier cru, corton, meursault,
chassagne-montrachet, hermitage, châteauneuf-du-pape, graves.

TURBOT FARCI « À L'AMIRAL »
PRÉPARATION 1 HEURE 30 • CUISSON 40 MINUTES

1 turbot de 2 kg
sel, poivre
une bouteille
de champagne
300 g de farce *
mousseline de homard
2 cuillerées de sauce *
tomate
250 g de beurre
5 dl de fumet *
de poisson
1 dl de sauce *
américaine
3 branches d'estragon
épluchées

Faire, sur le dos du poisson, une incision pénétrant jusqu'à l'arête et continue de la tête à la queue. Détacher les filets de l'arête, de façon à former une poche, et remplir cette poche avec de la farce de homard, additionnée de corail de homard cru et de purée de tomate très réduite. Rapprocher les filets l'un vers l'autre afin que la farce se trouve bien enfermée dans l'intérieur.
Retourner le turbot et le coucher dans un plat creux de dimensions convenables et grassement beurré. Mouiller avec une bouteille de champagne et à peu près autant de fumet de poisson. Cuire au four très doucement, en arrosant souvent, environ 40 minutes.
Dresser le turbot sur le plat de service. Réduire le liquide de cuisson de moitié, y ajouter une quantité égale de sauce américaine, mise au point et additionnée d'estragon haché.
Napper la pièce avec une partie de cette sauce et servir le reste à part.

Vins blancs secs : macon-viré, arbois, sylvaner, cassis, pouilly-fuissé.

TURBOT FARCI
CHARLES RIGOULOT
PRÉPARATION 40 MINUTES • CUISSON 25 MINUTES
(Recette créée par le chef Max Maupuy pour son ami Charles Rigoulot, « l'homme le plus fort du monde » des années 1925.)

*Un turbot de 1,500 kg
6 échalotes grises
un verre de vin blanc sec
un litre de lait
100 g de râpé
25 g de farine
moutarde forte
sel et poivre
beurre
250 g de champignons de Paris
bresse bleu*

Hacher les échalotes, les faire revenir au beurre. Ajouter le vin blanc et faire réduire complètement. Ajouter les champignons et laisser cuire, en remuant fréquemment.
Faire une sauce * Béchamel avec beurre, lait, farine.
Préparer le turbot en ôtant la peau noire et en l'ouvrant par le milieu, de la tête à la queue, pour dégager l'arête sans meurtrir les filets. Saler et poivrer. Verser, dans cette ouverture, le mélange échalotes-champignons, lié de 4 cuillerées de béchamel. Rabattre les filets et cuire au four 15 à 20 minutes. Recouvrir entièrement le turbot du reste de la béchamel mélangée de bresse bleu et d'une cuillerée de moutarde forte. Poudrer de râpé et achever de glacer à feu vif.

Vins blancs : vouvray, quincy, jasnières, pouilly fumé.

TURBOT POCHÉ
PRÉPARATION 50 MINUTES • CUISSON 45 MINUTES

*1 turbot de 2,500 kg
sel, 1 dl de lait
1 citron
1 poignée de persil épluché
500 g de pommes de terre à la vapeur, servies à part
sauce * à volonté, servie en saucière*

Le turbot étant prêt pour la cuisson, pratiquer une incision assez profonde sur le dos (côté brun) le long de l'arête dorsale. Mettre alors le turbot dans la turbotière, sur la grille ; le couvrir d'eau froide additionnée de lait bouilli ; ajouter quelques rondelles de citron pelées et sans pépins ; faire prendre l'ébullition tout doucement ; retirer sur le coin du feu et continuer la cuisson en maintenant le liquide en petit frémissement. Une ébullition prononcée n'avancerait aucunement la cuisson ; elle n'aurait pour résultat que de briser la pièce.
Le temps de pochage du turbot s'évalue à 15 à 20 minutes par kilogramme, selon l'épaisseur de la pièce.
De la grille sur laquelle il a cuit, le faire glisser doucement sur le plat de service, couvert d'une serviette, et l'entourer de persil. Il est recommandable de tamponner la surface de la pièce avec un morceau de beurre pour lui donner du brillant. Chaud, on sert en même temps des pommes de terre cuites à l'anglaise et l'une des sauces suivantes : hollandaise, mousseline, aux câpres, crevettes, homard, vénitienne, béarnaise, vin blanc, américaine, ou beurre fondu, beurre maître d'hôtel, etc.
Froid, le turbot peut être présenté glacé et décoré de mayonnaise.

*Avec une sauce hollandaise, mousseline, beurre fondu et maître d'hôtel, vins blancs demi-secs : jurançon, vouvray, anjou, sauternes, barsac, graves ; ou vins blancs liquoreux : sauternes, barsac, anjou, vouvray, monbazillac.
Avec les autres sauces, vins blancs secs : saumur, sancerre, quincy, pouilly fumé, muscadet, hermitage, champagne nature.*

CRUSTACÉS, MOLLUSQUES ET COQUILLAGES

Rassemblés sous l'expression de « fruits de mer », les mollusques, coquillages, crustacés et animaux marins de petite taille constituent une ressource intéressante pour le cuisinier et le gastronome, qui ont, en outre, à leur disposition ces morceaux de choix que sont le homard et la langouste. Escargots, grenouilles et écrevisses, mollusques et crustacés du domaine terrestre, sont traditionnellement traités dans le même chapitre que les fruits de mer. Si l'huître ou la coquille Saint-Jacques donnent lieu, entre autres, à des apprêts cuisinés, on trouve aussi, plus modestement, des petits coquillages qu'il convient de déguster, souvent crus, le plus naturellement possible. Bigorneaux et vigneaux, par exemple, sont très répandus sur les côtes de la mer du Nord, de la Manche et de l'Océan. On les fait bouillir dans une eau bien relevée et on les mange froids en extrayant l'animal avec une épingle, ou encore en garniture d'omelette, en salade, avec des œufs brouillés. Quant aux clams, ces coquillages très goûtés des connaisseurs, ils ont été importés des États-Unis dans les Charentes en 1911 : la plus grande consommation en est faite crue, mais on en prépare aussi, avec des légumes et des aromates, un potage très estimé, le *clam chowder*. En France, des quantités considérables de crustacés et de coquillages sont consommées, crues ou dans différentes préparations culinaires ; pour que le consommateur ait toute garantie quant à la qualité de ces produits, la législation se montre sévère : ces produits de la mer doivent provenir de zones reconnues salubres par l'Institut scientifique et technique des pêches maritimes, qui délivre des étiquettes de salubrité apposées sur les colis pour le transport et la vente ailleurs que sur les lieux de pêche proprement dits.

CALMAR

CE MOLLUSQUE MARIN VOISIN DE LA SEICHE, QUE L'ON APPELLE encornet, chipiron, calamar ou supion, est apprécié surtout dans les pays méditerranéens où on le cuisine farci, cuit en sauce ou au vin blanc, en salade ou frit. Mais son apprêt le plus classique est celui des Espagnols : en su tinta (dans son encre). Les calmars doivent être assez tendres et bien condimentés.

RIZ AUX CALMARS
PRÉPARATION 1 HEURE • 1re CUISSON 45 MINUTES • 2e CUISSON 20 MINUTES

Nettoyer et laver les calmars ou seiches. Enlever toutes les petites peaux qui les recouvrent et les duvets. Les couper en petits morceaux. Mettre, dans une poêle, un peu d'huile d'olive et les faire cuire à feu vif ; saler et poivrer ; 10 minutes environ suffisent pour la cuisson.

D'autre part, dans une sauteuse, mettre la moitié de la sauce tomate ; y ajouter le vin blanc, le laurier et une pincée de petit piment fort. Ajouter les calmars ou seiches ; mouiller avec un fumet ou une soupe de poisson et laisser cuire doucement, trois quarts d'heure environ. Ce plat demande à être assez épicé.

Dans une sauteuse, mettre un bon morceau de beurre ; ajouter le reste de la sauce tomate et le riz. Laisser crever le riz 2 à 3 minutes, en tournant pour qu'il n'attache pas, puis ajouter, petit à petit, fumet ou soupe de poisson. Le riz ne doit pas être noyé. Il faut environ 20 minutes pour faire cuire un risotto ; 2 à 3 minutes avant la fin de la cuisson, ajouter les calmars ou seiches, et servir avec du parmesan râpé.

En principe, servir le même vin blanc que celui utilisé pour la cuisson.

16 calmars (petits)
1 dl d'huile d'olive
un litre de sauce * tomate
un demi-litre
de bon vin blanc
sec, laurier
1 piment
2 litres de fumet *
de poisson
150 g de beurre
500 g de riz
200 g de parmesan râpé

CRUSTACÉS, MOLLUSQUES ET COQUILLAGES

COQUILLE SAINT-JACQUES

CE MOLLUSQUE A NOM *RICARDEAU* EN BRETAGNE ET *GOFICHE* EN Normandie, ou encore *peigne* ou *pèlerine*. Il en existe plusieurs espèces suivant qu'il vit dans la Manche, l'Océan ou la Méditerranée. Sa chair très estimée se mange généralement cuite (à l'américaine, au gratin, sautée, en brochettes, etc., voire refroidie, en salade), mais aussi très légèrement pochée, dans des salades composées raffinées, ou bien crue, marinée. On ne consomme sur la coquille Saint-Jacques que la noix (blanche et ferme) et le corail (rose pâle ou orange vif). Les barbes sont excellentes, mais assez difficiles à débarrasser du sable ; c'est pourquoi on les supprime généralement en parant le mollusque. Il est indispensable de choisir des coquilles qui ne bâillent pas (signe de fraîcheur) ; les placer quelques instants sur le feu ou au four pour qu'elles s'ouvrent. La coquille Saint-Jacques doit son nom aux pèlerins qui se rendaient à Saint-Jacques-de-Compostelle, en Espagne, avec, comme insignes sur leur chapeau ou leur bâton, des valves de ces coquillages.

BROCHETTES DE COQUILLES SAINT-JACQUES
PRÉPARATION 30 MINUTES • CUISSON 12 MINUTES

Pour 4 personnes :
20 coquilles Saint-Jacques
4 tranches (50 g chacune) de lard de poitrine fumé
sel, poivre, ail, noix de muscade, persil
50 g de beurre
2 ou 3 cuillerées d'huile d'olive
sauce * béarnaise

Introduire la lame du couteau entre les deux coquilles. Détacher la noix du couvercle.
Détacher la noix du côté creux de la coquille. Prendre la noix en main et maintenir l'attache noire avec le pouce droit.
Tirer la noix avec la main gauche.
Détacher également le corail de la « barbe ». Toutes les barbes sont jetées. Seules sont conservées les langues de corail et les noix blanches. Laver noix et langues à plusieurs eaux pour enlever le sable.
Sécher les noix avec un torchon ; les couper en deux disques dans l'épaisseur.
Les noix crues étant friables, il est nécessaire de les faire raidir un instant au beurre, ainsi que le corail, sinon les brochettes les déchireraient. Faire griller rapidement les tranches de lard des deux côtés et les couper en carrés de 2 ou 3 cm de côté.
Glisser chaque brochette dans une tête d'ail pour la parfumer très légèrement. Assaisonner les noix avec sel, poivre et noix de muscade. Garnir les brochettes en alternant tranches de coquilles, lard, corail et ainsi de suite jusqu'à ce qu'elles soient complètement garnies.

Badigeonner les brochettes à l'huile. Passer les brochettes au gril et les tourner de temps en temps pour les faire dorer sur toutes les faces. Cuisson : 8 à 10 minutes maximum. Servir très chaud, sur un plat décoré de persil, avec une sauce béarnaise.

Vins rosés : tavel, bandol, côtes-de-provence, coteaux-d'aix, pinot noir d'Alsace, ou vins rouges : côtes-de-provence, coteaux-du-languedoc.

COQUILLES SAINT-JACQUES AU BEURRE BLANC
PRÉPARATION 25 MINUTES • CUISSON 10 MINUTES

24 coquilles
sel, poivre
50 g de farine
75 g de beurre
150 g de sauce * beurre blanc nantais

Éplucher les coquilles Saint-Jacques ; ne garder que les noix et le corail ; les laver soigneusement, les éponger, saler, poivrer. Les passer à la farine et les cuire à la meunière (dans du beurre très chaud à la poêle) ; napper, au tout dernier moment, d'un beurre blanc nantais.

Vins blancs secs : saumur, vouvray, sancerre, pouilly fumé, muscadet.

COQUILLES SAINT JACQUES À LA BORDELAISE
PRÉPARATION 25 MINUTES • CUISSON 12 MINUTES

24 coquilles
sel, poivre, mirepoix * bordelaise (avec 2 carottes, 1 oignon, 2 échalotes, bouquet garni, 1 pointe d'ail)
4 cl de cognac
1 dl de vin blanc
3 tomates
150 g de beurre

Faire revenir au beurre une mirepoix bordelaise ; ajouter noix et corail ; faire suer, et flamber au cognac. Mouiller au vin blanc ; ajouter les tomates mondées, épépinées et concassées et cuire 10 minutes. Retirer les noix et le corail, les tenir au chaud. Faire réduire la cuisson ; monter au beurre ; remettre les noix et le corail, et rectifier l'assaisonnement.

Vins blancs secs : vouvray, sancerre, quincy, pouilly fumé.

COQUILLES SAINT-JACQUES AU CURRY
PRÉPARATION 30 MINUTES • CUISSON 12 MINUTES

24 coquilles
sel, poivre
2 ou 3 oignons
1 petite cuillerée à soupe de curry
150 g de beurre
1 dl de crème fraîche
1 dl de vin blanc
bouquet garni
125 g de riz créole

Faire suer les mollusques au beurre avec l'oignon haché. Mouiller au vin blanc ; ajouter un bouquet garni, une pincée de curry, et laisser cuire 12 minutes. Retirer noix et corail ; réduire la cuisson ; passer et crémer ; verser sur les noix tenues au chaud.
Servir à part du riz blanc.

Vins blancs secs : saumur, vouvray, sancerre, quincy, pouilly fumé, muscadet, graves sec, viré, chablis, sylvaner, cassis, riesling.

24 coquilles
sel, poivre
75 g de farine
100 g de beurre
1 dl d'huile
2 gros oignons
1 citron
6 tomates mondées, épépinées
1 poignée de persil en branches

COQUILLES SAINT-JACQUES À LA FAÇON DES GOURMETS

PRÉPARATION 40 MINUTES • CUISSON 15 MINUTES

Escaloper la noix des coquilles Saint-Jacques en disques de 1 cm d'épaisseur au maximum ; assaisonner de sel et de poivre les escalopes et le corail ; les passer à la farine et les faire frire et dorer sur les deux faces, avec du beurre et une goutte d'huile (qui empêche le beurre de brûler). Il convient d'utiliser une poêle de bonne dimension, car ces escalopes doivent être bien à plat ; la cuisson sera rapide. Les réserver sur un plat de service ou, de préférence, à gratin.

La garniture se compose de rondelles d'oignons frits et de persil frit, traités à grande friture, de tomates moyennes grillées ou étuvées, bien assaisonnées.

Autour des escalopes, dans le plat choisi, mettre, en petits bouquets (un par convive), oignons frits, persil frit et tomates intercalés. Presser un jus de citron, ajouter un peu de beurre fondu à la poêle et bien mousseux, pour arroser au moment de servir, et un soupçon de persil haché.

Servir très chaud ; la présentation est d'un heureux effet.

Vins blancs secs : saumur, vouvray, sancerre, quincy, sylvaner, cassis, pouilly-fuissé.

24 coquilles
1 oignon
2 échalotes
1 dl de vin blanc
1 cuillerée à soupe de persil
50 g de mie de pain
bouquet garni
150 g de beurre
50 g de chapelure

COQUILLES SAINT-JACQUES GRATINÉES À LA BRETONNE

PRÉPARATION 25 MINUTES • CUISSON 12 MINUTES

Faire revenir au beurre, avec oignons et échalotes hachés, les noix et le corail coupés. Mouiller légèrement de vin blanc ; mettre une pincée de persil haché, un peu de mie de pain, et laisser bouillir 8 à 10 minutes. À ce moment, le liquide de cuisson doit avoir la consistance d'une sauce légère.

Retirer du feu ; beurrer largement. Garnir les coquilles de cette préparation ; poudrer de grosse chapelure, arroser de beurre fondu et faire gratiner.

Cidre sec ou demi-sec. Vins blancs secs : saumur, vouvray, sancerre, quincy, pouilly fumé, muscadet, gros plant nantais.

CRUSTACÉS, MOLLUSQUES ET COQUILLAGES

COQUILLES SAINT-JACQUES
GRATINÉES AUX CHAMPIGNONS
PRÉPARATION 40 MINUTES • CUISSON 12 MINUTES

Ouvrir les coquilles à l'aide d'un couteau, les nettoyer. Garder les noix et le corail des mollusques ; les faire étuver pendant quelques minutes. Préparer, d'autre part, une duxelles. Couper les noix en deux sur l'épaisseur ; bien beurrer les coquilles ; y déposer un peu de duxelles ; ajouter les noix et le corail ; napper avec une sauce Mornay, poudrer de fromage râpé, verser dessus un peu de beurre fondu, et faire gratiner au four.

Vins blancs : montrachet, meursault, graves, vouvray.

**24 coquilles
sel, poivre
150 g de beurre
un demi-litre de sauce *
Mornay
250 g de champignons
en duxelles*
50 g de gruyère râpé.**

* COQUILLES SAINT-JACQUES
AUX MOULES À LA NANTAISE
PRÉPARATION 30 MINUTES • CUISSON 12 MINUTES

Nettoyer et faire cuire les champignons. Faire ouvrir les petites moules, et réserver le jus de cuisson passé.
Nettoyer et faire ouvrir les coquilles Saint-Jacques, en retirer les chairs et les ébouillanter. Ensuite, couper les noix en rondelles assez épaisses ; le corail et les barbes en petits morceaux.
Mettre ces chairs dans une casserole avec une forte pincée de sel et une prise de poivre blanc, le vin blanc et la cuisson des champignons ; les cuire doucement pendant 12 minutes, puis les égoutter à fond et y joindre les champignons cuits, émincés.
Pour la sauce, préparer un roux blond, avec 150 g de beurre et la farine ; le délayer petit à petit avec la cuisson des chairs et 1 dl de la cuisson des moules ; faire prendre l'ébullition en remuant, et laisser bouillir doucement pendant 7 à 8 minutes. Compléter cette sauce (hors du feu) avec 100 g de beurre.
Au fond de chaque coquille concave, étaler 1 cuillerée de sauce ; la garnir avec les chairs et les champignons ; ajouter 6 moules dans chacune d'elles et couvrir de sauce. Les ranger sur un plat, et les mettre pendant quelques minutes au four de chaleur très vive, pour glacer la surface de la sauce. Servir aussitôt.

Vins blancs secs : saumur, vouvray, sancerre, quincy, graves sec, chablis, mâcon, viré, arbois, riesling, sylvaner, cassis, pouilly-fuissé.

**16 coquilles
un litre de moules
sel, poivre
un demi-litre de
vin blanc
150 g de champignons
jus de cuisson des
champignons
250 g de beurre
50 g de farine**

CRUSTACÉS, MOLLUSQUES ET COQUILLAGES

COQUILLES SAINT-JACQUES À LA NAGE

PRÉPARATION 25 MINUTES • CUISSON 10 MINUTES

**24 coquilles
4 carottes
2 oignons piqués d'un clou de girofle
un demi-litre de vin blanc sec
un demi-litre de lait
bouquet garni
un bol de sauce * rémoulade**

Ouvrir les coquilles, retirer les mollusques et parer noix et corail. Laver soigneusement. Égoutter.

Préparer une nage avec 3 litres d'eau, le vin et le lait bouilli. Y ajouter les carottes en rondelles et les oignons cloutés, un bouquet garni. Porter à ébullition. Jeter les coquilles dans la nage bouillante et les laisser 5 minutes. Égoutter.

Servir les coquilles Saint-Jacques chaudes, dans un peu de nage, accompagnées d'une sauce rémoulade, c'est-à-dire d'une mayonnaise additionnée d'un hachis de câpres, cornichons, fines herbes, purée d'anchois et moutarde.

Vin blanc : chablis de l'année.

COQUILLES SAINT-JACQUES À LA PROVENÇALE

PRÉPARATION 20 MINUTES • CUISSON 10 MINUTES

**24 coquilles
sel, poivre
100 g de farine
200 g de beurre
1 dl d'huile
2 cuillerées à soupe de persil
1 gousse d'ail
1 citron**

Des coquilles, ébarbées et bien nettoyées, ne garder que la noix et le corail. Les essuyer, les assaisonner de sel et de poivre du moulin. Les rouler dans la farine et les tapoter avec la main pour faire tomber la farine superflue. Mettre un morceau de beurre dans une poêle et, quand celui-ci est bien chaud, y mettre les coquilles. Lorsqu'elles sont bien dorées dessous, les retourner délicatement pour faire colorer également le dessus. Mettre les mollusques, après cuisson, dans une valve concave lavée (une par personne).

Préparer un peu d'ail et de persil hachés très fin. En parsemer légèrement chaque coquille. Ajouter un peu de jus de citron. Mettre un morceau de beurre frais dans la poêle et, quand il est bouillant, c'est-à-dire couleur noisette, et qu'il mousse, le verser sur les coquilles. Couvrir celles-ci avec leur couvercle et servir très chaud.

Nota. Les coquilles ne doivent pas nager dans le beurre ; il faut mettre juste ce qu'il faut.

Vins blancs secs : sancerre, pouilly fumé, chablis, cassis.

CRUSTACÉS, MOLLUSQUES ET COQUILLAGES

COQUILLES SAINT JACQUES AU VIN BLANC

PRÉPARATION 1 HEURE • CUISSON 20 MINUTES

Choisir des coquilles Saint-Jacques bien fraîches, des « bretonnes » de préférence. Les enlever des coquilles ; ne conserver que la noix et le corail. Laver à plusieurs eaux ; escaloper en 2 ou 3 tranches.

Dans une casserole épaisse, réunir les coquilles, le beurre, du sel et du poivre, les échalotes hachées, le persil haché et le vin blanc sec. Conduire la cuisson assez vite, pour qu'elle soit onctueuse et qu'elle ait la consistance d'un sirop léger. Il faut environ 20 minutes de cuisson ; on reconnaît qu'elle est terminée lorsque la sauce prend une teinte ivoire.

Vins blancs secs : saumur, vouvray, sancerre, quincy.

24 coquilles
sel, poivre
100 g de beurre
1 dl de vin blanc
3 échalotes
1 cuillerée à soupe de persil

GRATIN SOUFFLÉ DE SAINT-JACQUES

PRÉPARATION 45 MINUTES • CUISSON 30 MINUTES

Faire fondre dans une casserole 30 g de beurre et le remuer avec autant de farine. Mouiller de lait et, sans cesser de remuer, laisser cuire 10 minutes. Arrêter le feu.

Nettoyer 16 coquilles Saint-Jacques en ne gardant que les noix et le corail.

Dans une autre casserole, verser le vin blanc sec et autant d'eau. Ajouter une brindille de thym. Porter à ébullition. Ralentir le feu et y laisser frémir les mollusques 10 minutes. Les égoutter.

Incorporer 3 jaunes d'œufs au contenu de la première casserole en même temps qu'une cuillerée à soupe de paprika, une pointe de cayenne, sel et poivre. Battre les 3 blancs d'œufs en neige ferme et les mêler doucement à cette béchamel.

Beurrer un plat à gratin. Y verser la moitié de cette préparation. Escaloper la chair des coquilles. La disposer sur le plat. Recouvrir du reste de la sauce. Semer de noisettes de beurre. Mettre à four chaud 10 minutes.

Servir aussitôt.

Vins blancs : meursault, puligny-montrachet, corton blanc.

16 coquilles
40 g de beurre
30 g de farine
trois quarts de litre de lait
1 décilitre et demi de vin blanc sec
thym
3 œufs
paprika
cayenne, sel, poivre

CRUSTACÉS, MOLLUSQUES ET COQUILLAGES

CRABE

CRABE EST LE NOM GÉNÉRIQUE QUE L'ON DONNE À PLUSIEURS espèces de crustacés comestibles, depuis la petite *étrille* jusqu'au gros *tourteau* en passant par l'*araignée de mer* à carapace épineuse. Il faut toujours choisir un crabe très lourd, bien plein, et non seulement frais, mais vivant. La chair des crabes est fine et délicate, mais le décorticage est long et minutieux. Le foie et la substance crémeuse (le « jaune ») sont exquis tartinés sur du pain de seigle, quand on sert le crabe cuit au naturel. Seul le tourteau peut se farcir. Les petits crabes conviennent pour les soupes et les bisques.

CRABES AU BOUILLON À LA FAÇON DES PÊCHEURS
PRÉPARATION 1 HEURE • CUISSON 30 MINUTES

2 beaux crabes
court-bouillon
un demi-litre de vin blanc
un demi-litre d'eau
sel, poivre
1 gousse d'ail
3 jaunes d'œufs
2 dl d'huile d'olive
1 cuillerée à soupe de moutarde
1 branche de fenouil
5 cl de vinaigre
1 jus de citron

Prendre 2 gros crabes (si possible, l'un femelle et l'autre mâle). Les faire cuire pendant une demi-heure au court-bouillon de vin blanc bien épicé. Les retirer ; enlever les œufs, ou corail, de la femelle et les parties brunes des intérieurs, pour les piler dans un mortier avec 1 gousse d'ail et 3 jaunes d'œufs, en humectant largement d'huile. Ajouter un peu de moutarde, une petite pincée de fenouil, très finement haché, 1 petite cuillerée de vinaigre et le jus d'un citron. Concasser légèrement les crabes et en servir les chairs encore tièdes avec cette sauce.

Vins blancs secs : cassis, bellet, coteaux-d'aix.
Vins rosés secs : côtes-de-provence.

PETITS CRABES GRATINÉS AU FOUR
PRÉPARATION 1 HEURE • CUISSON 15 MINUTES

16 petits crabes
court-bouillon
1 oignon
150 g de champignons
100 g de beurre
5 cl de cognac
3 cuillerées à soupe de purée de tomates
1 petite cuillerée à café de curry, sel
25 g de mie de pain et 150 g de fromage râpé mélangés

Cuire les petits crabes au court-bouillon pendant 10 à 15 minutes. Les décortiquer ; réserver la chair ; les carapaces seront nettoyées (extérieur et intérieur) pour le service. D'autre part, préparer oignon et champignons hachés revenus au beurre avec 1 verre de cognac, 3 cuillerées à soupe de purée de tomates et une prise de curry et de sel. Ajouter la chair de crabe. Remettre dans les carapaces, poudrer de mie de pain et de fromage râpé et gratiner avant de servir.

Vins blancs secs : saumur, muscadet, gros plant nantais, pouilly fumé, sancerre.

PILAW DE CRABES ET RIZ AUX MOULES À LA PONT-AVEN

PRÉPARATION 1 HEURE • CUISSON DES CRABES 30 MINUTES • CUISSON DU RIZ 18 MINUTES

Faire cuire les crabes au court-bouillon. Dans une cocotte, mettre de l'huile ; y faire dorer les oignons hachés, puis mettre le riz. Bien remuer. Ajouter peu à peu le court-bouillon chaud, que le riz doit absorber, sans que les grains se collent ; tourner souvent ; ajouter les tomates mondées, épépinées et concassées ; assaisonner. Ajouter également le safran et des moules cuites. Verser dans un plat ; disposer les crabes par-dessus, ou bien les éplucher et mêler la chair au pilaw quelques minutes avant de servir.

Vins blancs secs : muscadet, gros plant nantais.

2 beaux crabes
2 litres de moules (marinière) décortiquées
5 cl d'huile
2 oignons
150 à 175 g de riz
4 tomates
sel, poivre
1 cuillerée à café de safran

TOASTS DE CRABE AU PAPRIKA

PRÉPARATION 1 HEURE • CUISSON 30 MINUTES

Passer au beurre mousseux 500 g de chair de crabe. Ajouter la crème, la sauce Béchamel, le paprika, la mie de pain, pour lier, et 4 jaunes d'œufs. Faire des toasts ronds bien grillés ; verser une cuillerée de cette préparation sur chaque toast, la poudrer de fromage râpé et de mie de pain mélangés et passer au four au moment de servir.

Vins blancs secs : pouilly fumé, muscadet, saumur, riesling.

500 g de chair de crabe
1 dl de crème fraîche
1 dl de sauce * Béchamel
1 cuillerée à soupe de paprika
100 g de mie de pain fraîche
4 jaunes d'œufs
16 toasts ronds de 4 cm de diamètre et 1 cm d'épaisseur
1 cuillerée à soupe de fromage râpé et mie de pain mélangés
100 g de beurre

* TOURTEAUX ESCOFFIER GRATINÉS AU PAPRIKA

PRÉPARATION 1 HEURE • CUISSON 35 MINUTES

Recette d'Auguste Escoffier (1846-1935), qui œuvra pendant plus de soixante ans au service de la cuisine française.

Étuver au vin blanc (avec un bouquet garni, des oignons, des échalotes, etc.) de beaux tourteaux. Les laisser refroidir et les décortiquer, en prenant soin de ne pas casser la carapace. Faire sauter au beurre des champignons de Paris coupés en dés, les poudrer légèrement de curry et de paprika. Incorporer la chair des tourteaux. Faire, avec la cuisson des tourteaux, une béchamel très serrée, liée aux jaunes d'œufs et à la crème. Mélanger l'ensemble ; en farcir les carapaces et gratiner au four avec du fromage râpé.

Vin blanc sec : pouilly fumé.

4 tourteaux
court-bouillon au vin blanc
sel (peu)
quelques grains de poivre
bouquet garni
2 oignons
4 échalotes
250 g de champignons
1 cuillerée à café de curry
1 cuillerée à soupe de paprika
un demi-litre de sauce * Béchamel
1 dl de crème fraîche
3 jaunes d'œufs
150 g de beurre
50 g de fromage râpé

CRUSTACÉS, MOLLUSQUES ET COQUILLAGES

TOURTEAUX FROIDS À LA MAYONNAISE

PRÉPARATION 1 HEURE 30 • CUISSON 30 MINUTES

**2 kg de tourteaux, dont un d'entre eux ayant une très belle carapace
5 cl de vinaigre
5 cl d'huile d'olive
sel, poivre de Cayenne
2 cuillerées à soupe de moutarde anglaise
4 œufs durs
persil
50 g de corail de homard
un demi-litre de sauce * mayonnaise**

Cuire les crabes à l'eau bouillante salée, les laisser refroidir. Détacher les pattes, les pinces, puis enlever le plastron. Retirer ensuite le contenu, y compris le foie.

Délayer le foie avec vinaigre, huile, moutarde, sel et poivre. Ajouter la chair des crabes, effilée au moyen de deux fourchettes.

Laver et essuyer la plus belle des carapaces ; la remplir de chair assaisonnée, lisser au couteau, décorer d'œufs durs passés au tamis, de corail, de persil haché. Reformer les pinces du crabe ; servir sur une serviette, avec persil en branche. Présenter, à part, une mayonnaise en saucière.

Vins blancs : pouilly fumé, saumur, sancerre, muscadet, gros plant nantais.

CREVETTE

OUTRE LES CREVETTES GRISES DE LA MANCHE ET DE LA MER DU nord (boucauds), tenues pour les plus savoureuses, ou les crevettes roses (bouquets) et les chevrettes, on trouve aussi sur le marché la grosse gamba et la crevette rose du Sénégal. On sert les crevettes en hors-d'œuvre (salades, cocktails, aspics, mousse, ou nature), mais elles sont également très employées en cuisine (sauces, beurres composés, coulis, etc.), et d'innombrables apprêts ou garnitures de poissons y font appel. On notera que la partie utilisable représente moins de la moitié du poids total ; 100 g de crevettes donnent environ 40 g de queues décortiquées.

CRUSTACÉS, MOLLUSQUES ET COQUILLAGES

ASPIC DE CREVETTES AUX TRUFFES
PRÉPARATION 2 HEURES

*Un demi-litre de sauce * mayonnaise un litre de gelée * de poisson 300 g de queues de crevettes cuites épluchées 8 petites truffes*

Lier à la mayonnaise, collée à la gelée, de petites queues de crevettes grises, ou de grosses crevettes dites bouquets, coupées en salpicon. En faire de petites boules, que l'on range sur plaque et que l'on tient sur glace, le temps d'assurer la solidification de la sauce.

Chemiser de gelée blanche de poisson un moule à bordure uni ou cannelé ; décorer le fond à volonté ; arroser d'un peu de gelée fondue et froide. Quand elle est prise, ajouter de la gelée pour former une légère couche. Sur cette gelée solidifiée, ranger les boules de crevettes en les alternant de petites truffes noires. Entre chacune, une belle crevette rose sera placée sur le dos, de façon que, au démoulage, elle se trouve renversée. Finir de remplir le moule avec boules de crevettes, truffes, crevettes roses et gelée.

Laisser prendre et démouler au moment de servir.

Vins blancs secs : champagne nature, montrachet, meursault, graves.
Vins blancs liquoreux : sauternes, barsac, anjou, vouvray, monbazillac.

CRÊPES SOUFFLÉES AUX BOUQUETS
PRÉPARATION 1 HEURE • CUISSON 10 MINUTES

*16 petites crêpes sans sucre 150 g de beurre 200 g de crevettes roses épluchées un demi-litre de velouté * de poisson 2 jaunes d'œufs poivre 6 blancs d'œufs*

Décortiquer les crevettes ; piler les queues dans un mortier ; les assaisonner, les passer au tamis et leur incorporer un peu de velouté et les jaunes d'œufs. Ajouter ensuite des blancs d'œufs montés en neige très ferme.

Garnir de cet appareil des crêpes très fines ; les rouler sur elles-mêmes et les mettre au four de chaleur modérée pendant 10 minutes. Servir immédiatement.

Vins blancs : champagne nature, montrachet, saint-péray, vouvray, anjou, monbazillac.

CROQUETTES DE CREVETTES
PRÉPARATION 1 HEURE • CUISSON 5 MINUTES

*1 kg de crevettes 1 litre de sauce * Béchamel 3 jaunes d'œufs 200 g de farine panure à l'anglaise (avec 3 œufs battus, sel, poivre, 1 dl d'huile, 500 g de mie de pain fraîche) une poignée de persil frit grande friture*

Éplucher les crevettes ; faire une béchamel épaisse, en quantité égale aux crevettes. La tourner, après y avoir jeté les queues de crevettes, un quart d'heure sur feu doux. Laisser refroidir. Préparer 16 croquettes en bouchons ou palets ; rouler dans la panure anglaise, puis dans la mie de pain. Faire frire.

Vins blancs : vouvray, sancerre, pouilly fumé, muscadet, chablis, mâcon.

ÉCREVISSE

CE CRUSTACÉ D'EAU DOUCE DE HAUTE RÉPUTATION EST DEVENU rare dans les cours d'eau français : on distingue l'écrevisse à pattes rouges (Auvergne), tenue pour la plus fine, celle à pattes blanches (de montagne) et celle « de torrent » (Morvan, Alsace), tandis que l'« américaine » est nettement moins délectable. Les plus fréquentes sur le marché sont désormais celles d'importation (Europe centrale).

Pour être bonnes, les écrevisses doivent être châtrées, c'est-à-dire débarrassées de leur intestin (le « boyau »), qui donnerait un goût amer à la préparation. On ne consomme pratiquement que la queue (un cinquième du poids total). On peut conserver des écrevisses vivantes pendant une huitaine de jours en les mettant dans un panier à salade avec des orties fraîches, fréquemment renouvelées. Ce crustacé reste l'élément majeur de plusieurs recettes parmi les plus gastronomiques des régions de France (Jura, Alsace, Lyonnais notamment), tout en donnant des mets de grande cuisine (bisque, gratin, sauces, en particulier tous les apprêts qui portent le nom de Nantua).

ÉCREVISSES À L'ANETH EN SALADE
PRÉPARATION 45 MINUTES • CUISSON 20 MINUTES

**36 écrevisses
un demi-litre de vin blanc sec
sel, poivre
poivre de Cayenne
persil, thym, aneth
1 carotte
1 gros oignon
3 dl de crème fraîche
une laitue
jus de citron**

Faire un court-bouillon avec le vin et autant d'eau, l'oignon et la carotte en rouelles, ainsi que du sel, du thym, du persil, de l'aneth. Après 20 minutes de bouillon, ajouter quelques grains de poivre et une pincée de cayenne.

Jeter dans ce court-bouillon, au besoin en deux fois, les écrevisses châtrées et cuire à couvert 8 à 10 minutes. Les égoutter après cuisson. Décortiquer les écrevisses. Réserver les queues dans un peu de court-bouillon, où elles refroidiront. Piler au mortier les carapaces (par cinq à la fois) ; passer le tout à la Moulinette puis au tamis fin.

Hacher finement une poignée de feuilles d'aneth et les mélanger avec sel et jus de citron. Ajouter la crème fraîche et la purée des carapaces. Rectifier l'assaisonnement. Mélanger les queues d'écrevisses avec la sauce et servir très frais.

Vins blancs : sancerre, pouilly fumé, quincy.

CRUSTACÉS, MOLLUSQUES ET COQUILLAGES

ÉCREVISSES À LA BORDELAISE

**PRÉPARATION 45 MINUTES • CUISSON DE LA MIREPOIX 25 MINUTES
CUISSON DES ÉCREVISSES 12 MINUTES**

Pour 24 écrevisses, hacher, aussi finement que possible, du rouge de carotte, des oignons, des échalotes, une queue de persil ; ajouter gros comme un pois d'ail écrasé et un fragment de thym et de laurier pulvérisés. Étuver le tout avec 100 g de beurre, jusqu'à cuisson complète. Cette mirepoix, base condimentaire des écrevisses, peut et doit même être faite à l'avance.

Chauffer 100 g de beurre dans un sautoir ; y mettre les écrevisses lavées et châtrées et les faire sauter à feu vif, jusqu'à ce que les carapaces soient devenues bien rouges. Les arroser du cognac ; l'enflammer et laisser flamber en prenant toutes les précautions pour ne pas carboniser les antennes, ce qui donnerait un goût d'amertume à la sauce (ce cognac peut d'ailleurs être flambé à l'avance). Ajouter de très bon vin blanc, la purée de tomates concentrée, une pincée de sel, une pointe de cayenne et la mirepoix préparée.

Couvrir et laisser cuire pendant 10 à 12 minutes, en faisant sauter les écrevisses de temps en temps.

Dresser les écrevisses dans une timbale ou sur un plat ; réduire la sauce à 3 dl ; la compléter avec le velouté, 50 g de beurre. Rectifier l'assaisonnement.

Verser cette sauce sur les écrevisses ; parsemer d'une pincée de persil concassé.

Vin rosé sec : tavel. Vins blancs secs : vouvray, sancerre, pouilly fumé, muscadet, chablis, mâcon.

**24 écrevisses
250 g de beurre
sel, poivre
mirepoix * (avec 50 g de carottes, 50 g d'oignons, 2 échalotes, 1 gousse d'ail, bouquet garni)
8 cl de cognac
un demi-litre de bon vin blanc
1 pincée de cayenne
2 cuillerées de tomate concentrée
1 dl de velouté * de poisson
1 cuillerée de persil**

ÉCREVISSES EN CASSEROLE AU WHISKY

**PRÉPARATION 25 MINUTES • CUISSON DES ÉCREVISSES 15 MINUTES
CUISSON DE LA MIREPOIX 30 MINUTES**

Faire revenir, pendant environ 30 minutes, une mirepoix (taillée très fine) dans un sautoir, où l'on a fait fondre, sans lui laisser prendre couleur, 200 g de beurre.

Retirer cette mirepoix avec une écumoire, en laissant le beurre ; remettre à feu vif, y jeter aussitôt 24 écrevisses préalablement châtrées. Faire revenir rapidement ; assaisonner et finir la cuisson 5 minutes au four assez chaud.

Retirer ; flamber aussitôt avec un bon cognac ; ajouter le vin blanc, autant de crème double, la tomate concentrée et la mirepoix. Couvrir et cuire un quart d'heure.

Lier légèrement la sauce avec le beurre manié et, en servant, ajouter 1 verre à liqueur de whisky.

Vins blancs secs : sancerre, pouilly fumé.

**24 écrevisses
sel, poivre
mirepoix * (avec 200 g de beurre, 1 carotte, 1 gros oignon, 3 échalotes)
bouquet garni
5 cl de cognac
5 cl de whisky
2 dl de vin blanc sec
2 dl de crème double
1 cuillerée à café de tomate concentrée
1 cuillerée à soupe de beurre * manié**

ÉCREVISSES À LA CRÈME
PRÉPARATION 35 MINUTES • CUISSON 12 MINUTES

24 belles écrevisses
mirepoix *
(avec 1 carotte, 1 oignon,
3 échalotes,
100 g de beurre)
sel, poivre
une très petite pincée
de cayenne
5 cl d'eau-de-vie
1 dl de vin blanc
beurre * manié
2 dl de fumet *
de poisson
3 tomates
1 bouquet garni
2 dl de crème double
fraîche

Préparer une mirepoix coupée très fine : carottes, oignons, échalotes, et bien faire étuver ces légumes au beurre, sans coloration. Ajouter les écrevisses, du sel, du poivre et une pincée de cayenne. Faire sauter vivement en plein feu jusqu'à coloration complète des carapaces. Flamber à l'eau-de-vie, mouiller au vin blanc et au fumet de poisson ; ajouter quelques tomates fraîches pelées et hachées, et un bouquet garni. Temps de cuisson : 10 minutes.

Verser les écrevisses dans un plat de service et réserver au chaud.

Faire réduire la cuisson aux deux tiers ; la lier au beurre manié et la crémer fortement d'une crème double très fraîche. Porter à ébullition ; rectifier l'assaisonnement, qui doit être de haut goût. Cette sauce est d'une teinte rosée. Passer au chinois, en pressant bien, sur les écrevisses et servir bouillant.

Vins blancs secs : pouilly fumé, hermitage blanc.

ÉCREVISSES FLAMBÉES AU COGNAC
PRÉPARATION 20 MINUTES • CUISSON 12 MINUTES

24 écrevisses
sel, poivre
200 g de beurre
1 dl de crème fraîche
1 dl de cognac
3 échalotes hachées
bouquet garni
avec estragon
50 g de beurre *
d'écrevisses

Préparer les écrevisses. Faire chauffer un peu de beurre dans une sauteuse et y mettre les écrevisses ; flamber avec un cognac vieux ; ajouter l'échalote et l'estragon, la crème fraîche, et assaisonner. Couvrir et cuire le plus rapidement possible ; la cuisson de ce plat ne doit pas se prolonger. Retirer les écrevisses ; fouler la sauce courte à l'étamine ; la monter au beurre frais ; ajouter un peu de beurre d'écrevisses ; servir aussitôt.

Vins blancs secs : pouilly-fuissé, arbois, champagne nature, vin jaune du Jura.

ÉCREVISSES FLAMBÉES AU WHISKY
PRÉPARATION 35 MINUTES • CUISSON 12 MINUTES

24 écrevisses
sel, poivre
150 g de beurre
4 jaunes d'œufs
1 dl de crème fraîche
8 cl de whisky pur malt
1 dl de vin blanc
1 carotte
1 oignon
bouquet garni
avec estragon
une petite pointe
de cayenne

Couper en dés l'oignon et la carotte ; les faire revenir au beurre dans une casserole, sans les laisser colorer. Y jeter les écrevisses et, quand elles auront pris une teinte rouge vif, les flamber au whisky pur malt. Ajouter du vin blanc, des queues de persil, du laurier, du thym, de l'estragon, du sel et du poivre.

Laisser cuire vivement 12 minutes. Après cuisson retirer les écrevisses ; les mettre dans une timbale et les tenir au chaud.

Passer le fond de cuisson au tamis ; lui faire prendre l'ébullition dans une casserole. Ajouter les jaunes d'œufs mélangés à la crème fraîche. Mettre au point avec une petite pointe de cayenne, et passer cette sauce sur les écrevisses. Ne pas laisser bouillir.

Vin blanc sec : champagne nature.

ÉCREVISSES AU JAMBON D'YORK
PRÉPARATION 50 MINUTES • CUISSON 12 MINUTES

Cuire des écrevisses dans un bon court-bouillon classique. Réduire de moitié une partie de ce court-bouillon et le lier au beurre manié. Égoutter les écrevisses. Les sauter au beurre, au sautoir, avec le jambon d'York et l'échalote, tous les deux finement hachés. Les flamber au cognac. Noyer d'un mélange de trois quarts de crème et d'un quart de litre de court-bouillon réduit et lié.
Quelques minutes d'ébullition. Vérifier l'assaisonnement.

Vins blancs secs : vouvray, pouilly fumé, hermitage blanc, champagne nature.

24 écrevisses
2 litres de court-bouillon, bien aromatisé
50 g de beurre * manié
100 g de beurre
3 échalotes
250 g de maigre de jambon d'York
8 cl de cognac
sel, poivre du moulin
un demi-litre de crème fraîche

ÉCREVISSES À LA MORVANDELLE
PRÉPARATION 35 MINUTES • CUISSON 12 MINUTES

Faire mijoter au beurre une mirepoix ; ajouter l'ail et le bouquet garni. Y jeter les écrevisses ; les faire rougir, ensuite les flamber au marc. Ajouter la crème double, la tomate concentrée, un fond de jus de veau, sel. Laisser réduire. Au moment de servir, ajouter un peu de beurre frais.

Vins blancs secs : chablis, mâcon.

24 belles écrevisses
sel, poivre
bouquet garni
mirepoix * (avec
2 carottes, 1 gros oignon,
4 échalotes, 1 gousse d'ail écrasée,
bouquet garni)
100 g de beurre
5 cl de marc de Bourgogne
3 cuillerées de tomate concentrée
1 dl de crème double
2 dl de fond * de veau

GRATIN D'ÉCREVISSES À LA ROUERGATE
PRÉPARATION 1 HEURE • CUISSON 15 MINUTES

Cuire au court-bouillon 48 écrevisses ; les décortiquer. Se servir (pour le gratin) de la chair des pattes et des queues. Faire un beurre * d'écrevisses avec les carapaces et les œufs. Préparer une crème onctueuse avec le beurre d'écrevisses et de la crème fraîche, dans laquelle on incorpore quelques truffes et des oreillettes (champignons du pays, au préalable sautés au beurre). Le tout est mis dans des plats à gratin, poudré de gruyère et gratiné au four. Servir très chaud.

Vins blancs secs : pouilly-fuissé, champagne nature.

48 écrevisses (pour les gratins, il faut davantage d'écrevisses)
sel, poivre
court-bouillon bien aromatisé et cuit au préalable
250 g de beurre
100 g de truffes
250 g de champignons
un demi-litre de crème fraîche
50 g de fromage râpé

40 écrevisses
80 g de beurre *
d'écrevisses
200 g de champignons
de Paris
60 g de truffes
un tiers de litre
de sauce * Béchamel
deux tiers de litre
de crème fraîche
3 cl de cognac
sel, poivre
1 pincée de poivre
de Cayenne

GRATIN DE QUEUES D'ÉCREVISSES À LA NANTUA
PRÉPARATION 1 HEURE • CUISSON 15 MINUTES

Décortiquer 40 belles écrevisses, pochées au préalable, pour en obtenir les chairs (queues seulement).

Avec un bon beurre d'écrevisses, soigneusement préparé au préalable, faire revenir ces chairs à feu vif, flamber, puis, en retirant la sauteuse du feu, ajouter les champignons et les truffes coupées en dés. Verser une béchamel crémée ; cuire lentement, en l'incorporant progressivement au beurre d'écrevisses, jusqu'à ce que la sauce soit onctueuse, parfumée et colorée à point.

Ajouter du jus de truffe et un jet de cognac. Saler et poivrer. Goûter et rectifier. Enfin, prendre un plat à gratin, y verser le contenu de la sauteuse et faire gratiner.

Vins blancs : jurançon, anjou, barsac, sauternes, vouvray.

24 écrevisses
125 g d'oignons
50 g de saindoux
1 dl de vin blanc sec
thym, laurier, sel, poivre,
paprika
50 g de beurre
2 dl de crème fraîche

RAGOÛT D'ÉCREVISSES À LA HONGROISE
PRÉPARATION 45 MINUTES • CUISSON 25 MINUTES

Éplucher et hacher finement les oignons ; les faire blondir en sauteuse au saindoux, sur feu doux.

Laver, brosser, châtrer les écrevisses et les mettre en sauteuse avec thym, laurier. Cuire à feu vif, 5 minutes, en retournant sans cesse les crustacés. Mouiller alors avec le vin blanc sec. Saler et poivrer. Couvrir. Laisser mijoter 5 minutes.

Retirer les écrevisses. Les disposer sur un plat de service. Ajouter dans la sauteuse une cuillerée de paprika et faire réduire 6 minutes.

Mêler à cette sauce 2 dl de crème fraîche et 50 g de beurre divisé en noisettes. Retirer du feu au premier frémissement. Napper les écrevisses et servir.

Vins blancs : arbois, meursault, corton blanc.

CRUSTACÉS, MOLLUSQUES ET COQUILLAGES

HOMARD ET LANGOUSTE

LES HOMARDS ET LES LANGOUSTES SONT LES PLUS GROS, LES PLUS fins et les plus recherchés des crustacés. Le homard breton jouit d'une réputation d'excellence reconnue par tous les gourmets et les cuisiniers, mais il est rare, remplacé souvent par les homards norvégiens ou américains. Ils doivent nécessairement être bien lourds pour offrir une chair blanche et dense, que l'on détaille en médaillons, utilisables dans de nombreux apprêts de grande cuisine. Pour la plupart des préparations, il faut les plonger vivants dans la cuisson, où ils virent au rouge (d'où l'expression de « cardinalisés »). Les homards et langoustes destinés à être servis froids sont souvent ficelés sur une planchette afin de conserver une forme parfaite après refroidissement. Un homard ou une langouste à cuire au court-bouillon se place de préférence dans une casserole en cuivre ou en émail. Quand il est nécessaire de tronçonner un homard vivant, d'un coup sec de couperet, on sépare d'abord la tête de la queue. S'il faut fendre le homard en deux dans le sens de la longueur, on commence par trancher la tête entre les deux yeux. On aura aussi toujours soin de retirer la poche à graviers, située juste à la naissance de la tête. À noter que la femelle est souvent plus lourde et plus avantageuse que le mâle, lequel passe néanmoins pour plus fin de goût.

COQUILLES DE HOMARD AU GRATIN « COMME À SAINT-CAST »
PRÉPARATION 1 HEURE • CUISSON 25 MINUTES

Cuire les homards dans un court-bouillon de vin blanc sec, fortement marqué aux aromates. Cuits, les retirer et les décortiquer. Réserver toutes les chairs susceptibles d'être escalopées ; piler soigneusement le reste et le passer au tamis fin en mouillant avec un peu de cuisson parfumée de madère. À ce coulis, mélanger une duxelles de champignons liée aux jaunes d'œufs. Assaisonner. Remplir les coquilles d'un peu de ce salpicon. Disposer dans chacune d'elles les chairs réservées, que l'on aura escalopées. Remplir de nouveau de salpicon et faire glacer au four. Servir très chaud.

Vins blancs secs : saumur, muscadet, chablis, mâcon. Cidre.

CRUSTACÉS, MOLLUSQUES ET COQUILLAGES

---

2 kg de homards
court-bouillon (avec :
un litre de vin blanc sec,
2 dl d'eau, oignons,
carottes, échalotes
émincés, 1 gousse d'ail,
1 bouquet garni, sel,
grains de poivre)
250 g de duxelles *
de champignons
3 jaunes d'œufs
60 g de beurre
5 cl de madère
coquilles Saint-Jacques
vides

DEMOISELLES DE CHERBOURG À LA NAGE

PRÉPARATION 1 HEURE • COURT-BOUILLON 30 MINUTES • CUISSON DES HOMARDS 15 MINUTES

8 homards de 300 g environ
1 bouteille de vin blanc
1 oignon
1 carotte
bouquet garni
sel, poivre en grains
1 pointe de Cayenne
5 cl de cognac
1 cuillerée à soupe de persil ciselé

Prendre de petits homards bien vivants. Préparer un court-bouillon composé d'oignon en rondelles, de carotte cannelée, coupée en rondelles, de sel, de poivre en grains, d'un bouquet garni, de vin blanc sec, d'une pointe de cayenne. Faire cuire le court-bouillon 30 minutes. Y plonger les homards ; maintenir en ébullition pendant 15 minutes. Les servir chauds dans leur cuisson à laquelle on ajoute le cognac. Poudrer de persil.

Vins blancs secs : muscadet, gros plant nantais.

HOMARD ALEXANDRE

PRÉPARATION 1 HEURE • CUISSON 25 MINUTES

(Recette de Claude Terrail, la Tour d'Argent, à Paris.)

4 homards de 600 g chacun
court-bouillon très aromatisé : un litre de vin blanc
1 dl de vinaigre
un demi-litre d'eau
carottes, oignons
sel, poivre en grains
bouquet garni.
Pour la sauce :
quelques branches de cerfeuil, estragon, civette, persil
4 jaunes d'œufs durs
huile, vinaigre
sel, poivre
1 cuillerée de moutarde anglaise
1 cuillerée de Worcestershire sauce
1 cuillerée de madère

Faire cuire au frémissement les homards dans des aromates : carottes, oignons, thym, laurier, sel, poivre en grains, bouquet garni, vin blanc et vinaigre (20 minutes environ).
Fendre les homards en deux ; les retirer de leur carapace ; escaloper ; mettre sur un plat froid.
Pour la sauce. Hacher finement cerfeuil, estragon, civette. Prendre 4 jaunes d'œufs durs ; les écraser avec une fourchette ; mélanger avec les herbes et les monter comme une rémoulade, c'est-à-dire avec sel, poivre, huile et vinaigre, moutarde anglaise et Worcestershire sauce ; ajouter une cuillerée à soupe de madère.
Verser cette sauce très épicée, avec une cuillère, entre chaque escalope de homard.

Vins blancs secs : pouilly-fuissé ou champagne nature.

HOMARD À L'AMÉRICAINE

PRÉPARATION 50 MINUTES • CUISSON 25 MINUTES

2,500 kg de homard
sel, poivre
1 pointe de cayenne
200 g de beurre
1 dl d'huile
4 échalotes
1 pointe d'ail
1 bouquet garni
8 cl de cognac
un demi-litre de vin blanc
6 tomates, ou 3 cuillerées de purée de tomates
1 cuillerée de persil

Détailler les queues des homards vivants en tronçons réguliers ; détacher les pattes ; briser les carapaces des pinces, ce qui, après cuisson, facilitera l'extraction de la chair. Fendre les coffres en deux, les réserver. Enlever la poche qui se trouve à hauteur de la tête, et qui contient du gravier. Mettre de côté les intestins et le corail des crustacés (pour lier la sauce en fin de cuisson). Assaisonner les morceaux de sel et de poivre. Mettre les morceaux de homard dans un sautoir, où l'on aura fait chauffer huile et beurre en égales proportions, pour les faire raidir.
Faire sauter ces morceaux, jusqu'à ce qu'ils soient devenus bien rouges.

Retirer alors la graisse. Parsemer les morceaux de homard d'une cuillerée d'échalote hachée. Ajouter gros comme un pois d'ail écrasé. Mouiller avec le cognac, flamber ; ajouter le vin blanc sec. Ajouter également les tomates pelées, pressées et hachées, le persil haché. Relever d'une pointe de cayenne. Cuire sur le feu, la casserole couverte, pendant 20 minutes. Retirer les morceaux de homard. Extraire la chair du tronçon des queues et celle des pinces. Dresser dans une timbale. Placer dessus les demi-coffres. Conserver au chaud, pendant qu'on terminera la sauce. Faire réduire la cuisson. Lui ajouter les intestins et le corail hachés ainsi qu'une cuillerée de beurre. Cuire quelques instants cette sauce, puis, hors du feu, lui ajouter 150 g de beurre divisé en menus morceaux. Bien mélanger. Verser cette sauce sur les homards. Poudrer de persil haché.

Vins blancs secs : pouilly-fuissé, champagne nature.

HOMARD AU CHAMBERTIN
PRÉPARATION 1 HEURE • CUISSON 25 MINUTES • CUISSON DU RIZ 18 MINUTES

Tronçonner les homards comme pour le homard à l'américaine. Prélever le corail. Faire revenir au beurre les tronçons, avec une mirepoix blanchie, composée de carottes, oignons, bouquet garni, échalotes, un grain d'ail et un filet d'anchois au sel, lavé. Flamber avec un bon marc de Bourgogne, et mouiller au chambertin.
Assaisonner de sel, poivre, une petite pincée de muscade. Laisser cuire un quart d'heure. Prélever les morceaux que l'on tiendra au chaud. Terminer la sauce en la liant avec le corail travaillé au beurre. Dresser les morceaux. Servir très chaud, avec croûtons grillés et riz à la créole à part.

Vins : chambertin ou vins rouges de la côte de Nuits, châteauneuf-du-pape.

4 homards de 500 à 600 g
1 dl d'huile
150 g de beurre
sel, poivre
1 pincée de muscade
mirepoix *
(avec 1 carotte, 1 oignon,
2 échalotes, une pointe
d'ail, 1 anchois,
1 bouquet garni)
5 cl de marc
de Bourgogne
1 bouteille de chambertin
1 dl de fumet *
de poisson
150 à 200 g de riz *
à la créole
16 croûtons de mie
de pain grillés

HOMARD EN CHEMISE
PRÉPARATION 1 HEURE ET QUART • CUISSON 55 MINUTES

Faire bouillir une grande marmite d'eau avec une petite poignée de gros sel.
Ficeler deux homards vivants et les y plonger brusquement, à vive ébullition. Retirer au bout de deux minutes. Égoutter. Essuyer.
Huiler deux feuilles de papier blanc. Beurrer les homards sur toute leur surface. Saler et poivrer abondamment. Poser chacun des crustacés sur une feuille de papier et les envelopper. Ficeler. Mettre au four chaud 50 minutes.
Présenter les homards dans le papier, accompagnés d'une sauce au choix : béarnaise, bordelaise, américaine, voire vinaigrette verte.

Vins blancs : graves, champagne nature.

2 homards de 600 g
environ
gros sel, huile, beurre
sel, poivre
sauce *
d'accompagnement
au choix

HOMARD À LA DIABLE

PRÉPARATION 35 MINUTES • CUISSON 25 MINUTES

*4 homards de 500 à 600 g chacun
sel, poivre
200 g de beurre * maître d'hôtel moutardé
1 cuillerée à soupe de bonne moutarde
100 g de chapelure ou, de préférence, 100 g de mie de pain*

Fendre les homards ; les parer ; les mettre sur un plat à rôtir en les assaisonnant de sel, de poivre et de beurre fondu, dans lequel on aura mis une cuillerée à soupe de bonne moutarde. Parsemer de chapelure ; faire rôtir dans un four assez chaud, pendant 20 minutes environ.
Nota. Il faut avoir soin de casser les pinces des homards avant de les présenter. Les parties crémeuses seront mélangées au beurre et servies à part.

Vins blancs secs : sancerre, quincy, pouilly fumé, graves sec, chablis.

HOMARD ÉTUVÉ AUX CHAMPIGNONS

PRÉPARATION 1 HEURE • CUISSON 20 MINUTES

*3 homards de 600 g chacun
100 g de champignons
sel, poivre
250 g de beurre
8 cl de cognac
un demi-litre de vin blanc sec
2 dl de crème fraîche
8 jaunes d'œufs
1 cuillerée de persil et de cerfeuil hachés*

Couper les homards vivants en petits tronçons (au moins quatre). Les faire sauter vivement au beurre chaud. Une fois rougis, les flamber au cognac ; ajouter un demi-litre de vin blanc et quelques petits champignons, sel et poivre. Couvrir 15 minutes. Ajouter la crème fraîche. Cuire encore 5 minutes. Retirer les morceaux dans un plat creux ou une timbale ; réduire le fond ; lier avec un jaune d'œuf par personne et du beurre frais.
Ajouter, au moment de servir, du cerfeuil et du persil hachés.

Vins blancs secs : pouilly-fuissé ou champagne nature.

HOMARD GRATINÉ À LA MODE DE DUNKERQUE

PRÉPARATION 50 MINUTES • CUISSON 30 MINUTES

*4 homards de 500 à 600 g chacun
sel, poivre
150 g de beurre
8 cl de cognac
une demi-bouteille de vin blanc sec
1 oignon
2 échalotes
une brunoise de carottes
2 tomates concassées
bouquet garni
150 g net de duxelles * de champignons de Paris
1 dl de crème fraîche
100 g de queues de crevettes décortiquées (poids net)*

Couper les homards à cru, dans le sens de la longueur ; retirer la poche à graviers ; réserver le corail et raidir les homards au beurre. Les flamber au cognac ; les mouiller au vin blanc sec, avec les tomates, un bouquet garni, l'oignon haché, les échalotes, les carottes.
Quand ils sont cuits, retirer les homards, les réserver au chaud. Réduire la cuisson. Pendant ce temps, décortiquer les pinces et placer la chair dans les coffres. Passer la cuisson ; y incorporer la duxelles de champignons ; assaisonner à point ; crémer légèrement ; terminer la liaison à l'aide du corail réservé, manié au beurre.
Jeter dans la sauce quelques crevettes grises décortiquées et, après avoir nappé les demi-homards, les faire gratiner au four.

Vins blancs secs : sancerre, muscadet, chablis, sylvaner, pouilly-fuissé.

*HOMARD GRILLÉ

PRÉPARATION 45 MINUTES • CUISSON 25 MINUTES

4 homards de 500 à 600 g chacun
sel, poivre
1 dl d'huile
2 cuillerées à soupe d'échalotes
2 dl de porto
2 dl de crème fraîche
6 jaunes d'œufs
1 pointe de cayenne

Couper les homards vivants en deux, dans le sens de la longueur ; mettre sel et poivre sur les chairs, huiler légèrement. Faire griller sous le gril, en mettant d'abord sur la coque, ensuite sur les chairs (environ 25 minutes de cuisson pour un homard de 500 g).

Mettre dans une casserole les échalotes hachées finement ; ajouter le porto ; faire bouillir jusqu'à réduction complète. Dans une autre casserole, mettre la crème double ; la faire réduire légèrement ; y incorporer les jaunes d'œufs ; assaisonner de sel et de poivre de Cayenne ; mélanger à la réduction de porto, passer au chinois et servir dans une saucière.

Vins blancs secs : sancerre, chablis, sylvaner, pouilly-fuissé.

HOMARD GRILLÉ À LA HONGROISE

PRÉPARATION 35 MINUTES • 1re CUISSON 10 MINUTES • 2e CUISSON 5 MINUTES

4 homards de 700 g chacun
court-bouillon
2 oignons
2 carottes
4 échalotes
une demi-tête d'ail
1 bon bouquet garni
2 cuillerées de poivre en grains
un quart de cuillerée à café de cayenne
gros sel
1 verre de vinaigre
un demi-litre de vin blanc sec
1 cuillerée à soupe de paprika
100 g de beurre
1 dl de crème fraîche
1 cuillerée de persil cerfeuil, estragon
sel fin, poivre

Préparer une cuisson avec : oignons et échalotes émincés, ail, carottes, thym, laurier, quelques queues de persil, gros sel, poivre concassé, cayenne, vinaigre blanc, vin blanc très sec.

Laisser cette cuisson bouillir 10 minutes. Y plonger les homards vivants ; les laisser également 10 minutes. Les retirer de leur cuisson ; les fendre en deux, dans le sens de la longueur. Mettre les moitiés sur un plat long allant au feu (plat en aluminium ou en terre cuite). Poudrer les chairs avec du paprika de très bonne qualité ; poser quelques morceaux de beurre fin par-dessus ; mettre le tout à four très chaud pendant environ 5 minutes.

Pendant ce temps, préparer, dans un récipient, l'appareil suivant :
Crème fraîche, persil, cerfeuil, estragon hachés finement, un peu de sel fin et un peu de poivre du moulin. Bien mélanger le tout. Sortir les homards du four et les napper avec cet appareil ; les repasser immédiatement au four pour les glacer en surface, et servir très chaud. Avoir bien soin de ne sortir la chair de la carapace qu'au moment de manger le homard.

Vins blancs secs : sancerre, muscadet, chablis, pouilly-fuissé.

CRUSTACÉS, MOLLUSQUES ET COQUILLAGES

HOMARD À LA HOUSSINE
PRÉPARATION 2 HEURES • CUISSON 30 MINUTES

2,500 kg de homard
1 dl d'huile d'olive
2 oignons et 4 échalotes
sel, poivre
1 dl de cognac
1 bonne cuillerée
de persil, cerfeuil,
estragon hachés
1 cuillerée à café
de moutarde
1 cuillerée de tomate
concentrée ou 2 tomates
1 pointe de cayenne
1 citron
3 cl de Worcestershire
sauce
4 jaunes d'œufs
1 citron
1 demi-litre d'huile

Il s'agit de homards découpés vivants, que l'on fait revenir comme le homard * à l'américaine, qu'on nappe ensuite d'une sauce mayonnaise et qu'on met au four.

Maintenir les homards allongés sur la planche pour les découper ; abattre les pinces ; diviser les queues en 5 ou 6 tronçons, en suivant les anneaux pour éviter les esquilles.

Fendre ensuite les coffres en deux dans le sens de la longueur ; enlever la poche remplie de graviers, qui se trouve à la hauteur de la tête. Avec le plat du couperet, briser les pinces, pour faciliter l'extraction des chairs, et détacher les petites pattes. Réserver les intestins et le corail, qu'on pilera avec les chairs extraites des petites pattes.

Aussitôt les homards découpés, placer la sauteuse sur feu vif. Faire chauffer l'huile d'olive et y faire revenir les oignons et les échalotes hachés finement ; ensuite, ajouter les morceaux de homard assaisonnés de sel et de poivre. Faire raidir les chairs, en retournant les morceaux de temps en temps, jusqu'à ce que la carapace ait pris une belle couleur rouge.

Bien égoutter l'huile. Arroser d'un verre d'excellent cognac et flamber.

Préparer à l'avance, en petit tas, sur une assiette ou sur un plat, les divers ingrédients qui doivent entrer dans la sauce : les fines herbes, la moutarde de Dijon, le concentré ou le coulis de tomates ou, si possible, des tomates fraîches ébouillantées, épépinées et concassées, du poivre de Cayenne, une pointe de couteau de sel et de poivre blanc, les intestins et le corail des homards, pilés avec la chair des petites pattes, et, à côté, un petit citron et un flacon de Worcestershire sauce.

Observer les règles de préparation : température tiède de l'huile, des œufs, du bol et de l'endroit où l'on opère. Procéder de la manière habituelle (voir sauce * mayonnaise).

Lorsque la sauce est bien prise, incorporer, petit à petit, les divers ingrédients énoncés plus haut ; terminer par le jus d'un petit citron, une tombée de Worcestershire sauce ; saler, poivrer, goûter et rectifier l'assaisonnement si nécessaire. Quand la cuillère y tient debout, la sauce est à point.

Ranger les morceaux de homard dans un plat allant au four ; napper avec la mayonnaise et mettre au four bien chaud.

Quand la mayonnaise est cuite, déliquescente et onctueuse à souhait, le plat est prêt. Servir immédiatement.

Vins blancs secs : vouvray, pouilly fumé, champagne nature.

CRUSTACÉS, MOLLUSQUES ET COQUILLAGES

HOMARD À LA NAGE AUX HARICOTS VERTS
PRÉPARATION 55 MINUTES • CUISSON 30 MINUTES

Éplucher et laver, puis couper grossièrement, en long, les carottes et les navets. Laver et brosser les branches de céleri, les couper en rondelles épaisses. Piquer deux oignons de clous de girofle. Mettre le tout dans un fait-tout, avec thym, queues de persil, grains de poivre ; mouiller d'une demi-bouteille de sherry et d'un litre d'eau. Porter à ébullition et cuire 15 minutes.

Éplucher 500 g de haricots verts frais et fins. Les laver. Les cuire doucement *al dente,* à découvert dans de l'eau salée, 10 minutes. Égoutter. Plonger les homards dans le court-bouillon une douzaine de minutes. Les retirer. Les couper en deux dans la longueur et briser les pinces. Passer la nage.

Servir dans des assiettes creuses les haricots verts, la nage et un demi-homard. Napper de sauce hollandaise mélangée à un peu de nage.

Vins blancs : champagne nature, pinot de Chardonnay, crémant de Cramant.

1 homard de 300 g par personne
4 carottes
4 navets
2 branches de céleri
2 gros oignons
2 clous de girofle
thym, persil, sel, poivre
500 g de haricots verts
une demi-bouteille de sherry
sauce * hollandaise

HOMARD À LA NEWBURG
PRÉPARATION 40 MINUTES • CUISSON 25 MINUTES

Avoir des homards vivants et propres. Avoir soin de retirer la poche à graviers et de réserver le corail pour en faire un beurre manié qui s'ajoutera à la liaison finale. Tronçonner les homards, les assaisonner ; les mettre à rissoler dans un sautoir avec du beurre fumant. Les mouiller à hauteur avec madère et sherry ; couvrir et laisser cuire 20 minutes. La cuisson obtenue, décortiquer les morceaux de homard et les réserver au chaud.

Lier le fond de cuisson avec la crème, dans laquelle on aura dilué les jaunes d'œufs.

Ne pas faire bouillir. Mettre les chairs dans la sauce ; un peu de beurre ; mélanger le tout avec précaution et servir chaud.

Ce plat s'accompagne d'un riz à la créole.

Vins blancs secs : pouilly fumé, vouvray, sancerre, arbois, riesling, champagne nature, champagne mousseux brut.

2,500 kg de homard
sel, poivre
250 g de beurre
3 dl de madère et de sherry (très secs)
bouquet garni
1 cuillerée de beurre * manié, avec 3 dl de crème fraîche
8 jaunes d'œufs
200 g de riz * à la créole

CRUSTACÉS, MOLLUSQUES ET COQUILLAGES

HOMARD À LA PALUDIÈRE
PRÉPARATION 1 HEURE • CUISSON 25 MINUTES

4 homards de 500 à 600 g chacun environ
2 carottes
1 oignon
4 échalotes
2 blancs de poireaux
150 g de beurre
sel, poivre
8 cl de cognac
un demi-litre de muscadet
bouquet garni
1 cuillerée à café de curry
1 cuillerée de farine
un demi-litre de crème fraîche
1 cuillerée de persil

Hacher finement : carottes, oignon, échalotes, blanc de poireau. Étuver ce hachis doucement, avec 50 g de beurre fin, dans une casserole couverte. Ne pas laisser colorer. Y verser le cognac et flamber ; ajouter un demi-litre de muscadet, persil, thym, une pincée de curry et du poivre du moulin sans parcimonie. Faire cuire jusqu'à réduction de moitié ; y mettre les homards coupés en tronçons (en réservant, dans un bol, les intestins) et un tiers de litre de crème fraîche. Les faire cuire doucement 20 minutes en les faisant sauter plusieurs fois. Retirer les morceaux de homard, les placer dans un plat chaud. Ajouter à la sauce les intestins mélangés à 100 g de crème fraîche. Faire bouillir 2 minutes ; saler légèrement. Verser la sauce sur le homard en la passant à la passoire fine, et poudrer de persil ciselé.

Vins blancs secs : graves, pouilly fumé, chablis, pouilly-fuissé.

HOMARD THERMIDOR
PRÉPARATION 15 MINUTES • CUISSON 20 MINUTES

Pour 4 personnes :
2 homards vivants de 600 g environ chacun
80 à 100 g de beurre
30 g de farine
3,5 dl de lait
1 dl de crème fraîche
1 cuillerée à soupe rase de moutarde forte
sel, poivre
4 cuillerées à soupe d'huile d'olive
fromage râpé (facultatif)

Couper sans hésitation les homards vivants en deux, dans le sens de la longueur. Pour cela, mettre les crustacés bien d'aplomb sur une planche et planter un couteau pointu et bien tranchant entre les yeux des homards.

D'un coup sec, abattre toute la longueur de la lame le long du dos, de la tête à la queue, et disposer les demi-homards sur une plaque. Les arroser avec l'huile, saler et poivrer légèrement.

Glisser la plaque au four moyen (thermostat n° 6) et laisser cuire pendant 15 minutes.

Pendant ce temps, préparer la sauce Béchamel : faire fondre 30 g de beurre à feu doux dans une casserole, ajouter la farine et tourner le roux pendant 3 minutes sans laisser colorer. Ajouter le lait, du sel et du poivre, tourner la sauce jusqu'à ébullition, puis la laisser mijoter pendant 10 minutes.

Retirer les homards du four et enlever la chair des queues. Couper en biais des tranches épaisses.

Hors du feu, incorporer la crème à la sauce, puis la moutarde. Étaler un peu de sauce au fond des carapaces.

Mettre les morceaux de chair sur la sauce. Les napper avec le reste de sauce. Faire fondre le beurre restant à feu doux et en arroser les demi-homards. (On peut, à ce moment, en saupoudrer la surface de fromage râpé.) À l'aide d'un casse-noix, briser les pinces, afin d'en faciliter le décorticage par la suite. Faite gratiner sous le gril chaud 5 minutes. Dresser les homards sur un plat de service et servir tout de suite.

Vin blancs : meursault, chablis, pouilly-fuissé, vouvray sec, savennières, châteauneuf-du-pape, champagne rosé.

COQUILLES SAINT-JACQUES À LA NANTAISE

Moules décoquillées et coquilles Saint-Jacques mijotées aux champignons : ce mélange bien lié d'une sauce onctueuse se sert en coquilles ou en ragoût bien chaud, à l'assiette.

Assiette Villeroy et Boch.

HOMARDS GRILLÉS

Coupés en deux dans le sens de la longueur, les homards demandent une petite demi-heure de cuisson sous le gril. Ils sont ensuite servis

P. 253

tout chauds, nappés d'une sauce onctueuse à base de crème fraîche enrichie de jaunes d'œufs et parfumée d'une réduction de porto à l'échalote.

Plat Lalique.

TOURTEAU ESCOFFIER GRATINÉ AU PAPRIKA

P. 241

Cuit et décortiqué, le crabe est ensuite farci de sa chair relevée de curry et de paprika. Le gratinage à la crème et au fromage doit être bien croustillant.

Assiette Boutique Diva.

MOULES GRATINÉES À LA ROCHELAISE

P. 274

Cette préparation convient pour des moules bien charnues qui, sous un léger gratinage, conservent leur parfum souligné par la cuisson au vin blanc.

Assiette Christofle.

**HUÎTRES
À LA DIABLE**

P. 269

Lorsqu'une préparation, en cuisine, est appelée « à la diable », c'est qu'elle fait appel à un condiment relevé ou piquant. Il s'agit ici d'une

béchamel assaisonnée de poivre, de muscade et de paprika : elle nappe les huîtres tout juste pochées et remise dans leur coquille, avant un très bref passage sous le gril. *Assiettes Boutique Jean Luce, fourchette Boutique Xanadou.*

COCOTTE DE POULPES AUX OIGNONS

P. 278

Longuement mijotée en cocotte avec des aromates, de l'ail et du clou de girofle, cette étuvée de poulpes peut se servir chaude, avec du riz au safran, ou bien refroidie, en salade.

Assiette Canovas pour Puiforcat, fourchette Boutique Jean Luce.

CIVET DE LANGOUSTE
PRÉPARATION 45 MINUTES • CUISSON 25 MINUTES

1 langouste de 1,500 à 2 kg
2 oignons
3 cuillerées à soupe d'huile d'olive extra vierge
15 cl d'armagnac
une bouteille de banyuls
6 échalotes
3 gousses d'ail
thym, persil, laurier
sel, poivre
farine
50 g de beurre

Peler et hacher deux gros oignons. Les faire blondir en sauteuse, à l'huile d'olive.

Allonger la langouste sur un plat creux (si c'est une femelle, retirer les œufs) et la couper en tronçons. Faire revenir ceux-ci en sauteuse, sur les deux faces. Arroser d'armagnac et flamber. Mouiller de la bouteille de vieux banyuls.

Hacher échalotes, ail et persil. Mettre ce hachis dans la sauteuse avec une brindille de thym et une demi-feuille de laurier. Saler, poivrer. Couvrir. Laisser cuire 15 minutes.

Retirer les tronçons de crustacé, les tenir au chaud. Délayer une cuillerée à café de farine avec la lymphe perdue par la langouste lors du découpage, bien passée. Mêler à la cuisson. Donner un bouillon. Ajouter les œufs de langouste s'il y a lieu et 50 g de beurre divisé en noisettes. Verser sur la langouste.

Vins blancs : cassis, bellet, côtes-de-provence. Tavel rosé.

LANGOUSTE À LA BIARROTE
PRÉPARATION 50 MINUTES • CUISSON 25 MINUTES

4 langoustes de 500 g chacune
sel, poivre, paprika
1 dl d'huile
*mirepoix ***
(avec 2 carottes, 1 oignon, 4 échalotes, 4 tomates concassées, 1 gousse d'ail, bouquet garni)
un litre de vin blanc
6 cl de cognac
*1 dl de velouté ** *
de poisson
2 dl de crème
60 g de beurre

Couper les langoustes à cru dans le sens de la longueur. En retirer le corail. Assaisonner de sel, de poivre et de paprika. Les faire ensuite raidir à l'huile. Une fois les langoustes raidies, les égoutter, et faire revenir dans la cuisson une mirepoix de carottes, d'oignons, d'échalotes, de coulis de tomates, avec bouquet garni et ail, que l'on mouille de vin blanc et d'un peu de fine.

Remettre ensuite les langoustes raidies dans le fond ainsi préparé et les laisser mijoter jusqu'à cuisson complète. Retirer les langoustes ; additionner de velouté de poisson et terminer la sauce à la crème.

Napper les langoustes avec la sauce ainsi préparée et glacer au four.

Vins blancs secs : saumur, vouvray, sancerre, quincy, pouilly fumé, muscadet, graves sec, chablis, pouilly-fuissé.

CRUSTACÉS, MOLLUSQUES ET COQUILLAGES

LANGOUSTE À LA CRÈME

PRÉPARATION 45 MINUTES • CUISSON 25 MINUTES

2 langoustes de 1 kg chacune
200 g de beurre
sel, poivre
2 carottes
2 oignons
un litre de crème fraîche
50 g de beurre * manié
1 dl de sherry

Découper en tronçons les deux langoustes vivantes. Prendre un sautoir, dans lequel on mettra un bon morceau de beurre avec carottes et oignons émincés. Y joindre ensuite les langoustes découpées, le tout en plein feu. Faire légèrement revenir les morceaux ; assaisonner de sel et de poivre ; retourner les morceaux ; assaisonner à nouveau. Mouiller le tout de bonne crème fraîche. Laisser cuire 25 minutes. Dresser les morceaux de langouste sur un plat et finir la sauce avec un peu de beurre manié, en remuant bien avec un fouet. Rectifier l'assaisonnement.
Ajouter le sherry ; passer la sauce au chinois sur les morceaux et servir.

Vins blancs : pouilly fumé, sancerre, monbazillac, jurançon doux, anjou moelleux, sauternes.

LANGOUSTE FARCIE ET GRATINÉE

PRÉPARATION 1 HEURE • CUISSON 25 MINUTES

4 langoustes de 500 g chacune
250 g de champignons
200 g d'olives dénoyautées
quelques branches de persil, cerfeuil estragon concassées
sel, poivre
un litre + 2 dl de sauce* Béchamel
5 cl de cognac
2 cuillerées de chapelure
150 g de beurre

Faire cuire les langoustes au court-bouillon. Les laisser refroidir ; les couper en long en deux moitiés égales. Enlever la chair de la queue et tout l'intérieur de la carapace, sans détacher la queue vide de la tête vide.
Couper la chair en rondelles. D'autre part, hacher l'intérieur et mélanger avec des champignons préalablement hachés et étuvés au beurre, des olives vertes, des fines herbes, de la chapelure, de la sauce Béchamel. Garnir l'intérieur de la queue et de la carapace avec cette farce. Mettre à gratiner au four pendant quelques minutes ; retirer ; poser les rondelles de chair sur la farce ; arroser d'un peu de cognac, et couvrir d'une sauce Béchamel relevée, avec quelques petits morceaux de beurre frais. Chauffer un instant et servir.

Vins blancs secs : vouvray, sancerre, quincy, gaillac, hermitage, champagne nature.

CRUSTACÉS, MOLLUSQUES ET COQUILLAGES

LANGOUSTE GRILLÉE
PRÉPARATION 45 MINUTES • CUISSON 25 MINUTES

Couper les langoustes dans le sens de la longueur.
Enlever le boyau, réserver le corail, assaisonner les chairs, enduire de beurre et griller selon les principes habituels (voir homard* grillé).
À part, préparer la sauce d'accompagnement : faire réduire un peu d'échalote et d'estragon avec le vinaigre ; monter une sauce béarnaise courte ; cuire rapidement, d'autre part, le corail avec un peu de fine champagne ; le passer au tamis ; réduire et mélanger à la béarnaise, pour obtenir une sauce compacte et onctueuse. Rectifier l'assaisonnement.
Servir à part la sauce et du riz à la créole.

Vins blancs secs : pouilly fumé, muscadet, sancerre, cassis.

4 langoustes de 500 g chacune
sel, poivre
1 dl d'huile
5 cl de fine champagne
2 dl de sauce * béarnaise
1 dl de vinaigre
1 échalote
estragon, cerfeuil
poivre en grains
4 jaunes d'œufs
250 g de beurre
200 g de riz * à la créole

LANGOUSTE AUX MORILLES
PRÉPARATION 1 HEURE • CUISSON 25 MINUTES
(Recette préparée chez Maxim's, à Paris.)

Couper les langoustes vivantes en deux dans le sens de la longueur ; les parer ; réserver le corail que l'on gardera pour la liaison de la sauce. Faire sauter rapidement à l'huile dans un grand récipient en bi-métal, préalablement huilé, les demi-langoustes non salées, en plaçant le côté chair sur le plat ; ensuite, les retourner. Mouiller alors avec du vin blanc sec ; ajouter les échalotes finement hachées ; assaisonner avec sel et poivre. Ajouter un peu de glace de viande fondue et très blonde ; laisser cuire environ une quinzaine de minutes. Égoutter les langoustes ; retirer les chairs des queues, et les mettre dans une terrine au chaud, en y ajoutant un peu de cognac.
Déglacer le plat de cuisson avec un peu de fumet de poisson léger, et joindre à cette réduction les pattes et les coffres légèrement pilés. Malaxer le corail avec une pincée de farine et de beurre. Amener ensuite la sauce à ébullition et la lier avec le corail préparé (la couleur de cette sauce doit être ambrée ou assez blonde). Puis la passer.
Durant toute cette préparation, couper les pieds des morilles fraîches ; les laver à grande eau plusieurs fois pour enlever toute trace de sable. Les égoutter et les faire suer au beurre assez vivement, car elles rendent de l'eau ; les assaisonner de sel et de poivre ; ajouter la crème double fraîche.
Sur un grand plat long, mettre les queues de langoustes au milieu et napper de la sauce de cuisson ; autour, disposer les morilles à la crème, ce qui permet d'obtenir deux sauces différentes de coloris et de goût.

Vins : champagne nature, montrachet.

2 langoustes de 800 g
100 g d'échalotes
sel et poivre
huile
vin blanc sec
cognac
farine
200 g de beurre
300 g de morilles
4 cuillerées de crème fraîche
un peu de glace *
de viande et de fumet *
de poisson

CRUSTACÉS, MOLLUSQUES ET COQUILLAGES

*1 langouste de 1,500 kg
environ
décor truffes et cerfeuil
talons de pain de mie
4 laitues
8 fonds d'artichauts cuits
au blanc
salade de légumes
8 œufs durs
60 g de truffes
un litre de sauce *
mayonnaise
un litre de gelée *
de poisson*

LANGOUSTE À LA PARISIENNE
PRÉPARATION 3 HEURES • CUISSON 40 MINUTES

Étendre la langouste sur une planchette — afin de maintenir la queue allongée —, l'attacher solidement ; la cuire au court-bouillon et la laisser refroidir. Détacher la membrane qui se trouve sous la queue et extraire la chair, en ayant soin de ne pas endommager la carapace, laquelle sera utilisée pour le dressage.

Retirer du coffre ce qu'il y a de chair et les parties crémeuses. Détailler la chair de la queue en escalopes régulières ; faire sur chacune d'elles un décor en détails de truffe, et les lustrer fortement de gelée. Placer la carapace (côté bombé dessus) sur un talon de pain de mie taillé en forme de coin, et l'y fixer solidement. Ranger les escalopes sur la carapace, en les chevalant légèrement.

Garnir les fonds d'artichauts cuits de salade de légumes, liée de mayonnaise à la gelée, additionnée de la chair retirée du coffre et coupée en dés. Former des dômes bien lisses. Remplir la cavité des demi-œufs durs avec les jaunes hachés mélangés de truffes hachées et liées à la gelée. Entourer la langouste de ces éléments ; servir à part une sauce mayonnaise. Border le plat de beaux morceaux dentelés de gelée.

Vins blancs secs : saumur, vouvray, sancerre, quincy, pouilly fumé, muscadet, graves sec, chablis.

*4 langoustes de 600 g
chacune
1 dl d'huile
200 g de beurre
300 g de champignons
5 cl de cognac
2 dl de crème fraîche
4 jaunes d'œufs
6 blancs en neige
bien ferme
sel, poivre*

LANGOUSTE SOUFFLÉE DES GASTRONOMES
PRÉPARATION 2 HEURES • 1re CUISSON 20 MINUTES • 2e CUISSON 5 MINUTES

Faire cuire, par le même procédé que le homard* à l'américaine, les langoustes que l'on fendra par moitié dans le sens de la longueur, en faisant bien attention de garder les carapaces en parfait état, car elles doivent servir pour la présentation du mets.

Après cuisson, égoutter les demi-langoustes et terminer la sauce américaine, mais la réduire au maximum pour en parfaire la qualité. Couper, en dés, les champignons, les faire suer, à couvert, dans une casserole, avec une goutte de cognac et du beurre. Ajouter les chairs des demi-langoustes escalopées, la moitié environ de la sauce américaine, 2 dl de crème, et faire mijoter quelques instants. Pour être à point, la sauce doit être onctueuse.

Avec le reste de la sauce américaine, à laquelle on ajoutera les jaunes d'œufs et les blancs en neige ferme, on composera un appareil à soufflé. Garnir les demi-carapaces avec le premier appareil ; puis recouvrir la surface des crustacés avec la composition pour soufflé, sur 2 à 3 cm d'épaisseur. Passer au four, de façon à cuire le soufflé en surface, et servir sans attendre.

Vins blancs secs : sancerre, pouilly fumé, graves sec, chablis, meursault, pouilly-fuissé.

MÉDAILLONS DE LANGOUSTE AU CAVIAR
PRÉPARATION 3 HEURES • CUISSON 40 MINUTES

Prendre une langouste vivante. Après l'avoir brossée et lavée, l'allonger et la ficeler sur une planchette. La plonger dans une casserole ovale contenant de l'eau bouillante additionnée de 15 g de sel et de 3 cuillerées de vinaigre par litre d'eau ; ajouter les queues de persil, une branchette de thym et une feuille de laurier. La langouste doit être complètement immergée dans le court-bouillon. La faire cuire pendant 40 minutes, la laisser refroidir dans le court-bouillon et l'égoutter. Bien froide, détacher la queue et en retirer la chair (après avoir enlevé la membrane qui se trouve dessous, afin de pouvoir retirer bien entière la chair de la queue). Découper cette chair en escalopes de 7 à 8 mm d'épaisseur, en les tranchant en biais ; les parer en forme de médaillon. Retirer les chairs des pattes et de la carcasse ; les couper en petits dés ainsi que les parures des médaillons ; les réserver.
À un demi-litre de sauce mayonnaise, mélanger 2 dl de gelée réduite de moitié. Lorsque cette sauce commence à se lier, y tremper les médaillons en les enrobant bien de sauce ; les ranger au fur et à mesure sur une plaque. Sur chaque médaillon, mettre une lame de truffe et, sur la truffe, une pluche de cerfeuil. Quand la sauce est presque solidifiée, arroser les médaillons, à plusieurs reprises, de gelée fondue et froide. À un litre de salade russe, mélanger le reste de la mayonnaise à la gelée ; ajouter la chair de la langouste coupée en dés et réservée. Mettre cette salade dans un moule à bordure, huilé, et tenir au réfrigérateur jusqu'au moment de servir. Renverser la salade sur un plat rond, froid. Passer la pointe d'un petit couteau autour des médaillons, pour en supprimer la sauce qui s'est épanchée, et les ranger en couronne sur la bordure, en les chevalant légèrement. Entourer la bordure de petites caisses en papier plissé (de la grandeur d'un dé à coudre), remplies de caviar et, au milieu de la bordure, mettre de la gelée hachée.

Vins blancs secs : sancerre, pouilly fumé, meursault, hermitage, haut-brion, champagne nature.

1 langouste de 1,500 kg
court-bouillon
bien aromatisé
un litre de sauce *
mayonnaise
un litre de gelée *
de poisson
2 truffes pour le décor
pluches de cerfeuil
salade * russe (500 g
de légumes divers
en jardinière : carottes,
navets, petits pois,
haricots verts, flageolets)
truffes
assaisonnement
de haut goût
16 petites caissettes en
papier plissé ou gauffré
300 g de caviar

MÉDAILLONS DE LANGOUSTE EN GELÉE À LA MONÉGASQUE
PRÉPARATION 3 HEURES • CUISSON 25 MINUTES

Préparer un court-bouillon avec vin blanc, sherry, porto et compléter avec de l'eau. Ajouter les légumes émincés, y mettre à cuire la langouste 25 minutes. Laisser refroidir la langouste dans le court-bouillon. La décortiquer et couper les chairs en médaillons. Les dresser sur un socle en mie de pain. Napper les médaillons de gelée ; laisser prendre ; décorer avec tomates, œufs durs, cœurs de laitues et la sauce mayonnaise.

Vins blancs secs : chablis, sancerre, arbois, sylvaner.

1 langouste de 1,200 kg
une bouteille de vin
blanc ; 1 dl de sherry
1 dl de porto
carottes, oignons
bouquet garni
sel, poivre ; pain de mie
3 dl de gelée *
de poisson
8 tomates ; œufs durs
cœurs de laitues
sauce * mayonnaise
tomatée

ESCARGOT

LES ESCARGOTS SONT DE DEUX SORTES : L'ESCARGOT DE Bourgogne, le plus gros, se ramasse aussi en Savoie et en Franche-Comté ; le petit-gris, à la chair fine et fruitée, se trouve surtout en Provence et en Gascogne. On trouve aussi en conserve des escargots qui peuvent servir à de nombreuses préparations, tandis que les charcutiers les vendent cuisinés frais (ainsi que certains poissonniers). Il est recommandé de faire jeûner les escargots capturés vivants. Les gros escargots d'hiver sont operculés et très appréciés des amateurs, mais ceux de juin, plus maigres, sont aussi recherchés. Les connaisseurs ne manquent pas de déguster le « tortillon », partie nutritive par excellence. Si l'escargot connaît un apprêt devenu classique et traditionnel — farci avec du beurre malaxé d'ail et de fines herbes —, il possède autant de noms que de préparations régionales : cagouilles de Saintonge, suçarelles de Provence, caracols du pays flamand, etc.

BEIGNETS D'ESCARGOTS
PRÉPARATION 35 MINUTES • MARINAGE 1 HEURE • CUISSON 8 MINUTES

60 bourgognes ou 100 petits-gris (en conserve au naturel).
Pâte * à frire :
200 g de farine
2 œufs
2 cuillerées d'huile d'olive
eau tiède, sel, poivre.
Marinade :
1 cuillerée d'huile d'olive,
fines herbes
friture
persil

Faire une pâte à frire, en mélangeant jusqu'à consistance crémeuse les jaunes d'œufs, la farine, l'huile d'olive et un peu d'eau. Travailler jusqu'à homogénéité. Laisser reposer. Au dernier moment, incorporer doucement les 2 blancs d'œufs battus en neige ferme.
Égoutter les escargots et les faire mariner une heure dans les fines herbes (persil, estragon, civette, cerfeuil hachés) et l'huile d'olive.
Laisser tomber les escargots, par poignées, dans la pâte à frire. Les sortir un à un et les laisser tomber dans la friture (2 par 2, s'il s'agit de petits-gris). Laisser dorer. Égoutter sur du papier absorbant et servir avec persil frit.

Vins blancs : cassis, coteaux-d'aix, saint-joseph.

CRUSTACÉS, MOLLUSQUES ET COQUILLAGES

CAGOUILLES EN OMELETTE
PRÉPARATION 15 MINUTES • CUISSON 1 HEURE

50 petits-gris
sel, poivre
6 œufs
fenouil
une feuille sèche de figuier

Faire dégorger et bien nettoyer les escargots. Les faire cuire une heure à l'eau bouillante, avec sel, fenouil, feuille de figuier. Les égoutter. Les sortir de leur coquille.

Préparer une omelette, en séparant et en battant à part les jaunes et les blancs. La fourrer des « cagouilles » (nom des escargots en Charente).

Vins : blanc ou rouge du Poitou, blanc de l'île de Ré.

ESCARGOTS À LA BOURGUIGNONNE
PRÉPARATION 15 MINUTES • CUISSON 15 MINUTES

24 gros champignons
sel, poivre
1 dl d'huile
4 à 5 escargots par champignon
*1 cuillerée à café de beurre * d'escargots par champignon*

Prendre des têtes de gros champignons de Paris crus. Les saler ; les arroser d'huile et les faire suer au four. Les retirer et les garnir de 4 à 5 escargots de Bourgogne de conserve. Les recouvrir d'un beurre d'escargots et, au moment de servir, les passer au four exactement comme des escargots dans leur coquille.

Vins blancs secs : quincy, pouilly fumé, aligoté.
Vins rouges : saint-émilion, chinon, bourgueil, rully, beaujolais.

ESCARGOTS À LA CAUDÉRAN
PRÉPARATION 1 HEURE • CUISSON 1 HEURE

75 g de saindoux
75 g de jambon cru
10 échalotes
100 escargots petits-gris
mie de pain
sel, poivre
bouquet garni
4 cuillerées de bordeaux blanc sec
bouillon de volaille

Faire fondre en sauteuse le saindoux et y faire revenir le jambon et les échalotes hachés. Ajouter un peu de mie de pain râpée et mouillée de vin blanc sec. Mouiller de bouillon. Saler, poivrer. Ajouter un bouquet garni. Faire cuire 20 minutes.

Ajouter alors les petits-gris, ayant jeûné et dégorgé au préalable, bien lavés. Les cuire à feu doux, en tournant souvent, 40 minutes.

Vins rouges : bordeaux des côtes de Bourg ou du Blayais.

ESCARGOTS AUX GRENOUILLES
PRÉPARATION 1 HEURE 30 • CUISSON 1 HEURE 15

48 escargots de Bourgogne
2 douzaines de cuisses de grenouilles
4 échalotes
ciboulette
1 dl de lait
15 cl de mâcon blanc
farine
50 g de beurre
sel, poivre, persil

Hacher les escargots, préalablement cuits au court-bouillon et sortis de leur coquille, avec les échalotes pelées et un petit bouquet de ciboulette bien lavé. Mettre en cocotte avec 15 cl de mâcon blanc. Couvrir. Laisser mijoter une heure.

Tremper les cuisses de grenouilles, une heure, dans du lait. Égoutter. Les rouler dans la farine et les faire sauter à la poêle, à feu vif, avec 50 g de beurre, durant 10 minutes. Ajouter les cuisses de grenouilles et leur cuisson aux escargots. Saler et poivrer. Augmenter le feu et cuire encore 5 minutes.

Parsemer de persil ciselé et servir.

Vins blancs : arbois, hermitage, crépy.

ESCARGOTS À LA MÉNÉTREL
PRÉPARATION 25 MINUTES • CUISSON 8 MINUTES

100 escargots
500 g de beurre
30 g d'échalotes
30 g de persil
15 g d'ail
5 g de poivre
15 g de sel
15 g d'épices
12 filets d'anchois
1 dl de vin blanc
100 g de chapelure

Faire un beurre d'escargots en maniant 500 g de beurre avec un hachis de persil, ail, échalotes, filets d'anchois ; saler et poivrer, épicer au goût ; passer au tamis fin. On peut aromatiser ce beurre de quelques gouttes d'anis.

Mettre, au fond de chaque coquille, gros comme un haricot de beurre d'escargots ; y introduire un escargot de conserve et fermer la coquille avec un peu du même beurre en le pressant fortement.

Ranger les escargots sur un plat et, facultativement, arroser d'un peu de vin blanc. Poudrer le beurre de chapelure fine et passer les escargots pendant 8 minutes au four, à chaleur vive.

Vins blancs secs : mâcon, viré, aligoté, rully, pouilly-fuissé.

ESCARGOTS À LA SOMMEROISE
PRÉPARATION 3 HEURES • CUISSON 2 HEURES 30

100 escargots ; 2 l d'eau
2 brins de thym
une demi-feuille de laurier
un brin de basilic
un peu d'écorce d'orange
200 g de couenne de lard
1 dl d'huile d'olive
250 g de lard de poitrine
6 noix épluchées
4 filets d'anchois
sel, poivre
3 gousses d'ail
30 g de farine
3 kg d'épinards épluchés et servis en branches

Faire jeûner les escargots 8 jours au moins ; les laver dans plusieurs eaux et les arroser de vinaigre. Les jeter dans une marmite pleine d'eau bouillante avec thym, laurier, basilic, un morceau d'écorce d'orange, une couenne de lard un peu dure. Les retirer des coquilles à peu près cuits. Les égoutter ; les faire revenir à l'huile d'olive avec du lard de poitrine, maigre et gras, haché fin, des noix pilées et des filets d'anchois, du sel, du poivre et les gousses d'ail écrasées. Lier avec un rien de farine et les servir sur un plat d'épinards.

Vins : tavel, chusclan, coteaux-d'aix blanc ou rouge.

GRENOUILLE

DE CES BATRACIENS DONT LES FRANÇAIS SONT PRATIQUEMENT seuls à apprécier depuis longtemps les qualités gastronomiques, on ne consomme exclusivement que les cuisses. La meilleure saison des grenouilles est l'automne, et l'espèce la plus réputée est la grenouille verte (Dombes, Auvergne, Sologne, Alsace). Sa rareté, aujourd'hui, a favorisé l'importation de grenouilles d'Europe centrale. Frites, sautées, en brochettes ou à la poulette, souvent bien relevées d'ail, de fines herbes, etc., les grenouilles donnent aussi un savoureux potage à la crème.

CUISSES DE GRENOUILLES FINES HERBES
PRÉPARATION 45 MINUTES • CUISSON 15 MINUTES

Tremper les cuisses de grenouilles dans du lait salé froid et les rouler dans la farine. Les faire sauter dans du beurre bien chaud, afin de les saisir. La cuisson terminée, les poudrer de persil haché avec une pointe d'ail et l'échalote également hachées. Ajouter, éventuellement, un jus de citron.

Vins blancs secs : muscadet, chablis. Vins rouges : beaujolais, bourgueil, chinon. Vin rosé : tavel.

8 douzaines
de grenouilles
sel, poivre
1 dl de lait
200 g de farine
200 g de beurre
1 cuillerée de persil
2 échalotes hachées fin
1 pointe d'ail

FRITURE DE GRENOUILLES AUX POMMES DE TERRE
PRÉPARATION 1 HEURE • CUISSON 12 MINUTES

Nettoyer les cuisses de grenouilles ; les assaisonner de sel, poivre, jus de citron ; les fariner ; les passer à l'œuf battu et les rouler dans la mie de pain. Les frire à l'huile et les servir accompagnées d'une salade de pommes de terre chaudes, additionnée de mayonnaise et de fines herbes.

Vins blancs secs : pouilly-sur-loire, quincy. Vin rouge : beaujolais villages.

100 cuisses de grenouilles
sel, poivre
2 citrons
150 g de farine
4 œufs battus
500 g de mie de pain
frais (pain brioché)
grande friture
500 g de pommes
de terre
1 dl de sauce *
mayonnaise
1 cuillerée de fines
herbes, ciboule, cerfeuil
échalotes

HUÎTRE

IL EXISTE SUR LE MARCHÉ DEUX SORTES D'HUÎTRES : SOIT L'HUÎTRE plate (la belon, délicieusement iodée, la bouzigue, fruitée mais très rare, ou la gravette, petite et charnue), soit la creuse, avec à l'origine la portugaise, quantitativement la plus courante, élevée notamment à Marennes dans les « claires », avec comme produits hauts de gamme la fine de claire et, mieux encore, la spéciale. La consommation des huîtres en France est très importante, avec des « pointes » durant l'hiver, notamment lors des fêtes de fin d'année. La majeure partie est consommée crue, en comptant généralement une douzaine par personne. En Saintonge, on sert en même temps que les huîtres d'Arcachon des petites saucisses grillées. Certains amateurs préfèrent par ailleurs les huîtres cuites, cuisinées. Jadis, on ne les consommait jamais crues et les anciens livres de recettes nous parlent de potages aux huîtres ou d'huîtres décoquillées et cuites avec des légumes, de la crème, du beurre, etc. Aujourd'hui, ces préparations connaissent un regain de faveur. Les huîtres doivent toujours être de la plus grande fraîcheur et avoir gardé toute leur eau. Crues, elles sont présentées ouvertes, rangées sur un lit d'algues ou de glace pilée. On les sert avec un demi-citron par personne et du poivre du moulin, ou encore avec une vinaigrette à l'échalote. Les recettes où elles sont cuites font appel en général à des huîtres plates.

BARQUETTES AUX HUÎTRES
PRÉPARATION 50 MINUTES • CUISSON 35 MINUTES

Pour 6 personnes :
3 douzaines d'huîtres
200 g de merlu (colin)
1 citron, 50 g de beurre
une branche de persil
quelques tiges
de ciboulette
250 g de champignons
de Paris
un demi-verre
de vin blanc
2 jaunes d'œufs
1 dl de crème fraîche
1 cuillerée de farine
sel, poivre
12 barquettes
en pâte * brisée
(préparées avec : 250 g
de farine, 125 g
de beurre, 5 g de sel,
un demi-verre d'eau)

Ouvrir les huîtres au-dessus d'une terrine afin d'en recueillir le jus ; placer les mollusques dans une sauteuse au fur et à mesure.
Lorsque toutes les huîtres sont prêtes, mettre une mousseline sur une passoire fine et passer le jus au-dessus de la sauteuse. (Ceci est indispensable, afin d'éviter que des brisures de coquilles ou des grains de sable ne se mélangent aux huîtres.)
Poser la sauteuse sur feu vif, en surveillant très attentivement. Au premier bouillon, retirer immédiatement du feu. Les huîtres ne doivent pas cuire mais seulement raidir légèrement. Laisser refroidir dans leur eau.

CRUSTACÉS, MOLLUSQUES ET COQUILLAGES

Rincer la tranche de merlu et inciser la peau noire en deux ou trois endroits. La faire pocher 15 minutes dans l'eau chaude salée et additionnée du jus de citron ; laisser refroidir dans ce liquide.

Lorsque les huîtres sont refroidies, les retirer avec une écumoire et les ébarber, c'est-à-dire découper la frange plus foncée. Les hacher au couteau.

Enlever les arêtes et la peau du colin refroidi puis le hacher également. Mélanger le hachis d'huîtres à la chair de colin.

Si les barquettes ont été préparées à l'avance, les mettre à tiédir au four. Couper le pied terreux des champignons, les laver à grande eau, bien les essuyer et les découper en tout petits morceaux.

Faire fondre le beurre dans une casserole, puis ajouter les champignons et faire dorer.

Ajouter le persil et la ciboulette hachés, puis la cuillerée de farine. Bien remuer, laisser brunir quelques minutes.

Verser, tout en remuant, le vin blanc puis un verre de l'eau des huîtres. Laisser réduire cette préparation à feu doux.

Ajouter le hachis d'huîtres et de colin, bien remuer, laisser cuire 2 à 3 minutes, poivrer ; vérifier si l'eau de mer des huîtres a assez salé la préparation ; éventuellement, ajouter une petite pincée de sel.

Battre vivement au fouet les jaunes d'œufs avec la crème, puis verser ce mélange dans le hachis qui mijote. Bien remuer et retirer immédiatement du feu, ou couper le chauffage.

Sortir du four les barquettes et les garnir avec cette préparation. Servir tout de suite (2 barquettes par personne).

Vins blancs : muscadet de Sèvre et Maine sur lie, savennières, vouvray sec, sancerre.

BOUCHÉES FEUILLETÉES AUX HUÎTRES
PRÉPARATION 1 HEURE 30 • CUISSON 30 MINUTES

8 bouchées
(300 g de feuilletage *)
3 douzaines d'huîtres
125 g de champignons
eau des huîtres
cuisson des champignons
1 dl de lait
100 g de beurre
50 g de farine
5 cl de crème
1 citron
sel (peu), poivre

Pocher les huîtres dans leur eau, les égoutter, les éponger.

Tourner les champignons en olives, les faire étuver au beurre, réserver la cuisson.

Faire un roux blond avec de la farine et du beurre. Ajouter du lait, l'eau de cuisson des huîtres et celle des champignons. Laisser épaissir ; ajouter la crème, les champignons et les huîtres. Garnir des bouchées à la reine avec ce mélange, et servir chaud.

Vins blancs demi-secs : sauternes, monbazillac, jurançon doux.

CRUSTACÉS, MOLLUSQUES ET COQUILLAGES

BROCHETTES D'HUÎTRES AU BACON

PRÉPARATION 50 MINUTES • CUISSON 10 MINUTES

48 huîtres
8 tranches de bacon (lard fumé)
8 brochettes
8 tranches de pain de mie
50 g de mie de pain
1 pincée de poivre
200 g de beurre

Envelopper les huîtres crues, chacune, dans une fine tranche de bacon ; les enfiler par six sur de petites brochettes. Faire griller ; dresser sur toasts grillés ; poudrer de mie de pain, à laquelle on mélange un peu de poivre. Servir, en même temps, du beurre fondu.

Vins blancs secs : chablis, mâcon, pouilly fumé, gros plant nantais.

HUÎTRES À L'AMÉRICAINE

PRÉPARATION 40 MINUTES • CUISSON 7 MINUTES

4 douzaines d'huîtres
poivre
100 g de beurre
300 g de mie de pain
100 g de fromage râpé
friture

Retirer les huîtres des coquilles et les éponger. Mettre, dans le fond des coquilles concaves, un peu de poivre et une pincée de mie de pain frite. Ajouter les huîtres ; les poudrer de gruyère râpé et d'un peu de mie de pain ; ajouter une parcelle de beurre sur chacune et faire gratiner.

Vins blancs secs : hermitage, graves sec.

HUÎTRES AU BEURRE BLANC DE CHAMPAGNE

PRÉPARATION 30 MINUTES • CUISSON 15 MINUTES

3 douzaines de belons n° 00
2 dl de champagne
2 échalotes
200 g de beurre
sel et poivre
un citron

Éplucher et hacher finement les échalotes. Les mettre dans une casserole avec les 2 dl de champagne. Porter à feu vif et cuire jusqu'à réduction de moitié. Laisser tiédir.

Ouvrir les belons. Détacher les chairs. Les mettre, avec leur eau filtrée, dans une petite casserole, avec quelques gouttes de champagne. Porter à feu doux. À frémissement, retirer les huîtres et verser le liquide dans la première casserole, sur la réduction d'échalotes. Monter cette sauce au fouet en lui incorporant, au fur et à mesure, 200 g de beurre non pasteurisé des Charentes, divisé en noisettes. Poivrer. Ajouter le jus d'un citron. Rectifier l'assaisonnement en sel.

Remettre les huîtres, par deux, dans des coquilles nettoyées. Napper de la sauce.

Vin : le champagne de la préparation.

CRUSTACÉS, MOLLUSQUES ET COQUILLAGES

HUÎTRES AU BEURRE NOISETTE SUR CROÛTONS
PRÉPARATION 30 MINUTES • CUISSON 5 MINUTES

4 douzaines d'huîtres
poivre
8 toasts (croûtons)
200 g de beurre

Passer au beurre chauffé couleur noisette des huîtres crues épongées. Les dresser sur de petits croûtons ronds, frits au beurre, et les arroser de beurre noisette.

Vins blancs secs : pouilly-fuissé, chablis.

* HUÎTRES À LA DIABLE
PRÉPARATION 1 HEURE • POCHAGE 5 MINUTES • GLAÇAGE 3 MINUTES

4 douzaines d'huîtres
un quart de litre de crème fraîche
1 dl de lait
100 g de beurre
50 g de farine
1 pincée de muscade
sel, poivre
1 cuillerée de paprika
50 g de mie de pain

Pocher les huîtres dans leur eau, les égoutter, les ébarber.
Avec 50 g de beurre, la farine, l'eau des huîtres et de la crème fraîche, préparer une sauce Béchamel. L'assaisonner de sel, de muscade et d'un soupçon de paprika. Verser les huîtres dans cette sauce et garnir les coquilles concaves. Poudrer d'un peu de mie de pain frite au beurre ; ranger les coquilles sur la plaque et les mettre au four quelques minutes avant de servir. Éviter de laisser bouillir.

Vins blancs secs : graves sec, arbois, riesling.

HUÎTRES AU FOUR À L'ÉCHALOTE
PRÉPARATION 40 MINUTES • CUISSON 20 MINUTES

48 huîtres
8 coquilles Saint-Jacques vides
150 g de beurre
3 échalotes
150 g de mie de pain
sel (peu), poivre

Prendre de grosses huîtres bien grasses (portugaises ou huîtres plates). Détacher les mollusques ; les égoutter.
Dans chacune des coquilles Saint-Jacques vides, sans mettre d'eau de mer, poser 6 huîtres ; en garnir un plat allant au four, avec, au fond des coquilles : beurre frais, hachis d'échalotes, sel et poivre ; poudrer de chapelure.
Cuire pendant 20 minutes et servir chaud.

Vins blancs secs : hermitage, riesling, muscadet.

CRUSTACÉS, MOLLUSQUES ET COQUILLAGES

HUÎTRES FRANÇOIS VILLON
PRÉPARATION 50 MINUTES • CUISSON 5 MINUTES

4 douzaines d'huîtres
75 g de beurre
50 g de farine
un demi-litre
de vin blanc
un demi-litre de bouillon
1 pincée de muscade
poivre
1 pincée de gingembre
1 dl de crème fraîche

Les huîtres étant détachées de leur coquille, les pocher dans de l'eau presque bouillante. Les retirer et les faire raffermir à l'eau fraîche. Puis les poser sur une serviette.

Mettre le beurre dans une petite casserole. Y faire blondir (à peine) la farine. Mouiller de bon vin blanc et d'un peu de bouillon. Ajouter la muscade, un soupçon de poivre de Cayenne, une pincée de gingembre et la crème fraîche. Dépouiller doucement pour obtenir une succulente sauce blonde, crémeuse et parfumée.

En temps voulu, y placer les huîtres. Il faut qu'elles se réchauffent parfaitement, mais sans bouillir. Servir bien chaud.

Vins blancs secs : sylvaner, pouilly-fuissé, graves sec.

HUÎTRES EN SAUCE AU GRATIN
PRÉPARATION 1 HEURE • POCHAGE 5 MINUTES • GLAÇAGE 3 MINUTES

4 douzaines d'huîtres
1 oignon
1 carotte
bouquet garni
un demi-litre
de vin blanc
150 g de beurre
75 g de farine
poivre
4 jaunes d'œufs
50 g de chapelure

Enlever les huîtres de leur coquille, les pocher et les égoutter en conservant l'eau.

Faire un petit fond avec oignons, carottes, feuilles de laurier et vin. D'autre part, faire fondre une noix de beurre, ajouter une cuillerée de farine ; mouiller avec le fond préparé ; tenir un peu épais. Ajouter l'eau des huîtres ; lier avec les jaunes d'œufs et réduire 2 minutes.

Ranger les huîtres sur un plat ; mettre une cuillerée de sauce sur chaque huître, poudrer de chapelure, arroser de quelques gouttes de beurre fondu et faire gratiner.

Les huîtres, imprégnées de sauce gratin bien refroidie, peuvent également être trempées dans une pâte à frire. Au moment de servir, plonger les huîtres préparées dans l'huile bouillante. Dresser en buisson sur une serviette pliée, avec persil frit.

Ces préparations peuvent être accompagnées d'une sauce tomate en saucière.

Vins blancs secs : sancerre, mâcon, cassis, sylvaner.

CRUSTACÉS, MOLLUSQUES ET COQUILLAGES

SALADE D'HUÎTRES MARINÉES AUX ŒUFS DURS

PRÉPARATION 1 HEURE 30 • MARINAGE 1 HEURE

Éplucher les échalotes. Laver un bouquet de persil, ciboulette, cerfeuil, estragon. Hacher finement le tout.

Faire durcir les œufs, 9 minutes. Les écaler, les hacher grossièrement. Ouvrir 4 douzaines de portugaises. Détacher la chair des coquilles. Mettre dans un saladier et, par-dessus, le hachis d'aromates et d'œufs durs. Saler et poivrer. Arroser de 3 cuillerées d'huile et d'un jus de citron. Laisser mariner au frais une heure.

Vins blancs : muscadet, gros plant nantais, vin de l'île de Ré.

Ingrédients :
4 douzaines de portugaises
8 échalotes grises
bouquet d'herbes
4 œufs, huile
sel, poivre
un citron

SOUFFLÉ AUX HUÎTRES

PRÉPARATION 1 HEURE • POCHAGE 6 MINUTES • CUISSON 20 MINUTES

Pocher les huîtres dans leur eau, les ébarber et les couper en deux ou trois, selon leur grosseur.

D'autre part, faire un roux blanc avec 60 g de beurre et la farine ; le délayer avec l'eau de cuisson des huîtres et du lait ; muscader, assaisonner de sel, de poivre et d'une pincée de cayenne. Faire prendre ébullition et laisser bouillir quelques minutes, jusqu'à consistance d'une bouillie épaisse. Ajouter le beurre, les jaunes d'œufs, les huîtres et les blancs montés en neige ferme. Mettre dans une timbale à soufflé grassement beurrée, et cuire à four doux pendant 20 minutes.

Vins blancs secs : sancerre, quincy, muscadet.

Ingrédients :
36 huîtres
150 g de beurre
50 g de farine
cuisson des huîtres
un demi-litre de lait
sel, poivre
1 pincée de cayenne
1 pincée de muscade
3 jaunes d'œufs
6 blancs d'œufs

CRUSTACÉS, MOLLUSQUES ET COQUILLAGES

MOULE

ABONDANT ET AVANTAGEUX, CE MOLLUSQUE BIVALVE CONSTITUE une ressource appréciable pour garnir de nombreux plats de poissons en sauce. Mais, surtout, les moules sont un mets à elles seules et se prêtent à de nombreuses recettes, souvent populaires et à la bonne franquette, sur le modèle des « moules et frites » que l'on déguste en Belgique.

On distingue la moule commune (Atlantique), petite, bien bombée et tendre, et la moule de Toulon, plus rare, assez grosse, plus plate et moins fine. La culture sur « bouchots » donne des moules petites, mais savoureuses et charnues. Attention à n'utiliser que des moules bien fermées et vivantes ; bien les gratter et les brosser sous l'eau courante avant de les faire cuire.

BROCHETTES DE MOULES
PRÉPARATION 35 MINUTES • CUISSON 10 MINUTES

6 douzaines de moules
200 g de poitrine de porc maigre
100 g de chapelure
2 œufs

Faire ouvrir les moules comme pour la préparation marinière. Les sortir de leur coquille une fois tièdes.
Découper la poitrine de porc fraîche en petits cubes de 1 cm de côté. Mettre la chapelure dans une assiette plate. Battre les œufs.
Prendre 8 petites brochettes. Enfiler successivement 2 moules et un lardon, et ainsi de suite. Rouler les brochettes dans l'œuf battu puis dans la chapelure. Les faire griller à feu vif, en les tournant, pendant 5 minutes.
Servir avec un beurre fondu.

Vins : muscadet, gros plant nantais, quincy, jasnières.

CRUSTACÉS, MOLLUSQUES ET COQUILLAGES

MOULES AU BEURRE D'ESCARGOTS
PRÉPARATION 1 HEURE • CUISSON 5 MINUTES

8 douzaines de moules
poivre
1 oignon
250 g de beurre
2 gousses d'ail
2 cuillerées de persil
sel, poivre

Faire cuire des moules, comme on le fait pour les moules marinière : mettre les moules dans une casserole sans eau, avec un oignon et du poivre. Quand elles sont juste cuites, les ôter du feu, puis retirer à chaque moule la moitié vide de sa coquille.

D'autre part, prendre du bon beurre, plusieurs gousses d'ail, selon quantité, ainsi que du persil — exactement comme pour du beurre * d'escargots — ajouter sel et poivre, et bien malaxer le tout.

Combler de cette farce la coquille contenant la moule, et mettre quelques minutes au four pour faire chauffer, comme pour les escargots.

Servir chaud.

Vins blancs : chablis, aligoté.

MOULES À LA BRETONNE
PRÉPARATION 20 MINUTES • CUISSON 6 MINUTES

8 douzaines de moules
1 oignon, bouquet garni
1 branche de fenouil
poivre
2 dl de vin blanc sec
3 dl de velouté *
100 g de beurre

Mettre, dans une sauteuse, des moules bien fraîches, raclées et lavées dans plusieurs eaux, avec l'oignon haché, le fenouil, le bouquet garni, le vin blanc sec. Faire ouvrir les moules en les faisant sauter sur un feu vif ; les verser sur un tamis, en réservant le liquide de la cuisson qu'on aura soin de décanter. Remettre les moules dans la casserole, en supprimant, à chacune, la demi-coquille vide ; tenir au chaud.

Réduire 3 dl de velouté, lui incorporer peu à peu quelques cuillerées de liquide de la cuisson des moules ; le retirer sur le coin du feu pour le beurrer largement ; finir avec une pointe de cayenne.

Dresser les moules en légumier ; les arroser avec la sauce et servir.

En principe, servir le même vin que celui utilisé pour la cuisson.

CRUSTACÉS, MOLLUSQUES ET COQUILLAGES

MOULES FARCIES AU RIZ

PRÉPARATION 1 HEURE • CUISSON DES MOULES 6 MINUTES
CUISSON DU RIZ 18 MINUTES

48 moules
poivre
1 dl d'huile d'olive
1 dl de vin blanc
1 cuillerée à café de safran
1 oignon
1 gousse d'ail
150 g de riz
thym et laurier
1 cuillerée de persil et d'estragon hachés

Gratter et laver de grosses moules de Toulon ; les faire ouvrir, avec vin blanc, huile d'olive et safran. Égoutter ces moules, en réservant la cuisson pour faire cuire le riz. Enlever une coquille à chacune et mettre à refroidir. Faire tomber à l'huile d'olive un peu d'oignon et d'ail hachés ; ajouter le riz, un brin de thym et de laurier ; mouiller avec la cuisson des moules ; laisser cuire. Faire refroidir le riz en le tenant toujours crémeux ; cette opération se fait avec le restant de la cuisson des moules.
Avec une cuillère, garnir les moules et faire un dôme de ce riz ; servir dans des plats à hors-d'œuvre.
S'il reste du riz, dresser les moules sur un léger tampon de riz. Poudrer de fines herbes (persil et estragon).
Nota. Ces moules peuvent se faire aussi au curry au lieu de safran.

Vins blancs ou rosés secs : cassis, tavel.

* MOULES GRATINÉES À LA ROCHELAISE

PRÉPARATION 25 MINUTES • CUISSON 6 MINUTES • GRATIN 5 MINUTES

4 litres de moules
2 dl de vin blanc
poivre
4 échalotes
2 branches de céleri
125 g de champignons
100 g de beurre
1 pointe de muscade
150 g de mie de pain frais

Faire ouvrir de grosses moules avec du vin blanc, échalotes, céleri et champignons hachés, beurre, poivre, et pointe de muscade. Les ranger sur un plat, après avoir retiré une coquille à chacune. Réduire la cuisson des trois quarts ; la lier avec de la mie de pain frais et en napper les moules.
Faire gratiner au dernier moment.

Vins blancs ou rosés secs : chablis, muscadet, cabernet d'Anjou.

MOULES MARINIÈRE

PRÉPARATION 30 MINUTES • CUISSON 6 MINUTES

4 litres de moules
poivre
1 dl de vin blanc
1 oignon et 4 échalotes, poivre
150 g de beurre
1 cuillerée de persil

Faire ouvrir les moules en plein feu, en y ajoutant un peu de vin blanc, oignons et échalotes émincés, poivre, beurre, et en les faisant sauter. Servir telles quelles, poudrées de persil haché.

Vins blancs secs : pouilly fumé, cassis, muscadet.

CRUSTACÉS, MOLLUSQUES ET COQUILLAGES

MOULES À L'OSEILLE
PRÉPARATION 45 MINUTES • CUISSON DE L'OSEILLE 25 MINUTES
CUISSON DES MOULES 8 MINUTES

3 litres de moule
poivre
3 kg d'oseille épluchée
150 g de beurre
50 g de farine
1 dl de crème
sel, poivre
3 jaunes d'œufs
250 g de lard de poitrine

Préparer une bonne purée d'oseille, liée de 3 jaunes d'œufs, d'un morceau de beurre manié de farine et d'un peu de crème.
Faire ouvrir de belles moules ; les détacher de leur coquille. Les passer légèrement à la poêle dans un peu de beurre ou, mieux, en compagnie de petits lardons grossièrement hachés. Verser les moules et la matière grasse sur la farce d'oseille disposée en canapé, et servir bien chaud.

Vins blancs secs : arbois, riesling, sancerre, quincy.

MOULES AU SAFRAN
PRÉPARATION 20 MINUTES • CUISSON 5 MINUTES

2 litres de moules
5 cl d'huile d'olive
poivre
1 petit oignon
2 blancs de poireaux
2 tomates
bouquet garni
1 gousse d'ail
1 cuillerée à café de safran
2 dl de vin blanc
persil

Chauffer l'huile dans un sautoir ; y ajouter l'oignon haché et les blancs de poireaux émincés ; faire revenir pendant quelques minutes, puis ajouter les tomates mondées, épépinées et concassées, l'ail écrasé, quelques fragments de thym et de laurier, une petite prise de safran et le vin blanc. Faire réduire complètement le vin.
Ajouter de petites moules nettoyées soigneusement ; couvrir et faire ouvrir les moules en les faisant sauter de temps en temps. Les tenir 5 minutes sur le coin du feu, puis les retirer des coquilles et les ébarber. Passer la cuisson au linge fin ; la laisser reposer jusqu'à refroidissement presque complet et la décanter. Mettre les moules sur des raviers et les arroser avec leur cuisson. Parsemer le dessus d'un peu de persil haché. Les moules ainsi préparées se servent tièdes ou complètement froides.

Vins blancs secs : saumur, vouvray.

MOULES SAUTÉES À LA NORMANDE
PRÉPARATION 30 MINUTES • CUISSON 7 MINUTES

4 litres de moules
3 échalotes
1 cuillerée de persil
1 dl de fumet *
de poisson
50 g de beurre
2 dl de crème fraîche
2 cl de vinaigre

Gratter, laver très soigneusement les moules et les faire cuire avec les échalotes hachées très fin, 1 pincée de persil haché et le fumet de poisson (les moules rendant suffisamment d'eau pendant leur cuisson) ; ajouter du poivre du moulin.
Lorsque les moules sont bien ouvertes, c'est-à-dire que la cuisson passe par-dessus bord, enlever une coquille à chaque moule, et les mettre dans la sauteuse avec quelques gouttes de leur fumet ; ajouter de la crème fraîche à mi-hauteur des moules, le beurre et un filet de vinaigre. Faire sauter. Servir bouillant dans des assiettes creuses.

Cidre sec ou vins blancs secs : muscadet, gros plant nantais, jasnières.

OURSIN

LES OURSINS, ÉGALEMENT APPELÉS *CHÂTAIGNES DE MER* OU *hérissons* de mer se ramassent plutôt en Méditerranée. On les consomme généralement crus : en les ouvrant, on trouve à l'intérieur cinq langues de corail qui, retirées avec une cuillère, constituent un mets savoureux dont la saveur fortement iodée est caractéristique. Ce corail est également excellent pour préparer des œufs brouillés, garnir des croustades ou une omelette, cuisiner une sauce, un coulis ou un potage.

SOUFFLÉ AUX OURSINS
PRÉPARATION 45 MINUTES • CUISSON 20 MINUTES

24 oursins
30 g de beurre
20 g de farine
1 dl de lait
2 cuillerées à soupe de crème fraîche
sel, poivre, safran
2 blancs d'œufs

Faire fondre le beurre à feu doux et y mélanger la farine. Sans cesser de remuer, mouiller avec le lait. Laisser cuire 10 minutes. Saler et poivrer.
Ouvrir les oursins. Prélever les langues. Laver et faire sécher la moitié des coquilles (bogues), et les beurrer à l'intérieur.
Piler les langues d'oursins avec la crème fraîche et une pincée de safran.
Battre les blancs d'œufs en neige ferme.
Mélanger la purée d'oursins avec le contenu de la casserole et incorporer les blancs en neige.
Répartir la préparation dans les bogues, à mi-hauteur seulement. Mettre au four 10 minutes.

Vins blancs : montrachet, chablis, hermitage.

CRUSTACÉS, MOLLUSQUES ET COQUILLAGES

PALOURDE ET PRAIRE

PALOURDES ET CLOVISSES SONT DES COQUILLAGES BIVALVES PARMI les plus connus et les plus appréciés de la Manche, de l'Océan et de la Méditerranée. Il est recommandé de leur faire dégorger le sable dans de l'eau de mer ou de l'eau légèrement salée. Les amateurs les apprécient crues, mais les palourdes grillées préparées avec un beurre d'escargot sont très estimées en Saintonge et en Bretagne.

Les praires sont souvent encore plus délicates de goût que les palourdes. On les déguste crues (au naturel ou avec un jus de citron), comme les huîtres, ou bien cuites et farcies, comme les palourdes ou les moules.

GRATIN DE PALOURDES AUX ÉPINARDS
PRÉPARATION 50 MINUTES • CUISSON 35 MINUTES

1 kg d'épinards
80 g de beurre
1 kg de palourdes
50 g de farine
poivre
un quart de litre de crème fraîche
2 cuillerées de fromage râpé

Faire fondre à feu doux, en cocotte, 30 g de beurre et y laisser les épinards bien lavés dix minutes, en remuant de temps en temps.

Laver les palourdes en les brossant bien. Les faire ouvrir à feu vif, dans une casserole. Les détacher de leur coquille. Tamiser l'eau rendue.

Dans une autre casserole, mélanger, à feu doux, 50 g de beurre avec autant de farine. Mouiller avec l'eau tamisée des palourdes, en remuant à la spatule pendant 10 minutes. Poivrer. Hors du feu incorporer la crème fraîche, les épinards et la chair des palourdes.

Beurrer un plat à gratin. Y verser la préparation. Semer de parmesan râpé et mettre à four chaud 10 minutes. Décorer de petits croûtons frits.

Vins blancs : cassis, bellet, chablis, pouilly-fumé.

PALOURDES GRILLÉES AU BEURRE D'ESCARGOTS
PRÉPARATION 30 MINUTES • CUISSON 10 MINUTES

60 palourdes
poivre
250 g de beurre
un peu de sel
2 gousses d'ail bien pilées
1 cuillerée à soupe de persil haché
1 pincée de muscade râpée, le tout bien amalgamé

Ouvrir de belles palourdes ; détacher le mollusque et le mettre dans l'une de ses coquilles. Préparer un beurre d'escargots avec les ingrédients. Ajouter une noisette de ce beurre dans chaque coquille et faire cuire pendant 10 minutes dans un four très chaud.

Vins blancs secs : mâcon, cassis, muscadet.

POULPE

DES POULPES, OU PIEUVRES, MOLLUSQUES CARACTÉRISÉS PAR HUIT tentacules charnus garnis de ventouses, deux sortes sont comestibles. On les trouve en abondance sur les côtes de Provence. Leur chair demande à être bien battue pour être attendrie, mais elle est ainsi assez fine. Ses apprêts sont généralement assez relevés.

* COCOTTE DE POULPES AUX OIGNONS
PRÉPARATION 1 HEURE • CUISSON 2 HEURES

4 poulpes de 400 g
un demi-litre de vinaigre
1 dl d'huile d'olive
un demi-litre d'eau
4 gros oignons
3 gousses d'ail
poivre
2 clous de girofle

Vider, laver, dépouiller, battre 4 poulpes. Les couper en petits morceaux. Mettre, dans une cocotte à couvercle fermant bien, les morceaux de poulpe avec le vinaigre, l'huile, 2 verres d'eau, les oignons hachés, les clous de girofle, du poivre et de l'ail. Pas de sel. Mettre un peu de pâte (faite avec de la farine et de l'eau) autour du couvercle de la cocotte, pour qu'elle soit hermétiquement close. Cuire 2 heures à feu très doux. Si la cocotte est mal fermée, le poulpe se racornit et n'est pas mangeable.

Vins blancs secs : muscadet, chablis, mâcon, cassis, côtes-de-provence.

CRUSTACÉS, MOLLUSQUES ET COQUILLAGES

VOLAILLES
ET
LAPIN

O**N DÉSIGNE SOUS LE TERME DE « VOLAILLE »** l'ensemble des oiseaux de basse-cour élevés pour l'alimentation – poulet, poule, coquelet, dinde, canard, oie, pigeon, pintade, chapon –, auxquels on ajoute le lapin domestique. Plats simples et économiques, grands classiques régionaux ou préparations raffinées de grande cuisine : la volaille est un chapitre riche en ressources. On utilise le mot « volaille » pour la chair de poulet ou de poule employée dans un apprêt de base ou de desserte (fond, consommé, gratin, coquilles, etc.), tandis que les recettes spécifiques de tel ou tel animal mentionnent le nom de celui-ci expressément.

En cuisine ménagère, les plats de volaille les plus usuels sont ceux dits « en cocotte » ou « à la casserole », la fricassée, le pilaw, la capilotade, voire la blanquette, la poule-au-pot, les fritots, les gratins et le cari. Dans une cuisine plus élaborée, on trouve l'aspic, la ballottine et le chaud-froid, les médaillons, les suprêmes et les bouchées ou vol-au-vent.

La volaille la plus populaire en France est le poulet. Vient ensuite la dinde (qui connaît une grande diversification, depuis peu, avec l'escalope, le gigot ou le rôti). L'oie est surtout élevée pour la production de foie gras. Quant à l'élevage du canard, il s'est largement développé grâce à la vogue du magret. La mise au point de labels et de marques a favorisé par ailleurs la production de volailles de qualité.

CANARD

EN GRANDE CUISINE, CET OISEAU D'ÉLEVAGE PORTE TRADITIONNELlement le nom de « caneton ». Le rouennais possède une chair très fine et teintée de rouge, car il est étouffé et non saigné. On le sert « à la goutte de sang » (c'est-à-dire saignant, pas trop cuit). Le canard de Vendée (dit « nantais »), le canard de Barbarie et les canards fermiers sont saignés et demandent une cuisson plus poussée.

Comme le canard est souvent assez gras (sauf le barbarie, au goût plus musqué et à la chair relativement ferme), on ne le barde pas et l'on réduit sensiblement la quantité de corps gras utilisé pour la cuisson. C'est aussi la raison pour laquelle on l'associe avec des légumes comme le navet, voire un fruit comme l'ananas ou l'orange, qui équilibrent l'excès de gras. Au moment de la préparation, on aura soin de retirer les glandes situées de chaque côté du croupion. Le canard se fait aussi confire à la graisse, comme l'oie, et son foie (naturel ou engraissé) se prête à de nombreux apprêts gourmands. Le magret, récemment introduit en cuisine, grillé et bien saisi, servi avec des pommes de terre à la graisse d'oie ou un légume bien accordé, donne un plat très apprécié.

CANARD À L'ALBIGEOISE
PRÉPARATION 1 HEURE 15 • CUISSON 45 MINUTES

Préparer et faire cuire le bouillon maigre.
Faire revenir, à l'huile, des lardons dans une cocotte et y faire blondir une trentaine de petits oignons. Mettre à petit feu ; poudrer d'une pincée de farine et poser les canetons dans la cocotte. Quand ils ont pris couleur, mouiller au bouillon maigre. Ajouter poireau, thym, céleri, fenouil ; poudrer de sucre en poudre, d'une prise de poivre rouge, et laisser cuire jusqu'à cuisson complète.
Préparer 8 croûtons : les tailler (4 × 7 cm) dans le pain de mie. Chaque croûton doit avoir une épaisseur de 1 cm. Les faire frire dans du beurre. Pour servir, poser les canetons débridés sur les croûtons tartinés de marmelade de pommes, d'oranges ou de confiture de groseilles ; napper de la sauce bien réduite et passée au tamis fin.

Vins : saint-émilion, pomerol.

2 canetons nantais
250 g de lard de poitrine
30 petits oignons
1 dl d'huile
sel, poivre
10 g de farine
50 g de beurre
Pour le bouillon maigre :
2 poireaux
quelques feuilles d'épinards
feuilles de laitues
2 carottes
1 oignon piqué d'un clou de girofle
10 g de sucre
une prise de poivre rouge
Garniture
3 poireaux
1 brindille de thym
1 petit pied de céleri en branche
1 petit pied de fenouil
8 croûtons en pain de mie

VOLAILLES ET LAPIN

CANARD RÔTI AUX ARTICHAUTS
PRÉPARATION 1 HEURE 45 • CUISSON 45 MINUTES

**3 petits canards nantais pesant chacun 1 kg ou deux gros canards de 1,500 à 2 kg
sel et poivre
quelques brins d'estragon
8 rondelles de citron non traité, avec le zeste
trois quarts de litre de bon jus de veau ou à défaut de fond * blanc
3 douzaines de petits artichauts de Provence
eau acidulée avec jus de citron ou vinaigre blanc
60 g de beurre
2 feuilles de menthe fraîche
1 gousse d'ail
persil
fécule de pomme de terre
cresson**

Les canards jeunes et tendres, présentant une chair de qualité supérieure qui, après rôtissage, donne une viande rosée et juteuse, ne sont pas toujours faciles à trouver. Il est donc conseillé de les commander à l'avance. Pour des canards de la taille et du poids mentionnés plus haut, faire rôtir de 15 à 16 minutes par livre, au four préchauffé au n° 6 du thermostat. Faute de jeunes canards, acheter deux volailles plus grosses pesant de 1,500 à 2 kg chacune. Dans ce cas, procéder à un rôtissage très lent au thermostat n° 4, afin d'obtenir une fonte régulière des graisses, et compter environ 35 minutes de cuisson par livre. La chair sera bien cuite, mais très moelleuse, et il y aura beaucoup de jus de cuisson pour faire une excellente sauce.

Vérifier que le marchand a bien enlevé la glande qui se trouve sous le croupion, sinon la couper. Enlever la graisse tapissant les deux côtés de l'orifice naturel. Enlever les ailerons et s'assurer que le cou est coupé au ras des épaules pour pouvoir replier la peau sous le dos du canard. Dans la cavité, ajouter un brin d'estragon, deux rondelles de citron, sel et poivre. Brider chaque canard, en prenant soin de faire remonter le croupion entre les deux pattes. Laisser en attente à température ambiante.

Faire rôtir les abattis (ailerons, cous, gésiers, sauf les foies qui seront conservés pour un petit pâté), jusqu'à ce qu'ils soient bien dorés. Les transférer dans une casserole de un litre et leur ajouter un demi-litre de fond ou de jus. Porter à ébullition et laisser mijoter et réduire de moitié, pendant que les canards cuisent.

Mettre les canards au four. Lorsqu'ils y auront été depuis environ une demi-heure — et seulement si ce sont de gros canards — piquer leurs côtés, au-dessous des suprêmes, avec une aiguille à brider, pour faciliter l'écoulement de la graisse pendant la cuisson.

Pendant la cuisson des canards, préparer les artichauts.

Les petits artichauts du Midi mesurent environ 5 cm de longueur et ont un diamètre de 4 à 5 cm. Après avoir été nettoyés et épluchés, ils se présentent sous la forme de petits bouchons de 2,5 cm de hauteur et d'environ 2 cm de largeur, où tout est mangeable : fond, feuilles et foin, ce dernier étant à peine formé.

Préparer une grande jatte d'eau fortement acidulée, de préférence au jus de citron ou au vinaigre blanc. Pour chaque artichaut, enlever les grosses feuilles du tour, tourner les fonds avec un petit couteau (de préférence à lame inoxydable) et couper le bout des feuilles pour en éliminer la pointe. Laisser tremper à l'eau acidulée. Lorsque tous les artichauts sont prêts, les laver à grande eau et les faire bien égoutter. Faire chauffer 40 g de beurre dans un petit fait-tout ; y ajouter les feuilles de menthe préalablement froissées dans les mains et la gousse d'ail écrasée. Laisser la menthe et l'ail étuver à couvert dans le beurre, quelques

VOLAILLES ET LAPIN

minutes sur feu très doux. Retirer la menthe et l'ail et ajouter les artichauts, sel et poivre, un brin d'estragon, deux rondelles de citron et le quart de litre de fond ou de jus restant. Couvrir et laisser cuire doucement, jusqu'à ce que les artichauts soient tendres. Les faire sauter à intervalles réguliers, en tenant une anse du fait-tout dans chaque main. Les artichauts sont cuits lorsqu'une aiguille à repriser les pénètre facilement et ressort sans peine.

Mettre les canards sur un grand plat de service, les saler, les poivrer bien et les tenir au chaud.

Dégraisser complètement leur jus de cuisson, le mélanger avec le quart de litre de jus d'abattis réduit. Lier le jus avec une cuillerée à café et demie de fécule de pomme de terre dissoute dans une cuillerée à soupe d'eau froide, et ajoutée au jus frissonnant ; éteindre le feu et battre 10 g de beurre dans la sauce obtenue.

Mélanger, dans une petite casserole, le jus de cuisson des artichauts à quelques cuillerées à soupe de sauce de canard ; faire réduire fortement pour obtenir une bonne « glace ». Rouler les artichauts dans cette glace allongée des 10 g de beurre frais qui restent. Goûter l'assaisonnement. Présenter les canards entourés des cœurs d'artichauts poudrés de persil haché, et de touffes de cresson. Passer la sauce en saucière chaude.

Vins : bellet niçois blanc ou rouge, champagne, bourgueil, cornas.

DODINE DE CANARD DE L'HOSTELLERIE DE LA POSTE D'AVALLON

PRÉPARATION 2 HEURES 45 • MARINAGE LA VEILLE • CUISSON 2 HEURES

1 beau canard rouennais
sel, poivre
1 pincée d'épices
1 dl d'armagnac
500 g de farce fine de porc
500 g de noix de veau coupée en dés
6 foies de volailles (dont celui du canard)
1 dl de vin de Chablis
2 œufs
150 g de truffes
8 cl de madère ou jus de truffes

Choisir de préférence un canard rouennais, de 3 livres environ. Le désosser entièrement en ayant soin de laisser les pattes intactes. Émincer les chairs. Assaisonner l'intérieur de cette enveloppe d'armagnac et d'une pincée de fines épices et de sel ; laisser mariner ainsi jusqu'au lendemain. D'autre part, préparer, avec le porc, la noix de veau, et quelques foies de volailles, une farce que l'on fait mariner au vin de Chablis. Amalgamer le tout avec les œufs entiers, les truffes en morceaux, et aromatiser avec le jus des truffes et l'armagnac. Y ajouter les chairs de canard.

Bourrer ensuite l'enveloppe du canard de cette farce ; recoudre, ficeler soigneusement, et faire rôtir au four à petit feu, 2 heures environ, en arrosant souvent.

Déglacer à l'armagnac et servir chaud. (La dodine de canard peut également être servie froide avec une gelée au porto.) Dans ce cas, faire, avec les déchets et les os du canard, un petit fond de gelée qui, ajouté au fond de cuisson, fera une excellente gelée.

Vins rouges de la côte de Beaune ou de la côte de Nuits, châteauneuf-du-pape, côte-rôtie. Vins blancs : meursault, montrachet, champagne nature.

VOLAILLES ET LAPIN

DODINE DE CANARD RABELAISIENNE
PRÉPARATION 2 HEURES 15 • CUISSON 2 HEURES 30 À FAIRE LA VEILLE

1 beau canard rouennais
500 g de foie gras au naturel
500 g de farce de porc très fine
200 g de jambon
300 g d'escalope de veau, le tout coupé en dés
sel, poivre
125 g de truffes hachées
2 œufs
1 dl de cognac
15 cl de porto
1 barde de lard assez large, 15 × 20 cm

Désosser le canard en fendant la peau du dos (arrêter l'incision au milieu de l'échine). Retirer les os des ailerons et de la carcasse, en ne laissant que les pilons des cuisses. Dans une terrine, mettre la farce de porc, le foie gras, le jambon et le veau, et mélanger le tout, en y ajoutant les œufs entiers, les truffes, le porto et le cognac.

Bien bourrer le canard de cette préparation, en le tenant sur le ventre ; le retourner sur le dos une fois rempli. Inutile de recoudre la peau. Le canard placé dans un plat, l'estomac en l'air, ne se déformera pas. Le plat à rôtir, assez creux, ne devra pas être beaucoup plus grand que la volaille farcie. Recouvrir d'une barde de lard et cuire à four doux pendant 2 heures et demie. Retirer du four, enlever la barde et laisser refroidir jusqu'au lendemain. Avant de servir, napper d'un peu de gelée faite avec les déchets et les os de la carcasse, et garnir les os des pilons de deux papillotes. Servir dans le même plat qui a servi à rôtir le canard, afin de profiter du bon jus de rôti qui l'entoure et qui sera en gelée.

Vins rouges : médoc, graves, côte-de-beaune ou côte-de-nuits.
Vins blancs : meursault, montrachet, hermitage.

* FOIE DE CANARD AUX OLIVES VERTES ET NOIRES
PRÉPARATION 45 MINUTES • CUISSON 35 MINUTES

un foie de canard de 700 g environ
un demi-litre de consommé de volaille
1 verre de vin blanc sec (jurançon)
1 louche de sauce tomate
12 olives vertes
12 olives noires
1 petit verre de madère

Parer et dénerver le foie. Faire rissoler, en cocotte, les parures et mouiller de un demi-litre de consommé de volaille et d'un verre de jurançon. Laisser bouillir doucement 10 minutes.

Mettre alors le foie dans ce bouillon et le cuire 10 minutes à feu doux. Retirer le foie et le tenir au chaud, sur un plat de service.

Dégraisser la cuisson. Y ajouter une louche de sauce tomate bien liée et faire réduire, 10 minutes, à bon feu. Après 5 minutes de réduction, y ajouter les olives vertes blanchies et dénoyautées et les olives noires dénoyautées et le verre de madère. Au bout des 5 dernières minutes, verser la sauce sur le foie, après en avoir rectifié l'assaisonnement.

Vins : pacherenc du Vic Bilh ou madiran.

FOIES DE CANARD AUX RAISINS
PRÉPARATION 45 MINUTES • CUISSON 1 HEURE

2 kg de foies de canard de 600 à 700 g chacun
sel, poivre
50 g de beurre
1 oignon, 1 carotte émincés
bouquet garni
80 cl de fond * de veau

Dénerver les foies, les saler, les poivrer. Foncer une cocotte avec oignon, carotte et bouquet garni ; y placer les foies pendant 1 heure. Lorsqu'ils sont cuits, faire revenir du jambon de Bayonne très finement émincé, des échalotes hachées et des raisins muscat blancs égrenés, rapidement ébouillantés, épluchés et épépinés. Déglacer au muscat. Ajouter le fond de veau, corsé de quelques queues de cèpes. Laisser cuire et réduire lentement. Dresser les foies sur un plat et napper de sauce.

Vins blancs moelleux ou demi-secs : graves, sauternes, barsac, jurançon.

MOUSSE DE CANARD ROUENNAIS
PRÉPARATION 5 HEURES • PLUSIEURS HEURES À L'AVANCE • CUISSON 3 HEURES 30

Préparer le fumet, en faisant cuire dans un fait-tout les os, les légumes épluchés et les herbes, avec 2 litres d'eau légèrement salée.
Mettre les feuilles de gélatine à tremper dans une terrine d'eau froide, pendant 2 heures au moins. Enlever la peau du caneton et le désosser. Ajouter les os et le gésier du caneton au fumet en train de cuire. Laisser bouillir doucement 3 heures en tout. Pendant ce temps, faire revenir au beurre foie et cœur ; les assaisonner. Piler au mortier la chair du caneton coupée en dés, avec le foie et le cœur.
Quand tout est réduit en pommade, ajouter le foie gras, par petites tranches, et 1 dl de sherry. Amalgamer bien le tout et garder en attente. Le fumet étant cuit, le passer à travers un papier filtre (ou un linge). Le dégraisser avec soin.
Battre les blancs d'œufs à la fourchette, dans une casserole, jusqu'à ce qu'ils soient simplement mousseux. Verser dessus, en remuant, le fumet de caneton presque froid, additionné de jus de citron.
Faire chauffer ce mélange lentement, en continuant de remuer ; dans le liquide bien chaud, ajouter les feuilles de gélatine égouttées. Dès que se manifeste un peu de mousse blanche, baisser le feu et laisser frémir : la gelée est clarifiée. La parfumer, hors du feu, avec le reste de sherry (soit 0,5 dl). Étendre un papier filtre, ou un linge trempé dans l'eau chaude, sur une passoire posée sur une terrine, et passer la gelée au travers. Renouveler cette opération plusieurs fois, les pores du filtre se bouchant avec le blanc d'œuf coagulé. Reprendre la préparation de canard et de foie gras laissée en attente et la passer au tamis fin. Travailler cette farce dans une terrine en lui incorporant 2 cuillerées de gelée. Assaisonner la farce ; fouetter la crème et l'ajouter à la farce.
Remplir le moule à charlotte de la gelée encore tiède. Mettre le moule dans de la glace pilée ; le retirer lorsque la gelée est prise sur les parois du moule en une certaine épaisseur. Vider la gelée encore liquide qui occupe l'intérieur du moule (elle servira à décorer le plat de service). Délicatement, remplir le moule ainsi chemisé avec la mousse de caneton. Le mettre au réfrigérateur et laisser prendre pendant plusieurs heures. Démouler sur un plat de service approprié, garni de gelée hachée. (Il suffit de tremper le moule un instant dans de l'eau chaude.)
Servir cette mousse avec des tranches de pain de mie grillées et chaudes.

Vins blancs liquoreux : sauternes, loupiac, monbazillac ; vins blancs moelleux : coteaux-du-layon, bonnezeaux ; vins blancs secs : vouvray sec, savennières, sancerre, pouilly fumé.

---

150 g de queues de cèpes
100 g de jambon de Bayonne
5 échalotes
300 g de raisins muscats
1 dl de muscat

Pour 10 à 12 personnes :
1 caneton rouennais de 1,250 kg environ (rôti au four pendant 1 heure et encore tiède)
250 g de foie gras
un demi-litre de crème fraîche
1,5 dl de sherry
2 kg d'os de veau concassés
1 gros oignon
3 carottes
2 poireaux
une côte de céleri
persil, cerfeuil
2 œufs (dont on n'utilise que les blancs)
6 à 8 feuilles de gélatine (10 à 12 g)
sel, poivre, citron
une noix de beurre

CANETON BRAISÉ AUX NAVETS À LA POITEVINE

PRÉPARATION 2 HEURES 30 • CUISSON 1 HEURE 15

2 canetons nantais
sel, poivre
100 g de beurre
5 foies de volailles
100 g de foie de porc
100 g de lard de poitrine frais
2 échalotes hachées
1 brindille de sauge, de basilic, de thym, de romarin
un quart de feuille de laurier
2 branches de persil
4 jaunes d'œufs
150 g de beurre
2 dl de madère vieux
2 cuillerées à soupe de tomate concentrée
4 douzaines de petits oignons nouveaux et 4 douzaines de petits navets tournés
1 cuillerée à entremets de sucre semoule
1 dl de crème fraîche
8 cl de cognac
1 cuillerée à soupe de persil

Prendre 2 jeunes canetons, bien en chair, et en garnir l'intérieur d'une farce à gratin composée comme suit :

Les foies des canetons et 3 foies de volailles, les abattis des canetons, décortiqués et hachés, le foie de porc, le lard de poitrine frais. Condimenter avec échalote, sauge, basilic, romarin, thym, laurier, persil ; ajouter encore 50 g de beurre et 4 jaunes d'œufs.

Faire cuire les canetons ainsi farcis, dans une casserole, avec 50 g de beurre. Quand ils sont bien rissolés de tous les côtés, déglacer largement au madère vieux ; ajouter la purée de tomates bien concentrée, puis les réserver au chaud.

Mettre d'autre part à cuire, dans une autre casserole, les petits oignons nouveaux et autant de petits navets avec un bon morceau de beurre. Poudrer ces légumes d'une cuillerée à entremets de sucre en poudre et les arroser du fond des canetons. Pendant la cuisson, lier légèrement de crème fraîche.

Placer alors les canetons sur le lit de navets et d'oignons ; arroser le tout du restant de la cuisson des canetons, que l'on aura enrichie d'un verre de cognac.

Laisser mijoter jusqu'à parfaite cuisson. Poudrer d'une légère persillade au dernier moment, et servir très chaud.

Vins rouges : médocs, graves, côte-de-beaune ou côte-de-nuits, châteauneuf-du-pape. Vins blancs : meursault, montrachet, hermitage.

CANETON BRAISÉ AUX PETITS POIS NOUVEAUX

PRÉPARATION 30 MINUTES • CUISSON 30 MINUTES

2 canetons moyens
2 carottes
2 oignons
1 bouquet garni avec 1 brindille de sarriette
sel, poivre
20 petits oignons
1 kg de petits pois nouveaux
100 g de beurre
250 g de lard de poitrine

Faire cuire les canetons à la casserole, dans du beurre, sur un lit d'aromates, que l'on composera de carottes en rondelles, d'un oignon émincé et d'un bouquet de sarriette.

Quand les canetons seront à peine cuits, les retirer et les réserver au chaud. Écraser ensuite, à travers une passoire, tous les aromates de la cuisson ; recueillir le jus exprimé.

Faire cuire, par ailleurs, à grande eau, les petits pois et les petits oignons ; égoutter le tout, puis jeter un gros morceau de beurre fin, et mouiller du jus exprimé par les aromates, que l'on aura réservé.

Découper en dés du lard rissolé ; mêler ces petits dés aux petits pois, puis mettre cette garniture autour des canetons et laisser mijoter le tout sur le coin du fourneau jusqu'à cuisson complète.

Vins blancs secs : pouilly-fuissé, pouilly fumé, chablis.
Vins rouges : côte-de-beaune, bourgueil, chinon.

CANETON AUX CERISES À LA MONTMORENCY
PRÉPARATION 2 HEURES • CUISSON 45 MINUTES

2 canetons
150 g de beurre
8 cl de cherry brandy
5 cl de cognac
3 dl de fond * de veau
200 g de cerises
un demi-litre de vin de Bordeaux
2 carottes
1 oignon
1 bouquet garni

Foncer une casserole, haute de bord, avec carottes et oignons en rouelles ; y mettre les canetons avec un bouquet garni. Ajouter le beurre et cuire au four, à couvert. Arroser souvent. Retirer les canards, les débrider, les découper et les tenir au chaud. Retirer la garniture et le bouquet. Déglacer au cherry brandy et au cognac, mouiller au fond de veau lié. Faire réduire et passer au chinois. Entre-temps, dénoyauter de belles cerises de Montmorency, les pocher au vin de Bordeaux. Ranger les morceaux de canard, entourer des cerises et napper de la sauce.

Vins blancs moelleux et demi-secs : graves, sauternes, barsac.

CANETON FARCI AUX HUÎTRES
PRÉPARATION 1 HEURE 30 • CUISSON 30 MINUTES

2 canetons nantais
6 douzaines d'huîtres
2 échalotes
2 œufs
sel, poivre
2 carottes
2 oignons
bouquet garni
3 tomates
50 g de beurre

Préparer les canetons comme pour les farcir (retirer le bréchet). Pocher 6 douzaines d'huîtres dans leur eau ; laisser refroidir et égoutter. Hacher finement les huîtres, les foies, les gésiers dénervés et les échalotes. Lier cette farce avec les œufs. Assaisonner selon son goût.
Farcir les canards, et les braiser sur fond d'aromates émincés (oignons, carottes, thym, laurier, tomates concassées). La cuisson terminée, passer le fond de braisage et le servir à part, très chaud.

Vins blancs secs : muscadet, gros plant nantais, pouilly fumé, chablis. Vins rouges : côte-de-beaune.

CANETON FARCI À LA SOLOGNOTE
PRÉPARATION 2 HEURES • FARCIR LES CANARDS LA VEILLE • CUISSON 50 MINUTES

2 canetons
sel, poivre
100 g de mie de pain brioché
1 pincée de fleurs de thym, de sarriette et de romarin
un soupçon d'ail
4 oignons
6 tomates
1 dl d'armagnac

Étouffer (au nœud coulant) 2 canards jeunes et dodus.
Les plumer et les passer à la flamme, ailes et pattes écartées. Les vider soigneusement sans que le fiel du foie se répande. Mettre dans une terrine – débarrassés de leur fiel – les foies, assaisonnés de : 100 g de mie de pain brioché, une bonne pincée de fleurs de thym, de la sarriette et du romarin, un soupçon d'ail, 2 oignons hachés menu, du sel et du poivre, le tout arrosé de bon armagnac. Laisser reposer 2 heures avant de broyer le tout. Garnir les canards avec cette farce.
Le lendemain, rôtir les canards, accompagnés d'oignons et de tomates fraîches ; le jus, passé, sera mélangé à la farce ressortie de leurs corps, et additionné de poivre frais, moulu au moment de servir.

Vins rouges : médoc ou saint-émilion, graves, châteauneuf-du-pape, côte-de-beaune, côte-rôtie, moulin-à-vent.

CANETON MARCO POLO
PRÉPARATION 1 HEURE 15 • CUISSON 1 HEURE 20
(Recette créée par Claude Terrail, la Tour d'Argent, à Paris.)

Un canard de 2,500 kg
4 cuillerées de poivre vert
une cuillerée de cognac
2 cuillerées à soupe de vin blanc
un demi-litre de fond de veau
4 cuillerées de crème fraîche

Rôtir un beau canard bien tendre, à four moyen, pendant environ 45 minutes.

Dans une casserole, faire réduire 2 cuillerées à soupe de poivre vert écrasé, le cognac, le vin blanc sec. A mi-réduction, ajouter 2 cuillerées à soupe de poivre vert.

A réduction complète, ajouter un demi-litre de fond de veau et de canard. Laisser dépouiller 20 minutes. Ajouter la crème fraîche, sans cesser de remuer, pour que la sauce soit bien homogène.

Dresser le canard rôti à point ; le napper de la sauce.

Vins : graves rouge, médoc, châteauneuf-du-pape.

CANETON À L'ORANGE
PRÉPARATION 1 HEURE 30 • CUISSON 30 MINUTES

1 beau caneton (tenu un peu saignant)
sel, 50 g de beurre
8 reinettes grises
8 oranges
8 cl de curaçao
8 morceaux de sucre
5 cl de fine champagne
5 cl de vinaigre

Prendre un beau canard nantais ; le vider, le flamber.

Éplucher 8 belles reinettes grises, les couper en quatre (enlever les pépins), et les façonner en quartiers. Les dorer ensuite vivement au beurre clarifié, sans les cuire. Les retirer sur un plat et les arroser de quelques gouttes de curaçao en les laissant refroidir.

Farcir le canard avec les pommes (en réserver quelques quartiers qui serviront au dressage). Après l'avoir assaisonné de sel et de poivre, l'embrocher et le faire cuire à feu moyen, en ayant soin de l'arroser souvent, afin qu'une fois cuit il soit bien doré.

Quelques minutes avant la fin de la cuisson, dégraisser la lèchefrite et arroser le canard de jus d'orange, de fine champagne, de curaçao (un verre à bordeaux de chaque). Mélanger le tout, ce qui constituera le fumet servant à parfumer la sauce.

Mettre le sucre dans une casserole avec le vinaigre ; faire réduire jusqu'à ce qu'on obtienne un caramel blond ; y ajouter 1 verre de jus d'orange, le zeste blanchi et coupé en julienne d'une orange ; réduire d'un tiers en cuisant un quart d'heure ; passer ; ajouter le fumet aromatique du canard ; relever de quelques gouttes de curaçao. Ce doit être limpide.

Dresser le canard sur un grand plat long ; garnir la bordure de fines tranches d'oranges ; sur le canard, aligner des quartiers d'oranges. Autour du canard, déposer quelques quartiers de pommes, complètement cuits au beurre, bien entendu. Napper la pièce avec la sauce très chaude, mais non bouillante ; le reste servi à part.

Vins blancs moelleux ou demi-secs : graves, sauternes, barsac, traminer, gewurztraminer, vouvray. Vins rouges : médoc, côte-de-beaune, chinon ou bourgueil.

VOLAILLES ET LAPIN

FOIE DE CANARD AUX OLIVES VERTES ET NOIRES

P. 284

Mijoté en cocotte au jurançon, ce foie de canard est garni d'olives vertes et noires, tandis que la cuisson liée de sauce tomate est relevée de madère : une création de A. Daguin.

Assiette Boutique Jean Luce, fourchette Christofle.

CANETON AUX PÊCHES

P. 289

Les navets ou les olives, l'orange, les cerises ou les petits pois : le canard accepte les garnitures et les parfums les plus variés. La consistance charnue et parfumée des pêches s'associe parfaitement à

cette volaille un peu grasse, que l'on fait rôtir en cocotte. La cuisson est ici parfumée à la fine champagne et au Cointreau.

Plat Daniel Hechter.

CONFIT D'OIE OU DE CANARD À LA PIPERADE

Fondue de poivron à l'oignon et à la tomate, la piperade basque, que l'on sert souvent avec des œufs, fournit une garniture bien parfumée pour le confit rissolé dans sa graisse.

Assiette Villeroy et Boch.

GÂTEAU DE FOIES BLONDS CURNONSKY

Cuites au bain-marie dans des petits moules, ces mousselines de foies de volailles de Bresse relevées de persil sont servies avec un coulis de tomate monté au beurre.

Assiette Villeroy et Boch, fourchette Christofle.

PINTADE CHASSEUR AUX CÈPES

P. 312

Pour apprécier sa chair tendre et succulente, la pintade est de préférence consommée jeune, d'où son nom de pintadeau en cuisine. Rôtie en cocotte après avoir pris l'arôme d'un bouquet d'herbes de Provence,

elle est farcie d'un hachis de cèpes à l'échalote et servie également avec une garniture de cèpes rissolés au beurre.

Plat et assiette Gien-Boutique, cuillère Puiforcat.

PIGEONNEAU À LA CRAPAUDINE

P. 310

Fendu et aplati, le pigeonneau est d'abord passé au beurre, puis pané et grillé. Un jus de cuisson relevé de citron et de persil l'accompagne, avec une salade verte.

Assiette Villeroy et Boch.

* CANETON AUX PÊCHES
PRÉPARATION 2 HEURES • CUISSON 45 MINUTES

2 canetons
100 g de beurre
sel, poivre
2 carottes
2 oignons
bouquet garni
2 cl de cointreau
10 cl de fine champagne
3 dl de fond de veau
8 belles pêches

Vider, flamber, nettoyer et brider 2 beaux canetons nantais ; les assaisonner et les mettre dans une casserole haute de bords, dont on aura garni le fond de fines rondelles de carottes et d'oignons, et d'un petit bouquet garni. Porter cette casserole au four ; y mettre un bon morceau de beurre, et faire bien colorer les canards. Continuer la cuisson à couvert durant 45 minutes environ, en arrosant souvent.

Lorsque les canards sont cuits, les retirer, les débrider et les tenir au chaud. Retirer de la casserole la garniture et le bouquet garni ; bien égoutter la graisse ; verser dans la casserole le cointreau et un demi-verre de fine champagne et, aussitôt après, 3 dl de fond de veau légèrement lié à la fécule. Faire bouillir assez vivement. Passer au chinois fin.

Entre-temps, éplucher 8 belles pêches ; les partager en deux ; enlever les noyaux et ranger les moitiés dans un plat à sauter. Verser dessus le fond du canard ; faire bouillir doucement pendant 4 à 5 minutes ; rectifier l'assaisonnement. Ranger les demi-pêches autour du canard et verser sur le tout le fond obtenu.

Vins blancs moelleux ou demi-secs : graves, sauternes, barsac, traminer, vouvray. On peut essayer du banyuls, en ayant soin de boire ensuite quelques gorgées d'eau minérale.

CANETON À LA ROUENNAISE
PRÉPARATION 1 HEURE • 1re CUISSON 18 MINUTES • 2e CUISSON 10 MINUTES

1 beau caneton rouennais
poivre
1 cuillerée à soupe d'échalote
5 cl de bon vin de Bourgogne
1 pincée de gros sel
5 cl de cognac
50 g de beurre

Étouffer un caneton bien tendre ; le plumer et le vider en évitant de répandre le sang. Enlever le fiel du foie, remettre celui-ci à l'intérieur du caneton et le brider. Ne pas omettre d'enlever le bréchet.

Le faire rôtir pendant 18 minutes.

Beurrer un plat. Mettre quelques échalotes finement hachées, un peu de gros sel écrasé et de poivre du moulin.

Prélever les cuisses et les ailerons, les réserver. Détailler la poitrine en fines aiguillettes que l'on dispose sur le plat ; flamber d'un verre de cognac.

Broyer les os de la poitrine et le foie dans un presse-viande. Rincer les os d'un verre de bon bourgogne, et presser de nouveau pour extraire tout le sang. Mettre ce sang sur les aiguillettes et passer au four jusqu'à ce qu'il se coagule (ne pas laisser bouillir).

Faire griller les cuisses et les ailerons, que l'on dispose autour du plat.

Vins rouges de la côte de Nuits.

VOLAILLES ET LAPIN

DINDE ET DINDONNEAU

LA DINDE RÔTIE ENTIÈRE CONSTITUE UN PLAT DE FÊTE TRADItionnel, farcie diversement (aux fruits ; à l'oignon et à la sauge, comme en Angleterre ; ou avec un hachis d'herbe et de chair à saucisse), parfois truffée, ou bien garnie de marrons. Mais cette dinde doit être jeune, bien en chair et il faut dénerver les cuisses avant toute préparation. La chair de la dinde est quelquefois un peu sèche. Braisée ou en ragoût, elle devient plus moelleuse. Les abattis sont particulièrement copieux et de bonne qualité. La desserte est facile à utiliser. Les escalopes ou les cuisses sont d'un emploi également très courant.

DINDONNEAU AUX MARRONS
PRÉPARATION 2 HEURES • CUISSON 2 HEURES

1 dindonneau ou une jeune dinde bien en chair
2 litres de marrons
sel, poivre
100 g de beurre
1 dl de graisse d'oie
4 bardes de lard gras

Il faut choisir soigneusement le dindonneau, le parer et le laver aussi bien extérieurement qu'intérieurement.
Pendant que l'on prépare la bête, faire cuire de beaux marrons à la poêle. Ils doivent être rissolés mais non brûlés. Les marrons étant cuits et épluchés, en bourrer le dindonneau jusqu'à ce que son ventre s'arrondisse agréablement ; puis coudre, pour enfermer les marrons, et barder sans parcimonie le dindonneau avec du lard fin.
Prendre le plat à four ; l'enduire largement de beurre et de graisse d'oie ; y placer la volaille et enfourner ; au bout de 5 minutes, badigeonner le dindonneau de beurre et de graisse, et finir la cuisson en arrosant souvent. C'est le secret de la réussite. Saler fin et constater que la volaille est cuite lorsqu'elle fume et dégage son fumet caractéristique.

Vins rouges : saint-émilion, côte-de-beaune ou côte-de-nuits, châteauneuf-du-pape, côte-rôtie.

VOLAILLES ET LAPIN

DINDONNEAU RÔTI À LA FAÇON DU BONHOMME NORMAND

PRÉPARATION 3 HEURES • CUISSON 2 HEURES

Piquer le dindonneau de lard fin. Faire ensuite une farce composée de veau, de lard, de petites ciboules, d'une pointe d'échalote et de fines herbes. La truffer. En farcir le dindonneau.
Le rôtir ensuite au four, jusqu'aux trois quarts de sa cuisson.
À ce moment, le placer sur un lit de pommes reinettes coupées en quartiers – que l'on aura fait sauter préalablement au beurre, dans une cocotte en terre – et achever la cuisson.
Celle-ci terminée, napper le dindonneau d'une garniture que l'on aura préparée comme suit : champignons, rondelles de truffes, fonds d'artichauts, petits oignons blanchis et fines herbes ; le tout bien sauté au beurre et mouillé d'un bon jus de veau additionné de vieux calvados.

Vins rouges : saint-émilion, pomerol, châteauneuf-du-pape.

1 dindonneau de 5 à 6 livres, sel, poivre
150 g de lard gras pour piquer 500 g de noix de veau pour la farce
250 g de panne de porc dénervée
1 pincée d'épices
3 cuillerées à soupe de ciboule, échalote, persil finement hachés
50 g de truffes
8 pommes reinettes épluchées, épépinées
250 g de champignons de Paris
100 g de truffes en lames
20 petits oignons et 8 petits fonds d'artichauts, escalopés et étuvés au beurre
3 dl de fond de veau
1 cuillerée à soupe de persil haché
8 cl de calvados

DINDONNEAU RÔTI À LA VIVANDIÈRE

PRÉPARATION 1 HEURE • CUISSON 1 HEURE 15

Trousser, après l'avoir vidé et flambé, un jeune dindonneau ; le barder de lard et le mettre de préférence à la broche. L'arroser fréquemment avec son jus et du beurre ; le laisser cuire pendant trois quarts d'heure (1 heure au plus).
Dégraisser le jus et le servir sur le dindonneau.
Accompagner ce rôti d'une salade de cœurs de laitues, dans laquelle, au fond du saladier, on aura écrasé finement le foie du dindonneau, après l'avoir raidi au beurre. Pour assaisonner cette salade, ne mettre que très peu d'huile, que l'on remplace par un peu de jus gras de rôti, et bien la retourner avant de la présenter.

Vins rouges : médoc, côte-de-beaune ou côte-de-nuits, châteauneuf-du-pape.

1 dindonneau jeune sel, poivre
3 bardes de lard
100 g de beurre
3 cœurs de laitues

VOLAILLES ET LAPIN

LAPIN

CE RONGEUR FUT LONGTEMPS TENU POUR UNE CALAMITÉ EN raison des dégâts dus à sa prolificité, mais son élevage commença assez tôt. Le « lapin de chou », dès le XVIIe siècle, se cuisinait à la moutarde, aux pruneaux, en gelée, etc., tandis que le lapin de garenne était réservé aux rôtis ou se faisait sauter. Le « fauve de Bourgogne », l'« argenté des champs » et le « géant du Bouscat » sont les races d'élevage disponibles aujourd'hui sur le marché. On apprécie surtout, en cuisine, le jeune lapin à chair tendre, plutôt court et ramassé, avec une chair rose, le foie de couleur pâle et le rognon bien visible. C'est le lapin angevin le plus savoureux. Le véritable lapin de garenne est devenu une rareté depuis la myxomatose des années 50. Civets, sautés, rôtis, blanquettes, cuisson à la vapeur, sans compter les pâtés et terrines, font du lapin une viande dont la cuisine et la gastronomie tirent le plus grand parti.

LAPEREAU AUX CHAMPIGNONS
PRÉPARATION 30 MINUTES • CUISSON 1 HEURE 15

2 lapereaux
sel, poivre
30 g de beurre
5 cl d'huile d'olive
30 g de farine
un demi-litre de vin blanc
6 dl de fond blanc
bouquet garni
2 gousses d'ail écrasées
1 dl de sauce tomate
500 g de champignons sauvages

Détailler 2 lapereaux en quatre (les 4 membres, avec le maximum de chair, en retirant les os de la cage thoracique). Assaisonner de sel et de poivre et mettre dans un sautoir, où l'on aura fait chauffer le beurre et l'huile d'olive. Faire bien rissoler. Poudrer d'une forte cuillerée de farine. Faire dorer cette farine. Mouiller de vin blanc et de bouillon en quantité juste suffisante pour couvrir le lapereau. Mettre un fort bouquet garni (persil, thym, laurier et 2 gousses d'ail). Ajouter la purée de tomates. Cuire pendant 25 minutes.
Ajouter 500 g de champignons sauvages escalopés et passés au beurre. Achever de cuire au four, la casserole étant couverte.

Vins blancs secs : saumur, muscadet, pouilly-sur-loire.
Vin rouge : bordeaux léger et fruité.

VOLAILLES ET LAPIN

LAPEREAU DE GARENNE À LA BRACONNIÈRE
PRÉPARATION 50 MINUTES • CUISSON 1 HEURE

Prendre 2 jeunes lapins, dont le poids, après dépouillement et vidage, est de 650 à 700 g l'un. On reconnaît la jeunesse de ce gibier au cartilage de l'oreille, qui doit se déchirer comme du papier, tandis qu'il résiste comme du cuir, si la bête est vieille.

Découper les lapins en petits morceaux, et réserver les foies.

Chauffer, dans un sautoir, 50 g de lard gras frais râpé ; y mettre les morceaux et les remuer sur un feu vif, jusqu'à ce qu'ils soient bien rissolés ; parsemer le dessus d'un oignon moyen, finement haché ; faire revenir encore durant quelques minutes et ajouter 2 échalotes hachées et 4 cuillerées de cognac.

Compléter avec le vin blanc, le jambon maigre haché, les mousserons concassés, une forte prise de serpolet et de thym pulvérisés. L'ébullition prise, couvrir et cuire au four assez chaud pendant 25 minutes.

À défaut de mousserons, on emploie des cèpes frais. Ces derniers doivent être émincés assez finement et rissolés à l'huile, avant d'être joints au lapin.

Prendre les 8 tranches (env. 150 g) de lard de poitrine maigre ; les ébouillanter pendant 5 minutes, puis les éponger et les faire griller ou rissoler légèrement au beurre, dans une poêle.

Hacher finement les foies des lapins et y mélanger gros comme un petit haricot d'ail écrasé en pâte fine. Trois minutes avant de dresser, mélanger les foies dans la sauce.

En tout dernier lieu, mettre les morceaux de lapin dans une timbale ou dans un plat ; faire bouillir vivement la sauce pendant quelques instants ; la compléter, hors du feu, avec 25 g de beurre ; la verser sur les morceaux, et parsemer la surface d'une forte pincée de persil concassé. Entourer avec les tranches de lard grillées ou sautées et les croûtons frits.

Vins blancs secs : muscadet, pouilly-sur-loire, sancerre.

Ingrédients :
2 jeunes lapins de garenne
sel, poivre
1 pincée de serpolet et 1 pincée de thym
50 g de lard gras
1 oignon
2 échalotes
150 g de jambon cru
250 g de mousserons
5 cl de cognac
3 dl de vin blanc
8 tranches de lard de poitrine
50 g de beurre
une demi-gousse d'ail
8 croûtons de pain de mie découpés en cœur et frits
1 cuillerée de persil

LAPEREAU AUX LÉGUMES DU POTAGER
PRÉPARATION 1 HEURE • CUISSON 1 HEURE 15

Enlever la tête à 2 lapereaux, découper chaque lapereau en 8 morceaux. Mettre en cocotte, mouiller avec le consommé. Garnir de carottes, navets, oignons, branches de céleri, blancs de poireau ; ajouter un bouquet garni et une pincée d'épices.

Égoutter les lapereaux après cuisson ; avec les légumes, faire une purée à laquelle on ajoutera 150 g de beurre. Dresser les lapereaux et verser dessus cette purée.

Vins blancs secs : chablis, saumur, sancerre. Vin rouge : bordeaux léger et fruité.

Ingrédients :
2 lapereaux
un litre de consommé très corsé
4 carottes
4 navets
2 gros oignons
2 branches de céleri
2 blancs de poireau
bouquet garni, épices
150 g de beurre

LAPEREAU EN PAPILLOTES
PRÉPARATION 2 HEURES • MARINAGE 2 HEURES • CUISSON 20 MINUTES

2 lapereaux
sel, poivre
750 g de champignons escalopés
1 dl d'huile d'olive
3 gousses d'ail hachées
2 cuillerées de persil haché et 2 cuillerées de ciboule
30 g de beurre
16 petites bardes de lard
8 feuilles de papier sulfurisé ou d'aluminium

Découper les lapereaux en morceaux réguliers et les faire mariner 2 heures dans l'huile et l'ail haché, sel et poivre. Les égoutter. Mettre un morceau de lapereau et un huitième de garniture (champignons, persil, ciboule) entre deux bardes. Envelopper chaque morceau dans une feuille de papier beurré. Au préalable, chauffer fortement le gril, mais, au moment de mettre au feu, réduire l'intensité et griller à feu doux. Servir sans retirer le papier.

Vins blancs secs : chablis, saumur, pouilly-sur-loire, sancerre. Vin rouge : bordeaux léger et fruité.

LAPEREAU RÔTI
PRÉPARATION 1 HEURE 30 • CUISSON 50 MINUTES

2 lapereaux
250 g de lard gras
sel, poivre
50 g de beurre
4 échalotes

Dépouiller 2 lapereaux, les piquer avec 250 g de lard gras coupé en bâtonnets (les piquer copieusement), saler, poivrer ; les mettre à la broche et les arroser avec le beurre fondu.
Avec les échalotes hachées et les foies des lapereaux, également hachés, liés avec le sang, et ensuite passés au tamis, faire une sauce, en ajoutant un peu de cuisson de la lèchefrite.

Vins rouges : hermitage, côte-rôtie, châteauneuf-du-pape, saint-émilion, pomerol.

BOUDINS DE LAPIN À LA MARJOLAINE
PRÉPARATION 1 HEURE • CUISSON 25 MINUTES

Panade (avec 2,5 dl de lait et 100 g de pain rassis)
250 g de filet de porc maigre haché
500 g de chair de lapin haché (le foie, le cœur et les poumons hachés)
200 g de lard gras frais haché
200 g d'oignons doux hachés finement
50 g de beurre
le sang du lapin (fouetté avec un filet de vinaigre et passé au tamis) ou environ 8 cl de sang de porc
50 g de pistaches mondées, grossièrement hachées
5 œufs

Amener le lait à ébullition, ajouter le pain et le travailler avec une cuillère en bois, jusqu'à obtenir une panade homogène et bien ferme. La passer à la passoire ou au tamis.
Faire cuire au beurre les oignons, dans une casserole à fond épais (terre ou cuivre conviennent le mieux), à très petit feu, en les remuant de temps en temps, pendant au moins une demi-heure ou, de préférence, pendant une bonne heure, sans les laisser colorer. A la fin, ajouter le sang, en tournant avec une cuillère en bois, et laisser cuire tout doucement pendant 5 minutes encore.
Réunir tous les éléments de l'appareil dans une grande terrine et les travailler longuement avec les mains, jusqu'à ce que le mélange soit bien homogène. Une farce crue de ce genre n'est pas plaisante à goûter, mais il est plus sage de le faire pour vérifier l'assaisonnement (inutile d'avaler).
Faire tremper le boyau à l'eau tiède vinaigrée, jusqu'à ce qu'il devienne souple ; souffler dedans pour s'assurer qu'il n'y a pas de trous. Pour

l'amateur, il est plus facile de travailler avec des boyaux d'une longueur qui ne dépasse pas 60 cm (préparer 4 unités). Avec une farce relativement ferme comme celle-ci, il ne faut pas nouer le bout terminal du boyau avant de le remplir. Pour ce faire, on peut tout simplement se servir d'un grand entonnoir en plastique, en enfonçant la farce avec les doigts. Il ne faut pas trop bourrer le boyau, de crainte qu'il n'éclate à la cuisson. Égaliser la répartition de la farce en pressant avec une main, le boyau rempli placé sur la table ; laisser quelques centimètres de vide à chaque bout ; nouer les extrémités, tordre doucement, de place en place, pour former des boudins de la longueur voulue et ficeler ces séparations. Mettre les boudins dans une grande quantité d'eau chaude non bouillante, amener juste au point d'ébullition et laisser pocher, dans l'eau à peine frémissante, pendant 10 minutes. Plonger les boudins dans l'eau froide pour les rafraîchir et les laisser égoutter sur du papier absorbant. Enduire les boudins d'huile d'olive et les faire griller, environ 10 minutes en tout, sur une braise bien fournie, mais pas trop vive.

Une fine purée de lentilles (passées d'abord au moulin à légumes et, ensuite, au tamis fin), fortement beurrée, accompagne parfaitement ces boudins grillés.

Vins : beaujolais, chinon, bourgueil.

GALANTINE DE LAPIN EN GELÉE GRANDGOUSIER
PRÉPARATION 30 MINUTES • CUISSON 2 HEURES

Couper un beau lapin en morceaux de 100 g environ. Placer les morceaux dans une casserole, avec les pieds de veau. Mouiller avec du bouillon de pot-au-feu. Ajouter 1 dl de vinaigre et un demi-litre de vouvray sec. Saler, poivrer ; ajouter un bouquet garni, 1 oignon piqué de deux clous de girofle, quelques rondelles de carotte, les échalotes et un brin de poireau. Faire bouillir lentement jusqu'à cuisson complète, 2 heures environ.

Après cuisson, enlever délicatement les morceaux de lapin. Goûter le fond de cuisson. Rectifier, s'il y a lieu, et passer à l'étamine. Il faut qu'il y ait juste assez de fond de cuisson pour couvrir le lapin. Faire réduire un peu si c'est nécessaire. C'est pendant la cuisson qu'on met au point le mouillement et l'assaisonnement.

Réserver les morceaux de lapin dans un plat creux ; couvrir le tout avec la cuisson passée dans une serviette. Mettre au réfrigérateur ou à la cave. Servir ce lapin très froid, le lendemain, dans sa cuisson, qui sera en gelée.

Les pieds de veau peuvent être utilisés par ailleurs. Ici, ils ne servent qu'à fournir la gélatine. Il faut les servir chauds ; froids, ils ne sont pas comestibles.

Vins blancs : vouvray, saumur. Vins rouges : beaujolais, bourgueil, chinon.

Marginalia :

1 cuillerée à café d'herbes sèches mélangées (origan, thym, sarriette), réduites en poudre au mortier ou passées à la moulinette
1 cuillerée à café de fleurs et de feuilles fraîches de marjolaine finement hachées
sel, poivre, cayenne, piment de la Jamaïque
boyaux à boudin
huile d'olive (pour enduire les boudins avant de les faire griller)

1 lapin de choux
2 pieds de veau
sel, poivre
un demi-litre de consommé
un demi-litre de vin blanc
1 dl de vinaigre
1 oignon
2 clous de girofle
2 carottes et 2 échalotes émincées
bouquet bien garni de 2 poireaux et queues de persil, thym, une demi-feuille de laurier

GIBELOTTE DE LAPIN
(LAPIN DE CHOU)

PRÉPARATION 40 MINUTES • CUISSON 1 HEURE 30

1 beau lapin
200 g de porc salé
500 g de lard frais
ou de saindoux
20 petits oignons
sel, poivre
35 g de farine
trois quarts de litre
de vin rouge
un demi-litre de bouillon
bouquet garni
1 gousse d'ail
8 pommes de terre
de Hollande

Quelques jours avant de le sacrifier, on aura eu soin de mélanger à la nourriture du lapin destiné à la gibelote une certaine quantité de persil, de serpolet et de thym.

Tuer le lapin en le saignant, et recueillir le sang dans un bol ; y mélanger aussitôt une cuillerée de vinaigre et autant de vin rouge, afin d'éviter sa coagulation ; le tenir au frais.

Le lapin étant dépouillé et vidé, le découper en morceaux pas trop gros ; réserver le foie après en avoir retiré le fiel et toutes parties contaminées par celui-ci.

Couper en gros dés le porc salé entrelardé, trempé à l'avance dans de l'eau tiède, l'ébouillanter pendant 5 à 6 minutes ; l'égoutter et l'éponger à fond. (A défaut, du lard de poitrine maigre, débarrassé de la couenne, fera l'affaire.)

Avec le lard frais râpé (ou du saindoux), faire d'abord rissoler légèrement la viande de porc ou lard ; égoutter sur une assiette et mettre, à la place, les petits oignons, de la grosseur d'une noisette. Les égoutter de même quand ils sont colorés bien régulièrement, et, toujours dans la même graisse, fumante cette fois, mettre les morceaux de lapin assaisonnés de sel et de poivre, et les remuer, sur un feu vif, jusqu'à ce qu'ils soient légèrement rissolés et que la chair soit bien raidie. Les poudrer alors avec la farine ; bien la mélanger, la faire roussir au four (ou en remuant sur le feu), puis mouiller avec le vin rouge et le bouillon. Assaisonner de sel et de poivre ; faire prendre l'ébullition en remuant et ajouter : le lard et les oignons revenus, le bouquet garni, où le thym dominera légèrement, et 1 gousse d'ail écrasée. Couvrir et continuer la cuisson, à ébullition douce et régulière, soit au four, soit sur le coin du feu. Au bout d'un quart d'heure, ajouter les pommes de terre de Hollande, de grosseur moyenne, coupées en deux et façonnées en forme d'olive. Bien les enfoncer dans la sauce et laisser cuire encore pendant une bonne demi-heure. Soit, au total, 45 minutes depuis la prise d'ébullition.

Dix minutes avant de servir, mettre dans la sauce le foie escalopé. Mélanger dans le sang, petit à petit, afin de l'échauffer progressivement, 4 ou 5 cuillerées de sauce ; verser le tout dans la gibelotte ; agiter la casserole pour assurer le mélange et, à partir de ce moment, tenir en simple frémissement.

Pour un plat familial comme celui-ci, il n'y a pas de dressage ; on verse simplement le contenu de la casserole dans une timbale ou un plat creux.

Nota. Il y a plusieurs façons de préparer la gibelotte ; l'essentiel, c'est que l'assaisonnement soit bien à point et que la gibelotte soit servie très chaude.

En principe, le même vin que celui utilisé pour la cuisson :
bordeaux rouge léger et fruité, cahors, minervois, corbières.

VOLAILLES ET LAPIN

LAPIN À LA CRÈME FRAÎCHE
PRÉPARATION 40 MINUTES • CUISSON 1 HEURE 30

Faire revenir et rissoler au beurre le lapin et les lardons, égoutter la matière grasse ; fariner, laisser dorer et mouiller avec le vinaigre et très peu d'eau, après avoir ajouté le bouquet garni, l'oignon haché et l'ail écrasé. Lorsque le lapin sera cuit, le dresser dans le plat ; lier la sauce avec les jaunes d'œufs et la crème fraîche. Bien remuer le tout, passer au chinois. Napper et servir très chaud.

Vins blancs : arbois, côtes-du-jura, champagne nature. Vin rouge : mâcon.

1 lapin coupé en morceaux réguliers et pas trop gros
300 g de lard de poitrine coupé en dés et blanchi
sel, poivre
100 g de beurre
30 g de farine
5 cl de vinaigre
1 gros oignon
1 gousse d'ail
bouquet garni
5 cl de vinaigre
2 jaunes d'œufs
1 dl de crème fraîche

LAPIN À L'ÉCHALOTE
PRÉPARATION 40 MINUTES • CUISSON 1 HEURE 30

Faire revenir le lapin en cocotte ; saler, poivrer. Ajouter la moitié des échalotes ; laisser cuire. En fin de cuisson, mettre le restant des échalotes, le bouquet garni, laisser mijoter un instant et déglacer avec le consommé. Poudrer de persil ciselé au moment de servir.

Vins blancs : arbois, côtes-du-jura, champagne nature. Vins rouges : cahors, corbières, minervois.

1 beau lapin tronçonné
sel, poivre
150 g de beurre
25 échalotes hachées
2 dl de consommé
bouquet garni

LAPIN FARCI À L'ALSACIENNE
PRÉPARATION 1 HEURE 45 • CUISSON 1 HEURE 15

Dépouiller et vider le lapin. Lui couper la tête et le bout des pattes. Casser les pattes de devant à la hauteur de l'articulation, afin qu'elles puissent entrer dans le plat de cuisson.
Saler, poivrer ; enduire l'intérieur du lapin de moutarde. Moutarder également le pied de porc, dont l'extrémité située du côté de l'attache de l'articulation sera coupée, puis le placer à l'intérieur du lapin. Refermer le lapin en rabattant la peau du ventre sur le pied de porc. Coudre solidement, en commençant du côté de la tête et en finissant vers les pattes de derrière, qui seront transpercées avec l'aiguille à brider, afin de les tenir côte à côte.
Enduire entièrement et copieusement le lapin de moutarde ; l'envelopper dans la crépine de porc en faisant plusieurs fois le tour de l'animal ; mettre celui-ci dans un plat à rôtir dont le fond aura été huilé.
Faire rôtir à four chaud, jusqu'à ce que le lapin soit bien cuit.
Préparer des nouilles fraîches, cuites à l'eau bouillante salée. Lorsque le lapin est cuit, le dresser sur un plat et le tenir au chaud. Égoutter les pâtes, les passer quelques minutes dans le jus de cuisson restant dans le plat à rôtir. Les disposer autour du lapin et servir bien chaud.

Vins : pinot rouge d'Alsace, arbois, chiroubles, moulin-à-vent.

1 lapin de 1,500 kg
1 crépine de porc assez grande
1 pied de porc cuit
125 g de nouilles
6 cuillerées à soupe de moutarde forte
sel, poivre, huile

LAPIN EN GIBELOTTE
PRÉPARATION 40 MINUTES • CUISSON 50 MINUTES

Pour 6 personnes :
Un lapin de 1,500 kg environ
200 g de lard de poitrine maigre demi-sel
une douzaine de petits oignons
40 g de beurre
2 cuillerées d'huile
200 g de petits champignons
40 g de farine
un demi-litre de vin blanc sec
un quart de litre de bouillon
sel, poivre
bouquet garni

Faire découper, ou couper soi-même, le lapin en morceaux de taille moyenne. Mettre le foie à part.

Tailler le lard en dés. Le faire blanchir quelques minutes à l'eau bouillante. L'égoutter et l'éponger sur papier absorbant.

Faire fondre le beurre et l'huile dans la sauteuse. Ajouter les lardons et les oignons épluchés.

Faire dorer ; réserver lardons et oignons sur une assiette.

Pendant que les lardons rissolent, saler tous les morceaux de lapin. Les mettre à revenir dans la sauteuse, en plusieurs fois si le fond n'est pas assez large. Faire dorer des deux côtés. Le foie sera mis à cuire beaucoup plus tard. Lorsque tous les morceaux de lapin sont dorés et placés dans la sauteuse, poudrer avec la farine. Bien mélanger. Laisser cuire doucement 10 minutes, en remuant de temps en temps.

Ajouter les lardons et les oignons. Mouiller avec le bouillon et le vin blanc (en réserver 2 cuillerées). Bien mélanger.

Ajouter le bouquet garni. Poivrer, saler si besoin est. Laisser cuire, couvert, 30 minutes à petit feu. Ajouter les champignons nettoyés et coupés en deux s'ils sont trop gros. Laisser cuire 15 minutes environ.

Ajouter le foie. Laisser encore bouillotter 5 minutes.

Disposer les morceaux de lapin sur le plat de service bien chaud. Réserver une partie de la sauce.

Déglacer avec les deux cuillerées de vin réservées, les quelques particules qui adhèrent au fond de la sauteuse. Faire bouillir un instant. Remettre la sauce dans la sauteuse. Vérifier l'assaisonnement.

Napper les morceaux de lapin avec la sauce et servir. On peut décorer le plat avec quelques croustades de pâte brisée, garnies de champignons.

Nota. On peut faire cuire des pommes de terre coupées en grosses noix, soit à la vapeur, soit dans la sauce du lapin, pendant les 20 dernières minutes de cuisson.

Vin blanc : le même vin que celui utilisé pour la cuisson.
Vins rouges légers : beaujolais, côtes-du-ventoux, côtes-du-lubéron, côtes-de-provence, coteaux-du-languedoc.

LAPIN À LA MOUTARDE
PRÉPARATION 1 HEURE • MARINAGE 12 HEURES • CUISSON 1 HEURE 15

3 râbles de lapins
250 g de lard gras en bâtonnets
sel, poivre
2 dl de madère
bouquet garni
1 verre de moutarde
100 g de beurre
2 dl de crème fraîche

Piquer largement les râbles, saler, poivrer ; les faire mariner 12 heures dans le madère, en les retournant.

Éponger les râbles, les tartiner copieusement de moutarde, mettre du beurre fondu dessus et faire rôtir.

Pendant la cuisson, réduire la marinade, lui ajouter la crème. Avec ce mélange, déglacer le plat de cuisson des râbles. Goûter et rectifier.

Vins rouges : cahors, minervois, corbières.

* LAPIN AUX PRUNEAUX

PRÉPARATION 2 HEURES • MARINAGE 24 HEURES • CUISSON 1 HEURE 15

1 lapin de 1,200 kg
1 cuillerée à soupe de farine
500 g de pruneaux
thym, laurier
4 tranches de lard fumé
1 carotte
1 oignon
10 petits oignons blancs
une bouteille de vin rouge
sel, poivre
75 g de beurre et d'huile
un peu de vinaigre de vin
gelée de groseilles

Découper le lapin en morceaux, et le faire mariner dans une terrine, pendant vingt-quatre heures, avec du thym, du laurier, des rondelles de carottes et d'oignons, un demi-litre de vin rouge et une cuillerée à soupe d'huile. Réserver le foie et le sang.

Dénoyauter les pruneaux ; les faire gonfler dans de l'eau tiède pendant plusieurs heures, puis les mettre à chauffer dans un bon verre de vin rouge.

Dans la cocotte, faire chauffer un peu de beurre et d'huile, faire revenir le lard coupé en petits lardons, les petits oignons et laisser blondir. Puis les égoutter, et les conserver sur une assiette.

Égoutter et éponger soigneusement dans un linge chaque morceau de lapin mariné ; les faire dorer régulièrement dans la cocotte. Poudrer de farine ; mélanger, puis remettre les lardons et les oignons. Verser dessus le jus de la marinade passé au chinois. Saler, poivrer, couvrir et laisser mijoter une heure et demie. Avant la fin de la cuisson, ajouter les pruneaux.

Lorsque le lapin est cuit, découvrir la cocotte, ajouter le sang délayé dans un peu de vinaigre de vin, et le foie haché qui était réservé ; ajouter aussi la gelée de groseilles. Faire bouillir très fort quelques minutes et dès que le tout est bien mélangé, verser dans un plat creux chauffé. Servir aussitôt.

En principe, servir le même vin que celui utilisé pour la cuisson, par exemple un chinon.

LAPIN SAUTÉ À LA CRÈME

PRÉPARATION 2 HEURES • CUISSON 1 HEURE 45

1 lapin de 1,200 kg
un quart de litre de crème fraîche
1 verre à liqueur de cognac
thym, laurier
125 g d'échalotes hachées
beurre, huile
1 verre de vin blanc sec
sel, poivre

Découper le lapin en morceaux. Saler et poivrer chaque morceau ; les faire revenir dans une cocotte, avec beurre et huile. Les égoutter lorsqu'ils commencent à dorer, les mettre sur un plat chaud ; arroser de cognac et flamber.

Ajouter un morceau de beurre dans la cocotte, puis y jeter les échalotes, les faire blondir. Remettre le lapin avec le jus du flambage, le vin blanc, une feuille de laurier, une branche de thym. Couvrir et laisser cuire une heure et demie.

Lorsque le lapin est bien cuit, disposer les morceaux sur un plat chaud ; ajouter, dans la cocotte, la crème fraîche, après avoir retiré le laurier et le thym ; faire bouillir quelques minutes. Rectifier l'assaisonnement. Lorsque la sauce est bien onctueuse, arroser le lapin. Servir aussitôt.

Vins : cornas, madiran, fronton, buzet, côtes-de-bourg.

VOLAILLES ET LAPIN

LAPIN SAUTÉ À LA MIE DE PAIN
PRÉPARATION 1 HEURE 15 • CUISSON 55 MINUTES

1 lapin de 1 kg
4 gousses d'ail
1 kg de cèpes
3 échalotes
persil
100 g de mie de pain
un quart de litre de vin blanc sec
huile de noix
huile d'olive
sel, poivre

Dans une cocotte, faire chauffer quatre cuillerées à soupe d'huile de noix et quatre cuillerées à soupe d'huile d'olive ; y mettre le lapin découpé en morceaux. Faire rissoler doucement, en retournant les morceaux avec la fourchette à deux dents, afin qu'ils soient dorés régulièrement. Lorsqu'ils sont bien rissolés, couvrir la cocotte, laisser cuire doucement pendant une demi-heure. Égoutter ensuite les morceaux, et les conserver au chaud sur une assiette.

Éplucher, laver et essuyer les cèpes ; les faire rissoler dans la cocotte jusqu'à ce qu'ils soient bien dorés. Ajouter, si c'est nécessaire, un peu d'huile (moitié d'olive, moitié de noix). En fin de cuisson, ajouter les échalotes hachées, le sel, le poivre, et mélanger avec précaution pour ne pas abîmer les cèpes.

Égoutter champignons et échalotes, les mettre sur une assiette, les tenir au chaud.

Remettre les morceaux de lapin dans la cocotte ; verser le vin blanc, saler, poivrer, couvrir et laisser cuire pendant dix minutes. Ajouter trois cuillerées d'ail et de persil hachés.

Disposer les morceaux de lapin sur le plat, les entourer de champignons. Faire frire dans une poêle la mie de pain avec un peu d'huile de noix ; lorsqu'elle est bien dorée, la jeter sur le lapin. Poudrer de persil ciselé. Servir bien chaud.

Vins : cahors, médoc, madiran.

LAPIN SAUTÉ À LA MOUTARDE
PRÉPARATION 30 MINUTES (3 HEURES À L'AVANCE OU LA VEILLE) • CUISSON 1 HEURE 30

Pour 4 personnes :
1 jeune lapin de 1,500 kg
1 pot de moutarde forte
sel, poivre, persil
cerfeuil, céleri, estragon
thym, laurier, romarin
1 oignon
2 échalotes
1 gousse d'ail
75 g de beurre
3 cuillerées d'huile d'olive
quelques cuillerées de bouillon ou de jus de veau

Quelques heures à l'avance (si possible la veille), découper le lapin en morceaux et les tartiner largement de moutarde, sauf le foie que l'on réserve.

Mettre les morceaux de lapin dans une terrine. Couvrir et conserver au frais (mais pas au réfrigérateur). Au moment de la cuisson, laver les herbes, supprimer les grosses tiges. Éplucher l'oignon, les échalotes et l'ail.

Faire chauffer doucement l'huile et le beurre dans la cocotte. Lorsque le mélange est chaud, sans avoir pris couleur, déposer dans la cocotte les herbes et aromates non hachés. Les faire revenir doucement à petit feu, sans laisser dorer.

Saler et poivrer. Laisser cuire 5 à 10 minutes en mélangeant de temps à autre. À l'aide d'une cuillère en bois, débarrasser les morceaux de lapin du plus gros de la moutarde (une partie a été absorbée par la viande, on n'enlève que 2 ou 3 cuillerées en tout).

Avec une écumoire, enlever toutes les herbes et aromates de la cocotte. Faire revenir, les uns après les autres, les morceaux de lapin dans le beurre parfumé. Ils dorent très vite.

Tenir au chaud les morceaux revenus, pendant que les autres dorent.
Remettre tous les morceaux dans la cocotte. Couvrir et laisser cuire une heure à petit feu. De temps en temps, retourner les morceaux pour que les mêmes ne restent pas toujours au fond de la cocotte.
Ajouter le foie. Laisser cuire 5 bonnes minutes.
Disposer les morceaux de lapin sur un plat de service bien chaud. Déglacer la cocotte en versant quelques cuillerées de bouillon ou de jus de veau dégraissé, ou d'eau chaude, pour détacher toutes les particules adhérant aux parois de la cocotte et constituer un beau jus. Faire bouillir un instant. Rectifier l'assaisonnement, si nécessaire.
Napper les morceaux de lapin avec le jus et servir.

Vins blancs secs : vouvray, saumur, savennières. Vins rouges légers : côtes-de-provence, coteaux-du-languedoc-roussillon, bordeaux, côtes-de-duras, côtes-de-bergerac, buzet, minervois.

* RÂBLES DE LAPIN À L'ESTRAGON
PRÉPARATION 20 MINUTES • CUISSON 1 HEURE 30

Détailler les lapins en quatre morceaux (2 cuisses et le râble coupé en deux). Faire revenir les morceaux au beurre, dans une cocotte, et y mélanger 1 cuillerée de farine. Laisser dorer. Ajouter une dizaine d'échalotes émincées et fondues au beurre, les tomates blanchies, épluchées, épépinées et concassées, la cuillerée d'estragon et les gousses d'ail écrasées. Mouiller avec le vinaigre, la fine, le vin blanc et de l'eau. Laisser mijoter doucement, jusqu'à complète cuisson des râbles.

Vins blancs secs : muscadet, pouilly-sur-loire, sancerre, quincy.
Vins rouges : chinon, bourgueil.

Les râbles de 2 lapins tronçonnés
60 g de beurre
5 cl d'huile
sel, poivre
30 g de farine
10 échalotes
6 tomates
1 cuillerée de feuilles d'estragon hachées
6 gousses d'ail
bouquet garni
1 dl de vinaigre
5 cl de cognac
1 dl de vin blanc
1 cuillerée de persil concassé

TERRINE DE LAPIN
PRÉPARATION 3 HEURES • CUISSON 1 HEURE

Dépouiller, vider, désosser le lapin. Couper lapin et veau en languettes. Ajouter, à la chair à saucisse, le foie du lapin haché ; assaisonner.
Dans le fond d'une terrine, poser une barde de lard, laurier, thym, sel, poivre, épices ; recouvrir d'une couche de chair à saucisse ; placer dessus les chairs du veau et du lapin, remettre une couche de farce, continuer jusqu'à ce que la terrine soit pleine ; appuyer fortement, mettre l'autre barde de lard, saler, poivrer, poser thym et laurier ; faire des trous pour verser le cognac et un demi-verre d'eau.
Fermer hermétiquement le couvercle, en le soudant avec de la farine délayée dans de l'eau. Faire cuire 1 heure à four moyen.

Vins blancs : chablis, saumur, muscadet. Vins rouges : bourgueil, chinon, beaujolais villages.

1 gros lapin
250 g de veau
375 g de chair à saucisse
sel, poivre, épices
2 feuilles de laurier
2 branches de thym
2 bardes de lard
un verre à bordeaux de cognac
un peu de farine

OIE

C'EST LA PETITE OIE ENGRAISSÉE (JUSQU'À 6 KILOS) QUI CONVIENT le mieux pour le service de la table, farcie et rôtie, en daube ou braisée. Balzac l'appelait le « faisan du tonnelier ». En revanche, la grosse oie (dite « cendrée » ou « de ferme »), de 10 à 12 kilos, très grasse, s'utilise pour les confits. C'est elle aussi dont le foie hypertrophié par un gavage méthodique donne les fameux foies gras, richesse du Gers, des Landes, du Périgord ou de l'Alsace. Les Romains étaient déjà friands des foies des oies qu'ils engraissaient aux figues, au vin et au miel. La préparation des foies demande beaucoup de soin, mais donne des apprêts remarquables. Les confits d'oie (ou de canard) se conservent en pots de grès et dans leur graisse. Gésiers, cous, abattis et cœurs connaissent aussi de savoureuses préparations dans les régions où l'on cuisine les confits. Le foie gras, selon Curnonsky, apparaît au gastronome comme une pure merveille de l'art culinaire : c'est une « quintessence d'arômes et de saveurs qui résument la qualité supérieure des bonnes choses de chez nous ». Et le prince des gastronomes ajoutait : « Il doit être servi au début du repas pour être goûté dans sa splendeur. Sa richesse même exige qu'il soit abordé avec un appétit frais et joyeux... »

ABATTIS DE VOLAILLE AUX CHAMPIGNONS
PRÉPARATION 2 HEURES • CUISSON 1 HEURE 30

Abattis de 3 volailles (oie, dinde, etc.)
100 g de beurre
50 g de farine
2 gousses d'ail
5 dl de bouillon
8 tomates épluchées
bouquet garni
100 g de champignons de Paris
persil concassé

Faire revenir les abattis coupés en morceaux dans une cocotte. Poudrer de farine, ajouter l'ail écrasé ; mouiller de bouillon, assaisonner ; ajouter les tomates, le bouquet garni. Laisser cuire 1 heure au four. Ajouter les champignons. Achever la cuisson et servir poudré de persil. La sauce doit être courte.

Vins rouges : médoc, saint-émilion, côte-de-beaune, châteauneuf-du-pape, côte-rôtie.

VOLAILLES ET LAPIN

CIVET D'OIE
PRÉPARATION 2 HEURES • CUISSON 1 HEURE 30

Découper l'oie. Faire revenir légèrement les morceaux avec oignons et petits lardons ; une fois revenus, poudrer l'oie de farine. Mouiller avec un vieux bourgogne de la côte de Nuits, assez corsé. Arroser de marc de Bourgogne et flamber. Ajouter un bouquet garni, du persil, du serpolet, du laurier, de l'ail, des échalotes. Laisser mijoter jusqu'à complète cuisson. Lier avec le sang de la bête. Ôter les morceaux d'oie, les réserver au chaud. Passer la sauce au chinois. Remettre les morceaux d'oie et servir très chaud sur des croûtons.

Vins rouges de la côte de Nuits.

1 oie de 5 à 6 livres
sel, poivre
250 g de lard de poitrine
2 gros oignons
bouquet garni avec
1 brindille de serpolet
70 g de farine
4 échalotes
1 gousse d'ail écrasée
2 bouteilles
de bon bourgogne
5 cl de marc
de Bourgogne
1 dl de sang de l'oie
16 croûtons de pain
de mie, frits au beurre
1 cuillerée à soupe
de persil haché

CONFIT D'OIE
PRÉPARATION 2 HEURES • CUISSON 2 HEURES

Placer l'oie sur le dos. Inciser le ventre en suivant le bréchet de la base du cou jusqu'au croupion.
Lever, d'un côté, les chairs tenant à la carcasse (celles-ci se trouvant séparées en deux). Faire la même opération de l'autre côté du bréchet. Déboîter les jointures des ailes et des cuisses. Inciser la colonne vertébrale et désosser les chairs restantes.
Libérer la carcasse, en ne conservant que les os des cuisses et des ailes. Couper aussi le cou franchement à sa base. Séparer la cuisse de l'aile, sans entamer les filets. Enlever la graisse entourant le gésier et le foie, la réserver.
Conserver également, pour la cuisson, la graisse qui adhère aux boyaux. Saler chaque quart de volaille ; les conserver au frais pendant 24 heures, dans une terrine.
Cuire les morceaux à feu doux dans un mélange de graisse et de saindoux (de 1 h 30 à 2 h suivant l'âge de la bête). Les conserver en pot jusqu'à l'utilisation, en les recouvrant de la graisse de cuisson.

Vins rouges : cahors, côtes-du-frontonnais, madiran, bordeaux, saint-émilion, graves.

une oie de 3 kilos
sel, graisse

VOLAILLES ET LAPIN

* CONFIT D'OIE OU DE CANARD À LA PIPERADE
PRÉPARATION 1 HEURE • CUISSON 25 MINUTES

3 beaux morceaux de confit d'oie : 1 aile et 1 cuisse
2 oignons émincés et revenus dans la graisse du confit
250 g de petits poivrons verts
8 à 10 tomates mondées, épépinées, concassées
*1 dl de fond * de veau*
1 dl de crème double (facultatif)

Chauffer les morceaux dans un plat, au four, avec un peu de la graisse du confit ; les dégraisser. À part, faire blondir les 2 oignons, y ajouter les poivrons, ciselés en longueur, et ensuite les tomates ; cuire jusqu'à légère consistance ; lier, avant de servir, avec un peu de fond et 1 cuillerée de crème double, qui adoucit les poivrons. Napper le confit, que l'on peut découper auparavant. Rectifier l'assaisonnement.

Vins rouges du Béarn ou du Pays basque.

COUS D'OIES FARCIS À LA GASCONNE
PRÉPARATION 2 HEURES • CUISSON 1 HEURE 30

4 cous d'oies
800 g de chair à saucisse
200 g environ de parures de volaille
100 g de parures de truffes
parures de foie gras (100 g environ)
sel, poivre, épices
graisse d'oie (à défaut saindoux)

Lorsque l'on fait sa réserve de confits (oies ou canards), on garde les peaux des cous des volailles. Ces peaux seront bien nettoyées à l'extérieur. À l'intérieur, laisser la graisse.
Préparer la chair à saucisse (porc), quelques parures des membres des volailles, quelques parures de truffes (inutile de prendre des truffes entières), ainsi que parures de foie gras, sel, poivre, un peu d'épices. Farcir les cous, les coudre aux extrémités. Les pocher, en même temps que les membres, ou même à part, dans la graisse d'oie ou de canard, ou, à défaut, de porc. À cuisson complète, les mettre dans des pots en terre, baignés et recouverts de la graisse de cuisson.
Ils se servent froids, en hors-d'œuvre, ou avec une salade, mais surtout dans un potage garbure, tels quels, avec les légumes de cette soupe. Ne pas les pocher. Les laisser chauffer seulement quelques minutes avant de les servir.

Vins rouges du Béarn ou du Pays basque, madiran, pacherenc du Vic Bilh.

FOIE GRAS D'OIE AUX TRUFFES ET À L'ORANGE
PRÉPARATION 30 MINUTES • CUISSON 18 MINUTES

1 beau foie gras de 1 kg à 1,200 kg
sel, poivre
2 cuillerées de graisse d'oie
4 échalotes
30 g de farine
1 dl de fond de veau*
5 cl de vieux marc
250 g de truffes
1 orange
100 g de câpres

Choisir un beau foie d'oie de Valence-d'Albigeois, dur comme pierre. Le passer à la casserole avec un peu de graisse. Le laisser colorer doucement quelques minutes de chaque côté, puis le retirer du feu. Dans une casserole, à part, faire prendre belle couleur, avec 1 cuillerée de farine, à 4 échalotes hachées finement. Mouiller avec un fond de veau, additionné d'un petit verre de vieux marc de raisin.
Faire un lit de quelques belles truffes, émincées, et y placer le foie d'oie ; ajouter la préparation ci-dessus. Laisser mijoter. Assaisonner à point et

dégraisser. Au moment de servir, ajouter le jus d'une belle orange et quelques câpres. Le marc et l'orange se marient fort agréablement.

Selon le goût : vins blancs liquoreux de Sauternes, monbazillac, anjou.
Vins rouges : côte-de-nuits, saint-émilion, pomerol.

FOIE D'OIE AUX RAISINS
PRÉPARATION 30 MINUTES • CUISSON 8 MINUTES

Découper un beau foie d'oie en 8 escalopes de 1 cm d'épaisseur. Les passer à la farine et les faire revenir au beurre, dans une sauteuse. Retirer sur feu doux et laisser cuire de 4 à 5 minutes, en tournant les escalopes, qui doivent être dorées des deux côtés. Les retirer, les tenir au chaud. Enlever les deux tiers de la graisse ; faire saisir des raisins blancs égrenés, bien mûrs ; flamber avec un bon armagnac ; additionner de quelques cuillerées de fond de veau lié, 4 à 5 cuillerées de crème ; relever de sel et de poivre. Dans un plat rond, dresser les escalopes de foie gras entourées des champignons. Napper de sauce et servir.

Vins blancs moelleux ou demi-secs : graves, sauternes, barsac, jurançon.

Ingrédients :
1 foie d'oie
sel, poivre
farine
50 g de beurre
500 g de raisins égrenés, épluchés
1 dl d'armagnac
8 têtes de champignons étuvées au beurre
1 dl de fond * de veau
1 dl de crème fraîche

MOUSSE DE FOIE GRAS TRUFFÉE
PRÉPARATION 2 HEURES • MARINAGE 24 HEURES
CUISSON, POCHAGE DU FOIE GRAS 20 À 22 MINUTES

Assaisonner le foie gras préparé et le mettre à mariner dans un récipient avec la truffe, le cognac et le porto, durant 24 heures. Mettre un litre de gelée de volaille dans une casserole. Envelopper le foie gras dans une mousseline et ficeler. Faire prendre ébullition ; retirer la casserole sur le coin du feu pour avoir un simple frémissement. Temps de cuisson : 20 minutes environ. Laisser refroidir le foie gras dans sa cuisson.
Le lendemain, le retirer. Avec les blancs d'œufs, après dégraissage, clarifier la gelée ; chemiser, avec une partie de la gelée, un moule à charlotte, fond et parois, sur une épaisseur de 1 cm environ. Décorer avec motifs de truffes et blancs d'œufs durs, et porter au frais.
Couper le foie gras en dés, le piler, le passer au tamis, en le liquéfiant avec 2 louches de gelée. Le goûter, rectifier l'assaisonnement, parfumer. Monter la crème au fouet et mélanger doucement foie et crème ; en remplir aussitôt le moule décoré. Laisser prendre au réfrigérateur pendant 2 ou 3 heures. Au moment de servir, tremper vivement le moule dans de l'eau chaude, l'essuyer et renverser la mousse sur un plat rond froid. L'entourer de gelée hachée et border le plat de triangles de gelée.

Vins blancs : graves, sauternes, barsac, traminer, gewurztraminer, vouvray, jurançon.

Ingrédients :
Un litre et demi de gelée de volaille
1 beau foie gras d'oie
1 truffe moyenne
1 blanc d'œuf dur
sel, poivre
1 pincée d'épices
2 dl de crème
8 cl de cognac
8 cl de porto
3 blancs d'œufs

OIE FARCIE AUX MARRONS BRAISÉS
PRÉPARATION 2 HEURES • CUISSON 1 HEURE 45

1 oie de 6 à 8 livres
sel, poivre
1 dl de graisse d'oie
1 oignon
2 échalotes
le foie
1 gousse d'ail
25 g de mie de pain
5 cl de crème
1 petite cuillerée de persil
75 g de jambon
1 œuf
3 pommes (fruits)
1 carotte et 1 oignon
bouquet garni
2 dl de fond* de veau clair
250 g de riz
100 g de beurre
125 g de jambon cru maigre
trois quarts de litre de bouillon
1 petit raifort
1 dl de crème fraîche et 20 g de mie de pain frais
un litre de marrons
fleurons

Vider et flamber à l'alcool une petite oie de l'année, bien en chair. Échauder les pattes et rogner les palmes.

Hacher finement le foie (dont sera supprimée toute partie contaminée par le fiel) ; le mettre dans une terrine et y joindre : 1 oignon et 2 échalotes hachés ; 1 petite gousse d'ail écrasée ; gros comme un œuf de mie de pain trempée et pressée ; 75 g de jambon maigre, haché ; une demi-cuillerée de persil haché ; 1 œuf ; une pincée de sel ; une prise de poivre et 3 pommes aigres, finement émincées ou hachées. Triturer le tout avec une cuillère de bois ; introduire cette farce dans l'oie ; la brider en lui retournant les pattes.

Mettre l'oie dans un plat à rôtir ; la badigeonner de graisse d'oie et la faire colorer de tous les côtés.

En même temps, faire sauter à la poêle et jusqu'à léger rissolage, une demi-carotte et l'oignon coupés en fines rondelles. Étaler ces légumes sous l'oie. Ajouter un bouquet garni, 2 dl de bouillon, et continuer la cuisson au four assez chaud. Temps nécessaire : une bonne heure. Au cours de la cuisson, arroser la pièce de temps en temps.

Pour la garniture, les marrons seront légèrement grillés et épluchés. Avec 30 g de beurre, faire rissoler légèrement le jambon, coupé en dés de 7 à 8 mm de côté. Ajouter les marrons et trois quarts de litre de bouillon ; faire prendre l'ébullition, couvrir et cuire au four pendant 20 minutes. En fin de cuisson, y mélanger 50 g de beurre divisé en parcelles.

Débrider et dresser l'oie sur un plat long ; l'entourer avec les marrons. Présenter, en même temps, le jus de l'oie passé au chinois et laissé un peu gras, ainsi qu'une sauce au raifort froide préparée avec le raifort râpé, lié de crème et de mie de pain.

Vins rouges : médoc ou saint-émilion, graves, côte-de-beaune ou côte-de-nuits, châteauneuf-du-pape, côte-rôtie.

OISELLE EN COCOTTE À LA MODE DE SEGRÉ
PRÉPARATION 3 HEURES • CUISSON 1 HEURE 30

1 oie de 6 à 8 livres
sel, poivre
1 pincée de quatre-épices
300 g de pain de mie ou, à défaut, mie de pain
300 g de lard gras râpé
1 pied de veau très cuit
1 foie d'oie et 4 foies de volaille
branches de persil
4 échalotes
1 gousse d'ail
1 oignon
1 œuf
1 dl de vouvray

Composer la farce d'un morceau de pain rassis, de lard gras râpé, en bonne quantité, d'un peu de pied de veau désossé, du foie de l'oie (auquel on ajoutera 4 foies de volaille à cru), de persil, d'échalotes, d'une gousse d'ail, d'une pincée de quatre-épices, d'oignons crus, de sel, de poivre : le tout bien haché et malaxé avec soin.

À ce moment, ajouter encore un œuf battu dans un grand verre de vouvray, et mêler à la farce ainsi obtenue un salpicon de truffes coupées en petits dés.

Cuire, par ailleurs, dans du madère, des marrons, que l'on écrasera ensuite grossièrement. Les mélanger à la farce, en la mouillant avec le madère de cuisson, et dans la proportion d'un quart de marrons pour trois quarts de farce, en y ajoutant du lard fin, coupé en dés.

Garnir l'intérieur de l'oie de la farce ainsi composée ; recoudre la volaille et la mettre à braiser doucement dans la casserole, en l'arrosant fréquemment de sa graisse.

Quand la volaille sera cuite à point, la réserver au chaud.

Verser alors une tasse de crème fraîche dans le fond de braisage ; remuer, pour qu'elle se mélange bien au jus de cuisson ; beurrer grassement et laisser cuire cette sauce quelques instants sur le coin du fourneau, sans cesser de remuer.

La verser sur l'oie, et servir celle-ci présentée dans la cocotte.

Garnir de fonds d'artichauts tombés au beurre, de champignons de couche entiers et de bâtonnets de salsifis sautés au beurre.

Vins rouges : médoc, graves, côte-de-beaune ou côte-de-nuits, châteauneuf-du-pape, côte-rôtie.

80 g de truffes
un litre de marrons cuits
dans 2 dl de madère
1 dl de crème fraîche
100 g de beurre
8 fonds d'artichauts
étuvés au beurre
et escalopés
500 g de champignons
500 g de salsifis

OISON RÔTI FARCI À LA SAUGE ET AUX POMMES

PRÉPARATION 2 HEURES • CUISSON 1 HEURE 15

On doit entendre par « oison » un sujet des premières couvées de l'année, encore en période de croissance, mais déjà bien en chair et pesant dans les 4 à 5 livres, après vidage. Le flambage et le nettoyage de la peau doivent être faits avec minutie. On peut le rôtir au naturel, mais il est recommandé de le farcir ainsi :

À la mie de pain trempée dans du bouillon ou du lait et bien exprimée, ajouter : l'oignon moyen haché, cuit au beurre et refroidi, les échalotes hachées, tombées au beurre, le foie de la bête et, si possible, 3 autres foies de volaille, le lard frais râpé, une demi-cuillerée de persil et les feuilles de sauge hachées, l'œuf, une forte pincée de sel, une prise de poivre et un peu de muscade, les pommes vertes pelées, émincées, sautées au beurre quelques instants pour les amollir, et refroidies. Bien mélanger le tout en triturant à la cuillère de bois.

Introduire cette farce dans l'oison ; l'assaisonner de sel fin ; le badigeonner copieusement de beurre et le mettre au four de bonne chaleur moyenne, en ayant soin de le placer sur une grille emboîtée dans le plat à rôtir. Temps de cuisson : une petite heure.

Au cours de la cuisson, l'arroser de beurre, à l'exclusion de tout autre liquide. Après cuisson, déglacer le plat avec le fond blanc ou le bouillon ; laisser bouillir quelques minutes ; passer au chinois et, sans le dégraisser, servir ce jus en même temps que l'oison.

Vins rouges : graves, côte-de-nuits, châteauneuf-du-pape.

1 oison de 4 à 5 livres
sel, poivre
60 g de mie de pain
1 dl de lait
1 oignon
2 échalotes
3 foies
60 g de lard frais
1 petite cuillerée
de persil
2 feuilles de sauge
1 œuf cru
1 pincée de muscade
3 pommes (fruits) vertes
100 g de beurre
1 dl de fond* blanc
(ou de bouillon)

VOLAILLES ET LAPIN

PIGEON ET PIGEONNEAU

CE SONT LES PIGEONNEAUX, QUAND ILS SONT JEUNES ET TENDRES, qui sont appréciés des amateurs, car ils se prêtent à de nombreuses préparations délicates et de belle apparence : rôtis, grillés ou sautés (braisés ou « en compote » s'ils sont un peu plus vieux). La chair en est un peu lourde, mais parfumée et nutritive. Selon la région d'origine, la peau est rosée ou légèrement bleutée ; le duvet doux, le croupion dodu et le bec flexible sont les signes d'un animal de bonne qualité. Le foie est toujours laissé à l'intérieur car il ne comporte pas de fiel. (Pour le pigeon ramier, voir le chapitre Gibier, page 487).

CÔTELETTES DE PIGEONS EN COURONNE SUR MACARONI

PRÉPARATION 1 HEURE 15 • CUISSON DU FOND 2 HEURES • CUISSON 40 MINUTES

4 gros pigeons
200 g de mie de pain fine
2 œufs
3 cuillerées à soupe d'huile d'arachide
sel, poivre
230 g de beurre
2 dl de vin blanc sec
7 dl de bouillon
6 échalotes
1 bouquet garni (laurier, thym, céleri en branche, persil)
3 touffes de persil
un peu de farine
Pour la garniture :
300 g de macaroni
80 g de parmesan
sel fin, gros sel, poivre
120 g de foie gras ou la même quantité de beurre
2 dl de porto

Flamber les pigeons au-dessus d'une flamme, inciser la peau côté dos, de la tête au croupion et les désosser en détachant, au couteau, la chair de la carcasse. Puis couper les ailerons à la première jointure et les pattes au ras du pilon.

Retirer les os des pilons et des ailes. Vider les carcasses détachées, jeter les intestins, couper les gésiers en deux, et les vider. Enlever les peaux qui enveloppent les cœurs.

Faire fondre 60 g de beurre dans une sauteuse. Hacher les carcasses et les cous et les faire rissoler dans la sauteuse en même temps que les os retirés des pilons et ailes, les ailerons, les pattes écorchées et rognées, les cœurs, les foies et les gésiers.

Lorsque le tout commence à colorer, ajouter les échalotes finement hachées et le bouquet garni. Verser le vin blanc et 2 dl de bouillon, couvrir la sauteuse et laisser réduire la cuisson jusqu'à ce qu'il ne reste plus que 4 cuillerées à soupe environ de jus. À ce moment, verser les 5 dl de bouillon qui restent, couvrir, faire reprendre l'ébullition, réduire le feu et laisser cuire doucement pendant 2 heures. Passer le fond à la passoire fine et le garder en réserve.

Dépouiller la chair désossée des pigeons. En supprimer nerfs et peaux et la mettre dans une sauteuse, avec le fond de cuisson des carcasses. Faire prendre l'ébullition, couvrir, réduire le feu et laisser cuire doucement pendant 20 minutes.

Passer les chairs au hachoir mécanique, avec le persil haché et séché dans un papier absorbant. Dans une terrine, amalgamer le hachis avec 60 g de beurre et assaisonner le tout avec sel et poivre.

Partager le hachis en 8 parties égales, les façonner en boules qui seront roulées dans de la farine. Allonger ces boules en forme de poire, légèrement cintrées du côté de la queue. Sur une planche, les aplatir pour obtenir la forme de côtelettes.

Dans une assiette creuse, délayer les œufs avec une cuillerée à soupe d'huile, du sel, et du poivre ; y tremper les côtelettes sur les deux faces et les passer une à une dans la mie de pain, en ayant soin qu'elles en soient uniformément recouvertes. Avec le plat de la lame d'un couteau, bien faire adhérer la mie de pain sur les deux faces et tout autour. Tenir les côtelettes au frais sur un plat.

Passer à la préparation de la garniture. Faire pocher les macaroni à l'eau bouillante salée, pendant 10 minutes, en les tenant un peu fermes. Les égoutter, les passer sous l'eau froide et les tailler en petits tubes de 1 cm au plus.

Si l'on utilise du foie gras, le passer au tamis de crin et recueillir tout ce qui adhère sous la toile.

Mettre les macaroni dans une sauteuse et, à feu vif, en faire évaporer l'excès d'humidité. Les lier avec le foie gras ou, à défaut, avec la même quantité de beurre et le parmesan. Assaisonner à point et tenir au chaud, au bain-marie bouillant.

Dans une poêle, chauffer les 80 g de beurre et les 2 cuillerées d'huile qui restent. Faire cuire les côtelettes à feu vif, en surveillant la cuisson, et, lorsqu'elles seront dorées, les égoutter sur un papier absorbant et les tenir au chaud.

Dresser les macaroni en dôme, sur un plat creux chauffé ; disposer les côtelettes en turban autour de la base du dôme, en les faisant chevaucher les unes sur les autres.

Passer le jus dans une casserole, le dégraisser ; ajouter ce qui reste du fond de cuisson des carcasses et de la chair des pigeons, et le porto. Saler, donner un bouillon, retirer la casserole du feu et faire fondre le reste de beurre dans la sauce. En verser un cordon autour des côtelettes, et non dessus. Mettre le reste de la sauce dans une saucière chaude.

Vins : richebourg, romanée-conti, graves rouges.

PIGEONNEAUX À LA BORDELAISE
PRÉPARATION 1 HEURE • CUISSON 30 MINUTES

8 pigeons
250 g de barde de lard
100 g de beurre
sel, poivre
4 gousses d'ail
8 tranches de pain de mie
persil

Faire poêler doucement les pigeons, bien bridés dans une barde de lard ; assaisonner de sel, poivre et d'une gousse d'ail hachée. Égoutter les pigeons.

Faire, avec les foies revenus et le beurre, une purée dont on tartinera les tranches de pain de mie, préalablement grillées et frottées d'ail. Dresser sur un plat, avec persil bien vert, chaque pigeon sur son croûton. Servir, à part, la sauce bien dégraissée.

Peut se présenter également avec un turban d'aubergines sautées à l'huile.

Vins rouges : saint-émilion, pomerol, graves.

*PIGEONNEAUX À LA CRAPAUDINE

PRÉPARATION 1 HEURE • CUISSON 15 MINUTES

8 pigeonneaux bien tendres
sel, poivre
5 cl d'huile
100 g de beurre
2 échalotes
1 dl de vin blanc
*1 dl de fond * de veau*
200 g de mie de pain frais
1 citron
1 cuillerée de persil

Prendre des pigeonnaux ; plumer, vider, flamber, trousser les pattes en dedans.

Fendre les pigeonneaux sur le dos, sans les séparer complètement ; les aplatir légèrement et les assaisonner de sel et de poivre. Les mettre dans un plat à sauter, avec du beurre et de l'huile, et les cuire pendant 10 minutes de chaque côté, sans leur laisser prendre couleur.

Retirer et laisser presque refroidir ; dans le beurre resté dans la casserole, ajouter une pincée d'échalote hachée ; tourner pendant quelques instants sur un feu doux, sans laisser jaunir ; mouiller avec quelques cuillerées de vin blanc et de bon jus ; faire réduire.

Lorsque les pigeonneaux sont tièdes, les paner à la mie de pain et les faire cuire sur le gril à feu doux. La cuisson terminée, les dresser dans un plat chaud. Finir la sauce avec un jus de citron et du persil haché, et la servir en saucière.

Vins rouges du Médoc ou de la côte de Beaune.

PIGEONNEAUX FARCIS À LA SAINT-CYR

PRÉPARATION 1 HEURE • CUISSON 35 MINUTES

4 beaux pigeons
sel, poivre
150 g de beurre
150 g de farce de veau*
30 g de langue à l'écarlate
*1 dl de duxelles**
un litre de petits pois à la française*
2 cœurs de laitues
bouquet garni
24 petits oignons
24 petites carottes
8 tranches de langue écarlate
8 croûtons de pain de mie, tartinés de farce à gratin*
foies de pigeons
50 g de lard

Les pigeonneaux qui conviennent ici sont ceux qui ont abandonné le nid depuis quelques semaines. Pour 4 pigeonneaux, prendre environ 150 g de farce de veau ; l'additionner d'une cuillerée de duxelles et de 30 g de langue à l'écarlate hachée.

Introduire cette composition dans les pigeons et les brider. Après les avoir fait colorer au beurre, les cuire doucement au four.

Un litre de petits pois à la française, avec addition de laitue émincée, mais sans oignons ; 24 quartiers de petites carottes « grelot » façonnés en forme d'olives et glacés ; 24 petits oignons (de la grosseur d'une noisette) cuits au beurre, en ne les laissant que légèrement colorer ; 8 belles tranches de langue à l'écarlate, qui seront chauffées quelques instants avant le dressage.

Passer la sauce au chinois fin sur les pigeons découpés en morceaux et leur garniture ; rapprocher du feu pour ramener la sauce à un petit frémissement (non en ébullition prononcée).

Disposer les morceaux de pigeons sur un plat ou dans une timbale ; compléter la sauce, hors du feu, avec 40 g de beurre ; verser, sur les morceaux, sauce et garniture, et entourer avec les croûtons farcis.

Vins blancs secs : pouilly-fuissé, pouilly fumé, chablis.
Vins rouges de la côte de Beaune ou médoc.

VOLAILLES ET LAPIN

PIGEONNEAUX AUX PETITS POIS

PRÉPARATION 1 HEURE 30 • CUISSON 30 MINUTES

8 pigeonneaux
sel
100 g de beurre
300 g de lard de poitrine en dés
20 à 30 petits oignons glacés
bouquet garni
25 g de farine
un litre et demi de petits pois (écossés)
4 dl de bouillon ou fond blanc

Nettoyer et vider de beaux pigeonneaux, sans en retirer le foie (il n'y a pas de fiel) ; les brider en entrée, c'est-à-dire en faisant passer les pattes dans la peau du ventre (ou les coucher simplement).

Couper en gros dés le lard de poitrine (ne pas oublier de retirer la couenne) ; l'ébouillanter pendant 5 minutes, l'égoutter, l'éponger à fond ; le faire rissoler légèrement avec le beurre, et l'égoutter sur une assiette. Dans le même beurre, faire colorer les petits oignons (de la grosseur d'une noisette) et les égoutter à côté du lard.

Toujours dans le même corps gras, mettre les pigeonneaux ; les faire colorer de tous les côtés et les retirer. Dans le beurre qui a servi à ces différents apprêts, mélanger la farine ; remuer à feu doux jusqu'à ce que le mélange ait pris une teinte blond foncé ; ajouter le bouillon et faire prendre l'ébullition, en remuant sans discontinuer.

Dans cette sauce, remettre pigeonneaux, oignons et lard ; ajouter les pois moyens (fraîchement écossés) et un bouquet garni. Couvrir, et, dès l'instant où l'ébullition est reprise, compter 30 minutes de cuisson en laissant bouillir assez vivement.

Dresser les pigeonneaux sur un plat rond, retirer le bouquet ; réduire rapidement la sauce s'il y a lieu ; en couvrir les pigeonneaux. Les entourer de petits pois.

Vins rouges : côte-de-beaune, moulin-à-vent.
Vins blancs secs : pouilly-fuissé, pouilly fumé, chablis.

PINTADE ET PINTADEAU

ORIGINAIRE D'AFRIQUE OCCIDENTALE, APPRÉCIÉE DES ROMAINS QUI l'appelaient « poule de Carthage », la pintade (traditionnellement en automne) et le pintadeau (en juin) ont une chair tendre et succulente qui connaît les mêmes apprêts que le jeune faisan ou le perdreau. Il est à noter que la France est le premier producteur de pintades du monde. Comme la pintade est consommée en général jeune, elle reçoit en restauration l'appellation générale de « pintadeau ». La Drôme constitue une région traditionnelle d'élevage.

VOLAILLES ET LAPIN

* PINTADE CHASSEUR AUX CÈPES

PRÉPARATION 1 HEURE • FAISANDAGE LA VEILLE • CUISSON 35 MINUTES

3 ou 4 pintadeaux
sel, poivre
1 pincée d'épices
quelques brindilles de thym
serpolet, marjolaine, sarriette
1 branche de fenouil, même sèche
1 dl d'huile d'olive
1 dl de cognac
100 g de beurre
300 g de lard de poitrine coupé en dés
1 kg de cèpes
4 échalotes hachées fin
1 cuillerée de persil haché

Ici le mot « faisandage » ne doit pas être considéré comme synonyme d'avancé ; il rappelle simplement la ressemblance de la chair des pintadeaux avec celle du faisan. Pour en accentuer la saveur, les bourrer, la veille, d'herbes aromatiques avec un filet d'huile et de cognac.
Préparer les cèpes frais, en émincer les têtes et, avec les pieds, faire un hachis auquel on ajoute une pointe d'ail et d'échalote. Ce hachis servira à garnir l'intérieur des pintades (débarrassé des aromates), avec leur foie respectif.
Mettre les pintades à rôtir, en cocotte, avec de petits lardons blanchis ; les laisser rissoler à feu tempéré. A cuisson presque complète, leur adjoindre les cèpes sautés à l'huile d'olive, avec une pointe d'échalote. Pour servir, couper les pintades par moitié ; les présenter accompagnées de leur farce et garnies, tout autour, des champignons escalopés.
Déglacer le fond de cuisson d'un jus de rôti ou de gibier monté au beurre ; en arroser les pintades et servir.

Vins rouges de la côte de Beaune ou de la côte de Nuits,
médoc ou saint-émilion, graves, châteauneuf-du-pape.

PINTADEAU AU VIN ROUGE

PRÉPARATION 1 HEURE 30 • CUISSON 30 MINUTES

4 jeunes pintadeaux
huile d'olive
sel, poivre
3 oignons moyens
2 carottes
2 bouteilles de vin rouge de Cassis
*mirepoix ***
1 petit bouquet garni de deux brindilles de sarriette
sauge, thym
un quart de feuille de laurier
1 pincée d'épices
1 pincée de muscade
1 dl de marc de Provence
1 dl de crème fraîche
500 g de tout petits champignons des prés
8 croûtons frits au beurre

Rôtir les pintadeaux aux trois quarts, dans l'huile d'olive. Les découper et tenir les morceaux au chaud.
Dans l'huile de cuisson, faire rissoler les carcasses hachées ; ajouter sel, poivre, 2 oignons coupés en morceaux et les carottes. Les presser à fond et mouiller de deux bouteilles de vin rouge de Cassis. Mêler au fond une mirepoix de légumes, bien marquée aux aromates, parfumée d'épices et d'une pincée de muscade. Ajouter, à ce moment, le jus des pintadeaux rôtis et un oignon haché ; réduire le tout dans une casserole avec 2 bons verres de marc de Provence, que l'on aura fait flamber au préalable, et laisser cuire le tout quelques minutes. Passer au tamis grossier ; ajouter les foies crus et hachés des pintadeaux pour corser la sauce ; après avoir lié le fond de crème fraîche, verser cette purée sur les morceaux.
Chauffer à feu très doux ; ajouter de petits champignons entiers, sautés au beurre frais. Dresser le plat sur des croûtons frits.

Vins : cassis ou côtes-de-provence rouge.

VOLAILLES ET LAPIN

POULE ET POULET, POULARDE, COQ ET CHAPON

DANS CETTE IMPORTANTE FAMILLE D'OISEAUX DE BASSE-COUR, IL convient de différencier, selon l'âge : tout d'abord les « poussins » (très jeunes poulets à la chair délicate, de 250 à 300 g), parfois vendus sous le nom de « poussins de Hambourg », ainsi que les coquelets, un peu plus âgés et plus gros (moins de 500 g), tendres et à cuisiner frits, rôtis, aux petits pois, etc. (comme le pigeon). Viennent ensuite les poulets : les jeunes quatre quarts (1 kilo environ) ont une chair un peu molle ; les poulets de grain « de marque » (1,2 à 1,5 kilo) sont mieux conformés, avec une chair plus ferme ; les poulets « label », élevés au parcours (jusqu'à 2 kilos), sont à la fois tendres, fermes et savoureux. Le bastion de la qualité reste à cet égard la Bresse, de longue tradition, dont proviennent également poulardes et chapons, gras et dodus, à cuisiner rôtis, braisés ou pochés. La « vraie » poule et le « vrai » coq deviennent rares, et les plats de longue cuisson qui leur sont destinés (coq au vin, poule au pot) ne sont réellement faisables qu'avec des animaux assez vieux. Les jeunes volailles, quant à elles, se font rôtir, sauter ou griller. Il faut néanmoins savoir qu'un poulet à rôtir doit être un peu gras, alors que, s'il est à cuire en cocotte, il vaut mieux qu'il soit dodu et bien ferme. Pour une fricassée, on choisira deux ou trois oiseaux de petite taille plutôt qu'un gros. Les farces et les garnitures permettent une très grande variété d'apprêts, sans oublier les fruits (ananas, banane, citron), et en allant du plus prestigieux (poularde truffée) au plus familial (poulet chasseur). L'important toutefois reste toujours l'origine de l'animal et le fait qu'il ait été élevé « au naturel » et non dans une batterie industrielle. Parmi les labels rouges actuels, on peut citer notamment les poulets blancs d'Auvergne, de Blois ou de Loué, le poulet mayennais, les poulets noirs de Challans ou du Sud-Ouest et le poulet jaune des Landes (engraissé au maïs).

CHAPON GROS SEL

PRÉPARATION 1 HEURE • CUISSON 30 MINUTES

*2 chapons
trois litres de consommé
un litre de sauce* crème
beurre* manié
(avec 50 g de beurre
et 50 g de farine)
2 jaunes d'œufs
1 dl de crème
50 g de câpres
100 g de cornichons
Sur la table :
câpres, cornichons
et gros sel
en moulin ou en écuelle
avec son pilon.*

Les chapons étant bien flambés, les brider avec de la ficelle et à l'aide d'une grosse aiguille, de manière à maintenir les cuisses et les ailes dans une position convenable. Les faire cuire dans du consommé.

Les dresser ; faire réduire le fond de la cuisson, que l'on verse sur les chapons. Servir, en même temps, une coquille de gros sel, des cornichons, une sauce aux câpres.

Les chapons au gros sel se servent aussi nature, c'est-à-dire avec carottes, navets, poireaux cuits en même temps et dans le même fond que les chapons, mais avec juste ce qu'il faut de cuisson pour que ce fond soit très concentré : surveiller la salaison.

Gros sel et fond de cuisson seront présentés à part.

*Vins blancs secs : pouilly fumé, riesling, mâcon.
Vins rouges : côte-de-beaune, graves, beaujolais.*

COQ À LA CRÈME AUX FONDS D'ARTICHAUTS

PRÉPARATION 1 HEURE 15 • CUISSON DE LA VOLAILLE 25 MINUTES
CUISSON DE LA SAUCE 35 MINUTES

*2 coqs (jeunes)
sel, poivre
une bouteille de vin
blanc
1 dl de vinaigre de vin
bouquet garni
2 oignons émincés
2 échalotes
1 pointe d'ail
peu de sel
100 g d'épluchures
ou de débris
de champignons
6 branches de cerfeuil,
persil, estragon
2 échalotes
1 cuillerée à soupe
de moutarde
un demi-litre de crème
fraîche
4 jaunes d'œufs
1 dl de cognac
200 g de beurre
1 cuillerée à café
de paprika
250 g de julienne
de jambon
100 g de julienne
de truffes
8 fonds d'artichauts
8 belles rondelles
de tomate*

Faire pocher 2 coqs dans un court-bouillon de vin blanc sec, légèrement vinaigré et fortement aromatisé : bouquet bien garni, oignons en rondelles, échalotes, épluchures de champignons, pointe d'ail écrasée, sel et poivre. La cuisson achevée, détailler les volailles en quartiers, que l'on réservera au chaud.

Faire ensuite réduire des deux tiers le court-bouillon de cuisson et le passer au tamis fin, en pilonnant bien les condiments.

Mélanger à cette réduction, et en bonne quantité, du cerfeuil, du persil, de l'estragon, 2 échalotes, le tout haché menu ; y ajouter de la moutarde de Dijon, puis faire cuire à feu doux.

Lier cette sauce de crème fraîche, légèrement fouettée, et de jaunes d'œufs battus dans du cognac, que l'on ne ménagera pas. Beurrer, en ajoutant le beurre par parcelles, et ne plus cesser de remuer sur feu doux, en se gardant de laisser bouillir. Rectifier l'assaisonnement et poivrer au paprika.

Jeter dans le fond, comme garniture, une julienne de jambon et une autre de truffes, puis, en bonne quantité, des fonds d'artichauts cuits à blanc et coupés en quartiers. Verser la sauce ainsi obtenue, avec sa garniture, sur les quartiers de volaille. Disposer, sur chaque morceau de poulet, une rondelle de tomate bien mûre, simplement passée au beurre, et faire glacer la préparation à four chaud.

Vins blancs secs : pouilly fumé, montrachet, meursault.

VOLAILLES ET LAPIN

COQ EN CROÛTE À LA FRANC-COMTOISE

PRÉPARATION 2 HEURES • 1re CUISSON 45 MINUTES • 2e CUISSON 15 MINUTES

Choisir des coqs pourvus d'une belle crête. Réserver les têtes, que l'on panera ultérieurement.
Brider les volailles, les assaisonner de sel, de poivre, de quatre-épices ; les mettre à cuire dans une casserole, avec les abattis, des carottes et des oignons, un bon morceau de beurre fin. La cuisson doit se faire doucement pendant trois quarts d'heure environ. Retirer les coqs, les tenir au chaud.
Déglacer la casserole avec le marc du Jura, le porto et la crème fraîche. D'autre part, préparer une garniture composée de petits mousserons, de morilles noires du Jura, de quelques gros dés de jambon et de ris de veau braisé.
Passer la sauce sur cette garniture ; laisser mijoter quelques instants et lier le tout avec une fine purée de foie gras.
Couper les volailles en quarts ; mettre les morceaux dans un plat à *pie* (plat très creux, rectangulaire, dit aussi plat « anglais ») ; verser la garniture dessus ; répartir un gros semis de truffes. Recouvrir le plat d'une abaisse de feuilletage ; terminer la cuisson à four doux.
Au moment de servir, piquer en bonne place, de façon qu'elles émergent du couvercle de pâte, les têtes des coqs, que l'on aura eu soin de paner et de faire frire.

Vins d'Arbois, rouges ou blancs.

2 beaux coqs
50 g de beurre
sel, poivre
1 pincée d'épices
3 carottes
2 oignons
1 dl de marc du Jura
1 dl de porto
un demi-litre de crème fraîche
500 g de mousserons
300 g de morilles du Jura
300 g de jambon
2 paires de ris de veau
250 g de purée de foie gras
100 g de truffes
300 g de feuilletage*

COQ MIJOTÉ À LA MODE DU VIEUX PORT

PRÉPARATION 1 HEURE 30 • CUISSON 35 MINUTES

Faire dorer les morceaux de coq à l'huile d'olive additionnée d'un peu de beurre.
Les quartiers de coq étant bien revenus, égoutter l'huile. Flamber les coqs au marc de Provence ; déglacer avec du vin blanc très sec, puis ajouter, dans la cocotte, les tomates mondées, épépinées et concassées, les pommes épluchées, épépinées, coupées en dés, les olives vertes dénoyautées et blanchies. Assaisonner le tout, avec sel, poivre, très peu de curry, sarriette, thym, laurier et un bouquet de queues de persil. Laisser mijoter jusqu'à cuisson complète.
Recouvrir d'un hachis de fines herbes, relevé d'une pointe de ciboulette.

Vins blancs secs : côte-de-provence, cassis, bellet.
Vins rouges : côtes-du-rhône, coteaux-d'aix, cassis rouge.

2 beaux coqs, coupés chacun en quatre, carcasse adhérente aux membres
sel, poivre
1 dl d'huile d'olive
50 g de beurre
5 cl de marc de Provence
1 dl de vin blanc sec
8 tomates
6 pommes (fruits)
500 g d'olives vertes
1 cuillerée à café de poudre de curry
1 brindille de sarriette et de thym
un quart de feuille de laurier
1 bouquet de branches de persil
1 cuillerée à soupe de persil, cerfeuil, estragon et ciboulette hachés

VOLAILLES ET LAPIN

COQ EN TOURTIÈRE DU BOURBONNAIS

PRÉPARATION 3 HEURES • MARINAGE 2 À 3 HEURES • CUISSON 1 HEURE 15

1 coq
sel, poivre
1 pincée d'épices
1 dl de porto
100 g de truffes
1 dl de madère
250 g de beurre
50 g de farine
1 cuillerée de purée de tomates
un litre de velouté* de volaille
un litre de fond* de volaille
250 g de ris d'agneau
250 g de champignons
250 g de crêtes et rognons de coq
250 g de quenelles* de volaille
400 g de pâte* à foncer

Choisir un beau coq, pourvu d'une belle crête. Réserver la tête, que l'on panera ultérieurement.

Brider la volaille, l'assaisonner de sel, de poivre et de quatre-épices, puis la mettre à mariner dans une pignate (récipient en terre vernie), avec le porto et les truffes coupées en rondelles. Laisser mariner pendant 2 ou 3 heures, en arrosant souvent.

Faire un bon roux, avec le beurre, la purée de tomates et la farine. Mouiller ce roux de fond de volaille, auquel on mélangera la marinade de porto, en réservant les truffes.

Laisser cuire doucement pendant trois quarts d'heure, puis réduire ce velouté à feu vif, et l'allonger du madère ayant servi à étuver la garniture ci-après ; le laisser réduire à nouveau.

Quand il sera à point, le verser dans un plat à *pie* ; placer le poulet dans ce plat, y ajouter les rondelles de truffes que l'on a réservées ; puis y mettre, comme garniture, les morceaux de ris d'agneau, les champignons, les quenelles de volaille et les crêtes de coq, tous éléments que l'on aura, au préalable, fait étuver au madère. Laisser tiédir le tout. Recouvrir alors le plat à *pie* d'une abaisse de pâte à foncer ; laisser cuire au moins 1 heure à feu doux.

Au moment de servir, piquer en bonne place, de façon qu'elle émerge du couvercle de pâte, la tête du volatile, bien pourvue de sa crête — tête que l'on aura eu soin de paner et de faire frire.

Vins rouges : côte-de-nuits, saint-émilion, pomerol, côtes-du-rhône.

COQ EN TOURTIÈRE DU PAYS DE FOIX

PRÉPARATION 3 HEURES • MARINAGE LA VEILLE • CUISSON 1 HEURE 15
VELOUTÉ 1 HEURE 30

2 petits coqs
sel, poivre
pincée d'épices
débris de foie gras
1 dl de madère vieux
5 cl d'armagnac
50 g de truffes
jus de truffes
bouquet garni
1 clou de girofle
250 g de champignons
1 cervelle de veau
500 g d'olives vertes
20 petits oignons cuits à blanc
250 g de jambon
2 échalotes
100 g de beurre
50 g de farine
250 g de foie gras
500 g de feuilletage*

Découper les volailles à cru, en assaisonner les morceaux avec du sel, du poivre et les quatre-épices ; les mettre à mariner jusqu'au lendemain, avec les débris de foie gras, un très grand verre de madère vieux, agrémenté d'un bon filet d'armagnac et de jus de truffes, et une truffe coupée en rondelles. Aromatiser la marinade de thym, de laurier, de persil, de clous de girofle et de champignons de couche coupés en quartiers. Arroser les volailles le plus souvent possible.

Faire, par ailleurs, blanchir une cervelle de veau avec les amourettes, et les olives vertes dénoyautées.

VOLAILLES ET LAPIN

Préparer un velouté de volaille, avec une grosse noix de beurre et la même quantité de foie gras mariné. Fariner légèrement et mouiller d'un peu de marinade ; laisser cuire doucement pendant 1 heure ; réduire à feu vif ; ajouter encore une noix de beurre et autant de foie gras ; allonger ce fond d'un peu de marinade, et le réduire à nouveau.

Quand il sera à point, jeter dans ce fond les morceaux de volaille et laisser tiédir.

Ajouter ensuite les amourettes et la cervelle, taillées en forme de quenelles, les quartiers de champignons marinés, les petits oignons. D'autre part, dans une sauteuse, faire légèrement revenir, dans moitié beurre et moitié foie gras, du jambon fraîchement poché et coupé en petits dés ; faire fondre dans ce fond des échalotes hachées finement ; mouiller du restant de la marinade et verser l'appareil dans la tourtière sur les quartiers de volaille. Poudrer d'un léger semis de truffes préparé à l'aide des rondelles marinées. Recouvrir d'un couvercle de pâte et laisser cuire encore au moins 1 heure à four doux.

Vins rouges : côte-de-nuits, côtes-du-rhône, saint-émilion ou pomerol.

COQ AU VIN

PRÉPARATION 1 HEURE • CUISSON 35 MINUTES

Flamber, vider et découper les coqs. Les assaisonner de sel, de poivre, de thym et de laurier en poudre.

Dans un sautoir à fond épais, faire revenir de petits lardons (blanchis au préalable), des oignons et des cèpes en quartiers.

Dans un autre sautoir, faire légèrement colorer à l'huile les morceaux de volaille ; les égoutter ; placer la garniture dans une casserole, les morceaux de volaille à plat, par-dessus. Déglacer au cognac flambé et mouiller de bon vin rouge, mercurey ou chambertin. Faire prendre ébullition ; ajouter 3 gousses d'ail, finement hachées et rectifier l'assaisonnement. Temps de cuisson : 20 minutes par kilo environ.

Ensuite, passer la cuisson dans une autre casserole et la lier au beurre manié. Porter à ébullition en fouettant énergiquement.

Dresser les morceaux de coqs, avec la garniture, en timbales, arroser de la sauce, qui aura été dégraissée à fond. Se sert avec des croûtons de pain de mie passés au beurre et légèrement aillés.

En principe, servir le même vin que celui utilisé pour la cuisson.

2 beaux coqs de 1,200 kg environ chacun
sel, poivre
1 pincée de thym et de laurier
50 g de beurre
300 g de petits lardons (lard de poitrine coupé en dés)
20 petits oignons
500 g de cèpes
3 gousses d'ail
1 dl d'huile
8 cl de cognac
2 bouteilles de vin rouge de Bourgogne
beurre* manié (avec 100 g de beurre et 75 g de farine)
16 croûtons de pain de mie en cœur

VOLAILLES ET LAPIN

COQ AU VIN D'AUVERGNE

PRÉPARATION 1 HEURE 30 • CUISSON 45 MINUTES

2 coqs
sel, poivre
100 g de beurre
1 dl d'huile
250 g de lard de poitrine
30 petits oignons bien glacés
8 cl de cognac
50 g de farine
2 bouteilles de vin d'Auvergne rouge
bouquet garni
4 échalotes et 2 carottes
1 dl de sang des coqs
16 croûtons de pain de mie
1 cuillerée de persil concassé

Choisir 2 coqs de un an à dix-huit mois, bien en chair. Les couper en morceaux.

D'autre part, faire revenir le lard de poitrine coupé en petits rectangles, préalablement blanchis ; y joindre les petits oignons. Faire colorer les morceaux de coqs farinés dans le même beurre. Quand le tout est bien doré, flamber au cognac. Poudrer d'une bonne cuillerée de farine, puis mouiller avec deux vieilles bouteilles de vin d'Auvergne. Assaisonner avec sel, poivre, bouquet garni, échalotes et carottes émincées. Cuire doucement à couvert, au four, pendant 40 à 50 minutes.

Dégraisser la sauce et la lier avec le sang des coqs. Passer la sauce au tamis ou au chinois.

Rectifier l'assaisonnement. Servir, en ayant soin de mettre dessus, en garniture, les petits oignons et les lardons ; entourer de croûtons de pain triangulaires, frits au beurre. Parsemer de persil.

Vins rouges de Chanturgue, corent, Châteaugay.

GÂTEAU DE FOIES BLONDS DE POULARDES DE BRESSE SAUCE ÉCREVISSE

PRÉPARATION 3 HEURES • CUISSON 1 HEURE 30

6 foies de volaille
sel, poivre
100 g de filet de bœuf
1 gousse d'ail
1 verre de jus de viande
un demi-litre de lait (environ)
4 œufs entiers et 4 jaunes
5 cl d'huile
24 écrevisses* à la bordelaise
un demi-litre de velouté* de volaille
1 dl de crème fraîche
100 g de beurre
5 cl de cognac

Frotter légèrement d'ail le fond et les parois d'un mortier ; y piler les foies blonds de poulardes de Bresse et le morceau de bœuf ; ajouter le verre de jus de viande, du lait, en assez grande quantité pour obtenir une purée très liquide, les œufs entiers et les jaunes de 4 autres ; mêler le tout, saler, poivrer et passer au tamis.

Ne pas employer de crème au lieu de lait ; souvent les éléments la composant se désagrègent ; le gâteau, qui doit avoir la consistance d'un flan, se brise, s'affaisse et « fait l'eau » (c'est l'expression consacrée). Enduire d'huile l'intérieur, sur toutes ses parties, d'un moule en fer battu ; égoutter et déposer sur le fond un rond de papier blanc huilé. Verser la préparation dans le moule, sans le remplir, pour que le gâteau, en gonflant, ne se répande pas en dehors.

Mettre le moule dans un bain-marie, dont l'eau sera froide et chauffée graduellement, mais sans arriver à l'ébullition, et de façon que le moule, maintenu soulevé, ne touche pas le fond de la casserole contenant l'eau. Si ces prescriptions ne sont pas observées, si les œufs et le lait ne sont pas frais, l'intérieur du gâteau sera persillé au lieu d'être lisse et poli, les éléments seront séparés et désunis et, en termes de cuisine, le gâteau sera « tranché ».

VOLAILLES ET LAPIN

Après une heure et demie environ, retirer le moule du bain-marie ; le sécher en le frottant d'un linge ; placer un plat, à la manière d'un couvercle sur l'ustensile ; retourner sens dessus dessous ; démouler et napper le gâteau d'une sauce aux queues d'écrevisse.

Le gâteau de foies blonds de poulardes de Bresse, nappé d'une sauce aux queues d'écrevisse à chair pulpeuse, est une des béatitudes de la gourmandise.

Vins blancs secs, moelleux, demi-secs ou liquoreux : sauternes, monbazillac, anjou.

POULARDE DE BRESSE ÉTUVÉE AU CHAMPAGNE
PRÉPARATION 1 HEURE 15 • CUISSON 45 MINUTES

2 poulardes de 1,400 kg environ
250 g de beurre
sel, poivre
2 gros oignons
2 échalotes
une demi-bouteille de champagne sec
2 dl de fond* de volaille
un demi-litre de crème double

Poêler au beurre, dans une casserole, les poulardes de Bresse. Les faire bien dorer sur toutes les faces.

Aux trois quarts de leur cuisson, faire revenir, dans le beurre de cuisson, les oignons émincés.

Ajouter, quand les oignons sont dorés, les échalotes également émincées, les laisser colorer un instant. Sans égoutter le beurre, mouiller d'une demi-bouteille de champagne sec ; couvrir la casserole et laisser étuver les volailles dans le vin.

Le vin réduit, retirer les poulardes ; mouiller d'un peu de fond de volaille pour déglacer. Finir à la crème double ; mettre l'assaisonnement au point, et passer la sauce au chinois fin.

Les volailles seront découpées à table, et la sauce sera servie en saucière.

En principe, servir le même champagne que celui utilisé pour la cuisson.

POULARDE DE BRESSE TRUFFÉE BRAISÉE AU PORTO
PRÉPARATION 1 HEURE 30 • CUISSON 50 MINUTES

1 belle poularde de 1,800 kg à 2 kg
sel, poivre, épices
500 g de foie gras
300 g de truffes
5 cl de cognac
1 dl de porto
2 dl de fond* de veau
1 barde de lard
1 oignon
2 carottes
bouquet garni
200 g de beurre
1 dl d'huile
150 g de champignons
6 lames de truffes

Préparer une poularde de Bresse bien blanche, farcie de foie gras truffé et de champignons, truffée sur les suprêmes et sur les cuisses, et troussée. La faire cuire sur un fond de braisage pendant environ 40 minutes (après avoir fait partir la cuisson à découvert).

Déglacer au porto et mouiller d'un peu de fond de veau. Servir en cocotte, avec truffes fraîches râpées ajoutées dessus, au moment du déglaçage.

Vins rouges : médoc ou côte-de-beaune.

VOLAILLES ET LAPIN

POULARDE EN CASSEROLE « COMME A HENDAYE »
PRÉPARATION 1 HEURE 30 • CUISSON 50 MINUTES

*1 belle poularde de 1,600 kg à 1,800 kg
sel, poivre
2 dl d'huile d'olive
4 gros oignons
200 g de jambon de Bayonne
1 bouquet garni
1 gousse d'ail écrasée
4 tomates
200 g de poivrons
1 dl de madère
6 courgettes et 6 aubergines
1 cuillerée à soupe de persillade*

Poêler la poularde dans l'huile, avec 4 oignons coupés en rondelles, un peu de jambon de Bayonne en gros dés, 1 bouquet garni, de l'ail, du sel, du poivre, quelques tomates concassées et des poivrons doux, en julienne. Mouiller légèrement de madère et laisser terminer la cuisson à couvert. Faire sauter à l'huile, d'autre part, des courgettes et des aubergines en rondelles ; les faire mijoter avec la poularde peu de temps avant de servir ; poudrer le tout d'une bonne persillade.

Vins rouges : saint-émilion, pomerol, graves ou médoc.

POULARDE CHURCHILL
PRÉPARATION 1 HEURE 30 • CUISSON 55 MINUTES
(Recette créée en l'honneur de Churchill par le chef Jacques Manière, du restaurant Le Pactole, à Paris.)

*1 poularde de 2 kg
100 g de haricots verts fins
100 g de carottes
100 g de cœur de céleri
100 g de truffes
2 échalotes grises
20 g de beurre
1 cuillerée à soupe d'huile
un quart de litre de crème fraîche
sel, poivre
farine
4 œufs
une demi-bouteille de champagne brut*

Couper en deux, après les avoir lavés, les haricots verts. Éplucher et laver les carottes et le céleri et les couper en julienne fine. Couper les truffes en julienne. Peler et hacher les échalotes. Couper, à cru, la poularde en 8 morceaux. Saler et poivrer ceux-ci, les fariner et les faire colorer sur feu doux dans le mélange beurre et huile environ 10 minutes. Égoutter la poularde. Évacuer l'excès de graisse et faire blondir, dans la même sauteuse, les échalotes hachées, 5 minutes.
Remettre les morceaux de poularde sur les échalotes ; mouiller de champagne ; couvrir et laisser cuire doucement 20 minutes.
Pendant ce temps, mettre à l'eau froide salée les haricots, carottes et céleris. Porter à ébullition, blanchir 5 minutes, puis égoutter.
Retirer les morceaux de poularde sur un plat de service tenu au chaud. Faire réduire vivement leur cuisson, à découvert. Ajouter la crème fraîche. Porter à ébullition 4 minutes.
Mélanger, dans une petite casserole, 4 jaunes d'œufs et un peu de la cuisson. Fouetter en ajoutant le reste de la sauce, pour obtenir un sabayon mousseux. Semer les légumes et la truffe sur les morceaux de volaille. Napper de la sauce après avoir rectifié l'assaisonnement.

En principe, servir le même champagne que celui utilisé pour la cuisson.

* POULARDE AU CONCOMBRE
PRÉPARATION 1 HEURE • CUISSON 35 MINUTES

*2 poulets « reine » de 1 kg à 1,200 kg chacun
sel, poivre
150 g de beurre
5 cl d'huile
500 g de champignons
16 oignons nouveaux moyens*

Découper les poulets suivant les règles, les assaisonner.
Prendre un sautoir, mettre un bon morceau de beurre, faire chauffer, ajouter les poulets, les blondir rapidement et légèrement ; enlever les poulets du sautoir, les tenir au chaud.

Passer, dans le restant de beurre du sautoir, des têtes de champignons moyens bien blancs, propres et coupées en quatre ; ensuite, les retirer et les réserver au chaud.

Émincer très finement les oignons, en tapisser le fond du sautoir ; placer dessus les morceaux de poulet, puis les champignons.

Beurrer un papier pour couvrir, et mettre aussi un couvercle, afin que la cuisson s'opère à l'étuvée et que les oignons ne colorent pas.

Pendant ce temps, préparer 6 tomates ; les monder, les épépiner, les couper chacune en huit morceaux. Les ajouter aux poulets 15 minutes après le début de la cuisson ; rectifier l'assaisonnement s'il y a lieu. Au bout de 10 à 12 minutes, mettre 4 bonnes cuillerées de crème ; supprimer le papier beurré ; faire rouler le sautoir sur le feu pour bien mélanger ; couvrir du couvercle et laisser mijoter.

D'autre part, éplucher 2 petits concombres, dits « jardiniers » ; les découper en tronçons, puis en bâtonnets, lesquels seront parés en forme d'olives. Les blanchir assez longuement ; bien les égoutter et les adjoindre aux poulets. Mettre alors l'appoint final et délicat, c'est-à-dire une demi-pincée de fleurs de thym et une pincée d'estragon haché. Laisser mijoter pendant quelques minutes.

La cuisson terminée, dresser les poulets sur un plat et verser le contenu du sautoir dessus.

Vins blancs secs : muscadet, pouilly-fuissé, pouilly fumé, chablis.
Vins rouges de la côte de Beaune, bourgueil, médoc, chinon.

6 tomates
2 dl de crème fraîche
2 concombres
1 pincée de poudre de thym
1 cuillerée à café d'estragon

POULARDE « FAÇON » GRAND PALAIS
PRÉPARATION 1 HEURE • CUISSON 1 HEURE
(Recette créée au restaurant Lasserre.)

Poêler à feu doux, dans un sautoir, les poulardes, après les avoir salées, poivrées et recouvertes d'une belle barde de lard.

Après cuisson, retirer les poulardes du sautoir ; dégraisser et déglacer avec le madère. Ajouter la crème et faire réduire le tout.

Dès que la sauce nappe légèrement la cuillère, retirer du feu ; ajouter le cognac, et goûter pour ajuster l'assaisonnement de la sauce. Poser les poulardes sur un socle de riz Grand Palais (voir ci-dessous), préalablement dressé sur un plat long. Napper le tout de sauce et décorer les poulardes d'une couronne de larges lames de truffe.

Disposer tout autour 8 têtes de champignons cuites, très blanches et garnies de foie gras.

Riz Grand Palais. Dans 50 g de beurre, faire blondir légèrement l'oignon, ajouter le riz non lavé, le remuer sur le feu, jusqu'à ce qu'il ait pris une teinte laiteuse. Le mouiller de bouillon blanc ; après cuisson, ajouter en remuant 50 g de beurre divisé en parcelles.

Champagne : cuvée René Lalou.

2 poulardes
2 bardes de lard
1 dl de madère
2 dl de crème fraîche
1 dl de cognac
8 belles lames de truffe
8 champignons de Paris
200 g de foie gras.
Pour le riz :
100 g de beurre
2 cuillerées d'oignon haché
250 g de riz
6 dl de bouillon blanc

VOLAILLES ET LAPIN

POULARDE FARCIE
AUX PIEDS DE COCHON

PRÉPARATION 3 HEURES 15 • CUISSON 3 HEURES

1 poularde de Bresse de 1,800 kg à 2 kg
4 pieds de porc coupés en deux
1 bon rognon de veau
350 g de foies de volaille, plus le cœur et le foie de la poularde
1 bel oignon
1 brin de thym
1 feuille de laurier
5 cl de cognac
150 g de porc maigre
400 g de lard gras
2 truffes en conserve
une demi-cuillerée à café de persil haché
1 gros œuf
sel, poivre
1 barde de lard
100 g environ de beurre
1 cuillerée à soupe d'huile
2 dl de bouillon

Vider et flamber la poularde ; couper les pattes et la tête. La saler à l'intérieur et à l'extérieur.

Dans une poêle, faire chauffer l'huile et y faire rissoler les pieds de porc, à feu doux et à couvert, pendant 30 minutes.

Enlever la graisse et la peau fine qui entourent le rognon ; le tailler en lamelles.

Retirer la vésicule des foies de volaille, en veillant à ne pas les crever, car l'écoulement du fiel les rendrait inutilisables.

Dans une sauteuse, faire fondre 30 g de beurre et y faire sauter rapidement, à feu vif, les lamelles de rognon, les foies et le cœur des volailles, en y ajoutant l'oignon finement haché, le thym et le laurier. Saler, poivrer, verser le cognac ; baisser le feu et laisser réduire la cuisson pendant quelques secondes. Enlever la sauteuse du feu et laisser refroidir.

Retirer le thym et le laurier ; passer le reste au hachoir mécanique en utilisant la grille la plus fine. Passer également le maigre de porc et le lard.

Mettre le hachis dans une terrine, saler et poivrer, y mélanger l'œuf, le persil, les truffes taillées en petits dés et le jus resté dans les boîtes. Désosser les pieds de porc, les couper en petits cubes et les incorporer à la farce.

Introduire celle-ci à l'intérieur de la poularde et recoudre l'ouverture de la cavité avec une aiguillée de fil blanc.

Répartir le beurre qui reste au fond d'un plat à rôtir, ajouter un soupçon d'huile (pour empêcher le beurre de brûler) ; mettre la poularde dans le plat et la couvrir avec la barde de lard. Faire rôtir au four pendant 2 heures environ.

Verser un peu de bouillon chaud autour de la volaille après 15 minutes de cuisson, et l'arroser ensuite fréquemment, dès que le jus sera formé. Ajouter du bouillon chaud dès que la cuisson aura tendance à réduire.

Découper la poularde, dresser les morceaux sur un plat chauffé et disposer des fragments de farce, en couronne, autour. Présenter le plat accompagné du jus passé en saucière et d'un plat de cœurs de céleris.

Vins : châteauneuf-du-pape, cornas, santenay, mercurey.

VOLAILLES ET LAPIN

POULARDE À LA FRANÇAISE

PRÉPARATION 4 HEURES • CUISSON 1 HEURE 15

La sauce sera le fond du poêlage.
Préparer la poularde pour être farcie, et la brider.
Préparer la farce avec deux tiers de mie de pain rissolée au beurre, et un tiers de fine julienne tombée à glace et composée de rouge de carotte, de blanc de poireau, de céleri, de fenouil frais, d'un grain d'ail, de thym, de laurier, avec assaisonnement (sel, sucre, poivre). La julienne doit être légèrement colorée et sans humidité.
La poularde est mise à poêler sur débris de volaille, rondelles de carottes, oignons, parures de champignons, un grain d'ail, un bouquet d'estragon et 4 tomates coupées. Ne pas mouiller ; les éléments de fonçage seront suffisants pour fournir le liquide d'arrosage. Cuite, la poularde sera très peu colorée, le fonçage presque tombé à glace.
Aussitôt la cuisson obtenue, réserver la poularde au chaud ; déglacer le fonçage au champagne, enlever les débris d'os, fouler à l'étamine, remettre ce coulis sur le feu ; procéder à sa mise au point avec la crème ; assaisonnement relevé d'un soupçon de poivre de Cayenne.
Beurrer des moules à darioles. Préparer un appareil à pain d'épinards composé de deux tiers de purée d'épinards* et d'un tiers de farce* mousseline à quenelles (veau ou volaille).
Au moyen d'une poche, munie d'une douille, garnir les moules, le fond d'abord, puis le tour. Remplir le milieu avec un salpicon fait de langue à l'écarlate, de truffes et de champignons, lié avec un fond très réduit au madère ; recouvrir le dessus avec l'appareil à pain d'épinards. Cuire au bain-marie.
Démouler au moment du dressage ; mettre sur chaque dariole une rondelle de langue lustrée de gelée.
Avoir de grands fonds d'artichauts cuits à blanc ; les étuver au beurre, puis les garnir de petites noisettes de céleri-rave (ou, à défaut, de concombre), lesquelles auront été blanchies, égouttées et roulées dans un peu de velouté crémé ; mettre dessus, au milieu, une minuscule tomate mondée (pressée en serviette), étuvée au beurre avec assaisonnement de sel et de poivre ; ajouter une petite pincée de sucre et un peu d'estragon haché.
Citronner légèrement de très belles têtes de champignons bien blancs ; les assaisonner ; les étuver au beurre ; les garnir de petites perles de gnocchi à la parisienne, lesquelles sont roulées dans une béchamel légère fromagée ; faire gratiner. (Gnocchi : appareil à pâte* à choux avec un petit appoint de gruyère râpé ; l'assaisonnement comporte un peu de muscade.)
La poularde est posée sur un beau croûton de pain guilloché et frit, fixé au milieu d'un grand plat long et, si possible, un hâtelet garni d'une tomate et d'une truffe, permettra de maintenir d'aplomb la poularde sur le croûton. Saucer la poularde légèrement, ainsi que le fond du plat ; placer rapidement les garnitures et présenter la sauce à part.
Servir très chaud.

Vins rouges de la côte de Beaune, médoc et graves.

---

1 poularde de 1,500 kg à 1,800 kg
500 g de beurre
sel, sucre, poivre
1 pincée de sucre
3 carottes
2 poireaux
1 branche de céleri
1 branche de fenouil
1 gousse d'ail
1 brindille de thym
un quart de feuille de laurier
oignons
2 branches d'estragon
4 tomates
abattis de volaille
1 bouteille de champagne brut
2 dl de crème
1 kg d'épinards
2 dl de farce * mousseline
200 g de langue à l'écarlate
100 g de truffes
150 g de beaux champignons
1 dl de madère
1 dl de fond* de veau lié
500 g de mie de pain frais
8 fonds d'artichauts
2 céleris-raves
8 petites tomates
8 têtes de champignons
1 citron
250 g d'appareil à gnocchi
1 dl de sauce * Béchamel
100 g de fromage râpé
1 beau croûton (socle) en pain de mie
1 hâtelet

POULARDE GRATINÉE ET POMMES PAILLE
PRÉPARATION 1 HEURE 15 • CUISSON 45 MINUTES

2 petites poulardes
4 gros oignons
8 gros champignons
sel, poivre
150 g de beurre
un litre de sauce * Mornay
500 g de pommes * paille
50 g de fromage râpé

Poêler les poulardes à blanc, avec les oignons et les champignons. Dès la fin de la cuisson, enlever les poulardes, les couper en quatre, les tenir au chaud. Hacher finement les oignons et champignons de la cuisson et les incorporer dans une bonne sauce Mornay.

Faire un socle de pommes paille, cuites à la poêle au beurre. Poser les quarts de poulets sur ce socle ; napper de la sauce et gratiner.

Vins rouges : côte-de-beaune, médoc, beaujolais.

POULARDE HENRI IV
PRÉPARATION 3 HEURES • CUISSON DU POT-AU-FEU 3 HEURES
CUISSON DE LA POULARDE 1 HEURE

1 poularde de 2 kg
Pot-au-feu :
1 kg de jarret de veau
abattis de volaille
8 carottes, 8 navets
4 blancs de poireaux
1 oignon piqué d'un clou de girofle
1 os à moelle.
Farce :
3 foies de volaille
100 g de lard maigre
100 g de jambon cru
1 pointe d'estragon
1 gousse d'ail, 4 échalotes
1 cuillerée de persil,
250 g de mie de pain
2 œufs, sel, poivre
200 g de vermicelle
gros sel, cornichons

Préparer un pot-au-feu. D'autre part, farcir une belle poularde avec le hachis suivant : foies de volaille, lard, persil, une pointe d'estragon, un peu d'ail et d'échalote, jambon cru, mie de pain. Lier avec les œufs entiers, crus.

Assaisonner cette farce de sel et de poivre et l'introduire dans la volaille. Recoudre l'orifice et brider soigneusement la poularde ; l'ajouter au pot-au-feu après 2 heures de cuisson. Une fois cuite, la servir avec du gros sel, des cornichons et les légumes qui ont servi à la cuisson. Faire un potage aux pâtes avec le bouillon.

Vins rouges : madiran, cahors, villandrie, cunac, bergerac, marcillac.

POULARDE À LA JARDINIÈRE
PRÉPARATION 2 HEURES • CUISSON 1 HEURE

1 belle poularde de 1,800 kg à 2 kg
100 g de lard
6 foies de volaille
300 g de jambon
2 tranches de lard de poitrine
2 carottes, 2 oignons
bouquet garni, sel, poivre
300 g de beurre
1 dl de fond * de veau
un demi-litre de vin blanc.
Garniture :
500 g de pommes noisette
8 fonds d'artichauts
500 g de petits pois
500 g de carottes coupées en gousses d'ail
8 petites tomates mondées pressées et reformées, le tout passé au beurre

Plumer, vider, flamber une belle poularde ; la trousser, les pattes en dedans ; piquer les filets de lard fin : emplir le corps avec les foies de volaille, le jambon gras et maigre, le tout haché très menu.

Mettre la poularde dans une braisière foncée de lard de poitrine, avec carottes et oignons coupés en rouelles et un bouquet garni. Saler et poivrer. Mouiller de 2 verres de fond de veau et de plusieurs verres de vin blanc. Laisser cuire au four pendant 1 heure, en arrosant très fréquemment avec le jus de la cuisson, de façon que la poularde soit bien glacée.

La cuisson terminée, la dresser dans un plat chaud ; masquer avec le jus de cuisson bien dégraissé et passé. Servir avec une garniture de légumes.

Vins rouges : médoc ou côte-de-beaune.

POULARDE MAXIM'S
PRÉPARATION 1 HEURE 15 • CUISSON 45 MINUTES

Choisir une poularde de Bresse ; la brider en entrée, c'est-à-dire avec les pattes rentrées dans le ventre, sans oublier de trancher le nerf de jointure. Saler et poivrer.

Mettre la poularde dans une casserole assez haute de bord, et dont on aura eu soin de garnir le fond de fines rondelles de carottes et d'oignons, de quelques queues de champignons, d'un petit bouquet garni. La mettre au four, avec un bon morceau de beurre, et la faire bien colorer. Continuer la cuisson à couvert durant 45 minutes environ, en l'arrosant souvent.

Lorsque la poularde est cuite, la retirer, la débrider et la mettre dans une cocotte, en la conservant au chaud.

Retirer de la casserole la garniture et le bouquet garni ainsi que la graisse ; remettre un bon morceau de beurre ; lorsque celui-ci est chaud, ajouter 10 petites têtes de champignons, 4 belles truffes fraîches coupées en quartiers, et une bonne pincée de paprika ; verser dessus 1 verre de cognac et autant de porto ; faire bouillir assez vivement pour déglacer ; ajouter la crème fraîche ; laisser réduire d'une bonne moitié ; rectifier l'assaisonnement s'il y a lieu.

Verser le tout sur la poularde ; couvrir la cocotte avec son couvercle et servir très chaud.

Vins rouges : saint-émilion, pomerol, côte-de-nuits.

Ingrédients :
1 belle poularde de 1,800 kg à 2 kg
2 oignons et 3 carottes émincés
bouquet garni, sel, poivre
250 g de beurre
200 g de champignons
250 g de truffes en quartiers
1 cuillerée à soupe de paprika
1 dl de cognac
1 dl de porto
un litre de crème fraîche

POULARDE AU MOULIN-À-VENT
PRÉPARATION 1 HEURE • CUISSON 30 MINUTES
(Recette de Paul Blanc, le Chapon Fin à Thoissey).

Prendre des poulardes de Bresse ; les découper comme des poulets à sauter.

Faire rissoler au beurre, dans le fond d'une casserole, de petits oignons, des lardons préalablement blanchis, puis les morceaux de la volaille que l'on retourne jusqu'à ce qu'ils soient bien dorés. Mettre ensuite échalotes, gousses d'ail, un bouquet garni comportant thym, laurier, céleri et persil. Mouiller le tout de moulin-à-vent, et laisser cuire pendant 30 minutes environ.

Dégraisser la cuisson et la passer au chinois. Au moment de servir, lier cette sauce avec un beurre manié. Porter à ébullition ; finir la sauce en lui ajoutant 5 cl de sang de volaille (ou de porc) mélangé au cognac. Dresser les morceaux de volaille et napper de cette sauce. Garnir le tout de petits croûtons frottés à l'ail et frits.

En principe, servir le même vin que celui utilisé pour la cuisson.

Ingrédients :
2 poulets « reine » de 1 kg à 1,200 kg
sel, poivre
200 g de beurre
5 cl d'huile
400 g de lard de poitrine en dés
20 petits oignons
bouquet garni, avec 1 branche de céleri
2 bouteilles de moulin-à-vent
beurre * manié (avec 100 g de beurre et 50 g de farine)
5 cl de cognac
5 cl de sang de poulet ou, à défaut, de porc
16 croûtons de pain de mie en cœur
1 petite cuillerée à soupe de persil concassé
échalotes, ail

VOLAILLES ET LAPIN

POULARDE POCHÉE À LA FAÇON DE LA MÈRE BRASIER

PRÉPARATION 1 HEURE 15 • CUISSON DU COURT-BOUILLON 1 HEURE
CUISSON DES POULARDES 35 MINUTES

2 poulets de 1,100 kg à 1,200 kg
sel
150 g de beurre
100 g de truffes
2 litres de bouillon
4 petites carottes
3 navets
2 branches de céleri
4 blancs de poireaux
1 panais
300 g de lard de poitrine fumé
*2 dl de sauce * béarnaise*
2 cuillerées à soupe de raifort râpé

Choisir de belles volailles de Louhans, bien grasses et bien tendres ; les truffer copieusement en leur glissant sous la peau des lamelles de truffes. Après les avoir bien bridées, les mettre à cuire, pendant 35 minutes, dans un court-bouillon très aromatisé, avec poireaux, carottes, navets, céleri et dés de lard fumé.

Les laisser ensuite reposer dans leur cuisson pendant 20 minutes.

Pendant ce temps, faire étuver au beurre les légumes de cuisson et les servir en accompagnement des poulardes, que l'on arrosera d'un peu de leur cuisson réduite et montée au beurre.

Offrir à volonté, avec ce plat, un peu de sauce béarnaise au raifort.

Vins blancs : montrachet, meursault, graves blanc, barsac, sauternes.
Vins rouges du Médoc ou de la côte de Beaune, cornas.

POULARDE POÊLÉE À LA FINANCIÈRE

PRÉPARATION 3 HEURES • CUISSON 50 MINUTES

1 belle poularde de 1,600 kg à 1,800 kg
150 g de beurre
sel, poivre
2 carottes
2 oignons
bouquet garni.
Sauce :
2 dl de madère
*un demi-litre de demi-glace **
*1 dl de fond * de veau lié.*
Garniture financière :
*16 petites quenelles * de mousseline de volaille*
250 g de crêtes et de rognons de coq (cuits à blanc)
250 g d'olives dénoyautées et blanchies
50 g de petits champignons de Paris (étuvés)
250 g de ris d'agneau (étuvés)
8 lames de truffe

Brider la poularde en entrée, c'est-à-dire avec les pattes rentrées dans le ventre, ou simplement couchées, mais ne pas oublier de trancher le nerf de jointure.

La mettre dans une casserole, à bord haut, dont le fond sera garni de fines rondelles de carottes, d'oignons et d'un bouquet garni. Arroser copieusement la poularde de beurre et la faire bien colorer de tous les côtés.

Continuer la cuisson à couvert, pendant 45 à 50 minutes, en l'arrosant de beurre de temps en temps. Ensuite, retirer la poularde et la réserver sur un plat. Verser dans la casserole 2 dl de madère et autant de jus de veau ; faire bouillir assez vivement pour déglacer et réduire le liquide d'une bonne moitié. Passer ce jus au chinois, le dégraisser et l'ajouter à la demi-glace.

Si la poularde est présentée, la placer sur un croûton de pain assez épais, de forme rectangulaire et frit à l'huile ; l'entourer avec les éléments de la garniture, disposés en bouquets distincts et légèrement nappés de sauce. Le reste de cette sauce se sert à part.

Dans le cas contraire, dresser simplement la poularde sur le plat ; l'entourer de quelques cuillerées de sauce et servir la garniture à part.

Vins blancs : montrachet, meursault, graves blanc.
Vins rouges du Médoc et de la côte de Beaune.

VOLAILLES ET LAPIN

POULARDE AU POT À LA FERMIÈRE
PRÉPARATION 1 HEURE 15 • CUISSON 1 HEURE

Flamber et vider la poularde ; laisser les ailes et les pattes ; trousser comme pour mettre au pot, la barder de lard. La faire cuire dans du vin blanc et du bouillon, avec les oignons, le bouquet de persil, girofle, thym, carottes, basilic, les tranches de citron, sel et poivre. Faire cuire à petit feu.

Quand la poularde est cuite, la dresser sur le plat, les oignons et carottes disposés tout autour, et servir avec la cuisson bien dégraissée, et du gros sel à part.

Vins : beaujolais, cornas, côtes-du-rhône primeur.

1 poularde de 2,200 kg à 2,400 kg
sel, poivre en grains
1 clou de girofle
2 bardes de lard très minces
un litre de vin blanc
un litre de bouillon ou d'eau
8 gros oignons bien blanchis
6 carottes
1 bouquet de persil (6 branches)
1 brindille de thym
1 brindille de basilic
1 petit bouquet de ciboules (5 à 6 branches)
2 tranches de citron

POULARDE POYAUDINE
PRÉPARATION 1 HEURE • CUISSON 35 MINUTES

Découper en quatre les poulardes. Dans une sauteuse, mettre 200 g de beurre à fondre ; y jeter les morceaux ; faire revenir sans que le beurre brûle ; saler, poivrer, mettre au four.

Quand les morceaux de poularde sont aux trois quarts cuits, retirer la casserole ; y jeter une pincée d'échalote hachée très fin ; flamber avec du bon cognac ; ajouter le vin blanc sec, la crème double, un demi-verre de cuisson de champignons (cette opération devant durer une minute). Remettre à cuire à four doux ; éviter de trop colorer les morceaux. Une fois les poulardes cuites, les enlever ; lier la sauce avec du beurre manié, la passer à l'étamine ; remettre les poulardes dans la sauce et laisser au bain-marie (la sauce ne doit plus bouillir).

Dresser les poulardes sur les croûtons ; ajouter à la sauce la sauce béarnaise et napper.

Vins : montrachet, meursault, graves blanc, barsac.

2 poulets « reine » de 1,100 kg à 1,200 kg environ
sel, poivre
250 g de beurre
2 échalotes
5 cl de cognac
1 dl de vin blanc sec
2 dl de crème double
5 cl de cuisson de champignons
beurre * manié (avec 100 g de beurre et 50 g de farine)
2 cuillerées à soupe de sauce * béarnaise
16 croûtons de pain de mie en cœur frits au beurre

VOLAILLES ET LAPIN

*2 poulets « reine »
de 1,100 kg à 1,200 kg
sel, poivre
1 pincée d'épices
1 pointe de cayenne
300 g de mie de pain
frais
1 dl d'huile
200 g de beurre
sauce * à la diable
1 dl de crème double
24 petits oignons
300 g de lard de poitrine
coupé en dés
2 gros oignons coupés en
rondelles, farinés et frits
1 cuillerée de persil*

POULARDE RISSOLÉE À LA MANCELLE
PRÉPARATION 45 MINUTES • CUISSON 30 MINUTES

Découper les volailles en quartiers. Assaisonner les morceaux de sel et de poivre. Les arroser de beurre fondu ; les rouler ensuite dans de la mie de pain assaisonnée d'une pincée d'épices et poivrée au cayenne. Faire ensuite rissoler les quartiers de volaille à feu vif, de façon à obtenir une belle couleur dorée.

Par ailleurs, préparer une sauce à la diable, qu'on liera avec le foie haché des volailles et qu'on adoucira avec un peu de bonne crème double. La garniture des poulardes se trouvera dans la sauce même ; elle sera constituée par de petits oignons et des lardons préalablement blanchis et rissolés.

On servira les quartiers de volaille grillés, recouverts de rondelles d'oignons frits, poudrés de persil haché et, à part, la sauce contenant la garniture.

*Vins blancs secs : muscadet, pouilly fumé, chablis.
Vins rouges : côte-de-beaune, côtes-du-rhône.*

*1 très belle poularde de
2,200 kg à 2,500 kg
environ
sel, poivre
100 g de beurre
250 g de gras de jambon
de Bayonne
1 dl de graisse
de volaille
8 cl d'armagnac
8 cl de madère
1 dl de fumet *
de volaille
150 g de truffes crues
(fraîches)*

POULARDE RÔTIE À LA BROCHE AU FEU DE BOIS
PRÉPARATION 1 HEURE 30 • MARINAGE DES TRUFFES À L'AVANCE • CUISSON 1 HEURE

Faire mariner, dans 4 cuillerées d'armagnac et autant de madère vieux, avec sel et poivre, des lamelles de truffes, le gras de jambon de Bayonne et la graisse de volaille. Laisser le tout dans cette marinade jusqu'au moment de l'emploi.

Faire fondre la graisse de volaille et le gras de jambon ainsi macérés ; bien les mélanger et les laisser refroidir. Au moment où cette graisse est sur le point de figer, tremper dedans les lamelles de truffes, de façon à les enduire copieusement.

Trousser la poularde de Bresse ; la truffer, entre peau et chair, à l'aide des lamelles trempées dans la graisse macérée, à raison de 2 belles lamelles par quartier. Ne pas être avare de truffes.

Introduire, à l'intérieur de la volaille, gros comme un œuf de ce qui restera de graisse fondue. La beurrer comme d'usage ; l'embrocher et procéder à sa cuisson au feu de bois, en l'arrosant continuellement de la graisse qui, en cuisant, s'écoulera de la poularde dans la lèchefrite. Quand la pièce commence à bien se colorer, déglacer la lèchefrite d'un peu de fumet de volaille très condensé et d'un bon filet de jus de la marinade. Continuer à arroser copieusement la poularde, jusqu'à cuisson complète, et dégraisser le jus recueilli au fond de la lèchefrite, de façon à lui laisser un peu d'onctuosité.

Vins rouges de la côte de Beaune ou de la côte de Nuits, médoc, graves, châteauneuf-du-pape, côte-rôtie.

POULARDE SAUTÉE À L'ANGEVINE

PRÉPARATION 1 HEURE 30 • CUISSON 30 MINUTES • CUISSON DES LÉGUMES 50 MINUTES

Les légumes seront liés au beurre et, de préférence, servis à part.
Prendre 2 poulardes (de Longué) ; les découper suivant les règles, en ayant soin de lever les suprêmes. Faire saisir les morceaux au beurre sans les colorer ; ensuite, les étuver un quart d'heure. Retirer les suprêmes.
Ajouter quelques petits oignons, les gousses d'ail écrasées, le bouquet garni. Laisser cuire trois quarts d'heure à l'étuvée.
Retirer les morceaux ; égoutter le beurre ; déglacer au saumur sec ; mouiller de sauce tomate fraîche et d'autant de velouté de volaille ; laisser cuire ; passer à l'étamine ; finir à la crème double et au beurre.
À part, étuver rapidement au beurre des champignons émincés épais, et les incorporer à la sauce. Napper les morceaux ; présenter le reste de la sauce en saucière.
Garniture : à la bouquetière, de légumes nouveaux.

En principe, servir le même vin blanc que celui utilisé pour la cuisson.

*2 poulets « reine » de 1,200 kg environ
sel, poivre
200 g de beurre
6 petits oignons
2 gousses d'ail
bouquet avec persil et thym seulement
une demi-bouteille de saumur blanc sec
1 dl de sauce * tomate
1 dl de velouté * de volaille
un demi-litre de crème fraîche
200 g de champignons.
Garniture :
250 g de carottes nouvelles (taillées en gousses d'ail)
250 g de navets (également en gousses d'ail)
250 g de haricots verts coupés en dés
250 g de petits pois écossés*

POULARDE SAUTÉE AUX MORILLES

PRÉPARATION 1 HEURE 15 • CUISSON 45 MINUTES

Découper les poulardes et les faire sauter au beurre, sans que les morceaux ne colorent trop. Aux trois quarts de leur cuisson, poudrer légèrement les morceaux de farine et mouiller de bon vin blanc sec. Ajouter ensuite la crème double et terminer la cuisson.
Enlever le poulet, le tenir au chaud. Mettre la sauce au point ; la lier de 4 jaunes d'œufs et d'un jus de citron, puis la passer.
Remettre les morceaux de poulet dans la sauce et jeter dans le tout des morilles noires préalablement sautées au beurre ; ajouter enfin 1 verre d'excellent madère.

*Vins rouges : médoc, saint-émilion ou pomerol.
Vins blancs : meursault, montrachet ou champagne nature.*

*2 poulardes de 1,200 kg à 1,400 kg chacune
sel, poivre
200 g de beurre
70 g de farine
une demi-bouteille de vin blanc sec
un demi-litre de crème fraîche
4 jaunes d'œufs
1 citron
750 g de morilles noires
1 dl de madère*

VOLAILLES ET LAPIN

POULARDE À LA TRIANON
PRÉPARATION 2 HEURES 30 • CUISSON 50 MINUTES

1 belle poularde de 1,600 kg à 2 kg environ
sel, poivre moulu
quelques grains de poivre
1 citron
3 bardes de lard
100 g de couennes
2 carottes et 1 oignon
bouquet garni
un litre de consommé de volaille
une demi-bouteille de sauternes ou de barsac
450 g de farce * mousseline
40 g de truffes
40 g de langue écarlate
1 cuillerée de duxelles *,
1 cuillerée à café de persil
300 g de beurre
75 g de farine
50 g de débris de champignons
une prise de poivre blanc
1 bouquet de persil
5 jaunes d'œufs
2 dl de crème fraîche
100 g de purée de foie gras
100 g de langue à l'écarlate
20 lames de truffes
8 petites truffes entières

Choisir une poularde bien en chair ; la brider en entrée ; frotter l'estomac avec du jus de citron et l'envelopper de bardes de lard très minces (la pièce étant vidée, flambée et bien nettoyée).

La mettre dans une casserole (casserole ovale autant que possible), dont le fond sera garni de couennes de lard, de rondelles de carottes et d'oignons, et d'un bouquet garni ; ajouter assez de consommé de volaille léger et de sauternes (ou autre vin blanc liquoreux) dans la proportion de trois quarts de consommé pour un quart de vin – pour qu'elle soit à peu près couverte. L'ébullition prise, couvrir et cuire pendant 50 minutes, en tenant le liquide en simple frémissement.

À l'avance, préparer environ 450 g de farce de volaille ; la diviser en trois parties. Dans l'une, mélanger 40 g de truffes hachées ; dans l'autre, 40 g de langue écarlate bien rouge (la prendre sur le bout pointu) hachée également ; dans la troisième, 1 cuillerée de duxelles additionnée d'une cuillerée à café de persil haché. Avec chacune de ces farces, mouler 10 quenelles à la cuillère à café, ou les coucher simplement sur une plaque beurrée, en leur donnant la forme d'une petite meringue. (Le poids de farce de chaque quenelle est de 18 g environ).

Vingt minutes avant de servir, ces quenelles seront couvertes d'eau bouillante salée, et pochées.

Avec 100 g de beurre et 75 g de farine, préparer un roux blond ; le délayer avec un litre de cuisson de la poularde, passée et dégraissée ; faire prendre l'ébullition en remuant, et ajouter une prise de poivre blanc, les pelures de champignons et le bouquet de persil. Laisser cuire doucement, pendant une demi-heure, en ayant soin de dépouiller fréquemment. Ajouter ensuite 5 jaunes d'œufs, délayés avec 2 dl de crème ; remuer la sauce en plein feu, jusqu'à ce que sa quantité soit réduite à 6 dl ; la passer à l'étamine et la compléter, hors du feu, avec la purée de foie gras et 100 g de beurre. Ajouter la langue à l'écarlate, taillée en petits losanges, et les lames de truffe.

Ôter les bardes et les ficelles de la poularde ; passer un morceau de beurre sur l'estomac, pour lui donner du brillant ; la placer sur un croûton de pain rectangulaire frit à l'huile ; l'entourer avec les quenelles, disposées en bouquets distincts ; mettre une petite truffe entre chaque bouquet de quenelles (si cette garniture de truffes, qui est facultative, n'est pas adoptée, mettre une cuillerée de sauce entre chaque bouquet de quenelles). Servir la sauce à part.

Vins blancs moelleux ou demi-secs : graves, sauternes, barsac, traminer, gewurztraminer, vouvray.

VOLAILLES ET LAPIN

POULARDE EN VESSIE
PRÉPARATION 2 HEURES 30 • CUISSON 1 HEURE 30

Prendre une poularde de Bresse bien blanche, soigneusement vidée ; enlever le cou et la tête ; retirer les deux pattes avec l'os de la cuisse, sans déchirer la chair ; supprimer l'os de la cuisse (le fémur) et reconstituer celle-ci avec le reste de la patte.

Farcir la poularde avec un hachis composé des foies hachés fin, des truffes hachées et du foie gras. Introduire les lames de truffe sous la peau de l'estomac, et brider comme d'habitude.

Prendre une vessie de porc séchée, soigneusement lavée à l'eau tiède, et introduire la poularde farcie dans la vessie. Assaisonner avec sel, poivre, un peu d'épices, du cognac, de l'essence de truffes et le décilitre de bon vin blanc sec. Attacher fortement l'ouverture de la vessie, en ayant pris soin de faire sortir l'air qui se trouve à l'intérieur.

Pocher dans un consommé pendant 1 heure et demie. Servir tel quel.

Vins blancs : meursault, champagne nature, arbois et graves.
Vins rouges : beaujolais, chinon ou bourgueil.

1 belle poularde de 1,800 kg à 2 kg
sel, poivre
3 foies de volaille
250 g de foie gras
100 g de truffes et
4 lames de truffes
5 cl de cognac
1 vessie de porc très propre
1 dl de vin blanc
1 pincée d'épices
5 cl de jus de truffes

DAUBE DE POULE EN GELÉE
PRÉPARATION 40 MINUTES • À PRÉPARER LA VEILLE • CUISSON 3 HEURES

Découper les cuisses. Mettre, dans l'eau de la marmite, le pied de veau fendu en deux. Ajouter les oignons et les carottes coupés en rouelles, le lard coupé en morceaux, l'ail et le bouquet garni. Saler. Porter à ébullition. Une demi-heure après, ajouter la poule. Faire reprendre l'ébullition et écumer. Couvrir, laisser bouillir doucement une demi-heure. Ajouter le vin blanc. Couvrir et faire reprendre l'ébullition. Celle-ci doit être lente pour que la gelée soit transparente. Écumer, au besoin, plusieurs fois. Une petite cuillerée d'extrait de viande corse la gelée et la colore. Après une heure et demie environ, ajouter le cognac, du poivre noir en grains moulu, girofle et quatre-épices. Couvrir et terminer la cuisson. La poule étant cuite, l'égoutter.

Sortir le pied de veau et les légumes avec l'écumoire. Le pied de veau, désossé et réchauffé dans la gelée, se sert avec une vinaigrette aux herbes. Découper la poule, enlever la peau et ranger les morceaux dans un plat creux, avec les lardons. Passer le bouillon à la passoire fine (chinois). Le bouillon ayant reposé un quart d'heure, en dégraisser la surface à l'aide d'une cuillère. Après avoir goûté le bouillon pour rectifier l'assaisonnement (bien relevé), le verser sur les morceaux de poule. S'il reste du bouillon, le conserver au frais pour faire de la gelée. Couvrir et porter au réfrigérateur. Le lendemain, détacher les morceaux enveloppés de gelée et les disposer sur un plat. Décorer avec la gelée. Servir comme entrée.

Vins blancs secs : vouvray, savennières, muscadet de Sèvre-et-Maine-sur Lie ;
vin rosé de Loire ; vins rouges légers : chinon, bourgueil.

Pour 6 personnes :
une belle poule de un an ou deux
300 g de carottes
4 gros oignons
2 gousses d'ail
bouquet garni (thym, laurier, céleri, persil, estragon, etc.)
un beau pied de veau
200 g de lard de poitrine maigre
une demi-bouteille de vin blanc sec
3 verres à liqueur de cognac
sel, poivre, quatre-épices, clou de girofle (selon le goût)
Ce plat froid, en gelée, se prépare la veille

GALANTINE DE POULE TRUFFÉE
PRÉPARATION 1 HEURE 40   •   À PRÉPARER LA VEILLE   •   CUISSON 2 HEURES

Pour 10 personnes :
une poule de un an, de 1,750 à 2 kg, fraîchement tuée
300 g de chair à saucisse
300 g d'échine de porc désossée
2 œufs
un demi-citron
1 cuillerée à soupe de farine
2 cuillerées à soupe de madère
une demi-bouteille de vin blanc sec
un bouquet garni
2 oignons
1 clou de girofle
une truffe
de la noix de muscade
une pincée de quatre-épices
gros sel, poivre
une cuillerée ou deux de gelée en poudre
un carré de toile fine de 60 x 60 cm environ
de la ficelle fine

La poule étant plumée et flambée rapidement, couper les pointes des ailes et les pattes. Placer la volaille non vidée (si possible encore chaude) devant soi et fendre la peau sur le dos, jusqu'au croupion.
À l'aide du couteau, décoller la peau sur le côté. Sortir l'aile.
Continuer à dépecer et sortir la cuisse. Retourner la poule, faire de même de l'autre côté. Prendre bien soin de ne pas percer la peau. Lorsqu'elle est entièrement enlevée, l'étaler et la citronner.
Vider ensuite la poule, la dégraisser légèrement et réserver le foie et le gésier.
Désosser d'abord la cuisse, puis l'aile. Faire de même de l'autre côté. Réserver les pattes, la tête, les os et la carcasse.
Découper, dans les filets, 6 ou 7 beaux morceaux minces et longs. Émincer le reste de viande et le passer au hachoir ainsi que le gésier, le foie et la viande de porc détaillée en morceaux.
Dans un grand saladier, mettre la chair à saucisse, les viandes hachées, 3 pointes de couteau de quatre-épices, autant de noix de muscade râpée, le poivre, la farine et les œufs entiers. Ajouter le madère et mélanger soigneusement le tout, en malaxant à la main, au besoin.
Étendre le linge sur la table et poser la peau dessus. Étaler un bon tiers de la farce, puis disposer 3 ou 4 filets et des morceaux de truffe.
Recouvrir par une couche de farce, des filets, etc., jusqu'à utilisation complète de la farce.
Refermer la peau soigneusement. Serrer le linge fortement autour de la préparation et ficeler comme un rôti.
Déposer quelques os au fond d'une braisière de taille requise. Placer la galantine de poule dessus, ajouter la carcasse, la tête et les abattis. Mettre les oignons, le bouquet garni, du sel et du poivre. Verser le vin sur le tout et compléter avec de l'eau de façon à couvrir juste. Porter sur le feu, couvrir et laisser bouillir doucement 2 heures.
Après cuisson, sortir la galantine chaude de la braisière. La placer dans un plat creux, couper les ficelles et enlever le linge.
Dissoudre la gelée en poudre dans le liquide de cuisson. Donner un bouillon et verser, en filtrant, sur la galantine. Remettre la tête de la poule, en la maintenant avec un petit pique-olive, si nécessaire.
Laisser refroidir 24 heures et servir en décorant de gelée hachée.

Vins blancs : riesling, tokay (pinot gris), bourgogne, graves.

VOLAILLES ET LAPIN

PETITES POULES AU BLANC
PRÉPARATION 1 HEURE • CUISSON 35 MINUTES

Prendre des poules tendres ; les couper comme pour les faire sauter. Mettre un bon morceau de beurre fondu dans un fait-tout ; jeter les morceaux de poule dedans et les faire revenir légèrement, sans colorer après les avoir salés et poivrés. Poudrer de farine et en enrober les morceaux. Mouiller avec un fond de veau blanc. Garnir de petits oignons, de carottes, d'un bouquet garni.

En fin de cuisson, retirer les carottes et le bouquet garni. Finir en liant la sauce avec 4 jaunes d'œufs et de la crème fraîche.

Vins blancs moelleux ou demi-secs : graves, sauternes, barsac, traminer, gewurztraminer, vouvray.

2 petites poules de 900 g à 1,100 kg chacune
sel, poivre
200 g de beurre
50 g de farine
*un litre de fond * blanc*
30 petits oignons
2 carottes
bouquet garni
4 jaunes d'œufs
un demi-litre de crème fraîche

POULE FARCIE EN DAUBE
PRÉPARATION 2 HEURES • CUISSON 1 HEURE 30

Nettoyer et flamber les poules. Introduire dans l'intérieur la farce suivante : hachis de porc très fin ; la graisse des poules ; les foies hachés ; gros comme deux œufs de mie de pain trempée et pressée ; 1 oignon moyen haché, cuit au beurre à l'avance et froid ; gros comme un haricot d'ail écrasé ; la cuillerée de persil haché ; 1 pincée de sel ; 1 prise de poivre ; 1 pointe d'épices et 2 cuillerées de cognac ; le tout bien trituré. Brider les poules en couchant les pattes le long du ventre.

Dans une casserole en terre, de préférence ovale, chauffer fortement le lard gras frais râpé ; y mettre les poules et les faire colorer doucement de tous les côtés.

Ajouter ensuite 2 verres de vin blanc, 3 cuillerées de cognac flambé, assez de bouillon pour que le liquide arrive à peu près au tiers de la hauteur des poules, le bouquet garni et les pieds de veau, blanchis à l'avance pendant au moins 1 heure et coupés en petits carrés.

L'ébullition étant prise, couvrir l'ustensile et continuer la cuisson au four, à ébullition lente et régulière.

Au bout d'une heure, ajouter autour des poules la garniture suivante : une vingtaine de quartiers de carottes parés en forme d'olives allongées, et blanchis pendant un quart d'heure (si les carottes sont nouvelles, inutile de les blanchir) ; les oignons sautés à la poêle, au beurre, simplement pour les colorer ; le lard de poitrine coupé en gros dés et ébouillanté pendant 5 à 6 minutes.

Cette garniture ajoutée, continuer la cuisson pendant encore deux bons quarts d'heure.

Les poules se servent telles quelles, dans la casserole, mais l'on ne doit pas omettre de les débrider et de retirer le bouquet garni.

Servir, en même temps, une timbale de riz au gras.

Vins blancs : arbois, graves. Vins rouges : médoc, côte-de-beaune.

2 jeunes poules de 1 kg environ chacune
400 g de farce fine de porc
les foies des poules
1 pointe d'épices
50 g de mie de pain frais
1 oignon
1 gousse d'ail
sel, poivre
1 cuillerée à soupe de persil
100 g de beurre
100 g de lard
8 cl de cognac
1 dl de vin blanc
un litre de bouillon
bouquet garni
2 pieds de veau
300 g de carottes
24 petits oignons
250 g de lard de poitrine
200 g de riz, mouillé avec la cuisson des poules

POULE AU POT BOURBONNAISE

PRÉPARATION 2 HEURES • CUISSON 1 HEURE

2 jeunes poulettes
600 g de porc (net)
les 2 foies de volailles
1 gousse d'ail
1 pincée de poudre de thym et de romarin
1 cuillerée de persil et de cerfeuil hachés
150 g de lard de poitrine en dés
8 petites carottes
8 petits navets
4 blancs de poireaux
1 panais
1 oignon piqué d'un clou de girofle
sel, poivre
tranches de pain grillées
moutarde et cornichons

Préparer la chair de porc bien dénervée, hachée finement, additionnée des foies des volailles, hachés également, d'une pointe d'ail écrasée et d'aromates (fleurs de thym, romarin, persil et cerfeuil), assaisonnement assez relevé. Bien pétrir le tout et farcir les poulettes, les brider et les ficeler, pour que la farce ne puisse s'échapper en cours de cuisson. Les passer à la poêle avec les lardons, pendant quelques minutes, pour les colorer très légèrement. Les mettre au pot-au-feu en terre, accompagnées d'une garniture de petits légumes nouveaux. Faire partir en ébullition à petit feu ; dépouiller et saler modérément. Régler la cuisson pour que le pochage se fasse doucement, et à découvert, pour que le bouillon des volailles reste clair ; laisser pocher 1 heure environ. S'assurer de la cuisson des volailles et des légumes avant de les retirer. Rectifier l'assaisonnement ; verser le bouillon dans une soupière sur des tranches de pain grillées. Découper les poulettes et partager les morceaux avec la farce ; tenir au chaud et servir, après le potage, avec moutarde et cornichons, voire avec une vinaigrette très riche en herbes.

Vins : saint-pourçain blanc ou rouge.

POULE AU POT ET SON CHOU FARCI

PRÉPARATION 1 HEURE 30 • CUISSON 2 HEURES

Pour 4 personnes :
1 jeune poule de 1,700 kg environ
un petit chou de 750 g environ.
Pour la farce :
un quart de litre de lait
250 g de pain de campagne
1 foie de volaille (auquel on ajoutera celui de la poule)
100 g de jambon cru de campagne (avec le gras)
1 échalote
1 petit morceau d'oignon
1 petite gousse d'ail
50 g de persil
2 œufs
sel, poivre.
Pour le bouillon :
8 petites carottes
4 navets
8 poireaux
1 oignon
1 clou de girofle
500 g de jarret de veau
500 g de poitrine de porc demi-sel
eau froide
sel

Plonger le chou dans une grande casserole d'eau bouillante. Après reprise de l'ébullition, laisser cuire 10 bonnes minutes. Égoutter le chou et le laisser refroidir.

Enlever la croûte du pain. Couper la mie en petits carrés. Les mettre dans un bol. Verser le lait bouillant sur le pain. Mélanger pour que le pain s'imprègne bien du lait.

Hacher finement l'oignon, l'échalote, l'ail, le persil, le jambon et les foies de volaille. Il est plus rapide de passer tous les éléments au hachoir mécanique ou électrique, mais la farce est plus savoureuse si elle n'est pas réduite en purée.

Ajouter les œufs entiers, une pincée de poivre ; bien mélanger le tout.
Vider, flamber la poule. Saler et poivrer à l'intérieur. Farcir la volaille avec 2 grosses cuillerées à soupe de farce. Couper les pattes et le cou. Recoudre et brider la volaille.

Détacher 6 ou 7 feuilles extérieures du chou. Placer une cuillerée à soupe de farce sur une feuille. Rouler la feuille en enfermant la farce en un petit paquet allongé.

Mettre une cuillerée de farce sur une 2ᵉ feuille. Aplatir la farce.
Poser le premier paquet sur la 2ᵉ feuille farcie (ouverture en dessous,

VOLAILLES ET LAPIN

contre la farce). Refermer la feuille autour du premier paquet. Continuer de même avec la 3ᵉ et la 4ᵉ feuille, que l'on recouvre de farce et dont on se sert tour à tour pour constituer un véritable petit chou farci. Terminer, en entourant ce chou reconstitué avec les 5ᵉ, 6ᵉ et 7ᵉ feuilles de chou détachées, pour que l'ensemble soit bien fermé et solide. Ficeler soigneusement.

Préparer le bouillon dans un pot-au-feu : verser de l'eau froide, ajouter carottes, navets, poireaux, oignon piqué du clou de girofle, le cœur du chou, le jarret et la poitrine, ainsi que le chou farci, les pattes et le cou de la poule.

Porter à ébullition. Écumer. Goûter le bouillon. Y ajouter la quantité de sel nécessaire. Laisser mijoter 50 minutes. Plonger la poule farcie dans le pot-au-feu. Cuire encore 50 minutes environ.

Servir la poule entourée des viandes, des légumes et du chou farci coupé en tranches. On peut servir le bouillon à part, avec des croûtons grillés ou frits au beurre.

Vins blancs : jurançon sec, pacherenc de vic bilh, graves.
Vins rouges : médoc, graves, buzet, bergerac.

TOURTE DE GELINE DE TOURAINE
PRÉPARATION 1 HEURE 30 • 1ʳᵉ CUISSON 30 MINUTES • 2ᵉ CUISSON 20 MINUTES

Prendre les poulets, de préférence de la race des gelines de Touraine. Vider et brider les volailles.

Les cuire dans un court-bouillon bien aromatisé, comme une poule au pot. Lorsque les poules sont très cuites, les retirer et les désosser complètement. Escaloper les chairs en morceaux de la grosseur d'une noix et les mettre dans une casserole.

D'autre part, faire une sauce blanche assez épaisse avec le beurre fondu, la farine blanche et le litre de bouillon. Saler, poivrer ; incorporer à cette sauce les jaunes d'œufs et 6 cuillerées à soupe de crème fraîche. Elle doit avoir la consistance d'une mayonnaise. Mélanger les morceaux de poules avec cette sauce et laisser tiédir.

D'autre part, préparer la pâte feuilletée ; faire une abaisse de 30 cm environ ; y étaler les chairs de volaille enrobées de leur sauce ; recouvrir avec le reste de la pâte feuilletée. Pour souder l'abaisse et la pâte du dessus, bien humecter les bords et appuyer fortement tout autour, pour bien enfermer le contenu.

Cuire à four assez vif, comme un gâteau feuilleté. Servir chaud.

Vins blancs moelleux ou demi-secs : vouvray, anjou, saumur.

2 poules jeunes de 1 kg environ chacune
3 carottes
1 oignon piqué d'un clou de girofle
4 poireaux
2 navets
branche de céleri
sel, grains de poivre
150 g de beurre
75 g de farine
un litre de bouillon (cuisson des poules)
1 dl de crème fraîche
4 jaunes d'œufs
500 g de feuilletage *

VOLAILLES ET LAPIN

* CHAUD-FROID DE POULET À L'ESTRAGON

PRÉPARATION 1 HEURE • PLUSIEURS HEURES À L'AVANCE • CUISSON 5 HEURES 10

Pour 4 à 6 personnes :
1 poulet de 1,700 kg environ
1 citron
1 poireau
2 carottes
1 oignon
1 petit navet
queues de persil
2 branches d'estragon
1 petite branche de thym
1 feuille de laurier
sel
quelques os de crosse de veau coupés en morceaux et le plus possible d'abattis de volaille (ou 1/2 litre de gelée)
40 g de farine
50 g de beurre
4 grosses cuillerées à soupe de crème fraîche épaisse
poivre de Cayenne
2 branches d'estragon (pour le décor)

Préparer le fond : mettre dans une grande casserole 2 litres d'eau froide, les os et tous les abattis. Faire bouillir. Avec une louche, enlever l'écume et la graisse qui montent à la surface. Laisser cuire plusieurs heures, en dégraissant souvent.

Ajouter les légumes : poireau, carottes, oignon, navet, queues de persil, estragon, thym et laurier. Faire reprendre l'ébullition. Écumer à nouveau, saler, et laisser cuire 45 minutes environ, en continuant à dégraisser. Vider le poulet, le flamber et le brider. Le frotter avec une moitié de citron pour qu'il reste blanc à la cuisson.

Le plonger dans une casserole d'eau froide salée. Porter à ébullition. Laisser bouillir 2 minutes. Ajouter de l'eau froide dans la casserole pour arrêter la cuisson.

Égoutter le poulet et le mettre dans le fond de cuisson. Laisser cuire 50 minutes environ, à ébullition douce et régulière. Continuer à dégraisser pendant la cuisson. Égoutter le poulet et le laisser refroidir.

Préparer un roux : faire fondre le beurre. Ajouter la farine. Tourner le mélange sur le feu avec une cuillère en bois. Faire cuire doucement sans laisser prendre couleur, en tournant toujours, pendant 10 minutes. Laisser refroidir le roux.

Passer le fond de cuisson au chinois (passoire fine).

Dans le roux froid, verser peu à peu, en fouettant, 1 litre de fond de cuisson ou un demi-litre de fond de cuisson et un demi-litre de gelée. Cuire à petit feu, sans cesser de tourner, pendant 15 minutes environ. Ajouter la crème. Continuer la cuisson à feu doux, jusqu'à ce que la sauce nappe bien la cuillère. Assaisonner, ajouter une pointe de cayenne. Laisser refroidir sur de la glace, en remuant de temps en temps pour éviter la formation d'une peau à la surface.

Placer une étamine au-dessus d'une terrine, y verser la sauce pour la passer.

Fermer le torchon et le tordre (il faut être deux pour cette opération). On peut aussi passer simplement la sauce à travers une passoire fine. Découper le poulet. Enlever la peau. Enlever également les os, qui se détachent facilement. Laisser seulement l'os du pilon et le petit os de l'aile.

Poser les morceaux de poulet sur une grille et les napper de sauce. Décorer avec des feuilles d'estragon préalablement blanchies. Pour que les feuilles d'estragon adhèrent bien, il est conseillé de les tremper dans un peu de fond de cuisson ou de gelée. Compléter le décor, à volonté, avec un peu de gelée.

Vins blancs : bourgogne, chablis, meursault, graves blanc, hermitage.
Vins rouges : médoc, chinon, bourgueil, saumur, champigny.

VOLAILLES ET LAPIN

« CHICKEN PIE » À L'ANGLAISE
PRÉPARATION 2 HEURES • CUISSON 1 HEURE 15

Faire blondir au beurre 1 oignon haché, y ajouter une cuillerée d'échalote et 200 g de champignons hachés (fortement pressés dans un coin de linge pour en extraire l'eau).

Assaisonner de sel, de poivre, de muscade ; remuer sur un feu vif pendant quelques minutes et tenir ensuite hors du feu. Au moment de l'emploi, compléter avec la cuillerée de persil haché.

Tailler en petits rectangles le bacon ou, à défaut, du lard de poitrine (ébouillanté, au préalable, pendant 5 à 6 minutes).

Aplatir, pour les rendre très minces, les escalopes de veau.

Découper, comme pour fricasser, les poulets de grain bien en chair, c'est-à-dire : cuisses, ailes et estomac (partagés, chacun, en deux morceaux ; la carcasse en trois).

Cuire les œufs durs et les couper en deux pour en extraire le jaune.

Il existe, pour ce genre de pâté, des plats spéciaux appelés *pie-dish*. À défaut de cet ustensile, prendre un plat long en terre ou en porcelaine à feu, de dimensions correspondant à la quantité de pâté préparée (approximativement, 22 cm de longueur sur 16 cm de largeur).

Tapisser, d'abord, le fond et les parois avec les escalopes de veau, ranger par-dessus les morceaux de poulet assaisonnés de sel et poivre ; intercaler entre eux les rectangles de lard et les jaunes d'œufs durs ; parsemer le tout avec l'oignon et les champignons préparés au début. Ajouter assez de bouillon pour que les morceaux soient baignés aux deux tiers de leur hauteur.

En lui donnant les dimensions du plat et 8 mm d'épaisseur, abaisser environ 500 g de rognures de feuilletage, ou de demi-feuilletage (pâte préparée comme le feuilletage ordinaire, mais avec moitié moins de beurre).

Coller, autour des bords du plat, un ruban de pâte, et le mouiller légèrement (ceci, pour faciliter l'adhérence de l'abaisse). Soulever celle-ci avec les mains, la poser sur le plat et la souder le long du ruban de pâte. Dorer, rayer avec une fourchette, faire une entaille au milieu de l'abaisse pour l'échappement de la vapeur durant la cuisson, et mettre au four.

Four de chaleur moyenne et soutenue. Dès que la pâte a pris une coloration suffisante, la couvrir d'un papier légèrement mouillé. Temps de cuisson : 1 heure et quart au minimum.

Nota. Ce pâté doit être servi aussitôt sorti du four, sinon la vapeur de l'intérieur ramollit la croûte.

Vins blancs secs : muscadet, pouilly fumé, chablis.
Vins rouges : côte-de-beaune, bourgueil, chinon.

---

2 poulets de grain
sel, poivre
100 g de beurre
1 pincée de muscade
1 oignon
échalote hachée
250 g de champignons étuvés
250 g de bacon (lard de poitrine fumé)
8 escalopes de veau de 100 g chacune
4 œufs, 1 cuillerée de persil haché
1 litre de bouillon ou fond * blanc
500 g de demi-feuilletage *

VOLAILLES ET LAPIN

« CHICKEN PIE » À LA FRANÇAISE

PRÉPARATION 1 HEURE • 1ʳᵉ CUISSON 20 MINUTES • 2ᵉ CUISSON 10 MINUTES

2 poulets de grain
150 g de beurre
sel, poivre
une demi-bouteille
de chablis
*1 dl de sauce * madère*
corsée
1 cuillerée à soupe
de Worcestershire sauce
1 oignon (ou 4 échalotes)
bien haché
8 petites tranches
de jambon ou de bacon
4 œufs durs
8 lames de truffe
*300 g de feuilletage **

Découper les poulets en morceaux ; les assaisonner de sel et de poivre du moulin.

Mettre un morceau de beurre dans un plat à sauter, et quand le beurre est bouillant (pour saisir), y mettre les morceaux de poulets. Les cuire sur le fourneau ou au four, mais entièrement au beurre, sans aucun mouillement.

Quand les morceaux sont cuits et bien dorés, égoutter le beurre ; retirer les poulets que l'on mettra dans un plat ovale et creux en terre. (Des plats spéciaux existent pour cet usage, sous le nom de *pie-dish*, mais, à la rigueur, on peut se servir d'un plat en terre ordinaire.)

Dans le sautoir où ont cuit les poulets, verser une demi-bouteille de chablis. Laisser réduire ; ajouter un peu de sauce madère bien corsée ainsi qu'un soupçon de Worcestershire sauce.

Étendre les demi-tranches de jambon sur les poulets ; ajouter un demi-œuf dur par personne ainsi que quelques belles lames de truffes. Le jus des truffes sera ajouté à la sauce madère, laquelle est versée sur les morceaux.

Les poulets ne doivent pas baigner dans la sauce : à bon plat, sauce courte.

Couvrir le plat avec une abaisse de feuilletage d'une épaisseur de 2 à 3 mm environ.

Dorer et mettre à colorer au four.

Vin rouge : beaujolais. Vin blanc : mâcon-viré.

COCOTTE DE POULET TRUFFÉ AUX POMMES ET AU CALVADOS

PRÉPARATION 2 HEURES • CUISSON 45 MINUTES

2 poulets de grain
de 900 g à 1 kg chacun
sel, poivre
150 g de beurre
100 g de lard gras
à piquer
200 g de noix de veau
100 g de lard de poitrine
100 g de filet de porc
1 pincée d'épices
sel, poivre
2 échalotes
2 branches de ciboule
et de persil
150 g de truffes
fines herbes
6 fonds d'artichauts
16 petits oignons
*un demi-litre de fond **
de veau
6 cl de vieux calvados
8 pommes reinettes

Piquer les poulets de lard fin. Faire ensuite une farce composée de veau, de lard, de filet de porc, de petites ciboules et de persil, d'échalotes, le tout haché. Truffer les poulets ; les farcir avec cette composition. Les rôtir au four, jusqu'aux trois quarts de leur cuisson. À ce moment, les placer, dans une cocotte en terre, sur un lit de pommes reinettes épluchées et coupées en quartiers – que l'on aura préalablement fait sauter au beurre –, et achever la cuisson.

Celle-ci terminée, napper les poulets d'une garniture que l'on aura préparée avec : rondelles et truffes, fonds d'artichauts, petits oignons blanchis et fines herbes, le tout bien sauté au beurre et mouillé d'un bon jus de veau additionné d'un verre à liqueur de vieux calvados, et renforcé, selon le cas, d'un coulis de veau.

Vins rouges : saint-émilion, côte-de-beaune ou côte-de-nuits, pomerol.
Vins blancs : meursault, montrachet.

CURRY DE POULET
PRÉPARATION 25 MINUTES • CUISSON 40 MINUTES

Couper le poulet en 8 morceaux. Dans le mélange huile et beurre bien chaud, faire revenir les morceaux de poulet. Effectuer cette opération en deux fois, si la sauteuse ou la cocotte est trop petite.
Laisser à peine dorer. Saler et poudrer de curry.
Ajouter la banane épluchée et la pomme lavée seulement. Laisser les fruits entiers.
Recouvrir d'eau chaude ou d'un fond blanc préparé à l'avance avec les abattis et quelques os de veau. Couvrir et laisser cuire 30 à 40 minutes.
Pendant ce temps, laver le riz et le faire cuire à la créole à grande eau bouillante salée. Couvrir ; laisser bouillir 18 à 20 minutes.
Lorsque le poulet est cuit, placer les morceaux sur le plat de service chaud.
Délayer la maïzéna avec un peu de liquide de cuisson.
Passer le reste du liquide et le remettre à chauffer.
Lorsqu'il bout, ajouter la maïzéna diluée. Attendre un nouveau bouillon et verser la sauce sur les morceaux de poulet.
Accompagner le poulet d'un légumier de riz, simplement égoutté et rincé à l'eau chaude salée.

Vins blancs secs : bourgogne, meursault, pouilly-fuissé, hermitage, riesling.
Vins rouges légers : beaujolais, chinon, bourgueil.

Pour 6 à 8 personnes :
un poulet de 1,500 kg environ
1 pomme
1 banane
3 cuillerées à soupe d'huile
50 g de beurre
50 g de maïzéna
200 g de riz long
sel fin
deux cuillerées à soupe rases de curry

FRICASSÉE DE POULET AU RIPAILLE
PRÉPARATION 1 HEURE • CUISSON 35 MINUTES

Vider les volailles ; les flamber ; les couper en quatre, les saler, les poivrer. Les mettre dans une cocotte ou un poêlon, les faire juste blondir au beurre, sans les colorer ; ajouter les échalotes finement hachées, une pointe d'estragon, une gousse d'ail écrasée, un bouquet léger, sans aucune herbe dominante.
Faire blondir l'échalote, puis flamber avec le cognac et mouiller avec du vin blanc sec : le ripaille est préférable. Couvrir les volailles et laisser cuire à l'étouffée.
Une fois les volailles cuites à point, les retirer et les mettre dans un autre récipient ; puis, dans le récipient où les volailles ont fini de cuire, ajouter les jaunes d'œufs battus en pommade sur un feu doux ; retirer du feu, incorporer la crème très épaisse, rectifier l'assaisonnement ; ajouter de l'estragon finement haché, un jus de citron et verser le tout, sans le passer, sur les volailles, auxquelles on aura ajouté, comme garniture, des champignons et de petits oignons cuits à l'étuvée.

Vin : ripaille, vin blanc sec de Savoie.

2 poulets de grain
sel, poivre
150 g de beurre
6 échalotes
1 cuillerée à café d'estragon
1 gousse d'ail
1 branche de persil et 1 brindille de thym
2 dl de vin blanc sec
6 jaunes d'œufs
1 dl de crème fraîche
1 cuillerée à café d'estragon
1 citron
30 g de champignons sauvages
30 petits oignons nouveaux
1 dl de cognac

VOLAILLES ET LAPIN

* GÂTEAU DE FOIES BLONDS
CURNONSKY

PRÉPARATION 1 HEURE 15 • CUISSON 45 MINUTES

(Recette de Paul Blanc, le Chapon Fin, à Thoissey.)

6 foies de volaille de Bresse
150 g de moelle de bœuf
50 g de farine
6 œufs entiers et 4 jaunes
2 cuillerées à soupe de crème fraîche
trois quarts de litre de lait
sel, poivre, muscade
une demi-gousse d'ail
persil
coulis de tomates

Passer les foies blonds au tamis avec la moelle. Y incorporer la farine et travailler au fouet en ajoutant un à un les œufs entiers plus les quatre jaunes, la crème et le lait.

Assaisonner de sel, poivre, muscade et d'une bonne pincée de persil ciselé, ainsi que de la demi-gousse d'ail écrasée. Bien mélanger.

Mettre dans un moule beurré et cuire au bain-marie 45 minutes environ. Démouler et napper d'un coulis de tomates fraîches monté au beurre.

Vins : pouilly-fuissé, montrachet, meursault.

PARFAIT DE FOIES DE VOLAILLE
AU COGNAC

PRÉPARATION 1 HEURE 15 • MARINAGE 2 HEURES • CUISSON 40 MINUTES

1 kg de foies de volaille
750 g de beurre
sel, poivre
huile
cognac

Faire dégorger les foies environ 2 heures dans de l'eau glacée. Égoutter et éponger.

Assaisonner de 2 pincées de sel ; d'une prise de poivre. Ajouter 5 cl de cognac, 1 cuillerée à soupe d'huile. Mettre dans une terrine ; laisser reposer 2 heures.

Cuire au bain-marie, couvert, 40 minutes, au four à 150°. Laisser refroidir, égoutter sur tamis. Trier les plus beaux foies (environ 8) et les réserver.

Passer le reste au tamis, puis incorporer au fouet le beurre mou, en travaillant l'appareil jusqu'à obtention d'une crème. Rectifier l'assaisonnement. Mouler dans une terrine, en plaçant, au milieu, les plus beaux foies réservés.

Lorsque cette terrine est bien froide, la mettre au réfrigérateur 24 heures pour la raffermir, et servir en tranches avec du pain de mie grillé.

Vins : beaujolais, côtes-du-rhône, bourgueil.

PÂTÉ DE FOIES DE VOLAILLE
EN CROÛTE

PRÉPARATION 2 HEURES • CUISSON 1 HEURE 30

500 g de foies de volaille
2 dl de crème double
400 g de filet de porc
3 œufs entiers
100 g de truffes fraîches ou d'épluchures
sel, poivre, épices
1 feuille de laurier
5 cl de cognac
quelques bardes de lard très fines
750 g de pâte * brisée ou à foncer

Nous conseillons d'utiliser de préférence la pâte à foncer plutôt que le feuilletage, car, si ce pâté n'est pas consommé entièrement chaud, la pâte à foncer garde toute saveur, tandis que le feuilletage n'a plus de goût. Hacher séparément, au couteau et très finement, les viandes et les truffes. Assaisonner ; ajouter le cognac, la crème et les œufs. Beurrer ou huiler un moule à pâté rectangulaire, avec griffes. Faire, avec la pâte, une abaisse de 1 cm d'épaisseur ; en garnir le fond et le pourtour du moule. Tapisser l'intérieur d'une fine barde de lard. Mettre la farce et, par-dessus, la feuille de laurier. Recouvrir d'une abaisse de pâte ; souder avec la pince ; faire un petit décor, dorer au pinceau, faire une cheminée. Si nous insistons pour hacher la farce au couteau, de préférence à la machine, c'est que la machine à hacher fait perdre une bonne partie de sa saveur à la chair.

Vins : montrachet, meursault, graves blanc, barsac.

PILAW DE POULET
PRÉPARATION 50 MINUTES • CUISSON 35 MINUTES

2 poulets de grain de 800 g à 1 kg chacun
sel, poivre
150 g de beurre
1 gros oignon
1 bouquet garni
200 g de riz
trois quarts de litre de bouillon blanc (consommé)
2 cuillerées de tomate concentrée

Découper les poulets de grain comme pour une fricassée.
Chauffer 100 g de beurre dans un sautoir ; y mettre les morceaux de poulets assaisonnés de sel et de poivre et les remuer sur un feu assez vif, jusqu'à ce qu'ils soient légèrement colorés. Ajouter alors l'oignon haché et le riz Caroline ; remuer sans arrêt, jusqu'à ce que le riz ait légèrement blanchi ; compléter avec 2 grosses tomates pelées, pressées et hachées (ou 2 cuillerées de purée concentrée), le bouillon, un bouquet garni. L'ébullition prise, couvrir ; cuire au four bien chaud pendant une demi-heure. Au bout de ce temps, le riz doit avoir absorbé complètement le liquide, être cuit, tout en étant conservé en grains, et sa cuisson coïncide avec celle du poulet.
Désagréger les morceaux de poulet et le riz à l'aide d'une fourchette ; dresser en timbale ou dans un plat rond creux, chauffé à l'avance.

Vins blancs : tokay, sylvaner, riesling. Vins rouges de la côte de Beaune.
Vin rosé : tavel.

POULET AUX AUBERGINES
PRÉPARATION 1 HEURE • CUISSON 25 MINUTES

2 poulets « reine » de 1,200 kg environ
sel, poivre
1 dl d'huile
150 g de beurre
4 aubergines tranchées en biseau de 3 à 4 mm d'épaisseur
50 g de farine
6 tomates mondées, épépinées, concassées
persil

Poêler de beaux poulets de Bresse. Faire sauter, au beurre et à l'huile, de belles aubergines en tranches, salées, farinées, plutôt sèches et légèrement colorées.
Après cuisson, lever les cuisses et les ailes des poulets, et les placer sur les aubergines, dans un plat rond. Arroser d'un bon coulis de tomates fraîches ; placer, sur le tout, le fond de cuisson et les foies des volailles raidis au beurre ; terminer par une légère persillade. Servir très chaud.
Nota. Pour la persillade, ajouter un soupçon d'ail dans le persil haché. On peut, à volonté, enlever ou laisser la peau des aubergines.

Vins rosés : tavel, bandol, cassis.

VOLAILLES ET LAPIN

POULET EN BARBOUILLE
PRÉPARATION 1 HEURE 15 • CUISSON 1 HEURE

2 poulets de 900 g à 1 kg chacun
sel, poivre
bouquet garni
200 g de beurre
300 g de lard de poitrine
30 petits oignons étuvés au beurre
200 g de petits champignons
50 g de farine
1 bouteille de vin rouge
*2 dl de fond * de volaille ou de fond * brun*
6 cl de sang des volailles
5 cl de vinaigre

Flamber les poulets et les couper en morceaux.
Dans une casserole, avec du beurre et de petits carrés de lard en bonne quantité, mettre ces morceaux et les faire revenir.
Ajouter très peu de farine, les petits oignons et le bouquet garni.
Mouiller avec moitié de fond de volaille, moitié de bon vin rouge ; cuire 1 heure, pour des poulets tendres.
Une demi-heure avant de servir, ajouter le sang des poulets, que l'on aura recueilli dans un bol et fortement additionné de vinaigre. On doit obtenir ainsi une belle sauce noire, onctueuse, bien liée et parfumée. Pour corser la garniture du plat, on ajoutera, aux lardons et aux oignons, des têtes de champignons, que l'on aura fait étuver au préalable.

Vins : sancerre rouge, coteaux-de-touraine, chinon, bourgueil.

POULET CÉLESTINE
PRÉPARATION 50 MINUTES • CUISSON 30 MINUTES

2 poulets de grain de 900 g à 1 kg chacun
150 g de beurre
sel, poivre
200 g de champignons,
5 tomates
1 dl de vin blanc sec
*1 dl de fond * de veau corsé*
5 cl de cognac
1 gousse d'ail
1 cuillerée à soupe de persil

Couper en morceaux de jeunes poulets tendres et bien en chair. Faire chauffer dans une casserole 100 g de beurre et remuer. Quand le beurre a pris une teinte noisette, mettre les morceaux dans la casserole et faire cuire, sur feu vif, pour que les chairs dorent.
Ajouter les champignons et les tomates mondées, épépinées et coupées en petits dés ; faire sauter le tout 5 minutes. Mouiller avec le vin blanc sec, le jus de viande, le cognac ; saler, poivrer, assaisonner, et faire cuire un quart d'heure.
Dresser la viande sur un plat chaud ; dégraisser la sauce ; la poudrer d'un peu de persil et d'une pointe d'ail finement haché ; verser ensuite sur le ragoût.

Vins blancs secs : pouilly-fuissé, chablis.
Vins rouges : côte-de-beaune ou côte-rôtie.

POULET AU CHAMPAGNE
PRÉPARATION 1 HEURE 30 • CUISSON 30 MINUTES
(Recette du restaurant Nandron, à Lyon.)

2 poulets de grain de 1,200 kg chacun
sel, poivre
200 g de beurre
1 dl de cognac
une bouteille de champagne brut
1 cuillerée à soupe de tomate
2 dl de crème fraîche
*2 dl de fond * corsé de volaille*
*150 g de riz * à la créole*
8 pains d'épinards

Faire sauter les volailles, en ayant soin de les étuver à mi-cuisson, afin qu'elles ne colorent pas.
Flamber au cognac ; mouiller au champagne brut, ajouter un peu de tomate, la crème fraîche, le fond de volaille. Couvrir et cuire très rapidement.
Enlever les morceaux ; dresser. Fouler la sauce à l'étamine ; beurrer et napper la volaille. La sauce, rendue légèrement acide par le champagne,

doit être très courte et avoir une couleur moirée. Servir du riz à la créole, à part. Des pains d'épinards façonnés dans des moules à baba s'accordent très bien avec ce plat.

Vins : champagne mousseux, champagne nature.

POULET EN CIVET AU BOURGOGNE
PRÉPARATION 1 HEURE 15 • CUISSON 40 MINUTES
(Recette de l'hôtel de la Poste, à Avallon.)

Couper les poulets en quatre. Les faire revenir, avec quelques lardons, oignon, carottes. Les flamber au marc de Bourgogne. Poudrer les morceaux de farine. Laisser blondir, mouiller avec une bouteille de bon bourgogne et un peu de fond blanc.
Ajouter le bouquet garni et l'ail écrasé. Faire partir la cuisson à gros bouillons, puis laisser mijoter une demi-heure.
Retirer les morceaux de poulet. Mettre au point l'assaisonnement de la sauce ; la passer au tamis.
Au moment de servir, lier la cuisson avec un demi-verre de sang de poulet ou, à défaut, de sang de porc. En napper les morceaux de poulet. Ajouter une garniture préparée à l'avance (petits oignons, lardons, champignons). Servir sur un plat creux, entouré de croûtons aillés.

En principe, servir le même vin que celui utilisé pour la cuisson.

2 poulets de grain de
900 g à 1 kg chacun
sel, poivre
300 g de beurre
1 oignon
2 carottes
quelques lardons
bouquet garni
5 cl de marc
de Bourgogne
75 g de farine
une bouteille
de bourgogne
un litre de fond * blanc
2 gousses d'ail
5 cl de sang de poulet
ou de porc
20 petits oignons glacés
125 g de lard de poitrine
en dés (revenus)
250 g de champignons
de Paris (étuvés)
16 croûtons de pain
de mie, en cœur, aillés

POULET EN COCOTTE À LA MODE D'ANCENIS
PRÉPARATION 3 HEURES • MARINAGE QUELQUES HEURES • CUISSON 35 MINUTES

Laisser, pendant quelques heures, dans la marinade, les poulets de grain que l'on aura, au préalable, salés et poivrés.
Les retirer de la marinade ; les beurrer grassement et les mettre à cuire dans une cocotte, avec des dés de lard maigre, en les arrosant souvent, jusqu'à ce qu'ils aient pris une belle couleur dorée. À ce moment, les retirer de la cocotte et les réserver au chaud.
Ajouter alors une noix de beurre au fond, et y mêler la farine. Quand le fond commencera à prendre couleur, y ajouter le jus de la marinade, le fond de veau et les échalotes hachées, ainsi que les foies des poulets, que l'on aura écrasés finement. Garnir de petits oignons, de lardons, de champignons et de fonds d'artichauts, le tout préalablement blanchi et étuvé au beurre frais. Replacer les poulets dans la cocotte ; laisser mijoter à feu doux pendant quelques minutes, en ayant soin de tenir la cocotte couverte ; poudrer de ciboulette et servir.

Vins blancs : muscadet, pouilly-fuissé, pouilly fumé, chablis.
Vins rouges : bourgueil, chinon.

2 poulets de grain de
900 g à 1 kg chacun
sel, poivre
100 g de beurre
quelques lardons
50 g de farine
1 dl de fond * de veau
30 petits oignons
nouveaux glacés
250 g de lard de poitrine
en dés revenus
200 g de champignons
de Paris
8 petits fonds
d'artichauts
1 cuillerée à soupe
de ciboulette ciselée
Pour la marinade :
une bouteille
de muscadet
1 dl de madère
bouquet garni
1 gousse d'ail
1 carotte
6 échalotes émincées

POULET À LA CRÈME
PRÉPARATION 45 MINUTES • CUISSON 30 MINUTES

2 poulets de grain
sel, poivre
150 g de beurre
2 petits oignons
30 g de farine
un litre de crème fraîche
3 jaunes d'œufs
1 citron

Prendre de jeunes poulets, de Bresse de préférence (ils sont plus blancs et plus tendres) ; les vider, les flamber et les découper en morceaux. Les mettre à cuire, à couvert, dans une casserole épaisse, sans les laisser colorer, avec un bon morceau de beurre et les petits oignons. Une fois cuits, saupoudrer d'une cuillerée de farine et mouiller avec la crème fraîche. Faire bouillir 5 minutes.

Dresser les morceaux dans un plat de service ; lier la sauce avec les jaunes d'œufs battus avec un demi-jus de citron, et la passer au chinois sur les morceaux.

Préparé de cette façon, le poulet doit être servi immédiatement, sinon la sauce ferait huile. Il ne peut pas être réchauffé.

Vins blancs moelleux ou demi-secs : graves, sauternes, barsac, traminer, gewurztraminer, vouvray. Vins rouges : chinon, bourgueil.

POULET À L'ESTRAGON
PRÉPARATION 45 MINUTES • CUISSON 30 MINUTES

2 poulets de grain
1 dl d'huile
100 g de beurre
sel, poivre
8 gousses d'ail
1 dl de cognac
2 dl de vin de Meursault
1 dl de vinaigre de vin
1 dl de fond * de veau
1 cuillerée à soupe de tomate concentrée
1 bouquet de branches d'estragon
4 jaunes d'œufs
2 dl de crème fraîche
1 cuillerée à soupe de cerfeuil, estragon, persil, mélangés

Faire sauter les volailles découpées en morceaux, avec des gousses d'ail non épluchées ; flamber avec un bon cognac ; déglacer avec le meursault, le vinaigre de vin, le fond de veau, la tomate fraîche ou concentrée, selon la saison ; ajouter le bouquet d'estragon.

Retirer les morceaux ; fouler le fond ; le lier aux jaunes d'œufs et à la crème. Au dernier moment, en napper les morceaux, parsemer d'estragon frais, de cerfeuil et de persil concassés.

*Vins blancs : montrachet, meursault, graves blanc, hermitage.
Vins rouges : côte-de-beaune, beaujolais, cornas.*

POULET FARCI À L'HÔTELIÈRE
PRÉPARATION 1 HEURE • CUISSON 45 MINUTES

2 poulets de grain
sel, poivre, épices
200 g de beurre
200 g de champignons
500 g de farce fine de porc
2 gros oignons
1 gousse d'ail
1 cuillerée à soupe de persil
2 œufs
1 dl de fond * de veau

Vider et flamber les poulets de grain (du poids de 1 kg brut et 800 g après vidage) ; retirer l'os triangulaire qui se trouve en avant de l'estomac et fendre l'os du bréchet. Nettoyer et laver à deux eaux les champignons frais ; les hacher et les serrer fortement dans un linge, en le tordant, pour en extraire l'eau de végétation.

Au hachis de porc très fin (ce hachis peut être fait à la maison avec 250 g de filet de porc frais et 250 g de lard gras frais), ajouter : les oignons hachés, cuits au beurre à l'avance et froids ; l'ail écrasé en pâte fine, les foies des poulets hachés finement, le persil haché, les œufs, le hachis de champignons et 15 g de sel épicé.

Triturer le tout avec une cuillère de bois, jusqu'à parfait mélange.

Introduire cette farce dans les poulets, par l'ouverture de l'estomac, et les brider en couchant les pattes le long du ventre (trancher le nerf d'articulation des pattes).

Badigeonner les poulets de beurre, les mettre au four assez chaud et les faire bien colorer de tous les côtés ; les placer ensuite dans une casserole ovale en terre (ou une cocotte en porcelaine à feu ; une terrine ovale à pâté peut servir également) avec 50 g de beurre. Continuer la cuisson au four, sans couvrir, en retournant les poulets de temps à autre. Au bout d'une demi-heure, couvrir la cocotte ; compter encore un bon quart d'heure de cuisson, soit au total 45 minutes.

En dernier lieu, sortir la cocotte du four, la poser sur le fourneau et y verser 1 dl de bon jus de veau. Laisser bouillir 2 minutes pour déglacer, c'est-à-dire pour dissoudre le jus des poulets caramélisé au fond de l'ustensile ; parsemer d'une pincée de persil ciselé ; recouvrir. Essuyer l'ustensile, le poser sur un plat, et servir.

Vins blancs secs : arbois, pouilly-fuissé, chablis.
Vins rouges : côte-de-beaune ou côtes-du-rhône.

POULET FLAMBÉ AUX CINQ ALCOOLS
PRÉPARATION 1 HEURE • CUISSON 35 MINUTES

Découper et faire sauter les poulets, avec des échalotes hachées. Flamber d'un cocktail d'alcools. Mouiller de bon vin blanc du pays, et cuire doucement.

Cuire, à part, 200 g de riz dans le double de volume de bouillon, pendant 17 minutes. Faire un roux avec le beurre et la farine, et mouiller avec la cuisson du poulet.

Mouler en turban le riz, dans lequel on aura ajouté une poignée de cerises dénoyautées. Incorporer les crevettes décortiquées dans la sauce ainsi que la crème. Assaisonner de haut goût ; napper la volaille et le riz et servir avec un pot de confiture de goyaves.

Vins : tavel, chusclan, clairette de Die.

2 poulets de grain
sel, poivre
6 échalotes
5 cl de cognac
5 cl de whisky
5 cl de gin
5 cl de calvados
5 cl de cherry brandy
une bouteille de vin blanc sec
30 g de beurre
30 g de farine
200 g de riz
1 oignon haché
2 dl de bouillon
(voir riz * pilaw)
bouquet garni
250 g de crevettes
1 pot de confitures de goyaves
150 g de cerises
1 dl de crème fraîche

POULET GRILLÉ À L'AMÉRICAINE
PRÉPARATION 1 HEURE 15 • CUISSON 50 MINUTES

Couper les poulets en quatre, les aplatir à la batte, les paner et les griller (voir *Poulet grillé à la diable*), en les arrosant de beurre fondu. D'autre part, préparer une duxelles de champignons et un coulis de tomates. Mouler le riz en couronne ; disposer, au milieu, les poulets grillés garnis de champignons et de tomates. Servir très chaud, poudré de persil.

Vins rouges : côte-de-beaune, beaujolais.

2 jeunes poulets de grain de 1 kg environ
250 g de mie de pain fraîche
1 dl d'huile
150 g de beurre
250 g de riz * pilaw
250 g de champignons en duxelles *
12 tomates mondées et épépinées
persil haché

* POULET GRILLÉ À LA DIABLE
PRÉPARATION 1 HEURE • CUISSON 35 MINUTES

2 poulets de grain jeunes
de 800 g à 1 kg chacun
sel, poivre
100 g de beurre
200 g de mie
de pain frais
2 cuillerées à soupe
de moutarde
2 dl de sauce *
à la diable
1 citron
4 cornichons
1 botte de cresson
500 g de pommes * paille
ou de pommes gaufrettes

Prendre des petits poulets de grain. Une fois nettoyés et flambés, leur rentrer les pattes dans le ventre (elles doivent être échaudées, et les griffes rognées). Fendre entièrement les poulets sur le milieu du dos ; les aplatir avec la batte à boucherie, de façon à briser les os, et retirer ceux-ci aussi complètement que possible. Assaisonner de sel, de poivre ; badigeonner de beurre fondu et d'huile, puis mettre les poulets au four pendant un quart d'heure, pour les raidir, et en commencer la cuisson qui, faite entièrement sur le gril, serait trop longue.

Sortir les poulets du four, les éponger dans un linge ; les tartiner entièrement de moutarde ; saupoudrer copieusement de chapelure fine (appuyer celle-ci avec le plat de la lame d'un couteau pour qu'elle se combine avec la moutarde) ; arroser de beurre fondu et les mettre sur le gril, bien chauffé à l'avance.

Faire griller à feu très modéré, en retournant les poulets de temps en temps, et en les aspergeant, chaque fois, de beurre.

Ce complément de cuisson et la coloration de l'enveloppe de chapelure demandent environ 20 minutes.

Dresser les poulets sur un plat bordé de fines tranches de citron ou de rondelles de cornichons. Servir la sauce à part.

Vins rouges : saint-émilion, pomerol, côtes-du-rhône, côtes-de-provence, beaujolais. Vins blancs secs : muscadet, pouilly fumé, chablis.

* POULET EN MEURETTE
PRÉPARATION 1 HEURE • CUISSON 40 MINUTES

2 poulets de 900 g à 1 kg
chacun
sel, poivre
200 g de beurre
300 g de lard de poitrine
en dés blanchis
30 petits oignons
bouquet garni
3 gousses d'ail
50 g de farine
200 g de champignons
de Paris
une bouteille de vin
rouge
beurre * manié
16 croûtons en cœur
1 cuillerée de persil
concassé

Découper les poulets. Foncer une casserole avec : lardons assez gros, petits oignons, persil, thym, gousses d'ail. Ajouter les morceaux de poulets et les champignons crus, du sel, du poivre. Verser un bon vin rouge et faire cuire environ 35 à 40 minutes, suivant le poulet.

Lier légèrement avec un beurre manié et servir avec des croûtons frits frottés d'ail. Ce poulet peut se faire de la même manière, au vin blanc, sous le nom de pauchouse de poulet.

En principe, servir le même vin que celui utilisé pour la cuisson.

POULET MIJOTÉ AU VERMOUTH
PRÉPARATION 1 HEURE • CUISSON 25 MINUTES

2 poulets de grain de
800 à 900 g chacun
150 g de beurre
5 cl d'huile
sel, poivre
5 cl de fine champagne
1 dl de vermouth
de Chambéry

Découper et faire sauter, au beurre et à l'huile, les poulets. Quand ils sont bien dorés, les flamber à la fine ; ajouter un peu de tomate, et mouiller au vermouth. Ajouter de petits oignons et des lardons.

Le tout étant mijoté et cuit à point, terminer avec un peu de beurre frais et un peu de crème double. Parsemer, au moment de servir, de truffes hachées, de cerfeuil et d'une pointe d'estragon.

Vins blancs et rouges de Savoie : crépy, ripaille, arbois, mondeuse.

POULET AUX MOUSSERONS
PRÉPARATION 1 HEURE • CUISSON 35 MINUTES

À l'avance, cuire au beurre, sans laisser colorer, les oignons moyens et les échalotes, le tout haché. Vider et nettoyer les poulets de grain.
À 50 g de beurre en pommade, mélanger 200 g de mousserons ; les foies des poulets hachés, l'oignon et les échalotes cuits et froids, 1 cuillerée à café de persil haché, 1 pincée de sel et 1 prise de poivre. Introduire cette farce dans les poulets ; les brider, en couchant les pattes le long du ventre. (Le mousseron est le champignon qui convient particulièrement. À défaut, on le remplacera par un autre champignon.)
Mettre les poulets dans une casserole avec 50 g de beurre ; les faire bien colorer de tous les côtés et les tenir ensuite au four pendant 10 minutes. Verser, dans la casserole, 1 verre de vin blanc ; le réduire à 4 cuillerées et ajouter le fond de veau.
En même temps, faire sauter, au beurre et à la poêle, 400 g de petits mousserons entiers (ou des moyens, coupés en deux), ainsi que le lard de poitrine coupé en dés et ébouillanté pendant 5 minutes.
Entourer les poulets avec lardons et mousserons ; couvrir hermétiquement et compléter la cuisson, au four, pendant 20 minutes.
Dresser les poulets sur un plat. Lier la garniture avec le beurre manié ; la verser sur les poulets ; parsemer d'une pincée de persil ciselé.

Vins rouges : côte-de-beaune, pomerol, côtes-du-rhône.

POULET À LA MOUTARDE GRATINÉ AU FROMAGE
PRÉPARATION 50 MINUTES • CUISSON 30 MINUTES

Mettre les poulets découpés dans une cocotte, avec du beurre. Faire cuire à feu doux. Ne pas laisser jaunir. Ajouter du sel, du poivre et du paprika.
Lorsque les poulets sont cuits, les retirer sur un plat allant au four. Dans la cuisson, mettre le fromage de gruyère râpé ; laisser fondre. Ajouter le vin blanc, la moutarde, la crème très épaisse ; faire chauffer le tout jusqu'à ébullition. Verser sur les poulets.
Porter le plat au four avec de la chapelure et un peu de fromage râpé. Faire légèrement gratiner et servir.

Vins rouges : côte-de-nuits, saint-émilion, côtes-du-rhône, beaujolais.

---

6 tomates mondées, épépinées, concassées
30 petits oignons
250 g de lard de poitrine
1 dl de crème fraîche
30 g de truffes
1 cuillerée à soupe de cerfeuil et d'estragon

2 poulets de grain
sel, poivre
150 g de beurre
2 oignons
4 échalotes
2 cuillerées à soupe de persil
600 g de mousserons
1 dl de vin blanc
2 dl de fond * de veau
250 g de lard de poitrine
beurre * manié
(avec 25 g de beurre et 25 g de farine)

2 poulets « reine » de 1 kg à 1,200 kg chacun
150 g de beurre
sel, poivre
1 cuillerée à café de paprika
100 g de gruyère râpé
2 dl de vin blanc
1 cuillerée à soupe de moutarde de Dijon
un demi-litre de crème fraîche épaisse
50 g de mie de pain, frais de préférence

POULET EN PAQUETS À LA PROVENÇALE
PRÉPARATION 1 HEURE • CUISSON 35 MINUTES

2 poulets
sel, poivre
8 fines bardes de lard
8 brindilles de thym
2 dl d'huile d'olive
2 oignons
4 gousses d'ail
8 grosses tomates mondées, épépinées, concassées
2 dl de vin blanc
100 g d'olives noires dénoyautées

Détailler les volailles suivant leur grosseur. Entourer chaque morceau d'une barde de lard et d'un brin de thym. Ficeler le tout.
Faire revenir à feu vif, dans de l'huile d'olive, tous les morceaux. Y ajouter les oignons hachés et les tomates, l'ail écrasé. Assaisonner ; ajouter du vin blanc et faire cuire à feu doux couvert.
Au moment de servir, enlever les ficelles et dresser les paquets, tels quels, dans un plat ; faire réduire la sauce à grand feu, ajouter les olives et napper le tout avec la sauce.

Vins rouges : côtes-du-rhône, côte-rôtie, châteauneuf-du-pape.

POULET PÈRE LATHUILE
PRÉPARATION 1 HEURE 30 • CUISSON 1 HEURE
(Recette de Jacques Manière, le Pactole, à Paris.)

1 poulet de 1,200 kg
5 grosses pommes de terre
3 fonds d'artichauts
3 cuillerées à soupe d'échalote hachée
1 verre de vin blanc sec
1 branche de thym
1 feuille de laurier
beurre
huile
sel, poivre
1 petite louche de fond * de veau ou de jus de rôti
1 gros oignon
persil

Découper le poulet en huit morceaux. Saler, poivrer. Faire blanchir les fonds d'artichauts. Faire chauffer un peu de beurre et d'huile dans la cocotte, ajouter les morceaux de poulet ; les faire dorer ; poudrer de brindilles de thym et émietter la feuille de laurier.
Émincer deux pommes de terre en fines tranches régulières et les faire sauter dans une poêle, avec du beurre et de l'huile. Saler. Lorsqu'elles sont bien rissolées, les égoutter.
Mettre de nouveau un peu de beurre et d'huile dans la poêle ; faire chauffer et ajouter les trois autres pommes de terre crues émincées et les artichauts blanchis, émincés. Saler, poivrer, laisser un peu rissoler. Débarrasser la cocotte. Mettre du beurre dans le fond et y ranger les tranches de pommes de terre au préalable rissolées : les prendre avec les doigts et les disposer en les faisant se chevaucher légèrement. Placer par-dessus la moitié des pommes de terre et des fonds d'artichauts rissolés ensemble, puis les morceaux de poulet. Recouvrir avec le restant de pommes de terre et d'artichauts. Arroser avec le jus de cuisson du poulet. Couvrir et faire cuire à four chaud pendant 25 minutes.
À mi-cuisson, allumer le four sous la cocotte, afin que les pommes de terre qui sont au fond grillent bien. Utiliser une cocotte relativement petite, pour que tous les éléments se trouvent serrés et forment une sorte de gâteau, qui sera démoulé sur le plat de service.
Décorer avec des rondelles d'oignon frit et du persil. Servir, à part, une sauce aux échalotes. Dans une casserole, faire chauffer un peu de beurre et d'huile, mettre à rissoler les échalotes jusqu'à ce qu'elles soient bien dorées. Verser le vin blanc dans la sauteuse où on a fait revenir le poulet, puis mélanger bien et verser ce déglaçage sur les échalotes. Mélanger. Ajouter le fond de veau ou le jus de rôti. Laisser mijoter doucement jusqu'à ce qu'on obtienne une sauce un peu épaisse.

Vins : beaujolais, bourgueil, madiran.

POULET POCHÉ GRATINÉ
PRÉPARATION 1 HEURE 15 • CUISSON 40 MINUTES

Faire pocher les volailles avec les légumes, les aromates et le vin blanc. En fin de cuisson, préparer un velouté. Le lier avec la crème et les jaunes d'œufs.
Couper les poulets en quatre. Les mettre dans un plat allant au four. Napper de la sauce et semer du fromage râpé. Faire gratiner au four.

Vins : saint-pourçain blanc ou rouge.

2 poulets de 1,500 kg
4 carottes, 4 poireaux
4 oignons piqués
d'un clou de girofle
bouquet garni
2 gousses d'ail
branche de céleri
sel, poivre
un litre de vin blanc sec de Saint-Pourçain,
velouté *
2 jaunes d'œufs
un quart de litre de crème fraîche
250 g de gruyère

POULET POÊLÉ BASQUAISE
PRÉPARATION 1 HEURE • CUISSON 25 MINUTES

Mettre les deux poulets entiers dans un plat à sauter, avec, dans le fond, les carottes et l'oignon. Les faire cuire tout doucement au four pendant 20 à 25 minutes environ.
Pendant la cuisson, faire cuire, à part, dans une casserole, les tomates mondées, épépinées et concassées et les poivrons verts émincés, avec une julienne de jambon de Bayonne.
Découper les poulets en cinq : cuisses, ailes et blancs. Les dresser sur un plat. Déglacer le fond avec du madère. Laisser réduire. Ajouter, autour du plat, la préparation précédente.
Finir le fond des poulets avec un morceau de beurre et en napper les poulets. Au moment de servir, ajouter du persil ciselé.

Vins rouges du Béarn et du Pays basque.

2 poulets de grain de 800 g à 1 kg chacun
sel
150 g de beurre
2 carottes
1 gros oignon en rouelles
8 grosses tomates mondées, épépinées
500 g de poivrons verts
300 g de jambon de Bayonne
1 dl de madère
1 cuillerée de persil

POULET AU PORTO ET À L'ESTRAGON
PRÉPARATION 50 MINUTES • CUISSON 35 MINUTES

Choisir des poulets de grain bien en chair. Les assaisonner de sel et de poivre ; les poêler au beurre, en ayant soin de les arroser souvent. Quand ils seront aux trois quarts cuits, ajouter le porto rouge ; laisser réduire ; ajouter le fond de veau ; compléter la cuisson en surveillant très attentivement.
Faire revenir à part, au beurre, les foies des poulets coupés en quartiers ; les laisser saignants. Ajouter à ces foies de petites lamelles de veau, le tout revenu ensemble. Additionner cette garniture d'estragon frais haché fin.
Disposer cette garniture sur un plat et dresser le poulet dessus. Servir chaud.

Vins rouges : médoc, graves, côtes-de-beaune ou côte-de-nuits, pomerol.
Vins blancs : meursault, montrachet, pouilly-fuissé.

2 poulets de grain de 900 g à 1 kg chacun
sel, poivre
150 g de beurre
1 dl de porto rouge
un demi-litre de fond *
de veau lié
500 g de filet de veau en tranches minces
1 cuillerée de feuilles d'estragon

POULET AUX PRUNEAUX
PRÉPARATION 1 HEURE • TREMPAGE DES PRUNEAUX 4 HEURES • CUISSON 35 MINUTES

2 poulets de grain de 900 g à 1 kg chacun
150 g de beurre
sel
1 kg de pruneaux

Faire tremper, pendant 4 heures, les pruneaux. Les mettre à égoutter et les dénoyauter avec soin.
Saler l'intérieur des poulets et les bourrer de pruneaux ; les trousser. Faire rôtir les poulets comme d'habitude, enduits de beurre à l'extérieur.

Vins blancs : muscadet, pouilly fumé, chablis.
Vins rouges : beaujolais, bourgueil, chinon.

POULET À LA PURÉE D'OIGNONS
PRÉPARATION 50 MINUTES • CUISSON 30 MINUTES

2 poulets de grain de 900 g à 1,200 kg chacun
150 g de beurre
sel, poivre
4 gros oignons blancs
1 branche de thym
2 gousses d'ail
un litre de crème fraîche
1 dl de madère
5 cl de calvados

Bien beurrer un sautoir et en couvrir le fond d'une bonne couche d'oignons blancs, hachés fin. Disposer dessus les poulets découpés en morceaux. Saler, poivrer, ajouter un peu d'ail haché et la petite branche de thym. Couvrir le sautoir et cuire au four.
Ajouter, petit à petit, en cours de cuisson, de la crème fraîche bien épaisse, qui réduira. Il en faut environ un litre pour 2 poulets.
Quand les poulets sont cuits, les retirer ; passer au tamis la purée d'oignons et la crème, avec un peu de madère et de calvados. Amener la sauce au point de liaison voulu ; la verser sur les morceaux de poulet tenus au chaud.

Vins rouges : médoc, côte-de-beaune, chinon. Vins blancs : meursault, montrachet, hermitage, pouilly fumé.

POULET À LA REINE
PRÉPARATION 1 HEURE • CUISSON 50 MINUTES

2 poulets « reine » de 1 kg à 1,250 kg chacun
sel, poivre
200 g de beurre
1 clou de girofle
4 petits oignons
1 bouquet garni
50 g de farine
un demi-litre de vin blanc
150 g de truffes
2 dl de crème fraîche
4 jaunes d'œufs
16 croûtons en pain de mie

Découper les poulets. Mettre le beurre, à feu vif, dans un petit sautoir, juste assez grand pour que les morceaux de poulet en garnissent le fond, sans laisser d'espace entre eux. Lorsque le beurre sera couleur noisette, placer les morceaux de poulet, peau en dessous, dans le sautoir. Saler, poivrer, laisser colorer légèrement. Réduire le feu ; ajouter les oignons, dont l'un est piqué du clou de girofle ; laisser mijoter un quart d'heure ; ajouter la farine, remuer ; laisser cuire 3 minutes ; mouiller avec le vin blanc, ajouter le bouquet, couvrir le sautoir, faire cuire à petit feu. À la fin de la cuisson, enlever les morceaux de poulets du sautoir, les placer dans un plat creux ; passer la sauce au chinois sur les morceaux ; remettre le tout dans le sautoir. Émincer les truffes sur les poulets, couvrir le sautoir. Faire mijoter 10 minutes ; arrêter la cuisson.
Composer la liaison de jaunes d'œufs et de crème. La verser sur les poulets. Opérer un mélange parfait. Retirer sur le coin du fourneau, pour éviter que la sauce ne se décompose. Couvrir le sautoir et, avant

de servir, laisser reposer les poulets dans leur sauce pendant une demi-heure.

Pour servir, placer les morceaux sur un plat rond de service ; les napper avec leur sauce, et garnir la bordure du plat avec des croûtons taillés en forme de triangle, passés au beurre frais et, au dernier moment, légèrement rissolés.

Vins rouges : côte-de-beaune, côte-rôtie.
Vins blancs : meursault, champagne nature.

POULET EN SAUCE AU CITRON
PRÉPARATION 40 MINUTES • CUISSON 1 HEURE 40

Pour 4 personnes :
1 poulet de 1,400 kg
1 bouteille de vin blanc doux (graves doux ou barsac)
1 blanc de poireau
quelques feuilles de céleri ou un petit morceau de céleri-rave
1 ou 2 échalotes grises
1 belle carotte pelée et coupée en morceaux
1 brindille de thym
1 feuille de laurier, romarin, marjolaine, basilic, sauge, sarriette (1 pincée de chacune de ces épices)
sel, poivre
5 ou 6 jaunes d'œufs (suivant leur taille)
20 cuillerées à soupe de crème double
le jus d'un citron
le zeste de 2 citrons (pelés à vif), quelques rondelles de citron cannelées (pour le décor)
4 ou 5 morceaux de sucre
400 g de pointes d'asperges
4 barquettes et 4 fleurons de pâte feuilletée

Mettre dans une casserole de cuivre poireau, céleri, échalote, carotte, thym, laurier, épices, les abattis du poulet, le poulet bridé, le vin, sel et poivre (modérément). Mener lentement à ébullition, puis laisser frissonner, casserole couverte, pendant 1 heure environ.

Réserver le poulet au chaud dans la moitié du bouillon. Passer l'autre moitié du bouillon au chinois.

Dégraisser en passant vivement une feuille de papier de soie à la surface du bouillon.

Faire bouillir et réduire ce bouillon très fortement, pour obtenir un volume de 8 à 10 cuillerées à soupe de liquide.

Mettre dans une casserole de cuivre la crème, les jaunes d'œufs, le bouillon réduit, le jus de citron et les zestes taillés en fine julienne. Battre ce mélange hors du feu.

Faire brunir les morceaux de sucre avec une goutte d'eau. Lorsque le sucre s'est caramélisé, ajouter une cuillerée d'eau pour obtenir un liquide sirupeux. Ajouter 2 cuillerées de ce caramel.

Fouetter le mélange très vivement à grand feu, jusqu'à ébullition.

Puis, à feu très doux (ou au bain-marie), continuer à fouetter jusqu'à épaississement de la sauce, soit 20 minutes environ. Si, par hasard, la sauce commence à tourner, y ajouter un peu de crème épaisse froide et battre vivement. Faire blanchir les pointes d'asperges ; les chauffer au four, parsemées de petits morceaux de beurre jusqu'à évaporation complète de l'eau.

Séparer les 4 membres du poulet ; enlever la peau. Disposer les morceaux de poulet épongés sur un plat chaud ; les napper de sauce. Garnir de sauce les barquettes ; y déposer les pointes d'asperges. Compléter le décor avec les rondelles de citron cannelées et les fleurons de pâte feuilletée.

Vins blancs demi-secs : graves, alsace, gewurtztraminer, jurançon ; vin blanc sec : mâcon. Vins rouges : beaujolais villages, côtes-du-rhône.

VOLAILLES ET LAPIN

POULET SAUCE VICOMTE

PRÉPARATION 1 HEURE 30 • CUISSON DES POULETS 15 MINUTES
CUISSON DES ARTICHAUTS 40 MINUTES • CUISSON DES POINTES D'ASPERGES 20 MINUTES

2 poulets de 1,200 kg chacun
sel, poivre
200 g de beurre
75 g de farine
4 échalotes
1 dl de madère
une bouteille de muscadet
2 dl de fond* de veau
un demi-litre de crème fraîche
8 fonds d'artichauts cuits
300 g de pointes d'asperges blanchies

Découper les poulets en quatre (2 ailes, 2 cuisses ; parer la carcasse). Assaisonner de sel et de poivre. Fariner ; ranger dans un sautoir contenant 100 g de beurre bien chaud ; faire dorer doucement.

Égoutter le beurre ; poudrer d'échalotes hachées très fin ; déglacer au madère et au vin blanc muscadet ; mouiller d'un peu de consommé ou fond de veau. Cuisson : un quart d'heure environ.

Réserver les volailles au chaud ; mettre le fond à point avec de la crème fraîche. Sauce courte, mais corsée, servie à part, avec saucière de crème fraîche chaude.

Les morceaux de volaille doivent être placés au centre, entourés de 8 beaux fonds d'artichauts étuvés au beurre, garnis de pointes d'asperges ou de petits pois frais, légèrement liés.

Vins blancs : muscadet, sylvaner, riesling. Vins rouges de la côte de Beaune.
Vin rosé : tavel.

POULET SAUTÉ DAUPHINOIS À L'AIL ET AU PERSIL

PRÉPARATION 30 MINUTES • CUISSON 50 MINUTES

Pour 4 ou 5 personnes :
1 poulet de 1,250 kg environ
2 ou 3 têtes d'ail (24 grosses gousses)
150 g de persil
50 g de beurre
2 cuillerées à soupe d'huile d'olive
sel, poivre

Découper le poulet en petits morceaux. Détacher les cuisses et les ailes. Couper la carcasse en 4 morceaux.

Supprimer les pattes et les ailerons, et couper en deux les ailes et les cuisses.

Faire chauffer dans une cocotte le beurre et l'huile. À feu vif, mais sans laisser brûler le corps gras, faire dorer les morceaux de poulet.

Les retourner de tous les côtés.

Saler et poivrer. Couvrir et laisser cuire à feu doux pendant 15 minutes. Pendant la cuisson, débarrasser les gousses d'ail de leur peau sèche, en ayant soin de ne pas enlever la dernière peau (brillante et rosée). Ne pas utiliser celles dont la peau serait ouverte, car l'ail doit cuire dans son enveloppe, ceci est très important pour la finesse de ce plat. Après 15 minutes de cuisson des morceaux de poulet, ajouter les gousses d'ail, les mélanger, couvrir de nouveau.

Laisser cuire, toujours à feu doux, pendant 20 minutes.

Disposer les morceaux de poulet et les gousses d'ail sur un plat chaud ; poudrer largement avec 3 grosses cuillerées à soupe de persil haché. On vide la gousse d'ail dans l'assiette, en appuyant sur la peau avec la fourchette. L'ail se trouve réduit en une purée qui, avec le persil, parfume le poulet sans aucune violence.

Vins rouges : crozes-hermitage, saint-joseph, côtes-du-rhône, tricastin, côtes-de-provence, coteaux du Languedoc, minervois.

CHAUD-FROID DE POULET À L'ESTRAGON

P. 336

Apprêt typique de buffet froid qui demande du temps et de la minutie, le chaud-froid se sert également en entrée : volaille, sauce blanche et estragon en sont les éléments de base.

Assiette Lalique.

**POULET GRILLÉ
À LA DIABLE**

P. 346

Fendu et aplati, puis bien beurré, le poulet subit d'abord une première cuisson au four. Il faut ensuite le tartiner de moutarde et l'enduire de chapelure pour terminer l'apprêt sous le gril. La sauce diable qui

l'accompagne, à base de vin blanc et de vinaigre, est fortement relevée de poivre, d'échalote, de thym et de laurier. Cornichons et citron complètent la garniture.

POULARDE AU CONCOMBRE

P. 320

Mijotés à la casserole avec tomates et oignons, les morceaux de volaille sont garnis de champignons et de tronçons de concombre tournés en olives, avec une pincée de fleurs de thym.

Assiette Christofle.

POULET EN MEURETTE

P. 346

La meurette est une sauce au vin rouge, traditionnelle en Bourgogne, avec laquelle on accommode le plus souvent les poissons en matelote, mais le poulet se prépare de la même façon.

Assiette Christofle.

RÂBLES DE LAPIN À L'ESTRAGON

P. 301

D'une saveur très fine et délicate mais néanmoins bien affirmée, l'estragon aromatise de multiples mets qui vont de l'œuf à l'anguille : le lapin bénéficie aussi de son parfum, qui s'associe dans cette

préparation avec l'ail et l'échalote. La cuisson relevée de cognac et de vin blanc doit être menée doucement pour que la viande s'en imprègne bien.

Plat Hutschenreuther.

LAPIN AUX PRUNEAUX

P. 299

Cette recette très connue remonte sans doute au Moyen Âge. Elle est originaire du Val de Loire, où les fameux pruneaux de Tours furent rapportés de Damas par les Croisés.

Assiette Hutschenreuther.

POULET SAUTÉ AUX MORILLES
PRÉPARATION 50 MINUTES • CUISSON 40 MINUTES

Découper les poulets. Saler et poivrer les morceaux ; les faire revenir vivement au beurre ; ajouter les morilles fraîches ; déglacer avec le vin blanc et cuire à couvert 30 à 35 minutes.

Pendant ce temps, préparer une julienne de pommes de terre, que l'on fait sauter au beurre dans une poêle assez grande, de façon à obtenir une galette (le « paillasson ») de belle couleur dorée.

Après cuisson, glisser cette galette sur un plat rond ; dresser, par-dessus, les morceaux de volaille et les morilles.

Poudrer de persil haché. Servir la sauce à part.

Vins blancs ou rouges du Jura.

Ingrédients :
2 poulets de grain de 1 kg environ chacun
250 g de beurre
sel, poivre
500 g de morilles fraîches (étuvées au préalable)
un demi-litre de vin blanc
1 dl de fond* de veau
500 g de pommes de terre en julienne, dites pommes* Darphin
1 cuillerée à soupe de persil

POULET SAUTÉ À LA NANTAISE
PRÉPARATION 1 HEURE • CUISSON 30 MINUTES

Découper, à cru, les deux poulets. Mettre, dans une casserole, les oignons et les carottes émincés, un bouquet bien garni, un assaisonnement de haut goût, du beurre et les morceaux de poulet.

Faire cuire quelques minutes à feu modéré, puis ajouter le muscadet et le vinaigre de vin blanc, et poursuivre la cuisson pendant 30 minutes. Mettre ensuite les poulets dans une cocotte, puis, avec le jus resté dans la casserole et les échalotes hachées, faire une forte réduction bien relevée de vinaigre. Jeter dedans, comme garniture, des quartiers de champignons, de petits oignons, des carottes tournées en gousses d'ail et des dés de fonds d'artichauts (le tout préalablement blanchi). Ajouter la crème.

Rectifier l'assaisonnement ; poivrer de paprika, tomater légèrement, de manière à donner à la sauce une belle teinte aurore, et napper la volaille de la sauce ainsi obtenue et des garnitures qu'elle contient.

Vins blancs : muscadet, gros plant nantais, pouilly fumé, chablis.

Ingrédients :
2 jeunes poulets de 900 g à 1 kg chacun
sel, poivre
200 g de beurre
2 oignons et 2 carottes
bouquet garni
2 dl de muscadet
5 cl de vinaigre de vin blanc
6 échalotes
150 g de champignons
24 petits oignons
250 g de carottes
6 fonds d'artichauts
1 cuillerée de paprika
2 cuillerées de sauce* tomate
1 dl de crème fraîche

VOLAILLES ET LAPIN

POULET SAUTÉ AU RIZ À LA PROVENÇALE

PRÉPARATION 1 HEURE 15 • CUISSON 45 MINUTES
(Recette de Raymond Oliver, le Grand Véfour.)

Ingrédients :
- 1 poulet moyen
- 5 cl d'huile d'olive
- 100 g d'oignon
- 1 gros poivron doux, vidé, coupé en lanières
- 3 gousses d'ail
- 250 g de riz (Madagascar non traité)
- origan, safran en poudre (une pointe de couteau)
- 1 pincée de safran en filaments
- 1 pointe de cayenne
- 100 g d'olives niçoises
- 4 dl d'eau (ou bouillon de poule au pot)
- 3 belles tomates mûres, pelées, épépinées et concassées
- 20 g de beurre
- sel, poivre fraîchement moulu
- une forte pincée de sucre
- basilic frais (ou persil)

Découper le poulet, comme pour un sauté. Séparer aussi les cuisses en deux (pilon et cuisse). Lever les lobes de chair du gésier et jeter la peau nerveuse. Couper le foie, le gésier et le cœur en menus morceaux. Faire revenir, à l'huile d'olive, les morceaux de poulet, salés, dans un grand plat à sauter, de préférence en cuivre épais. Compter environ un quart d'heure, en les retournant régulièrement. Les retirer et les réserver couverts, au chaud. À leur place, faire sauter les morceaux de foie, de gésier et de cœur, pendant 30 secondes environ, juste pour les faire raidir. Les mettre de côté.

Ajouter l'oignon haché et les lanières de poivron. Les tourner régulièrement à l'aide d'une cuillère en bois, sur une flamme moyenne-douce, jusqu'à légère coloration ; saler si l'on a mouillé à l'eau. Ajouter l'ail haché et le riz et continuer à tourner de temps en temps jusqu'à ce que le riz devienne laiteux. Ajouter l'origan (rouler le bouquet entre les mains pour laisser tomber les fleurs), les deux safrans, et le cayenne. Tourner, afin que tout soit bien amalgamé, et ajouter les olives, bien rincées, et le liquide bouillant.

Tourner une fois, disposer les morceaux de poulet à la surface, en ayant soin d'y ajouter tout le jus qu'ils ont rendu ; couvrir hermétiquement et régler la flamme (interposer une plaque en amiante, s'il le faut), afin que le liquide frémisse à peine.

D'autre part, faire étuver doucement, au beurre, les tomates assaisonnées de sel, de poivre et de sucre. Après un quart d'heure ou 20 minutes, le riz aura absorbé la totalité du liquide. Verser dessus les tomates, de façon à ce qu'elles garnissent également toute la surface et que leur liquide s'écoule d'une façon égale sur le riz ; mais ne pas toucher au riz. Laisser encore hermétiquement couvert, pendant un quart d'heure. Parsemer sur la surface des morceaux de basilic ciselé (ou de persil haché), et laisser en attente, à couvert, encore 6 ou 7 minutes. Servir tel quel, sur des assiettes chaudes.

De petits cœurs d'artichauts, préalablement étuvés au beurre, peuvent être ajoutés en même temps que les olives.

Si l'on dresse ce plat sur un grand plat de service, il peut être avantageusement entouré de rondelles d'aubergines frites à l'huile d'olive ou de rondelles, épaisses comme une pièce de monnaie, de petites courgettes, sautées pendant 8 ou 10 minutes à l'huile d'olive, ou de ces deux garnitures réunies.

Vins : cassis, coteaux-d'aix blancs ou rouges.

VOLAILLES ET LAPIN

POULET SAUTÉ AUX TOMATES
PRÉPARATION 1 HEURE • CUISSON 30 MINUTES

2 poulets « reine » de 1 kg à 1,200 kg chacun
sel, poivre
1 dl d'huile
300 g de beurre
1 dl de cognac
1 dl de vin blanc très sec
2,500 kg de tomates
1 gousse d'ail
1 cuillerée à soupe de persil
16 croûtons découpés en cœur, en pain de mie, frits au beurre

Prendre des poulets, de Bresse si possible, que l'on découpe chacun en 7 morceaux.

Dans un sautoir en cuivre étamé, faire fondre 100 g de beurre et 1 dl d'huile ; quand la matière grasse est à chaleur convenable, disposer les morceaux de poulet de façon qu'ils soient tous en contact avec le fond du sautoir. Ne les retourner qu'une fois, lorsqu'ils sont devenus couleur jaune paille. Les faire dorer de l'autre côté.

Mouiller les morceaux de poulet avec le cognac et le vin blanc. Ajouter les tomates fraîches mondées, épépinées et concassées. Saler et poivrer ; laisser cuire 20 minutes environ, à couvert.

Retirer alors les morceaux de poulet ; les ranger dans un plat creux tenu au chaud.

Remettre le sautoir en plein feu et réduire la sauce à consistance convenable. Finir la liaison, hors du feu, avec 200 g de beurre, la gousse d'ail (hachée très finement sur une noisette de beurre) et la cuillerée de persil très frais ciselé.

Bien remuer le sautoir, pour parfaire l'émulsion ; rectifier, au besoin, l'assaisonnement ; verser le tout sur le poulet.

Quelques croûtons bien dorés agrémenteront ce plat.

Vins rouges : côtes-du-rhône, côte-rôtie, châteauneuf-du-pape.

POULET SAUTÉ À LA TOURANGELLE
PRÉPARATION 50 MINUTES • CUISSON 30 MINUTES

2 poulets de grain de 900 g à 1 kg environ chacun
sel, poivre
300 g de beurre
4 échalotes
1 dl de bon cognac
1 dl de porto blanc
un demi-litre de crème fraîche
4 jaunes d'œufs

Mettre à fondre 100 g de beurre dans une sauteuse. Découper les poulets en morceaux ; les ranger soigneusement dans la sauteuse ; les faire revenir des deux côtés, sans les faire dorer.

Après 15 minutes de cuisson, jeter les échalotes finement hachées sur les poulets ; les retourner en chauffant aussitôt.

À cuisson, retirer les morceaux sur un plat tenu au chaud. Déglacer avec le cognac ; flamber ; ajouter le porto blanc et faire réduire.

Dans un petit récipient, mélanger 400 g de crème fraîche, les jaunes d'œufs, du sel.

Dresser les morceaux sur un plat rond. Verser la crème dans la sauteuse ; cuire à feu doux en fouettant ; dès le premier bouillon, retirer sur le côté du feu, passer au chinois très fin, monter la sauce avec 200 g de beurre frais et verser sur les morceaux.

Vins rouges : chinon, bourgueil. Vin blanc : vouvray.

VOLAILLES ET LAPIN

POULET SAUTÉ DES VIGNERONS TOURANGEAUX
PRÉPARATION 1 HEURE • CUISSON 30 MINUTES

2 poulets de grain de 900 g à 1 kg chacun
30 petits oignons
150 g de beurre
4 blancs de poireaux
sel, poivre
250 g de lard de poitrine en petits dés
150 g de champignons de Paris
4 tomates mondées, épépinées, concassées
1 gousse d'ail
1 cuillerée de persil haché
une bouteille de vouvray
un demi-litre de crème fraîche

Faire revenir, dans du bon beurre, les oignons, des bâtonnets de tout petits poireaux (que l'on ne mangera pas), des lardons, de petites têtes de champignons et la tomate concassée.

Mouiller, quand cette garniture aura pris couleur, avec une bouteille de vouvray et quelques cuillerées de crème. Assaisonner de sel et de poivre.

D'autre part, faire colorer au beurre les quartiers de poulets, et, après coloration, les faire mijoter avec leur garniture, jusqu'à cuisson complète. Rectifier la liaison, si besoin est, avec de la crème double.

Un peu avant de servir, poudrer d'une bonne persillade et servir très chaud.

Vins blancs secs : vouvray, montlouis, saumur, sancerre, quincy.

POULET SAUTÉ AU VIN BLANC
PRÉPARATION 1 HEURE • CUISSON 30 MINUTES

2 poulets « reine » de 1 kg à 1,200 kg chacun
sel, poivre
1 dl d'huile
300 g de beurre
2 échalotes
un demi-litre de vin blanc
2 cuillerées de tomate concentrée
500 g de pommes paille, façon pommes* Darphin

Couper les poulets en morceaux et les faire revenir dans une sauteuse, avec 100 g de beurre et un peu d'huile. Une fois bien dorés, mettre les échalotes hachées très fin ; faire revenir 1 minute. Mouiller de bordeaux blanc, de la tomate concentrée et assaisonner de sel et de poivre ; cuire à petit feu et à couvert, pendant une demi-heure.

D'autre part, faire cuire, au dernier moment, dans une poêle, avec 150 g de beurre, des pommes paille très serrées, jusqu'à ce qu'on obtienne une sorte de galette.

Dresser les poulets sur les pommes paille, en arrosant bien avec la sauce. Servir très chaud.

Vins : médoc, graves blanc ou rouge, côte-de-beaune blanc ou rouge, arbois blanc, bourgueil, chinon.

POULET VALLÉE D'AUGE
PRÉPARATION 50 MINUTES • CUISSON 35 MINUTES

2 poulets « reine » de 1 kg à 1,200 kg
sel, poivre
150 g de beurre
un demi-litre de crème fraîche
1 dl de calvados

Prendre des poulets blancs et dodus. Après les avoir vidés et troussés, les faire dorer dans un beurre normand blond. À cuisson, flamber avec un vieux calvados.

VOLAILLES ET LAPIN

Déglacer d'une crème d'Isigny ; faire sauter quelques minutes ; découper et dresser.
Mettre la sauce au point, napper et servir.

Vins blancs moelleux ou demi-secs : sauternes, barsac, gewurztraminer, vouvray. Cidres secs ou demi-secs.

SUPRÊMES DE VOLAILLE AUX POINTES D'ASPERGES
PRÉPARATION 1 HEURE 30 • CUISSON 15 MINUTES

4 poulets moyens
(8 suprêmes)
sel, poivre
250 g de beurre
600 g de pointes
d'asperges

Ce qu'on appelle « suprême » est la partie la plus délicate de la volaille, qui comprend les filets et les filets mignons, c'est-à-dire la totalité du blanc, ou chair de l'estomac.
Dans certains cas, on les pique de truffe ou on les contise : opération très simple qui consiste à pratiquer dans la chair de petites incisions où l'on introduit, à demi, des lames de truffe.
Prendre des poulets « reine », du poids de 1 kg chacun, vidés. Supprimer les ailerons, détacher la peau de l'estomac, tracer une incision dans la chair, sur le milieu de l'estomac, passer le couteau dans la jointure des ailes et enlever, d'une seule pièce, les filets ainsi que les filets mignons qui se trouvent en dessous.
Ranger ces filets, ou suprêmes, dans un sautoir beurré, les couvrir d'un rond de papier beurré et les tenir au frais, s'ils doivent attendre.
Un quart d'heure avant de servir, cuire, à l'eau bouillante salée, les pointes d'asperges, dont on aura réservé une dizaine de tiges de 3 centimètres et demi de longueur, qui seront ficelées en bottillon et cuites en même temps. Aussitôt cuites, en les tenant un peu fermes, les égoutter à fond et les mettre dans un sautoir (sauf le bottillon) ; les faire sauter à feu vif, pour faire évaporer l'humidité ; assaisonner de sel, de poivre et, tout en les faisant sauter, les lier avec 75 g de beurre divisé en parcelles. Observer que cette liaison ne doit être faite qu'à la dernière minute.
Dix minutes avant de servir, assaisonner légèrement les suprêmes de sel fin, les arroser de 5 ou 6 cuillerées de beurre fondu, couvrir hermétiquement l'ustensile et le mettre au four très chaud. Il suffit de 8 minutes pour assurer la cuisson.
Dresser les suprêmes sur un plat rond, disposer, au milieu, des pointes d'asperges et, sur celles-ci, placer, debout, le bottillon réservé.
Nota. Ce plat peut sembler dispendieux ; il ne l'est pas en réalité, puisque ce qui reste des poulets peut être utilisé de multiples façons.

Vins blancs secs : pouilly fumé, montrachet, meursault.

VOLAILLES ET LAPIN

TERRINE DE FOIES DE VOLAILLE

PRÉPARATION 1 HEURE • COMMENCER 24 HEURES À L'AVANCE • CUISSON 2 HEURES

600 g d'échine de porc désossée
300 g de noix de veau
600 g de foies de volaille
300 g de bardes de lard
75 g de beurre
100 g de jambon coupé en dés
2 échalotes
1 gousse d'ail
un demi-verre à alcool de cognac
50 g de crème épaisse
une grosse poignée de mie de pain trempée dans du lait
1 œuf
30 g de sel, poivre
1 feuille de laurier, thym, romarin, une pointe de quatre-épices

Dénerver soigneusement les foies de volaille. Les réserver.
Détailler les viandes en morceaux et les passer au hachoir, grosse grille. Réserver les dés de jambon. Repasser les viandes au hachoir, grille fine cette fois, ainsi que la moitié des foies de volaille.
Faire revenir les échalotes et l'ail hachés dans une noix de beurre. Lorsque le tout est doré, l'ajouter aux viandes hachées.
Dans la même poêle faire raidir les foies réservés (3 à 4 minutes). Mettre les foies à part ; déglacer avec le cognac. Réserver le jus ainsi obtenu. Battre l'œuf à la fourchette.
Ajouter aux viandes hachées : la mie de pain égouttée, l'œuf, la crème, les épices et aromates, le sel et le poivre. (Réserver la feuille de laurier.)
Bien pétrir le tout avec un pilon jusqu'à obtention d'une purée épaisse. Ajouter les dés de jambon et le jus se trouvant dans la poêle.
Couper la barde en bandes de 5 cm de large et en garnir le fond et les parois de la terrine. Remplir le fond de la terrine avec la moitié de la farce. Placer les foies réservés et les enfoncer dans la farce.
Verser le reste de la farce en tassant bien et lisser avec une spatule. Couvrir avec les bardes restantes ; poser la feuille de laurier sur le dessus.
Mettre le couvercle, placer la terrine dans un plat plus grand, y verser de l'eau bouillante jusqu'à mi-hauteur de la terrine.
Mettre à four chaud et laisser cuire 1 heure 45 environ.
Lorsque la terrine est cuite, la retirer du four ; laisser la graisse de la surface se solidifier légèrement.
À ce moment, poser sur la surface découverte de la terrine une planchette enveloppée de papier d'aluminium et placer dessus un poids de 2 kg. Laisser au frais 24 heures. Pour servir, découper directement dans la terrine de belles tranches régulières. Une terrine de foies de volaille ainsi préparée peut se conserver huit jours au réfrigérateur.

Vins blancs secs : meursault, pouilly. Vins rouges légers : saint-amour, bourgueil, chinon.

VOL-AU-VENT DE POULET

PRÉPARATION 50 MINUTES • CUISSON 40 MINUTES

2 poulets « reine » de 1,200 kg environ chacun
sel, poivre
200 g de beurre
75 g de farine
un litre de consommé
bouquet garni
40 petits oignons blanchis à l'eau
un demi-litre de crème fraîche
4 jaunes d'œufs
1 citron
400 g de feuilletage* pour vol-au-vent

Choisir des poulets tendres, les couper en morceaux ; mettre dans une casserole un bon morceau de beurre, laisser fondre, ajouter 2 cuillerées de farine ; mélanger ; ajouter tous les morceaux de poulet et les laisser cuire, 15 minutes, dans le roux blanc, sans trop faire prendre couleur. Mouiller de consommé, ajouter un bouquet garni. D'autre part, ajouter aux poulets les petits oignons égouttés. Assaisonner, couvrir et laisser mijoter jusqu'à bonne cuisson. Lier avec la crème fraîche, les jaunes d'œufs et un filet de citron. Dresser dans une croûte de vol-au-vent.

Vins rouges de la côte de Beaune.

VIANDES
DE
BOUCHERIE

La viande de boucherie — agneau et mouton, bœuf, veau, porc et leurs abats — tient une place fondamentale dans l'alimentation humaine et l'histoire de la gastronomie. Depuis toujours, le génie des cuisiniers a recherché l'utilisation culinaire de toutes les parties d'un animal, aussi différentes d'aspect et de goût que, par exemple, le foie de veau et le gigot d'agneau, le tournedos et l'andouillette, le jarret de veau ou le plat de côtes. C'est pourquoi il est indispensable de savoir comment distinguer et comment acheter les viandes de boucherie. Tout d'abord en évitant de confondre qualité et catégorie. La qualité est l'excellence de la viande, déterminée par l'âge, la race et la nourriture de l'animal. En revanche, la catégorie correspond à la destination culinaire des différents morceaux. La première catégorie, chez le bœuf, le veau et le mouton, se compose des morceaux à rôtir, à poêler et à griller, les plus chers et les plus demandés de nos jours (partie arrière de l'animal essentiellement) ; dans la deuxième catégorie, on trouve les morceaux à braiser ou à mijoter en ragoût, en daube, etc. (à la hauteur des pattes avant et un peu en arrière) ; à la troisième catégorie appartiennent les morceaux à bouillir ou à braiser longuement (collier, jarret, poitrine, queue, etc.). Il ne faut pas oublier qu'un morceau de poitrine de bœuf de troisième catégorie peut provenir d'un animal d'excellente qualité et qu'un filet de bœuf, première catégorie, peut être prélevé sur un animal de qualité médiocre.

Il n'est pas nécessaire d'insister sur la valeur alimentaire et hautement nutritive de la viande, aliment « bâtisseur » par excellence, souvent tenu comme l'élément central d'un repas bien équilibré. Cependant, du fait de sa teneur élevée en protides et en lipides, les diététiciens recommandent de ne pas en exagérer la consommation : 150 à 200 g de viande suffisent très largement aux besoins journaliers d'un adulte ayant une activité normale. Il est en fait conseillé d'alterner la viande, aussi souvent que possible, avec des plats de volaille, de poisson ou d'œufs pour parvenir à l'équilibre souhaitable, tant du point de vue de la santé que de la gastronomie. Par ailleurs, à l'encontre d'un préjugé assez répandu, les viandes dites « blanches » (veau, porc, lapin, volaille) ont une valeur nutritive sensiblement égale à celle des viandes « rouges » (mouton, agneau, bœuf, cheval).

On distingue généralement les viandes maigres (cheval, veau, abats de bœuf), les viandes demi-maigres (certains morceaux de bœuf et de mouton) et les viandes grasses (bœuf, mouton et porc). Rappelons aussi que, pour atteindre sa qualité optimale, la viande de boucherie doit être « rassise », c'est-à-dire avoir été conservée deux ou trois jours au frais après l'abattage. À l'achat, on juge une bonne viande de boucherie selon différents critères : la couleur, indice le plus immédiat (bœuf ou agneau rouge vif, veau et porc rosés), liée à l'alimentation, à l'âge et à la santé de l'animal ; la tendreté, capacité de la viande à être tranchée ou cisaillée ; la succulence (ou jutosité), qui fait qu'une bonne viande rend du jus quand on la mastique ; enfin la saveur, qui provient essentiellement de la juste proportion de graisse dans les fibres musculaires.

AGNEAU ET MOUTON

LES OVINS SONT TOUT D'ABORD REPRÉSENTÉS EN BOUCHERIE PAR l'agneau, qu'une très ancienne tradition réserve au repas de Pâques. On distingue : l'agneau de lait (ou « agnelet »), dont la viande tendre et délicate, mais un peu fade, vient d'animaux âgés de 30 à 40 jours ; l'agneau blanc, ou « laiton », est proposé entre Noël et juin : rose foncé, avec une graisse blanche, sa viande devient très tendre à la cuisson ; l'agneau « gris », plus gros et plus âgé, se caractérise par une viande plus ferme, d'un goût plus marqué, que recherchent de nombreux amateurs et qui remplace d'ailleurs très souvent le véritable mouton. L'agneau de pré-salé, de Pauillac ou du Mont-Saint-Michel, conserve une haute réputation de qualité, ainsi que l'agneau du Limousin ou de la Vienne. L'agneau se découpe comme le mouton et se fait surtout rôtir. Côtelettes grillées, gigot et carré d'agneau font des plats de viande succulents, à garnir le plus souvent de légumes de printemps ou d'une jardinière.

Le mouton donne une viande plus grasse que celle du bœuf. Elle doit être ferme, dense et rouge sombre, avec une graisse dure et blanc nacré. La meilleure époque est la fin de l'hiver et le printemps ; les sujets de choix viennent de Pauillac, Sisteron ou Bellac, notamment.

Les morceaux à cuisiner
Les pièces à rôtir proviennent du *gigot* (cuisse entière ou gigot raccourci et quasi), de la *selle anglaise*, du *carré* entier et de l'*épaule*, désossée ou non ; le *baron* fournit aussi une pièce de choix. Le gigot peut, quant à lui, se faire également pocher à l'anglaise, servi avec une sauce à la menthe.
Pour les morceaux à griller, on choisit parmi les *côtelettes* : premières, secondes (ou découvertes), côtelettes-filets et côtes détaillées dans la pointe du gigot. Les brochettes à griller se préparent avec des morceaux d'épaule, de poitrine ou de collier. Ces deux derniers fournissent ensuite les morceaux à braiser, à sauter ou à bouillir, ainsi que le haut de côtelettes et le travers de côtes, sans oublier l'épaule. Les ragoûts de mouton, l'irish stew, le navarin et le haricot de mouton figurent parmi les grands classiques de la gastronomie. Parmi les abats du mouton et de l'agneau, la cervelle, les rognons, la langue et les pieds sont les plus recherchés.

BARON D'AGNEAU DE LAIT RÔTI
PRÉPARATION 2 HEURES • CUISSON 40 MINUTES

1 baron de 2 kg environ
200 g de beurre
sel, poivre
garniture au choix :
500 g de petites tomates
4 truffes, pain d'épinards

La pièce appelée « baron » comporte les deux gigots et la selle réunis. Prise sur un petit agneau de lait, elle est peu volumineuse.

Placer la pièce dans un plat à rôtir, muni d'une grille ; l'assaisonner légèrement de sel fin et la badigeonner copieusement de beurre fondu. Pour cette viande blanche très tendre, la chaleur du four doit être moyenne.

Au cours de la cuisson, elle doit, de temps en temps, être badigeonnée de beurre fondu, à l'exclusion de tout autre liquide. Le temps de cuisson s'évalue à 20 minutes par kilo.

Présenter avec tomates grillées, truffes entières, pain d'épinards ou toute autre garniture.

Vins rouges : saint-émilion, champigny, châteauneuf-du-pape, beaujolais, bourgueil, bourgognes de la côte de Beaune.

CASSOLETTE DU BON PRINCE « CUR »
PRÉPARATION 1 HEURE • CUISSON 25 MINUTES

2 kg de ris d'agneau
sel, poivre
500 g de champignons
150 g de beurre
2 dl de vin blanc
500 g d'olives vertes
1 brindille de sauge,
de sarriette et de romarin
un demi-litre
de demi-glace*
200 g de mirepoix*

Choisir de très beaux ris d'agneau très frais ; les faire dégorger et fortement blanchir. Les éplucher à fond. Faire revenir les parures et quelques déchets de viandes blanches crues, au beurre, avec une mirepoix. Mouiller avec le vin blanc et la demi-glace. Passer au chinois après cuisson.

Cuire les ris d'agneau au beurre, dans un plat à sauter ; ajouter sel, poivre ; couvrir d'un papier beurré. Arroser souvent les ris avec leur fond de cuisson. Une fois bien dorés, les déglacer avec le vin blanc, qu'on fera réduire presque complètement ; y joindre le fond préparé, les champignons étuvés et les olives dénoyautées et blanchies. Beurrer la sauce, qui doit être très courte, mais riche.

Vins blancs : graves, chablis, arbois, riesling. Vin rosé : tavel.
Vin rouge : bourgueil.

AGNEAU ET MOUTON

CASSOULET AU MOUTON

PRÉPARATION 1 HEURE 30 • TREMPAGE DES HARICOTS LA VEILLE • CUISSON 2 HEURES 30

1,250 kg de mouton (deux tiers d'épaule désossée, un tiers de poitrine en morceaux de 100 g chacun environ)
1 kg de haricots blancs
300 g de lard de poitrine bien maigre
150 g de couennes de lard
1 saucisson cru à l'ail de 400 g
6 cuillerées de purée de tomates
2 gros oignons
2 gousses d'ail
bouquet garni
2 carottes
1 gros oignon
1 clou de girofle
sel, poivre
200 g de graisse d'oie (à défaut, de graisse de porc)
50 g de mie de pain frais

Égoutter les haricots trempés à l'eau froide 6 heures à l'avance ; les mettre dans une casserole et les couvrir amplement d'eau froide. Faire partir l'ébullition ; saler à raison de 8 g par litre d'eau ; ajouter les carottes coupées en quatre, l'oignon piqué d'un clou de girofle, le bouquet garni, et faire cuire les haricots doucement, à peu près aux trois quarts.

Pendant ce temps, ébouillanter le lard, coupé en gros dés, et les couennes, détaillées en carrés de 2 cm de côté ; les tenir prêts sur des assiettes. Hacher les oignons, broyer l'ail, faire le bouquet et, ces apprêts étant terminés, procéder à la cuisson du mouton.

Assaisonner le mouton de sel et de poivre et le mettre dans un sautoir à fond épais, contenant de la graisse épurée fumante. Le faire revenir vivement, pour qu'il soit rissolé de tous les côtés. Égoutter la graisse, en penchant la casserole fermée à l'aide d'un couvercle. Ajouter l'oignon ; faire revenir encore quelques instants, puis mouiller à hauteur (que les morceaux en soient couverts) avec de l'eau tiède ou du bouillon léger. Ajouter alors la purée de tomates (dans la saison, mettre aussi quelques tomates fraîches, mondées, pressées et hachées), le lard, les couennes, l'ail broyé, le bouquet, et laisser bouillir doucement pendant 1 heure.

Au bout de ce temps, ajouter les haricots, bien égouttés, et le saucisson. Couvrir le tout d'un papier beurré ; fermer hermétiquement la casserole ; la mettre au four et continuer la cuisson lente pendant encore 1 heure. Avoir soin de retirer le saucisson au bout de 40 minutes.

Frotter l'intérieur d'un grand plat en terre (ou de deux plats moyens) avec une gousse d'ail épluchée ; verser le cassoulet dedans, en ayant soin de placer les morceaux de mouton dessous et la garniture dessus ; disposer en surface le saucisson coupé en rondelles.

Poudrer de mie de pain et de graisse d'oie ou de porc. Mettre à gratiner, au four de chaleur moyenne, et laisser mijoter.

Le véritable cassoulet se fait sans mouton, avec des haricots et du saucisson du pays. On y ajoute, à volonté, des cous farcis ou du confit d'oie. Le tour de main consiste, au cours du gratinage, à enfoncer à plusieurs reprises, à l'intérieur de la préparation, les peaux qui se forment à la surface.

Vins rouges : bourgueil, chinon, madiran, cornas.

CÔTELETTES D'AGNEAU DE LAIT MONTROUGE

PRÉPARATION 1 HEURE 30 • CUISSON 15 MINUTES

16 côtelettes d'agneau
sel, poivre
250 g de beurre
500 g de farce*
de volaille
un demi-litre de crème fraîche
1 kg de champignons bien blancs pour purée
1 citron

Comme ces côtelettes sont très petites, on en compte généralement deux par personne.
Préparer à l'avance :
1° la farce de volaille à la crème ;
2° la purée de champignons.
Aplatir légèrement les côtelettes, parées comme à l'ordinaire ; les assaisonner de sel et de poivre blanc, et les faire revenir au beurre, des deux côtés, pendant quelques minutes seulement.
Ensuite, les éponger dans une serviette, et les tartiner de farce sur un côté. Lisser la farce en lui donnant une forme légèrement bombée. Ranger les côtelettes sur un plat beurré.
Huit à dix minutes avant de servir, les mettre à l'entrée du four, pour compléter leur cuisson et assurer celle de la farce.
Dresser les côtelettes en turban sur un plat rond, et verser au milieu la purée de champignons.
On peut également ne faire sauter les côtelettes que d'un seul côté. Tartiner le côté cuit avec la farce mousseline, et reprendre la cuisson de l'autre côté, tout en arrosant du beurre de cuisson et, dans les dernières minutes, les poudrer légèrement de mie de pain frais, ce qui leur donnera une présentation homogène et de belle couleur ; la cuisson de la farce et des côtelettes sera alors simultanée.
On peut aussi servir les côtelettes simplement arrosées du beurre de cuisson, sans farce, avec une poignée de persil frit au centre et la purée de champignons en bol ou en saucière.

Vins rouges : saint-émilion, pomerol, graves, médoc.

CÔTELETTES D'AGNEAU À LA PÈRE LAURENT

PRÉPARATION 1 HEURE 30 • MARINAGE LA VEILLE • CUISSON 2 HEURES

8 belles côtes d'agneau de 80 à 90 g chacune
500 g de maigre de veau (noix ou sous-noix)
500 g de filet de porc, pilé et passé au tamis
2 jaunes d'œufs
1 citron
400 g de crépine de porc
sel, poivre
60 g de beurre
un demi-litre de vin blanc
1 brindille de thym
1 pincée de muscade
400 g de truffes coupées en lames dans la marinade réduite

Prendre de jolies côtelettes d'agneau composées d'un seul os ; n'y laisser que la noix et l'os. Prendre du veau et du porc bien maigre ; les piler bien fin ; y joindre les jaunes d'œufs et le jus d'un citron. Déposer un peu de cette farce sur chacune des côtelettes, de façon à leur donner le double de leur épaisseur ; les envelopper dans de la crépine. Les faire mariner (selon son goût, avec vin blanc, sel, poivre, aromates, etc.). Le lendemain, les faire bien roussir, puis ajouter la marinade (un peu d'eau si c'est nécessaire), pour qu'elles baignent, et laisser cuire 2 heures environ.
Dégraisser, ajouter des truffes en grande quantité, servir très chaud.

Vins rouges : saint-émilion, pomerol, graves, médoc, bourgueil, bourgognes de la côte de Beaune.

CRÉPINETTES DE MOUTON
PRÉPARATION 1 HEURE 30 • CUISSON 1 HEURE

1 crépine de porc
900 g de poitrine de mouton désossée et dégraissée
4 touffes de persil
5 à 6 gousses d'ail
1 feuille de laurier
2 cuillerées à soupe d'huile d'olive
1 cuillerée à moka de cannelle en poudre
sel fin, 1 prise de poivre de Cayenne
2 tomates bien mûres
1 beau poivron
2 oignons
2 brins de thym
2 dl de bouillon chaud

Couper la viande en morceaux et la hacher finement au hachoir mécanique. Dans une terrine, mélanger à la viande le sel, le poivre, le persil lavé et finement haché, l'ail pilé et la cannelle.

Former 6 boules d'égale grosseur et les aplatir avec le plat de la main. Rincer la crépine à l'eau froide, la sécher dans un linge propre, la défriper et y tailler 6 carrés, dans lesquels seront enveloppées les portions de viande hachée.

Éplucher les oignons, les émincer en lamelles. Ébouillanter les tomates, les peler et les couper en quatre. Laver le poivron, en enlever la tige, le couper en deux pour en retirer les graines et le hacher.

Dans une sauteuse, faire chauffer l'huile et y faire saisir rapidement les crépinettes, sur les deux faces. Ajouter les oignons, le laurier, le thym et le poivron ; réduire le feu, couvrir et laisser rissoler pendant 15 à 20 minutes, en surveillant la cuisson.

Ajouter alors les tomates, 0,5 dl de bouillon chaud et saler légèrement la garniture. Faire reprendre l'ébullition, couvrir, réduire le feu et continuer la cuisson pendant encore 40 minutes. En cours de cuisson, écraser les tomates avec une fourchette et ajouter du bouillon chaud, dès que la cuisson aura tendance à réduire.

En fin de cuisson, vérifier la consistance du jus, que l'on allongera avec le bouillon chaud restant, s'il y a lieu.

Retirer le thym et le laurier du jus. Disposer les crépinettes sur un plat creux chauffé, en garnir le dessus avec la purée de légumes et verser le jus passé autour des crépinettes.

Vins rouges : bergerac, cunac, fronton, villaudric, madiran.

ÉPAULE DE MOUTON À LA BOULANGÈRE
PRÉPARATION 30 MINUTES • 1ʳᵉ CUISSON 25 MINUTES • 2ᵉ CUISSON 40 MINUTES

1 belle épaule de mouton
150 g de beurre
sel et poivre
1,500 kg de pommes de terre
2 gros oignons
1 cuillerée de persil

Dans un plat en terre, placer une épaule de mouton désossée, assaisonnée et roulée en ballottine. La faire cuire au beurre, au four, pendant 25 minutes.

Mettre, autour de l'épaule, les pommes de terre émincées très fin, mélangées de 2 gros oignons émincés, passés au beurre. Assaisonner de sel et de poivre. Arroser de beurre fondu. Cuire au four, à chaleur douce, mais soutenue, pendant 40 minutes.

Poudrer les pommes de terre de persil ciselé. Servir tel quel, dans le plat en terre.

Vins rouges : saint-émilion, beaujolais, bourgueil, bourgognes de la côte de Beaune.

AGNEAU ET MOUTON

ÉPAULE DE MOUTON FAÇON BERRICHONNE
PRÉPARATION 2 HEURES • CUISSON 1 HEURE ENVIRON

Épaule de mouton désossée, de 3 à 4 livres
200 g de farce de porc
1 oignon
50 g de mie de pain, trempée dans 5 cl de lait
1 pincée d'épices
1 cuillerée de persil
1 pointe d'ail
1 œuf
sel, poivre, bouquet garni
3 poireaux
3 branches de céleri
1 oignon
1 clou de girofle
2 carottes
500 g de céleri-rave
4 grosses pommes de terre de Hollande
200 g de beurre

Étaler l'épaule de mouton sur un linge et la couvrir (côté intérieur) d'une couche régulière de la farce suivante : hachis de porc additionné de l'oignon haché (cuit au beurre à l'avance et froid), la mie de pain trempée et pressée, le persil haché, l'ail écrasé, 1 pincée de sel fin, 1 prise de poivre, 1 pointe d'épices, 1 œuf, le tout bien mélangé. Rouler l'épaule, de façon à bien enfermer la farce, et la ficeler.

Autant que possible, se servir d'un ustensile ovale et pas trop large. Y mettre l'épaule, avec assez d'eau pour qu'elle en soit bien couverte, et 12 g de sel par litre d'eau. Faire prendre l'ébullition et ajouter : les blancs de poireau et le céleri (toute la partie tendre, le vert et le blanc) attachés en bouquet ; 1 bouquet garni moyen, 1 oignon piqué d'un clou de girofle et 2 carottes moyennes coupées en quatre. Au bout d'une heure et quart de cuisson, mettre, autour de l'épaule, le céleri-rave coupé en quartiers et, un quart d'heure après, de grosses pommes de terre de Hollande (celles-ci étant moins longues à cuire que le céleri).

Aussitôt que ces légumes sont cuits (les conserver plutôt un peu fermes), les égoutter en les prenant avec une écumoire, y compris les carottes et le bouquet de poireaux et céleri. Passer au tamis ; recueillir la purée dans un sautoir et la remuer sans arrêt sur un feu vif, jusqu'à ce qu'elle soit devenue très épaisse ; la compléter, hors du feu, avec 75 g de beurre, une pincée de sel, une prise de poivre et 5 ou 6 cuillerées de cuisson de l'épaule. Cette purée doit être conservée un peu épaisse et ne plus bouillir quand le beurre y est ajouté.

Égoutter et déficeler l'épaule ; la dresser sur un plat long chaud et l'entourer de la purée.

Ou bien découper l'épaule, ranger les tranches en couronne sur un plat rond et mettre la purée au milieu.

Présenter, à part, une saucière de la cuisson de l'épaule passée au chinois.

Vins rouges : saint-émilion, pomerol, bourgueil, bourgognes de la côte de Beaune.

GALANTINE D'AGNEAU
PRÉPARATION 3 HEURES • CUISSON 4 À 5 HEURES

Un petit agneau désossé
1 kg de lard gras et
1,500 kg de jambon cru
500 g de truffes en gros bâtonnets
1 dl de cognac
1,500 kg de farce* fine de porc
sel, poivre, pincée d'épices, quelques os
2 pieds de veau
bouquet garni
2 carottes

Après avoir désossé un agneau entier, enlever les chairs des gigots, des épaules et le filet. Couper ces chairs en forme de gros lardons. Couper de même manière le lard et le jambon.

Étaler l'agneau sur la table ; mettre d'abord une petite couche de farce, puis intercaler la chair de l'agneau, le lard, le jambon et une rangée de bâtonnets de truffes. Continuer jusqu'à épuisement des éléments.

AGNEAU ET MOUTON

Rouler l'agneau et l'envelopper, comme une galantine, dans un linge solide ; ficeler les deux extrémités.

Préparer un fond avec quelques os, les pieds de veau, le bouquet garni, les carottes et les oignons, sel, poivre. Y déposer la galantine ; mouiller à hauteur avec de l'eau et du vin blanc. Choisir, de préférence, une daubière, ou braisière, ou même une jambonnière.

Après 4 ou 5 heures de cuisson, enlever la galantine d'agneau, la déficeler et, délicatement, la remettre dans un linge propre, puis la ficeler de nouveau ; la placer dans un récipient approprié, une poissonnière par exemple, sous une planchette chargée d'un petit poids, juste pour lui donner une forme régulière.

Pendant cette opération, la cuisson aura légèrement refroidi ; la dégraisser à fond ; ajouter les herbes, le jus d'un citron, les blancs d'œufs battus ; bien mélanger.

Mettre sur le feu et la clarifier en la faisant réduire (30 minutes suffisent) ; la passer dans une serviette et la laisser se congeler.

La galantine se sert froide, avec cette gelée.

Vins blancs secs : graves, chablis, viré, arbois, riesling, cassis.
Vins rouges : beaujolais, bourgueil, chinon.

2 oignons
sel, poivre en grains
1 bouteille de vin blanc
cerfeuil, estragon
1 citron
6 blancs d'œufs

GASCONNADE DE GIGOT AUX LÉGUMES NOUVEAUX

PRÉPARATION 2 HEURES • CUISSON 40 MINUTES

Faire rôtir à la plaque, après l'avoir bien aillé le long du manche et grassement beurré, un gigot d'agneau bien en chair.

Faire revenir, dans la plaque, quelques lardons de poitrine légèrement fumée, et poursuivre la cuisson à feu doux, en arrosant souvent.

D'autre part, faire fondre, dans une casserole, les échalotes hachées, avec le céleri coupé très fin. Préparer des carottes tournées, des navets tournés, un litre de petits pois à la française, de petits oignons nouveaux et des cœurs de laitues ciselés. Tout doit être cuit au beurre, chaque légume à part. Quand cette garniture est moelleuse et dorée, la joindre au gigot, un peu avant de servir.

Déglacer la plaque avec un filet de madère et quelques cuillerées de fond blanc, et faire mijoter le tout quelques instants.

Parsemer, au moment de servir, de persil haché. Le gigot doit être rosé à la tranche.

Vins rouges : saint-émilion, pomerol, bourgueil, bourgognes de la côte de Beaune.

1 beau gigot d'agneau
de 2,500 kg environ
sel, poivre
200 g de beurre
300 g de lard de poitrine
coupé en petits dés
4 échalotes
200 g de céleri
1 botte de carottes
nouvelles
1 kg de navets
un litre de petits pois
à la française
quelques cœurs
de laitues
sel et sucre
25 à 30 petits oignons
blancs nouveaux
ail, persil
1 dl de madère et
1 dl de fond* réduit.
Pour la cuisson :
fond* blanc
sel, pincée de sucre
1 œuf de beurre

AGNEAU ET MOUTON

GIGOT EN CHEMISE À LA MODE DE BERGERAC

PRÉPARATION 2 HEURES • 1re CUISSON 30 MINUTES • 2e CUISSON 25 MINUTES

1 gigot de Pauillac, désossé, sauf le manche
sel, poivre
500 g de farce* fine assez grasse
300 g de lard frais
5 cl de cognac
200 g de beurre
200 g de truffes
1 bouquet de fines herbes
250 g de duxelles*
1 cuiller à soupe de cognac
1 dl de madère
2 cuillerées à soupe de persil haché
750 g de pâte* brisée

Ficeler un gigot et le faire rôtir aux trois quarts, en le gardant très saignant. À ce moment, faire une abaisse de pâte brisée ; en couvrir le milieu d'une farce de porc frais, de lard frais, de truffes en petits dés, de fines herbes et d'un peu de duxelles de champignons aromatisée au cognac. Placer le gigot sur cette farce ; couvrir la partie supérieure d'une autre couche de farce, et souder les côtés de l'abaisse de pâte, pour que le gigot se trouve entièrement enfermé.

Ménager une cheminée sur le dessus, par laquelle la vapeur s'échappera. Remettre au four jusqu'à ce que la pâte soit cuite de tous les côtés. En cours de cuisson, verser, par la cheminée, du madère par petites quantités.

Vins rouges : saint-émilion, pomerol, graves.

GIGOT GARNITURE RICHELIEU

PRÉPARATION 1 HEURE • CUISSON 35 MINUTES

1 gigot de pré-salé de 2 kg
60 g de beurre
8 tomates
8 beaux champignons
300 g de farce* fine
16 fleurons, cresson

Rôtir le gigot à la broche, le découper et le reformer. Le tenir au chaud. L'entourer d'une garniture Richelieu, composée de tomates farcies grillées, de champignons farcis, de fleurons et de cresson.

Vins rouges : saint-émilion, pomerol, côte-rôtie.

GIGOT AU GENIÈVRE

PRÉPARATION 2 HEURES (3 OU 4 JOURS À L'AVANCE) • CUISSON AU FOUR 40 MINUTES • CUISSON À LA BROCHE 50 MINUTES

1 gigot de 2 kg à 2,500 kg
quelques dés de lard gras
une poignée de baies de genièvre
100 g de graisse d'oie

Enlever l'os du quasi et celui du milieu, mais laisser l'os du manche du gigot d'un mouton fraîchement tué. Mettre une poignée de grains de genièvre dans l'intérieur du gigot et dans la noix et la sous-noix ; les répartir bien régulièrement. Envelopper la pièce d'un linge mouillé, et la suspendre dans un endroit frais, dans un courant d'air, pendant 3 ou 4 jours au moins.

Saler le gigot, l'enduire de graisse d'oie ou de porc, et le cuire, de préférence, à la broche.

Bien l'arroser. Dans l'eau de la lèchefrite, légèrement salée, mettre des grains de genièvre mûrs. Pour flamber le gigot, dans les derniers

AGNEAU ET MOUTON

moments, il faut un flamboir, ustensile que l'on trouve partout en Gascogne et dans les Pyrénées, et qui sert à flamber ramiers, palombes, coqs de bruyère et râbles de lièvre. C'est un petit cône renversé, percé au sommet et muni d'un long manche. On introduit, dans le cône, un morceau de lard, et l'on présente le flamboir au feu. Du lard fondu tombent les gouttes de graisse enflammée, dont on inonde le gigot, qui grésille sous l'ardente pluie de feu.

Si l'on ne peut s'en procurer un, prendre une forte louche en fer, la percer d'un trou au centre et la faire rougir au feu, avant d'y placer le morceau de lard.

À point, le gigot est servi dans sa peau croustillante et dorée ; le jus passé l'accompagne à part.

Vins rouges : saint-émilion, pomerol, graves.

* GIGOT À LA LANDAISE
PRÉPARATION 2 HEURES • CUISSON 50 MINUTES

1 gigot de pré-salé de 2,500 kg environ
sel, poivre
150 g de beurre et
1 dl de graisse d'oie
1 dl de vin blanc
1 citron
2 cuillerées à soupe d'huile
2 kg de haricots verts blanchis
10 gousses d'ail
250 g de jambon de Bayonne
2 dl de crème fraîche
1 dl de sauce* tomate
1 oignon
2 gousses d'ail écrasées, bouquet garni
1 dl de vinaigre
3 jaunes d'œufs
persil, cerfeuil, estragon

Piquer copieusement de gousses d'ail, le long du manche, un beau gigot de pré-salé. L'enduire grassement de moitié beurre et moitié graisse de confit d'oie ; saler, poivrer ; le faire rôtir à la broche, en l'arrosant fréquemment.

Le gigot étant cuit, dégraisser le jus, puis déglacer légèrement le fond de cuisson d'un filet de vin blanc et de quelques gouttes de jus de citron. Laisser réduire le tout au volume d'un simple jus, que l'on servira avec le gigot.

Préparer, par ailleurs, la garniture de haricots verts, présentée à part, mais qui constituera cependant l'originalité de ce plat. Pour cela, procéder de la façon suivante :

Faire cuire les haricots verts à l'eau. Bien les égoutter. Les faire ensuite sauter à la poêle, dans un peu d'huile de maïs, en ajoutant, au besoin, un peu de graisse d'oie. Mélanger aux haricots une fine julienne de jambon de Bayonne, puis lier le plat avec un fond composé de : crème épaisse, tomate en purée, oignon haché et revenu à la graisse d'oie, ail écrasé, bouquet garni, sel, poivre, jaunes d'œufs battus dans du vinaigre réduit et refroidi, fines herbes hachées en quantité.

On obtient ainsi une liaison demi-fluide assez vinaigrée, d'une belle couleur aurore bien marquée, dont on mélangera une bonne partie aux haricots verts, le reste étant utilisé pour le nappage.

Faire gratiner les haricots verts à fond, à four chaud, et servir cette garniture en même temps que le gigot.

Vins rouges : saint-émilion, pomerol, graves, médoc.

AGNEAU ET MOUTON

GIGOT MARINÉ EN CHEVREUIL
PRÉPARATION 1 HEURE 30 • MARINAGE 4 JOURS • CUISSON 35 MINUTES ENVIRON

1 beau gigot de 2,500 kg environ
marinade* cuite pour gibier, sel, poivre
200 g de beurre
lard fin pour lardons
un demi-litre de sauce* poivrade.
Garniture au choix : purée de marrons ; purée de reinettes, saucière de gelée de groseilles

Prendre un gigot à fibres ramassées, et bien rassis. Dégager l'os, à l'endroit de la souris, et enlever l'os du quasi, qui serait gênant pour le découpage. Ensuite, à l'aide d'un couteau à lame mince, détacher l'épiderme de la partie externe, sans endommager la chair. Piquer la surface, mise à nu, de 6 rangées de lardons (de la grosseur d'une allumette), en les serrant le plus possible.

Mettre alors le gigot dans une terrine ovale ; l'assaisonner légèrement de sel et de poivre en grains et le couvrir d'un litre et demi de marinade bien froide. Le temps de la marinade est déterminé par le degré de la température : 4 jours quand la température est normale, 5 jours en hiver. Retourner le gigot assez fréquemment dans la marinade, sans jamais le toucher avec les mains.

Après avoir retiré le gigot de la marinade, l'éponger à fond dans un linge et le mettre dans un plat à rôtir muni d'une grille. Le badigeonner de beurre ; le saisir à four vif, afin d'assurer l'évaporation rapide de l'humidité restée dans les chairs, humidité qui risquerait, si elle ne disparaissait promptement, de rendre le rissolage extérieur difficile. Une fois ce dernier obtenu, verser dans le plat 2 ou 3 cuillerées de marinade (simplement pour empêcher le fond de la plaque de brûler) et modérer la chaleur du four. Au cours de la cuisson, badigeonner la pièce, de temps en temps, avec du beurre, à l'exclusion de tout liquide.

Pour obtenir une cuisson à point, compter 13 à 15 minutes par livre, selon la grosseur du gigot. Faire réduire la marinade, y ajouter la sauce poivrade.

Dresser le gigot sur un plat long ; l'entourer de quelques cuillerées de sauce et servir le reste de la sauce à part.

Vins : côtes-du-rhône, châteauneuf-du-pape, cahors, saint-émilion, pomerol, côte-de-nuits

GIGOT À LA RENÉ LASSERRE
PRÉPARATION 1 HEURE • MARINAGE 4 JOURS • CUISSON 45 MINUTES

Un petit gigot
80 g de lard gras
1 dl de vin rouge (madiran)
1 cl de vinaigre
3 cl d'armagnac
sel et poivre
bouquet garni
3 échalotes
1 gousse d'ail
1 dl d'huile d'olive
beurre* manié

Piquer le gigot des lardons, après avoir roulé ceux-ci dans sel et poivre. Mettre le gigot à mariner dans le vin rouge, l'huile, le vinaigre, l'armagnac, les échalotes en rouelles, un peu de sel et poivre. Laisser 4 jours dans cette marinade, en arrosant 6 fois par jour.

Essuyer le gigot et le cuire à la broche, en l'arrosant de la marinade. Dégraisser la cuisson ; la lier d'un peu de beurre manié de farine ; la servir en saucière. En garniture : purée de céleri, purée de champignons, purée Soubise (oignons), purée de haricots rouges, purée de fèves, etc.

Vins : graves, pomerol, côte-de-beaune, madiran, cahors.

AGNEAU ET MOUTON

GIGOT DE SEPT HEURES
PRÉPARATION 1 HEURE 30 • CUISSON 7 HEURES

Enlever l'os du quasi et selui de la cuisse, et ne laisser que l'os du manche ; larder, comme pour un bœuf à la mode.
Faire dorer le gigot, les carottes, le bouquet. Égoutter la graisse, ajouter le fond brun, la tomate, une partie du cognac ; mettre, autour du gigot, les gros oignons. Fermer hermétiquement la daubière ou braisière, après y avoir posé une assiette creuse remplie de vin blanc. Cuire sept heures, en remettant du vin pour compenser l'évaporation.
Lorsque le gigot sera bien cuit (ce gigot préparé ainsi ne se tranche pas, il se sert à la cuillère), le mettre sur un plat avec les oignons autour. Passer le fond, le réduire s'il y a lieu ; goûter, mettre le restant de cognac. Si la cuisson a été soignée, comme il se doit, le fond doit être assez lié et demi-fluide.

Vins rouges : côtes-du-rhône, châteauneuf-du-pape, cahors, côte-de-nuits.

1 gigot de 2,500 kg à 3 kg
sel, poivre
1 dl d'huile
300 g de lard gras
à piquer
bouquet garni
un litre de fond* brun
1 dl de vin blanc sec
6 cl de cognac
15 gros oignons
2 carottes entières
1 dl de sauce* tomate

GIGOT À LA SOLOGNOTE
PRÉPARATION 1 HEURE • MARINAGE 24 HEURES • CUISSON 50 MINUTES

Mettre le gigot, pendant 24 heures, dans une marinade très relevée, composée de vinaigre de vin, des carottes coupées en rondelles, des oignons émincés, du persil, du thym, du laurier, des clous de girofle, des gousses d'ail écrasées, des échalotes émincées, de sel, de poivre en grains, de vin blanc très sec et des bandes de lard coupées en longs rectangles.
Au bout de ce laps de temps, retirer le gigot ; bien l'éponger et le larder copieusement avec les bandes de lard retirées de la marinade. Faire réduire celle-ci à la consistance d'une sauce et la passer au tamis, en écrasant légèrement les légumes et les aromates qui la composent. Ces légumes doivent être bien cuits.
Beurrer grassement le gigot et le mettre à rôtir à feu vif, pour qu'il soit bien saisi. Quand il sera presque cuit, déglacer légèrement le fond de quelques cuillerées de la marinade réduite et passée, et laisser mijoter jusqu'à cuisson complète, en l'arrosant souvent. Servir, en garniture, des haricots verts sautés au beurre, arrosés du restant de la marinade et parsemés de quelques câpres confites au vinaigre.

Vins rouges du Jura, côtes-du-rhône, châteauneuf-du-pape, cahors.

1 gigot de 2,500 kg
environ
sel, poivre en grains
4 carottes, 2 oignons,
2 échalotes
branches de persil,
brindilles de thym
une demi-feuille de laurier
2 gousses d'ail
2 clous de girofle
poivre en grains
1 dl de vinaigre de vin
une bouteille de vin
blanc très sec
300 g de lard gras
pris dans l'entre-deux
200 g de beurre
1,500 kg de haricots verts,
blanchis et beurrés
100 g de câpres

AGNEAU ET MOUTON

*1 kg d'épaule de mouton
désossée
1 kg de poitrine ou
collier désossé
3 gros oignons
4 grosses pommes
de terre de Hollande
très farineuses
1 bouquet garni
avec 1 brindille de thym,
une demi-feuille de laurier,
tiges et racines de persil
3 ou 4 poireaux
sel et poivre
15 petites pommes de
terres
15 petits oignons blancs,
persil*

IRISH-STEW DE MOUTON
PRÉPARATION 1 HEURE • CUISSON 2 HEURES MINIMUM

Disons tout de suite qu'il s'agit d'un ragoût de mouton apprêté selon une méthode spéciale, particulièrement appréciée en Irlande.

Le collier désossé convient particulièrement pour les ragoûts, car il est moelleux et gélatineux.

Couper la viande en morceaux carrés de 150 g environ chacun.

Pour que le ragoût soit bien blanc, ce qui n'enlèvera rien à sa saveur, mettre la viande coupée en morceaux à dégorger quelques heures auparavant, ou la blanchir au moment de faire le ragoût. Mettre alors les morceaux dans un récipient assez grand ; mouiller à l'eau et lorsque celle-ci bout, au lieu d'écumer, arroser d'eau froide ; égoutter.

Intercaler viande, oignons émincés très fin et pommes de terre émincées, poireaux tronçonnés, bouquet très garni (on peut y ajouter une branche de céleri), sel et poivre ; eau à niveau. Après 1 heure 30 de cuisson, retirer les morceaux ; écraser et fouetter la purée liquide de cuisson. La remettre sur la viande de mouton ; ajouter les petites pommes de terre tournées et les petits oignons, blanchis au préalable ; mouiller un peu plus s'il y a lieu ; goûter. Couvrir avec un papier sulfurisé aux dimensions, replacer le couvercle et terminer la cuisson. Au moment de servir, saupoudrer d'une bonne poignée de persil concassé.

Nota. Comme on le voit, cette préparation diffère sensiblement des ragoûts ordinaires, parce que :

1° la viande n'est pas revenue ; d'où le nom de « ragoût blanc » qu'on donne parfois à cet apprêt ;

2° il n'y entre pas de farine ; les pommes émincées et réduites en purée constituent, avec le mouillement, la seule liaison de ce ragoût (il est donc nécessaire d'employer pour cela des pommes de terre rondes, qui se mettent facilement en purée).

Le poivre doit dominer légèrement.

*Vins blancs : vouvray, sancerre, graves.
Vins rouges : beaujolais, chinon, bourgueil.*

*(Utilisation d'une
desserte suffisante de
mouton ou d'agneau)
800 g de viande
de mouton cuite,
finement hachée
sel, poivre
8 aubergines
friture à l'huile
2 oignons
1 gousse d'ail, persil
2 œufs
1 dl de purée de tomates
50 g de beurre
un demi-litre de sauce*
tomate*

MOUSSAKA
PRÉPARATION 1 HEURE • CUISSON 40 MINUTES

Fendre, dans le sens de la longueur, 4 aubergines ; les faire cuire à l'huile, à la poêle. Retirer la chair de ces moitiés d'aubergines.

Cuire à l'huile 4 aubergines pelées et détaillées en rondelles.

Hacher la chair retirée des moitiés d'aubergines ; la mettre dans une terrine ; lui ajouter la chair de mouton cuite hachée, les oignons hachés fondus au beurre, un peu d'ail écrasé, le persil haché, les œufs battus, la purée de tomates. Assaisonner cette farce de sel et de poivre, et bien la mélanger.

Tapisser, avec les peaux d'aubergines, un grand moule rond uni, en faisant remonter un peu ces peaux au-dessus des bords du moule.

Remplir le moule, en tassant bien les éléments, avec le hachis de mouton et les tranches d'aubergines, disposés en couches alternées.
On peut aussi intercaler, avec les rondelles d'aubergines, quelques tomates mondées, épépinées et concassées.
Cuire au four, au bain-marie, pendant 35 à 40 minutes.
Démouler la moussaka sur un plat rond. Servir avec une sauce tomate.

Vins blancs : chablis, cassis. Vins rosés secs : côtes-de-provence, tavel.
Vins rouges : beaujolais, cassis, coteaux-d'aix, bellet.

* NAVARIN
PRÉPARATION 20 MINUTES • CUISSON 3 HEURES

1 épaule de mouton de 2,200 kg
50 g de saindoux
une cuillerée de farine
une cuillerée à café de sucre en poudre
1 kg de pommes de terre
500 g de petits oignons blancs
sel, poivre, bouillon
persil

Couper l'épaule de mouton désossée et dégraissée en gros dés. Faire fondre le saindoux en cocotte et y jeter les morceaux poudrés de sel, poivre et sucre. Les faire dorer sur toutes les faces.
Poudrer de farine. Remuer en laissant légèrement roussir et ajouter le bouillon. Les morceaux de viande doivent être juste recouverts. Porter à ébullition en remuant puis baisser le feu. Couvrir la cocotte et laisser mijoter une heure et demie.
Ajouter les oignons épluchés et rapidement blanchis à l'eau bouillante ainsi que les pommes de terre coupées en gros dés. Continuer la cuisson 45 minutes.
Dégraisser la sauce. Verser dans un plat creux chaud. Poudrer de persil ciselé.

Vins : bourgueil, côtes-du-rhône primeur.

NOISETTES DE PRÉ-SALÉ
PRÉPARATION 15 MINUTES • CUISSON 15 MINUTES

8 côtelettes premières de pré-salé
100 g de beurre
100 g de champignons de Paris
8 tranches de pain de mie
sel, poivre
1 dl de vin blanc sec

Couper le pied terreux des champignons. Les laver, les essorer, les émincer. Dans une casserole, faire fondre 30 g de beurre, et les faire cuire une dizaine de minutes ; saler et poivrer.
Avec un couteau très tranchant, détacher les noix des côtelettes, ou mieux, le faire faire par le boucher au moment de l'achat.
Dans une grande poêle, faire chauffer 30 g de beurre et faire cuire les noix de côtelettes, 4 minutes de chaque côté. Saler et poivrer.
Découper les tranches de pain de mie à la dimension des noisettes de viande, et les faire dorer dans le reste du beurre.
Disposer les 8 canapés sur le plat de service chaud. Poser une noix de côtelette sur chacun d'eux, et les entourer avec les champignons.
Déglacer la poêle avec le vin blanc et une cuillerée à soupe d'eau chaude, laisser bouillir un instant et servir la sauce en saucière.

Vins : graves, médoc.

NOISETTES DE PRÉ-SALÉ BODELEY

PRÉPARATION 1 HEURE 30 • CUISSON 8 MINUTES
(Recette de Claude Terrail, la Tour d'Argent, à Paris.)

8 noisettes de 80 à 100 g chacune
pommes* duchesse pour 8 belles croquettes
3 œufs entiers battus
5 cl d'huile
sel, poivre
200 g de mie de pain frais
grande friture
un demi-litre de sauce* Soubise
150 g de beurre
1 jaune d'œuf
1 dl de vin blanc

Former des croquettes de pommes de terre ovales ; les faire frire ; les évider ; les garnir d'un peu de sauce Soubise bien relevée.
Faire sauter les noisettes de pré-salé ; les introduire dans les croquettes ; déglacer la casserole avec un peu de vin blanc et verser le fond dans les croquettes.
Recouvrir le tout de la même soubise ; dorer au jaune d'œuf et glacer au four.

Vins blancs : saumur, vouvray, sancerre, pouilly fumé.
Vins rouges : beaujolais, bourgueil, chinon.

PAUPIETTES DE MOUTON

PRÉPARATION 15 MINUTES • CUISSON 20 MINUTES

Pour 4 personnes :
600 g de filet de mouton soit 150 g par personne
100 g de lard maigre
2 tranches de jambon de Bayonne
1 œuf
1 cuillerée à soupe de mie de pain rassis
2 échalotes
1 gousse d'ail
persil, huile d'olive

Faire couper par le boucher 4 tranches de filet en forme de rectangle ; les faire aplatir.
Éplucher les échalotes, l'ail et le persil. Les hacher. Hacher également le lard et le jambon.
Mélanger les deux hachis. Ajouter à cette préparation la mie de pain émiettée ainsi que l'œuf entier ; saler, poivrer. Bien mélanger.
Étaler le quart du hachis sur chacune des tranches de filet. Les rouler en paupiettes, et les attacher avec de la ficelle de cuisine.
Allumer le gril. Embrocher les paupiettes sur des brochettes. Les rouler dans l'huile d'olive. Les faire griller 10 minutes de chaque côté, à feu modéré.
Servir, sur un plat de service chaud, avec une purée de légumes : pommes de terre, lentilles ou haricots blancs.

Vins : beaujolais, chinon, bourgueil, côtes-de-provence.

* PIEDS DE MOUTON À LA POULETTE

PRÉPARATION 2 HEURES • CUISSON 2 HEURES 30 À 3 HEURES

24 ou 25 pieds de mouton
250 g de champignons
1 citron.
Pour le blanc de cuisson :
2 litres d'eau
50 g de farine délayée
1 citron sans zeste et coupé
sel
2 carottes
1 oignon, bouquet garni
1 clou de girofle.

Les pieds de mouton se vendent généralement par bottes de 25 et sont tout échaudés. On peut aussi se les procurer au détail, mais, comme ils se conservent très bien dans leur cuisson, il n'y a aucun inconvénient à doubler les proportions.
À l'avance, préparer 2 litres de fond blanc léger, dans lequel on mettra un gros oignon piqué d'un clou de girofle.

Flamber les pieds à l'alcool ou sur un gaz brûlant clair, pour en supprimer les poils qui sont restés. Ensuite, retirer l'os, soit en le déboîtant (pour cela, lui faire faire un tour sur lui-même), soit en fendant la peau du côté intérieur du pied. Avec la pointe d'un petit couteau, enlever une sorte de petit tampon laineux qui se trouve entre les deux parties du sabot.

Bien que les pieds aient déjà été échaudés, il n'est pas inutile de les ébouillanter encore, pendant 8 à 10 minutes. Après quoi, on les met dans le blanc bouillant et l'on continue la cuisson à toute petite ébullition pendant environ 2 heures et demie. Toutefois, ce temps est sujet à variation, selon que les pieds proviennent d'animaux vieux ou jeunes, et, comme ils se trouvent souvent mélangés, il n'y a plus d'unité de cuisson.

Préparer 1 dl de sauce poulette. Quelques instants avant de servir, et la sauce étant beurrée, y ajouter 25 petits champignons cuits à blanc ainsi que les pieds ; faire sauter pieds et champignons dans la sauce pour assurer le mélange ; verser le tout dans une timbale ou un plat creux, et parsemer d'une pincée de persil ciselé.

Vins blancs secs : pouilly fumé, côtes-de-provence. Vins rosés : tavel, arbois. Vins rouges : beaujolais, bourgueil, chinon.

Pour la sauce* poulette :
1 dl de crème fraîche
2 jaunes d'œufs
100 g de beurre
70 g de farine
un demi-litre de fond* blanc,
quelques débris de champignons
un bouquet garni, fourni en poireau, persil ciselé

PIEDS PAQUETS MARSEILLAIS
PRÉPARATION 2 HEURES • CUISSON 4 HEURES ENVIRON

Désosser les pieds et foncer le récipient avec les os. Couper les panses, après les avoir bien nettoyées, en triangles de 15 cm de côté environ ; les étaler sur la table, saler et poivrer fortement ; y déposer gros comme un œuf de pigeon d'ail et de persil hachés, un lardon coupé et un pied désossé ; plier le paquet pour enrober le tout. Poser ces paquets sur les os. Délayer la tomate avec le vin blanc ; l'ajouter ; terminer en couvrant avec de l'eau. Poser par-dessus une feuille de papier cristal et une assiette pour faire pression sur les pieds. Mettre un couvercle. Quatre heures de cuisson, au minimum, sont nécessaires, après la prise de l'ébullition sur le coin du feu, mais non en plein feu, car il y a danger de pinçage. Ensuite, surveiller de près la cuisson, car cette durée est subordonnée à la qualité et à l'âge des bêtes ; donc, sonder les pieds pour s'assurer de leur cuisson. Le mouillement aura réduit des trois cinquièmes. Goûter et rectifier l'assaisonnement.

Vins blancs, rosés ou rouges de Provence.

2 panses complètes
8 pieds de mouton
sel, poivre
300 g de lard maigre
200 g d'ail
et de persil mêlés
300 g de tomate concentrée
un litre de vin blanc

AGNEAU ET MOUTON

1,800 kg à 2 kg de poitrine de mouton bien dégraissée
sel, poivre
4 carottes coupées en deux
4 navets
1 bouquet de poireaux
1 chou
quelques pommes à l'anglaise
8 petites tranches de jambon
8 lamelles de lard
carottes
oignons émincés
sel, poivre
bouquet garni
un demi-litre de bouillon et de l'eau

POITRINE DE MOUTON GRILLÉE
PRÉPARATION 30 MINUTES • CUISSON 2 À 3 HEURES

Faire cuire, pendant 3 heures, un morceau de poitrine de mouton ou un morceau de haut de côtelettes, avec de l'eau, des légumes du pot-au-feu et le chou. Ensuite, retirer la viande, la désosser, et mettre le morceau désossé à griller. Servir sur les légumes.

On peut encore préparer la poitrine de mouton d'une façon différente. Mettre au fond d'une casserole des tranches de jambon, de lard, carottes, thym, laurier, oignons, persil, sel, poivre en grains, la poitrine de mouton et un peu de bouillon. Laisser cuire pendant 3 heures, doucement. Retirer, laisser refroidir ; couper en morceaux ; rouler dans la panure ; faire griller. Servir sur les légumes.

Vins rouges : cornas, côtes-du-rhône, châteauneuf-du-pape, cahors, corbières.

2 petits gigots d'agneau raccourcis de 2,500 kg
sel, poivre
2 citrons
150 g de beurre
80 g de farine
3 dl de crème
2 jaunes d'œufs
bouquet garni
2 carottes coupées en quatre
1 gros oignon
1 clou de girofle
2 litres de fond* blanc
30 petits oignons cuits à blanc à part
500 g de petits champignons de Paris, cuits à blanc

QUARTIERS D'AGNEAU À LA POULETTE
PRÉPARATION 50 MINUTES • CUISSON 2 HEURES

Blanchir les gigots, les égoutter, les éponger sans les rafraîchir. Laisser suer seulement au beurre quelques minutes, à couvert, sans colorer ; ajouter la farine ; bien retourner les gigots.

Mouiller de 2 litres de bon fond blanc ; ajouter les carottes, l'oignon piqué, le bouquet garni. Lorsque les gigots sont cuits, les enlever et les garder au chaud.

Faire réduire la sauce ; la passer au linge. La remettre sur le feu en y ajoutant la cuisson des petits oignons et la cuisson des champignons, un jus de citron, et, lorsqu'on juge que la sauce est à point, on y ajoute les jaunes d'œufs, qui auront été dilués avec la crème. Lier la sauce ; laisser cuire jusqu'à ce qu'elle nappe la cuillère et soit d'un beau luisant et de couleur jaune pâle. Goûter. Ajouter, au besoin, un autre jus de citron ; repasser de nouveau au linge. Mélanger à la sauce les petits oignons et les champignons.

Vins blancs : sancerre, graves, chablis. Vins rouges : beaujolais, chinon.

AGNEAU ET MOUTON

QUARTIERS D'AGNEAU RÔTIS « COMME DANS LE PÉRIGORD »

PRÉPARATION 1 HEURE • MARINAGE 24 HEURES • CUISSON DES QUARTIERS 30 MINUTES • CUISSON DES POMMES DE TERRE 20 MINUTES

Faire mariner les quartiers d'agneau (ainsi que le lard gras) pendant 24 heures, dans du vin blanc sec, avec les condiments suivants : carottes coupées en rondelles, oignons émincés, persil, clou de girofle, poivre en grains, rondelles de citron, baies de genièvre, thym et laurier ; arroser d'huile. Il faut que la marinade recouvre les morceaux.

Au bout de ce temps, retirer les quartiers, les éponger et les larder abondamment avec le lard mariné en même temps que les pièces principales.

Beurrer grassement les rôtis et procéder à leur cuisson à four chaud, jusqu'à ce qu'ils soient à point.

Passer au tamis les différents aromates de la marinade ; faire réduire celle-ci presque à la consistance d'une sauce et, quelques minutes avant la fin de la cuisson des quartiers, se servir de cette marinade réduite pour déglacer le fond et pour les en arroser fréquemment.

Poudrer la pièce d'une fine persillade à la mie de pain, légèrement aillée. Servir, en garniture, un mélange de pommes de terre et de truffes émincées, sautées au beurre. Le fond réduit sera présenté en saucière.

Vins rouges : saint-émilion, pomerol, graves, bourgueil, chinon, cahors.

1 petit gigot d'agneau de lait, la selle et un carré (les trois pièces séparées, pour faciliter la cuisson et la préparation)
200 g de beurre
1 dl d'huile
graisse d'oie
un litre de vin blanc
sel, poivre
2 carottes et 1 oignon
1 clou de girofle
quelques grains de poivre, bouquet garni
quelques baies de genièvre
1 citron
100 g de lard gras
100 g de mie de pain frais
1 gousse d'ail
1,500 kg de pommes de terre de Hollande
250 g de truffes

ROGNONS D'AGNEAU À LA VILLANDRY

PRÉPARATION 50 MINUTES • CUISSON 10 MINUTES

Prendre des rognons de bons agneaux de Touraine ; enlever la peau ; les ouvrir en deux, sans toutefois les séparer complètement, afin de pouvoir les refermer lorsqu'ils seront farcis. Bourrer l'intérieur d'une farce de porc très fine, bien assaisonnée et liée d'un jaune d'œuf. On peut incorporer à la farce une poignée de truffes hachées et, si possible, un peu de foie gras.

D'autre part, tailler des bandes de lard fumé (bacon de préférence) d'une longueur de 12 à 15 cm environ. Les rognons étant largement remplis de farce (1 cm d'épaisseur environ), les entourer chacun d'une bande de lard qui les maintiendra fermés. Au besoin, ceinturer le tout d'un brin de fil.

Placer les rognons dans un plat à rôtir très mince et mettre au four très chaud avec, sur chaque rognon, une noisette de beurre. Une dizaine de minutes doivent suffire pour cuire les rognons. Les retirer du four, et flamber le fond d'un peu de marc de Touraine. Lier ce jus d'une cuillerée ou deux de crème fraîche épaisse, et verser ce fond sur les rognons.

Vins rouges : bourgueil, chinon.

16 rognons d'agneau
sel, poivre
1 dl de marc de Touraine
300 g de farce*
fine de porc
1 pincée d'épices
16 petits dés de foie gras
75 g de truffes
1 jaune d'œuf
16 tranches de bacon
50 g de beurre
1 dl de crème fraîche

ROGNONS DE MOUTON AU CHAMPAGNE
PRÉPARATION 40 MINUTES • CUISSON 8 MINUTES

*16 rognons de mouton
sel, poivre
150 g de beurre
16 croûtons en pain de mie (de la forme des rognons) frits au beurre
16 têtes de champignons étuvées
une demi-bouteille de champagne sec
un demi-litre de demi-glace*
persil ciselé*

Faire sauter les rognons rapidement ; les dresser : chaque moitié sur un croûton, et une tête de champignon sur chaque moitié. Enlever le beurre de cuisson, déglacer au champagne, réduire les deux tiers ; mettre la demi-glace, réduire encore un peu. Passer au linge ; beurrer et verser sur les rognons avec le persil.

Vins : rosé de Riceys, champagne nature.

ROGNONS DE MOUTON TURBIGO
PRÉPARATION 50 MINUTES • CUISSON 6 MINUTES

*8 rognons, sel, poivre
100 g de beurre
1 dl de vin blanc
2 dl de demi-glace*
2 cuillerées à soupe de purée de tomates
16 petits oignons glacés
16 champignons (têtes entières)
16 chipolatas, persil
8 beaux croûtons*

À l'avance, cuire au beurre de petits oignons de la grosseur d'une noisette ; tenir prêts les champignons étuvés et les croûtons taillés en forme de crête de coq et frits au beurre ; faire griller les saucisses chipolatas.
Faire sauter et saisir rapidement les rognons coupés en deux et assaisonnés ; les enlever, décanter le beurre de cuisson ; déglacer au vin blanc, demi-glace et tomate ; mettre au point ; passer au linge et mettre, dans cette sauce, oignons et champignons ; laisser mijoter 5 à 6 minutes. Remettre les rognons dans la sauce, juste le temps nécessaire pour les réchauffer, et beurrer la sauce.
Dresser les rognons sur un plat rond, en turban, et en les alternant avec les croûtons frits ; verser la garniture d'oignons et de champignons au milieu ; parsemer d'une pincée de persil concassé ; entourer les rognons avec les chipolatas grillées, et arroser du beurre de cuisson.

Vins rouges : pomerol, côtes-de-provence, côte-rôtie, côtes-du-rhône, châteauneuf-du-pape, cahors.

SELLE D'AGNEAU À LA PORTUGAISE
PRÉPARATION 2 HEURES • CUISSON 20 MINUTES

*1,500 kg de selle d'agneau
500 g de tomates
1 kg de haricots verts
200 g de beurre*

Rôtir rapidement la selle, afin de conserver l'intérieur saignant. Cuire les haricots verts. Faire sauter séparément haricots verts et tomates. Dresser la selle et garnir avec les tomates et les haricots verts. À part, servir le jus dégraissé très chaud.

Vins rouges : saint-émilion, pomerol, côte-rôtie, hermitage ou corbières.

AGNEAU ET MOUTON

BŒUF

EN BOUCHERIE, LE TERME DE BŒUF S'APPLIQUE À LA VIANDE DE génisse, de vache, de bœuf et de bouvillon, ainsi que de taurillon. Les races les plus appréciées sont, en France, celles du Charolais et du Limousin. Une viande de bœuf de bonne qualité est de couleur rouge vif et brillante, d'une consistance ferme et élastique, avec une odeur douce et légère. La graisse doit former un réseau blanc ou légèrement jaune, plus ou moins serré. Une viande bien « persillée » ou « marbrée » est particulièrement savoureuse. Tenue pour la viande noble par excellence, le bœuf fournit des morceaux très différents, chacun cuisiné selon sa nature.

Les morceaux de bœuf et leur cuisine

Les morceaux de bœuf de première catégorie constituent un groupe très apprécié et recherché.

Le *filet* : luxe d'une table de fête, le filet de bœuf se présente, une fois préparé, sous la forme d'un rôti allongé, bardé, piqué et ficelé avec soin, avec une extrémité un peu plus large que l'autre. Le meilleur morceau est le cœur, ou centre du filet, la tête et l'extrémité mince étant supprimées. Le filet étant parfois un peu sec, il est utile de le piquer avec de très fins lardons, régulièrement disposés. C'est dans le filet que l'on taille les *tournedos,* qui doivent être épais et réguliers. Il ne faut pas napper de sauce, si fine soit-elle, un filet de bœuf : on le garnit d'un cordon de sauce et l'on sert celle-ci à part, en saucière.

Le *faux-filet* (ou *contre-filet*) et le *romsteck* : ces deux succulents morceaux se servent en rôtis ou en biftecks. On peut demander au boucher un rôti dans ces deux morceaux, à partir d'une livre car, au-dessous de ce poids, leur conformation ne garantit pas l'épaisseur nécessaire pour qu'il conserve toute sa saveur. On y taille aussi des steaks épais. Mais faux-filet et romsteck requièrent l'art du boucher pour en extraire soigneusement les nerfs et la graisse qui les encombrent. La proportion de déchets est assez importante, surtout dans la viande de choix.

L'*entrecôte :* c'est un morceau de gourmet qui se présente toujours persillée de graisse. Il faut en laisser juste ce qu'il convient pour lui donner le moelleux désirable. Les entrecôtes peuvent être préparées individuellement, mais il est préférable qu'elles soient d'un seul morceau pour 2 à 4 personnes. Il faut également que la viande soit non seulement de très bonne qualité, mais aussi bien rassise.

On fait d'excellents rôtis d'entrecôte. Non désossée, elle prend le nom de *côte de bœuf* : morceau de choix pour les amateurs de viande rouge saignante ou cuite à point.

Les *tranches* : ces morceaux servent à confectionner rôtis et biftecks ; ils sont plus abondants que les autres de même catégorie et coûtent aussi moins chers. Ce sont les grillades et les rôtis de la table de famille et des jours de petite réception. Ils se présentent en rôtis longs, que le boucher coupe à la demande.

Les *bavettes* font d'excellents morceaux à poêler ou à griller, dont la viande, à fibres longues, est très savoureuse.

Parmi les morceaux à braiser et à bouillir, le choix est vaste. Citons la *macreuse,* le *jumeau,* le *talon,* etc., avec lesquels on confectionne les plats mijotés ou de longue cuisson, tels que le braisé, la daube, le bœuf bourguignon, le bœuf à la mode, sans oublier le pot-au-feu, qui rassemble quant à lui plusieurs morceaux, tant maigres (macreuse, griffe) que plus gras (tendron, flanchet, poitrine, plat de côtes) ou gélatineux (jumeau, gîte-gîte, queue). C'est au consommateur de préciser au boucher s'il désire une viande grasse ou au contraire moelleuse et légèrement entrelardée.

Les abats du bœuf comprennent notamment le cœur, le foie, le gras-double et les tripes, la langue et les rognons.

La *langue de bœuf* se prépare fraîche, salée ou demi-salée. Fraîche, elle est toujours braisée et on l'accompagne, par exemple, d'une sauce madère ou encore d'une purée de pois frais ou secs, de céleri ou de marrons.

Préparation. Une langue moyenne pèse environ 5 livres. Après avoir supprimé le pharynx (ou cornet) et le thymus (ou fagoue), laisser dégorger la langue à l'eau froide pendant quelques heures. Ensuite, la mettre dans une casserole ; couvrir amplement d'eau froide ; faire bouillir pendant un quart d'heure ; l'égoutter et la rafraîchir à grande eau, puis en retirer la peau.

Le *rognon de bœuf* pèse en moyenne 500 g. On le choisira de préférence de couleur blonde (provenant d'une bête jeune). S'il est brun-rouge et dégage une odeur alcaline, le découper, le plonger (posé dans une passoire) dans de l'eau en pleine ébullition, l'égoutter et l'éponger soigneusement. Pour le saisir dans un corps gras, il faut qu'il soit bien sec. Il convient aussi de l'égoutter complètement avant de le mettre en sauce.

ALOYAU À LA BROCHE

PRÉPARATION 1 HEURE • MARINAGE 12 HEURES • CUISSON 40 MINUTES

Parer, barder et ficeler le morceau de faux-filet. Le mettre à mariner, toute une nuit, dans du vin blanc sec et un peu d'huile d'olive, avec carottes en rondelles, oignons émincés, persil, céleri, thym, laurier, ail, clous de girofle, muscade, poivre en grains, sel et vinaigre concentré. La viande étant bien imprégnée de la marinade, la retirer, l'éponger et la faire rôtir en la saisissant bien, de manière à la cuire à point et qu'elle soit rosée à la coupe. Le rôti étant cuit, le laisser reposer au chaud. Passer la marinade au tamis ; faire réduire des deux tiers le fond de la marinade et ses condiments ; s'en servir pour déglacer la plaque de cuisson, où l'on mettra à fondre les échalotes hachées.

Rectifier l'assaisonnement, qui doit être aigrelet et de haut goût, et verser cette sauce sur le rôti. Elle doit à peine être plus importante qu'un jus. Servir avec des pommes de terre sautées à cru, bien rissolées et persillées.

Vins : saint-émilion, pomerol, graves, beaujolais, côtes-de-provence, côte-rôtie, côtes-du-rhône, châteauneuf-du-pape, cahors, corbières.

2 kg à 1,500 kg de faux-filet épais
3 bardes de lard gras
100 g de beurre
4 échalotes
1 kg de pommes de terre sautées
persil ciselé
Marinade : sel, quelques grains de poivre
muscade râpée
2 carottes
1 oignon, céleri, émincés
bouquet garni, ail
2 clous de girofle
un demi-litre de vin blanc sec
1 dl de vinaigre de vin
1 dl d'huile d'olive

ALOYAU LARDÉ À LA BROCHE À LA LANDAISE

PRÉPARATION 1 HEURE • MARINAGE 6 HEURES • CUISSON 35 MINUTES

Faire rapidement revenir à la poêle, de façon à ne les cuire qu'à moitié, quelques bandes de lard prises dans l'entre-deux, légèrement fumé, dont on piquera superficiellement l'aloyau. Mettre la pièce de bœuf ainsi lardée à mariner, pendant 6 heures, dans un verre à bordeaux de vin blanc sec et un autre d'armagnac, avec poivre en grains, thym, laurier, persil et muscade râpée. La retourner souvent. Au bout de ce temps, retirer l'aloyau de la marinade ; l'éponger et le faire rôtir au beurre, à four chaud, ou mieux à la broche, en le gardant saignant et en l'arrosant de son fond, auquel on aura ajouté quelques cuillerées de la marinade. Le fond, en fin de cuisson, doit être très court et donner un jus corsé et aromatisé. Le rôti étant cuit, le laisser reposer au chaud.

Préparer, d'autre part, un ragoût consistant avec trois cinquièmes de tomates épépinées, un cinquième d'aubergines, un cinquième de courgettes, le poivron et des oignons hachés en petite quantité ; tous ces légumes seront étuvés au beurre pour en enlever l'excès d'eau.

Quand ils seront bien dorés, y ajouter une ou deux cuillerées de marinade réduite et des échalotes hachées menu. Laisser mijoter en malaxant bien, et remplir de ce ragoût un plat en terre à gratin.

Disposer çà et là, à la surface, de grosses palettes de pommes de terre étuvées ; poudrer le tout d'une fine chapelure persillée, légèrement aillée ; ajouter quelques dés de beurre et passer à four chaud pour gratiner. Servir cette garniture dans le plat à gratin, en même temps que l'aloyau.

Vins rouges : pomerol, beaujolais, côtes-de-provence, cahors.

1,200 kg à 1,400 kg de faux-filet bien rassis
200 g de lard coupé en rectangles
4 dl de vin blanc
1 dl d'armagnac
bouquet garni
sel, poivre
pincée de muscade
30 g de beurre
5 tomates mondées, épépinées, concassées
2 aubergines
2 courgettes
1 poivron
1 oignon ou échalotes
4 pommes de terre de Hollande, grossièrement émincées
50 g de mie de pain avec persillade et ail

BŒUF BOURGUIGNON
PRÉPARATION 1 HEURE • CUISSON 3 HEURES ENVIRON

2 kg à 2,200 kg de collier de bœuf, coupé en gros dés
sel, poivre, épices
75 g de farine
150 g de graisse de porc
60 g de beurre
2 gousses d'ail
40 petits oignons
250 g de lard de poitrine
2 bouteilles de vin rouge de Bourgogne
1 cuillerée à soupe de tomate concentrée
1 cuillerée de persil concassé

Faire revenir le bœuf dans le saindoux ; ajouter la farine, l'ail écrasé et les épices.
Mouiller moitié avec un bon bourgogne et moitié avec de l'eau ; ajouter la tomate concentrée ; assaisonner ; ajouter les petits oignons rissolés à point avec le lard de poitrine coupé en petits lardons.
Laisser cuire 3 heures à 3 heures et demie.

En principe, servir le même vin que celui utilisé pour la cuisson.

BŒUF À LA FICELLE
PRÉPARATION 10 MINUTES • CUISSON 30 MINUTES

Un morceau de bœuf : filet, romsteck, tranche de 1 kg environ
bouillon (de volaille si possible)
gros sel, poivre du moulin à volonté, sauce * béarnaise, madère ou périgueux, ou simplement du beurre bien frais
persil

Le morceau de bœuf, pièce à rôtir habituellement, doit être très bien choisi, tendre et de goût parfait. Il doit être coupé de forme ramassée, presque aussi large que long. Le faire ficeler soigneusement et demander au boucher de laisser pendre un long morceau de ficelle. Surtout, pas de barde.
Mettre du bouillon, si possible de volaille, dans une marmite (en quantité suffisante pour pouvoir y plonger la viande). Lorsqu'il est en pleine ébullition, plonger d'un seul coup la viande dedans. Attacher la ficelle à une anse de la marmite, de façon que la viande ne touche pas le fond du récipient. Attendre la reprise de l'ébullition, couvrir et laisser ainsi 25 minutes pour avoir de la viande très saignante, 30 minutes pour de la viande à point.
Ce temps de cuisson est très important. Il est fonction du poids et de la forme de la pièce de viande. Pour un « rôti » long et peu large, réduire d'un tiers, soit 15 à 20 minutes.
Au moment du service, détacher la ficelle, sortir la viande. La poser sur un plat chaud. Ne pas faire attention à son aspect extérieur un peu gris. Trancher tout de suite ; la viande est saignante et bien juteuse. Chaque convive poivre et sale à son goût (gros sel).
Facultatif : présenter en saucière sauce béarnaise, sauce madère, sauce Périgueux.
On peut faire cuire, de cette façon, un morceau de gigot désossé.

Vins : beaujolais villages, chinon, bourgueil.

BŒUF À LA MODE
PRÉPARATION 2 HEURES • MARINAGE 5 HEURES • CUISSON 4 HEURES ENVIRON

Un bœuf à la mode ne peut être traité convenablement qu'en grosse pièce, et ce n'est pas contraire à l'économie, parce que la desserte fournit un excellent plat froid. On peut aussi le réchauffer pour un second service.

Prendre un morceau de pointe de culotte de bœuf. Couper, en lardons de 1 cm de côté, du lard gras frais. Les assaisonner de sel, de poivre et d'une pointe d'épices ; les mettre sur un plat, les arroser avec quelques cuillerées de cognac et les laisser mariner pendant 20 minutes.

Au moment de leur emploi, les poudrer d'un peu de persil haché. À l'aide de la lardoire spéciale, piquer le morceau de bœuf avec ces lardons, en les répartissant bien également dans l'épaisseur.

Assaisonner légèrement la pièce de sel et de poivre ; la mettre dans une terrine avec un verre et demi de vin blanc ou rouge et 4 cuillerées de cognac. Laisser mariner 5 heures au moins, en retournant la pièce de temps en temps.

Désosser les pieds de veau ; les ébouillanter pendant 10 minutes, puis les rafraîchir et les réserver.

Après avoir épongé et séché le morceau dans un linge, le mettre dans une casserole contenant 50 g de beurre fumant. La casserole sera choisie de justes proportions pour ce qu'elle doit contenir, ni trop grande ni trop petite ; ce détail a son importance.

Faire bien rissoler la viande de tous les côtés, puis égoutter complètement la graisse. Ajouter : le vin de la marinade et le fond brun peu salé (en quantité suffisante pour que le liquide arrive à peu près aux deux tiers de la hauteur du morceau), les carottes coupées en quartiers, les oignons émincés, le bouquet garni, les pieds de veau et les os cassés menu, les couennes de porc fraîches. Ce sont ces couennes qui, avec le pied de veau, fournissent au jus ses éléments gélatineux.

L'ébullition étant prise, couvrir la casserole et veiller à ce que cette ébullition se maintienne régulière et sans arrêt pendant 3 heures.

Au bout du temps prescrit, retirer le morceau de bœuf et le pied de veau. Passer le jus au chinois et le dégraisser. Remettre, dans la casserole rincée, la pièce de bœuf, les pieds de veau découpés en petits carrés, et le jus.

Ajouter les petites carottes parées en forme d'olives allongées et blanchies à l'avance pendant un quart d'heure (blanchiment inutile si les carottes sont nouvelles), les petits oignons sautés au beurre pour les colorer légèrement. Continuer la cuisson, dans les mêmes conditions qu'auparavant, pendant encore 1 heure.

Dresser le morceau sur un plat ; l'entourer avec les carottes, les oignons, le pied de veau et la quantité nécessaire de jus, qui doit se trouver réduit presque des deux tiers. Si nécessaire, le lier avec la fécule délayée dans le madère.

Froid, le bœuf se sert dans sa gelée, décoré des légumes.

Vins : saint-émilion, pomerol, graves, médoc, bourgeais, beaujolais, bourgueil, bourgognes de la côte de Beaune.

2,500 kg de pointe de culotte (communément appelée aiguillette de romsteck)
quelques os
200 g de lard
sel, poivre, épices
12 échalotes
un litre de vin blanc
1 dl de cognac
2 pieds de veau
un litre de fond * brun
2 grosses carottes
2 gros oignons
bouquet garni
200 g de couennes de lard
2 kg de carottes ou, mieux, 2 bottes de carottes jardinière
40 à 50 petits oignons
1 cuillerée à café de fécule
quelques centilitres de madère
1 cuillerée à soupe de persil concassé

CERVELLES DE BŒUF SAUTÉES
PRÉPARATION 2 HEURES • 1ʳᵉ CUISSON 10 À 12 MINUTES • 2ᵉ CUISSON 5 MINUTES

2 cervelles de bœuf
court-bouillon
1 dl de vinaigre
sel et poivre
le jus d'un citron
un demi-litre de sauce*
moscovite
100 g de beurre
50 g de farine

Prendre les cervelles de bœuf, que l'on plongera dans l'eau tiède pour en enlever les pellicules et filaments qui y sont attachés. Les mettre ensuite à dégorger, pendant une bonne heure, à l'eau fraîche, avec sel et vinaigre. Les faire cuire au court-bouillon.

La cuisson terminée, retirer les cervelles de la casserole, les égoutter et les laisser refroidir. Les couper ensuite en escalopes et les faire mariner 20 minutes, avec sel, poivre et jus de citron.

Les éponger, les fariner et les faire sauter rapidement au beurre chaud. Les dresser en couronne sur un plat rond ; au centre, la sauce moscovite. Les cervelles de mouton ou de veau se préparent de la même façon.

Vins blancs secs : saumur, sancerre, quincy, pouilly fumé, muscadet, mâcon, chablis, cassis. Vins rosés secs : tavel, arbois, côtes-de-provence. Vins rouges : beaujolais, bourgueil, chinon.

CÔTE DE BŒUF À LA BROCHE
PRÉPARATION 30 MINUTES • CUISSON 35 À 40 MINUTES

1 belle côte de bœuf
de 2 kg environ
500 g de graisse
de rognon de bœuf

Cuirasser la côte de bœuf désossée – et préalablement graissée et assaisonnée – avec des lamelles de graisse de rognon de bœuf bien aplaties, et ficeler.

Ne mettre à la broche qu'une pièce ayant été à la chaleur ambiante de la cuisine pendant 2 heures environ.

Embrocher et faire rôtir (18 minutes environ au kilogramme) en l'arrosant ; elle devra être vert-cuite et ne sera pas croûtée autour. Enlever la carapace de graisse et laisser dorer, en l'arrosant toujours et en veillant bien à ce que le jus ne brûle pas.

Puis la sortir et la mettre sous cloche, à une chaleur douce ; la cuisson atteindra lentement le centre de la côte de bœuf, qui sera entièrement rosée.

On obtiendra le jus en déglaçant la lèchefrite, dont on aura soigné le fond en mettant une goutte d'eau de temps en temps.

Au moment de servir, dégraisser le jus presque entièrement et y ajouter, hors du feu, le sang qui s'est échappé de la côte de bœuf restée sous cloche.

Vins rouges : côte-de-beaune, graves, cahors.

NAVARIN

P. 373

Simplement garni de petits oignons blancs et de pommes de terre nouvelles, le navarin de mouton ou d'agneau mijoté sans hâte est un savoureux plat de printemps.

Assiette Bernardaud, fourchette Christofle.

**GIGOT
À LA LANDAISE**

P. 369

Piqué d'ail et enduit de graisse d'oie pour donner un rôti particulièrement somptueux, ce gigot mérite une garniture originale qui change des pommes de terre sautées ou des flageolets : ce sont des haricots verts

cuits, puis poêlés et garnis d'une julienne de jambon de Bayonne, avec une liaison de jaune d'œuf, de tomate et d'aromates.

Assiette et plat Villeroy et Boch.

PIEDS DE MOUTON À LA POULETTE

P. 374

La sauce poulette accompagnait à l'origine une fricassée de poulet, d'où son nom. Elle accommode surtout aujourd'hui les pieds de mouton ou les cervelles en salade.

Assiette Daniel Hechter, fourchette Christofle.

ENTRECÔTE MARCHAND DE VIN

P. 386

Qui dit « marchand de vin » pour une entrecôte dit « sauce à l'échalote et au vin rouge », mais la viande peut être soit poêlée, soit grillée. La garniture de pommes frites est classique.

CULOTTE DE BŒUF BRAISÉE

P. 385

La chair serrée d'une pointe de culotte, moins tendre mais plus savoureuse que le filet de bœuf, doit être piquée en plusieurs endroits

pour braiser avec une garniture de lard gras. La garniture, composée de petits pois aux oignons et aux carottes, pourrait également consister en pâtes fraîches ou en laitues braisées.

Plats Gien-Boutique.

TOURNEDOS SUR TOAST

P. 403

Déglacé au porto, complété de crème et agrémenté de truffe, le jus de cuisson des tournedos constitue la sauce raffinée de ces tranches de filet servies sur croûtons grillés.

Assiette Haviland pour Christofle.

CÔTE DE BŒUF AU POIVRE
PRÉPARATION 35 MINUTES • CUISSON 25 MINUTES

Ingrédients : une belle côte de bœuf, poivre concassé, sel, un petit verre de cognac, 125 g de crème fraîche

Faire chauffer le gril au préalable, afin d'éviter à la viande de coller. Faire griller la côte de bœuf, pendant 10 minutes environ, sur la première face. La retourner et poudrer le côté cuit de poivre concassé. Lorsque le deuxième côté est cuit, placer la côte dans un plat chaud, assez creux, saler légèrement et arroser avec le cognac. Enflammer. Lorsque les flammes sont éteintes, recouvrir avec la crème fraîche. Retourner une assiette sur la côte et attendre 2 à 3 minutes avant de la découper.

Vins : beaujolais villages, chinon.

* CULOTTE DE BŒUF BRAISÉE
PRÉPARATION 1 HEURE 30 • CUISSON 4 HEURES

Ingrédients : 2,500 kg d'aiguillette de bœuf piquée, 300 g de lard gras coupé en longs rectangles, sel, poivre, déchets de lard, bouquet garni, 4 carottes, 2 gros oignons, quelques grains de poivre, un demi-litre de bouillon, un litre de vin blanc, 5 cl de cognac, 1 cuillerée à café de fécule, 1 dl de madère

Prendre une pointe de culotte de bœuf, que l'on ficellera. Foncer une braisière avec bardes de lard, carottes et oignons coupés en rondelles ; y placer la viande ; assaisonner de sel et de poivre en grains. (Il est judicieux d'ajouter quelques os de veau et de bœuf au braisage de la pièce : ils fortifient le fond.) Mouiller d'un verre de bouillon, et faire partir la cuisson à feu vif, pour faire prendre couleur. Ce bouillon réduit, mouiller avec le vin blanc et le cognac. Couvrir la braisière d'un papier beurré et de son couvercle. Laisser cuire à feu doux, au four, pendant 4 heures.

La cuisson terminée, retirer la pointe d'aiguillette ; passer le fond ; le laisser réduire et, à volonté, le lier avec 1 cuillerée à café de fécule parfumée et délayée avec du madère.

Dresser sur un plat et entourer d'une garniture telle que : oignons glacés, carottes, petits pois, jardinière de légumes, croquettes de pommes de terre, nouilles fraîches, laitues braisées, purées diverses.

Vins rouges : saint-émilion, côtes-du-rhône, côtes-de-provence, beaujolais, cahors.

ENTRECÔTE BORDELAISE
PRÉPARATION 25 MINUTES • CUISSON 12 MINUTES

Ingrédients : 4 entrecôtes de 400 g environ chacune, sel, poivre, 1 dl d'huile ou beurre, 1 pincée de muscade, 4 échalotes, 500 g de moelle coupée en rondelles pochées, 1 cuillerée à potage de persil haché, 1,500 kg de pommes Pont-Neuf, 1 botte de cresson

Faire griller les entrecôtes sur des charbons de bois ou, mieux, sur des sarments de vigne. Saler et poivrer. Au moment de servir, mettre un peu de muscade, des échalotes bien hachées et de la moelle de bœuf. Accompagner de pommes Pont-Neuf, décorer de cresson et présenter sur plat très chaud.

Vins : saint-émilion, pomerol, graves ou médoc.

ENTRECÔTE OU FAUX-FILET ROUGEMONT

PRÉPARATION 1 HEURE • MARINAGE 1 HEURE • CUISSON 10 MINUTES

4 entrecôtes de 375 g à 450 g chacune
sel, poivre
150 g de beurre
1 dl d'huile d'olive
20 feuilles d'estragon
bouquet garni
quelques queues de persil
1 oignon
1 cuillerée d'estragon haché
1 cuillerée de glace* de viande
1 verre de vin blanc
2 dl de fond* de veau
1 cuillerée à café de fécule

Les tranches de faux-filet auront 2,5 cm d'épaisseur au moins. Après les avoir battues avec la batte à boucherie, pour rompre les fibres et ramener leur épaisseur à 2 cm, les assaisonner de poivre ; les mettre sur un plat ; les arroser d'huile d'olive ; parsemer le dessus d'un oignon finement émincé, de quelques queues de persil rompues en morceaux, d'un peu de thym et de laurier pulvérisés. Ne pas saler la viande en la mettant à la marinade ; on ne la salera qu'au moment de la cuire dans le sautoir (très important). Laisser mariner au frais pendant 1 heure en retournant les tranches de temps en temps. Mettre, dans une passoire, les feuilles d'estragon, les tremper quelques secondes à l'eau bouillante, les égoutter et les réserver. Préparer une demi-cuillerée d'estragon. Faire chauffer, dans un sautoir, 3 cuillerées de beurre clarifié (ou 25 g de beurre ordinaire et 2 cuillerées d'huile). Dans cette graisse fumante, mettre la viande, saler et retourner au bout de 4 minutes, quand le rissolage est bien assuré. La cuisson est à point lorsque des gouttelettes de sang rosé se montrent à la surface de la viande.

Dresser les tranches de faux-filet sur un plat long ; badigeonner légèrement la surface de glace de viande fondue ou de jus de veau réduit, et disposer dessus les feuilles d'estragon.

Retirer la graisse qui a servi à cuire la viande ; verser dans le sautoir le verre de vin blanc ; le laisser réduire vivement et presque complètement. Ajouter le fond de veau ; faire bouillir quelques instants et, dans ce jus, verser 1 cuillerée de fécule délayée avec un peu d'eau froide, en remuant avec un petit fouet pour assurer la liaison. Laisser bouillir encore quelques secondes ; compléter, hors du feu, avec 100 g de beurre et d'estragon haché.

Servir avec des laitues braisées, des céleris au jus, une purée de crosnes, des salsifis frits, au choix.

Vins rouges : graves, côte-rôtie, cahors.

* ENTRECÔTE MARCHAND DE VIN

PRÉPARATION 30 MINUTES • CUISSON 15 À 20 MINUTES

2 entrecôtes de 600 à 800 g
sel, poivre
200 g de beurre
50 g d'échalotes
1 dl de fond* de veau
une demi-bouteille de bon bourgogne
5 cl de crème fraîche
vinaigre de vin
1 cuillerée de persil ciselé

Poivrer les entrecôtes des deux côtés. Faire cuire, dans une sauteuse, avec un bon morceau de beurre. Saler. Les entrecôtes étant cuites, les réserver sur un plat, au chaud.

Faire revenir, dans une sauteuse, les échalotes hachées ; déglacer au vin de Bourgogne rouge, avant d'ajouter le fond de veau lié, 2 cuillerées de crème fraîche, du sel, ainsi qu'un léger filet de vinaigre. Faire réduire. Napper les entrecôtes de cette sauce et servir avec une pincée de persil ciselé et des pommes frites.

En principe, servir le même vin que celui utilisé pour la cuisson.

ESTOUFFADE DE BŒUF À LA PROVENÇALE

PRÉPARATION 1 HEURE 30 • MARINAGE 12 HEURES • CUISSON 3 HEURES 30

Ingrédients : 2 kg de collier de bœuf, coupé en morceaux de 80 à 100 g chacun ; 3 carottes ; 2 gros oignons, 2 poireaux ; 1 branche de céleri, le tout émincé ; sel, poivre ; bouquet garni, épices ; un demi-litre de vin rouge ; quelques grains de coriandre ; 2 clous de girofle ; 150 g de lard gras ; 3 pieds de porc ; 500 g de lard maigre ; 1 cuillerée à café de fécule ; 6 tomates ; 250 g d'olives vertes.

Mettre les morceaux de bœuf, coupés comme pour un sauté, à mariner une journée, avec carottes, oignons grossièrement coupés, sel, épices, poivre et bouquet garni (2 poireaux, thym, laurier, persil et céleri), du vin rouge (corbières, par exemple), couvrant le tout.

Retirer les morceaux de la marinade ; les laisser égoutter dans une passoire. Passer la marinade ; conserver les légumes (les mettre dans un linge ou mousseline ; y ajouter des clous de girofle, du poivre en grains, de la coriandre ; attacher le linge pour former sachet).

Dans un sautoir, faire fondre du lard émincé finement pour en extraire la graisse. Dans cette graisse fumante, mettre les morceaux de bœuf ; remuer, pour saisir la viande de tous les côtés ; retirer du plein feu ; couvrir et laisser mijoter 20 minutes.

Transférer les morceaux dans une marmite en terre, où se fera la cuisson, avec un morceau de lard maigre, 3 pieds de porc et le sachet de légumes et d'épices. Verser la marinade dans le sautoir avec le jus rendu par les morceaux de bœuf ; faire bouillir et verser dans la marmite ; que tout soit couvert. Fermer hermétiquement le récipient avec une feuille de papier double, que l'on attache autour avec une ficelle. Couvrir d'un couvercle et laisser cuire à petit feu pendant 3 heures.

Retirer le morceau de lard maigre, les pieds de porc et le sachet, que l'on aura pressé pour en extraire le jus ; passer le fond, le lier à la fécule ; dégraisser, et rectifier l'assaisonnement.

À part, désosser les pieds de porc ; les couper en dés ainsi que le lard maigre ; remettre le tout avec les morceaux de bœuf ainsi que quelques tomates mondées, épépinées et concassées ; y joindre des olives vertes dénoyautées, que l'on aura, au préalable, blanchies et fait revenir à la poêle. Passer le fond dessus ; quelques minutes d'ébullition, et l'estouffade est prête.

Vins : côtes-du-rhône, châteauneuf-du-pape, côtes-de-provence, vin rouge de Corse ou le corbières de la marinade.

FILET DE BŒUF EN CROÛTE

PRÉPARATION 2 HEURES • 1re CUISSON 15 MINUTES • 2e CUISSON 30 MINUTES

Ingrédients : Le cœur d'un filet de bœuf de 1,500 kg à 1,800 kg ; sel, poivre ; 1 dl d'armagnac ; 600 à 800 g de foie gras ; 200 g de truffes pour farcir ; 1 kg de feuilletage * ; sauce * Périgueux.

Prendre un filet de bœuf de bonne qualité ; le parer entièrement ; le fendre dans le sens de la longueur. Saler, poivrer et frotter l'intérieur d'armagnac. Le farcir de foie gras et de truffes ; bien le ficeler ; le cuire pendant 15 minutes à feu très vif ; le laisser reposer ensuite 10 minutes. L'envelopper alors dans un feuilletage, et le cuire au four encore 30 minutes environ, suivant la grosseur.

Le servir avec une sauce Périgueux, très corsée, à part.

Vins rouges : saint-émilion, pomerol, cahors, madiran.

FILET DE BŒUF EN CROÛTE À LA MODE DU NIVERNAIS
PRÉPARATION 2 HEURES 30 • MARINAGE 24 HEURES • CUISSON 1 HEURE 30

2,500 kg à 3 kg de filet de bœuf paré
300 g de lard gras en bâtonnets pour piquer
sel, poivre
200 g de beurre
2 carottes et 1 oignon émincés
branches de persil et bouquet garni avec 2 poireaux et 1 pincée de sauge
un litre et demi de vin blanc
duxelles* de cèpes frais
300 g de jambon cru
pincée de muscade
300 g de foies de volaille ou d'oie
200 g de lard gras
4 œufs crus
1 dl de cognac
1 kg de feuilletage*
1 dl de madère
8 laitues braisées
8 tomates mondées, épépinées et concassées

Dénerver et piquer abondamment de lardons un filet de bœuf. Le mettre ensuite, pendant 24 heures, dans une marinade composée de carottes émincées, d'oignons, de persil, de thym, de laurier, de sauge, de muscade, tous les aromates étant préalablement tombés au beurre et étuvés. Mouiller cette marinade de la quantité de vin blanc sec nécessaire.

Après ce laps de temps, sortir le filet ; l'éponger, l'essuyer, puis l'entourer d'une couche de farce de 1 cm d'épaisseur, que l'on aura préparée avec les éléments suivants :

Duxelles de cèpes frais, jambon de Parme haché, sel, poivre, un peu de muscade, un peu de foie de volaille cru (d'oie si possible) et lard gras ; le tout haché fin et manié avec des œufs frais, battus. Mouiller cette farce avec une partie de la marinade réduite et refroidie à la consistance d'une sauce, y ajouter encore un grand verre de cognac. Envelopper le tout d'une abaisse de pâte feuilletée, en ayant soin de ménager 2 cheminées sur le dessus de la pièce, par lesquelles on introduira, peu de temps avant la fin de la cuisson, un peu de bon madère vieux.

Cuire à four chaud, en comptant 15 minutes par livre pour obtenir un filet saignant à la tranche.

Laisser reposer un bon quart d'heure au chaud ; servir en accompagnant le plat de laitues et de tomates, braisées avec ce qui reste de marinade.

Vins rouges : saint-émilion, pomerol, graves, côtes-de-nuits.

FILET DE BŒUF À LA FRASCATI
PRÉPARATION 1 HEURE 30 • CUISSON 50 MINUTES

2 kg de cœur de filet de bœuf
sel, poivre
150 g de beurre
200 g de lard gras pour piquer
2 carottes
1 gros oignon
bouquet garni
100 g de couennes
8 escalopes de foie gras frais
200 g de farine
4 bottillons de pointes d'asperges
8 petites truffes de 25 à 30 g chacune
8 belles têtes de champignons de Paris
2 dl de fond* de veau
1 dl de demi-glace*
1 dl de madère

Dénerver parfaitement le filet et le piquer de lardons coupés très fin. L'entourer de quelques tours de ficelle pour le maintenir en forme, et le déposer dans une braisière longue, foncée, selon la règle, de couennes de lard et de condiments (carotte, oignon et bouquet garni).

Mouiller d'un verre de bon fond de veau et faire tomber à glace, c'est-à-dire réduire complètement ce jus. Mouiller à nouveau avec 1 verre de madère et un peu de fond de veau. Couvrir le filet d'un papier beurré et le cuire au four, en l'arrosant très souvent. La durée normale de cuisson d'un filet de grosseur moyenne est de 45 à 50 minutes, ou un peu plus, selon la grosseur. Il doit, dans tous les cas, être conservé légèrement saignant. Huit minutes avant de le sortir du four, le découvrir pour faire rissoler le lard, et glacer la surface en même temps. Dresser le filet de bœuf sur un plat de service ; de chaque côté, disposer : les escalopes de foie gras frais (tranches de 1,5 cm d'épaisseur, assaisonnées de sel et de poivre, passées à la farine et sautées au beurre clarifié), les bouquets de pointes d'asperges cuites à l'eau bouillante salée et liées au beurre, les petites truffes fraîches entières pelées.

Passer au tamis et dégraisser la cuisson du filet. La réduire de moitié ; ajouter la quantité de sauce demi-glace nécessaire pour la lier simplement, et, au dernier moment, ajouter à cette sauce un petit verre de madère.

Vins rouges : saint-émilion, pomerol, graves, côte-de-nuits, côte-rôtie, côtes-du-rhône, vins rouges du Jura et cornas.

FILET DE BŒUF LUCULLUS
PRÉPARATION 3 HEURES • CUISSON 1 HEURE 30

1 filet de 2 kg environ
sel, poivre
500 g de lard gras
pour piquer et barder
2 carottes
2 oignons émincés
bouquet garni
700 g de foie gras
2 blancs d'œufs
5 cl de rhum
5 cl de cognac
3 verres de porto
300 g de truffes et
8 petites truffes de 25 g
à 30 g chacune
1 pincée d'épices
5 dl de fond * de veau clair
8 croûtons frits
8 bottillons de pointes d'asperges épluchées et blanchies, liées au beurre
16 petites croustades, en feuilletage ou en pâte à foncer

Choisir un beau filet épais ; le parer ; en supprimer la partie osseuse adhérente (ou chaîne) ainsi qu'une partie de la queue et un peu de la tête ; le piquer. Faire une incision longitudinale, du côté où était la chaîne, de façon à former une poche pour y mettre farce et foie gras. L'incision doit s'arrêter à deux doigts des extrémités du filet. Prendre le foie gras frais ; en enlever les nerfs, les extrémités sèches et les parties souillées par le fiel ; le triturer en y mélangeant les blancs d'œufs ; assaisonner de haut goût ; mettre un appoint de rhum et de fine champagne ; en faire un rouleau de la longueur de la poche du filet ; inciser, dans la longueur, ce rouleau de foie gras, pour y placer, au milieu et de bout en bout, de gros morceaux de truffes. Reformer le rouleau, lequel sera placé dans la poche du filet, après avoir été enrobé de la farce ci-dessous : avec les parures du filet et du foie gras, faire une farce fine ; la passer au tamis ; l'assaisonner ; y mélanger un peu de truffes hachées.
Le filet étant farci, coudre la poche et, sur cette même partie, mettre une barde de lard qui sera maintenue par des anneaux de ficelle. Mettre le filet à colorer au four.
D'autre part, passer au beurre les parures de viande, os concassés, carottes, oignons, qui serviront à foncer une braisière. Ajouter un bouquet garni. Poser, sur ce fonçage, le filet coloré ; ajouter 2 verres de porto ; assaisonner ; mettre au four. Il est bon de prévoir un couvercle ou un papier beurré. Arroser souvent. Durée de cuisson : 1 heure environ.
Aussitôt la cuisson obtenue, retirer le filet ; le laisser reposer pendant 20 minutes à l'étuve.
La braisière est déglacée avec un fond brun ; passer le déglaçage au chinois ; dégraisser soigneusement ; y ajouter le fond de veau et faire réduire, puis 1 verre de porto. Passer à la mousseline, mettre au bain-marie (ce fond doit être légèrement sirupeux).
Dresser le filet sur des croûtons de pain frit.
Avoir autant de belles truffes étuvées qu'il y a de couverts ; également autant de petits bottillons de pointes d'asperges étuvées au beurre. Les truffes et les bottillons sont dressés dans de toutes petites croustades ; les placer autour du filet. Le filet est légèrement saucé ainsi que le fond du plat servi ; le restant du fond est servi en saucière.

Vins : côte-de-beaune, côte-de-nuits ou pomerol.

FILET DE BŒUF AUX OLIVES

PRÉPARATION 1 HEURE 30 • CUISSON 30 À 40 MINUTES • SAUCE PRÉPARÉE LA VEILLE

*2 kg de filet de bœuf
300 g de lard gras, coupé en bâtonnets pour larder
sel, poivre
Pour la sauce : 100 g de beurre
80 g de farine
trois quarts de litre de bouillon ou fond * brun
1 cuillerée de glace * de viande
1 dl de vin blanc
1 bouquet garni
quelques déchets de champignons
5 cl de madère
1 kg d'olives dénoyautées et blanchies*

Larder et parer le filet. Le ficeler et le mettre au four avec 40 g de matière grasse. Le filet doit être bien saisi pour conserver tout son jus. Cuisson accélérée. Saler et poivrer au moment de servir.

Pour accompagner une pièce telle qu'un filet de bœuf, un simple roux rapidement mouillé de bouillon ne suffit pas. La sauce doit être préparée la veille, et il faut y apporter tous ses soins, plusieurs heures de cuisson et un dépouillage minutieux. Avec les ingrédients ci-dessus : faire un roux, mouiller de bouillon ou fond brun, réduire et corser de glace de viande et de madère. Toute sauce comportant des olives doit être très corsée et parfumée, car, loin d'enrichir une préparation, les olives l'appauvrissent, se nourrissant en quelque sorte des éléments riches de la sauce. On peut donc, sans inconvénient, augmenter la quantité de madère, ou remplacer ce dernier par du porto ou du sherry.

Servir, dans un plat creux, le filet, coupé en tranches minces, et reconstitué dans sa forme, entouré des olives et nappé de la sauce. Plat et assiettes bien chauds.

Vins : saint-émilion, pomerol, graves, côte-de-nuits, côte-rôtie, côtes-du-rhône, vins rouges du Jura et cornas.

FILET DE BŒUF RÔTI À LA MODE DES LAITIERS CHARENTAIS

PRÉPARATION 1 HEURE • MARINAGE 12 HEURES • CUISSON 40 MINUTES

*2 kg de filet de bœuf paré
300 g de lard gras
marinade (sel, poivre, bouquet garni, 1 dl de vinaigre de vin, 1 dl d'huile d'olive, 3 clous de girofle, 1 pincée de muscade)
un demi-litre de vin blanc sec
2 échalotes
6 grains de poivre
20 cl de crème fraîche
30 g de beurre
1 cuillerée à soupe d'estragon
1 kg de petits mousserons rissolés*

Mettre à mariner, pendant toute une nuit, le filet de bœuf dans une marinade composée de vinaigre, d'huile d'olive, d'un bouquet garni, des clous de girofle et d'un peu de muscade.

Le retirer, le piquer de lard, le ficeler et le mettre à rôtir au four bien chaud. L'arroser souvent de la marinade et le tenir saignant.

Mettre ensuite, dans une casserole, le jus de cuisson ; y ajouter un peu de vin blanc sec, de l'échalote finement hachée et quelques grains de poivre écrasés ; renforcer légèrement de vinaigre. Laisser dépouiller et faire mijoter pendant 10 minutes.

Ajouter à cette sauce son quart de volume de crème fraîche ; passer au chinois et, hors du feu, ajouter le beurre frais et l'estragon haché. Napper le filet avec la sauce et garnir de petits mousserons.

Vins : saint-émilion, pomerol, graves, médoc, bourgueil, côte-de-beaune.

FILET DE BŒUF SAINT-FLORENTIN

PRÉPARATION 2 HEURES • CUISSON 25 À 30 MINUTES

Commencer par préparer une mirepoix en émincant finement une carotte et un oignon ; y ajouter 100 g de lard de poitrine coupé en petits dés, quelques queues de persil, une brindille de thym, une parcelle de feuille de laurier. Mettre le tout dans une casserole avec 25 g de beurre ; faire revenir à feu vif ; laisser étuver ensuite jusqu'à cuisson complète ; ajouter 1 petit verre de vin blanc ; le faire réduire à fond ; puis étaler ces légumes et le lard sur un plat, et laisser refroidir. (Cette mirepoix a pour but de pénétrer la viande de principes aromatiques durant la cuisson.)

Dénerver et piquer le filet. Graisser copieusement une grande feuille de papier d'aluminium fort ; étaler dessus la moitié de la mirepoix froide ; poser par-dessus le filet assaisonné de sel et de poivre ; sur celui-ci, étaler le reste de la mirepoix ; enfermer le tout dans le papier ; ficeler comme une galantine, et placer dans un plat ovale muni d'une grille. On mettra simplement quelques cuillerées d'eau dans le fond du plat.

Mettre à four très chaud, en comptant 10 minutes par livre, pour obtenir le filet un peu saignant, et 12 minutes, si l'on désire que la cuisson soit à point. Dix minutes avant la fin de la cuisson, enlever l'enveloppe de papier ainsi que la mirepoix, afin d'assurer la coloration de la pièce et le rissolage du lard.

La garniture se compose des éléments suivants :

1° Gros cèpes frais, détaillés en grosses escalopes. Ces cèpes seront, au tout dernier moment, assaisonnés de sel et de poivre, sautés à l'huile d'olive fumante, bien rissolés, et devront être brûlants au moment de leur service.

2° Seize croquettes de pommes de terre ainsi préparées : à 1 kg d'appareil pour pommes duchesse, mélanger 100 g de langue écarlate coupée en fine brunoise ; diviser la composition en parties du poids moyen de 55 g, que l'on moule en forme de gros bouchons ; les tremper, l'un après l'autre, dans de l'œuf battu, avec du sel, du poivre et un filet d'huile ; les rouler ensuite dans du vermicelle fin émietté, et rectifier la forme (ici, le vermicelle remplace la mie de pain, que l'on emploie ordinairement pour les croquettes).

Ces croquettes seront mises à grande friture bien chaude 5 minutes avant le dressage du filet.

Préparer un demi-litre de sauce bordelaise. Juste au moment de servir, on y mélange 100 g de moelle de bœuf bien fraîche, coupée en petits dés, pochée à l'eau salée 3 minutes à l'avance, et bien égouttée à l'aide d'une cuillère percée. Préparer cette sauce à l'avance et la conserver au bain-marie.

Dresser le filet sur un plat long chaud ; l'entourer rapidement avec les cèpes et parsemer ceux-ci d'un peu de persil ciselé. À chaque bout du plat, disposer les croquettes en monticule. Servir la sauce à part.

Vins : saint-émilion, pomerol, graves, médoc.

1,200 kg à 1,500 kg de cœur de filet paré
sel, poivre
1 dl d'huile
150 g de beurre
1 carotte et 1 gros oignon émincés
un petit verre de vin blanc
bouquet garni
100 g de lard de poitrine
150 g de lard gras à piquer
1 feuille de papier d'aluminium
1 kg de cèpes
4 cuillerées à soupe d'huile d'olive
1 kg de pommes de terre pour croquettes, soit 16 croquettes en pommes * duchesse
100 g de langue écarlate
250 g de vermicelle
100 g de farine
2 œufs
un demi-litre de sauce * bordelaise
100 g de moelle
1 cuillerée de persil ciselé

GRAS-DOUBLE À L'ALBIGEOISE
PRÉPARATION 3 HEURES • CUISSON 13 HEURES EN TOUT

3,500 kg à 4 kg de gras-double
4 carottes
2 oignons
bouquet garni
2 clous de girofle
1 tête d'ail, sel
10 grains de poivre
500 g de parures de jambon de Bayonne, gras et maigre
1 kg d'os de veau
500 g de jambon gras
100 g de graisse de porc
1 dl d'huile d'olive
150 g de farine
1 cuillerée à soupe de safran
100 g de câpres
1 cuillerée à soupe de persil concassé

Choisir du gras-double de jeune bœuf bien charnu. Bien laver en le foulant ; le couper en gros morceaux, qu'on placera dans une marmite ou un récipient en terre ; garnir d'un bouquet, carottes, oignons émincés et piqués de clous de girofle, tête d'ail, laurier, poivre en grains, gros sel ; ajouter les parures de lard et de jambon et les os de veau ; mouiller largement d'eau, de sorte qu'à la cuisson le gras-double reste bien immergé et ne noircisse pas, car il est essentiel qu'il reste le plus blanc possible.

Faire bouillir ; écumer soigneusement. Couvrir le récipient ; l'enfourner et le laisser cuire 12 heures.

Égoutter le gras-double et le couper en carrés réguliers. Passer la cuisson, qu'on laissera réduire. Couper du jambon gras en gros dés et faire revenir, sur un feu doux, dans une quantité égale de graisse de porc et d'huile d'olive fruitée ; jeter l'ail et le persil hachés grossièrement, et, avant que tout cet appareil ne roussisse, ajouter largement de la farine, que l'on remuera vivement sans la faire blondir ; mouiller alors avec la cuisson réduite et passée finement ; faire cuire la sauce à feu doux et y mettre ensuite le gras-double à mijoter bien couvert.

Une demi-heure avant de servir, ajouter le safran. Brasser le tout et couvrir. Il faut que la sauce soit de belle couleur jaune et nappe bien les morceaux.

Servir en terrine bien chaude, après l'avoir agrémenté d'un semis de câpres.

Vins blancs secs : tursan, graves. Vins rouges : madiran, fronton, côtes-de-bourg.

GRAS-DOUBLE À LA LYONNAISE
PRÉPARATION 24 HEURES • CUISSON 30 MINUTES

2 kg de gras-double
1 kg de saindoux
4 gros oignons
sel, poivre
1 dl de vinaigre de vin
persil et cerfeuil

Émincer du gras-double en bandelettes ; le faire revenir au saindoux jusqu'à ce qu'il prenne une belle couleur ; le retirer, l'égoutter, le mettre en pot ; le couvrir de saindoux frais ; laisser ramollir pendant 24 heures dans le pot ; cette opération a pour but de le rendre moelleux.

Mettre le pot à chauffer doucement, égoutter entièrement le gras-double de ce saindoux qui sera réservé pour une utilisation ultérieure.

Faire rissoler légèrement des oignons émincés ; mélanger gras-double et oignons dans une sauteuse ; mettre un filet de vinaigre au moment de servir, ainsi qu'un peu de persil et de cerfeuil ciselés.

Vins : beaujolais villages, côtes-du-rhône primeur.

GRAS-DOUBLE À LA MODE BASQUE

PRÉPARATION 1 HEURE • CUISSON 5 HEURES

Mettre, dans une terrine, le gras-double et les pieds de veau coupés en deux (que l'on peut désosser), et jeter de l'eau bouillante dessus ; avant qu'elle tiédisse trop, enlever le gras-double et le faire égoutter. D'autre part, préparer le petit lard, les carottes, un oignon piqué de clous de girofle et un autre coupé, comme les carottes, en petits morceaux. Dans une casserole en terre, faire chauffer une cuillerée de graisse ; y faire dorer le lard, puis les oignons et les carottes. Quand le tout est revenu, le mettre dans un toupin avec le gras-double, coupé en larges morceaux, et le pied de veau. Remplir le pot de vin blanc pur ou mouillé d'un tiers d'eau ; saler et poivrer ; ajouter le poivron rouge, que l'on hachera avec les gousses d'ail, du persil et de l'estragon. Laisser bouillir assez vivement sur le feu pendant une demi-heure, puis laisser mijoter à feu très doux pendant 4 à 5 heures. Lier ensuite avec les jaunes d'œufs battus.

On peut couvrir le toupin d'un gros papier graissé, pour le fermer hermétiquement.

Vins rouges : saint-émilion, pomerol, graves, médoc, madiran, irouléguy.

2 kg de gras-double ciselé
2 pieds de veau
500 g de petit lard
500 g de carottes
1 gros oignon
1 gros oignon piqué de 2 clous de girofle
1 dl de graisse d'oie ou de porc
sel
1 poivron
4 gousses d'ail
branches de persil et d'estragon
un litre et demi de vin blanc
2 jaunes d'œufs

LANGUE DE BŒUF À L'ÉCARLATE

PRÉPARATION ET SALAISON, HIVER 8 JOURS ; ÉTÉ 6 JOURS • CUISSON 2 HEURES 30 À 3 HEURES

Parer la langue, la laver et l'essuyer ; la piquer avec une aiguille à brider ; la frotter énergiquement avec la paume de la main en tous sens, avec du sel fin, légèrement salpêtré ; la mettre bien à plat dans un récipient en terre, entourée du reste de ce sel et la laisser recouverte durant 24 heures. Pendant ce temps, préparer la saumure suivante. Dans une casserole, mettre 5 litres d'eau, gros sel, le salpêtre et la cassonade brune.

Faire prendre une bonne ébullition ; enlever du feu. Aussitôt en dehors du feu, ce qui fera infusion, y jeter les grains de poivre, de genièvre et de coriandre, le thym, le laurier, la menthe, l'ail et le basilic. Couvrir et laisser infuser en refroidissant.

Le lendemain, essuyer la langue et la mettre, avec la saumure préparée, dans un récipient en grès ou en terre, où elle baigne bien. Une petite planche et une pierre seront nécessaires pour que la langue ne flotte pas. Tous les jours, la retourner, sans la toucher avec les mains. Mettre dans un endroit frais.

Au terme de la salaison, bien laver la langue et la mettre à cuire dans un récipient assez grand. Ne rien mettre dans l'eau de cuisson. Temps de cuisson, suivant grosseur et qualité : qu'elle soit, de préférence, un peu cuite plutôt que pas assez. Laisser refroidir la langue dans sa cuisson, et au frais. En la sortant, l'envelopper dans un linge après épluchage.

Vins rouges : fitou, corbières, côtes du Roussillon, côtes du Frontonnais, coteaux du Languedoc, cahors, madiran.

Sel fin salpêtré
2 kg de gros sel
100 g de salpêtre
150 g de cassonade brune
15 grains de poivre
15 grains de genièvre
2 brindilles de thym
1 feuille de laurier
15 grains de coriandre
1 brindille de menthe
1 tête d'ail
1 brindille de basilic

LANGUE DE BŒUF À L'ITALIENNE
PRÉPARATION 1 HEURE • CUISSON 3 HEURES

1 belle langue de bœuf
sel, poivre, bouquet garni
3 carottes
2 gros oignons
200 g de couennes et
de débris de lard
un verre de vin blanc
un litre de fond * brun
1 cuillerée à café
de purée de tomates
500 g de nouilles
250 g de parmesan râpé
2 dl de sauce italienne,
c'est-à-dire sauce *
duxelles à laquelle
on ajoute 200 g
de jambon haché

Placer la langue dans une casserole, dont le fond sera garni de couennes de lard, de rondelles d'oignons et de carottes et d'un bouquet garni. Tenir sur le coin du feu jusqu'à ce qu'on obtienne un léger rissolage des légumes ; ajouter un verre de vin blanc et le réduire complètement ; mouiller avec assez de fond brun, très peu salé (un litre environ), pour qu'il arrive à peu près aux deux tiers de la hauteur de la langue. L'ébullition prise, poser sur la langue un rond de papier beurré ; couvrir, et cuire au four à ébullition douce et régulière, en ayant soin de retourner la pièce de temps en temps. Temps de cuisson moyen : 3 heures.
Dresser la langue sur un plat rond, entière ou en partie découpée, et l'entourer de nouilles à l'italienne. Servir, à part, la sauce italienne et le jus de braisage de la langue, dégraissé et réduit.

Vins blancs secs : pouilly fumé, muscadet, graves, chablis.
Vins rouges : beaujolais, bourgueil, chinon.

MIROTON À LA BONNE FEMME
PRÉPARATION 1 HEURE • CUISSON 10 MINUTES

8 gros oignons nouveaux
50 g de graisse de porc
50 g de farine
sel, poivre
6 cornichons
1 kg de bœuf
de pot-au-feu
un demi-litre de bouillon
1 dl de vin blanc
5 cl de vinaigre
1 cuillerée de persil
haché
1 bouquet garni

Dans les ménages, le miroton est la préparation coutumière pour l'utilisation du bœuf bouilli de la veille. Mais, si le fond en est pour ainsi dire invariable, on peut en modifier les détails.
Émincer finement de gros oignons nouveaux. Faire chauffer, dans un sautoir, 2 cuillerées de saindoux ; y mettre les oignons et les faire revenir sur un feu modéré, en les faisant sauter de temps en temps, pour qu'ils prennent une couleur blonde. (Quand les oignons sont à maturité, ils doivent être, d'abord, ébouillantés pendant 7 à 8 minutes, pour en retirer l'âcreté et les attendrir, puis rafraîchis, bien égouttés et séchés dans un linge pour qu'il n'y subsiste aucune humidité ; sinon, il serait impossible de les faire colorer.)
Enlever les oignons, les réserver au chaud.
Mélanger une forte cuillerée de farine au saindoux du sautoir ; la faire roussir pendant 7 à 8 minutes ; mouiller de bouillon et de vin blanc ; ajouter une forte prise de poivre ; faire prendre l'ébullition en remuant, et laisser cuire doucement pendant une demi-heure. Au bout de ce temps, mélanger dans la sauce les oignons dorés et le bœuf bouilli de desserte, découpé en petites tranches fines, aussi régulières que le permet l'état de la desserte, et sur le travers du fil de la viande. Réchauffer la viande sans laisser bouillir.
Au moment de servir, compléter avec un filet de vinaigre ; verser le miroton dans un plat, et parsemer de cornichons coupés en fines rondelles et d'une pincée de persil haché.

Vins : beaujolais villages, bourgueil,
côtes-du-rhône primeur, bordeaux primeur.

PIÈCE DE BŒUF À LA BOURGUIGNONNE

PRÉPARATION 1 HEURE 30 • MARINAGE 3 HEURES • CUISSON 4 À 5 HEURES

Le véritable bœuf à la bourguignonne est en réalité la daube ; cependant, une grosse pièce peut être préparée d'après la même méthode.
Prendre un morceau sur la pointe de culotte ; le piquer, comme pour un bœuf à la mode, avec de gros lardons assaisonnés de sel épicé et poudrés de persil ciselé. Assaisonner la pièce de sel et de poivre en grains, et la mettre à mariner, 3 heures à l'avance, avec le vin rouge et le cognac.
Dans une daubière ou une casserole à fond épais, chauffer fortement 3 cuillerées à soupe de beurre, y mettre les petits oignons (de la grosseur d'une noisette), les faire colorer, les ôter et bien les égoutter sur un plat. Dans la même graisse, faire rissoler le lard de poitrine (dont la couenne doit être retirée), coupé en gros dés et ébouillanté préalablement pendant 5 à 6 minutes. L'égoutter et le réserver à côté des oignons.
Toujours dans la même graisse, chauffée jusqu'à ce qu'elle soit fumante, mettre la pièce de bœuf, égouttée de sa marinade et séchée dans un linge (s'il restait de l'humidité, elle se convertirait en vapeur qui empêcherait le rissolage extérieur). Bien faire revenir la pièce de tous les côtés, pour qu'elle soit enveloppée d'une couche rissolée assez forte, et la réserver sur une assiette.
Mélanger la farine dans la graisse ; cuire le mélange jusqu'à ce qu'il ait pris une teinte rousse ; le délayer ensuite avec le vin de la marinade et le bouillon ou fond brun. Faire prendre ébullition en remuant ; puis, dans cette sauce légère, remettre la pièce de bœuf, une prise de poivre, un bouquet garni et les champignons. (Il est facultatif d'ajouter un petit pied de veau désossé, ébouillanté et ficelé.)
L'ébullition étant prise, mettre un rond de papier beurré à même sur la pièce ; couvrir et continuer la cuisson au four, à ébullition lente et régulière, pendant 3 heures au moins.
Au bout de ce temps, retirer la pièce ; passer la sauce et la dégraisser. Remettre, dans la casserole rincée, la pièce de bœuf, le lard, les oignons. Continuer la cuisson dans le four, toujours très doucement, pendant au moins une heure encore.
En fin de cuisson, la sauce doit se trouver réduite d'une bonne moitié.

En principe, servir le même vin que celui utilisé pour la cuisson.

2,500 kg de pointe de culotte (aiguillette de romsteck)
sel, poivre
1 pincée d'épices
300 g de lard gras pour piquer
100 g de graisse ou saindoux
un litre de vin rouge
5 cl de cognac
bouquet garni
3 cuillerées à soupe de beurre
40 petits oignons
250 g de lard de poitrine
80 g de farine
un demi-litre de fond * brun ou de bouillon
100 g de champignons
1 cuillerée de persil ciselé

POT-AU-FEU
PRÉPARATION 30 MINUTES • CUISSON 3 HEURES

1 kg de plat de côtes avec les os
600 g de macreuse
400 g de gîte-gîte ou de jumeau
4 ou 5 poireaux
2 tranches de jarret (os à moelle)
8 ou 9 carottes
6 navets (ou panais)
2 oignons
1 bouquet garni
quelques côtes de céleri ou 200 g de céleri-rave
4 clous de girofle
sel et poivre en grains

Verser environ 4 litres d'eau froide dans une grande marmite. Y plonger toutes les viandes, les os et ajouter une cuillerée à soupe de sel. Porter à ébullition, écumer dès les premiers frémissements, puis baisser le feu, couvrir et laisser cuire à petits bouillons pendant environ 1 heure. Pendant ce temps, parer les poireaux et les ficeler en bottillon, ainsi que les branches de céleri (si on les utilise). Piquer les oignons pelés avec les clous de girofle. Peler le céleri, les navets et les carottes. Au bout d'une heure de cuisson des viandes, ajouter dans la marmite les carottes, les oignons piqués et le bouquet garni. Environ 30 minutes plus tard, ajouter les poireaux, les navets et le céleri, avec une cuillerée à soupe de poivre en grains. Compléter éventuellement le mouillement d'eau s'il ne recouvre pas le contenu de la marmite. Poursuivre la cuisson à petits bouillons. À la fin de la cuisson, passer le bouillon dans un tamis fin, le dégraisser soigneusement et le servir bien chaud dans des tasses à consommé avec des petits croûtons grillés et du fromage râpé. Présenter ensuite, éventuellement, la moelle tartinée sur des toasts, puis l'assortiment de viandes découpées avec les légumes du pot. Présenter en même temps, au choix, des cornichons, du gros sel, des pickles, des moutardes variées, des petites betteraves et des oignons marinés au vinaigre, du raifort râpé, etc.

Vins : côtes-du-rhône-villages, bandol, beaujolais-villages, bergerac rouge, cahors, gaillac.

QUEUE DE BŒUF AUX CHIPOLATAS
PRÉPARATION 2 HEURES • CUISSON 4 HEURES À 4 HEURES 30

2 queues de bœuf de 1,500 kg à 1,600 kg chacune, tronçonnées en 16 morceaux
4 carottes
2 oignons
bouquet garni
150 g de couennes de lard
1 branche de céleri
sel, poivre
un demi-litre de vin blanc
fond* brun ou bouillon corsé
Pour la garniture :
24 petits oignons glacés
12 petites chipolatas rissolées
24 marrons cuits au consommé
150 g de lard maigre, blanchi et rissolé
(le tout sera lié avec le fond de la pièce, qui lui-même aura été réduit et lié à la fécule)

Choisir deux petites queues de bœuf. Il y a lieu de tenir compte que la partie effilée doit être supprimée, à peu près au tiers de la longueur de la queue, pour que l'épaisseur des tronçons se trouve à peu près égale. La partie supprimée aura son utilisation dans un pot-au-feu. Diviser les queues aux endroits marqués par les jointures, et scier en deux les gros tronçons qui se trouvent à sa naissance, de façon que tous les tronçons soient d'épaisseur sensiblement égale.

Les mettre à dégorger, à grande eau froide, pendant 4 heures, ou les tenir, pendant 2 heures, sous un robinet d'eau courante — cela, pour dissoudre le sang resté dans les fibres.

Mettre les tronçons dans une grande casserole d'eau froide, les faire bouillir pendant 7 ou 8 minutes, puis les égoutter et les éponger. Les placer dans une casserole, dont le fond sera tapissé de couennes de lard, de rondelles de carottes et d'oignons et d'un bouquet garni avec une branche de céleri.

Faire suer pendant un quart d'heure, au four assez chaud ; ajouter 1 dl de bouillon et, quand il sera complètement réduit, mouiller avec 5 dl de vin blanc et du bouillon en quantité suffisante pour que les tronçons en soient bien recouverts. L'ébullition prise, couvrir et cuire au four très doucement, pendant 3 heures et demie à 4 heures, c'est-à-dire jusqu'à ce que la chair se détache facilement des os.

Sortir alors les tronçons de queue à l'aide d'une fourchette ; les mettre dans un sautoir ; y joindre la garniture aux chipolatas préparée comme il est dit ci-dessus, et laisser mijoter pendant 20 minutes.

Verser simplement les tronçons et la garniture dans une timbale, ou disposer les tronçons en monticule sur un plat et les couvrir avec sauce et garniture.

Vins blancs secs : pouilly fumé, chablis.
Vins rouges : beaujolais, bourgueil, chinon.

QUEUE DE BŒUF À LA FRANÇAISE
PRÉPARATION 2 HEURES • CUISSON 5 HEURES

Prendre une belle queue de bœuf avec son cuir ; la tronçonner en morceaux assez gros (un par convive). Disposer les morceaux sur un fond d'aromates : carottes, oignons, grains d'ail, bouquet garni, couennes de lard et deux pieds de veau désossés. Faire suer et prendre légèrement couleur.

Mouiller avec du vin blanc sec et un fond onctueux, afin que tous les morceaux baignent ; assaisonner avec sel et poivre ; couvrir, et laisser cuire pendant 4 heures, à four doux et couvert.

Après cuisson, retirer les tronçons, réduire le fond, passer au chinois, remettre les morceaux dans un sautoir. Mettre la cuisson au point ; dégraisser ; remettre le fond sur les morceaux ; finir la cuisson. Attention à l'assaisonnement, compte tenu du temps de cuisson et de la réduction du liquide.

Vins blancs secs : graves, chablis, arbois, riesling.
Vins rouges : bourgueil, chinon, châteauneuf-du-pape, côte-rôtie.

Encart:
8 tronçons de queue
de bœuf de 300 g chacun
sel, poivre
4 carottes
3 oignons émincés
2 gousses d'ail écrasées
bouquet garni
500 g de couennes
de lard très propres
2 pieds de veau
2 bouteilles de vin blanc
fond * onctueux
pincée d'épices
1 botte de carottes
1 botte de navets
30 petits oignons étuvés
et glacés
750 g de pommes
à la vapeur

QUEUE DE BŒUF EN HOCHEPOT
PRÉPARATION 1 HEURE • CUISSON 8 HEURES

Faire rissoler le lard dans la cocotte. Retirer les lardons et les remplacer par les tronçons de queue. Bien faire revenir ; ajouter les oignons, l'ail hachés et les lardons ; flamber au cognac. Mouiller à hauteur avec le bouillon peu salé. Laisser cuire une demi-heure. Ajouter le bouquet garni, le vin rouge, le madère, et continuer la cuisson, à feu doux, pendant 3 heures.

Lier la sauce au beurre manié et finir la cuisson à four moyen pendant 5 heures environ.

Vins rouges : beaujolais, bourgueil, chinon.

Encart:
16 morceaux de queue
de bœuf (200 à 250 g l'un)
4 gros oignons
2 gousses d'ail
500 g de lard de poitrine
fumé, coupé en dés
1 dl de cognac
3 litres de bouillon
2 bouteilles de vin rouge
1 dl de madère
bouquet garni
100 g de beurre et 100 g
de farine
(pour le beurre * manié)

ROGNONS DE BŒUF SAUTÉS AUX CHAMPIGNONS

PRÉPARATION 50 MINUTES • CUISSON DES ROGNONS 10 MINUTES • SAUCE 40 MINUTES

2 beaux rognons de bœuf bien blonds
sel, poivre
150 g de beurre
50 g de farine
une demi-bouteille de vin blanc
1 dl de fond* de veau
bouquet garni
300 g de petits champignons
4 échalotes
1 dl d'huile
100 g de beurre
1 cuillerée de persil ciselé

Faire chauffer, dans un sautoir, 100 g de beurre et 2 cuillerées d'huile ; dans cette graisse fumante, mettre 300 g de champignons émincés (têtes et pédicules) ; les faire sauter à feu vif, jusqu'à obtention d'un léger rissolage ; ajouter les échalotes hachées ; faire sauter les champignons encore quelques instants, puis y mélanger la farine et faire roussir au four. Mouiller ensuite avec le vin blanc et le fond de veau : assaisonner d'un peu de sel et de poivre ; faire prendre l'ébullition en remuant, et laisser bouillir doucement pendant la préparation des rognons.

Après avoir enlevé les petites peaux qui enveloppent les rognons, les partager en deux dans le sens de la longueur ; supprimer les parties grasses et nerveuses qui se trouvent au milieu ; diviser chaque moitié en deux, toujours dans le sens de la longueur, et les découper en petites tranches de 5 à 6 mm d'épaisseur. Assaisonner de sel et de poivre. Mettre les rognons dans une poêle contenant 50 g de beurre et 4 cuillerées d'huile (cette graisse doit être fumante), et les faire sauter à feu très vif, simplement pour les raidir. Les verser alors dans une passoire ; les égoutter à fond.

Les mélanger dans la sauce en remuant, et, hors du feu (la moindre ébullition les rendrait coriaces), passer la sauce, la beurrer et mélanger le tout. Verser dans une timbale ou un plat creux et parsemer d'une forte pincée de persil ciselé.

Vins rouges : saint-émilion, pomerol, médoc, bourgueil, bourgognes de la côte de Beaune.

SAUTÉ DE BŒUF BOURGUIGNON

PRÉPARATION 2 HEURES • CUISSON DU BŒUF 3 HEURES • CUISSON DES QUEUES 5 HEURES

2 kg de collier de bœuf en 16 morceaux
8 tronçons de queue de bœuf de 7 à 8 cm (comprenant deux anneaux)
100 g de saindoux
100 g de farine
30 petits oignons glacés
150 g de petits champignons de Paris
300 g de lard de poitrine coupé en dés, blanchi et revenu
2 bouteilles de vin rouge
quelques décilitres d'eau
bouquet garni
sel, poivre
2 gros oignons coupés en quatre
2 gousses d'ail écrasées

Faire revenir la queue de bœuf avec le saindoux. Ces morceaux étant revenus, les mettre dans une cocotte ; poudrer de farine ; bien mélanger le tout et faire griller quelques minutes au four. Mouiller ensuite avec une bouteille de bon vin rouge et un peu d'eau, sel et poivre, ail et bouquet garni. Cuire ce sauté pendant 4 heures.

Le retirer du feu. Dans une autre casserole, procéder exactement de même pour le collier, mais avec 2 heures de cuisson seulement.

Mélanger le contenu des deux récipients (le degré de cuisson sera sensiblement le même) ; ajouter une bouteille de vin ; laisser cuire encore 1 heure. Un quart d'heure avant la fin de la cuisson, ajouter les petits oignons, quelques lardons et les champignons revenus au beurre.

En prenant la précaution de la commencer la veille, la sauce sera onctueuse, de belle couleur, et toute l'acidité du vin aura disparu. Quant aux viandes, elles seront cuites à point.

En principe, servir le même vin que celui utilisé pour la cuisson.

STEAKS AU POIVRE
PRÉPARATION 30 MINUTES • CUISSON 10 À 12 MINUTES

Rouler chaque steak dans 5 g de poivre noir concassé, et saler. Les faire saisir à la casserole, dans du beurre bien chaud ; continuer la cuisson lentement ; les retirer et les poser sur le plat de service.
Déglacer rapidement avec 1 dl de vin blanc ; lier avec 150 g de beurre frais ; verser la sauce ainsi obtenue sur la viande.

Vins rouges : beaujolais, bourgueil, chinon.

8 steaks de 150 à 200 g chacun
40 g de poivre noir concassé, sel
150 g de beurre
1 dl de vin blanc

STEAKS AU POIVRE (autre recette)
PRÉPARATION 30 MINUTES • CUISSON 12 MINUTES

Concasser du poivre blanc en grains. Rouler les steaks dans ce poivre ; qu'ils en soient bien recouverts des deux côtés ; les saler et les faire cuire au degré désiré (bleu, saignant, etc.), en veillant à ce que le poivre ne noircisse pas. Les retirer.
Reprendre la cuisson ; mettre une pincée d'échalotes hachées ; verser 1 verre de bon bourgogne rouge ; faire réduire, et incorporer du beurre, petit à petit, en dehors du feu, en remuant.
Napper les steaks de cette sauce. Accompagner de pommes paille.

En principe, servir le même vin que celui utilisé pour la cuisson, ou bien un beaujolais, bourgueil ou chinon.

8 steaks de 180 à 200 g chacun (faux-filet, côte de bœuf ou, mieux, romsteck bien rassis)
sel
40 g de poivre blanc en grains concassés ou 40 g de poivre mignonnette
3 échalotes
1 dl de vin de Bourgogne rouge
200 g de beurre

TOURNEDOS BÉARNAISE
PRÉPARATION 1 HEURE • CUISSON 15 MINUTES

Choisir de beaux tournedos dans le cœur du filet de bœuf ; griller en les quadrillant avec soin ; les tenir légèrement saignants.
Préparer, pendant ce temps, une sauce béarnaise.
Dresser les tournedos, accompagnés de pommes Pont-Neuf et de la sauce béarnaise sur un plat décoré de cresson.
Ce plat connaît au Béarn un succès presque égal à celui de la célèbre poule au pot.

Vins rouges : saint-émilion, pomerol, graves, médoc, haut-médoc, bourgeais, beaujolais, bourgueil, bourgognes de la côte de Beaune.

8 tournedos de 180 à 200 g chacun
sel, poivre
200 g de beurre
5 cl d'huile
2 dl de sauce * béarnaise
1 kg de pommes de terre de Hollande
1 botte de cresson

TOURNEDOS CHAPON FIN
PRÉPARATION 1 HEURE • CUISSON 12 MINUTES

8 tournedos (ou petits filets) de 150 g chacun
sel, poivre
100 g de beurre
*2 dl de demi-glace ***
1 dl de madère
8 croûtons en pain de mie du diamètre des tournedos
150 g de truffes coupées en lames
*16 petites quenelles * moulées à la cuillère à café*

Prendre de petits tournedos, les griller à feu vif et les dresser sur un croûton de mie frit au beurre.

D'autre part, préparer une sauce * madère, dans laquelle on ajoutera des truffes assaisonnées très légèrement de sel et d'épices, et quelques quenelles de volaille.

Rectifier l'assaisonnement ; terminer, avant de servir, avec un petit morceau de beurre frais, sans laisser bouillir la sauce.

Servir les tournedos dans un plat rond, la garniture par-dessus.

Vins rouges : saint-émilion, pomerol, graves, médoc.

TOURNEDOS À LA CRÈME
PRÉPARATION 1 HEURE • CUISSON 10 MINUTES

8 tournedos de 120 à 150 g chacun
sel, poivre
150 g de beurre
8 croûtons du diamètre des tournedos
8 médaillons de foie gras
1 dl de porto
*1 dl de fond * lié*
1 dl de crème double
120 g de truffes

Les tournedos seront pris dans le cœur du filet. Les assaisonner des deux côtés et les faire sauter au beurre. Les tenir à point ; déposer, sur chaque tournedos, un médaillon de foie gras. Tenir au chaud.

Déglacer au porto le plat à sauter des tournedos ; ajouter une demi-louche de fond lié, une julienne de truffes, une cuillerée de crème double. Porter à ébullition ; verser sur les tournedos ; servir très chaud.

Vins rouges : saint-émilion, pomerol, graves, médoc, bourgognes de la côte de Beaune.

TOURNEDOS CURNONSKY
PRÉPARATION 2 HEURES • CUISSON 12 À 15 MINUTES

8 tournedos de 120 à 150 g chacun
sel, poivre
5 cl d'huile
150 g de beurre
persil, 1 citron
*1 kg de pommes * dauphine*
8 belles têtes de champignons
4 belles tomates pas trop mûres
1 botte de cresson
2 gros oignons
1 dl de lait
100 g de farine
grande friture

Arroser d'huile les tournedos ; les saler ; les coucher au dernier moment sur un gril bien chauffé au charbon de bois. Les retourner, pour les griller sur l'autre face. Les tenir saignants ou à point, selon le goût des convives.

Les dresser sur un plat de service. Mettre, sur chaque tranche, un morceau de beurre frais, un peu de persil ciselé, un peu de jus de citron et un peu de poivre en grains moulu frais ; y déposer également des rondelles un peu épaisses d'oignons frits (passées dans le lait, dans la farine et bien dorées à grande friture).

Comme garniture : pommes dauphine, champignons grillés, demi-tomates cuites au beurre et un bouquet de cresson légèrement salé et arrosé d'un soupçon de vinaigre.

Vins rouges : bourgueil, côte-de-beaune.

BŒUF

TOURNEDOS CURNONSKY
(autre recette)
PRÉPARATION 1 HEURE • CUISSON 40 MINUTES

Égoutter le maïs, l'étuver au beurre, ajouter la sauce Béchamel ; mettre un peu de sel et de paprika ; lier le tout avec les jaunes d'œufs. Laisser refroidir. Former 12 croquettes qu'on trempera quelques minutes dans la friture très chaude avant de servir.

Tourner les pommes de terre, à l'aide de la cuillère à pommes parisiennes, pour obtenir 20 petites boules. Les cuire au beurre. Étuver les petites tomates, que l'on aura évidées.

Faire pocher la moelle dans de l'eau salée. Garder le tout au chaud. Faire cuire les tournedos dans un sautoir, de préférence à point ; les tenir au chaud dans un plat de service assez grand.

Enlever la graisse ; déglacer le sautoir avec cognac et porto ; ajouter les truffes hachées. Laisser réduire un peu, ajouter le fond de veau ; finir de mettre au point avec 10 g de beurre.

Dresser les tournedos ; mettre autour les croquettes de maïs et les pommes de terre ; sur chaque tournedos, une tomate étuvée garnie d'une lame de moelle.

Napper les tournedos avec la sauce et servir très chaud.

Vins : côte-de-beaune, pomerol, saint-émilion.

Pour 4 personnes :
4 tournedos parés (filet de bœuf) de 160 g chacun
1 cl de cognac
3 cl de porto
10 g de truffes
un quart de litre de fond * de veau
sel, poivre paprika
4 ou 5 belles pommes de terre
un quart de litre de sauce * Béchamel
2 jaunes d'œufs
mie de pain
4 petites tomates
4 lamelles de moelle de bœuf
200 g de maïs de conserve égrené
50 g de beurre

TOURNEDOS ROSSINI
PRÉPARATION 30 MINUTES • CUISSON 10 MINUTES

Choisir des tournedos bien parés. Faire chauffer, à feu vif, une sauteuse à fond épais. Lorsqu'elle est bien chaude, beurrer le fond, y mettre les tournedos et les cuire à feu vif, 5 minutes de chaque côté. Saler et poivrer. Déglacer avec du madère.

Retirer les tournedos ; les dresser sur croûtons, les maintenir au chaud. Poser, sur chaque tournedos, un médaillon de foie gras. Laisser réduire le madère, y incorporer, hors du feu, le beurre coupé en petits morceaux et les truffes hachées. Travailler le beurre pour faire glace. Napper les tournedos, décorer avec les lames de truffe.

Vins : saint-émilion, pomerol, graves.

8 tournedos de 150 g chacun
sel, poivre
100 g de beurre
8 croûtons (pain de mie) frits au beurre
8 lames de truffe
1 dl de madère
8 médaillons de foie gras
100 g de truffes

BŒUF

TOURNEDOS ROSSINI
(autre recette)

PRÉPARATION 40 MINUTES • CUISSON 10 MINUTES

8 tournedos de 120 à 150 g chacun
sel, poivre
150 g de beurre
8 médaillons de foie gras
100 g de farine
8 croûtons de pain de mie
1 cuillerée de glace * de viande
1 dl de madère
5 cl de jus de truffes
2 dl de demi-glace *
32 lames de truffes
2 dl de sauce * brune

Sur du pain de mie rassis, tailler 8 croûtons à l'aide d'un emporte-pièce uni de 6 cm de diamètre ; leur épaisseur doit être d'un petit centimètre. Ces croûtons seront frits au beurre clarifié, pendant la cuisson des tournedos, et badigeonnés ensuite, sur un côté, de glace de viande fondue.

Sur la moitié d'un petit foie gras cru, tailler 8 tranches d'un petit centimètre d'épaisseur ; les parer tout autour de façon à leur donner la forme du tournedos. Ces tranches de foie gras seront assaisonnées de sel et de poivre, roulées dans la farine, et cuites, au beurre clarifié également, pendant la cuisson des tournedos.

Entourer les tournedos d'un tour de ficelle sur le milieu de leur épaisseur ; les assaisonner de sel et de poivre et les ranger dans un sautoir contenant 4 cuillerées de beurre clarifié fumant (ce beurre est indiqué, parce qu'il peut atteindre, sans brûler, la température très haute qui convient pour assurer le saisissement de la viande ; mais, à la rigueur, on peut le remplacer par un mélange de 30 g de beurre et de 2 cuillerées d'huile). Cuire les tournedos à feu vif (la cuisson demande 8 à 10 minutes, selon qu'on les désire saignants ou cuits à point). Aussitôt cuits, les placer chacun sur un croûton (sur la partie nappée de glace de viande), et les ranger en couronne sur un plat rond ; mettre une tranche de foie gras sur chaque tournedos et 4 lames de truffe sur chaque tranche de foie gras.

Égoutter complètement la graisse du sautoir, y verser le madère ; faire réduire vivement aux deux tiers ; ajouter la sauce brune et 3 cuillerées de cuisson de truffes.

Laisser bouillir 2 minutes et verser cette sauce sur les tournedos en la passant au chinois.

Vins rouges : saint-émilion, pomerol, graves.

TOURNEDOS SAUCE CHORON

PRÉPARATION 50 MINUTES • CUISSON DES POMMES 10 MINUTES • CUISSON DES TOURNEDOS 10 MINUTES

8 tournedos de 120 à 150 g chacun
sel, poivre
200 g de beurre
5 cl d'huile
250 g de foie gras
900 g de pommes de terre
4 queues de champignons
8 têtes de champignons farcis à la duxelles *
8 tomates mondées, étuvées ou grillées
1 dl de sauce * Choron (sauce béarnaise tomatée)

Prendre un morceau de milieu de filet de bœuf ; y couper des tournedos épais de 2 cm environ. Les cuire au beurre très chaud, à la sauteuse ; mettre sel et poivre du moulin.

Napper de sauce Choron, au moment de servir. Il est facultatif de placer des canapés ou croûtons au beurre sous les tournedos.

La garniture se compose : de pommes Darphin ; de têtes de champignons farcies ; de petites tomates entières, vidées et grillées.

Pommes Darphin. Voir recette au chapitre « Légumes ».

Têtes de champignons farcies. Prendre des champignons assez gros ; cuire les têtes à la casserole avec une noix de beurre et un jus de citron. Les retirer une fois cuites, les laisser refroidir et les farcir avec la composition suivante :

Mettre dans une casserole un morceau de beurre ou de l'huile d'arachide sans goût ; y ajouter 1 ou 2 échalotes très finement hachées ; les laisser blondir ; y jeter les queues de champignons hachées ; laisser cuire, en ayant soin de remuer le tout, de temps à autre, avec une spatule en bois. Une fois ce mélange cuit et réduit, lier avec 2 jaunes d'œufs (ou, plus économiquement, avec un peu de fécule ou 1 cuillerée à soupe de farine). Y incorporer 1 verre à liqueur de sherry ou de porto ; retirer le tout du feu, et ajouter un peu de foie gras (ou de mousse de foie gras), 2 cuillerées à soupe de crème fraîche et quelques morceaux de pelures de truffes ou de morilles hachées très finement.

Bien malaxer le tout ; laisser refroidir. Farcir les têtes de champignons. Saler et poivrer normalement. Pendant la cuisson des tournedos, passer les champignons au four chaud.

Vins rouges : saint-émilion, pomerol, médoc, bourgueil, bourgognes de la côte de Beaune.

* TOURNEDOS SUR TOASTS

PRÉPARATION 30 MINUTES • CUISSON 10 MINUTES

8 tournedos de 120 g environ chacun
sel, poivre
150 g de beurre
1 dl de porto
1 dl de fond * de veau
8 croûtons (du diamètre des tournedos) en pain de mie
1 dl de crème double
250 g de truffes
1 kg de pommes de terre nouvelles

Faire sauter à la casserole les tournedos épais, coupés dans le cœur du filet.

Déglacer la cuisson au porto. Laisser réduire. Ajouter le fond de veau réduit. Dresser les tournedos sur toasts frits ou grillés. Finir la réduction avec du beurre et de la crème double, dans lesquels on a jeté une julienne de truffes. Servir avec une lame de truffe sur chaque tournedos. À part, les pommes de terre cuites à la vapeur, enrobées de beurre cru et persillées.

Vins rouges : saint-émilion, pomerol, graves, médoc.

TRAIN DE CÔTES À LA FAÇON DES CAUSSES

PRÉPARATION 2 HEURES • CUISSON 40 MINUTES • TEMPS DE REPOS AU CHAUD 20 MINUTES

**Un train de côtes de 2,500 kg à 3 kg
1 dl de vin blanc
5 cl de cognac
sel
2 échalotes
persil et estragon
100 g de beurre
1 dl de fond * brun
300 g de lard de poitrine en dés
750 g de cèpes frais coupés
750 g de pommes de terre
8 laitues
1 cuillerée de persillade**

Prendre un petit train de côtes parfaitement rassis et raccourci. Le parer, en laissant les os et la graisse.

Faire rôtir au four chaud, ou mieux, à la broche, en le saisissant vivement, mais en le maintenant saignant, et en l'arrosant de sa graisse pendant la cuisson.

Quand il est à point, le retirer du four et le réserver au chaud, ce qui lui permettra de reposer. Déglacer le fond de cuisson avec du vin blanc sec et un verre de cognac. Y faire fondre 2 échalotes hachées menu ; assaisonner de persil et d'estragon, également hachés, et beurrer le fond selon le besoin.

Garnir le rôti de petits lardons fins blanchis et rissolés, de cèpes blanchis et rissolés, de pommes de terre tournées en gousses et cuites au beurre, et de laitues braisées au vin blanc. Napper le tout de la sauce ; poudrer d'une persillade et servir.

Pour être tranché avec plus de facilité, le train de côtes se place debout plutôt que couché.

Vins rouges : saint-émilion, cahors, côtes-du-rhône, corbières.

TRAIN DE CÔTES DU LIMOUSIN À LA BROCHE À LA RABELAISIENNE

PRÉPARATION 2 HEURES • MARINAGE 3 OU 4 HEURES • CUISSON 50 À 60 MINUTES

**Un train de côtes de 2,500 kg
un demi-litre de vin blanc
1 dl de cognac
sel, poivre, bouquet garni
1 dl de madère
8 laitues
8 tomates
100 g de beurre**

Enlever les petits os adhérents et les nerfs, tout en laissant la graisse et sans enlever les os des côtes ; ficeler légèrement pour maintenir en forme. Mettre à mariner, pendant quelques heures, dans du vin blanc sec aromatisé de cognac, auquel on ajoutera un bouquet très garni. Retirer ensuite la pièce de la marinade ; bien l'égoutter et l'essuyer. La faire rôtir doucement en l'arrosant avec le jus de la marinade.

Le temps de cuisson à observer est de 12 minutes par livre, pour obtenir un train de côtes saignant.

Dix minutes avant de servir, sortir le train de la broche et le déposer sur un plat.

Passer ensuite le fond au tamis ; le dégraisser complètement et le faire réduire. Beurrer et, au dernier moment, mouiller convenablement de madère vieux et ne plus laisser bouillir. Le fond doit être réduit, mais non pas lié.

Verser cette sauce sur le rôti ; servir, en garniture, des laitues braisées avec le fond de la marinade, et des tomates pelées étuvées.

Vins rouges : beaujolais, bourgueil, côte-de-beaune, médoc.

BŒUF

TRIPES À LA MODE DE CAEN
PRÉPARATION 1 HEURE • CUISSON 8 HEURES

Bien nettoyer les tripes.
Dans une cocotte, avec beurre et huile, faire dorer carottes et oignons émincés, ajouter du lard coupé en dés, un bouquet garni, les gousses d'ail, les clous de girofle, un pied de veau bien nettoyé et coupé en morceaux. Ajouter les tripes nettoyées et préalablement blanchies, arroser jusqu'à hauteur avec du vin blanc, couvrir de bardes de lard, fermer hermétiquement la cocotte et laisser cuire doucement 7 à 8 heures.
En fin de cuisson, dégraisser le jus ; retirer le bouquet garni et lier avec un peu de fécule. Servir très chaud.

Cidre ou vins blancs secs : muscadet, jasnières, quincy, vouvray.

600 g de gras-double ou tripes
1 bouquet garni : thym, laurier, persil
40 g de beurre
2 gousses d'ail
4 cuillerées d'huile
3 clous de girofle
2 carottes
1 pied de veau
2 oignons
un demi-litre environ de vin blanc sec
100 g de lard de poitrine
4 bardes de lard
un peu de fécule

TRIPES À LA PORTUGAISE
PRÉPARATION 1 HEURE • CUISSON 7 HEURES

Laver le gras-double dans plusieurs eaux ; le frotter avec du sel et du citron. Le laver encore une ou deux fois, puis le couper en petits morceaux.
Faire cuire le gras-double, 6 heures, dans une marmite d'eau salée, avec des rondelles de citron dont l'écorce aura été enlevée.
À part, faire cuire des haricots blancs à l'eau bouillante salée.
Dans une casserole, faire rissoler, à l'huile et au saindoux, une bonne quantité d'oignons émincés ainsi qu'une gousse d'ail.
Dès que l'oignon a pris couleur, ajouter des lardons de jambon gras, un poulet bien en chair coupé en morceaux, un peu de saucisson, du boudin, des carottes et des petits pois. Recouvrir d'eau bouillante. Quand tout est presque cuit, ajouter les tripes et les haricots et faire mijoter le tout ensemble, le temps suffisant pour finir la cuisson.
Servir dans un pot en terre cuite ; garnir d'olives et de persil haché.

Vins : saint-émilion, pomerol.

600 g de gras-double ou tripes
100 g de jambon gras
20 olives
huile, saindoux
1 poulet de 800 g
sel, citron, persil
3 oignons
1 gousse d'ail
100 g de haricots blancs
1 petit saucisson
1 boudin
100 g de petits pois
2 carottes

CHEVREAU

LE PETIT DE LA CHÈVRE SACRIFIÉ POUR LA BOUCHERIE, RELATIVEMENT rare, est toujours un mâle, de 6 semaines à 4 mois environ. La saison du chevreau (appelé également bicot ou cabri) va de la fin avril à la mi-juin. Quelle que soit la façon dont il est préparé, l'accompagnement doit être bien aromatisé ou relevé, car cette viande encore mal formée est assez fade et un peu molle.

CUL DE CHEVREAU PERSILLÉ
PRÉPARATION 1 HEURE • CUISSON 40 MINUTES

Les 2 gigots et la selle d'un seul tenant, bardes de lard
sel, poivre, épices
100 g de beurre
250 g de mie de pain frais, quelques branches de ciboulette
1 échalote
1 pointe d'ail et du persil
1 dl de vin blanc
1 dl de fond* de veau

Prendre le derrière du chevreau, le gigot, les filets ou les épaules. Recouvrir les morceaux d'une fine barde de lard.
Rôtir, dans un plat assez épais, en ayant soin de conserver au beurre de cuisson sa belle couleur blonde ; au dernier moment, poudrer les morceaux avec le mélange suivant : mie de pain frais, ciboulette finement ciselée, échalote, pointe d'ail et persil hachés.
Repasser au four, le temps d'une légère coloration. Retirer ; déglacer le plat de cuisson d'un bon verre de vin blanc et du fond de veau. Laisser réduire quelques instants pour enlever l'acidité du vin.
Le hachis doit lier légèrement le fond.

Vins rouges : beaujolais, bourgueil, bourgognes de la côte de Beaune.

SAUTÉ DE CHEVREAU CHASSEUR
PRÉPARATION 1 HEURE • CUISSON 45 MINUTES

2 kg à 2,500 kg de chevreau, coupé en morceaux de 150 g environ
sel, poivre
1 dl d'huile d'olive
60 g de beurre
60 g de farine
6 échalotes
2 dl de vin blanc
5 cl de cognac
6 dl de fond* brun ou de bouillon
8 tomates
bouquet garni
1 bonne cuillerée de persil et d'estragon concassés
8 beaux croûtons en pain de mie

Assaisonner les morceaux de chevreau de sel et de poivre ; les mettre dans un sautoir contenant de l'huile et du beurre fumants. Remuer sur un feu vif et presque sans interruption, jusqu'à ce que les morceaux soient bien enveloppés d'une couche rissolée.

À ce moment, fermer la casserole avec son couvercle et la pencher pour en retirer toute la graisse. Poudrer les morceaux avec une forte cuillerée d'échalote hachée et la farine. Bien mélanger la farine avec les morceaux, et la faire roussir sur le coin du feu ou mettre la casserole au four pendant 7 à 8 minutes. Ajouter ensuite le vin blanc, le cognac flambé, le fond brun ou le bouillon, les tomates pelées, pressées et hachées (ou 3 fortes cuillerées de purée), une forte prise de poivre. Faire prendre l'ébullition en remuant sans arrêt ; ajouter un bouquet garni ; fermer la casserole et continuer la cuisson au four.

Verser le sauté dans une timbale ou un plat creux, chaud ; parsemer d'une forte pincée de persil ciselé et décorer avec les croûtons de pain de mie frits au beurre.

Vins rouges : saint-émilion, pomerol, beaujolais, côtes-de-provence, côte-rôtie, vins rouges du Jura et cornas.

SAUTÉ DE CHEVREAU AUX POINTES D'ASPERGES
PRÉPARATION 1 HEURE • CUISSON 40 MINUTES

Découper le quartier arrière (de préférence) en morceaux de 130 à 150 grammes, et les faire revenir à l'huile d'olive et au beurre, pour les jaunir sans vraiment les colorer. Poudrer de farine ; remuer un moment et mouiller à couvert avec du vin blanc sec.

Ajouter un peu de sauce tomate, un bouquet garni, du sel et du poivre. Cuire doucement pendant 40 minutes.

Ajouter un hachis d'ail, d'échalotes et persil ; lier, hors du feu, avec 2 jaunes d'œufs délayés dans un peu de crème.

Ajouter les pointes d'asperges cuites à part, blanchies et étuvées au beurre. Dresser dans un plat, avec du persil haché par-dessus.

Cette préparation peut se faire avec de l'agneau de lait.

Vins rouges : saint-émilion, pomerol, bourgognes de la côte de Beaune.

---

2 kg à 2,500 kg de gigot et de selle de chevreau
sel, poivre
60 g de beurre
5 cl d'huile d'olive
70 g de farine
un litre de vin blanc
un peu de fond* brun
2 cuillerées à soupe de sauce* tomate
bouquet garni
1 pointe d'ail
2 échalotes
1 cuillerée de persil
1 dl de crème fraîche
2 jaunes d'œufs
1 kg de pointes d'asperges de 3 cm.

PORC

UN VIEUX DICTON AFFIRME QUE, DANS LE PORC, « TOUT SE mange », et Grimod de La Reynière qualifiait cet animal d'encyclopédique. Il est en effet utilisé dans sa presque totalité par les bouchers et les charcutiers, jusqu'aux oreilles et même au sang (boudin). Le jambon et le jambonneau sont traités séparément de la viande de porc vendue fraîche à l'étal. Un porc de qualité se reconnaît à sa chair rose, plutôt ferme et sans trace d'humidité (qui indiquerait un animal d'élevage industriel), pas trop rouge (animal vieux).
Comme viande de boucherie, le porc fournit les morceaux suivants. L'*échine* se fait rôtir ou braiser ; elle entre dans les potées et l'on y taille des tranches à griller ou à poêler, des cubes pour les brochettes ou des morceaux pour préparer de la chair à saucisse.
Le *carré de côtes* et le *milieu de filet* donnent de succulents rôtis ; on en tire aussi des côtes à griller ou à poêler.
La *pointe de filet,* moins sèche, se cuisine en rôti.
Le *filet mignon*, détaché, constitue un « tournedos » exquis, tendre et savoureux, tandis que les *grillades*, morceaux assez rares, sont excellentes à griller.
La *palette* se fait souvent braiser ; elle entre dans la potée et la choucroute ; on peut aussi la rôtir ou la faire sauter et elle donne des farces pour les pâtés. Le *travers* (haut de côtes) se traite en petit salé (de même que la longe, l'échine, le jarret, la palette ou le jambonneau), mais il peut aussi se faire griller. Le porc, enfin, fournit les bardes et le lard indispensables pour presque toutes les préparations de cuisine mijotées. Notons que le cochon de lait entier, rôti, constitue un plat somptueux, mais que l'on cuisine aussi sa viande en blanquette ou en ragoût.
Les abats du porc constituent à eux seuls un chapitre de gastronomie, avec les recettes succulentes de rognons, de foie, de pieds panés et grillés, d'oreilles, de pâtés divers, sans oublier les fameuses andouillettes, pour la gloire desquelles fut fondée une Association amicale des amateurs d'authentiques andouillettes (A.A.A.A.A.) : qu'elle soit de Paris, de Troyes, de Vouvray, d'Aubagne ou d'ailleurs, elle doit être bien grillée, moelleuse sans être grasse ; il convient de l'accompagner (mieux que de frites) de chou rouge cru, d'une purée de céleri ou de pois cassés, de pommes fruits ou de champignons, de laitues braisées ou d'oignons frits.

ANDOUILLETTES

C'est en pensant à notre bon prince Curnonsky que Francis Amunategui, Henry Clos-Jouve, Jean D. Arnaboldi et Robert J. Courtine ont fondé la plus secrète, la plus fermée des associations gourmandes : l'A.A.A.A.A. (Association amicale des amateurs d'authentiques andouillettes). Ils savaient combien Cur aimait ce produit du « cher ange » de Monselet. Mais n'oubliez point, quelle que soit votre préférence pour l'andouillette de Troyes, de Paris, de Vouvray, d'Aubagne ou d'ailleurs, qu'elle doit être faite « à la ficelle », selon les traditions ; qu'elle doit être bien grillée, moelleuse sans être grasse, et qu'il ne convient pas de l'accompagner de frites, comme on le fait trop souvent.

L'A.A.A.A.A., après d'attentives recherches, recommande, entre autres accompagnements : le chou rouge cru, les laitues braisées, l'oignon frit, les purées de céleris, de haricots, de pois cassés, de pommes de terre, de pommes fruits, de champignons, etc.

Avec l'andouillette pochée au vin blanc, un vin blanc du Mâconnais : mâcon-villages, saint-véran, bourgogne aligoté, rully ; avec l'andouillette grillée, vins blancs identiques ou vin rouge léger, rosé : rosé des Riceys, bourgogne rosé de Marsannay, rosé de Provence, bordeaux clairet, chinon, bourgueil.

ATTRIAUX

PRÉPARATION 50 MINUTES • CUISSON 30 MINUTES

600 g de foie de porc frais
300 g de veau
3 jaunes d'œufs
sel et poivre
50 g de lard gras
estragon, ciboulette, sauge, marjolaine
1 oignon
crépine de porc

Hacher très finement le foie de porc et le veau. Mettre dans un saladier, avec sel, poivre, ciboulette et estragon ciselés, un oignon haché, un peu de sauge, de marjolaine en poudre, le lard gras râpé.
Lier de 2 jaunes d'œufs crus et bien malaxer.
En faire des boulettes d'environ 100 g.
Tailler des rectangles dans de la crépine de porc.
Les tremper dans du jaune d'œuf et y mettre le hachis. Replier. Aplatir légèrement au poing.
Beurrer un plat à gratin et y ajouter un peu d'huile. Y ranger les attriaux et les faire mijoter, à feu doux, une demi-heure.
Accompagnement : potée de poireaux et pommes de terre.

Vins : fendant (blanc) ou dôle-du-valais.

PORC

BOUDIN BLANC

PRÉPARATION 3 HEURES • 1ʳᵉ CUISSON 45 MINUTES • 2ᵉ CUISSON 12 MINUTES

200 g de saindoux
1 kg d'oignons
200 g de blanc de volaille
200 g de mie de pain
2 dl de lait
5 cl de crème
200 g de lard gras frais ou panne
4 jaunes d'œufs
50 g de beurre
sel, poivre
1 pincée de muscade
thym, laurier
boyaux de porc

Après avoir coupé en petits dés et fait blanchir dans le beurre les oignons, les mettre à cuire dans le saindoux.

Piler, dans un mortier, le blanc de volaille, la panne, et la mie de pain trempée dans le lait, le tout par parties égales et formant une pâte bien unie ; on y ajoute les jaunes d'œufs et un demi-verre de crème. Délayer cette préparation ; y ajouter du sel et du poivre ; la verser sur les oignons quand ils seront cuits. Bien mêler le tout ; laisser pendant un quart d'heure sur le feu.

Entonner cette préparation dans des boyaux de porc, que l'on aura préalablement bien nettoyés et échaudés. Les boyaux étant pleins et liés par les deux bouts, les piquer çà et là avec une épingle, afin que la vapeur de leur contenu ne les fasse pas éclater.

D'autre part, on aura fait chauffer de l'eau dans un chaudron. Mettre les boudins dans cette eau, un peu avant qu'elle ne soit en ébullition, et régler le feu sous le chaudron, de manière que l'eau reste à ce même degré de chaleur, sans bouillir. Au bout de 45 minutes les boudins seront suffisamment cuits ; les retirer, les faire égoutter et les laisser refroidir. Pour servir, il faudra les ciseler légèrement et les faire griller sur un feu doux.

Vins blancs secs : gaillac, saumur, vouvray, sancerre, quincy, pouilly fumé, muscadet.

CARRÉ DE PORC FROID SAUCE AUX POMMES

PRÉPARATION 20 MINUTES • CUISSON DE LA SAUCE 20 MINUTES

12 tranches de porc froid (80 g à 100 g chacune)

Sauce : 1° 8 à 10 pommes (fruits)
1 verre de vin blanc
1 cuillerée à soupe de moutarde
5 cl de vinaigre de vin
5 cornichons
sel (très peu), poivre

2° 8 à 10 pommes reinettes
1 dl de sauce* mayonnaise
1 bonne cuillerée de raifort
sel et poivre (peu)

Pour le service froid, une desserte de porc doit être découpée en tranches très minces, qui sont dressées en couronne et entourées de cornichons. On accompagne cette viande de choux rouges au vinaigre ou d'une sauce aux pommes, préparée selon l'une des deux façons suivantes :

1° Émincer finement des pommes à chair ferme, pelées et épépinées, et les cuire rapidement avec 1 verre de vin blanc. Les broyer avec le fouet ou les passer à la grosse passoire, et faire refroidir cette purée dans un saladier. La tenir un peu épaisse.

Lorsqu'elle est bien froide, y ajouter la cuillerée de moutarde, un filet de vinaigre, les cornichons hachés, une pincée de sel et une prise de poivre.

2° Cuire les pommes en purée comme il est indiqué ci-dessus ; remuer cette purée en plein feu pour l'épaissir légèrement, puis la laisser refroidir. Y ajouter la sauce mayonnaise, du sel, du poivre et le raifort, râpé d'abord, puis haché finement ensuite.

Vin blanc sec : sancerre. Vin rosé sec : tavel.
Vins rouges : beaujolais, bourgueil, chinon.

CARRÉ DE PORC RÔTI
PRÉPARATION 1 HEURE • CUISSON 1 HEURE 15

Raccourcir un carré, c'est-à-dire supprimer l'extrémité des côtes. Assaisonner de sel et de poivre, badigeonner de saindoux et mettre le carré au four de bonne chaleur moyenne.

La cuisson de la viande de porc doit être complète et demande 16 à 18 minutes par livre, selon l'épaisseur du carré.

Pour le dîner ou pour le déjeuner, si le carré de porc est servi comme entrée, on peut l'accompagner d'une garniture telle que choucroute, chou rouge étuvé, chou braisé, haricots, etc., ou bien d'une purée de pommes de terre, de pois cassés, de céleris verts ou raves, ou encore d'une marmelade de pommes. Il est recommandé de ne l'accompagner d'aucune sauce, le jus de cuisson étant suffisant.

Vins rouges : beaujolais, bourgueil, chinon, bordeaux, bourgogne.

Ingrédients :
1 carré de porc de 8 à 10 côtes (1,200 kg à 1,300 kg)
sel, poivre
60 g de saindoux ou de beurre

CHARBONNÉE
PRÉPARATION 25 MINUTES (48 HEURES À L'AVANCE) • CUISSON 2 HEURES ENVIRON

Il s'agit d'un civet de porc « à la mode de Corrèze ».

Enlever la couenne et le surplus de gras du jambon et couper la viande en gros morceaux (50 à 60 g). Mettre les morceaux de viande dans une cocotte. (Nous indiquons les proportions pour un gros jambon, mais on peut réaliser cette recette avec un plus petit jambon ou avec un morceau d'épaule de porc.)

Ajouter les carottes et oignons coupés en rondelles, l'ail coupé grossièrement, le sel, le poivre, thym, laurier, vinaigre et huile. Ajouter assez de vin pour que la viande baigne dans la marinade. Laisser la cocotte dans une pièce fraîche, durant 48 heures, sans toucher à la viande. Égoutter les morceaux de viande dans une passoire.

Les faire revenir à la poêle, dans l'huile bien chaude. Laisser bien dorer. Tenir les morceaux de viande au chaud, dans une autre cocotte, et verser la marinade (jus et légumes) dans la poêle. Chauffer jusqu'à l'ébullition. Verser le cognac sur les morceaux de viande et flamber.

Jeter la farine sur la viande et tourner les morceaux pour qu'ils en soient bien imprégnés. Verser la marinade bouillante sur la viande et laisser cuire deux bonnes heures, sous couvercle, à petit feu.

Couper le pied terreux des champignons, les laver et les faire pocher dans un peu d'eau additionnée de beurre et jus de citron.

Au moment de servir, mettre les morceaux de viande dans une autre cocotte. Verser la sauce, en la passant au chinois. Ajouter les champignons. Verser le sang, mélanger, tenir au chaud sans laisser bouillir. Servir rapidement, accompagné de croûtons frits au beurre et de pommes vapeur.

Vins rouges : côte roannaise, beaujolais, beaujolais-villages, marcillac, cahors, côtes-du-frontonnais, lavilledieu, estaing.

Ingrédients :
1 jambon frais (6 kg).
Pour la marinade :
3 carottes
100 g d'oignons
25 g d'ail
une poignée de gros sel,
une demi-cuillerée à soupe de grains de poivre
1 branche de thym
une feuille de laurier
4 cuillerées à soupe d'huile
un demi-verre de vinaigre
2 litres de bon vin rouge (beaujolais par exemple).
Pour la sauce : un demi-verre de cognac
5 cuillerées à soupe de farine
3 cuillerées à soupe d'huile
500 g de champignons de Paris
un jus de citron
100 g de beurre
1 bol de sang de porc

CÔTES DE PORC FARCIES

PRÉPARATION 30 MINUTES • CUISSON 25 MINUTES

Pour 4 personnes :
4 côtes de porc assez épaisses, dans le filet (250 g chacune, environ)
100 g de jambon de Parme
100 g de fromage de Comté
de la sauge fraîche si possible ou séchée
sel, poivre du moulin
une noix de beurre

Couper le jambon en lamelles.
Tailler le fromage en lamelles ou en tranches fines puis en petits morceaux de 2 cm environ.
À l'aide d'un couteau pointu et bien aiguisé, dégraisser les côtelettes en ne laissant subsister qu'une très petite bordure de gras.
Faire pénétrer la lame du couteau, par une entaille d'environ 2 cm, dans l'épaisseur de la côtelette.
Donner à la lame un mouvement de va-et-vient, puis de rotation, afin de fendre la côtelette sur le maximum de surface, jusqu'à l'os, mais sans couper le tour de la côtelette, en dehors des 2 cm d'entaille, et sans la perforer (on obtient une sorte de poche à l'intérieur de la côtelette).
Faire de même dans le filet mignon (faire très attention car la chair est beaucoup plus molle à cet endroit). Traiter ainsi toutes les côtelettes.
Mélanger jambon et fromage. En tassant bien, garnir l'intérieur de chaque côtelette avec le quart du jambon et du fromage, une petite feuille de sauge et du poivre.
Dans une grande sauteuse, faire revenir le gras prélevé sur les côtelettes, dans la noix de beurre fondue, sans laisser brunir.
Déposer les côtelettes dans la matière grasse chaude.
Les faire bien dorer de chaque côté et les saler légèrement. Les laisser cuire doucement, à couvert, pendant 15 minutes.
En fin de cuisson, poivrer les côtelettes et les présenter, avec leur jus, sur le plat de service.
Ces côtelettes sont excellentes chaudes ou froides. Si on les sert chaudes, les accompagner de choux ou d'une purée de pommes de terre. Si on les sert froides, les présenter avec des salades variées.

Pour un service chaud, vins rouges légers : arbois, gamay de Savoie, touraine.
Pour un service froid, vins blancs : arbois, côtes-du-jura, mâcon, rully.

* CÔTES DE PORC À LA FLAMANDE

PRÉPARATION 40 MINUTES • CUISSON 25 MINUTES

8 côtes de porc de 150 g environ
sel, poivre
100 g de beurre
15 pommes reinettes
1 soupçon de cannelle en poudre

Saler et poivrer 8 côtes parées et légèrement aplaties. Faire colorer vivement au beurre des deux côtés.
Tenir compte du fait que la pomme (fruit) fond beaucoup. Faire des tranches épaisses comme une pièce de cinq francs environ. Entourer les côtes avec les reinettes émincées ou, mieux, mettre les reinettes émincées dans le fond du plat en terre ; ranger les côtes dessus, arrosées du beurre de cuisson. Terminer la cuisson au four doux.
À volonté, dans l'assaisonnement des reinettes, ajouter la cannelle.

Vins rouges : beaujolais, bourgueil, chinon, côtes-du-rhône, côtes-de-provence.

* CÔTES DE PORC À LA NORMANDE

PRÉPARATION 30 MINUTES • CUISSON 20 MINUTES

8 côtes de porc de 140 g chacune
100 g de beurre
sel, poivre
200 g de fromage râpé
3 dl de crème
2 dl de vinaigre de cidre
1 cuillerée de moutarde

Faire sauter les côtes d'un seul côté ; les retourner et les napper du mélange suivant : fromage râpé dilué dans 1 dl de crème fraîche. Continuer la cuisson au four.

Retirer les côtes ainsi bien glacées et le beurre de cuisson du plat. Déglacer le plat avec le vinaigre de cidre ; ajouter 2 dl de crème double et lier avec une bonne cuillerée de moutarde et le beurre de cuisson. Passer au linge.

Mettre cette sauce dans le fond du plat et dresser par-dessus, en couronne, les côtes bien dorées. Garniture de flageolets à la crème.

Vins rosés secs : tavel, arbois, côtes-de-provence.

CÔTES DE PORC SAINT-VINCENT

PRÉPARATION 10 MINUTES • CUISSON 40 MINUTES

Pour 2 personnes :
2 côtelettes de porc dans le filet (200 g environ chacune)
2 dl de vin de Vouvray (sec)
2 cuillerées à café de farine
2 cuillerées à café de moutarde
4 échalotes, sel, poivre, persil, huile d'arachide (ou beurre)

Faire revenir les côtelettes des deux côtés, dans l'huile moyennement chaude (ou beurre si l'on préfère). Laisser cuire à petit feu 15 à 20 minutes.

Enlever les côtelettes de la sauteuse. Les tenir au chaud. Conserver le jus de cuisson.

Éplucher et hacher finement les échalotes. Les verser dans le jus de cuisson des côtelettes. Les faire revenir doucement et blondir.

Hors du feu, ajouter la farine et la moutarde. Bien mélanger au fouet. Remettre la sauteuse à petit feu.

Ajouter le vin de Vouvray. Saler, poivrer. Ajouter 3 cuillerées à soupe d'eau.

Laisser mijoter à petit feu, sans couvercle, 10 à 15 minutes, en tournant de temps en temps pour éviter que le mélange n'attache au fond de la casserole.

Remettre les côtelettes dans la sauce.

Laisser cuire tout doucement 5 à 10 minutes.

Servir dans un plat chaud, en semant du persil haché sur les côtelettes nappées de leur sauce.

Vins blancs : vouvray, savenières, sancerre, pouilly fumé, touraine-sauvignon.
Vins rouges légers : touraine, touraine-mesland, beaujolais.

PORC

CUISSOT DE PORCELET À LA NISSARDE

PRÉPARATION 2 HEURES • MARINAGE 24 HEURES • CUISSON 1 HEURE 30 ENVIRON

1 cuissot de porcelet de 2 kg
3 dl de vin blanc
1 verre de vinaigre
2 carottes
3 oignons
2 gousses d'ail écrasées
1 branche de céleri
1 bouquet garni
sel, poivre en grains
3 clous de girofle
100 g de beurre
150 g de double crème
2 cuillerées à soupe de tomate concentrée
5 cl de vinaigre
1 jus de citron
40 petits oignons

Faire mariner le cuissot, pendant 24 heures, avec vin blanc, vinaigre, carottes coupées en rondelles, oignons émincés, ail, céleri, thym, laurier, très peu de sel, une vingtaine de grains de poivre et les clous de girofle. Veiller à ce que la marinade l'imprègne bien. Au bout de ce laps de temps, le retirer, l'égoutter et le sécher.

Le mettre alors à cuire dans une cocotte, au four, avec du beurre rouge (beurre trituré et manié à la tomate), les légumes de la marinade et très peu du liquide de celle-ci. Poursuivre la cuisson sans couvrir ; retourner souvent.

Quand le tout sera bien doré, faire réduire le restant de la marinade de moitié et ajouter cette réduction au fond de cuisson ; arroser ensuite souvent. Poursuivre la cuisson lentement, toujours à découvert, pendant 20 minutes par livre. Retirer ensuite la viande et la réserver au chaud. Verser la sauce dans un récipient.

Mettre, dans la cocotte de cuisson, 2 cuillerées de vinaigre et une dizaine de grains de poivre ; laisser réduire de moitié. Dégraisser le jus de cuisson ; le remettre dans la cocotte avec tous les légumes ; ajouter la crème épaisse, fortement citronnée. Donner une ébullition et laisser mijoter pendant 20 minutes.

Passer la sauce au tamis fin ; donner à nouveau une ébullition ; jeter dans la sauce les petits oignons étuvés à blanc.

Dresser le cuissot sur un plat ; le napper de ce fond. Servir avec une ratatouille, du fenouil braisé, un tian d'épinards, un gratin de bettes, des courgettes au beurre, etc.

Vins : côtes-de-provence blancs ou rouges.

FARCI CHINONAIS

PRÉPARATION 2 HEURES • CUISSON 3 HEURES

600 g de lard de poitrine (petit salé)
6 œufs
200 g de farine
500 g de feuilles d'oseille
500 g de feuilles d'épinards
500 g de feuilles de bettes
500 g de feuilles de laitues, le tout épluché
500 g de feuilles de chou
sel, poivre
1 pincée de muscade
bouillon de pot-au-feu, alouettes hachées (facultatif)

Ciseler en julienne les feuilles d'oseille ainsi que les feuilles d'épinards, de bettes et de laitues. Déposer le tout dans une terrine, pour mélanger à ces herbes la farine et les œufs un à un. Ajouter le petit salé coupé en lardons ; saler, poivrer et ajouter un peu de muscade râpée.

Le tout doit former une masse compacte.

Étaler sur la table les feuilles de chou, préalablement passées à l'eau bouillante, et envelopper le farci dans ces feuilles pour en former une boule.

Introduire le farci, ainsi moulé, dans un filet que l'on fermera par le haut ; cuire dans un bouillon de pot-au-feu en maintenant l'ébullition pendant 3 heures.

Sortir le farci du filet et le déposer dans un plat rond creux, dont il épousera aussitôt la forme. Servir chaud.

Le lendemain, on peut manger le farci froid ou coupé en tranches passées à la farine et cuites à la poêle dans un beurre noisette.

Vins blancs : muscadet, vouvray. Vins rouges : chinon, bourgueil.

FILET DE PORC SAUCE POIVRADE À LA CRÈME
PRÉPARATION ET MARINADE 24 HEURES • CUISSON 2 HEURES

1,5 kg de filet de porc pas trop gras, désossé
4 dl de vin blanc
2 dl de vinaigre
100 g d'oignons en tranches
100 g de carottes en rondelles, laurier, thym, céleri, ail, poivre en grains, sel
3 dl de bouillon
Pour la sauce : 1 dl de vinaigre
poivre concassé
3 dl de crème épaisse
1 cuillerée à café d'arrow-root

Dégraisser éventuellement le filet de porc, rouler le morceau bien serré et le ficeler. Rassembler dans une terrine tous les ingrédients de la marinade et y plonger le filet de porc. Laisser reposer 24 heures en retournant plusieurs fois la viande.

Placer la viande dans une grande casserole, côté gras par-dessus ; l'entourer des légumes égouttés de la marinade, sans liquide. Mettre la casserole à découvert au four à bonne chaleur. Laisser ainsi le filet de porc cuire dans son jus jusqu'à ce que celui-ci réduise et que les légumes se colorent. Ajouter alors le liquide de la marinade et tous les aromates qu'elle contient. Laisser cuire en arrosant de temps en temps avec la cuisson, jusqu'à réduction du quart. Arroser alors avec le bouillon, couvrir et laisser la cuisson se poursuivre à son terme (1 heure 30 de cuisson au total). Retirer la viande et la réserver sur un plat à feu, bien au chaud à l'entrée du four.

Verser le contenu de la casserole de cuisson dans une terrine. Faire réduire sur feu vif le vinaigre et le poivre pour la sauce. Dégraisser le jus de la terrine, le reverser dans la casserole sur la réduction de vinaigre, porter à ébullition après avoir ajouté la crème. Faire cuire ensuite doucement pendant 15 minutes. Passer au chinois et lier avec l'arrow-root. Rectifier l'assaisonnement. Découper le filet en tranches, les napper de sauce, servir le reste en saucière.

Vins blancs : riesling, bourgogne, mâcon-village, lirac, côtes-de-provence, cassis, gaillac, jurançon sec, vins du Val-de-Loire.

GAYETTES DE PROVENCE
PRÉPARATION 1 HEURE • CUISSON 30 MINUTES

Pour 16 gayettes :
500 g de foie de porc
500 g de lard gras frais
300 g de hachis de porc (farce fine)
3 gousses d'ail
1 cuillerée à soupe de persil
30 g de sel, pincée d'épices
450 g de crépine
100 g de beurre

Couper en tout petits dés le foie et le lard ; les déposer sur un plat et les saupoudrer avec le sel épicé. Laisser reposer le tout pendant 20 minutes, pour donner à l'assaisonnement le temps de pénétrer. Mettre ensuite l'appareil dans une terrine avec le hachis de porc, l'ail et le persil ciselés, et bien triturer pour assurer le mélange des divers éléments. Cela fait, diviser la crépine (qui aura été trempée à l'eau froide pour la rendre malléable) en rectangles de 15 cm de long sur 10 cm de large ; les aligner, les uns à côté des autres, sur un linge. Placer, sur chacun, une partie de la composition (80 g) ; l'envelopper parfaitement dans cette crépine en lui donnant la forme d'une crépinette ordinaire.

Ranger les gayettes dans un plat à rôti beurré ; les arroser largement de graisse de porc, les cuire au four de chaleur moyenne pendant 30 minutes environ.

Les gayettes se servent indifféremment chaudes ou froides. Si on les sert chaudes, on les accompagne d'une purée de lentilles ou de pois cassés.

Si on les sert froides, on les accompagne de gelée et de cornichons ; mais alors, au lieu d'en faire 16, on peut n'en faire que 8, en donnant à chacune le double de volume. Dans ce cas, le temps de cuisson doit être porté de 30 à 50 minutes ; pour les servir, il sera préférable de les couper en tranches, comme une galantine, et de dresser ces tranches en couronne.

Vins blancs, rosés ou rouges de Provence.

GIGUE DE PORC FRAIS
PRÉPARATION 2 HEURES • CUISSON 2 HEURES 30

Cuissot de jeune porc de 2,500 kg environ
1 dl de fine champagne
2 dl de muscadet
sel, poivre
2 dl de crème fraîche
150 g de beurre
5 cl de moutarde
50 g de câpres
50 g de cornichons
250 g de carottes
250 g de navets
250 g de petits pois
250 g de haricots verts (coupés en dés)
250 g de flageolets cuits à l'anglaise et liés avec sauce et beurre

Faire rôtir lentement une gigue de porc frais, préalablement flambée à la fine.

Mouiller d'un peu de muscadet. Monter le jus de cuisson à la crème ; moutarder légèrement ; additionner de câpres et de cornichons émincés. Servir, en même temps, une macédoine de légumes frais, liée avec la sauce.

Vins blancs secs : muscadet, chablis, riesling. Vins rosés secs : cabernet d'Anjou, tavel. Vins rouges : beaujolais, bourgueil, chinon.

PIEDS DE COCHON FARCIS

P. 420

Cuits et désossés, les pieds de cochon sont hachés et mélangés avec une farce pour façonner de grosses crépinettes. Celles-ci sont ensuite panées et grillées, servies brûlantes.

Assiette Hutschenreuther.

**JARRETS DE PORC
AUX POIRES**

P. 419

Morceau de choix de la choucroute ou des potées, le jarret de porc, ou jambonneau, se fait aussi bouillir ou braiser. C'est ici un mariage original avec des petites poires dites « de curé », celles qui ne révèlent

leur saveur que cuites. Il faut en effet éviter les poires classiques de dessert qui « fondraient » trop. Bien poivrer au moulin avant de servir.

Plat et assiette Villeroy et Boch.

CÔTE DE PORC À LA FLAMANDE

P. 412

L'accord pomme-fruit et porc est traditionnel : on choisira des reinettes croquantes et juteuses, épicées au dernier moment avec un soupçon de cannelle.

Assiette Daniel Hechter.

**CÔTE DE PORC
À LA NORMANDE**

P. 413

Légèrement gratinée au fromage avec sa sauce à la crème relevée de moutarde et de vinaigre de cidre, la côte de porc sautée est garnie de flageolets à la crème.

Assiette Daniel Hechter, fourchette Christofle.

POTÉE PRINTANIÈRE

P. 422

Comme le dit son nom, la potée désigne un mélange de viandes et de légumes cuits ensemble dans un « pot » : y dominent toujours le porc et le chou. Mais la potée n'est pas nécessairement un robuste

plat d'hiver : chou de printemps, petits navets et oignons blancs, petits légumes nouveaux et haricots verts croquants y ont aussi leur place.

Plat et assiette Boutique Diva.

**RÔTI DE PORC
FARCI AUX PRUNEAUX**

P. 423

Accompagnement apprécié du lapin ou du porc, les pruneaux sont introduits dans le rôti avant sa cuisson en cocotte. Celui-ci est d'ailleurs aussi bon chaud que froid.

Plat Villeroy et Boch.

JAMBON DU MORVAN BRAISÉ AU BOURGOGNE

PRÉPARATION 1 HEURE • DESSALAISON 12 HEURES • CUISSON 2 HEURES ENVIRON

Faire dessaler le jambon pendant 12 heures. Le mettre à cuire à grande eau (20 minutes par livre) ; 30 à 40 minutes avant la fin de la cuisson, l'enlever, le parer et le mettre à braiser avec le bourgogne, l'ail et le bouquet garni.

Après cuisson, passer le braisage au chinois, ajouter la demi-glace, mettre au point, laisser réduire. Émincer les champignons, les étuver au beurre, passer la sauce dessus. Ajouter les truffes coupées en dés, la fine bourgogne ; poivrer. Découper le jambon et napper.

En principe, servir le même vin que celui utilisé pour la cuisson.

**1 petit jambon du Morvan
2 bouteilles de bon bourgogne rouge
4 têtes d'ail
bouquet garni
un litre de demi-glace*
500 g de champignons de Paris
100 g de beurre
250 g de truffes
5 cl de fine bourgogne
poivre du moulin**

JAMBON AUX ŒUFS DURS À LA MORVANDELLE

PRÉPARATION 2 HEURES • DESSALAISON 12 HEURES • CUISSON 2 HEURES 30 À 3 HEURES

Au préalable, faire dessaler pendant 12 heures quelques quartiers de jambon, prélevés sur un porc jeune, de préférence. Les égoutter ; ensuite, les faire cuire dans un bon jus de veau non salé. Bien recouvrir les morceaux. Ajouter à la cuisson : serpolet, laurier, persil, oignon piqué, les poireaux, les carottes, baies de genièvre, poivre en grains, et, surtout, pour donner le parfum principal, un bottillon de paille de seigle. Faire cuire le tout ensemble ; bien écumer et cuire à petit feu, dans une marmite en terre, jusqu'aux trois quarts de la cuisson du jambon.

À ce moment, ajouter les œufs durs, que l'on aura débarrassés de leurs coquilles et piqués à la fourchette, afin qu'ils s'imprègnent de la cuisson. Lorsque le jambon sera bien cuit, l'égoutter ainsi que les œufs. Ranger le tout dans une terrine en terre ou, à défaut, dans des bols. Bien intercaler jambon et œufs, d'une manière agréable à l'œil.

Parsemer de ciboulette ciselée, et recouvrir le tout du jus, que l'on aura, auparavant, réduit et passé au chinois.

Mettre au frais et démouler lorsque le tout sera pris en gelée.

*Vins blancs secs : saumur, vouvray, sancerre, quincy, mâcon.
Vins rouges : beaujolais, bourgueil.*

**1 noix de jambon cru du Morvan, coupée en quatre morceaux de 600 à 800 g
2 carottes
1 oignon
1 clou de girofle
bouquet garni avec 2 poireaux
1 feuille de laurier
quelques grains de poivre et de genièvre
1 brindille de serpolet
1 bottillon de paille de seigle
3 litres de jus de veau (non salé)
8 œufs durs
ciboulette**

PORC

JAMBON PERSILLÉ À LA BOURGUIGNONNE

PRÉPARATION 1 HEURE • DESSALAISON 12 HEURES • CUISSON 2 HEURES

3 kg de noix de jambon cru
2 kg de jarret de veau
2 pieds de veau
2 bouteilles de vin blanc
fond* blanc (sans sel)
bouquet garni forcé en poireaux, avec 5 à 6 branches de cerfeuil et estragon et queues de persil
6 échalotes
6 blancs d'œufs
persil
1 cuillerée de vinaigre de vin
8 cl de vin blanc

Faire dessaler un morceau ou un jambon entier de pays.
Le faire blanchir 1 heure et le passer à l'eau fraîche. Le mettre alors à cuire dans un bon fond fait avec un morceau de jarret, l'os du jambon et les pieds de veau ; ajouter tous les aromates, y compris le bouquet garni, les échalotes et le vin blanc. Lorsque le jambon est bien cuit, le retirer, l'écraser à la fourchette, en mélangeant le gras et le maigre, comme pour les rillettes, puis le presser, dans un saladier, sous une planchette chargée d'un poids.
Clarifier alors le fond de cuisson avec les blancs d'œufs, en rectifiant l'assaisonnement, pour obtenir une gelée de belle couleur ; lorsqu'elle commence à prendre, ajouter persil haché en quantité, la cuillerée à café de bon vinaigre, 1 verre à bordeaux de vin blanc. La verser sur le jambon. On sert en général le jambon dans le saladier.

Vins blancs de Bourgogne : chablis, pouilly-fuissé.
Vins rouges de la côte de Beaune.

JAMBON À LA SAUCE MADÈRE AUX ÉPINARDS

PRÉPARATION 45 MINUTES • DESSALAISON 12 HEURES • CUISSON 3 HEURES

1 petit jambon
1 botillon de foin
5 dl de madère
3 dl de fond* brun
100 g de beurre
sel, poivre
200 g de champignons de Paris
16 barquettes d'épinards

Faire dessaler le jambon pendant 12 heures, le brosser et le mettre dans un récipient assez grand, sur feu modéré avec uniquement de l'eau, sans aromates ni assaisonnement. À mi-cuisson, ajouter un botillon de foin, que l'on retire 30 minutes avant la fin de la cuisson.
Dépouiller le jambon, le mettre dans un plat avec 2 dl de madère. Continuer la cuisson au four, en arrosant souvent avec du madère et un peu de fond brun. Lorsque la cuisson se termine, prélever 2 dl de la première cuisson du jambon. Faire réduire au maximum, ajouter le reste de fond brun, les champignons préalablement cuits au beurre ainsi que le fond de madère qui a terminé la cuisson du jambon au four. La sauce doit être à point. Terminer au madère et bien beurrer. La sauce doit être fine, luisante et de haut goût.
Garniture de légumes verts à volonté, mais, de préférence : épinards en branches, épinards en purée.

Vins rouges : côtes-du-rhône, côte-rôtie, châteauneuf-du-pape.

PORC

JAMBONNEAU AMALIA RODRIGUES
PRÉPARATION 1 HEURE 45 • DESSALAISON 12 HEURES • CUISSON 45 MINUTES

Faire dessaler le jambonneau pendant une journée. L'envelopper serré, dans une serviette, et le faire cuire pendant une heure avec de l'eau additionnée de porto blanc et de poivre.

Le développer, le mettre dans un plat à four avec le porto rouge. Mettre le plat au four pendant 30 minutes et arroser assez souvent le jambonneau avec la sauce.

Faire chauffer le beurre dans une casserole. Ajouter la farine, le sel, le poivre ; remuer en laissant colorer en blond. Ajouter le bouillon. Laisser reprendre l'ébullition. Ajouter le porto et le jus de cuisson du jambonneau au four. Rectifier la sauce, si c'est nécessaire, et la servir en saucière.

Vins : graves, médoc.

*1 beau jambonneau
un quart de litre
de porto blanc
1 verre de porto rouge,
poivre
Sauce au porto : une
cuillerée à soupe et
demie de beurre
une cuillerée à soupe et
demie de farine
1 verre de bouillon
un demi-verre de porto
sel, poivre*

* JARRET DE PORC AUX POIRES
PRÉPARATION 3 HEURES • CUISSON 2 HEURES 30

Choisir de belles poires de forme régulière, non tachées. Les laver, sans les éplucher. Les placer entières dans un grand saladier d'eau fraîche et les laisser ainsi une nuit environ.

Nettoyer parfaitement les jarrets, puis les mettre dans une marmite, avec de l'eau froide salée. Amener à ébullition et couvrir. Laisser cuire pendant 2 heures. À ce moment, égoutter les poires et les ajouter aux jarrets. Couvrir et laisser frémir pendant une heure et demie.

Trente minutes avant la fin de la cuisson, faire cuire les pommes de terre à l'anglaise.

Prévoir un plat de service chaud.

Lorsque la viande est cuite, disposer les jarrets de porc, les poires, qui doivent être restées intactes, et les pommes de terre. Poivrer légèrement la viande, à ce moment.

Bière hollandaise, vin blanc sec ou beaujolais-villages.

*3 jarrets de porc
une douzaine de poires
fermes (genre poires
de curé)
gros sel, poivre
1 kg de pommes de terre
se tenant à la cuisson*

NOISETTES DE PORC AUX PRUNEAUX DE TOURS
PRÉPARATION 45 MINUTES • CUISSON DES PRUNEAUX 30 MINUTES
CUISSON DES NOISETTES 15 MINUTES

1,200 kg de longe de porc désossée
2 dl de crème fraîche
500 g de pruneaux
2 dl de vin de Vouvray
50 g de beurre
100 g de sauce* tomate
sel, poivre

La veille, mettre les pruneaux à macérer dans le vouvray.
Une demi-heure avant le repas, tailler le filet de porc en tranches de 1 centimètre environ, de façon à obtenir 8 noisettes ou escalopes ; saler et poivrer des deux côtés. Passer ces tranches de porc à la farine et les faire dorer dans le beurre bien chaud.
Lorsque les noisettes sont cuites, les retirer et les dresser en couronne dans un plat creux.
Durant cette préparation, on aura fait bouillir, pendant une demi-heure, les pruneaux dans le vin de Vouvray. Ils devront devenir très gonflés et bien moelleux. Retirer ces pruneaux et les mettre dans le plat, au centre des noisettes de porc.
Déglacer la casserole qui a servi à cuire le porc, à l'aide du jus qui reste des pruneaux ; réduire ce jus de moitié en y ajoutant la sauce tomate ; terminer en y incorporant la crème.
Verser la sauce ainsi obtenue sur le porc et sur les pruneaux, et servir très chaud.

Vins blancs secs : saumur, vouvray, sancerre, quincy, mâcon.
Vin rouge : beaujolais.

* PIEDS DE COCHON FARCIS
PRÉPARATION 2 HEURES • CUISSON 3 HEURES

Pour 4 personnes :
4 pieds de porc demi-sel
bouquet garni
1 litre de bouillon
une petite volaille
(à défaut 1 kg de filet de veau)
400 g de crépine de porc
sel, poivre
pincée d'épices
200 g de truffes
un demi-litre de bon vin rouge
50 g de beurre
200 g de mie de pain frais

Fendre les pieds de cochon en deux ; les faire cuire dans du bouillon ; les désosser et les couper en morceaux. On aura préparé, d'autre part, une farce* de volaille et des truffes cuites au vin rouge, coupées en tranches très minces.
Étendre sur une table 4 morceaux de crépine ou toilette de porc ; les couvrir, chacun, d'une couche de farce et disposer les morceaux de pieds par-dessus, en alternant un morceau, un peu de farce, et quelques morceaux de truffes. Replier les crépines, et donner à chaque pied la forme d'une saucisse plate. Tremper successivement chacun de ces pieds reconstitués dans du beurre fondu et de la mie de pain, puis les faire griller sur un feu doux.
On peut ajouter, dans chaque crépine, un peu de duxelles* et du persil concassé.

Vins blancs secs : saumur, vouvray, sancerre, quincy, mâcon.
Vin rouge : beaujolais.

PORC

PIEDS DE COCHON À LA SAINTE-MENEHOULD
PRÉPARATION 2 HEURES • CUISSON 4 À 6 HEURES

**8 pieds de cochon entiers
un litre de vin blanc
un litre de saumure
bouquet garni
3 carottes
2 oignons
2 clous de girofle
1 gousse d'ail
200 g de beurre
1 dl d'huile
500 g de mie de pain frais
poivre du moulin**

Les pieds de devant sont beaucoup plus fins que ceux de derrière. Pour les conserver entiers, les entortiller de ruban, de fil, ou même les ficeler sur une planchette.

Préparer une cuisson avec : un litre de vin blanc et autant de saumure légère – ou un tiers de vinaigre et deux tiers de saumure –, bouquet garni, carottes, oignons piqués, ail. Y faire cuire les pieds 4 à 6 heures en mouillant largement. Les laisser refroidir dans la cuisson.

Retirer alors les pieds ; les poivrer, les arroser de beurre fondu, les tremper dans la mie de pain, puis dans l'huile, et les griller à petit feu. Les servir, quand ils ont pris couleur. La durée de la cuisson dépend de la qualité, mais il est préférable qu'ils soient trop cuits plutôt que pas assez. Si l'assaisonnement de la cuisson est bien à point, il n'y a pas besoin de sauce d'accompagnement. Servir, en même temps, des pommes de terre en purée ou frites.

Vins rouges : beaujolais, chinon, bourgueil.

PORCELET RÔTI
PRÉPARATION 2 HEURES • CUISSON 1 HEURE 30

**1 cochon de lait
8 boudins blancs
16 petites chipolatas
8 petites truffes
50 g de beurre
1 dl d'huile
8 pommes calville**

Bien assaisonner l'intérieur d'un cochon de lait. Raidir les boudins, les chipolatas et les truffes au beurre. En garnir l'intérieur du porcelet ; le rôtir. Protéger les oreilles avec du papier d'office, qu'on enlèvera avant la fin de la cuisson. Bien arroser le porcelet de beurre fondu et d'huile. En même temps, faire étuver au beurre 16 belles demi-calvilles. Dégraisser le fond de cuisson, légèrement réduit, et en arroser le porcelet doré et croustillant.

On peut également farcir un porcelet de riz à la grecque, de marrons, d'olives, de truffes et même d'alouettes ; ou encore, à l'anglaise, de mie de pain, de lard fumé et de sauge.

*Vins rouges : saint-émilion, pomerol, médoc, bourgueil,
bourgognes de la côte de Beaune.*

* POTÉE PRINTANIÈRE

PRÉPARATION 1 HEURE 30 • CUISSON 2 HEURES

1 jambonneau de 1,500 kg, non salé
1 kg de jarret de veau
2 queues de porc frais
500 g de lard de poitrine non salé
1 botte de carottes nouvelles
500 g de petits navets
2 choux de mai
500 g de fèves
1 kg de pommes de terre nouvelles
500 g de haricots verts
sel, poivre
3 litres d'eau

Mettre le jambonneau dans une marmite. Recouvrir d'eau froide et saler convenablement. Faire partir l'ébullition ; laisser bouillir, sans réduire, pendant 35 minutes ; ajouter alors le jarret de veau, le lard de poitrine et les queues de porc, en laissant toutes ces viandes bien immerger. Faire reprendre l'ébullition ; couvrir la marmite et laisser frémir.

Lorsque les viandes sont aux trois quarts de leur cuisson, mettre, dans la marmite, les légumes : d'abord les carottes et les choux (coupés en quartiers) ; 10 minutes après, les navets et les fèves ; puis les haricots verts, enfin les pommes de terre, pour lesquelles un quart d'heure de cuisson suffit. Pour servir, retirer les viandes ; dresser les légumes, égouttés, au milieu du plat. Disposer les viandes découpées tout autour. Assaisonner les légumes de poivre.

Vins rouges : beaujolais, bourgueil, chinon.

QUEUES DE COCHON FARCIES

PRÉPARATION 40 MINUTES • CUISSON 2 HEURES

Pour 3 personnes :
6 queues de cochon.
Pour la farce :
125 g de veau (basses côtes)
125 g de porc (gorge)
100 g de champignons de Paris
1 échalote
1 œuf
10 g de persil
sel, poivre
50 g de crépine de porc
50 g de chapelure.
Pour le court-bouillon :
bouquet garni
1 oignon
1 clou de girofle
1 gousse d'ail
sel, poivre.
Pour la sauce :
1 échalote
10 g de persil
1 dl de vin blanc sec
1 cuillerée à café de moutarde blanche

Mettre les queues de cochon dans un pot-au-feu. Les couvrir largement d'eau froide ; ajouter le bouquet garni, l'ail, l'oignon piqué du clou de girofle ; porter à ébullition, écumer et laisser cuire à petit feu pendant une heure et demie environ. À ce moment, les queues sont cuites, les égoutter, et les laisser tiédir.

Préparer la farce : mixer la chair de veau, la chair de porc, l'échalote, les champignons, le persil. Ajouter l'œuf, saler et poivrer. Mélanger soigneusement. Désosser les queues et les inciser sur toute leur longueur. Écarter les chairs pour dégager l'os, le soulever et l'enlever. Garnir chaque queue avec de la farce (une grosse cuillerée pour chacune).

Réunir les queues deux par deux pour former de gros sandwiches triangulaires.

Découper la crépine en 3 morceaux et en envelopper les queues farcies pour former de petits paquets. Poudrer de chapelure fine.

Poser les queues dans la poêle chaude, sans aucune matière grasse (le gras de la crépine fond à la chaleur et suffit largement).

Laisser cuire 10 minutes environ de chaque côté. Lorsque les queues sont bien dorées, les déposer sur le plat de service chaud.

Enlever de la poêle l'excès de graisse. Mettre dans la poêle le persil haché et l'échalote hachée. Faire revenir à feu moyen pendant quelques instants. Ajouter le vin blanc. Faire bouillir et laisser réduire la sauce. Ajouter sel, poivre et moutarde, mélanger. Laisser bouillir quelques instants. Napper les queues avec le contenu de la poêle, qui forme une sauce très courte. Servir.

Vins blancs de préférence : Alsace, riesling, vin d'Arbois, cassis.
Vins rosés : bandol, côtes-de-provence. Vins rouges : côtes-du-rhône, côte-du-ventoux.

* RÔTI DE PORC FARCI AUX PRUNEAUX

PRÉPARATION 20 MINUTES • CUISSON 1 HEURE 40

Pour 6 personnes :
un rôti de porc dans le filet de 1,200 kg environ (désossé et bardé par le boucher)
une douzaine de gros pruneaux d'Agen
50 g de beurre
une à deux cuillerées à soupe d'huile d'arachide
50 g de crème fraîche
un petit verre d'armagnac
sel, poivre

Dénoyauter les pruneaux et les mettre à ramollir quelques minutes dans de l'eau très chaude.
À l'aide d'un couteau pointu, faire un trou dans le milieu du rôti. Former une sorte de canal en enfonçant, dans ce trou, un « fusil » à affûter ou une très grosse aiguille à tricoter. Opérer un mouvement de va-et-vient, afin d'agrandir la cavité formée.
Sécher les pruneaux entre deux feuilles de papier absorbant. Les introduire, un à un, dans la cavité du rôti. Bien tasser, à l'aide du manche d'une grosse cuillère en bois, et remplir complètement.
Refermer l'ouverture avec les doigts ; verser sel et poivre dans une assiette et rouler le rôti dessus.
Faire chauffer assez fortement les matières grasses (beurre et huile) dans une cocotte et mettre le rôti à dorer de tous les côtés.
Lorsqu'il est bien rissolé, verser l'armagnac et enflammer immédiatement. Ajouter ensuite la crème.
Couvrir et laisser cuire, à feu doux, une heure et demie.
Sortir le rôti, couper les ficelles et passer la sauce.
Pour le service, couper les tranches qui laissent apparaître les pruneaux au centre. Servir la sauce à part.
Nota. Vous pouvez également servir ce rôti froid : il est excellent.

Vins rouges légers et fruités : côtes-du-frontonnais, bergerac, côtes-de-duras.

RÔTI DE PORC FRAIS À LA CAMPAGNARDE

PRÉPARATION 3 HEURES • CUISSON 1 HEURE ENVIRON

1 kg de filet ou d'épaule désossé
30 g de gros sel
une pincée de fleurs de thym
une feuille de laurier
une douzaine de grains de poivre
3 ou 4 cuillerées à soupe de vin blanc

Réunir le gros sel, les fleurs de thym, le laurier et le poivre en grains. Écraser le tout au rouleau à pâtisserie et bien mélanger. En frotter soigneusement tout le rôti de porc pour faire pénétrer l'assaisonnement. Mettre ensuite la viande dans un plat et laisser macérer au moins 3 heures (éventuellement 1 à 2 jours). Placer la viande dans un plat à rôtir avec quelques cuillerées d'eau. Enfourner à chaleur modérée et faire cuire pendant une heure, en retournant la pièce de temps en temps et en l'arrosant de quelques cuillerées d'eau chaude au fur et à mesure que le mouilllement initial s'évapore. Déposer le porc cuit sur le plat de service. Tenir au chaud. Dégraisser le plat de cuisson, le déglacer ensuite avec le vin blanc en grattant les sucs de cuisson. Faire bouillir une ou deux minutes, puis verser cette sauce en saucière.

Vins blancs : sylvaner, riesling, coteaux champenois, bourgogne aligoté.
Vins rouges : beaujolais-villages, côtes-du-rhône, côtes-du-ventoux.

VEAU

TRÈS APPRÉCIÉE, LA VIANDE DU VEAU, QUALIFIÉE DE « BLANCHE », est tendre et délicate, mais sa qualité dépend essentiellement de la méthode d'élevage et de l'alimentation de l'animal. Un veau nourri exclusivement du lait de sa mère donne une viande d'un rose très pâle, à l'odeur de lait, avec une graisse blanc satiné. Parmi les meilleures provenances, il faut citer la Corrèze, le Lot-et-Garonne, le Lyonnais, la Haute-Loire et le Limousin. Le veau rouergat, notamment, à chair rose, goûteux et qui ne fond pas à la cuisson, correspond à l'effort de certains éleveurs qui proposent aujourd'hui au consommateur une viande d'excellente qualité, débarrassée des méthodes d'élevage aux hormones ou aux antibiotiques.

La découpe du veau et sa cuisine
Les trois catégories fournissent des morceaux pour chaque type de cuisson.
Les *côtes* et les *côtelettes*, prises sur le carré et raccourcies, ne doivent pas être taillées trop minces, mais parées régulièrement ; on les fait poêler, griller ou cuire en papillotes.
La *quasi* ou *cul de veau* se prend dans la cuisse : il se traite en braisé, en blanquette, en sauté ou en fricandeau, mais on y taille aussi des escalopes ou des tranches à rôtir.
Les *escalopes*, produit le plus cher du veau, se taillent sur le filet, sur le carré ou sur la noix. Elles sont toutes aplaties et parées en forme régulière ; elles sont poêlées ou encore farcies et roulées en paupiettes.
Le *foie de veau* doit être « blond » très pâle et de première fraîcheur ; jadis, on le traitait entier, piqué de lardons, rôti ou braisé, mais en raison de son prix, aujourd'hui, on y taille le plus souvent des tranches à sauter.
Le *fricandeau*, plat de vieille cuisine bourgeoise déjà mentionné dans les Dons de Comus en 1739, consiste en une tranche de noix de veau de 3 cm au maximum, prise dans l'épaisseur de la pièce, dans le sens du fil de la viande, que l'on pique de lardons avant la cuisson.

Les *grenadins* sont des sortes de médaillons épais et arrondis, taillés dans la longe ou la noix, bardés et éventuellement piqués de lard, que l'on fait poêler ou braiser. Refroidis dans leur jus, ils constituent l'été un excellent plat de déjeuner.

Le *jarret* de veau est surtout employé pour corser les fonds de cuisson, les bouillons et les gelées, car il est très gélatineux, mais on en prépare aussi des ragoûts et des braisés garnis de légumes et d'oignons, sur le modèle de l'*osso buco* à l'italienne. La *longe*, ou filet de veau, reste le morceau des amateurs. Cuite en casserole avec l'os, c'est un morceau savoureux, mais généralement elle est désossée pour des rôtis. Si on laisse le rognon attenant, il s'agit de la *rognonnade. Noix* et *sous-noix* ou *noix pâtissière*, tous ces morceaux servent à faire des rôtis, mais on y tranche aussi des escalopes. Il s'agit de la partie charnue placée au-dessus de la cuisse, qui convient également au braisage. Il est conseillé de la piquer de lardons, car elle demande à être bien nourrie pendant la cuisson.

La *poitrine de veau* se cuisine soit désossée et farcie, soit en ragoût, en blanquette ou en sauté. Le *flanchet* sert aux mêmes préparations. Les *ris* et les *rognons* de veau font partie des abats les plus estimés. Les premiers, une fois dégorgés, blanchis, rafraîchis et refroidis sous presse, se font poêler, braiser, rôtir, griller ou pocher, cuire en gratin ou en brochettes, en beignets ou pour garnir une timbale. Les rognons de veau sont particulièrement délicats : épluchés, dénervés et dégraissés (sauf si on les fait rissoler dans leur enveloppe de graisse), ils se font soit griller ou sauter, soit braiser.

VEAU

BLANQUETTE DE VEAU
PRÉPARATION 1 HEURE • CUISSON 2 HEURES

2 kg de veau
2 litres de fond * blanc
2 carottes
1 oignon
2 clous de girofle
1 poireau
persil, thym, laurier
125 g de beurre
125 g de farine
20 petits champignons
3 jaunes d'œufs
1 citron
2 dl de crème
muscade

Prendre, de préférence, de l'épaule (au besoin du jarret). Détailler la viande en petits morceaux ; les mettre à cuire avec assez de fond blanc pour qu'ils en soient couverts ; saler (très peu) ; faire prendre l'ébullition doucement en remuant souvent la viande ; écumer avec le plus grand soin. Ajouter les carottes, l'oignon piqué des clous de girofle, un bouquet garni composé d'un poireau, de queues de persil, d'une brindille de thym, d'une demi-feuille de laurier. Cuire doucement pendant 1 heure et demie. Avec 125 g de roux blanc et 2 litres de la cuisson du veau, préparer un velouté ; laisser cuire un quart d'heure en dépouillant la sauce. Égoutter les morceaux de veau ; les mettre dans une autre casserole avec les petits champignons cuits à blanc.

Au dernier moment, compléter la sauce avec une liaison des jaunes d'œufs, un filet de citron, muscade râpée et la crème. La passer au chinois sur les morceaux et la garniture ; chauffer, sans laisser bouillir. Servir en timbale, et poudrer de persil haché.

Vins blancs : saumur, vouvray, quincy, champagne nature.
Vins rouges : beaujolais villages, côtes-du-rhône primeur.

BLANQUETTE DE VEAU
(autre recette)
PRÉPARATION 2 HEURES • CUISSON ET FINITION 2 HEURES

2 kg de tendron
épaule et poitrine
de veau
le tout coupé
en morceaux de 120 à 130 g
(deux tiers de tendron
et poitrine
un tiers d'épaule)
1 citron
sel, poivre
2 gros oignons
2 clous de girofle
3 carottes
bouquet garni
quelques grains
de poivre en sachet
150 g de beurre
70 g de farine
25 petits oignons
200 g de petits
champignons
3 jaunes d'œufs
1 dl de crème légère
quelques fleurons

Faire dégorger, la veille, la viande coupée en morceaux. Changer l'eau. Mettre dans une casserole plutôt étroite que large. Couvrir juste d'eau. Saler (8 g par litre). Faire prendre l'ébullition très doucement. Ajouter les carottes, coupées en quatre, les oignons piqués et le bouquet garni forcé en poireau et réunissant racines et queues de persil. Couvrir et cuire très doucement pendant 1 heure 15. La viande doit rester un peu ferme.

D'autre part, cuire à blanc 25 petits oignons avec quelques cuillerées du bouillon de la blanquette, 50 g de beurre (lorsque les oignons sont à maturité, et surtout à l'arrière-saison, il faut les ébouillanter fortement avant de les mettre en cuisson). Cuire aussi les champignons frais avec beurre et citron (les têtes seules, pelées et tournées). Les débris et queues servant à parfumer le velouté.

Pour la sauce, préparer un roux blond avec 100 g de beurre et la farine. Délayer le roux avec 8 dl de cuisson de veau. Y ajouter les débris de champignons. Laisser cuire 40 à 45 minutes. Soigner l'assaisonnement ;

VEAU

couvrir la sauce d'un papier beurre pour éviter qu'elle ne noircisse. Mettre les morceaux de veau dans un sautoir. Ajouter les oignons et les champignons. Tenir au chaud. Lier le velouté aux jaunes d'œufs délayés avec la crème. Passer à l'étamine. Compléter avec le jus d'un demi-citron. Chauffer, sans laisser bouillir, et verser dans le sautoir. Dresser en timbale, et garnir de fleurons.

Vins blancs : saumur, vouvray, sancerre, champagne nature.
Vins rouges : beaujolais villages, côtes-du-rhône primeur.

CARRÉ DE VEAU À LA PROVENÇALE
PRÉPARATION 1 HEURE 30 • CUISSON 1 HEURE 30 ENVIRON

1 carré de veau de 1,500 kg à 1,800 kg
sel, poivre, huile d'olive
1 kg de petits oignons
1 tomate, bouquet garni
2 brindilles de basilic
30 g de beurre
assaisonnement
250 g d'olives vertes et 250 g d'olives noires
1 dl de vin blanc
1 dl de fond * de veau

Prendre un carré de veau ; le faire parer et raccourcir. Le braiser à très court mouillement. Cuisson lente, arroser souvent.
Faire cuire, d'autre part, les petits oignons avec la tomate, un bouquet garni et un brin de basilic. Les passer en purée.
Faire blanchir les olives vertes dénoyautées dans un peu d'eau.
Servir, dans un plat chaud, le carré de veau bien doré et, dans une saucière, le jus de cuisson dégraissé. Présenter à part la purée d'oignons bien beurrée, garnie avec les olives noires et vertes.

Vins rouges : côtes-du-rhône, châteauneuf-du-pape, côtes-de-provence.

* CÔTES DE VEAU AU CERFEUIL
PRÉPARATION 10 MINUTES • CUISSON 25 MINUTES

Pour 4 personnes :
4 côtes de veau pesant 800 g
soit 200 g par personne
80 g de beurre
une petite cuillerée à soupe de farine
un gros bouquet de cerfeuil
sel, poivre du moulin

Dans la sauteuse, faire chauffer la moitié du beurre et faire cuire les côtes à feu moyen. Saler et poivrer.
Pendant la cuisson de la viande, éplucher et laver le cerfeuil ; le hacher finement et le manier avec la farine et le reste du beurre. Diviser cette préparation en 4 parts égales, et en déposer un quart sur chaque côte, pendant la cuisson.
Le beurre fond et se mélange au jus de cuisson. On obtient une sauce de couleur verte, très parfumée, dont on nappe les côtes, après les avoir disposées dans le plat de service chaud.

Vins : vouvray, jasnières, anjou, champigny.

VEAU

CÔTES DE VEAU À LA CRÈME
PRÉPARATION 1 HEURE • CUISSON 20 MINUTES

8 côtes de veau
sel, poivre
150 g de beurre
500 g de champignons de Paris bien blancs
1 dl de porto
une demi-bouteille de vin blanc
2 dl de crème fraîche
1 citron
1 cuillerée de persil concassé

Choisir 8 belles côtes de veau premières. Dégager largement le manche, l'os de l'épine dorsale abattu, ainsi que le gros nerf qui se trouve à la partie opposée, afin d'obtenir une belle noix attachée à l'os de la côte. Faire fondre dans un sautoir approprié, de la grandeur des côtes, 100 g de beurre. Quand il commence à se clarifier, mais sans toutefois prendre couleur, y ranger les côtes, préalablement salées et poivrées.

Cuire à fond, en retournant fréquemment pour éviter qu'elles ne prennent trop de couleur. Quand elles sont cuites à point et bien fondantes, les retirer et les placer dans le plat de service (dans un endroit chaud, mais non brûlant), recouvert d'une assiette.

Les remplacer, dans le sautoir, par les champignons de Paris coupés en quartiers. Remuer le sautoir et, à l'aide d'une spatule de bois, mélanger parfaitement les champignons, afin que ceux-ci s'imprègnent d'une partie du beurre de la cuisson. Saler et poivrer légèrement ; mouiller avec le porto blanc et avec le vin blanc très sec.

Réduire les deux tiers en plein feu. Quand la réduction est à point, et tombe légèrement à glace, ajouter la crème double bien épaisse. Laisser bouillir le tout, jusqu'à ce que la sauce soit onctueuse et nappe bien le dos d'une cuiller.

Retirer le sautoir du feu ; ajouter gros comme une noix de beurre, en remuant constamment pour parfaire l'émulsion ; goûter et rectifier au besoin l'assaisonnement. Quand tout est à point, verser, sur les côtes, qui étaient en réserve, tout le contenu du sautoir. Quelques gouttes de jus de citron, et une pincée de persil très frais termineront cet excellent plat.

Vins rouges : beaujolais, bourgueil, chinon.

CÔTES DE VEAU À LA FRANC-COMTOISE
PRÉPARATION 1 HEURE • CUISSON 20 MINUTES

8 côtes de veau
sel, 100 g de beurre
400 g de comté râpé
2 œufs entiers
4 cuillerées de crème fraîche
un tour de moulin à poivre
1 pincée de muscade
1 dl de vin d'Arbois

Faire cuire aux trois quarts les côtes de veau, au beurre, dans un sautoir. Dans une terrine, triturer, avec une petite spatule en bois, le fromage râpé, les œufs et la crème, une pincée de muscade et du poivre. Avant que la cuisson des côtes ne soit complète, décanter la matière grasse et la réserver. Répartir également le mélange préparé sur les huit noix des côtelettes, mouiller du vin blanc d'Arbois. Terminer la cuisson au four, en arrosant avec le beurre de cuisson.

Vin blanc d'Arbois.

VEAU

CÔTES DE VEAU À LA GELÉE
PRÉPARATION 2 HEURES • CUISSON 30 MINUTES

Il est indispensable, pour cette préparation, que les côtes soient de premier choix et toutes identiques.
Piquer copieusement et très soigneusement les côtes, en intercalant langue, truffes et jambon.
Faire sauter et suer les côtes, qui seront blondes et bien cuites, car, servie froide, une viande blanche doit être très cuite. Bien entendu, mettre le côté piqué dessus.
Enlever la matière grasse de cuisson ; déglacer au vin blanc.
Par ailleurs, clarifier la gelée au blanc d'œuf battu. La passer au linge ; laisser refroidir. Avec une partie de la gelée, napper les côtes et réserver l'autre partie pour décorer.
Pour que ce plat soit plus substantiel, plus riche et en même temps plus attrayant, on peut en garnir le centre ou le tour, ou même servir à part, un choix de garnitures froides, bien moulées, telles que purées, mousses et gelées.

Vins : sylvaner, traminer, meursault, tavel, bourgueil, chinon.

**8 côtes de veau
(côtes premières)
sel, poivre
100 g de beurre
1 dl de vin blanc
un demi-litre de gelée*
de viande
un blanc d'œuf
50 g de langue
à l'écarlate, coupée
en bâtonnets
50 g de maigre
de jambon
80 g de truffes**

CÔTES DE VEAU GRATINÉES AUX CHAMPIGNONS
PRÉPARATION 1 HEURE • CUISSON 25 MINUTES

Dans une terrine, triturer et travailler à la spatule en bois le fromage râpé, la crème et la duxelles ; que ce mélange forme une pâte bien homogène et pas trop fluide. Assaisonner à point. Faire sauter les côtes d'un seul côté. Les retourner et, sur la partie cuite, placer une bonne cuillerée à bouche du mélange préparé. Arroser d'un peu de beurre fondu. Mettre au four. Retirer après cuisson, dresser. Déglacer le fond au porto et au fond de veau. Assaisonner, et napper les côtes.
Servir, en même temps, les nouilles au beurre, additionnées de la julienne de jambon.

*Vins blancs secs : pouilly fumé, sylvaner, traminer, riesling.
Vins rouges : beaujolais, bourgueil, chinon.*

**8 côtes de veau
sel, poivre
250 g de beurre
250 g de fromage râpé
1 dl de duxelles*
bien sèche
1 dl de crème fraîche
1 dl de porto
1 dl de fond* de veau lié
500 g de nouilles
250 g de jambon maigre
en julienne**

CÔTES DE VEAU DU MANOIR
PRÉPARATION 10 MINUTES • CUISSON 20 MINUTES

Pour 3 personnes :
3 côtes de veau
(prises dans le carré)
de 250 g chacune
sel, poivre
50 g de beurre
6 cuillerées à soupe de fromage de Comté râpé
6 cuillerées à soupe de crème fraîche épaisse
1 cuillerée à soupe d'armagnac

Assaisonner les côtelettes des deux côtés avec sel et poivre.
Faire fondre le beurre dans une sauteuse. Quand il est de couleur noisette, y mettre les côtelettes. Les faire dorer d'un seul côté, à feu moyen (le beurre ne doit pas brûler). Laisser cuire doucement 10 minutes environ, sans retourner.
Beurrer un plat allant au four. Y déposer les côtelettes, le côté doré au-dessous. Recouvrir les côtelettes avec le fromage râpé. Mettre le plat à four chaud, 8 à 10 minutes.
Dans la sauteuse, ajouter la crème au beurre de cuisson des côtelettes. Mélanger, en frottant bien le fond de la sauteuse avec le dos de la fourchette.
Laisser bouillir la crème à grand feu, pour la faire réduire de moitié environ. Rectifier l'assaisonnement en ajoutant sel et poivre.
Enlever le plat du four. Ajouter à la sauce le jus de cuisson qui est au fond du plat.
Laisser à nouveau la sauce réduire un peu sur le feu, puis ajouter l'armagnac et mélanger.
Verser la sauce dans le fond du plat, de façon à ne pas napper les côtelettes au fromage, qui ont pris, au four, une jolie teinte dorée.

Vins blancs secs : vouvray, touraine ;
vins rouges légers : touraine, beaujolais ; cidre sec.

CÔTES DE VEAU PANÉES ET GRILLÉES
PRÉPARATION 30 MINUTES • CUISSON 15 MINUTES

8 côtes de veau moyennes
sel, poivre
200 g de beurre
100 g de farine
250 g de mie de pain
1 citron, persil, beurre* maître d'hôtel

Bien aplatir les côtes, les assaisonner, les fariner, les passer au beurre fondu et ensuite à la mie de pain. Avec un couteau ou une spatule, tasser la mie de pain. Arroser de nouveau de beurre fondu et faire griller. Servir à part, en saucière, un beurre maître d'hôtel.

Vins rouges : beaujolais, bourgueil, chinon.

CÔTES DE VEAU EN PAPILLOTES
PRÉPARATION 1 HEURE • 1ʳᵉ CUISSON 14 MINUTES • 2ᵉ CUISSON 3 MINUTES

8 côtes de veau
sel, poivre
100 g de beurre
5 cl d'huile
16 petites tranches de jambon d'York
2 dl de duxelles* liée avec un fond* de veau parfumé au madère
8 feuilles de papier d'aluminium, beurrées

Placer, sur chaque feuille, une tranche de jambon, une cuillerée de duxelles, la côte, préalablement assaisonnée et sautée au beurre, un peu de duxelles, la deuxième tranche de jambon. Rabattre la deuxième moitié

VEAU

de la feuille sur la première ; fermer hermétiquement, mais sans trop serrer le contenu. Disposer les papillotes sur un plat huilé.
Commencer la cuisson sur le fourneau, puis glisser au four pour finir de cuire. Servir immédiatement.

Vins rouges : beaujolais, bourgueil, chinon.

CÔTES DE VEAU AU PAPRIKA
PRÉPARATION 50 MINUTES • CUISSON 25 MINUTES

8 côtes de veau
sel, poivre
150 g de beurre
1 kg de mousserons
2 cuillerées à soupe
de paprika doux
un demi-litre de crème
fraîche

Prendre des côtes de veau, de préférence épaisses. Les poudrer de paprika ; saler et poivrer. Faire cuire doucement à la sauteuse. Lorsque les côtes sont aux trois quarts cuites, y ajouter les mousserons. Laisser cuire doucement.
En fin de cuisson, déglacer le jus avec la crème fraîche. Servir aussitôt.

Vins blancs : pouilly fumé, sylvaner, traminer, riesling.
Vins rouges : beaujolais, bourgueil, chinon.

CÔTES DE VEAU AU PARMESAN
PRÉPARATION 10 MINUTES • CUISSON 25 MINUTES

Pour 4 personnes :
4 côtes de veau
de 200 g chacune
4 fines tranches
de lard maigre
80 g de parmesan râpé
75 g de beurre
1 citron, sel et poivre

Demander au boucher de fendre chaque côte sur son épaisseur, jusqu'à l'os.
Dans cette ouverture, glisser une tranche de lard et du parmesan râpé. Poivrer, saler légèrement, mais ne pas saler l'intérieur à cause du bacon. Presser fortement l'ouverture pour bien souder tous les ingrédients. Dans une poêle spacieuse, faire chauffer 50 g de beurre ; y faire dorer les côtes 5 minutes sur chaque face. Les retourner délicatement avec une spatule, afin qu'elles ne laissent pas échapper leur contenu. Saler légèrement, donner un tour de moulin à poivre sur chaque côté ; couvrir et laisser cuire 10 minutes à petit feu. Allumer la rampe du gril.
Placer alors les côtes, qui sont pratiquement cuites, dans un plat allant au four. Les parsemer avec le reste du râpé et le reste du beurre divisé en petits morceaux, et faire gratiner 5 minutes.
Présenter les côtes dans le plat à gratin et les arroser avec un jus de citron.

Vins : beaujolais, cassis.

VEAU

CÔTES DE VEAU POÊLÉES JEANNE DE LASAS

PRÉPARATION 1 HEURE 30 • CUISSON 20 MINUTES

8 côtes de veau de 120 à 130 g chacune
sel, poivre
200 g de beurre
100 g de farine
4 échalotes
pointe d'ail
8 tomates
100 g de champignons ou d'épluchures
2 dl de vin blanc
2 dl de fond* de veau
2 dl de crème fraîche
500 g de champignons bien blancs pour la purée
8 têtes de champignons cannelées, étuvées au beurre
8 petites bouchées en feuilletage*
4 branches de céleri

Prendre des côtes premières bien blanches ; assaisonner de sel et de poivre du moulin ; fariner ; les saisir au beurre dans un sautoir épais ; cuire 15 à 20 minutes à feu doux ; les réserver au chaud sur un plat creux ovale. Déglacer avec du vin blanc sec ; ajouter : échalotes hachées très fin, pointe d'ail, tomates fraîches concassées et fond de veau ; joindre les champignons frais.

Le déglaçage lié à la purée de tomate, et les autres condiments seront passés à l'étamine, crémés et beurrés, puis servis en saucière. Sur les côtes et la garniture, verser un beurre noisette.

Pour la garniture, préparer des petites croustades en feuilletage au beurre, garnies de purée de champignons frais, liée à la crème ; des champignons tournés en guise de couvercle, des petits quartiers de céleri en branche, braisés, passés au beurre noisette, dressés autour.

Vins rouges : beaujolais, bourgueil, chinon.

CÔTES DE VEAU AUX SPAGHETTI

PRÉPARATION 1 HEURE • CUISSON DES CÔTES 25 MINUTES
CUISSON DES SPAGHETTI 15 MINUTES

8 petites côtes de veau
sel, poivre
150 g de beurre
2 œufs battus
100 g de farine
100 g de mie de pain frais
100 g de parmesan râpé
1 pincée de noix de muscade
2 dl de purée de tomates
2 dl de fond* de veau
1 dl de madère
1 dl d'huile d'olive
30 g de maigre de jambon
20 g de langue à l'écarlate
50 g de truffes (le tout coupé en julienne)
200 g de spaghetti

Faire tomber la julienne de jambon, de langue à l'écarlate et de truffes au madère et au jus de truffe. Lier avec le fond de veau tomaté ; garder cette sauce au chaud.

Aplatir les côtes de veau, les assaisonner, les fariner, les tremper dans les œufs battus, puis dans la mie de pain. Faire sauter dans moitié beurre, moitié huile d'olive ; garder au chaud.

Plonger les spaghetti dans l'eau bouillante bien salée. Cuire rapidement, égoutter, sécher sur le coin du feu. Ajouter beurre, fromage râpé, muscade.

Dresser les côtes de veau en couronne, entourées d'un cordon de fond tomaté. Arroser de beurre noisette. Servir les spaghetti nappés de la sauce.

Vins rouges : beaujolais, bourgueil, bourgognes de la côte de Beaune.

CÔTES DE VEAU VALLÉE D'AUGE

PRÉPARATION 50 MINUTES • CUISSON 20 MINUTES

8 côtes de veau de 120 à 150 g environ chacune
sel, poivre
150 g de beurre
500 g de petits champignons de Paris
16 petits oignons blancs nouveaux
5 cl de calvados
2 cl de crème fraîche

Prendre des côtes de veau premières, bien parées ; les assaisonner de sel et de poivre blanc ; les faire cuire au beurre, dans une sauteuse épaisse, sans leur laisser prendre couleur. Durant la cuisson, ajouter quelques champignons bien blancs et quelques oignons blanchis au préalable. Retirer les côtes après cuisson. Déglacer, à l'aide de quelques cuillerées de bonne crème fraîche ; mettre au point l'assaisonnement ; ajouter un filet de calvados. Placer les côtes et leur garniture sur un plat demi-creux, et napper avec la sauce, qui doit être onctueuse.

Vins blancs demi-secs : anjou, sauternes, barsac.
Vins rouges : bourgueil, chinon.

CUL DE VEAU À l'ANGEVINE
PRÉPARATION 1 HEURE • CUISSON 2 HEURES 30

2 kg à 2,500 kg de quasi de veau un peu gras et non désossé, sel, poivre
200 g de beurre
1 feuille de papier d'office
40 petits oignons
au moins 2 bottes de carottes nouvelles
1 bouteille de vin d'Anjou

Mettre le quasi dans un chaudron avec le beurre et le faire dorer sur toutes ses faces.
Pendant la première heure de cuisson, arroser continuellement de beurre et maintenir une chaleur douce ; bien dorer.
Ajouter une bouteille d'anjou sec, les petits oignons, les carottes grelot entières. Couvrir de la feuille de papier et du couvercle. Continuer la cuisson. Arroser.
Placer la pièce dans un plat ; dresser la garniture autour.

En principe, servir le même vin que celui utilisé pour la cuisson.

CUL DE VEAU AU MIEL
PRÉPARATION 3 HEURES • CUISSON 2 HEURES 45

Une noix de veau (2,500 kg) lardée dans le sens de sa longueur (comme pour une aiguillette de bœuf mode)
couennes de porc frais en quantité suffisante pour couvrir le fond du récipient, coupées en lanières de 4 à 5 cm de largeur et à la longueur du récipient
2 pieds de veau blanchis, partagés en deux dans le sens de la longueur
3 gros cœurs de céleris crus
1,250 kg de carottes de qualité
1,500 kg d'oignons
bouquet garni (thym, laurier, persil), gousses d'ail, poivre du moulin (une bonne cuillerée à soupe)
sel, beurre
650 g de miel au romarin
une bouteille de banyuls brut

Dans le récipient de cuisson, faire légèrement colorer au beurre la noix de veau ; déglacer le fond avec un verre de banyuls et un verre d'eau (rien ne doit adhérer au fond) ; recueillir ce déglaçage et le réserver.
Garnir le fond du récipient avec les couennes de porc bien dégraissées. Répartir sur les couennes le mélange des légumes crus émincés ; saler, poivrer les légumes et déposer la noix de veau sur ce fond ; disposer autour les 4 demi-pieds de veau et le bouquet garni.
Napper la noix de veau avec le miel ; verser le fond de déglaçage et tout le reste de la bouteille de banyuls ; compléter le mouillage, soit avec un fond blanc très léger, soit à l'eau (si vous avez mouillé avec du banyuls doux, ajoutez un demi-litre de bon vin blanc sec. Il faut que la noix de veau soit presque submergée).
Faire partir la cuisson à feu vif, 15 minutes ; couvrir le récipient et faire cuire au four comme un bœuf mode, environ 2 heures et demie.
Au bout d'une heure, retourner une fois la noix de veau. Après cuisson, la retirer ; dégraisser la cuisson au besoin ; rectifier l'assaisonnement.
Déposer la noix de veau dans un grand récipient de service ; découper en gros dés les pieds de veau désossés.
Faire, au besoin, réduire le jus de cuisson — sans oublier de retirer les couennes et les légumes — avant de le verser sur la noix de veau.

Vins : champigny, corbières, minervois.

ÉMINCÉ DE FOIE ET DE ROGNONS DE VEAU

PRÉPARATION 25 MINUTES • CUISSON 15 MINUTES

500 g de foie de veau coupé en fines tranches
2 rognons de veau
250 g de champignons de Paris
1 bel oignon
1 dl de madère
2,5 dl de bouillon chaud
1 cuillerée à moka bien pleine de fécule
3 cuillerées à soupe d'huile d'arachide
sel, poivre, riz* pilaw

Éplucher l'oignon et le hacher finement. Dans une sauteuse, faire chauffer l'huile et y faire revenir l'oignon à feu doux.
Couper le foie en petits morceaux ; le réserver.
Enlever la peau qui enveloppe les rognons et les tailler en lamelles. Les mettre dans la sauteuse, couvrir et laisser cuire doucement pendant 10 minutes.
Pendant ce temps, éplucher les champignons, couper la partie terreuse du pied, les laver et les tailler en lamelles. Les faire cuire dans de l'eau bouillante salée pendant 5 minutes et les faire égoutter.
Verser le bouillon chaud sur les rognons, ajouter les champignons, le madère (dans lequel aura été dissoute la fécule), le sel et le poivre ; donner un bouillon en tournant à la spatule.
Ajouter le foie ; attendre que l'ébullition ait repris ; couvrir, réduire le feu au minimum et laisser mijoter pendant 6 à 8 minutes, le temps nécessaire pour que le foie ne soit plus saignant.
Mettre l'émincé dans un plat creux et le servir avec du riz pilaw.

Vins : sancerre blanc ou rouge.

ESCALOPES DE VEAU AU CITRON

PRÉPARATION 5 MINUTES • CUISSON 20 MINUTES

Pour 4 personnes :
600 g de veau, coupé en escalopes de 150 g chacune
60 g de beurre
2 citrons
persil, sel et poivre

Faire couper les escalopes par le boucher, de façon qu'elles aient toutes la même épaisseur.
Dans une poêle, faire chauffer le beurre, et faire dorer les escalopes à feu vif, 5 minutes de chaque côté. Saler et poivrer et laisser cuire encore 10 minutes à feu moyen. Disposer les escalopes sur un plat de service chaud.
Déglacer la poêle avec une cuillerée à soupe d'eau chaude et le jus d'un citron. Verser sur la viande. Poudrer de persil ciselé et décorer le tour du plat avec des demi-rondelles de citron cannelées.

Vins : chablis, beaujolais villages.

VEAU

ESCALOPES DE VEAU À LA CRÈME
PRÉPARATION 10 MINUTES • CUISSON 20 MINUTES

Pour 4 personnes :
600 g d'escalopes de veau de 150 g chacune
40 g de beurre
2 cuillerées à soupe d'huile
1 dl de crème fraîche
200 g de champignons de Paris
2 cl de cognac,
sel et poivre

Mettre la moitié de l'huile et le beurre dans la poêle. Faire chauffer ; mettre les escalopes à dorer, 5 minutes de chaque côté. Saler et poivrer. Ajouter une cuillerée à soupe d'eau chaude. Couvrir et laisser cuire encore 10 minutes à feu moyen.

Pendant la cuisson des escalopes, couper le pied terreux des champignons, les laver, les égoutter, les émincer. À part, faire chauffer le reste de l'huile, et faire revenir les champignons. Les ajouter aux escalopes.

Dans une petite casserole, faire chauffer le cognac, le verser sur les escalopes et flamber hors du feu.

Ranger les escalopes dans un plat de service chaud ; les entourer avec les champignons.

Dans la poêle, ajouter la crème fraîche et mélanger bien avec le jus des escalopes, mais ne plus laisser bouillir. Arroser les escalopes avec la sauce ainsi obtenue et servir aussitôt.

Cidre, ou vins : vouvray, jasnières, saumur, bourgueil, chinon, champigny.

ESCALOPES À L'ESTRAGON
PRÉPARATION 7 MINUTES • CUISSON 20 MINUTES

Pour 4 personnes :
600 g d'escalopes de veau de 150 g chacune
30 g de beurre
1 cuillerée à soupe d'huile
1 dl de vin blanc sec
1 cuillerée à soupe de tomate concentrée
2 belles branches d'estragon
farine, paprika
sel et poivre

Dans une grande poêle, faire chauffer le beurre et l'huile.

Passer les escalopes dans la farine, les secouer pour en enlever l'excédent. Les faire dorer, 5 minutes de chaque côté.

Ajouter le vin blanc, la tomate concentrée, et gratter le fond de la poêle avec une cuillère en bois, sans enlever les escalopes, saler et poivrer au poivre du moulin. Ajouter toutes les feuilles d'estragon de la première branche. Couvrir et laisser cuire encore 10 minutes.

Disposer les escalopes sur le plat de service chaud. Hacher les feuilles d'estragon de la deuxième branche. Parsemer la viande avec l'estragon haché et une pincée de paprika.

Vins : arbois blanc ou rouge ; beaujolais.

VEAU

ESCALOPES DE VEAU FAÇON VIENNOISE
PRÉPARATION 50 MINUTES • CUISSON 10 À 12 MINUTES

8 escalopes de 100 à 120 g chacune
sel, poivre
100 g de farine
2 œufs battus
200 g de mie de pain
150 g de beurre
5 cl d'huile
2 œufs durs hachés (blancs et jaunes séparés)
1 citron cannelé coupé en rondelles
1 cuillerée de persil ciselé

Après avoir assaisonné les escalopes de sel et de poivre, les passer dans la farine ; les tremper ensuite dans de l'œuf (battu avec sel, poivre et huile) et les rouler enfin dans de la mie de pain fine ; bien appuyer celle-ci des deux côtés avec le plat de la lame d'un grand couteau. Dans un grand sautoir, faire chauffer le beurre et 5 cuillerées d'huile, jusqu'à ce que le mélange soit fumant (on pourrait remplacer le beurre et l'huile par du beurre clarifié, ce qui est assurément préférable, mais un peu plus coûteux). Mettre les escalopes dans cette graisse fumante et les retourner au bout de 6 minutes ; il suffit de 8 à 10 minutes pour cuire la viande et rissoler l'enveloppe d'œuf et de mie de pain. Ces escalopes doivent être un peu croquantes.
Les dresser sur un plat chaud ; les arroser aussitôt de 100 g de beurre cuit à la noisette ; placer sur chacune une rondelle de citron pelée et sans pépins ; persiller et ajouter les œufs durs, hachés, en décor.

Vins : riesling, beaujolais.

ESCALOPES DE VEAU FARCIES À L'ESPAGNOLE
PRÉPARATION 40 MINUTES • CUISSON 55 MINUTES

Pour 4 à 6 personnes :
2 très grandes escalopes de veau épaisses, de 300 g chacune
3 œufs
400 g d'olives vertes (100 g pour la farce, 300 g pour la sauce)
4 tranches de jambon de Bayonne bien maigre (2 mm d'épaisseur)
2 poivrons verts ou rouges
un quart de litre de vin blanc sec
un quart de litre d'eau
sel, poivre
huile d'olive
100 g de farine

Faire durcir les œufs. Les couper en quatre.
Supprimer le gras du jambon. Couper le jambon en languettes de un centimètre de largeur. Faire griller les poivrons. Les éplucher. Supprimer les graines. Couper la chair en languettes.
Dénoyauter les olives. Prélever un quart d'entre elles et les couper en deux dans la longueur (les autres cuiront entières dans la sauce).
Recouvrir chaque escalope de rangées alternées de jambon, olives, œufs durs, poivrons. Rouler les escalopes sans trop serrer. Les ficeler et les rouler dans la farine.
Faire chauffer l'huile dans la cocotte. Faire dorer les escalopes de tous les côtés. Quand les escalopes sont bien dorées, les poudrer d'une cuillerée de farine.
Ajouter les olives dénoyautées réservées.
Ajouter le vin et l'eau. Saler (très peu) et poivrer.
Porter à ébullition. Poser un couvercle sans fermer complètement la cocotte. Faire cuire à petit feu pendant une demi-heure à trois quarts d'heure.
Enlever les ficelles. Pour servir, couper les escalopes en tranches de un centimètre d'épaisseur, que l'on entoure avec les olives. Servir la sauce à part.

Vins rosés : béarn, irouléguy ; vin rouge léger du sud-ouest, côtes du brulhois, côtes-du-marmandais, bordeaux léger.

ESCALOPES DE VEAU GRATINÉES À LA FAÇON DES ANDELYS
PRÉPARATION 2 HEURES • CUISSON 20 MINUTES

Braiser les escalopes, ou mignons de veau, sur un fonçage de carottes, oignons, bouquet garni. Arroser souvent de beurre fondu et de consommé.
Après cuisson, retirer les escalopes ; passer le fond de braisage, l'ajouter à la sauce Mornay (au gras) ainsi que 2 jaunes d'œufs battus au fouet. Réserver 8 belles lames de truffe, ajouter le reste, haché, à la sauce. Ranger les escalopes sur le socle, napper de sauce, décorer de truffes. Semer de fromage râpé, garnir de petites tomates ; passer au four.

Cidre, ou vins : jasnières, vouvray, bourgueil, chinon.

8 escalopes de veau
150 g de beurre
trois quarts de litre de sauce* Mornay
socle en pain de mie
quelques truffes
100 g de gruyère râpé
fond de braisage habituel
16 tomates pommes d'amour
beurre d'anchois
carottes, oignons, bouquet garni
1 dl de consommé
2 jaunes d'œufs

ESCALOPES DE VEAU AU JAMBON
PRÉPARATION 25 MINUTES • CUISSON 10 MINUTES

Cuire les escalopes, prises dans la sous-noix de préférence. Déglacer avec de la sauce tomate. Les couvrir d'une tranche de jambon cru ; ajouter à la cuisson de la crème fraîche, sel et poivre. Réduire et napper.

Vins blancs : vouvray, chablis, traminer. Vins rouges : chiroubles, bourgueil.

8 escalopes de veau
de 100 à 120 g chacune
sel, poivre
100 g de beurre
8 tranches de jambon cru de même diamètre (mais très minces)
1 dl de sauce* tomate
4 dl de crème fraîche

FOIE DE VEAU ÉTUVÉ À LA BRIARDE
PRÉPARATION 50 MINUTES • CUISSON 2 HEURES 30

Piquer le foie de veau, comme un bœuf à la mode, avec les lanières de lard gras macérées au cognac, assaisonnées de poivre et d'épices. Assaisonner le foie, l'envelopper dans la crépine et le mettre en cocotte, dans le lard gras râpé bouillant. Le faire revenir, en le retournant plusieurs fois. Décanter le surplus de matière grasse. Ajouter les carottes en rondelles et les oignons émincés. Laisser suer un moment. Ajouter le bouquet garni, puis le vin blanc et le fond blanc. A ébullition, fermer hermétiquement la cocotte et laisser mijoter tout doucement ; retourner ou arroser le foie très souvent.
Une fois cuit, le mettre sur un plat de service, laisser au chaud. Égoutter les carottes et en faire une purée assez serrée. Dégraisser à fond le jus de cuisson du foie.
Présenter la purée de carottes dans un légumier ; napper le foie de veau d'un peu de fond ; présenter le restant en saucière.
Ce foie peut également s'accompagner d'une purée de céleris, d'une purée d'oignons, d'une sauce aux champignons, etc.

Vins blancs : pouilly fumé, champagne nature.
Vins rouges : chinon, bourgueil.

1 foie de veau entier
sel, poivre
50 g de beurre
300 g de lard gras coupé en lanières
50 g de crépine fraîche de porc
1 cuillerée à soupe de persil haché
1 pincée d'épices
3 cl de cognac
50 g de lard gras râpé ou haché
8 à 10 carottes coupées en rondelles
2 oignons émincés
un bouquet garni
1 dl de vin blanc
1 dl de fond* clair

FOIE DE VEAU MÉDÉRIC

PRÉPARATION 1 HEURE 15 • MACÉRATION 1 HEURE • CUISSON 1 HEURE

1 foie de veau de 700 g environ
100 g de lard gras
1 bouteille de porto rouge
3 cuillerées à soupe de beurre
1 crépine
quelques os de veau
4 carottes
1 oignon
2 gousses d'ail
thym, laurier, persil
une demi-tasse de crème, sel, poivre

Couper le lard en fins lardons. Le rouler dans le persil haché. En larder le foie (à l'aide d'une lardoire).

Faire macérer le foie dans le porto pendant une bonne heure, l'égoutter et l'envelopper de la crépine. Hacher carottes, ail, oignon.

Faire chauffer le beurre dans la cocotte. Mettre le hachis de légumes, le thym, le laurier, une branche de persil. Poser le foie par-dessus. Entourer avec les os de veau. Saler. Poivrer. Ajouter le porto de macération. Couvrir et laisser mijoter doucement.

Quand le foie est cuit, le sortir sur le plat de service et le couper en tranches épaisses. Le tenir au chaud.

Passer la sauce. La remettre dans la cocotte et laisser bouillir sans couvrir pour réduire de moitié. Rectifier l'assaisonnement si c'est nécessaire. Ajouter la crème ; verser le tout sur le foie.

Vins : beaujolais villages, marcillac, cunac, bergerac, côtes-du-rhône primeur.

FOIE DE VEAU PIQUÉ DES POUSTERLES

PRÉPARATION 15 MINUTES • CUISSON 2 HEURES
(Recette de André Daguin, hôtel de France, à Auch.)

800 g de foie de veau
75 g de lard gras
une cuillerée de graisse d'oie
1 dl de bouillon
un verre de vin blanc sec
3 cl d'armagnac
2 oignons
une gousse d'ail, persil
100 g de jambon de Bayonne
sel et poivre
une cuillerée de chapelure

Piquer le carré de foie de veau de lardons salés et poivrés. Mettre en cocotte dans la graisse, faire légèrement dorer avec le jambon en dés. Mélanger l'ail, les oignons en rouelles, le persil ciselé avec la chapelure. Mouiller le foie avec le bouillon, le vin et l'armagnac. Ajouter le mélange chapelure. Cuire à four très doux, deux heures environ, en retournant de temps en temps et en arrosant.

Vins : madiran, cunac, minervois, villaudric.

* FOIE DE VEAU À LA VÉNITIENNE

PRÉPARATION 20 MINUTES • CUISSON 5 MINUTES

8 tranches de foie de veau de 80 g chacune, coupées en dés ou en très petites escalopes
sel, poivre
150 g de beurre
5 cl d'huile
1 citron
2 cl de cognac, persil
1 jus de citron
4 gros oignons
1 dl de vin blanc

Dans une sauteuse, mettre un bon morceau de beurre et des oignons coupés en tranches très fines. Faire cuire très doucement à couvert. Lorsqu'ils sont à point, mouiller avec un peu de vin blanc ; laisser réduire. Dans une autre sauteuse, mettre moitié huile, moitié beurre ; la matière grasse étant bien chaude, y jeter le foie coupé en dés, assaisonné à cru. Mener la cuisson vivement. Surveiller en même temps le rissolage des oignons, qui doivent être bien cuits, mais blonds.

Mélanger le tout, ne pas laisser prendre ébullition. Ajouter cognac, persil concassé et jus de citron.

Vins rouges : beaujolais, bourgueil, chinon.

FRICADELLES DE VEAU
PRÉPARATION 1 HEURE • CUISSON 20 MINUTES

Pour huit fricadelles, hacher 400 g de viande de veau bien dénervée et 250 g de filet de porc gras ou de lard de poitrine frais (il n'est pas nécessaire que ce hachis soit très fin). Le recueillir dans une terrine et y joindre la mie de pain blanc, l'oignon et les échalotes hachés, cuits à l'avance avec du beurre et refroidis ; une cuillerée de persil haché ; les œufs, battus en omelette ; 20 g de sel ; une forte prise de poivre et une râpure de muscade. Bien triturer le tout à l'aide d'une cuillère de bois.

Diviser le hachis en parties ayant un poids de 90 à 100 g ; les mettre au fur et à mesure sur la table poudrée de farine ; les rouler d'abord en boules ; ensuite, les aplatir avec la paume de la main, de façon à leur donner une forme ovale.

Dans un grand plat à rôtir (ou un sautoir), chauffer fortement 100 g de beurre ; y ranger les fricadelles, sans qu'elles se touchent ; les faire bien colorer des deux côtés, en les retournant avec précaution. Les mettre ensuite au four de bonne chaleur moyenne en comptant 20 minutes de cuisson.

Déglacer le plat à sauter avec la demi-glace et le vin blanc. Passer au linge. Mettre le déglaçage dans un plat creux et poser les fricadelles dessus, mais ne pas les napper. Présenter à part la garniture choisie.

Vin rouge : beaujolais.

Ingrédients :
400 g de maigre de veau
250 g de filet de porc
100 g de mie de pain frais
1 gros oignon et 3 échalotes
100 g de farine
150 g de beurre
sel, poivre
noix de muscade
2 œufs, persil
2 dl de fine demi-glace*
et 1 dl de vin blanc

FRICANDEAU DE VEAU À LA BOURGEOISE
PRÉPARATION 1 HEURE • CUISSON 1 HEURE 30 ENVIRON

Piquer copieusement le fricandeau de bâtonnets de lard, l'assaisonner. Le poser, dans une petite daubière, sur un fonçage de lard, de carottes et d'oignons émincés, avec le bouquet garni. Faire suer et prendre couleur pendant environ 30 minutes. Ajouter le vin blanc. Après réduction de moitié, passer le fond, remettre en daubière, ajouter les carottes tournées, les petits oignons et les lardons. Compléter le mouillement. Poser un papier beurré sur la surface et couvrir. Arroser souvent. Terminer la cuisson au four.

Vins blancs secs : cassis, côtes-de-provence.
Vins rouges : beaujolais, bourgueil, chinon.

Ingrédients :
La moitié d'une noix de veau tranchée en travers
sel, poivre
2 gros oignons
2 carottes
bouquet garni
150 g de couennes de lard ou débris de lard
100 g de lard gras coupé en bâtonnets
200 g de petits oignons légèrement colorés
300 g de petites carottes nouvelles ou tournées en olives
125 g de lard de poitrine coupés en dés blanchis
1 dl de vin blanc
100 g de beurre
2 dl de fond* de veau

FRICANDEAU DE VEAU À L'OSEILLE
PRÉPARATION 45 MINUTES • CUISSON 2 HEURES

2,500 kg environ de noix de veau sel, poivre
2 kg d'os de veau
3 carottes et 2 gros oignons épluchés
2 bardes de lard ou quelques couennes
250 g de lard gras
1 bouquet garni
1 feuille de papier sulfurisé
1 dl de vin blanc ou de madère
fond* de veau

Choisir une petite noix de veau du poids indiqué. Sans trop la parer, l'ouvrir dans son épaisseur. Pratiquer l'entaille du côté le plus étroit, sans détacher à fond. Avec une batte de cuisine, unifier l'épaisseur. La disposer sur un torchon, afin de ne pas la manipuler avec les mains nues. La piquer copieusement avec les bâtonnets de lard gras.
Actuellement, on ne fait plus braiser les fricandeaux, on les fait pocher. Donc, garnir le fond du récipient choisi de bardes de lard et de couennes, de carottes et d'oignons ; ajouter un bouquet garni. Mouiller d'un verre d'eau, et ne mettre surtout aucun jus ; cela a son importance. Saler et poivrer le fricandeau ; le mettre sur la garniture avec deux ou trois débris d'os de veau.
Cela fait, parsemer le fricandeau des os du cuisseau bien concassés, de façon qu'il y en ait une bonne épaisseur. Poser une feuille de papier sur les os couvrant le fricandeau ; assujettir le couvercle, qui doit fermer aussi hermétiquement que possible. Faire partir sur un feu assez vif, et porter au four, de chaleur vive également.
Nul besoin de l'arroser. Les matières grasses et l'eau se transforment en vapeur, arrosant les os qui couvrent le fricandeau, et il se produit ainsi un circuit ; le fricandeau se trouve nourri par tous ces ingrédients et reste très moelleux, sans être lavé.
En fin de cuisson, verser le tout sur une plaque. Réserver le fricandeau au chaud, remettre les os et la garniture dans le récipient de cuisson ; déglacer au vin blanc ou au madère, suivant le vin d'accompagnement choisi ; laisser réduire de moitié et ajouter quelques louches de bon fond de veau légèrement lié. Passer au chinois fin, dégraisser.
Garnitures du fricandeau : de préférence oseille, épinards, chicorée à la crème ; ou bien jardinière, carottes à la Vichy, carottes à la crème, laitues farcies braisées.

Vins blancs : muscadet, chablis. Vins rouges : beaujolais, bourgueil, chinon.

FRICANDEAU DE VEAU À LA PROVENÇALE
PRÉPARATION 1 HEURE • CUISSON 2 HEURES ENVIRON

1 rouelle de veau de 1,500 kg environ sel, poivre
100 g de lard coupé en bâtonnets pour piquer
1 dl de marc de Provence.
Pour la farce :
50 g de lard gras
100 g de lard maigre de poitrine
250 g de duxelles*
1 gros oignon tombé au beurre
3 échalotes, 1 pointe d'ail
2 branches de persil une pincée de safran.
Pour foncer :
débris de lard, 2 carottes,

Couper une belle rouelle de veau, sur le plus large diamètre du cuisseau, de façon qu'elle ait une épaisseur de 15 à 18 centimètres.
Retirer l'os du milieu et le remplacer par une farce consistante.
Brider et barder la rouelle avec du lard gras, pour maintenir la farce bien en place, et la mettre à braiser dans une casserole dont le fond sera tapissé des condiments habituels du braisage.
Mouiller d'un bon verre de marc de Provence ; laisser mijoter quelques instants en arrosant ; couvrir hermétiquement la casserole et poursuivre la cuisson pendant deux heures au moins.
Servir, à part, une ratatouille de tomates et d'aubergines préparée comme

suit : faire sauter les tomates et dorer les aubergines à l'huile d'olive ; mélanger le tout, laisser mijoter avec une pointe d'ail. Mettre dans un plat creux, poudrer de fromage râpé et gratiner.

Vins blancs et rouges des côtes de Provence.

1 gros oignon
1 branche de céleri
1 bouquet garni.
Pour la ratatouille :
8 tomates mondées, épépinées, concassées
2 dl d'huile d'olive
6 aubergines coupées en dés
100 g de fromage râpé

GRENADINS DE VEAU À LA MACÉDOINE
PRÉPARATION 50 MINUTES • CUISSON 1 HEURE 15

Faire tailler, sur une noix de veau, 8 escalopes de l'épaisseur dite et du poids de 150 g environ. Les parer en forme d'ovales, ce qui ramène leur poids à 125 g et les piquer, chacune, de trois rangées de fins lardons. Ranger les grenadins dans un sautoir, juste assez grand pour les contenir, et dont le fond sera garni de couennes de lard fraîches, de rondelles de carottes et d'oignons et d'un bouquet garni. Couvrir la casserole, et faire suer la viande au four pendant un quart d'heure.
Verser ensuite dans la casserole un verre de vin blanc et le réduire complètement ; ajouter 1 dl de jus de veau et le réduire à glace, c'est-à-dire à l'état de sirop épais, puis mouiller avec 3 dl de jus de veau. On peut utiliser du bouillon, mais alors, doubler la quantité de couennes. L'ébullition prise, couvrir les grenadins d'un rond de papier beurré ; fermer la casserole, et continuer la cuisson au four, doucement et en arrosant fréquemment. Huit minutes avant la fin de la cuisson, mettre les grenadins à découvert pour glacer la surface.
Dresser les grenadins en couronne sur un plat rond ; disposer au milieu une macédoine de légumes, et servir, à part, le jus qui doit être réduit à un décilitre et demi.

Vins rouges : beaujolais, bourgueil, chinon.

8 grenadins de 150 g chacun
sel, poivre
150 g de lard gras coupé en bâtonnets
100 g de couennes
2 carottes et 2 oignons
bouquet garni
60 g de beurre
1 dl de vin blanc
un demi-litre de fond* de veau

JARRET DE VEAU À LA PROVENÇALE
PRÉPARATION 40 MINUTES • CUISSON 2 HEURES ENVIRON

Faire couper, dans le jarret de veau, des tranches de 2 cm ; bien les assaisonner avec sel et poivre.
Les faire revenir dans un plat à sauter, à l'huile d'olive. D'autre part, préparer une mirepoix assez fine et l'ajouter aux morceaux de jarret, à couvert, afin que l'ensemble étuve tout doucement.
Prélever le zeste d'une ou de plusieurs oranges ; le découper en julienne et le blanchir ; l'ajouter dans la cuisson.
Le fond de cuisson, auquel on ajoute le jus d'orange ainsi qu'un verre de vin blanc, sera mis au point par réduction. Passer le fond de cuisson sur la préparation. Servir avec un riz pilaw.

Vins rouges : beaujolais, cassis, coteaux-d'aix, bellet.

8 tranches de jarret avec os (dans la partie la plus charnue du jarret)
sel, poivre
100 g de farine
10 cl d'huile d'olive
2 oranges
2 gros oignons
3 carottes coupées en petits dés
1 dl de vin blanc
2 dl de fond* de veau
2 tomates écrasées
200 g de riz* pilaw
bouquet garni

MATELOTE DES TONNELIERS
PRÉPARATION 45 MINUTES • CUISSON 1 HEURE 30 ENVIRON

2 kg de poitrine de veau un peu grasse
sel, poivre
150 g de beurre
70 g de farine
30 petits oignons
8 carottes
2 bouteilles de bon vin rouge
bouquet garni
persil ciselé

Couper la poitrine de veau en petits cubes de 120 g à peu près chacun. Avec le beurre et la farine, faire un roux bien doré. Le mouiller au vin rouge.
Dans la cocotte, mettre le veau, les oignons, les carottes en dés, l'assaisonnement et le bouquet garni. Cuire doucement pendant 1 heure 30.
Retirer le veau, faire réduire la sauce. Napper et persiller avant de servir.

En principe, servir le même vin que celui utilisé pour la cuisson.

NOIX DE VEAU À L'AIXOISE
PRÉPARATION 1 HEURE • CUISSON 2 HEURES

1 noix de veau
sel, poivre
150 g de beurre
200 g de lard découpé en bâtonnets
2 dl de bon fond* de veau
4 pieds de céleri en branches parés et blanchis
24 petites carottes
12 petites raves ou navets
8 oignons moyens

Dans une casserole, faire cuire, au beurre frais, une belle noix de veau, après l'avoir lardée. La noix étant bien dorée, la mouiller d'un bon jus ; ajouter autour : les céleris, les oignons entiers, les carottes tournées, les petites raves épluchées, très rondes. Laisser mijoter le tout jusqu'à complète cuisson.
Dresser sur un plat, avec la garniture en couronne, disposée en bouquets alternés, et servir le jus dans une saucière.

Vins rouges : saint-émilion, pomerol, bourgognes de la côte de Beaune.

NOIX DE VEAU BRAISÉE À LA MARÉCHALE
PRÉPARATION 40 MINUTES • CUISSON 1 HEURE 45

2 kg de noix (sous-noix ou noix pâtissière)
1 pied de veau concassé et quelques os
sel, poivre
une pincée de quatre-épices
6 oignons moyens
4 échalotes
3 gousses d'ail
2 carottes
bouquet garni avec, en plus, brindilles de sauge, de sarriette et d'estragon
200 g de beurre
2 dl d'eau
6 jaunes d'œufs
1 dl de crème
1 citron

Prendre une noix de veau, un demi-pied de veau et quelques os. Faire dorer. Saler, poivrer et mettre une pincée de quatre-épices. Mouiller avec trois verres d'eau (pas de bouillon). Ajouter les oignons, les échalotes, l'ail, les carottes émincées, un bouquet garni. Laisser mijoter pendant 1 heure 30 pour obtenir le glaçage du veau. Arroser souvent.
Mettre le morceau de veau à l'étuve ; passer le jus ; le laisser refroidir. Faire une liaison avec la crème et les jaunes d'œufs ainsi que le jus de cuisson réduit ; monter la liaison au fouet comme un sabayon, ajouter une partie du beurre, le jus de citron et napper.
Ne pas servir sur un plat trop chaud, pour éviter de faire tourner la sauce.

Vins rouges : bourgueil, bourgognes de la côte de Beaune.

VEAU

NOIX DE VEAU À LA GELÉE
PRÉPARATION 2 HEURES • CUISSON 1 HEURE 30

Piquer de lardons la pièce de viande et la mettre dans une cocotte, avec les couennes et l'os de veau, les carottes et les oignons émincés. Laisser suer et prendre couleur. Vider la graisse. Mouiller à mi-hauteur, avec de l'eau. Couvrir d'un papier beurré et du couvercle. Arroser souvent. À cuisson, enlever la viande ; passer le fond au linge. Clarifier avec les blancs d'œufs et allonger avec une louche de bonne gelée. Il sera préférable de trancher la noix de veau et de la reformer (à froid), avant de la mettre sur le plat de service et de la glacer avec une partie de la gelée. Laisser prendre le reste et hacher cette gelée pour décorer. Tous les légumes de la garniture sont cuits à l'anglaise et glacés.

Vins rouges : beaujolais, chinon.

1,500 kg de noix de veau
sel, poivre
200 g de lardons
découpés en bâtonnets
100 g de couennes
2 carottes
2 oignons
os de veau
2 blancs d'œufs
une louche
de bonne gelée*
Pour la garniture :
pointes d'asperges
petites carottes
nouvelles rondes
navets nouveaux
coupés en gros dés
haricots verts nouveaux
coupés en losanges
choux-fleurs
petits pois

NOIX OU ROUELLE DE VEAU AU JUS
PRÉPARATION 1 HEURE • CUISSON 2 HEURES ENVIRON

Prendre une noix de veau ; la parer et la piquer de lardons fins ; la mettre dans une braisière, qu'on aura foncée de lard de poitrine, de carottes et d'oignons coupés en rouelles, et d'un bouquet garni. Saler et poivrer ; mouiller de fond brun et d'une cuillerée d'eau-de-vie ; recouvrir de bardes de lard puis d'une feuille de papier beurré. Faire cuire deux heures à petit feu en arrosant souvent.
Puis, retirer la noix de veau. Réduire le jus, le passer ; le dégraisser ; le mettre dans une autre casserole, avec la noix de veau, faire colorer au four. Quand la noix est bien glacée, la retirer ; la dresser dans un plat chaud et la servir couverte du jus de la cuisson mis au point.

Vins rouges : saint-émilion, pomerol.

1 noix de veau
(ou une sous-noix
dite noix « pâtissière »)
250 g de lard gras
découpé en bâtonnets
sel, poivre
100 g de lard de poitrine
ou de débris, ou même
de couennes en dés
1 gros oignon et
2 carottes
bouquet garni
1 cuillerée d'eau-de-vie
un litre de fond* brun
une barde de lard
papier beurré
garniture au choix

PAUPIETTES DE VEAU
PRÉPARATION 30 MINUTES • CUISSON 20 MINUTES

Prendre les escalopes de veau ; les recouvrir d'un hachis de fines herbes (échalote, ciboule). Recouvrir ce hachis d'une tranche de jambon d'York ; au milieu, mettre la moitié d'un œuf dur. Rouler le tout et ficeler. Envelopper la paupiette d'une crépine de porc ; faire dorer et cuire en cocotte (20 minutes environ), en ajoutant un peu de thym. Maintenir à feu doux ; ne pas couvrir.
Déglacer avec un peu de vin blanc, réduire le jus et le monter au beurre.

Vins blancs : sancerre, pouilly fumé. Vins rouges : saint-émilion, pomerol, bourgognes de la côte de Beaune.

8 escalopes de veau
très minces
sel, poivre
8 tranches de jambon
d'York
150 g de beurre
4 œufs durs
persil, estragon, ciboule
et quelques échalotes,
thym, crépine de porc
2 dl de vin blanc

PAUPIETTES À LA COURTINE
PRÉPARATION 1 HEURE 15 • CUISSON 50 MINUTES

8 escalopes de veau
8 tranches de jambon de Parme
laurier, sauge
8 bardes de lard
2 œufs durs
4 filets d'anchois
8 olives noires
whisky
lardons maigres
un verre de rully blanc
un verre de bouillon
1 carotte et deux oignons
1 gousse d'ail
1 kg de mousserons
beurre clarifié
8 olives vertes
1 truffe fraîche
1 dl de crème fraîche

Choisir des escalopes larges et minces. Y étaler une tranche de jambon. Sur le jambon, étaler une pâte faite d'œufs durs pilés avec la chair de quelques olives noires et un peu de beurre d'anchois.

Rouler les paupiettes et les serrer solidement sur les côtés. Les piquer au whisky pur malt.

Sur chaque paupiette, poser, d'un côté, une feuille de laurier, de l'autre, une demi-feuille de sauge. Couvrir d'une barde de lard. Ficeler le tout. Dans une cocotte, faire dorer quelques lardons maigres et y jeter les paupiettes. Lorsqu'elles sont revenues, mouiller de mâcon blanc et d'un verre de bouillon. Ajouter les oignons, la carotte émincée, l'ail. Faire cuire à feu doux pendant 40 à 50 minutes.

Faire cuire, à part, dans du beurre clarifié, des mousserons ou des girolles. Un quart d'heure avant la fin de la cuisson, débarder les paupiettes ; dégraisser le fond et mettre dans la cocotte quelques olives vertes dénoyautées et une truffe entière. Remettre les paupiettes jusqu'à cuisson complète.

Sortir les paupiettes. Piquer, à l'aide d'une allumette, une olive sur l'un des côtés, figurant une tête d'oiseau. De l'autre, planter une lame de truffe, découpée en éventail, figurant la queue. Poser chaque paupiette sur un nid de champignons. Tenir au chaud. Passer le fond au tamis fin, de façon à obtenir une sauce très onctueuse. Y ajouter de la crème fraîche. Napper les paupiettes.

Vins : pouilly-fuissé, rully blanc, mâcon-viré ou rully rouge, santenay, juliénas.

POITRINE DE VEAU AUX PETITS POIS
PRÉPARATION 45 MINUTES • CUISSON 1 HEURE 45

2 kg de poitrine de veau
sel, poivre
150 g de beurre
5 cl d'huile d'olive
60 g de farine
bouquet garni
2 litres de bouillon, ou de fond* de veau clair
2 litres de petits pois écossés
12 petits oignons

Couper le veau en cubes de 120 g environ chacun ; les assaisonner de sel et de poivre. Faire partir le sauté assez vivement, à l'huile d'olive, pour qu'il soit bien doré, avec quelques petits oignons. Décanter la matière grasse. Poudrer de farine. Remuer, mélanger à la spatule et mettre au four pour cuire la farine et lui faire prendre belle couleur. Mouiller avec le fond clair. Après 1 heure de cuisson, ajouter les petits pois. Rectifier l'assaisonnement. Cuire encore pendant 45 minutes. On peut, à la rigueur, pendant la cuisson, ajouter un bouquet de deux laitues, qu'on retire en même temps que le bouquet garni.

Vins blancs secs : saumur, sancerre, pouilly fumé. Vins rouges : beaujolais, bourgognes de la côte de Beaune, chinon, bourgueil.

VEAU

GRATIN DE RIS DE VEAU LASSERRE
PRÉPARATION 1 HEURE • CUISSON 40 MINUTES
(Recette du restaurant Lasserre, à Paris.)

Les ris de veau étant blanchis, pressés, parés comme il se doit, les braiser sur un fonçage de carottes, oignons, ail et bouquet garni, sel, poivre du moulin ; arroser de beurre fondu, et de consommé. Le four doit être assez chaud. Arroser souvent ; en cours de cuisson, mettre un papier beurré pour éviter une trop forte coloration.

Après cuisson, mettre les ris sur une plaque et passer le fond de cuisson (qui ne doit être que de quelques centilitres) ; l'ajouter à la sauce Mornay, ainsi que 2 jaunes d'œufs battus bien mousseux.

Fendre les ris de veau sur leur épaisseur. Pour chacun d'eux, sur une partie, mettre la valeur de deux cuillerées à soupe de duxelles de champignons, légèrement liée avec un peu de mornay, et dans laquelle aura été ajouté un salpicon de jambon de Bayonne ; replacer la deuxième partie des ris, qui se trouvent ainsi farcis.

Ranger les ris de veau sur un plat, en argent de préférence, légèrement beurré. Napper de sauce Mornay, poudrer d'un peu de gruyère râpé et glacer au four.

Vins rouges : médoc ou graves.

8 belles noix de ris de veau
fond de braisage (avec : carottes, oignons et ail émincés, bouquet garni)
1 kg de champignons bien blancs en duxelles
une belle tranche de jambon de Bayonne
1 dl de consommé
trois quarts de litre de sauce* Mornay
2 jaunes d'œufs
100 g de gruyère suisse râpé

* RIS DE VEAU À LA BROCHE
PRÉPARATION 1 HEURE • CUISSON 35 À 40 MINUTES

Assaisonner les ris de veau de sel et de poivre. Les piquer très finement de lardons ; les envelopper de papier beurré. Les embrocher et leur donner 25 minutes de cuisson ; puis enlever le papier, et les laisser encore de 10 à 12 minutes à la broche, pour les colorer et les rissoler, en ayant soin de les arroser de temps en temps avec du beurre fondu.

Débrocher ; dresser, au moment de servir, et présenter à part le jus dégraissé.

Il est recommandé d'accompagner les ris de veau d'un légume. Il n'y a que l'embarras du choix : légumes verts, tels que petits pois, haricots verts, pointes d'asperges, pain d'épinards en branches, ou bien fonds d'artichauts garnis, champignons farcis, laitues farcies.

Vins blancs secs : vouvray, sancerre, quincy, anjou, barsac.
Vins rouges : bourgueil, chinon.

4 paires de ris de veau
sel, poivre
60 g de beurre
200 g de lard gras découpé en bâtonnets
8 feuilles de papier sulfurisé

RIS DE VEAU EN BROCHETTES
PRÉPARATION 30 MINUTES • MARINAGE 10 MINUTES • CUISSON 15 MINUTES

Pour une brochette par personne :
1 noix de ris de veau
2 tranches de bacon
laurier, thym, huile
sel, poivre, persil

Faire blanchir les ris de veau et les mettre sous presse. Les découper en gros dés. Détailler les tranches de bacon en morceaux carrés. Faire mariner 10 minutes, dans un saladier, avec de l'huile, les feuilles de thym, le sel et le poivre, les dés de ris de veau et les morceaux de bacon. Les égoutter.

Embrocher sur les brochettes un morceau de bacon, un morceau de ris de veau et une feuille de laurier, et ainsi de suite, jusqu'à ce que la brochette soit remplie. Terminer par un morceau de bacon. Mettre les brochettes sur le gril, les dorer de tous côtés, les dresser sur le plat avec un bouquet de persil.

Vins : chinon, bourgueil, champigny, beaujolais.

RIS DE VEAU À LA CRÈME
PRÉPARATION 1 HEURE • CUISSON 12 MINUTES

2 très belles paires
de ris de veau
(soit 8 médaillons)
sel, poivre
150 g de beurre
pincée de muscade
1 dl de crème double
1 échalote

Prendre une poêle et faire revenir une noix de beurre noisette. Y jeter les tranches de ris de veau, préalablement dégorgés, blanchis, rafraîchis, parés et pressés, afin qu'elles prennent une couleur dorée.

Lorsqu'elles sont dorées, ajouter l'échalote hachée et la muscade, du sel, du poivre et la crème double. Laisser mijoter 4 minutes (attention à la cuisson de la crème).

Vins blancs : graves, vouvray, barsac, anjou.
Vins rouges : côte-de-beaune, médoc.

RIS DE VEAU À L'IVOIRE
PRÉPARATION 40 MINUTES • CUISSON 30 MINUTES

4 paires de ris de veau
8 bandes de lard minces
sel, poivre
un litre de fond* blanc
un litre de sauce ivoire
(sauce* suprême liée au jus de veau)

Ces ris, devant être très blancs, seront tenus sous un robinet d'eau courante pendant 4 ou 5 heures avant leur emploi, afin que leur dégorgeage soit complet. Les mettre dans une casserole ; les couvrir amplement d'eau froide et, l'ébullition prise, laisser bouillir pendant 5 minutes, simplement pour raffermir l'épiderme. Les égoutter et les rafraîchir à grande eau.

Ensuite, séparer les deux lobes (la gorge, partie longue, et la noix, partie ronde). Supprimer les petites peaux du tour ; enlever les parties de cornet et le cartilage qui se trouvent sous la noix ; les tenir sous presse légère pendant 1 heure.

Pour cette préparation, les ris ne sont pas piqués de lardons. Les envelopper seulement, chacun, d'une barde de lard mince dans un sautoir assez profond et les couvrir d'excellent fond de veau blanc.

L'ébullition prise, couvrir et continuer la cuisson au four, en maintenant le liquide en simple frémissement pendant 30 à 40 minutes.

Juste au moment de servir, égoutter les ris ; les éponger, les ranger sur un plat et les napper de sauce ivoire (v. velouté de volaille). Présenter, en même temps, une saucière de cette même sauce.

À loisir, on peut faire réduire tout ou partie de la cuisson des ris de veau et l'ajouter à la sauce. En saison, une garniture de pointes d'asperges est indiquée.

Vins blancs : saumur, vouvray, quincy, sancerre, chablis, champagne nature, anjou. Vins rouges : graves, médoc, bourgueil, chinon.

RIS DE VEAU À LA NORMANDE
PRÉPARATION 45 MINUTES • CUISSON 30 MINUTES

**4 paires de ris de veau
8 croûtons au beurre
100 g de beurre
sel, poivre
un demi-litre de crème fraîche
1 dl de calvados
8 pommes reinettes**

Après avoir fait dégorger les ris de veau, les étuver au beurre ; bien assaisonner mais ne pas les piquer ; couvrir d'un papier beurré et d'un couvercle. Cuire à blanc, sans laisser prendre couleur.

Couper en quartiers les reinettes non épluchées, les épépiner ; les étuver au beurre, séparément.

Flamber les ris de veau au calvados, dans leur casserole de cuisson ; les enlever ; déglacer à la crème.

Dresser les ris de veau en couronne sur des croûtons, en intercalant des quartiers de pommes, et napper avec le déglaçage et la réduction. Assaisonnement à point.

Vins rouges : côte-de-beaune, médoc.

RIS DE VEAU AUX RAISINS
PRÉPARATION 25 MINUTES • CUISSON DU RIS DE VEAU 10 MINUTES

**2 ris de veau
un verre de fond* de veau
100 g de truffes
grains de raisin muscat blanc
100 g de langue à l'écarlate
un verre à liqueur de madère
un verre de jus de raisin frais
beurre, huile
sel, poivre, farine**

Faire tremper dans de l'eau froide, pendant deux heures, les noix de ris de veau ; les égoutter, les faire blanchir, puis les refroidir en les passant sous l'eau courante. Les éplucher, retirer le cornet et les peaux ; les mettre sous presse.

Piquer les ris de bâtonnets de truffe et de bâtonnets de langue écarlate. Les assaisonner, les fariner et les faire dorer dans un sautoir avec un peu de beurre et d'huile. Couvrir et mettre à cuire au four, dix minutes, en arrosant et en retournant les ris de temps en temps.

Lorsque les ris sont cuits, les disposer sur le plat de présentation.

Ajouter, dans la cuisson, les raisins pelés et épépinés, le jus de raisin frais, un peu de madère, et laisser réduire à feu vif. Hors du feu, ajouter un peu de beurre en pommade pour lier la sauce. Mélanger, en secouant la casserole (toujours hors du feu), jusqu'à ce que le beurre soit fondu. Arroser le ris de veau de cette sauce et servir bien chaud.

Vins : riesling, sauternes, vouvray.

RIS DE VEAU ROBERT COURTINE
PRÉPARATION 2 HEURES 50 • CUISSON 40 MINUTES

4 ris de veau
1 verre de porto blanc
2 cuillerées à soupe de beurre
3 cuillerées à soupe de farine
16 grains de raisin blanc
16 grains de raisin noir
16 olives vertes
16 olives noires
1 cuillerée à soupe de bouillon de veau (ou 1 cuillerée à soupe de crème)
sel, poivre
poivre de Cayenne

Enlever la peau des grains de raisin. Faire macérer les raisins dans le porto pendant 2 heures.
Dénoyauter les olives.
Faire dégorger les ris une heure à l'eau froide. Changer l'eau. Porter à ébullition 5 minutes. Égoutter, passer sous l'eau froide. Couper les ris en deux. Les saler, poivrer et les fariner.
Faire chauffer le beurre dans une sauteuse, sans le laisser colorer. Y faire cuire les ris 30 minutes.
Verser le tout dans une cocotte. Ajouter les raisins et leur porto ainsi que les olives. Couvrir la cocotte et laisser bouillonner encore 10 minutes. Sur le plat de service chauffé, disposer les ris et mettre les raisins et les olives autour. Dans la cocotte, ajouter, soit le bouillon de veau, soit la crème. Rectifier l'assaisonnement si c'est nécessaire ; couvrir les ris avec cette sauce.

Vins : vouvray, sauternes, graves blancs ou rouges.

ROGNONNADE DE VEAU BRAISÉE À LA TOURANGELLE
PRÉPARATION 2 HEURES • CUISSON 2 HEURES

1 longe de veau avec les 2 rognons
sel, poivre
100 g de beurre
150 g de lardons
250 g de champignons
30 petits oignons
2 gousses d'ail
1 botte de petites carottes
1 botte de navets
1 litre de petits pois écossés
50 g de beurre
500 g de pommes de terre nouvelles (très petites)
2 clous de girofle
1 bouquet bien garni, comportant un cœur de laitue
1 dl de crème

Prendre une belle rognonnade. La mettre à revenir, au beurre, dans une casserole de cuivre, avec lardons, champignons, 6 petits oignons et 2 gousses d'ail non épluchées.
Quand la rognonnade sera bien dorée, la retirer du feu en se gardant bien de déglacer le fond ; réserver au chaud.
Dans une autre casserole, faire également revenir au beurre, avec un bouquet bien garni, une jardinière de légumes nouveaux, tournés en gousses, composée de pommes de terre nouvelles, de carottes et de navets en quantités égales. Ajouter quelques clous de girofle, puis des petits pois verts, de telle façon que ce dernier légume domine légèrement, et enfin 24 petits oignons, préalablement blanchis. Se garder également de mouiller ; les légumes doivent rendre eux-mêmes leur fond.
Quand ces légumes seront cuits, retirer le bouquet garni et verser le tout sur la rognonnade réservée au chaud.
Faire mijoter le tout ensemble pendant quelques instants. Beurrer de nouveau ; crémer légèrement. Tenir au chaud sur le coin du fourneau ; rectifier l'assaisonnement et servir très chaud.
La particularité de ce plat est d'être servi avec une jardinière de légumes à fond très court, celui-ci ne servant qu'à assurer la liaison.

Vins blancs : saumur, vouvray, quincy, pouilly fumé, arbois. Vins rouges : saint-émilion, pomerol.

VEAU

CÔTE DE VEAU AU CERFEUIL

P. 427

C'est le beurre de cerfeuil qui, en fondant, donne à cette préparation son parfum et sa couleur : on pourrait réaliser la même recette avec de l'estragon ou de l'oseille.

Assiette Boutique Xanadou.

**RIS DE VEAU
À LA BROCHE**

P. 445

Les ris de veau demandent toujours une préparation méticuleuse, mais, simplement rôtis en les arrosant de beurre fondu, ils font un plat exquis que l'on accompagne de légumes frais.

Assiette Villeroy et Boch.

ROGNONS DE VEAU

L'une des meilleures façons de cuisiner les rognons de veau est de les faire cuire entiers : par exemple flambés au cognac, avec une sauce au vin blanc et à l'échalote.

Assiette Villeroy et Boch.

**FOIE DE VEAU
À LA VÉNITIENNE**

P. 438

Sautées vivement au beurre, les petites « scaloppine » de foie de veau sont agrémentées de rondelles d'oignon rissolées. Relevé de cognac et de jus de citron, le mélange est servi brûlant.

Assiette Bernardaud, fourchette Boutique Jean Luce.

ROGNONNADE DE VEAU « COMME À BOURGES »

PRÉPARATION 1 HEURE • CUISSON DE LA ROGNONNADE 1 HEURE 45
CUISSON DE LA TOURTE 20 MINUTES

Préparer et assaisonner une longe de veau, c'est-à-dire une demi-selle, coupée dans le sens de la longueur.
Foncer une braisière avec lard, légumes et os de veau. Y déposer la pièce. Faire suer et revenir, puis mouiller avec le vin blanc et un peu d'eau. Couvrir d'un papier beurré et d'un couvercle. Arroser continuellement. Après cuisson, enlever la longe, dégraisser le fond, le faire réduire et mettre l'assaisonnement au point.
Pour la quiche, servie en accompagnement, procéder comme d'habitude, mais remplacer le lard par des haricots verts.

Vins blancs : pouilly fumé, sancerre.

Ingrédients :
Une demi-selle de veau avec le rognon
100 g de lard
2 oignons
3 carottes
1 os de veau
1 bouteille de vin blanc
Pour la tourte ou quiche :
500 g de feuilletage*
1 pincée de muscade
500 g de haricots verts
6 jaunes d'œufs
4 dl de crème

* ROGNONS DE VEAU

PRÉPARATION 15 MINUTES • CUISSON 8 MINUTES

Pour cette préparation, qui ne comporte pas de garniture, choisir de beaux rognons. Dégraisser grossièrement les rognons, les fendre dans le sens de la longueur. Mettre du beurre dans une casserole assez épaisse. Bien faire dorer les rognons ; les cuire assez vite. Une fois cuits, les réserver sur un plat bien chaud.
Entre-temps, on aura pétri 50 g de beurre mélangé à la farine.
Jeter la graisse de la casserole. Mettre les échalotes hachées et le vin blanc ; réduire d'un tiers ; ajouter le beurre manié ; lier vivement ; retirer du feu. Flamber les rognons avec le cognac ; les verser dans la casserole. Dresser sur un plat ; poudrer de persil et servir.

Vins blancs secs : chablis, viré, saumur.
Vins rouges : beaujolais, bourgueil, chinon.

Ingrédients :
4 rognons de veau
sel, poivre
1 pincée de sucre
100 g de beurre
1 cuillerée à soupe de farine
3 échalotes
2 dl de cognac
1 cuillerée à soupe de persil haché

ROGNONS DE VEAU BOURBONNAIS

PRÉPARATION 1 HEURE • CUISSON 40 MINUTES À 1 HEURE, SUIVANT LA QUALITÉ

Faire rissoler les rognons entiers avec une bonne partie de leur graisse dans une cocotte en fonte. Ajouter ensuite les petits oignons blancs, les petites carottes, les aromates, le bouquet garni. Retirer une partie de la matière grasse et mouiller d'un peu de vin blanc. Laisser mijoter ainsi, à couvert, en retournant les rognons de temps en temps.
Dresser les rognons entourés de leur garniture de légumes ; déglacer le fond avec le vin blanc et le cognac, et arroser le tout de ce jus.

En principe servir le même vin, blanc ou rouge que celui utilisé pour la cuisson.

Ingrédients :
4 rognons de veau
sel, poivre
bouquet garni avec une brindille de sarriette et de romarin en supplément
100 g de beurre
une demi-bouteille de saint-pourçain
1 dl de cognac
40 petits oignons nouveaux
2 bottes de petites carottes jardinière

ROGNONS DE VEAU À LA CASTELROUSSINE
PRÉPARATION 30 MINUTES • CUISSON 15 MINUTES

3 beaux rognons de veau (environ 150 g de rognon par personne)
250 g de lard fumé
250 g de petits champignons de Paris
3 échalotes
3 verres de vin rouge
sel, poivre
60 g de beurre
environ une cuillerée à soupe de farine

Couper le lard en tranches fines puis en petits morceaux. Nettoyer et laver rapidement les champignons.
Hacher finement les échalotes.
Les rognons de veau ayant été parés par le tripier, les détailler en fines lamelles.
Mettre à sauter, à feu vif, les lardons, les champignons et les rognons. Saler et poivrer, après 2 minutes.
Lorsque les rognons et les lardons sont légèrement rissolés, retirer le contenu de la poêle, le placer au chaud, en attente, dans le plat de service.
Mettre, à la place, les échalotes et verser dessus le vin. Amener à ébullition vive et laisser réduire 2 à 3 minutes.
Manier rapidement le beurre avec la farine ; l'incorporer à la sauce que vous ferez bouillir doucement quelques minutes. Vérifier l'assaisonnement.
Arroser le plat de la sauce et servir.

Vins : sancerre, pouilly fumé, pouilly chasselas.

ROGNONS DE VEAU FLAMBÉS
PRÉPARATION 20 MINUTES • CUISSON 8 MINUTES

4 rognons de veau parés
100 g de beurre
sel, poivre
500 g de champignons de Paris
5 cl d'eau-de-vie
1 dl de crème double
sel et poivre

Choisir 4 beaux rognons de veau bien dégraissés. Les escaloper dans le sens de la longueur ; les saisir au beurre, dans une sauteuse, à feu vif ; saler, poivrer, retourner.
Ajouter les champignons émincés. Déglacer et flamber à l'eau-de-vie ; ajouter la crème. Rectifier l'assaisonnement. Servir très chaud.

Vins rouges : saint-émilion, hermitage, côte-rôtie.

ROGNONS DE VEAU ÎLE-DE-FRANCE
PRÉPARATION 40 MINUTES • CUISSON 6 MINUTES

4 rognons
sel, poivre
150 g de beurre
pincée de muscade
1 dl de calvados
1 dl de madère
un demi-litre de crème double
500 g de petits champignons de Paris « boutons de guêtre »
300 g de jambon de Paris
8 petits fonds d'artichauts
1 cuillerée à soupe de persil ciselé

Couper les rognons de veau en morceaux d'un demi-centimètre d'épaisseur ; faire sauter sur feu vif ; flamber au calvados.
D'autre part, dans une sauteuse, faire dorer de petites têtes de champignons de Paris et des dés de jambon blanc. Déglacer au madère et au calvados ; mouiller de crème double ; laisser réduire.
Ajouter les rognons ; assaisonner de sel, de poivre, d'une pointe de muscade ; ne pas laisser bouillir.

VEAU

Verser en timbale ; parsemer de persil. Disposer, autour, quelques quartiers de fonds d'artichauts cuits au blanc, égouttés, nettoyés, escalopés et étuvés au beurre.

Vins blancs secs : saumur, vouvray, sancerre, quincy.
Vins rouges : saint-émilion, côte-rôtie.

ROGNONS DE VEAU À LA MAÎTRE D'HÔTEL
PRÉPARATION 15 MINUTES • CUISSON 8 À 10 MINUTES

8 petits rognons de veau (avec une partie de leur graisse)
250 g de mie de pain
150 g de beurre
sel, poivre, persil
1 citron
1 botte de cresson, brochettes

Choisir de tout petits rognons, un par personne ; les fendre en deux dans le sens de la longueur, sans les détacher. Il faut deux brochettes par rognon, pour les maintenir en forme. Saler, poivrer, passer au beurre fondu et à la mie de pain fraîche. Appuyer sur la mie avec les mains pour la plaquer fortement. Arroser de nouveau de beurre fondu et faire griller. Tenir saignant.

Avec 100 g de beurre, sel, poivre, persil ciselé, jus de citron, faire un beurre* maître d'hôtel, en triturant le tout dans un bol. Mettre une cuillerée à café de ce beurre au centre de chaque rognon. Garnir les rognons de cresson.

Vins rouges : beaujolais, bourgueil, chinon.

ROGNONS DE VEAU À LA PARISIENNE
PRÉPARATION 50 MINUTES • CUISSON DES ROGNONS 6 MINUTES
CUISSON DES POINTES D'ASPERGES 20 MINUTES

4 rognons parés (mais avec une partie de leur graisse)
sel, poivre
250 g de beurre
1 dl de madère
1 dl de demi-glace* de viande (fluide)
1 dl de fond* de veau
1 citron
1 cuillerée à soupe de persil concassé
500 g de pointes d'asperges (4 bottillons)
250 g de truffes coupées en lames fines

Blanchir les pointes d'asperges, après nettoyage, dans un chaudron ou dans un poêlon en cuivre. Les pointes doivent être bien vertes. Les égoutter sur un linge et les chauffer à sec ; saler et lier au beurre au dernier moment.

Les lames de truffes seront étuvées au beurre.

Les rognons étant entiers, les couper par le travers en 6 rouelles chacun ; les faire sauter très rapidement en les tenant saignants. Les dresser en couronne.

Ajouter les lames de truffes dans le déglaçage opéré avec le madère, la demi-glace et le fond de veau allongé d'un jus de citron. Napper les rognons ; au centre, mettre les pointes d'asperges.

Vins blancs secs : vouvray, hermitage, sancerre, quincy.
Vins rouges : saint-émilion, côte-rôtie.

ROGNONS DE VEAU POMPADOUR
PRÉPARATION 30 MINUTES • CUISSON 12 MINUTES

*4 beaux rognons
100 g de beurre
sel, poivre
1 dl de fine
1 dl de crème fraîche
1 citron
6 tomates mondées, épépinées, concassées et fondues au beurre*

Prendre de beaux rognons parés, mais pas trop dépouillés, auxquels on aura laissé un peu de graisse. Les cuire saignants dans une sauteuse. Les retirer et les tenir au chaud.
Déglacer la cuisson à la fine. Ajouter la crème fraîche, le coulis de tomate préparé à l'avance et quelques gouttes de citron.
Escaloper les rognons en 6 morceaux. Les remettre dans la sauteuse. Napper avec la sauce.

Vins : montrachet, clos blanc de Vougeot, meursault, graves blanc, hermitage blanc, sauternes.

ROGNONS DE VEAU SAUTÉS AU CHABLIS
PRÉPARATION 25 MINUTES • CUISSON 10 MINUTES

*4 beaux rognons de veau, bien dépouillés coupés en deux dans leur longueur
sel, poivre
150 g de beurre
200 g de champignons émincés
1 dl d'huile d'olive
3 échalotes
quelques branches de persil hachées
une demi-bouteille de chablis
1 dl de moutarde de Dijon, jus de citron*

Les rognons étant escalopés, bien les assaisonner à cru. Mettre un grand plat à sauter en plein feu, avec beurre et huile ; y faire sauter vivement les rognons.
Mettre les rognons sautés dans une passoire, et jeter la graisse de cuisson. Procéder de la même façon pour les champignons ; ajouter l'échalote hachée et mouiller avec le vin. Lorsque l'on jugera la cuisson à point, lier à la moutarde et avec quelques parcelles de beurre — tout cela sur le coin du fourneau, mais sans ébullition.
Ajouter les rognons et goûter. Peut-être un jus de citron. Persil ciselé au moment de servir.

Vin : chablis.

ROULADES ALSACIENNES
PRÉPARATION 35 MINUTES • CUISSON 1 HEURE 30

*Pour 3 personnes :
3 escalopes de veau de 17 à 18 cm de long et 6 à 7 cm de large
150 g de lard fumé coupé en tranches minces
50 g de beurre
1 bouquet de persil
une échalote
un petit oignon
une petite branche de céleri
sel, poivre*

Avec un couperet mouillé, aplatir les escalopes (ou les faire aplatir par le boucher).
Parer les escalopes de façon à obtenir 3 rectangles bien nets, présentant un peu plus de un demi-centimètre d'épaisseur.
Saler et poivrer. Hacher le persil (après avoir réservé les queues). Poudrer les escalopes avec le persil haché.
Parer les tranches de lard, supprimer les couennes. Poser une tranche de lard sur chaque escalope. Si les tranches de lard sont très étroites, on en mettra deux côte à côte ; le lard doit recouvrir à peu près les quatre cinquièmes de l'escalope. La tranche de lard est plus étroite : poser l'un des bords sur le bord de l'escalope, de façon que l'autre bord de l'escalope soit libre.

Rouler les escalopes, en commençant par le bord recouvert de lard. La tranche de lard se trouve complètement enfermée.
Ficeler chaque escalope de 3 ou 4 tours de ficelle fine.
Détailler en petits cubes l'oignon, l'échalote, le céleri et les parures de veau et de lard. Couper en petits bâtonnets les queues de persil.
Faire fondre le beurre dans une cocotte et y déposer ces parures et aromates. Laisser blondir doucement pendant 5 bonnes minutes.
Déposer les roulades sur ce fond de braisage, à petit feu : elles doivent raidir sans se colorer.
Couvrir la cocotte et laisser cuire à feu très modéré et régulier pendant une heure et demie. Au cours de la cuisson, retourner plusieurs fois les roulades, surtout en fin d'opération, alors que se produit la coloration.
Lorsque la cuisson est à point, égoutter les roulades. Les poser sur une grille pour les faire refroidir. Enlever les ficelles.
Servir les roulades entières, ou découpées en rondelles comme du saucisson.
On peut décorer le plat, à volonté, de feuilles de cœur de laitue, de rondelles de tomates, d'olives, de tranches de concombres, etc.

Vins rouges : pinot noir d'Alsace, côteaux champenois, bourgogne, irancy.

TERRINE DE BODY
PRÉPARATION 1 HEURE • CUISSON 1 HEURE 30

1 kg de noix de veau en escalopes longues et minces
1 kg de bacon (sans couenne) en tranches très minces
2 gros oignons
quelques branches de persil
poivre blanc du moulin
quelques bardes de lard gras très minces
1 dl de vin blanc
1 branche de thym
1 feuille de laurier

Dans le Berry, on appelle couramment le veau un « body ».
Hacher finement les 2 oignons et les mélanger à du persil haché (dans la proportion de deux tiers d'oignon pour un tiers de persil) ; poivre blanc du moulin.
Prendre une terrine à pâté, de préférence rectangulaire, pouvant tenir 2,500 kg environ de chair. Commencer par en garnir le fond et les parois, dans le sens de la longueur, avec des tranches de bacon côte à côte ; mettre une couche d'escalopes ; poudrer du mélange d'oignons et de persil et donner un tour de moulin à poivre. Recommencer en alternant les couches de tranches de bacon, les couches d'escalopes et les couches de condiment, et cela jusqu'à ce que la terrine soit pleine à ras bord ; terminer par une couche de bacon.
Ajouter 1 verre de vin blanc, une branche de thym, une feuille de laurier, et couvrir. (Le sel n'est pas indispensable, puisque le bacon est, de lui-même, plus ou moins salé.)
Mettre à cuire à four doux, 1 heure et demie environ ; presser légèrement en refroidissant. Servir très froid, afin que les couches ne se dissocient pas à la coupe.

Vins blancs : pouilly fumé, sancerre. Vin rouge : sancerre rouge.

VEAU AUX PISTACHES
PRÉPARATION 35 MINUTES • CUISSON 1 HEURE 10

Pour 6 personnes environ :
4 tranches de veau de 200 g chacune, environ, dans la noix ou la sous-noix
300 g d'épaule de veau
une grande barde
une petite tasse de mie de pain rassis (environ 30 g) émietté
2 cuillerées à soupe de lait
70 g de beurre
2 œufs (dont il restera un blanc inutilisé)
un fromage frais de type carré demi-sel
4 échalotes
2 oignons
un verre de vin blanc sec
5 cl de cognac
une trentaine de pistaches non salées
une cuillerée à soupe de maïzéna
un gros bouquet de persil
sel, poivre
une ficelle fine

Humecter la mie de pain avec le lait et l'écraser à la fourchette pour bien l'imbiber. Hacher l'épaule de veau, les échalotes épluchées et le persil lavé et séché.

Mettre tous ces éléments dans une terrine, avec la mie humide, un œuf entier, le jaune du deuxième œuf, une cuillerée à soupe de cognac et le carré demi-sel, découpé en petits morceaux. Saler, poivrer et mélanger parfaitement, de façon à obtenir une farce très fine et bien homogène.

Placer un torchon sur la table. Disposer une tranche de veau dessus, saler et poivrer légèrement. Pratiquer quelques incisions sur les bords. Étaler un tiers de la farce sur la tranche de veau et semer quelques pistaches, dont la fine pellicule superficielle aura été grattée le mieux possible.

Recouvrir avec une tranche de veau et poursuivre de la même façon, en terminant par une tranche de veau. Entourer le tout avec la barde coupée en larges bandes, et ficeler comme un rôti.

Mettre le beurre à fondre dans la cocotte et faire revenir un court instant les oignons épluchés et coupés en quartiers. Ajouter le veau préparé et le faire dorer sur tous les côtés.

Arroser avec le reste du cognac et enflammer. Couvrir et laisser cuire à feu doux pendant une heure, en arrosant de temps en temps.

Au moment de servir, retirer le rôti et le mettre sur le plat de service chauffé.

Passer le jus de cuisson au-dessus d'une casserole.

Diluer la maïzéna avec le vin blanc.

Remettre le jus sur le feu et y verser la maïzéna diluée. Attendre un léger bouillonnement en remuant sans arrêt.

Enlever ficelles et bardes. Servir, en nappant la préparation avec la sauce. Découper comme un rôti.

Ce veau aux pistaches se déguste chaud ou froid. Il est plus facile à découper lorsqu'il est froid.

Vins blancs secs : bourgogne, mâconnais, meursault, mercurey blanc, pouilly, saint-véran ; vins rouges légers : arbois, beaujolais.

GIBIER

Les animaux sauvages dont la chasse est autorisée fournissent des mets de choix et parfois de prestige, souvent issus d'une ancienne tradition, comme la chartreuse de perdrix, le salmis de bécasse, le lièvre à la royale ou le rôti de venaison. On distingue deux catégories de gibier (qui ne paraissent sur les marchés et en restauration que durant les périodes où la chasse est pratiquée) : le gibier à poil et le gibier à plume, qu'il s'agisse dans le premier cas, de gros gibier (biche, cerf, sanglier, c'est-à-dire la venaison) ou de petit gibier (lièvre, lapin de garenne). On classe dans une catégorie à part, le « menu » gibier (alouette, becfigue, merle, ortolan, etc.), tandis que le gibier d'eau possède lui aussi ses caractères particuliers (sarcelle, canard sauvage, poule d'eau, etc.).

La viande de gibier est une viande de « haut goût » à l'arôme parfumé et puissant, d'autant plus accentué que l'animal tué est âgé. Riche en protides, le gibier est toujours plus sain si l'animal a été surpris que s'il a été forcé (ce qui charge son organisme d'acide urique).

Avant toute préparation culinaire, la viande de gibier doit attendre un certain temps de repos, qui la rend plus tendre et savoureuse, mais le véritable faisandage de longue durée ne se pratique plus guère. Les temps d'attente sont, par exemple, de 2 jours pour un lièvre, 4 pour une bécasse, jusqu'à 6 ou 8 pour du gros gibier. La viande de gibier est souvent mise à mariner avant cuisson, mais la découpe et les modes de préparation sont les mêmes que pour la volaille (en ce qui concerne le gibier à plume) ou les animaux de boucherie : cuissot, selle et carré à rôtir ; poitrine, épaule et collier en ragoût ou en civet ; noisette et côtelette à sauter ou à griller. Terrines et pâtés complètent la cuisine du gibier, qui s'accommode de garnitures souvent sucrées (airelles, marrons, pommes, raisin), afin de souligner le goût prononcé de la « viande noire ».

ALOUETTE

ON CHASSE DIFFÉRENTES VARIÉTÉS D'ALOUETTES – COCHEVIS, alouette des champs, alouette commune, nichant à la belle saison dans les champs et les prés –, mais, en cuisine, elle prend le nom de « mauviette ». Elle se prépare rôtie (bardée) ou, le plus souvent, en pâtés et parfois en brochettes, comme en Corse ou dans le Midi. Le pâté d'alouettes de Pithiviers jouit d'une renommée qui remonte à Charles IX.

ALOUETTES EN CASSEROLE AUX CHAMPIGNONS
PRÉPARATION 1 HEURE • CUISSON 8 À 10 MINUTES

24 alouettes
sel, poivre
100 g de beurre
200 g de champignons de Paris
5 cl de cognac
1 dl de glace* de veau
1 citron
1 cuillerée à soupe de persil ciselé
8 croûtons de pain de mie en dents-de-loup
300 g de lard de poitrine en dés

Faire blanchir fortement les lardons, un ou deux par oiseau ; les faire revenir ensuite dans une casserole et y ajouter 24 alouettes, parées et assaisonnées à l'intérieur de sel et de poivre du moulin. Couvrir et faire cuire rapidement, 5 minutes, en faisant sauter de temps en temps ; ajouter les champignons crus en quartiers ; continuer de faire sauter à couvert jusqu'à ce que les alouettes arrivent à un blond et léger rissolage. Égoutter l'excès de graisse ; flamber, ajouter un demi-verre de glace de veau, et resserrer sur feu très doux (ne pas laisser bouillir).
Verser dans le plat de service ; exprimer dessus quelques gouttes de jus de citron. Poudrer de persil et entourer de croûtons frits.

Vin : bordeaux rouge léger et fruité.

ALOUETTES EN COCOTTE
PRÉPARATION 1 HEURE • CUISSON 6 À 7 MINUTES

24 alouettes bien propres et assaisonnées
sel, poivre
500 g de jambon cru coupé en lamelles (ou lard demi-sel, légèrement rissolé)
250 g de pain de mie en dés frits au beurre (croûtons)
1 dl de graisse d'oie ou, à défaut, 100 g de beurre

Pour cette préparation, il faut que le plat de cuisson aille sur table et puisse se couvrir. Utiliser une casserole en terre avec couvercle.
Mettre le récipient sur le feu avec la matière grasse. Celle-ci étant bien chaude, y ranger les alouettes ou mauviettes ; saler, poivrer, couvrir et, de temps en temps, imprimer un petit mouvement de rotation au récipient, pour que la cuisson soit uniforme.
À la cinquième ou sixième minute de cuisson, soulever le couvercle de la casserole, y jeter le jambon en lamelles ou les lardons ainsi que les croûtons. Secouer un peu la casserole et, aussitôt, y ajouter le cognac et couvrir ; retirer du feu. Servir tel quel.

Vins : bordeaux rouge léger et fruité.

Pour 4 personnes :
500 g de pommes
de terre
12 petits oiseaux
bardés
une tasse de lait cru
2 cuillerées
de crème double
sel, poivre
50 g de comté râpé
beurre
un petit verre de cognac

BROCHETTES DE PETITS OISEAUX ET LEUR GRATIN AU COMTÉ
PRÉPARATION 35 MINUTES • CUISSON 25 MINUTES

Beurrer largement un plat à gratin, après l'avoir frotté d'ail. Y disposer 500 g de pommes de terre en fines lamelles. Saler et poivrer. Poudrer de comté râpé ; verser sur le tout la tasse de lait cru, battu avec 2 cuillerées à soupe de crème double. Cuire à four chaud 25 minutes.

Barder les petits oiseaux. Les enfiler sur 3 ou 4 brochettes et installer celles-ci dans un plat beurré. Arroser de beurre fondu. Cuire à four chaud, 10 minutes.

En fin de cuisson, arroser de cognac, bien remuer le jus au fond du plat. Dresser les brochettes sur le gratin et verser la cuisson par-dessus.

Vins : juliénas, moulin-à-vent, châteauneuf-du-pape.

Pâte à foncer :
1 kg de farine tamisée
250 g de saindoux
3 œufs
10 g de sel
150 g de feuilletage*
1 œuf pour dorure
8 mauviettes marinées
(avec : sel, poivre,
5 cl de cognac,
jus de truffes)
Farce à gibier :
150 g de lard gras
en dés
250 g de foies de volaille
et de gibier
sel, poivre, thym, laurier
1 pincée d'épices
Farce fine :
250 g de filet de porc
gras et maigre
150 g de foie gras
3 œufs
5 cl de cognac
5 cl de madère
8 bardes de lard très
minces
8 dés de foie gras
8 lames de truffes

PÂTÉ D'ALOUETTES EN CROÛTE À LA RABELAISIENNE
PRÉPARATION 3 HEURES • CUISSON 1 HEURE 15

Désosser les mauviettes, conserver les os pour le fumet, et mettre les oiseaux à mariner.

Préparer séparément une farce de gibier et une farce fine, pour obtenir une farce à gratin.

Les deux farces seront bien pilées séparément et passées au tamis fin. Les mélanger en les parfumant au cognac et au madère.

Placer bien à plat sur la table les alouettes. Mettre dans chaque mauviette un peu de farce, 1 dé de foie gras et une lame de truffe. Rouler la mauviette dans une barde de lard.

Avec une partie de la pâte à foncer, faire une abaisse mince et en recouvrir toute la surface d'une très mince barde de lard.

Tartiner cette barde avec la moitié de la farce qui reste. Ranger dessus les alouettes farcies, mettre le restant de farce, recouvrir d'une deuxième barde de lard.

Passer le pinceau pour mouiller les bords de l'abaisse, poser par-dessus une seconde abaisse de pâte à foncer, pour recouvrir et souder les deux abaisses. Retourner le pâté sur une tourtière. Passer le pinceau, décorer

GIBIER

très finement avec le feuilletage et dorer au jaune d'œuf. Faire une ou deux cheminées. Porter au four assez chaud.

Avec les os et les carcasses bien revenus puis mouillés au madère, faire un bon fumet de gibier, que l'on glissera par la ou les ouvertures.

Vins blancs secs : vouvray, montlouis, saumur, pouilly-sur-loire, sancerre, quincy. Vins rouges : chinon, bourgueil, champigny.

POMMES DE TERRE FOURRÉES DE MAUVIETTES FARCIES

PRÉPARATION 2 HEURES • CUISSON DES POMMES DE TERRE 45 MINUTES
CUISSON DES MAUVIETTES 5 MINUTES

**16 mauviettes
sel, poivre, muscade
pincée d'épices
16 noix de foie gras
et bâtonnets de truffe
1 dl de cognac
5 dl de madère
16 petites bardes de lard très fines
25 g de lard en dés
8 grosses pommes de terre de Hollande**

Désosser entièrement les mauviettes et les garnir d'une noix de foie gras, entourant un éclat de truffe fraîche. Les enrober d'une petite barde de lard gras et ficeler ; les faire rôtir avec les lardons.

Choisir de belles pommes de terre ; les cuire au four. Quand elles sont bien rôties, couper le dessus pour en réserver le chapeau ; vider les pommes et en triturer la pulpe à la fourchette, l'assaisonner de muscade, sel et poivre et beurrer.

En regarnir chaque fond de pomme ; y déposer deux mauviettes ; les entourer de la pulpe excédentaire et arroser de la cuisson dégraissée des mauviettes ; remettre le chapeau et passer au four. Déglacer au cognac et au jus, fait, d'autre part, avec les carcasses et os des mauviettes. Servir très chaud, le jus à part.

Vins rouges : côte-de-nuits, côte-rôtie, châteauneuf-du-pape, saint-émilion, pomerol.

BÉCASSE

RECHERCHÉE DE TOUT TEMPS DES GOURMETS ET DES CHASSEURS, la bécasse est particulièrement grasse et tendre en automne. Le faisandage est à point lorsque les plumes de la queue s'arrachent facilement et que la peau est luisante sur le ventre, mais certains l'apprécient fraîche, tandis que d'autres attendent jusqu'à 8 jours. La cuisine « nouvelle » préfère cuisiner la bécasse rôtie (rose) et non faisandée, en lui ayant retiré simplement le gésier. La tête est pour d'aucuns le meilleur morceau. Un flambage à l'alcool est souvent pratiqué et deux apprêts classiques lui sont consacrés : le salmis ou la bécasse rôtie sur canapé. Il ne faut pas confondre le bécasseau, petit de la bécasse, avec la bécassine, gibier de marais également, et qui se cuisine comme elle.

BÉCASSES EN COCOTTE À L'ORANGE
PRÉPARATION 30 MINUTES • CUISSON 15 MINUTES

6 bécasses
6 petites bardes très minces
4 oranges
1 verre de banyuls grand cru
une cuillerée à soupe rase de maïzéna
125 g de beurre
6 tranches de pain de mie de forme requise pour recevoir les bécasses
sel, poivre
marc pour le flambage

Plumer les oiseaux au dernier moment. Faire une fente sous le cou pour retirer le gésier (les intestins doivent être conservés. Si l'on préfère les enlever, vider les bécasses comme les autres oiseaux).
Essuyer les bécasses et les flamber rapidement. Essuyer à nouveau délicatement. Saler et poivrer légèrement. (Pour flamber les bécasses, on peut verser sur chacune une cuillerée à café de marc ; enflammer aussitôt.)
Entourer les oiseaux avec les bardes et maintenir avec un fil solide. Dans une cocotte, faire fondre 100 g de beurre et mettre les bécasses bardées à revenir. Elles ne doivent pas cuire trop longtemps : 10 à 15 minutes. Vérifier qu'elles sont à point en les piquant légèrement : le jus doit être rose, et la chair non saignante.
Pendant la cuisson des bécasses, faire frire les tranches de pain de mie dans le reste du beurre et les placer sur le plat de service.
Presser deux oranges et découper les deux autres en rondelles très fines. Enlever le zeste et la peau blanche, en posant les rondelles à plat sur une assiette et en découpant tout autour. Couper ces rondelles en deux. Retirer les bécasses cuites, les poser sur les toasts, maintenir au chaud. Décorer avec les demi-tranches d'oranges.
Verser, dans la cocotte, le banyuls et le jus des oranges dans lequel la maïzéna aura été délayée. Donner un bouillon, puis napper les bécasses avec cette sauce.

Vins : corbières, fitou, châteauneuf-du-pape.

BÉCASSES ÉLYSÉES

PRÉPARATION 1 HEURE • MARINAGE 2 OU 3 JOURS • CUISSON 12 À 15 MINUTES
(Cette recette fut créée par Lucien Tibier, chef du président Auriol.)

Piler les intestins (sauf le gésier) de 4 bécasses avec un peu de foie gras et une truffe fraîche. Râper une pointe de muscade ; assaisonner et ajouter le cognac. Réserver une partie de cette farce pour 4 rôties à cuire au moment de servir, et farcir les oiseaux avec le reste de la farce. Les barder et les mettre à mariner deux ou trois jours avec champignons émincés, porto blanc et thym.

Retirer les bécasses de la marinade, les faire rôtir, les dresser sur les rôties ; flamber la rôtissoire, dégraissée en partie. Y jeter la marinade ; ajouter quelques gouttes de jus de citron ; passer ce jus au linge, le rectifier, le beurrer légèrement au beurre frais et en napper les oiseaux.

Vins : nuits-saint-georges, richebourg, clos-de-vougeot.

4 bécasses
sel, poivre
100 g de beurre
8 cl de cognac
250 g de foie gras
150 g de truffes
pointe de muscade
4 tranches de pain de mie
4 bardes minces de lard
1 dl de porto
1 brindille de thym
1 poignée de mousserons
50 g de beurre

BÉCASSES FARCIES BRAISÉES AU VIN BLANC

PRÉPARATION 2 HEURES • CUISSON 16 MINUTES

Vider les bécasses et mettre tout ce qu'elles ont dans le corps, à l'exception du gésier (que l'on jette), dans un mortier, avec : jaunes d'œufs crus, lard, poivre, sel, persil, ciboule. Piler le tout jusqu'à ce que cela forme une farce bien unie, et remplir de cette farce le corps de chaque bécasse ; puis les trousser et les ranger dans une casserole, foncée avec des tranches de lard.

Mettre alors la casserole sur le feu. Quand le tout commencera à chauffer (c'est ce qu'on appelle faire suer), mouiller avec le vin blanc ; couvrir ensuite la casserole et faire cuire sur un feu modéré.

Dès que les bécasses sont cuites, les ôter de la casserole ; dégraisser le fond de cuisson, le passer au tamis et le faire réduire, afin qu'il prenne plus de consistance ; y ajouter un peu de jus de citron et le verser sur un plat. Dresser les bécasses sur ce fond ; les glacer légèrement avec de la bonne glace de viande et servir sur-le-champ.

Vins blancs secs : quincy, pouilly-fuissé, riesling.
Vins rouges : pomerol, côte-de-nuits, hermitage.

4 bécasses
sel, poivre
4 jaunes d'œufs
200 g de lard gras râpé
persil, ciboule
100 g de beurre
1 dl de vin blanc
1 cuillerée de glace* blonde
jus de citron

GIBIER

BÉCASSES RÔTIES

PRÉPARATION 30 MINUTES • CUISSON 10 À 12 MINUTES

4 bécasses
4 bardes de lard
8 beaux croûtons
50 g de beurre
250 g de foie gras

Entourer les bécasses d'une barde de lard, les embrocher et leur donner, selon leur grosseur, de 10 à 12 minutes de cuisson. (Elles doivent être tenues légèrement saignantes ; trop cuites, elles perdraient une partie de leurs qualités.)

Les dresser, chacune d'elles sur un croûton de pain frit au beurre clarifié, tartiné de foie gras. Présenter un peu de jus à part.

On les sert également de la façon suivante : les bécasses étant découpées, recueillir leurs intestins sur un plat ; les broyer avec une fourchette et les humecter de quelques cuillerées de fine champagne flambée. Dresser les morceaux en couronne, avec les croûtons divisés en petits morceaux, et mettre au milieu la purée d'intestins, qui est le complément de la bécasse.

Vins rouges : côte-de-nuits, hermitage, côte-rôtie, châteauneuf-du-pape, pomerol.

BÉCASSES RÔTIES À LA FINE CHAMPAGNE

PRÉPARATION 40 MINUTES • CUISSON 12 À 15 MINUTES

4 bécasses
sel, poivre
100 g de beurre
8 cl de fine champagne
1 citron

Les bécasses étant rôties à feu vif, les découper, les placer dans la cocotte de service, déglacer la cuisson à la fine.

Hacher, écraser à la presse les carcasses, lier le fumet obtenu avec les intestins hachés très fin, auxquels on aura ajouté 30 g de beurre.

Terminer avec le jus de citron et le poivre du moulin. Ce plat doit être assez relevé.

Vins blancs secs : chablis, saumur, champagne nature.

PÂTÉ CHAUD DE BÉCASSES GASTON GÉRARD

PRÉPARATION 3 HEURES • MARINAGE 24 HEURES • CUISSON 1 HEURE 30

4 bécasses
sel, poivre
pincée d'épices
1 dl de cognac
1 foie gras
150 g de lard gras râpé
1,250 kg de pâte*
à foncer fine
8 truffes fraîches
200 g de mirepoix*

Désosser les bécasses et les faire mariner 24 heures. Avec le foie gras, le lard gras râpé, le sel, le poivre et les épices, faire la farce, en y ajoutant les intestins.

Monter le pâté en mettant une légère couche de farce sur l'abaisse de pâte ; placer les bécasses et les quartiers de truffes par-dessus ; terminer par le restant de farce et un peu de cognac. Finir par une seconde abaisse de pâte et décorer le dessus du pâté. Faire une cheminée.

Avec les os, les carcasses, les débris des bécasses et une petite mirepoix, faire un très bon fond de gibier, auquel on ajoutera quelques pelures de truffes. Pendant que le pâté est au four, faire réduire ce fumet et, quelques minutes avant de sortir le pâté du four, par la cheminée et à l'aide d'un petit entonnoir, y couler ce bon fond, que l'on aura parfumé avec le reste de cognac de la marinade. Laisser reposer un peu le pâté avant de le présenter.

Vins rouges : côte-de-nuits, côte-rôtie, pomerol, châteauneuf-du-pape, saint-émilion, vins rouges de Corse.

SALMIS DE BÉCASSES
PRÉPARATION 1 HEURE 30 • 1ʳᵉ CUISSON 10 MINUTES • 2ᵉ CUISSON (RÉDUCTION) 20 MINUTES

4 bécasses
sel, poivre
une demi-bouteille
de très bon
bourgogne rouge
2 dl de très bonne
demi-glace*
150 g de beurre fin
5 cl de cognac
12 lames de truffes
8 croûtons frits

Faire rôtir les bécasses pendant 8 à 10 minutes. Les découper, les mettre au chaud. Concasser les os, les carcasses ; faire revenir le tout dans le beurre de cuisson. Ajouter quelques grains de poivre écrasés. Mouiller d'une demi-bouteille de bon vin rouge de Bourgogne (de grande origine et d'un âge respectable : c'est la condition de la réussite du plat). Aux trois quarts de la réduction, ajouter 2 dl de très bonne demi-glace. Pendant que mijote ce fond, hacher les intestins des bécasses et les mélanger à un égal volume de beurre fin ; amalgamer avec 1 ou 2 cuillerées de cognac. Lorsque le fond est assez réduit, mais qu'il y en a assez pour napper les bécasses, le passer au chinois, en appuyant sur tous les débris, afin qu'ils donnent le maximum de leur suc. Faire reprendre cuisson sur le fourneau et, à point, retirer ; sur la table, ajouter le mélange de beurre et de purée d'intestins, qui liera à point la sauce du salmis.
Ajouter quelques lames de truffes à la sauce ainsi que quelques croûtons en pain de mie, frits au beurre.

Vins rouges : côte-de-nuits, côte-rôtie, châteauneuf-du-pape, saint-émilion, pomerol, vins rouges de Corse, médoc.

TIMBALE DE BÉCASSES À LA MOUTARDE
PRÉPARATION 1 HEURE • CUISSON 12 À 15 MINUTES

4 bécasses
sel, poivre
100 g de beurre
5 cl de moutarde
2 citrons
1 dl d'huile
5 cl de cognac

Les bécasses étant rôties, arrosées d'huile, les retirer du feu saignantes et les découper.
Concasser les carcasses et les intestins, arroser de 5 cl de cognac ; laisser mijoter ce fumet. Arranger les morceaux de bécasses en timbale et les enrober de moutarde délayée dans un jus de citron ; dessus passer le fumet au chinois et, par un mouvement de rotation, faire en sorte que les morceaux de bécasses s'imprègnent bien de fumet. Poser les têtes bien propres dessus et servir aussitôt.

Vins rouges : côte-de-nuits, côte-rôtie, châteauneuf-du-pape, saint-émilion, pomerol.

CAILLE

LES CAILLES DES BLÉS, DE PLUS EN PLUS RARES, NOURRIES DES grains de céréales qu'elles trouvent, sont succulentes, grasses et dodues, à condition d'être jeunes. Elles doivent se déguster « au bout du fusil » (24 heures au plus tard après avoir été tuées), rôties, sautées, en fricassée ou en papillotes, aux raisins, aux olives, aux cerises ou aux champignons, entre autres. Les cailles d'élevage, les plus fréquentes néanmoins chez le volailler, n'ont jamais le fumet des oiseaux sauvages.

ASPIC DE CAILLES AU FOIE GRAS TRUFFÉ
PRÉPARATION 1 HEURE • CUISSON 15 MINUTES

8 cailles
sel, poivre
32 rognons de coq
30 g de beurre
250 g de foie gras
125 g de truffes
2 carottes, 1 oignon
bouquet garni
2 dl de fond * blanc
1 dl de vin d'Alicante
(ou de Sauternes)

Vider 8 belles cailles grasses et fraîches ; introduire dans chacune d'elles gros comme une noix de foie gras et un petit quartier de truffe, et les brider comme à l'ordinaire. En les serrant l'une à côté de l'autre, les ranger dans un sautoir dont le fond sera garni de fines rondelles de carotte et d'oignon et d'un bouquet garni. Les couvrir de jus de veau blanc, corsé et forcé en éléments gélatineux.
L'ébullition prise, fermer hermétiquement la casserole et cuire les cailles pendant un quart d'heure, en tenant le liquide en simple frémissement. Les laisser refroidir dans la cuisson.
Les ranger ensuite, en étoile, sur un plat rond ; placer sur chacune d'elles une belle lame de truffe, taillée avec un emporte-pièce dentelé, et disposer, au milieu, 32 petits rognons de coq cuits dans un blanc * léger. Dégraisser la cuisson ; la passer à la mousseline ; l'additionner de quelques cuillerées de vin d'Alicante ; la verser sur les cailles et sur les rognons, et tenir sur glace jusqu'à ce que le jus soit pris en gelée légère.

Vin rouge : bordeaux léger et fruité.

* CAILLES À LA BROCHE EN FEUILLES DE VIGNE
PRÉPARATION 30 MINUTES • CUISSON 12 MINUTES

8 cailles
5 cl de cognac
24 feuilles de vigne
8 minces bardes de lard
50 g de beurre
8 toasts

Les cailles étant plumées, vidées, flambées, enveloppées de feuilles de vigne et bardées avec du lard très mince, on les met à la broche, et on les sert sur des tranches de pain rôties.

Vin rouge : bordeaux léger et fruité.

CAILLES AU JAMBON ET PURÉE DE PETITS POIS
PRÉPARATION 40 MINUTES • CUISSON 10 MINUTES

8 cailles
sel, poivre
50 g de beurre
1 pincée de sucre
8 tranches de jambon cru de montagne
100 g de graisse d'oie
1 dl de crème
4 feuilles de vigne
un litre de petits pois
2 laitues

Faire mijoter les petits pois, ciseler les laitues et les faire suer au beurre, ou mieux, à la graisse d'oie. Mélanger le tout, passer au tamis fin, assaisonner et garder au chaud, après y avoir ajouté la crème.
Enrouler les cailles d'une demi-feuille de vigne et d'une tranche de jambon ; ficeler. Arroser de beurre et mettre au four très chaud, prestement, pendant 8 minutes. Déficeler ; enlever la feuille de vigne, mais remettre la tranche de jambon.
Verser la purée de pois dans un plat creux, ranger les cailles en couronne. Napper du fond de cuisson.

Vins blancs secs : sancerre, quincy, pouilly-fuissé, riesling ou bordeaux rouge léger et fruité.

CAILLES AUX RAISINS
PRÉPARATION 40 MINUTES • CUISSON 10 À 12 MINUTES

8 cailles
sel, poivre
50 g de beurre
8 cl d'armagnac
2 grappes de raisin muscat
5 cl de glace * blonde (viande ou volaille)

Mettre les cailles troussées (il est inutile de les barder, elles sont souvent trop grasses) dans une casserole en terre, où l'on aura fait chauffer du beurre. Les assaisonner de sel et de poivre. Les cuire au four 10 à 12 minutes. Les égoutter, les débrider, les remettre dans la casserole.
Ébouillanter les grains de raisin placés dans une passoire, deux fois de suite, les éplucher et les épépiner ; les mettre dans la casserole, arroser d'un filet d'armagnac et de glace fondue. Faire chauffer 3 minutes sans bouillir, et servir dans la casserole.

Vin rouge : bordeaux léger et fruité.
Vins blancs : muscat d'Alsace, gewurztraminer.

GIBIER

CAILLES À LA VIGNERONNE AU BANYULS

PRÉPARATION 60 MINUTES • CUISSON 20 MINUTES

6 cailles (compter 1 ou 2 cailles par personne suivant la grosseur des oiseaux)
500 g de raisin blanc à gros grain (8 à 10 grains par caille)
1 dl environ de vin de Banyuls grand cru
6 bardes fines
sel, poivre
50 g de beurre

Peler les grains de raisin. Les faire macérer dans le banyuls pendant 1 heure environ. Ils doivent être à peu près recouverts par le vin. Si les raisins sont très sucrés, choisir un banyuls plutôt sec ; s'ils sont un peu acides, on utilisera de préférence un vin plus liquoreux.

Les cailles, vidées et flambées, doivent être salées, poivrées, entourées d'une fine barde et ficelées. Faire fondre le beurre dans une cocotte. Y faire dorer les cailles pendant quelques minutes, en les retournant de temps en temps.

Laisser cuire dans la cocotte couverte, à petit feu, pendant 8 à 10 minutes. Les oiseaux ne doivent pas être complètement cuits.

Pendant ce temps, couvrir la casserole où macèrent les raisins. Les porter doucement à ébullition.

Lorsque les cailles ont cuit pendant 8 à 10 minutes, les égoutter, enlever ficelles et bardes.

Tenir les cailles au chaud (en attendant de les faire mijoter encore un peu dans la sauce).

Égoutter les grains de raisin et les joindre aux cailles.

Enlever la graisse qui est dans la cocotte, pour ne conserver que le jus qui est au fond. Déglacer la cocotte en y versant le banyuls où ont trempé les raisins. La sauce doit être assez courte : on peut ne pas mettre tout le banyuls.

Laisser bouillir pour faire réduire la sauce.

Remettre, dans la sauce, les cailles et les grains de raisin. Le tout mijotera, cocotte couverte, à petit feu, pendant 3 à 5 minutes. Rectifier l'assaisonnement avec sel et poivre, si c'est nécessaire.

Servir bien chaud.

Vins rouges assez chaleureux : banyuls jeune, fitou, cahors, madiran, côtes-du-roussillon-villages, médoc, saint-émilion.

CASSEROLE DE CAILLES FARCIES AUX MOUSSERONS DES PRÉS

PRÉPARATION 1 HEURE • CUISSON 10 À 12 MINUTES

8 cailles
sel, poivre
100 g de beurre
2 dl de sauternes
1 carotte, 1 oignon
branche de céleri
un peu de thym pulvérisé
25 g de jambon cru
25 g de champignons en dés
2 dl de bon fond * de veau

Hacher finement rouge de carotte, oignon, blanc de céleri, pelures de champignons, jambon maigre. Mettre le tout dans une petite casserole, avec une demi-prise de thym pulvérisé et 30 g de beurre. Faire étuver jusqu'à cuisson presque complète ; ajouter le vin blanc (sauternes ou graves) ; le réduire à deux cuillerées ; compléter avec du très bon jus de veau et laisser mijoter sur le coin du feu.

GIBIER

Vider et nettoyer 8 cailles ; introduire dans chacune d'elles une demi-cuillerée de farce à gratin de gibier, pilée et amalgamée avec les truffes et le foie gras. Les brider, en couchant les pattes le long du ventre. Faire chauffer 50 g de beurre dans un sautoir ; y mettre les cailles ; les faire colorer bien également ; les couvrir avec la mirepoix préparée au début ; fermer hermétiquement la casserole et continuer leur cuisson doucement pendant 12 minutes.

Dans du pain de mie rassis, tailler 8 croûtons rectangulaires de la dimension des cailles ; les faire frire au beurre clarifié ; puis les tartiner copieusement de purée de fois gras additionnée de truffe hachée.

Faire sauter au beurre 500 g de mousserons bien frais coupés en petits quartiers.

Placer une caille sur chaque croûton tartiné ; les ranger en couronne sur un plat rond ; verser dessus leur cuisson en la passant au chinois, et en foulant avec une cuillère pour obtenir l'essence de la mirepoix. Mettre les mousserons au milieu et servir.

Vins blancs : pouilly-fuissé, riesling, montrachet, gewurztraminer, sauternes, barsac, jurançon, vouvray, anjou. Vins rouges : graves, cahors, bourgueil.

Préparer 250 g de farce * à gratin
200 g de truffes
8 croûtons en pain de mie
200 g de foie gras
500 g de mousserons
assaisonnement de haut goût

COCOTTE DE CAILLES À LA SOUVAROFF

PRÉPARATION 30 MINUTES • 1re CUISSON 4 MINUTES • 2e CUISSON 6 MINUTES

Farcir les cailles avec les dés de foie gras et les demi-truffes ; bien les trousser.

Dans la cocotte de service, mettre le beurre ; lorsqu'il est bien mousseux, y placer les cailles et autour 16 morceaux de truffe ou, si possible, 8 très petites truffes. Faire cuire rondement, égoutter le beurre de cuisson, verser le madère et la glace blonde. Couvrir la cocotte, luter le couvercle avec du repère et remettre au four pendant 4 à 5 minutes.

Vins rouges : côtes-de-nuits, côte-rôtie, châteauneuf-du-pape.

8 cailles
sel, poivre
30 g de beurre
1 dl de madère
8 dés de fois gras (150 g)
8 demi-truffes (150 g environ)
5 cl de glace * blonde
50 g de repère

CANARD SAUVAGE

DE JUILLET À FÉVRIER, ON CHASSE DIFFÉRENTES ESPÈCES DE canard sauvage, dont le colvert, le plus connu, le pilet, le souchet, le tadorne, etc., sans compter les sarcelles et macreuses qui sont de la même famille. C'est le premier qui a la faveur des gourmets pour sa chair ferme et goûtue, que l'on associe traditionnellement à l'orange ou aux olives, mais qui accepte tous les apprêts du canard domestique, ainsi que, bien entendu, le salmis.

SALMIS DE CANARD SAUVAGE
PRÉPARATION 1 HEURE 30 • SAUCE PRÉPARÉE LA VEILLE • CUISSON 25 À 30 MINUTES

2 canards bien en chair
sel, poivre
100 g de beurre
300 g de champignons
100 g de truffes
5 cl de cognac
100 g de farce * à gratin avec lard gras et foies
8 beaux croûtons en pain de mie, frits au beurre
une bouteille de vin
70 g de farine
un litre de bon fond * brun
une petite mirepoix *

La veille, avec 2 carottes et un gros oignon coupés en dés (mirepoix), un bouquet garni, une noix de beurre et les abattis de la pièce de gibier, faire un roux, mais assez brun. Le mouiller alors avec le vin rouge et ajouter une poignée de parures de champignons. Dépouiller.
Le lendemain, faire rôtir les canards. Aux trois quarts de la cuisson, les retirer et les laisser tiédir. Les découper, enlever la peau des morceaux, les parer et les ranger dans un sautoir qui aura été beurré. Couvrir et tenir au chaud.
Concasser les carcasses et autres parures, remettre dans la sauteuse et, en même temps, déglacer avec 5 cl de cognac et 1 dl du même vin. Réduire et ajouter la sauce, qui a été faite la veille. Laisser cuire quelques minutes. Passer à la passoire fine, en appuyant pour extraire tout le suc. Remettre sur le feu. Passer au chinois. Rectifier s'il y a lieu et beurrer. Verser sur les morceaux de gibier.

Vins rouges : pomerol, côte-de-nuits, hermitage.

CHEVREUIL

LE BROCARD (MÂLE), LA CHEVRETTE (FEMELLE), LE FAON (MOINS de 6 mois) et le chevrillard (6 à 12 mois) sont encore abondants en Sologne et en Alsace, mais l'animal est aussi importé d'Autriche ou de Roumanie. La chair d'un jeune sujet est par définition plus tendre et plus délicate, tandis que celle d'un adulte accepte volontiers une marinade. La selle et le cuissot sont les morceaux les plus recherchés (à rôtir), ainsi que les côtelettes à poêler. Il est à noter que l'huile donne de meilleurs résultats que le beurre pour la cuisson.

CÔTELETTES DE CHEVREUIL SAUTÉES

PRÉPARATION 30 MINUTES • CUISSON 6 À 8 MINUTES

16 côtes de chevreuil
sel, poivre
1 dl d'huile
16 croûtons
2 dl de sauce * poivrade

Choisir, si possible, des bêtes jeunes. On ne prend généralement que les côtelettes de noix ; celles de collet (ou côtelettes découvertes) sont utilisées en civet ou autrement.

Quelle que soit la façon dont elles doivent être servies, on les fait rapidement sauter à l'huile fumante, après les avoir assaisonnées de sel et de poivre, et on les dresse en turban en les alternant avec des croûtons en cœur frits au beurre. On place au milieu la garniture adoptée et on les accompagne toujours d'une sauce poivrade légère.

Les garnitures qui leur conviennent sont : purées de marrons, de céleris-raves, de topinambours, ou une marmelade de pommes non sucrée ou à peine.

Vins rouges : côte-de-nuits, côte-rôtie, châteauneuf-du-pape.
Vins rouges de Corse.

GIGUE DE CHEVREUIL MARINÉE ET RÔTIE

PRÉPARATION 40 MINUTES • MARINAGE 24 HEURES • CUISSON 45 MINUTES

1 belle gigue de chevreuil jeune
200 g de lard gras en bâtonnets
Marinade :
sel, poivre
pincée d'épices
2 oignons, 1 échalote
thym, laurier
jus de citron ou
1 dl de vinaigre de vin et 1 dl d'huile d'olive

Piquer une gigue de chevreuil avec du lard fin, et la faire mariner pendant 24 heures dans de l'huile d'olive, avec sel, oignons coupés en tranches, échalote, persil, thym, laurier, jus de citron.

La faire ensuite rôtir à la broche, et l'arroser avec sa marinade pendant qu'elle cuit. On la sert à sec, et à part le jus qu'elle a rendu, mêlé à la marinade avec laquelle on l'a arrosée.

On peut servir, en même temps, une sauce* poivrade que l'on aura faite avec les parures et déchets de la gigue.

À volonté, on peut présenter, comme garniture, une purée de marrons, une purée de champignons ou des poires pochées.

Vins rouges : côte-de-nuits, côte-rôtie, châteauneuf-du-pape, saint-émilion, pomerol.

NOISETTES DE CHEVREUIL AUX AVOCATS

PRÉPARATION 45 MINUTES • CUISSON 25 MINUTES

Une selle de chevreuil
8 avocats
farine
œuf battu
amandes hachées
mie de pain fraîche
sel et poivre
cognac
beurre, huile
1 dl de pouilly
*sauce * béarnaise*
16 croûtons de pain de mie

Trancher 16 noisettes dans une selle de chevreuil ; les saisir dans moitié huile moitié beurre. Saler et poivrer. Dégraisser. Flamber au cognac et laisser étuver à chaleur moyenne, sous couvercle.

Éplucher les avocats, les couper sur leur longueur en six tranches. Les paner à la farine, l'œuf battu, la mie de pain, et les rouler dans les amandes hachée. Les cuire au beurre clarifié. Une fois cuits, saler et poivrer.

Faire une béarnaise, avec peu d'estragon.

Dresser les noisettes sur des croûtons frits au beurre. Déglacer la cuisson avec le vin de Pouilly et la béarnaise. Napper les noisettes (le supplément de sauce sera servi à part), et les entourer des morceaux d'avocats.

Vins : richebourg, romanée-conti, clos-de-vougeot.

COQ DE BRUYÈRE

ÉGALEMENT APPELÉ « GRAND TÉTRAS » ET POUVANT ATTEINDRE la taille d'un dindon pour le mâle adulte, ce gibier à plume vit en montagne (Ardennes, Vosges, Pyrénées) et se caractérise par une chair à l'arôme de résine, étant donné sa nourriture. Le petit coq de bruyère, ou tétras-lyre, plus délicat, lui est souvent préféré en cuisine et s'apprête comme le faisan.

COQ DE BRUYÈRE AUX RAISINS SECS

PRÉPARATION 45 MINUTES • MARINAGE 2 OU 3 JOURS • CUISSON 1 HEURE 30
(Recette de Raymond Oliver, le Grand Véfour.)

Plumer le coq. Le vider, réserver le foie et le cœur, l'assaisonner fortement à l'intérieur et le bourrer d'herbes de la montagne : thym, serpolet, sarriette. Piquer les blancs avec du jambon sec, plus gras que maigre, ou faire des lardons avec ce même jambon ; ils seront utilisés plus tard. Le mettre à mariner ainsi, dans du vin rouge et un peu d'armagnac, pendant deux ou trois jours et au frais. Égoutter le coq. Le vider des herbes qui l'ont garni pendant la marinade, l'éponger dans un linge. Lui faire prendre couleur dans une cocotte de fonte émaillée ou une cocotte en verre à feu. Le retirer. Dans la même cocotte, mettre les lardons de jambon, les petits oignons, des rouelles de carotte, l'ail et un bouquet de persil. Laisser revenir le tout. Mettre le coq et la marinade dans la cocotte, en ayant cependant soin de passer cette dernière à la passoire fine.
Cuire le temps qu'il faut, après avoir assaisonné. Cela peut prendre plusieurs heures ; il faut que la cuisson soit régulière, mais plutôt lente. Lorsque la cuisson est terminée, ajouter une poignée de raisins de Corinthe préalablement trempés dans du vin blanc ou du muscat. Laisser encore cuire un peu. Servir tel quel, avec ou sans croûtons frits, dans le plat de cuisson.

Vins : châteauneuf-du-pape, côte-de-nuits, pomerol.

1 coq de bruyère
6 à 8 petits oignons
sel, poivre
thym, serpolet
sarriette, 1 carotte
50 g de jambon sec
persil, 1 gousse d'ail
1 verre de vin rouge
1 petit verre d'armagnac
1 verre de vin blanc
50 g de raisins secs

GIBIER

FAISAN

ROI DU GIBIER À PLUME, CET OISEAU ORIGINAIRE D'ASIE SE CHASSE de septembre à janvier, mais il fait de nos jours l'objet d'un élevage intensif qui fausse souvent les règles de la chasse. Un jeune faisan se reconnaît à ses pattes brillantes et sans ergot, à son bec flexible et luisant. On préfère en cuisine la poule faisane, plus tendre et savoureuse. Si l'animal est abîmé au ventre par des plombs, ou les dents du chien, il convient de le vider et de le consommer aussitôt. Le jeune faisan se fait rôtir ; plus âgé, il se cuisine braisé, en salmis, en pâté, en cocotte, en terrine ou en daube.

* FAISAN À L'ANANAS
PRÉPARATION 2 HEURES • CUISSON 1 HEURE 15
(Recette du restaurant Taillevent, Paris.)

**1 faisan, bardes
carotte, oignon
gousse d'ail
sel et poivre
ananas des Açores
75 g de beurre
sirop
fond* de veau**

Vider et barder le faisan. Dans une cocotte, faire un fond avec la carotte et l'oignon émincés, la gousse d'ail écrasée, un peu de beurre. Poser le faisan par-dessus et le cuire à four doux, en arrosant souvent, une heure environ
À cuisson, retirer l'oiseau ; faire dorer le fonçage et égoutter le beurre. Faire pocher les tranches d'un ananas des Açores (les seuls excellents) au sirop. Les égoutter et les mettre à sécher au four. Déglacer la cocotte avec un peu de sirop d'ananas. Mouiller au fond de veau. Porter à ébullition pour dépouiller la sauce, et la passer au chinois.
Dresser le faisan sur un plat, les tranches d'ananas autour. Napper de la sauce.

Vins : château-châlon, anjou, sauternes.

FAISAN À LA CHARBONNIÈRE
PRÉPARATION 1 HEURE • MARINAGE 2 OU 3 HEURES • CUISSON 40 MINUTES

**2 poules faisanes
sel, poivre
2 échalotes hachées
250 g de farce fine
ou 4 ou 5 chipolatas
300 g de mousserons
100 g de tranches
de pain de mie
coupées en dés
1 cuillerée de persil
haché
2 belles bardes de lard
1 dl de cognac
1 dl de fumet * de gibier**

Faire sauter, au beurre, des mousserons, avec une pointe d'échalote ; puis les foies escalopés, 4 ou 5 chipolatas (après en avoir retiré la peau), ou la farce fine qu'on hache ensuite. Rassembler le tout ; assaisonner ; ajouter les fines herbes et les petits dés de pain frit.
Farcir les faisans avec cet appareil refroidi ; les barder, les faire mariner 2 ou 3 heures avec le cognac. Les faire cuire en cocotte.
Lorsqu'ils sont à point, les débarder, les dégraisser, les flamber avec le cognac de marinade et ajouter un peu de fond de gibier.

Vins : côtes-du-rhône, côte-de-beaune, pomerol.

FAISAN AU CHOU
PRÉPARATION 1 HEURE 30 • CUISSON 1 HEURE 15

**1 faisan bridé et bardé
1 petit chou blanc bien pommé
100 g de lard
1 cuillerée de saindoux
sel et poivre
50 g de crème fraîche**

Découper un petit chou blanc en fines tranches et l'échauder, puis le rincer à l'eau froide. Faire cuire les feuilles tendres en cocotte, avec du lard et du saindoux, sel et poivre, pendant une demi-heure.

Faire dorer, en cocotte, au lard, un faisan bridé que l'on aura garni, à l'intérieur, de 2 cuillerées de crème fraîche. Ajouter les choux. Couvrir et laisser mijoter à feu doux, jusqu'à cuisson complète.

Vins rouges : bordeaux léger et fruité, chiroubles, cahors.

FAISAN À LA FLAMANDE
PRÉPARATION 1 HEURE • CUISSON DES ENDIVES 30 MINUTES
CUISSON DES FAISANS 35 MINUTES

**2 poules faisanes
sel, poivre
2 bardes de lard
1 carotte
1 gros oignon
bouquet garni
2 kg d'endives
le jus de 2 citrons
100 g de beurre
sel et
une pincée de sucre**

Brider en entrée – c'est-à-dire les pattes rentrées dans la chair – 2 beaux faisans. Les assaisonner intérieurement et extérieurement, et les barder d'une large bande de lard gras non salé.

Dans une casserole haute, de la taille des faisans, faire chauffer, jusqu'à ce qu'il chante, un bon morceau de beurre.

Mettre les faisans dans cette casserole ; les entourer de la carotte coupée en quatre et de l'oignon coupé en quartiers. Couvrir la casserole ; faire partir la cuisson en plein feu et la laisser se poursuivre sur le coin du fourneau, en ayant soin de retourner les faisans de temps en temps.

D'autre part, on aura préparé ainsi les endives : après les avoir parées et lavées, les ciseler sur une longueur de 2 cm ; les assaisonner de sel et les mettre à fondre dans une casserole, où l'on aura fait chauffer gros comme un œuf de beurre. Ajouter quelques cuillerées d'eau, le jus des citrons et une pincée de sucre. Cuire jusqu'à évaporation complète de l'eau.

Les faisans étant presque cuits, les sortir de la casserole et les débrider. Pour détacher le jus de cuisson de la casserole, mettre dans cette dernière un peu d'eau chaude. Passer le jus.

Mettre les endives au fond de la casserole. Sur ces endives, placer les faisans. Arroser avec le jus des faisans. Laisser mijoter à couvert pendant 8 minutes.

Dresser les faisans sur un plat rond creux et les entourer avec les endives.

Vins rouges : beaujolais, châteauneuf-du-pape, côtes-de-provence.

FAISAN À LA NORMANDE
PRÉPARATION 2 HEURES • CUISSON 1 HEURE 15

1 faisan bardé et bridé
500 g de pommes reinettes
1 dl de calvados
200 g de crème fraîche
1 citron
sel et poivre
farine et eau (pour le cordon de pâte molle)

Faire colorer un faisan au four ou à la broche.
Dans une terrine en terre, faire un lit de pommes émincées. Placer dessus le faisan doré et débridé. Arroser du jus de la lèchefrite, déglacé au calvados. Ajouter la crème fraîche, le jus d'un demi-citron, sel et poivre. Couvrir et colmater la terrine d'un cordon de pâte molle. Laisser une grande heure à four chaud.

Cidre normand ou vins blancs de Sauternes.

FAISAN AUX RAISINS
PRÉPARATION 1 HEURE 15 • CUISSON 50 MINUTES

1 faisan
100 g de graisse d'oie
1 kg de raisins blancs
barde de lard
1 verre de grenache
1 verre d'armagnac
1 dl de crème fraîche
sel et poivre
un croûton de pain frit
jus de citron
1 morceau de sucre
1 échalote

Plumer, vider, flamber un faisan ou, mieux, une poule faisane. Saler légèrement l'intérieur. Barder. Faire fondre 50 g de graisse d'oie dans une cocotte. Faire revenir le faisan quelques minutes, puis couvrir et cuire 40 minutes au four (il faut garder l'oiseau un peu saignant).
Ôter la peau et les pépins des grains de raisin. Les mettre dans une casserole avec le reste de la graisse et l'échalote hachée, et faire étuver. Mouiller d'un demi-verre de grenache et cuire 10 minutes.
Retirer le faisan quand il est cuit. Déglacer la cocotte avec le reste du grenache, de l'armagnac, et faire réduire. Ajouter la crème fraîche et faire réduire de nouveau.
Retirer les raisins et passer leur sauce. Ajouter sauce et raisins dans la cocotte. Bien mélanger, saler, poivrer. Ajouter le morceau de sucre et quelques gouttes de jus de citron.
Découper le faisan. Disposer les morceaux sur un croûton frit, dans un plat creux. Napper de la sauce aux raisins.

Vins : pommard, chambertin, madiran.

SALMIS DE FAISANS
PRÉPARATION 1 HEURE • CUISSON 25 MINUTES

2 faisans
sel, poivre
2 carottes
1 oignon
2 échalotes
bouquet garni
un peu de beurre
un demi-litre de vin blanc
3 dl de demi-glace *
150 g de truffes en lames
150 g de champignons
1 dl de cognac
1 dl de madère
50 g de lard gras
2 foies de volaille
8 croûtons frits au beurre

Rôtir les faisans, bridés et bardés ; les tenir saignants. Couper en dés : carottes, oignons, échalotes et queues de persil ; les faire revenir au beurre avec thym et laurier. Une fois blond, mouiller de vin blanc, laisser réduire aux deux tiers ; compléter avec la demi-glace et laisser mijoter.
Découper les faisans, enlever la peau, mettre les morceaux dans un sautoir avec la mirepoix préparée, les champignons cuits, les truffes ; flamber au cognac. Couvrir d'un rond de papier beurré et tenir au chaud.
Joindre à la sauce peaux et carcasses pilées, pelures de champignons, poivre, et cuire doucement 15 minutes.

Raidir à la poêle, dans du lard râpé, les foies escalopés et assaisonnés. Ajouter un soupçon de thym et de laurier. Passer au tamis et tartiner les croûtons frits de cette purée. Passer la sauce au chinois en la foulant ; la dépouiller doucement et la passer de nouveau.
Verser sur les morceaux de faisan, chauffer 7 à 8 minutes, sans bouillir, et beurrer hors du feu. Dresser et entourer des croûtons tartinés.

Vins rouges : côte-de-nuits, côte-rôtie, pomerol, châteauneuf-du-pape, vins rouges de Corse.

GRIVE

DODUE À SOUHAIT EN SEPTEMBRE ET OCTOBRE, LA GRIVE EST l'oiseau des vendanges que le chasseur tire au fusil sans qu'il s'agisse à proprement parler d'un « gibier ». Nourri de baies de sorbier et de grains de raisin, ce petit passereau possède ainsi une chair très savoureuse. Son accompagnement de prédilection est la baie de genièvre.

GRIVES « CUR. Ier » AU BEURRE D'ANCHOIS
PRÉPARATION 30 MINUTES • CUISSON 8 MINUTES
(Recette dédiée à Curnonsky par le chef Mennessier.)

16 grives
sel, poivre
baies de genièvre
16 petites et minces
bardes de lard
8 croûtons ou canapés
rectangulaires
(2 grives sur chacun)
100 g net de filet
d'anchois
250 g de beurre
une bouteille de marsala
une pointe de muscade
5 cl de cognac
3 oranges
6 foies de volaille
150 g de lard gras
pour farce * à gratin
1 dl de cognac
60 g de beurre

Introduire un grain de genièvre à l'intérieur des grives rôties bardées de lard. Faire blondir à la braise les canapés de pain de mie.
Préparer un beurre d'anchois avec 100 g de filets d'anchois lavés et épongés et 250 g de beurre, le tout passé à l'étamine ou au tamis fin. Pocher des foies de volaille (si possible, de canards et de pintades) au marsala, avec une pointe de muscade, sel, poivre un peu relevé, pour faire une farce à gratin destinée aux canapés. Déglacer la casserole de cuisson avec le cognac et le fond de pochage des foies. Laisser réduire. Passer au linge ; beurrer.
Bien tartiner les canapés de beurre d'anchois ; ensuite, les couvrir d'une couche de 4 à 5 mm de farce à gratin ; disposer dessus une mince rondelle d'orange et, pour finir, poser deux grives sur chacun.
Mélanger le reste du jus des grives et le restant de la cuisson des foies. Mouiller avec une cuillerée à soupe de cognac. Servir très chaud.

Vins rouges : côte-de-nuits, côte-rôtie, châteauneuf-du-pape, saint-émilion, pomerol, vins rouges de Corse.

16 grives
sel, poivre
100 g de beurre
30 à 35 baies
de genièvre
1 dl d'eau-de-vie
de genièvre
16 petits croûtons frits
au beurre

GRIVES À LA LIÉGEOISE
PRÉPARATION 1 HEURE • CUISSON 6 À 7 MINUTES

Choisir de belles grives. Les nettoyer, en retirer la noisette ou gésier, enlever les parties dures du bec et les yeux. Cela fait, retourner les pattes ; les réunir en les prenant l'une dans l'autre, à l'endroit de la jointure ; enfoncer la tête dans l'ouverture de l'estomac, bec en avant.
Se munir d'une casserole en terre, avec son couvercle. Faire partir la cuisson des grives, au beurre, sur bon feu. Poudrer de genièvre, mettre au four, juste le temps nécessaire. Placer un croûton frit sous chaque grive, et, tout en laissant le beurre de cuisson dans la casserole, mettre le jet d'eau-de-vie et couvrir aussitôt. Comme tout est bouillant et couvert, les grives s'imprégneront de la vapeur du genièvre et du beurre de cuisson.

Vins blancs secs : côtes-de-provence, vouvray, chablis, saumur, muscadet, champagne nature. Vin rouge : bordeaux léger et fruité.

16 grives
feuilles de vigne
bardes de lard
8 canapés
*150 g de farce * à gratin*
60 grains de raisin
200 g de beurre
2 cl de cognac
*4 cuillerée de fond * brun*

GRIVES AUX RAISINS SUR CANAPÉ
PRÉPARATION 1 HEURE • CUISSON 15 MINUTES

Flamber les grives, les brider et les envelopper d'une feuille de vigne et d'une barde de lard.
Dans une sauteuse, mettre le beurre bien chaud, y poser les grives et cuire à four chaud (8 minutes).
Retirer les grives, les débrider, les ranger dans une cocotte avec les grains de raisin épépinés et blanchis. Arroser avec la graisse rendue par les grives. Cuire à découvert 5 minutes à l'entrée du four.
Déglacer au cognac et au fond brun. Disposer sur les canapés tartinés de farce, entourer des grains de raisin et servir aussitôt.

Vins rouges légers et fruités.

GIBIER

TOURTE DE GRIVES À LA FLEURIGNY

PRÉPARATION 3 HEURES • MARINAGE 4 HEURES • CUISSON 40 À 50 MINUTES

Préparer à l'avance la pâte à foncer (cette pâte est remplacée avantageusement par des rognures de feuilletage).
Piler la farce à gratin de gibier, à laquelle on ajoute les foies et les intestins des grives.
Couper en dés 250 g de rouelle de veau, autant de filet de porc et de lard gras frais. Assaisonner de 12 g de sel épicé. Hacher d'abord viandes et lard ; les piler très finement ensuite ; ajouter les blancs d'œufs et passer au tamis. Dans cette farce, mélanger la duxelles et 6 baies de genièvre pulvérisées.
Prendre des grives grasses et fraîches. Une fois bien nettoyées, les fendre sur le dos (pattes supprimées) ; retirer la noisette ou gésier ; mettre de côté foies et intestins, qui seront ajoutés à la farce à gratin. Aplatir légèrement les grives ; retirer les os aussi complètement que possible, et les étaler sur un plat. Assaisonner de sel et poivre ; parsemer le dessus d'une pincée de thym et de laurier pulvérisés ; arroser de 4 cuillerées de cognac et d'une cuillerée d'huile, et laisser mariner pendant 4 heures, au frais, en retournant les grives de temps en temps.
Dans chacune des grives, placer environ 25 g de farce à gratin et les remettre dans leur forme naturelle. Ajouter, dans la seconde farce, le cognac où les grives ont mariné.
Partager la pâte en deux parties, l'une de 250 g et l'autre de 350 g. Abaisser la plus petite, pour obtenir une circonférence d'environ 22 cm de diamètre et mettre la pâte sur une tourtière. Sur cette abaisse, placer une barde de lard, extrêmement mince et taillée en rond, qui devra s'arrêter à 3 cm des bords de la pâte.
Sur cette barde, étaler la moitié de la farce ; sur celle-ci, ranger les grives ; les recouvrir avec le reste de la farce et poser par-dessus une barde, ronde comme la première.
Abaisser la seconde partie de la pâte, mais en lui donnant un diamètre un peu plus grand qu'à la première ; la placer sur la tourte ; la souder à l'abaisse du dessous, dont les bords seront légèrement mouillés, et relever les bords en bourrelet. Dorer à l'œuf, puis rayer avec une fourchette ; pratiquer une entaille au centre de la tourte pour l'échappement de la vapeur. Mettre au four.
Four de chaleur moyenne et soutenue. Temps de cuisson : 40 minutes. En sortant la tourte du four, introduire à l'intérieur 5 ou 6 cuillerées de sauce madère ; faire glisser la tourte sur un plat.
Au lieu de relever la pâte sur les bords, en bourrelet, on peut entourer la tourte d'une bande de feuilletage, ce qui lui donne un plus bel aspect.

Vins blancs : meursault, pouilly-sur-loire.
Vins rouges : saint-émilion, châteauneuf-du-pape.

---

8 grives
sel, poivre
pincée d'épices
1 dl de cognac
1 cuillerée d'huile
600 g de pâte * à foncer
ou de feuilletage *
500 g de farce * à gratin
(250 g de foies
de volaille et 250 g
de lard gras)
farce fine (250 g
de maigre de veau et
de filet de porc et 250 g
de lard gras)
2 blancs d'œufs
assaisonnement habituel
1 dl de duxelles *
6 baies de genièvre
1 dl de sauce ou fond *
de gibier, avec 5 cl
de madère et 5 cl de cognac
2 bardes de lard gras
très minces et rondes

LIÈVRE

LE MÂLE EST APPELÉ « BOUQUIN » ET LA FEMELLE « HASE ». LES meilleurs se chassent de septembre à janvier en Beauce, en Champagne, en Normandie et dans le Poitou, mais aussi en Gascogne et dans le Périgord, d'où serait originaire la fameuse recette du lièvre à la royale. Mais le lièvre, selon son âge, reçoit des apprêts différents : levraut rôti (de 2 à 4 mois, 1,5 kilo environ), trois-quarts (6 mois à 1 an, de 2,500 à 3 kilos) donnant des râbles à rôtir et des sautés, tandis que le capucin (à partir de 1 an, 4 à 6 kilos) se cuisine surtout en civet. C'est le trois-quarts que l'on cuisine le plus volontiers, mais pour les vieux sujets, daubes et terrines sont également recommandables. Les filets, les cuisses et les noix fournissent également des apprêts de choix.

CIVET DE LIÈVRE

PRÉPARATION 1 HEURE • MARINAGE 12 HEURES AU MOINS • CUISSON 1 HEURE ENVIRON

1 lièvre
1 dl de cognac
6 dl d'huile
condiments habituels
sang et foie en réserve
60 g de lard râpé ou haché
30 g de saindoux
250 g de lard de poitrine coupé en gros dés
200 g de champignons escalopés
30 petits oignons
10 g de farine
16 croûtons
2 bouteilles de bon vin rouge
1 bouquet garni forcé en thym et 1 brindille de serpolet
ail
quelques croûtons frits au beurre à volonté

Tronçonner le lièvre, le mettre à mariner pendant 12 heures au moins, en le retournant souvent, avec sel, poivre, condiments et aromates habituels, cognac et huile.
Égoutter les morceaux sur un linge ; les éponger. Dans le plat à sauter à civet, mettre le saindoux et 5 cl d'huile. Faire revenir les oignons, les champignons et les lardons. Les retirer et les réserver dans un récipient. Ajouter le lard haché et la farine, laisser roussir légèrement.
Ajouter les morceaux de lièvre, et faire en sorte que tous les morceaux s'imprègnent de ce roux. Mouiller avec du bon vin rouge ; bouquet garni, ail.
Aux trois quarts de la cuisson, transvaser les morceaux ; par-dessus la garniture, mettre les petits oignons, les champignons et les lardons. Rincer la casserole avec un peu de vin rouge s'il y a lieu. Passer la sauce au chinois. Faire reprendre l'ébullition. Goûter. Lier avec le sang et le foie écrasé. Remettre les morceaux dans la casserole et continuer la cuisson. Rectifier l'assaisonnement au besoin. Le civet demande à être assez cuit, plutôt trop que pas assez.
Un bon civet ne demande que du bon vin, à l'exclusion de tout autre liquide. À défaut, il est préférable de compléter avec de l'eau pure. Lorsqu'on fait un civet et qu'on passe la sauce au chinois ou qu'on change de casserole, rincer toujours le récipient avec un peu de vin et le remettre dans la sauce. C'est une légende – qu'il faut détruire – qui veut qu'un civet, une fois lié au sang, ne doive plus bouillir.

En principe, servir le même vin que celui utilisé pour la cuisson.

CIVET DE LIÈVRE AUX PRUNEAUX

PRÉPARATION 1 HEURE • MARINAGE 6 OU 7 HEURES • CUISSON 2 HEURES

Détailler en morceaux un lièvre, que l'on met à mariner pendant 6 ou 7 heures avec thym, laurier, persil, ail, carottes, échalotes et oignons émincés, 1 bouteille de vin rouge et 1 dl de cognac.

Faire rissoler, à l'huile, le lard de poitrine coupé en petits morceaux, préalablement blanchis et égouttés. Les enlever et les remplacer par une quinzaine de petits oignons, que l'on retirera une fois dorés. Mettre les morceaux de lièvre, égouttés, dans ce même corps gras. Une fois rissolés, leur ajouter 2 ou 3 cuillerées de farine que l'on cuit doucement ; mouiller avec le vin de la marinade et la quantité nécessaire du même vin pour que les morceaux en soient couverts. Assaisonner et laisser cuire doucement en ajoutant, à mi-cuisson, les petits oignons, les lardons, une vingtaine de petites têtes de champignons et les pruneaux égouttés, qui ont préalablement trempé quelques heures dans de l'eau.

Une fois le lièvre cuit, délayer le sang du lièvre avec quelques cuillerées de la sauce du civet, en l'additionnant de 3 ou 4 cuillerées de crème fraîche. Ajouter cette liaison au civet, ainsi que quelques croûtons frits au beurre.

Vins rouges : chinon, bourgueil, champigny.

Ingrédients :
1 lièvre jeune, dit « trois quarts » ou « capucin », détaillé en morceaux et mariné (sel, poivre, bouquet garni, carottes, oignons, échalotes émincées, 1 dl de cognac, 1 bouteille de bon vin rouge)
30 g de farine
250 g de lard de poitrine
20 à 30 petits oignons
200 g de petits champignons de Paris
une bouteille de bon vin (pour compléter le mouillement)
500 g de pruneaux
crème fraîche
quelques croûtons en pain de mie
1 cuillerée de persil concassé
2 dl d'huile

CIVET DE LIÈVRE À L'ARDENNAISE

PRÉPARATION 1 HEURE • MARINAGE 12 HEURES • CUISSON 2 HEURES 30 ENVIRON

Couper le lièvre en morceaux ; avoir soin de conserver le sang et le foie. Le mettre à mariner, 12 heures ou plus, avec des aromates et épices (persil, thym, laurier, oignons, 1 échalote, une demi-gousse d'ail, quelques grains de genièvre, sel, poivre en grains) ; couvrir d'une bouteille de bon vin rouge.

Avant de commencer la cuisson, ôter les morceaux de la marinade et les laisser égoutter (sans rien perdre de la marinade).

Faire revenir du lard demi-maigre et fumé dans une cocotte en fonte avec un peu de saindoux ; y ajouter une cuillerée de farine ; faire roussir assez foncé ; y faire revenir, à bon feu, les morceaux de lièvre en remuant jusqu'à ce qu'ils aient absorbé tout le roux (20 minutes environ) ; y ajouter alors les épices, puis le vin de la marinade, en remuant les morceaux. Couvrir, laisser cuire à feu doux 2 heures environ.

Un quart d'heure avant de servir, écraser le foie à la fourchette (enlever le fiel et les nerfs) ; le mélanger au sang ; ajouter 2 cuillerées de crème fraîche et mélanger au civet, qu'on tient alors au chaud, sans laisser bouillir. Chauffer le plat de service.

En principe, servir le même vin que celui utilisé pour la cuisson.

Ingrédients :
1 lièvre
marinade avec tous les aromates et condiments habituels
sang et foie en réserve
1 bouteille de bon vin corsé
50 g de saindoux
300 g de lard maigre fumé
30 g de farine
1 dl de crème fraîche

CIVET DE LIÈVRE À LA DIANE DE CHÂTEAUMORAND

PRÉPARATION 1 HEURE 30 • MARINAGE 12 HEURES AU MOINS • CUISSON 1 HEURE 25

1 lièvre
sel, poivre
8 dl d'huile d'olive
1 dl de vinaigre de vin
bouquet garni
de tous les aromates
2 gros oignons
et 25 g de lard gras
70 g de beurre
30 g de farine
un quart de litre
de bouillon de bœuf
un quart de litre
de vin rouge

Dépouiller et vider le lièvre ; le placer dans un vase assez grand pour le contenir ; l'arroser d'un verre de vinaigre de vin, d'un demi-verre d'huile d'olive ; ajouter du sel, du poivre, 1 bouquet de thym et 1 oignon coupé en rouelles. Mettre en réserve le foie noir et le sang, soigneusement recueilli.

Retourner souvent le lièvre dans sa marinade, et attendre au moins 12 heures avant de le cuire.

Hacher ensemble l'autre oignon, le lard gras et frais ; couper le lièvre en morceaux, et mettre le tout dans une terrine à feu avec le beurre frais et l'huile.

Après 20 minutes de cuisson, les morceaux de viande auront pris une teinte gris-blanc — et ils auront rendu leur humidité ; les poudrer de farine, faire mijoter pendant 25 minutes et remuer souvent.

Répandre dans la terrine 1 cuillerée à pot de bouillon de bœuf et une égale quantité d'excellent vin rouge ; saler, poivrer et faire cuire pendant encore 35 minutes.

Avant l'achèvement de la cuisson, piler le foie noir ; le réduire en purée fine et délayer celle-ci en y versant la marinade, dont on aura retiré le thym et l'oignon.

Mêler le sang à cette préparation ; passer le tout au tamis et, 5 minutes avant de servir, l'incorporer au civet ; faire bouillir. Goûter la sauce ; si elle est fade, l'assaisonner d'un filet de vinaigre suivant le précepte de Martial : « Le mets n'a pas de saveur, s'il manque une pointe de vinaigre. » Terminer par l'addition d'une cuillerée d'huile d'olive.

Le civet peut être fait la veille du jour où il doit être mangé ; il est meilleur après avoir été réchauffé. Sa succulence dépend de la qualité du lièvre et de la quantité de sang recueilli ; la couleur du ragoût doit être celle du bon chocolat cuit à l'eau.

Vins rouges : côtes-de-nuits, côte-rôtie, châteauneuf-du-pape, saint-émilion, pomerol.

CAILLES À LA BROCHE EN FEUILLES DE VIGNE

P. 465

Il faut compter une quinzaine de minutes environ pour rôtir devant un feu vif ces cailles dodues, vidées et flambées. On peut les garnir de cresson et de quartiers de citron.

Assiette Boutique Xanadou.

FAISAN À L'ANANAS

P. 472

Les fruits constituent bien souvent une garniture de choix pour le gibier, car la note sucrée est un bon contrepoint de la saveur affirmée de cette viande. Fruits d'automne ou fruits d'hiver, mais aussi fruits exotiques,

comme l'ananas. Celui-ci, déjà classique pour le poulet ou le porc, fournit ici l'accompagnement ensoleillé d'un faisan cuit en cocotte.

Plat et assiette Hutschenreuther.

**RÂBLE DE LIÈVRE
À LA BETTERAVE**

P. 484

Attendrie et parfumée par la marinade, rôtie en cocotte dans une riche cuisson à la crème, la chair du lièvre se marie avec une garniture légèrement acide de betterave un peu croquante.

Assiette Bernardaud, fourchette Christofle.

LIÈVRE EN CABESSAL

PRÉPARATION 2 HEURES • MARINAGE 12 HEURES • CUISSON 4 HEURES

Un lièvre jeune, dépouillé et vidé (son sang sera réservé pour lier la sauce ; à défaut, disposer de 5 cl de sang de porc).

Le remplir d'une farce faite avec : le foie du lièvre (enlever le fiel), le foie gras, le maigre de veau, le jambon cru, le filet de porc un peu gras – le tout haché – et 2 œufs. Recoudre les chairs ; mettre à mariner pendant 12 heures avec sel, poivre, pincée d'épices, 2 brindilles de thym, 1 demi-feuille de laurier, 2 carottes, 1 oignon, 2 échalotes émincées, 2 bouteilles de vin rouge, 1 dl d'huile.

Enlever le lièvre de la marinade, l'éponger à sec. L'envelopper complètement de bardes de lard bien minces, surtout le ventre. Le mettre en rond dans une cocotte ou une casserole, très serré et comme recroquevillé, après l'avoir fait revenir de tous les côtés dans de la bonne graisse de porc (ou d'oie) bouillante, avec quelques petits oignons et lardons. Mouiller avec l'armagnac. Ajouter la moitié de la marinade. D'autre part, avec 50 g de graisse d'oie et la farine, faire un roux très blond ; laisser bien dorer et cuire la farine ; mouiller avec la moitié restante de la marinade, ajouter un bouquet garni ; durée minimum de la cuisson : 1 heure.

Aux trois quarts de la cuisson du lièvre (pour un instant l'enlever de son récipient), mélanger la sauce faite avec le roux, la moitié de la marinade et la cuisson initiale ; ajouter le sang. Faire prendre l'ébullition, en ajoutant un verre de vinaigre de vin. Mettre au point liaison et assaisonnement. Passer le tout au chinois fin. Dépouiller le lièvre de ses bardes et des fils du ventre. Remettre dans la cocotte (sans la tête), le napper de sa sauce, qui sera à point. Continuer la cuisson, en ajoutant 300 g de truffes crues en rondelles.

À l'extrême cuisson, il faut qu'il y ait assez de sauce, mais sans excès (détail à surveiller). Ajouter des croûtons de pain frits au beurre ou à la graisse d'oie.

Vins rouges : côte-de-nuits, côte-rôtie, châteauneuf-du-pape, saint-émilion, pomerol.

---

1 jeune lièvre
150 g de foie gras
250 g de maigre de veau
250 g de jambon cru
2 œufs
250 g de filet de porc
sel, poivre
pincée d'épices
2 brindilles de thym
une demi-feuille de laurier
2 carottes, 1 gros oignon
2 échalotes
2 bouteilles de vin rouge
1 dl d'huile
bardes de lard
1 dl de graisse d'oie ou de porc
20 petits oignons
200 g de lardons
1 dl d'armagnac
30 g de farine
bouquet garni
1 verre de vinaigre de vin
300 g de truffes
quelques croûtons frits

LIÈVRE AU CHASSEUR

PRÉPARATION 40 MINUTES • MARINAGE LA VEILLE • CUISSON 2 HEURES À 2 HEURES 30

1 jeune lièvre
sel, poivre
bouquet garni
1 jus de citron
1 dl d'huile
100 g de beurre
250 g de lard de poitrine
500 g de petits champignons
2 bouteilles de vin rouge

Faire mariner un lièvre, ou mieux un levraut, le temps convenable, dans du jus de citron et de l'huile, avec sel, poivre en grains, thym, laurier. Couper du lard maigre en petits morceaux et le faire revenir dans du beurre ; ôter les lardons ; faire revenir le lièvre ou levraut ; remettre le lard avec des champignons, dans la casserole ; mouiller de vin rouge et de la marinade du lièvre. Faire cuire ; dégraisser la sauce et dresser.

Vins rouges : côte-de-nuits, côte-rôtie, châteauneuf-du-pape, saint-émilion, pomerol.

LIÈVRE À LA ROYALE D'APRÈS RAYMOND OLIVER

PRÉPARATION 18 HEURES À L'AVANCE • MARINAGE DES FOIES 8 JOURS
CUISSON DU LIÈVRE 1 HEURE 30

1 lièvre de 7 livres
300 g de truffes fraîches
2 petits foies gras frais ou un gros
200 g de foie gras cuit
quatre épices
poivre de cayenne
carottes, oignons
cœurs de céleris
200 g de crème fraîche
1 crosse de jambon
2 blancs de poulet
sel et poivre
muscade, thym
cognac, fine, madère
150 g de jambon sec (mi-gras, mi-maigre)
une demi-bouteille de porto
150 g de porc (filet)
1 bouteille de vin de Sauternes
1 oignon, 3 clous de girofle
graisse d'oie
bardes de lard gras ou gras de jambon sec
3 bouteilles de vin de Pomerol

Mettre à mariner pendant huit jours, dans une terrine, deux foies d'oie avec cognac, porto, quatre-épices et poivre de Cayenne. Les retourner tous les jours et arroser. Les foies ne doivent pas avoir été dénervés ni trempés dans l'eau salée.

Prendre un jeune lièvre de 7 livres (pour six ou huit personnes) convenablement tué, c'est-à-dire d'une blessure à la tête ou dans la cage thoracique. Le fendre, le dépouiller dans le sens de la longueur sur le côté du ventre, et retirer les entrailles dont on ne gardera que les poumons, le foie débarrassé du fiel, le cœur. Réserver le sang dans un bol, avec un peu de vinaigre. Laver l'intérieur du lièvre avec du vin rouge. Couper la tête, la queue et le bout des pattes de l'animal. Avec un couteau fin, le désosser en le laissant entier ; dégager soigneusement les os des pattes, de la cage thoracique, des épaules, puis la colonne vertébrale et enfin la carcasse. Éviter de percer la peau, laisser adhérer un peu de chair sur les os. Le lièvre étant bien désossé, l'étaler sur le dos, à plat sur la planche. Si la peau a été percée, boucher les trous avec un morceau de chair quelconque ; assaisonner avec sel, poivre, muscade, quelques feuilles de thym et un peu de cognac. Rouler le lièvre sur lui-même et le mettre au frais pendant 12 à 18 heures.

Préparer une sauce poivrade avec les os du lièvre, des os de gibier et quelques légumes que l'on fait revenir doucement dans de la graisse de jambon et du beurre, puis mouiller avec trois bouteilles de pomerol jeune et une bouteille de sauternes. Faire cuire pendant quelques heures, sans assaisonner, en ajoutant une crosse de jambon.

D'autre part, confectionner une farce de la façon suivante : passer au hachoir, grille très fine, deux blancs de poulet, un peu de jambon sec (mi-gras, mi-maigre), un peu de chair bien maigre de filet de porc ; assaisonner avec sel, poivre de Cayenne, un peu de la marinade des foies gras, juste assez pour que la farce soit onctueuse. Conserver au frais dans une terrine couverte.

Le jour du repas, faire blondir, dans une casserole en terre, avec un peu de graisse d'oie, un oignon piqué de trois clous de girofle ; le laisser colorer en le retournant souvent, jusqu'à ce qu'il soit bien doré. Ajouter alors dans la casserole les foies d'oie et leur marinade ; saler, couvrir, mettre à four chaud environ 7 ou 8 minutes. Dès que les foies ont rejeté leur excédent de graisse, retirer la casserole du four. Laisser refroidir et, lorsque la cuisson commence à figer, la dégraisser.

Poser à plat, sur la planche, un assez grand torchon de lin, qu'on aura eu soin de rincer au préalable, afin qu'il ne retienne aucune odeur de lessive. Mettre, au centre, des bardes de lard gras ou, mieux, du gras de jambon sec, ayant une superficie égale à celle du lièvre désossé, qui sera étalé dessus.

Au milieu du lièvre, mettre quelques truffes fraîches et brossées, puis les foies gras et recouvrir de farce.

Replier le lièvre sur la farce en lui donnant la forme d'une ballotine, et l'envelopper dans les bardes de lard d'abord, puis dans le torchon, comme une galantine. Ficeler les extrémités.

Le mettre dans une casserole, le recouvrir avec la sauce poivrade débarrassée des os et de la crosse de jambon. S'il ne baigne pas dans la sauce, ajouter de très bon consommé en quantité suffisante. Faire bouillir ; laisser cuire à petite ébullition pendant une heure et demie. Dès qu'il est cuit, l'égoutter, le laisser tiédir, le développer et laver à l'eau tiède le torchon sur lequel on le replacera. Recommencer le pliage comme la première fois, le placer sur un plat. Recouvrir avec une planche de même longueur, poser sur celle-ci un poids de 250 g, laisser refroidir ainsi sous presse, une heure ou deux, jusqu'au moment du repas.

Décanter la sauce, la passer dans une passoire d'abord, puis au chinois. La remettre dans une casserole et la faire réduire à petits bouillons. Rectifier l'assaisonnement, si c'est nécessaire. Lier, en ajoutant le sang du lièvre qui a été réservé et auquel on ajoutera le cœur et le foie finement hachés. Passer à nouveau cette sauce au chinois, puis à l'étamine. Tenir au chaud.

Retirer le lièvre du linge qui l'entoure et le mettre à chauffer doucement dans une cocotte, avec un verre de madère et un peu de fine.

Pendant ce temps, passer un peu de foie gras cuit, au tamis, y ajouter une égale quantité de crème fraîche, bien mélanger, verser dans la sauce en ébullition. Tenir au chaud.

Lorsque le lièvre est chaud, le débarrasser des bardes, le placer au milieu d'un plat creux, genre plat à gratin. Dégraisser le jus dans lequel il vient de chauffer ; passer ce jus et l'ajouter à la sauce. Porter à ébullition en remuant toujours et verser sur la galantine.

Entourer le plat de croûtons frits à la graisse de foie gras. Servir, en accompagnant de marrons cuits entiers, de céleris braisés, de cèpes, de pommes soufflées ou de pommes (fruits) rissolées à la graisse d'oie. Pour servir, on peut placer le plat sur un lit de braises de bois dur incandescentes (il existe des récipients spéciaux). Couper le lièvre, avec un couteau à lame fine et rigide, en tranches assez épaisses. Servir une tranche par personne, et napper abondamment de sauce.

Vins : romanée-conti, richebourg, corton, vieux cahors, pomerol.

LIÈVRE EN SAUPIQUET

PRÉPARATION 2 HEURES • CUISSON 1 HEURE 45

1 lièvre bardé et piqué de lardons
50 g de graisse de porc
100 g de lard
2 oignons
1 gousse d'ail
1 bouquet garni
1 dl de vinaigre rouge
1 cuillerée de farine
un demi-litre de bon vin rouge
sel et poivre
1 pincée de cayenne
5 cl d'armagnac

Dans une casserole, faire revenir, dans la graisse de porc, lardons, oignons émincés, ail, bouquet garni, et la tête, le foie, le cœur et les déchets d'un lièvre apprêté. Laisser roussir, ajouter le vinaigre, laisser réduire, mélanger la farine, mouiller de vin rouge, épicer ; cuire 1 grande heure. Passer le tout au tamis, y ajouter le sang du lièvre, le jus du lièvre que l'on aura fait rôtir d'autre part, bien bardé. Faire flamber à l'armagnac. Épicer fortement.
Découper le lièvre et verser la sauce sur les morceaux.

Vins : médoc, pomerol, côte-de-nuits, châteauneuf-du-pape.

* RÂBLE DE LIÈVRE À LA BETTERAVE

PRÉPARATION 1 HEURE 15 • MARINAGE 2 OU 3 JOURS • CUISSON 50 MINUTES

1 râble plus les 2 cuisses, bardés et lardés
un quart de litre de vinaigre rouge
aromates selon goût
sel et poivre
100 g de beurre
150 g de crème double
100 g de lard gras
1 cuillerée de farine
1 grosse betterave rouge (ou davantage, mais pas trop)

Mettre à mariner le morceau de lièvre préalablement lardé.
Au moment de la préparation, essuyer le morceau. Le barder, le poser sur un plat en terre. Saler et poivrer. Beurrer (75 g de beurre). Porter au four très chaud. Laisser cuire pendant une quarantaine de minutes en arrosant alternativement avec de la crème et avec un peu de marinade. La crème, en tournant en beurre, se mélange avec la marinade et le jus des lardons dont est piqué le morceau de lièvre. A la fin de la cuisson, lier ce jus avec de la crème épaissie de farine.
Pendant cette cuisson, passer au beurre, à la poêle, un hachis de betteraves cuites acidifiées au vinaigre. Les saler. Dresser sur un plat le râble découpé en tronçons. Décorer avec un turban de betteraves. Napper la viande avec un peu de sauce et servir le reste en saucière.

Vins : pinot rouge d'Alsace, arbois rouge, beaujolais villages.

RÂBLE DE LIÈVRE À LA CRÈME

PRÉPARATION 1 HEURE • MARINAGE 24 OU 48 HEURES • CUISSON 15 MINUTES

2 râbles de lièvres
1 dl d'huile
2 échalotes
1 pointe d'ail
1 dl de cognac
2 dl de crème
200 g de lard gras en bâtonnets
1 litre de marinade crue ou cuite
8 beaux croûtons

Piquer très copieusement les râbles de bâtonnets de lard gras ; les faire mariner. (Marinade cuite : 24 heures. Marinade crue : 48 heures.) Bien éponger les râbles avant de les mettre au four avec de l'huile brûlante dans la plaque de cuisson, pour les saisir. Ensuite, cuisson plus modérée. Tenir saignant. Enlever les râbles, décanter la matière grasse de cuisson, jeter dans la plaque les échalotes, la pointe d'ail et le dl de cognac ; réduire de moitié et ajouter la crème. Terminer la réduction et goûter. Servir avec 8 beaux croûtons, frits et frottés à l'ail.

Vins rouges : cahors, corbières, fitou, costières du Gard.

RÂBLE DE LIÈVRE À LA TOURANGELLE

PRÉPARATION 1 HEURE • MARINAGE 30 HEURES • CUISSON 25 MINUTES

Ingrédients :
- 2 râbles de lièvres parés et piqués comme il se doit
- une bouteille de chinon
- tous les condiments et aromates habituels
- sel, poivre
- 5 cl d'huile d'olive
- 60 g de beurre
- 5 cl de vinaigre
- 1 dl de moutarde
- 500 g de crépine de porc

Dans une marinade faite d'une bouteille de vieux chinon, d'une cuillerée d'huile d'olive, d'une cuillerée de vinaigre, d'estragon, de thym et des autres aromates habituels, placer 2 râbles pendant 30 heures.

Après les avoir enduits d'une couche légère de moutarde de Dijon et enveloppés dans une fine crépine (ou coiffe), les mettre au four, de préférence dans un plat en terre. Lorsqu'ils commencent à rôtir, les arroser patiemment, jusqu'à cuisson complète, avec la marinade qui devra réduire des deux tiers. Poivrer sans parcimonie.

Servir dans le plat de cuisson, entouré de tous les légumes de la marinade.

Vins rouges : chinon, bourgueil, champigny.

TERRINE DE LIÈVRE

PRÉPARATION 2 HEURES • MARINAGE 24 HEURES • CUISSON 1 HEURE 30 À 2 HEURES

Ingrédients :
- 1 lièvre moyen
- sel, poivre
- 1 pincée d'épices
- 2 brindilles de thym
- une demi-feuille de laurier
- 1 dl de cognac
- 2 œufs entiers
- 250 g de chair (farce fine)
- 350 g de lard gras
- 4 grandes bardes de lard
- 4 petites bardes très minces
- 1 carotte, 2 échalotes
- bouquet garni
- une demi-bouteille de vin rouge

Commencer par désosser le lièvre ; réserver les filets et les meilleures parties des cuisses ; le tout bien dénervé, coupé en filets, assaisonné de sel, de poivre en grains, d'épices, sera mis dans une terrine avec du cognac pour mariner. Pendant ce temps, préparer la farce suivante : 250 g de chair, 250 g de lard gras et des débris de lièvre, 15 g de sel, 2 g d'épices, 2 œufs crus. Hacher le tout séparément ; mêler et passer à la passoire fine. Pendant la marinade, avec les os, les parures et déchets du lièvre, 1 carotte émincée, 2 échalotes, un bouquet garni, faire un petit fond très court, mouillé avec une demi-bouteille de bon vin rouge. Après cuisson, on aura 1 ou 2 dl de très bon fond, que l'on mélangera (à froid) à la farce, ainsi que le fond de la marinade.

Préparer 100 g de lard gras et frais, coupé en petites aiguillettes ; apprêter la terrine en fonçant le fond et le tour de bardes de lard gras très minces ; mettre, dans le fond de la terrine, une couche de farce de 1 centimètre d'épaisseur ; placer par-dessus les aiguillettes de lièvre bien égouttées ; en montant la terrine et en alternant couche de farce et rangée de filets, envelopper chaque filet, c'est-à-dire les rouler dans une des bardes. Poursuivre ainsi jusqu'en haut de la terrine, où l'on finira par une couche de farce recouverte d'une barde de lard.

Fermer la terrine avec son couvercle ; la mettre dans un récipient contenant de l'eau chaude. Le temps de cuisson varie selon l'importance de la terrine et la nature des substances qu'elle contient ; si elle apparaît claire, la cuisson est à point. Si la terrine ne doit pas être consommée immédiatement, on peut y incorporer de la gelée ; la couvrir alors d'une planche et mettre par-dessus un poids de 200 g. Quand la terrine est froide, en retirer la graisse ; parer le dessus et la détailler soit dans la terrine, soit sur un plat avec la gelée autour.

Vins rouges : côte-de-nuits, côte-rôtie, saint-émilion, pomerol.

ORTOLAN

CE « RÔTI FORT DISTINGUÉ », COMME L'APPELAIT GRIMOD de la Reynière, est un petit oiseau très délicat qui se fait surtout rôtir, au four ou à la broche, cuit dans sa seule graisse, mais les recettes de l'alouette ou de la grive lui conviennent très bien. Devenu rare, il est désormais officiellement protégé, mais une tolérance subsiste dans les Landes, où l'on continue à le capturer vivant pour l'engraisser. Il demeure un symbole de luxe et un mets d'exception (qu'il est interdit de servir dans un restaurant).

ORTOLANS AU ROQUEFORT
PRÉPARATION 45 MINUTES • CUISSON 30 MINUTES

24 ortolans
24 toasts de pain de mie
roquefort, graisse d'oie,
sel et poivre

Assaisonner les ortolans de sel et de poivre et les placer, chacun, dans une caissette de papier gaufré. Mettre ces caissettes sur une feuille de papier huilé, sur la plaque chaude du fourneau, et faire cuire les oiseaux jusqu'à ce que leur graisse fondue pétille (soit 25 minutes environ). Couper des toasts de pain de mie. Les faire frire à la graisse d'oie. Les tartiner de roquefort.
Pour déguster ces ortolans, prendre chacun d'eux par la tête et le mettre dans la bouche d'un seul coup. Verser la graisse de la caissette sur le toast de roquefort et mâcher pain et oiseau lentement.

Vins : médoc, graves.

ORTOLANS RÔTIS
PRÉPARATION 30 MINUTES • CUISSON 4 À 5 MINUTES

24 ortolans
sel
50 g de beurre
8 croûtons rectangulaires

Prendre 24 ortolans ; pratiquer une incision sur le cou et, par cette ouverture, retirer le gésier. En tournant le cou de l'oiseau on pique son bec dans la peau de l'estomac ; enfiler les ortolans sur une brochette ; les faire rôtir à feu assez vif, pendant 5 minutes, en les arrosant avec très peu de beurre légèrement salé ou, mieux, avec leur propre graisse. Chaque ortolan est servi sur un croûton, que l'on aura fait frire au fond de la lèchefrite, après l'avoir beurrée.
Servir, en même temps, le déglaçage passé et dégraissé.

Vins rouges : madiran, graves, médoc.

GIBIER

PALOMBE ET PIGEON RAMIER

PIGEON SAUVAGE TRÈS APPRÉCIÉ POUR LA FINESSE ET LE PARFUM de sa chair, la palombe se chasse dans le Sud-Ouest et connaît tous les apprêts du pigeon, rôti, braisé ou cuisiné en sauce, selon l'âge de l'oiseau. Le pigeon ramier, quant à lui, n'est apprécié que très jeune, aux petits pois ou à la broche par exemple.

PALOMBES FARCIES À LA BIGOURDANE
PRÉPARATION 1 HEURE • CUISSON 1 HEURE 30

Après avoir désossé les palombes en leur enlevant le bréchet et les avoir farcies avec le lard, la chair à saucisse, la mie de pain, les œufs, l'ail et le persil hachés arrosés d'armagnac, les faire rôtir à la graisse d'oie. Dégraisser le jus de cuisson (réserver cette graisse) ; flamber avec quelques cuillerées d'armagnac, mouiller au bon vin rouge, laisser réduire en partie avec un bouquet garni, et allonger le jus avec le fond de veau.
Faire frire les croûtons à la matière grasse de cuisson.

Vins rouges : madiran, côtes-de-bourg, corbières, châteauneuf-du-pape.

Ingrédients :
4 palombes
sel, poivre
1 dl de graisse d'oie
5 cl d'armagnac
250 g de lard maigre bien haché
250 g de chair à saucisse (farce fine)
200 g de mie de pain
3 œufs entiers
1 pointe d'ail
1 cuillerée de persil
1 bouteille de bon vin rouge
1 bouquet garni
2 dl de fond* de veau
croûtons frits ou fleurons en feuilletage

SALMIS DE PALOMBES
PRÉPARATION 40 MINUTES • 1re CUISSON 20 MINUTES • 2e CUISSON 30 MINUTES

Plumer, flamber, vider (réserver les foies) et barder 4 palombes. Les enduire d'un petit morceau de beurre ; saler et poivrer.
Faire rôtir les palombes à feu vif, pendant 20 minutes ; détacher les membres, les déposer sur un plat, au coin du feu.
Couper les carcasses, que l'on met dans une casserole avec un morceau de beurre et les échalotes hachées. Faire revenir légèrement ; flamber avec un bon verre d'armagnac ; saler, poivrer et arroser le tout d'un bon vin blanc sec. Faire cuire pendant 20 minutes. Au dernier moment, y ajouter les foies réservés.
Passer le tout à travers un tamis ; verser cette sauce dans une casserole ; y ajouter les membres et le sang des palombes ; laisser mijoter quelques minutes ; y ajouter un petit filet de citron. Servir très chaud, avec des croûtons frits au beurre.

Vins rouges : saint-émilion, pomerol, graves, médoc.

Ingrédients :
4 palombes
sel, poivre
60 g de beurre
4 bardes de lard
1 dl d'armagnac
1 citron
une demi-bouteille de vin blanc
4 échalotes
8 croûtons rectangulaires

PERDREAU ET PERDRIX

GIBIER À PLUME LE PLUS CHASSÉ EN FRANCE, LA PERDRIX GRISE séjourne au nord de la Loire, tandis que la perdrix rouge se rencontre au sud. Quant au perdreau, il s'agit de la jeune perdrix de l'année. Comme dit le dicton : « À la Saint-Remy, tous les perdreaux sont perdrix. » Le perdreau se déguste surtout rôti « à la goutte de sang » (rosé) et sans faisandage. Plus ferme, la chair de la perdrix se cuisine au chou, en cocotte, en salmis, voire en terrine ou en pâté. On compte en général un perdreau par personne et une perdrix pour deux convives.

Très appréciés des gastronomes, perdreaux et perdrix se distinguent par un éventail de recettes particulièrement varié, où le foie gras, les fruits et les champignons, les lardons, le chou ou les lentilles voisinent avec des arômes subtiles, cognac, eau-de-vie, xérès.

CRÉPINETTES DE PERDREAUX À LA FORESTIÈRE
PRÉPARATION 3 HEURES • CUISSON 18 MINUTES

4 perdreaux
sel, poivre
100 g de beurre
1 kg de crépinettes de porc
4 dl de cognac
500 g de mie de pain frais
500 g de lardons
1 kg de morilles
3 échalotes
250 g de bacon
les foies des perdreaux et 6 foies de volaille, persil
300 g de duxelles*

Bien mélanger les échalotes hachées fin et revenues au beurre, le bacon, les foies des perdreaux et de volaille, le persil, le tout haché et la duxelles ; assaisonner le tout ; ajouter le cognac.

Partager les perdreaux. Enlever les os de l'estomac et les ailerons, et faire un petit fond avec les os pour arroser au moment de servir.

Partager la farce en 8 parts. Garnir chaque demi-perdreau et l'enrouler dans une crépinette. Passer celle-ci au beurre fondu et à la mie de pain frais. Cuire au beurre.

Répartir, autour des crépinettes, les morilles et les lardons ; verser dessus une partie de la cuisson.

En saucière, mettre le fond de gibier.

Vins rouge : bordeaux rouge léger et fruité.

PERDREAU EN CHARTREUSE
PRÉPARATION 1 HEURE • CUISSON DE LA GARNITURE 2 HEURES
CUISSON DES PERDREAUX 15 À 16 MINUTES

Ingrédients :
4 perdreaux tendres
1 perdrix
sel, poivre
1 kg de lard de poitrine
1 saucisson à cuire de 250 à 300 g
un morceau de lard maigre
2 bardes de lard gras
1 oignon
1 clou de girofle
3 carottes
bouquet garni
3 choux
2 litres de bouillon gras
demi-glace*
un trait de madère
100 g de petits pois à l'anglaise

Le perdreau se vide et demande environ 15 minutes de cuisson. Effeuiller les choux, en enlevant le trognon et les grosses côtes ; les laver, les blanchir pendant quelques minutes, les rafraîchir, les égoutter, les étaler sur un torchon, les assaisonner de sel et poivre ; puis les mettre à braiser dans une casserole assez haute, laquelle est tapissée de bardes de lard ; ajouter l'oignon piqué, les carottes, le bouquet garni, la perdrix préalablement rôtie, le petit saucisson, le petit morceau de lard maigre, lequel aura été blanchi. Mouillement à hauteur, avec un bouillon un peu gras ; recouvrir d'un papier beurré et mettre à cuire pendant 1 heure et demie à 2 heures.

La cuisson étant obtenue, retirer l'oignon et le bouquet garni, puis les carottes, le lard, le saucisson et la perdrix, laquelle trouvera son emploi pour des croquettes ou une purée.

Avec les abattis de gibier, on aura préparé un bon fond de gibier, bien réduit, mouillé avec un peu de demi-glace et parfumé légèrement au madère, mais il faut que le fumet de gibier domine.

Prendre une grande timbale, la beurrer. Disposer, dans le fond, un rond de saucisson et, tout autour, en chapelet, un rang de petits pois cuits à l'anglaise ; ensuite, faire une couronne avec des rondelles de carottes et de saucisson alternées et se chevauchant ; faire une autre couronne au-dessus des carottes. On peut alterner avec des rectangles petits et minces de lard maigre.

Prendre les choux braisés, les égoutter, les presser pour en enlever l'excès de liquide et de gras ; en garnir le fond et le tour de la timbale. Placer, au milieu, les perdreaux rôtis, qui auront été bridés en entrée. Remplir les vides avec les choux, tasser légèrement. Mettre la timbale au bain-marie, au four, pendant 12 à 15 minutes.

Pour servir, retourner la timbale sur un plat rond, sans la démouler ; laisser reposer un moment pour le tassement et aussi pour récupérer, le cas échéant, le liquide qui pourrait s'écouler des choux.

Enlever le moule et saucer le tour d'un cordon de la réduction des deux déglaçages, à laquelle on ajoute un peu de demi-glace de gibier.

Nota. On peut servir à part le restant des choux, sur lesquels on place harmonieusement saucisson, lard et, parfois, la perdrix.

Vin rouge : bordeaux léger et fruité.

PERDREAU À LA CHÂTELAINE

PRÉPARATION 1 HEURE • CUISSON 20 À 25 MINUTES

4 perdreaux
sel, poivre
pincée d'épices
100 g de beurre
1 gros oignon
2 échalotes
100 g de pédicules de cèpes
4 foies de volaille
100 g de maigre de jambon
50 g de mie de pain et de persil
1 œuf
250 g de lard de poitrine
500 g de têtes de cèpes
5 cl de fond* de veau
un peu de persil concassé

Faire blondir au beurre 1 oignon haché ; y ajouter les pédicules de cèpes et les échalotes hachés. Remuer à feu vif pendant quelques minutes ; laisser refroidir.

Vider et nettoyer 4 perdreaux, mortifiés mais non faisandés. Hacher les foies, en y joignant 4 foies de volaille. À ce hachis, ajouter : le hachis de cèpes, le jambon maigre cuit haché, la mie de pain trempée et pressée, 1 œuf battu, 1 pincée de persil haché, 1 pincée de sel, 1 prise de poivre et un soupçon d'épices. Bien triturer le tout. Introduire cette farce dans les perdreaux et les brider.

Couper en dés le lard de poitrine ; l'ébouillanter pendant 5 minutes et l'éponger.

Dans un poêlon en terre ou une cocotte ordinaire, chauffer 30 g de beurre ; y ajouter le lard ; le faire rissoler et l'égoutter sur une assiette. Dans le même beurre, mettre les perdreaux et les faire colorer de tous les côtés. En même temps, peler et escaloper de petits cèpes frais ; les faire sauter à l'huile fumante jusqu'à ce qu'ils soient rissolés ; les égoutter et les assaisonner de sel et de poivre.

Entourer alors les perdreaux avec ces cèpes et le lard ; fermer l'ustensile et cuire, au four assez chaud, pendant 25 minutes.

Quelques minutes avant de servir, poser la cocotte sur le fourneau et verser dedans 2 cuillerées de fond de veau pour le déglaçage ; parsemer d'une pincée de persil haché la garniture de cèpes et de lard. Recouvrir, essuyer la cocotte et servir.

Vin rouge : bordeaux léger et fruité.

GIBIER

PERDREAU À LA NORMANDE
PRÉPARATION 1 HEURE • CUISSON 20 MINUTES

Dans une cocotte en terre, où l'on aura fait chauffer du beurre, faire dorer, de toutes parts, 4 perdreaux troussés et bardés. Assaisonner. Mettre, autour des perdreaux, des pommes reinettes que l'on aura, d'autre part, préparées ainsi : peler les pommes, les diviser en petits quartiers. Passer quelques instants ces quartiers au beurre. Assaisonner. Couvrir les perdreaux avec le restant des quartiers de pommes. Arroser d'un peu de beurre. Cuire au four, la cocotte couverte, pendant 20 minutes. Arroser de crème fraîche et d'un verre de calvados. Faire chauffer au four.

Vin rouge : bordeaux léger et fruité.

4 perdreaux
sel, poivre
4 bardes de lard
8 pommes reinettes
1 dl de calvados
1 petite pincée de cannelle
1 dl de crème
150 g de beurre

PERDREAU RÔTI
PRÉPARATION 30 MINUTES • CUISSON 15 À 18 MINUTES

Faire une farce* à gratin avec le lard coupé en dés et les foies de volaille, 1 brindille de thym, un quart de feuille de laurier : le tout raidi au beurre, refroidi, pilé.
Préparer les croûtons en pain de mie ou ordinaire, frits au beurre de cuisson des perdreaux, et tartinés avec ladite farce.
Les perdreaux étant parés, les envelopper d'une feuille de vigne et d'une barde de lard ; saler, poivrer. Les rôtir dans une cocotte, au beurre, à bonne allure, en les gardant légèrement saignants (c'est-à-dire à la perle). Avec les petits abattis, faire un fond très court pour déglacer la cocotte (ou la sauteuse), mais ne pas dégraisser. Si l'on n'a pu ou voulu faire ce petit fond, avant d'enlever les perdreaux de leur récipient de cuisson, ajouter un jet de cognac.
Les poser sur les croûtons farcis, avec un bouquet de cresson d'un côté et les pommes chips de l'autre. Mettre le beurre de cuisson sur les perdreaux ainsi que les bardes. Jus de déglaçage versé en saucière. les croûtons seront partagés en deux, ainsi que les perdreaux.

Vin rouge : bordeaux léger et fruité.

4 perdreaux
sel, poivre
8 feuilles de vigne
8 bardes de lard
4 croûtons
60 g de beurre
50 g de lard
2 ou 3 foies de volaille
thym et laurier
1 bouquet de cresson
pommes paille

SANGLIER

CETTE « BÊTE NOIRE », COMME ON L'APPELLE EN VÉNERIE, POSSÈDE une chair délicate, dont le goût prend de plus en plus de force avec l'âge ; il est très marqué chez l'adulte. Jusqu'à 6 mois, l'animal se nomme marcassin ; de 6 mois à 1 an, il est dit « bête rousse », puis, entre 1 et 2 ans, « bête de compagnie ». Ensuite, le ragot, puis le tiers-an, le quartenier, le porc entier et, à plus forte raison, le solitaire, ne conviennent plus guère en cuisine. Si la chair du marcassin ne demande pas de marinade, celle d'une bête plus âgée peut prendre 5 à 8 heures. Toutes les recettes du chevreuil sont applicables au sanglier et au marcassin, de même que celles du porc, mai seul le marcassin peut se faire rôtir. Les civets bien relevés sont particulièrement délectables.

FILET DE MARCASSIN
PRÉPARATION 1 HEURE • MARINAGE 48 HEURES • CUISSON 3 HEURES 30

3 livres de filet de marcassin
une marinade assez forte en aromates et faite avec du bon vin rouge
100 g de beurre
un verre de cognac
2 verres de sang (de veau de préférence, ou de porc)
1 cuillerée de gelée de groseilles
2 cuillerées de sel fin
4 grains de poivre écrasés

Retirer soigneusement tous les nerfs du filet et le mettre à mariner pendant au moins 48 heures. Le retirer de la marinade, l'essuyer, le mettre avec le beurre dans le fond d'une cocotte, faire bien blondir la viande ; mouiller avec 3 verres de marinade, saler et poivrer, couvrir et laisser cuire doucement pendant au moins 3 heures.
Retirer la viande, lier la sauce avec le sang puis avec la gelée de groseilles, laisser sur le feu 3 à 4 minutes. Arroser de cognac, flamber ; remettre 2 minutes sur le feu.

Vins rouges : côte-de-nuits, hermitage, côte rôtie, châteauneuf-du-pape.

GIGUE DE MARCASSIN AU GENIÈVRE
PRÉPARATION 2 HEURES • MARINAGE 48 HEURES • CUISSON 1 HEURE 15

Une belle gigue
marinade : 200 g de lard gras coupé en bâtonnets
150 à 200 g de beurre
1 dl de genièvre
quelques baies de genévrier
50 g de crème double
sel et poivre

Piquer la gigue au lard, après l'avoir essuyée de la marinade où elle aura séjourné 48 heures. La rôtir de façon qu'elle reste saignante.
Dégraisser la cuisson, y ajouter le genièvre et flamber. Ajouter les baies et la crème fraîche, et faire réduire.
On peut servir cette gigue avec de la compote de pommes peu sucrée.

Vins : côte-de-beaune, côte-rôtie, châteauneuf-du-pape.

SELLE DE MARCASSIN À LA BORDELAISE

PRÉPARATION 2 HEURES • CUISSON DE LA SAUCE 5 HEURES
CUISSON DE LA SELLE 50 MINUTES ENVIRON

Faire la marinade avec condiments et aromates. Laisser refroidir.
Parer et dénerver la selle, la piquer avec les bâtonnets de lard, mais en travers (le contraire d'un filet de bœuf) ; faire mariner, pendant 48 heures, avec os et débris.
La veille de servir la selle, commencer la sauce. Avec quelques parures de lard et 50 g de beurre, faire revenir 4 carottes et 1 oignon émincés, 1 gousse d'ail et les déchets et os du marcassin ; saupoudrer de farine, pour que le roux soit bien accentué. Mouiller avec la bouteille de bordeaux rouge et la moitié de la marinade ; ajouter un bouquet garni. Cuisson lente et longue ; dépouiller sans cesse.
En temps opportun, faire rôtir la selle, assez à temps pour que, avant d'être servie, elle puisse reposer. La cuisson doit partir rondement d'abord, et la selle, arrosée d'huile d'olive, sera tenue un peu saignante. Avant de la mettre au feu, on aura eu soin de bien l'éponger et de la ficeler. Bien entendu, on aura remis au feu la sauce amorcée la veille, et l'on aura enlevé les impuretés qui se trouvent dessus.
Lorsque la selle est cuite, la retirer de son plat de cuisson et décanter la graisse. Déglacer avec l'armagnac et une louche de marinade. Laisser réduire de moitié et ajouter le tout, passé au chinois, dans la sauce. Remettre la sauce en ébullition, la goûter ; elle doit être de haut goût. Un bon tour de moulin à poivre. La réduire pour qu'il en reste trois quarts de litre environ. La sauce doit être bien fluide et luisante. La repasser au chinois et terminer, hors du feu, avec la cuillerée de gelée de groseilles ou de framboises et 50 g de beurre par parcelles. Disposer les marrons autour de la selle. Ajouter un peu de sauce sur les marrons, mais pas sur la selle. Sur celle-ci, mettre le beurre bien fondu.

Vins rouges : côte-de-nuits, hermitage, côte-rôtie, châteauneuf-du-pape.

---

1 selle de marcassin
100 g de lard gras coupé en bâtonnets
1 kg de marrons
2 litres de marinade* cuite
sel, poivre
100 g de beurre
70 g de farine
1 dl d'huile d'olive
une bouteille de bordeaux rouge
5 cl d'armagnac
4 carottes, 1 oignon
1 gousse d'ail
bouquet garni
1 cuillerée de gelée de framboises ou de groseilles
100 g de beurre fin

SARCELLE

OISEAU AQUATIQUE DE LA FAMILLE DU CANARD, LA SARCELLE ÉTAIT, comme la macreuse, autorisée par l'Église dans les repas maigres. Sa chair huileuse, de digestion assez difficile, a ses partisans comme ses détracteurs. Chassée de septembre à mars, elle se cuisine comme le canard sauvage, rôtie ou en salmis essentiellement.

SARCELLES À LA CATALANE
PRÉPARATION 1 HEURE 15 • CUISSON 50 MINUTES

2 sarcelles
2 zestes d'orange
2 feuilles de laurier
2 bardes, sel, poivre et gousse d'ail
une cuillerée d'huile d'olive
2 oignons, farine, un verre de vin blanc sec
1 citron
2 oranges bigarades
10 gousses d'ail
un verre de bouillon, safran

Mettre un zeste d'orange et une feuille de laurier sur la poitrine de chacun des oiseaux ; les frotter de sel et poivre ainsi que d'une gousse d'ail écrasée. Barder.
Chauffer l'huile d'olive dans une cocotte et faire dorer les sarcelles de tous les côtés. Ajouter deux oignons hachés, poudrer de farine et mouiller du vin blanc.
Couper le citron et les deux bigarades en rondelles épaisses, que l'on plongera dans l'eau bouillante. Égoutter. Les ajouter dans la cocotte ainsi que dix gousses d'ail épluchées et une pincée de safran diluée dans du bouillon. Compléter avec le bouillon chaud. Couvrir. Laisser mijoter 40 minutes.

Vins : corbières, costières du Gard.

GIBIER

LÉGUMES
ET
GARNITURES

On lit dans les ouvrages anciens que le peuple se nourrissait jadis d'« herbes et de racines ». Il faut préciser que tout végétal poussant en terre était alors appelé « racine » et que tout végétal poussant hors de terre portait le nom d'« herbe ». Et il y avait autrefois bien plus de racines et surtout bien plus d'herbes qu'aujourd'hui, potagères ou de cueillette, bien que la pomme de terre ne fût pas encore cultivée et diffusée comme elle l'est de nos jours. Ce tubercule prit par la suite en cuisine une importance que l'on peut juger excessive, aux dépens d'autres légumes plus affirmés de goût et plus originaux quant aux accords de saveurs qu'ils permettent.

Les légumes ne sont souvent admis que comme accompagnement et c'est dommage, étant donné la diversité des ressources qu'ils offrent, à chaque saison. C'est peut-être parfois par manque d'imagination alors que chaque légume, du modeste poireau à l'asperge raffinée, en passant par l'irremplaçable carotte ou le chou aux transformations multiples, est riche de surprises dignes des plus gourmets. De plus en plus, les chefs redécouvrent les vertus du potager et s'attachent à tirer parti de tous les légumes. Hier accompagnement ou garniture, le légume bien choisi et cuisiné avec esprit regagne une place de choix dans le menu, en entrée ou en plat principal, sans parler des trésors nutritifs qu'il recèle – vitamines, sels minéraux, fibres et eau –, dont les vertus thérapeutiques n'étaient pas ignorées des recettes traditionnelles de nos terroirs.

ARTICHAUT

CE CHARDON AMÉLIORÉ EST UN LÉGUME DONT LA SAISON VA DE mars à novembre. On n'en mange que le fond et une partie des feuilles, toujours cuits, sauf s'il est très petit (artichauts poivrade « à la croque au sel »). Les principales espèces sont le gros camus de Bretagne, le « macau » bordelais, le poivrade de Provence et le violet de la vallée du Rhône. Un bon artichaut doit être lourd et sans taches sur les feuilles ; celles-ci doivent être cassantes et bien serrées. Pour empêcher le fond de noircir, on le frotte de jus de citron ou on le garde en attente dans de l'eau citronnée, mais le moins longtemps possible, pour ne pas altérer sa saveur délicate.

ARTICHAUTS À LA BARIGOULE
PRÉPARATION 1 HEURE ENVIRON • CUISSON 1 HEURE ENVIRON

Dans la bassine à légumes, verser environ deux litres d'eau et ajouter le jus des deux citrons.
Parer les artichauts, enlever les feuilles dures, couper les plus tendres à environ 1,5 cm du fond, qu'on raclera afin d'enlever soigneusement le foin. Au fur et à mesure de leur préparation, mettre aussitôt les artichauts à tremper dans l'eau citronnée, pour les empêcher de noircir.
Préparer la farce. Passer le jambon à la moulinette, le mettre dans la terrine, y ajouter la chapelure, l'ail, les échalotes et le persil hachés. Assaisonner légèrement de sel fin, d'une pincée de poivre, bien mélanger. Sortir, un à un, les artichauts. Les égoutter, les farcir en répartissant la farce de façon aussi égale que possible. Verser l'huile dans le fait-tout, ajouter 1 verre d'eau, porter à ébullition ; y mettre les artichauts. Laisser cuire à feu vif, avec couvercle, pendant environ 15 minutes.
Faire ensuite braiser à feu très doux, avec couvercle, en surveillant, pendant environ 45 minutes. En cours de cuisson, quand l'eau s'est presque entièrement évaporée, arroser chaque artichaut avec un peu de jus de cuisson. Éteindre le feu ; laisser reposer 30 minutes dans le fait-tout avant de servir.

12 petits artichauts à feuilles pointues
2 grandes tranches de jambon cuit
1 tasse à thé de chapelure blanche
1 grosse poignée de persil
3 gousses d'ail
3 échalotes
1 verre d'huile d'olive
2 citrons
sel, poivre

LÉGUMES ET GARNITURES

* ARTICHAUTS POIVRADE À LA PROVENÇALE

PRÉPARATION 40 MINUTES • CUISSON 1 HEURE 15

12 petits artichauts, dits « poivrade » ou de Nice
un litre de petits pois frais cueillis et écossés
2 cœurs de laitues grossièrement ciselés
sel, poivre
1 dl d'huile d'olive
1 citron

Parer les artichauts à fond, c'est-à-dire enlever les feuilles et le foin à cru, les citronner et les essuyer. Commencer la cuisson des artichauts dans l'huile d'olive chaude, avec sel et poivre. Couvrir le récipient. Après 15 minutes, ajouter les petits pois et les laitues. Continuer la cuisson pendant 1 heure environ, le récipient bien couvert, mais sans eau. Servir tel quel, dans la casserole.

FONDS D'ARTICHAUTS AU CÉLERI ET À LA CRÈME

PRÉPARATION 1 HEURE • CUISSON 20 MINUTES

20 fonds d'artichauts
sel, poivre
100 g de beurre
2 dl de crème fraîche
4 dl de lait
20 g de farine
2 oignons
250 g de céleri en branches
1 cuillerée de persil
1 pointe de muscade

Faire cuire les fonds au blanc ; les égoutter ; les étuver légèrement au beurre.
Faire étuver au beurre, très doucement, les oignons hachés et le blanc de céleri très finement émincé. Cet étuvage doit être poursuivi jusqu'à ce que le céleri soit, pour ainsi dire, fondu.
Ensuite, ajouter une cuillerée moyenne de farine, le lait bouilli, une pincée de sel, une petite prise de poivre blanc et une pointe de muscade. Faire prendre l'ébullition en remuant ; laisser cuire doucement pendant 20 minutes. Passer à l'étamine ou au tamis de toile.
Recueillir ce coulis dans la casserole ; y ajouter la crème légère ; faire bouillir un instant.
Y mélanger les fonds d'artichauts cuits, escalopés chacun en trois ; chauffer sur le coin du feu sans laisser bouillir.
En tout dernier lieu, compléter, hors du feu, avec du beurre divisé en parcelles ; agiter la casserole pour assurer le mélange du beurre ; verser dans un légumier chaud et parsemer d'une pincée de persil ciselé.

GRATIN DE FONDS D'ARTICHAUTS AUX ASPERGES

PRÉPARATION 1 HEURE • CUISSON DES ARTICHAUTS 35 MINUTES • CUISSON DES POINTES D'ASPERGES 20 MINUTES

8 artichauts
800 g de pointes d'asperges
150 g de beurre
sel, poivre
pincée de muscade
5 dl de sauce Mornay*
*1 dl de duxelles**
75 g de fromage râpé

Cuire à l'eau bouillante salée, et jusqu'au moment où les feuilles se détachent facilement, de gros artichauts fraîchement cueillis. Les égoutter, les rafraîchir, détacher les feuilles, enlever le foin qui se trouve sur les fonds et parer ceux-ci. Les diviser, chacun, en trois belles escalopes ; les ranger dans un sautoir et, 10 minutes à l'avance, les étuver avec 40 g de beurre.
Couper, en tronçons de 3 cm de longueur, les pointes d'asperges vertes.

Environ 20 minutes avant de garnir le plat, les cuire à l'eau bouillante salée, en les tenant un peu fermes. Aussitôt cuites, les égoutter à fond, les mettre dans un sautoir et les faire sauter à feu vif pour en faire évaporer l'humidité. Assaisonner d'une pincée de sel, d'une prise de poivre, d'un peu de muscade ; les lier, hors du feu, avec 75 g de beurre. Entre-temps, préparer 5 dl de sauce Mornay ; l'additionner de 6 cuillerées de duxelles sèche.

Prendre des timbales à bord bas, ou simplement deux plats ronds creux, pouvant aller au four. Étaler, au fond, quelques cuillerées de sauce ; ranger dessus, en couronne, les escalopes de fonds d'artichauts ; disposer les asperges au milieu ; couvrir le tout avec ce qui reste de sauce ; poudrer de gruyère râpé ; asperger copieusement de beurre fondu ; faire gratiner au four, de chaleur très vive, et servir aussitôt.

PETITS ARTICHAUTS À LA GRECQUE
PRÉPARATION 15 MINUTES • CUISSON 20 MINUTES

Apprêter les artichauts de la même façon que pour les consommer crus : couper la tige au ras du fond ; épointer les feuilles aux ciseaux ; les couper en quartiers et supprimer le foin du centre. Éplucher les oignons.

Dans une casserole, faire chauffer l'huile ; ajouter le vin blanc et l'eau, les épices et le concentré de tomates. Ajouter les artichauts ainsi que les petits oignons.

Porter à ébullition. Laisser cuire à feu vif et à découvert, afin que le liquide s'évapore en partie. Servir froid, en décorant d'olives noires.

6 petits artichauts
6 petits oignons blancs
1 dl d'eau
1 dl de vin blanc
5 cl d'huile d'olive
1 jus de citron
8 grains de coriandre,
thym, laurier
10 grains de poivre, sel
1 cuillerée à café
de concentré de tomates
1 branche de fenouil
12 olives noires

PURÉE D'ARTICHAUTS À LA BÉCHAMEL
PRÉPARATION 1 HEURE • CUISSON DU VELOUTÉ 1 HEURE
CUISSON DES ARTICHAUTS 40 MINUTES

Tourner les artichauts en fonds, qui seront lavés, acidulés au jus de citron et cuits au blanc : pour cela, délayer la farine à l'eau froide, saler, porter à ébullition ; y jeter les fonds avec un bouquet garni.

Lorsque les fonds sont cuits, les égoutter, les passer sous le robinet pour les rafraîchir, les escaloper, les étuver au beurre pour compléter leur cuisson (avant de les escaloper, on aura enlevé le foin).

Pendant ce temps, faire réduire la Béchamel, ou le velouté, avec la crème fraîche ; la tenir très serrée. Passer la sauce à la mousseline. Passer, de même, les artichauts étuvés au tamis fin. Mélanger le tout en travaillant bien à la spatule en bois. Rectifier l'assaisonnement.

Cette purée très fine sera servie dans un légumier, avec une couronne de 16 fleurons.

8 gros artichauts bretons
2 dl de sauce* Béchamel
ou 2 dl de velouté
1 dl de crème fraîche
50 g de beurre
sel, 100 g de pâte*
feuilletée pour fleurons
1 pointe de muscade.
Blanc pour fonds
d'artichauts :
un litre d'eau
bouquet garni
30 g de farine
2 citrons

ASPERGE

C'EST L'UN DES LÉGUMES POUR LEQUEL LA SAISON CONTINUE d'être véritablement déterminante. De mars à fin juin, les principales variétés disponibles sont : l'asperge blanche à bout violet d'Argenteuil, l'asperge verte de Lauris, très prisée mais fort rare, l'asperge d'Italie (violette) et la grosse asperge blanche, moelleuse mais relativement fade. Les vertes sont toujours plus parfumées et plus délicates que les blanches, et leurs pointes sont particulièrement délectables. Cuites, les asperges ne doivent pas être flasques, mais plutôt un peu croquantes. Même accompagnées d'une sauce froide ou de vinaigrette, on les sert chaudes (sans être bouillantes) : elles auront ainsi plus de saveur que refroidies. Pour la facilité de la cuisson : lier les asperges (de préférence toutes de même taille) en bottillons pas trop gros et les mettre à cuire debout si possible, pointes hors de l'eau pour qu'elles cuisent à la vapeur et restent légèrement fermes, attachées à la tige, qui, elle, demande un peu plus de cuisson. Le temps de cuisson proprement dit dépend du degré de fraîcheur des asperges, de leur maturité et de leur grosseur.

À l'achat, une asperge doit être lisse et cassante, jamais jaunâtre. Coûteux, ce légume mérite des préparations soignées, tant pour une entrée que pour une garniture (avec un poisson ou une viande de goût pas trop affirmé). Les pointes d'asperges, en particulier, entrent dans des ragoûts de légumes nouveaux tout à fait exquis.

* ASPERGES À LA FLAMANDE
PRÉPARATION 1 HEURE • CUISSON 22 À 25 MINUTES

4 kg d'asperges, pelées et coupées assez courtes
4 jaunes d'œufs durs
sel, poivre
160 à 200 g de beurre fondu
1 cuillerée de persil haché

Cuire les asperges à l'eau bouillante salée ; les égoutter.
En même temps que les asperges, servir une saucière de beurre fondu (25 à 30 g par personne), un demi-jaune d'œuf dur et chaud par personne, et un ravier contenant du persil ciselé.
Chaque convive fait sa sauce dans son assiette avec le jaune d'œuf, le beurre, le sel, le poivre et le persil.

LÉGUMES ET GARNITURES

On peut également écraser les jaunes d'œufs dans un bol, y mélanger le beurre simplement fondu, le sel, le poivre et servir en saucière. Parfois, on sert les œufs durs entiers (jaune et blanc).

Nota. Avec les asperges, on peut servir, à volonté, une sauce au beurre, une sauce mousseline ou du beurre simplement fondu. Si elles sont froides, on les accompagne d'une vinaigrette ordinaire ou d'une sauce mayonnaise.

ASPERGES À LA PARMESANE
PRÉPARATION 1 HEURE • CUISSON DES ASPERGES 22 À 25 MINUTES
CUISSON AU FOUR 15 MINUTES

4 kg d'asperges, pelées, épluchées (en faire 8 bottes) sel, poivre 200 g de beurre 200 g de parmesan râpé

Faire cuire les asperges à l'eau bouillante salée. En supprimer toute la partie dure. Les dresser sur un plat, en faisant alternativement un lit de beurre et de fromage parmesan râpé et un lit d'asperges ; finir par un lit de beurre et de fromage.

Placer le plat à four très doux ; servir lorsque le tout a pris belle couleur.

SOUFFLÉ AUX ASPERGES
PRÉPARATION 25 MINUTES • CUISSON 25 MINUTES

1 kg d'asperges d'Argenteuil 3 œufs fromage râpé, sel et poivre

Faire pocher à l'eau salée 1 kg d'asperges, dont on ne garde que la partie tendre et comestible.

Mettre, dans une petite terrine, les jaunes de 3 œufs et leur ajouter du fromage râpé jusqu'à obtention d'une pâte lisse ; saler et poivrer.

Battre les blancs d'œufs en neige bien ferme et les incorporer doucement à la crème au fromage.

Les asperges étant cuites, les égoutter à fond ; les mettre dans un plat à feu et les napper avec l'appareil préparé.

Passer le plat au four ; servir dès que le soufflé est à point.

LÉGUMES ET GARNITURES

AUBERGINE

POINT DE RATATOUILLE SANS AUBERGINE, CETTE FILLE DES INDES qui porte un nom persan. Mais ce légume très décoratif, d'une couleur remarquable, violet plus ou moins vif, se prête à bien d'autres préparations où il est souvent allié soit à la tomate et à l'ail, soit à la viande de mouton. Parfois, il sert aussi d'écrin à de petites volailles (pigeons par exemple) ou accueille des farces relevées. Avant de faire cuire les aubergines à l'étuvée, on les fait souvent dégorger au sel pendant une vingtaine de minutes. Peu calorique, ce légume devient néanmoins lourd s'il est frit ou rissolé à l'huile, car il absorbe facilement les matières grasses. Les principales variétés d'aubergines sont : la barbentane, longue et cylindrique, la violette de Toulouse, à chair plus blanche (bonne à farcir), la ronde de Valence, à chair bien ferme, la baluroi, courte et arrondie, la bonica, bien renflée, et l'insolite dourga, à peau blanche, dont le goût est très fin.

AUBERGINES FARCIES AUX CHAMPIGNONS ET AU PERSIL

PRÉPARATION 1 HEURE • 1re CUISSON 8 À 10 MINUTES • 2e CUISSON 6 MINUTES

8 aubergines
6 échalotes
300 g de jambon
un demi-litre de demi-glace*
100 g de champignons de Paris
250 g de mie de pain frais
100 g de beurre
sel, poivre
2 cuillerées à soupe de persil ciselé

Couper les aubergines en deux, dans le sens de la longueur ; les faire frire à l'huile ; les creuser et en retirer une bonne partie de la pulpe que l'on réservera.

Par ailleurs, les échalotes hachées fin étant légèrement revenues, ajouter le jambon haché et, quelques minutes après, les champignons, également hachés. Saler, poivrer. Laisser évaporer l'eau des champignons, mettre la demi-glace, laisser mijoter. Terminer, en amalgamant à cette duxelles la pulpe des aubergines, que l'on aura bien hachée, et lier le tout avec 150 g de mie de pain. Ajouter la moitié du persil. Goûter et rectifier. Garnir (à la poche ou à la cuillère) les moitiés d'aubergines évidées avec cette farce. On aura, au préalable, rangé les peaux sur un plat à gratin beurré. Poudrer du restant de mie de pain, asperger de beurre, et faire gratiner.

Parsemer du reste de persil ciselé au moment de servir. À volonté, entourer d'un cordon de bon jus.

Suivant le goût, on peut ajouter de la sauce tomate à la duxelles.

LÉGUMES ET GARNITURES

AUBERGINES SAUTÉES AU LARD ET AU JAMBON
PRÉPARATION 1 HEURE • 1ʳᵉ CUISSON 1 HEURE • 2ᵉ CUISSON 10 MINUTES
3ᵉ CUISSON 10 MINUTES

Couper les aubergines en petits morceaux après en avoir enlevé les graines. Les saler ; les laisser dégorger pendant 3 heures.
Les cuire à l'eau bouillante salée, les égoutter et les réduire en purée.
Mettre 100 g de beurre dans une sauteuse. Lorsqu'il est fondu, y mettre jambon, lard et oignon hachés ; faire revenir. Ajouter la purée d'aubergines et la mie de pain essorée. Ajouter la persillade (ail et persil hachés). Cuire 10 minutes à feu vif, en remuant continuellement.
Beurrer un plat allant au four. Y disposer la purée ; parsemer de chapelure et de noisettes de beurre. Gratiner à four vif.

16 belles aubergines, sel
200 g de beurre
100 g de jambon
100 g de lard gras et maigre
50 g d'oignon
250 g de mie de pain trempée dans 2 dl de lait
1 cuillerée à soupe de persillade
100 g de chapelure

AUBERGINES SOUFFLÉES
PRÉPARATION 35 MINUTES • CUISSON 60 MINUTES

Enlever le pédoncule, essuyer les aubergines et les fendre en deux, dans le sens de la longueur. Opérer rapidement, afin d'éviter le brunissement de la pulpe. Ciseler la chair en croix pour faciliter la cuisson.
Mettre les aubergines dans l'huile chaude. Les laisser cuire 7 à 10 minutes côté pulpe et 5 minutes côté épiderme. Mettre ensuite à refroidir légèrement.
Préparer la sauce : faire fondre le beurre, ajouter la farine, laisser cuire 5 minutes à feu doux, en tournant, puis mouiller avec le lait. Laisser mijoter 10 minutes, en continuant de tourner.
Saler, poivrer, ajouter un peu de noix de muscade râpée. Verser les trois quarts du fromage dans la casserole. Bien mélanger.
Retirer délicatement la pulpe des aubergines, sans déchirer la peau. Utiliser, de préférence, une cuillère à pamplemousse. Il faut laisser un peu de pulpe à l'extrémité de l'aubergine, là où se trouvait la tige, afin de conserver la forme incurvée. Réduire la chair en purée grossière en l'écrasant avec une fourchette. Il y a lieu d'opérer vivement, afin d'éviter le noircissement.
Mélanger la sauce à la purée d'aubergines. Ajouter les deux jaunes d'œufs.
Battre les blancs en neige très ferme et les incorporer délicatement, sans les faire retomber.
Ranger les demi-aubergines évidées dans un plat à gratin allant sur la table et les remplir avec la composition.
Poudrer de fromage râpé et mettre 25 minutes à four moyen. Servir immédiatement.

Pour 4 personnes :
4 belles aubergines
2 œufs
un quart de litre de lait
un demi-verre d'huile
30 g de beurre
30 g de farine
50 g de fromage (comté) râpé
sel, poivre
noix de muscade

LÉGUMES ET GARNITURES

CURRY D'AUBERGINES

PRÉPARATION 1 HEURE • CUISSON 40 MINUTES

120 g de lard de poitrine
0,5 dl d'huile d'olive
2 beaux oignons
2 cuillerées à café de curry en poudre
1,200 kg d'aubergines
2 à 3 dl de bouillon

Couper le lard (sans sa couenne) en lamelles ; hacher finement les oignons.
Mettre l'huile dans une casserole et, à feu doux, y faire fondre le lard et les oignons pendant 10 minutes.
Supprimer la naissance des tiges des aubergines, les laver et les tailler en petits cubes.
Ajouter le curry aux oignons, dans la casserole, puis les aubergines ; saler et mêler le tout. Ajouter 1 dl de bouillon, couvrir et faire étuver pendant 30 à 40 minutes, en remuant de temps en temps.
Si les aubergines avaient tendance à coller en cours de cuisson, verser dessus du bouillon, très peu à la fois, aussi souvent que nécessaire.
Servir dans un plat creux chauffé.

CARDON

COUSIN DE L'ARTICHAUT, CE LÉGUME EST AUJOURD'HUI PEU connu et apprécié, sauf par les gourmands lyonnais, mais sa vogue a été grande et il mériterait un renouveau de faveur. Sa culture est localisée dans le Lyonnais. Les cardons servent notamment de garniture aux grosses pièces de boucherie rôties ou braisées, mais ils connaissent d'autres apprêts en gratin, au jus, ou en sauce. On ne mange que le blanc des branches intérieures. Il faut supprimer les premières tiges (généralement creuses ou trop dures) et éliminer soigneusement les filaments des tiges que l'on conserve ; les citronner aussitôt, puis les mettre dans de l'eau fraîche avec du jus de citron. Ces précautions évitent leur noircissement, préjudiciable à leur apprêt, car ils doivent rester bien blancs. Il faut aussi débarrasser le cœur de sa partie ligneuse.

LÉGUMES ET GARNITURES

CARDONS AU JUS ET AU GRATIN
PRÉPARATION 1 HEURE • CUISSON 1 HEURE 30 À 2 HEURES

1 cardon moyen
50 g de farine
2 litres d'eau
sel, 2 citrons
200 g de graisse
de rognon de veau

Préparer le légume comme il est dit ci-dessus et le couper en morceaux de 8 à 10 cm. Les cuire dans un blanc (la farine ayant été délayée à froid dans l'eau salée, acidulée avec le jus des deux citrons). Ajouter la graisse de rognon de veau ; cette matière grasse isole le légume de l'air et le nourrit pendant sa cuisson ; le cardon, ayant une chair très maigre, demande une préparation assez riche en jus et en matière grasse. On peut s'en servir comme garniture (pièces de boucherie braisées) ou comme légume. Les apprêts sont les mêmes que ceux du céleri en branches : au jus, à la moelle, au gratin.

Au jus : disposer d'un bon fond de braisage et, les cardons étant égouttés du fond blanc de cuisson et essuyés, les laisser bien mijoter dans ce jus.

Au maigre, c'est-à-dire au gratin : les égoutter et les essuyer à fond ; les faire étuver légèrement au beurre, saler, poivrer. Mettre un peu de beurre au fond du plat à gratin et une cuillerée de mornay ; dresser les cardons dessus et napper complètement de mornay. Poudrer de fromage râpé, de mie de pain frais et de beurre fondu. Gratiner.

CARDONS À LA MOELLE
PRÉPARATION 1 HEURE • CUISSON 1 HEURE 30 À 2 HEURES

1 cardon en pied
2 citrons
sel, poivre en grains
2 carottes
1 oignon clouté
5 cl de vinaigre
bouquet garni
30 g de farine
5 cl d'huile
400 g de moelle de bœuf
une demi-bouteille
de vin rouge
2 cuillerées d'échalotes
un demi-litre
de glace* de veau
2 dl de fond* de veau
100 g de beurre
3 litres d'eau (avoir une
casserole assez grande
pour préparer le blanc)

Délayer la farine à l'eau froide, avec 2 citrons écrasés (avec leur zeste), sel, poivre en grains, carottes, oignon, bouquet et vinaigre ; porter à ébullition.

Mettre les morceaux de cardon, préparés comme d'ordinaire, dans le blanc ; ajouter l'huile, qui, en surnageant, régularise le bouillonnement et empêche l'air de passer. Se servir, en outre, d'un torchon pour couvrir les cardons.

Faire pocher la moelle, coupée en morceaux, dans l'eau salée. Faire réduire à 1 dl une demi-bouteille de vin rouge avec 2 cuillerées d'échalotes hachées ; ajouter la demi-glace et le fond de veau corsé. Égoutter à sec le cardon. Le mettre dans un sautoir assez grand. Passer la sauce dessus, au chinois, et laisser mijoter.

Au moment de servir, ranger les morceaux de cardon dans le légumier ; par-dessus, mettre les rondelles de moelle et les rondelles du cœur de cardon, intercalées. Repasser la sauce au chinois, dans une autre casserole, et, tout en la vannant, lui faire absorber, par parcelles, 100 g de beurre et un tour de moulin à poivre. Goûter, rectifier. La sauce doit être d'une couleur bordeaux brun et luisante.

LÉGUMES ET GARNITURES

CAROTTE

C'EST SANS DOUTE LE LÉGUME LE PLUS CONSOMMÉ APRÈS LA pomme de terre. Crue ou cuite, elle est irremplaçable tant pour ses qualités nutritives et ses ressources en vitamines que pour le rôle qu'elle joue en cuisine : râpée en crudité, braisée ou « glacée » en garniture, élément de pot-au-feu ou de petit salé, ingrédient de la brunoise ou de la mirepoix, sans parler des soupes et des ragoûts, des purées et des gâteaux de légumes. Ses deux grandes saisons sont le printemps (délicieux petits « grelots » nantais, dont les fanes mêmes s'utilisent en potage) et l'hiver (variétés longues et mi-longues, moins sucrées, plus grosses et charnues), avec une mention particulière pour la carotte de Créances (fin août à fin mai), protégée par un label. Plus la carotte est orange, plus elle est tendre et douce. Les carottes nouvelles sont grattées et non pelées, lavées rapidement et essuyées aussitôt. Les carottes d'hiver sont finement pelées ; on n'en utilise que le rouge si le cœur est dur et jaunâtre.

CAROTTES ÉTUVÉES AUX OIGNONS À LA BOURGEOISE

PRÉPARATION 10 MINUTES • CUISSON 60 MINUTES ENVIRON

500 g de carottes longues bien rouges
200 g d'oignons
60 g de beurre
farine, sel, sucre, poivre, muscade
4 dl de bouillon bien dégraissé
2 dl de lait
2 jaunes d'œufs
1 cuillerée à café bombée de persil

Gratter les carottes, les laver et les tailler en rondelles minces, toutes de même épaisseur. Émincer les oignons en fines lamelles. Réunir carottes et oignons dans une casserole assez large pourqu'ils ne soient pas trop tassés. Ajouter le beurre en parcelles, saler et sucrer légèrement. Faire doucement étuver sur feu doux à découvert, en remuant fréquemment les légumes pour qu'ils n'attachent pas. Ils ne doivent pas rissoler, mais jaunir peu à peu. Au bout de 30 minutes de cuisson douce, poudrer légèrement de farine, remuer avec précaution, faire cuire 2 minutes, puis ajouter le lait et le bouillon mélangés. Porter à ébullition en remuant doucement. Poivrer et muscader. Faire mijoter à découvert sur feu très doux pendant 15 à 20 minutes. La sauce doit réduire peu à peu et prendre une bonne consistance. Cinq minutes avant de servir, lier avec les jaunes d'œufs. Goûter et rectifier l'assaisonnement. Ajouter le persil haché. Servir bien chaud.

LÉGUMES ET GARNITURES

PETITES CAROTTES NOUVELLES GLACÉES AU SUCRE
PRÉPARATION 40 MINUTES • CUISSON 1 HEURE ENVIRON

2 kg de carottes nouvelles
200 g de beurre
4 morceaux de sucre, sel
1 dl de cognac
1 cuillerée de persil ciselé

Faire chauffer le beurre dans une sauteuse ; ajouter les carottes, le sucre et le sel. Couvrir d'un papier beurré puis d'un couvercle, et laisser cuire à petit feu.
Dix minutes avant la fin de la cuisson, ajouter le cognac.
Servir avec persil ciselé. Les carottes doivent être rissolées et luisantes.

PETITS GÂTEAUX DE CAROTTES
PRÉPARATION 1 HEURE 30 • CUISSON 1 HEURE 15

40 g de beurre
1 oignon
375 g de carottes
sel et poivre
5 dl de bouillon
80 g de mie de pain
1,5 dl de lait
une bonne prise de muscade fraîchement râpée
2 cuillerées à soupe de persil haché
6 œufs

Faire sauter l'oignon finement haché dans 20 g de beurre. Passer les carottes à la moulinette (gros trous) pour obtenir une julienne d'environ 5 à 6 millimètres de largeur. Ajouter la julienne de carottes à l'oignon et bien mélanger. Ajouter le bouillon, le sel et le poivre ; faire cuire à feu vif et à découvert, jusqu'à ce qu'il ne reste plus, dans la casserole, qu'un demi-décilitre de liquide.
Pendant que la julienne cuit, battre bien ensemble les œufs et le lait ; ajouter le persil et la muscade, et mélanger à fond.
Beurrer largement 6 ramequins en porcelaine avec le reste de beurre. Mélanger les œufs battus avec les carottes et leur liquide de cuisson. Procéder à ce mélange très progressivement, afin de ne pas coaguler les œufs avec la chaleur des carottes.
Remplir chaque ramequin de ce mélange ; déposer les ramequins dans un bain-marie. Porter le bain-marie à ébullition. Faire cuire ensuite au four préchauffé, au thermostat n° 4, pendant 35 à 40 minutes, ou jusqu'à ce qu'une aiguille, enfoncée aux deux tiers du centre de chaque ramequin, ressorte propre et sans trace d'œuf.

PURÉE DE CAROTTES À LA BRIARDE
PRÉPARATION 45 MINUTES • CUISSON 1 HEURE

2 kg de carottes Crécy
sel, sucre
200 g de beurre
200 g de riz
un litre de bouillon
bouquet garni, 1 oignon

Faire suer l'oignon haché, ajouter les carottes émincées, puis une partie du bouillon, sel et sucre, bouquet garni et 50 g de beurre. Couvrir, après avoir déposé sur la préparation un rond de papier beurré.
A mi-cuisson, ajouter le riz, bien lavé ; le mélanger aux carottes ; mettre suffisamment de bouillon ; remettre le papier beurré, couvrir et porter au four. Veiller à ce qu'il y ait toujours assez de bouillon, mais pas trop (il est préférable d'en ajouter en fin de cuisson).
Enlever le bouquet, passer le mélange au tamis, travailler à la spatule ; beurrer et rectifier l'assaisonnement.

CÉLERI

LE CÉLERI BOULE EST UNE RACINE ET LE CÉLERI À CÔTES SE caractérise par ses longues branches feuillues, mais ces deux légumes à la saveur prononcée sont de la même famille. Le céleri-rave se sert le plus souvent râpé et cru, avec une sauce rémoulade ou aux fines herbes, mais braisé ou en purée, il est supérieur à la pomme de terre comme garniture. Son accord est notamment excellent avec le gibier. Le céleri-branche, apprécié pour ses qualités stimulantes, jouit d'une plus grande réputation. Cuit, il accompagne bien les grosses pièces de boucherie et se marie volontiers à la volaille ; cru, il entre dans nombre de salades composées et son goût s'accorde parfaitement avec certains fromages (pâtes cuites ou bleus). Ses feuilles peuvent même intervenir comme aromates dans un court-bouillon.

CÉLERIS EN BRANCHES AU JUS LIÉ
PRÉPARATION 45 MINUTES • CUISSON 2 HEURES

4 pieds de céleris en branches
100 g de beurre
1 carotte
1 oignon
bouquet garni
10 g de fécule
75 g de lard frais haché
un litre de bouillon
2 dl de jus de veau

Prendre 4 pieds de céleris. Supprimer les tiges du tour, qui sont creuses et dures ; trancher les branches là où le blanc s'arrête (de sorte que les céleris se trouvent avoir 14 à 15 cm de longueur), et peler la racine en lui donnant la forme d'une poire.
Les laver à grande eau, les plonger dans une casserole d'eau bouillante ; laisser bouillir 12 minutes (comptées depuis la reprise d'ébullition), puis les égoutter ; les rafraîchir ; les égoutter de nouveau, et bien les secouer. Entourer chaque pied de quelques tours de fil.
Dans un sautoir, de justes dimensions pour contenir les céleris, éparpiller une demi-carotte et 1 oignon coupés en rondelles ; ajouter un bouquet garni. Ranger les céleris dans la casserole, les couvrir de bouillon très peu salé et du lard frais haché.
Faire prendre l'ébullition ; poser, sur les céleris, un rond de papier graissé, couvrir et cuire très doucement. Le temps de cuisson est d'environ 2 heures, mais on doit cependant s'assurer si le céleri est à point en pinçant une branche.
Égoutter alors les céleris, les déficeler, les couper en deux dans le sens de la longueur et les ranger dans un autre sautoir.
Faire réduire de moitié 2 dl de la cuisson. Bien dégraisser, ajouter le jus de veau et, l'ébullition étant prise, faire la liaison avec la fécule délayée avec 2 cuillerées de bouillon froid.

LÉGUMES ET GARNITURES

Couvrir les céleris avec ce jus lié et laisser mijoter pendant 10 à 12 minutes.

Retirer les céleris et les ranger dans un légumier ou sur un plat, en les entrecroisant.

Compléter le jus lié, hors du feu, avec 40 g de beurre, et le reverser sur les céleris.

À défaut de jus de veau, faire la liaison avec 2 dl de sauce brune légère. Les céleris braisés se conservent très bien ; on peut en préparer le double de la quantité nécessaire, ce qui ne demande guère plus de temps. Les céleris braisés peuvent se servir à la moelle, comme le cardon. Leurs préparations finales sont, d'ailleurs, assez variées.

CÉLERIS-RAVES AU JUS
PRÉPARATION 20 MINUTES • 1re CUISSON 40 MINUTES • 2e CUISSON 20 MINUTES

4 céleris-raves
sel, poivre
100 g de beurre
un demi-litre de fond* de veau corsé

Après les avoir épluchés et lavés, couper les céleris en deux, puis en quartiers, comme ceux d'une orange.

Les blanchir à l'eau bouillante salée, et les cuire à l'eau salée, mais en les tenant un peu fermes ; les égoutter. Les faire revenir, tout en les colorant un peu, au beurre, bien à plat dans un sautoir. Les mouiller avec le fond de veau. Laisser mijoter 20 minutes, mais en les couvrant d'un papier beurré. Servir dans un légumier chauffé.

PIEDS DE CÉLERIS-BRANCHES AU LARD ET À L'OIGNON
PRÉPARATION 45 MINUTES • CUISSON 2 HEURES

8 pieds de céleris
sel, poivre
50 g de beurre
4 bardes de lard
100 g de couennes
2 carottes et
2 gros oignons
bouquet garni
un litre de demi-glace* corsée
un litre de fond* blanc

Les céleris seront bien blanchis, rafraîchis, et surtout très propres et bien égouttés. Les ficeler deux par deux. Foncer une sauce* russe avec : le beurre, deux bardes, les couennes, carottes, oignons émincés et bouquet, quelques grains de poivre ; y placer les céleris et poser les deux autres bardes de lard par-dessus. Faire suer doucement quelques minutes. Mouiller de fond blanc un peu plus que hauteur. Faire partir la cuisson sur le feu, couvrir et mettre au four.

La cuisson terminée (s'en assurer), égoutter, enlever les ficelles et parer les céleris ; les couper d'abord en long, puis en travers ; les ranger dans le plat à sauter.

Passer le fond de cuisson au chinois, le dégraisser, le réduire. Ajouter la demi-glace. Napper les céleris et les laisser mijoter.

LÉGUMES ET GARNITURES

CÈPE

IL EXISTE PLUS DE VINGT VARIÉTÉS DE CÈPES, MAIS CE SONT LE CÈPE de Bordeaux et le cèpe tête-de-nègre qui ont établi la réputation de ce champignon savoureux et parfumé, dont la saison se situe en septembre et en octobre. Les cèpes sont toujours meilleurs jeunes ; un peu vieux, ils deviennent spongieux. Cuits en garniture d'omelette, de confit ou de daube, voire de certains poissons, farcis ou grillés, relevés d'ail ou confits à la graisse d'oie, ils comblent les gourmets. Brantôme est l'un des centres de ramassage les plus importants de France. On peut éventuellement les conserver par stérilisation, par dessiccation ou dans de l'huile d'olive.

CÈPES À LA BORDELAISE
PRÉPARATION 20 MINUTES • CUISSON 25 MINUTES

1 kg de cèpes moyens
sel, poivre
2 dl d'huile d'olive
3 échalotes et 2 cuillerées de persil
1 jus de citron

Prendre des cèpes petits ou moyens, très frais. Peler finement les pédicules, les essuyer (sans les laver) et les escaloper, c'est-à-dire les partager en tranches coupées en diagonale. Sur les cèpes, on réservera, en attente, environ 100 g de pédicules hachés, auxquels on joint une cuillerée d'échalote finement hachée.
Chauffer, jusqu'à ce qu'il soit fumant, un petit décilitre d'huile d'olive ; y joindre les cèpes escalopés et les faire sauter sur un feu très vif, pour les rissoler ; les tenir ensuite quelques minutes sur le coin du feu, pour achever la cuisson. Retirer alors la plus grande partie de l'huile ; assaisonner les cèpes de sel et de poivre ; les faire sauter de nouveau, en plein feu, pour les raidir, et les verser dans un légumier.
Mettre aussitôt dans la poêle 4 cuillerées d'huile fraîche et la chauffer rapidement. Quand elle est fumante, jeter dedans le hachis de cèpes et d'échalotes réservé précédemment. Faire sauter à feu vif, pendant quelques secondes ; verser le tout sur les cèpes ; ajouter un filet de jus de citron et parsemer d'une pincée de persil ciselé.
Nota. Les cèpes de conserve se préparent de même ; mais on doit, d'abord, les passer dans de l'eau chaude, pour les débarrasser de leur enduit gluant, puis les éponger dans un linge.
De toute façon, l'opération doit être conduite rapidement, pour que les cèpes soient servis bien rissolés et brûlants.

LÉGUMES ET GARNITURES

CÈPES À LA CÉVENOLE
PRÉPARATION 30 MINUTES • CUISSON 12 À 15 MINUTES

2 kg de cèpes (très frais)
2 dl d'huile d'olive
50 g de beurre
sel, poivre
100 g de mie de pain frais
2 cuillerées de persil frais
2 gousses d'ail écrasées

Choisir, de préférence, des cèpes petits ou moyens (s'ils sont un peu gros, il faudra les ébouillanter, les rafraîchir, les essorer et les escaloper). Séparer les têtes des pédicules. Si elles sont bien nettes, les laisser telles quelles, mais bien les essuyer. Quant aux pédicules (ou jambons), parer l'extrémité qui touchait le sol ou, si nécessaire, bien les éplucher. Mettre une partie des pédicules de côté ; l'autre partie sera coupée en grosses rondelles, que l'on fera sauter avec les têtes.

Avoir deux poêles : une grande et une plus petite. Mettre, dans la grande, l'huile (il faut qu'elle soit très chaude, sans être bouillante, car les cèpes doivent être saisis). Mettre les têtes de cèpes et les rondelles de pédicules, assaisonner, en les retournant dans la poêle, et, en fin de cuisson, égoutter un peu de l'huile de la poêle.

Pendant que s'opère la cuisson des têtes et des pédicules coupés en rondelles, couper en petits dés (de la grosseur d'un petit pois) les pédicules réservés ; les assaisonner et les jeter dans l'huile de la petite poêle. Les laisser rissoler et cuire, et, lorsqu'ils sont à point, égoutter complètement l'huile de la petite poêle, et la remplacer par le beurre ; faire sauter et, quand le beurre sera mousseux, y jeter la mie de pain, l'ail et le persil mélangés. Juste deux tours de poêle, et amalgamer le tout dans la grande poêle.

CÈPES À LA GASCONNE
PRÉPARATION 40 MINUTES • 1re CUISSON 20 MINUTES • 2e CUISSON 1 HEURE

16 cèpes moyens
sel, poivre
1 dl d'huile d'olive
300 g de jambon cru et maigre
1 gousse d'ail
1 cuillerée de persil haché
20 g de farine
1 dl de vin blanc

Séparer les têtes des queues des cèpes. Faire sauter les têtes pendant une vingtaine de minutes. Les retirer.

Mettre, dans la casserole ou dans le poêlon : le jambon haché fin, les queues des cèpes hachées, l'ail et le persil. Laisser prendre couleur, fariner, mouiller avec le vin blanc. Faire partir l'ébullition. Joindre alors les têtes des cèpes. Si besoin est, ajouter un peu d'eau. Bien couvrir le récipient. Ménager une cuisson lente et longue, qui donnera à ce plat une saveur exquise.

LÉGUMES ET GARNITURES

CÈPES AU GRATIN
PRÉPARATION 40 MINUTES • CUISSON 6 MINUTES

1 kg de cèpes moyens très fermes
3 dl de sauce* Duxelles
sel, poivre
50 g de beurre
1 dl d'huile
1 petit oignon et 1 gousse d'ail
100 g de mie de pain frais
100 g de beurre
1 citron
1 cuillerée de persil

Escaloper les têtes et couper les pédicules des cèpes en rondelles. Les plonger, pour les raidir, dans l'huile fumante ; les égoutter. Remplacer l'huile par du beurre ; ajouter le hachis d'ail et d'oignon ; assaisonner. Mélanger les cèpes à la sauce Duxelles tenue assez légère. Verser dans un plat creux ; poudrer de mie de pain frais et asperger de beurre fondu. Faire gratiner. Au moment de servir, presser un jus de citron et poudrer de persil haché.

CÈPES À LA PROVENÇALE
PRÉPARATION 30 MINUTES • CUISSON 30 MINUTES

1 kg de cèpes (16 têtes)
sel, poivre
5 cl d'huile d'olive
100 g de beurre
3 gousses d'ail
2 cuillerées à soupe de persil
60 à 80 g de mie de pain frais

Assaisonner les têtes des cèpes et les faire sauter à l'huile d'olive, jusqu'à cuisson complète. Les ranger en timbale, dans l'huile de cuisson.
Couper, en petits dés, les queues des cèpes ; les faire sauter, avec un tiers d'huile et deux tiers de beurre ; assaisonner. Lorsque ces dés sont bien rissolés et dorés, y jeter un hachis d'ail et de persil et la mie de pain frais, le tout bien imprégné de beurre et rissolé. Ajouter, au besoin, quelques noisettes de beurre, car les cèpes absorbent beaucoup de matière grasse.
Lorsque le tout est bien mousseux, en napper les têtes des cèpes. Servir très chaud, et dans des assiettes chaudes.

* TOURTE FEUILLETÉE AUX CÈPES ET AUX AMANDES
PRÉPARATION 1 HEURE • CUISSON DU FEUILLETAGE 15 MINUTES
CUISSON DES CÈPES 12 MINUTES

1,500 kg de cèpes frais
300 g de pâte* à foncer
250 g de pâte* feuilletée
100 g de beurre
sel, poivre
1 dl de crème fraîche
100 g d'amandes
1 jaune d'œuf
25 g de fromage râpé ou en brunoise

Faire une abaisse en pâte à foncer de 20 cm de diamètre ; passer autour, sur 2 cm, le pinceau mouillé. Sur la partie mouillée, poser une bande de feuilletage qui fasse cercle. Dorer au jaune d'œuf et mettre au four. Avec le restant de feuilletage, faire une abaisse de 18 cm sur une tourtière mouillée. La piquer et la dorer. Semer dessus le fromage râpé et une partie des amandes, que l'on aura hachées.
Émincer les cèpes, les jeter dans un beurre blond, saler, poivrer, laisser mijoter et ajouter la crème fraîche. Laisser réduire.
Avec le reste des amandes, faire un beurre, c'est-à-dire les piler au mortier, ajouter le restant de beurre, de façon que le tout fasse pommade. Passer au tamis et lier les cèpes avec ce beurre. Assaisonner de haut goût. Couper le feuilletage en quatre triangles.
La tourte étant mise sur un plat rond, la garnir en dôme avec les cèpes. À la base de ce dôme, dresser les quatre triangles de feuilletage.

ARTICHAUTS POIVRADE À LA PROVENÇALE

P. 498

Ce sont les petits artichauts poivrade qui conviennent pour cette recette d'été. La cuisson à l'huile les parfume bien, avant d'étuver doucement avec petits pois et laitue.

Assiette et fourchette Boutique Jean Luce.

ASPERGES À LA FLAMANDE
P. 500

Apprêt classique de ce légume délicat que l'on sert tiède, la préparation à la flamande demande une saucière de beurre clarifié, des jaunes d'œufs durs et du persil haché. Celui-ci doit nécessairement être du persil

plat, lavé avec soin et épongé, car le persil frisé n'est pas du tout aromatique. Attention à bien égoutter les asperges avant de les servir.

Plat et assiette Gien-Boutique.

SALADE DE LENTILLES TIÈDES AU CERVELAS

P. 539

Attention à ne pas trop cuire les lentilles lorsqu'elles sont servies en salade, avec une vinaigrette très relevée dont elles s'imprègent bien. Du saucisson à l'ail peut remplacer le cervelas.

Assiette Gien-Boutique.

RIZ À LA VALENCIENNE

P. 569

Cet apprêt du riz mêlé de poivron, de petits pois et de tomate doit sa personnalité aux rondelles de chorizo dont il est relevé et qui agrémente la paella.

Assiette Gien-Boutique.

COURGETTES À L'ORIENTALE

P. 523

Le mélange de riz cuit et de pignons de pin qui s'ajoute à la chair des courgettes pour les farcir, relevé d'aromates et d'épices, possède la saveur fruitée des préparations typiques de la cuisine moyen-orientale.

On les sert chaudes, en plat de résistance, ou bien froides, en entrée :
l'assaisonnement a eu ainsi le temps de bien les imprégner.

Plats Gien-Boutique.

ÉPINARDS EN VERDURE À L'ANCIENNE

P. 529

Ce délicat mélange d'épinard, de cresson, de pissenlit et de chicorée, cuit, haché et saucé de béchamel, constitue une bonne garniture pour des viandes blanches

Fourchette Christofle.

CHAMPIGNONS

LES CHAMPIGNONS DITS « SAUVAGES » SONT D'UNE GRANDE finesse de goût et font d'admirables plats à la saison, notamment la girolle, le mousseron des prés, le lactaire, le pied-de-mouton et la trompette-des-morts. On utilise aussi le champignon de Paris, « champignon de couche », qu'on ne peut comparer pour la saveur à ses cousins sauvages, mais qui rend de très nombreux services dans les fumets, veloutés, fonds de sauces et garnitures diverses. Les soufflés, quiches et croustades y font aussi largement appel. (Voir aussi cèpes, morilles, truffes.)

CHAMPIGNONS FARCIS
PRÉPARATION 40 MINUTES • CUISSON 20 MINUTES

Pour 4 personnes :
750 g de champignons
100 g de jambon de Paris
(ou d'York)
1 œuf
1 bouquet de persil
1 oignon
1 gousse d'ail
20 g de pain
sel, poivre
75 g de beurre
quelques cuillerées
d'huile d'olive

Couper les pieds terreux des champignons. Les laver à l'eau courante froide, en les frottant bien avec les doigts, pour éliminer tout le sable. Les égoutter dans une passoire. Détacher les pieds. Les réserver. Beurrer un plat allant au four. Y déposer les têtes de champignons, la partie bombée au-dessus. Saler et poivrer, arroser d'huile (sans excès).
Étendre l'huile avec un pinceau ou une spatule en bois.
Porter à four chaud (thermostat au n° 7), pendant 12 à 15 minutes, suivant la grosseur des champignons. Lorsque la cuisson est terminée, éteindre le four et y laisser les champignons au chaud.
Pendant la cuisson des têtes, préparer la farce. Couper le pain en petits morceaux. Les faire tremper dans de l'eau tiède (ou du lait).
Hacher l'ail et l'oignon. Faire fondre, dans une poêle, les deux tiers du beurre restant. Y faire revenir doucement l'ail et l'oignon hachés, sans les laisser trop dorer ; ils doivent juste prendre une couleur blonde et mijoter pendant 10 minutes environ.
Hacher les pieds des champignons et le jambon. Presser le pain dans la main pour égoutter le liquide et le hacher également.
Ajouter dans la poêle le hachis de pieds de champignons, de jambon et de pain ; mélanger et maintenir la poêle à feu doux.
Laver le persil, couper les queues.
Le hacher ; en ajouter la moitié à la farce. Saler et poivrer légèrement.
Battre l'œuf à la fourchette. Hors du feu, ajouter l'œuf battu à la farce, par petites quantités, en mélangeant bien.
Retourner les têtes de champignons, la cavité au-dessus. Les emplir très généreusement de farce. Il ne faut pas craindre de mettre un gros dôme de farce, celle-ci est très consistante et ne s'étale pas à la cuisson.
Parsemer les champignons avec le reste de persil et placer un petit morceau de beurre sur chacun.
Placer le plat sous la rampe du gril pendant 4 minutes environ pour réchauffer et dorer les champignons farcis. Servir.

CHANTERELLES MARINÉES

PRÉPARATION 40 MINUTES • CUISSON 25 MINUTES

700 g de chanterelles (appelées aussi girolles) de petite taille
200 g de très petits oignons
une gousse d'ail, thym, laurier, sel, poivre, coriandre, fenouil, racine de persil
4 dl de vinaigre de vin
1 dl d'huile d'olive

Éplucher les oignons et l'ail. Faire chauffer, dans une casserole, l'huile d'olive et le vinaigre. Ajouter une brindille de thym et de laurier, une pincée de fenouil, l'ail, la racine de persil et du sel. À ébullition, mettre les oignons et les cuire aux trois quarts.
Ajouter alors 5 grains de poivre et 2 de coriandre ainsi que les champignons. Terminer la cuisson à vive ébullition. Verser le tout dans une jatte et laisser refroidir. Servir champignons et oignons, dans une coupelle, avec un peu de la marinade.

GRATIN DE CHAMPIGNONS AU PORTO

PRÉPARATION 30 MINUTES • CUISSON 20 MINUTES

750 g de champignons de Paris
3 cuillerées à soupe de beurre
1 verre de porto rouge
2 cuillerées à soupe de crème
1 jaune d'œuf
sel, poivre

Enlever la queue des champignons, ne conserver que les têtes. Les laver, les sécher et les couper en tranches. Les faire cuire au beurre avec sel et poivre, pendant 10 minutes. Les égoutter ; les tenir au chaud dans un plat allant au four.
Dans le jus de cuisson, ajouter le porto et la crème et laisser bouillir un peu pour réduire. Hors du feu, ajouter encore le jaune d'œuf. Fouetter vivement et verser cette sauce sur les champignons.
Passer 4 minutes dans le four très chaud et servir.

SOUFFLÉ AUX CHAMPIGNONS

PRÉPARATION 30 MINUTES • CUISSON 20 MINUTES

750 g de champignons, de préférence sauvages
3 échalotes
sel, poivre, pincée de muscade
50 g de beurre
3 jaunes d'œufs
8 blancs
1 dl de crème fraîche
2 dl de béchamel
1 cuillerée de fécule

Faire suer au beurre les champignons et les échalotes, très finement hachés au préalable. Lier la duxelles avec la béchamel et les jaunes d'œufs, le beurre et la crème fraîche. Beurrer et féculer un moule à soufflé. Monter les blancs en neige bien ferme. Mélanger ; remplir le moule. Mettre à four assez chaud pour commencer ; ensuite réduire un peu le feu, car la qualité d'un soufflé, quel qu'il soit, ne dépend pas seulement de son ampleur et de sa forme, mais aussi de sa cuisson. Sonder le soufflé à l'aide d'une aiguille (avec précaution) : si elle ressort nette, le soufflé est à point.

TROMPETTES-DE-LA-MORT À LA SAVOYARDE

PRÉPARATION 1 HEURE 45 • CUISSON 1 HEURE 15

Nettoyer et parer les champignons ; en couper la moitié dans leur longueur, l'autre moitié dans leur largeur, en morceaux de 3 cm.
Faire blondir au beurre, dans une sauteuse, oignons et échalotes hachés, ainsi que le jambon cru finement émincé, puis haché. Mélanger. Ajouter les champignons noirs. Les remuer à la cuillère de bois pour les faire sauter sur feu vif, durant 10 minutes. Couvrir. Laisser mijoter encore 8 minutes sur feu modéré. Saler, poivrer, ajouter une demi-cuillerée de chacune des fines herbes ciselées. Ajouter la mirabelle, remuer. Couvrir hermétiquement et cuire à feu doux 40 minutes.
Ajouter alors la crème fraîche. Mélanger. Laisser mijoter à petit feu pendant 10 minutes. Poudrer de la chapelure. Couvrir et mijoter encore 3 minutes en secouant constamment la sauteuse. Servir.

1 kg de trompettes-de-la-mort (craterelles)
100 g d'oignons
3 échalotes
125 g de beurre
100 g de jambon cru fumé
sel, poivre, ciboulette, persil, cerfeuil, estragon
4 cuillerées à soupe d'eau-de-vie de mirabelle
6 cuillerées à soupe de crème fraîche
2 cuillerées à soupe de chapelure blonde

CHICORÉE

DE CETTE PLANTE POTAGÈRE DONT ON CONSOMME LES FEUILLES, le plus souvent crues mais aussi cuites (au jus, braisées ou au gratin), on connaît en cuisine : la barbe-de-capucin, variété améliorée de chicorée sauvage, l'endive, la scarole, la chicorée frisée et la salade de Trévise, à la belle couleur violette.

CHICORÉE AU JUS

PRÉPARATION 45 MINUTES • BLANCHISSAGE 15 MINUTES • BRAISAGE 2 HEURES

Éplucher la chicorée, enlever le trognon. Bien la laver, la blanchir pendant 10 à 12 minutes, dans un grand faitout. Rafraîchir, égoutter et pressurer. Ensuite, la hacher finement. Avec le beurre et la farine, faire un roux blond. Y joindre la chicorée hachée. Bien mélanger. Mouiller avec un bon fond blanc (ou consommé), saler, poivrer, sucrer. Faire bouillir. Laisser cuire à fond, avec un papier beurré par-dessus, et à couvert. La chicorée, une fois cuite, doit rester consistante. La mettre à point avec un peu de fond de braisage corsé ou de la crème fraîche. La chicorée braisée demande à être bien cuite et bien nourrie.

4 kg de chicorées (blanches)
sel, muscade
150 g de beurre
100 g de farine
consommé, pincée de sucre

CHOU, CHOU-FLEUR CHOU DE BRUXELLES ET BROCOLI

CETTE FAMILLE DE PLANTES POTAGÈRES EST PARTICULIÈREMENT riche et variée, fournissant de savoureuses préparations à chaque saison : délicats brocolis à peine cuits, en garniture de poisson ; petits choux de Bruxelles au goût prononcé, délicieux avec le gibier et le porc ; chou-fleur de printemps parfumé et croquant, gros chou vert de Milan à feuilles frisées, chou blanc à choucroute ou chou rouge à mariner ou à faire braiser. Point de potée ou de soupe d'hiver sans le chou, mais en été aussi on se régale de chou vert et croquant, au beurre frais, en paupiettes farcies, etc.

On reproche parfois à ces légumes d'être de digestion difficile, mais on remédie à cet inconvénient en changeant l'eau de cuisson à plusieurs reprises. Les choux pommés ainsi que les choux de Bruxelles doivent être denses et bien serrés, sans feuilles flétries. Les brocolis sont particulièrement fragiles. Quant aux choux-fleurs, ils sont à choisir bien blancs, assez petits, avec des bouquets serrés (ceux dont les bouquets sont épanouis se désagrègent à la cuisson).

ACHARDS DE LÉGUMES AU CHOU-FLEUR
PRÉPARATION 3 HEURES

200 g de carottes
100 g de concombres
200 g de haricots verts
200 g de petits oignons
quelques feuilles de chou blanc
300 g de chou-fleur
3 gros piments
gros sel
Pour la sauce :
1 tête d'ail
2 oignons
5 g de gingembre
5 g de piment en poudre
2 cuillerées à soupe de safran
2 dl de bon vinaigre
1 dl d'huile d'olive

Couper les légumes crus en morceaux réguliers, de 4 cm sur 1 cm ; détacher les petits bouquets de chou-fleur ; émincer les piments et les oignons. Mettre le tout dans un saladier, couvrir de gros sel et laisser dégorger 24 heures. Égoutter et sécher dans un linge.

Piler au mortier ail, oignon, gingembre et piment. Mettre le safran dans un sachet de mousseline et le faire infuser dans le vinaigre pour le colorer. Délayer la pâte avec ce vinaigre, ajouter l'huile, verser sur les légumes. Conserver en bocal de verre. Servir avec des viandes froides, à la place des pickles.

LÉGUMES ET GARNITURES

BROCOLIS À LA CRÈME
PRÉPARATION : 10 MINUTES • CUISSON 35 MINUTES

1 kilo de brocolis
2 gousses d'ail
50 g de beurre
2 dl de crème fraîche
sel, poivre blanc

Nettoyer soigneusement les brocolis en retirant les tiges dures et les feuilles. Porter 2 litres d'eau à ébullition, la saler légèrement, y jeter les brocolis avec les gousses d'ail et laisser bouillonner ainsi pendant 20 à 25 minutes. Les petits bouquets et les tiges doivent être bien attendris. Égoutter les brocolis et les hacher grossièrement. Faire blondir le beurre dans une sauteuse, y verser la crème et, lorsque le mélange a pris couleur, ajouter les brocolis. Poivrer, saler légèrement et laisser mijoter 5 à 6 minutes. Servir très chaud en garniture de viande rôtie ou sautée, de poisson poché (colin, cabillaud).

BROCOLIS AUX FINES HERBES
PRÉPARATION 10 MINUTES • CUISSON 15 MINUTES

1 kilo de brocolis
1 œuf
1 citron
5 cuillerées à soupe d'huile d'olive
2 cuillerées à soupe de ciboulette
2 cuillerées à soupe de persil plat
1 cuillerée à soupe de cerfeuil
1 cuillerée à soupe d'estragon
sel, poivre blanc

Parer les brocolis en coupant les tiges dures et les feuilles. Couper en croix la base des tiges qui restent. Laver les brocolis et les faire cuire pendant 15 minutes à l'eau bouillante légèrement salée. Ils doivent rester légèrement fermes. Pendant ce temps, faire cuire l'œuf dur. Le rafraîchir, l'écaler et extraire le jaune. L'écraser à la fourchette. Dans le bol d'un mixer, réunir le jaune d'œuf cuit, le jus du citron et mixer en ajoutant l'huile en filet. Saler et poivrer. Lorsque la sauce est bien émulsionnée, lui incorporer toutes les fines herbes hachées et bien mélanger. Égoutter les brocolis à fond et les verser dans un plat creux. Napper de sauce et servir en accompagnement de poisson poché. On peut aussi servir ces brocolis refroidis en hors-d'œuvre.

CHOU FARCI AU CHOU
PRÉPARATION 1 HEURE • CUISSON 1 HEURE 30

2 choux de Milan
sel, poivre
2 oignons et persil hachés
6 œufs entiers
100 g de mie de pain
1 dl de lait
30 g de beurre
100 g de beurre et 50 g de mie de pain avant de mettre au four

Réserver les 4 premières feuilles de 2 choux et les disposer sur une serviette placée dans une terrine, le bord supérieur des feuilles contre le fond.
Hacher menu les cœurs des choux et les faire revenir jusqu'à couleur blonde. Faire revenir également 2 oignons et persil hachés, sel, poivre. Mélanger le tout avec 6 œufs entiers et un peu de mie de pain trempée dans du lait.
Disposer cette farce dans des feuilles. Nouer la serviette très serrée et placer le tout dans l'eau bouillante salée : 1 heure et demie de cuisson. Égoutter. Pour servir, le chou, sorti de la serviette, doit se tenir comme s'il était entier.
Mettre un morceau de beurre, couvrir de mie de pain et passer au four.

CHOU FARCI À LA GRECQUE

PRÉPARATION 1 HEURE • CUISSON 30 MINUTES

1 beau chou
2 aubergines
2 poivrons doux
150 g de riz* pilaw
sel, poivre
2 dl d'huile d'olive
Apprêt à la grecque :
1 dl de vin blanc
1 dl d'eau
2 jus de citron
8 cl d'huile d'olive
1 petit sachet de grains de coriandre et de grains de poivre
15 petits oignons
bouquet garni.
(Faire cuire et refroidir cette préparation.)

Éplucher les aubergines, les couper en dés, ainsi que les poivrons parés ; les faire sauter légèrement à l'huile d'olive et les mélanger au riz pilaw. Avec les choux dont les feuilles auront été détachées, blanchies, rafraîchies et égouttées faire 16 petits tas, les feuilles bien étalées. Mettre 1 cuillerée à soupe de riz dans le centre des feuilles. À l'aide d'un torchon propre et très fort, les serrer en paquets : les feuilles et la farce seront de la grosseur d'une petite pêche.

Choisir un plat à sauter adéquat, huiler légèrement le fond. Ranger les boules côte à côte et faire en sorte qu'il n'y ait pas de vides (ou les combler avec une pomme de terre), car les boules doivent rester intactes. Verser la sauce à la grecque par-dessus et terminer la cuisson en couvrant d'un papier et d'un couvercle. Ne pas être avare d'huile.

Pour les farces à la grecque, il n'y a pas de règle absolue. On peut ajouter des petits pois (cuits au préalable) et même des raisins de Corinthe. On peut également remplacer les feuilles de chou par des feuilles de vigne ; on roulera alors les paquets comme de gros bouchons, et non en boules, mais la préparation est la même.

CHOU-FLEUR AU FROMAGE

PRÉPARATION 40 MINUTES • CUISSON DE LA BÉCHAMEL 2 HEURES
CUISSON DES CHOUX-FLEURS 25 MINUTES ENVIRON

2 choux-fleurs de 1,250 kg à 1,500 kg environ chacun
un litre de sauce* Béchamel
sel, poivre
1 pincée de muscade
150 g de fromage râpé : comté, gruyère ou parmesan, ou un tiers de chacun
50 g de mie de pain frais
100 g de beurre

Défaire les choux-fleurs par petits bouquets (c'est-à-dire 7 à 8 bouquets par chou-fleur). Couper la petite tige verte assez court, mais qu'elle maintienne les fleurs. Les plonger à l'eau froide et, si nécessaire, suivant l'époque de l'année, vinaigrer un peu l'eau de lavage.

Le chou-fleur demande à être blanchi à grande eau, bien salée. À ébullition, y plonger les bouquets de chou-fleur. Cuire à découvert et en surveillant, jusqu'à ce qu'ils soient al dente (pas trop cuits, mais assez ; de préférence un peu fermes), car un excès de cuisson en détruirait la saveur.

À cuisson, les rafraîchir. Ne pas les soumettre directement au jet du robinet d'eau froide : intercaler sous le jet un tamis ou une grande passoire, de manière à conserver les petits bouquets de chou-fleur intacts. Bien égoutter. Beurrer à peine une plaque, y placer délicatement ces bouquets. Saler, poivrer, mettre une pincée de muscade (très peu), quelques parcelles de beurre. Étuver pendant quelques minutes, pour leur enlever toute humidité et les pénétrer de l'assaisonnement.

Choisir un bol, ou un saladier, pouvant contenir les choux-fleurs. Prendre

LÉGUMES ET GARNITURES

les bouquets, un par un, par la petite tige, les fleurs en bas, et en déposer une première couche sur les parois et le fond du récipient. Arroser celle-ci d'une petite couche de béchamel et poudrer de fromage râpé. Continuer ainsi à mettre deux ou trois couches, tout en réservant une bonne quantité de béchamel et un peu de fromage râpé. Lorsque les bouquets de chou-fleur seront épuisés et le saladier garni, presser le tout délicatement, avec une écumoire.
Prendre un plat adéquat à gratin. Le beurrer légèrement. Le placer sur le saladier et renverser prestement celui-ci dans le plat. Napper copieusement avec le restant de béchamel, et avec le fromage râpé et la mie de pain frais mélangés. Arroser de quelques cuillerées de beurre fondu. Faire gratiner jusqu'à belle couleur.

CHOU ROUGE AUX MARRONS
PRÉPARATION 2 HEURES 30 • CUISSON 2 HEURES 15

1 beau chou rouge
1 kg de marrons
1 bel oignon
0,5 dl d'huile d'olive
sel, poivre

Laver le chou, le couper en quatre et plonger les quartiers dans une casserole d'eau bouillante. Les faire cuire pendant 5 minutes et les laisser égoutter. Puis couper les quartiers de chou en fines lanières.
Verser l'huile d'olive dans une casserole, la faire chauffer et y faire rissoler, à feu doux, pendant 5 minutes, l'oignon épluché et finement haché.
Pendant ce temps, inciser les marrons, les mettre sur une plaque et les faire chauffer rapidement au four ; ils s'éplucheront ensuite facilement. Mettre le chou dans la casserole contenant l'oignon ; saler, poivrer, mêler bien le tout ; mouiller d'eau à hauteur, porter à ébullition, couvrir. Réduire le feu et laisser cuire pendant 1 heure.
À ce moment, ajouter les marrons entiers au chou, et un peu d'eau chaude, s'il y a lieu. Faire reprendre l'ébullition, couvrir, réduire le feu et faire cuire pendant encore 1 heure.
Servir dans un légumier chauffé, en accompagnement d'un plat de gibier.

CITROUILLE, COURGE ET POTIRON

DE CES LÉGUMES AQUEUX ON CONSOMME GÉNÉRALEMENT LA pulpe, réduite en purée, ou on confectionne des gratins ou des potages. Les jeunes tiges (brèdes de citrouille) sont néanmoins très appréciées dans la cuisine antillaise et réunionnaise. Quant à la tarte à la citrouille ou au potiron, c'est une spécialité que l'on retrouve dans les Flandres et aux États-Unis.

BRÈDES DE CITROUILLE
PRÉPARATION 1 HEURE • CUISSON 1 HEURE 30

800 g de jeunes tiges et de feuilles de citrouille
100 g de graisse de porc
100 g de lard frais gras et maigre
1 oignon
5 gousses d'ail
10 g de gingembre
3 grosses tomates

Préparer soigneusement les jeunes tiges et les feuilles de citrouille, les laver à plusieurs eaux et les laisser tremper à l'eau fraîche.
Dans la graisse, faire revenir le lard en dés et l'oignon haché. Lorsque le tout est doré, ajouter l'ail pilé avec le gingembre, du sel et les tomates mondées, pilées et concassées. Cuire, pendant 15 minutes, à petit feu. Égoutter les tiges de citrouille, les poser sur le coulis et cuire pendant 1 heure, à l'étouffée, à petit feu, sans découvrir, mais en secouant le récipient de temps à autre.
Servir en légumier chaud. Ce plat peut s'accompagner de riz à la créole.

GÂTEAU DE COURGE
PRÉPARATION 40 MINUTES • CUISSON 25 MINUTES

2 kg de courge
un litre de lait bouillant
300 g de sucre
6 œufs entiers
un peu de vanille

Faire cuire à l'eau bouillante, très légèrement salée, la courge coupée en gros dés. Lorsque la courge est cuite, la mettre dans une étamine que l'on presse et tord, pour qu'il ne reste plus une goutte d'eau dans la pulpe.
Ajouter à cette pulpe le lait bouillant, largement sucré, 6 œufs entiers et un très petit morceau de vanille ; bien mélanger le tout. En garnir un plat de porcelaine creux allant au feu et mettre à feu doux pendant 25 minutes. Cuire comme une crème renversée.

LÉGUMES ET GARNITURES

CONCOMBRE

TRÈS RICHE EN EAU, CE LÉGUME RAFRAÎCHISSANT EST APPRÉCIÉ pour sa légèreté et son goût très fin. Il se consomme généralement cru, éventuellement dégorgé au sel fin, parfois cuit, par exemple en garniture de viande blanche ou de poisson. On peut également le farcir, soit pour préparer une entrée froide, soit pour réaliser un plat de légume plus consistant. Comme crudité, la sauce à la crème lui convient tout particulièrement, ainsi que l'estragon et l'aneth.

CONCOMBRES À LA CRÈME
PRÉPARATION 40 MINUTES • CUISSON 30 MINUTES

4 concombres
sel, poivre
une pincée de sucre
50 g de beurre
un demi-litre de velouté*
1 dl de crème fraîche
un demi-citron

Éplucher les concombres, les partager en deux dans le sens de la longueur. Avec une cuillère, enlever les pépins. Tronçonner les demi-concombres en morceaux de 4 cm de long environ, et ceux-ci en trois morceaux, puis leur donner une forme de gousse d'ail, c'est-à-dire les écorner légèrement ; les jeter aussitôt quelques instants dans une eau bouillante acidulée. Lorsque tous les concombres sont blanchis, les égoutter soigneusement.

Les mettre dans une sauteuse. Mouiller d'eau aux trois quarts de la hauteur. Un peu de sel, une pincée de sucre et le beurre. Papier beurré et couvercle. Faire partir la cuisson en plein feu, puis réduire. Surveiller la cuisson des concombres, qui doit coïncider avec l'évaporation du mouillement, sans avoir rissolé.

Faire réduire le velouté préparé au préalable avec la crème, mettre l'assaisonnement au point. Passer au chinois et lier les concombres avec cette sauce, qui sera passablement beurrée. Pour les veloutés ou toute autre sauce, crème ou Béchamel, apporter tous ses soins au fond et surtout au temps de cuisson. Une sauce n'est jamais trop cuite ni jamais assez dépouillée.

LÉGUMES ET GARNITURES

CONCOMBRES FARCIS

PRÉPARATION 1 HEURE • BLANCHISSAGE 8 MINUTES • BRAISAGE 30 MINUTES

4 gros concombres
500 g de farce fine de porc, un peu grasse
2 dl de duxelles*
2 jaunes d'œufs
un litre et demi de très bon fond de braisage
2 dl de demi-glace* corsé
bouquet garni
quelques bardes de lard
un peu de mie de pain écrasée

Choisir de gros concombres, les éplucher au couteau économe, les couper en tronçons de 4 à 5 cm. Les creuser avec la cuillère à pommes noisette. Les jeter à l'eau bouillante salée quelques minutes, les rafraîchir et les égoutter délicatement. Beurrer, saler, poivrer un plat à sauter de justes dimensions, pour ranger les concombres à plat et, si possible, sans laisser de vides.

Mélanger la farce fine, la duxelles et les jaunes d'œufs ; assaisonner. Si la farce était un peu trop serrée, l'assouplir avec une ou deux cuillerées de sauce tomate. À l'aide de la poche, garnir les concombres ; les couvrir de bardes de lard (le concombre est très maigre) et d'un papier beurré ; couvrir. Laisser suer un moment. Mouiller, aux trois quarts de la hauteur, avec un très bon fond. Laisser cuire.

Après cuisson, transvaser délicatement les concombres ; à sec, les poudrer d'un nuage de mie de pain et les glacer au four.

Pendant ce temps, passer le fond de cuisson au chinois. Faire réduire, ajouter la demi-glace. Fond assez serré et corsé. Beurrer légèrement, si c'est nécessaire.

CONCOMBRES PERSILLÉS

PRÉPARATION 40 MINUTES • CUISSON 30 MINUTES

4 concombres
sel, sucre, poivre
150 g de beurre
1 cuillerée de persil

Après avoir supprimé les extrémités de petits concombres verts très frais, les couper en tronçons de 3 cm de longueur ; diviser ces tronçons, chacun, en 6 quartiers et, en les pelant, parer ces quartiers en forme de grosse gousse d'ail.

Les mettre dans une sauteuse assez grande pour qu'ils ne s'y trouvent point entassés ; ajouter assez d'eau pour qu'ils soient juste couverts ; une forte pincée de sel, 10 g de sucre et 60 g de beurre divisé en petits morceaux. L'ébullition prise, couvrir la casserole et tenir sur le coin du feu.

Dès que les concombres sont à peu près cuits, les faire bouillir en plein feu, jusqu'à ce que le liquide de cuisson, combiné avec le beurre, devienne à l'état de sirop épais. Ajouter alors une demi-cuillerée de persil ciselé et faire sauter les concombres, de façon qu'ils s'enveloppent de la réduction et du persil. Servir en légumier.

LÉGUMES ET GARNITURES

COURGETTE

MÉDITERRANÉENNE COMME LA TOMATE ET L'AUBERGINE, LA courgette se retrouve souvent dans des apprêts communs dont la ratatouille est le modèle. On lui applique en général les recettes de l'aubergine et on en fait également des marinades bien relevées que l'on sert en salade. La petite « diamant », bien verte et fine, est tenue pour la meilleure. La grisette et l'aurore ont davantage de graines.

* COURGETTES À L'ORIENTALE
PRÉPARATION 35 MINUTES • CUISSON 50 MINUTES

Recette mise au point par Mademoiselle Decure, fondatrice de la revue « Cuisine et Vins de France ».

Pour 4 personnes :
8 petites courgettes bien fermes
4 branches de persil
4 gousses d'ail
quelques tiges de ciboulette
6 à 8 feuilles de laurier
50 g de riz à grain long
50 g de pignons
2 œufs
sel, poivre
une pointe de cannelle en poudre
un peu de noix de muscade râpée
huile d'olive

Laver le riz à l'eau froide et le faire cuire dans une grande quantité d'eau bouillante salée, avec une feuille de laurier. Le mettre à égoutter lorsqu'il est cuit.
Laver les courgettes, couper les queues à ras et les fendre en deux, dans le sens de la longueur.
Les évider, à l'aide d'une cuillère à pamplemousse, sans déchirer la peau. Conserver 3 mm d'épaisseur de chair et un petit bord, vers l'extrémité pédonculaire.
Hacher grossièrement persil, ail, ciboulette et chair des courgettes. Bien mélanger.
Huiler légèrement un grand plat (ou la lèchefrite du four). Déposer les feuilles de laurier et ranger les demi-courgettes les unes contre les autres. Poudrer d'un peu de sel fin chaque courgette et arroser chacune de très peu d'huile d'olive, à l'aide d'un pinceau. Porter au four, sous le gril, juste le temps de faire blondir les courgettes.
Dans une poêle contenant de l'huile d'olive, faire revenir pendant 10 minutes le hachis de courgettes et d'herbes, salé et poivré.
Verser ce hachis dans un saladier. Ajouter le riz égoutté puis les pignons. Mélanger et lier avec les deux œufs crus. Rendre le mélange bien homogène.
Vérifier l'assaisonnement. Ajouter un peu de noix de muscade râpée et la poudre de cannelle. Garnir chaque moitié de courgette avec ce mélange.
Porter à four chaud 15 à 20 minutes. (Si, au cours de la cuisson, la surface des courgettes dorait trop vite, la recouvrir d'une feuille d'aluminium ménager.)
Transporter délicatement les demi-courgettes cuites sur le plat de service et arroser avec l'huile de cuisson qui peut rester au fond du plat.
Ces courgettes à l'orientale, servies froides, sont particulièrement délicieuses, mais on peut aussi les servir tièdes ou chaudes.

COURGETTES RISSOLÉES AU BEURRE
PRÉPARATION 15 MINUTES • CUISSON 20 MINUTES

16 petites courgettes
150 g de beurre
sel
1 cuillerée de persil

Si les courgettes sont petites, et ce sont les meilleures, ne pas les peler : les couper en rondelles de 2 cm d'épaisseur ; les mettre dans une cocotte dans laquelle on aura fait fondre 100 g de beurre ; laisser cuire doucement, sans couvercle. Elles doivent prendre un peu de couleur. Au moment de servir, saler et ajouter le reste du beurre frais et du persil haché fin. Ce légume se cuit rapidement ; il est fin et léger.

On peut aussi préparer les courgettes, comme les aubergines, farcies ou à la meunière. Dans ce dernier cas, les couper en tranches dans le sens de la longueur ; passer les tranches au lait salé, les tapoter dans de la farine, les cuire au beurre dans une poêle et les retourner, afin de les colorer de chaque côté. Les ranger sur un plat long, mettre dessus un jus de citron et un beurre mousseux.

CROSNE

CE PETIT TUBERCULE DÉLICAT ORIGINAIRE DU JAPON FUT ACCLI-maté à la fin du XIXe s. dans l'Essonne, à Crosnes, d'où son nom. Ce légume très léger et fin de goût se cuit en 10 à 12 minutes sans épluchage, mais il faut frotter ses petits tortillons dans un gros trochon rugueux avec du gros sel, pour ôter l'excédent de peau. Très apprécié entre 1890 et 1920, le crosne est retombé dans un oubli relatif, mais c'est un légume succulent et légèrement sucré.

CROSNES AU VELOUTÉ
PRÉPARATION 30 MINUTES • CUISSON 15 MINUTES • CUISSON DU VELOUTÉ 1 HEURE

1 kg de crosnes
sel, poivre,
pincée de muscade
60 g de beurre
50 g de farine
un litre de fond* blanc
bouquet garni
1 dl de crème fraîche
2 jaunes d'œufs
persil

Trier et frotter les crosnes dans un gros linge solide, avec une poignée de gros sel. Les laver à plusieurs eaux. Les blanchir (cuisson à point) ; les égoutter. Les tenir au chaud, à sec, dans la casserole.
Avec le beurre et la farine, faire un roux blond. Mouiller au fond blanc ; ajouter le bouquet garni. Cuisson 1 heure au minimum. Passer au linge.
Remettre au feu ; lier avec les jaunes d'œufs et la crème ; laisser réduire. Repasser au linge.
Napper les crosnes de la sauce nécessaire. Persil ciselé en servant.

ENDIVE

LES ENDIVES SONT UNE CRÉATION RÉCENTE ORIGINAIRE DE Belgique, où on les appelle witloof (« feuilles blanches »). Elles ne doivent jamais séjourner dans l'eau froide sous peine de devenir amères. On les lave rapidement sous l'eau courante et on les essuie aussitôt. On ne les blanchit pas. Ce légume d'hiver, qui se consomme tant cru que cuit, a une saveur fine et néanmoins affirmée qui permet d'élaborer des recettes raffinées : salades composées agrémentées de fruits, gratins au jambon et au fromage, garniture de poisson, voire de coquilles Saint-Jacques, de viande blanche, etc. Les endives à cuire doivent être choisies plutôt parmi les petites. Les moyennes et les grosses sont émincées en salade. C'est, en outre, un légume avantageux, car pratiquement sans déchets. Il faut toujours retirer le petit cône situé à la base du trognon, qui confère un excès d'amertume au légume.

CROQUETTES D'ENDIVES
PRÉPARATION 20 MINUTES • CUISSON 15 MINUTES

Pour 9 croquettes environ :
250 g d'endives cuites
(4 environ)
sel, poivre
100 g de farine
1 œuf
3 cuillerées à soupe
d'huile d'arachide

Couper les endives cuites en petits morceaux et, à l'aide d'une fourchette, les réduire en purée. Ajouter la farine et l'œuf, puis saler et poivrer la pâte ainsi obtenue.
Dans une poêle, faire chauffer l'huile et, pour une croquette, y laisser tomber une cuillerée à soupe de cette pâte assez fluide. Tourner légèrement la cuillère sur elle-même, pendant que la pâte coule, afin d'obtenir des tas sans bavures.
Faire rissoler les croquettes pendant 10 à 15 minutes, en les retournant à mi-cuisson.
Elles seront servies comme garniture d'un plat de viande.

LÉGUMES ET GARNITURES

2 kg d'endives
poivre
1 pincée de muscade
4 dl de bouillon
50 g de beurre
200 g de lard de poitrine
200 g de jambon cru.
Pour lier le fond :
60 g de beurre
un jus de citron

ENDIVES À L'ARDENNAISE
PRÉPARATION 40 MINUTES • CUISSON 45 À 55 MINUTES

Prendre 20 endives de grosseur moyenne (environ 2 kg) ; parer légèrement le pied ; supprimer les feuilles flétries du tour, les laver rapidement, bien les secouer et les ranger, tête-bêche, dans un sautoir grassement beurré et de justes dimensions pour les contenir.

Assaisonner d'une prise de poivre et d'une pointe de muscade râpée ; ajouter le bouillon (très peu salé, ou coupé de moitié d'eau) et le beurre divisé en parcelles ; faire prendre l'ébullition ; poser, à même sur les endives, un rond de papier beurré ; couvrir et cuire au four pendant 50 minutes, en maintenant une ébullition douce et régulière.

Lorsque les endives auront été au four pendant 35 minutes, y ajouter le lard de poitrine maigre, coupé en dés de un centimètre de côté (couenne retirée) et ébouillanté pendant 5 à 6 minutes, ainsi que le jambon cru, maigre, coupé de même.

Quelques minutes avant de servir, égoutter les endives et les ranger dans un légumier chaud. Faire réduire rapidement la cuisson à 2 petits décilitres ; la compléter, hors du feu, avec le beurre, un filet de jus de citron, et la verser sur les endives, avec lard et jambon.

Suivant grosseur, prendre
2 belles ou 3 moyennes
endives par personne
*un demi-litre de sauce ***
Béchamel
2 dl de crème fraîche
sel, 1 citron
100 g d beurre
assaisonnement

ENDIVES À LA CRÈME
PRÉPARATION 40 MINUTES • CUISSON 1 HEURE ENVIRON

Pour préparer des endives à la crème, il vaut mieux prendre de petites endives bien serrées. Retirer les feuilles flétries du tour, rogner légèrement l'extrémité, les passer rapidement dans de l'eau, en écartant les feuilles pour éliminer les grains de sable qui peuvent se trouver à l'intérieur, et bien les secouer au sortir de l'eau.

Après avoir paré le pied, ranger les endives, tête-bêche, dans un sautoir beurré pouvant juste les contenir.

Assaisonner légèrement de sel fin, ajouter 3 ou 4 cuillerées d'eau froide, le jus d'un demi-citron et le beurre divisé en parcelles. L'ébullition prise, poser dessus un rond de papier beurré, couvrir la casserole et cuire doucement au four pendant 40 minutes.

Au bout de ce temps, ajouter 4 dl de sauce Béchamel claire, et laisser mijoter encore pendant 20 à 25 minutes.

Prendre les endives avec une fourchette et les ranger dans une timbale ou un légumier chaud ; les couvrir avec la sauce et ajouter 5 ou 6 cuillerées de crème bouillante, légèrement salée.

Observation. En principe, un légume à la crème doit terminer sa cuisson dans de la crème, en quantité voulue pour en être couvert ; en fin de cuisson, cette crème doit être réduite de moitié. C'est par économie que nous indiquons l'emploi de la sauce Béchamel ; néanmoins, cette sauce doit être faite avec du lait réduit d'une bonne moitié.

LÉGUMES ET GARNITURES

GRATIN D'ENDIVES AU JAMBON
PRÉPARATION 15 MINUTES • CUISSON 30 MINUTES

Pour 6 personnes :
12 endives de taille moyenne ou 6 grosses
6 tranches de jambon de Paris
60 g de beurre
30 g de farine
un quart à un tiers de litre de lait
100 g de fromage râpé (mi-emmental, mi-comté)
un croûton de pain
gros sel
sel fin
poivre, chapelure
2 cuillerées de crème fraîche (facultatif)

Éplucher les endives, couper le bout et enlever les feuilles flétries s'il y a lieu.

Si le bout de l'endive est très gros, détacher un petit cône dans le fond, avec la pointe du couteau. Laver les endives à l'eau courante, en écartant les feuilles. Ne pas les laisser séjourner dans l'eau, les mettre tout de suite à égoutter.

Faire cuire les endives dans une grande quantité d'eau bouillante salée, avec un croûton de pain qui enlèvera l'amertume. Laisser bouillir 20 minutes environ. Les endives doivent être tendres, mais elles doivent garder leur forme et rester un peu fermes.

Pendant ce temps, préparer la béchamel. Faire fondre le beurre dans la casserole. Y verser la farine. Mélanger avec soin et laisser cuire pendant 10 minutes, à petit feu, sans laisser prendre couleur, en tournant sans cesse. Ce temps de cuisson de la farine est indispensable.

Ajouter le lait (chaud ou froid). Porter à ébullition en remuant et laisser cuire quelques instants.

Saler, poivrer, ajouter le fromage râpé (et la crème, si l'on veut enrichir le plat).

Jeter le pain cuit. Mettre les endives cuites à égoutter. Les presser légèrement. Attendre que l'eau ne s'écoule plus, sinon elles rendraient encore de l'eau dans la sauce.

Poser, tête-bêche, 2 endives sur chaque tranche de jambon et rouler. S'il s'agit de grosses endives, il n'y en aura qu'une par tranche de jambon. Placer les rouleaux ainsi formés dans un plat à gratin beurré. Napper avec la sauce.

Ajouter quelques petits morceaux de beurre sur le dessus ; on peut, de plus, poudrer légèrement de fine chapelure.

Mettre à gratiner à four très chaud (thermostat n° 9), pendant 5 à 10 minutes.

Servir dans le plat de cuisson.

GRATIN D'ENDIVES À LA ROYALE
PRÉPARATION 30 MINUTES • CUISSON 50 MINUTES

3 kg d'endives cuites
sel, poivre
1 pincée de muscade
1 pincée de sucre en poudre
8 œufs entiers
3 dl de crème fraîche

Beurrer le fond d'un plat de service allant au feu ; y ranger les endives cuites à l'eau et bien égouttées.

Battre dans un bol les œufs entiers, y ajouter la crème fraîche ; assaisonner de sel, de poivre et de muscade.

Verser le tout sur les endives, parsemer de quelques petits morceaux de beurre et faire cuire au four, pas trop chaud pour commencer.

Ces endives ne se transvasent pas. Attention à l'assaisonnement, car il est difficile de le rectifier.

LÉGUMES ET GARNITURES

ÉPINARD

CRU (À CONDITION D'UTILISER DE JEUNES FEUILLES TENDRES) OU plus souvent cuit, l'épinard est un légume fragile qu'il faut toujours cuisiner sitôt acheté. Cuit, on le consomme soit « en branches », soit réduit en purée. C'est une garniture bienvenue, légère et fraîche, pour un grand nombre de viandes et de poissons. On en fait également des gratins, des croquettes, des potages, etc. À noter que tous les apprêts dont le nom comporte l'expression « à la florentine » font intervenir des épinards sous une forme ou une autre. La *tétragone* est une variété d'épinard venue de Nouvelle-Zélande, qui connaît les mêmes préparations que l'épinard et le remplace sur le marché lorsque celui-ci souffre de la sécheresse.

ÉPINARDS À LA CRÈME
PRÉPARATION 50 MINUTES • CUISSON 12 À 15 MINUTES

3 kg d'épinards (net)
sel, sucre, poivre, muscade
250 g de beurre
3 dl de crème
3 cuillerées de farine
quelques croûtons en pain de mie, en forme de cœur et frits au beurre

Trier, laver et bien secouer les épinards ; les plonger dans une grande casserole d'eau bouillante, salée à raison de 7 à 8 g de sel au litre ; les cuire vivement, pendant 10 minutes s'ils sont nouveaux, et un peu plus s'ils sont avancés (temps compté depuis la reprise de l'ébullition). Ensuite, les égoutter, les rafraîchir à grande eau, les presser fortement entre les mains pour en extraire l'eau. Les hacher finement. Les mettre dans une serviette, dont on tordra fortement les deux bouts pour achever l'élimination de l'eau.

Mettre les épinards dans un sautoir, avec 150 g de beurre et les remuer sur feu vif, pendant quelques minutes, pour faire évaporer ce qui reste d'humidité. Assaisonner d'une forte pincée de sel fin, d'une pincée de sucre, d'une prise de poivre et d'une râpure de muscade. Poudrer de farine. Bien mélanger et ajouter, petit à petit, les deux tiers de la crème légère et fraîche. Faire prendre l'ébullition, sans cesser de remuer. Laisser mijoter ensuite sur le coin du feu, pendant 20 minutes, casserole couverte.

Au moment de servir, compléter, hors du feu, avec 100 g de beurre ; verser les épinards dans un légumier chaud et les arroser de 5 ou 6 cuillerées de crème bouillante. Garnir avec les croûtons frits.

LÉGUMES ET GARNITURES

* ÉPINARDS EN VERDURE À L'ANCIENNE

PRÉPARATION 1 HEURE • CUISSON VARIABLE

1 kg net d'épinards (après avoir enlevé les queues et trié les feuilles)
3 bottes de cresson (feuilles seulement)
1 kg de pissenlits (net)
1 kg de chicorée bien blanche
sel, poivre
2 dl de béchamel
200 g de beurre

Blanchir les épinards, le cresson, les pissenlits, la chicorée (en quantités égales). Chaque légume sera blanchi séparément, car les pissenlits et la chicorée demandent beaucoup plus de temps.

Dès qu'ils sont cuits, les retirer et les égoutter. Mélanger le tout et hacher très fin. Mettre dans un plat à gratin, beurré au fond et sur les bords. Il faut forcer la quantité de beurre, car les pissenlits, les épinards et surtout la chicorée absorbent très facilement le beurre ou la crème. Couvrir avec une béchamel ; passer 10 minutes à four modéré et servir.

ÎLE VERTE

PRÉPARATION 20 MINUTES • CUISSON 50 MINUTES

Pour 4 personnes :
1 kg d'épinards
4 œufs (les blancs seulement)
175 g de comté râpé
6 dl de lait
100 g de beurre
60 g de farine
sel, poivre

Éplucher les épinards en coupant le pédoncule à ras de la feuille ; les laver à plusieurs eaux et les jeter dans une grande quantité d'eau bouillante salée. Les laisser blanchir 5 à 10 minutes et les mettre à égoutter.

Préparer la sauce Béchamel : faire fondre le beurre (dont on aura réservé une grosse noix), verser la farine, mélanger et laisser légèrement blondir avant de mouiller avec le lait (chaud ou froid). Laisser cuire à feu très doux, environ 10 minutes, en remuant de temps en temps.

Prélever environ un quart de la sauce et faire réduire à part, jusqu'à consistance plus épaisse.

Hacher les épinards et les passer, pour les réduire en purée. (On peut les faire dessécher légèrement dans une casserole ayant un revêtement anti-adhésif).

Verser 125 g de fromage râpé dans la béchamel très réduite. Mélanger cette sauce épaisse à la purée d'épinards.

Incorporer délicatement à ce mélange les blancs d'œufs battus en neige ferme.

Verser le tout dans un moule haut, à bord droit, largement beurré avec la noix de beurre réservée au début de la préparation. Faire cuire une demi-heure à four moyen.

Ajouter le reste de fromage râpé à ce qui reste de sauce Béchamel (la partie la plus fluide).

Mettre la sauce dans un large plat allant au four et pouvant contenir, démoulé, le soufflé d'épinards. Quelques instants avant le service, faire gratiner cette sauce.

Démouler, au centre, le gâteau d'épinards et servir tout de suite.

On peut enrichir le plat de tranches de bacon légèrement frites, disposées autour des épinards. L'ensemble, agréablement coloré, est aussi joli à voir que délectable à déguster.

LÉGUMES ET GARNITURES

3 kg d'épinards triés, lavés
sel, poivre, muscade
pincée de sucre
1 dl de béchamel
1 cuillerée de farine
250 g de jambon maigre
100 g de beurre
50 g de fromage râpé
4 œufs

SOUFFLÉ D'ÉPINARDS AU JAMBON
PRÉPARATION 1 HEURE • 1re CUISSON 2 MINUTES • 2e CUISSON 20 MINUTES

Dans une bassine d'eau bouillante, salée à raison de 7 à 8 g de sel par litre, plonger les épinards de primeur ou de pousse nouvelle. (Rappelons, en passant, que le blanchiment des légumes verts doit toujours se faire dans un ustensile en cuivre non étamé, et qu'en outre, pour que les légumes verts conservent leur chlorophylle, l'ébullition doit être conduite vivement et à découvert.)

Dès l'instant où l'ébullition est reprise, laisser bouillir vivement 8 à 10 minutes, puis rafraîchir les épinards ; les égoutter ; les serrer fortement entre les mains pour en extraire complètement l'eau. Les hacher finement ou les passer au gros tamis.

Les mettre dans un sautoir, avec 50 g de beurre ; les remuer sur un feu ardent pour faire évaporer ce qui reste d'humidité, puis leur mélanger la farine, une pincée de sel fin, une prise de poivre, un soupçon de muscade et la béchamel. Faire prendre l'ébullition, couvrir et laisser mijoter sur le coin du feu ou au four, pendant 20 minutes.

Ensuite, mélanger dans les épinards, et hors du feu, le gruyère râpé, le jambon maigre cuit, coupé en brunoise, 50 g de beurre, les jaunes d'œufs et, enfin, les blancs fouettés en neige très ferme.

Verser la composition dans une timbale en métal, beurre (ou à défaut de timbale, dans un plat creux en porcelaine à feu) ; lisser la surface en forme de dôme, poudrer de fromage râpé, asperger de beurre fondu et mettre au four aussitôt.

Le four doit être de chaleur moyenne et soutenue. Le temps de cuisson est de 20 à 22 minutes.

1 cervelle de bœuf
1 kg d'épinards (net)
1 dl de sauce * Béchamel
300 g de beurre
sel, poivre
5 cl de crème fraîche
1 dl d'huile d'olive
1 pincée de muscade
50 g de parmesan râpé
2 œufs entiers et 2 jaunes

SUBRICS D'ÉPINARDS À L'ITALIENNE
PRÉPARATION 1 HEURE • CUISSON 8 MINUTES

Cuire à l'avance, à la meunière (au beurre et à l'huile), une cervelle de bœuf fortement assaisonnée ; la réserver.

Cuire les épinards à l'eau bouillante salée. Aussitôt qu'ils sont bien attendris, les égoutter, les rafraîchir à grande eau et les presser fortement entre les mains, par petites quantités à la fois. Après les avoir hachés finement, les mettre dans un torchon, qu'on tordra fortement pour extraire l'eau restante.

Mettre les épinards dans un sautoir, avec 50 g de beurre, une forte pincée de sel, une prise de poivre et une pointe de muscade râpée ; les remuer sur le feu ardent, jusqu'à évaporation complète de l'humidité ; ajouter la sauce Béchamel épaisse ; mélanger et ajouter encore 3 cuillerées de crème épaisse et le parmesan râpé.

Laisser bouillir quelques instants ; retirer du feu et ajouter la cervelle (écrasée sur une assiette avec le dos d'une fourchette), puis, par fractions, les œufs entiers et les jaunes, battus en omelette, en remuant toujours avec un fouet.

Dans une grande poêle, chauffer 250 g de beurre clarifié (ou l'équivalent en beurre et huile). Prélever la composition avec une cuillère à soupe et, à l'aide d'une autre cuillère, la faire tomber dans la graisse fumante, en laissant un certain espace entre chaque subric (la composition s'étale en forme de petite galette). Lorsque, au bout d'une minute, le dessous est solidifié, retourner les subrics à l'aide d'une fourchette et laisser la cuisson se compléter de l'autre côté.

Les dresser rapidement sur un plat chaud et servir, à part, une sauce Béchamel à la crème.

TIAN D'ÉPINARDS
PRÉPARATION 30 MINUTES • CUISSON 50 MINUTES

Hacher les épinards après les avoir lavés. En exprimer l'eau. Les mettre dans une casserole, avec la farine, les gousses d'ail hachées, le sel et le poivre. Mouiller avec le lait et l'huile d'olive. Cuire à feu modéré, au four, feu dessous seulement, pendant trois quarts d'heure. Faire gratiner 5 minutes et servir.

1 kg d'épinards
2 gousses d'ail
un quart de litre de lait
2 cuillerées de farine
2 cuillerées d'huile d'olive extra-vierge
sel, poivre

FENOUIL

ORIGINAIRE D'ITALIE, CETTE PLANTE AROMATIQUE AU PARFUM anisé possède un bulbe charnu que l'on apprête en légume, cru, en salade, avec de la crème notamment, ou cuit, en garniture de viande, braisé ou étuvé au beurre, au gratin, au jus ou à la moelle. Le « loup au fenouil » n'utilise que quelques brins de tiges de fenouil séchées glissées dans le ventre pour aromatiser sa chair.

LÉGUMES ET GARNITURES

FENOUILS MIJOTÉS AU BEURRE
PRÉPARATION 10 MINUTES • CUISSON 1 HEURE ENVIRON

8 à 9 bulbes de fenouil environ (1,3 kg)
1 citron non traité
180 g de beurre salé
1 bouquet de persil plat
sel et poivre blanc

Parer soigneusement les bulbes de fenouil en retirant les premières feuilles abîmées ou trop dures, couper les tiges et rogner la base. Râper le zeste du citron et en réserver une cuillerée à soupe. Presser le citron et verser le jus dans une grande casserole remplie d'eau légèrement salée. Porter cette eau à ébullition. Y plonger les bulbes de fenouil et les faire cuire à gros bouillons pendant 20 à 25 minutes environ. Ils doivent être bien attendris mais pas trop cuits néanmoins. Les égoutter bien à fond et les couper chacun en deux dans le sens de la hauteur. Les disposer dans un plat à gratin et parsemer de parcelles de beurre ; glisser aussi du beurre entre les bulbes et le long des parois. Saler et poivrer légèrement ; ajouter le zeste de citron. Faire cuire à four doux pendant 30 minutes environ. Surveiller la cuisson et arroser souvent les fenouils avec le beurre. Ils ne doivent pas prendre couleur. Servir après avoir parsemé de persil.

FÈVE

CONNUE ET CONSOMMÉE DANS LE BASSIN MÉDITERRANÉEN depuis la plus haute Antiquité, la fève est la plus nourrissante de toutes les légumineuses. Ce fut, avant le haricot, le légume privilégié pour cassoulet. Les fèves fraîches du Midi sont disponibles tout l'été : on les déguste vertes à la croque au sel, ou mûres et cuites à l'eau, une fois « dérobées » (débarrassées de la peau qui les recouvre). Les fèves sèches, encore plus énergétiques, doivent tremper une douzaine d'heures avant cuisson. Les premières peuvent faire de succulentes salades, les secondes se cuisinent en ragoût ou en purée, avec, comme aromate favori, la sarriette.

FÈVES À LA CRÈME
PRÉPARATION 1 HEURE • CUISSON 35 MINUTES

3 litres de jeunes fèves
sel, poivre
2 brindilles de sarriette
2 dl d'eau
100 g d'eau
100 g de beurre
2 dl de crème fraîche
3 jaunes d'œufs

Choisir des fèves jeunes et fraîches. Après les avoir écossées et décortiquées, les mettre dans une casserole, avec le beurre et les condiments. Mouiller avec une tasse d'eau bouillante. Cuire à feu modéré pendant 35 minutes.
Au moment de servir, lier les fèves avec la crème fraîche, dans laquelle on aura délayé les jaunes d'œufs. Servir bien chaud.

RAGOÛT DE FÈVES AUX ARTICHAUTS
PRÉPARATION 1 HEURE 30 ENVIRON • CUISSON 1 HEURE ENVIRON

2 kg de fèves fraîches
9 artichauts à feuilles pointues
2 gros oignons
3 gousses d'ail
une poignée de persil
1 verre d'huile d'olive
sel fin, poivre

Écosser les fèves. Verser environ un litre et demi d'eau dans un grand fait-tout, la faire bouillir ; y jeter les fèves, que l'on laissera cuire à feu vif pendant une demi-heure environ, en surveillant, à différentes reprises, la quantité de liquide qui, en fin de cuisson, doit représenter à peine un demi-litre.
Pendant ce temps, préparer les artichauts. Enlever toutes les feuilles dures ; ne conserver que les plus tendres, que l'on coupera aux ciseaux à 1 cm environ du fond. Couper chaque fond d'artichaut en 6 ou 8 morceaux et enlever soigneusement le foin. Dans un petit fait-tout, verser environ un litre et demi d'eau ; à ébullition, y jeter les artichauts. Les laisser cuire, à feu vif, pendant environ un quart d'heure, puis les égoutter dans la passoire.
Éplucher les oignons, les couper en rondelles. Verser l'huile dans le grand fait-tout (après l'avoir débarrassé des fèves, mises en réserve dans le petit fait-tout qui a servi à la cuisson des artichauts). Faire chauffer l'huile, y verser les oignons que l'on fera dorer.
Verser, dans ce grand fait-tout, les fèves et les artichauts, assaisonner de sel fin et d'une bonne pincée de poivre. Laisser mijoter, à feu doux, pendant environ 30 minutes. Une dizaine de minutes avant la fin de la cuisson, ajouter l'ail et le persil hachés. Vérifier l'assaisonnement. Laisser tiédir, pendant environ 20 minutes, dans le fait-tout couvert, avant de servir.

LÉGUMES ET GARNITURES

HARICOT À ÉCOSSER

FRAIS OU SECS, LES HARICOTS EN GRAINS SE CONSOMMENT toujours cuits. Les variétés disponibles se caractérisent par la taille et la couleur : fins *flageolets* vert pâle, accompagnement traditionnel de l'agneau ; gros *cocos* blancs consistants et *mogettes* du Poitou, pour les ragoûts et le cassoulet ; gros *lingots* du Nord, de longue conservation ; haricots *rouges*, à mijoter au vin rouge et au lard. Très nourrissants et plus riches en protéines que les viandes, les haricots à écosser secs doivent tremper plusieurs heures avant emploi. On les accommode au beurre, à la crème, en gratin, à l'oignon, en garniture de la morue ou du porc, dans des plats d'hiver chaleureux et consistants.

* ÉTUVÉE DE LÉGUMES NOUVEAUX AUX HARICOTS BLANCS
PRÉPARATION 50 MINUTES • CUISSON 1 HEURE

4 carottes, 4 navets
6 pommes de terre
le tout émincé
250 g de haricots verts effilés et cassés en tronçons
4 cœurs de laitues en quartiers
sel, poivre
150 g de haricots blancs frais, écossés
un demi-litre de petits pois, frais cueillis et écossés
150 g de beurre
1 dl d'eau froide

Beurrer grassement une cocotte en terre ou en porcelaine à feu ; parsemer le fond de la moitié de la laitue ; sur celle-ci, mettre la moitié de chacun des légumes ; assaisonner de sel et de poivre ; éparpiller dessus 50 g de beurre divisé en parcelles, puis ajouter le reste de la laitue et des autres légumes ; assaisonner encore de sel et de poivre et compléter avec 50 g de beurre, divisé comme précédemment, et 4 cuillerées d'eau froide. Inutile d'en mettre plus, le mouillement se trouvera suffisant avec l'eau de végétation des légumes.

Fermer l'ustensile, souder le couvercle avec un cordon de pâte, afin que la vapeur se trouve concentrée à l'intérieur ; faire prendre l'ébullition sur le feu et continuer la cuisson au four, à chaleur moyenne, pendant 50 minutes. En sortant l'étuvée du four, enlever la pâte mise autour du couvercle ; essuyer l'ustensile et servir tel quel.

HARICOTS BLANCS FRAIS À LA MODE DE BORDEAUX
PRÉPARATION 5 MINUTES • CUISSON 1 HEURE 15

1 litre de haricots blancs frais
10 g de gros sel
1 cuillerée à soupe de graisse de porc
6 tomates moyennes
1 cuillerée à soupe d'oignon

Faire bouillir 2,5 litres d'eau dans une grande casserole. Y jeter les haricots blancs, couvrir la casserole aux trois quarts et faire bouillir doucement pendant 30 minutes.

Ajouter le sel et la graisse. Continuer la cuisson pendant encore 30 minutes, en veillant à ce que les haricots n'attachent pas, étant donné la réduction du mouillement.

Préparer la sauce tomate dès que les haricots commencent à cuire. Couper les tomates en quartiers, éliminer les graines. Faire chauffer le beurre et y mettre l'oignon haché. Faire blondir et remuer avec une cuillère. Ajouter les tomates et remuer sur feu moyen pendant 4 minutes. Ajouter les condiments puis couvrir et continuer la cuisson sur feu doux pendant 35 à 40 minutes, en remuant de temps en temps. Avant de passer la sauce, vérifier si les tomates ont bien évaporé toute leur eau, sinon faire bouillir à découvert en remuant. Passer au tamis et mettre le coulis de côté. Égoutter les haricots à fond (en conservant l'eau de cuisson pour un potage). Remettre les haricots dans la casserole, ajouter le coulis de tomates et faire réchauffer en sautant légèrement pendant 2 minutes. Lorsque le tout est bien lié, servir dans un plat creux avec un hachis de persil frais.

3 brins de persil
1 brin de thym
1 demi-feuille de laurier
1 clou de girofle
sel fin, poivre blanc
muscade râpée, 5 g d'ail
1 cuillerée à soupe
de beurre
persil frais

HARICOTS ROUGES AU LARD
PRÉPARATION 40 MINUTES • CUISSON 2 HEURES

Laver les haricots. Les laisser tremper 12 heures, ainsi que le lard. Mettre au feu, dans la même marmite, sans saler, haricots et lard. Écumer ; ajouter la garniture.

Lorsque les haricots sont cuits (on aura pris la précaution d'enlever le lard cuit à point), retirer la garniture ; le mouillement doit alors être suffisant pour que les haricots ne soient ni trop mouillés ni trop secs. Saler, laisser cuire encore un moment (le haricot rouge demande à être bien cuit) ; mettre le beurre pour terminer. Ajouter du persil ciselé au moment de servir. Garnir avec le petit salé.

1 kg de haricots rouges
de l'année
sel, poivre
2 carottes
1 oignon piqué d'un clou
de girofle
2 gousses d'ail
en chemise
bouquet garni
500 g de lard de poitrine
50 g de beurre, persil

HARICOTS ROUGES À LA VIGNERONNE
LA PRÉPARATION ET LA CUISSON SONT IDENTIQUES À CELLES DES HARICOTS ROUGES AU LARD

Ces haricots rouges se préparent comme les précédents. Mais remplacer une partie de l'eau par un litre de vin rouge ordinaire, corsé et d'un degré d'alcool assez élevé.

En raison du vin, la cuisson sera un peu plus longue.

Ne saler les haricots qu'en fin de cuisson. Ne mettre l'ail ni haché ni écrasé, mais les gousses d'ail entières (en chemise) ; on les enlève, avec la garniture, en fin de cuisson.

Mêmes ingrédients que
pour les haricots rouges
au lard + 1 l de vin
rouge ordinaire

LÉGUMES ET GARNITURES

HARICOT VERT

LÉGUMINEUSE DONT ON CONSOMME LA GOUSSE ALLONGÉE, le haricot dit « vert » connaît en réalité différentes couleurs selon la variété : haricots filets, longs, verts et fins, savoureux de mai à septembre (fin de Bagnols, violet ou triomphe de Farcy) ; haricots mange-tout, verts ou jaunes (haricots « beurre »), plus gros et charnus.

Pour que les haricots verts conservent tout leur aspect, il faut : les utiliser fraîchement cueillis ; les cuire dans un très grand récipient ; que l'eau soit abondante, bouillant à gros bouillons, fortement salée, mais seulement au moment d'y plonger les haricots ; que l'ébullition soit très vivement menée, à grand feu et à découvert ; les égoutter à fond et les sécher rapidement à l'entrée du four avant de les apprêter.

HARICOTS VERTS À L'ANGLAISE
PRÉPARATION 40 MINUTES • CUISSON 20 À 25 MINUTES

1,250 kg net de haricots verts
100 g de beurre
gros sel

Pour les haricots verts à l'anglaise, il est indispensable de les choisir extra-fins et récemment cueillis.

Au dernier moment, laver les haricots à l'eau froide ; les plonger dans l'eau bien bouillante et saler en même temps qu'on mettra les haricots (pas avant). Saler un peu plus que normalement (cela a son importance). La cuisson sera menée rondement et, surtout, à découvert. Les haricots devront être cuits à point, c'est-à-dire rester un peu fermes. Égoutter vivement. Les remettre (sans les rafraîchir) dans une casserole, laisser partir l'humidité sur le feu.

Les mettre dans une timbale chauffée. Ajouter le beurre en parcelles et faire sauter les haricots, en dehors du feu. La température de la timbale et des haricots verts suffit à mettre le beurre en pommade pour opérer la liaison, mais il ne doit pas se clarifier. Ne rien ajouter.

HARICOTS VERTS À LA LANDAISE
PRÉPARATION 45 MINUTES • CUISSON 25 MINUTES

1,250 kg de haricots verts
sel, poivre
80 g de beurre
100 g de fromage râpé
1 dl de crème fraîche

Faire blanchir des haricots verts frais cueillis ; les égoutter ; les passer à la sauteuse avec du beurre. Pour terminer, les poudrer de fromage râpé et y ajouter une bonne cuillerée de crème épaisse.

HARICOTS VERTS TOMATÉS
PRÉPARATION 1 HEURE • CUISSON 55 MINUTES

Laver les tomates, les plonger pendant une seconde dans de l'eau bouillante et en retirer la peau.
Éplucher l'oignon, laver le persil ; les hacher finement.
Faire chauffer l'huile dans une casserole et y faire revenir l'oignon et le persil. Ajouter les tomates coupées en morceaux et 2 dl de bouillon ; couvrir et faire étuver pendant 15 minutes.
Écraser les tomates avec une fourchette, les réduire en purée. Ajouter encore 2 dl de bouillon, du sel et du poivre.
Éplucher et laver les haricots ; les ajouter au coulis de tomates. Couvrir, faire reprendre l'ébullition ; réduire le feu et laisser cuire pendant 30 à 40 minutes. Les mettre dans un légumier chauffé, qui accompagnera un plat de viande.

1,250 kg de haricots verts
650 g de tomates
1 bel oignon
4 à 5 dl de bouillon
4 touffes de persil
3 cuillerées à soupe d'huile d'olive
sel et poivre

LAITUE

DESTINÉE ESSENTIELLEMENT À LA SALADE « VERTE », LA LAITUE peut également se cuisiner cuite, braisée, au jus, en purée, à la crème, et même farcie. On distingue aujourd'hui : la laitue pommée (ou beurrée), la plus courante, ronde, en forme de chou épanoui, à feuilles lisses ou cloquées ; la batavia, aux feuilles plus épaisses, découpées et d'apparence gaufrée ; la romaine, à longues feuilles et grosses nervures, dont la pomme est allongée et peu serrée. Ces salades sont meilleures en été et au printemps. Leur lavage doit être soigneux. La pommée entre, notamment, dans la préparation des petits pois à la française.

LÉGUMES ET GARNITURES

LAITUES AU JUS

PRÉPARATION 40 MINUTES • BLANCHISSAGE 8 À 10 MINUTES • BRAISAGE 1 HEURE

16 grosses laitues
100 g de débris de lard et de couennes
2 carottes, 2 oignons
bouquet garni
8 bardes de lard gras
sel, poivre
une râpure de muscade
3 dl de fond * blanc
8 croûtons frits au beurre
1 dl de demi-glace *

Laver avec soin les laitues, les blanchir, les rafraîchir, les égoutter et les presser pour en extraire l'eau.

Foncer une cocotte avec des débris de lard et de couennes, les carottes et les oignons émincés, un bouquet garni. Préparer les bardes de lard. Étaler les laitues, égouttées, sur la table ; les assaisonner de sel, de poivre, d'un soupçon de muscade. Les entourer, deux par deux, d'une barde de lard ; les ficeler de deux ou trois tours de ficelle et les disposer sur le fonçage. Faire suer, puis mouiller d'un bon fond blanc ; couvrir d'un papier beurré et d'un couvercle.

Après ébullition, mettre au four. Une fois les laitues cuites, les enlever, les mettre sur un plat, les dégager de la barde et de la ficelle, les parer et supprimer une partie du trognon. Les dresser, à mesure, sur un plat en les intercalant avec un croûton au beurre. Passer le fond ou une partie du braisage. Dégraisser ; réduire ; ajouter la demi-glace ; napper.

La laitue, légume maigre, doit être bien nourrie pendant la cuisson. On ne pare ou supprime le trognon qu'après le braisage, faute de quoi les feuilles se disperseraient pendant le blanchiment.

Pour les laitues farcies, on procède comme pour les laitues braisées au jus. Les laitues, braisées et un peu refroidies, sont étalées sur table. On les pare, on enlève en biais une partie du trognon, et aussi les feuilles ou bouts de feuilles qui auraient souffert pendant le braisage. Aplatir délicatement les laitues ; les farcir avec la farce choisie ; les replier sur elles-mêmes. Les remettre dans un plat à sauter beurré.

Mouiller, juste assez, avec un bon fond. Couvrir d'un papier beurré et laisser mijoter.

LAITUES AU RIZ

PRÉPARATION 50 MINUTES • CUISSON DU RIZ 6 MINUTES
CUISSON DES LAITUES FARCIES 30 À 35 MINUTES

8 laitues, 100 g de riz
100 g de jambon
6 dl de bouillon
1 carotte et 1 oignon émincés
bouquet garni
100 g de couennes de lard
2 dl de fond * de veau
2 cuillerées de tomate concentrée
80 g de beurre

Blanchir le riz pendant 6 minutes, l'égoutter, le rafraîchir et le cuire, avec 2 décilitres et demi de bouillon, jusqu'à ce qu'il ait complètement absorbé le liquide. Ensuite, y mélanger le jambon haché et 20 g de beurre. Plonger les laitues dans une casserole d'eau bouillante salée ; laisser bouillir 8 minutes, égoutter, rafraîchir et presser fortement les laitues. Après les avoir fendues sur un côté, introduire dans l'intérieur une forte cuillerée de riz au jambon ; les refermer, les entourer de quelques tours de fil et les braiser avec le lard et la garniture aromatique.

Après cuisson, les déficeler, les racler légèrement de chaque côté, et les ranger en couronne sur un plat.

Dégraisser le jus de cuisson, le réduire à 1 dl ; ajouter le jus de veau et la purée de tomate, laisser bouillir quelques minutes et compléter, hors du feu, avec ce qui reste de beurre.

Verser ce jus sur les laitues et servir.

LENTILLE

CULTIVÉE DEPUIS DES TEMPS IMMÉMORIAUX, LA LENTILLE EST nourrissante et énergétique. Légume indissociable du petit salé, elle se cuisine aussi en purée, au jus de viande ou à la crème, voire en salade, refroidie ou tiède, avec une vinaigrette bien relevée. On distingue la lentille verte du Puy, vert foncé, très savoureuse, protégée par une appellation, la lentille verte, la lentille brune et la lentille blonde, de diverses origines. On cuit les lentilles comme les haricots secs, mais certains conseillent de ne pas les faire tremper.

PURÉE DE LENTILLES
PRÉPARATION 10 MINUTES • TREMPAGE 1 OU 2 HEURES (FACULTATIF)
CUISSON 40 MINUTES ENVIRON

800 g de lentilles vertes du Puy
gros sel, poivre noir concassé
1 bouquet garni
1 gros oignon
2 clous de girofle
1 carotte de 50 g environ
50 g de beurre frais

Trier les lentilles, les laver. Si l'on veut, les faire tremper une ou deux heures à l'eau froide. Les verser, égouttées, dans une grande casserole. Les couvrir d'eau largement, porter à ébullition et écumer. Ajouter une demi-cuillerée à soupe de gros sel, du poivre noir au goût, le bouquet garni, l'oignon piqué et la carotte pelée et coupée en petits dés.
Faire cuire à couvert à toute petite ébullition. Le temps de cuisson varie selon la fraîcheur des lentilles, de 30 à 40 minutes environ. Retirer le bouquet garni et l'oignon piqué. Passer les lentilles au moulin à légumes quand elles sont encore très chaudes, en ajoutant éventuellement un peu du bouillon de cuisson. Faire réchauffer la purée sur feu doux en la travaillant régulièrement à la cuiller de bois. Ajouter le beurre et lier la purée en remuant. Servir très chaud.

* SALADE DE LENTILLES TIÈDE AU CERVELAS
PRÉPARATION 20 MINUTES • CUISSON 30 À 40 MINUTES

600 g de lentilles
sel, poivre
bouquet garni
1 oignon piqué
1 petite carotte
1 cervelas
6 cuillerées à soupe d'huile de maïs
3 cuillerées à soupe de vinaigre de vin rouge
persil plat, 1 échalote

Faire cuire les lentilles avec le bouquet garni, l'oignon piqué et la carotte, comme dans la recette de la purée de lentilles, mais en les maintenant un peu plus fermes. Pendant ce temps, faire pocher le cervelas à l'eau, puis l'égoutter et le couper en rondelles obliques bien régulières. Préparer une vinaigrette bien relevée à l'échalote. Égoutter les lentilles à fond et les verser dans un plat creux, arroser de vinaigrette et remuer. Laisser reposer quelques minutes, remuer à nouveau et ajouter en garniture les rondelles de cervelas. Parsemer de persil ciselé et servir tiède.

MAÏS

ORIGINAIRE DU MEXIQUE ET TRÈS POPULAIRE DANS LA CUISINE américaine du Nord et du Sud, le maïs est une céréale que l'on transforme en farine ou en semoule pour préparer des bouillies, pains, crêpes, galettes, etc., dont la fameuse *polenta* italienne. Mais on trouve également, de juillet à octobre, du maïs doux en épis frais, que l'on cuit à l'eau ou que l'on fait griller. Égrené, ce maïs intervient aussi comme garniture de viande ou de volaille, au beurre frais ou à la crème.

ÉPIS DE MAÏS AU BEURRE FONDU
PRÉPARATION 1 HEURE • CUISSON 30 À 35 MINUTES

**16 épis de maïs
sel, un demi-litre de lait
persil en branches
150 g de beurre fondu
citrons**

Choisir des épis très tendres (au mois d'août), pour que les grains soient bien laiteux ; enlever les premières feuilles, laisser les plus tendres. Les pocher à l'eau salée additionnée de lait.
Servir sur une serviette, avec un bouquet de persil en branches. À part, en saucière, présenter le beurre fondu, légèrement salé. À loisir, sur chaque assiette, des demi-citrons. On peut aussi égrener le maïs à la fourchette et le servir en timbale. Il est préférable de le servir en épis. Les épis de maïs se servent aussi grillés.

POLENTA À L'ITALIENNE
PRÉPARATION 3 HEURES • CUISSON 50 MINUTES • TEMPS DE FRITURE

**250 g de semoule
de maïs
un litre d'eau
huile d'olive
ail, sel, beurre et huile
pour friture
parmesan râpé**

Dans une casserole, faire bouillir un litre d'eau avec huile d'olive, ail coupé finement et un peu de sel.
Dans une jatte, préparer une pâte avec 250 g de semoule de maïs et un verre d'eau froide.
Verser cette pâte dans l'eau bouillante aromatisée, remuer à la spatule, laisser cuire à feu doux 40 à 50 minutes. Remuer de temps à autre.
Verser la préparation dans un plat (mouillé) et laisser refroidir.
Couper la polenta en tranches épaisses, une par personne. Faire frire les tranches dans une poêle, avec moitié beurre, moitié huile.
Servir les tranches de polenta très chaudes, avec du parseman râpé.

LÉGUMES ET GARNITURES

MARRON

LE FRUIT DU CHÂTAIGNIER EST NATURELLEMENT ENFERMÉ DANS une bogue épineuse : lorsqu'il y a plusieurs fruits dans la même bogue, il s'agit de châtaignes (que l'on consomme grillées ou qui servent à préparer des farines, traditionnelles dans l'alimentation de certaines régions). S'il n'y a qu'un seul fruit dans la bogue, il s'agit de marrons, variété améliorée de châtaignes, que l'on cultive dans l'Ardèche, la Dordogne, en Corse et en Lozère. Les marrons entrent dans la composition des farces pour les grosses volailles (dinde, oie), mais accompagnent aussi les choux (verts, rouges, de Bruxelles). En purée, ils servent d'accompagnement aux pièces de venaison (chevreuil, marcassin, etc.).
Ils jouent un rôle important en pâtisserie et en confiserie : purée de marrons, confitures, marrons glacés, etc.

PURÉE DE MARRONS
PRÉPARATION 1 HEURE • CUISSON 40 À 50 MINUTES

Un litre et demi de marrons
3 morceaux de sucre
2 dl de bouillon
1 branche de céleri
100 g de beurre
1 dl de lait ou de crème

Écorcer des marrons moyens. Pour l'écorçage, on peut procéder de trois façons : ou bien ébouillanter les marrons pendant 6 minutes ; ou bien les mettre à l'entrée du four jusqu'à ce que la chaleur ait soulevé l'écorce, sans les laisser griller ; ou bien les tremper, par 7 ou 8 à la fois, dans de la friture fumante. Dans tous les cas, ne pas oublier d'inciser l'écorce, afin de prévenir leur éclatement.
Les mettre dans une casserole étroite et haute, genre bain-marie (afin qu'ils s'y trouvent entassés) ; ajouter le céleri, le sucre et assez de bouillon pour qu'ils en soient couverts. Faire prendre l'ébullition, couvrir et cuire doucement pendant environ 45 minutes.
Aussitôt cuits, les renverser sur un tamis et les passer rapidement pendant qu'ils sont brûlants ; recueillir la purée dans un sautoir. La remuer sur un feu très vif pendant quelques minutes, et la mettre au point de consistance voulue (celle d'une purée de pommes de terre légère) avec 5 ou 6 cuillerées de bouillon. La compléter, hors du feu, avec du beurre, du lait ou de la crème.
Dès lors, tenir au chaud, sans laisser bouillir.

LÉGUMES ET GARNITURES

MORILLE

CE SAVOUREUX CHAMPIGNON DE PRINTEMPS EST RELATIVEMENT rare, mais son parfum délicat en fait un produit de choix pour des apprêts de grande cuisine, à la crème, farci, en garniture de poulet, en timbale, etc. Comme son chapeau globuleux ou conique est creusé de profondes alvéoles, il faut toujours nettoyer la morille très attentivement pour la débarrasser de la terre, du sable, voire des petits insectes qui s'y trouvent logés : rincer le champignon à plusieurs eaux et l'égoutter à fond. On distingue les morilles à chapeau foncé, brunes à noirâtres, les plus estimées, et les « blondes », un peu moins parfumées.

MORILLES À L'ANDALOUSE
PRÉPARATION 1 HEURE • CUISSON 30 À 35 MINUTES

**1 kg de morilles
250 g de jambon de Bayonne
1 dl d'huile d'olive
2 gros oignons
2 dl de sherry
1 dl de jus ou fond * de veau
1 dl de demi-glace *
2 poivrons doux, poivre**

Faire revenir, à l'huile d'olive, le jambon de Bayonne cru et maigre, coupé en gros dés ; l'égoutter sur une assiette, aussitôt doré.
Faire revenir, à la place, les morilles (bien lavées et coupées en deux ou en quatre, selon leur grosseur) avec l'oignon haché.
Quand les morilles sont légèrement rissolées, égoutter l'huile ; remettre le jambon et mouiller avec le sherry. Faire réduire de moitié ; ajouter le jus de veau, la demi-glace, pour lier légèrement, et enfin les poivrons, coupés en fine julienne, et une prise de poivre.
Laisser mijoter doucement, pendant une petite demi-heure ; servir dans un légumier.

MORILLES FARCIES
PRÉPARATION 2 HEURES • CUISSON 30 À 40 MINUTES

**1,500 kg de grosses morilles
15 petites bardes de lard minces et rectangulaires
8 croûtons
5 cl de fond * de veau corsé.
Farce :
500 g de farce * mousseline
2 cuillerées de persil
sel, poivre
1 pincée d'épices
2 jaunes d'œufs**

Laver de grosses morilles, les blanchir 2 à 3 minutes, les rafraîchir, les égoutter sur un linge et bien les essorer.
Les farcir avec une farce mousseline, complétée de persil haché, sel, poivre, pincée d'épices, 2 jaunes d'œufs. Partager en huit portions les morilles farcies, les ranger entre les bardes de lard, les couvrir. Cuisson à four doux.

LÉGUMES ET GARNITURES

Couper 8 croûtons du diamètre et de la forme des tas de morilles et les frire au beurre.

Si c'était un peu sec, ajouter quelques cuillerées à soupe d'un fond de veau corsé, mais juste assez pour humecter les morilles au sortir du four. Naturellement, au moment de servir, asperger les morilles avec la matière grasse de cuisson. Entourer des croûtons frits.

MORILLES FARCIES À LA FORESTIÈRE
PRÉPARATION 1 HEURE • CUISSON 20 À 25 MINUTES

1,500 kg de grosses morilles
150 g de beurre
1 gros oignon et 6 échalotes
sel, poivre
500 g de farce fine de porc
1 cuillerée de persil
1 pointe d'ail, 2 œufs
100 g de pain frais

Mélanger, dans une terrine, les pédicules hachés ainsi que l'oignon et les échalotes hachés fin (revenus et refroidis) avec la farce de porc, la mie de pain (inutile de la faire tremper), le persil haché, la pointe d'ail, sel, poivre et les 2 œufs entiers. Farcir les morilles, préalablement blanchies, avec cet appareil.

Lorsqu'on préparera les morilles pour les passer au four, mettre suffisamment de beurre au fond du plat. Les poudrer de mie de pain frais, les asperger de beurre, puis les faire cuire et gratiner en même temps, pendant 20 minutes. Présenter le plat tel quel.

MORILLES À LA NORMANDE
PRÉPARATION 35 MINUTES • CUISSON 15 MINUTES

500 g de morilles
100 g de beurre
sel et poivre
2 dl de crème fraîche

Parer et faire tremper les morilles, deux heures au moins, en changeant l'eau, afin d'en éliminer le sable. Les fendre en deux et les mettre dans une casserole avec 2 litres d'eau froide salée. Faire chauffer doucement. Laisser bouillir 2 minutes. Égoutter sur un linge.

Faire fondre le beurre dans une poêle. Lorsqu'il est chaud (sans roussir), ajouter les morilles et les cuire à petit feu, 5 minutes. Saler et poivrer. Ajouter la crème et continuer de les faire sauter à la poêle pendant 4 minutes. Servir.

LÉGUMES ET GARNITURES

TIMBALE DE MORILLES À LA BEAUCAIRE

PRÉPARATION 1 HEURE 30 • CUISSON 1 HEURE

1 kg de morilles
*500 g de godiveau ***
*ou de farce * mousseline*
100 g de truffes fraîches
sel, poivre
100 g de beurre
*6 dl de sauce * Béchamel*
5 jaunes d'œufs
sel et poivre
un demi-citron
2 dl de crème fraîche.
Garniture :
*duxelles * préparée*
avec les pédicules
2 œufs durs
1 cuillerée de persil
100 g de mie de pain frais
100 g de beurre fondu
1 demi-litre
*de sauce * crème*

Préparer le godiveau (y mélanger les truffes hachées finement). Préparer la sauce Béchamel.

Prendre de belles morilles fraîchement récoltées ; les laver à plusieurs eaux, en écartant les alvéoles pour en chasser les grains de sable. Réserver 10 des plus belles morilles et environ 100 g de pédicules.

Mettre le reste des morilles dans une casserole, avec 2 cuillerées d'eau, le beurre, une pincée de sel, une prise de poivre et le jus de la moitié d'un petit citron. Faire prendre l'ébullition à couvert, et tenir ensuite sur le côté du feu pendant 6 à 7 minutes.

Si les morilles sont grosses ou très grosses, on les partagera en deux ou en quatre.

Égoutter les morilles sur un plat ; ajouter leur cuisson à la sauce Béchamel et passer celle-ci dans un sautoir. Y mélanger une liaison de 5 jaunes d'œufs et la remuer, sans arrêt, sur un feu très vif, en y ajoutant la crème, cuillerée par cuillerée, jusqu'à ce que la sauce soit réduite à 4 dl et qu'elle soit, par conséquent, devenue très épaisse.

Dans cette sauce réduite, mélanger les morilles ; laisser refroidir.

Prende un moule à charlotte plus large que haut, et le beurrer grassement. En tapisser le fond et les parois avec environ les trois quarts du godiveau, et en donnant à la couche une épaisseur égale de 2 cm. Dans le moule ainsi foncé, mettre la composition de sauce et de morilles ; recouvrir celle-ci avec le reste du godiveau, lisser la surface et poser dessus un rond de papier beurré. Faire pocher au bain-marie pendant 55 minutes. Lorsque le moule sera sorti de l'eau, attendre 8 à 10 minutes avant de démouler la timbale, pour qu'il se fasse un petit tassement dans l'intérieur.

Avec les pédicules réservés, préparer une duxelles ; à cette duxelles, mélanger les œufs durs hachés, blancs et jaunes, et le persil haché. Partager en deux les morilles conservées ; remplir chaque moitié avec la duxelles, les ranger sur un plat beurré et poudrer la surface de mie de pain frais. Environ 20 minutes avant de servir, les asperger de beurre fondu et les mettre à gratiner au four.

Juste au dernier moment, démouler la timbale sur un plat rond et l'entourer avec les demi-morilles farcies.

Nota. En même temps que la timbale, il est recommandé de présenter une saucière de sauce crème que l'on peut remplacer par un bon fond de braisage corsé, parfumé au sherry.

LÉGUMES ET GARNITURES

ÉTUVÉE DE LÉGUMES AUX HARICOTS BLANCS

P. 534

Cette délicieuse jardinière de légumes printaniers met en valeur les haricots blancs frais : mosaïque de saveurs et de couleurs qui peut accompagner de l'agneau grillé ou rôti.

Assiette Boutique Jean Luce, fourchette Christofle.

TAGLIATELLE AUX TOMATES ET AUX AUBERGINES

En forme de rubans plats de couleur blond doré ou verte (aux épinards), les tagliatelles sont une spécialité de l'Émilie-Romagne, cuisinée ici en simple plat de légumes. Les aromates du Midi sont indispensables

pour le parfumer comme il convient. Servies en entrée chaude, elles peuvent être suivies, dans un menu à l'italienne, de petites escalopes de veau au marsala.

FLAMICHE

P. 548

La flamiche était jadis une galette de pâte à pain que l'on dégustait chaude, arrosée de beurre fondu. C'est aujourd'hui surtout une tarte aux poireaux, typique de la cuisine flamande.

Assiette Boutique Xanadou, couvert Puiforcat.

TOURTE FEUILLETÉE AUX CÈPES ET AUX AMANDES P. 512

Dédiée au journaliste et écrivain gastronomique Charles Monselet, à qui l'on doit, un savoureux Almanach gastronomique, *datant des années 1860, cette tourte se sert chaude, en entrée.*

Assiette Boutique Xanadou, fourchette Christofle.

TOMATES FARCIES AUX ŒUFS

P. 563

La taille des tomates, toutes régulières, ainsi que leur fermeté sont déterminantes pour réussir cette recette d'œufs « au nid » : ceux-ci

doivent être mollets et non durs. On peut leur ajouter un peu de crème fraîche ou une pincée de fromage râpé (emmental ou, mieux, parmesan). Les pluches de cerfeuil au service ajoutent une note de couleur contrastée.

Plat Villeroy et Boch.

POIVRONS FARCIS À LA TURQUE

P. 552

Mouton cuit et haché, riz pilaf et champignons à l'échalote : c'est ce mélange bien lié d'une fondue d'oignon à la tomate qui constitue la farce de ces poivrons, à servir très chauds. *Cuillère Boutique Jean Luce.*

NAVET

INGRÉDIENT SÉCULAIRE DES SOUPES ET POT-AU-FEU, LE NAVET souffre d'un préjugé défavorable, malgré sa saveur originale et les apprêts qu'il peut donner en tant que légume : en gratin, en purée, en soufflé, farci, braisé, glacé, etc. On distingue le « milan » rond, blanc à col violet, et le nantais, allongé, ainsi que le délicieux « boule d'or ». Fins et délicats en primeurs, les navets gagnent à être blanchis s'ils sont d'hiver. Leur accord est traditionnel avec les viandes grasses (canard, mouton).

CHOUCROUTE DE NAVETS
PRÉPARATION 1 HEURE ENVIRON • MACÉRATION UNE DOUZAINE DE JOURS
CUISSON 5 MINUTES

3 kg de gros navets environ
sel marin
poivre en grains
baies de genièvre

Peler les navets en retirant éventuellement les parties trop ligneuses. Râper la pulpe en longs filaments. Réunir cette grosse julienne de navets dans un ou deux saladiers. Ajouter 50 g environ de sel marin et remuer avec les mains, puis laisser reposer 5 minutes. Ce temps de repos assouplit déjà les navets qui seront plus faciles à tasser. Remplir un pot en grès en tassant bien le navet salé. Parsemer de grains de poivre et de baies de genièvre toutes les deux ou trois couches. Ajouter le jus et couvrir avec une mousseline. Poser dessus une assiette, puis un poids. Laisser au réfrigérateur pendant au moins une semaine. Vider alors toute l'eau de fermentation et rincer abondamment les navets. Les faire blanchir à l'eau bouillante. Utiliser cette choucroute de navets comme une vraie choucroute, avec une garniture de viandes et de saucisses, ou bien braisée au vin blanc en accompagnement de viande de porc.

NAVETS BRAISÉS À LA DANOISE
PRÉPARATION 6 À 8 MINUTES • CUISSON 30 MINUTES ENVIRON

800 g de navets jeunes et tendres
40 g de beurre
20 cl de bouillon
1 cuillerée à soupe d'aneth frais
1 cuillerée à soupe de persil
sel et poivre blanc

Peler les navets, les laver et les essuyer. Les tailler en dés pas trop petits. Faire fondre le beurre dans une sauteuse et y faire revenir les navets. Laisser blondir légèrement sur feu modéré, en remuant avec une cuiller en bois. Mouiller avec le bouillon, couvrir et laisser mijoter pendant une vingtaine de minutes, jusqu'à ce que les légumes soient bien tendres. Saler, poivrer, parsemer d'aneth et de persil ciselés. Couvrir encore 2 minutes pour laisser les fines herbes communiquer leur parfum aux légumes. Servir très chaud dans un plat creux, en accompagnement de côtelettes de mouton grillées, de saucisses poêlées, etc.

OIGNON

C'EST À LA FOIS UN LÉGUME DE BASE, UN CONDIMENT ET UN aromate indispensable en cuisine, que l'on utilise comme ingrédient de cuisson dans d'innombrables préparations, ou auquel on attribue un rôle de premier plan, comme dans la soupe à l'oignon, tous les apprêts qui portent le nom de « Soubise », des tartes, des purées, des garnitures de ragoûts et de matelotes, des salades, etc. On distingue, selon la couleur, la taille et la saison : les oignons blancs d'été, croquants et savoureux ; les petits oignons blancs en bottes avec leur vert (excellents à glacer, à préparer à la grecque, etc.) ; les oignons jaunes, au parfum plus ou moins affirmé, pour les soupes et les plats mijotés ; les oignons rouges ou roses, qui conviennent en particulier pour les apprêts crus.

OIGNONS À LA CRÈME
PRÉPARATION 1 HEURE • TREMPAGE 5 HEURES • CUISSON 30 MINUTES

16 oignons
1 dl de crème fraîche
sel
2 cuillerées de persil

Certaines personnes ont du mal à digérer les oignons. Mais le procédé suivant en rend la digestion aussi facile que s'ils avaient été bouillis : après épluchage, faire tremper les oignons dans de l'eau froide, pendant 4 à 5 heures, en prenant soin de changer l'eau plusieurs fois.
De beaux oignons entiers ayant été ainsi trempés, les faire blanchir, en veillant à ce qu'ils ne se défassent pas. Les retirer et les plonger dans l'eau froide, pour les rafraîchir ; les égoutter. Les disposer sur un plat, les uns à côté des autres, et les enfourner à four très chaud, afin de les sécher.
En les sortant du four, les couvrir, chacun, d'une cuillerée de crème fraîche, d'un peu de sel et d'un soupçon de persil ciselé.

PAILLETTES D'OIGNONS FRITS
PRÉPARATION 1 HEURE • CUISSON 5 MINUTES

16 oignons d'Espagne
1 dl de lait
100 g de farine
grande friture

Ciseler très finement de gros oignons. Les passer au lait, ensuite dans la farine. Les faire frire à grande friture.
Une fois blonds et croustillants, les dresser en pyramide ; poudrer de sel. Servir au sortir de la friture.

LÉGUMES ET GARNITURES

OSEILLE

LES FEUILLES VERT VIF AU GOÛT ACIDE DE L'OSEILLE SE PRÉPARENT et s'accommodent comme l'épinard : en purée, en chiffonnade, voire en salade. Parfois adoucie de crème fraîche, elle accompagne traditionnellement le veau, l'alose ou le brochet, ainsi que les œufs. Il existe des variétées à feuilles plus ou moins larges, lisses ou cloquées, vert plus ou moins clair, de mars à août.

OSEILLE AU JUS

PRÉPARATION 1 HEURE • POUR FONDRE 10 MINUTES • POUR BRAISAGE 2 HEURES

4 kg d'oseille
sel, sucre
60 g de beurre
50 g de farine
4 jaunes d'œufs
1 dl de crème
100 g de beurre
un demi-litre de fond*

Après avoir épluché et lavé l'oseille, la mettre dans une casserole, avec un verre d'eau par kilogramme, et la faire fondre doucement, en la remuant assez fréquemment avec une cuillère, pour égaliser la fonte. La renverser ensuite sur un tamis placé sens dessus dessous ; la laisser s'égoutter aussi complètement que possible et la passer.
Choisir de l'oseille de pousse nouvelle et de l'oseille vierge, de préférence à l'oseille franche, laquelle, surtout quand elle est à complète maturité, est chargée d'acide oxalique et, par conséquent, très acide.
Mentionnons aussi que, par suite de la perte qui se produit à l'épluchage et à la cuisson, le poids net est à peine le tiers du poids brut.
Pour un litre de purée (ou 1 kg, son équivalent), faire un roux blanc avec le beurre et la farine ; y mélanger, très progressivement, la purée et environ un demi-litre de fond ; assaisonner de 10 g de sel et d'une forte pincée de sucre en poudre ; faire prendre l'ébullition en remuant ; poser, à même l'oseille, un rond de papier beurré ; couvrir et cuire doucement au four pendant 2 heures.
Au bout de ce temps, y mélanger les jaunes d'œufs, battus en omelette dans un bol avec la crème, et additionnés de 4 ou 5 cuillerées d'oseille, que l'on y ajoute par petites fractions (cela, pour en assurer l'échauffement progressif et éviter leur coagulation). Laisser mijoter encore 5 à 6 minutes sur le coin du feu. Compléter avec le beurre ; verser dans le légumier et arroser avec 5 ou 6 cuillerées de jus de veau.

LÉGUMES ET GARNITURES

POIREAU

SURNOMMÉ L'« ASPERGE DU PAUVRE », PRÉSENT DANS DE NOMbreuses garnitures aromatiques, ce légume populaire peut aussi donner d'excellentes préparations de légumes, toujours cuit, mais soit en hors-d'œuvre, à la vinaigrette, soit à la béchamel, en tarte, au gratin, en potage, ou étuvé au beurre, comme garniture de poisson. Les poireaux nouveaux et les « baguettes » sont délicieux et fondants ; les variétés d'hiver ont davantage de goût et ceux à gros fût blanc sont également à recommander. C'est le « blanc » de poireau qui est le plus apprécié, mais le vert intervient dans les potages et purées.

* FLAMICHE AUX POIREAUX
PRÉPARATION 15 MINUTES • CUISSON 60 MINUTES.

Pour la pâte :
200 g de farine
100 g de beurre, sel
1 petit œuf
préparer la pâte à foncer à l'avance et laisser reposer pendant une heure au frais.
Pour la garniture :
300 g de blancs de poireaux
60 g de beurre
30 g de farine
4 dl de lait bouilli
75 g de lard de poitrine maigre
sel, poivre
noix de muscade

Tailler les blancs de poireaux en fines rondelles. Tailler le lard découenné en petits dés de 1 cm de côté et les faire blanchir. Faire fondre 30 g de beurre dans une casserole. Y mettre le lard et faire rissoler légèrement. Ajouter ensuite les poireaux et faire ramollir sur feu doux pendant 15 minutes environ, en remuant de temps en temps avec une cuiller en bois et sans laisser colorer. Ajouter la farine et faire cuire encore quelques minutes, sans laisser roussir. Délayer peu à peu avec le lait. Saler, poivrer et muscader. Porter à ébullition en montant un peu le feu et en remuant constamment.
Réduire ensuite le feu et laisser mijoter sur feu très doux pendant 20 minutes. Abaisser la pâte à foncer en un rond de 28 cm de diamètre sur 5 mm d'épaisseur environ. En foncer une tourtière et piquer le fond. Verser la garniture de poireaux fondus par-dessus. Parsemer avec le reste de beurre en petites parcelles et enfourner dans le bas du four. Faire cuire à chaleur moyenne pendant 25 minutes environ. Servir brûlant.

POIREAUX À LA CHAPELURE
PRÉPARATION 1 HEURE 30 • 1ʳᵉ CUISSON 1 HEURE • 2ᵉ CUISSON 20 MINUTES

2 kg de poireaux
8 belles pommes de terre de Hollande
3 œufs
100 g de beurre frais
150 g de mie de pain frais

Faire cuire, à l'eau, de très beaux et gros poireaux, ayant beaucoup de blanc, car c'est seulement cette partie qui sera employée. Avec les poireaux, faire cuire de belles pommes de terre de Hollande de grosseur moyenne. Les poireaux, étant plus longs à cuire, seront mis à l'eau avant les pommes de terre. Égoutter les poireaux et les poser sur un torchon, afin qu'ils sèchent le plus possible.

Battre, dans un bol ou une terrine, les œufs avec du sel ; y passer les poireaux, qui seront ensuite roulés dans la chapelure ; les repasser de nouveau dans l'œuf battu. Les placer alors délicatement dans un plat de terre foncé de beurre frais ; les enfourner une vingtaine de minutes. Servir, après avoir disposé les pommes de terre tout autour.

POIREAUX À LA GRECQUE
PRÉPARATION 15 MINUTES • CUISSON 30 MINUTES

1 kg de petits poireaux nouveaux
10 cl d'huile d'olive vierge
20 cl de vin blanc sec
2 citrons, 1 bouquet garni
3 tiges de fenouil séché, graines de coriandre
1 cuillerée à soupe de grains de poivre blanc
sel, persil plat

Parer les poireaux, les laver et tronçonner les blancs, puis les faire blanchir 10 minutes à l'eau bouillante. Pendant ce temps, verser le vin dans une grande casserole. Ajouter l'huile d'olive, le jus d'un citron et demi et les rondelles d'un demi-citron, le bouquet garni, le fenouil en petits morceaux, une cuillerée à soupe de coriandre et le poivre. Saler. Porter à ébullition en ajoutant une petite louche de l'eau de cuisson des poireaux. Faire frémir pendant environ 8 minutes, puis ajouter les blancs de poireaux que l'on aura soigneusement égouttés en les pressant légèrement. Poursuivre la cuisson pendant une dizaine de minutes. Lorsque les poireaux sont bien tendres, les égoutter avec les rondelles de citron. Les disposer dans un plat creux. Passer la cuisson et la verser délicatement sur les poireaux. Parsemer de persil haché et laisser refroidir. Servir froid en hors-d'œuvre ou en garniture de viande froide.

LÉGUMES ET GARNITURES

PETIT POIS

CEUX DE SAINT-GERMAIN OU DE CLAMART ÉTAIENT SI RÉPUTÉS qu'ils ont donné leur nom à des apprêts à base de petits pois. On préférera les pois frais à écosser, récoltés de mai à juillet, qui sont de loin les plus savoureux : soit les petits pois précoces, dit « lisses », soit les pois « ridés », plus gros et sucrés. Plus les pois sont consommés rapidement après la récolte, meilleurs ils sont. Écossés facilement à la main, il est inutile de les laver.

Le *pois cassé* est un petit légume sec vert pâle issu de graines de petits pois récoltés à maturité complète. Très énergétiques, mis à tremper avant la cuisson, ils donnent surtout des purées, soupes et potages.

Quant au *pois chiche*, présent dans nombre de plats du Midi, c'est une légumineuse aux grains arrondis et bosselés, de couleur beige, que l'on utilise en garniture, en purée ou en potage, éventuellement aussi en salade.

PETITS POIS À L'ANGLAISE
PRÉPARATION 30 MINUTES • CUISSON 15 À 20 MINUTES

2 litres de petits pois écossés
100 g de beurre très fin

Blanchir les petits pois dans un récipient en cuivre (non étamé) : cul-de-poule ou chaudron.

Il faut beaucoup d'eau, et bien salée. Jeter les petits pois en pleine ébullition, sans que celle-ci se ralentisse. On obtiendra ainsi des petits pois très verts. Les égoutter, les sécher : il est indispensable qu'ils ne gardent pas une goutte d'eau. Les mettre dans une timbale chaude, tels quels.

Au moment de servir, ajouter le beurre. les faire sauter et remuer dans tous les sens, pour que la liaison se fasse naturellement et que le beurre forme pommade, sans se clarifier. Pour cela, il ne faut blanchir les petits pois qu'à la dernière minute.

Pour l'assaisonnement, suivant les cas, on peut ajouter un peu de sel ou de sucre en poudre.

PETITS POIS À LA FRANÇAISE
PRÉPARATION 1 HEURE • CUISSON 30 À 35 MINUTES

Dans une casserole à rebords élevés, mettre les petits pois, les laitues, le sel, le sucre, soit en morceaux ou semoule, 100 g de beurre, le persil et les petits oignons ; mélanger le tout.
Une demi-heure avant de passer à table, ajouter 1 verre d'eau, couvrir d'un papier beurré et d'un couvercle hermétique. Cuisson assez vive. Au sortir du feu, ajouter le restant du beurre. Rectifier l'assaisonnement, s'il y a lieu. Verser les petits pois en timbale ; dresser par-dessus les laitues, coupées en deux sur leur longueur. Enlever le bouquet de persil.

2 litres de petits pois frais écossés
2 cœurs de laitues (bien ficelés)
20 petits oignons nouveaux
1 bouquet de tiges de persil (exclusivement)
150 g de beurre
20 g de sel
35 g de sucre

PURÉE DE POIS CASSÉS SAINT-GERMAIN
PRÉPARATION 4 HEURES • TREMPAGE 2 HEURES • CUISSON 1 HEURE 30

Faire tremper les pois cassés pendant 2 heures. Les couvrir de 2 litres d'eau froide. Ajouter l'os de jambon, la mirepoix, le lard et le bouquet garni. Cuire doucement pendant 1 heure 30.
Égoutter les pois cassés et les passer en purée au tamis fin. Chauffer cette purée et la travailler à la spatule. La diluer avec un peu de cuisson des pois. Beurrer hors du feu ; servir.

1 kg de pois cassés
1 os de jambon
200 g de mirepoix*
100 g de lard blanchi
1 bouquet garni
100 g de beurre

POIVRON

CETTE VARIÉTÉ DE PIMENT « DOUX » SE CONSOMME CUIT OU CRU. Sa couleur (verte, orangée ou rouge) varie selon son degré de maturité. Le poivron dit « carré » est épais et très doux, plus charnu que le poivron de Valence, tandis que le poivron des Landes est plus allongé. Toujours épépinés, parfois pelés, souvent farcis, les poivrons sont un légume d'été aux nombreux apprêts méditerranéens, dont la piperade basque est l'un des fleurons.

LÉGUMES ET GARNITURES

* POIVRONS FARCIS À LA TURQUE
PRÉPARATION 20 MINUTES • CUISSON 60 MINUTES

6 beaux poivrons rouges de même taille
10 cl d'huile d'olive
2 oignons blancs
3 gousses d'ail
2 cuillerées à soupe de persil
une tasse à thé de riz cuit
2 grosses cuillerées à soupe d'olives noires
250 g de chair à saucisse
300 g environ de viande de mouton cuite
1 œuf, sel, poivre, Cayenne
1 citron, 1 bouquet garni
400 g de tomates bien mûres

Décalotter les poivrons lavés et essuyés du côté du pédoncule et mettre les chapeaux de côté. Retirer soigneusement toutes les graines et aplatir les cloisons internes avec le dos d'une cuiller. Saler légèrement l'intérieur, les renverser et les mettre en attente sur un torchon. Peler et hacher les gousses d'ail, peler et émincer les oignons. Les faire fondre ensemble dans 2 cuillerées à soupe d'huile, puis ajouter la chair à saucisse et la viande de mouton hachée. Faire revenir doucement en mélangeant les ingrédients. Hors du feu, ajouter le riz, les olives, le persil hachés et l'œuf battu. Saler et poivrer, ajouter une pointe de cayenne. Remuer intimement. Farcir les poivrons de ce mélange et remettre les chapeaux en place.

Préchauffer le four à 180 °C. Huiler une cocotte. Répartir dans le fond les tomates pelées et concassées, ajouter le bouquet garni et caler les poivrons farcis debout, puis arroser d'huile et de jus de citron. Enfourner et faire cuire pendant environ 50 minutes. Servir chaud dans la cocotte.

RATATOUILLE NIÇOISE
PRÉPARATION 1 HEURE • CUISSON 50 MINUTES À 1 HEURE

2 gros oignons
6 courgettes
6 aubergines
8 tomates
2 poivrons
3 gousses d'ail
1 bouquet garni
2 dl d'huile d'olive
sel, poivre

Mettre l'huile dans une cocotte ou une casserole et y faire tomber l'oignon émincé. Le laisser colorer légèrement. Ajouter l'ail en gousse. Remuer pendant 5 minutes. Ajouter les poivrons coupés en julienne et les tomates mondées, épépinées et concassées.

Pendant ce temps, on aura fait sauter, à la poêle et à l'huile, les aubergines et les courgettes, épluchées et coupées en gros dés, pour les faire rissoler. Bien les égoutter dans une passoire avant de les ajouter aux ingrédients qui sont déjà dans la cocotte.

Assaisonner de sel et de poivre ; mettre le bouquet et laisser cuire, à couvert, sur le coin du feu ou au four, pendant une bonne heure. Peut se servir chaud ou froid.

SALADE DE POIVRONS GRILLÉS
PRÉPARATION 45 MINUTES • CUISSON 10 MINUTES

8 poivrons verts
1 dl de vinaigrette
4 tomates
3 oignons nouveaux

Mettre sur le gril et à feu doux 8 poivrons verts de grosseur moyenne ; les retourner de tous les côtés jusqu'à ce que, la chaleur ayant fait cloquer la pelure, celle-ci puisse être enlevée facilement. En aucun cas, en raison

LÉGUMES ET GARNITURES

de son âcreté, elle ne doit être laissée ; en plus, la chaleur de la grillade atténue la note brûlante des poivrons.

Après avoir retiré les graines de l'intérieur, tailler les poivrons en fine julienne, que l'on assaisonne de quelques cuillerées de vinaigrette à l'huile d'olive relevée. À cette julienne, on peut ajouter de petites tomates pelées et épépinées dont la chair est coupée en dés ou en tranches fines. Dresser sur des raviers ; entourer la salade de très fins anneaux de petits oignons nouveaux.

POMME DE TERRE

ÉTANT DONNÉ LA TRÈS GRANDE VARIÉTÉ DES EMPLOIS DE LA pomme de terre en cuisine, susceptible d'accompagner pratiquement toutes les viandes, les volailles, les poissons et mêmes les œufs (entières, en rondelles, en dés, en lamelles, en bâtonnets, en purée, etc., cuites à l'eau, sautées, rissolées, frites, mijotées, cuites sous la cendre, etc.), il est indispensable de choisir la variété qui convient le mieux à la préparation. On distingue trois grandes familles. Les pommes de terre primeurs et les petites « grenailles », à chair assez ferme et peau fine, qui ne se conservent pas et se font sauter ou frire. Les pommes de terre à chair ferme tiennent bien à la cuisson (pour les apprêts à la vapeur, rissolées, en robe des champs, pour les salades et ragoûts) : belle de Fontenay, B.F. 15, ratte, roseval et viola. Les pommes de terre de « consommation courante » ont une pulpe plus farineuse et sont à choisir pour les soupes, potages, purées, gratins et frites fondantes à cœur : bintje, kerpondy, spunta et urgenta.

CROQUETTES DE POMMES DE TERRE
PRÉPARATION 1 HEURE • CUISSON 40 MINUTES.

Pour une trentaine de belles croquettes :
1 kg de pommes de terre
2 œufs entiers et 3 jaunes
100 g de beurre
quelques cuillerées de farine
quelques cuillerées de chapelure
noix muscade
sel, poivre, végétaline (ou huile) pour la friture.
Facultatif :
2 belles tranches de jambon de Paris
100 g de comté

Faire cuire les pommes de terre à l'eau, dans leur peau. Les égoutter, les éplucher, les passer en purée. Dessécher cette purée sur feu vif, en remuant à la cuillère de bois.

Ajouter le beurre, par petits morceaux, en mélangeant bien.

Assaisonner légèrement avec sel, poivre et noix muscade. Si on n'ajoute pas de fromage, on peut saler un peu plus fortement.

Hors du feu, ajouter successivement 1 œuf entier et les 3 jaunes. Bien mélanger.

Hacher finement le jambon, râper le fromage ; les ajouter. Mélanger et laisser refroidir la purée.

Mettre de la farine dans une assiette ; casser l'œuf restant dans un bol, y ajouter un peu de sel et de poivre ; mettre de la chapelure dans une autre assiette. Prélever la purée par cuillerées, les faire tomber dans la farine. Les rouler en forme de cylindres.

Tremper les croquettes dans l'œuf battu. Puis les rouler dans la chapelure. C'est ce qu'on appelle panner « à l'anglaise ».

Faire chauffer l'huile de friture dans la bassine. Déposer les croquettes dans le panier et les plonger dans la friture chaude. Les laisser cuire 3 à 5 minutes, suivant leur grosseur. Les égoutter lorsqu'elles sont bien dorées. Il est préférable de ne pas faire frire trop de croquettes à la fois. Les tenir au chaud à l'entrée du four, pendant que les autres cuisent. Servir très chaud.

Ces croquettes constituent, telles quelles, une entrée familiale délicieuse, que l'on accompagnera d'un coulis de tomates parfumé aux herbes. On peut remplacer jambon et fromage par une quantité équivalente de chair de crevettes passée à la moulinette, par un hachis de fines herbes ou par un hachis de champignons préalablement revenus au beurre. Toutes simples, de préférence de petite taille, et même sans addition de fromage ni de jambon, elles constituent une garniture raffinée pour un plat de viande, de volaille ou de gibier.

GRATIN DAUPHINOIS
PRÉPARATION 45 MINUTES • CUISSON 1 HEURE 30

2 kg de pommes de terre de Hollande
sel, poivre
pincée de muscade
250 g de beurre
1 gousse d'ail
un litre et demi de crème fleurette

Le gratin dauphinois, qui n'a rien de commun avec le gratin savoyard (son voisin), est un continuel sujet de polémique, et les cordons bleus des deux sexes ne se sont jamais mis d'accord sur sa véritable recette. Émincer finement de belles pommes de terre à chair jaune de Hollande (ou rouge d'Espagne) ; les laver, les éponger dans un torchon, les assaisonner de sel et de poivre (on peut y ajouter un soupçon de muscade). Beurrer un plat à gratin (dans les campagnes, on frotte l'intérieur du plat avec une gousse d'ail avant de le beurrer). Placer les pommes jusqu'à 1 centimètre du bord, de façon qu'elles puissent être couvertes de crème légère (dite fleurette). Disposer quelques petites parcelles de beurre, de place en place, et laisser mijoter à four doux pendant 1 heure et demie ou 2 heures, suivant la grandeur du plat. Servir dès la sortie du four.

Surtout, ne pas ajouter d'œufs ni de fromage : les œufs enlèvent au gratin toute son onctuosité en laissant à l'intérieur des morceaux d'œufs plus ou moins brouillés ; le fromage en dénature le goût.

GRATIN SAVOYARD
PRÉPARATION 45 MINUTES • CUISSON 40 À 50 MINUTES

2 kg de pommes de terre de Hollande
250 g de beaufort râpé
sel, poivre, muscade
2 litres de bouillon blanc ou consommé
1 gousse d'ail
100 g de beurre

Émincer très fin et à cru les pommes de terre ; les mélanger en terrine avec : fromage râpé, sel, poivre, pincée de muscade ; ajouter 2 litres de bouillon blanc ou de consommé. Frotter le plat à gratin à l'ail, le garnir de quelques parcelles de beurre et d'une partie du râpé. Mettre les pommes de terre ; répartir le restant de fromage et de beurre.

Faire partir la cuisson sur le feu et la terminer au four.

POMMES DE TERRE À L'ANGLAISE
PRÉPARATION 20 MINUTES • CUISSON 50 MINUTES

16 pommes de terre de Hollande

On façonne les pommes de terre à l'anglaise en forme de grosses olives. Elles sont complètement cuites à l'eau salée, ou bien à la vapeur et, autant que possible, conservées bien entières. Il existe pour cela un ustensile spécial très conseillé. Il faut les sécher à l'entrée du four.

En principe, tout poisson bouilli doit être accompagné d'une garniture de pommes de terre à l'anglaise, qui peut, d'ailleurs, être servie à part, dans une timbale.

POMMES DE TERRE DARPHIN
PRÉPARATION 20 MINUTES • CUISSON 30 MINUTES

1 kg de pommes de terre de Hollande
3 cuillerées à soupe d'huile d'arachide et 200 g de beurre
sel et poivre

Tailler les pommes de terre en fine julienne ; les assaisonner légèrement de sel et de poivre ; ne pas les laver une fois taillées, mais les frotter entre les mains. Les mettre ensuite dans une poêle, dans laquelle on aura versé, au préalable, un beurre fondu très chaud ; on peut également faire l'opération avec moitié beurre, moitié huile d'arachide sans goût, ce qui empêche le beurre de noircir. Les laisser bien dorer, en plein feu, et les retourner comme une crêpe, de façon qu'elles soient dorées des deux côtés et moelleuses au milieu. Ne pas en mettre une trop grande épaisseur : environ la moitié de la poêle.

POMMES DE TERRE À LA DAUPHINE

PRÉPARATION 1 HEURE • CUISSON DE LA PURÉE 25 MINUTES
CUISSON DE LA FRITURE 2 MINUTES

Pour 24 croquettes :
2 kg de pommes de terre de Hollande (pelées)
sel, pincée de poivre, pincée de muscade
6 jaunes d'œufs
250 g de pâte* à choux fine
100 g de beurre
300 g de mie de pain frais
150 g de farine
huile de friture
2 œufs (pour l'anglaise)

Couper les pommes de terre en quartiers ; les mettre dans l'eau froide légèrement salée et les faire cuire rapidement. Dès que la pulpe cède sous le doigt, les égoutter sur un tamis, les renverser sur un plat et les passer quelques minutes au four pour faire évaporer toute l'humidité. Observer que la pomme de terre doit être tenue un peu ferme ; trop cuite, elle se désagrégerait et le travail de la pâte à croquettes deviendrait plus difficile.

Passer ces pommes au tamis fin ; recueillir la purée dans un sautoir ; rectifier le sel, au besoin ; ajouter le poivre et la muscade, puis le beurre divisé en parcelles. Faire dessécher la purée sur feu vif, en la remuant avec une spatule.

Lorsqu'elle est suffisamment ferme, y ajouter, hors du feu, les jaunes d'œufs et la pâte à choux non sucrée. Étaler cette composition sur un plat beurré et la laisser refroidir.

Lorsqu'elle est froide, la diviser, sur la table farinée, en parties de la grosseur d'un œuf (environ 55 g) ; les façonner en forme de bouchons. Les passer dans l'œuf battu puis dans la mie de pain fraîche, et les rouler de nouveau à la main pour les égaliser. Parer les extrémités.

Six minutes avant de servir, les plonger dans la friture chaude ; les égoutter sur papier absorbant lorsqu'elles sont dorées, et les saler légèrement.

POMMES DE TERRE À LA DAUPHINOISE

PRÉPARATION 30 MINUTES • CUISSON 40 À 50 MINUTES

1,500 kg de pommes de terre de Hollande
un litre et demi de lait bouilli
200 g de fromage râpé
sel, poivre
1 pointe de muscade râpée
100 g de beurre
3 œufs battus
1 gousse d'ail

Émincer finement les pommes de terre. Les mélanger avec le lait, le fromage râpé (en réserver 100 g pour parsemer), la muscade et les œufs battus ; saler, poivrer.

Frotter le plat en terre, fortement, avec la gousse d'ail. Verser les pommes préparées dans le plat. Semer dessus le reste du fromage râpé et aussi, en petites parcelles, le beurre. Faire partir la cuisson sur la cuisinière. Après quelques minutes d'ébullition, mettre au four, avec, par-dessus, un papier beurré et un couvercle. Suivant la chaleur du four, découvrir à temps le plat, pour que les pommes soient bien cuites, réduites à point et aussi bien dorées. Il faut qu'elles ne soient ni trop sèches ni trop mouillées (à surveiller).

Faire bien attention, si l'on utilise des plats en terre ; ils sont indiqués, à condition d'être vernis. Les plats non vernis, en terre trop poreuse, ont l'inconvénient de s'imprégner des ingrédients de cette préparation.

LÉGUMES ET GARNITURES

POMMES DE TERRE DUCHESSE
PRÉPARATION 1 HEURE 30 • CUISSON 6 MINUTES

1,500 kg de pommes de terre de Hollande
sel, poivre blanc
muscade
4 jaunes d'œufs
200 g de beurre

Mettre à cuire, à l'eau froide salée, les pommes de terre épluchées et coupées en quartiers. Les égoutter sur un tamis ; les renverser sur un plat et les sécher au four. Les passer au tamis fin ; assaisonner. Dessécher la purée sur feu vif. Hors du feu, lui ajouter les jaunes d'œufs, puis le beurre. La renverser sur plat beurré et la laisser refroidir.

Au moment de l'emploi, la diviser en petites galettes. Fariner. Cuire à la poêle, au beurre bien chaud, ou bien dorer à l'œuf et cuire au four sur tôle beurrée.

S'emploie aussi, à la poche, en garniture.

POMMES DE TERRE FAÇON ANNA
PRÉPARATION 40 MINUTES • CUISSON 35 MINUTES

16 pommes de terre de Hollande
250 g de beurre
sel, poivre

Façonner, en forme de bouchon, 16 petites pommes de terre de Hollande. Dans les grandes cuisines, il existe un ustensile spécial, appelé rabot, qui assure le découpage avec une régularité parfaite ; à défaut de cet instrument, on les émince en rondelles de 1 à 2 mm d'épaisseur. Les passer à l'eau froide ; les sécher dans un linge, les assaisonner de sel fin et d'un peu de poivre. Quel que soit l'ustensile utilisé (casserole spéciale ou sauteuse à fond épais, proportionnée à la quantité de pommes de terre), en beurrer copieusement le fond et les parois ; disposer dedans les rondelles, par rangées concentriques, en les chevalant légèrement (c'est-à-dire à la manière des écailles de poisson), et en faisant chaque rangée en sens inverse de la précédente. Sur ce premier lit, étaler une couche de beurre. Le beurre aura, auparavant, été manié dans un linge pour en extraire le petit-lait qui, faute de ce soin, tomberait au fond de l'ustensile, s'y coagulerait et ferait attacher le pain de pommes de terre. En outre, le beurre doit, pour pouvoir s'étaler facilement, être ramolli à l'état de pommade, ou bien être fondu, décanté et figé au moment de son emploi.

Faire un second lit de rondelles ; recouvrir d'une nouvelle couche de beurre, et ainsi de suite, jusqu'à épuisement des rondelles, qu'on aura superposées en 5 ou 6 lits. Terminer par une couche de beurre.

Fermer l'ustensile avec un couvercle qui l'emboîte exactement, et mettre au four bien chaud. Le temps de cuisson est d'environ 35 minutes. Démouler le pain de pommes de terre sur un couvercle de casserole ; le partager aussitôt en 8 parties, que l'on rapproche ensuite l'une de l'autre pour rendre sa forme au pain ; le faire glisser du couvercle sur le plat de service et servir immédiatement.

Observation. Ces pommes de terre doivent donc cuire dans un bain de beurre et dans un four de chaleur plutôt élevée que moyenne. L'extérieur du pain doit être doré de façon égale, et l'intérieur moelleux.

LÉGUMES ET GARNITURES

POMMES DE TERRE FARCIES
PRÉPARATION 1 HEURE • CUISSON 30 MINUTES ENVIRON

16 grosses pommes de terre de Hollande unies et calibrées
sel, poivre
2 dl de fond* blanc
250 g de farce fine de porc
100 g de beurre
250 g de duxelles* fine, fournie en échalotes
4 belles tomates

Couper les deux extrémités des pommes de terre ; les parer en leur donnant la forme de petits tonneaux ; les creuser assez profondément, tout en leur laissant un bord épais de 7 à 8 mm.

Beurrer un plat à sauter, de dimension appropriée pour que les pommes de terre s'épaulent les unes les autres. Y ranger les pommes, la partie évidée en dessus.

La farce (farce de porc plus duxelles) étant bien amalgamée, farcir les pommes à hauteur de l'orifice. Intercaler entre elles des tranches de tomates épépinées et pressées. Beurrer, mouiller d'un bon fond blanc. Commencer la cuisson sur le feu, avec papier beurré et couvercle pendant la première partie de la cuisson.

Mettre ensuite au four et découvrir. Ralentir ou activer la cuisson, selon le cas. Lorsque les pommes de terre seront cuites, il ne faut plus qu'il y ait de liquide de cuisson, juste un peu d'humidité. Les pommes auront absorbé le liquide et la matière grasse. Pour les enlever du plat à sauter, être prudent, car la pomme de terre se brise facilement.

POMMES DE TERRE FRITES (PAILLE, PONT-NEUF OU CHIPS)
PRÉPARATION 20 MINUTES • CUISSON 4 MINUTES

16 pommes de terre de Hollande grande friture

Éplucher de grosses pommes de terre de Hollande ; les équarrir sur les quatre faces, les diviser en tranches de 2 à 3 mm d'épaisseur et les tailler suivant la forme désirée. Les laver à l'eau froide, les égoutter, les sécher à fond dans un linge, les mettre dans le panier spécial en fil de fer, les plonger dans la friture chaude pendant 3 minutes et les égoutter. Quelques secondes après, les replonger dans la friture, fumante cette fois, et en les éparpillant dans la graisse. Aussitôt que les pommes de terre sont sèches et bien dorées, ce qui ne demande guère que 6 à 7 secondes, les égoutter sur un linge et saler légèrement.

L'appellation de ces pommes de terre varie suivant la façon dont elles sont coupées. En très fine julienne : pommes paille ; en bâtonnets de grosseur moyenne : pommes frites ; en bâtonnets plus gros : pommes pont-neuf ; en copeaux très minces : pommes chips.

POMMES DE TERRE LORETTE
PRÉPARATION 2 HEURES • CUISSON 6 MINUTES

500 g de pommes* de terre à la dauphine
30 g de parmesan râpé
50 g de farine, friture

Ajouter le fromage râpé aux pommes à la dauphine. Diviser en croquettes de 50 g, mouler en forme de croissants, fariner et plonger dans la friture bien chaude.

POMMES DE TERRE MACAIRE
PRÉPARATION 25 MINUTES • 1ʳᵉ CUISSON 35 MINUTES • 2ᵉ CUISSON 20 MINUTES

2 kg de pommes de terre de Hollande
250 g de beurre

Cuire au four des pommes de terre, les ouvrir en deux, retirer la pulpe à la fourchette ; l'écraser et la travailler avec 200 g de beurre ; l'assaisonner.

Faire blondir le reste du beurre dans une poêle. Y verser la pulpe, la caler comme une galette. La faire bien dorer des deux côtés ; la faire glisser sur le plat de service, où elle sert de socle.

POMMES DE TERRE À LA MAÎTRE D'HÔTEL
PRÉPARATION 20 MINUTES • 1ʳᵉ CUISSON 30 MINUTES • 2ᵉ CUISSON 25 MINUTES

2 kg de pommes de terre
sel, poivre, muscade
100 g de beurre
un litre et demi de lait
2 cuillerées de persil

Cuire les pommes de terre en robe des champs, les éplucher à chaud. Les émincer dans un plat à sauter, beurré avec 100 g de beurre. Saler, poivrer, ajouter une pincée de muscade.

Mouiller avec le lait bouillant. Laisser les pommes s'imprégner de lait et d'assaisonnement. Au besoin, ajouter un peu de lait. Servir en légumier, poudré de persil ciselé.

POMMES DE TERRE SOUFFLÉES
PRÉPARATION 20 MINUTES • 1ʳᵉ CUISSON 8 MINUTES • 2ᵉ CUISSON 3 MINUTES

16 pommes de terre de Hollande
grande friture

Une des conditions requises pour obtenir de belles pommes soufflées est d'avoir des pommes de terre de Hollande, longues et bien jaunes. Les équarrir sur les quatre faces, en forme de billot, ce qui facilite leur coupe en tranches régulières de 4 à 5 mm d'épaisseur. Les passer à l'eau, les sécher dans un linge et les mettre dans la friture chaude, légèrement fumante.

Les laisser quelques minutes dans cette friture, puis, lorsqu'elles ont réduit leur humidité sous l'effet de la chaleur, et que la pulpe cède légèrement sous le doigt, mettre la friture en plein feu, de façon qu'elle atteigne, en peu d'instants, son maximum de chaleur. Remuer les pommes dans la friture en agitant légèrement la bassine à friture. Par ce simple mouvement qu'elles reçoivent, et sous l'action de la chaleur, elles doivent gonfler et commencer à souffler.

Les laisser sécher légèrement, mais non pas rissoler ; les égoutter dans le panier à friture et les laisser reposer un instant.

Pendant ce temps, porter à nouveau le degré de chaleur de la friture presque à son maximum ; jeter les pommes dedans et les y plonger complètement, en les enfonçant avec l'écumoire. Les égoutter, aussitôt soufflées et sèches ; saler légèrement ; en garnir le tour des grillades ou les servir à part sur une serviette.

PURÉE DE POMMES DE TERRE

PRÉPARATION 40 MINUTES • CUISSON 30 MINUTES

**2 kg de pommes de terre de Hollande
sel
200 g de beurre
un demi-litre de lait**

Pour simple que soit la préparation d'une purée de pommes de terre, il y a toutefois certaines considérations dont il faut tenir compte.

En principe, la purée doit être conduite rapidement, et commencée en temps voulu pour être servie aussitôt prête. Une purée réchauffée ou qui graillonne sur le fourneau est chose détestable.

Couper en quartiers les pommes de terre, les couvrir juste d'eau froide, saler à raison de 12 g de sel au litre, faire prendre l'ébullition et cuire rapidement jusqu'au moment où la pulpe cède sous le doigt. Si la cuisson est poussée trop loin, la pomme de terre se désagrège et n'a plus de corps ; elle doit être conservée plutôt un peu ferme.

Égoutter aussitôt les pommes de terre, à fond, et les passer au tamis. Recueillir la purée dans une casserole et la travailler vigoureusement avec une cuillère de bois ou, mieux, au fouet, jusqu'à ce qu'elle devienne blanche et un peu élastique.

À ce moment, y mélanger une pincée de sel fin et le beurre, par petites parcelles, en battant toujours.

Continuer à la travailler encore pendant quelques minutes, puis l'additionner de lait bouilli, par 2 ou 3 cuillerées à la fois. On obtient ainsi une purée fine et moelleuse.

Finalement, chauffer la purée, mais sans la laisser bouillir (l'ébullition détruirait la saveur du beurre). La dresser dans un légumier chauffé à l'avance.

SALSIFIS ET SCORSONÈRE

LE SALSIFIS « VRAI », À RACINE BLANCHE CONIQUE ET ALLONGÉE, se différencie du salsifis noir, ou scorsonère, à racine noire cylindrique et longue (plus facile à éplucher que le premier). Principalement employés comme garniture (notamment de viande blanche) et en sauce, fondants s'ils sont bien cuisinés, les salsifis sont un bon légume, qui apporte de la variété dans les ressources de l'hiver.

LÉGUMES ET GARNITURES

SALSIFIS À LA POULETTE
PRÉPARATION 2 HEURES • CUISSON 2 HEURES

Préparer un bon velouté avec un litre de fond blanc, un roux avec 80 g de beurre et 80 g de farine.

Gratter à fond les salsifis, les jeter aussitôt dans l'eau vinaigrée. Les tronçonner en dés de 3 à 4 cm. Délayer un peu de farine à l'eau froide. Enlever le zeste de 2 citrons, les couper en deux et les écraser dans l'eau. Porter à ébullition, saler et poivrer. Pour que les salsifis soient plus sapides, ajouter, au blanc de cuisson, un peu de graisse de rognons de veau, ou 200 g de tétine, ou encore 250 g de couenne de porc, ou, à défaut, un demi-verre d'huile.

Lorsque les salsifis sont cuits, les débarrasser du blanc de cuisson, les laisser légèrement sécher à la sauteuse et les étuver au beurre frais. Laisser réduire le velouté, pour qu'il soit très corsé ; le lier avec les jaunes d'œufs, la crème et quelques parcelles de beurre. Ne terminer la préparation et la liaison qu'au moment de servir. Compléter avec une bonne cuillerée de persil ciselé parsemé dessus.

*2 kg de salsifis
blanc pour cuisson
des salsifis
2 citrons
un litre de bon velouté*
1 dl de crème fraîche
2 jaunes d'œufs
2 citrons
200 g de beurre
1 dl de vinaigre
sel, poivre
80 g de farine
le fond blanc consommé
ou avec du jarret
de veau
persil*

TOMATE

LA « POMME D'AMOUR », COMME ON L'APPELLE DANS LE MIDI, a conquis la cuisine française à partir de la fin du XVIIIe s. Si elle reste caractéristique des recettes méridionales, relevée d'ail et d'herbes aromatiques, en sauce, grillée ou en ragoût, elle est devenue indispensable pour de nombreuses préparations classiques, comme le poulet Marengo ou la sauce Choron et diverses garnitures de viande et de volaille, sans oublier les salades, voire les confitures, les sorbets et les pains de légumes, les potages et les mélanges de légumes sur le modèle de la ratatouille. La meilleure saison pour les tomates va de juillet à octobre. Citons en particulier : la marmande, côtelée et aplatie, juteuse et savoureuse ; la petite tomate-cerise, ferme et parfumée ; la saint-pierre, grosse et sphérique, lisse et pulpeuse, idéale à farcir ; la petite olivette allongée, fondante et juteuse, toutes préférables aux tomates de serre ou d'importation, qui font néanmoins de la tomate un légume disponible pratiquement toute l'année.

TOMATES FARCIES
PRÉPARATION 30 MINUTES • CUISSON 40 MINUTES

Pour 6 personnes :
6 grosses tomates de forme régulière.
Pour la farce :
75 g de lard demi-sel maigre
75 g de tendron de veau sans os
150 g de porc (échine ou pointe) sans os
100 g de champignons de Paris
1 œuf
25 g de pain ou de biscottes
1 oignon
1 gousse d'ail
50 g de beurre
lait, huile, sel, poivre et persil

Laver et essuyer les tomates. Découper un cercle de 3 cm de diamètre environ et réserver ces « chapeaux ».

Enlever les pépins et le jus à l'aide d'une petite cuillère. Conserver le jus.

Mettre les tomates à égoutter, retournées, sur une grille à gâteau placée sur une assiette. Lorsqu'elles sont égouttées, les saler très légèrement et les ranger dans un plat à gratin beurré.

Préparer la farce : couper le pain en petits morceaux, les faire tremper dans du lait tiède.

Éplucher l'oignon et l'ail, les hacher et les faire revenir dans du beurre, très doucement.

Éplucher et hacher les champignons. Les faire revenir avec l'oignon.

Presser le pain dans la main pour en extraire le lait et le hacher.

Hacher les viandes et les mélanger. Dans une terrine, réunir les viandes, l'oignon, l'ail et les champignons revenus, le pain, le persil lavé, séché et haché. Assaisonner et ajouter l'œuf battu.

Mélanger très soigneusement le tout, avec une fourchette. Garnir chaque tomate avec la farce, à l'aide d'une cuillère, en formant un petit dôme. (Si la farce est un peu sèche, la mouiller avec un peu de jus de tomate conservé.)

Couvrir chaque tomate garnie avec les chapeaux qui ont été découpés. Placer un petit morceau de beurre, au centre, sur chaque tomate. Mettre à four chaud (thermostat 7), pendant 40 minutes.

Servir dans le plat de cuisson.

Nota. La farce peut être constituée de dessertes de viande : volaille, veau, porc, ou de chair à saucisse.

TOMATES FARCIES AUX CHAMPIGNONS
PRÉPARATION 30 MINUTES • CUISSON 25 MINUTES

6 tomates moyennes
30 g de beurre
1 oignon
500 g de champignons sauvages
jus de citron
5 cl de madère sec
une cuillerée à café de maïzena
sel et poivre
un petit pot de crème fraîche
2 cuillerées à soupe de gruyère râpé

Couper les tomates en deux, les vider complètement de leur eau, pépins et parties dures.

Faire sauter l'oignon finement haché dans le beurre, sur feu modéré, pendant 5 minutes. Ajouter les champignons, sel, poivre et jus de citron ; faire sauter les champignons sur feu vif, jusqu'à ce qu'ils aient rendu toute leur eau.

Mélanger le madère, la maïzena et la crème fraîche. Ajouter ce mélange aux champignons et remuer bien jusqu'à ce que la sauce épaississe.

Remplir les demi-tomates avec ce mélange et poudrer chacune d'elles d'une grosse pincée de gruyère râpé. Mettre à four chaud (thermostat n° 6), pendant une quinzaine de minutes.

LÉGUMES ET GARNITURES

* TOMATES FARCIES AUX ŒUFS
PRÉPARATION 20 MINUTES • CUISSON 8 À 10 MINUTES

**8 tomates calibrées rouges et mûres à point
100 g de beurre
sel, poivre
8 œufs
50 g de fromage râpé
1 dl de crème**

Du côté du pédoncule, pratiquer une ouverture, à l'aide d'un emporte-pièce à colonne qui marquera le chapeau à enlever ; prélever régulièrement les 8 chapeaux. Vider délicatement les tomates de leurs graines et de leur jus. Les disposer, bien serrées les unes contre les autres, dans un plat beurré allant au four. Déposer, dans le fond de chacune d'elles, une noisette de beurre et y casser un œuf très frais ; sur le dessus, mettre encore une noisette de beurre et parsemer de sel. Enfourner et laisser cuire doucement, à four pas trop chaud. Les œufs ne doivent pas être durs, mais mollets.

Pour plus de sécurité, on peut, au préalable, faire étuver à moitié les tomates, mais à moitié seulement et avant qu'elles ne s'effondrent : en effet, si les tomates, non mûres, exigeaient une plus longue cuisson, les œufs seraient durs.

Pour retarder la cuisson des œufs — et le plat n'en sera que plus apprécié — on peut également mettre une cuillerée à café de crème fraîche au fond de la tomate, sous l'œuf, une noisette de beurre, une deuxième petite cuillerée à café de crème par-dessus, une petite pincée de fromage râpé, et saler.

TOMATES FRITES
PRÉPARATION 25 MINUTES • CUISSON 5 MINUTES

**16 tomates
pâte à frire, grande friture, sel, poivre, persil**

À raison de deux par personne, couper, en tranches de 7 à 8 mm d'épaisseur, des tomates lisses, de grosseur moyenne et un peu fermes. En extraire aussi complètement que possible l'eau et les semences ; les assaisonner de sel et de poivre et les poudrer de persil finement ciselé. Tremper ces tranches dans une pâte à frire légère, de façon qu'elles en soient bien enrobées, et les plonger dans une grande friture fumante, afin de saisir la pâte. Lorsque cette pâte est bien sèche et dorée, égoutter les tranches sur un linge, poudrer de sel fin et dresser sur une serviette avec un bouquet de persil frit bien vert.

Nota. Il est impératif de servir aussitôt, car il suffit de très peu de temps pour que la vapeur, produite à l'intérieur des beignets par l'humidité des tomates, ramollisse l'enveloppe de pâte.

LÉGUMES ET GARNITURES

TRUFFE

« DIAMANT DE LA CUISINE » (BRILLAT-SAVARIN), « GEMME DES terres pauvres » (Colette), « pomme féerique » (G. Sand), tous les gastronomes ont chanté les mérites de ce mystérieux tubercule dont le prestige et le luxe métamorphosent de nombreux apprêts. La plus estimée est la truffe noire du Périgord, au mieux de sa forme en janvier et février, toujours après les premières gelées. Il faut aussi mentionner la truffe blanche du Piémont, qui connaît des amateurs. Les truffes s'utilisent crues ou cuites, détaillées en lames, en tranches, en dés, en pelures, sous forme de jus, de fumet ou d'essence, pour agrémenter des sauces, des viandes et des volailles, des salades raffinées, sans parler du gibier et des œufs, des pâtés et terrines. Souvent, cependant, leur présence est plus justifiée sur le plan décoratif que sur le plan de gastronomie pure.

TRUFFES AU CHAMPAGNE
PRÉPARATION 1 HEURE • CUISSON 25 MINUTES

Une demi-bouteille de champagne sec
8 truffes fraîches de 70 à 80 g
sel, poivre
400 g de beurre
1 cuillerée de glace de viande liée

Prendre des truffes fraîches, pas très grosses, bien les brosser et les laver. Mettre le beurre dans la casserole ; y poser les truffes, bien serrées mais sans se chevaucher ; saler, poivrer ; le beurre doit arriver à mi-hauteur des truffes. Remuer constamment, par un mouvement de rotation. Première cuisson : 10 à 15 minutes.
Ajouter le champagne, à hauteur des truffes, puis la glace de viande. Laisser frémir la cuisson encore une dizaine de minutes, et toujours en remuant. Ainsi, la liaison se fera d'elle-même.

TRUFFES EN PAPILLOTES
PRÉPARATION 40 MINUTES • CUISSON 30 MINUTES

8 truffes de 80 à 100 g chacune
sel
8 bardes de lard frais
24 feuilles de papier d'aluminium

Peler les truffes, les saler, les envelopper chacune d'une barde de lard frais que l'on sale également. Les envelopper ensuite dans une feuille de papier d'aluminium.
Il est nécessaire, soit dans un foyer de cheminée de campagne, soit dans une grillade, de faire, quelques instants avant la cuisson, une bonne paillasse pour que les briques formant le sol du four soient brûlantes. Ranger les truffes empaquetées, recouvrir de cendre chaude et même de quelques braises. En fin de cuisson, débarrasser les truffes de leur papillote et de la barde, et les servir telles quelles.

RIZ, PÂTES ET FARINAGES

ON DISTINGUE DANS LE RIZ DEUX GRANDES VARIÉTÉS : LE RIZ À grains longs et celui à grains ronds. Seul le premier convient pour les emplois salés, en garniture, car ses grains se détachent bien les uns des autres, alors, que ceux du second, s'écrasent. On utilise donc plutôt le riz à grains ronds pour les entremets sucrés cuits au lait. Cuit à l'eau, à la vapeur, au gras (pour le pilaw, le risotto, la paella ou le riz à la grecque), le riz donne de nombreuses préparations, comme garniture de poisson ou de crustacés, diversement garni lui-même, en timbale ou en croquettes, ainsi que dans des salades composées. On dispose aujourd'hui, outre du riz blanc, de riz prétraité ou précuit, ainsi que de riz complet (celui qui garde le plus de vitamines et de phosphore).

Les *pâtes alimentaires* sont un farinage aux nombreux emplois culinaires et dont les formes sont multiples : fabriquées à base de semoule de blé dur (pâtes sèches en paquets) ou avec de la farine et des œufs (pâtes fraîches), leur aspect et leur emploi varient : pâtes à potage, pâtes à cuire (nouilles plates, spaghetti et surtout macaroni), pâtes à gratiner ou à cuire au four (lasagne, gros macaroni), pâtes à farcir (ravioli et cannelloni, tortelloni). La cuisson des pâtes représente la difficulté de ce mets (« al dente » pour les pâtes sèches, et juste cuites dans une grande quantité d'eau bouillante salée pour les fraîches) où la sauce d'accompagnement joue un rôle important. Le répertoire culinaire italien est riche en recettes savoureuses, mais l'Alsace et l'Europe de l'Est offrent aussi des apprêts de haute gastronomie.

CANNELLONI ROSSINI
PRÉPARATION 45 MINUTES • CUISSON 18 MINUTES ENVIRON

Faire fondre 2 cuillerées à soupe de beurre dans une casserole, y faire suer l'oignon haché, ajouter le foie de veau et les foies de volaille finement émincés. Faire cuire quelques minutes. Hors du feu, poudrer de fleurs de thym et incorporer 4 cuillerées à soupe de béchamel, le foie gras passé au tamis et 1 cuillerée à soupe de parmesan. Ajouter également les jaunes d'œufs, saler et poivrer. Tenir cette farce au chaud. Faire pocher les cannelloni pendant 10 minutes à l'eau bouillante, rafraîchir et bien égoutter. Farcir les cannelloni (ou étaler la farce sur les carrés de pâte et les rouler). Les ranger dans un plat beurré. Napper de béchamel, poudrer de parmesan et faire gratiner 5 minutes.

16 cannelloni
(ou pâte à nouilles finement abaissée et coupée en carrés de 8 × 8 cm
à faire pocher comme des pâtes fraîches)
160 g de foie de veau
80 g de beurre
150 g de foies de volaille
1 pincée de fleurs de thym
1 gros oignon
5 dl de béchamel
150 g de parmesan râpé
60 g de foie gras
sel, poivre
2 jaunes d'œufs

GNOCCHI À LA ROMAINE
PRÉPARATION 40 MINUTES • CUISSON 20 MINUTES • GRATIN 6 MINUTES

**Un litre et demi de lait
sel, poivre
pincée de muscade
350 g de semoule de blé
3 jaunes d'œufs
150 g de beurre
150 g de parmesan râpé**

Dans du lait bouillant, faire tomber la semoule en pluie – et en remuant, pour éviter la formation de grumeaux. Assaisonner d'une forte pincée de sel, d'une prise de poivre et d'une petite râpure de muscade. Ajouter 50 g de beurre ; couvrir et cuire au four pendant 20 minutes, c'est-à-dire jusqu'à ce que la semoule ait complètement absorbé le lait, et sans y toucher durant la cuisson.

En la sortant du four, désagréger la semoule avec une fourchette ; y mélanger 3 jaunes d'œufs, puis la verser sur une plaque (ou autre ustensile à rebord) mouillée, et l'y étaler sur une épaisseur d'un bon centimètre. Laisser refroidir complètement.

Renverser la semoule sur un linge humide étendu. Avec un emporte-pièce uni, y tailler des morceaux en faisant le moins de parures possible. La forme adoptée est sans importance. Beurrer et fromager le plat ; y aligner les gnocchi, soit à plat, soit en les chevalant. Parsemer à la surface le reste du parmesan et du beurre. Bien faire gratiner. Suivant la taille et l'épaisseur des gnocchi, en compter deux ou trois par convive.

Les dresser dans un plat. On peut, au dernier moment, y ajouter un cordon de sauce tomate, ou présenter cette sauce à part.

MACARONADE À LA NAPOLITAINE
PRÉPARATION 1 HEURE • CUISSON DU BŒUF 8 HEURES • CUISSON DES MACARONI 20 MINUTES • GRATIN 6 À 8 MINUTES

**400 g de gros macaroni
2 kg de collier de bœuf
2 litres de vin rouge
mirepoix*
bouquet garni
sel, poivre
50 g de graisse de porc
100 g de beurre
200 g de parmesan râpé
1 pincée de muscade**

Faire braiser un morceau de bœuf, pendant 8 à 10 heures, au vin rouge, à la façon d'une daube. Une fois cuit, ce bœuf sera réduit en purée, à l'aide d'une machine à hacher.

Cuire à l'eau salée, en les conservant fermes, de très gros macaroni. Les égoutter et les détailler en tronçons. Lier ces macaronis avec du beurre et du parmesan râpé.

Tenir la purée de bœuf assez fluide, en y ajoutant soit son fond de cuisson, soit même un peu de sauce tomate, car, en gratinant, le macaroni absorbera le liquide.

Dresser, en les alternant par couches, la purée de bœuf et le macaroni. Terminer par une couche de macaroni, poudrée de fromage râpé. Arroser avec le fond de cuisson du bœuf braisé, bien réduit. Faire gratiner doucement au four. Servir dans la timbale.

LÉGUMES ET GARNITURES

NOQUES ALSACIENNES
PRÉPARATION 1 HEURE • CUISSON 25 MINUTES

500 g de beurre
sel, poivre
1 pincée de muscade
4 œufs entiers
4 jaunes
2 blancs
300 g de farine
150 g de beurre
150 g de fromage râpé

Dans une terrine chauffée, travailler en pommade le beurre assaisonné de sel, poivre et pointe de muscade ; y ajouter, un par un, les œufs entiers et les 4 jaunes, puis la farine tamisée et, en dernier lieu, 2 blancs d'œufs fouettés en neige ferme.
Diviser cette composition en parcelles de la grosseur d'une noisette. Faire pocher à l'eau bouillante salée, en se servant d'une poche à douille unie de pâtisserie.
Égoutter les noques, les dresser en timbale ; poudrer de fromage râpé, arroser de beurre noisette.
On peut également servir les noques avec une sauce tomate, ou les faire gratiner au four, ou encore les servir avec une sauce Béchamel, une sauce romaine, etc.

NOUILLES À LA CRÈME
PRÉPARATION 10 MINUTES • CUISSON DES NOUILLES FRAÎCHES 5 À 10 MINUTES

400 g de nouilles fraîches
sel
4 dl de crème double
1 pincée de muscade
60 g de beurre

Cuire les nouilles aux trois quarts, à l'eau bouillante salée. Les égoutter et les sécher sur le feu pour en faire évaporer toute l'eau. Leur ajouter la crème bouillante. Laisser mijoter pendant 10 minutes. Mettre la muscade, rectifier l'assaisonnement et servir en timbale chaude.

RISOTTO
PRÉPARATION 15 MINUTES • CUISSON 20 MINUTES

250 g de riz
sel, poivre
150 g de beurre
3 échalotes
1 gros oignon bien blanc
1 bouquet garni
un litre de consommé
100 g de comté, gruyère ou parmesan râpé

Mettre, dans une casserole, le beurre frais et les échalotes hachées ; faire cuire sans roussir et passer au tamis. Dans ce beurre ainsi assaisonné, faire revenir l'oignon haché, ajouter le riz et remuer le mélange.
Après 3 minutes, arroser de 4 cuillerées de bouillon de bœuf en ébullition et ajouter un bouquet garni. Dès que le bouillon est absorbé, agiter la casserole pour détacher le riz, et mouiller de nouveau de 4 cuillerées de bouillon, et ainsi de suite pendant 20 minutes. Saler, poivrer, arroser le riz d'un verre de consommé, répandu par petites quantités à la fois. Le riz doit être moelleux et crémeux.
Retirer du feu et ajouter le fromage râpé.

LÉGUMES ET GARNITURES

RISOTTO AUX FONDS D'ARTICHAUTS ET AUX TOMATES
PRÉPARATION 50 MINUTES • CUISSON 20 MINUTES

1 oignon
250 g de riz
un litre de bouillon blanc
100 g de beurre
sel, poivre
6 tomates
100 g de fromage râpé
4 fonds d'artichauts moyens

Avec 60 g de beurre frais, faire blondir légèrement l'oignon haché. Ajouter le riz simplement trié et non lavé. Le remuer sur un feu modéré, et sans arrêt, jusqu'au moment où, s'étant imprégné du beurre, il a pris une teinte laiteuse. Le mouiller de bouillon non coloré et, l'ébullition prise, le cuire au four couvert pendant 20 minutes.

Peler, presser à fond et hacher les tomates ; les cuire doucement au beurre.

Dégager les fonds (c'est-à-dire retirer feuilles et foin) des artichauts. Découper ces fonds en fines escalopes et les faire sauter au beurre jusqu'à léger rissolage.

Le riz ayant complètement absorbé le liquide, le désagréger avec une fourchette ; y mélanger d'abord 30 g de beurre divisé en parcelles et 50 g de parmesan râpé, puis la fondue de tomates et les fonds d'artichauts, en prenant soin de ne pas les briser. Dresser le risotto dans un légumier et parsemer de fromage râpé.

Nota. Après avoir été préparé comme il est dit au début, le risotto peut être complété de différentes façons : soit, simplement, par de la tomate ; soit par une julienne de truffes, ou de jambon maigre, ou de champignons et de truffes ; soit encore par un assaisonnement au safran.

RIZ À LA BERNOISE
PRÉPARATION 20 MINUTES • CUISSON 18 À 20 MINUTES

250 g de riz
sel, poivre
50 g de beurre
un demi-litre de consommé ou fond blanc
1 oignon
1 carotte
1 branche de céleri
100 g de jambon
1 cuillerée à café de safran
bouquet garni
1 dl de sauce tomate
100 g de gruyère râpé

Hacher très finement l'oignon, la carotte, la branche de céleri, le jambon cru ; passer le tout dans du beurre puis jeter dessus un bol de riz bien lavé et le bouquet garni. Laisser revenir un quart d'heure en remuant constamment. Ajouter du bouillon à trois reprises ; assaisonner avec sel et poivre. Ajouter le gruyère râpé, une pincée de safran et la sauce tomate. Servir chaud après avoir retiré le bouquet garni. Se rappeler qu'il faut, en tout, deux volumes de bouillon pour un volume de riz.

RIZ À LA CRÉOLE
PRÉPARATION 30 MINUTES • 1ʳᵉ CUISSON 12 MINUTES
CUISSON AU FOUR 12 À 15 MINUTES

250 g de riz
sel

Faire chauffer 2 à 3 litres d'eau bien salée. À ébullition, y jeter le riz. Laisser cuire 12 minutes. Égoutter. Mais, sans attendre, le mettre aussitôt dans la passoire sous le robinet d'eau bouillante, cela pour lui enlever le restant de fécule, sans arrêter la cuisson.

Ensuite, mettre le riz dans un torchon et déposer le tout sur une plaque, ou mieux dans un tamis, à l'entrée du four assez chaud.
Ne pas enlever le linge, et couvrir le récipient. De temps en temps, avec une fourchette ou à la main, remuer le riz. À cuisson, le retirer.
À loisir, on peut citronner légèrement l'eau de cuisson : le riz sera ainsi d'une belle blancheur.
Ne pas oublier de saler l'eau de cuisson un peu plus qu'au degré normal.

RIZ PILAW
PRÉPARATION 15 MINUTES • CUISSON 18 MINUTES

Faire revenir l'oignon haché, dans un plat à sauter, avec 50 g de beurre. Ne pas le laisser blondir. Ajouter le riz. Remuer, avec une spatule en bois, en retrait du feu, pour que le riz s'imprègne du beurre pendant quelques minutes. Mouiller avec le fond blanc, à peu près deux fois le volume du riz (proportion à respecter). Porter à ébullition ; ajouter sel, poivre, bouquet garni. Couvrir avec un papier beurré et un couvercle. Cuire, de 16 à 18 minutes, à four doux. S'assurer que le riz est cuit, mais un peu ferme. Enlever du four, et aussitôt, avec délicatesse, le changer de récipient pour arrêter la cuisson.
Puis, par petites parcelles, ajouter le restant de beurre ; avec une fourchette, remuer en soulevant tout doucement le riz. Laisser au chaud. Le riz pilaw demande à être fait un peu à l'avance, et, s'il est à point, les grains se détachent bien.

Ingrédients :
250 g de riz
bouquet garni
un litre de fond* blanc corsé
150 g de beurre
sel, poivre
1 oignon

* RIZ À LA VALENCIENNE
PRÉPARATION 1 HEURE • CUISSON 35 MINUTES

Mettre l'huile d'olive dans une casserole, ainsi que l'oignon haché. Laisser suer seulement et non revenir. Ajouter le riz. Avec une cuillère en bois, mélanger. Ajouter le bouquet garni. Quelques minutes après, mettre les tomates mondées, épépinées, concassées, les petits pois déjà blanchis, ainsi que les poivrons coupés en petits dés. Mouiller avec le fond blanc ou consommé. Saler et poivrer légèrement.
Couper le jambon cru en petits dés et les chorizos en rouelles (épaisseur de un demi-centimètre). Ajouter au riz. Assaisonnement faible, à cause du jambon et des chorizos. Couvrir d'un papier beurré et d'un couvercle, et mettre au four. Rectifier l'assaisonnement. Ajouter, au besoin, pendant la cuisson, un peu de consommé. Le riz ne doit être ni trop sec ni trop cuit. Servir en timbale.

Ingrédients :
1 dl d'huile d'olive
250 g de jambon cru
1 gros oignon
bouquet garni
250 g de riz
3 tomates
2 poivrons
2 chorizos (indispensable)
150 g de petits pois
un demi-litre de consommé (ou fond* blanc)
sel, poivre

LÉGUMES ET GARNITURES

TURBAN DE RIZ AUX POIVRONS ET AU CHORIZO

PRÉPARATION 25 MINUTES • CUISSON 1 HEURE 15

400 g de riz à grains longs
800 g de poivrons verts et rouges mélangés
200 g de lard de poitrine fumé
100 g d'olives vertes
1 chorizo doux
1 petite boîte de concentré de tomate
4 oignons jaunes
1 petit piment vert
huile d'olive, sel, poivre

Ébouillanter les olives dénoyautées pendant 2 minutes, puis les égoutter. Couper les poivrons, lavés, en deux, retirer toutes les graines et tailler la pulpe en lanières. Les faire fondre très doucement dans un poêlon avec 3 cuillerées à soupe d'huile, en remuant souvent. Émincer les oignons pelés et les faire fondre dans une cocotte avec 4 cuillerées à soupe d'huile. Verser le riz dans une passoire, le laver et l'égoutter à fond. Ajouter le riz aux oignons quand ils sont bien fondus, remuer et faire cuire jusqu'à ce que les grains de riz soient translucides. Mouiller avec un bon verre d'eau bouillante additionnée du concentré de tomate bien dilué (le riz doit être juste couvert). Ajouter la moitié des olives et la moitié du chorizo, pelé et coupé en fines rondelles. Saler, ajouter le petit piment et réduire le feu. Couvrir et laisser cuire jusqu'à ce que toute l'eau soit absorbée. Pendant ce temps, ébouillanter le lard, l'éponger et le tailler en petits lardons. Les faire rissoler quelques minutes, puis en tapisser le fond d'un moule à savarin. Ajouter également le reste du chorizo en fines rondelles et le reste des olives grossièrement hachées. Verser le riz par-dessus et bien tasser. Renverser le tout sur un plat de service rond, démouler et garnir le centre avec les poivrons égouttés. Servir aussitôt.

* TAGLIATELLE AUX TOMATES ET AUX AUBERGINES

PRÉPARATION 20 MINUTES • CUISSON 50 MINUTES

500 g de tagliatelle blanches ou vertes
600 g d'aubergines
1 kilo de tomates
2 dl d'huile d'olive
2 oignons blancs
2 gousses d'ail
1 branche de céleri
1 bouquet de basilic
100 g de parmesan râpé
sel, poivre, thym, laurier

Peler les tomates, et, après en avoir éliminé les graines les couper en quartiers. Faire chauffer 3 cuillerées à soupe d'huile dans une cocotte. Y ajouter les oignons et l'ail haché, le céleri émincé, remuer et faire fondre sur feu doux. Ajouter ensuite les tomates et le basilic, un brin de thym et une demi-feuille de laurier. Faire cuire sur feu moyen pendant environ 40 minutes jusqu'à réduction presque complète du mouillement. Passer au mixer et réserver au chaud. Couper les aubergines, lavées, en rondelles, les poudrer de sel et laisser dégorger pendant 30 minutes, pendant la cuisson de la sauce. Les éponger soigneusement puis les faire frire dans le reste d'huile. Les égoutter et les disposer dans un plat allant au four où on les laissera à four moyen pendant une dizaine de minutes. Faire cuire les tagliatelles dans une grande quantité d'eau bouillante légèrement salée, avec une cuillerée à soupe d'huile. Les égoutter bien à fond et les verser sur les aubergines. Arroser avec une partie de la sauce tomate et servir le surplus en saucière. Poudrer de parmesan. Servir aussitôt.

LÉGUMES ET GARNITURES

FROMAGES

L ES FROMAGES DE FRANCE, ENTRE TOUS, SONT SI nombreux, si divers et présentent une telle variété de saveurs qu'ils ont de quoi plaire à tous les palais, même aux palais des rois. Ils sont comme l'apothéose d'un bon repas », disait Curnonsky. Dans son *Histoire naturelle,* Pline fait déjà grand éloge du roquefort et nous dit que le fromage d'Auvergne a la qualité d'être excellent en rôties. Le poète Martial fait lui aussi mention des fromages, ceux de Toulouse, et l'on sait qu'à Rome les fromages de Nîmes et du mont Lozère étaient fort prisés. Il faudrait un gros volume pour retracer l'histoire des fromages depuis les origines de l'humanité.

Au cours des siècles, les techniques artisanales ont introduit une extrême diversité dans les fromages, donnant notamment naissance aux grandes dominantes régionales de France : pâtes molles dans l'Ouest et le Nord (au lait de vache surtout), fromages de chèvre de Touraine et du Poitou, bleus dans le Centre et en Auvergne, fromages cuits dans les Alpes, etc.

On distingue essentiellement, selon la manière dont ils sont fabriqués : les fromages frais (petit-suisse, demi-sel), les pâtes molles à croûte fleurie (camembert, chaource, brie), les pâtes persillées (bleus, gorgonzola, fourmes), les pâtes pressées non cuites (cantal, cheddar, tommes), les pâtes pressées cuites (comté, beaufort, emmental), les fromages de chèvre, les fromages de brebis, les pâtes filées (mozzarella) et les fromages fondus.

LES SAISONS DES FROMAGES

BONS TOUTE L'ANNÉE

Bel paese, bleus industriels, brillat-savarin, caciocavallo, camembert, cantal, carré de l'Est, chabichou, cheddar, cheshire, chester, comté, coulommiers, derby, édam, emmental, excelsior, feta, fontainebleau, fourme, gérardmer, gloucester, gorgonzola, gouda, mimolette, mozzarella, munster, murol, neufchâtel, parmesan, pecorino, Port-Salut, provolone, reblochon, ricotta, saint-nectaire, saint-paulin, sbrinz, scamorze, tilsitt, tomme.

MEILLEURS DU 15 AVRIL AU 15 NOVEMBRE

Bagnes, banon (chèvre), bleus fermiers, bossons macérés, boulette d'Avesnes, broccio, cabécou, cendré, chevrotin, cœur-de-bray, crottin de Chavignol, dauphin, époisses, fontina, laguiole, livarot, maroilles, mont-d'or, niolo, pavé d'Auge, pélardon, persillés, picodon, poivre-d'âne, pouligny-saint-pierre, pourly, rigotte, roquefort, sainte-maure, saint-marcellin, selles-sur-cher.

MEILLEURS DU 15 NOVEMBRE AU 15 AVRIL

Appenzell, asiago, baguette de Thiérache, banon (brebis), beaufort, bouton-de-culotte, brie, brousse, feuille de Dreux, fribourg, gaperon, géromé, gris de Lille, gruyère, pithiviers, pont-l'évêque, rollot, saint-florentin, soumaintrain, stilton, vacherin.

Les fromages fermiers, fabriqués artisanalement selon les méthodes traditionnelles, sont toujours préférables aux fromages laitiers. Parmi ces derniers, d'aspect uniforme et de saveur douce, ceux fabriqués avec du lait cru sont meilleurs que les « pasteurisés ». Il est en outre conseillé de faire son choix en fonction de la saison et de veiller à l'harmonie du menu (dominante régionale, saveur plus ou moins relevée des mets précédents).

Les fromages se conservent dans le bas du réfrigérateur, emballés hermétiquement. On les en sort une heure environ avant de les consommer. Les fromages à pâte molle, s'ils ne sont pas « faits à cœur » gagnent à attendre quelques jours dans un endroit frais. Les bleus doivent être légèrement humides, et une vieille tradition veut que le gruyère se garde dans une boîte étanche avec un morceau de sucre.

Jadis, les fromages se servaient volontiers en guise de dessert. Au XIXe s., ils étaient considérés comme une gourmandise masculine, que l'on servait au fumoir, avec les alcools. Aujourd'hui, outre leur rôle important en cuisine proprement dite (voir les recettes au fromage, p. 574), ils sont plutôt le prolongement du repas, et on les présente après la salade et avant le dessert. Les fromages sont servis sur un plateau de verre, de marbre, d'osier, de bois ou de céramique, éventuellement avec du beurre. Généralement, on propose au moins trois fromages : une pâte cuite, un persillé et une pâte molle à croûte fleurie ou lavée ; les amateurs apprécient néanmoins un choix de cinq ou six fromages (un chèvre, une pâte pressée, une pâte dure, un persillé, une pâte molle à croûte fleurie, une pâte molle à croûte lavée), à moins que l'on ne présente qu'un seul fromage particulièrement bien choisi et affiné : camembert fermier, vacherin, brie, munster. La coupe obéit à certaines règles de savoir-vivre ; le plateau portera un ou plusieurs couteaux spéciaux, terminés par deux pointes servant à piquer le morceau choisi, car on ne touche jamais le fromage avec une fourchette.

VINS ET FROMAGES

Le fromage ne va pas sans le vin et sans le vin qui lui convient : c'est là une chose qui n'a jamais été discutée en France. On ne cédera pas aux ukases, mais on se fiera à son propre goût, en tenant compte, toutefois, du tableau suivant, extrait du *Larousse des fromages,* par Robert J. Courtine, dans lequel sont comparés les accords entre vins et fromages proposés par deux ouvrages sérieux, mais qui, eux, ne s'accordent pas, du moins complètement !

pâtes sèches et pâtes cuites	vins blancs secs, rosés secs	vins blancs secs, vins rouges fruités
pâtes persillées	vins rouges fruités ayant de la sève	vins rouges légers
pâtes demi-dures	vins tendres et légers avec du bouquet : rosés et rouges ; blancs secs	vins tendres, légers, fruités et secs, tant blancs que rouges et rosés
pâtes molles	vins rouges corsés mais souples, ou corsés, puissants avec plénitude	vins rouges séveux, vins rouges corsés
pâtes fraîches	tous les vins secs et légers, blancs et rosés ; champagne	vins blancs et rosés, légers et fruités
pâtes fondues	vins de table honnêtes	tous les vins secs et légers
fromages de chèvre	crus locaux, blancs, rosés et rouges, gouleyants	tous les vins secs, fruités et légers, ainsi que les vins de pays de leur cru d'origine

QUELQUES RECETTES AU FROMAGE
(extraites du *Larousse des Fromages*)

ALIGOT DE MARINETTE
(RECETTE DU RESTAURANT LA PETITE TOUR, À PARIS.)

Faire une purée ordinaire avec 1 kg de pommes de terre d'une espèce se défaisant bien et ajouter à cette purée un peu d'ail pilé et du gras de lard fondu.
Assouplir la purée avec un peu de lait bouillant.
Tailler en lamelles minces 600 g de laguiole frais et l'ajouter à la purée (si possible pendant que celle-ci est dans le bain-marie). Travailler fortement à la spatule de bois en faisant des « 8 ».
Lorsque la pâte est homogène, onctueuse, filante, l'aligot est cuit. Attention, tenu trop longtemps sur le feu, le fil du fromage se coupe.
Servir à large part de spatule, en coupant aux ciseaux.

CRÉMETS D'ANGERS

Fouetter vivement 125 g de crème fraîche. Battre en neige un blanc d'œuf. Mélanger doucement, sans cesser de fouetter et mettre en moules. Recouvrir d'une mousseline et laisser égoutter au frais. Pour servir, verser les crémets dans un compotier et recouvrir de crème fraîche non fouettée et de sucre vanillé.

CROQUE-MONSIEUR CURNONSKY

Tartiner deux tranches de pain de mie d'un mélange de beurre et de roquefort. Les serrer sur une tranche de jambon de Paris. Faire dorer à la poêle.

CRUMPETS AU ROQUEFORT

Malaxer au mortier 250 g de roquefort et autant de cheddar. Y ajouter un quart de litre de béchamel, saler, poivrer, moutarder quelque peu. Faire fondre au bain-marie.
Étaler cette fondue sur des tranches minces de pain de mie taillées dans sa longueur. Rouler. Passer au four pour faire dorer et découper transversalement en tranches.

FRIANDS SAVOYARDS

Faire une béchamel avec 80 g de beurre, 60 g de farine et un litre de lait. La saler, la muscader. Lier cette béchamel de 4 jaunes d'œufs et d'un demi-verre de crème, et cuire le tout à feu doux.
Ajouter, hors du feu, 150 g de beaufort râpé, 100 g de jambon cuit en petits dés et 50 g de bolets hachés et préalablement étuvés.
Étendre la pâte obtenue sur un centimètre d'épaisseur et laisser refroidir. Détailler alors en rectangles ; paner ceux-ci à l'anglaise et les faire frire à grande friture.
Égoutter et servir chaud.

FROMAGES

GALETTES BRIARDES

Délayer 500 g de farine avec 100 g de beurre, 150 g de fromage de Brie coulant, bien nettoyé, deux jaunes d'œufs, du sel et des traces de poivre et de muscade. Laisser reposer. Abaisser à huit millimètres d'épaisseur. Découper en ronds avec un verre à bordeaux. Passer sur la surface un pinceau trempé dans du lait. Rayer à la fourchette. Cuire à four modéré.

IMBRUCCIATE
(gâteaux au broccio)

Mélanger 500 g de farine tamisée avec 3 œufs, une pincée de sel, 15 g de levure de boulanger, 2 cuillerées à soupe d'huile d'olive, un grand bol d'eau, afin d'obtenir une pâte bien lisse.
Couvrir d'un linge et garder 3 heures à température douce.
Couper en dés du broccio frais. Enrober ceux-ci dans des fractions de pâte, de façon que le fromage soit bien au centre et les beignets bien ronds. Jeter dans la friture fumante. Laisser dorer. Égoutter et poudrer de sucre. Servir.

PÂTE DE FROMAGE DE CHÈVRE

Faire un petit roux blanc de beurre et farine. Mouiller de lait (un demi-litre) et faire bouillir 10 minutes en tournant, de façon à obtenir une sauce épaisse. La lier de 2 jaunes d'œufs.
Couper, dans cette sauce, en tranches épaisses, cinq petits fromages de chèvre très frais. Ajouter une poignée de beaufort râpé, une poignée de jambon cuit haché et mêler le tout.
Faire une pâte avec 500 g de farine, 150 g de sucre en poudre, une pincée de sel, 4 jaunes d'œufs et 125 g de saindoux. En garnir une tourtière. Remplir cette tarte de la garniture. Dorer au jaune d'œuf, poudrer de sucre et cuire, à four moyen, trois quarts d'heure.

POIRE SAVARIN
(RECETTE CRÉÉE PAR CURNONSKY.)

Peler et enlever le cœur et les pépins de 12 poires.
Remplir le centre de roquefort mélangé à un peu de beurre. Diluer 12 grandes cuillerées de roquefort frais avec de la crème épaisse. Verser sur les poires. Poudrer de paprika. Mettre au réfrigérateur.

SOUFFLÉ AU BLEU D'AUVERGNE

Pour 4 personnes. Faire une béchamel assez épaisse en portant au feu 30 g de beurre et 40 g de farine ; quand le mélange devient mousseux, verser un quart de litre de lait froid, hors du feu et d'un seul coup. Saler, poivrer, ajouter un peu de muscade. Laisser refroidir hors du feu. Pendant ce temps, monter 2 blancs d'œufs en neige ferme. Dans la sauce tiède, ajouter les jaunes, un à un, puis 100 g de bleu écrasé à la fourchette. Fouetter vivement et ajouter les blancs en neige. Beurrer des ramequins. Les remplir, aux trois quarts. Les mettre trois à quatre minutes sur une plaque chauffée pardessous, puis les enfourner à four moyen, où ils seront laissés vingt minutes sans ouvrir. Servir immédiatement.

SOUPE AU LAGUIOLE

Faire blanchir à l'eau bouillante des feuilles de chou sauvage. Égoutter. Finir la cuisson dans un bouillon de poule. Dans une soupière allant au four, disposer une couche de tranches de pain de campagne. Semer par-dessus des lamelles de laguiole demi-frais. Étendre quelques feuilles de chou. Recommencer : pain, laguiole, chou, bouillon. Terminer par du pain et du fromage. Arroser d'un peu d'huile et mettre à croûter au four.

TALMOUSES DE SAINT-DENIS

Mettre dans une terrine 250 g de fromage à la crème, même quantité de brie ou de camembert bien nettoyés, de façon qu'ils soient complètement blancs, un peu de sel, 10 g de sucre et 20 g de fécule. Ajouter 2 ou 3 œufs entiers et 2 jaunes.
Bien travailler le tout, d'abord avec une fourchette, puis avec une spatule. Lorsque la pâte est bien homogène, fouetter 2 blancs d'œufs en neige et les incorporer à la masse.
Garnir de cet appareil des tartelettes en pâte* brisée, et cuire à four chaud.

TARTE AU FROMAGE ET AUX OLIVES

Foncer de pâte* brisée un moule à tarte. Sur celle-ci, disposer des noisettes de beurre, des copeaux de gruyère et des olives vertes dénoyautées et blanchies. Verser dessus 4 œufs délayés dans un tiers de litre de lait. Semer la surface de parcelles de beurre et d'une couche de fromage râpé. Cuire à four chaud.

TARTE À LA MACQUÉE

Mettre 500 g de fromage blanc, dit « macquée », à égoutter dans un linge, le presser pour qu'il soit bien sec. Le mettre ensuite dans une assiette en lui donnant une forme un peu plate ; poudrer de sel et placer l'assiette dans un endroit chaud, comme la cuisine, par exemple. Laisser ainsi durant une huitaine de jours. Au bout de ce temps, il se formera une croûte jaunâtre indiquant que le fromage est à point. Le travailler alors dans un bol, à l'aide d'une cuillère de bois, et y incorporer, un à un, six jaunes d'œufs. On ajoute parfois des fines herbes et du poivre, mais cela est facultatif et s'écarte de la vraie recette.

Le fromage est prêt. Aplatir de la pâte* levée fine à l'épaisseur d'un demi-centimètre ; en garnir un moule à tarte graissé ; piquer quelques coups de fourchette dans le fond et y étaler ensuite le fromage. Passer le pinceau, trempé à l'œuf battu, sur les bords de la tarte et faire cuire, à four doux, durant 35 minutes.

Démouler sur une grille et étaler sur la surface une couche de beurre ; piquer de quelques coups de fourchette pour faire pénétrer le beurre et servir chaud.

TOURTEAU FROMAGÉ

Faire une pâte* brisée, la laisser reposer 20 minutes, puis en garnir une tourtière de 24 cm de diamètre.

Cuire cette pâte à blanc, à four moyen, 6 minutes. Délayer 250 g de fromage de chèvre frais, bien égoutté, avec 125 g de sucre, une pincée de sel, les jaunes de 5 œufs et 50 g de fécule de pomme de terre. Ajouter une larme de cognac.

Battre les blancs d'œufs en neige ferme. Les amalgamer à la préparation. Verser le tout sur la pâte brisée et cuire, à four moyen, 45 minutes.

TRUFFADE

Garnir une poêle bien glissante avec une vingtaine de petits lardons. Mettre la poêle au feu. Lorsque le lard est fondu, retirer les lardons et ajouter trois cuillerées d'huile d'olive.

Couper 6 pommes de terre en tranches plates ; les mettre dans la graisse, les poudrer de sel. Couvrir, puis découvrir, en remuant souvent et en les écrasant à la fourchette, cela pendant un quart d'heure.

Couper 200 g de tomme fraîche en minces lames. Mélanger ces lamelles aux pommes de terre, sur feu vif, et laisser dorer le mélange, sans le remuer.

Renverser cette galette sur le plat de service.

DESSERTS

L E DERNIER PLAT D'UN REPAS N'EST PAS LE MOINS délicat à imaginer, tant pour l'équilibre du menu que pour l'harmonie des saveurs. Le mot « dessert » vient du verbe desservir (enlever ce qui a été servi) et désigne par conséquent ce que l'on offre aux convives lorsque l'on a débarrassé la table des mets précédents. Ce terme générique englobe toutes sortes de préparations chaudes, froides ou glacées, qui ont en commun leur composante sucrée, bien que l'on range aussi parmi les desserts les fromages et les simples fruits crus. La gamme des entremets chauds ou froids (charlottes, soufflés, gâteau de riz, beignets, compotes, crêpes, crèmes renversées, œufs à la neige, omelettes sucrées ou soufflées, flans, meringues, puddings, desserts divers aux fruits, etc.), puis des glaces, des bombes et des sorbets, des salades de fruits, des petits fours et des confiseries présente déjà un choix considérable. S'y ajoutent les ressources non moins riches et diverses de la pâtisserie proprement dite, qui tire ses variations des pâtes de base : feuilletage, pâte brisée ou sablée, pâte à biscuit ou à brioche, pâte à choux ou à génoise. Les recettes régionales offrent un bel échantillonnage de douceurs, que les maîtres pâtissiers parisiens ont élargi à des créations de grand art devenues des classiques, tels le baba et le savarin, le paris-brest et le saint-honoré, le mille-feuille et les religieuses, les puits d'amour et les mokas, les vacherins, succès et progrès, sans compter la gamme savoureuse des tartes aux fruits de toutes les saisons. « Les beaux-arts sont au nombre de cinq, à savoir la peinture, la sculpture, la poésie, la musique, l'architecture, laquelle a pour branche principale la pâtisserie », déclarait le grand cuisinier pâtissier Carême, à une époque où la pièce montée représentait le chef-d'œuvre d'une table bien dressée. Aujourd'hui, le dessert est souvent plus modeste d'apparence, mais sa dimension gourmande est d'autant plus présente.

PÂTES

LEVAIN
PRÉPARATION 5 MINUTES

100 g de farine
10 g de levure de boulanger
3 cuillerées à soupe d'eau

Dans une tasse, émietter la levure et la délayer avec les 3 cuillerées à soupe d'eau tiède. Verser la levure délayée dans la terrine contenant la farine. Avec une spatule, opérer le mélange et ajouter autant d'eau tiède qu'il en faudra pour obtenir une pâte lisse, mais un peu molle, que l'on rassemble au fond de la terrine.
Recouvrir le levain avec un peu de farine ; couvrir la terrine avec un linge et la placer dans un lieu tempéré, surtout à l'abri des courants d'air.
Nota. Le levain peut être mis à lever dans un récipient baignant dans un peu d'eau tiède.

SUCRE

UTILISATION DU SUCRE SELON SON DEGRÉ DE CUISSON

Nom	Degrés centésimaux	Degrés Baumé	Caractéristiques : évaluation manuelle	Utilisations
Nappé	100	25		
Petit lissé	101	30	filet : 2 à 3 mm	pâte d'amande touron
Grand lissé	103	30	filament : 5 mm	crème au beurre glaçage des gâteaux
Petit perlé	103-105	33	bulles arrondies	confitures
Grand perlé	107	35	bulles à l'écumoire, filament : 20 mm	confitures fondants cerises déguisées glaçage des gâteaux
Petit boulé	116	37	boule molle	meringue italienne gâteau polonais
Grand boulé	121	38	boule plus dure	caramels
Cassé	149-150	40	boule cassante mais non collante	glaçage des gâteaux fleurs barbe à papa pastilles berlingots
Caramel clair	150			caramélisation des moules glaçage des gâteaux nougatine crème caramel
Caramel foncé				coloration des bouillons

DESSERTS

PÂTE À BISCUIT
PRÉPARATION 1 HEURE • CUISSON 40 MINUTES

16 œufs
500 g de sucre en poudre (sucre semoule)
5 cl de rhum ou de kirsch
300 g de farine fine ou de fécule de pommes de terre

Séparer les jaunes des blancs. Battre les jaunes avec le sucre jusqu'au moment où le mélange, devenu blanc, forme le ruban. Ajouter le parfum choisi et battre encore un peu. Incorporer alors la farine ou la fécule, puis les blancs d'œufs, battus en neige très ferme. Cuire à four doux.

PÂTE À BRIOCHE
PRÉPARATION 24 HEURES

500 g de farine
10 g de levure de boulanger
15 g de sel fin
30 g de sucre en poudre
6 œufs
375 g de beurre

Avec 100 g de farine, prélevés sur les 500 g, et la levure délayée dans un peu d'eau tiède, faire un levain. Placer dans un endroit tiède.
Casser les œufs ; en mettre 3 dans la terrine, où l'on aura laissé lever le levain pendant 30 minutes. Avec la spatule, procéder au mélange de la masse. Pour le moment, il est inutile d'y mettre la main. Quand on aura bien assemblé la pâte et qu'elle n'adhérera plus à la terrine ni à la spatule, ajouter successivement les 3 derniers œufs préalablement battus et dans lesquels on aura mis le sel et le sucre en poudre à fondre. Battre la pâte à la cuillère, jusqu'à ce qu'elle soit redevenue lisse et bien élastique.
Le beurre, ayant été pesé et manié, aura été placé dans un lieu tempéré ou près d'une source de chaleur, pour se trouver amolli, sans être fondu toutefois. Retirer la cuillère de la pâte et, sur la table à pâtisserie — ou dans une seconde terrine — mettre une poignée de pâte, le cinquième environ, puis y ajouter le beurre. Pétrir à la main beurre et pâte, de sorte que le mélange soit parfait, puis ajouter une nouvelle poignée de pâte, non beurrée, et ainsi de suite jusqu'à ce que tout le beurre ait été mélangé et que la pâte soit devenue bien élastique et ne colle plus à la terrine ni à la main. Se racler la main au couteau, bien rassembler toute la pâte dans le fond de la terrine et la poudrer légèrement de farine ; la couvrir d'un linge et la placer au frais en été et dans un lieu tempéré en hiver. Ce genre de pâte doit se faire la veille pour le lendemain, ou le matin pour le soir.
Au bout de 2 à 3 heures, la brioche doit avoir augmenté de volume ; la battre à la cuillère pour lui faire reprendre son volume primitif ; la recouvrir et la mettre en lieu frais, jusqu'au lendemain matin ; on dit alors qu'on a « rompu » la pâte à brioche.

PÂTE À BRIOCHE MOUSSELINE
PRÉPARATION 24 HEURES • CUISSON 1 HEURE

500 g de farine
375 g de beurre fin
6 œufs
12 g de sel
10 g de levure de boulanger

Sur les 500 g de farine, en prélever 125 g pour faire le levain, avec la levure et un verre d'eau tiède. Mettre en terrine, dans un endroit tempéré.

Avec le reste de la farine, 100 g de beurre, le sel, le sucre, les œufs, faire une détrempe. Travailler la pâte sur la table, pour lui donner du corps, en la soulevant avec les mains (la ramener vers soi et la rejeter sur la table) ; elle doit être bien élastique. Par prudence, ou si l'on manque de pratique, ne pas mettre tous les œufs à la fois. Tenir compte du pouvoir absorbant de la farine. Ajouter le restant du beurre, puis le levain ; mélanger, mais ne plus travailler la pâte.

Fariner un récipient ; y mettre la pâte et poudrer de farine. Quatre à cinq heures après, rompre la pâte. Attendre quelques heures pour mouler et cuire.

Suivant que l'on désire une pâte plus ou moins riche, faire varier les proportions de beurre (de 300 à 425 g, par livre de farine) et le nombre des œufs (de six à dix). Employer toujours du beurre fin, sans eau. Cette pâte se réussit mieux en hiver qu'en été, mais elle demande un peu de pratique.

PÂTE BRISÉE OU PÂTE À FONCER
PRÉPARATION 2 HEURES

200 g de farine tamisée
100 g de beurre
1 dl d'eau
5 g de sel
12 g de sucre

Les professionnels font la pâte à même le tour (table à pâtisserie) ; il est beaucoup plus simple de la faire dans une terrine, avec une cuillère en bois dite spatule.

Faire dissoudre, dans l'eau, le sel et le sucre. Mettre la farine dans une terrine. Amollir le beurre en le mettant, à l'avance, près d'une source de chaleur propre à le rendre bien souple, et à chasser l'eau, l'air ou le petit-lait qu'il contiendrait encore.

Dans la terrine, avec la farine, mettre le beurre divisé en menus morceaux. Avec la spatule, chercher à diviser ces morceaux de beurre en une infinité de parcelles, sans essayer de faire absorber le beurre par la farine (on n'y réussirait pas, et, si l'on y arrivait, la pâte serait manquée, alors qu'il n'y a aucun danger à prolonger ce travail préliminaire).

À partir du moment où l'on ajoute l'eau, il ne faut mélanger les éléments de la pâte que juste assez pour les rassembler en une boule lisse, ne collant plus à la terrine ni à la spatule. Donc, le sel et le sucre étant fondus dans l'eau, verser celle-ci d'un seul coup et rassembler la pâte, sans en exagérer le mélange. Déposer la pâte sur la table légèrement poudrée de farine ; la replier deux ou trois fois sur elle-même ; l'envelopper dans un torchon et la mettre au frais. Elle peut se conserver 2 jours en été et 3 jours en hiver, si on la tient au frais.

Observations. Remarquer qu'il ne figure pas d'œuf dans cette pâte. Jadis, on en aurait mis un ; nous l'avons supprimé, et la pâte est tout aussi bonne, mais un peu moins nourrissante.

La qualité de la farine étant souvent inégale, il peut se faire que la quantité d'eau varie de 1 ou 2 centilitres ; si la pâte est un peu molle, y ajouter une cuillerée à soupe de farine ; si elle est trop ferme, y mettre un peu d'eau, mais ne pas attendre, pour cela, qu'elle soit tout assemblée. Le faire dès que l'on constate la difficulté.

PÂTE À CHOUX ET À ÉCLAIRS
PRÉPARATION 1 HEURE

500 g de farine
500 g de beurre
un litre d'eau
10 g de sel
20 g de sucre
16 œufs
1 cuillerée à café d'eau de fleurs d'oranger

Dans une casserole, mettre l'eau, le sel, le sucre, l'eau de fleurs d'oranger et le beurre divisé en plusieurs morceaux. Tamiser la farine sur un papier et casser les œufs, deux par deux, dans des tasses. Remuer le beurre, pour qu'il soit fondu quand l'eau entrera en ébullition.

Ce résultat atteint, retirer la casserole du feu et y verser, en une seule fois, toute la farine. Mélanger vigoureusement avec la spatule et, la pâte étant bien amalgamée, replacer la casserole sur feu doux et dessécher la pâte, sans cesser de remuer à la spatule, jusqu'à ce qu'elle n'adhère plus à celle-ci ni à la casserole et qu'elle suinte positivement le beurre ; c'est parfois long, mais il faut y parvenir.

Retirer alors la casserole du feu et y mélanger les œufs, deux par deux, jusqu'à ce que la pâte paraisse bien lisse. Si tout a été bien pesé et mesuré et la pâte bien desséchée, elle doit absorber 16 œufs de taille moyenne. On voit que la pâte est suffisamment mouillée quand, en en prenant une certaine quantité sur la spatule, et en inclinant celle-ci au-dessus de la casserole, la pâte y retombe d'elle-même.

La pâte à choux se cuit habituellement aussitôt faite ; elle n'est pas de celles qui peuvent se faire la veille. Exceptionnellement, on peut conserver un reste de pâte et la cuire le lendemain, mais il convient de lui incorporer un peu d'œuf battu ; néanmoins elle sera toujours moins belle.

PÂTE À CRÊPES
PRÉPARATION ET CONFECTION 45 MINUTES • REPOS DE LA PÂTE 2 HEURES
CUISSON 3 MINUTES CHACUNE

375 g de farine tamisée
50 g de sucre semoule
1 pincée de sel
8 œufs entiers
un litre de lait bouilli et froid
50 g de beurre fondu
parfum au choix
sucre glace
(pour les crêpes sucrées)
beurre

Dans une terrine, mettre la farine, le sucre, le sel. Avec une cuillère en bois et en remuant les œufs deux par deux, mélanger mais sans trop travailler la pâte, car les crêpes seraient élastiques sous la dent ; ajouter le lait par petites doses, puis le beurre fondu. Mettre le parfum choisi : vanille, citron ou orange râpés, eau de fleurs d'oranger, rhum ou liqueurs (facultatif). Si la pâte est faite avec soin, il est inutile de la passer au chinois ; si on la passe, ne mettre le beurre fondu qu'après. Laisser la pâte reposer 2 heures, au moins.

On compte en moyenne 3 crêpes par personne. Pour 24 crêpes, pour les servir chaudes et à point, il faut avoir deux à trois poêles ; les choisir de petite taille, mais utiliser de préférence des poêles spéciales, très épaisses. Les crêpes doivent être très minces et bien dorées. Les poêles à crêpes seront maintenues toujours très chaudes ; mettre quelques noisettes de beurre dans la poêle, avant d'y verser la pâte.

Pour des crêpes sucrées, poudrer chaque crêpe de sucre glace.

Pour les servir, on peut soit les rouler, soit les plier en éventail.

DESSERTS

PÂTE À CRÊPES AU COGNAC
PRÉPARATION 30 MINUTES • REPOS DE LA PÂTE 2 HEURES • CUISSON 3 MINUTES CHACUNE

250 g de farine
4 œufs
un demi-litre de lait
5 cl de cognac
1 cuillerée d'huile d'olive
10 g de sel

Faire la fontaine, y verser le sel, les œufs battus en omelette, l'huile et le cognac. Délayer peu à peu avec le lait. Compléter avec de l'eau. La consistance doit être fluide et la pâte sans grumeaux. Laisser reposer au moins 2 heures avant l'emploi.

Cuire dans une poêle épaisse, faiblement graissée.

PÂTE FEUILLETÉE FINE
PRÉPARATION 2 HEURES

250 g de farine tamisée
15 cl d'eau
10 g de sel
250 g de beurre

La préparation de la pâte feuilletée se décompose en deux opérations principales : 1° faire la détrempe ; 2° beurrer et tourer le feuilletage. Pour faire la détrempe, tamiser la farine, la peser, la mettre dans une terrine ; peser le sel, le mettre à fondre dans l'eau. Le sel étant fondu, verser l'eau d'un seul coup dans la terrine. Avec la spatule, remuer juste ce qu'il faut pour rassembler eau et farine ; mettre cette détrempe sur la table poudrée de farine ; la replier deux ou trois fois sur elle-même ; la rouler en boule, l'envelopper dans un linge fin et la laisser reposer, au frais, pendant 20 minutes.

Beurrer et tourer le feuilletage est une opération qui doit se faire dans un local frais, où le beurre ne s'amollit pas de lui-même. Certains beurres, tels ceux du Poitou ou des Charentes, conviennent mieux que d'autres, même plus fins ; les beurres non pasteurisés, mieux encore.

Le beurre aura été manié plusieurs heures auparavant pour l'assouplir, l'amollir et le débarrasser de l'eau, puis remis au frais. Après l'avoir manié, s'il était très mou, le mettre dans un grand récipient d'eau aussi fraîche que possible, et l'égoutter juste au moment de l'utiliser. Ce n'est d'ailleurs là qu'un pis-aller.

Reprendre la détrempe ; la table sera légèrement poudrée de farine pour que la pâte n'y colle pas. La replier une ou deux fois sur elle-même ; la rouler en boule et l'étaler au rouleau à pâtisserie, ou à la main, pour en faire un large disque de 22 cm de diamètre environ. Au milieu de la détrempe, placer le beurre en un carré d'environ 20 cm de côté. La détrempe dépassera tout autour ; rabattre ce qui dépasse sur le beurre et faire que les bords de cette pâte se rencontrent juste, sans se chevaucher sur le beurre, en l'entourant complètement, mais sans surépaisseurs dans les angles.

Remettre la pâte au frais, pendant 15 minutes, puis la reprendre et lui donner deux tours. Pour ce faire, sur la table légèrement poudrée de farine, allonger le pâton au rouleau pour l'amener à 50 cm de longueur (pas davantage surtout). Replier la pâte en trois ; donner un tour. Faire décrire à la pâte un quart de tour sur la droite, lui donner un second tour, et la remettre au frais pendant 15 minutes. Lui donner ensuite deux tours encore, ce qui fera quatre. Il convient de donner six tours

→

→ en tout au feuilletage, avant de le détailler et de le cuire, mais ces deux opérations doivent être faites assez rapidement, pour que la pâte ne soit pas trop reposée et n'ait pas perdu son « corps », c'est-à-dire son élasticité.

Chauffer le four, car la cuisson se fait à four chaud. Quand il sera prêt, donner les deux derniers tours à la pâte ; surtout ne pas l'allonger plus qu'il n'est nécessaire : 50 cm suffisent ; autrement, la pâte serait « usée » (le beurre trop mélangé) ; elle monterait à peine et serait grise d'aspect. Pour la même raison, ne pas trop poudrer la table de farine ; le résultat serait le même.

La pâte, ayant reçu six tours, est prête à être détaillée.

PÂTE À FRIRE
PRÉPARATION 1 HEURE 30

125 g de farine tamisée
50 g de beurre fondu
5 g de sel fin
1 œuf entier
plus 1 blanc d'œuf
1 verre de bière
2 cl d'eau-de-vie

Mélanger, à la spatule, le beurre à la farine salée. Ajouter l'œuf battu en omelette. Délayer avec la bière. Parfumer à l'eau-de-vie choisie. La pâte, sans grumeaux, doit masquer la spatule. Laisser reposer une heure. Au moment de l'emploi, ajouter un blanc d'œuf battu en neige ferme.

PÂTE À GÉNOISE
PRÉPARATION 2 HEURES • CUISSON 30 MINUTES

500 g de sucre en poudre
12 œufs
500 g de farine
250 g de beurre fondu
parfum à volonté, soit :
1 cuillerée de sucre vanillé
de sucre de citron
ou d'orange, ou
2 cuillerées d'eau
de fleurs d'oranger

Cette sorte de pâtisserie, qui n'est en somme qu'une variété de biscuit, a l'avantage d'être d'un apprêt simple et de se prêter à de multiples emplois. Elle se parfume à volonté et, dans certains cas, on peut lui mélanger des fruits confits ou des amandes hachées, mais la façon de l'apprêter est invariable.

Mettre sucre et œufs dans un bassin sphérique en cuivre non étamé (c'est l'ustensile le plus commode) ; faire le mélange avec un fouet ; placer le bassin sur le côté du feu, de façon que la composition tiédisse légèrement durant le travail, et la fouetter jusqu'au moment où elle fait nettement le ruban.

Y mélanger alors, à l'aide d'une spatule : le parfum, la farine tamisée et le beurre, qu'on a pris soin de décanter.

Faire ce mélange légèrement, sans trop travailler la composition ; la verser aussitôt dans des moules, ou dans des plaques beurrées et farinées, selon l'usage auquel est destinée la génoise, en ne les remplissant qu'aux deux tiers.

Cuire au four de chaleur douce et démouler sur grilles ou sur des clayons en osier, pour faire refroidir.

PÂTE SABLÉE
PRÉPARATION 30 MINUTES

500 g de farine
250 g de beurre
une cuillerée à café de sel fin
eau

Tamiser la farine, faire la fontaine ; y déposer le sel, le beurre préalablement trituré dans un linge pour en extraire l'eau et le petit-lait. Du bout des doigts, sans travailler la pâte, mélanger farine et beurre. Mouiller à l'eau froide pour obtenir une pâte ferme, mais pas trop dure. La rouler en boule et la laisser reposer 2 heures avant l'emploi.

PÂTE À SAVARIN
PRÉPARATION 40 MINUTES • REPOS DE LA PÂTE PLUSIEURS HEURES
CUISSON 30 À 40 MINUTES

500 g de farine
15 à 20 g de levure de boulanger
un demi-verre de lait
8 œufs, 300 g de beurre
15 g de sel
25 g de sucre en poudre

Dans une sébile en bois en forme de calotte ou, à défaut, dans une terrine, tamiser la farine ; faire une fontaine au milieu ; y mettre 15 g de levure sèche en été et 20 g en hiver ; la délayer avec le demi-verre de lait tiède. Ajouter les œufs (cassés à l'avance dans une terrine) ; faire la détrempe ; travailler fortement la pâte à la main pendant quelques minutes ; détacher, avec une palette ou une tranche de pomme de terre, les parties de pâte qui, durant le travail, se sont attachées aux parois de l'ustensile, et les rejeter dans la masse.

Éparpiller à la surface le beurre – préalablement ramolli par pétrissage dans un linge – divisé en parcelles. Couvrir et tenir la pâte dans un endroit assez chaud, jusqu'au moment où, sous l'action du ferment, elle a doublé de volume.

Quand elle est à ce point, ajouter le sel ; pétrir à la main pour assurer son mélange et celui du beurre avec la pâte ; puis, du bout des doigts triturer celle-ci, jusqu'à ce qu'elle soit bien lisse et qu'elle ait pris du corps, c'est-à-dire une élasticité telle qu'on puisse la soulever d'un bloc. À ce moment seulement, y mélanger le sucre en poudre.

Avec cette pâte, rompue par petites parties, garnir les moules (beurrés à l'avance) jusqu'au tiers seulement de leur hauteur. L'espace restant sera rempli par le gonflement de la pâte, sous l'effet de la fermentation. Si l'on désire avoir des savarins plus hauts que le moule, on remplit celui-ci à moitié ; mais, dans ce cas, il faut avoir soin d'entourer les bords et la douille du moule avec des bandes de papier blanc collées avec de l'œuf battu, sinon la pâte déborderait.

Placer les moules dans un endroit tempéré jusqu'à ce que la pâte ait atteint son développement normal. Mettre au four aussitôt.

La cuisson se fait au four de bonne chaleur moyenne et demande environ une demi-heure pour des moules de dimensions ordinaires.

Les proportions indiquées ci-dessus suffisent pour trois moules ordinaires. Si les savarins doivent être « sirupés », on les trempe, pendant qu'ils sont chauds, dans un sirop parfumé au rhum ou au kirsch.

Un gâteau, quel qu'il soit, doit toujours, en sortant du four, être mis sur une grille ou un clayon pour que l'air puisse circuler dessous durant le refroidissement.

PÂTE SUCRÉE
(DITE PÂTE À SUCCÈS)
PRÉPARATION 2 HEURES

250 g de farine tamisée
125 g de sucre en poudre
125 g de beurre, 2 œufs

Cette pâte est surtout employée pour foncer des moules contenant des compositions aux amandes, trop légères pour avoir une consistance suffisante sans ce support. Elle sert aussi à faire des fonds d'entremets fourrés à la crème pâtissière, à la crème au beurre, ou avec une macédoine de fruits.

C'est aussi une pâte qui permet, avec de légères variantes, de faire des gâteaux secs.

C'est le beurre que l'on met en premier lieu dans la terrine ; l'amollir en le manipulant et en le battant ensuite à la spatule, puis y ajouter le sucre en poudre et, petit à petit, les œufs. Quand le mélange sera bien homogène, y joindre, d'un seul coup, la farine, et ne mélanger, à la spatule, que juste ce qui est nécessaire pour rassembler la pâte. Pendant toute la première partie, et tant que la farine n'a pas été ajoutée, on peut mélanger et battre sans dommage ; mais une fois celle-ci incorporée à la masse, modérer le battage pour ne pas nuire à la consistance de la pâte, qui deviendrait dure et cassante.

La pâte étant rassemblée, la replier deux ou trois fois sur elle-même, sur la table poudrée de farine, et la mettre au frais dans un torchon propre. Cette pâte se conserve 2 jours en été et 3 jours en hiver.

PÂTE À TARTE OU À CROUSTADES
PRÉPARATION 10 MINUTES • CUISSON 20 MINUTES

Un demi-litre de peau de lait cuit
400 g de farine tamisée
1 pincée de sel

Réserver la peau du lait bouilli, que beaucoup de personnes n'aiment pas. Prendre cette peau avec une écumoire et la mettre dans un petit bol. Faire cette opération pendant une semaine en veillant à ce qu'il ne reste aucun liquide.

Avec une cuillère en bois, incorporer de la farine à cette masse de crème cuite, tout doucement, jusqu'à obtention d'une pâte épaisse ; saler ou sucrer légèrement, selon l'emploi prévu. Ne pas trop travailler la pâte pour ne pas lui faire prendre corps.

Étendre cette pâte sur la table et en faire de petits gâteaux secs ou de petites croustades ou barquettes, dans des moules de petite taille. Lorsque les moules sont foncés, y mettre un papier de soie, puis quelques lentilles sèches (pour empêcher le fond de se soulever) et cuire au four. Démouler, faire bien sécher et réserver au sec jusqu'à l'emploi.

DESSERTS

CRÈMES

CRÈME ANGLAISE À LA VANILLE
PRÉPARATION 30 MINUTES • CUISSON 30 MINUTES

10 jaunes d'œufs
200 g de sucre
1 gousse de vanille
un litre de lait

Faire bouillir le lait avec le sucre et la vanille. Battre les jaunes d'œufs avec un peu de lait froid, dans une casserole. Y verser le lait légèrement refroidi et passé. Cuire au bain-marie en battant continuellement au fouet, jusqu'à épaississement. Refroidir en vannant.
On peut remplacer 3 jaunes d'œufs par 3 cuillerées à café de fécule.

CRÈME AU BEURRE
PRÉPARATION 1 HEURE • CUISSON 20 MINUTES ENVIRON

250 g de sucre en morceaux
2 dl d'eau
10 jaunes d'œufs
500 g de beurre fin

Cuire le sucre et l'eau « au filet » ; verser lentement sur les jaunes d'œufs, en battant sans arrêt au fouet et jusqu'à complet refroidissement.
Ramollir le beurre dans une terrine, le travailler dans un linge, puis lui incorporer peu à peu le sirop. Pour parfumer la crème, s'il s'agit d'un parfum liquide (kirsch, essence de café, etc.), l'ajouter au sirop, et, s'il s'agit d'un parfum solide (praliné, chocolat, etc.), l'incorporer lorsque la crème est terminée.

CRÈME FOUETTÉE ET CRÈME CHANTILLY
PRÉPARATION 20 MINUTES

Un demi-litre de crème fleurette
un demi-litre de crème double
150 g de sucre vanillé

Mélanger les deux crèmes. Sur la glace, fouetter le mélange, en évitant qu'il ne fasse beurre. Égoutter sur un tamis et servir frais.
Sucrée, cette crème fouettée devient la crème Chantilly. Pour la rendre plus légère et plus solide, on peut lui incorporer 2 ou 3 blancs d'œufs, battus en neige très ferme.

DESSERTS

CRÈME PÂTISSIÈRE
PRÉPARATION 20 MINUTES • CUISSON 20 MINUTES

150 g de sucre en poudre
65 g de farine
6 jaunes d'œufs
un demi-litre de lait
1 gousse de vanille
1 pincée de sel fin

Faire bouillir le lait à l'avance et mettre la vanille à infuser dedans. Réunir, dans une casserole, la farine, le sucre, le sel et les jaunes d'œufs. Mélanger et travailler le mélange un instant, puis ajouter le lait par petites quantités. Faire prendre consistance sur le feu, en appuyant bien la cuillère au fond de la casserole, afin d'éviter que la crème ne s'y attache. Faire donner quelques minutes d'ébullition, sans cesser de remuer ; puis la transvaser et la laisser refroidir dans une terrine (en ayant soin de la vanner de temps en temps).
Si elle doit être parfumée au café, on y ajoute, au moment de son emploi, la quantité nécessaire de très forte essence de café. Dans ce cas, on supprime la vanille.
Si elle doit être parfumée à l'orange, on fait infuser le zeste d'une orange dans le lait.

DIVERS

FONDANT
PRÉPARATION 1 HEURE • CUISSON 30 MINUTES

1 kg de sucre en morceaux
75 g de glucose
parfum au choix
colorant liquide

Faire fondre le sucre dans un poêlon mouillé d'eau. À ébullition, rafraîchir les bords du poêlon avec un linge mouillé. Écumer. Le sucre étant cuit au boulé, ajouter le glucose. Retirer du feu, verser sur un marbre mouillé et malaxer à la spatule, dès que le refroidissement est commencé. Le sucre doit devenir blanc et solide. Réserver au frais. Pour l'emploi, chauffer légèrement, parfumer au choix ou colorer. Le fondant ne doit jamais être plus que tiède, car il ne serait plus brillant.

FRANGIPANE
PRÉPARATION 1 HEURE 30

250 g d'amandes douces
10 g d'amandes amères
8 œufs, 250 g de beurre
300 g de sucre semoule
10 g de sel fin
1 cuillerée à soupe de fécule
5 cl de kirsch

Monder et sécher à l'étuve les amandes ; les piler au mortier. Les travailler en terrine avec 4 œufs entiers, ajoutés un à un. Incorporer alors le beurre ramolli, puis le sucre et le sel. La pâte étant crémeuse, incorporer la fécule puis, un par un, les 4 derniers œufs. Ajouter le parfum et tenir au frais jusqu'à l'emploi.

DESSERTS

GLACE ROYALE
PRÉPARATION 25 MINUTES

Travailler, à la spatule, le sucre glace avec les blancs d'œufs. Ajouter alors la fécule, puis le parfum. Il faut travailler la glace au moins 25 minutes.
(On glace, avec cet appareil, au pinceau, le dessous ou la totalité de gros gâteaux.)

300 g de sucre glace
2 blancs d'œufs
4 cuillerées de fécule de pommes de terre
3 cl de kirsch

MERINGUE ORDINAIRE (MERINGUE SUISSE)
PRÉPARATION 40 MINUTES • CUISSON 30 MINUTES

Mettre les blancs dans un bassin en cuivre non étamé (cul-de-poule ou même bassine à confiture). Battre au fouet en neige très ferme, puis ajouter rapidement le sucre en mélangeant à la spatule.
Cuire à four très doux et sécher à l'étuve.

8 blancs d'œufs
500 g de sucre en poudre vanillé

MERINGUE CUITE
PRÉPARATION 30 MINUTES • CUISSON 30 MINUTES

Mettre le tout dans un chaudron sur feu doux et fouetter l'ensemble. La pâte doit être chaude, mais non pas cuite. Cuire à four très doux. Utiliser, de préférence, du sucre glace.

Mêmes proportions que ci-dessus

MERINGUE ITALIENNE
PRÉPARATION 40 MINUTES • CUISSON 30 MINUTES

Mettre le sucre dans un poêlon ; ajouter vanille et eau. Cuire le sirop au boulé. Mettre alors la casserole au bain-marie.
Battre les blancs en neige très ferme ; verser le sucre dans les blancs tout en battant au fouet. Cette meringue est utilisée telle quelle, sans nouvelle cuisson au four, sauf pour une rapide coloration.

6 blancs d'œufs
500 g de sucre en morceaux
2 dl d'eau
1 gousse de vanille

DESSERTS

PÂTE D'AMANDES
PRÉPARATION 20 MINUTES

250 g d'amandes
200 g de fondant *
10 g de vanille en poudre

Réduire les amandes, mondées et séchées à l'étuve, en poudre très fine ; les mélanger, à la main, au fondant, sur le marbre. Ajouter la vanille et, éventuellement, le colorant.

PRALIN
PRÉPARATION 1 HEURE • CUISSON 20 MINUTES

250 g de noisettes
250 g d'amandes
500 g de sucre en poudre

Le pralin est une composition qui sert à parfumer les crèmes au beurre ou autres, les glaces, et dont on a souvent besoin tant en pâtisserie qu'en confiserie. Le pralin a sa place dans ce qu'on nomme les provisions du pâtissier.

Griller au four 250 g d'amandes douces ; en casser une de temps en temps ; bien les remuer pour qu'elles grillent également. Quand elles sont blondes, les retirer du four. Griller une même quantité de noisettes ; quand elles sont blondes, les retirer du four et les frotter sur un tamis pour enlever les peaux.

Dans un poêlon, faire fondre, sans eau, 500 g de sucre en poudre, sans cesser de remuer, jusqu'à ce qu'il soit de teinte caramel blond.

Y mélanger amandes et noisettes ; faire refroidir sur le marbre.

Piler au mortier ou passer au hachoir mécanique, jusqu'à obtention d'une pâte fine, sans rien ajouter surtout, ni eau, ni huile, ni quoi que ce soit. Conserver dans un pot couvert d'un papier.

ENTREMETS

ABRICOTS À LA CONDÉ
PRÉPARATION 1 HEURE • CUISSON DES ABRICOTS 10 À 12 MINUTES
CUISSON DU RIZ 25 MINUTES

250 à 300 g de riz
1 pincée de sel
un litre de lait
125 g de sucre semoule
un demi-bâton de vanille
12 abricots ou 6 poires
5 cl de kirsch
2 dl de sirop à 28°
250 g d'abricots bien mûrs
1 dl de crème fraîche
4 jaunes d'œufs
un demi-bâton d'angélique
cerises confites, chinois, pistaches

Faire crever le riz dans de l'eau. À l'ébullition, le retirer, l'égoutter. Le mouiller de lait et ajouter une pincée de sel et la vanille. À cuisson, le sucrer, faire donner encore un bouillon, ajouter un peu de crème fraîche et lier aux jaunes d'œufs.

Partager les 12 beaux abricots ou les 6 poires en deux, les pocher au sirop ; les retirer un peu fermes. Récupérer le sirop ; dénoyauter les 250 g

DESSERTS

d'abricots et les pocher avec le sirop récupéré ; les passer au tamis de crin. Cette marmelade sera assez fluide.

Mouler le riz dans un moule assez grand ou, de préférence, dans deux moyens (moules à bordure, moules à pain ou moules à savarin). Mouler le riz assez tôt et le tenir au chaud, au bain-marie ; tenir également les fruits au chaud. Au moment de servir, démouler le ou les moules sur un plat rond ; dresser les abricots en couronne, à la base, et le supplément dans le vide de la bordure, au centre. Décorer les fruits, placés en dehors ou sur la bordure, avec demi-cerises confites, losanges d'angélique, demi-pistaches ou autres. Parfumer au kirsch la marmelade d'abricots. Liquéfier avec prudence une petite partie de la marmelade avec un peu de sirop et de kirsch, pour napper, et servir le restant à part, en saucière. Le tout sera présenté très chaud.

ANANAS À LA MERINGUE SUR SON BISCUIT

PRÉPARATION 2 HEURES • CUISSON 20 MINUTES ENVIRON

250 g de biscuit * de Savoie
500 g d'ananas confit
4 cuillerées à soupe de marmelade d'abricots
1 petit verre de rhum
150 g de pâte * sucrée
2 blancs d'œufs
125 g de sucre glace
1 g de vanille en poudre
100 g de fondant ou de marmelade d'abricots

Faire, si possible, un biscuit de Savoie ou une génoise, dans un moule à génoise ovale, de 22 cm de grand diamètre. Sinon, prendre un fond (génoise ou biscuit) rond de 20 cm de diamètre.

Partager le fond en deux, sur son épaisseur. Garnir la tranche inférieure avec l'ananas confit haché, mélangé avec 2 cuillerées à soupe de marmelade d'abricots et 5 cl de rhum. Recouvrir de la moitié supérieure. Faire un fond en pâte sucrée de 22 cm de diamètre et 4 mm d'épaisseur. Faire cuire 18 à 20 minutes, à four doux. Au pinceau, abricoter le fond. Déposer le gâteau sur le fond.

Faire, avec les blancs d'œufs et le sucre glace, une meringue italienne ; la vaniller et, à la cuillère, déposer les trois quarts de la meringue sur le gâteau, en formant un dôme allongé qu'on lisse au couteau ou avec un carton souple (carte de visite). La forme doit être ronde à une extrémité et finir en pointe, imitant celle d'un ananas, et elle doit être nettement allongée, même sur un biscuit de forme ronde.

Mettre le reste de la meringue dans la poche munie d'une douille ronde de 4 mm de diamètre. Faire un pointillé partant de la base du dôme meringué et allant vers la pointe.

Deux solutions s'offrent : ou bien on nappe le gâteau à la marmelade d'abricots, ou bien on le glace au fondant jaune clair.

DESSERTS

BANANES SOUFFLÉES
PRÉPARATION 1 HEURE • CUISSON 6 MINUTES

8 bananes (des Canaries)
100 g de sucre en poudre
25 g de farine
2 dl de lait
1 grain de sel
25 g de beurre
3 œufs entiers,
plus 1 blanc
sucre glace

Prendre de grosses bananes, mûres à point, bien saines, c'est-à-dire sans taches sur l'écorce. Enlever une bande d'écorce sur le dessus de chacune, puis retirer la pulpe de l'intérieur ; ainsi vidées, ces écorces figurent de petites caisses longues.

Passer la pulpe au tamis.

Mélanger, dans une sauteuse (ustensile dans lequel doit se faire ultérieurement l'addition des blancs d'œufs), le sucre en poudre et la farine ; délayer avec le lait bouilli ; ajouter un grain de sel et faire prendre l'ébullition à feu doux et en remuant sans discontinuer.

À cette bouillie, mélanger successivement : la pulpe de bananes, le beurre, les jaunes d'œufs, enfin, légèrement, les blancs fouettés en neige très ferme.

Avec cette composition, remplir les écorces, les ranger sur un plat et les mettre au four chaud ; au bout de 4 minutes, poudrer la surface de sucre glace qui, en fondant, formera une légère couche caramélisée. Servir 2 minutes après.

BAVAROIS AU KIRSCH
PRÉPARATION 60 MINUTES • REFROIDISSEMENT 3 HEURES • FINITION 15 MINUTES

Pour 6 à 8 personnes :
une génoise *
de diamètre égal
ou légèrement inférieur
à celui d'un moule
à savarin
6 jaunes d'œufs
300 g de sucre en poudre
400 g de crème fraîche
3 dl de lait
25 g de gélatine
(environ 12 feuilles)
une douzaine de cerises
confites et quelques
vermicelles de chocolat
et de sucre teinté
une demi-gousse
de vanille
un petit flacon de kirsch
(5 cl)
100 g de sucre en poudre
pour le sirop

Faire ramollir la gélatine dans l'eau froide.

Faire bouillir le lait avec la demi-gousse de vanille. Lorsqu'il bout, arrêter le chauffage et incorporer les feuilles de gélatine.

Travailler, dans une casserole en émail, les jaunes d'œufs avec les deux tiers du sucre.

Lorsque le mélange est bien blanc et mousseux, verser le lait presque bouillant dessus, doucement.

Faire cuire, à feu doux, en remuant sans cesse. Sans attendre l'ébullition, retirer la casserole du feu lorsque la crème nappe la cuillère. Passer la crème à travers une passoire et laisser refroidir.

Fouetter la crème fraîche, lui ajouter le sucre réservé et la mélanger à la crème anglaise refroidie.

Huiler ou beurrer un moule à savarin. Le remplir avec la crème, le recouvrir de papier aluminium et porter au « freezer », pendant 3 heures, au moins.

Faire un sirop avec le sucre, un peu d'eau et le kirsch. Imbiber la génoise de sirop. La mettre sur le plat de service et démouler le bavarois, délicatement, dessus. Décorer. (Pour plus de facilité, passer une lame de couteau chaude entre les parois du moule et la crème ou tremper quelques instants le moule dans de l'eau tiède.) On peut, éventuellement, garnir le centre du bavarois avec de la crème fouettée.

DESSERTS

BEIGNETS D'ACACIA
PRÉPARATION 1 HEURE • CUISSON 10 MINUTES ENVIRON

*Un litre de pâte * à frire légère*
sucre en poudre
1 dl de cognac
500 g de fleurs d'acacia en grappes
grande friture

Éplucher les grappes d'acacia, monder les fleurs et les mettre à macérer quelques heures, avec cognac et sucre. Tremper les fleurs d'acacia dans la pâte à frire et les plonger dans la friture chaude.
Faire un essai avec deux ou trois beignets pour vérifier le degré de cuisson ; ensuite, opérer en grand.
Servir chaud ; poudrer de sucre.

BEIGNETS DE BANANES
PRÉPARATION 20 MINUTES • 1re CUISSON 25 MINUTES • 2e CUISSON 5 MINUTES

12 bananes
un demi-litre de pâte à frire
grande friture
sucre semoule

Ranger les bananes (des Canaries, si possible) non épluchées dans un plat et les cuire au four vif en les retournant. Lorsqu'elles sont cuites, les éplucher, les couper en deux, les tremper dans la pâte à frire et les plonger dans la friture très chaude.
Servir en buisson, poudré de sucre.

BEIGNETS AUX POMMES
PRÉPARATION 1 HEURE • CUISSON 12 MINUTES

6 pommes reinettes moyennes
50 g de sucre semoule
5 cl de calvados
*un litre de pâte * à frire*
sucre glace
2 dl de sauce abricots
grande friture

Évider les pommes à l'emporte-pièce, les éplucher, les couper en tranches minces. Dans un plat creux, les mettre à macérer avec le sucre semoule, l'alcool et, à volonté, une pointe de cannelle ; couvrir et laisser macérer quelques instants.
La friture (saindoux et huile) doit être neuve et assez chaude. Pour faciliter l'enrobage des tranches de pommes, mettre une petite quantité de pâte à frire dans une assiette creuse ; enrober les tranches complètement et les plonger dans la friture. Mettre plusieurs tranches à la fois. Avancer la friture en plein feu, car les pommes l'auront refroidie ; à cuisson et belle coloration, les enlever et les égoutter sur un linge. Tenir au chaud.
Pour donner un peu plus de relief et aussi de goût aux beignets, les étaler sur une plaque (très propre) de pâtisserie et les passer au four très chaud, après les avoir poudrés de sucre. Avec la chaleur du four, ce sucre formera un très fin glaçage, légèrement croquant, qui s'allie très bien au moelleux de la pomme et de la pâte.
Un sirop de fruits bien parfumé ou une marmelade en saucière accompagnent bien les beignets, quels qu'ils soient.

DESSERTS

BEIGNETS DE RIZ
PRÉPARATION 3 HEURES • CUISSON 10 MINUTES

250 g de riz * au lait
un litre de pâte * à frire
un demi-pot de confiture d'abricots
1 dl de liqueur au choix

Pour les beignets de riz, opérer de même que pour les croquettes * de riz.
Le riz doit être très moelleux. Découper le riz en petits motifs, mais remplacer la panure à l'anglaise par une pâte à frire. Le riz étant déjà très substantiel, la pâte à frire doit être légère.
Obligatoirement, ces beignets de riz doivent être accompagnés d'une bonne sauce à l'abricot, parfumée à la liqueur.

BEIGNETS VIENNOIS
PRÉPARATION 45 MINUTES • FERMENTATION 2 HEURES • CUISSON 7 À 10 MINUTES

500 g de farine tamisée
5 g de sel
50 g de sucre semoule
1 dl d'eau, 4 œufs
25 g de levure
50 g de beurre
2 dl de confiture d'abricots
sucre glace
grande friture

A l'avance, prélever 100 g de farine. Faire une petite fontaine ; ajouter la levure délayée avec un peu d'eau tiède ; mettre dans un endroit tempéré, à l'abri des courants d'air.
Avec les 400 g de farine, faire la fontaine ; y mettre le sel, le sucre, les œufs ; faire une pâte mollette (en la ramollissant avec un peu d'eau). Ajouter le levain et le beurre, par parcelles, sans trop travailler la pâte. La pâte devra être un peu plus légère que pour la brioche ordinaire.
Laisser reposer 2 heures dans un endroit tempéré.
Préparer une grande friture (saindoux et huile), assez chaude.
Compter une cuillerée à soupe de pâte par beignet. Lorsqu'ils sont dorés, les égoutter sur un linge et les poudrer de sucre glace.
À loisir, on peut soit présenter, en même temps, une saucière de marmelade d'abricots, soit, avec un crayon, percer le flan des beignets et, à l'aide d'une poche ou d'un cornet, les garnir de confiture.

BLANC-MANGER
PRÉPARATION 3 HEURES

300 g d'amandes douces
15 g d'amandes amères
250 g de sucre semoule
un demi-litre de crème fleurette
un demi-litre de lait
2 dl d'eau tiède
35 g de gélatine en feuilles
5 cl de crème (ou liqueur) d'orgeat

Jeter les amandes dans l'eau bouillante, à peine quelques minutes ; les égoutter, sans les rafraîchir, les étaler sur le marbre et, avec dextérité, les monder, c'est-à-dire les extraire de leur peau, par pression entre le pouce et l'index. Les mettre dans le mortier et les piler vigoureusement, en plusieurs fois. Petit à petit, ajouter l'eau tiède et ensuite la crème fleurette. Presser cette composition dans une serviette, au-dessus d'un récipient, pour en extraire et en recueillir tout le lait (lait d'amandes). Pendant ce temps, tremper les feuilles de gélatine dans l'eau à peine tiède ; faire bouillir le lait et le sucre. Mélanger le lait sucré, les feuilles de gélatine bien égouttées et le lait d'amandes ; passer le tout, de nouveau, dans une passoire fine et ajouter la crème d'orgeat.

Mouler ; mettre le moule dans un grand récipient et l'entourer de glace pilée pendant environ 2 heures, afin que l'appareil devienne compact et ferme. On peut le mettre au réfrigérateur, mais la congélation sera moins rapide.

Pour démouler le blanc-manger, mettre de l'eau bouillante dans une casserole. Préparer le plat et une serviette pliée, qui isolera le plat du blanc-manger. Un torchon à la main, plonger aux quatre cinquièmes, mais très vivement, le moule dans l'eau bouillante ; essuyer promptement le moule et démouler sur la serviette. Servir.

En suivant exactement les proportions ci-dessus, l'entremets ne sera pas trop ferme, mais restera présentable.

* BUGNES LYONNAISES
PRÉPARATION 1 HEURE • CUISSON 5 À 6 MINUTES

Mettre la farine dans une assiette. Faire une fontaine et y ajouter : l'huile, les œufs entiers, le sucre en poudre, une petite pincée de sel, un petit verre de rhum.

Travailler à l'aide d'une fourchette ; remettre un peu de farine, au besoin, jusqu'à obtention d'une boule de pâte lisse. Étaler au rouleau, en couche le plus mince possible, et y découper de petits carrés ou rectangles de quelques millimètres d'épaisseur, qu'on jette dans la friture chaude. Poudrer de sucre.

Se prépare en général la veille, car les bugnes se mangent froides.

200 g de farine environ
1 cuillerée à soupe d'huile
2 œufs
2 cuillerées à soupe de sucre en poudre
1 pincée de sel
5 cl de rhum
friture chaude

CERISES FLAMBÉES
PRÉPARATION 40 MINUTES • CUISSON 15 MINUTES

Dénoyauter les cerises. Mettre les fruits à pocher, avec l'eau et le sucre vanillé ; les cerises rendront leur jus. Les pocher à point. Retirer du feu. Récupérer la cuisson des cerises ; délayer la fécule dans un peu de sirop de fruits mis à refroidir et lier le fond ; donner un bouillon et mélanger cerises, jus et cherry.

Au moment de servir, mettre les cerises au chaud. Les servir en timbale collective ou, mieux, en petites timbales en argent, en porcelaine, ou encore (si possible) dans de petites cassolettes individuelles en cuivre, étamées ou argentées. Poudrer de sucre. Le ou les récipients étant bien chauds, verser un peu de kirsch sur les cerises et flamber.

Servir sur un grand plat, avec serviette pliée.

Ce dessert s'accompagne de petits fours ou d'un biscuit bien parfumé.

1 kg de cerises de choix
150 g de sucre vanillé
1 dl d'eau
1 cuillerée à café de fécule
1 dl de cherry brandy
1 dl de kirsch
un quart de gousse de vanille

* CHARLOTTE AUX MARRONS GLACÉS
PRÉPARATION 24 HEURES À L'AVANCE

125 g de sucre en poudre
3 œufs, 100 g de farine
1 paquet de sucre vanillé
50 g de beurre fondu
8 à 10 avelines.
Pour le sirop :
175 g de sucre
en morceaux
2 dl d'eau
16 marrons glacés
300 g de débris
de marrons
4 dl de crème double
vanillée et sucrée
300 g de beurre fin

Avec le sucre en poudre, les œufs, la farine tamisée, le sucre vanillé, le beurre fondu, les avelines grillées et finement hachées, préparer une pâte à génoise ; la faire cuire dans une caisse carrée beurrée et farinée ; la mettre à refroidir sur un clayon. Comme cette génoise doit être un peu rassise au moment de son emploi, elle doit être faite au moins 24 heures à l'avance. À la rigueur, elle pourrait être remplacée par une vingtaine de biscuits à la cuillère, mais la charlotte n'aurait plus le même caractère.

Avec le sucre en morceaux et les 2 dl d'eau, préparer un sirop et le faire bouillir une minute.

Mettre dans un bol les débris de marrons glacés. Les arroser avec une partie du sirop ; les laisser bien ramollir.

Prendre un grand moule à charlotte ; en tapisser le fond et les parois de papier blanc.

Diviser la génoise en rectangles de 2,5 cm de largeur sur 8 mm d'épaisseur ; la longueur sera égale, et même supérieure de un centimètre, à la hauteur des parois du moule. Avec ces rectangles, garnir les parois du moule, en les plaçant debout, bien serrés les uns à côté des autres. Avec des biscuits à la cuillère, procéder de même.

Fouetter la crème épaisse et fraîche ; en prélever 4 cuillerées, conservées, au frais, dans un bol. Dans le reste, mélanger 2 cuillerées de sucre en poudre et une demi-cuillerée de sucre vanillé.

D'autre part, broyer au mortier les débris de marrons, y ajouter le beurre fin ; faire le mélange en triturant avec le pilon, passer rapidement au tamis ; recueillir la purée dans une terrine et la relâcher avec le reste du sirop. À cette purée, qui doit se trouver à consistance du coulis, mélanger rapidement la crème fouettée et vanillée, et mettre aussitôt cette composition dans le moule. Parsemer la surface de débris de génoise ou de biscuits émiettés en grosse chapelure.

Si le moule peut être entouré de glace, la solidification de la composition est assurée au bout d'une heure ; sinon, le tenir dans un endroit frais pendant 3 heures.

Additionner la crème réservée d'un peu de sucre en poudre et la mettre dans une poche munie d'une douille fendue. À défaut, on se sert d'un cornet en papier.

Démouler la charlotte sur un plat couvert d'un napperon, ou d'un papier dentelle (enlever le papier mis dans le moule). Avec la crème, décorer le dessus de la charlotte soit de rosaces, soit d'un pointillé, et ranger autour, à la base, 15 gros marrons glacés.

Nota. C'est, bien entendu, le beurre qui, en se raffermissant, assure la solidification de la composition de la charlotte.

DESSERTS

CHARLOTTE AUX POMMES
PRÉPARATION 2 HEURES • CUISSON 25 À 35 MINUTES

Éplucher, couper en quartiers et épépiner les pommes ; les émincer, les mettre en sautoir avec le sucre et les 150 g de beurre. Placer sur feu vif, remuer énergiquement avec une spatule en cuivre étamé, ajouter le parfum choisi ; réduire en purée compacte.
D'autre part, parer le pain de mie. Faire 8 croûtons en cœur, qui épousent bien le fond du moule en rosace ; de plus, préparer 16 lamelles de 4 cm de largeur et 5 mm d'épaisseur et de la hauteur exacte du moule. Passer le pain de mie ainsi découpé dans le beurre fondu ; mais, au préalable, pour plus de sécurité, beurrer à froid le moule et le passer légèrement au sucre semoule, ainsi les croûtes auront plus de chance d'être bien dorées. Mettre les 8 cœurs, formant rosace, dans le fond et ajuster, en les chevauchant, les 16 lamelles (imbibées de beurre) autour du moule. Pour faciliter le démoulage, battre bien les œufs et, avec un pinceau, badigeonner, à l'intérieur, les lamelles des parois ; en cuisant, cet enduit donnera de la solidité lorsqu'on démoulera la charlotte.
Lier la marmelade de pommes bien réduite avec la marmelade d'abricots. Mouler et cuire au four chaud. Laisser reposer un peu avant de démouler au moment de servir. Présenter chaud.

3 kg de pommes reinettes (du Canada si possible)
750 g de sucre semoule
1 bâton de vanille ou cannelle ou zeste de citron
2 dl de marmelade d'abricots
150 g de beurre fin, plus 100 g pour le pain
1 pain de mie
1 moule à charlotte de un litre
2 œufs

CHARLOTTE RUSSE
PRÉPARATION 2 HEURES • REFROIDISSEMENT 3 À 4 HEURES

Travailler les jaunes d'œufs et le sucre en ruban. Faire macérer la vanille dans le lait bouillant. Peu à peu, verser le lait sur les œufs et le sucre ; bien mélanger. Remettre sur le feu, tout en remuant mais sans laisser bouillir ; retirer sur feu très doux. La cuisson est à point quand la crème nappe la spatule. Laisser tiédir, tout en continuant le vannage.
Une fois la gélatine trempée et lavée à l'eau tiède, bien égouttée et pressée, l'ajouter dans la crème. Passer au linge. Monter la crème Chantilly. À froid, parfumer et mélanger les deux crèmes.
Garnir de papier blanc un moule à charlotte, d'une contenance de un litre. Tailler 4 ou 5 biscuits en losanges pour faire une rosace dans le fond, le côté rugueux des biscuits en dessous. Avec les autres, à peine coupés aux deux bouts, garnir les parois du moule. Verser l'appareil à bavarois. Bien remplir. Mettre en pleine glace, au réfrigérateur. Quand l'appareil sera résistant au toucher, il sera à point. Il faut, en moyenne, 2 heures en pleine glace et 3 à 4 heures dans un réfrigérateur.
Démouler sur une serviette, en trempant le moule, à peine quelques secondes, dans l'eau bouillante. Prendre soin d'avoir un linge à la main pour démouler.
Tout en conservant son mode d'apprêt initial, ce type d'entremets peut se prêter à une infinité de variations, soit en ajoutant, à la crème, un salpicon de fruits, soit en la parfumant et en la teintant diversement, soit en y incorporant une purée de fruits, etc.

Un demi-litre de crème anglaise ou appareil à bavarois
*2 dl de crème * Chantilly*
4 feuilles de gélatine
9 jaunes d'œufs
un demi-bâton de vanille
125 g de sucre
un demi-litre de lait
5 cl de kirsch marasquin ou autre (parfum au choix)
20 biscuits à la cuillère

CLAFOUTIS AUX CERISES

PRÉPARATION 30 MINUTES • CUISSON 20 MINUTES

400 g de cerises noires bien mûres et bien juteuses
80 g de farine
2 œufs, plus 1 jaune
50 g de sucre
1 pointe de couteau de vanille en poudre
2 cuillerées à soupe de kirsch
1 pincée de sel
2 dl de lait
1 cuillerée à soupe de crème fraîche épaisse
20 g de beurre (pour le moule)
sucre glace

Faire ramollir le beurre. Quand il a une consistance crémeuse, en badigeonner tout l'intérieur du moule, à l'aide d'un pinceau (utiliser une tourtière ronde de 22 cm de diamètre).

Verser une cuillerée de farine dans le moule. Agiter le moule pour poudrer de farine toute la surface beurrée, puis le retourner et en tapoter le fond pour faire tomber l'excès de farine.

Enlever les queues des cerises, mais laisser les noyaux qui donneront une très bonne saveur au clafoutis.

Verser, dans une terrine, les 2 œufs, le jaune du troisième œuf, le sucre, le sel et la farine (si les cerises ne sont pas très juteuses, 65 g de farine suffisent).

Mélanger au fouet pour obtenir une pâte crémeuse et homogène.

Ajouter la vanille, mélanger. Ajouter la crème, le lait et le kirsch, mélanger. Ajouter les cerises à la pâte.

Verser le mélange dans le moule en répartissant bien les cerises sur tout le fond. Vous pouvez remplir le moule jusqu'à un demi-centimètre du bord.

Porter le moule à four chaud. Compter environ 15 à 20 minutes de cuisson. Le clafoutis gonfle admirablement au-dessus du moule. Laisser tiédir.

Démouler le clafoutis en le retournant sur une grille, puis le retourner rapidement à nouveau sur le plat de service. Pour servir, poudrer légèrement de sucre glace.

COMPOTE DE CERISES À L'ANANAS

PRÉPARATION 6 HEURES • CUISSON 7 À 8 MINUTES

1 ananas
25 g de sucre en poudre
1 dl de kirsch
1 dl de rhum
750 g de cerises
1 bouteille de vin de Bourgogne
500 g de sucre en morceaux

Cette compote de cerises se sert de deux façons : glacée ou flambée au kirsch.

Prendre un ananas frais, le peler assez fortement et retirer la partie dure et ligneuse du cœur. Le couper en tranches de un demi-centimètre d'épaisseur ; ranger ces tranches sur un plat, les poudrer de sucre, les arroser de rhum et les tenir au frais, en ayant soin de les retourner de temps en temps. Laisser macérer plusieurs heures.

Dénoyauter une livre et demie de grosses cerises mûres à point et bien saines.

Dans un poêlon en cuivre non étamé (ne pas oublier que l'étain communique aux fruits rouges une couleur violacée), mettre le vin de Bourgogne et le sucre en morceaux. Laisser fondre ce sucre ; ajouter une vingtaine de noyaux de cerises pilés au mortier et enfermés dans une mousseline attachée en nouet (cette sorte d'infusion de noyaux donne à la compote un léger et agréable goût d'amande amère).

Faire prendre l'ébullition au sirop de vin ; y mettre les cerises (y compris le jus qui s'en est échappé) ; couvrir et tenir sur le coin du feu, en maintenant le sirop en simple frémissement. Il suffit de 7 à 8 minutes pour pocher les cerises et bien les attendrir.

Les égoutter alors avec une petite écumoire en cuivre ; les mettre dans une timbale ou tout autre récipient, et, quand elles sont à peu près froides, entourer la timbale de glace pilée. Tenir les cerises à la glace 30 à 35 minutes et, pendant ce temps, réduire le sirop à 2 décilitres et demi ; le passer au tamis fin ; le laisser refroidir, puis y mélanger 1 dl de vieux kirsch.

Dans un compotier creux à pied bas ou, mieux, dans une coupe en cristal, dresser en turban les tranches d'ananas et mettre les cerises au milieu. Ajouter une cuillerée d'eau dans le sirop où ont macéré les tranches d'ananas ; le joindre au sirop de vin, bien froid, et verser sur les cerises. Si le dressage des cerises a été fait dans une coupe, placer celle-ci sur un plat et l'entourer de glace broyée en neige.

En même temps que la compote, servir des gaufrettes.

COMPOTE DE FRUITS FRAIS AUX FROMAGES DE FONTAINEBLEAU
PRÉPARATION 24 HEURES À L'AVANCE

2,500 kg de fruits divers
200 g de sucre en poudre
1 g de vanille en poudre
le jus de 4 oranges
3 fromages de Fontainebleau

Peler, épépiner et émincer finement : poires, pommes, bananes, clémentines en quartiers ; les disposer harmonieusement dans un compotier ; les couvrir de sucre vanillé et de jus d'orange. Placer, au milieu (selon l'importance de la compote) un ou plusieurs fromages de Fontainebleau. Se mange froid.

CRÈME DE CALVILLE EN SUÉDOISE
PRÉPARATION 3 HEURES • CUISSON 30 MINUTES

500 g de pommes Calville
150 g de sucre
un demi-litre d'eau
1 bâton de vanille
carmin végétal pour coloration
12 g de gélatine en feuilles
1 citron, 5 cl de kirsch
100 g de cerises confites

Peler les pommes, les diviser en petits quartiers réguliers et les pocher dans un sirop vanillé. Prendre la moitié des quartiers et leur faire donner un ou deux bouillons dans le sirop fortement rougi au carmin. Égoutter et laisser refroidir. Incorporer au sirop la gélatine dissoute au bain-marie. Citronner la gelée et la passer au linge. Froide, lui ajouter le kirsch puis la verser dans un moule à pudding à douille centrale. Porter sur la glace. Dès que la gelée commence à prendre, vider le moule au-dessus d'un récipient. Il ne doit rester sur les parois du moule qu'une épaisseur régulière de un demi-centimètre de gelée. Décorer le fond de cerises, et de quartiers de pommes, en alternant les quartiers rouges et les quartiers blancs. Remettre de la gelée ; faire prendre sur la glace et recommencer, en alternant les couches de fruits et de gelée.

Pour servir, tremper très rapidement le moule dans l'eau bouillante, puis démouler sur un plat très froid. Entourer du reste de gelée hachée.

CRÈME RENVERSÉE AU CHOCOLAT
PRÉPARATION 25 À 35 MINUTES • CUISSON 35 À 40 MINUTES

**Un litre de lait
250 g de sucre
5 œufs, 5 jaunes
150 g de cacao
(ou de chocolat)**

Faire fondre le cacao, écrasé ou concassé au préalable, avec un verre d'eau ; lorsqu'il est en pommade, verser le lait et laisser mijoter quelques minutes. Inutile d'ajouter de la vanille, le chocolat étant déjà parfumé. Travailler le sucre avec les jaunes et les œufs entiers. Sur cet appareil, verser le lait, par petites doses, afin de ne pas cuire les œufs. Passer, écumer, verser le tout dans un moule à charlotte.
Cuire au bain-marie, à température assez élevée, mais sans ébullition de l'eau du bain. La crème sera bien refroidie avant d'être démoulée.

CRÈME RICHELIEU AUX PRALINES
PRÉPARATION 25 MINUTES • CUISSON 50 MINUTES

**8 œufs, un litre de lait
15 pralines rouges
1 pointe de carmin végétal
300 g de sucre
1 cuillerée à café de gomme adragante en poudre**

Piler finement les pralines ; les incorporer aux blancs, battus avec la gomme adragante et 100 g de sucre glace. Ajouter une pointe de carmin. Faire un caramel avec 100 g de sucre ; en chemiser un moule. Y verser la préparation et la cuire au bain-marie.
Avec le lait, les jaunes d'œufs et le sucre, faire une crème anglaise. Démouler l'entremets (tremper le moule 30 secondes dans l'eau bouillante). Le laisser refroidir, le napper de crème anglaise. Servir avec des gaufrettes.

CRÊPES FLAMBÉES
PRÉPARATION 2 HEURES • CUISSON 10 MINUTES

**Un demi-litre de crème fraîche (épaisse)
250 g de farine de châtaignes (tamisée)
50 g de sucre
pincée de sel
6 œufs
un litre de lait
1 cuillerée à soupe de cacao en poudre
6 macarons de Nancy
50 g de beurre, plus 100 g pour la confection des crêpes
1 dl de cognac
5 cl de crème de cacao
50 g de zestes d'orange confits**

Préparer un litre d'appareil à crêpes, mais en remplaçant la farine blanche par de la farine de châtaignes. Même préparation que pour les crêpes ordinaires.
Au moment de servir, mélanger la crème fraîche, les macarons concassés, la crème de cacao et le cacao en poudre, 25 g de sucre et les zestes d'orange hachés.
Napper chaque crêpe de cette préparation.
Beurrer légèrement un plat en argent ; y placer les crêpes, pliées en éventail ; poudrer de sucre et passer au four. Flamber au cognac.

DESSERTS

* CRÊPES SUZETTE
PRÉPARATION 30 MINUTES • CUISSON 15 MINUTES

250 g de farine
3 œufs, 2 verres de lait
1 cuillerée à soupe d'huile
2 mandarines
2 cuillerées de curaçao
50 g de beurre
50 g de sucre en poudre

Mettre la farine dans une terrine. Faire une fontaine et y casser les œufs. Mélanger à la spatule de bois puis ajouter le lait, petit à petit. Ajouter en dernier lieu le jus d'une mandarine, une cuillerée de curaçao et une autre d'huile. Laisser reposer la pâte plusieurs heures.

Malaxer le beurre avec le jus d'une mandarine, le zeste râpé de celle-ci, une cuillerée de curaçao, et le sucre en poudre.

Utiliser une poêle épaisse, si possible réservée à cet usage (jamais lavée, mais essuyée chaque fois avec du papier propre). La faire chauffer. Verser une petite louche de pâte (après avoir rebattu celle-ci) et cuire les crêpes. Les réserver au chaud sur une assiette.

Les crêpes terminées, les remettre une à une dans la poêle. Fourrer chacune d'un peu de beurre de mandarine. Les plier en quatre et les servir brûlantes.

C'est là la vraie recette des crêpes Suzette, que trop de chefs ou de restaurateurs ignorants veulent préparer à l'orange et flamber.

CROQUETTES DE RIZ
PRÉPARATION 40 MINUTES • CUISSON DU RIZ 35 MINUTES • FRITURE 6 À 7 MINUTES

250 g de riz
pincée de sel
zeste de citron
100 g de sucre semoule
un litre de lait
50 g de beurre
sucre glace
*2 dl de crème * pâtissière*
5 jaunes d'œufs,
grande friture
2 dl de sauce abricot au rhum.
Panure à l'anglaise :
3 œufs entiers
grain de sel
5 cl d'huile
200 g de mie de pain frais

Laver le riz à grande eau ; le mettre à crever dans une casserole, avec suffisamment d'eau. Au premier bouillon, le retirer, l'égoutter et le remettre dans une casserole avec le lait, le sel, le sucre semoule, le zeste de citron (découpé en lanières, ficelées pour pouvoir les enlever après la cuisson du riz). Faire partir l'ébullition, couvrir ; continuer la cuisson au four ; remuer le riz de temps à autre à la fourchette. Une fois cuit, le lier avec le beurre, les jaunes d'œufs et la crème pâtissière.

Avoir une plaque à rebord, beurrée ou huilée ; y verser le riz sur une épaisseur de 2 cm environ ; couvrir d'un papier huilé. Le riz étant froid, passer vivement quelques secondes la plaque sur le feu ardent et renverser la plaque de riz sur le marbre ou sur un linge fariné ; découper le riz en losanges, en rectangles, ou avec un emporte-pièce rond ou ovale. Passer ces motifs dans la panure anglaise et les rouler dans la mie de pain.

Pour plonger les croquettes dans la friture, il est nécessaire d'avoir un panier à friture du diamètre de la bassine, afin de les enlever dès qu'elles sont bien dorées. Les tenir au chaud ; poudrer de sucre glace.

Servir sur un plat chaud garni d'un napperon.

À part, sauce abricot, chaude et bien parfumée.

DESSERTS

CROÛTES À L'ANANAS

PRÉPARATION 1 HEURE • CUISSON 10 MINUTES

8 tranches de pain de mie
200 g de crème double
100 g de sucre en poudre
1 sachet de sucre vanillé
2 œufs
100 g de chapelure blanche
100 g de beurre
1 boîte quatre quarts d'ananas
5 cl de rhum

Couper les tranches de pain de mie ; les ranger dans un plat ; verser dessus de la crème double sucrée et vanillée et les laisser légèrement s'imbiber ; les égoutter ; les tremper dans l'œuf battu ; les passer à la chapelure blanche ; faire revenir les deux côtés dans du beurre chaud. Dresser en couronne sur un plat et garnir le milieu de tranches d'ananas de conserve, coupées en gros dés ; arroser avec le sirop réduit au feu et refroidi, auquel on aura ajouté un peu de rhum.

CROÛTE PUDDING « OUAILLENOTT »

PRÉPARATION 1 HEURE 30 • CUISSON 30 À 40 MINUTES

8 biscottes ou 8 tranches de pain de mie
100 g de beurre
100 g de raisins de Corinthe
1 dl de liqueur au choix
un litre de lait bien sucré
6 œufs, quelques cuillerées de confiture
150 g de fruits confits

Beurrer des biscottes ou des tranches de pain de mie grillées ; en tapisser le fond d'un moule en porcelaine allant au feu, le côté beurré contre la porcelaine, en une ou deux couches. Placer sur chaque couche des raisins de Corinthe et des fruits confits. Mouiller avec une liqueur. Faire bouillir le lait sucré ; battre les œufs entiers, et les mélanger petit à petit dans le lait. Verser sur le pain, et laisser reposer une heure. Mettre au four, au bain-marie, et faire cuire 40 minutes. Les biscottes monteront à la surface ; la crème doit être juste prise.
Se mange chaud ou froid. Dans ce dernier cas, glacer le dessus avec de la confiture d'abricots ou de groseilles.
(Recette de Mme Ettlinger, dédiée à Curnonsky, « Ouaillenott » étant la prononciation figurée américaine de *why not*, traduction du latin *Cur non*.)

FLAMRI À LA PURÉE DE FRAMBOISES

PRÉPARATION 1 HEURE 30 • CUISSON 45 MINUTES

250 g de semoule de blé
250 g de sucre en poudre
2 œufs entiers, plus 4 blancs
5 dl de vin blanc
1 pincée de sel
500 g de framboises
150 g de sucre glace
5 cl de framboise d'Alsace

Mettre en ébullition le vin blanc et autant d'eau ; faire tomber dedans, en pluie et en remuant avec une cuillère, la semoule. Couvrir et cuire sur le coin du feu pendant 20 minutes.
La semoule étant cuite, y mélanger : une petite prise de sel, le sucre en poudre, 2 œufs entier battus en omelette, puis les blancs fouettés en neige ferme.
Mettre cette composition dans un moule à douille centrale, bien beurré, et ne le remplir qu'aux trois quarts. Frapper légèrement le moule sur un torchon plié en quatre, pour tasser la composition. Faire pocher au bain-marie et à couvert, pendant 45 minutes. Après pochage, retirer le moule de l'eau et laisser complètement refroidir.

Passer au tamis les framboises bien mûres ; recueillir la purée dans un bol et y mélanger le sucre glace.
Remuer, avec une cuillère, jusqu'à complète dissolution du sucre, et conserver au frais. Au dernier moment, cette purée sera complétée avec l'eau-de-vie.
Démouler le flamri sur un plat froid et le recouvrir entièrement avec la purée de framboises.

FLAN BRETON
PRÉPARATION 1 HEURE 30 • CUISSON 50 MINUTES

500 g de sucre
300 g de farine
un litre de lait vanillé
15 œufs
200 g de raisins de Malaga
1 pincée de sel

Ce flan se cuit dans un moule à génoise uni, à bords évasés de 4 à 5 cm de hauteur ; mais on peut le faire dans des moules à pain de Gênes, un peu plus bas, voire dans les antiques tourtières à tartes.
Ce flan ne comporte pas de pâte, ce qui est une simplification. En revanche, il utilise passablement d'œufs.
Battre ensemble œufs et sucre ; le mélange étant devenu léger, ajouter la farine, un peu de sel, puis délayer avec le lait ; parfumer à la vanille en poudre ou à l'eau de fleurs d'oranger.
Épépiner les raisins. Beurrer le moule avec du beurre fondu et le fariner. Mettre le quart de l'appareil dans le moule et le poser à même le fond du four ; au bout de 10 minutes, la crème aura épaissi.
Retirer le moule du four et piquer dedans les raisins de Malaga, puis ramener le moule à l'entrée du four ; verser le reste de la composition et pousser le moule au four. Quand le flan a assez de couleur, modérer le chauffage ; couvrir d'un papier, laisser à chaleur douce vers la fin de la cuisson, qui demande 45 à 50 minutes.

FLAN GRILLÉ
PRÉPARATION 2 HEURES • CUISSON 40 MINUTES

*250 g de pâte * brisée*
250 g de marmelade de pommes
100 g de pâte feuilletée
1 œuf battu
50 g de sucre glace

Foncer un cercle en pâte brisée ; le mettre sur une plaque de tôle et le garnir à hauteur du cercle avec une marmelade de pommes. Au préalable, faire une crête, mais sans la pincer ; la rabattre à 45° vers l'intérieur du flan ; la mouiller.
Tailler dans une mince abaisse de pâte feuilletée de longues bandelettes de 3 mm de largeur, les placer en travers du flan, parallèlement l'une à l'autre et en les espaçant de 3 mm entre elles. Couper l'excédent de pâte simplement en appuyant avec les pouces sur le cercle et non sur la crête, qui ne doit pas s'affaisser. La première rangée étant terminée, la dorer à l'œuf battu ; en faire une seconde coupant la première en biais ; la dorer également à l'œuf battu. Cuire 40 minutes à four chaud. Vers la fin de la cuisson, poudrer la tarte avec du sucre glace et la repasser au four chaud pour la glacer.

FLAN MERINGUÉ
PRÉPARATION 1 HEURE • CUISSON 35 MINUTES

*250 g de pâte * brisée*
250 g de marmelade de pommes
100 g de sucre en poudre
1 g de vanille en poudre
4 blancs d'œufs
50 g de sucre glace
500 g de marmelade d'abricots
100 g de gelée de groseilles

Foncer un cercle de pâte brisée ; le garnir de marmelade de pommes aux trois quarts de la hauteur ; cuire 35 minutes à four chaud.

Mélanger 100 g de sucre en poudre vanillé dans 4 blancs d'œufs battus en neige ferme et, après cuisson, recouvrir le flan avec cette meringue, dont on conservera gros comme un œuf pour le décor. Lisser soigneusement le dessus pour obtenir un flan bien horizontal.

Mettre la portion de meringue conservée dans un cornet de papier dont on coupera l'extrémité. En pressant sur le cornet et en dirigeant celui-ci, faire sur le flan une série de traits parallèles, espacés entre eux de 2 cm, puis une autre série coupant les premiers en biais. Faire enfin une petite bordure pointillée tout autour.

Poudrer fortement le flan de sucre glace et le passer quelques minutes à l'entrée du four ouvert ou dans un four très doux, non pour colorer la meringue, mais pour la sécher. Retirer le flan du four.

Mettre la marmelade d'abricots dans un cornet en papier et en garnir un losange sur deux ; garnir les autres avec la gelée de groseilles.

FLAN AUX RAISINS
PRÉPARATION 1 HEURE • MACÉRATION DES RAISINS 48 HEURES
CUISSON 30 À 35 MINUTES
(Recette du restaurant Pierre-Traiteur, à Paris.)

Un litre de lait bouilli refroidi
3 cuillerées à soupe de farine
6 œufs entiers
250 g de sucre semoule
250 g de raisins de Malaga
1 pincée de sel
1 dl de rhum
25 g de beurre

Travailler, en terrine, la farine, le sucre, le sel et 2 œufs. Continuer à travailler en ajoutant les œufs, un par un, jusqu'à ce que la pâte fasse le ruban et prenne corps. Ajouter le lait, puis les raisins de Malaga, épépinés et macérés au rhum pendant 48 heures, ainsi que la macération. Verser l'appareil dans un moule à charlotte beurré et, par-dessus, mettre quelques noisettes de beurre.

Cuire à four assez chaud, avec ou sans bain-marie. Couvrir d'un papier, par prudence, pour éviter de laisser croûter la crème.

Nous insistons sur la nécessité de toujours épépiner les raisins de Malaga et de les mettre à macérer, 48 heures à couvert, avec l'alcool choisi. Pour les épépiner, il suffit de les mettre à tremper dans de l'eau tiède quelques instants et de s'armer de patience pour retirer chaque pépin.

GÂTEAU AUX CAROTTES
PRÉPARATION 45 MINUTES • CUISSON 30 MINUTES

6 jaunes d'œufs
250 g de sucre semoule
250 g de poudre d'amandes
250 g de carottes
1 cuillerée à soupe de kirsch
une demi-cuillerée à café de poudre de cannelle

En terrine, travailler énergiquement, à la cuillère de bois, les jaunes d'œufs, le sucre, les amandes, le rouge de carotte râpé, le kirsch, la cannelle, le zeste de citron, le jus de citron, la fécule. La pâte doit former le ruban et être légère.

Fouetter les 6 blancs en neige bien ferme ; sucrer au sucre glace ; mélanger délicatement à l'appareil précédent, verser dans un moule à génoise, beurré et fariné.

Si le gâteau est bien fait, la pâte doit gonfler dans des proportions vraiment étonnantes. Le gâteau s'affaisse toujours un peu au sortir du four. La difficulté résidant dans la cuisson, ce gâteau demande à être saisi ; il doit, en outre, être remué constamment jusqu'à sa mise dans le four.

Au moment de servir, poudrer de sucre glace.

GÂTEAU DE MARRONS

PRÉPARATION 3 HEURES • CUISSON DES MARRONS 45 MINUTES ENVIRON
CUISSON DU GÂTEAU 30 À 40 MINUTES

1 cuillerée à soupe de jus de citron
1 cuillerée de zeste de citron râpé
une cuillerée de fécule (30 g)
150 g de sucre glace
6 blancs d'œufs
50 g de beurre

150 g de farine
60 g de sucre
75 g de beurre
2 jaunes d'œufs
4 cuillerées de lait
1 pincée de sel
20 gros marrons
4 dl de lait bouilli
une demi-gousse de vanille
2 cuillerées de sucre en poudre
4 cuillerées de crème fraîche
3 blancs d'œufs

Ce véritable gâteau de famille est doublement recommandable, parce qu'il est d'exécution facile et qu'il se conserve aisément pendant plusieurs jours.

Tamiser sur la table la farine, et l'étaler en couronne. Déposer, au milieu, le sucre, le beurre bien manié, une pincée de sel, les jaunes d'œufs et les cuillerées de lait. Faire la détrempe et fraiser la pâte deux fois. La rouler en boule et la tenir au frais ; cela au moins 2 heures à l'avance. Inciser l'écorce des marrons ; les jeter dans une casserole d'eau bouillante ; les y laisser 5 minutes, puis les égoutter et enlever l'écorce et la pellicule brune qui adhère aux marrons. Les mettre dans une casserole, avec le lait bouilli, la demi-gousse de vanille, une pincée de sel, et les faire cuire doucement, 45 à 50 minutes.

Aussitôt cuits, les broyer dans la casserole avec le pilon, ou les passer au tamis ; mais il est préférable de les broyer simplement pour conserver au gâteau son caractère original. Retirer alors la vanille et ajouter : le sucre en poudre, la crème épaisse et bien fraîche et les blancs d'œufs fouettés en neige très ferme. (Le sucre est ajouté dans les marrons après cuisson, parce que celle-ci se fait mieux et plus vite sans le sucre.) Beurrer grassement un cercle à flan de 18 à 20 cm de diamètre et assez haut de bords. Abaisser la pâte en un disque de un demi-centimètre d'épaisseur, et foncer le cercle, en faisant tomber la pâte dedans et en l'appuyant du bout des doigts. Couper l'excédent de pâte en passant le rouleau sur le cercle à flan, puis faire une crête en pinçant la pâte du bout des doigts.

Placer ce flan sur une tourtière ; piquer le fond avec la pointe d'un petit couteau pour éviter les boursouflures qui pourraient se produire pendant la cuisson ; verser dedans la composition de marrons, et cuire à four doux pendant 35 à 40 minutes.

Pour servir, poudrer la surface de sucre vanillé. Présenter le gâteau tiède ou, de préférence, froid.

DESSERTS

GÂTEAU MARS

PRÉPARATION 3 HEURES • CUISSON DE LA CROÛTE 25 MINUTES
CUISSON DE LA MERINGUE 15 MINUTES

*200 g de feuilletage ***
*200 g de crème ** frangipane*
5 blancs d'œufs
250 g de sucre glace
50 g d'amandes

Abaisser un morceau de rognures de feuilletage en une bande rectangulaire de 50 cm de longueur, de 9 ou 10 cm de largeur et de 0,5 cm d'épaisseur. Placer cette bande sur une plaque ; en relever légèrement les bords tout autour ; la piquer et la garnir d'une épaisseur de 1 cm de crème frangipane.

Cuire cette bande à four doux et la laisser refroidir.

D'autre part, fouetter en neige très ferme les blancs d'œufs ; leur incorporer le sucre en poudre ; étaler cette meringue sur la bande, en lui donnant une épaisseur égale de 3 cm.

Parsemer la meringue d'amandes finement effilées et grillées ; poudrer de sucre glace ; diviser la bande en morceaux de 4 cm de largeur.

Ranger ces morceaux sur une plaque et cuire à four très doux, pendant 12 à 15 minutes. Ce n'est pas, à proprement parler, une cuisson ; il s'agit simplement de sécher et de colorer légèrement la meringue.

GÂTEAU AUX NOIX

PRÉPARATION 1 HEURE, LA VEILLE • CUISSON 35 MINUTES

375 g de sucre
125 g de noix
125 g d'amandes en poudre
1 œuf entier
6 jaunes, 6 blancs d'œufs
100 g de fécule
1 g de vanille en poudre
*2 dl de crème ** Chantilly sucrée*
*un demi-litre de crème ** anglaise au café*

Dans une terrine, travailler vigoureusement le sucre, l'œuf entier et les jaunes.

Lorsque la pâte forme ruban, ajouter noix râpées, amandes en poudre, fécule. Monter les blancs en neige ; lorsqu'ils seront montés, les mélanger délicatement à l'appareil.

Garnir le moule (beurré et fariné) aux trois quarts et mettre au four de chaleur moyenne. Le gâteau doit être fait la veille, au moins.

Couper le gâteau sur l'épaisseur, en tranches peu épaisses, le fourrer largement de crème Chantilly (couche assez épaisse) ; monter les tranches. Napper copieusement de crème anglaise au café et servir dans un compotier un peu évasé.

DESSERTS

BUGNES LYONNAISES

P. 597

Rectangles de pâte saisis dans une friture bien chaude, les bugnes sont de tradition à Lyon pour le Carnaval. On les prépare souvent la veille, car elles se dégustent aussi bien froides que chaudes poudrées de sucre.

Assiette Boutique Jean Luce.

CRÊPES SUZETTE

P. 603

C'est Auguste Escoffier qui donna la formule de cet entremets bien français : curaçao et jus de mandarine dans la pâte à crêpes, ainsi que dans la sauce au beurre et au sucre qui sert à les fourrer avant

de les servir brûlantes, pliées en quatre. L'emploi de l'orange passe pour une hérésie. Quant à les flamber, c'est une sophistication inutile...

Plat et assiette Daniel Hechter, fourchette Boutique Jean Luce.

MELONS À LA SOUVAROV

P. 611

Le melon constitue autant un hors-d'œuvre qu'un fruit de dessert : poudré de sucre et garni de fraises (des bois, de préférence), c'est un entremets d'été exquisément parfumé. Assiette Lalique, cuillère Boutique Jean Luce.

TARTE ALSACIENNE

P. 645

Lorsqu'une tarte est qualifiée d'alsacienne, c'est que les fruits — pommes, poires ou prunes — sont nappés de crème anglaise avant cuisson. On peut aussi ajouter une pointe de cannelle.

Assiette Lalique.

GÂTEAU AU CHOCOLAT ET AUX NOIX P. 636

Très riche pâte à biscuit à base de chocolat noir, de sucre et de beurre, de noix et d'œufs, parfumée à l'orange et au rhum, ce cake est servi nappé d'un glaçage au chocolat bien brillant, sur lequel on dispose

de gros cerneaux de noix. Cette pâtisserie d'hiver se sert en tranches avec le thé ou le café. On peut l'accompagner d'une crème anglaise.

Plat Villeroy et Boch.

FRAISES GINETTE

P. 648

Entremets délicat et raffiné, les fraises Ginette associent des fraises macérées au champagne sur de la glace au citron, avec un décor de violettes candies et de crème fouettée.

Assiette Lalique.

GELÉE AU MARASQUIN
PRÉPARATION 5 À 6 HEURES • CUISSON 15 MINUTES

Trois quarts de litre d'eau filtrée
250 g de sucre en morceaux
20 feuilles de gélatine (40 g)
1 petit citron
2 blancs d'œufs
10 cuillerées de marasquin
1 dl de vin blanc sec

À l'avance, faire dissoudre le sucre dans l'eau (qui peut être tiède) ; mettre la gélatine à tremper à l'eau froide, afin qu'elle soit bien amollie au moment de son emploi.

Mettre les blancs d'œufs dans une casserole avec quelques cuillerées de vin blanc ; les fouetter pour les rendre mousseux ; y joindre le jus de citron et deux rubans de zeste ; puis ajouter le sirop, petit à petit, en fouettant vigoureusement, afin de bien mélanger dans le liquide le blanc d'œuf, qui est l'agent de clarification, et la gélatine délayée.

Faire prendre l'ébullition sur un feu modéré, sans cesser de fouetter ; retirer ensuite la casserole sur le coin du feu, pendant un quart d'heure. Verser alors la gelée sur une serviette, au préalable trempée à l'eau tiède, essorée et solidement attachée aux quatre pieds d'un tabouret renversé. Il va sans dire qu'un récipient quelconque doit être placé sous la serviette. Comme il arrive que le premier jet de gelée qui passe est parfois un peu trouble, il est nécessaire de le passer une seconde fois, afin de l'obtenir absolument limpide.

Lorsque la gelée est froide, ou à peu près, y mélanger le marasquin et la verser dans un moule à douille centrale. Si celui-ci peut être entouré de glace (bien se garder d'y ajouter du sel), il suffit de 2 heures et demie pour assurer la solidification de la gelée ; sans glace, compter au moins le double, en la tenant dans un endroit bien frais.

Juste au moment de servir, tremper rapidement le moule dans de l'eau chaude ; l'essuyer et renverser la gelée sur un plat couvert d'une serviette ou d'un napperon.

La liqueur, pour parfumer la gelée, peut tout aussi bien être du kirsch, du rhum, etc.

Si la gelée est parfumée par infusion (orange ou citron, par exemple), les proportions sont les mêmes, seulement le sirop doit être bouilli à l'avance et l'on y fait infuser les zestes, qui y sont laissés jusqu'au moment où la gelée est passée.

Si elle est complétée par un vin de liqueur tel que madère, porto, etc., comme ce vin s'additionne en quantité supérieure à celle d'une liqueur spiritueuse, les proportions sont de : 6 dl d'eau, mêmes quantités de sucre et de gélatine, 2 dl du vin adopté, lequel s'ajoutera, comme la liqueur, dans la gelée presque froide.

GRENADES AUX CERISES

PRÉPARATION 1 HEURE • CUISSON 10 MINUTES ENVIRON

*8 petits pains au lait
un quart de lait
2 œufs battus
100 g de mie de pain
500 g de cerises
150 g de sucre en morceaux
1 verre de vin rouge
un peu de cannelle
1 zeste de citron
15 amandes, angélique
4 cuillerées de kirsch
2 cuillerées de gelée de groseilles
grande friture
20 g d'arrow-root*

Prendre 8 petits pains au lait à croûte molle (en forme de navette). À défaut, tailler sur du pain de mie très rassis 8 rectangles de 8 cm de long sur 4 de large et un bon centimètre d'épaisseur. Abattre les angles pour donner aux morceaux une forme ovale. Ranger petits pains ou ovales de pain sur un plat et les arroser de lait bouillant sucré et vanillé. Les retourner et les arroser de même de l'autre côté, mais observer que cet arrosage ne doit pas être excessif ; il s'agit simplement d'imbiber le pain, non de le détremper.

Ensuite, les presser légèrement, l'un après l'autre, dans un linge fin ou une mousseline ; puis les tremper dans de l'œuf battu et les rouler dans de la mie de pain fraîche et très fine. Appuyer légèrement sur celle-ci avec le plat de la lame d'un couteau ; ranger pains ou ovales de pain sur la grille de la poêle à friture, si celle-ci en est munie.

D'autre part, dénoyauter une livre de cerises choisies et mûres à point. Dans un poêlon de cuivre non étamé, faire dissoudre le sucre en morceaux avec le vin rouge ; ajouter un petit morceau de cannelle et deux rubans de zeste de citron, attachés avec un fil ; faire prendre l'ébullition ; mettre les cerises dans le sirop ; laisser bouillir 2 minutes et les retirer ensuite à l'écart du feu. Il suffit qu'elles soient bien attendries. Monder les amandes ; les partager en deux ; les couper en petits filets et préparer la même quantité de petits filets d'angélique.

Douze minutes avant de servir, plonger pains ou ovales à grande friture bien chaude ; les égoutter sur un linge aussitôt que l'enveloppe d'œuf et de mie de pain est bien dorée.

Piquer, sur chacun, une dizaine de filets d'amandes et autant de filets d'angélique (pour cela, trouer la croûte avec la pointe d'une aiguille à piquer) ; les dresser en turban sur un plat rond.

Égoutter les cerises dans un saladier ; faire réduire vivement le sirop à 2 dl et le lier avec une cuillerée à café d'arrow-root délayé avec un peu d'eau froide. Donner un seul bouillon ; remettre les cerises dans ce sirop et compléter, hors du feu, avec le kirsch.

En garnir les croûtes frites et servir.

Nota. On peut faire la liaison du sirop avec 2 cuillerées de gelée de groseilles au lieu d'arrow-root.

Comme tout entremets de fruits, il n'est pas nécessaire que celui-ci soit servi brûlant ; il suffit qu'il soit tiède. On peut donc préparer à l'avance la compote de cerises, mais le kirsch ne s'y ajoute qu'au dernier moment.

* MELON À LA SOUVAROV
PRÉPARATION 12 HEURES

**1 melon
100 g de sucre glace
250 g de fraises des bois
5 cl d'eau-de-vie**

Prendre un melon de grosseur moyenne, qui soit à un jour de sa maturité. Pratiquer une incision tout autour, à 4 cm de la tige, en enfonçant le couteau dans l'épaisseur du melon, et enlever la partie cernée. Par cette ouverture, et à l'aide d'une cuillère, retirer d'abord les graines et les filaments ; puis, avec le tranchant de la cuillère, détacher la pulpe.
Cela fait, poudrer copieusement l'intérieur avec du sucre glace ou du sucre en poudre très fin ; remplir le melon, en couches alternées, avec des fraises des bois (des quatre-saisons, à défaut) et la pulpe du melon coupée en gros dés ; poudrer copieusement chaque couche de fruits de sucre en poudre. Compléter avec un bon demi-verre d'eau-de-vie ; refermer le melon avec la partie enlevée et le tenir au frais pendant 12 heures au moins.
Si l'on veut opérer plus rapidement, prendre le melon mûr à point ; il suffit alors de 2 à 3 heures pour la macération des fraises et de la pulpe.
Trancher le melon aux deux tiers de sa hauteur et le poser sur un plat de feuilles de vigne. Sur la table, on enlève la partie tranchée ; le service se fait à la cuillère, et l'on présente des gaufrettes en même temps.

MERINGUES AUX AMANDES SAUCE VANILLE
PRÉPARATION 1 HEURE • CUISSON 30 MINUTES • ÉTUVAGE 12 HEURES

**250 g d'amandes douces
500 g de sucre en poudre
pincée de sel
12 blancs d'œufs,
sucre glace**

Fouetter les blancs en neige très ferme ; ajouter le sel et le sucre en pluie et mélanger doucement de bas en haut ; ajouter, avant complet mélange, les amandes mondées, effilées et grillées.
Avec une poche et une douille unie, dresser les meringues sur la plaque à pâtisserie, beurrée et farinée ; poudrer de sucre glace, couvrir d'un papier d'office. Cuire à four tiède et ouvert ; enlever et, pour terminer, sécher en étuve.
Servir avec une crème anglaise à la vanille, au café, au chocolat, ou une crème Chantilly. On peut également les servir garnies d'une glace. Ces meringues, individuelles ou accouplées deux par deux et bien sèches, sont préférables à la meringue moulée en moule à savarin.

MOUSSE AUX POMMES À LA GÂTINAISE

PRÉPARATION 6 HEURES • CUISSON 40 MINUTES

1 kg de pommes
30 g de beurre
une demi-gousse de vanille
3 cuillerées d'eau
125 g de miel
250 g de crème
30 g de sucre en poudre
quelques pralines rouges
2 dl de sirop de sucre à 32°

La pomme qui convient le mieux est la reinette grise ; à défaut, prendre la reinette du Canada ou la calville d'hiver.

Émincer 750 g de pommes coupées en quartiers, pelées et épépinées. Mettre ces pommes dans une sauteuse avec le beurre, la demi-gousse de vanille et les 3 cuillerées d'eau ; les cuire sur le coin du feu, en tenant la casserole hermétiquement couverte. Quand la pomme est réduite en marmelade, remuer celle-ci en plein feu, jusqu'à ce qu'elle soit, pour ainsi dire, en pâte.

Ajouter le miel ; couvrir la casserole et la retirer hors du feu. Dès que le miel est bien fondu, le mélanger dans la pâte de pommes ; verser celle-ci dans un saladier et laisser refroidir en la remuant de temps en temps. On doit, naturellement, retirer la vanille.

Couper en quartiers deux autres belles pommes ; les peler ; les diviser en tranches et les jeter dans un sirop léger et bouillant. Comme elles doivent être conservées bien entières, ne les y laisser que le temps nécessaire pour attendrir la pulpe ; puis les égoutter sur un plat et les laisser refroidir.

La marmelade au miel étant bien refroidie, y mélanger 2 dl et demi de crème fouettée, bien ferme, et additionnée de 2 cuillerées de sucre en poudre fin.

Verser cette composition dans une coupe en cristal (ou dans un compotier creux à pied bas) ; lisser la surface en forme de dôme et tenir au réfrigérateur pendant 2 heures et demi ou 3 heures.

Au moment de servir, ranger les tranches de pommes tout autour de la mousse, en les chevalant légèrement. Parsemer le milieu de cette couronne de 6 pralines rouges, écrasées avec le rouleau de façon à en faire une grosse chapelure.

ŒUFS AU CHOCOLAT

PRÉPARATION 30 MINUTES • CUISSON 30 À 40 MINUTES

Un litre de lait
5 cl d'eau
150 g de sucre
250 g de chocolat
3 œufs entiers
4 jaunes d'œufs

Concasser le chocolat ; le faire fondre dans une casserole avec un demi-verre d'eau. Faire bouillir le lait. Pendant ce temps, travailler à la spatule les jaunes, les œufs et le sucre. Le chocolat étant fondu, verser dessus le lait bouillant. Les œufs et le sucre, bien travaillés, y seront ajoutés par petites doses ; mélanger le tout. Passer au linge.

Verser dans un plat creux de contenance exacte. Avoir un autre plat plus grand, creux aussi, qui servira de bain-marie.

Cuire à four assez chaud. Laisser refroidir et servir dans le plat.

DESSERTS

ŒUFS AU LAIT
PRÉPARATION 20 MINUTES • CUISSON 30 À 40 MINUTES

**Un litre de lait
250 g de sucre
un demi-bâton de vanille
4 œufs entiers et
4 jaunes**

Faire bouillir le lait avec la vanille. Dans une terrine, travailler les jaunes, les œufs entiers et le sucre, soit au fouet, soit à la spatule. Le lait étant bouillant, le verser par petites doses et amalgamer ; passer au linge. Verser la crème dans un plat de juste contenance et mettre celui-ci dans un autre plat, plus grand, qui servira de bain-marie. Cuire au four, sans ébullition. Pour s'assurer de la cuisson, plonger un couteau dans le centre de la crème ; la lame du couteau doit en ressortir nette.

Pour les œufs au lait au café, mêmes proportions, mais faire infuser dans le lait 75 g de grains de café, grossièrement moulus ou concassés, noués dans un linge ; infusion assez poussée. Terminer comme il est dit plus haut.

Pour les œufs au lait au chocolat, procéder de même, mais employer du chocolat au lait à la place de lait.

ŒUFS À LA NEIGE
PRÉPARATION ET CUISSON 20 MINUTES • REFROIDISSEMENT 60 MINUTES

**Un litre de lait
7 œufs moyens
160 g de sucre vanillé
180 g de sucre en poudre
1 ou 2 gousses de vanille**

Fendre la vanille dans le sens de la longueur. Verser le lait dans une large casserole plate, y placer la vanille. Porter à ébullition, couvrir et laisser frémir 10 minutes, à feu très doux.

Prendre deux récipients et casser les œufs, en plaçant les jaunes dans l'un et les blancs dans l'autre. Monter les blancs en neige ferme. Les saupoudrer de sucre vanillé. Incorporer le sucre aux blancs, en les creusant avec une spatule de bois et en ramenant la masse sur le dessus, pour entraîner le sucre.

Enlever la peau qui a pu se former sur le lait vanillé, le maintenir bouillant (sur feu doux) et, à l'aide d'une grande cuillère, y faire glisser les blancs sucrés. Les laisser cuire 1 minute et demie à 2 minutes. Les retourner avec une pelle et laisser cuire le même temps sur l'autre face. Opérer en plusieurs fois, en ne mettant que 3 à 5 portions de blancs à chaque fois, pour qu'elles soient à l'aise dans la casserole.

Disposer les blancs sur une serviette, afin de les faire égoutter.

Passer le lait et le mesurer. On doit en avoir trois quarts de litre. Au besoin, ajouter un peu de lait froid. Dans la terrine contenant les jaunes, verser le sucre en poudre. Battre le mélange à la cuillère de bois, jusqu'à ce qu'il blanchisse et fasse le ruban.

Verser le lait bouillant, en filet, dans la terrine, sur le mélange sucre-jaunes, en mélangeant avec soin. Remettre dans une casserole et porter à feu doux. Laisser cuire très doucement, en tournant sans cesse avec une cuillère de bois, jusqu'à épaississement de la crème.

La crème « nappe » le dos de la cuillère. La passer à travers une passoire fine et la laisser refroidir.

Placer les blancs, égouttés, sur la crème et mettre au frais.

Servir avec, par exemple, des tuiles aux amandes.

OMELETTE À LA CONFITURE
PRÉPARATION 15 MINUTES

*12 œufs
1 cuillerée à soupe de sucre semoule
2 cuillerées à soupe de sucre glace
1 pincée de sel
2 dl de confiture au choix : gelée de groseilles, fraises, abricots, coings
5 cl d'eau-de-vie
100 g de beurre fin*

Pour 8 personnes, il est plus indiqué de faire 2 omelettes de 6 œufs chacune ; elles seront plus moelleuses et mieux moulées. En les glaçant au four rouge, on augmente légèrement le degré de cuisson.

Casser les œufs dans deux sébiles séparées, ajouter une petite pincée de sel et une demi-cuillerée à soupe de sucre semoule. Parfumer la confiture (répartie en deux parts) avec l'alcool choisi.

Dans la poêle, mettre suffisamment de beurre. Battre les œufs à la fourchette ; les jeter dans le beurre mousseux. Faire sauter l'omelette, comme si l'on faisait des pommes sautées, sans se servir de la fourchette. Lorsque l'omelette commence à faire croûte, mais que l'intérieur est encore moelleux, avec la main gauche, soulever la poêle et avec la fourchette, de la main droite, ramener les deux bords vers l'intérieur. Garnir le vide central, à la cuillère, de confiture.

Avec la main droite, donner quelques petits coups sur le manche de la poêle et, d'un coup sec, renverser l'omelette sur le plat. Recommencer l'opération et placer la deuxième omelette à côté de la première. Poudrer de sucre glace.

OMELETTE AUX POMMES CARAMEL
PRÉPARATION 40 MINUTES • CUISSON 15 MINUTES

*12 œufs
6 pommes reinettes canadas ou calvilles
150 g de beurre fin
100 g de sucre semoule,
sucre glace,
pincée de sel*

Commencer par éplucher les pommes ; les couper en petits quartiers, les épépiner ; dans une sauteuse, ranger les quartiers de pommes, quelques noisettes de beurre et poudrer de sucre. Mettre au four chaud, sans trop les remuer ; elles doivent être bien cuites et légèrement caramélisées, sans être trop défaites.

Faire 2 omelettes de 6 œufs chacune.

Le principe de l'omelette aux pommes (fruits) est le même que celui de l'omelette* à la confiture. Dans deux sébiles, casser 12 œufs (6 dans chaque) ; ajouter un peu de sucre, un peu de sel.

Faire les omelettes ; les fourrer avec les pommes. À volonté, les passer vivement sous le gril, après les avoir poudrées de sucre glace.

Pour donner plus de relief à cet entremets, arroser les omelettes de quelques centilitres de calvados, au moment de servir, et flamber.

OMELETTE SOUFFLÉE FLAMBÉE
PRÉPARATION 30 MINUTES • CUISSON 8 À 10 MINUTES
(Réalisée par Guy Nouyrigat, propriétaire du restaurant Pierre Traiteur, à Paris.)

*Pour 4 personnes :
6 œufs
90 g de sucre en poudre
1 petite pincée de sel
20 g de beurre environ
1 dl de rhum*

Mettre à chauffer, sur la flamme du gaz (ou sur une plaque électrique), le fer qui servira à décorer l'omelette (pique-feu ou grosse aiguille métallique). Casser les œufs. Séparer les blancs des jaunes.

Ajouter aux jaunes 70 g de sucre. Battre au fouet ce mélange jusqu'à ce que, le sucre étant bien fondu, la masse forme le ruban.
Le mélange se plisse comme un ruban lorsqu'on le fait, avec la spatule, retomber d'un peu haut.
Ajouter le sel aux blancs d'œufs et les battre en neige très ferme.
Verser le mélange de jaunes d'œufs et de sucre sur les blancs en neige, en remuant les blancs doucement avec une cuillère de bois, pour ne pas les faire retomber. Mélanger très délicatement.
Faire bien chauffer une poêle pouvant aller au four. Y faire fondre la quantité de beurre juste nécessaire pour la graisser. Verser l'appareil dans la poêle. Porter à four moyennement chaud, pendant 7 à 8 minutes. Surveiller la cuisson. Au bout de 5 minutes, si l'omelette dore trop, la couvrir avec une feuille de papier beurrée.
Retourner l'omelette cuite sur un plat de service chaud. L'omelette ne doit pas retomber, elle doit être bien ferme, ce qui n'empêchera pas l'intérieur de rester mousseux et léger. Poudrer avec les 20 g de sucre réservés.
Pour décorer l'omelette, on applique de place en place, le fer bien chaud qui caramélise le sucre.
Chauffer le rhum et le verser sur l'omelette. Flamber en approchant une allumette du rhum chaud.

ORANGES SOUFFLÉES
PRÉPARATION 40 MINUTES • CUISSON 25 MINUTES

Pour 6 personnes :
6 belles oranges à peau épaisse
3 œufs
125 g de sucre en poudre
2 cuillerées à soupe rases de maïzéna
une cuillerée à soupe de liqueur à base d'oranges

Découper une large rondelle sur le sommet de chaque orange. S'assurer qu'elles tiennent bien d'aplomb sur le fond et, au besoin, tailler une mince rondelle pour assurer l'équilibre.
À l'aide d'une cuillère à pamplemousse, évider complètement chaque orange et recueillir la pulpe et le jus. Ne pas percer l'écorce.
Passer le jus dans une centrifugeuse ou à travers une passoire, en écrasant bien la pulpe.
Mettre les jaunes d'œufs dans une casserole à fond épais et travailler avec le sucre et la maïzéna. (Il est préférable de faire ce mélange directement dans la casserole, car on opère sur de petites quantités, et un transvasement est cause de perte.) Verser le jus d'orange sur le mélange bien blanc, à travers une passoire fine, de façon à éliminer toute trace de pulpe d'orange.
Faire chauffer à feu doux, en remuant sans arrêt. Retirer au premier bouillon, lorsque le mélange a un peu épaissi, puis ajouter la liqueur.
Verser cette crème dans un saladier et laisser refroidir légèrement. Ajouter avec délicatesse les blancs battus en neige ferme.
Remplir les oranges avec ce mélange.
Poser dans un plat allant au four et mettre à four chaud, pendant 20 minutes.
Servir très chaud, soit dans le plat de cuisson, soit, de préférence, en transportant les oranges à l'aide d'une pelle sur le plat de service.

PAIN D'ABRICOTS AU LAIT D'AMANDES
PRÉPARATION 3 HEURES • CUISSON 25 MINUTES ENVIRON

24 abricots de plein vent
12 abricots d'espalier
300 g de sucre
6 dl d'eau
2 gousses de vanille
10 feuilles de gélatine
1 orange sanguine,
un demi-citron
1 cuillerée d'huile
d'amandes douces
15 amandes douces
2 amandes amères

Avec 125 g de sucre et un décilitre trois quarts d'eau, faire un sirop ; le faire bouillir 2 minutes, puis y ajouter une gousse de vanille ; couvrir et laisser infuser hors du feu. Mettre à tremper de la bonne gélatine. Quand elle est bien ramollie, la faire dissoudre dans le sirop, en remuant avec une cuillère en argent, et passer le sirop au linge fin.

Passer au tamis fin de petits abricots de plein vent, très mûrs. Recueillir la purée dans un saladier.

Casser les noyaux, sans briser les amandes ; plonger celles-ci quelques secondes dans l'eau bouillante, pour les monder facilement ; les partager en deux et les couper en tout petits filets.

Mélanger alors, dans la purée d'abricots : les filets d'amandes, le sirop gélatiné (froid ou à peine tiède), le jus d'une orange sanguine et le jus d'un demi-citron. À partir de ce moment, remuer la purée jusqu'à ce qu'elle commence à se lier ; la verser alors dans un moule en forme de dôme (à la rigueur, on peut se servir d'un bol ordinaire, étroit et profond), badigeonné intérieurement avec de l'huile d'amandes douces. Tenir sur glace ou dans un endroit frais, jusqu'à ce que la purée soit bien solidifiée.

Avec 175 g de sucre en morceaux, 3 dl d'eau et une gousse de vanille, préparer un nouveau sirop et le tenir en ébullition.

Partager en deux de beaux abricots d'espalier ; les pocher dans le sirop (par six ou sept moitiés à la fois, la quantité de sirop n'étant pas suffisante pour les pocher en une seule fois). Il suffit, pour cela, de les laisser quelques minutes dans le sirop maintenu en simple frémissement ; il s'agit non de les cuire à fond, mais seulement de les attendrir et de les conserver bien entières. Au fur et à mesure que ces moitiés sont prêtes, les égoutter sur un plat et les laisser refroidir.

Réduire le sirop à 1 dl.

Monder, laver et piler très finement les amandes douces et les amandes amères, en y ajoutant, par toutes petites quantités, 1 dl d'eau filtrée. Mettre cette pâte d'amandes dans un coin de torchon et tordre fortement pour en extraire le lait. Mélanger ce lait d'amandes dans le sirop réduit ; passer au linge fin et conserver sur glace ou dans un endroit frais.

Démouler le pain d'abricots sur un plat rond ; l'entourer avec les demi-abricots pochés et arroser avec le sirop au lait d'amandes. Cet entremet doit être servi bien froid.

PAIN DE POMMES À LA CRÈME
PRÉPARATION 3 HEURES • CUISSON 40 MINUTES

12 pommes
175 g de beurre
250 g de sucre en poudre
2 gousses de vanille
3 dl de crème double
3 gros œufs
50 g de raisins secs

Couper en quartiers, peler, épépiner 8 pommes de Normandie et les émincer finement. Les mettre dans un sautoir, avec 2 cuillerées d'eau, 125 g de beurre, 100 g de sucre en poudre et une gousse de vanille.

Cuire en marmelade (casserole hermétiquement fermée pour concentrer la vapeur à l'intérieur). La vanille peut être remplacée par une petite cuillerée de zeste de citron finement haché.

D'autre part, couper, en 8 petits quartiers, 4 autres pommes (épluchées) et les mettre dans un sirop bouillant, fait avec 3 dl d'eau, 125 g de sucre et vanille ou citron. Les y laisser juste le temps de les attendrir, c'est-à-dire quelques minutes seulement. En retirer 16 sur une assiette et laisser les autres finir de cuire.

Dès que la marmelade est prête, la travailler un instant avec un fouet pour la lisser, puis la remuer en plein feu jusqu'à ce qu'elle soit à consistance de pâte. Y mélanger, hors du feu, 3 cuillerées de crème épaisse et fraîche, les œufs battus en omelette, les 16 petits quartiers de pommes préparés et les raisins de Corinthe et de Smyrne.

Verser cette composition dans un moule à charlotte beurré et la faire pocher au bain-marie, pendant 40 minutes. Le pochage est à point quand on sent la composition un peu ferme et élastique sous le doigt.

Le moule étant sorti de l'eau, laisser le pain reposer pendant un quart d'heure, pour qu'il se produise un petit tassement.

Passer au chinois le sirop et les quartiers de pommes laissés à cuire, en foulant avec une cuillère de bois. Faire réduire ce sirop à un décilitre et demi à peine, y ajouter 2 dl de crème fraîche (bouillie à l'avance) et compléter, hors du feu, avec 50 g de beurre fin.

Au moment de servir, démouler le pain sur un plat rond et le couvrir entièrement de crème.

PÊCHES FLAMBÉES
PRÉPARATION 1 HEURE

8 pêches
un quart de bâton de vanille, un demi-litre de sirop à 24°
5 cl de kirsch
250 g de fraises des bois
125 g de framboises
150 g de sucre glace

Lorsqu'on sert des fruits et entremets, tels que poires, pêches ou autres, les choisir de première qualité, mûrs à point et très sains.

Pocher les pêches au sirop ; les éplucher ; les remettre dans le sirop pour qu'elles restent bien blanches.

À cru, sur un tamis de crin, faire une purée légèrement sucrée, avec les fraises et les framboises.

Dresser les pêches dans un plat un peu creux. Il y a deux manières de les servir :

. Les passer au four, pour qu'elles soient bien chaudes, afin de faciliter le flambage, et flamber sur la table, en ayant soin de poudrer les pêches de sucre, la purée de fraises et de framboises étant servie à part.

. Dresser les pêches très chaudes en couronne, sur des socles de génoise ou de biscuit de Savoie ; verser la purée au centre ; flamber sur la table. Accompagner cet entremets de gâteaux secs aux amandes ou d'un pain de Gênes.

DESSERTS

PETS-DE-NONNE
PRÉPARATION 2 HEURES • FRITURE 8 À 10 MINUTES

**7 dl d'eau ou trois quarts de litre
400 g de farine
150 g de beurre
une pincée de sel
15 g de sucre
12 œufs moyens
parfum : eau de fleurs d'oranger, rhum, zeste de citron ou vanille, sucre glace, grande friture**

Dans une casserole assez grande, mettre l'eau, le sel, le sucre, le beurre, le parfum choisi. À ébullition, retirer du plein feu ; y jeter la farine en pluie et la mélanger avec une spatule ; avancer le récipient sur le feu et, tout en travaillant la pâte énergiquement, la faire dessécher. Plus la pâte sera desséchée, plus elle absorbera d'œufs et plus les beignets gonfleront. La pâte, avant d'être enlevée du fourneau, ne doit plus adhérer ni au fond ni aux parois de la casserole.

Mettre alors la casserole sur la table ; ajouter (tout en travaillant ferme) les œufs, un par un (ou deux par deux). Pour ne pas avoir de mauvaise surprise, casser les œufs dans un bol, au lieu de les casser directement dans la pâte, car il peut y en avoir un de mauvais, et tout serait gâché. Si la pâte a été bien desséchée et bien travaillée, le nombre d'œufs varie suivant leur poids et leur grosseur. Laisser la pâte telle quelle ; la couvrir d'un papier et d'un linge et la laisser reposer quelques instants dans un endroit tempéré.

Préparer, dans une bassine assez grande, une friture neuve, composée de saindoux et d'huile exclusivement, l'huile dominant. Elle doit être assez chaude, mais non fumante.

Avec une cuillère à soupe, prendre la pâte tout en frottant la cuillère légèrement contre la paroi de la casserole ; avec l'index de la main gauche, en l'approchant le plus possible de la surface de la friture, faire glisser la pâte. Répéter rapidement ce geste huit à dix fois. Avancer progressivement la bassine à friture en plein feu ; avec la main droite (sans soulever la bassine), imprimer un mouvement de rotation au liquide : ce roulis de friture a la propriété de faire gonfler les beignets. Lorsqu'ils sont bien gonflés et croquants, dorés à souhait, avec l'écumoire à friture (ou araignée), les enlever délicatement et les égoutter sur une plaque garnie d'un linge. Garder au chaud.

Servir très chaud, poudré de sucre glace, sur plat chaud et napperon, avec des assiettes chaudes.

On peut les accompagner d'une sauce abricot parfumée au choix (en saucière), ou bien les garnir : avec un crayon, faire une ouverture dans le flanc des beignets et introduire la confiture à l'aide d'un cornet en papier.

PLUM-PUDDING AU RHUM
PRÉPARATION 5 JOURS À L'AVANCE • CUISSON 5 HEURES

**250 g de graisse de rognon de bœuf
175 g de farine
175 g de mie de pain
100 g de raisins de Corinthe
100 g de raisins de Malaga (épépinés)
50 g de figues sèches**

Le plum-pudding, servi brûlant avec rhum flambant, beurre au cognac, ou sabayon, est un bon entremets, quoique assez lourd.

Enlever les filaments et les nerfs de la graisse de rognon ; la passer à la machine à hacher, ou la hacher finement au couteau, en la poudrant d'une partie de la farine.

Dans une terrine, mettre la graisse, la farine et tous les ingrédients, sauf les œufs ; remuer et triturer, deux fois par jour, avec une spatule. Laisser macérer quatre jours ; le cinquième jour, ajouter les œufs ; le sixième, cuire. Toutefois, si l'appareil semble un peu serré ou sec, ajouter quelques centilitres de rhum ou même de la bière ou du lait.

Pour cette quantité d'appareil, il faut 2 torchons ou serviettes, beurrés et farinés. Partager l'appareil en deux portions bien égales ; serrer fortement et ficeler dans la toile. Plonger les puddings dans une marmite d'eau bouillante ; couvrir ; cuire sans arrêt pendant cinq heures. Laisser un peu refroidir.

Le pudding doit être servi flambant, dans l'assiette du convive ; napper le pudding d'une cuillerée de beurre Suzette (en pommade).

Beurre Suzette. Frotter quelques morceaux de sucre sur les zestes d'une mandarine et d'un citron ; écraser ces morceaux de sucre avec une cuillerée de rhum et triturer le tout avec du beurre très fin.

125 g de pommes fruits (net) épluchées, épépinées,
50 g de cédrat
50 g d'écorces d'oranges (le tout haché fin)
125 g de pruneaux très cuits (dénoyautés) et passés au tamis
125 g de cassonade
1 orange (zeste et jus)
1 citron (zeste et jus)
5 g de sel, 3 œufs
7 g d'épices comprenant : quatre-épices, cannelle en poudre, muscade et gingembre râpés
1 dl de rhum
1 dl de bière
200 g de beurre Suzette en pommade

POIRES BELLE HÉLÈNE
PRÉPARATION 2 HEURES • CUISSON 25 MINUTES

Peler de petites poires ; les cuire entières avec sucre, cannelle et eau. Les égoutter et les laisser refroidir. Les couper, les évider et les remplir de crème. Reformer les poires, les dresser sur la génoise imbibée de kirsch. Abricoter et garnir d'amandes.

16 petites poires fondantes
35 cl d'eau
200 g de sucre
10 g de cannelle en poudre
un litre de crème * anglaise à la vanille ou de crème * Chantilly
1 socle en génoise *, amandes effilées, marmelade d'abricots, kirsch

POIRES DAME SIMONE
PRÉPARATION 2 HEURES • CUISSON 35 MINUTES

Monder et effiler une douzaine d'amandes. Les mettre à l'entrée du four pour les sécher et les dorer légèrement.

Émincer finement les pommes reinettes grises, coupées en quartiers, pelées et épépinées. Les mettre dans une sauteuse, avec 3 cuillerées de sucre en poudre, 2 cuillerées d'eau, la demi-gousse de vanille, et les cuire à feu très doux et à couvert ; aussitôt cuite, travailler la marmelade obtenue, avec un petit fouet pour la lisser ; la remuer ensuite en plein feu, jusqu'à ce qu'elle soit devenue très épaisse, puis y mélanger 3 fortes cuillerées de confiture de tomate et le beurre fin.

En même temps, partager en deux des poires de grosseur moyenne, bergamote ou rousselet, ou toute autre poire d'hiver ; les peler ; retirer les pépins. Cuire les poires dans un poêlon en cuivre, avec le sucre en morceaux et du vin rouge de Bordeaux, en les tenant un peu fermes. Étaler la marmelade sur un compotier à pied bas et ranger dessus les demi-poires ; faire réduire rapidement le vin de cuisson à deux petits décilitres et le verser sur les poires ; parsemer le dessus avec les amandes grillées ; arroser le tout avec le rhum (chauffé à l'avance) et flamber sur la table.

8 poires
5 belles pommes reinettes
300 g de sucre en poudre, une demi-gousse de vanille
150 g de confiture de tomates
25 g de beurre
6 dl de vin rouge
200 g de sucre en morceaux
12 amandes
1 dl de rhum

POIRES IMPÉRATRICE
PRÉPARATION 2 HEURES • CUISSON 30 MINUTES

8 poires fondantes
100 g de sucre
200 g de riz * au lait
3 dl de crème *
frangipane
200 g de macarons
100 g de beurre

Peler les poires ; les plonger dans un sirop fait avec un quart de litre d'eau et 100 g de sucre ; si elles sont grosses, on les aura coupées en moitiés ou en quartiers. Les cuire doucement.

Préparer une petite quantité de riz, qu'on allongera avec un tiers de crème frangipane pour qu'il soit plus crémeux. Faire un lit de riz sur le fond du plat beurré.

Égoutter les poires ; les ranger sur le riz et les recouvrir d'une couche de riz. Poudrer de macarons écrasés ou, à défaut, de fines amandes grillées, hachées et mélangées avec leur poids de sucre ; arroser de beurre et faire gratiner au four.

POIRES EN ROBE BLANCHE
PRÉPARATION 1 HEURE • CUISSON 25 MINUTES ENVIRON

8 poires
4 morceaux de sucre
1 gousse de vanille
5 cl de rhum
un litre de crème *
anglaise à la vanille

Peler les poires entières de grosseur moyenne, écourter les queues. Les mettre dans une casserole ; les couvrir d'eau ; ajouter le sucre et la vanille. Couvrir et laisser cuire à petit feu, jusqu'à ce que la pointe d'un couteau entre dans la poire comme dans du beurre.

Retirer les poires de leur jus ; les égoutter, les queues en l'air, dans un compotier ; recouvrir d'une crème à la vanille assez épaisse, à laquelle le rhum aura été mélangé.

POIRES SURPRISE D'ÉTÉ
PRÉPARATION 1 HEURE • CUISSON 35 MINUTES

8 poires williams
250 g de framboises
250 g de sucre en poudre
1 dl d'eau-de-vie
de framboises
200 g de gelée
de framboises

Prendre de belles poires williams ; les peler ; les couper en deux ; enlever le centre, les évider un peu plus que de coutume. Les pocher dans un sirop de sucre, les égoutter et les laisser refroidir. Remplir la cavité centrale de framboises fraîches au sucre, ou de framboises conservées au sirop. Pour servir, reconstituer le fruit.

Au sirop retiré, après cuisson, des poires, ajouter un bon verre d'eau-de-vie de framboises et la moité de son poids de gelée de framboises. Bien mélanger ; verser le tout sur les poires, en prenant soin qu'elles en soient recouvertes. Rafraîchir, mais ne pas glacer, et servir.

DESSERTS

POMMES BONNE FEMME
PRÉPARATION 20 MINUTES • CUISSON 35 MINUTES

Vider l'intérieur des pommes. Les ranger sur un plat ; remplir l'intérieur de beurre et de sucre en poudre vanillé. Mettre un peu d'eau dans le fond du plat ; porter au four et laisser cuire doucement.
Dresser tel quel, avec des croûtons frits au beurre.

POMMES FIGARO
PRÉPARATION 2 HEURES • CUISSON 50 MINUTES

Prendre un litre de marrons moyens. Après en avoir incisé l'écorce, les mettre dans une casserole avec de l'eau froide ; faire prendre l'ébullition et laisser bouillir 5 minutes. Ensuite, les sortir de l'eau par 5 ou 6 à la fois ; les écorcer, et enlever la pellicule grise qui adhère aux marrons. Brûlants, ils s'épluchent mieux que refroidis. Les mettre dans une casserole étroite et haute, pour qu'ils s'y trouvent entassés. Ajouter une prise de sel, une gousse de vanille, assez de lait (bouilli à l'avance) pour qu'ils en soient recouverts, et les cuire très doucement.
Monder les amandes ; les partager en deux ; les couper en petits filets ; les étaler sur une tourtière et les faire sécher et griller à l'entrée du four. À ces amandes, mélanger les débris de marrons glacés émiettés en grosse chapelure.
Prendre 8 pommes reinettes grises de grosseur moyenne (d'autres à défaut, mais celles-ci conviennent le mieux). Enlever le cœur et les pépins à l'aide d'un vide-pommes ; les peler finement et les cuire dans un sirop léger, fortement vanillé, en les conservant un peu fermes.
Mélanger, dans une petite casserole, 125 g de sucre et les jaunes d'œufs. Travailler pour obtenir le ruban ; y ajouter la farine et délayer ce mélange, petit à petit, avec le lait bouilli, dans lequel on aura infusé la vanille. Faire prendre l'ébullition en remuant ; laisser bouillir une minute, et compléter, hors du feu, avec le beurre fin. Ne plus laisser bouillir cette crème.
Passer rapidement les marrons au tamis ; recueillir la purée dans un sautoir ; y mélanger 100 g de sucre en poudre et la crème fraîche. Remuer cette purée en plein feu pendant 2 minutes, puis la verser sur le plat de service.
Retirer les pommes du sirop, avec une fourchette, et bien les égoutter ; les ranger en couronne sur la purée de marrons en les y enfonçant légèrement.
Napper les pommes avec la crème à la vanille et parsemer celle-ci d'amandes et de débris de marrons glacés.

---

8 reinettes
100 g de beurre
100 g de sucre
20 g de sucre vanillé
8 croûtons

---

8 pommes reinettes grises, un litre de marrons,
1 pincée de sel
1 gousse de vanille,
un litre et demi de lait
16 amandes
50 g de débris de marrons glacés, un litre de sirop à 24° fortement vanillé
225 g de sucre en poudre
4 jaunes d'œufs
50 g de farine
40 g de beurre
1 dl de crème fraîche

DESSERTS

POMMES GRATINÉES
PRÉPARATION 2 HEURES • CUISSON 25 MINUTES ENVIRON

12 belles pommes reinettes
un quart de litre de sirop à 32° vanillé (avec : un quart de litre d'eau, 100 g de sucre et une demi-gousse de vanille)
50 g de beurre
50 g de sucre
100 g de sucre glace
un blanc d'œuf
60 g d'amandes

Peler 8 pommes, les partager en quartiers, et les faire pocher dans un sirop vanillé. Les égoutter sur un torchon, les laisser refroidir et les essorer.

Peler et hacher 4 autres pommes (500 g) ; les mettre dans une sauteuse avec le beurre et le sucre. Faire réduire en plein feu, sans cesser de remuer, et incorporer, petit à petit, le sirop de sucre. Quand la composition est ferme, l'étaler sur un plat allant au four.

Travailler, dans une petite terrine, le sucre glace avec un blanc d'œuf, jusqu'à ce que cette composition devienne légère et consistante ; y mélanger les amandes effilées fines.

Sur le plat garni de la marmelade, ranger harmonieusement les pommes pochées ; étaler dessus le glaçage aux amandes. Poudrer légèrement de sucre glace et passer au four doux pour réchauffer le tout et blondir le pralin.

POMMES À LA MADELON
PRÉPARATION 1 HEURE • CUISSON 40 MINUTES ENVIRON

Un demi-litre de lait
60 g de sucre en morceaux
une demi-gousse de vanille
125 g de riz
20 g de beurre
un grain de sel
7 pommes
1 cuillerée de sucre en poudre
250 g de gelée de groseilles
3 cuillerées de kirsch
100 g de beurre clarifié
quelques noisettes

Dans un demi-litre de lait bouilli, additionné du sucre en morceaux et de la demi-gousse de vanille, ajouter le riz Caroline (préalablement blanchi 5 minutes et rafraîchi), un grain de sel et les 20 g de beurre. L'ébullition reprise, couvrir et cuire au four doux pendant 28 à 30 minutes.

En même temps, cuire, dans une petite sauteuse, 3 pommes pelées et finement émincées, en y joignant 1 cuillerée de sucre en poudre et une demi-cuillerée d'eau. Les pommes étant cuites, les écraser aussitôt avec le dos d'une fourchette, afin de les réduire en marmelade épaisse. Le riz étant à point, le désagréger avec une fourchette et y mélanger la marmelade.

Peler 4 pommes moyennes (pommes de plaine à chair ferme) ; enlever le cœur et les pépins à l'aide du vide-pommes ; les couper en tranches de 1 centimètre et demi d'épaisseur. Les ranger sur un plat et les poudrer de sucre des deux côtés.

Faire juste fondre un petit pot de gelée de groseilles. À cette gelée, on ajoutera, au tout dernier moment, les 3 cuillerées de kirsch. Faire griller à l'entrée du four 7 ou 8 noisettes ; les frotter dans un linge pour enlever la pellicule et les hacher.

Sept à huit minutes avant de servir, chauffer, dans une grande poêle, les 100 g de beurre clarifié (ou tout au moins bien épuré) ; y ranger les tranches de pommes, après les avoir passées dans la farine, et les retourner à deux ou trois reprises. Ne pas les laisser trop cuire ; il suffit que la pulpe soit bien attendrie.

DESSERTS

Étaler le riz à la marmelade sur un plat (en forme de galette) ; ranger dessus les tranches de pommes ; napper celles-ci avec la gelée de groseilles et parsemer le dessus de noisettes hachées.

PROFITEROLES AU CHOCOLAT
PRÉPARATION 2 HEURES • CUISSON 25 MINUTES

Un demi-litre d'eau
5 œufs
60 g de beurre
25 g de sucre semoule
125 g de farine
1 pincée de sel
un demi-litre de crème fraîche
250 g de cacao

Porter à ébullition l'eau, le sel, le beurre ; verser la farine en pluie ; remuer avec la spatule sur le feu, de manière à bien dessécher la pâte. En dehors du feu, ajouter les œufs un par un ; remuer constamment pour rendre la pâte homogène. Celle-ci doit être mollette sans être claire, ce qui dépend surtout de la qualité de la farine et de la grosseur des œufs. Coucher les profiteroles (ou petits choux de la grosseur d'une noix) sur une plaque à pâtisserie beurrée, avec la poche et la petite douille unie (4 par personne). Les faire cuire à four assez chaud, environ 25 minutes. Mettre un dé de crème de côté pour la sauce chocolat. Monter la crème fraîche au fouet, en chantilly, légèrement sucrée. Faire une petite incision, sur le côté de chaque profiterole, ou encore, avec un crayon, faire un trou sur le côté. Avec une deuxième poche et une petite douille unie, garnir les profiteroles de crème Chantilly.

Faire fondre le cacao dans un verre d'eau et finir avec le dé de crème fraîche (non battue) ; tenir la sauce chocolat assez fluide.

Dresser les profiteroles dans un compotier ; les napper, juste au moment de servir, de la sauce au chocolat.

PRUNEAUX AU BOURGOGNE
PRÉPARATION 20 MINUTES • MACÉRATION 48 HEURES

500 g de pruneaux
un demi-litre d'eau chaude (50°)
1 bouteille (75cl) d'excellent vin de Bourgogne (un bon millésime)
100 g de sucre
1 gousse de vanille
pain de Gênes

Cette préparation est très simple, mais exige d'excellents produits. Choisir des pruneaux de très bonne qualité et sains ; les laver, les mettre dans une jatte, les couvrir d'eau chaude ; mettre un couvercle et les laisser tremper 24 heures.

Les égoutter et les essorer, les remettre dans la jatte, avec la vanille, le sucre ; verser dessus le vin choisi. Laisser macérer 24 heures dans un endroit chaud.

Retirer la vanille et servir en jatte de cristal, accompagné d'un pain de Gênes.

PRUNEAUX À LA MODE D'AGEN
PRÉPARATION 4 HEURES • CUISSON 45 MINUTES

250 g de pruneaux d'Agen
150 g de sucre en morceaux
1 pincée de cannelle
1 petit zeste d'orange
un quart de litre de vin rouge
8 pommes
25 g de beurre
3 cuillerées de sucre en poudre
3 cuillerées de confiture de prunes
une dizaine de noix
3 œufs entiers
1 orange, sirop de sucre

Mettre les pruneaux à tremper à l'eau tiède. Pour les pruneaux d'Agen, de très bonne qualité, il suffit de 12 à 15 minutes de trempage. En revanche, si ce sont des pruneaux ordinaires, le trempage doit être prolongé jusqu'à ce qu'ils soient gonflés.

Les mettre dans un pot en terre ou autre ustensile (mais plutôt étroit que large, pour qu'ils s'y trouvent entassés), avec le sucre en morceaux, un fragment de cannelle, un ruban de zeste d'orange et assez de très bon vin rouge pour qu'ils en soient bien couverts. Faire prendre l'ébullition et la continuer très doucement, jusqu'à ce que les pruneaux soient cuits à point, mais conservés bien entiers et un peu fermes.

Couper en quartiers, peler, épépiner et émincer 8 pommes moyennes ; les mettre dans un sautoir avec le beurre et les 3 cuillerées de sucre en poudre ; couvrir hermétiquement et laisser cuire à feu très doux, jusqu'à ce qu'elles soient en marmelade. Ensuite, remuer cette marmelade sur un feu très vif, afin qu'elle devienne très épaisse. Y mélanger alors 2 ou 3 cuillerées de confiture de reines-claudes, les lobes de 8 à 10 noix hachés et grillés légèrement à l'entrée du four, les gros œufs entiers battus en omelette, et ajoutés petit à petit.

Mettre cette marmelade dans un moule à bordure, beurré, et faire pocher au bain-marie pendant 40 à 45 minutes. Après pochage, et le moule étant sorti de l'eau, on laissera cette bordure reposer 10 à 12 minutes avant de la démouler, pour qu'il se produise un tassement dans la composition.

Détacher le zeste d'une petite orange à peau granulée ; le tailler en fine julienne ; l'ébouillanter pendant 5 minutes et le cuire doucement ensuite pendant 10 minutes, avec quelques cuillerées de sirop léger (4 cuillerées d'eau et une demi-cuillerée de sucre en poudre).

Démouler la bordure sur un plat rond ; prendre les pruneaux avec une fourchette et les mettre au milieu ; réduire leur sirop de cuisson à environ 2 dl ; le verser sur les pruneaux et, sur ceux-ci, parsemer la julienne d'orange bien égouttée.

PUDDING AUX AMANDES
PRÉPARATION 1 HEURE 30 • CUISSON 25 MINUTES

500 g d'amandes douces
4 œufs
500 g de beurre
1 dl de crème fraîche
1 dl de vin blanc
2 cuillerées à soupe de fécule de pommes de terre
200 g de sucre
5 cl d'eau de fleurs d'oranger

Plonger les amandes dans l'eau bouillante, juste le temps que l'eau reprenne l'ébullition ; les égoutter. À chaud (sans les rafraîchir), les étaler sur la table et les monder entre le pouce et l'index, en prenant appui sur la table.

Les piler énergiquement en ajoutant, petit à petit, le beurre, la crème (par cuillerées) les œufs (un par un), le sucre, le vin blanc et le parfum, puis la fécule. Le tout formera une pommade.

Beurrer un moule à charlotte, le remplir et cuire au four doux.

PUDDING DE CABINET

PRÉPARATION 30 MINUTES • MACÉRATION PLUSIEURS HEURES • CUISSON 35 À 45 MINUTES

Frotter, nettoyer, laver les raisins de Smyrne et de Corinthe ainsi que les fruits confits.

Mettre raisins et fruits à macérer à l'avance, pendant plusieurs heures, avec le parfum désiré : rhum, kirsch, marasquin. Si l'on fait souvent ce pudding, avoir toujours des fruits confits coupés en petits dés et des raisins à macérer dans un bocal fermant hermétiquement ; ils se trouvent ainsi bien imprégnés de parfum et, de ce fait, sont tout à fait fondants. Beurrer légèrement un moule à charlotte ; décorer le fond du moule avec les fruits confits ; enrober les biscuits avec la confiture rendue un peu fluide. Intercaler, par étages successifs, biscuits et fruits ; verser la crème renversée, petit à petit, et attendre que les biscuits s'imbibent. Remplir à ras du bord.

Pour la crème renversée, bien travailler les jaunes et les œufs entiers avec le sucre, soit au fouet, soit à la spatule, pour former le ruban ; verser le lait bouillant vanillé, mais en ne l'incorporant que par petites quantités pour ne pas cuire les œufs. Passer au chinois ; écumer ; verser peu à peu dans le moule. Mettre au four, au bain-marie, sans laisser bouillir l'eau du bain-marie.

Pour la crème anglaise, travailler les jaunes et le sucre, verser tout doucement le lait bouillant vanillé ; remettre sur le feu, tout en remuant avec la spatule. Lorsque la crème commence à napper la spatule, éloigner du feu et remuer ; ne pas laisser bouillir, car la crème tournerait. Passer au chinois. La tenir au chaud ; la parfumer à l'alcool ou à la liqueur au dernier moment. La servir à part.

50 g de raisins de Smyrne et de Corinthe
50 g de fruits confits variés
1 dl de kirsch ou de marasquin
8 biscuits à la cuillère
1 cuillerée de confiture d'abricots
5 cl d'eau-de-vie
20 g de beurre.
Pour la crème renversée :
un litre de lait
5 œufs entiers et 5 jaunes
250 g de sucre semoule
1 gousse de vanille.
*Pour la crème * anglaise :*
150 g de sucre
un demi-litre de lait
6 jaunes d'œufs
1 gousse de vanille,
parfum au choix

PUDDING AU PAIN

PRÉPARATION 1 HEURE • MACÉRATION LA VEILLE • CUISSON 40 MINUTES ENVIRON

La veille, sasser les raisins de Smyrne et de Corinthe avec une pincée de farine et les brasser sur un tamis. Lorsqu'ils sont propres, les mettre à macérer dans le rhum (dans un bol couvert).

Trancher le pain de mie (ou même de fantaisie), le poudrer légèrement de sucre ; le faire sécher et blondir au four.

Travailler les œufs, en terrine, avec le sucre ; verser, par petites doses, le lait bouillant, comme pour une crème renversée. Passer à la passoire fine ou au linge.

Disposer, en les chevalant, les lamelles de pain dans un plat beurré creux ou, mieux, dans un plat à *pie* (plat anglais). Semer les raisins bien macérés sur les tranches de pain ; verser la crème et mettre au four assez chaud et au bain-marie.

Au moment de servir, poudrer le pudding de sucre glace. Se sert froid.

250 g de pain de mie
un litre de lait
250 g de sucre
8 œufs
5 cl de rhum
100 g de raisins de Smyrne et de Corinthe
50 de sucre glace

DESSERTS

RIZ AU LAIT POUR ENTREMETS
PRÉPARATION 30 MINUTES • CUISSON 35 MINUTES

300 g de riz à grains ronds
1 pincée de sel
un litre de lait
125 g de sucre semoule
1 bâton de vanille
1 dl de crème fraîche
4 jaune d'œufs
facultatif : 50 g de beurre

Faire crever le riz (lavé) dans très peu d'eau.
À ébullition, l'égoutter ; le remettre à cuire en le mouillant de lait. Saler et vaniller
Lorsqu'il est cuit, ajouter le sucre, puis, hors du feu, la crème et les jaunes d'oeufs pour le lier. On peut ajouter à la cuisson, en même temps que le lait, 50 g de beurre.

RIZ MERINGUÉ
PRÉPARATION 2 HEURES • CUISSON DU RIZ 40 MINUTES • CUISSON DU GÂTEAU 30 MINUTES

125 g de riz à grains ronds
un litre de lait sucré, vanillé
6 œufs entiers
100 g de sucre
(pour caramel)
50 g d'amandes

Faire crever le riz, bien lavé, dans le litre de lait sucré et vanillé, en ayant la précaution de mettre le lait par petites quantités, au fur et à mesure de son absorption.
Quand tout le lait a été absorbé et que le riz est bien gonflé, retirer la casserole du feu ; y mêler les jaunes d'œufs ; battre les blancs en neige ferme ; les mêler à leur tour au riz, et remplir du mélange un moule enduit de caramel, mais seulement aux trois quarts (car le gâteau monte). Mettre au four, à feu doux.
On peut rendre cet entremets plus délicat encore en le pralinant, avec des amandes mondées, effilées et blondies au four dont on parsème le caramel du moule.

SABAYON
PRÉPARATION 25 MINUTES • CUISSON 35 MINUTES

8 jaunes d'œufs
300 g de sucre
3 verres de porto, marsala, madère, frontignan, champagne, etc.
Pour la crème glacée :
4 jaunes en plus
parfum : marasquin

Cette crème est plutôt une sauce d'accompagnement des puddings ; cependant, on la sert, surtout en été, dans des coupes à champagne. On la présente chaude ou glacée.
Dans une casserole, mettre les jaunes d'œufs et le sucre. Travailler fortement au petit fouet. L'appareil ayant blanchi, y ajouter le vin choisi. Placer alors la casserole dans un bain-marie et faire prendre la crème, en roulant le fouet entre les mains, pour obtenir une mousse abondante ; parfumer et servir aussitôt. Se prépare à la dernière minute et se sert chaud.
Quand le sabayon doit être servi froid, ajouter 4 jaunes d'œufs. Quand la crème est prise, la parfumer et la mettre sur de la glace, en fouettant jusqu'à complet refroidissement.

DESSERTS

SAVARIN AUX FRUITS
PRÉPARATION 2 HEURES ENVIRON • CUISSON 45 À 50 MINUTES

Sur les 500 g de farine, en prélever le quart, c'est-à-dire 125 g, pour faire le levain, avec la levure et le lait tiède. Mettre le levain dans un récipient, le couvrir, le placer dans un endroit assez chaud.
Avec les 375 g de farine, faire une fontaine ; au centre, mettre la moitié du beurre travaillé en pommade, les œufs, le sucre et le sel ; mélanger et travailler à la main, en tenant la pâte mollette. Ajouter alors le levain et le restant du beurre. Mouler et laisser lever. Cuire à four chaud.
On peut également faire des croûtes aux fruits avec de la pâte à brioche. Que ce soit sur savarin ou sur brioche, les tranches ne seront pas coupées trop épaisses, mais à raison de deux par personne.
Couper les tranches d'ananas du même format que les croûtes ; les réserver et mettre les chutes d'ananas dans le salpicon de fruits.
Ranger les tranches sur une plaque ; les poudrer de sucre glace ; les passer au four pour les griller de couleur blonde. Abricoter les tranches au pinceau, avec la marmelade d'abricots chaude, et reformer la couronne sur un plat rond, en intercalant, entre chacune d'elles, une mince tranche d'ananas. Décorer la couronne avec quelques fruits confits, des amandes et des losanges d'angélique.
Préparer une garniture de fruits frais ou conservés au naturel ou au sirop ; s'il n'y a que des cerises, ce savarin est une « croûte Montmorency », avec une garniture d'ananas, il devient une « croûte Singapour ».
Lier cette garniture avec une sauce faite de gelée de groseilles ou de marmelade d'abricots, passée au tamis, allongée au jus de fruit, sirop ou eau, et parfumée à la liqueur.

Pour le savarin :
500 g de farine
1 pincée de sucre en poudre
375 g de beurre
1 pincée de sel
6 ou 7 œufs
15 g de levure de bière
1 dl de lait (ou même de crème fleurette).
Pour la garniture :
150 g de marmelade d'abricots
1 boîte quatre quarts d'ananas
500 g de fruits frais (ou au sirop) variés
100 g d'amandes, angélique ou cerises confites.
Parfum : 2 dl de liqueur au choix

SOUFFLÉ
PRÉPARATION 30 MINUTES • CUISSON 15 À 20 MINUTES

Mettre dans une terrine le sucre en poudre, la farine tamisée et, au centre, 8 à 10 jaunes d'œufs que l'on tourne lentement avec un fouet jusqu'à ce que la farine et le sucre soient absorbés.
Faire bouillir le lait avec une gousse de vanille et le verser très doucement en remuant avec le fouet. Remettre le tout dans la casserole où le lait a bouilli, et amener très lentement à ébullition, en fouettant constamment et en frottant le fond de la casserole de façon que la pâte ne brûle pas. Transvaser dans une terrine et couvrir d'un papier beurré.
Pour confectionner un soufflé, mettre une partie de cette pâte dans une terrine et fouetter énergiquement ; ajouter 1 jaune d'œuf par personne, puis le parfum désiré. (Eau-de-vie, liqueur, jus de fruits, chocolat, etc.)
Fouetter les blancs en neige très ferme et les incorporer délicatement, sans les briser, dans la pâte avec une spatule en bois.
Mettre dans un bol à soufflé, beurré et poudré de sucre, et laisser au four 15 à 20 minutes. Lorsque l'appareil commence à colorer, le poudrer de sucre glace et terminer la cuisson.

250 g de sucre en poudre
100 g de farine
10 jaunes d'œufs
un litre de lait
1 gousse de vanille
8 œufs
parfum au choix
50 g de sucre glace
30 g de beurre

SOUFFLÉ AUX BANANES
PRÉPARATION 40 MINUTES • CUISSON 25 MINUTES

Pour 4 à 6 personnes :
800 g de bananes
(6 bananes moyennes)
100 g de sucre
en morceaux
30 g d'amandes pilées
3 cuillerées à soupe
de rhum
2 cuillerées à soupe
de crème fraîche
5 œufs
30 g de beurre
4 cuillerées à soupe
de sucre glace

Éplucher les bananes. Les couper en rondelles fines de 2 mm d'épaisseur environ. Les mettre dans une casserole avec le sucre et 2 cuillerées à soupe d'eau. Couvrir la casserole. La porter à feu très doux.

Beurrer grassement un moule à soufflé de 14 cm de diamètre. Poudrer ensuite l'intérieur du moule avec du sucre glace : verser le sucre au fond du moule, remuer le moule et le taper avec la main pour étendre uniformément le sucre. Récupérer le sucre qui n'adhère pas au moule. Pendant la cuisson des bananes, remuer souvent la masse avec une cuillère de bois, pour éviter que le mélange n'attache au fond de la casserole.

Quand les bananes sont réduites en purée, les passer à la moulinette très fine (ou au pilon, à travers un tamis de crin).

Mélanger, dans un bol, les amandes avec la crème fraîche. Ajouter ce mélange à la purée de bananes.

Ajouter deux jaunes d'œufs. Réserver les blancs.

Ajouter le rhum. Bien mélanger.

Allumer le four (thermostat au n° 5).

Casser les 3 œufs restants. Ajouter les 3 blancs aux deux précédents (les 3 jaunes ne seront pas utilisés). Battre les blancs en neige très ferme. Ceci est très important pour la qualité du soufflé.

Ajouter à la purée de bananes le quart des blancs en neige, en mélangeant délicatement pour ne pas les faire retomber.

Ajouter le reste des blancs en une seule fois. Les incorporer sans battre, en coupant la masse de la purée et en la soulevant.

Emplir le moule presque jusqu'au bord. Lisser la surface en dôme, avec une lame de couteau.

Porter le soufflé à four doux (thermostat au n° 5) et le laisser cuire pendant 20 minutes environ.

Après 20 minutes de cuisson ouvrir doucement le four. Tirer la grille, pour que le moule se trouve tout près de la porte du four. Poudrer rapidement la surface du soufflé avec le reste de sucre glace (avec une saupoudreuse ou avec une passoire).

Remettre rapidement le soufflé au four. Chauffer un peu plus (thermostat au n° 7), afin de caraméliser le dessus du soufflé. Cela prend de 2 à 3 minutes.

Servir dès la sortie du four.

DESSERTS

SOUFFLÉ AU CHOCOLAT
PRÉPARATION 1 HEURE • CUISSON 20 À 25 MINUTES

*250 g de chocolat
un litre de lait
50 g de fécule
de pommes de terre
8 jaunes d'œufs et
12 blancs*

Faire dissoudre le chocolat dans le lait ; le faire bouillir dans une chocolatière. Le chocolat étant cuit, y ajouter un peu de fécule de pommes de terre, et faire encore donner un bouillon. Mettre ce chocolat dans une terrine ; y mêler les jaunes d'œufs battus, puis les blancs battus en neige ; verser cette préparation dans un moule beurré. Commencer la cuisson en portant à four doux pendant 10 minutes, puis plus chaud pendant 15 à 20 minutes. Servir dès que le soufflé est bien gonflé et de belle couleur. Le soufflé, de même que l'omelette soufflée, se sert dans le plat où il a cuit.

SOUFFLÉ À LA LIQUEUR
PRÉPARATION 30 MINUTES • CUISSON 15 À 18 MINUTES

*250 g de sucre
1 dl de lait
1 dl de liqueur (au choix)
25 g de farine
10 blancs d'œufs et
5 jaunes
10 g de beurre
8 biscuits à la cuillère*

Avec une spatule, travailler le sucre, la farine et les jaunes. Quand cet appareil forme le ruban, mélanger petit à petit le lait bouillant.
Fouetter les blancs en neige, doucement pour commencer, et ensuite plus énergiquement. Mélanger les blancs et la crème, mais très délicatement.
Imbiber 8 biscuits à la cuillère de la liqueur choisie ; le reste de liqueur sera mélangé à la crème.
Pour la bonne ordonnance du service, un soufflé ne peut et ne doit pas dépasser 3 ou 4 couverts. Beurrer donc deux moules et les chemiser de sucre en poudre ou de fécule. Mettre une partie de l'appareil dans chaque moule et y placer les biscuits ; ne remplir les moules qu'aux trois quarts. Cuire à four assez chaud, surtout en fin de cuisson.
On ajoute des biscuits dans un soufflé, parce qu'ils gardent le parfum de la liqueur ou de l'alcool ; si l'on ne parfume que la crème, le parfum s'évapore pendant la cuisson, et le résultat recherché n'est que partiellement atteint.

SOUFFLÉ DE MAÏS AUX MASSEPAINS
PRÉPARATION 1 HEURE • CUISSON 40 MINUTES

*Un litre de lait sucré vanillé
75 g de fécule de maïs
4 massepains de Nancy
30 g de beurre
4 blancs d'œufs
100 g de sucre en poudre*

Faire bouillir le lait sucré. Y ajouter la fécule de maïs, en tournant 5 minutes sur le feu, avec une cuillère de bois, et les massepains ou macarons écrasés ; y mélanger les blancs d'œufs battus et sucrés. Mettre dans un plat beurré allant au four. Faire cuire à feu doux.

DESSERTS

SOUFFLÉ PRALINÉ
PRÉPARATION 2 HEURES • CUISSON 18 À 20 MINUTES

6 dl de lait
120 g de sucre en morceaux
1 gousse de vanille
100 g de pralin* ou nougat
60 g de fécule ou de farine
8 œufs et 2 blancs
50 g de beurre
10 pralines rouges
sucre glace

Faire bouillir 4 dl de lait ; y ajouter le sucre en morceaux, la vanille et le pralin, ou du nougat ordinaire, écrasé en poudre. Couvrir ; laisser infuser pendant 10 à 12 minutes, en assurant la dissolution du sucre. Faire la liaison avec la farine (ou la fécule), délayée petit à petit avec 2 dl de lait froid.

Faire prendre l'ébullition en remuant ; laisser bouillir pendant quelques instants ; ajouter à cette bouillie les jaunes, le beurre, puis les blancs d'œufs fouettés en neige très ferme : en mettre d'abord le quart dans la bouillie et les mélanger à fond ; ajouter ensuite le reste et, cette fois, faire le mélange légèrement, en coupant et en soulevant la composition avec la spatule, de façon à leur laisser leur légèreté.

Mettre aussitôt cette composition dans une timbale ou une caisse en porcelaine beurrée, dont le fond et les parois seront poudrés de sucre glace ou de sucre en poudre très fin.

Si la bouillie, base du soufflé, est faite un peu à l'avance, on éparpille le beurre dessus, le mélange ne devant s'effectuer qu'au moment de l'addition des blancs.

Avec la lame d'un couteau, lisser le tour de la composition en lui donnant la forme d'un cône. Avec la pointe du couteau, faire quelques incisions dans l'épaisseur (pour faciliter la pénétration de la chaleur) ; parsemer la surface de pralines rouges écrasées en chapelure et mettre au four. Four de chaleur très moyenne. Au bout de 18 à 20 minutes, poudrer le soufflé de glace de sucre et surveiller de près le glaçage, c'est-à-dire la formation d'une légère couche caramélisée, résultat de la fonte du sucre répandu à la surface.

Servir immédiatement : un soufflé n'attend pas.

SOUFFLÉ AU RIZ
PRÉPARATION 1 HEURE • CUISSON 20 À 25 MINUTES

200 g de riz
un litre de lait
250 g de sucre
150 g de macarons pilés ou 150 g de pralin*
8 œufs
vanille, zeste de citron ou d'orange, ou essence de café

Faire cuire le riz comme pour tous les entremets ou soufflés. Mouiller au lait, ne sucrer qu'en fin de cuisson ; parfumer.

À cuisson, le lier aux jaunes d'œufs. Monter les blancs en neige bien ferme, de préférence dans une bassine spéciale en cuivre. Mélanger le tout et mettre dans un moule beurré ou un plat profond, beurré et poudré de sucre. Cuire à feu assez vif.

Poudrer de sucre glace au moment de servir.

SUBRICS DE SEMOULE À LA GROSEILLE

PRÉPARATION 2 HEURES • CUISSON 2 À 3 MINUTES

Un litre de lait
150 g de sucre
1 grain de sel
1 gousse de vanille
250 g de semoule
50 g de beurre
10 jaunes d'œufs
100 g de beurre clarifié
100 g de gelée de groseilles

Mettre en ébullition un litre de lait ; y ajouter le sucre, le grain de sel, la gousse de vanille ou un zeste de citron. Dans ce lait bouillant, faire tomber en pluie la semoule ; ajouter le beurre ; couvrir la casserole et placer celle-ci sur le coin du feu ou, de préférence, à l'entrée du four, de façon que la semoule cuise tout doucement.

Lorsque le lait est absorbé et la semoule à sec, retirer la casserole hors du feu ; enlever le zeste de citron ou la gousse de vanille et ajouter cinq jaunes d'œufs. Renverser alors cette composition sur une plaque beurrée et l'étaler, avec la lame d'un couteau, sur une épaisseur bien égale de 2 centimètres. Tamponner légèrement la surface avec un morceau de beurre, pour l'empêcher de sécher, et laisser refroidir.

La composition étant complètement froide, la renverser sur un linge étendu, puis la détailler soit en petits disques de 5 cm de diamètre avec un emporte-pièce, soit en carrés, ou en losanges (ce qui évite de gâcher des chutes de pâte). Ranger les subrics, au fur et à mesure, sur une plaque farinée.

Dix minutes avant de servir, les glisser avec précaution dans une grande poêle ou un sautoir contenant le beurre clarifié très chaud ; leur faire prendre couleur des deux côtés, puis les sortir de la poêle, au moyen d'une petite palette, et les ranger sur un plat. Garnir le centre de chaque subric avec une cuillerée de gelée de groseilles froide, et servir aussitôt.

TERRINÉE

PRÉPARATION 45 MINUTES • CUISSON 8 HEURES

250 g de riz
150 g de sucre semoule
1 pincée de cannelle en poudre
1 pincée de sel
un litre et demi de lait

Faire crever le riz à l'eau, c'est-à-dire le blanchir ; au premier bouillon, égoutter. Dans une terrine, mélanger le riz, le sucre, les épices ; verser dessus le lait bouilli, mais froid. Bien mélanger, mettre en terrine de cuisson.

Laisser cuire lentement, pendant 8 heures. Le riz doit être bien gratiné. Se sert froid, avec de petits sablés à part.

TIMBALE LYONNAISE

PRÉPARATION 1 HEURE • CUISSON 40 MINUTES

1 croûte en pâte* feuilletée (vol-au-vent)
350 g de marrons glacés
4 poires fondantes
4 pommes reinettes
200 g de sucre
1 dl de kirsch
100 g de cerises confites
100 g de reines-claudes confites

Garnir la croûte de marrons glacés, de quartiers de poires et de pommes cuits au sirop (kirsch), de cerises ou de bigarreaux confits, de reines-claudes confites, le tout lié avec le sirop au kirsch épaissi par l'addition d'une purée de marrons glacés.

TIMBALE PARISIENNE

PRÉPARATION 48 HEURES • CUISSON DE LA BRIOCHE 1 HEURE

Pour la pâte* à brioche mousseline :
500 g de farine
375 g de beure fin
6 œufs
10 g de levure
12 g de sel
20 g de sucre.
Pour la macédoine de fruits frais :
125 g de chaque fruit fraises, raisins, cerises, etc.
150 g de marmelade d'abricots
200 g de sirop de sucre à 18°
1 dl de kirsch ou de rhum
100 g de sucre semoule

Il est nécessaire de faire la pâte à brioche la veille ; car il faut la laisser reposer dans un endroit frais. La mouler dans un moule à charlotte ; laisser lever quelques instants ; cuire à four moyen. Laisser refroidir. Préparer une macédoine de fruits frais (tous les fruits de saison), coupés de grosseur identique ; les sucrer et les parfumer à la liqueur ou à l'alcool désirés. Au dernier moment, lier avec très peu de marmelade d'abricots. Évider la brioche, la garnir, lui remettre son couvercle.
La décoration extérieure est facultative ; amandes hachées, sucre granulé, pistaches bien vertes hachées ou angélique.

TOASTS AUX POMMES MERINGUÉES

PRÉPARATION 1 HEURE • CUISSON 15 À 20 MINUTES

8 pommes
150 g de beurre
100 g de sucre en poudre
1 zeste de citron
8 biscottes
150 g de fraises
1 blanc d'œuf

Employer des pommes moyennes de bonne qualité et saines ; les peler, les épépiner, et les couper en morceaux. Mettre le beurre dans une poêle, le laisser fondre puis y jeter les pommes ; laisser cuire à découvert ; 5 minutes avant la fin, y incorporer du sucre en poudre, selon le goût, et un peu de zeste de citron.
Préparer 8 biscottes, les beurrer, y étendre cette compote, parsemer de quelques fraises et couvrir de blanc d'œuf, battu en neige et sucré. Enfourner rapidement à four très chaud. Se mange chaud.

PATISSERIES

ALLUMETTES

PRÉPARATION 24 HEURES • CUISSON 20 À 25 MINUTES

Pâte* feuilletée à six tours
glace* royale

Dans du feuilletage à six tours de 1 cm d'épaisseur, détailler une bande large de 10 cm. Brosser la farine qui reste dessus, et étaler au couteau ou à la palette une couche de glace royale.
Il est entendu que la bande aura été coupée franchement sur les quatre côtés, autrement elle ne feuilleterait pas du côté non coupé ; partager en tranches de 4 cm ; ranger sur une plaque non mouillée et cuire, au four entrouvert, 20 à 25 minutes.

DESSERTS

BISCUITS À LA CUILLÈRE
PRÉPARATION 1 HEURE • CUISSON 40 MINUTES

500 g de sucre en poudre
16 œufs
275 g de farine tamisée
1 cuillerée d'eau de fleurs d'oranger

Mélanger, dans une terrine, le sucre et les jaunes d'œufs ; travailler le mélange à la spatule jusqu'au moment où il fait le ruban.
Y mélanger alors le parfum, la farine ensuite, puis les blancs d'œufs, fouettés en neige très ferme. Faire le mélange en coupant et en soulevant la masse avec la spatule, de façon à ne pas trop briser les blancs.
Introduire la composition dans une poche en toile munie d'une douille de 1 cm de diamètre ; fermer la poche en plissant les bords et coucher les biscuits sur des feuilles de papier fort. Les poudrer abondamment de sucre en poudre et, au bout de quelques instants, faire tomber l'excédent de sucre en soulevant les feuilles de papier par les deux extrémités ; puis, à l'aide d'un petit pinceau, projeter quelques gouttes d'eau sur le sucre resté attaché à la surface des biscuits, ce qui a pour but de faciliter le perlage.
Placer les feuilles sur des plaques et cuire à four de chaleur très douce.

BISCUIT DE SAVOIE
PRÉPARATION 1 HEURE • CUISSON 45 MINUTES

500 g de sucre en poudre
14 œufs
200 g de farine tamisée et sèche
100 g de fécule
1 paquet de sucre vanillé

Mélanger, dans une terrine, le sucre et les jaunes d'œufs ; à l'aide d'une spatule, travailler vigoureusement le mélange jusqu'à ce qu'il fasse parfaitement le ruban. Y ajouter, d'abord, le sucre vanillé, la farine et la fécule ; ensuite, le quart des blancs, fouettés en neige aussi ferme que possible. Ce premier mélange de blancs doit être fait à fond, pour détendre la composition ; en revanche, le mélange du reste des blancs doit s'opérer avec légèreté, en coupant la pâte, en la soulevant et en la retournant.
À l'avance, on aura soigneusement beurré le ou les moules avec du beurre clarifié. les renverser sens dessus dessous, pour faire égoutter l'excédent de beurre au moment de les garnir ; le fond et les parois seront poudrés, c'est-à-dire couverts d'une légère couche de fécule et de sucre glace, mélangés par moitié.
Remplir le ou les moules avec la composition, mais seulement aux deux tiers ; l'espace vide se trouvera rempli, durant la cuisson, par le gonflement du biscuit.
Cuire à four modéré.

DESSERTS

BRIOCHE DE NANTERRE
PRÉPARATION 24 HEURES • CUISSON 40 MINUTES

500 g de pâte* à brioche ou brioche mousseline

On appelle ainsi une brioche cuite dans un moule à cake de forme rectangulaire. On peut même, dans ce genre de moule, cuire une brioche mousseline plus facilement que dans les moules cylindriques, car les fours domestiques ne sont pas très hauts, et la tête de la brioche se trouve près de la voûte.

Beurrer le moule ; le garnir intérieurement d'une bande de papier beurré qui dépasse le moule d'environ 4 cm. Partager la pâte en 6 ou 8 parts égales, en les pesant ; les mouler et les déposer côte à côte dans le moule, ou par deux dans la largeur.

Laisser lever au moins à hauteur du moule ; cuire à four moyen (175°), après avoir doré à l'œuf battu. Couvrir la brioche d'un papier beurré, si elle tend à se colorer trop fortement.

Temps de cuisson : 40 minutes environ ; mettre à chaleur décroissante après 30 minutes.

Démouler. Découvrir et faire refroidir sur grille ou clayon en osier.

BÛCHE DE NOËL AU GRAND MARNIER
PRÉPARATION 1 HEURE 20 • CUISSON 5 MINUTES

Pour le biscuit :
6 œufs
150 g de sucre en poudre
150 g de poudre d'amandes
75 g de farine
une pincée de vanille Bourbon en poudre.
Pour la garniture :
un petit bol de sirop au Grand Marnier
(50 g de sucre,
5 cl d'eau,
2 cuillerées à soupe de Grand Marnier)
150 g de gelée de framboises
400 à 500 g de crème au beurre (200 g de sucre semoule, 3 jaunes d'œufs, 200 g de beurre,
3 cuillerées à soupe de Grand Marnier
5 cl d'eau)

Mettre le sucre dans une terrine tenue au bain-marie tiède. Ajouter les œufs entiers. Fouetter jusqu'à ce que la pâte fasse le ruban.

Tamiser ensemble la farine, la poudre d'amandes et la vanille Bourbon. Ajouter ce mélange à l'appareil et l'incorporer délicatement, avec une spatule en bois.

Sur une plaque rectangulaire, recouverte d'une feuille de papier blanc, couler l'appareil à l'aide d'une poche à douille, en formant des cylindres qui se touchent (la pâte, en cuisant, s'étalera très régulièrement).

Faire cuire à four moyen, pendant 5 à 6 minutes, en surveillant très attentivement, pour que le biscuit ne cuise pas trop. Il doit être légèrement doré.

Retourner la feuille de papier pour poser le gâteau contre la table. Humecter le papier avec un pinceau trempé dans de l'eau. Le papier se décolle ensuite très facilement.

Imbiber légèrement la surface du biscuit avec le sirop au Grand Marnier.
Étaler la gelée de framboises sur le gâteau, à l'aide d'une spatule.
Étendre la moitié de la crème au beurre au Grand Marnier de la même façon.

Rouler la bûche, en serrant un peu avec le bout des doigts, pour former un cylindre bien régulier.

Masquer le gâteau avec le reste de crème au beurre au grand Marnier. Dessiner le décor à volonté, avec une fourchette trempée au préalable dans l'eau chaude.

CHAUSSONS FEUILLETÉS AUX POMMES
PRÉPARATION 1 HEURE • CUISSON 25 MINUTES

500 g de pâte* feuilletée
2 dl de marmelade de pommes
1 œuf

Prendre la moitié du feuilletage ; faire une abaisse de 5 à 6 mm d'épaisseur, longueur 50 à 60 cm, largeur 8 cm environ. Avec un emporte-pièce rond, cannelé, y découper 8 rondelles. Dans le centre, mettre 1 cuillerée à soupe de marmelade de pommes. Avec le pinceau trempé dans l'eau, mouiller les bords du feuilletage. Rabattre vers soi la partie arrière de la pâte, appuyer légèrement pour que les bords se soudent. On peut aussi, avec l'emporte-pièce retourné, appuyer sur les bords. Recommencer avec la deuxième abaisse, ce qui fera 16 chaussons. Avec l'œuf étendu d'un peu d'eau, dorer au pinceau. Cuire à four assez chaud, sur plaque mouillée et non beurrée.

On peut aussi mélanger à la marmelade de pommes une quantité égale de marmelade d'abricots et quelques centilitres de rhum.

COUQUES
PRÉPARATION 24 HEURES • CUISSON 20 À 25 MINUTES

Pâte* feuilletée à six tours
3 cuillerées à soupe de sucre en poudre

Dans du feuilletage à six tours, ayant 1 cm d'épaisseur, détailler une dizaine de rondelles avec un emporte-pièce cannelé de 7 cm de diamètre. Brosser la farine qui est sur la table et poudrer celle-ci de sucre en poudre. Placer les rondelles côte à côte et les allonger d'un même coup de rouleau pour les amener à 12 ou 14 cm de longueur. Les retourner sur une plaque sèche, côté sucre au-dessus.

Cuire au four moyen et bien laisser fondre le sucre ; le gâteau doit être doré et comme verni.

GÂTEAU À L'ANISETTE ET À LA PISTACHE
PRÉPARATION 24 HEURES • CUISSON 20 MINUTES

250 g de génoise*
125 g de crème* au beurre
parfum : anisette, quelques gouttes de colorant vert
50 g de pistache

Préparer la crème au beurre ; la parfumer à l'anisette et la colorer en vert très pâle, au moyen de très peu de colorant en pâte vert, mélangé à autant de colorant jaune.

Prendre une génoise ovale, carrée ou ronde, et la partager, sur son épaisseur, en deux tranches. Étaler une couche de crème au beurre sur la tranche inférieure et la couvrir avec l'autre. Masquer entièrement le gâteau (dessus et côtés) avec cette même crème.

Avec le restant de crème, mis dans une poche munie d'une petite douille cannelée, faire un décor sur le dessus du gâteau ; en long sur fond ovale, en biais sur fond carré ; le décor conventionnel est une ancre de marine. Semer quelques pistaches hachées fines tout autour du gâteau.

* GÂTEAU AU CHOCOLAT ET AUX NOIX

PRÉPARATION 35 MINUTES • CUISSON 1 HEURE 10 • FINITION 15 MINUTES

Pour 14 personnes environ :
250 g de chocolat
100 g de cerneaux de noix
5 œufs
350 g de sucre en poudre
185 g de farine
125 g de beurre
1 paquet et demi de levure alsacienne
2 zestes d'oranges
un demi-verre à moutarde de rhum
1 bonne cuillerée à soupe de Grand Marnier
1 pincée de sel.
Pour le décor :
30 g de sucre glace
30 g de chocolat en poudre
42 cerneaux de noix
une petite demi-cuillerée à café de vinaigre de vin

Mettre, dans une casserole, le chocolat coupé en morceaux et le rhum. Faire fondre à petit feu, en tournant avec une cuillère en bois, pour obtenir un mélange lisse.

Hors du feu, ajouter le beurre coupé en morceaux. Mélanger. Ajouter le sucre. Mélanger.

Casser les œufs un à un. Réserver les blancs et incorporer les jaunes, un à un, dans l'appareil au chocolat. Ajouter la farine et la levure. Avec la cuillère en bois, travailler la pâte pour qu'elle devienne très lisse. Couper les cerneaux de noix en deux et les mélanger. Râper finement le zeste des deux oranges (jusqu'à la peau blanche). Ajouter au mélange le zeste, puis le Grand Marnier.

Ajouter une pincée de sel aux blancs d'œufs, les battre en neige et les incorporer délicatement à l'appareil. Beurrer grassement deux moules à cake et remplir chacun aux trois quarts. Les porter à four très doux (thermostat au n° 4), en posant chaque moule sur une plaque d'amiante. Cuisson : 70 minutes.

Mélanger le sucre glace et le chocolat en poudre. Délayer avec très peu d'eau froide pour obtenir une crème assez fluide (consistance d'une crème anglaise). Ajouter le vinaigre, qui assure le brillant du glaçage. Lorsque le gâteau est cuit, plonger le moule 2 ou 3 minutes dans l'eau froide. Cette précaution rend le démoulage très facile.

Démouler le gâteau. À l'aide d'un pinceau, glacer le dessus du gâteau (chaud ou froid) avec le mélange préparé.

Coller les cerneaux de noix sur le glaçage. Ce gâteau est excellent tel quel. On peut également l'accompagner d'une crème anglaise au café. Il se conserve très bien pendant quelques jours, dans une boîte en fer.

* GÂTEAU AUX FRAISES

PRÉPARATION 1 HEURE 15 • CUISSON 2 HEURES

Pour 6 personnes :
une génoise * ronde de 20 cm de diamètre
225 g de sucre en poudre
1 dl d'eau
3 cuillerées à soupe de Grand Marnier
un demi-litre de crème fraîche
500 g de fraises
quelques cuillerées de gelée de framboises
100 g d'amandes

Mettre, dans une casserole, 100 g de sucre et d'eau. Faire bouillir 2 minutes. Laisser refroidir ce sirop, puis ajouter le Grand Marnier. Laver les fraises (rapidement, pour ne pas enlever leur parfum), supprimer les queues et égoutter les fraises. Fouetter la crème (si elle est épaisse, il est conseillé d'y ajouter 2 ou 3 cuillerées de lait cru avant de la battre). Ajouter 125 g de sucre (ou 100 g de sucre et 25 g de sucre vanillé). Fouetter encore un instant pour bien mélanger. La crème peut être fouettée au batteur électrique.

À l'aide d'un couteau-scie, couper la génoise en trois tranches de même épaisseur. À l'aide d'un pinceau (ou d'une cuillère), imbiber régulièrement de sirop le dessus de la tranche qui formera le fond du gâteau.

DESSERTS

Étaler, sur cette tranche de biscuit, une cuillerée à soupe de gelée de framboises.
Couvrir ensuite d'une couche épaisse de crème fouettée.
Couper quelques fraises en quatre dans la longueur et les répartir sur la crème. Étendre une mince couche de crème sur le deuxième disque de biscuit. Poser ce disque, la crème contre les fraises, et appuyer délicatement pour coller l'ensemble.
Imbiber de sirop le dessus de la deuxième tranche. Étaler de nouveau un peu de gelée de framboises, une couche de crème, quelques fraises, puis recouvrir avec le dernier disque, sous lequel on aura également étendu une couche de crème. Masquer tout le tour du gâteau avec de la crème, puis imbiber le dessus avec le reste de sirop.
Glisser un cercle de carton de même dimension (recouvert de papier d'aluminium), sous le gâteau, pour pouvoir le tenir sur la main.
Coller des amandes grillées hachées sur les deux tiers de la hauteur du gâteau.
Décorer le milieu du gâteau avec des moitiés de fraises, la pointe tournée vers le centre et les entourer de crème fouettée.
Coller, tout autour du gâteau, quelques rondelles de fraises (elles adhèrent facilement à la crème) et napper légèrement les fraises du dessus avec une ou deux cuillerées de gelée de framboises.
Ce gâteau doit être servi très frais : il est conseillé de le mettre au réfrigérateur 1 ou 2 heures avant de le servir.

GÂTEAU RÉMOIS
PRÉPARATION 4 HEURES • CUISSON 45 MINUTES

500 g de farine de gruau
8 œufs, 1 dl de lait
30 g de sucre
10 g de sel
375 g de beurre
20 g de levure de boulanger

Dans une terrine, faire un levain avec 100 g de farine et la levure délayée avec le lait tiédi. Ajouter le reste de la farine et, sans laisser le levain gonfler, délayer avec les œufs, tiédis dans l'eau chaude, mais non bouillante ; la pâte étant bien lisse et mollette, la mettre à lever près d'une source de chaleur.
Pendant que la pâte lève, mettre le beurre à fondre à demi et y ajouter le sel et le sucre. Beurrer un moule de forme haute, historié, du genre moule à haut biscuit de Savoie.
La pâte ayant doublé de volume, y mélanger le beurre réduit en pommade ; travailler la pâte jusqu'à ce qu'elle soit parfaitement lisse et élastique et en garnir le moule à mi-hauteur. Laisser lever presque jusqu'en haut du moule.
Cuire à four moyen (175°) pendant 45 minutes environ. Bien vérifier la cuisson avant de démouler et faire refroidir sur une grille en fil de fer ou un clayon en osier.

DESSERTS

GÂTEAU AU RHUM ET AUX FRUITS CONFITS
PRÉPARATION 3 HEURES

250 g de génoise *
100 g de fruits confits
3 cuillerées à soupe de marmelade d'abricots
1 petit verre de rhum
100 g de fondant rose clair

Partager en deux tranches, sur son épaisseur, un fond de génoise. Garnir la tranche du dessous avec 100 g de fruits confits coupés en dés, liés avec 3 cuillerées de marmelade d'abricots et 4 cl de rhum. Recouvrir avec l'autre tranche.
Abricoter entièrement le gâteau et le glacer entièrement aussi avec du fondant rose clair, un peu chaud, parfumé au rhum.

GÂTEAU ROULÉ
PRÉPARATION 1 HEURE • CUISSON 20 MINUTES

300 g de pâte * à génoise
150 g de marmelade d'abricots
pralin * et amandes grillées

Sur l'abaisse de génoise sortant du four et déposée sur un torchon humide bien essoré, étendre la marmelade. Rouler immédiatement (sinon le gâteau se casserait). Semer d'amandes grillées et de pralin émietté.

HÉRISSONS
PRÉPARATION 2 HEURES • CUISSON 7 À 8 MINUTES

250 g de pâte * brisée
100 g de pâte * à choux
200 g de crème * pâtissière
150 g d'amandes
20 g de sucre glace

Dans une abaisse en pâte brisée de 3 mm d'épaisseur, détailler des rondelles de 6 cm de diamètre ; les placer sur une plaque mouillée. Les piquer. À la douille unie, de un demi-centimètre de diamètre, faire, sur chacune, une bordure en pâte à choux.
Cuire à four moyen.
À la douille unie de 15 mm de diamètre, faire, sur chaque gâteau, un dôme de crème pâtissière légère, à la vanille, plutôt un peu plus élevé que la demi-sphère. Avoir des amandes effilées, grillées, bien régulières. Les piquer, en en mettant une au sommet d'autres en dessous et en les espaçant de un centimètre, cela tout autour. Poudrer de sucre glace et repasser au four doux, jusqu'à ce que la crème commence à prendre couleur.

JALOUSIES
PRÉPARATION 2 HEURES • CUISSON 20 À 25 MINUTES

250 g de pâte * feuilletée
1 œuf pour dorure
150 g de marmelade d'abricots
50 g de sucre cristallisé

Détailler deux bandes de pâte feuilletée. En mettre une sur la plaque mouillée. Placer la seconde devant soi, sur la table ; la poudrer légèrement de farine ; la replier en deux sur toute sa longueur, de façon bien régulière.

Garnir la première bande de marmelade d'abricots, en laissant nets les bords et les extrémités, sur 4 cm.

Avec le dos de la lame d'un couteau, couper l'autre bande, du côté de la pliure, de 3 en 3 mm, en s'arrêtant à 3 cm au moins des deux bords libres superposés (seul le centre sera incisé). Cela fait, dédoubler la bande ciselée et la transporter, avec précaution pour ne pas la briser, sur la bande qui est garnie de confiture ; l'ajuster et bien appliquer la pâte à la main ; souder les bords des deux abaisses. Dorer la surface (non les bords) à l'œuf battu. Au sortir du four, passer, au pinceau, de la marmelade d'abricots chaude ; détailler en morceaux réguliers et parsemer les gâteaux de sucre cristallisé de grosseur moyenne.

* MILLE-FEUILLES
PRÉPARATION 2 HEURES • CUISSON 25 MINUTES

Faire une seule abaisse avec le feuilletage, de l'épaisseur d'un bon centimètre ; piquer copieusement. L'abaisse sera de la surface de la plaque à pâtisserie, c'est-à-dire de 40 à 42 cm de long, sur 35 cm de large. Cuire à four chaud. Lorsque l'abaisse est cuite, la mettre sur le marbre et la découper en 3 bandes d'égale longueur, sur une largeur de 11 à 12 cm chacune.

Sur la première bande, étaler largement la crème pâtissière. Couvrir avec la deuxième bande, bien d'aplomb ; tartiner celle-ci de confiture et couvrir de la troisième bande. Poudrer de sucre glace.

Avec un couteau bien tranchant, faire 8 parts égales, ce qui donnera des rectangles de 5 cm sur 11 à 12 cm.

*750 g de pâte * feuilletée
un demi-litre de crème * pâtissière
sucre glace
1 dl de confiture d'abricots ou de groseilles*

MOKAS
PRÉPARATION 24 HEURES • CUISSON 35 MINUTES

Préparer une pâte à génoise. En garnir une plaque à rebord de 4 cm de hauteur, beurrée et recouverte d'une feuille de papier blanc. Cuire à four doux, pendant 30 à 35 minutes ; laisser refroidir.

Le lendemain, partager la génoise en deux, sur son épaisseur, puis en quatre dans sa largeur. On aura ainsi 8 gâteaux différents. Tartiner une épaisseur de génoise avec de la crème au beurre, chaque crème étant de parfum différent : vanille, café, chocolat, praliné. Glacer chaque pièce avec le fondant correspondant à la crème ; décorer, à volonté, avec fruits confits, pistaches, chocolat granulé, ou même une rosace de crème (à la poche).

On peut fourrer les génoises moitié de crème pâtissière et moitié de beurre fin en pommade. Liqueur au choix.

*250 g de pâte * à génoise
250 g de crème * au beurre, parfums variés
100 g de fruits confits divers, hachés
150 g de fondants assortis
50 g de pistache
ou 50 g de chocolat granulé*

DESSERTS

PAIN AUX AMANDES

PRÉPARATION 20 MINUTES • 5 HEURES À L'AVANCE • CUISSON 40 MINUTES

Pour 6 à 8 personnes :
250 g de farine
130 g de beure
4 œufs
100 g de poudre d'amandes
100 g d'amandes entières, mondées
un petit paquet (15 g) de levure de boulanger
5 cl de lait
125 g de sucre en poudre
une pincée de sel fin et une cuillerée à soupe de kirsch

Faire tiédir le lait et le verser sur la levure émiettée. Bien délayer. Mettre le tiers de la farine dans une terrine et la délayer avec le lait.
Travailler à la main, pour obtenir une pâte souple. La rouler en boule et la laisser gonfler dans un endroit tiède (une heure environ). C'est le levain. Pendant ce temps, couper 75 g de beurre en petits morceaux et le malaxer à la fourchette pour le réduire en crème.
Mettre le reste de la farine dans une grande terrine, faire un creux au milieu, y casser 2 œufs et ajouter une cuillerée à soupe d'eau tiède. Travailler à la cuillère de bois. Ajouter ensuite 60 g de sucre en poudre, puis le beurre en crème. Bien malaxer avec les mains.
Mettre cette pâte sur la planche farinée, faire un creux au centre et y placer le levain, qui doit avoir doublé de volume.
Fraiser (séparer la pâte en plusieurs morceaux et les réunir, en aplatissant avec la paume de la main) plusieurs fois avec les mains farinées, afin de rendre la pâte bien homogène.
Rouler toute la pâte en boule et la laisser 4 à 5 heures dans un saladier, dans un endroit tiède.
Préparer la crème : travailler le beurre et le sucre restants. Ajouter un œuf, la poudre d'amandes et le kirsch. Bien mélanger. Poser sur la plaque du four une feuille de papier d'aluminium et y étaler la pâte gonflée en lui donnant une forme allongée. Verser la crème d'amandes dessus. Replier la pâte sur la crème, en lui donnant la forme d'un pain.
Badigeonner, avec un jaune d'œuf battu dans une cuillerée à soupe d'eau, puis piquer les amandes dans le pain.
Faire cuire 40 minutes à four chaud. Ce pain aux amandes peut être dégusté tiède ou froid et accompagne très bien le thé.

PAINS DE LA MECQUE

PRÉPARATION 1 HEURE • CUISSON 30 À 35 MINUTES

Un demi-litre d'eau (ou de lait)
50 g de beurre
125 g de farine tamisée
une pincée de sel
8 œufs environ
15 g de sucre
un peu de sucre glace
100 g de sucre cristallisé

La pâte à choux se fait à l'eau, mais, pour les pains de La Mecque, on peut remplacer l'eau par le lait, car, n'étant pas garnie, la pâte sera plus savoureuse et moins sèche.
Mettre le lait dans une casserole avec le sel, le sucre et le beurre. À ébullition, y jeter en pluie la farine ; délayer et travailler sur le feu pour bien la sécher. Lorsqu'elle ne colle plus aux parois, retirer du feu.
La casserole étant posée sur la table, ajouter les œufs, deux par deux d'abord, puis un par un (pâte molle). Laisser reposer un instant.
Avec poche et douille unie, ronde, de 7 à 8 mm, sur une plaque beurrée, dresser les pains, comme de gros éclairs, c'est-à-dire comme des choux allongés ; poudrer de sucre glace. Avec le dos de la lame d'un couteau d'office, trempée dans l'eau, faire une incision en longueur sur chacun. Dès qu'ils sont dressés, couvrir entièrement chaque chou avec du sucre cristallisé. Cuire à four chaud (150°), pendant 25 à 30 minutes.

MILLE-FEUILLE

P. 639

Illustration parfaite du feuilletage, ce gâteau accepte des garnitures variées : crème pâtissière le plus souvent, mais aussi confiture, ou encore les deux alternées, comme ici.

Assiette Daniel Hechter, fourchette Puiforcat.

CHARLOTTE AUX MARRONS GLACÉS

P. 598

Le principe de la charlotte consiste à présenter une composition prise dans un « chemisage » de biscuits, ce qui autorise toutes les combinaisons. Ici, pour un dessert particulièrement riche, les tranches

... de génoise aux avelines servent de réceptacle à une crème onctueuse à base de marrons glacés, de beurre fin et de crème fouettée vanillée.

Assiettes Christofle, fourchette Boutique Jean Luce.

SAINT-HONORÉ

P. 643

Le saint-honoré doit son nom, dit-on, au saint patron des pâtissiers, mais sa crème pâtissière allégée de blancs d'œufs est une création de Chiboust, installé à Paris, rue Saint-Honoré, au XIXᵉ siècle.

Assiette Lalique.

FRUITS DÉGUISÉS

Délicieuses friandises que l'on sert en fin de repas ou sur un buffet, les fruits déguisés doivent leur attrait à leurs couleurs brillantes et à l'éventail de leurs saveurs.

Assiette Lalique.

**GÂTEAU
AUX FRAISES**

P. 636

Le montage de ce fraisier demande un enchaînement précis d'opérations délicates : abaisse de génoise imbibée de sirop, tartinée de confiture et de crème fouettée, fraises réparties sur ce socle, puis second étage

identique, le gâteau étant ensuite glacé et décoré d'une véritable corbeille de fraises. Les rondelles de fraises collées sur la tranche lui confèrent son aspect fini.

Assiettes Lalique, cuillère Boutique Jean Luce.

TRANCHE NAPOLITAINE

P. 654

Superposition de trois parfums agréable à l'œil, cet entremets glacé rappelle la prééminence des glaciers napolitains à Paris au début du XIXᵉ siècle.

Assiette Daniel Hechter.

PARIS-BREST
PRÉPARATION 1 HEURE • CUISSON 20 MINUTES

Faire, en pâte à chou, une couronne ; la mettre sur une tôle non beurrée. Parsemer d'amandes effilées ; poudrer de sucre et cuire à four chaud d'abord, modéré ensuite. Une fois cuit et refroidi, l'ouvrir et le remplir de crème pâtissière pralinée.

Un litre de pâte * à chou
100 g d'amandes effilées
250 g de crème * pâtissière pralinée

PITHIVIERS
PRÉPARATION 2 HEURES • CUISSON 40 MINUTES

Dans une terrine, avec une spatule en bois, travailler énergiquement les amandes (en poudre) douces et amères, le beurre, le sucre, les jaunes d'œufs et la vanille. Après brassage, y ajouter la crème pâtissière, la crème fraîche, le kirsch ou le rhum.

Avec le feuilletage, faire 4 abaisses rondes de 16 à 18 cm de diamètre (pour 8 personnes il est préférable de faire deux pithiviers). Les deux abaisses étant posées sur la plaque, avec le pinceau, mouiller à l'eau le pourtour de chacune, pour la soudure.

Garnir le centre avec la crème d'amandes précédemment préparée, recouvrir de la deuxième abaisse, le tout bien soudé ; appuyer, pour marquer une sorte de cannelure, avec le couteau d'office ; la soudure sera ainsi consolidée.

Avec l'œuf battu, dorer au pinceau le dessus et, avec le couteau d'office ou une fourchette, faire quelques dessins. Cuire à four doux.

500 g de pâte * feuilletée
100 g d'amandes douces
1 cuillerée d'amandes amères
100 g de beurre en pommade
100 g de sucre semoule
3 jaunes d'œufs
un quart de bâton de vanille
1 dl de crème * pâtissière
1 dl de crème fraîche
1 œuf
5 cl de kirsch ou de rhum

PLUM-CAKE
PRÉPARATION 1 HEURE • MACÉRATION 48 HEURES • CUISSON 1 HEURE À 1 HEURE 15

Dans un torchon, sasser les raisins de Corinthe et de Smyrne avec un peu de farine ; bien frotter ; les mettre sur un gros tamis en fer pour enlever les impuretés. Les raisins étant très propres, les mettre dans un bol, avec les raisins de Malaga épépinés, les fruits confits, et le rhum. Macération : 48 heures.

Mettre le beurre dans un endroit un peu chaud, pour le ramollir ; le travailler dans une terrine, avec une spatule en bois. Ajouter le sucre et la farine en pluie ; continuer de travailler ; mettre les œufs entiers, mais deux par deux. Lorsque la pâte sera bien homogène, ajouter les fruits et les raisins macérés. À partir de ce moment, mélanger seulement et ne plus travailler la pâte.

Beurrer le ou les moules rectangulaires ; garnir les parois et le fond d'une bande de papier sulfurisé, dépassant le bord des moules de 1 à 2 cm. Mouler et ne garnir les moules qu'aux trois quarts. Laisser reposer quelques minutes et cuire au four à chaleur modérée.

250 g de beurre fin
1 pincée de sel
250 g de sucre semoule
250 g de farine tamisée
6 à 8 œufs, suivant grosseur
250 g de raisins de Smyrne, de Corinthe et de Malaga
1 dl de rhum
125 g de débris de fruits confits, cerises et zeste d'orange, angélique (en petits dés)

POLONAIS
PRÉPARATION 2 HEURES • CUISSON 8 À 10 MINUTES

*250 g de pâte * feuilletée*
1 œuf
250 g de cerises, ou
250 g de mirabelles, ou
250 g d'abricots
100 g de sucre glace

Dans une abaisse de feuilletage à six tours, ayant 1 cm d'épaisseur, découper, à l'emporte-pièce cannelé, des rondelles de 7 à 8 cm de diamètre. Les placer sur une plaque mouillée ; appuyer fortement le pouce au milieu pour former un creux. Les dorer à l'œuf battu ; les rayer ; les garnir avec 4 cerises ou 3 mirabelles ou la moitié d'un abricot. Cuire à four chaud, poudrer et glacer au four.

RELIGIEUSES
PRÉPARATION 2 HEURES • CUISSON 15 MINUTES

*250 g de pâte * sucrée*
*200 g de crème * frangipane*
16 petits choux au chocolat
*100 g de crème * au beurre*

Foncer de petits moules en pâte sucrée et pincer les crêtes. Les garnir, aux deux tiers, de frangipane et cuire à four moyen.
Sur ces fonds refroidis, poser un chou au café ou au chocolat, garni et glacé.
Tout autour du fond et du chou, faire un pointillé de crème au beurre avec la poche et la douille cannelée, et dessiner une rosace sur le dessus.

QUATRE-QUARTS
PRÉPARATION 30 MINUTES • CUISSON 50 MINUTES

Pour 12 parts environ :
5 œufs, environ 340 g de sucre
même poids de farine
même poids de beurre
une pincée de sel
le zeste d'un citron
50 g de beurre

Le poids de sucre (de même que le poids de farine et le poids de beurre), doit être absolument égal au poids des œufs. Mettre les 5 œufs dans la balance et noter soigneusement leur poids (ici : 340 g).
Peser 340 g de sucre, 340 g de beurre et 340 g de farine. Réserver chacun de ces éléments.
Casser les œufs un à un dans une tasse pour vérifier leur parfaite qualité. Les réunir dans une terrine. Râper le zeste du citron.
Mettre le beurre dans une petite casserole épaisse. La porter sur feu très doux, de façon à ramollir le beurre sans le liquéfier.
Lorsque le beurre a la consistance d'une pommade, le mélanger bien pour qu'il n'y ait pas de grumeaux et le laisser en attente hors du feu.
Ajouter aux œufs le sucre et le zeste de citron. Mélanger.
Battre l'appareil au fouet. Il blanchit, augmente de volume et devient léger et mousseux.
Passer la farine à travers un tamis fin pour qu'elle ne comporte aucun grumeau.
La mélanger à l'appareil précédent. Ajouter le beurre en pommade.
On obtient une pâte épaisse, qui « tient » très bien.

DESSERTS

Beurrer grassement un moule carré à bords assez hauts. Le garnir d'une feuille de papier sulfurisé, aux dimensions du fond, et beurrer également le papier.

Verser la pâte dans le moule. Il est préférable de ne pas emplir complètement le moule, pour permettre au gâteau de gonfler légèrement. Porter le moule à four doux (thermostat au n° 5), pendant 50 minutes environ. Sortir le moule du four et le laisser tiédir pendant un quart d'heure avant de le démouler. Renverser le moule sur une grille à pâtisserie.

Si l'on désire conserver ce gâteau pendant quelques jours, l'envelopper dans du papier d'aluminium dès qu'il est refroidi.

Le quatre-quarts accompagne bien le thé ; en entremets, le servir avec une crème anglaise, une crème au chocolat ou une mousse au citron. On peut également parfumer le quatre-quarts avec deux cuillerées d'eau de fleurs d'oranger, ou de kirsch, ou de rhum.

* SAINT-HONORÉ
PRÉPARATION 2 HEURES • CUISSON 30 MINUTES

100 g de pâte * brisée
300 g de pâte * à choux
1 œuf battu pour dorure
125 g de sucre
30 g de miel
200 g de crème * Chantilly

C'est le roi des gâteaux à la crème. Il se fait en trois temps : la croûte, la crème et la garniture de la croûte.

Abaisser la pâte brisée sur 3 mm d'épaisseur ; la déposer sur une plaque ou tôle à pâtisserie mouillée ; y découper un disque de 20 cm de diamètre.

Avec la poche en coutil, munie d'une douille ronde, unie, de 15 mm de diamètre, garnie de pâte à choux, faire une bordure du diamètre de la douille juste au bord du fond en pâte. Piquer le fond afin qu'il ne gonfle pas en cuisant. Faire à la poche, au milieu du fond, une virgule en pâte à choux ; elle empêchera celui-ci de carboniser.

Dorer à l'œuf battu la bordure du saint-honoré et cuire à four moyen, pendant 30 minutes environ.

Avec une douille de 8 à 10 mm de diamètre, dresser sur une plaque environ 24 petits choux de forme hémisphérique, gros comme de belles mirabelles. Les dorer ; les cuire à four chaud.

Cuire au cassé le sucre avec une cuillerée à café de miel.

Prendre un chou par le fond ; tremper la tête dans le sucre ; l'essuyer sur la couronne en pâte à choux du saint-honoré et coller le chou sur la bavure de sucre qu'il a faite. Coller le second chou tout à côté du premier, de sorte qu'ils se collent entre eux avec la couronne. Continuer ainsi jusqu'à ce que la couronne soit complète.

Le saint-honoré peut se garnir à la crème Chantilly ou à la crème cuite, dite pâtissière, légère.

DESSERTS

SAVARIN CHANTILLY
PRÉPARATION 3 HEURES • CUISSON 30 À 40 MINUTES

500 g de pâte *
à savarin
crème * Chantilly
2 dl de liqueur
ou d'eau-de-vie.
Sirop :
250 g de sucre cuit
au soufflé
zeste de citron, ou
cannelle, ou bâton
de vanille

Beurrer un moule en couronne uni, dit à savarin ; semer un peu d'amandes effilées dans le fond et le garnir, aux deux tiers de sa hauteur, avec de la pâte à savarin. Laisser lever à hauteur du moule et cuire à four moyen, de 30 à 40 minutes. Démouler au sortir du four. Le placer sur une grille.

Préparer un sirop avec 300 g de sucre mouillé de 450 g (4 décilitres et demi) d'eau. Donner juste un bouillon et écumer.

Placer un plat sous la grille qui supporte le savarin ; arroser celui-ci avec le sirop chaud ; recueillir le sirop dans le plat ; le réchauffer, le verser de nouveau, jusqu'à ce que le gâteau en soit bien imbibé. On pourra, sans briser le gâteau, le sortir, en prenant la grille qui est en dessous. Imbiber le savarin assez longtemps à l'avance pour qu'il soit complètement refroidi au moment de servir.

On aura, d'autre part, fouetté un quart de litre de crème douce, dite fleurette, sucrée et bien vanillée. Au moment de servir, glisser le savarin sur un plat rond ; l'arroser copieusement de liqueur ou d'eau-de-vie. Garnir l'intérieur de crème Chantilly ; avec le reste, mis dans la poche munie d'une douille cannelée, faire, sur le dessus, un décor en forme de dôme de crème, et dresser une couronne de rosaces autour de la base du savarin.

SINGAPOUR
PRÉPARATION 2 HEURES • CUISSON DE LA GÉNOISE 30 MINUTES

500 g de pâte *
à génoise
4 tranches d'ananas
de conserve
1 chinois (petite orange
de Chine) confit
16 demi-amandes
mondées
5 cl de kirsch
2 dl de marmelade
d'abricots
100 g d'amandes

Mouler la génoise, de préférence dans un moule rond de 22 à 25 cm de diamètre ou, à défaut, dans un moule carré ou rectangulaire.

Avec 2 tranches d'ananas, faire 8 triangles de 3 cm à la base et 4 cm de hauteur ; les mettre de côté ; couper la chute de ces tranches (ou parures) et les autres tranches d'ananas, ainsi que le demi-chinois, en tout petits dés et les mettre à macérer dans du kirsch ; lier, juste ce qu'il faut, avec une ou deux cuillerées de marmelade d'abricots.

Trancher la génoise en deux sur l'épaisseur. Mettre, sur l'assise inférieure, le salpicon d'ananas bien égalisé, replacer la deuxième tranche de génoise ; abricoter copieusement le dessus et le pourtour de la génoise. Avec les amandes hachées ou effilées et dorées au four, faire un crépissage en les appliquant sur les flancs du gâteau. Garnir le dessus de la génoise en mettant, au centre, le demi-chinois, encerclé par 8 demi-amandes ; sur le bord de la génoise, placer les 8 triangles d'ananas enrobés de marmelade d'abricots, la pointe tournée vers le centre. On peut, pour terminer, ajouter les 8 demi-amandes qui restent, soit sur les triangles d'ananas, ou entre ces triangles.

DESSERTS

TARTE AUX ABRICOTS À LA CRÈME FRANGIPANE

PRÉPARATION 30 MINUTES (2 HEURES À L'AVANCE) • CUISSON 20 MINUTES
FINITION 10 MINUTES

Pour la pâte :
250 g de farine
125 g de beurre
5 g de sel, 1 dl d'eau.
Pour la crème frangipane :
5 dl de lait
100 g de farine tamisée
100 g de sucre
1 œuf entier
4 jaunes d'œufs
50 g de beurre
30 g de poudre d'amandes
1 pincée de sel
une demi-cuillerée à café de vanille
Bourbon en poudre.
Pour la garniture :
1 kg d'abricots (ou un bocal d'abricots au sirop)
50 g de sucre cristallisé

Préparer la pâte * brisée. Enfermer la boule de pâte dans un papier sulfurisé et la garder au frais quelques heures.

Mélanger pendant 2 ou 3 minutes, la farine, le sucre, le sel, l'œuf entier et les jaunes d'œufs. Y ajouter le lait bouilli parfumé à la vanille.

Porter à feu doux, faire bouillir et laisser cuire encore 2 minutes, sans cesser de mélanger, comme pour une crème * pâtissière.

Hors du feu, ajouter le beurre puis les amandes en poudre. Bien mélanger.

Verser la crème dans une terrine et tamponner la surface à l'aide d'un petit morceau de beurre piqué à la pointe d'un couteau, pour éviter la formation d'une « croûte ». Laisser refroidir la crème.

Couper les abricots en deux et les dénoyauter. Les faire pocher dans un sirop de sucre, ou bien ouvrir un bocal d'abricots au sirop. Égoutter les abricots à l'écumoire et les laisser en attente. Beurrer une tourtière de 30 cm de diamètre.

Fariner la planche à pâtisserie et le rouleau. Étendre la pâte. Garnir la tourtière. Piquer la pâte avec les dents d'une fourchette en de nombreux endroits.

Recouvrir la pâte d'une feuille de papier sulfurisé que l'on coupe aux dimensions de la tourtière.

Disposer, sur la feuille de papier, des haricots secs, du riz ou de petits graviers bien lavés (pour éviter que la pâte ne gonfle en cuisant).

Enfourner la tourtière au four chauffé à l'avance (thermostat au n° 7). Cuisson 20 minutes environ. Défourner. Enlever la feuille de papier et les haricots.

Garnir la pâte avec la crème frangipane. Lisser avec le dos de la cuillère. Placer les demi-abricots.

Pour servir, poudrer légèrement de sucre cristallisé.

* TARTE ALSACIENNE

PRÉPARATION 2 HEURES • 1re CUISSON 15 MINUTES • 2e CUISSON 10 MINUTES

400 g de pâte * sucrée
8 pommes reinettes ou 8 poires
un demi-litre de crème * anglaise
2 dl de crème très fraîche

Avec la pâte sucrée, foncer un cercle à flan à rebord assez haut, terminé par une belle crête ; garnir de légumes secs ou de noyaux secs de cerises, afin que le fond de pâte ne se soulève pas. Cuisson à four doux.

Les pommes ou les poires étant épluchées, coupées en quartiers, épépinées, sont pochées au sirop à 24° ; les égoutter sur un linge ; les ranger en couronne dans la tarte ; les napper de la crème anglaise. Cuisson à four moyen ; laisser refroidir. Servir avec un bol de crème fraîche, à part.

On peut, à loisir, escaloper très soigneusement les fruits, mais il faut qu'ils se chevauchent bien les uns les autres, et sans interruption.

TARTE À LA FRANGIPANE
PRÉPARATION 3 HEURES • CUISSON 45 MINUTES

*250 g de pâte * brisée*
*250 g de crème * frangipane*
1 œuf pour dorure
50 g de sucre glace

Foncer une tarte en pâte brisée ; la garnir de crème frangipane à hauteur du cercle ; bien lisser le dessus.

Dans une abaisse de pâte brisée de 2 mm d'épaisseur, découper une bandelette de 35 à 40 cm de longueur et de 1 ou 2 cm de largeur. Avec la roulette, faire, de centimère en centimètre, une série d'incisions en biais, à mi-largeur de la bandelette. Soulever la bande repliée dans la main gauche et la ranger en spirale, en partant du centre, les hachures tournées vers l'extérieur, de sorte qu'elles forment une crête ; ce motif se nomme un fleuron.

Dorer le fleuron et mettre à four chaud, pendant 45 minutes. Peu avant la fin de la cuisson, poudrer la tarte de sucre glace et repasser au four pour glacer.

TARTE AUX POMMES À L'ANGLAISE
PRÉPARATION 1 HEURE • CUISSON 35 MINUTES

250 g de farine
250 g de beurre
une pointe de sel
6 belles pommes (Calville)
100 g de sucre semoule
1 dl de marmelade d'abricots (ou de gelée de pommes)
1 œuf pour dorure

Avec la pâte brisée, faire une abaisse et en garnir un moule, piquer avec une fourchette et garnir de quartiers de pommes. Poudrer de sucre, étendre la marmelade d'abricots, puis, avec le reste de la pâte, faire des bandelettes régulièrement disposées en croisillons. Dorer à l'œuf et cuire 35 minutes à four doux.

TARTE POMPADOUR
PRÉPARATION 2 HEURES • CUISSON 40 MINUTES
(Recette de Lucien Tibier, ancien chef du Président Auriol, à l'Élysée.)

125 g de chocolat
*500 g de pâte * sucrée*
125 g de poudre d'amandes
125 g de sucre semoule
4 œufs, 125 g de beurre
25 g de farine
2 dl de crème fraîche, nature
une demi-cuillerée à thé de cannelle
un tiers de clou de girofle

Foncer le cercle à flan de 25 à 28 cm de diamètre. Bordure haute, ainsi que la crête. Piquer et laisser reposer.

Dans une terrine, travailler le beurre ramolli, le chocolat râpé, les amandes, le sucre et les 4 jaunes d'œufs ; ajouter la farine, la cannelle en poudre, le petit morceau de clou de girofle écrasé. Le tout doit former le ruban.

Monter les 4 blancs en neige. Mélanger le tout et garnir la tarte. Cuisson lente mais assez poussée. À part, servir la crème fraîche demi-fouettée, en bol ou en saucière.

DESSERTS

TARTELETTES AU RIZ
PRÉPARATION 1 HEURE 15 • CUISSON 30 MINUTES

8 moules à tartelettes ou à amandines
5 cl de rhum
300 g de pâte feuilletée *
200 g de riz pour entremets
confiture d'abricots

Foncer les moules bien beurrés avec le feuilletage. La forme du moule importe peu. Lorsque les moules seront foncés, prendre gros comme une noix de pâte, la fariner et tamponner l'intérieur des moules pour que la pâte épouse bien la forme et les contours du moule. Garnir avec le riz, bien moelleux et parfumé. Mettre au four ; cuisson : 25 à 30 minutes. Laisser à peine reposer, mais tenir au chaud.

Tant pour le goût que pour la présentation, il est nécessaire, pour ce genre de gâteaux, lorsqu'ils sont un peu reposés, de bien les abricoter et de poser sur le dessus une demi-cerise, une demi-amande mondée, ou un losange d'angélique.

Servir sur un napperon ou un papier gaufré.

GLACES ET ENTREMETS GLACÉS

PÂTE À BOMBE GLACÉE
PRÉPARATION 1 HEURE • CUISSON 20 MINUTES

Pour la bombe :
32 jaunes d'œufs.
Pour le sirop :
750 g de sucre

Mélanger, dans 32 jaunes d'œufs : un demi-décilitre d'eau froide ; un litre de sirop à 30°.

Préparation du sirop à 30° (densité, non température) : faire dissoudre 750 g de sucre dans un litre d'eau et cuire jusqu'à obtention de un litre de sirop.

Jaunes d'œufs et sirop étant bien mélangés, les passer au tamis et les placer dans un récipient, bassine ou casserole, et mettre celui-ci au bain-marie pour pocher la composition en la remuant souvent.

On peut aussi la cuire à feu doux en remuant sans cesse.

L'appareil étant poché, le fouetter au frais, jusqu'à ce qu'il soit devenu léger et mousseux et qu'il ait complètement refroidi.

La composition, tenue au frais, sur glace si possible, se conserve 4 jours en hiver et 2 jours en été.

* FRAISES GINETTE
PRÉPARATION 3 HEURES

Un litre et demi de glace au citron
1 kg de fraises des bois
3 cuillerées de sucre en poudre
1 dl et demi de curaçao
1 verre de champagne
60 g de violettes pralinées
1 orange confite
20 fleurs d'oranger pralinées
400 g de crème fouettée
1 paquet de sucre vanillé et 2 cuillerées de sucre en poudre

Faire – ou se procurer – un litre et demi de glace au citron.
Mettre dans un saladier les fraises des bois (ce sont celles qui conviennent le mieux), à défaut, des fraises de quatre-saisons ou de grosses fraises. Les poudrer de sucre ; arroser avec le curaçao et le petit verre de champagne. Laisser macérer pendant une demi-heure, en les retournant de temps à autre, pour qu'elles s'imprègnent bien de la liqueur.
Écraser en grosse chapelure les violettes pralinées. Couper en petits dés une petite écorce d'orange confite.
Tenir prêtes également : une vingtaine de belles fleurs d'oranger pralinées, la crème fleurette (crème prélevée sur le lait au bout de 15 heures), additionnée de sucre en poudre et de sucre vanillé.
Dans une grande coupe en cristal, étaler, en épaisseur régulière, la glace au citron. Sur cette glace, mettre les fraises et les arroser avec leur sirop passé à la mousseline, pour éliminer les petites graines qui s'en sont détachées.
Étaler la crème fleurette sur les fraises, et parsemer celles-ci de violettes et de dés d'écorce d'orange.
Ajouter, çà et là, les fleurs d'oranger pralinées. Bien entendu, ce dressage doit être fait avec rapidité.

GLACE AUX FRAISES
PRÉPARATION 3 HEURES

600 g de fraises des bois (ou des quatre-saisons)
350 g de sucre
3 dl d'eau
le jus de 2 oranges et d'un citron

Cette préparation peut être exécutée avec le matériel suivant : une sorbetière, un seau à glace ; une houlette ; quelques moules à glace de formes variées. On peut aussi de nos jours utiliser la partie la plus froide des réfrigérateurs (congélateurs).
Passer les fraises au tamis de toile fine. Mettre le sucre à dissoudre avec l'eau ; faire bouillir 2 minutes et laisser refroidir. Ce sirop marque 28° chaud, et 32° après complet refroidissement, par suite de l'évaporation et de la concentration. (Il s'agit là de mesures de densité.)
Mélanger ce sirop (bien froid) à la purée de fraises ; ajouter les jus d'oranges et de citron ; en vérifier le degré à l'aide du pèse-sirop (ustensile indispensable), dont l'échelle graduée doit indiquer 18° ; s'il marque davantage, ajouter un peu d'eau pour rectifier.
Pour le glaçage, on procède ainsi, après avoir, 15 minutes à l'avance au moins, sanglé, c'est-à-dire entouré la sorbetière de couches alternées de glace, de sel marin et de salpêtre :
Dans une sorbetière d'une contenance de 3 litres déposer au fond du seau une couche de glace pilée ; parsemer le dessus d'une forte poignée de sel marin et d'un peu de salpêtre pulvérisé ; placer, sur cette couche de glace, la sorbetière fermée avec un rond de papier et son couvercle, et l'entourer, jusqu'au bord du seau, de couches de glace pilée, de sel et de salpêtre. (Il faut, pour sangler une sorbetière ordinaire, 10 à 12 kg

de glace, 2 kg de sel et environ 250 g de salpêtre.) Sel et salpêtre auront pour effet d'activer la congélation de la composition, sirop ou crème, contenue dans la sorbetière.

Un quart d'heure au moins après ce sanglage, verser la composition dans la sorbetière ; couvrir celle-ci d'un rond de papier, assujettir le couvercle, puis saisir celui-ci par l'anse et tourner vivement de droite à gauche pendant 5 minutes. Découvrir alors la sorbetière et, au moyen de la houlette, détacher cette première couche de glace des parois, et la rejeter dans la masse. Recouvrir la sorbetière et la tourner comme précédemment, en détachant, toutes les 5 minutes, la glace des parois. Lorsque la composition est prise en glace et forme un tout compact, travailler la masse avec la houlette, pour la rendre bien lisse.

Ainsi préparée, la glace aux fraises, comme toute autre glace aux fruits d'ailleurs, peut être servie en rocher, c'est-à-dire dressée, cuillerée par cuillerée, sur un plat couvert d'une serviette et en monticule figurant un rocher avec ses aspérités. On peut la servir aussi en coquilles de verre ou de porcelaine et, dans ce cas, la glace doit être tenue ferme. Si elle doit attendre, avoir soin de faire écouler une partie de l'eau résultant de la fonte de la glace de congélation, et remettre, autour de la sorbetière, de la glace en morceaux, du sel et du salpêtre. On peut aussi la mouler.

Dans le moule choisi, mettre la composition déjà glacée en la foulant avec une cuillère, pour qu'il ne se produise pas de cavités ; couvrir d'un rond de papier blanc d'un diamètre un peu plus grand que celui du moule ; assujettir le couvercle, qui se trouve ainsi serré sur le moule par les bords rabattus du papier. Par mesure de précaution, on peut aussi entourer l'endroit de la fermeture avec un cordon de beurre ou de margarine qui, au contact de la glace, devient dur comme pierre ; l'on évite ainsi toute infiltration d'eau salée dans le moule.

Comme il est dit plus haut, sangler le moule dans un seau étroit avec glace pilée, sel et salpêtre ; le couvrir avec glace et sel. Le tenir ainsi en glace pendant 1 heure.

En revanche, lorsqu'une composition de glace est mise en moule sans avoir été glacée à l'avance, il faut au moins 2 heures et demie.

Pour démouler, le moule étant retiré de la glace, le laver à l'eau froide d'abord, puis le tremper vivement dans l'eau chaude et démouler sur une serviette pliée ou sur un napperon.

Pour glacer à la machine, placer la sorbetière sur l'axe central et la sangler avec glace pilée, sel et salpêtre, comme il est indiqué plus haut ; leurs proportions varient naturellement, selon la grandeur du baquet. Ce sanglage doit toujours être fait un quart d'heure à l'avance, pour assurer la concentration du froid à l'intérieur de l'ustensile.

Verser dedans la composition à glacer ; fermer hermétiquement la sorbetière et, au moyen de la manivelle, lui imprimer le mouvement de rotation. Nul besoin de détacher la composition qui se congèle sur les parois, comme c'est le cas avec la sorbetière manœuvrée à la main : ce détachage se fait automatiquement, par le travail de l'hélice qui se trouve à l'intérieur. On désigne les glaces à base de jus de fruits ou d'acides sous le nom de « glaces maigres », les autres sous celui de « glaces crèmes » ou « glaces grasses ».

GLACE AUX GRAINS DE CAFÉ
PRÉPARATION ET CUISSON 25 MINUTES • REFROIDISSEMENT 5 À 6 HEURES

Pour un demi-litre de glace, soit 4 à 5 parts :
4 jaunes d'œufs
200 g de sucre en poudre, un quart de litre de lait
200 g de crème fraîche
100 g de grains de café à la liqueur (facultatif)
1 petite tasse de café très fort ou 3 cuillerées de café lyophilisé ou 2 cuillerées d'extrait

Battre au fouet les jaunes et le sucre. Obtenir un mélange formant le ruban.
Faire bouillir le lait. Verser le lait bouillant sur l'appareil œufs-sucre, en mélangeant. Faire cuire la crème anglaise ainsi obtenue à feu très doux. Dès que la mousse disparaît de la surface et que la crème nappe la cuillère, retirer du feu.
Passer la crème. Incorporer le café (s'il est en poudre, le diluer préalablement dans très peu d'eau).
Fouetter légèrement la crème fraîche.
L'ajouter à la crème anglaise refroidie et bien mélanger.
Verser dans un tiroir du réfrigérateur mouillé à l'eau froide. Mettre à prendre dans la partie la plus froide du réfrigérateur.
Lorsqu'elle est à moitié prise, battre la crème glacée à la fourchette, longuement, afin de la rendre souple et malléable. Ajouter les grains de café, s'il y a lieu. En conserver quelques-uns pour la décoration finale. Tasser la glace dans un moule, dans le tiroir à glaçons ou dans des verres individuels et remettre à glacer.
Servir dans les verres ou, si l'on a moulé la glace, tremper le moule ou le tiroir à glaçons dans l'eau froide ou tiède, pendant quelques instants, et démouler. Décorer avec les grains de café à la liqueur.

MOUSSE GLACÉE AU CHOCOLAT
PRÉPARATION 3 HEURES

Un demi-litre de crème anglaise au chocolat
un litre de crème fouettée

Préparer une crème anglaise au chocolat, très fortement parfumée. La laisser refroidir en la vannant, puis la mélanger avec la crème fouettée. Mouler et mettre à glacer.

MOUSSE GLACÉE AUX FRUITS
PRÉPARATION 3 HEURES

250 g de pulpe de fruits
250 g de sucre en poudre
2 feuilles de gélatine
5 cl d'eau
6 dl de crème fouettée
1 citron

Mélanger la pulpe de fruits frais et autant de sucre en poudre ; remuer, avec une cuillère en argent ou une spatule, pour activer la fonte du sucre, puis mélanger les feuilles de gélatine dissoutes dans le demi-décilitre d'eau, la crème fouettée et le jus d'un citron.
Quelle que soit la purée de fruits, le procédé est le même ; les fruits peuvent être conservés au naturel ou au sirop, ou conservés spécialement pour la glace, c'est-à-dire à froid, sans cuisson, par mélange avec une fois à une fois et demi leur poids de sucre.
Sangler toujours rapidement et compter 2 heures avant de démouler.

MOUSSE GLACÉE À LA VANILLE
PRÉPARATION 3 HEURES

**Un demi-litre de sirop
une gousse et demie de vanille
2 feuilles de gélatine
un demi-litre de crème fouettée**

Faire bouillir le sirop à 30° et y mettre à infuser la gousse et demie de vanille fendue en deux.

Mettre à tremper, 1 heure à l'avance, les feuilles de gélatine (8 g) rose d'office. Les mettre à fondre dans le sirop.

Préparer le demi-litre de crème fouettée bien ferme et sangler le moule à mousse. Le sirop étant refroidi, retirer la vanille et le mélanger doucement dans la crème fouettée. Le mélange étant bien opéré, verser la composition dans le moule ; emplir le plus possible ; couvrir avec un papier, puis avec le couvercle, et terminer le sanglage bien serré. On peut faire la mousse sans gélatine, mais il faut aller très vite ; autrement, la composition se dissocie, le sirop tombe au fond et ne se congèle pas, et la crème prend en cristaux.

MOUSSE À LA LIQUEUR À L'ANCIENNE
PRÉPARATION 40 MINUTES • CONGÉLATION 3 HEURES

**150 g de sucre semoule
7 jaunes d'œufs,
1 œuf entier
5 cl d'alcool ou de liqueur.
Crème Chantilly :
3 dl de crème fraîche
50 g de sucre glace vanillé**

Dans un bassin à blancs (bassine en cuivre non étamé), mettre le sucre semoule, les jaunes et l'œuf entier. Avec un fouet, battre doucement d'abord, de façon que l'appareil soit bien mousseux. Sans cesser de fouetter, faire monter par un aide la crème Chantilly ; la mélanger tout doucement en fouettant. Parfumer au choix.

Auparavant, on aura préparé un moule à charlotte avec couvercle, ou mieux un moule à marie-louise (moule rectangulaire, avec couvercle). Tapisser le fond et les parois d'un papier d'office. Verser la pâte bien mousseuse dans le moule ; recouvrir d'une feuille de papier blanc et enfoncer le couvercle. Cette fermeture devrait suffire. Toutefois, par précaution, on peut enduire la jointure du couvercle et du moule d'une mince couche de beurre en pommade. Lorsque le moule est fermé hermétiquement et luté, le mettre dans une marmite ou un seau assez grand ; garnir de glace concassée ; ajouter quelques poignées de gros sel et couvrir d'un linge épais ou d'un sac. Mettre dans un endroit frais. Laisser congeler environ 3 heures.

Au moment de servir, démouler. Avoir un linge à la main. Plonger quelques secondes dans l'eau très chaude, essuyer et renverser sur napperon. Enlever le papier ; présenter, à part, de petits gâteaux secs ou des petits fours.

Avoir soin de bien parfumer cette mousse, car le froid, comme la chaleur, en atténue le goût.

PARFAIT AU CAFÉ OU À LA VANILLE
PRÉPARATION 3 HEURES

Un demi-litre de pâte * à bombe
6 dl de crème fouettée

Mélanger la pâte à bombe, au parfum choisi, à la crème fouettée vanillée. Verser la composition dans un moule uni, de forme conique et haute ; bien remplir le moule ; couvrir d'un papier blanc, puis du couvercle. Couper le papier qui dépasse et luter le couvercle et le moule avec beurre ou saindoux, afin que l'eau salée du sanglage ne s'introduise pas dans le moule.

Pour ce faire, veiller à ce que l'eau salée n'arrive jamais à hauteur du haut du moule. On vide cette eau et on resserre le sanglage.

Il faut toujours sangler un parfait aussitôt qu'il est moulé ; autrement, la crème peut se décomposer et égoutter du petit-lait qui se déposerait au fond du moule.

PÊCHES MELBA
PRÉPARATION 2 HEURES

8 pêches
150 g de sucre
4 cuillerées de purée de framboises,
glace à la vanille,
un demi-litre d'eau
1 gousse de vanille,
facultatif : amandes effilées

Faire un sirop à 30°, avec le sucre, l'eau et la vanille. Y pocher les pêches pelées et coupées en deux. Les laisser refroidir, les égoutter et les dresser dans une timbale, sur une glace à la vanille ; napper de purée de framboises. À volonté, parsemer d'amandes effilées.

PRÉSENTATION D'UNE GLACE SUR SOCLE À L'ANCIENNE

Prendre un récipient quelconque, en cuivre, fer ou autre, mais plus évasé que la timbale où sera servi l'entremets.

Piler environ 1 kg de glace vive, très grossièrement, et la mettre dans ce récipient ; garnir les interstices ou vides par de l'eau froide, et laisser dépasser ce complément d'eau au-dessus des morceaux de glace, au moins de 1 centimètre.

Couler 2 ou 3 gouttes de vert ou de carmin végétal, ou les deux, dans la glace pilée.

Prendre un grand récipient, y mettre de la glace pilée, presque en neige ; ajouter quelques poignées de gros sel ; caler le moule de glace coloré dans ce sanglage. Laisser prendre (4 à 5 heures sont nécessaires pour la congélation).

Au moment de servir, tremper le moule coloré (mais vivement) dans de l'eau très chaude, et le démouler ; le poser sur une serviette pliée pour que celle-ci absorbe l'eau de la glace.

Présenter la timbale contenant la glace comestible sur ce socle.

SORBETS

Les sorbets sont des glaces très légères, sans lait ni crème, à demi-prises seulement, car elles doivent pouvoir être bues et non pas mangées. Le parfum varie, mais les éléments de base restent les suivants (un litre terminé pour 8 personnes) :
Composition. Jus d'un citron (ou d'une petite orange), 15 cl de jus de fruits, de champagne, de porto ou de sauternes. Sirop froid de sucre à 22°, en quantité suffisante pour que, ajouté aux éléments précédents, le pèse-sirop marque 15°. Pour les sorbets aux liqueurs, il faut compter 5 cl pour un demi-litre, et le sirop de sucre doit être seulement à 18°.
Glaçage. Ne pas travailler l'appareil pendant le glaçage. Détacher seulement les bords et les rejeter dans la masse. Servir dans des coupes.
Présentation à l'italienne. Lorsque l'appareil est assez ferme, y incorporer doucement la crème fouettée ou la meringue. Servir dans des verres très fins.

SORBET AU MELON
PRÉPARATION 10 MINUTES • CONGÉLATION 3 HEURES ENVIRON

Choisir un melon bien mûr et bien parfumé. L'éplucher et réduire la pulpe en purée, soit avec un mixer, soit avec un moulin à légumes à grille fine. Ajouter tous les autres ingrédients. Fouetter ; verser dans le bac à glace du réfrigérateur. Faire congeler.

1 beau melon
100 g de sucre glace
1 cuillerée à soupe de crème
2 cuillerées à soupe de kirsch
quelques gouttes de jus de citron

SORBET AUX FRUITS ROUGES
PRÉPARATION 30 MINUTES • PRISE AU FROID 3 HEURES

Laver les fraises et les équeuter. Les passer au presse-purée puis au chinois. Récupérer tout le jus. Faire la même chose avec les framboises, puis avec les mûres. Bien mélanger les trois jus, ajouter le sucre et délayer pour faire fondre. Ajouter en dernier le jus du demi-citron et celui de la demi-orange. Verser la préparation dans une sorbetière. Faire fonctionner celle-ci pendant environ 1 heure. Verser le sorbet obtenu dans un moule à cake et mettre celui-ci au congélateur pendant encore 2 heures. On peut aussi, sans sorbetière, faire prendre directement dans le moule au congélateur pendant 3 heures. Prélever des boules de ce sorbet avec une grande cuiller et les servir dans des coupes bien froides.

1 kilo de fraises
500 g de framboises
500 g de mûres
450 g de sucre semoule
1 demi-citron
1 demi-orange

DESSERTS

SOUFFLÉ GLACÉ
PRÉPARATION 1 HEURE • SANGLAGE 2 HEURES

10 blancs d'œufs
500 g de sucre
un demi-litre de purée de fruits (fraises, framboises, etc.),
un demi-litre de crème fouettée très ferme
100 g d'amandes grillées

Monter les blancs en neige très ferme, y ajouter le sucre cuit au soufflé ; transvaser dans une terrine et laisser refroidir. Ajouter alors la purée de fruits, puis la crème fouettée. On peut parfumer au kirsch ou au marasquin, avant complet refroidissement.

Chemiser un moule à timbale avec une bande de papier fort, soudée au beurre, dépassant le bord de 4 cm environ. Remplir le moule avec la préparation, sangler et porter au frais. Au moment de servir, retirer doucement la bande de papier, la glace dépassant le bord de la timbale donnera l'illusion parfaite d'un soufflé. Parsemer d'amandes grillées et servir sur une serviette.

* TRANCHES NAPOLITAINES
PRÉPARATION 3 HEURES

250 g de glace à la vanille
250 g de glace aux fraises
250 g de glace au chocolat

On utilise généralement des moules de forme rectangulaire. Ces tranches se font souvent à trois parfums, mais on peut les superposer, car les appareils sont congelés avant le moulage ; il arrive aussi que, ne disposant que de deux parfums, on moule la glace sur quatre couches (deux couches alternées de chaque parfum). Par exemple, pour une napolitaine vanille-fraise, on dressera deux couches de vanille et deux couches de fraise, en les alternant, cela pour la joie de l'œil, séduire et plaire est bien dans la note napolitaine.

VACHERIN LYONNAIS
PRÉPARATION 3 HEURES
(Recette de J. Nandron, restaurant Nandron, à Lyon.)

200 g de meringue * italienne
25 g de cacao
250 g de glace à la vanille
250 g de glace aux fruits
250 g de glace au chocolat
100 g de crème Chantilly
4 pêches pochées au sirop
5 cl d'alcool de framboise

Faire des abaisses de meringage italien en forme de cerceaux ; en même temps, avec ce meringage, faire également quelques champignons légèrement parsemés de cacao.

Prendre un disque à rebord de meringue ; le remplir d'une glace vanille ; mettre dessus un autre disque ; remplir celui-ci d'une glace, selon la saison, fraise ou framboise de préférence ; poser un dernier disque rempli d'une glace au chocolat.

Voir à la coupe les trois couleurs et la parfaite harmonie des parfums. À la spatule, enduire les bords de crème Chantilly. Décorer à la poche et servir aussitôt après avoir décoré le sommet avec une demi-pêche ou du sirop parfumé d'un peu d'alcool de framboise et les champignons de meringue.

DESSERTS

PETITS FOURS

BISCUITS FOURRÉS
PRÉPARATION 1 HEURE

Tartiner l'intérieur des biscuits à la cuillère avec de la gelée de groseilles ou d'abricots et appliquer les deux biscuits tartinés l'un contre l'autre.

300 g de biscuits * à la cuillère
150 g de gelée de groseilles ou de confiture d'abricots

BOUCHÉES DE DAMES
PRÉPARATION 1 HEURE • CUISSON DES BOUCHÉES 10 À 15 MINUTES

Avec le sucre en poudre, les œufs, la farine et l'eau de fleurs d'oranger, préparer une composition de biscuit à la cuillère. Coucher cette composition sur des feuilles de papier posées sur des plaques, à l'aide d'une poche à douille, comme pour les biscuits à la cuillère. Prévoir 60 unités, de la grosseur d'un macaron (ces unités s'accouplent pour faire une bouchée). Poudrer de sucre et cuire à four doux.
Après refroidissement, les détacher du papier ; les tartiner (du côté plat) avec de la confiture d'abricots passée au tamis et réduire ; les accoupler par deux et à l'aide d'un petit pinceau, abricoter légèrement le dessus. Ensuite, les tremper à moitié dans la glace adoptée, soit au café, chocolat, vanille, soit à tout autre parfum, et les ranger au fur et à mesure sur une grille. Laisser sécher la glace ; les dresser ensuite sur le plat de service.
Nota. Comme la forme de ces bouchées est bombée, on pare légèrement celles du dessous pour les faire tenir en équilibre.

Pour 30 bouchées :
200 g de sucre en poudre
6 œufs
250 g de farine
1 cuillerée à café d'eau de fleurs d'oranger
150 g de confiture d'abricots
250 g de glace (fondant) au parfum désiré

CHARLOTTES
PRÉPARATION 1 HEURE

Dans de la pâte sucrée, détailler des rondelles de 3 mm d'épaisseur et de 5 cm de diamètre. Cuire 10 minutes à four de chaleur moyenne. Couper les biscuits à la cuillère à mi-hauteur ; parer bien droit les côtés et égaliser les hauteurs. Dans du sucre cuit au cassé, tremper le bas de chaque demi biscuit ; les coller verticalement en couronne sur les fonds de pâte. Avec le couteau, faire couler un peu de sucre sur les quatre soudures. Les gâteaux étant bien froids, les garnir avec de la crème Chantilly, parfumée à la liqueur. Décorer de cerises.

200 g de pâte * sucrée
100 g de biscuits * à la cuillère
1 dl de sucre * au cassé
un demi-litre de crème * Chantilly
2 dl de liqueur
100 g de cerises confites

DESSERTS

CONVERSATIONS
PRÉPARATION 3 HEURES • CUISSON 25 MINUTES

250 g de pâte * feuilletée
150 g de crème * frangipane
150 g de crème d'amandes
100 g de glace * royale

On fonce ces petits fours en rognures de feuilletage, dans les moules à tartelettes. Beurrer ces moules ; les étaler sur la table en les faisant se toucher. Faire une abaisse de pâte feuilletée ; la placer au-dessus des moules, et la faire descendre dans ceux-ci, en appuyant avec un tampon de pâte farinée. Couper l'excédent de pâte en passant le rouleau au ras des moules.

Les garnir aux deux tiers d'un mélange de frangipane et de crème d'amandes (crème pâtissière additionnée d'un mélange, en parties égales, d'amandes pilées, de beurre et de sucre). Mouiller les bords de la pâte et étaler, sur les moules, une nouvelle abaisse de pâte feuilletée. Appliquer la pâte à la main ou au rouleau, et en supprimer l'excédent. Pour finir, étaler au couteau, sur chaque gâteau, une couche légère de glace royale, puis poser deux fines bandelettes parallèles sur chacun et une autre série de deux, coupant les premières en diagonale. Se fait aussi en gros gâteau. Cuire à four très doux 20 à 25 minutes.

COPEAUX
PRÉPARATION 30 MINUTES • CUISSON 10 MINUTES

125 g de sucre glace
125 g de farine tamisée
1 œuf
50 g de lait

Dans une terrine, délayer le sucre glace et la farine avec l'œuf et le lait. La composition doit être liquide et s'étaler sur la plaque beurrée.

Dresser les copeaux à la poche munie d'une douille ronde de 3 mm de diamètre, pour obtenir des bâtons de 20 cm de long. Faire un essai avec deux spécimens.

Cuire au four doux ; sitôt une bordure dorée, décoller le copeau et le rouler, en vrille, sur un bâton rond de 1 cm de diamètre. Si le copeau se fendille quand on le roule, alors qu'il est encore très chaud, c'est que la pâte est trop ferme, et il faut alors l'allonger avec un peu de lait. Conserver en boîte à fermeture hermétique.

CROQUETS
PRÉPARATION 2 HEURES • CUISSON 10 À 12 MINUTES

500 g de farine
10 g de carbonate d'ammoniaque
250 g de sucre en poudre
1 cuillerée d'eau de fleurs d'oranger
200 g d'amandes
4 œufs

Tamiser la farine sur la table. Faire une fontaine et placer, au milieu, le carbonate d'ammoniaque en poudre, le sucre en poudre, l'eau de fleurs d'oranger, les amandes brutes (triées) et les œufs. Faire la détrempe selon la règle ; fraiser la pâte deux fois et la laisser reposer pendant 1 heure. Rouler cette pâte en forme de boudin, et l'émincer finement pour couper les amandes. La partager ensuite en deux parties. Rouler chacune de ces parties sur une longueur de 30 cm, toujours en forme de boudin. Les abaisser au rouleau, en leur donnant de 10 à 12 cm de largeur et un centimètre et demi d'épaisseur. Les rectifier sur les côtés et les bouts, pour donner aux bandes de pâte une forme correcte ; les poser sur une plaque, les dorer à l'œuf, les rayer avec une fourchette, et faire cuire au four de bonne chaleur moyenne.

Au sortir du four, détailler ces bandes en bâtonnets de 2 cm de largeur.

CROQUETS FONDANTS
PRÉPARATION 2 HEURES • CUISSON 25 MINUTES

Faire une fontaine avec la farine ; mettre au centre, le beurre, l'œuf, le carbonate d'ammoniaque. Faire la détrempe. Laisser reposer un instant. Faire l'abaisse ; y tailler une bande rectangulaire de 40 cm de long sur 10 de large, mouiller. Parsemer avec les amandes ; faire cuire. Ensuite, au pinceau, étaler la marmelade d'abricots.
Faire la glace, avec le sucre glace et les blancs nature ; travailler à l'aide d'une petite spatule. Parfumer légèrement au rhum. Avec une cuillère, étaler la glace au rhum et laisser sécher.
Cuisson à four assez chaud. Découper en croquets (petites allumettes).

200 g de farine tamisée
75 g de beurre
1 œuf
1 pincée de carbonate d'ammoniaque
150 g d'amandes douces
1 dl de marmelade d'abricots.
Glaçage au rhum : 150 g de sucre glace
à peine 1 dl de rhum
3 blancs d'œufs

DORIAS
PRÉPARATION 1 HEURE • CUISSON 2 À 3 MINUTES

Mélanger les ingrédients, abaisser la pâte obtenue et la faire cuire au four. La découper en rondelles à l'emporte-pièce ; dorer un élément sur deux et semer dessus des amandes effilées ; les coller ensuite deux à deux, après avoir intercalé de la crème au beurre au chocolat, ou de la confiture, entre les deux moitiés.

145 g de farine
125 g de beurre
30 g de sucre
30 g de chocolat râpé
100 g d'amandes brutes effilées.
*Garniture : 150 g de crème * au beurre ou de confiture*

ÉCORCES D'ORANGES
PRÉPARATION 1 HEURE • CUISSON 12 MINUTES

Peser la pâte d'amandes ; mélanger les écorces d'oranges confites, hachées très finement ou, mieux, pilées en pâte, puis la farine. Allonger cette pâte à 4 mm d'épaisseur.
Au moyen d'un emporte-pièce rond, en procédant en deux fois, découper, dans la bande de pâte d'amandes à l'orange, des languettes que l'on dépose sur un rouleau de carton ou de fer-blanc beurré et fariné. Dorer à trois reprises avec de l'œuf battu mélangé de carmin. Cuire à four chaud et détacher après refroidissement.
Glacer l'intérieur des écorces avec un mélange de sucre glace et de jus d'orange, assez ferme pour ne pas couler ; laisser sécher à l'air.

*250 g de pâte * d'amandes*
50 g d'écorces d'oranges confites
25 g de farine
1 œuf
150 g de sucre glace
le jus de 2 oranges
1 g de carmin

FRIANDS
PRÉPARATION 45 MINUTES • CUISSON 20 MINUTES

125 g de poudre d'amandes
375 g de sucre en poudre
25 g de farine
10 blancs d'œufs
150 g de beurre
20 g de sucre vanillé

Rassembler la poudre d'amandes, le sucre et la farine dans une bassine ; mouiller avec les blancs d'œufs ; bien battre la composition et la tiédir sur un feu doux, sans cesser de remuer à la cuillère en bois. Y mélanger le beurre cuit à la noisette et le sucre vanillé.

On cuit, en général, ces petits fours dans de petits moules en forme de barquette, mais d'autres moules peuvent convenir ; les beurrer grassement.

Cuire à four doux, pour qu'ils soient de couleur blonde.

FRISONS
PRÉPARATION 1 HEURE • CUISSON 15 MINUTES

250 g de pâte* à choux
50 g d'amandes hachées
50 g de sucre en grains

Ce sont des choux secs, de forme plutôt plate. Ils se dressent à la poche (avec une douille cannelée de taille moyenne) garnie de pâte à choux. On leur donne 3 cm de largeur au milieu et 8 cm de longueur. En dressant le chou, on imprime à la douille, qui touche la plaque, un mouvement latéral de va-et-vient, allant en s'amplifiant jusqu'au milieu, et décroissant ensuite. Semer, sur les gâteaux aussitôt dressés, une pincée d'amandes hachées et de sucre en grains mélangés.

Cuire à four moyen. Se servent tels quels.

GÂTEAUX SECS
(RECETTE DE BASE)
PRÉPARATION 1 HEURE • REPOS DE LA PÂTE 2 HEURES • CUISSON 12 MINUTES

500 g de farine tamisée
300 g de sucre en poudre
3 œufs entiers
2 cuillerées d'eau de fleurs d'oranger
1 jaune d'œuf pour dorure
25 g de gomme arabique
250 g de beurre

Mélanger d'abord le sucre, le beurre et les œufs, puis incorporer progressivement la farine et pétrir le tout ensemble. Rassembler la pâte en un seul morceau ; la fraiser deux fois ; la rouler en boule en saupoudrant légèrement la table de farine, et la laisser reposer 2 heures, en ayant soin de la tenir enveloppée dans un linge.

Abaisser cette pâte, en lui donnant une épaisseur de 1 cm, et la détailler à l'emporte-pièce. Rouler en boule ce qui reste de pâte ; l'abaisser comme précédemment et ainsi de suite jusqu'à épuisement.

Ranger les gâteaux obtenus sur des plaques légèrement mouillées ; les dorer avec du jaune d'œuf additionné de quelques gouttes d'eau, et les faire cuire au four de bonne chaleur moyenne. Les gommer, au sortir du four, en passant dessus un petit pinceau trempé dans une dissolution de gomme arabique, ou simplement dans du lait sucré et à l'état de sirop épais. Ce gommage a pour but de donner du brillant aux gâteaux.

DESSERTS

LANGUES-DE-CHAT À LA CRÈME
PRÉPARATION 30 MINUTES • CUISSON 8 À 10 MINUTES

250 g de sucre
200 g de farine
10 g de sucre vanillé
250 g de crème
5 blancs d'œufs

Rassembler, dans une terrine, le sucre, la farine, le sucre vanillé, le tout tamisé. Délayer avec la crème. Y mélanger ensuite les blancs d'œufs battus en neige.
Au moyen d'une poche munie d'une douille ronde, unie, de 4 mm de diamètre, garnie de la composition, dresser les langues en biais en leur donnant 8 à 9 cm de longueur et en les espaçant de 4 cm ; la plaque doit avoir l'aspect d'une page de bâtons, comme on en fait à l'école ; mais inclinés à gauche au lieu de l'être à droite.
Cuire à four doux, en ne chauffant que vers le bas, car seule la bordure doit être dorée, le milieu restant blanc.
Décoller au couteau et faire refroidir sur marbre ou plaque froide.

LUXEMBOURGEOIS
PRÉPARATION 6 HEURES • SÉCHAGE 4 À 5 HEURES • CUISSON 10 À 12 MINUTES

300 g de pâte* d'amandes
100 g d'ananas confit
2 cl de kirsch
20 g de gomme arabique

Dans la pâte d'amandes, mélanger la moitié de l'ananas confit, haché finement, et le kirsch.
Avec une poche et une grosse douille cannelée, dresser, sur un papier posé sur plaque, de petits fours en forme d'une grosse rosace. Au milieu de chacune, mettre un dé d'ananas confit.
Laisser sécher les petits fours 4 à 5 heures.
Cuire à four doux 10 à 12 minutes pour blondir simplement les petits fours. Les gommer au sortir du four.
Les décoller en mouillant l'envers de la feuille de papier.

MIRLITONS
PRÉPARATION 2 HEURES • CUISSON 25 À 30 MINUTES

250 g de rognures de pâte* feuilletée
2 œufs
60 g de poudre d'amandes
125 g de sucre en poudre
50 g de sucre glace
2 cuillerées à soupe de crème
1 cuillerée d'eau de fleurs d'oranger
50 g d'amandes brutes

Dans des rognures de feuilletage, découper, avec un emporte-pièce cannelé, des rondelles de 4 mm d'épaisseur et de diamètre convenable pour foncer des moules à tartelettes. Bien dresser la pâte pour faire une crête bien droite dépassant franchement les bords du moule. Piquer le fond, de sorte que la pâte ne se boursoufle pas en cuisant.
Battre au fouet le sucre en poudre et les œufs, et, quand le mélange sera mousseux, ajouter les amandes en poudre et battre encore un peu. Ajouter la crème ou, à défaut, 2 cuillerées à soupe de beurre fondu, et la cuillerée à café d'eau de fleurs d'oranger.
Garnir les moules (une cuillerée à soupe dans chaque moule) ; sur le dessus, placer, au centre, 3 moitiés d'amandes, pointes en centre ; poudrer fortement de sucre glace et cuire, à four doux, pendant 25 à 30 minutes.

NANTAIS

PRÉPARATION 1 HEURE • CUISSON 20 MINUTES

250 g de pâte* sucrée
1 œuf battu
50 g de poudre d'amandes
50 g de sucre en poudre

Dans de la pâte sucrée, abaissée à 4 mm d'épaisseur, détailler, avec un emporte-pièce en forme de navette, des languettes de pâte que l'on range sur une plaque légèrement beurrée. Les dorer à l'œuf battu, avec un pinceau. Dans la partie large, avec une fourchette, faire deux rayures en biais et, au milieu, déposer une pincée de poudre d'amandes mélangée de sucre en poudre. Cuire à four doux, pendant 20 minutes environ.

NIORTAIS

PRÉPARATION 2 HEURES 30 MINUTES • SÉCHAGE 12 HEURES • CUISSON 15 À 18 MINUTES

500 g de pâte* d'amandes
100 g d'angélique confite
3 cl de rhum
1 g de colorant vert en pâte
1 blanc d'œuf
150 g de sucre en grains ou d'amandes hachées
20 g de gomme arabique

Prendre de la pâte d'amandes, y incorporer l'angélique confite finement hachée et colorer la pâte en vert tendre. Parfumer avec le rhum. Avec la main mouillée de blanc d'œuf, allonger la pâte en un boudin que l'on découpe en morceaux de 25 g environ. Les rouler d'abord en boules, puis en olives ; faire rouler dans du sucre en grains ou, à défaut, dans des amandes hachées finement. Ranger sur papier ; laisser sécher une nuit. Cuire, à four de chaleur moyenne, 15 à 18 minutes environ. Gommer au sortir du four avec solution de gomme arabique dans de l'eau.

PAINS D'AMANDES DE GAND

PRÉPARATION 6 HEURES • SÉCHAGE 12 HEURES • CUISSON 15 MINUTES

500 g de farine tamisée
250 g de cassonade blanche
300 g de beurre
250 g d'amandes brutes, grossièrement concassées
10 g de cannelle pulvérisée
3 g de bicarbonate de soude
2 œufs
2 cuillerées à soupe de lait

Faire une pâte plutôt dure, juste assez molle pour ne pas s'émietter. Sur la table farinée, faire un ou plusieurs boudins de 5 cm de diamètre et les aplatir un peu pour les ovaliser. Mettre à raffermir plusieurs heures au frais. Découper en tranches de 4 mm d'épaisseur. Les ranger sur une plaque légèrement beurrée, en les espaçant de 2 cm.
Cuire à four doux, après 5 heures ou une nuit de séchage à l'air. Conserver en boîtes ou bocaux hermétiques.

PAINS ANANAS

PRÉPARATION 1 HEURE • SÉCHAGE 3 HEURES • CUISSON 12 À 15 MINUTES

400 g de pâte* d'amandes
50 g d'ananas confit
un demi-œuf
2 cl de kirsch

Mêler les ingrédients. Allonger cette pâte à la main, sur le marbre mouillé, en un boudin que l'on coupe en morceaux gros comme des noix. Les rouler en olives, que l'on range sur une plaque garnie d'un papier blanc,

en espaçant de 4 cm. Avec une fourchette trempée dans l'œuf battu, les aplatir légèrement à deux reprises, de sorte que les dents imprimées en creux se croisent pour former un quadrillage.
Laisser sécher 3 heures, et cuire à four doux 12 à 15 minutes. Décoller, en mouillant le papier par-dessous. Laisser sécher sur une grille avant de ranger.

PAINS ANGLAIS
PRÉPARATION 1 HEURE • CUISSON 15 À 18 MINUTES

Travailler, dans une terrine, le beurre avec le sucre, les amandes en poudre, les œufs entiers et le jaune, le carbonate d'ammoniaque. Le tout éant bien amalgamé, y incorporer la farine et le rhum, mais en mélangeant juste ce qui est nécessaire, autrement la pâte se « brûlerait ». Allonger la pâte en un long boudin et le découper en morceaux de 20 g environ. Rouler ces morceaux en boules, puis les allonger en forme de navettes pointues aux deux extrémités, et leur donner 12 cm de longueur. les ranger sur la plaque beurrée ; les dorer à l'œuf battu, à deux reprises, à 20 minutes d'intervalle. Avec la lame d'un couteau tenue à plat, faire une incision qui étale, en même temps, la pâte en forme de pain plat. Cuire à four doux et, une fois cuits, mettre les pains à refroidir sur grille ou clayon en osier.
Conserver en boîte de fer hermétique.

150 g de beurre
200 g de sucre
150 g d'amandes
2 œufs, plus 1 jaune
5 g de carbonate d'ammoniaque
200 g de farine
3 cl de rhum
1 œuf pour dorure.

PALETS DE DAMES
PRÉPARATION 48 HEURES • MACÉRATION DES RAISINS 48 HEURES • CUISSON 12 MINUTES

Travailler le beurre à la cuillère en bois, pour le mettre en crème ; ajouter le sucre en poudre, puis un œuf, puis un second œuf. Tamiser la farine et l'ajouter, ainsi que les raisins, grossièrement hachés et macérés dans le rhum pendant au moins 48 heures.
Dresser à la poche, munie d'une grosse douille unie de 12 mm de diamètre, en boules de la grosseur d'une noix, bien espacées, sur la plaque garnie d'une feuille de papier.
Cuire, à four doux, pendant 12 minutes environ.
Décoller ; lorsqu'ils sont refroidis, le papier se détache bien.

125 g de beurre
125 g de sucre en poudre
2 œufs
125 g de farine tamisée
150 g de raisins épépinés
4 cl de rhum

DESSERTS

300 g de pâte* feuilletée
150 g de sucre en poudre
100 g de sucre glace

PAPILLONS
PRÉPARATION 1 HEURE • CUISSON 12 MINUTES

Prendre de la pâte feuilletée à quatre tours et lui donner deux tours dans le sucre.

S'arranger pour avoir 21 ou 22 cm dans une dimension. Découper 4 bandes, qui auront chacune 5 cm de largeur. Les mettre l'une sur l'autre. Avec le rouleau placé en long et au milieu, appuyer très fortement pour ne conserver qu'une épaisseur de un centimètre au milieu. Découper en biais, de centimètre en centimètre ; prendre chacun des morceaux par chaque bout, en lui faisant faire un demi-tour au centre de la partie amincie. Ranger sur plaque de tôle sèche, en espaçant de 4 cm. Poudrer légèrement de sucre glace.

Cuire à four chaud.

700 g de beurre
500 g de sucre glace
1 kg de farine
6 jaunes d'œufs
vanille Bourbon
en poudre
jus de citron
1 pincée de sel.
Pour le décor :
cacao en poudre
amandes
raisins secs
1 œuf
sucre en grains
glace* royale

PETITS FOURS SABLÉS
PRÉPARATION 1 HEURE 15 • CUISSON 15 MINUTES

Il est recommandé de préparer la pâte à sablés la veille. Amollir le beurre ; le travailler à la main avec le sucre et les jaunes d'œufs ; bien mélanger. Ajouter farine, sel et vanille Bourbon ; bien mélanger. Placer la pâte au frais jusqu'au lendemain.

Sablés au sucre en grains. Étaler la pâte avec un rouleau fariné. Découper, à l'emporte-pièce, de petits disques ; les dorer au jaune d'œuf à l'aide d'un pinceau.

Les retourner sur la soucoupe où l'on a placé le sucre en grains (qui colle à la surface des sablés).

Sablés aux raisins. Travailler une poignée de raisins secs avec la pâte. Former un boudin bien serré. A l'aide d'un couteau à lame fine, découper les rondelles de un centimètre d'épaisseur environ.

Dominos. Découper une longue bande de 5 centimètres de largeur. A l'aide d'une spatule, la glacer avec une glace royale. Découper des rectangles de deux centimètres et demi de largeur environ.

Mélanger un peu de cacao à une cuillerée de glace royale ; en décorer les dominos à la poche à douille.

Sablés à base de pâte chocolatée. Mélanger du cacao à la pâte, pour bien la colorer.

Sablé hollandais. Superposer 4 bandes rectangulaires de pâte chocolatée intercalées avec 3 bandes rectangulaires de pâte blanche. Découper des tranches d'un petit centimètre d'épaisseur.

Damiers. Préparer 4 petits boudins, de un centimètre de diamètre, en pâte chocolatée et 4 autres en pâte blanche. Les empiler, en alternant les boudins de pâte chocolatée et de pâte blanche, en forme de damier. Découper un rectangle de pâte blanche de la longueur des boudins. Le dorer légèrement au jaune d'œuf. En entourer les boudins. Découper en tranches de un centimètre d'épaisseur.

Sablés au chocolat. Étendre la pâte chocolatée ; la dorer au jaune d'œuf. Parsemer de quelques amandes effilées. Découper de petits disques à l'emporte-pièce.

Tous ces sablés seront cuits, à four doux, pendant 15 minutes environ. On aura soin de ne pas les laisser colorer.

PETITS SABLÉS
PRÉPARATION 2 HEURES • REPOS DE LA PÂTE 2 HEURES • CUISSON 20 MINUTES

Faire la pâte comme la pâte sucrée et laisser reposer 2 heures. Abaisser à 3 mm d'épaisseur. Découper à l'emporte-pièce rond uni, de 10 cm de diamètre, puis couper chaque rondelle en quatre. Ranger sur une plaque légèrement beurrée. Cuire à four doux, en chauffant à peine du haut. Seule la bordure doit devenir d'un blond roux ; le milieu doit rester presque blanc.

250 g d'amandes en poudre
250 g de farine
200 g de beurre
5 g de sel
10 g de sucre vanillé
50 g de crème
100 g de sucre glace

ROCHERS AUX AMANDES
PRÉPARATION 45 MINUTES • CUISSON 12 À 15 MINUTES

Mettre, dans une casserole, le sucre glace et les blancs d'œufs. Placer, à l'entrée du four doux, étalées sur une plaque, les amandes effilées. Chauffer doucement, en le remuant à la cuillère en bois, le mélange de blancs d'œufs et de sucre ; quand il commence à épaissir, y ajouter les amandes effilées et le sucre vanillé. Continuer à remuer en chauffant, mais à la fourchette, cette fois. Quand le mélange ne s'affaissera plus dans la casserole, en faire de petits tas et les disposer sur une plaque garnie d'un papier.

Cuire 12 à 15 minutes, à four doux, jusqu'à ce qu'ils soient d'une belle couleur blonde. Gommer avec une solution de gomme arabique dans de l'eau, au sortir du four.

300 g de sucre glace
4 blancs d'œufs
300 g d'amandes
20 g de sucre vanillé
25 g de gomme arabique

SANS-SOUCIS
PRÉPARATION 1 HEURE • CUISSON 20 MINUTES

Détailler, dans du feuilletage à six tours, de 1 cm d'épaisseur, des carrés de 8 cm de côté. Relever les coins et les replier sur la pâte. Placer ces carrés sur une plaque mouillée et en garnir le centre avec quelques fruits (4 cerises, ou 3 mirabelles, ou la moitié d'un petit abricot).

Cuire à four chaud ; poudrer et glacer au four.

250 g de pâte* feuilletée
250 g de mirabelles, abricots ou cerises
100 g de sucre glace

DESSERTS

SOUPIRS
PRÉPARATION 2 HEURES • CUISSON 15 MINUTES

250 g de pâte* sucrée
150 g de meringue* italienne
150 g de fondant* parfums et colorants variés
200 g de crème* frangipane
50 g de marmelade d'abricots

Foncer des moules à tartelettes en pâte sucrée, bien mince et sans crête. Les garnir à ras avec de la crème frangipane ; faire cuire et refroidir. Avec une poche en coutil, munie d'une douille unie, ronde, de 10 mm de diamètre, garnir de meringue italienne ; faire une pointe, le tout mesurant 7 à 8 cm de hauteur. Glacer au fondant léger, diversement coloré et parfumé ; ou bien napper à l'abricot réduit ou à la gelée de groseilles.

TORTILLONS
PRÉPARATION 1 HEURE • CUISSON 25 MINUTES

200 g de pâte* à choux
150 g de raisins de Corinthe
50 g de sucre glace

Avec une poche à douille cannelée de taille moyenne, garnie de pâte à choux, dresser, sur une plaque, des bâtons de 12 à 15 cm de longueur en zigzag, la douille allant alternativement de droite à gauche et vice versa, avec une inclinaison de 45°, de manière à former une suite de dents de scie. Semer, sur chacun des bâtons, une dizaine de raisins de Corinthe ; poudrer légèrement de sucre glace et cuire, au four doux, pendant 20 à 25 minutes.
Laisser refroidir légèrement, avant de servir.

CONFISERIES

AMANDES PRALINÉES
PRÉPARATION 1 HEURE

100 g d'amandes hachées
100 g de sucre glace
1 dl environ d'eau de fleurs d'oranger

Dans une terrine, mettre les amandes hachées et autant de sucre glace ; asperger avec une cuillerée à café d'eau de fleurs d'oranger ; remuer à la cuillère en bois et ajouter, petit à petit, autant d'eau de fleurs d'oranger qu'il en faudra pour que tout le sucre adhère aux amandes ; ne pas laisser se former de pelotes ; les briser à mesure qu'elles se forment. Faire sécher à l'air ou au four doux, et conserver en boîte hermétique.

ANGÉLIQUE FOURRÉE GLACÉE
PRÉPARATION 1 HEURE

12 tiges d'angélique confite de 12 à 15 cm
250 g de pâte* d'amandes
50 g de sucre vanillé

Prendre une grande tige d'angélique confite ; la fendre en deux par une incision sur le côté, simplement pour ouvrir le tuyau que forme cette tige.

D'autre part, prendre de la pâte d'amandes fondante ; la manier à la main pour la rendre bien souple et y incorporer du sucre vanillé ou de la vanille en poudre (une pincée). Allonger la pâte en un boudin aussi long que la tige d'angélique et assez gros pour la garnir. Placer la pâte d'amandes dans la tige ; bien replier celle-ci, puis la couper en biais, en morceaux de 3 cm de longueur.

Embrocher chaque morceau avec une brochette en fer ou en bois.

CARAMELS AU CHOCOLAT
PRÉPARATION 1 HEURE • CUISSON 35 MINUTES ENVIRON

250 g de cacao
250 g de sucre
un demi-litre de crème fraîche
50 g de beurre
20 g de glucose

Cuire le tout au gros boulé. Verser sur marbre huilé et couper à froid. Servir en caissettes plissées.

CASSIS DÉGUISÉS
PRÉPARATION 1 HEURE

500 g de cassis à l'eau-de-vie
250 g de fondant*
quelques gouttes de carmin
1 verre d'eau-de-vie de cassis

Égoutter des grains de cassis à l'eau-de-vie ; les mettre à sécher sur un linge pendant plusieurs heures. Il faut trois grains de cassis pour faire un petit four.

Chauffer le fondant ; le colorer avec quelques gouttes de carmin et le parfumer à l'eau-de-vie de cassis.

Procéder avec une petite « bague », sorte de broche en laiton se terminant par un anneau, avec lequel on repêche le fruit. Il y en a de plusieurs grosseurs.

Le fondant étant chaud, y laisser tomber un grain de cassis ; bien l'envelopper, l'égoutter, le déposer sur plaque ou sur papier ; essayer de faire une boucle sur le dessus, avec le fondant qui adhère à la bague. En tremper un second, que l'on fait adhérer au premier, puis un troisième qui touche les deux premiers. Et ainsi de suite.

Mettre en caissettes de papier plissé.

DESSERTS

CERISES À L'EAU-DE-VIE GLACÉES AU CARAMEL
PRÉPARATION 12 HEURES

250 g de cerises à l'eau-de-vie
100 g de gomme arabique
150 g de sucre au grand cassé
quelques gouttes de carmin liquide

Égoutter les cerises conservées dans l'eau-de-vie à 55° et très peu sucrée (on leur conserve une longue queue pour faciliter le trempage). Placer les cerises sur une mousseline et les laisser sécher au moins 6 heures en lieu tempéré ; il faut qu'elles soient très sèches.

On les glace au dernier moment et, par mesure de précaution, on les passe encore dans de la gomme arabique — et non dans de la gomme adragante, comme le recommandent certains auteurs.

Cuire du sucre au grand cassé ; le colorer en rouge par addition de quelques gouttes de carmin liquide, et laisser donner 2 ou 3 bouillons. Prendre la cerise par la queue et la tremper dans le sucre ; la sortir, la laisser égoutter au-dessus du poêlon, et la déposer sur une plaque légèrement huilée.

Décoller les cerises au couteau, avant complet refroidissement, et, surtout, sans les tirer par la queue.

Mettre en caissettes de papier plissé.

DATTES FOURRÉES
PRÉPARATION 24 HEURES

32 dattes
150 g de pâte* d'amandes colorée ou
150 g de massepain* coloré
16 amandes mondées ou 16 noix

Fendre les dattes en long pour enlever le noyau ; remplir la cavité de pâte d'amandes ou de massepain ; introduire une demi-amande ou une demi-noix. Reformer la datte, tout en laissant apparaître le contenu. Laisser au frais 24 heures et servir en caissettes.

DÉLICES ESPAGNOLES
PRÉPARATION 1 HEURE • CUISSON 12 MINUTES

250 g de farine
150 g de beurre
60 g de sucre en poudre
2 œufs
une goutte d'essence d'amandes amères ou 2 amandes amères
marmelade d'abricots, sucre en grains

Tamiser la farine ; la disposer en fontaine ; y mettre le beurre, le sucre, les œufs, l'essence d'amandes ou les amandes amères pilées finement avec quelques gouttes d'eau. Pétrir le tout pour former une pâte, ni trop ferme ni trop molle ; l'étendre au rouleau pour obtenir une abaisse mince et découper des rondelles de la grandeur d'une pièce de 5 francs, que l'on fait cuire à four chaud. Lorsqu'elles sont cuites, coller deux par deux les rondelles enduites, sur une face, de marmelade d'abricots, et coller tout autour du sucre en grains.

DESSERTS

DRAGÉES

PRÉPARATION 30 MINUTES • CUISSON 30 MINUTES ENVIRON

150 g de sucre
75 g de gomme arabique
300 g de noisettes

Faire fondre, dans un verre d'eau, la gomme arabique ; la passer à travers un linge, puis la mélanger avec autant de sucre cuit au lissé.
Mettre, dans ce sirop, les noisettes (au préalable bien échaudées et séchées dans la poêle à feu doux). Les remuer de manière qu'elles s'imprègnent de sucre. Faire cuire un sucre au lissé, y remettre les noisettes ; lorsqu'elles ont pris tout le sucre, les retirer et les faire sécher.

FRAISES GLACÉES

PRÉPARATION 1 HEURE

500 g de fraises
50 g de gomme arabique
150 g de sucre
au grand cassé.

Avoir des fraises bien saines, surtout sans trace de mouillure, et fermes ; donc pas trop mûres. Les choisir très propres, non terreuses, pour ne pas les laver. Leur retrousser la queue, car c'est par là qu'on doit les saisir. Les passer dans de la gomme arabique pulvérisée.
Une à une les tremper dans le sucre cuit au grand cassé ; les déposer, couchées sur une tôle ou sur un marbre huilé ou frotté de talc. Les détacher avant complet refroidissement.
Les mettre en caissettes de papier plissé.

FRUITS CRISTALLISÉS

PRÉPARATION 15 MINUTES

500 g de fruits
100 g de gomme arabique
ou 1 blanc d'œuf
200 g de sucre semoule

Tous les fruits frais, à l'eau-de-vie ou confits, glacés au caramel ou au fondant, peuvent être cristallisés.
Les sécher, quand ils en ont besoin ; puis les passer dans une solution légère de gomme arabique ou dans un blanc d'œuf, battu pour le diviser, sans en faire de la neige. En les sortant, les passer dans le sucre cristallisé fin ou dans la grosse semoule de sucre.
Les cassis, cerises, raisins, frais ou à l'eau-de-vie, peuvent être passés dans le sucre semoule.
Les fraises, framboises, cubes d'ananas peuvent être passés soit au sucre semoule, soit au sucre cristallisé fin.

DESSERTS

* FRUITS DÉGUISÉS

Pruneaux fourrés, noix et marrons au chocolat, cerises, amandes

PRÉPARATION 2 HEURES • CUISSON 3 MINUTES

30 gros pruneaux d'Agen
500 g de pâte d'amandes
500 g de fondant blanc
500 g de pâte de marrons
(pâte d'amandes, fondant blanc, colorants et pâte de marrons peuvent s'acheter dans les magasins ou les épiceries ayant un rayon spécial de fournitures pour pâtisserie)
75 g de chocolat à croquer
100 g de noisettes
150 g de noix
(ou 20 cerneaux et 50 g de morceaux)
un verre de rhum
un demi-verre d'anisette
20 g de beurre (le beurre de cacao est préférable, mais dificile à trouver)
100 g de très belles amandes
une quinzaine de cerises à l'eau-de-vie
un peu de sucre glace
un peu de sucre cristallisé
quelques gouttes de colorant naturel vert et quelques gouttes de carmin (colorant rouge)

Faire gonfler les pruneaux à la vapeur : placer une grille sur une casserole d'eau chaude, y poser les pruneaux, retourner un bol, ou un petit saladier au-dessus et laisser ainsi une dizaine de minutes. Dénoyauter les pruneaux, à l'aide d'une petite cuillère, sans les meurtrir. Laisser en attente.

Piler au mortier les morceaux de noix, quelques noisettes, des débris de pruneaux, s'il en est resté attaché aux noyaux, et ajouter un peu de sucre glace afin de former une pâte.

Remplir 10 pruneaux avec cette pâte. Bien les refermer.

Parfumer la moitié de la pâte d'amandes avec un peu d'anisette. La rouler en forme de boudin long. Découper des tronçons et les introduire dans 10 autres pruneaux. Bien refermer.

Rouler ces 20 pruneaux dans du sucre cristallisé et les poser dans des caissettes en papier plissé.

Parfumer la pâte de marrons avec le rhum. Bien mélanger. Ajouter un peu de sucre glace, si besoin est, afin d'obtenir une pâte bien lisse. Garnir les 10 derniers pruneaux. Ne pas refermer complètement et disposer 2 noisettes dans la purée de marrons.

Placer une casserole au bain-marie. Y mettre la moitié du fondant, le chocolat coupé en morceaux et ajouter le beurre lorsque le mélange est homogène. Bien remuer pour rendre parfaitement lisse.

Façonner en forme de marrons la pâte parfumée au rhum, les tremper dans le chocolat tiède, incomplètement, de façon à laisser un cercle apparent de pâte de marrons.

Tremper les cerneaux, les uns après les autres, dans le fondant au chocolat tiède. Placer sur une surface légèrement huilée pour le refroidissement.

Bien sécher les cerises. Préparer le fondant blanc au bain-marie, ajouter 2 gouttes de colorant rouge et bien remuer. Tremper chaque cerise, délicatement, en la tenant par la queue. Laisser sécher sur une assiette huilée.

Colorer le reste de pâte d'amandes avec 2 gouttes de colorant vert. Rouler entre les mains des boules de pâte pour former des coques d'amandes. Entrouvrir avec un couteau et placer une belle amande, dépassant un peu.

Pour la présentation, placer toutes les friandises dans de petites caissettes en papier, et faire alterner les couleurs : pruneaux et marrons, noix, cerises et amandes.

DESSERTS

GLAÇAGE DES ABRICOTS DÉGUISÉS
PRÉPARATION 1 HEURE 30

500 g d'abricots confits
500 g de fondant*

Prendre de petits abricots confits ; s'ils sont trop gros, les partager en deux, trois ou quatre.

Chauffer du fondant dans une casserole en le remuant sans cesse ; surtout, ne pas le diluer avant qu'il soit bien chaud, car il doit l'être pour ce genre de glaçage. En y mettant le doigt, on doit avoir l'impression de forte chaleur.

Faire un essai : plonger un morceau d'abricot dans le fondant, bien l'enrober entièrement ; le sortir avec une fourchette ; essuyer le dessous du fruit sur le bord de la casserole et le retourner au-dessus d'une feuille de papier ou d'une plaque de tôle poudrée de sucre glace. Le fondant ne doit pas couler, et l'on ne doit pas voir la couleur du fruit par transparence.

Si ce fondant semble un peu épais, mais dans ce cas seulement, l'allonger avec un peu de kirsch ou de rhum.

Cependant, le fondant doit être parfumé ; si on ne peut le faire sans qu'il coule, c'est qu'il n'est pas assez cuit. Pour remédier à cela, ajouter, dans le fondant, une cuillerée à soupe de sucre glace.

Sur chaque fondant, on peut mettre, alors qu'il est encore chaud, donc aussitôt posé sur la plaque, un minuscule cube de fruit confit.

GLAÇAGE POUR FRUITS CONFITS
(autre recette)

Faire fondre du sucre concassé, mouillé d'un peu d'eau, jusqu'à ébullition. Lorsqu'une goutte de sucre file en se solidifiant dans un verre d'eau, ajouter une petite cuillerée de vinaigre blanc par 30 g de sucre ; amener le sirop au caramel blond.

Tremper vivement les fruits, en les piquant avec une brochette de bois et les disposer sur une plaque huilée.

MACARONS DE NANCY
PRÉPARATION 1 HEURE • CUISSON 12 À 15 MINUTES

300 g d'amandes
500 g de sucre glace
6 petits blancs d'œufs
1 cuillerée à café de vanille
une cuillerée à café de fécule

Piler les amandes avec la fécule ; y ajouter peu à peu le sucre glace, puis les blancs d'œufs, en plusieurs fois, et la vanille, pour obtenir une pâte molle, ne s'étalant pas. Coucher cette pâte sur des feuilles de papier et cuire au four, après avoir légèrement humecté d'eau et poudré de sucre glace.

Pour les détacher, déposer le papier sur une surface mouillée.

DESSERTS

MANDARINES DÉGUISÉES
PRÉPARATION 2 HEURES

1 belle mandarine par personne
250 g de fondant*
quelques gouttes de carmin.
Ou : 2 petites mandarines par personne, fondant
100 g de sucre*
cuit au cassé
quelques gouttes de colorant vert

Prendre des quartiers de mandarines épluchés, séchés et les tremper à la fourchette dans le fondant coloré par addition de quelques gouttes de carmin liquide ou de très peu de colorant végétal en pâte.
De très petites mandarines peuvent être trempées entières en utilisant la bague pour le repêchage.
Sur ces fruits entiers, glacés au caramel ou au fondant, on peut faire, avec du sucre cuit au cassé et coloré en vert pâle, une petite queue et deux petites feuilles, que l'on colle sur le fruit.

MASSEPAINS
PRÉPARATION ET SÉCHAGE 24 HEURES • CUISSON 12 À 15 MINUTES

500 g de pâte* d'amandes
250 g de sucre
2 blancs d'œufs
2 cuillerées à soupe d'eau de fleurs d'oranger
150 g de sucre semoule

Prendre la pâte d'amandes et y mélanger le sucre. Amollir avec les blancs d'œufs et bien battre cette pâte avec la cuillère en bois dans une terrine ; ajouter de l'eau de fleurs d'oranger.
Dresser sur papier blanc, à la poche, avec une douille unie de 1 centimètre de diamètre, en forme demi-sphérique de la grosseur d'une noix. Avec l'extrémité arrondie d'un bâtonnet, légèrement mouillée et plongée dans du sucre semoule, faire un trou dans un massepain, en plein centre ; procéder ainsi pour tous les massepains.
Les laisser ensuite reposer jusqu'au lendemain et les cuire, à four doux, pendant 12 à 15 minutes, pour qu'ils soient de belle couleur blonde. Pour décoller les massepains, poser la feuille sur le marbre mouillé. Les massepains peuvent se coller deux à deux.
Observations. On fait des massepains roses en ajoutant à la composition ci-dessus 20 g de sucre vanillé et un peu de carmin liquide.
On ne gomme pas les massepains.

NOIX GLACÉES
PRÉPARATION 1 HEURE • CUISSON 35 MINUTES

24 belles noix
150 g de pâte* d'amandes
150 g de caramel blond.

Couper les noix en deux, réunir les deux moitiés par de la pâte d'amandes. Bien appuyer, pour que la noix se reforme.
Tremper dans le caramel blond, retirer à la fourchette, faire sécher sur grille et servir en caissettes.

DESSERTS

NOUGAT

PRÉPARATION 24 HEURES • CUISSON 20 MINUTES ENVIRON

250 g d'amandes
250 g de sucre en poudre
quelques gouttes de jus de citron

Si l'apprêt du nougat ne présente pas de sérieuses difficultés, il n'en est pas de même lorsqu'il s'agit de l'utiliser dans l'exécution des pièces montées, qui réclament l'habileté et le tour de main que seule peut donner une longue expérience de ce genre de travail.

Monder les amandes ; les laver à l'eau froide. Les partager chacune en deux, et les couper en 5 ou 6 filets (ce qui s'appelle effiler les amandes). Les ranger sur une plaque couverte d'un papier blanc, et les mettre à sécher à l'étuve pendant au moins 12 heures.

Mettre, dans une petite bassine plate en cuivre, 200 g de sucre en poudre avec quelques gouttes de jus de citron, et le faire fondre doucement, en le poussant petit à petit avec une spatule vers l'endroit en contact avec le feu. Ce sucre doit, lorsqu'il est fondu, présenter une couleur blond foncé, mais non pas être à l'état de caramel brun. Ajouter les amandes dans le sucre ; bien mélanger le tout avec une cuillère en bois, et placer la bassine à l'entrée du four pour tenir le nougat chaud.

En déposer la moitié sur un marbre légèrement huilé. L'aplatir avec un rouleau à pâtisserie huilé, ou la lame d'un large couteau, sur une épaisseur de un demi-centimètre, et le tailler immédiatement en carrés, losanges ou rectangles, ou bien avec des emporte-pièce unis ou cannelés. Abaisser l'autre partie de même, et opérer de semblable façon. On peut très bien, avec ces divers détails, dont l'exécution demande seulement beaucoup de vivacité, varier un dessert.

Si, cependant, on désirait obtenir un nougat moulé, une « pièce », on procéderait ainsi : choisir de préférence un moule à biscuit de Savoie, à détails bien accentués (c'est-à-dire dont les dessins ne soient pas trop compliqués) et huiler légèrement l'intérieur.

Prendre une partie du nougat ; l'aplatir comme il est expliqué plus haut, puis, avec cette abaisse, garnir le fond et une partie du tour du moule. L'appuyer fortement avec un citron pour qu'il prenne bien l'empreinte des dessins du moule, puis abaisser une nouvelle partie de nougat, et la souder sur la première, en la montant le long des bords du moule, et ainsi de suite jusqu'à ce que celui-ci soit complètement foncé.

Si, lorsque le moule est foncé complètement, on constate des vides entre les parties soudées l'une à l'autre, il est facile de les combler en rapportant simplement dans ces vides quelques petites parties du nougat tenu au chaud.

Dans tous les cas, pour que ces parties puissent se souder convenablement, il est indispensable que le nougat, déjà placé dans le moule, soit encore chaud, autrement il casserait infailliblement lorsque la partie rapportée serait appuyée dessus.

C'est pourquoi nous insistons sur le fait que ce travail doit être exécuté avec une extrême célérité.

Ensuite, lorsque la pièce est foncée entièrement, il faut la laisser quelques minutes dans le moule avant de la sortir.

On peut alors la fixer, avec un peu de sucre cuit, sur un fond en pâte sucrée, et la terminer selon le goût, avec quelques détails de nougat, losanges ou croissants.

PÂTE DE COINGS
PRÉPARATION ET SÉCHAGE 48 HEURES • CUISSON 30 MINUTES

Pour chaque kg de purée obtenu, 1 kg de sucre en poudre

Les quartiers, dont le jus a été extrait pour la gelée, peuvent être utilisés pour de la pâte de coings. On procède ainsi :
Passer les quartiers au tamis et mettre la purée dans la bassine avec un poids égal de sucre semoule. Remuer sur le feu et sans aucune interruption, à l'aide d'une spatule, jusqu'à ce que la pâte soit arrivée à la consistance d'une purée de pommes de terre très épaisse. La verser alors dans une plaque en fer-blanc à rebords, légèrement huilée, et l'y étaler sur une épaisseur de un centimètre.
Le lendemain, on peut renverser la plaque de pâte sur une serviette ; la diviser, à volonté, en losanges, carrés ou autres formes, que l'on roule dans le sucre cristallisé. Les conserver en boîtes fermées, rangés par couches, entre des feuilles de papier blanc.

RAISINS AU CARAMEL
PRÉPARATION 2 HEURES

**500 g de raisins
100 g de gomme arabique
250 g de fondant***

Ils se font soit avec des raisins à l'eau-de-vie, soit avec des raisins frais. Quand on opère avec des raisins frais, les prendre par bouquets de 3 grains, qu'on trempe dans le fondant, à la pince, ou même à la main. Si ce sont des raisins à l'eau-de-vie, les égoutter et les laisser sécher longtemps ; les passer à la gomme arabique en poudre, et les glacer comme des cerises à l'eau-de-vie.
Toujours décoller de la plaque ou du marbre avec un couteau avant complet refroidissement.

SUCRE DE POMMES
PRÉPARATION 3 HEURES • CUISSON 20 MINUTES

**200 g de gelée de pommes
600 g de sucre
100 g de sucre pilé**

Ajouter à la gelée de pommes trois fois son poids de sucre cuit au cassé ; mettre sur le feu dans une bassine, et remuer, pour éviter que le mélange n'y attache.
Quand il est bien opéré, verser sur un marbre légèrement huilé, laisser refroidir. Découper ensuite la pâte et former des bâtons, que l'on roule dans du sucre pilé fin.

DESSERTS